컴퓨터 활용과 실습 2019

컴퓨터 기초, 한글 2020, 엑셀 2019, 파워포인트 2019

김경희, 김혜란 지음

지은이 김경희 hyhyhui@naver.com

현재 한남대학교 국제IT교육센터 교수로 재직 중이며 우송대학교, 목원대학교, 유원대학교에 출강 중이다. 우송정보대학교, 대전대학교, 중부대학교 등의 강의 경력이 있다. 주요 저서로는 ≪한 권으로 합격하는 MOS 2010 MASTER≫, ≪MOS 2010 엑셀과 파워포인트≫, ≪MOS 2016 엑셀 Expert≫, ≪MOS 2016 파워포인트≫, ≪MOS 2016 워드 Expert≫, ≪MOS 2016 아웃룩≫, ≪MOS 2016 액세스≫, ≪창의력을 키우는 앱인벤터≫ 등이 있다.

지은이 김혜란 coco38kr@naver.com

현재 한남대학교 국제IT교육센터 교수로 재직 중이며 충청대학교에 출강 중이다. 공주대학교, 한국영상대학교, 백석대학교, 대전평생교육진흥원 등의 강의 경력이 있다. 주요 저서로는 ≪컴퓨터활용능력 2급 필기≫, ≪컴퓨터활용능력 2급 실기≫, ≪창의력을 키우는 앱인벤터≫ 등이 있다.

컴퓨터 활용과 실습 2019

초판발행 2021년 5월 24일
4쇄발행 2025년 1월 31일

지은이 김경희, 김혜란 / **펴낸이** 전태호
펴낸곳 한빛아카데미(주) / **주소** 서울시 서대문구 연희로2길 62 한빛아카데미(주) 2층
전화 02-336-7112 / **팩스** 02-336-7199
등록 2013년 1월 14일 제2017-000063호 / **ISBN** 979-11-5664-530-6 93000

총괄 박현진 / **책임편집** 김성무 / **진행** 박하나
디자인 최연희 / **전산편집** 인투 / **제작** 박성우, 김정우
영업 김태진, 김성삼, 이정훈, 임현기, 이성훈, 김주성 / **마케팅** 김호철, 심지연

이 책에 대한 의견이나 오탈자 및 잘못된 내용은 출판사 홈페이지나 아래 이메일로 알려주십시오.
파본은 구매처에서 교환하실 수 있습니다. 책값은 뒤표지에 표시되어 있습니다.

홈페이지 www.hanbit.co.kr / 이메일 question@hanbit.co.kr

Published by HANBIT Academy, Inc. Printed in Korea

컴퓨터 활용과 실습 2019

컴퓨터 기초, 한글 2020, 엑셀 2019, 파워포인트 2019

김경희, 김혜란 지음

한빛아카데미
Hanbit Academy, Inc.

컴퓨터 기본과 오피스 활용, IT 자격증을 위한 입문서

생활 속에 파고든 컴퓨터

우리의 생활 속에 깊숙이 들어와 우리 사회와 같이 점점 성장해가고 있는 것이 무엇일까요? 아마도 컴퓨터를 활용한 IT 제품일 것입니다. 그러나 우리가 이러한 IT 제품에 익숙해져 있는 만큼 컴퓨터의 기본 동작 원리나 구성에 소홀해 질 수 있습니다. 컴퓨터를 다루는 주체가 인간이기 때문에 컴퓨터를 활용한 IT 제품도 인간이 살아가면서 욕구에 맞춰 끊임없이 개발되어질 것입니다. 새롭게 만들어지는 세상을 마음껏 누리고 살아야하는 우리는 컴퓨터의 기본 원리를 잘 익히며 적응해 간다면, 소프트웨어를 기반으로 급격하게 발전하고 있는 IT 기기나 첨단 제품들을 다룸에 있어 마냥 어렵기만 하지는 않을 것입니다. 이 책에서는 아주 기본적인 소프트웨어를 다뤄 새롭게 등장하는 변형된 소프트웨어에 적응해 나갈 수 있는 밑거름을 제공할 것입니다.

컴퓨터 활용이 필요한 대학생, 직장인, 일반 사용자 대상

최근 오피스 프로그램들은 사용자의 니즈를 강력히 반영하여 학교나 회사에서 활용성을 높이면서도 아주 쉬워졌습니다. 그리고 4차 산업혁명 시대에 맞게 클라우드 환경(저장 및 협업 기능)을 강화하였습니다. 이 책은 컴퓨터 기초 및 윈도우 10, 한글 2020, 파워포인트 2019, 엑셀 2019를 한 권으로 통합하여 배울 수 있도록 구성하였습니다. 물론 오피스나 한글 이전 버전 사용자들과 오피스 365 사용자도 문제없이 사용할 수 있도록 구성하였습니다.

이 책은 대학생, 사회 생활을 시작한 직장인, 컴퓨터 활용에 어려움을 느끼는 일반 사용자들을 대상으로 집필하였습니다. 또한 이론과 실습을 적절하게 배치하여 입문자들도 어려움없이 따라서 할 수 있도록 하였습니다.

무슨 내용을 학습하나?

컴퓨터 입문자들이 많이 접하게 되는 문서 작성을 위한 소프트웨어는 여러 가지 소프트웨어를 배워가는 첫 디딤발이며 사회생활에 필수적 교양입니다. 이 책에서는 컴퓨터 활용 능력을 키우고자 하는 입문자, 문서 작성 능력을 향상시키고자 하는 독자를 위해 단원별로 여러 주요 기능과 특징을 차근차근 다뤘으며, 업무나 실생활에서 유용하게 활용할 수 있는 기능을 모아 설명해 놓았습니다. 또한 단원별 기본예제, 종합예제와 연습문제를 통해 다시 한번 단원을 마무리할 수 있도록 구성하였습니다.

이 책을 처음부터 끝까지 완독한다면, 세련되고 깔끔한 문서를 업무의 특성에 맞춰 작성할 수 있을 것입니다. 워드프로세서, ITQ, 컴퓨터활용능력, MOS 등 자격증 시험에서 다루는 문제를 쉽게 해결할 수 있을 것입니다.

오해강 선생님, 문해인 선생님, 항상 지지해준 가족들, 그리고 좋은 책이 출간될 수 있도록 여러 방면에서 많은 도움을 주셨던 관계자 여러분들께 감사드립니다.

지은이 **김경희, 김혜란**

학습 보조 자료

학습에 필요한 실습 자료와 PDF는 다음 주소에서 내려받을 수 있습니다.

http://www.hanbit.co.kr/src/4530

연습문제 해답 안내

이 책은 대학 강의용 교재로 개발되었으므로 연습문제 해답을 제공하지 않습니다.

이 책의 구성요소

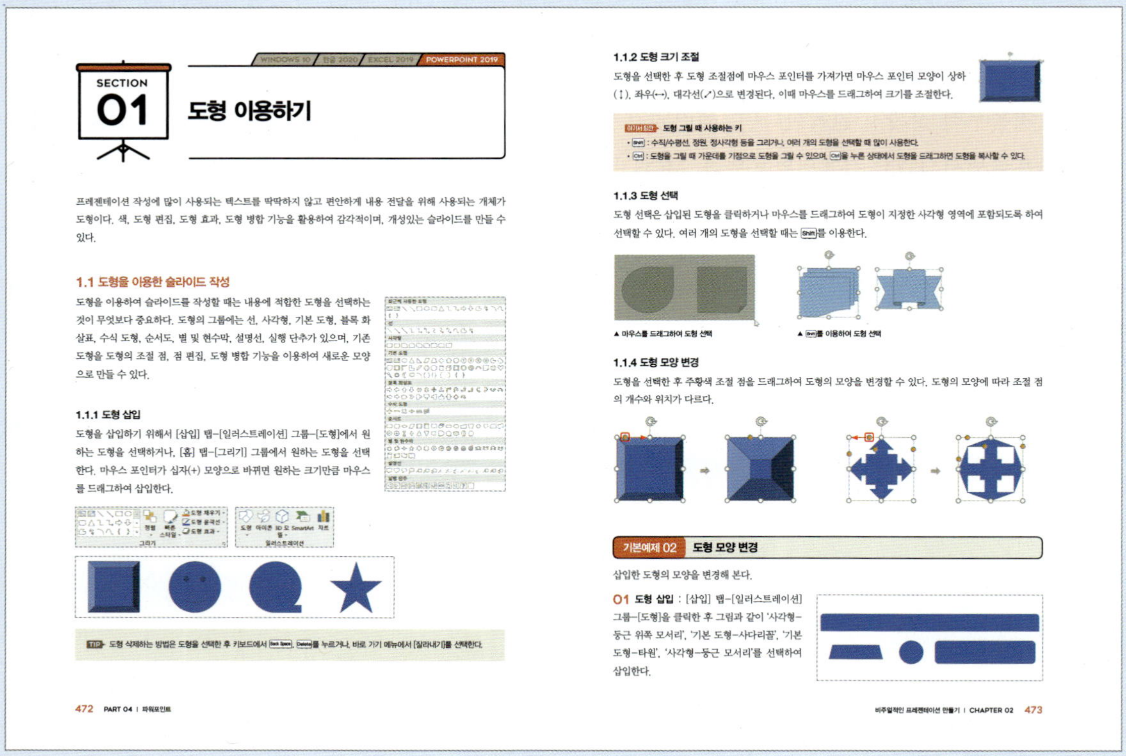

핵심 기능 소개

각 프로그램의 핵심 기능들을 소개합니다. 핵심 기능에 대한 자세한 설명과 기본예제를 통해 함께 학습할 수 있습니다.

기본예제

각 프로그램에 대한 기본 기능과 활용 방법을 학습할 수 있는 예제입니다. 기본예제에 대한 설명과 그림을 보며 따라할 수 있습니다.

TIP / 여기서 잠깐

핵심 기능과 기본예제를 학습할 때 알아두면 좋을 내용입니다. 다양한 실무 활용 팁을 학습할 수 있습니다.

강의 보조 자료

한빛아카데미 홈페이지에서 '교수회원'으로 가입하신 분은 인증 후 교수용 강의 보조 자료를 제공받을 수 있습니다. 한빛아카데미 홈페이지 상단의 [교수전용공간] 메뉴를 클릭하세요.

http://www.hanbit.co.kr/academy

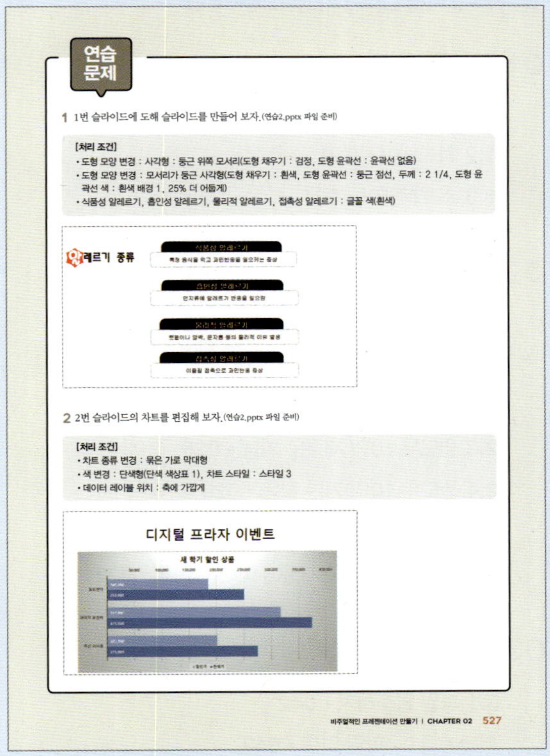

종합예제

각 장에서 학습한 내용을 종합적으로 확인할 수 있는 문제입니다. 단순한 기능 이외에 문제를 종합적으로 판단하여 풀어볼 수 있습니다.

연습문제

각 장의 학습 내용을 제대로 이해했는지 확인할 수 있는 연습문제입니다. 다양한 연습문제를 통해 핵심 기능을 점검하며, 컴퓨터 활용 능력을 키울 수 있습니다.

머리말 • 004

이 책의 사용 설명서 • 006

PART 01 윈도우

CHAPTER 01
컴퓨터 일반과 윈도우 10

01 컴퓨터 일반 • 018

1.1 컴퓨터의 구성 • 018

1.2 하드웨어 • 019

1.3 소프트웨어 • 021

02 윈도우 10 • 023

2.1 윈도우 10 시작 • 023

2.2 윈도우 10 설치 • 024

기본예제 01 윈도우 10 설치 • 024

2.3 윈도우 10의 새로운 기능 • 026

2.4 윈도우 10의 기본 활용 • 029

기본예제 02 바탕 화면 아이콘 표시 • 031

기본예제 03 작업 표시줄에 아이콘 등록 • 032

03 윈도우 관리 • 042

3.1 파일 압축하기 • 042

기본예제 04 파일 압축 • 043

3.2 디스크 관리 • 043

3.3 시스템 보안 및 보호 • 047

04 멀티미디어 활용 • 050

4.1 Windows Media Player • 050

4.2 Print 3D • 051

4.3 사진 • 052

기본예제 05 비디오 만들기 • 053

4.4 캡처 도구 및 캡처 및 스케치 활용 • 055

05 웹 브라우저 • 056

5.1 Microsoft Edge 소개 • 056

5.2 브라우저 레이아웃 변경 및 기본 브라우저 설정 • 056

기본예제 06 빠른 연결 사이트 추가 및 삭제 • 057

기본예제 07 기본 브라우저 설정 • 059

5.3 즐겨찾기 및 다운로드 폴더 변경 • 059

기본예제 08 즐겨찾기 등록 및 관리 • 060

5.4 컬렉션 설정 • 061

기본예제 09 새 컬렉션 만들기 • 061

종합예제 / 연습문제 • 063

PART

02 한글

CHAPTER 02

한글 기본 기능 익히기

01 한글 2020의 시작과 종료 • 068

1.1 한글 2020 시작과 종료 • 068
1.2 한글 2020의 새로운 기능 • 070

02 한글 2020 화면 구성 • 075

2.1 한글 2020의 기본 화면 알기 • 075
2.2 화면 보기 설정하기 • 076
기본예제 01 기본 화면 설정 • 078

03 환경 설정과 스킨 설정하기 • 079

3.1 환경 설정 • 079
3.2 스킨 설정 • 080
기본예제 02 환경 설정 • 080

04 새 문서와 문서마당으로 문서 작성하기 • 081

4.1 새 문서로 문서 작성하기 • 081
4.2 문서마당으로 문서 작성하기 • 081
기본예제 03 문서마당 • 082

05 문서 저장과 열기 • 083

5.1 문서 저장하기 • 083
5.2 문서 열기 • 083
기본예제 04 파일 저장 • 084

06 문서 인쇄하기 • 085

기본예제 05 인쇄 • 086
종합예제 / 연습문제 • 087

CHAPTER 03

개체를 활용한 문서 작성하기

01 글자 모양 활용하기 • 092

1.1 글자 모양 실행하기 • 092
기본예제 06 글자 모양 • 093

02 개체 및 입력 도우미 활용하기 • 094

2.1 글맵시 • 094
2.2 그리기 개체 • 095
2.3 OLE 개체 • 102
2.4 필드 입력 • 102
2.5 상용구 • 103
2.6 문자표 • 103
2.7 글자 겹치기 • 104
기본예제 07 글맵시, 글자 겹치기, 그리기 개체 • 104

03 문단 모양 활용하기 • 107

기본예제 08 문단 모양 • 109

04 그림 넣기와 편집하기 • 112

4.1 그림 넣기 • 112
4.2 그리기마당 • 114
4.3 스크린 샷 • 114
4.4 그림에서 글자 가져오기 • 115
기본예제 09 그림 • 116

05 덧말 넣기와 모양 복사하기 • 119

5.1 덧말 넣기 • 119
5.2 모양 복사 • 119
기본예제 10 덧말 넣기와 모양 복사 • 121

06 문서 끼워 넣기와 문서 정보 • 123

6.1 문서 끼워 넣기 • 123

6.2 문서 정보 • 123

기본예제 11 문서 끼워넣기 • 124

07 한자 변환과 문단 띠 • 125

7.1 한자 변환 • 125

7.2 문단 띠 • 127

기본예제 12 문단 띠 • 127

종합예제 / 연습문제 • 129

CHAPTER 04

고급 문서 작성을 위한 기능 익히기

01 표 삽입 및 편집하기 • 132

1.1 표 삽입 • 132

기본예제 13 표 안의 표 • 133

기본예제 14 텍스트를 표로 변환 • 134

기본예제 15 텍스트 변환 • 135

1.2 셀의 블록 지정 • 136

1.3 표 편집 • 137

기본예제 16 표 편집 • 139

기본예제 17 캡션 삽입 • 142

기본예제 18 계산식 • 143

1.4 표 디자인 • 144

기본예제 19 표 테두리 • 144

기본예제 20 표 삽입 및 레이아웃, 서식 지정 • 147

기본예제 21 표 배경 • 149

02 차트 삽입 및 편집하기 • 154

2.1 차트 삽입 • 154

2.2 차트 구성요소 • 155

2.3 차트 편집 • 156

기본예제 22 차트 변경 • 156

기본예제 23 차트 서식 • 160

기본예제 24 차트 삽입 및 레이아웃, 서식 지정 • 161

03 스타일 만들기 및 편집하기 • 165

3.1 새 스타일 추가하기 • 165

기본예제 25 스타일 만들기 • 166

3.2 다른 문서의 스타일 가져오기 • 167

기본예제 26 스타일 가져오기 • 167

3.3 스타일 마당 • 170

3.4 스타일 수정하기 • 170

기본예제 27 스타일 수정하기 • 171

04 문서 레이아웃 설정하기 • 173

4.1 편집 용지 설정하기 • 173

기본예제 28 편집 용지 • 173

4.2 머리말/꼬리말 설정하기 • 174

기본예제 29 머리말 • 175

4.3 쪽 번호 매기기 • 176

기본예제 30 쪽 번호 • 176

기본예제 31 새 번호로 시작 • 178

4.4 쪽 테두리/배경 • 178

기본예제 32 배경 • 178

종합예제 / 연습문제 • 180

CHAPTER 05

효율적으로 문서 작성하기

01 맞춤법 검사와 문서 번역 • 186

1.1 맞춤법 검사 및 교정 • 186

1.2 문서 번역 • 188

기본예제 33 맞춤법 검사 • 189

02 메일 머지와 차례/색인 만들기 • 191

2.1 메일 머지 • 191

2.2 차례 만들기 • 193

2.3 색인 만들기 • 194
기본예제 34 메일 머지 • 196

03 한컴 애셋과 한컴 툴즈 • 200

3.1 한컴 애셋 • 200
3.2 한컴 툴즈 • 201
기본예제 35 한컴 애셋과 오피스 톡 • 205

04 단과 구역 설정하기 • 207

4.1 단 설정하기 • 207
4.2 다단 설정 나누기 • 208
4.3 구역 나누기 • 208
기본예제 36 구역 나누기 및 다단 설정 • 209

05 주석 및 하이퍼링크 • 212

5.1 주석 • 212
5.2 하이퍼링크 • 214
기본예제 37 책갈피와 하이퍼링크 설정 • 216

06 찾기와 찾아 바꾸기 • 219

6.1 찾기 • 219
6.2 찾아가기 • 220
6.3 찾아 바꾸기 • 220
기본예제 38 찾아 바꾸기 • 222
종합예제 / 연습문제 • 223

PART 03 엑셀

CHAPTER 06
엑셀 기본 기능 다루기

01 엑셀 시작하기 • 228

1.1 엑셀의 기능 • 228
1.2 엑셀 실행과 종료하기 • 229
1.3 엑셀 2019의 새로운 기능 • 231
1.4 화면 구성 • 234

02 통합 문서 관리하기 • 239

2.1 새 통합 문서 만들기 • 239
2.2 통합 문서 저장하고 열기 • 241
기본예제 01 서식 파일로 통합 문서 만들고 저장 • 243
2.3 워크시트 관리하기 • 244
기본예제 02 워크시트 관리 • 247
2.4 페이지 설정 지정하기 • 249
기본예제 03 페이지 설정 • 252

03 셀 다루기 • 254

3.1 셀 범위 선택하기 • 254
3.2 복사/이동하기 • 257
기본예제 04 복사하여 붙여넣기 • 257
3.3 열 너비/행 높이 지정 • 259
3.4 행/열 삽입 및 삭제하기 • 261
3.5 행/열 숨기기 및 숨기기 취소 • 263
3.6 틀 고정하기 • 264
기본예제 05 행/열 관리 및 틀 고정하기 • 264

04 데이터 입력하기 • 267

4.1 숫자 데이터 • 267
4.2 문자 데이터 • 267
4.3 날짜/시간 데이터 • 268
4.4 자동 완성 기능 • 268
4.5 자동 채우기 기능 • 269
기본예제 06 데이터 입력하기 • 272
4.6 빠른 채우기 기능 • 275
기본예제 07 빠른 채우기 • 275

05 셀 서식 설정하기 • 277

5.1 셀 서식 지정 방법 • 277
5.2 표시 형식 • 278
기본예제 08 셀 서식–표시 형식 • 280
5.3 맞춤 서식 • 281
5.4 글꼴 서식 • 282
5.5 테두리 • 282
5.6 채우기 • 283
기본예제 09 셀 서식–맞춤 • 283
종합예제 / 연습문제 • 286

CHAPTER 07
비주얼적인 데이터 꾸미기

01 셀 스타일 및 표 서식 • 292

1.1 셀 스타일 • 292
기본예제 10 셀 스타일 적용 • 293
1.2 표 서식 • 295
기본예제 11 표 스타일 만들어 적용 • 296

02 조건부 서식 • 299

2.1 조건부 서식 지정 • 299
2.2 조건부 서식 지우기 • 301
2.3 조건부 서식 규칙의 순서 편집 • 301
기본예제 12 셀 강조 규칙 및 상위/하위 규칙 • 302
기본예제 13 데이터 막대 및 색조 • 302

03 차트 • 306

3.1 차트 만들기 • 306
3.2 차트 구성요소 • 308
3.3 콤보 차트 만들기 • 309
3.4 차트 편집하기 • 309
3.5 지도 차트 • 313
3.6 선버스트 차트 • 314
3.7 파레토 차트 • 314
3.8 스파크라인 • 314
기본예제 14 묶은 세로 막대형 차트 만들기 • 315
기본예제 15 콤보 차트 만들기 • 318
기본예제 16 지도 차트 만들기 • 320
기본예제 17 선버스트 차트 만들기 • 321
기본예제 18 파레토 차트 만들기 • 322
기본예제 19 스파크라인 만들기 • 323
종합예제 / 연습문제 • 325

CHAPTER 08
수식 계산 및 함수 익히기

01 수식의 개요 • 332

1.1 수식의 기초 • 332
1.2 연산자 • 332
기본예제 20 연산자 수식 • 334
1.3 셀 참조 • 335
기본예제 21 절대 참조 • 335
기본예제 22 혼합 참조 • 336

02 함수 개요 • 337

2.1 함수의 기초 • 337
2.2 자동 함수 • 338

기본예제 23 자동 함수 • 338
2.3 함수의 범주 • 340

03 이름 정의 • 341

3.1 이름 정의 및 관리하기 • 341
기본예제 24 이름 정의 • 343

04 기본 함수 활용하기 • 345

4.1 텍스트 함수 • 345
기본예제 25 텍스트 함수 • 347
4.2 날짜/시간 함수 • 349
기본예제 26 날짜/시간 함수 • 351
4.3 통계 함수 • 353
기본예제 27 통계 함수 • 355
4.4 논리 함수 • 357
기본예제 28 논리 함수 • 358
4.5 수학/삼각 함수 • 359
기본예제 29 수학/삼각 함수 • 361

05 고급 함수 활용하기 • 363

5.1 찾기/참조 함수 • 363
기본예제 30 찾기/참조 함수 • 364
5.2 데이터베이스 함수 • 365
기본예제 31 데이터베이스 함수 • 367
종합예제 / 연습문제 • 368

CHAPTER 09
데이터 관리 및 분석

01 데이터 관리 • 374

1.1 정렬 • 374
기본예제 32 정렬 • 377
1.2 부분합 • 380
기본예제 33 부분합 작성 및 제거 • 382
1.3 필터 • 384
기본예제 34 자동 필터(숫자, 텍스트, 날짜 시간) • 387
기본예제 35 고급 필터 • 390
1.4 데이터 통합 • 392
기본예제 36 데이터 통합 • 393
1.5 데이터 유효성 검사 • 394
기본예제 37 데이터 유효성 검사 • 395
1.6 중복된 항목 제거 • 397
기본예제 38 중복된 항목 제거 • 398
1.7 텍스트 나누기 • 398
기본예제 39 텍스트 나누기 • 400

02 데이터 분석 • 403

2.1 피벗 테이블 • 403
기본예제 40 피벗 테이블 작성 1 • 407
기본예제 41 피벗 테이블 작성 2 • 409
2.2 슬라이서 및 시간 표시 막대 삽입 • 410
기본예제 42 슬라이서 삽입 • 412
기본예제 43 시간 표시 막대 삽입 • 414
2.3 피벗 차트 작성 • 415
기본예제 44 피벗 차트 만들기 1 • 415
기본예제 45 피벗 차트 만들기 2 • 417
기본예제 46 피벗 차트 수정하기 • 419
2.4 가상 분석 • 422
기본예제 47 시나리오 만들기 • 423
기본예제 48 목표값 찾기 • 425
기본예제 49 데이터 표 • 427

03 매크로 • 429

3.1 [개발 도구] 탭 추가 • 429
3.2 매크로 작성 • 429
기본예제 50 매크로 기록 및 실행 • 431
기본예제 51 컨트롤을 활용한 매크로 지정 • 434
종합예제 / 연습문제 • 436

PART

04 파워포인트

CHAPTER 10
파워포인트 기본 기능 다루기

01 파워포인트 개요 • 448

1.1 프레젠테이션이란? • 448
1.2 파워포인트 특징 • 449
1.3 파워포인트 2019의 새로운 기능 • 450
1.4 화면 구성 • 452

02 슬라이드 다루기 • 454

2.1 파워포인트 2019 시작과 종료 • 454
2.2 슬라이드 삽입 및 삭제 • 456
2.3 슬라이드 편집 • 457
2.4 슬라이드 구역 관리 • 458

03 텍스트 슬라이드 • 460

3.1 텍스트 입력 • 460
3.2 텍스트 꾸미기 • 461
3.3 글머리 기호 삽입 및 편집 • 462
3.4 단락 및 줄 간격 설정 • 462
기본예제 01 텍스트 슬라이드 작성 • 463

04 인쇄하기• 466

4.1 인쇄 설정 • 466
기본예제 02 유인물 인쇄하기 • 467
종합예제 / 연습문제 • 468

CHAPTER 11
비주얼적인 프레젠테이션 만들기

01 도형 이용하기 • 472

1.1 도형을 이용한 슬라이드 작성 • 472
기본예제 03 도형 모양 변경 • 473
1.2 도형 꾸미기 • 474
기본예제 04 도형 서식 지정 • 475
1.3 도형의 그룹화 및 그룹화 해제 • 476
기본예제 05 도형 서식 지정 및 그룹화 • 477
1.4 도형 정렬 • 478
기본예제 06 도형 맞춤 • 480
1.5 도형 병합 • 480
기본예제 07 도형 병합 • 481
1.6 도형을 이용한 인포그래픽 • 483
기본예제 08 인포그래픽 도형 • 483

02 멀티미디어 삽입하기 • 485

2.1 이미지 삽입 • 485
기본예제 09 그림 편집 • 489
2.2 오디오 삽입 • 490
기본예제 10 오디오 삽입 및 트리밍 • 490
2.3 비디오 삽입 및 편집 • 491
기본예제 11 비디오 삽입 • 493
2.4 아이콘 삽입 및 편집 • 493
기본예제 12 아이콘 삽입 및 도형 변환 • 494
2.5 하이퍼링크 삽입 • 495
기본예제 13 하이퍼링크 삽입 • 500

03 표와 차트로 슬라이드 작성하기 • 502

3.1 표 작성 및 셀 관리 • 502
기본예제 14 표 삽입 및 셀 병합 • 503
3.2 표 스타일 및 레이아웃 지정 • 504
기본예제 15 표 스타일 • 505
3.3 차트 삽입 • 507
3.4 차트 편집 및 스타일 지정 • 508
기본예제 16 차트 삽입 및 편집 • 511

04 워드아트 및 스마트아트 삽입하기 • 513

4.1 워드아트 • 513
기본예제 17 워드아트 삽입 및 편집 • 515
4.2 스마트아트 • 516
기본예제 18 스마트아트 삽입 및 편집 • 519
기본예제 19 조직도 만들기 • 521
기본예제 20 스마트아트 및 도형으로 변환 • 523
종합예제 / 연습문제 • 524

CHAPTER 12
화면 전환 및 슬라이드 쇼

01 화면 전환 • 530

1.1 화면 전환 효과 지정 • 530
1.2 타이밍을 이용한 화면 전환 • 531
기본예제 21 화면 전환 및 효과 • 531
1.3 모핑 화면 전환 • 532
기본예제 22 모핑 효과 • 533

02 애니메이션 설정 • 535

2.1 애니메이션 지정 • 535
기본예제 23 슬라이드 애니메이션 • 536
2.2 프레지 효과 • 537
기본예제 24 프레지 효과 • 538

03 슬라이드 쇼 및 설정 • 540

3.1 슬라이드 쇼 및 설정 • 540
3.2 슬라이드 쇼 설정 • 541
3.3 예행 연습 • 542
3.4 슬라이드 쇼 녹화 • 543
3.5 슬라이드 숨기기 • 543
기본예제 25 프레젠테이션 예행 연습 • 544
종합예제 / 연습문제 • 545

CHAPTER 13
테마 및 슬라이드 마스터

01 디자인 테마 • 550

1.1 디자인 테마 지정 • 550
1.2 나만의 테마 만들기 • 550
기본예제 26 테마 적용 및 저장 • 554

02 슬라이드 마스터 • 556

2.1 슬라이드 마스터 구성 • 556
2.2 슬라이드 마스터 디자인 • 558
기본예제 27 슬라이드 마스터 작성 • 562
종합예제 / 연습문제 • 567

찾아보기 • 569

PART

01

윈도우

WINDOWS 10

CHAPTER
01

컴퓨터 일반과 윈도우 10

01 컴퓨터 일반

02 윈도우 10

03 윈도우 관리

04 멀티미디어 활용

05 웹 브라우저

종합예제

연습문제

학습목표

- 컴퓨터의 기본 구성, 하드웨어, 소프트웨어에 대해 설명할 수 있다.
- 윈도우 10의 새로운 기능을 알아본다.
- 윈도우 10의 기본 기능과 관리 방법을 알아본다.
- 윈도우 10에서 제공되는 멀티미디어를 활용할 수 있다.
- 웹 브라우저인 Microsoft Edge에 대해 알아본다.

SECTION 01

컴퓨터 일반

컴퓨터가 내부에서 어떻게 동작하는지에 대한 동작 원리와 그와 관련된 개념을 설명하고, 컴퓨터의 가장 기본적 구성인 하드웨어와 소프트웨어의 주요 특징을 간략하게 설명한다.

1.1 컴퓨터의 구성

컴퓨터(Computer)는 입력 데이터 기반의 명령어로 구성된 프로그램의 지시에 따라 신속, 정확하게 데이터를 분석·처리하여 그 결과를 사용자에게 제공한다. 즉, 컴퓨터가 하나의 업무를 처리하기 위해서 입력장치를 통해 데이터를 입력받고, 입력된 데이터는 컴퓨터 내부의 기억장치, 연산장치, 제어장치에 의해 처리된 결과를 출력장치를 통해 출력된다.

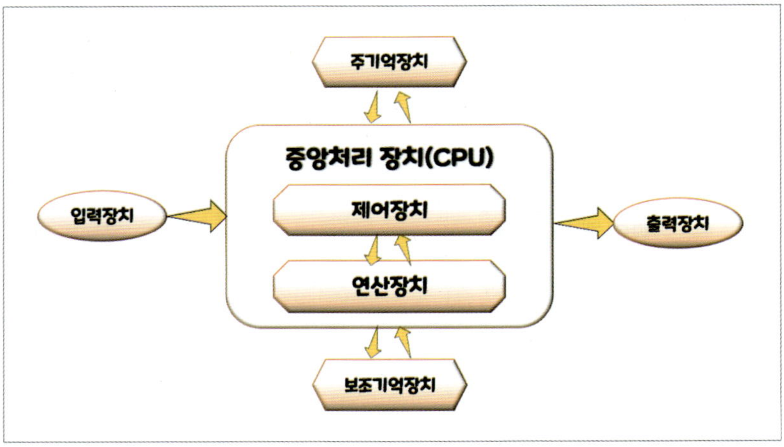

컴퓨터는 물리적 기계장치인 하드웨어(Hardware)와 명령어들이 논리적으로 구성된 소프트웨어(Software)로 구성되며, 신속성, 정확성, 대용량성, 범용성, 호환성 등의 특성을 가진다.

일반적인 컴퓨터의 하드웨어는 입력장치(키보드, 마우스 등), 본체, 출력장치(모니터, 프린터 등)를 말하며, 사용 목적과 용도에 따라 추가로 구매하여 사용할 수 있다. 소프트웨어는 하드웨어를 구동시키기 위한 시스템 소프트웨어(운영체제)와 사용 용도에 따라 다양한 응용 소프트웨어를 설치하여 사용한다.

컴퓨터의 성능을 평가하는 요소에는 일정 시간 동안 얼마나 많은 양의 데이터를 처리할 수 있는지를 평가하는 처리량(Throughput)과 CPU(Central Processing Unit) 성능 단위로 평가한다.

> **TIP** CPU 성능 단위
> - 클록 속도(Hz) : CPU 동작 클럭 주파수
> - MIPS(Million Instructions Per Second) : 1초당 100만 개의 명령어 연산 횟수
> - FLOPS(FLoating-point Operations Per Second) : 1초당 부동소수점 연산 횟수

1.2 하드웨어

컴퓨터 하드웨어는 입력장치, 중앙처리장치, 기억장치, 출력장치로 구성된다. 입력장치에는 키보드, 마우스, OCR, OMR, MICR, 디지털카메라, 스캐너, 조이스틱, 터치스크린 등이 있으며, 출력장치에는 화면으로 보여주는 모니터(LCD, LED, FED, PDP)와 인쇄장치(잉크젯 프린터, 레이저 프린터)가 있다.

1.2.1 중앙처리장치

중앙처리장치(CPU : Central Processing Unit)는 입력받은 데이터를 기억하고, 해석/해독 과정을 거쳐 연산한 결과를 외부로 출력시키며, 컴퓨터의 모든 장치에 대하여 제어 및 감독 역할을 수행한다.

- **레지스터(Register)** : 메모리 계층의 최상위에 위치하며, 일반적으로 현재 계산을 수행 중인 값을 저장하는 데 사용되며, 가장 빠른 속도로 접근 가능한 메모리이다.
- **제어장치(CU : Control Unit)** : 프로세서의 조작을 지시하며, 입출력장치 간 통신 및 조율을 제어하고, 명령어들을 읽고 해석하여 신호를 발생시키는 것으로, 프로그램 카운터, 명령어 해독기, 명령어 레지스터 등이 있다.
- **연산장치(ALU : Arithmetic Logic Unit)** : 덧셈, 뺄셈, 곱셈, 나눗셈 등의 계산을 하는 산술연산과 두 개의 논리값으로 연산하는 논리연산이 있다. 연산장치는 가산기, 보수기, 누산기, 상태 레지스터 등으로 구성되어 있다.

1.2.2 기억장치

기억장치는 CPU에 의해 수행되는 프로그램과 데이터를 저장하고 있는 주기억장치(Memory)와 영구히 보존하는 보조기억장치로 나눌 수 있다.

주기억장치는 ROM(Read Only Memory)과 RAM(Random Access Memory)으로 나눈다.

- **ROM** : 기억된 내용을 읽기만 가능하며, 전원이 차단되어도 기억된 내용이 지워지지 않는 비활성 메모리로, 기본 입출력 시스템(BIOS), 자가 진단 프로그램(POST)을 기억시키며, MASK ROM, PROM, EPROM, EEPROM이 있다.

- **RAM** : 자유롭게 읽고 쓸 수 있는 메모리로, 현재 사용 중인 프로그램이나 데이터가 저장되어있으며, 전원이 꺼지면 기억된 내용이 모두 사라지는 휘발성 메모리이다. RAM의 종류에는 SRAM, DRAM이 있다.

▲ ROM

▲ RAM

보조기억장치는 전원이 차단되어도 데이터가 삭제되지 않으며, 용량 대비 가격이 저렴하다. 보조기억장치 종류에는 하드 디스크 드라이브(HDD), SSD, 광디스크, USB 등이 있다.

- **하드 디스크 드라이브(Hard Disk Drive)** : 고정 디스크로, 금속 재질의 플래터를 회전시켜 입출력 헤드에 의해 데이터를 읽고 쓸 수 있다. 시스템 프로그램(운영체제)이나 각종 응용 프로그램을 설치하여 사용한다. 먼지에 취약한 단점이 있다.
- **SSD(Solid State Drive)** : HDD를 대체하려고 개발된 보조기억장치로, HDD는 자기 디스크, SSD는 플래시 메모리로 구성된다. NVMe(Non-Volatile Memory Express: 비휘발성 고속 메모리) 인터페이스 기반의 SSD는 데이터 입출력 속도가 빠르다. 플래시 메모리를 병렬로 연결하였으며, 가볍고 전력 소모와 발열이 적은 장점이 있다.

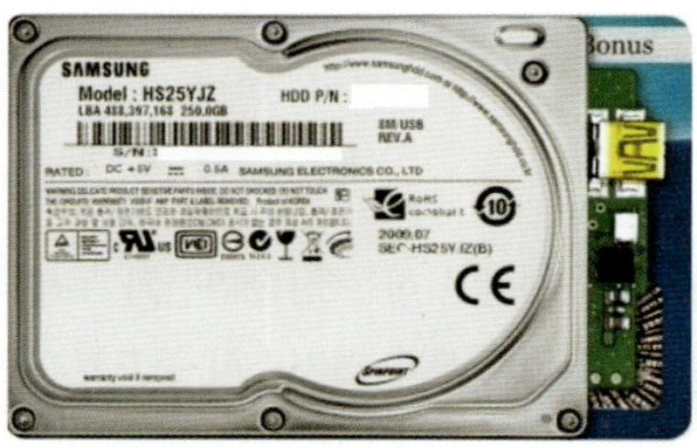

▲ 하드 디스크

▲ SSD(Solid State Drive)

여기서 잠깐 **컴퓨터 용량 단위**

- Byte → KB(킬로바이트 : 2^{10}) → MB(메가바이트 : 2^{20}) → GB(기가바이트 : 2^{30}) → TB(테라바이트 : 2^{40}) → PB(페타바이트 : 2^{50}) → EB(엑사바이트 : 2^{60}) → ZB(제타바이트 : 2^{70}) → YB(요타바이트 : 2^{80}) 순이다.
- 1,024byte = 1KB, 1,024KB = 1MB
- 1Byte는 8bit로 구성되며, 256개의 정보를 표현할 수 있다.

1.3 소프트웨어

소프트웨어(Software)는 프로그램을 지칭하며, 하드웨어에 명령어를 주거나, 다른 소프트웨어에 입력을 제공하여 컴퓨터를 효율적으로 사용할 수 있도록 구현된 기술을 말한다. 소프트웨어에는 시스템 소프트웨어(System Software)와 응용 소프트웨어(Application Software)로 분류한다.

▲ 소프트웨어 관계

1.3.1 시스템 소프트웨어

하드웨어에 접근하여 컴퓨터를 동작시키고, 다른 소프트웨어들이 작동 또는 처리될 수 있는 환경을 만들어 주는 소프트웨어로 운영체제(Operating Systems)를 말한다. 운영체제 종류에는 윈도우, 리눅스, 유닉스, 맥 OS, 안드로이드 OS, iOS 등이 있다.

운영체제의 성능평가 기준은 데이터 처리량(Throughput)과 응답시간의 최소화(Turn Around Time), 신뢰도(Reliability)와 사용 가능도(Availability)로 평가한다.

운영체제의 역할은 동기화 및 프로세서 스케줄링을 담당하는 프로세스 관리, 주기억장치를 반입 전략, 배치 전략을 통해 효율적으로 관리하는 기억장치 관리, 컴퓨터에 연결된 입출력장치의 상태를 파악하고 관리하는 입출력장치 관리, 파일과 보조기억장치를 관리하는 자원관리가 있다.

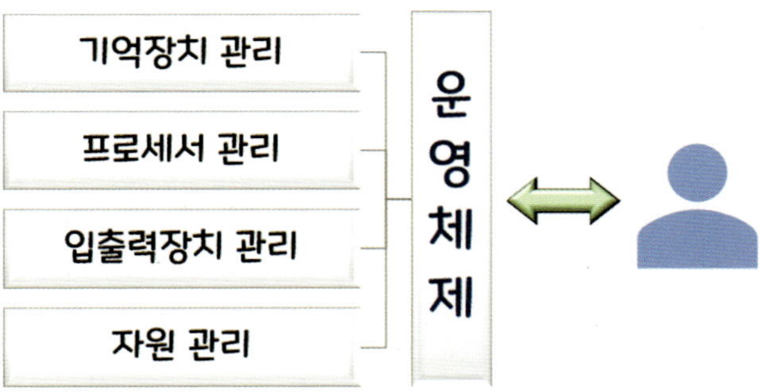

▲ 운영체제의 역할

> **TIP** 시스템 소프트웨어는 제어 프로그램과 처리 프로그램으로 구분되며, 제어 프로그램에는 감시, 작업 제어, 데이터 관리 프로그램이 있으며, 처리 프로그램에는 언어 번역과 서비스 프로그램이 있다.

TIP 반입 전략(Fetch)은 프로그램이나 데이터를 주기억장치에 언제 적재할 것인지를 결정한다. 배치 전략은 반입된 프로그램과 데이터를 주기억장치의 어디에 위치시킬지를 결정한다. 최초 적합(first fit), 최적 적합(best fit), 최악 적합(worstt fit) 기법이 있다.

1.3.2 응용 소프트웨어

운영체제에서 실행되는 모든 소프트웨어를 말하며, 시스템 소프트웨어를 제외한 사용자가 직접 사용하는 소프트웨어들로 애플리케이션이라고도 한다. 응용 소프트웨어는 사용 용도에 따라 문서 작성 프로그램, 그래픽 프로그램, 동영상 프로그램, 게임 프로그램 등이 있다.

▲ 응용 소프트웨어

SECTION 02

윈도우 10

윈도우 10의 특징, 설치 방법, 새로운 기능을 살펴보고, 윈도우에서 많이 사용되는 기본 기능들을 알아본다.

2.1 윈도우 10 시작

일반적으로 컴퓨터의 운영체제로 가장 많이 사용되는 윈도우 10은 터치스크린과 PC 게임 플랫폼 환경 등을 제공하고, 장애가 있는 사용자나, 모든 사람에게 원하는 작업을 편리하게 수행할 수 있도록 다양한 혁신 기술을 제공한다.

Microsoft Store에는 기본 앱이나, 최신 게임, 동영상/TV 프로그램, 창작 소프트웨어 등 Windows 사용을 위한 모든 콘텐츠가 포함되어 있어 내려받아 사용할 수 있다.

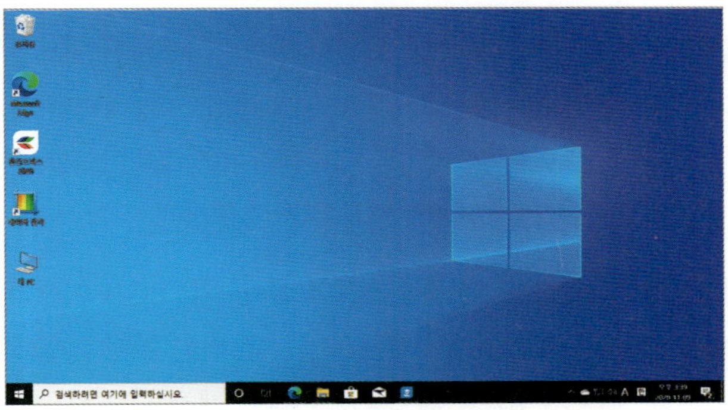

내 PC의 윈도우 버전 정보를 확인하고자 할 때는 [시작(⊞)]을 클릭한 후 [Windows 시스템]–[내 PC]에서 마우스 오른쪽 단추를 눌러 [자세히]–[속성]을 클릭한다.

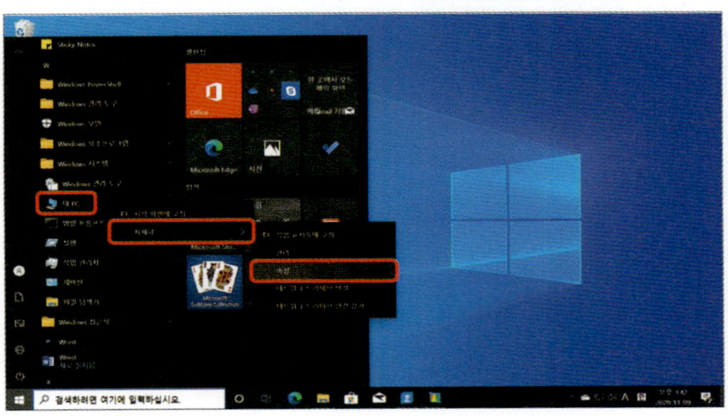

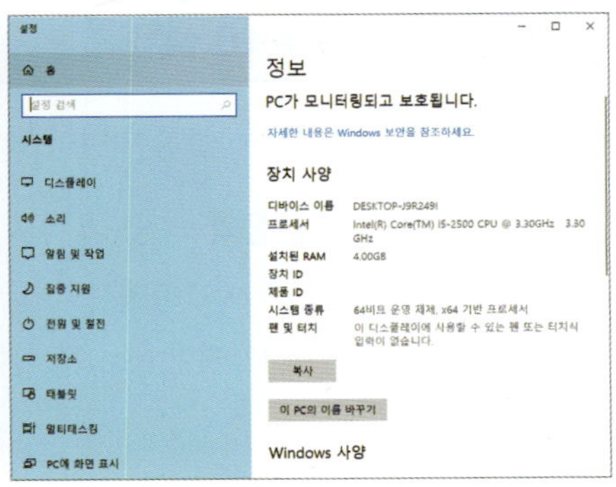

TIP 윈도우 버전은 [시작] 메뉴에서 마우스 오른쪽 버튼을 클릭한 다음, [시스템(Y)]을 클릭하여 확인할 수도 있다.

2.2 윈도우 10 설치

Microsoft에서 제공하는 윈도우 10 버전에는 Windows 10 Home, Windows 10 Pro 버전이 있다. Windows 10 Pro 버전은 Windows 10 Home 운영체제의 모든 기능과 원격 데스크톱, Windows Information Protection, BitLocker, 비즈니스용으로 설계된 도구 모음을 제공한다.

2.2.1 윈도우 10 설치 기본 사양

하드웨어	설치 사양
프로세서(CPU)	GHz이상 프로세서 또는 SoC(System on a Chip)
RAM	1GB(32bit) 또는 2GB(64bit)
하드 드라이브	16GB(32bit OS의 경우) 또는 32 GB(64bit OS의 경우)
그래픽 카드	DirectX 9 이상(WDDM 1.0 드라이버 포함)
디스플레이	800×600

2.2.2 윈도우 10 설치 방법

- **도구를 사용하여 Windows 10으로 업그레이드하기(윈도우 10 설치 라이선스 보유)** 기존에 사용하던 윈도우 버전을 업그레이드하여 설치한다. 윈도우를 업그레이드하기 위해서는 도구(Media Creation Tool)를 다운로드하여 사용 약관 페이지에서 사용 약관을 수락 후 지금 PC 업그레이드를 선택하여 업그레이드할 수 있으며, 업그레이드하기 전 주의사항은 반드시 개인 자료를 백업한 뒤에 진행하는 것이 좋다.
- **도구를 사용하여 설치 미디어(USB 플래시 드라이브, DVD 또는 ISO 파일)를 만들어 설치하기** 8GB 이상의 빈 USB 플래시 드라이브 또는 빈 DVD(DVD 버너)를 사용하며, 윈도우 10 설치를 위한 부팅 파일과 설치 프로그램을 포함한 PC용 설치 미디어를 만든다. 윈도우 10 설치는 설치 미디어 제작 도구(Media Creation Tool)를 다운받은 후 진행 절차에 따라 설치한다.

기본예제 01 윈도우 10 설치

윈도우 설치 방법 중 다른 PC용 설치 미디어를 만들어 본다.

01 도구 다운로드 및 사용 동의 : 윈도우 10 다운로드 웹페이지(https://www.microsoft.com/ko-kr/software-download/windows10)에서 [지금 도구 다운로드]를 클릭하여 다운받는다. 다운받은 미디어 제작 도구(MediaCreationTool20H2l.exe)를 실행시킨 후 '관련 통지 및 사용 조건'에서 [동의]를 클릭한다.

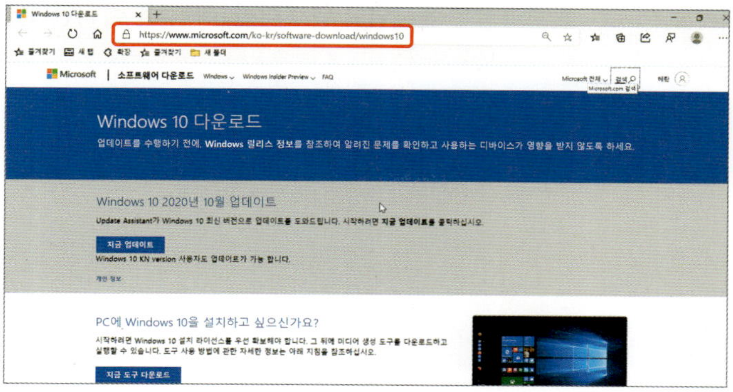

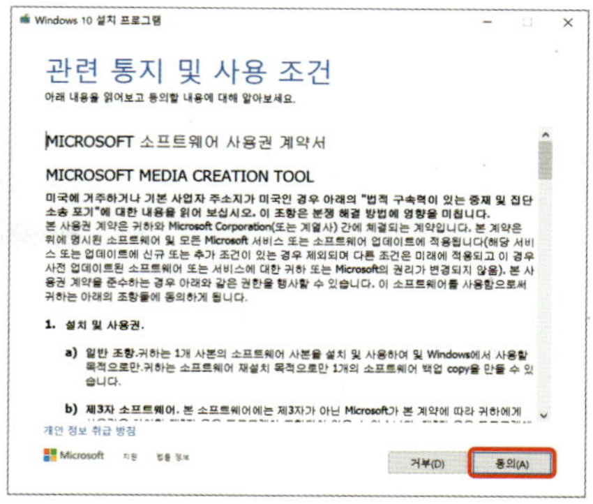

02 설치 옵션 선택 : Windows 10 설치 프로그램 창이 활성화되면, '다른 PC용 설치 미디어(USB 플래시 드라이브, DVD 또는 ISO 파일) 만들기'를 선택하고 [다음]을 클릭한다. '언어, 아키텍처 및 버전 선택' 창에서 [다음]을 클릭한다(8GB 이상의 USB 저장 장치를 준비하여 내 PC에 연결).

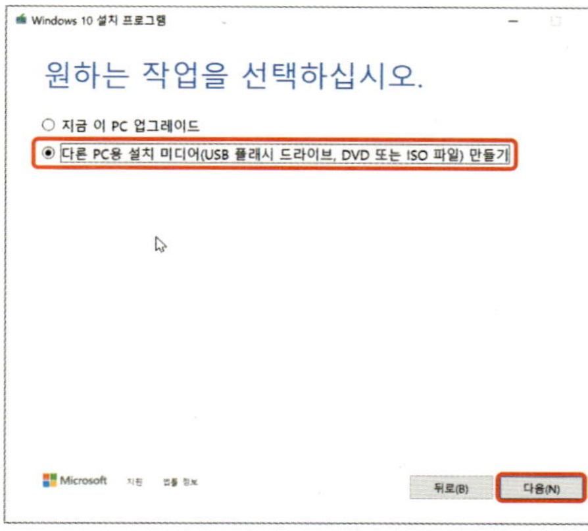

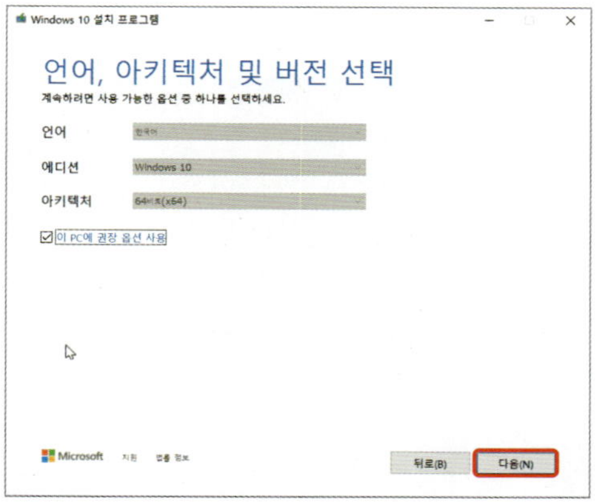

03 미디어 및 드라이브 선택 : '사용할 미디어 선택' 창에서 'USB 플래시 드라이브'를 선택한 후 [다음]을 클릭한다. 'USB 플래시 드라이브 선택' 창에서 연결된 '이동식 드라이브'를 확인한 후 [다음]을 클릭한다.

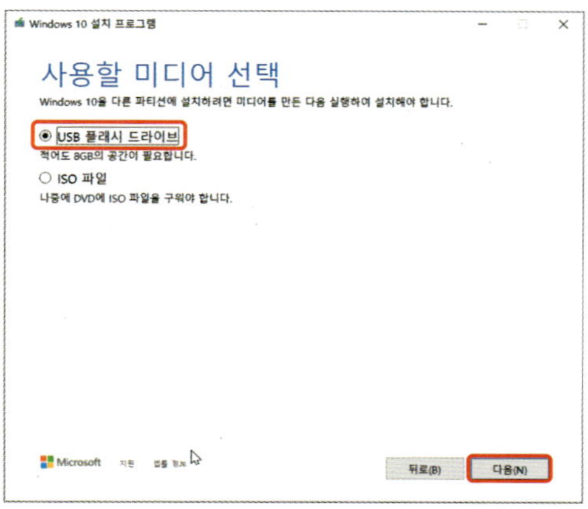

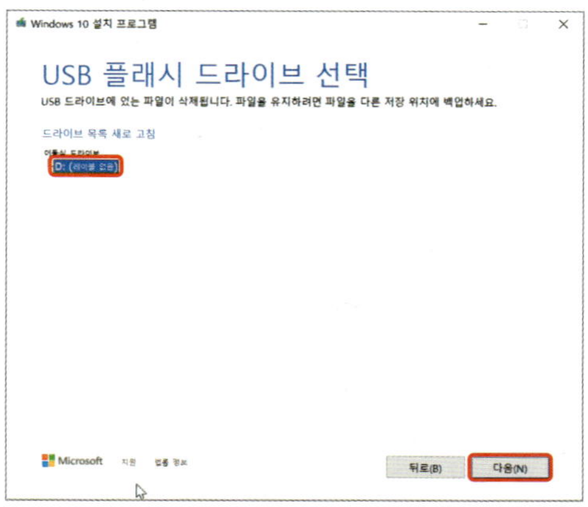

04 설치 미디어 완료 : PC용 설치 미디어가 만들어지는 진행과정이 표시되고 완료되면 [마침]을 클릭한다.

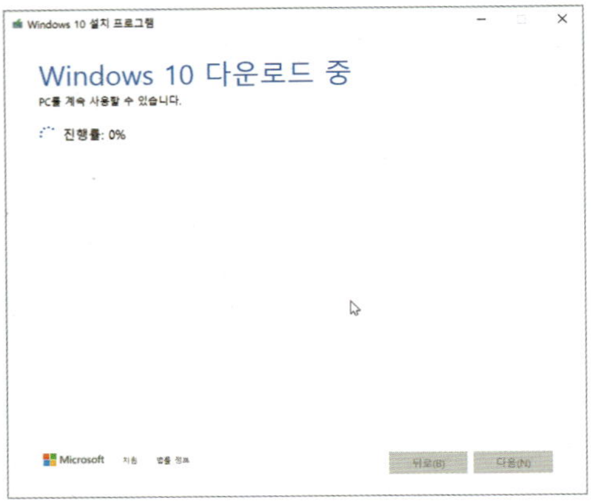

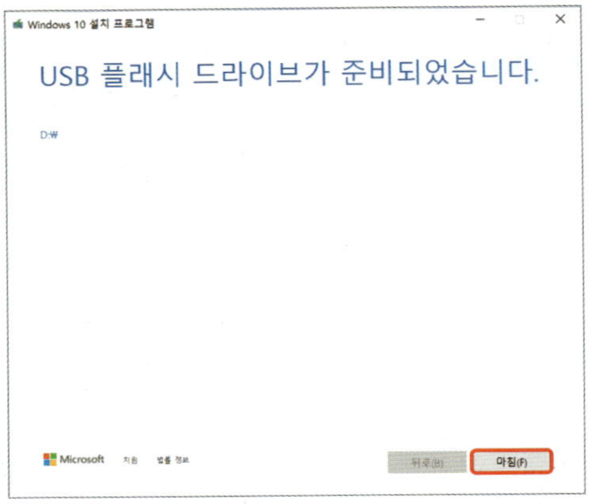

05 윈도우 설치 : 컴퓨터를 다시 시작한 후 USB로 컴퓨터를 부팅시킬 수 있도록 컴퓨터 환경(부팅 순서를 USB로 설정)을 설정해주고 설치 순서에 따라 윈도우 10을 설치한다.

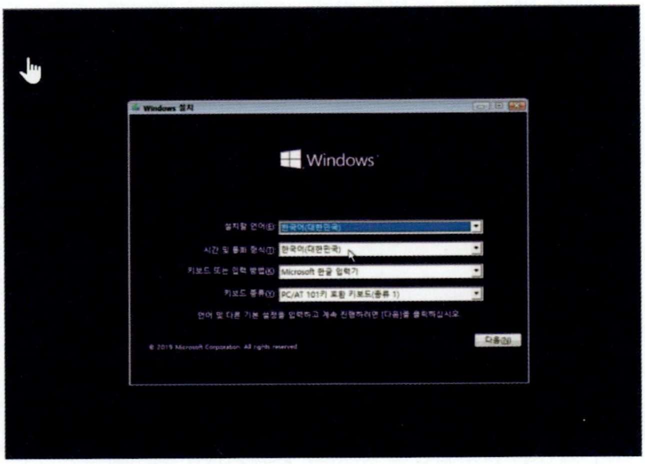

2.3 윈도우 10의 새로운 기능

윈도우 10은 포괄적인 보호 기능을 기본적으로 제공하여 Windows Hello 얼굴 인식 및 생체 인식 로그인과 바이러스 백신 보호 기능을 통해 안전하게 사용할 수 있다. 윈도우의 새로운 기능과 보안 업데이트가 무료로 계속해서 제공되어 사용자가 편리할 때 업데이트하도록 선택할 수 있다. OneDrive에서 파일 공유 및 편집하여 저장하면 어디에서든지 iOS, Android 및 Windows 장치에서 파일을 보호, 백업, 액세스할 수 있다.

2.3.1 타임라인에서 과거 활동으로 돌아가기

타임라인에서 최근 실행했던 작업을 찾아 실행시킬 수 있다. 타임라인 실행 방법은 작업 표시줄에서 [작업 보기( )]를 선택하거나, 윈도우 로고 키( )+ 을 눌러 실행한다.

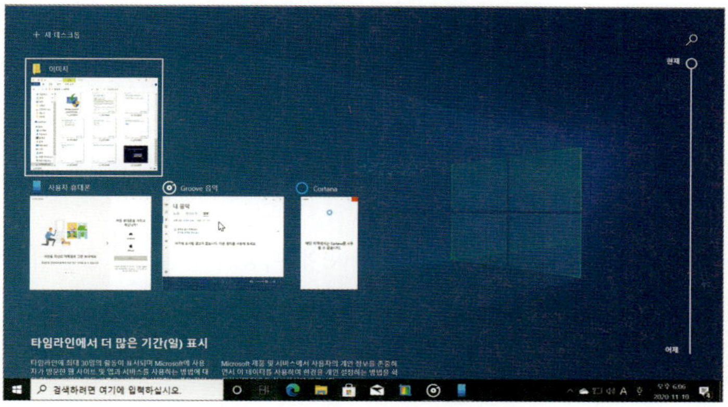

2.3.2 화면 캡처(화면의 내용을 캡처 및 스케치)

화면 캡처는 마우스로 범위를 지정하거나 창 또는 전체 화면을 캡처하여 그림파일 형식으로 저장할 수 있다. 윈도우 로고 키(⊞)+Shift+S를 누르면 캡처 도구가 열리고, 캡처 방법을 선택한 후 캡처할 영역을 지정한다. 알림 센터에서 화면 캡처를 실행하면 소리와 창으로 클립보드에 저장됨을 알려주며 캡처한 내용을 편집하여 저장할 수 있다.

2.3.3 타이핑 대신 음성으로 입력

마이크(🎙)와 음성인식 기능을 활용하여 텍스트를 받아쓰기할 수 있다. 음성 입력 방법은 먼저 [시작(⊞)] 메뉴의 [설정(⚙)]을 선택한 후 [시간 및 언어]–[언어]–[기본 설정 언어]에서 'English'를 기본 언어로 설정해야 한다. Windows 로고 키(⊞)+H를 눌러 마이크를 활성화시킨 후 텍스트를 입력할 수 있는 프로그램에서 영어 단어나 간단한 영문 문장을 소리내어 말하면 해당 내용이 입력된다.

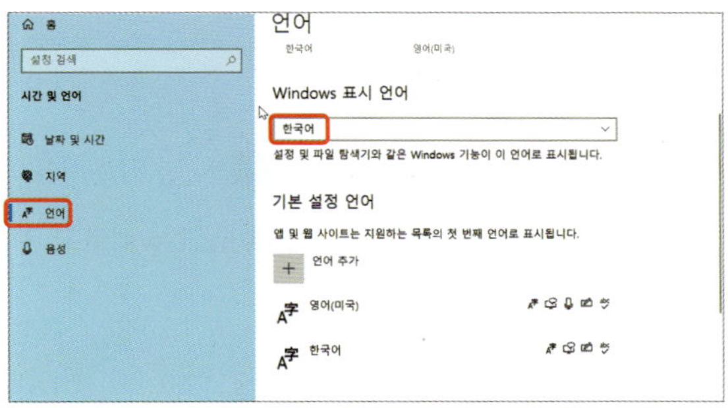

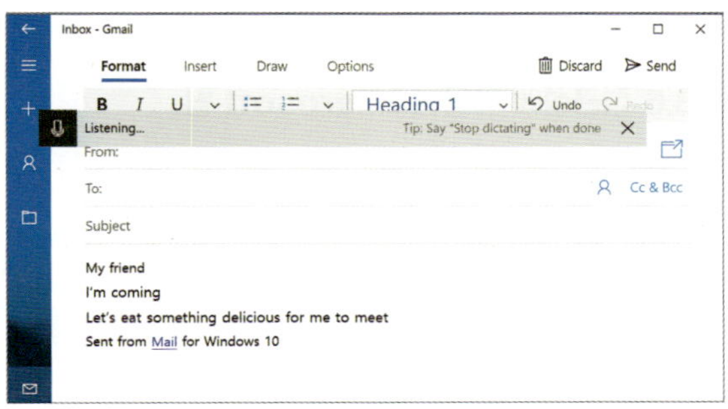

TIP 기본 설정 언어 목록에 'English'가 없는 경우, '언어 추가'를 클릭하여 설치한다. 음성 입력은 Microsoft 계열의 텍스트 프로그램에서만 입력된다.

2.3.4 신속한 사진 검색

내 PC에 저장된 사진이나 동영상을 컬렉션하여 보여주거나, 폴더, OneDrive에 저장된 그림으로 활용하여 앨범, 동영상을 제작 및 편집할 수 있다. [시작(⊞)] 메뉴를 클릭한 후 앱 목록 중 '사진'을 선택한다.

2.3.5 앱을 끌어서 나란히 표시

여러 개의 창을 활용하여 편리하게 작업을 할 수 있다. 열려 있는 창을 선택한 후 화면 오른쪽 또는 왼쪽 밖으로 끌면 열려 있는 창을 제외한 다른 모든 창은 반대쪽에 나타나고 빈 공간을 채울 창을 선택하여 사용한다(스냅 기능).

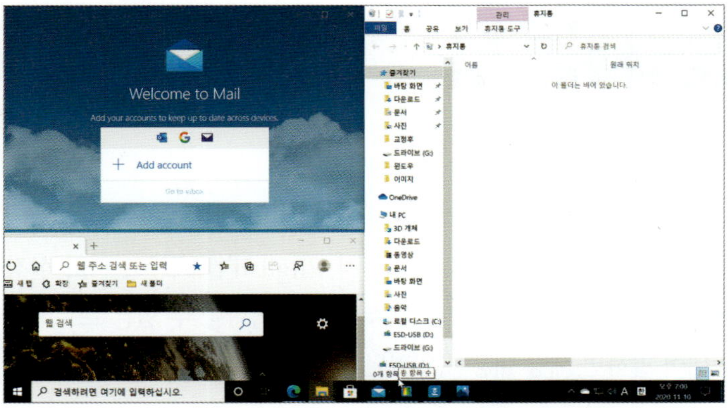

2.3.6 접근성에 유용한 Microsoft 팁

- **이모지** : 키보드에 입력할 수 없는 기호나 아이콘을 입력할 수 있다(Windows 로고 키(⊞)+[.](마침표)).
- **Xbox Game Bar** : 게임 녹화 및 스크린 샷 등의 화면 캡처를 할 수 있는 프로그램이다(Windows 로고 키(⊞)+[G]).

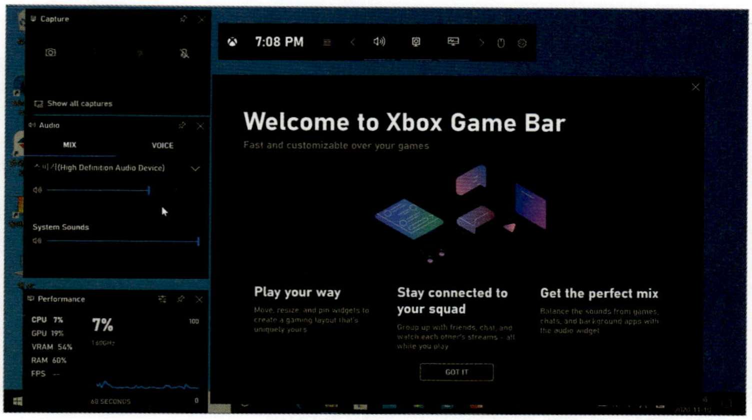

2.3.7 인공지능 비서 코타나(Cortana)

인공지능 비서 프로그램인 코타나는 마이크의 음성 인식과 키보드의 타이핑 입력으로 여러 가지 작업을 자동 실행하거나 검색할 수 있는 비서 서비스이다(알람, 이메일, 음악 검색, 일정 관리 등). 그러나, 음성 인식은 아직 완전하지 못하며, 지원 외국어도 한정적이고 한국어 지원 서비스는 불가능하다. Cortana 서비스를 이용하기 위해서는 지역과 언어를 변경해주어야 한다.

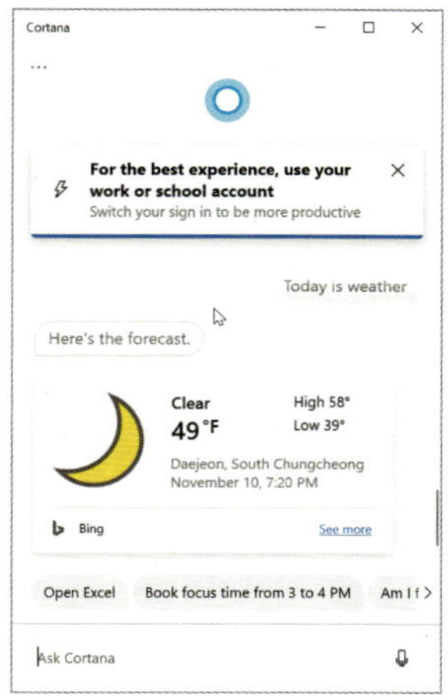

TIP 음성으로 인식한 받아쓰기 명령은 지원 가능한 언어로만 사용할 수 있다. 한국어는 지원되지 않으며, 일부 지원 언어는 중국어 간체, 프랑스어, 독일어, 이탈리아어 등이다. 이모지 문자는 일부 프로그램에는 작동하지 않을 수 있으니 Microsoft 계열의 프로그램에서 사용한다.

2.4 윈도우 10의 기본 활용

윈도우 10이 실행되면 처음 보여지는 화면을 바탕 화면이라 하며, 바탕 화면 구성 요소의 특징과 활용 방법, 파일과 폴더에 대해 알아본다.

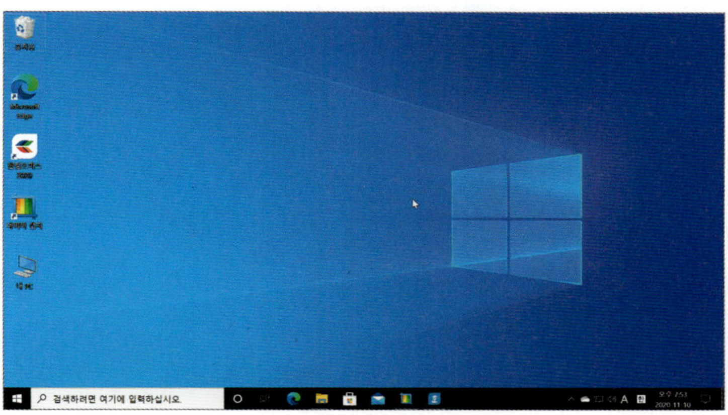

2.4.1 윈도우 10의 시작과 종료

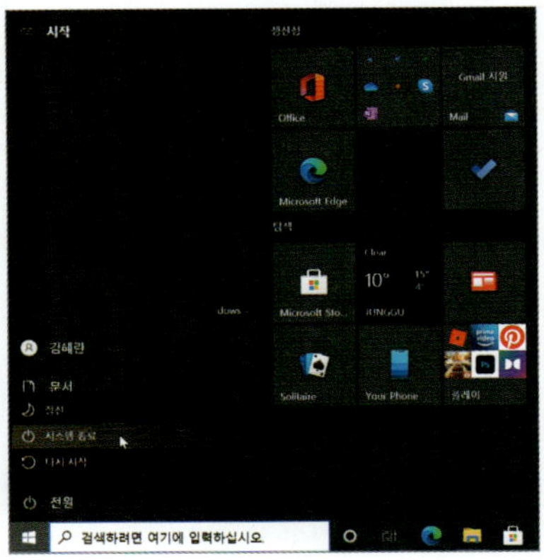

윈도우 10의 시작과 종료는 [시작(⊞)] 메뉴를 클릭하여 윈도우를 종료하거나 다시 시작할 수 있다.

- **절전** : PC는 켜져 있는 상태지만, 전력을 절약하기 위한 모드이다. 절전 모드 실행 시 전원을 끈 것처럼 모니터가 꺼지며, 마우스나 키보드를 누르면 이전 상태로 돌아간다.
- **시스템 종료** : 시스템을 종료한다. 시스템 종료 시 종료하지 않은 앱은 자동으로 종료된다.
- **다시 시작** : 시스템을 종료하고 다시 시작한다.

2.4.2 바탕 화면 아이콘 설정

바탕 화면에는 프로그램을 작은 그림으로 표시한 아이콘이 있으며, 아이콘은 바탕 화면 아이콘과 바로 가기 아이콘으로 구분한다.

바로 가기 아이콘은 왼쪽 아래에 화살표가 표시되어 있으며, 프로그램 실행 편의를 위해 원하는 위치에 생성하여 사용한다. 바로 가기 아이콘의 특징은 생성 및 삭제가 자유로우나, 원본 프로그램에 이상이( ) 생기면 프로그램이 실행되지 않는다. 바로 가기 아이콘은 프로그램, 파일, 프린터, 드라이브, 웹 주소 등으로 만들 수 있다.

> **TIP** 아이콘은 프로그램, 명령어, 또는 데이터 파일들의 특성을 잘 나타낼 수 있도록 조그만 그림으로 표시한 것이다.

바탕 화면 아이콘은 기본적으로 휴지통을 제외하고 바탕 화면에 표시되지 않는다. 바탕 화면 아이콘을 표시하려면 바탕 화면의 바로 가기 메뉴에서 [개인 설정]을 선택한 후 [테마]에 있는 '바탕 화면 아이콘 설정'을 클릭하여 [바탕 화면 아이콘 설정] 창에서 아이콘을 선택한다. '아이콘 변경'을 클릭하여 원하는 아이콘 모양으로 변경하거나, '기본값 복원'으로 원래의 모양으로 변경할 수 있다.

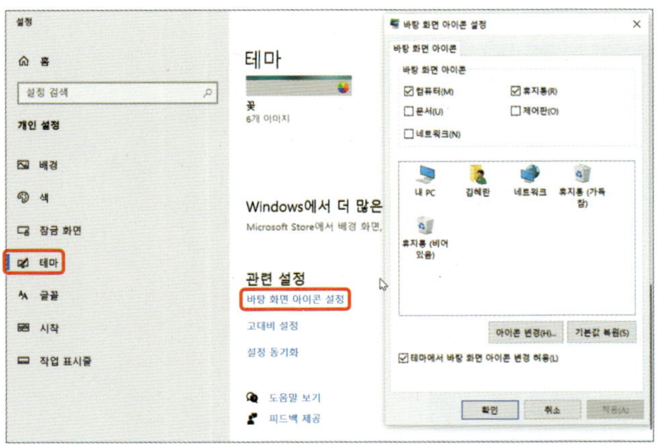

기본예제 02 바탕 화면 아이콘 표시

바탕 화면에 바탕 화면 아이콘을 설정해 본다(컴퓨터, 휴지통, 문서, 제어판, 네트워크 아이콘 표시).

01 개인 설정 : 바탕 화면 바로 가기 메뉴에서 [개인 설정]을 클릭한 후 [설정] 창이 나타나면 [테마]에 있는 '바탕 화면 아이콘 설정'을 클릭한다.

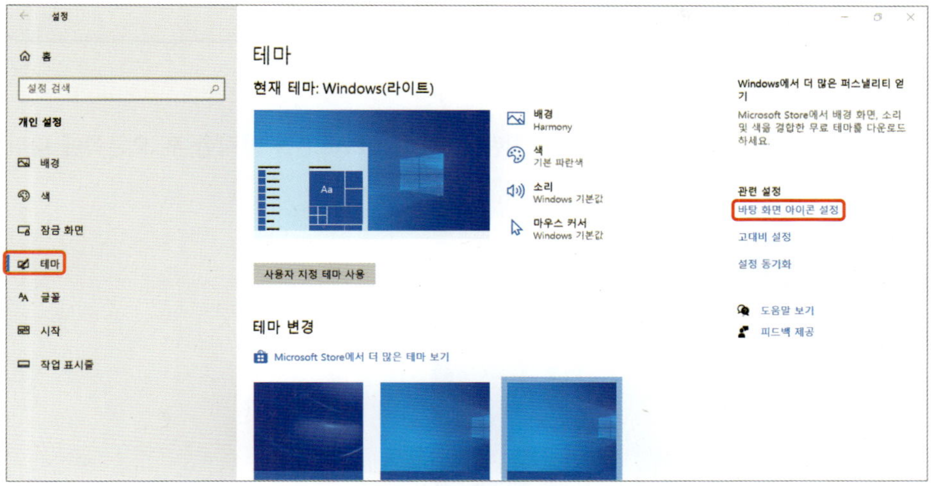

02 바탕 화면 아이콘 설정 : [바탕 화면 아이콘] 창이 나타나면 표시하려는 아이콘을 선택한 후 [확인]을 클릭한다.

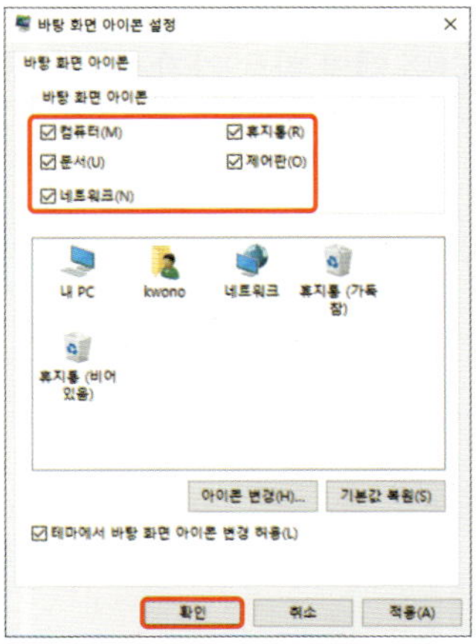

2.4.3 작업 표시줄 설정

작업 표시줄은 현재 실행 중인 앱을 표시하거나, 자주 쓰는 앱을 고정시켜 사용할 수 있다. 작업 표시줄에는 '시작 메뉴', '검색 상자', '작업 보기', '작업 표시줄에 고정된 앱', '시스템 아이콘', '시간 및 날짜', '알림 센터', '바탕 화면 보기'로 구성되어 있다. 작업 표시줄 옵션에서 '작업 표시줄 잠금', '작업 표시줄 자동 숨기기', '바탕 화면 미리 보기', '시스템 아이콘 켜기 또는 끄기', '작업 표시줄 위치' 등을 설정할 수 있다.

• **작업 표시줄의 구성**

기본예제 03 작업 표시줄에 아이콘 등록

작업 표시줄에 앱 검색과 시작 메뉴를 이용해서 아이콘 등록하는 방법을 알아본다.

01 앱 검색을 이용한 아이콘 등록 : 작업 표시줄의 [검색]란에 『PowerPoint』를 입력한 후 오른쪽에 나타나는 앱의 정보를 확인하고 '작업 표시줄에 고정'을 선택한다.

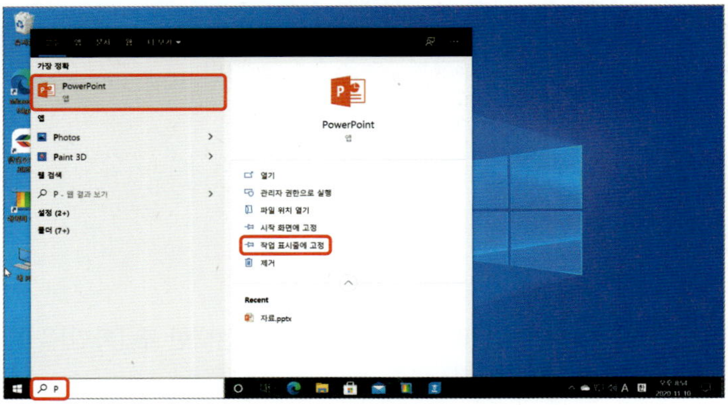

02 시작 메뉴를 이용한 아이콘 등록 : [시작(■)] 메뉴를 클릭한 후 등록하려는 앱의 바로 가기 메뉴에서 '자세히–작업 표시줄에 고정'을 선택한다.

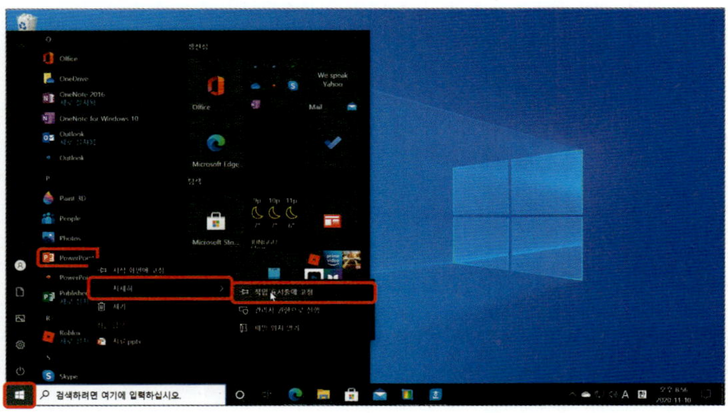

• **알림 관리**

작업 표시줄의 [알림 센터]를 클릭하여 '태블릿 모드'로 전환하거나, '야간 모드', '디스플레이 밝기', '모바일 핫스팟', '비행기 모드', '연결(스마트폰과 컴퓨터 연결)' 등을 설정할 수 있다.

알림 관리 편집을 통해 '잠금 화면에 알림 표시', '알림이 소리를 재생하도록 허용' 등을 설정할 수 있고, 앱에 따라 다르게 알림 설정을 할 수 있다. 알림 센터에는 바로 가기를 추가, 제거, 정렬할 수 있다. 알람 관리 편집은 [작업 표시줄]에 있는 [알림 센터]를 클릭한 후 '알림 관리'를 선택한다.

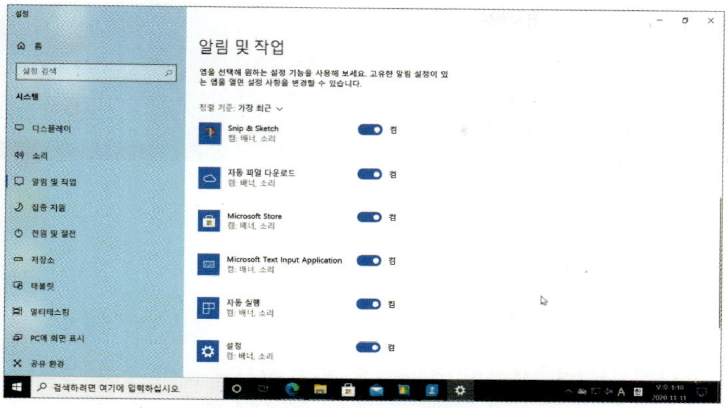

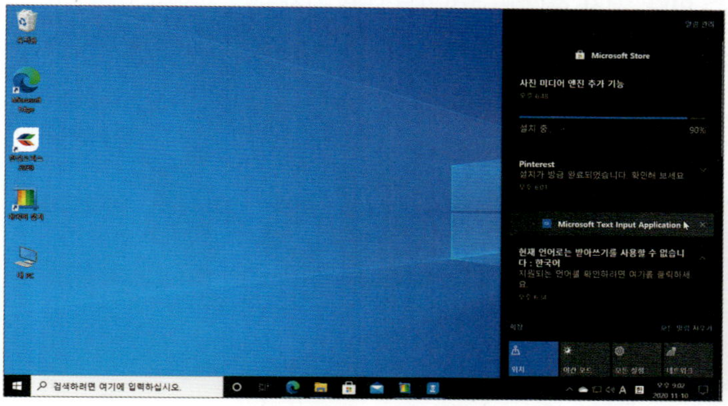

▲ 알림 센터 : 기본 모드

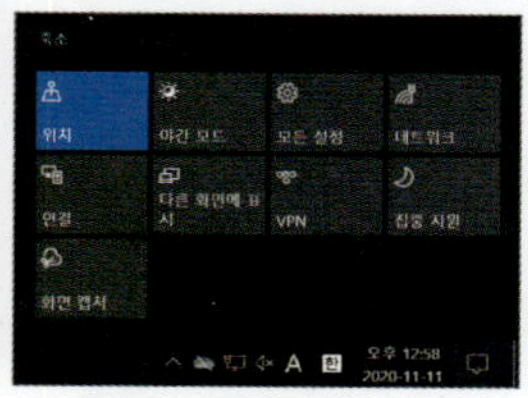

▲ 알림 센터 : 확장 모드

TIP 알림 센터에 표시되는 항목은 컴퓨터 사양에 따라 항목이 다르게 표시될 수 있으며, 야간 모드, 비행기 모드, 디스플레이 밝기, 모바일 핫스팟 등의 더 많은 기능을 설정할 수 있다.

• 태블릿 모드 전환

태블릿 모드는 터치에 맞게 최적화된 모드로 키보드와 마우스를 사용할 필요가 없다. 태블릿 모드에서는 앱이 전체 화면으로 열리고 작업 표시줄과 바탕 화면이 축소된다.

태블릿 모드 전환은 [시작(⊞)] 메뉴에서 [설정(⚙)]을 선택한 후 [시스템]을 클릭하여 항목 중 [태블릿]을 선택한다. 오른쪽 창의 추가 '태블릿 설정 변경'을 클릭하여 태블릿 모드를 '켬'으로 설정하거나, 작업 표시줄의 [알림 센터]에 등록된 [태블릿 모드]를 선택하여 빠르게 전환할 수 있다. 태블릿 모드로 전환되면 작업 표시줄에 [터치 키보드] 아이콘이 표시되며, [터치 키보드] 화면에서 키보드 모양을 변경하거나 분리할 수 있다.

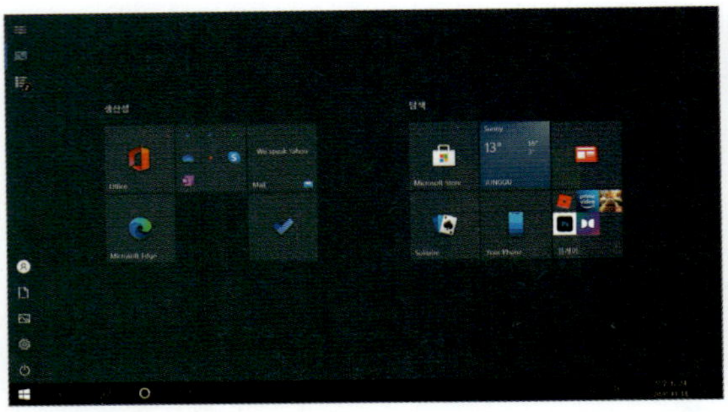

▲ 태블릿 모드

2.4.4 시작 메뉴 관리

[시작(■)] 메뉴에는 '최근에 추가된 앱', '자주 사용되는 앱', '(#) 모든 앱', '계정', '설정', '사진', '문서', '전원', '시작 화면' 등으로 구성되어 있다. 설치된 앱 목록은 앱의 이름에 따라 숫자-영문(A-Z)-한글(ㄱ-ㅎ) 순으로 보여지며, 원하는 앱을 선택하여 실행할 수 있다. 시작 화면에 보여지는 앱은 시작 메뉴의 앱을 이용하여 등록 또는 제거할 수 있으며, Microsoft Store 앱을 선택하여 추가적으로 앱을 다운받아 설치할 수 있다.

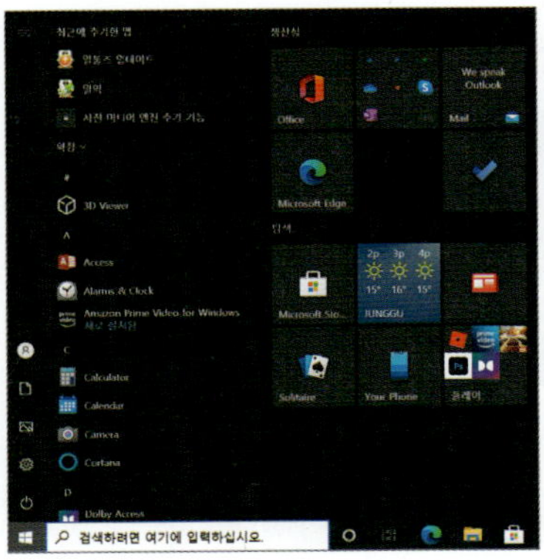

▲ [시작(■)] 메뉴 구성

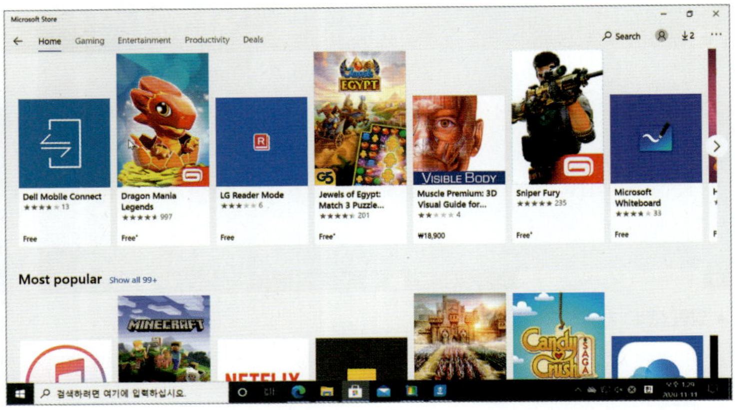

▲ [Microsoft Store-무료 앱 다운 및 설치]

- **앱 신속하게 찾기** : [시작(■)] 메뉴에서 #을 클릭한 후 보여지는 앱 이름의 첫 글자에 따라 영문(A-Z)과 한글(ㄱ-ㅎ)을 선택하여 설치된 앱을 신속하게 찾을 수 있다.

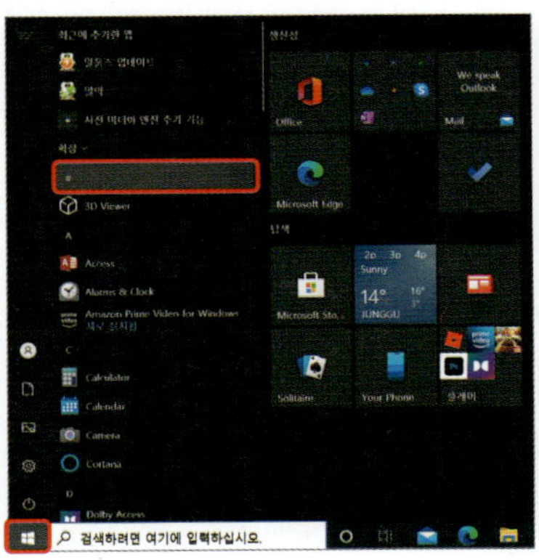

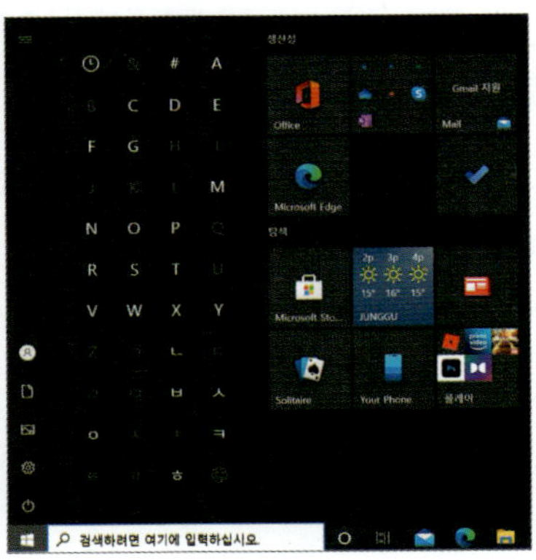

- **시작 화면 앱 등록 및 제거** : 시작 화면에 앱을 등록하려면 [시작( )] 메뉴에 등록된 앱을 선택하여 시작 화면에 드래그 앤 드롭한다. [시작 화면]에 등록하면 앱을 편리하게 사용할 수 있다. 시작 화면에서 앱을 제거하고자 할 때는 해당 앱 바로 가기 메뉴에서 '시작 화면에서 제거'를 선택한다.

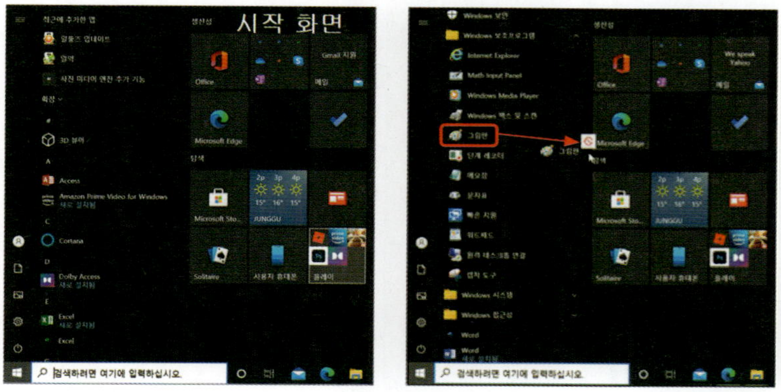

▲ 시작 화면 등록

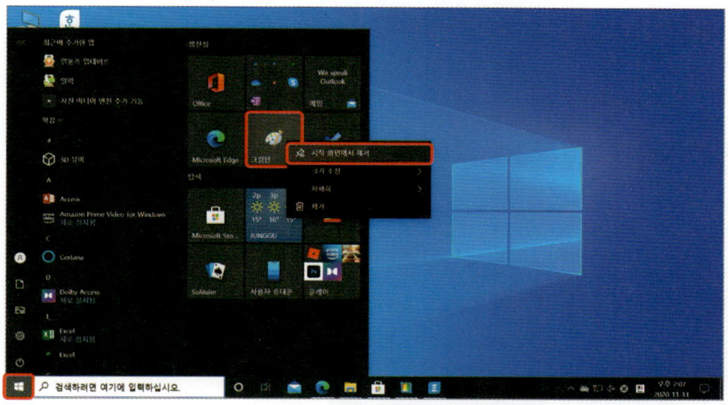

▲ 시작 화면 제거

- **앱 타일** : 앱 타일은 [시작( )] 메뉴의 시작 화면에 있는 사각형 블록으로 보여지는 앱을 말하며, 앱 타일의 크기는 [앱]을 선택한 후 바로 가기 메뉴에서 [크기 조정]을 선택하고 '작게', '보통', '넓게', '크게'를 선택할 수 있다.

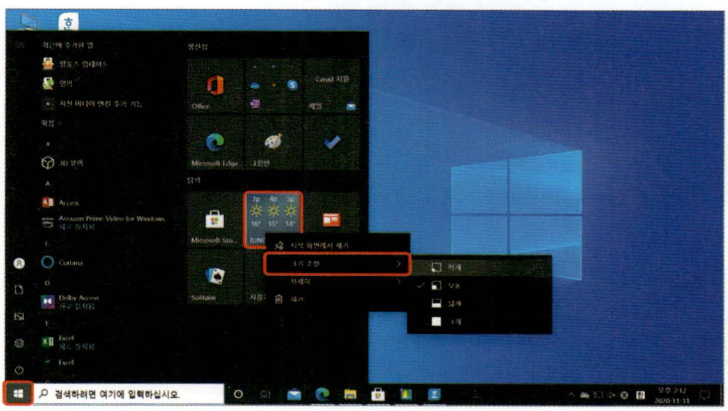

TIP 앱에 따라 크기 조정 항목이 달라질 수 있다.

여기서 잠깐 **라이브 타일(애니메이션되는 타일) 끄기/켜기**

타일들은 아이콘과 텍스트를 통해 앱을 표시하거나, 회전(애니메이션)되는 텍스트 및 사진을 통해 추가적인 정보(실행 중인 파일, 현재 날씨, 주식 정보 등)를 보여준다.

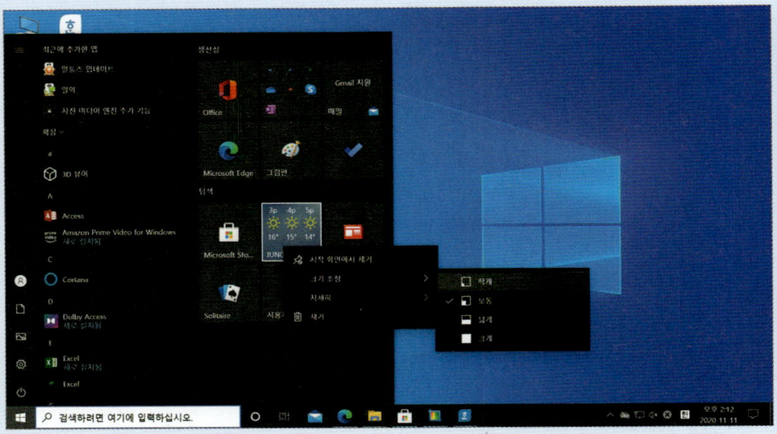

2.4.5 가상 데스크톱 사용

가상 데스크톱은 멀티 태스킹을 하기 위한 것과 개발자를 위한 가상 데스크톱(Windows Virtual Desktop)이 있다.

- **멀티 태스킹을 활용한 가상 데스크톱** : 작업 표시줄에서 [작업 보기( )]를 클릭한 후, [새 데스크톱]을 선택하여 가상 데스크톱을 만들 수 있으며, 만들어진 새 데스크톱으로 이동하여 화면을 깔끔하게 정리해서 사용할 수 있다.

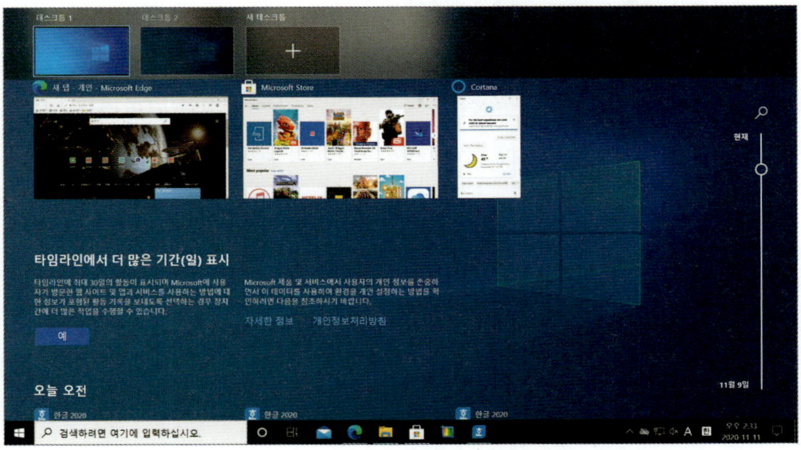

TIP
- 새 데스크톱 : Windows 로고( )+Ctrl+D
- 데스크톱 이동 : Windows 로고( )+Ctrl+← 또는 →
- 데스크톱 종료 : Windows 로고( )+Ctrl+F4

• **개발자를 위한 가상 데스크톱(Windows Virtual Desktop)** : 클라우드에서 실행되는 포괄적인 데스크톱 및 앱 가상화 서비스로 주로 유료계정으로 운영된다. 간소화된 관리, 다중 세션 Windows 10, 엔터프라이즈용 Microsoft 365 앱에 대한 최적화 및 RDS(원격 데스크톱 서비스) 환경에 대한 지원을 제공하는 유일한 VDI(가상 데스크톱 인프라)이다. 몇 분 안에 Azure에서 Windows 데스크톱과 앱을 배포 및 크기 조정하고 기본 제공 보안 및 규정 준수 기능을 가져올 수 있다.

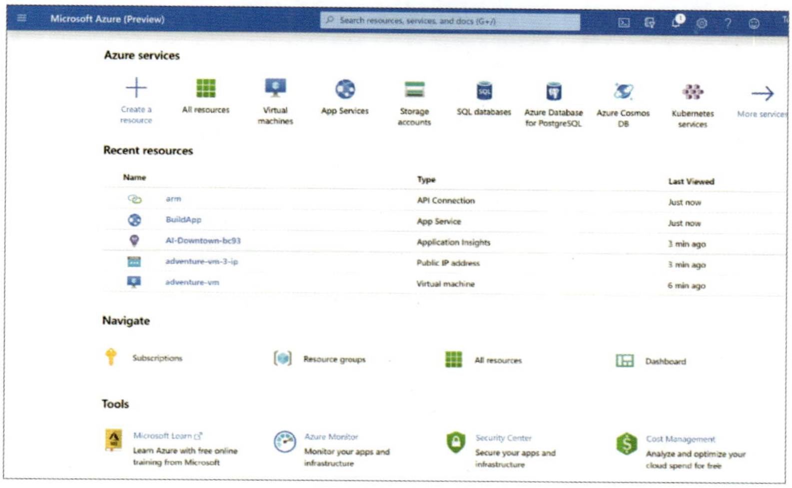

> **TIP** 애저(Azure)는 마이크로소프트가 제공하고 있는 퍼블릭 클라우드 서비스로, 교육과 기업을 위한 Azure 서비스가 따로 있다.

2.4.6 개인 설정

개인 설정은 사용자가 자유롭게 '배경', '색', '테마', '잠금 화면', '글꼴' 등의 윈도우 환경을 변경할 수 있다. 개인 설정은 [시작(⊞)] 메뉴에서 [설정(⚙)]을 선택한 후 [설정] 창의 [개인 설정]을 선택하거나, 바탕 화면 바로 가기 메뉴에서 [개인 설정]을 선택한다.

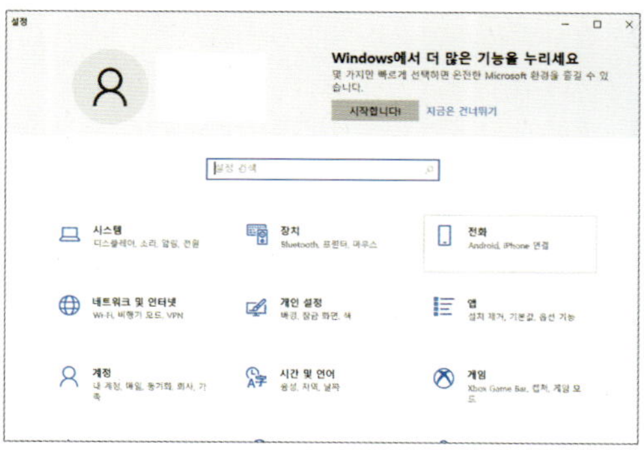

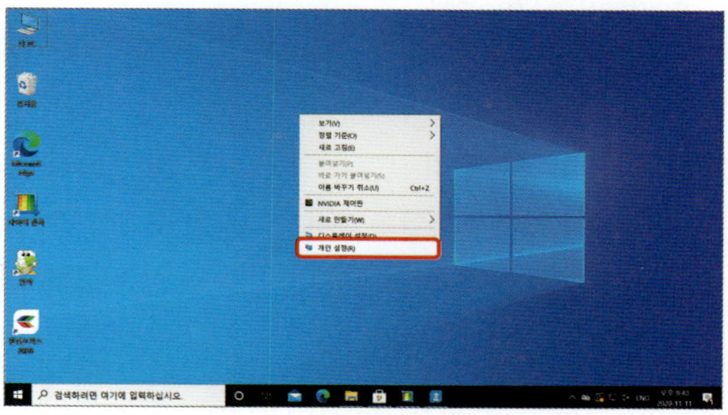

2.4.7 디스플레이 설정

디스플레이는 모니터의 해상도, 밝기 및 색, 배율 및 레이아웃을 조절하여 표시할 수 있으며, 디스플레이를 여러 개 연결하여 사용할 수 있도록 설정할 수 있다. 디스플레이 설정은 바탕화면 바로 가기 메뉴에서 [디스플레이 설정]을 클릭한다.

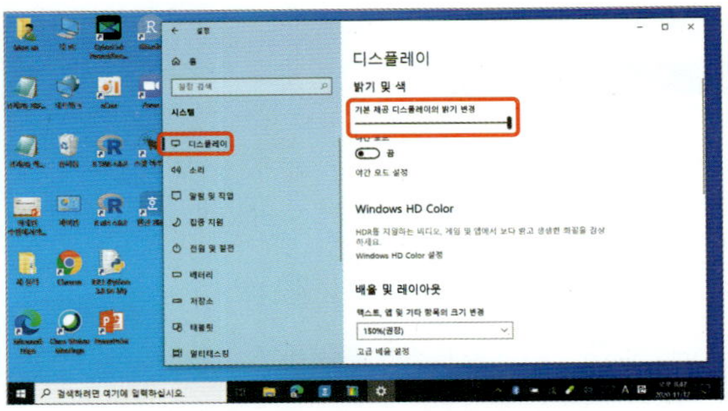

▲ 밝기 및 색 조절하기

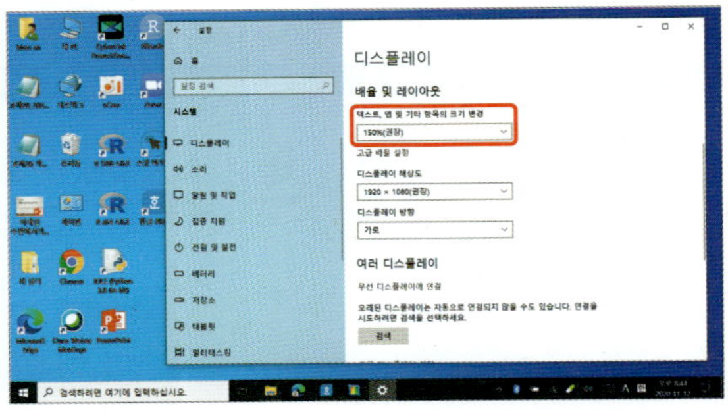

▲ 배율 및 레이아웃 : 150%

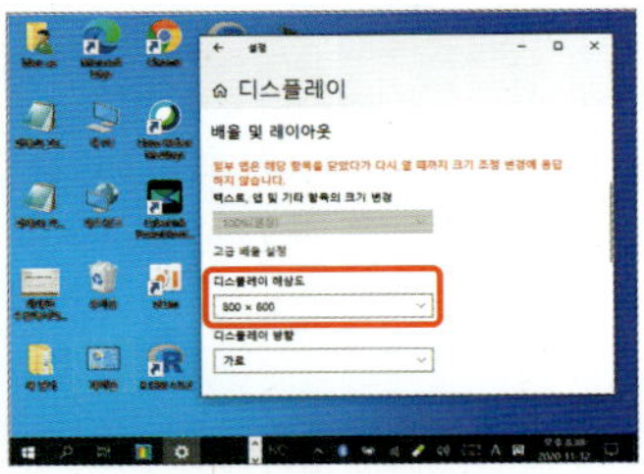

▲ 디스플레이 해상도 : 800×600

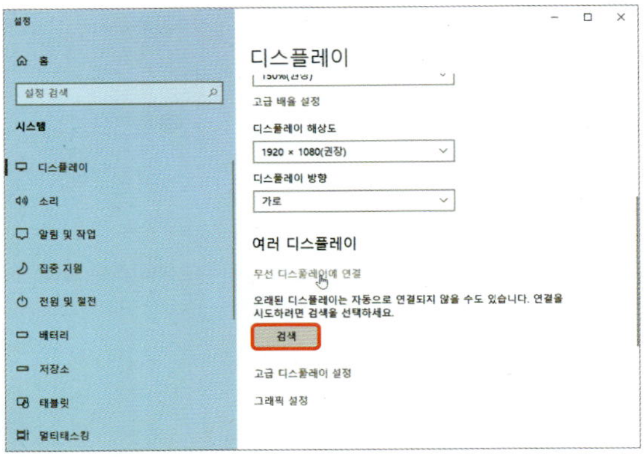

▲ 여러 디스플레이 연결

> **TIP** 스마트 폰 미러링 : 미러링 기능이 내장된 스마트 폰은 별도의 소프트웨어 설치없이 PC와 연결하여 컴퓨터의 모니터로 스마트 폰의 화면을 전송할 수 있다.

2.4.8 파일 및 폴더 관리

윈도우를 사용하면서 파일과 폴더를 활용한 작업이 빈번히 발생함으로써, 꼭 알아두어야 하는 부분이다. 폴더의 생성, 이동 및 제거, 파일의 선택, 복사, 이동, 삭제 기능을 원활하게 사용할 수 있도록 다루어본다.

• 파일과 폴더

파일은 '파일명', '.(온점)', '확장자'로 구성되며, 앱의 특성에 따라 다양한 확장자를 갖는다. 폴더는 관련 있는 파일을 모아 놓은 구분 저장 공간으로 폴더 안에 또 다른 하위 폴더를 가질 수 있다.

파일과 폴더는 경로라는 개념을 많이 사용되는데, 경로는 특정 폴더나 파일이 있는 위치를 말하며, 같은 경로에 똑같은 폴더 이름이나 파일이 있을 수 없다.

파일 탐색기는 폴더, 파일, 디스크 등 내 PC의 정보를 확인하거나 관리하는 곳으로, 폴더를 관리하거나 파일을 복사, 이동, 삭제를 편리하게 실행할 수 있다.

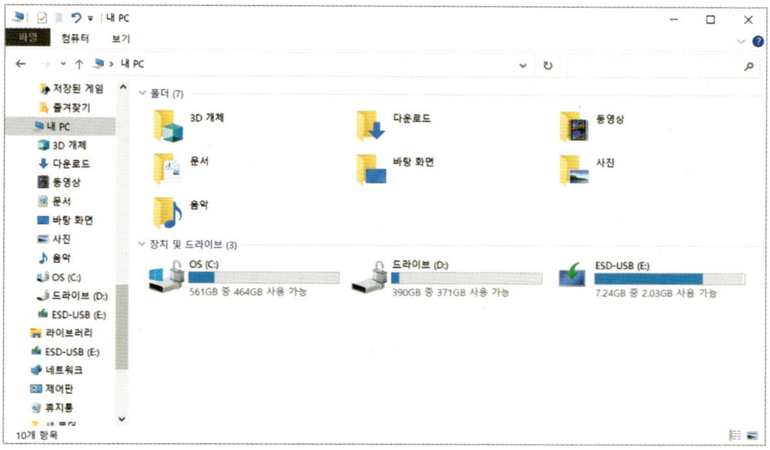

> **여기서 잠깐** **파일 탐색기 실행하는 방법**
> - [작업 표시줄]의 [ ]를 클릭하여 실행
> - [시작( )] 메뉴의 앱 목록 중 [Windows 시스템]의 '파일 탐색기'를 찾아 실행
> - Windows 로고( )+E를 눌러 실행

• 폴더와 파일 생성

폴더는 원하는 위치를 선택한 후 폴더를 생성할 수 있으며, 폴더 안에 하위 폴더를 만들어 사용할 수 있다.

폴더 앞의 '>' 기호와 '∨' 기호는 마우스로 클릭하여 전환할 수 있다. 폴더 앞에 '>'가 있으면 폴더 안에 숨겨진 하위 폴더가 있음을 의미하며, '∨'는 하위 폴더가 화면에 표시되었다는 것을 의미한다. 폴더 앞에 '>', '∨' 표시가 없을 경우에는 그 폴더에는 하위 폴더가 없음을 의미한다.

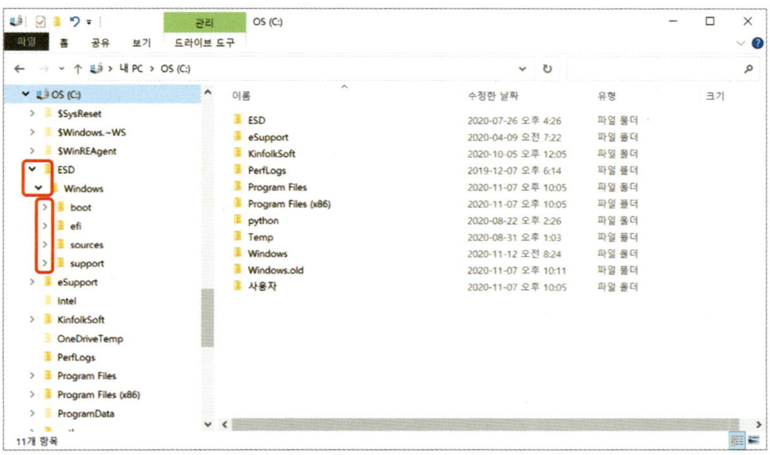

폴더를 만드는 방법은 탐색 창이나 내용 창에서 원하는 경로를 선택한 후 [홈] 탭-[새로 만들기] 그룹- [새 폴더]를 선택하거나, 바로 가기 메뉴에서 [새로 만들기]-[폴더]를 선택한다.

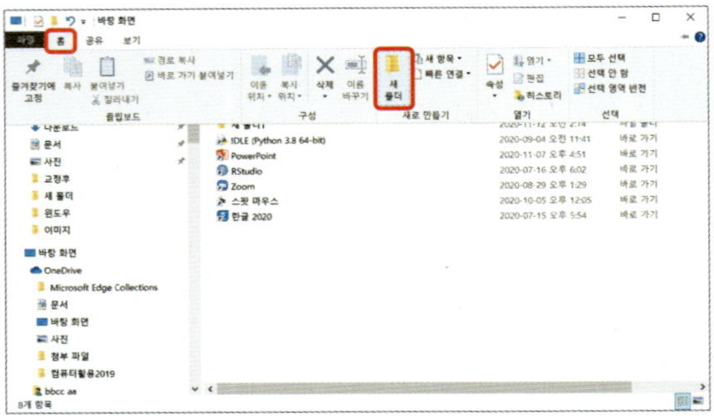

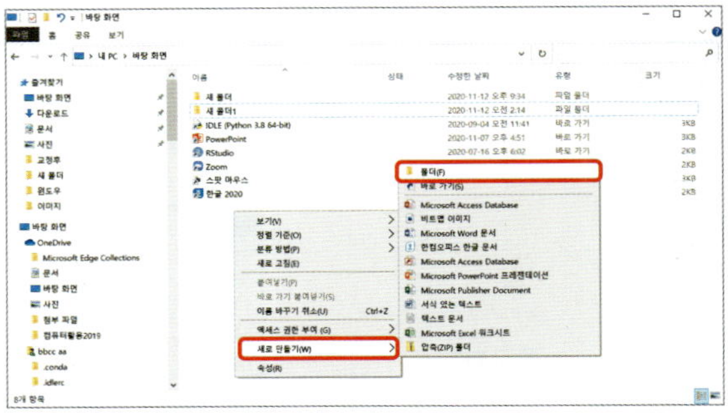

TIP 폴더 생성 바로 가기 키 : Ctrl+Shift+N

파일은 앱을 실행한 후 저장할 때 생성하거나, 바로 가기 메뉴의 [새로 만들기]에서 생성할 앱을 선택한다. 작성한 앱에 따라 앱의 특성을 알려주는 파일 아이콘 모양으로 생성된다.

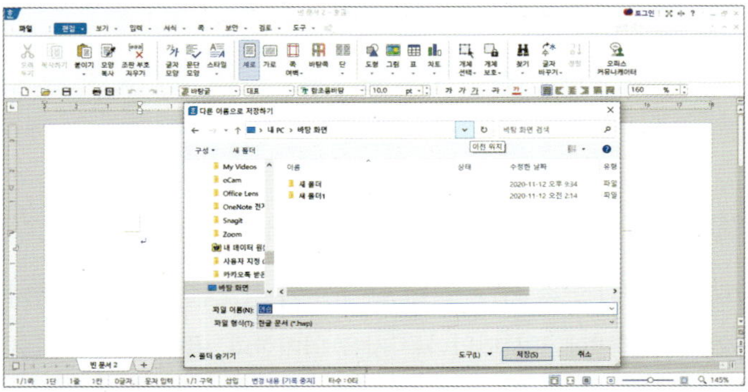

- **폴더 및 파일 선택 방법**

폴더 및 파일 선택은 마우스로 드래그하여 범위를 설정하여 선택하거나 Ctrl 또는 Shift를 이용하여 선택할 수 있다.

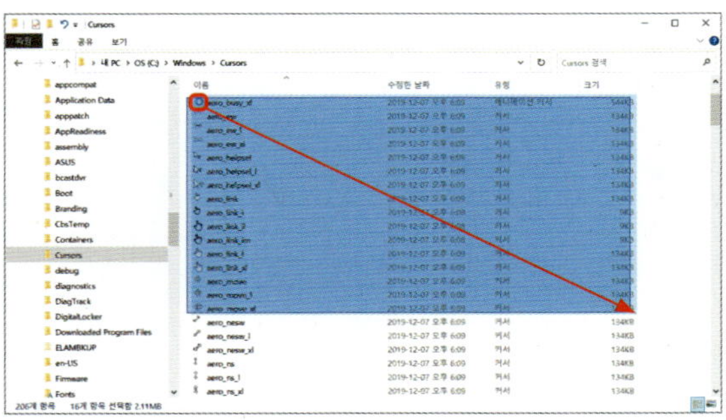

▲ 마우스로 드래그하여 연속된 파일 선택

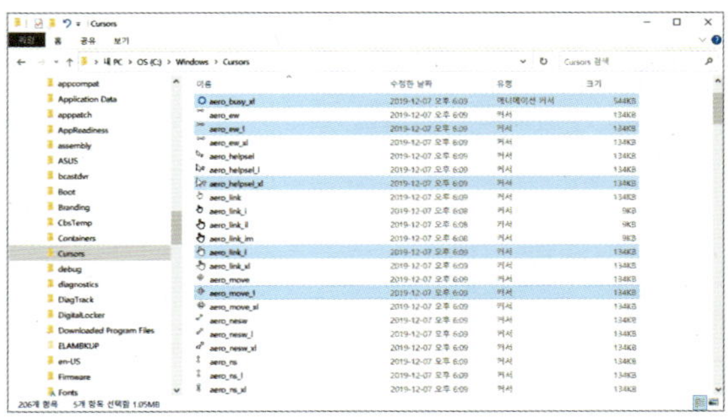

▲ Ctrl을 누른 상태에서 비연속인 파일 선택

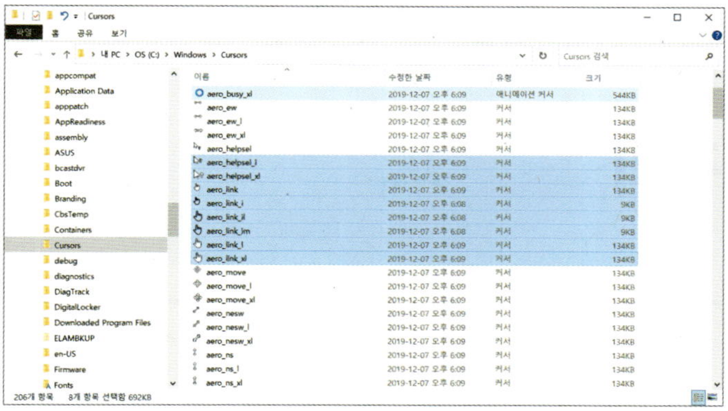

▲ 파일 한 개를 선택한 후 Shift를 누른 상태에서 마지막 파일 선택

• 폴더 및 파일 관리

파일과 폴더는 복사, 이동, 삭제 기능을 이용하여 관리하며, 선택 방법에 따라 여러 개의 파일과 폴더를 간편하게 복사, 이동, 삭제할 수 있다. 폴더를 선택하여 복사, 이동 삭제할 경우 폴더 안의 정보도 복사, 이동, 삭제된다.

복사는 복사하고자 하는 파일이나 폴더를 선택한 후 [홈] 탭–[클립 보드]–[복사]를 클릭하고 복사할 폴더에서 [붙여넣기]를 선택한다. 또는 바로 가기 메뉴에서 [복사]와 [붙여넣기]를 선택한다.

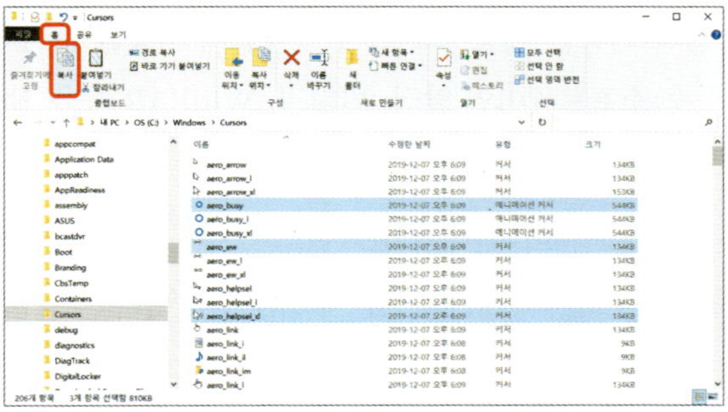

▲ 리본 메뉴를 이용한 복사

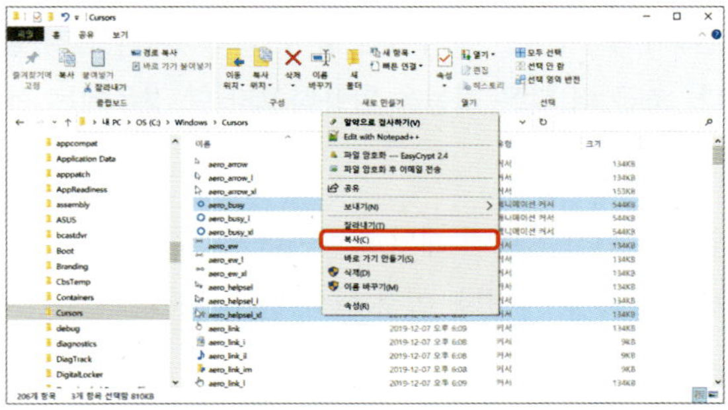

▲ 바로 가기 메뉴를 이용한 복사

이동은 이동하고자 하는 파일이나 폴더를 선택한 후 [홈] 탭–[클립 보드]–[잘라내기]를 클릭하고 이동할 폴더에서 [붙여넣기]를 선택한다. 또는 바로 가기 메뉴에서 [잘라내기]와 [붙여넣기]를 선택한다.

> **TIP** 복사하기 : Ctrl+C, 붙여넣기 : Ctrl+V, 잘라내기 : Ctrl+X

폴더 및 파일 삭제는 삭제하고자 하는 폴더나 파일을 선택한 후 [홈] 탭–[구성]–[삭제]를 클릭하거나, 바로 가기 메뉴의 [삭제]를 선택한다.

> **TIP** 삭제하기 : Delete, 휴지통에 남기지 않고 완전히 삭제하기 : Shift+Delete

SECTION 03

윈도우 관리

시스템을 최적화시키고 편리성을 제공하는 여러 종류의 유틸리티 소프트웨어에 대해 알아보고, 시스템을 안정적으로 유지하기 위한 방법을 살펴본다.

3.1 파일 압축하기

유틸리티 소프트웨어는 시스템을 최적화시켜 주거나 성능 유지 및 개선, 사용자의 편의를 위해 만든 소프트웨어이다. 대표적인 유틸리티 소프트웨어인 압축은 파일의 용량을 줄이거나 여러 개의 파일이나 폴더를 하나의 파일로 묶어준다. 이러한 압축은 자료의 업로드 및 다운로드 시간을 줄일 수 있어 웹 사이트에서 자료를 전송할 때 많이 사용한다.

윈도우 10에서는 추가적인 압축 소프트웨어 설치 없이 압축 기능을 제공하고 있어 자유롭게 사용할 수 있다. 조금 더 많은 기능을 활용하고자 할 경우에는 전문 압축 소프트웨어인 알집, 반디집, WinRAR 등을 활용할 수 있다.

압축은 원하는 여러 개의 파일이나 폴더를 선택한 후 바로 가기 메뉴의 [보내기]에서 '압축(ZIP) 폴더'를 선택하여 압축할 수 있다. 압축 형식에는 *.ace, *.alz, *.cab, *.egg, *.rar, *.tar, *.zip 등이 있다.

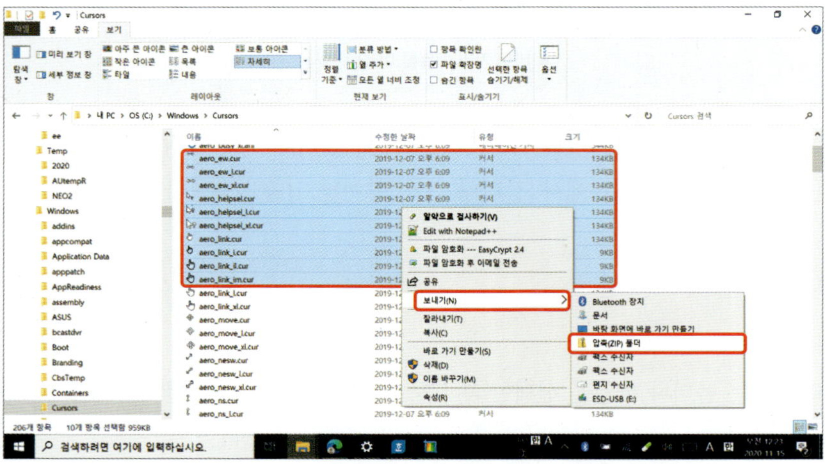

압축 파일의 이름 변경은 압축 파일을 선택하고, F2나 바로 가기 메뉴의 [이름 바꾸기]를 선택하여 변경할 수 있다.

기본예제 04 파일 압축

여러 개의 파일을 선택한 후 압축해 본다.

01 압축 파일 지정 : [시작(■)] 바로 가기 메뉴에서 [파일 탐색기]를 선택한다. [파일 탐색기] 창에서 원하는 파일을 선택한 후 바로 가기 메뉴의 [보내기]에서 '압축(ZIP) 폴더'를 선택한다.

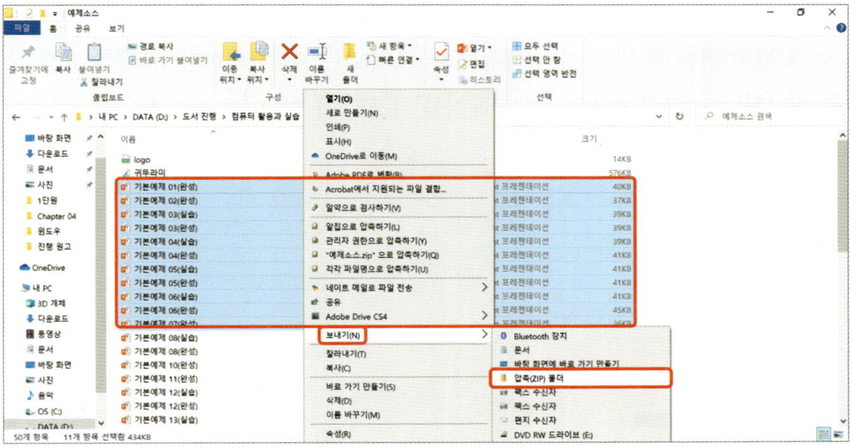

02 압축 파일명 : [파일 탐색기]에 압축 파일이 생성되면 파일 이름을 입력한다.

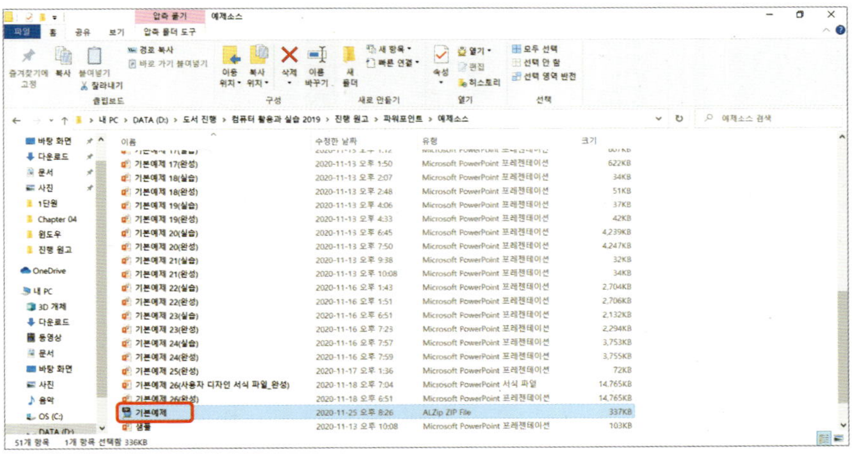

3.2 디스크 관리

안정적이고 효율적인 디스크 관리는 시스템에 있어서 반드시 필요하다. 디스크 관리에는 디스크 검사, 디스크 포맷, 디스크 조각 모음, 디스크 정리, 디스크 분할 등이 있다. 이 단원에서는 자료 관리를 위한 디스크 포맷과 디스크 분할 방법을 다루어본다.

3.2.1 디스크 포맷

디스크 포맷(Disk formatting)이란 디스크에 저장된 모든 데이터를 삭제하는 것을 말한다. 따라서, 반드시 포맷하기 전 중요한 자료는 백업해 두어야 한다. 포맷할 수 있는 디스크에는 SSD(Solid State Drive), 하드 디스크(HDD), 이동 디스크(USB) 저장 장치 등이 있다. 포맷 옵션에는 데이터가 저장되어 있는 위치 정보만를 삭제하는 빠른 포맷과 데이터의 저장 위치 정보 뿐만 아니라 모든 데이터를 삭제하여 시간이 많이 소요되는 전체 포맷이 있다.

디스크 포맷은 포맷할 [드라이브]를 선택한 후 바로 가기 메뉴에서 [포맷(A)...]을 선택한다. 포맷할 저장 장치의 [용량(P)], [파일 시스템(F)], [할당 단위 크기(A)], [볼륨 레이블], [포맷 옵션(O)] 정보를 확인 및 입력한 후 [시작]을 클릭하여 포맷을 진행한다.

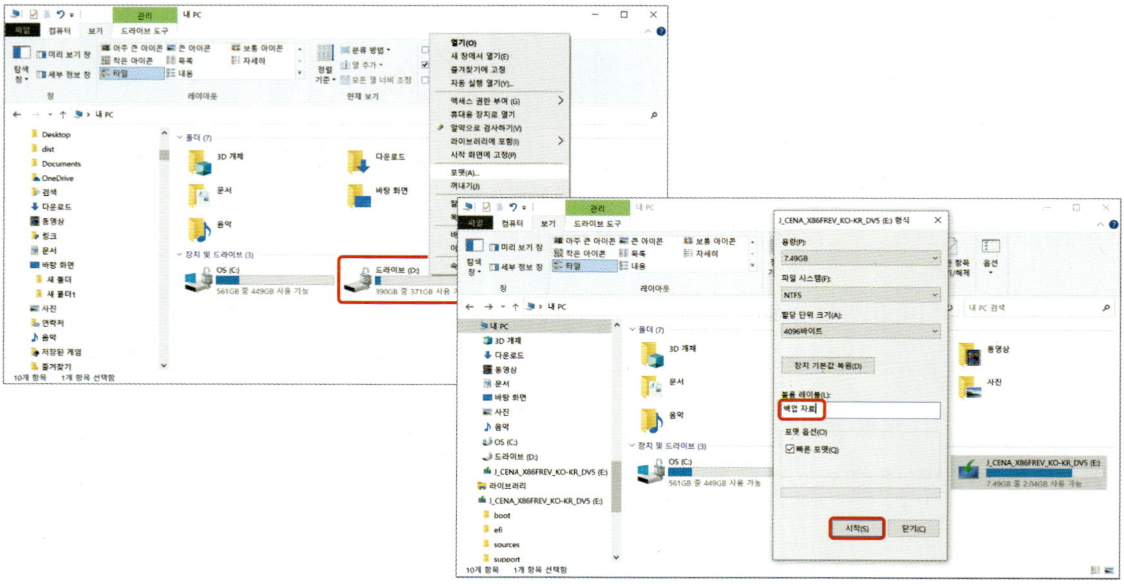

드라이브 (C:)는 대부분 운영체제(윈도우)와 각종 응용 소프트웨어가 설치된 드라이브로, 드라이브 (C:)를 디스크 포맷할 경우 모든 운영체제 및 응용 소프트웨어가 삭제되므로, 윈도우 10에서는 디스크 포맷을 실행할 수 없다.

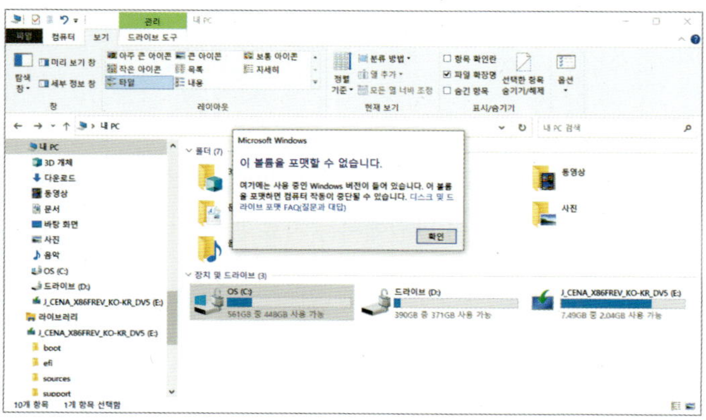

> **TIP** PC 초기화 방법은 [시작] 메뉴에서 [설정]을 클릭한 후 [업데이트 및 보안]-[복구]에서 '이 PC 초기화'를 이용하면 윈도우가 다시 설치된다. PC 초기화는 PC가 제대로 동작하지 않을 때 실행하는 것으로 응용 소프트웨어는 재설치하여 사용할 수 있다.

3.2.2 디스크 분할

디스크 분할(disk partition)은 저장 장치인 디스크가 대용량화됨으로써 디스크를 효율적으로 사용하기 위해 디스크를 분할한다. 응용 소프트웨어(디스크 분할 설정 전용 소프트웨어)를 이용하거나, Windows의 컴퓨터 관리를 이용한 볼륨 확장/축소 기능을 활용하여 디스크를 분할할 수 있다.

윈도우의 [컴퓨터 관리]를 활용한 디스크 분할은 [시작(■)] 메뉴를 클릭한 후 [Windows 관리 도구] 메뉴의 하위 메뉴인 [컴퓨터 관리] 메뉴을 선택한 다음, [컴퓨터 관리] 창이 나타나면 오른쪽 창에서 [저장소]를 선택한다. [저장소]에서 디스크 관리를 클릭하여 내 PC의 디스크를 확인할 수 있다.

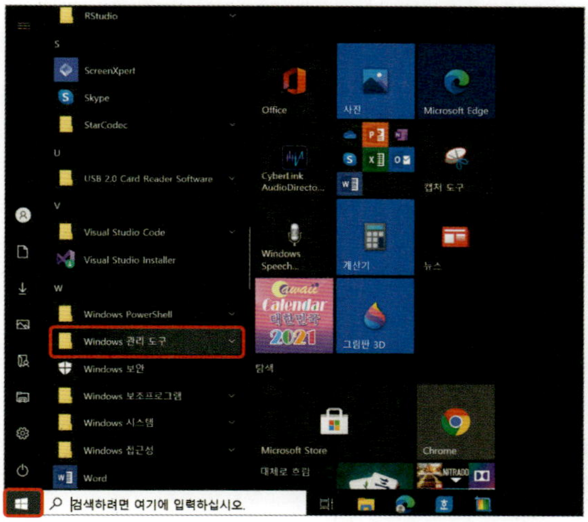

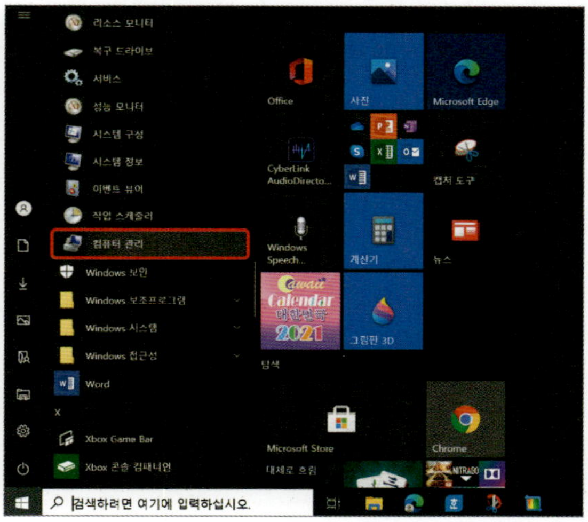

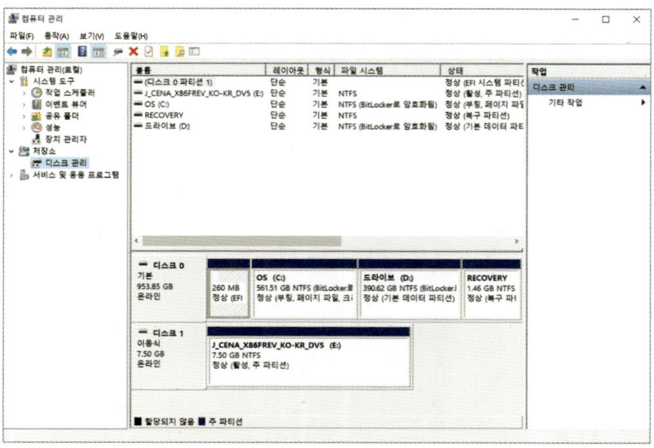

❶ **볼륨 축소(디스크 드라이브 크기 축소)** : 볼륨 축소할 드라이브를 선택한 후, 마우스 오른쪽 단추를 클릭하여 [볼륨 축소]를 선택한 다음 축소할 크기를 입력한다. 축소한 만큼의 할당되지 않은 파티션이 생성된다. 생성된 파티션은 마우스 오른쪽 단추를 클릭하여 드라이브 문자 지정과 포맷을 실행하여 새로운 드라이브로 사용할 수 있다.

❷ **볼륨 확장(디스크 드라이브 크기 확장)** : 볼륨 확장할 드라이브를 선택한 후 마우스 오른쪽 단추를 클릭하여 [볼륨 확장]을 선택하여 할당되지 않은 파티션을 추가할 수 있다.

❸ **볼륨 삭제** : 드라이브를 삭제하고, 할당되지 않은 공간이 생성된다.

• 디스크 분할하기

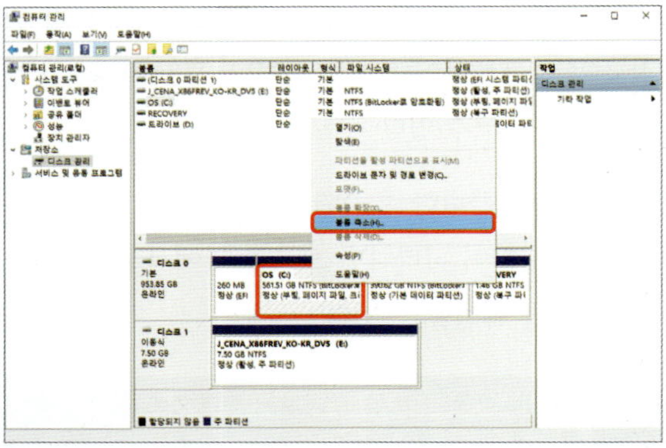

▲ 분할할 디스크 선택

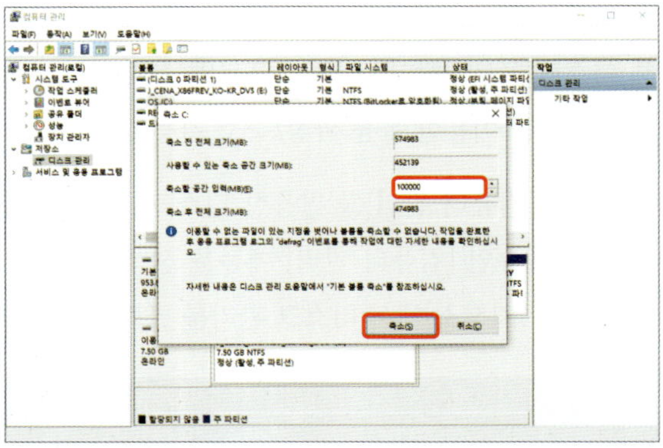

▲ 축소할 공간 입력

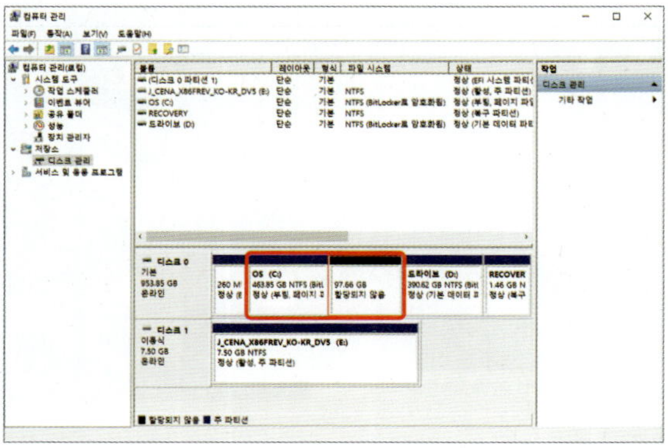

▲ 디스크 볼륨 축소 후

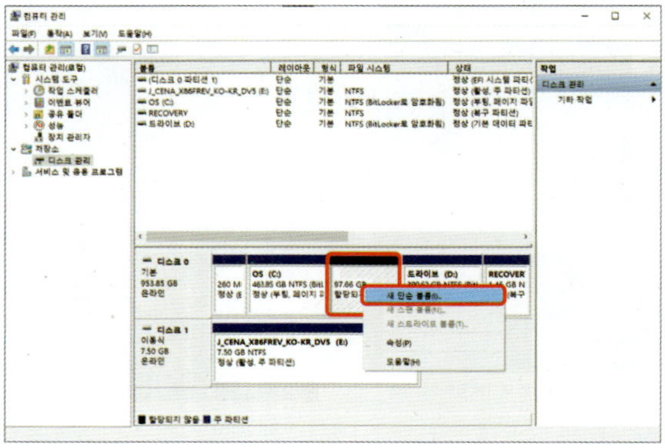

▲ 분할 디스크 새 볼륨 작성하기

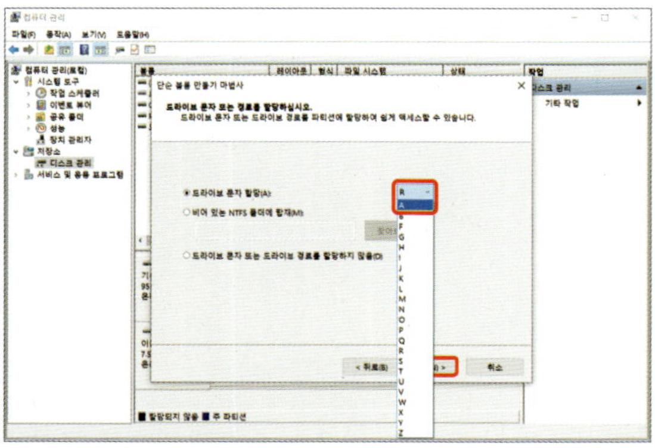

▲ R 드라이브 문자 할당

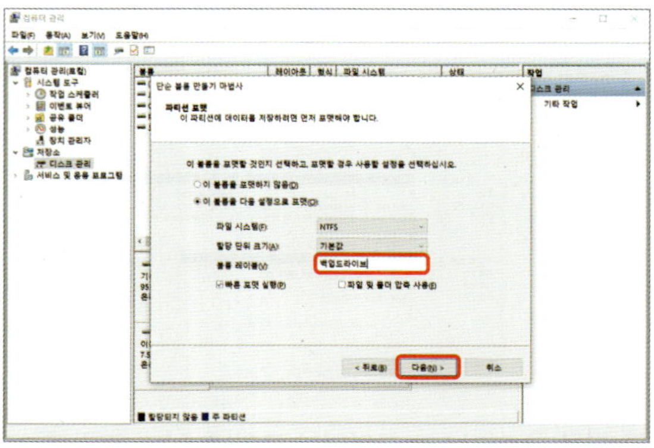

▲ 볼륨 레이블 작성하기

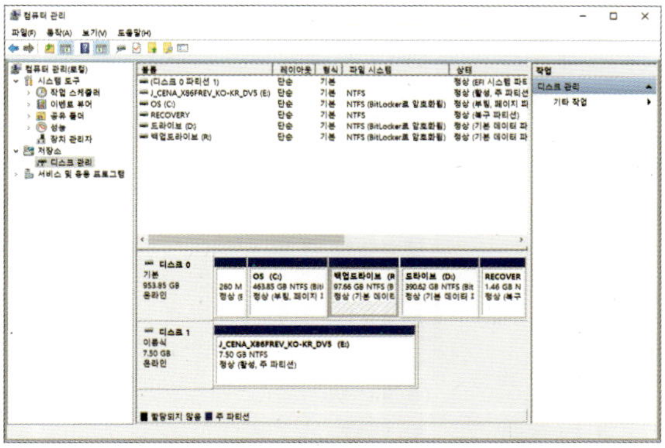

▲ R 드라이브 생성

3.3 시스템 보안 및 보호

컴퓨터를 사용하면서 체험하게 되는 여러 문제점 중 스스로 해결할 수 있는 여러 가지 상황에 따른 대처 방법을 다룬다. 또한 컴퓨터 사용 시 외부의 해킹이나, 스파이웨어, 바이러스 등으로부터 안정적으로 컴퓨터를 사용할 수 있도록 대처 방법에 대해 다루어본다.

3.3.1 시스템 복원지점 설정 및 복구

컴퓨터를 사용하다 문제가 생기는 경우를 대비하여 시스템 복원 지점을 만들어 놓거나 복구 시스템을 만들어 사용할 수 있다.

시스템 복원은 시스템 복원 지점을 만들어 이전 시점으로 PC를 되돌릴 수 있다. 시스템 복원 지점은 새로운 앱 또는 드라이버를 설치할 때와 수동으로 복원 지점을 만들 때 생성된다. 시스템 복원 지점으로도 해결되지 않을 때, 상황별 문제점을 확인하고, 다음 사항을 참고하여 해결할 수 있다.

문제	해결 방법
PC가 원활하게 작동하지 않으며, 최근에 업데이트를 설치한 적이 있다.	설치된 Windows 업데이트 제거
PC가 원활하게 작동하지 않으며 앱, 드라이버 또는 업데이트를 설치한 지 오래되었다.	PC 초기화
PC가 시작되지 않고, 복구 드라이브를 만들지 않은 상태이며, PC 초기화가 작동하지 않는다.	설치 미디어를 사용하여 Windows 10 다시 설치
PC가 시작되지 않으며, 복구 드라이브를 만들지 않은 상태이다.	설치 미디어를 사용하여 PC 복원
PC가 시작되지 않으며, 복구 드라이브를 만든 상태로 복구 드라이브를 사용하여 PC를 복원하거나, 복구 이전 운영 체제를 다시 설치하려 한다.	이전 버전의 Windows로 되돌리기
PC가 원활하게 작동하지 않으며, 최근에 앱을 설치한 적이 있다.	시스템 복원 지점에서 복원

- **시스템 복원 시점 만들기**

[시작(■)] 메뉴의 [Windows 시스템]의 [제어판]을 선택하고 제어판의 보기 기준을 [큰 아이콘]으로 설정한 후, [복구] 항목의 [시스템 복원 구성]을 선택하여 [시스템 속성] 창이 나타나면 [만들기] 단추를 클릭하여 현재의 날짜와 시간을 기준으로 복원 지점을 만들 수 있다.

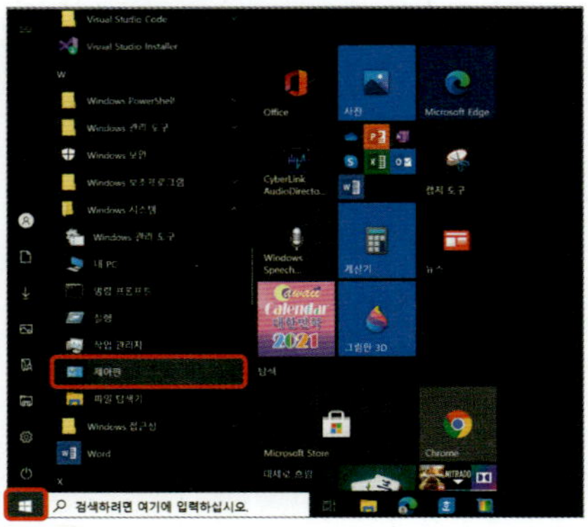

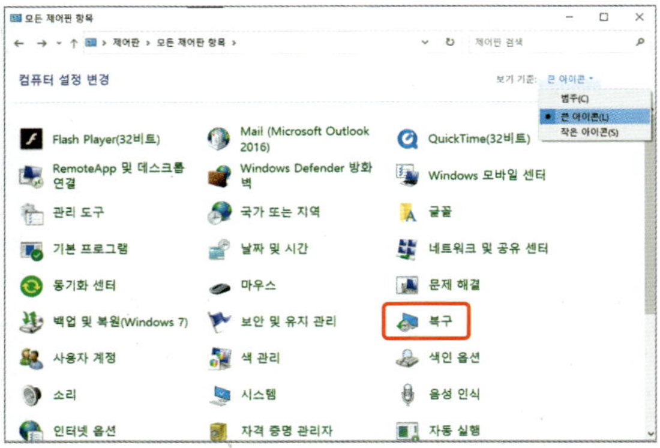

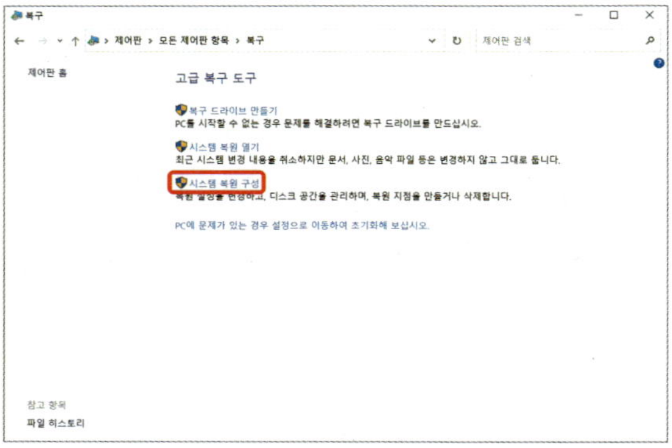

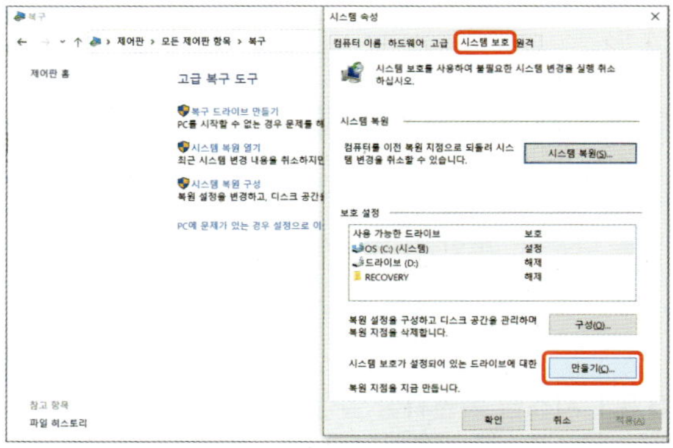

- **시스템 복원하기**

[시작(■)] 메뉴의 [Windows 시스템] 그룹의 [제어판]을 선택하고, [복구] 항목의 [시스템 복원 구성]을 선택하여 [시스템 속성] 창이 나타나면 [시스템 복원] 단추를 클릭하여 원하는 복원 지점을 선택하여 시스템을 복원할 수 있다.

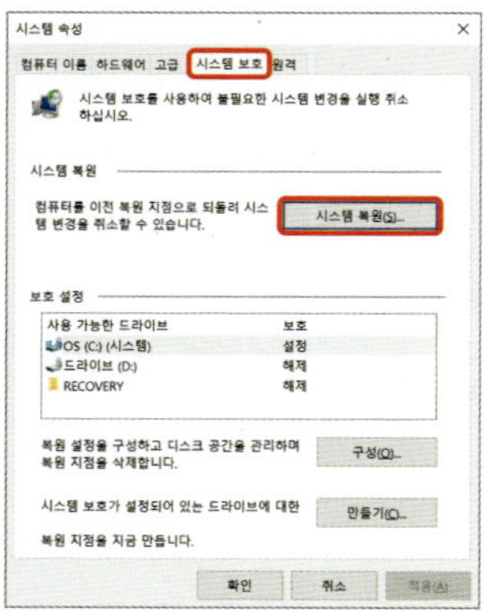

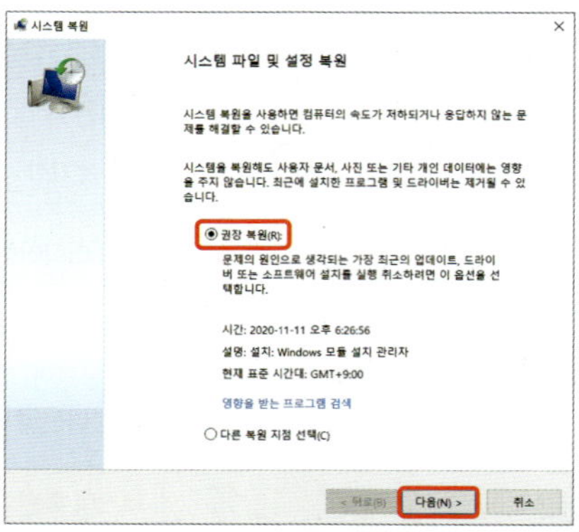

> **TIP** 시스템 복원 지점이 표시되지 않을 때는 시스템 보호가 해제되어 있을 수 있으므로 [시작(■)] 메뉴의 [Windows 시스템] 그룹의 [제어판]을 선택하고, [복구] 항목의 [구성] 단추를 클릭하여 [시스템 보호 사용]을 선택한다.

3.3.2. Windows Defender

Windows Defender는 Windows에 포함된 바이러스 백신 소프트웨어로, 바이러스와 기타 멀웨어(malware) 및 위협으로부터 디바이스를 보호하는 데 도움을 주는 포괄적이고 지속적인 실시간 보호 기능을 제공한다.

[시작()] 메뉴의 [설정()]을 선택한 후 [설정] 창의 [업데이트 및 보안] 항목을 선택한다. [업데이트 및 보안] 창의 [Windows 보안] 항목을 클릭한 후 [바이러스 및 위협 방지]를 선택한다.

TIP 멀웨어(malware) : 악성 소프트웨어를 지칭하며, 컴퓨터, 서버, 클라이언트, 네트워크에 악영향을 끼칠 수 있는 모든 소프트웨어를 말한다.

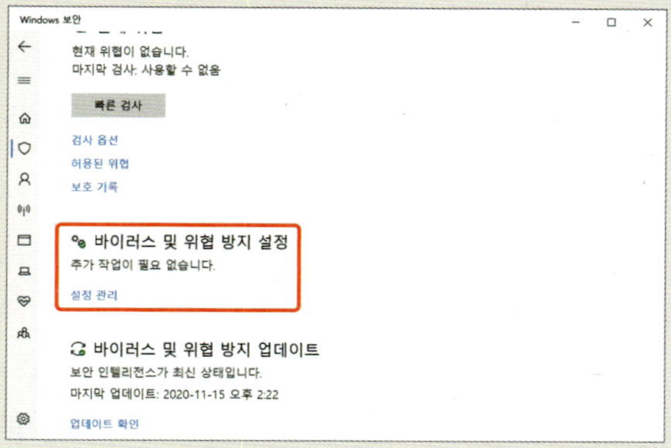

TIP 다른 백신 소프트웨어를 사용하고 있는 경우에는 윈도우 10의 Microsoft Defender 실시간 보호 기능을 사용할 수 없다.

3.3.3. Windows 업데이트

Windows 10에서는 원활하고 안전하게 시스템이 작동할 수 있도록 최신 정보로 업데이트시켜 준다. 업데이트 한 날짜 및 내역을 확인할 수 있으며, 옵션을 선택하여 알림을 설정할 수 있다.

[시작()] 메뉴의 [설정()]을 선택한 후 나타나는 [설정] 창의 [업데이트 및 보안] 항목을 선택한다.

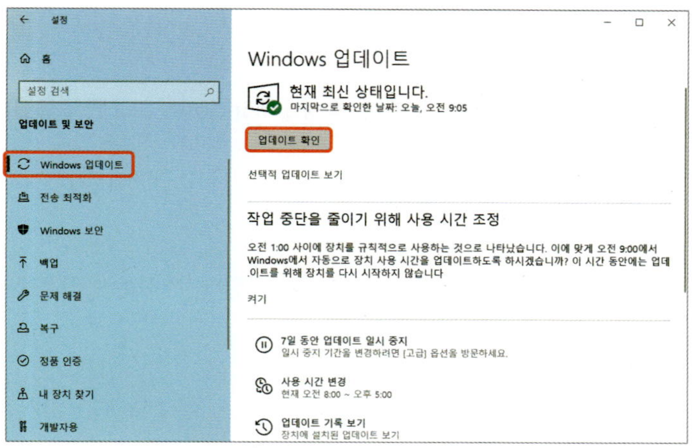

SECTION 04

멀티미디어 활용

윈도우 10에는 멀티미디어 파일인 동영상, 음악 등을 재생하거나, 동영상을 제작 편집할 수 있는 앱, 3D 디자인 파일을 불러와 확인할 수 있는 앱이 설치되어 있다. 윈도우 10에서 제공되는 다양한 멀티미디어 앱을 알아본다.

4.1 Windows Media Player

Windows Media Player는 미디어 파일을 재생할 수 있는 기본 앱으로, [재생], [굽기], [동기화 기능]이 있다. [재생]은 컴퓨터나 저장 장치에 저장되어 있는 동영상, 음악, 소리 파일을 반복 또는 순서 섞어서 재생하거나, 재생 목록을 만들어 재생할 수 있다. [굽기]는 원하는 음악 파일을 선택하여 오디오 CD를 제작할 수 있으며, 동기화는 스마트폰이나 플레이어를 유선으로 동기화하여 멀티미디어 파일을 복사할 수 있다.

[Windows Media Player] 앱 실행은 [시작(⊞)] 메뉴를 클릭한 후 앱 목록 중 [Windows 보조프로그램]에서 'Windows Media Player'를 선택한다.

• 재생 목록 만들기

Windows Media Player의 [재생 목록 만들기]를 클릭한 후 재생 목록 이름을 지정한다. 원하는 음악을 선택한 후 바로 가기 메뉴에서 [추가]를 클릭하고 [재생 목록]을 선택하여 등록한다.

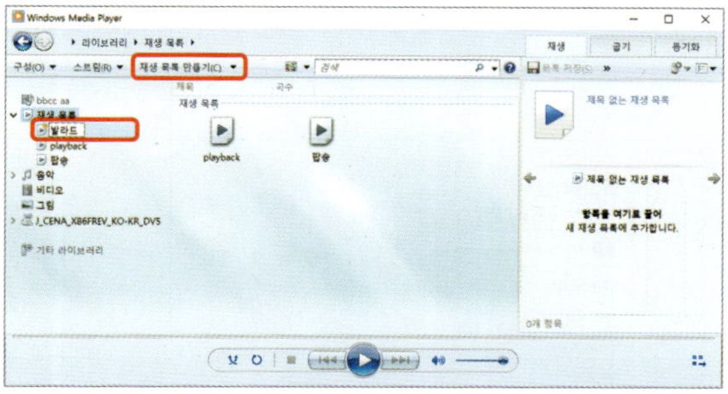

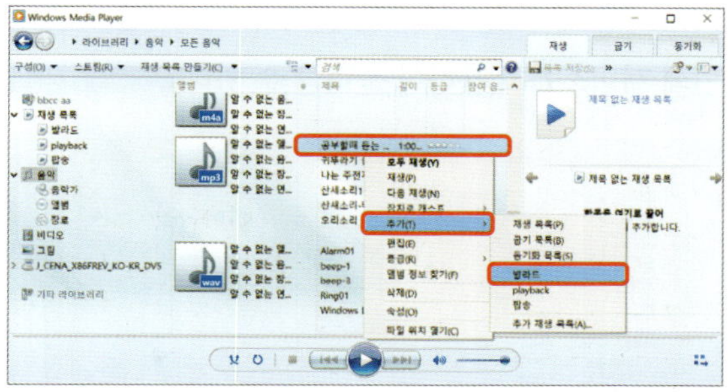

[재생] 탭을 클릭하여 왼쪽 창에서 원하는 노래를 드래그한 뒤, 재생 목록 이름을 입력하여 재생 목록을 만들 수 있다.

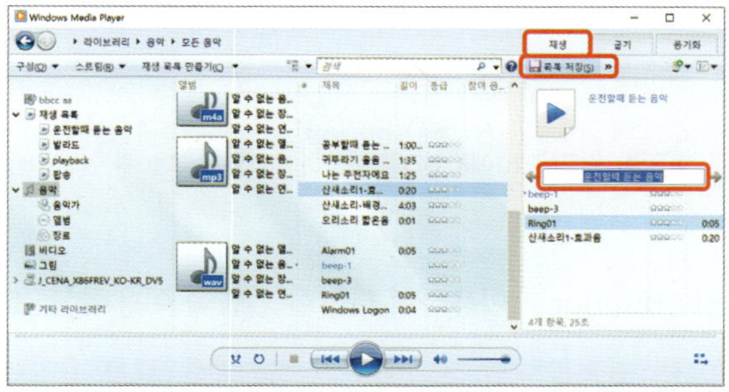

미디어 플레이어는 Windows Media Player 외 Gom Player, Aqua nPlayer, VLC media player, KMPlayer 등 사용자의 선호도에 따라 설치하여 이용할 수 있다.

> **TIP** Windows Media Player의 화면 전환 모드에는 재생 모드인 '지금 재생' 모드와 기본 화면인 '라이브러리' 모드가 있다. 전환 모드( )를 클릭하여 전환할 수 있다.

4.2 Print 3D

Print 3D는 3D로 설계한 파일을 온라인 주문을 통하여 출력하거나, 네트워크가 연결된 곳에서는 3D 프린터로 3D 인쇄 개체를 빠르고 쉽게 준비하여 인쇄할 수 있다. 3D Builder를 추가 설치하여, 출력물의 레이아웃, 재료 등을 설정할 수 있다. 지원되는 파일 형식에는 *.stl, *.obj, *.3mf, *.wrl, *.ply를 지원한다.

Print 3D 앱 실행은 [시작( )] 메뉴를 클릭한 후 앱 목록 중 [Windows 보조프로그램]에서 'Print 3D'를 선택한다.

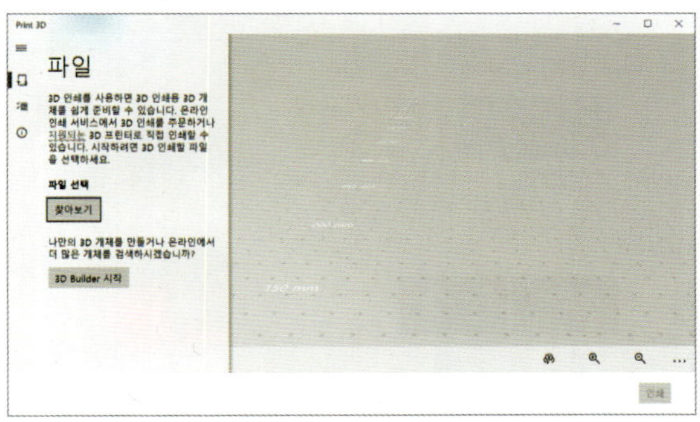

Print 3D에서 '찾아보기'를 클릭하여 설계된 3D 디자인 파일을 불러온 후 연결된 3D 프린터나 온라인 3D 인쇄 서비스를 이용하여 출력할 수 있다.

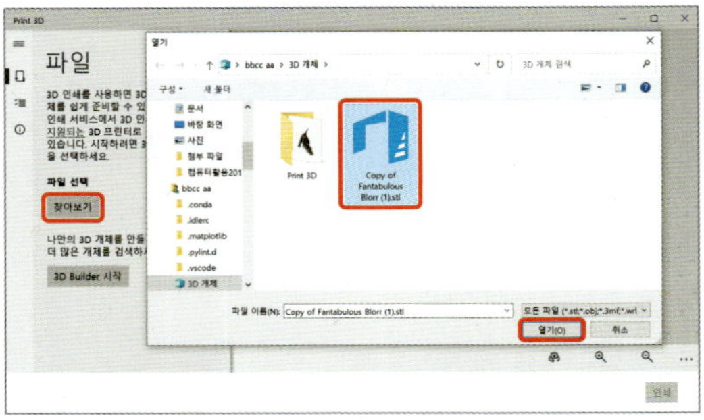

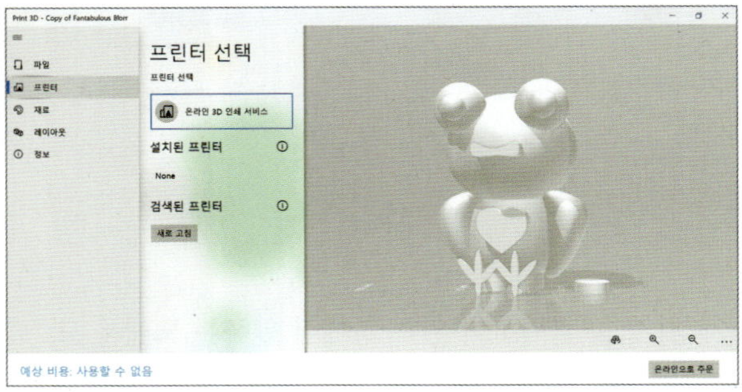

TIP 윈도우 10에서 3D를 이용하여 그림을 그릴 수 있는 그림판 3D를 활용할 수 있다.

3D Builder를 이용하여 다양한 기능을 이용하여 3D 개체를 만들거나 편집할 수 있다.

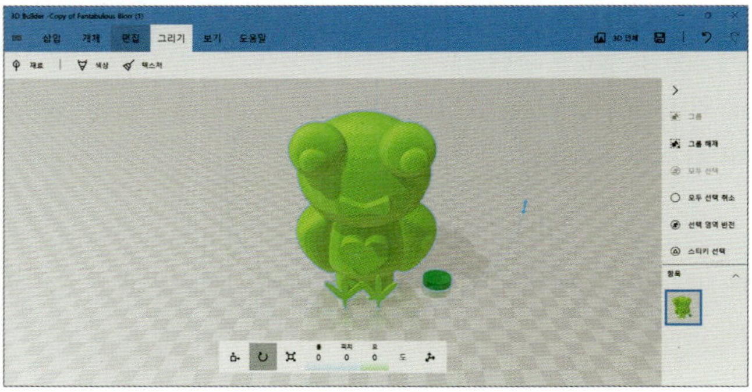

4.3 사진

윈도우 10의 사진 앱은 내 PC에 저장된 사진이나 동영상을 모아 보여주는 앱으로, 단순히 사진만을 편집하는 것이 아닌 컬렉션, 앨범, 피플, 폴더, 비디오 편집기 기능을 활용할 수 있다. 사진 앱은 PC나 USB, 휴대폰, 카메라 등의 기기를 연결하여 사진이나 동영상 파일을 편집할 수 있다.

사진 앱 실행은 [시작(⊞)] 메뉴를 클릭한 후 앱 목록 중 '사진'을 선택한다.

기본예제 05 비디오 만들기

사진 앱을 이용하여 비디오를 만들어 본다.

01 비디오 이름 지정 : [사진] 앱을 실행한 후 [비디오 편집기]를 클릭한다. [새 비디오 프로젝트 +]를 클릭하여 [비디오 이름 지정]에 '이름'을 입력하고 [확인]을 클릭한다.

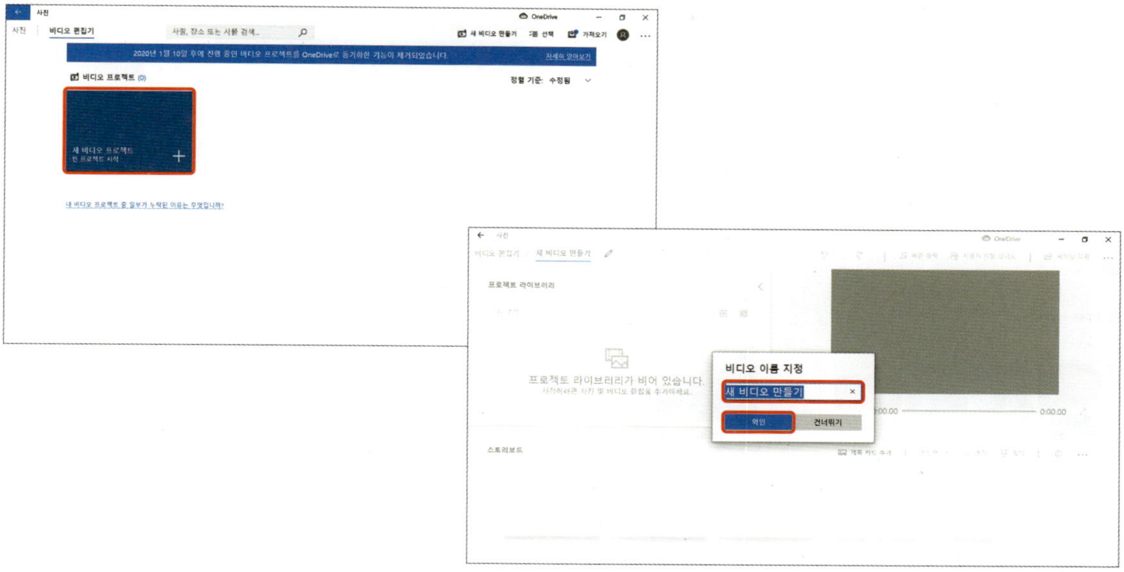

02 사진 추가 : [프로젝트 라이브러리]에서 '+추가'를 클릭하여 사진 파일을 불러온다. 프로젝트 라이브러리에 추가된 사진을 선택한 후 [스토리보드에 놓기]를 선택한다.

03 스토리보드 제목 카드 추가 : 스토리보드에서 [제목 카드 추가]를 클릭한 후 [텍스트]를 클릭한다. 새로운 창이 열리면 '제목', '애니메이션 텍스트 스타일', '레이아웃'을 선택하고 [완료]를 클릭한다.

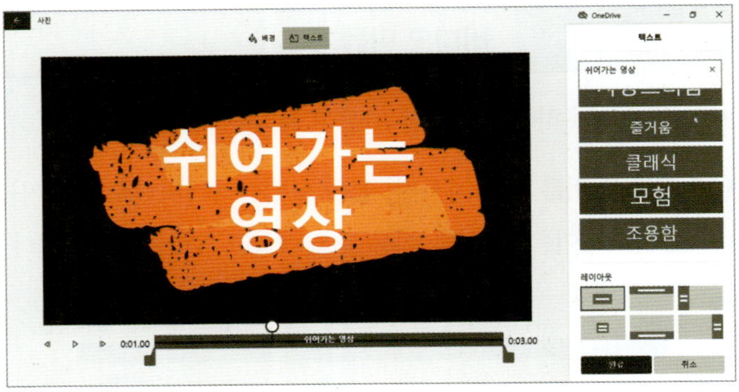

04 시간 및 필터 : 이미지를 선택한 후 [시간]을 클릭하여 표시 시간을 설정하고, [필터]를 클릭하여 필터 효과를 설정한다.

05 배경 음악 선택 : [배경 음악]을 클릭한 후 원하는 배경 음악을 선택하고 [완료]를 클릭한다.

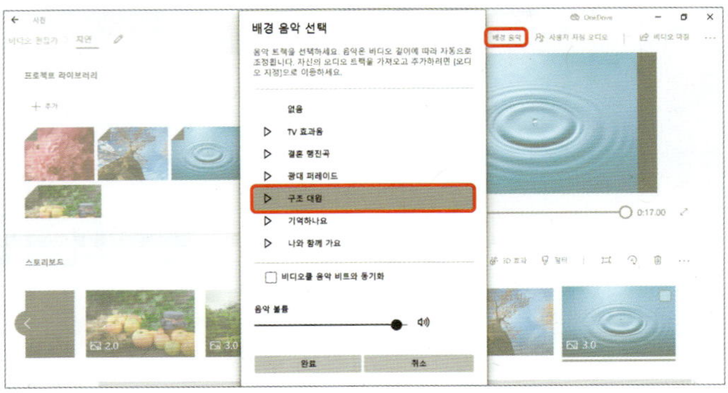

06 비디오 저장 : [비디오 마침]을 클릭한 후 비디오 화질을 선택하고 [내보내기]를 클릭한다. [다른 이름으로 저장] 대화상자가 나타나면 파일 이름을 입력하고 [내보내기]를 클릭한다.

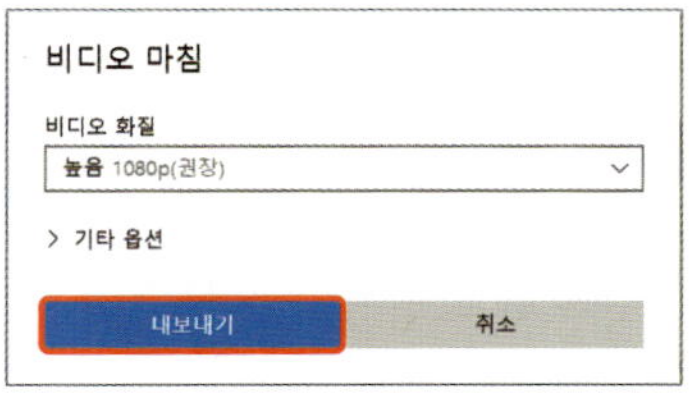

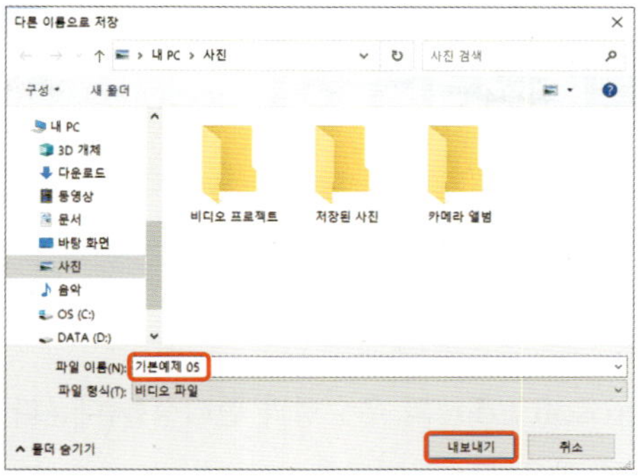

4.4 캡처 도구 및 캡처 및 스케치 활용

캡처는 화면 내용을 이미지 파일로 클립보드에 저장하는 것으로, 기본 저장 형식으로는 *.png, *.jpg, *.gif가 있다. 캡처한 그림은 편집하거나 메모를 입력할 수 있다. 캡처 도구에는 개선된 캡처 및 스케치 버전과 이전 버전인 캡처 도구가 있다.

- **캡처 도구** : [시작(⊞)] 메뉴를 클릭한 후 앱 목록의 [Winodws 보조프로그램]에서 '캡처 도구'를 선택한다.
- **캡처 및 스케치** : [시작(⊞)] 메뉴를 클릭한 후 앱 목록의 '캡처 및 스케치'를 선택한다.
- **캡처 및 스케치 실행** : Windows 로고(⊞)+Shift+S를 누르거나, 작업 표시줄의 [알림 센터]의 확장을 클릭하여 '화면 캡처'를 선택한다.

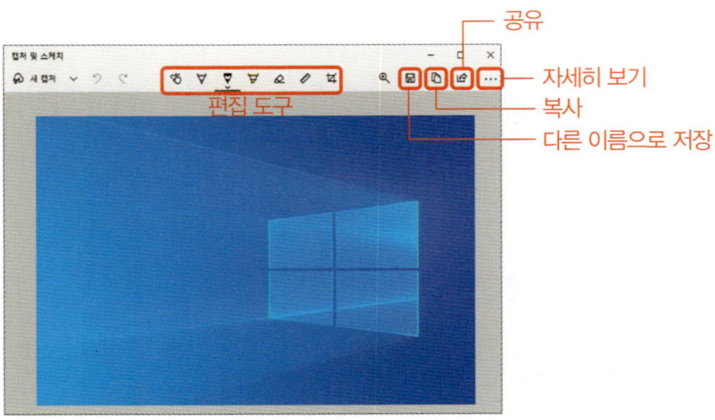

캡처 모드에는 자유형 캡처, 사각형 캡처, 창 캡처, 전체 화면 캡처가 있으며, 캡처 영역을 지정 후 바로 캡처하거나, 캡처 시간을 지연시켜 캡처할 수 있다.

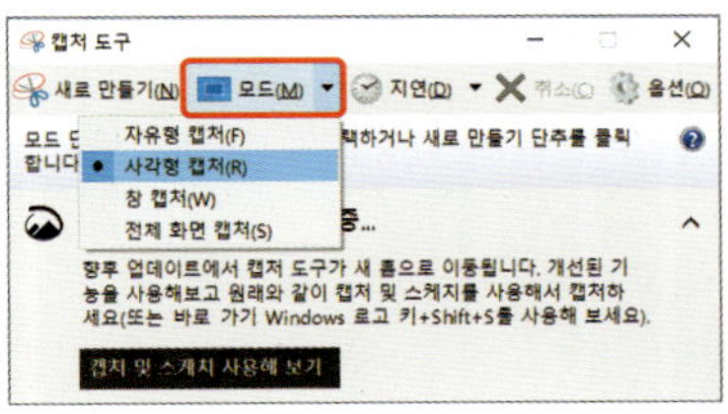

TIP 캡처한 그림은 [다른 이름으로 저장]을 이용하여 컴퓨터에 이미지 파일로 저장하거나 [복사]를 이용하여 문서에 삽입할 수 있다. 작업 표시줄의 [Windows Ink 작업 영역] 앱을 이용하여 화면에 텍스트를 쓰거나 전체 화면 캡처 기능을 활용할 수 있다.

SECTION 05

웹 브라우저

윈도우 10에서 지원하는 Microsoft Edge의 우수성과 편리성을 다룬다. Microsoft Edge는 액티브X를 지원하지 않기 때문에 액티브X를 사용하는 사이트를 위하여 Internet Explorer를 병행하여 사용하고 있다. 그러나 점차 Microsoft Edge에 맞춰 웹 사이트들이 변화되고 있어, Microsoft Edge에 적응해 나갈 필요가 있다.

5.1 Microsoft Edge 소개

Microsoft Edge는 차세대 웹 표준 HTML5를 이용해 인터넷뱅킹, 전자상거래, 동영상 스트리밍을 구현하려는 세계적인 흐름에 맞춰 액티브X를 제거한 만큼 보안성이 더 뛰어나다. Windows, macOS, iOS 및 Android 등의 MS 플랫폼에서 실행 가능하다.

Microsoft Edge의 특징은 철저한 개인정보 보호 및 데이터 제어를 수반한 다양한 기능 활용과 Android용 Microsoft Edge를 여러 장치에서 사용할 수 있으며, bing 검색 엔진을 이용해 간편하면서도 스마트한 검색을 할 수 있다.

웹 검색 시 사용자의 개인정보를 철저하게 보호해 주며, 추적 방지 기능을 사용하여 데이터를 더욱 효율적으로 제어할 수 있다. 또한, [확장] 기능을 이용하여 브라우저 환경을 사용자가 지정하고 제어할 수 있다.

5.2 브라우저 레이아웃 변경 및 기본 브라우저 설정

Microsoft Edge 브라우저의 레이아웃와 시작 페이지를 변경해 보고, 다른 브라우저가 기본 브라우저로 설정된 경우 Microsoft Edge 브라우저를 기본 브라우저로 변경하는 방법을 알아본다.

5.2.1 빠른 연결 및 페이지 설정으로 Microsoft Edge 브라우저 화면 변경

빠른 연결은 등록된 웹사이트에 따라 아이콘이 다르게 표시되며, 자주 접속하는 사이트를 빠른 연결의 사이트 추가(+)를 클릭하여 사이트를 등록할 수 있으며, 등록된 사이트를 제거할 수 있다.

기본예제 06 빠른 연결 사이트 추가 및 삭제

빠른 연결 사이트를 추가 또는 삭제하는 방법을 알아본다.

01 빠른 연결 사이트 추가 : 사이트 추가(+)를 클릭한 후 [웹 사이트 추가] 창에서 웹사이트의 이름과 URL을 입력하고 [추가]를 클릭한다.

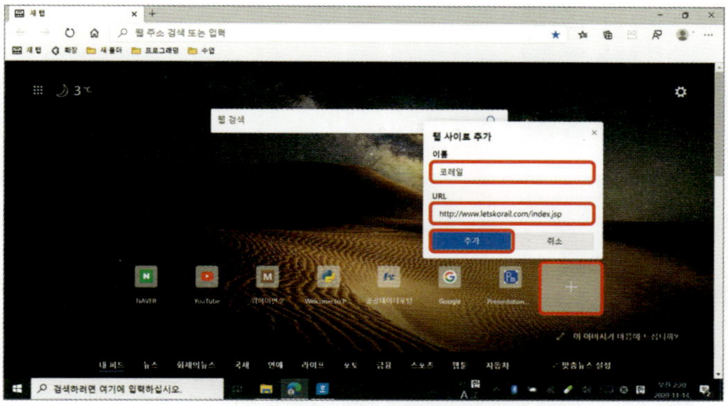

02 빠른 연결 사이트 삭제 : 삭제하고자 하는 사이트의 오른쪽 상단의 [옵션 더보기](…)를 클릭한 후 [제거]를 선택한다.

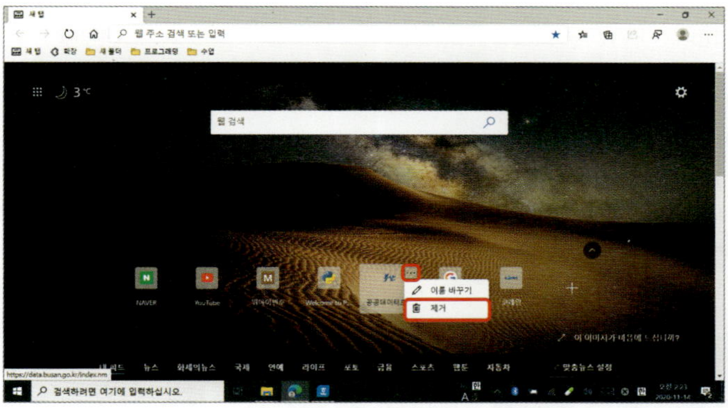

여기서 잠깐 Microsoft Edge의 기본 배경 그림 변경

Microsoft Edge 기본 화면의 배경 이미지를 바꾸고자 할 때는 오른쪽 하단에 있는 [이 이미지가 마음에 드십니까?]를 클릭하여 바꿀 수 있다.

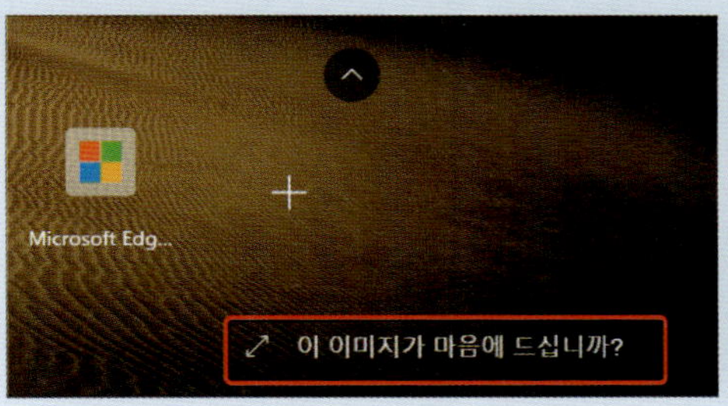

5.2.2 특정 페이지 열기로 브라우저 시작

Microsoft Edge의 [설정 및 기타]-[설정(⚙)]을 클릭한 후 [시작할 때] 항목에서 '특정 페이지 열기'를 선택한다. [새 페이지 추가]를 클릭하여 URL 입력란에 『www.bing.com』을 입력하여 시작 페이지를 특정 페이지 열기로 설정할 수 있다.

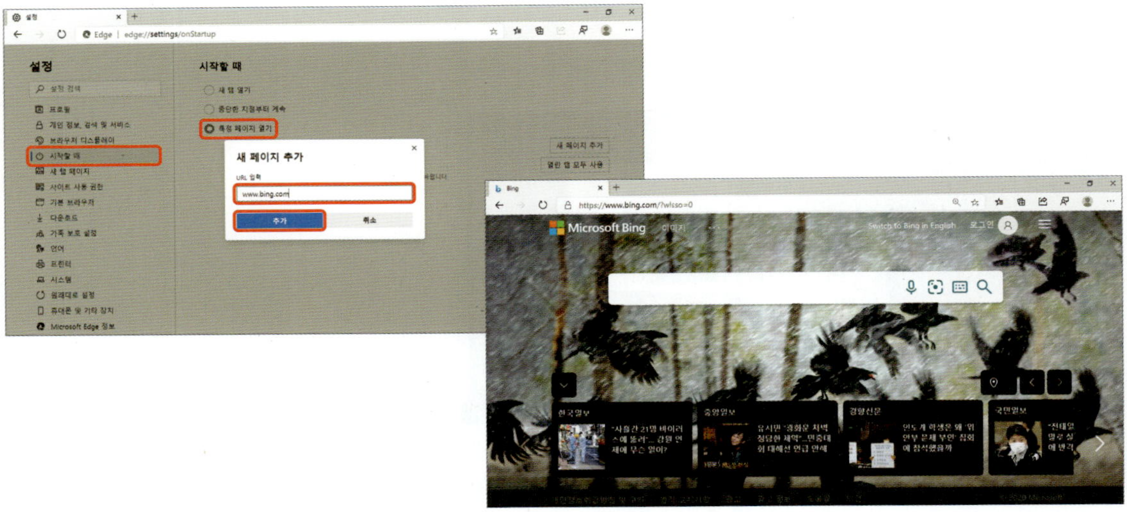

[특정 페이지로 열기]를 선택하면, 브라우저가 시작할 때만 특정 페이지로 표시되고, 새 탭을 추가하면 Microsoft Edge의 기본값인 새 탭으로 열린다.

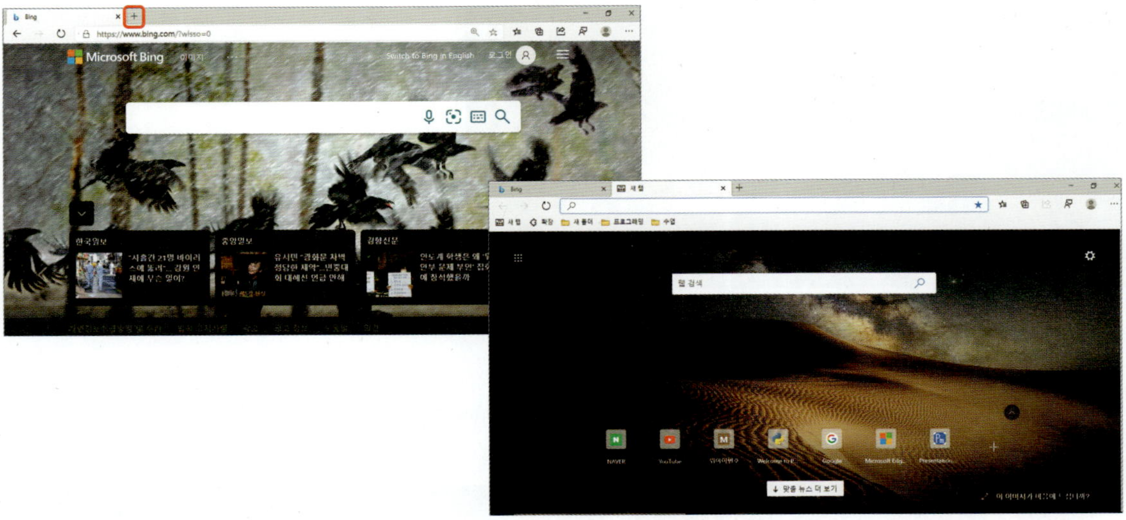

5.2.3 기본 브라우저 설정하기

웹 페이지를 보여주는 웹 브라우저에는 Microsoft Edge, Chrome, Opera, Firefox 등이 있다. 윈도우 10에서 권장 웹 브라우저는 Microsoft Edge 브라우저이다.

기본예제 07 기본 브라우저 설정

Microsoft Edge를 기본 브라우저로 설정해 본다.

01 Microsoft Edge의 [설정 및 기타]를 클릭한 후 [설정(⚙)]을 선택한다. [기본 브라우저]를 선택한 후 오른쪽 화면에서 [기본값으로 설정]을 클릭한다.

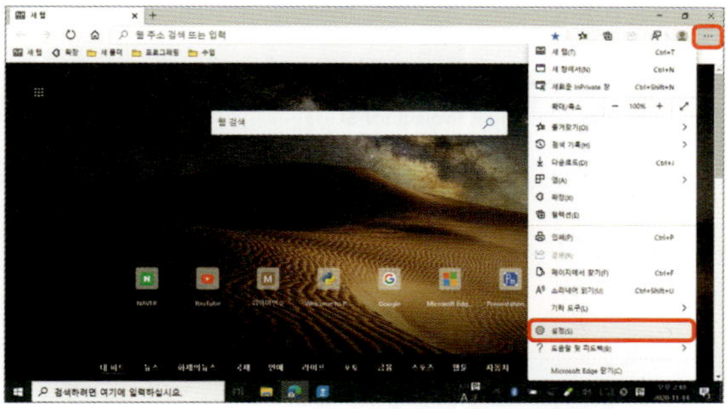

여기서 잠깐 **기본 브라우저 설정**

기본 브라우저가 이미 Microsoft Edge로 지정된 경우에는 [기본값으로 설정]이 비활성화되어 있다. Microsoft Edge가 기본 브라우저로 지정되지 않았을 때, Microsoft Edge를 실행 시 알림 메시지인 'Microsoft Edge을(를) 기본 브라우저로 설정하시겠습니까? 기본값으로 설정'을 클릭하여 간편하게 기본 브라우저로 지정할 수 있다.

5.3 즐겨찾기 및 다운로드 폴더 변경

자주 방문하는 웹 사이트를 등록하고, 등록된 웹 사이트를 관리하는 방법과 웹 사이트에서 자료를 다운받았을 때, 지정된 저장 경로로 저장하는 방법을 배워본다.

5.3.1 즐겨찾기 및 즐겨찾기 관리

즐겨찾기 기능은 자주 방문하는 웹 사이트를 등록해 놓고 클릭만으로 간편하게 웹 사이트에 접속할 수 있게 해 주는 기능이다.

기본예제 08 즐겨찾기 등록 및 관리

웹 사이트를 즐겨찾기에 등록하는 방법과 관리하는 방법을 알아본다.

01 즐겨찾기 등록 : 웹 사이트에 접속한 후 Microsoft Edge의 [이 페이지를 즐겨찾기에 추가(☆)]를 클릭한다. [즐겨찾기 추가됨] 창에서 '이름'에 웹 사이트 이름을 입력하고, '폴더'에는 웹 사이트가 저장될 위치를 선택한 후 [완료]를 클릭한다.

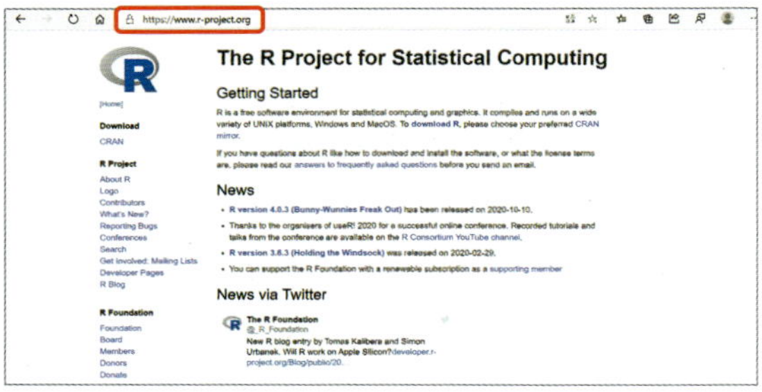

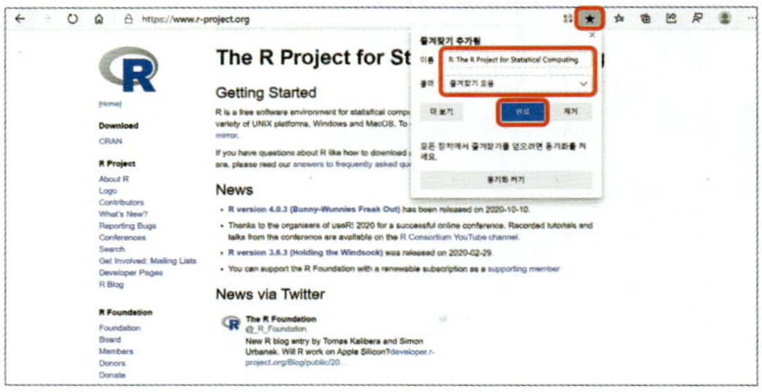

02 즐겨찾기 관리 : Microsoft Edge의 [즐겨찾기(☆≡)]를 클릭한 후 [기타 옵션]–[즐겨찾기 관리]를 선택하여 폴더를 만들어 관리하거나 즐겨찾기를 추가할 수 있다(Ctrl+Shift+D).

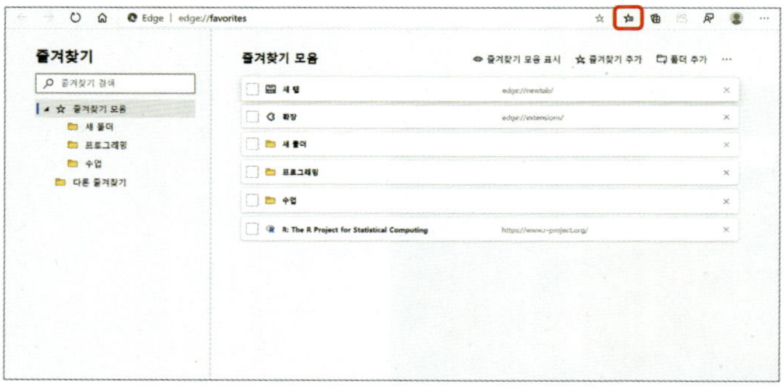

여기서 잠깐 ▶ 즐겨찾기 편집

즐겨찾기에 추가된 웹 사이트는 파란색 별(★)이 표시되며, 파란색 별(★)을 클릭하면 [즐겨찾기 편집] 창이 나타난다. [즐겨찾기 편집] 창의 [더 보기]를 클릭하여 즐겨찾기 모음에 새폴더를 만들거나, 위치를 변경하여 저장할 수 있다.

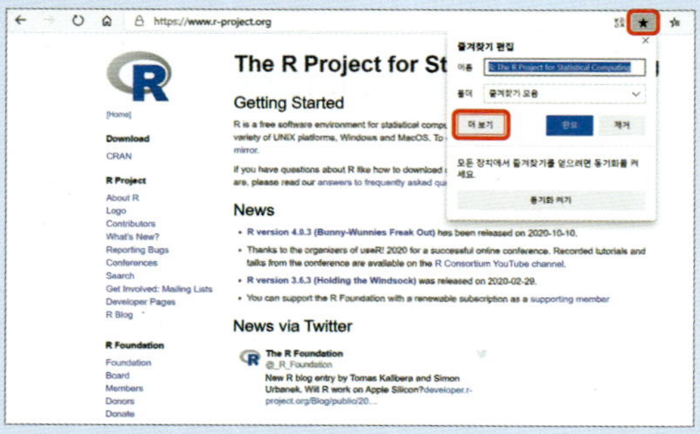

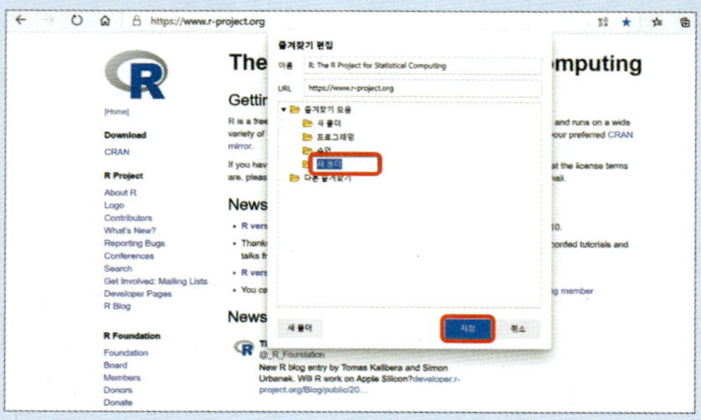

5.3.2 다운로드 폴더 위치 변경

다운로드 폴더는 웹 사이트에서 자료를 다운로드 받을 때, 사용자 편의에 따라 위치를 변경할 수 있다. Microsoft Edge의 [설정 및 기타]를 클릭한 후 [설정( )]을 선택한다. [다운로드]를 선택한 후 오른쪽 화면에서 다운로드 위치의 [변경]을 클릭하여 저장할 위치를 설정한다.

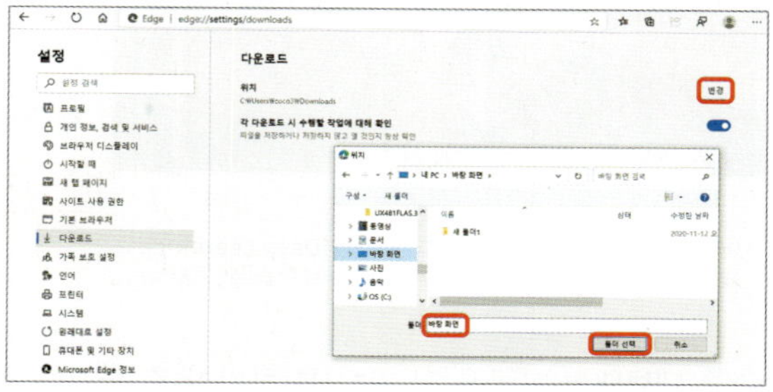

5.4 컬렉션 설정

컬렉션 기능은 웹 사이트 방문 중 웹 페이지 및 메모를 추가하여 저장할 수 있는 기능으로, 추가된 페이지나 메모는 공유기능을 이용하여 Excel이나 Word로 보낼 수 있다. Microsoft Edge의 [컬렉션( )]을 클릭한 후 [+ 현재 페이지 추가]를 선택하여 현재 사이트를 등록할 수 있으며, 등록된 사이트를 선택한 후, 메모를 추가할 수 있다.

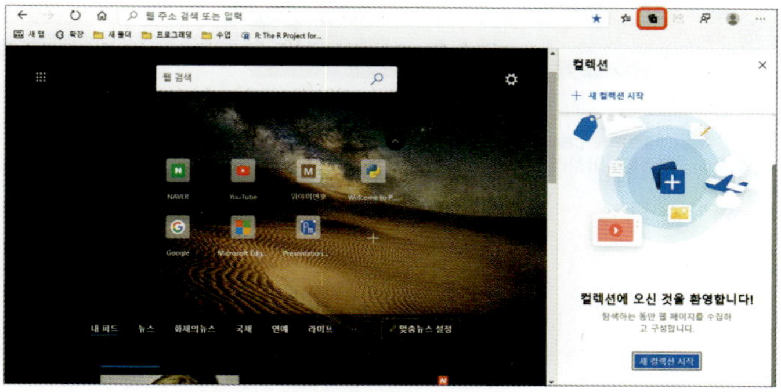

기본예제 09 새 컬렉션 만들기

새 컬렉션을 만들고 컬렉션에 메모 삽입과 내보내기 기능을 알아본다.

01 새 컬렉션 : 등록하고자 하는 사이트에 접속한다. Microsoft Edge의 [컬렉션( )]을 선택한 후 [+ 새 컬렉션 시작] – [+ 현재 페이지 추가]를 클릭한다.

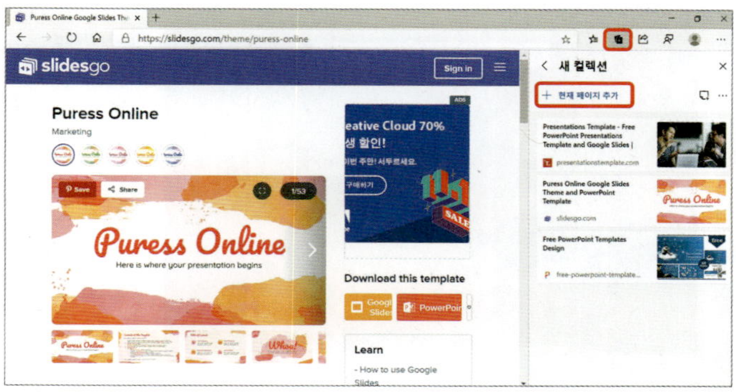

02 메모 추가 : [메모 추가]를 클릭한 후 사이트에 대한 정보를 입력하고 [저장]을 클릭한다.

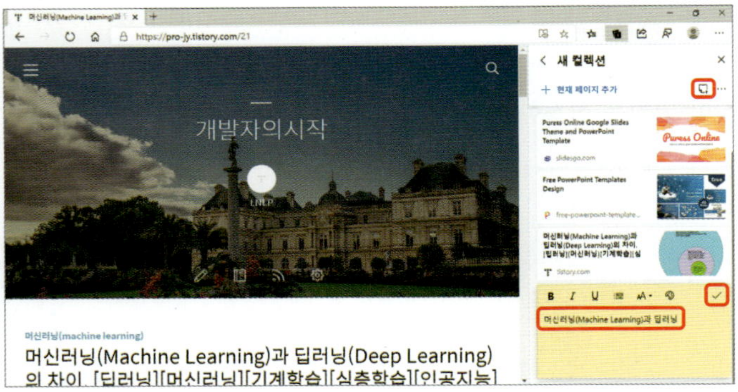

03 내보내기 : [공유 및 기타]를 클릭한 후 원하는 형태를 선택한다.

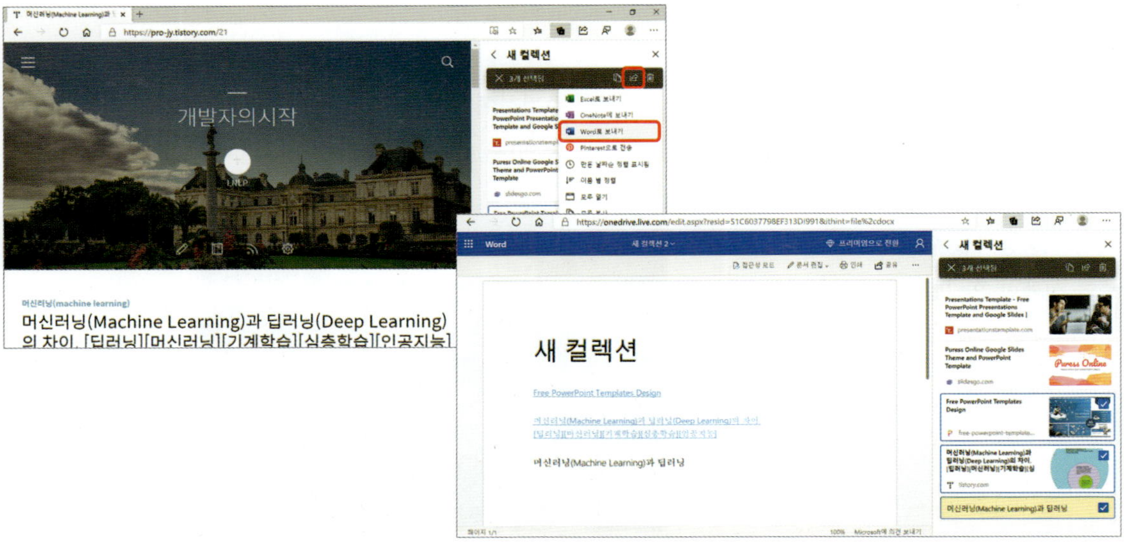

여기서 잠깐 **컬렉션 편집**

컬렉션은 컬렉션 이름별로 관리할 수 있으며, 생성된 컬렉션은 부분 편집 및 삭제할 수 있다. 컬렉션 이름은 컬렉션 이름을 클릭하여 수정할 수 있다.

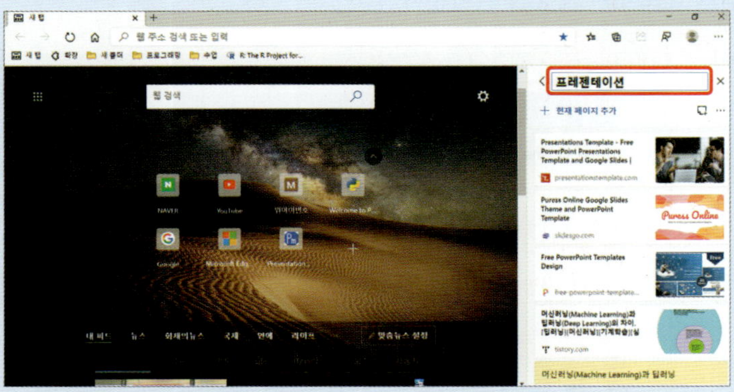

종합예제

※ [종합예제]에 대한 해설은 PDF로 제공됩니다.

문제 1 시스템 복원 지점을 '복원'이라는 이름으로 만드시오.

문제 2 Microsoft Edge에서 즐겨찾기 '검색' 폴더를 만든 후 'NAVER'와 'Google' 사이트를 즐겨찾기에 등록하시오.

문제 3 '사진' 앱을 이용해서 새로운 비디오를 만드시오. 비디오 이름은 '자동차 모음'으로 지정하고 '제목 카드 추가(자동차 모음)', '동작(가운데서 확대)', '배경 음악(광란의 여름)'을 지정하시오.

연습 문제

1 다음 문장의 괄호를 채우시오.

❶ 컴퓨터는 물리적 기계장치인 (   )와 명령어들이 논리적으로 구성된 (   )로 구성된다.

❷ 소프트웨어에는 (   )와 (   )로 분류한다.

2 중앙처리장치(CPU)에 대해 서술하시오.

3 주기억장치인 ROM과 RAM에 대해 서술하시오.

4 운영체제의 역할을 서술하시오.

5 내 PC의 윈도우 버전 정보를 확인하시오.

6 'Excel' 앱을 작업 표시줄에 고정하시오.

7 바탕 화면 아이콘을 모두 표시하시오.

8 새로운 컬렉션을 만들어서 메모를 추가하시오(http://www.hanbit.co.kr/).

PART
02

한글

한글 2020

CHAPTER

02

한글 기본 기능 익히기

01 한글 2020의 시작과 종료

02 한글 2020 화면 구성

03 환경 설정과 스킨 설정하기

04 새 문서와 문서마당으로 문서 작성하기

05 문서 저장과 열기

06 문서 인쇄하기

종합예제

연습문제

학습목표

- 한글의 기본 화면 구성을 설명할 수 있다.
- 한글의 환경과 스킨을 변경할 수 있다.
- 새 문서와 문서 마당을 이용하여 문서를 작성할 수 있다.
- 작성한 문서를 저장하거나 불러올 수 있다.

SECTION 01 한글 2020의 시작과 종료

한글과 컴퓨터의 문서 작성 소프트웨어인 한컴오피스 2020에는 훈글 2020, 훈워드, 훈쇼, 훈셀 2020, 훈PDF로 구성되어있다. 이 단원에서는 한글 문서 작성에 많이 사용되는 한글 2020의 기본 화면과 메뉴 구성을 살펴보고, 사용자에 따라 원하는 대로 한글 2020의 환경을 변경해 본다. 새 문서와 문서마당을 이용하여 문서를 작성하고 지정한 위치로 저장해 본다.

1.1. 한글 2020 시작과 종료

한글 2020의 시작은 바로 가기 아이콘을 이용하거나, 시작 메뉴(⊞)의 앱 목록 중 한글 2020를 선택하여 시작할 수 있으며, 한글 2020의 파일 메뉴 중 ‘끝(- ▫ ×)’을 이용하여 종료할 수 있다.

1.1.1 한글 2020 시작하기

한글 2020의 시작은 시작(⊞)을 클릭하여 앱 목록 중 [ㅎ] 그룹의 ‘한글2020’을 클릭하여 실행하거나, 앱 목록 중 [ㅎ] 그룹의 [한글과 컴퓨터] 폴더의 [한컴 오피스]를 선택한 후 ‘한컴오피스 2020’을 클릭하여 실행할 수 있다.

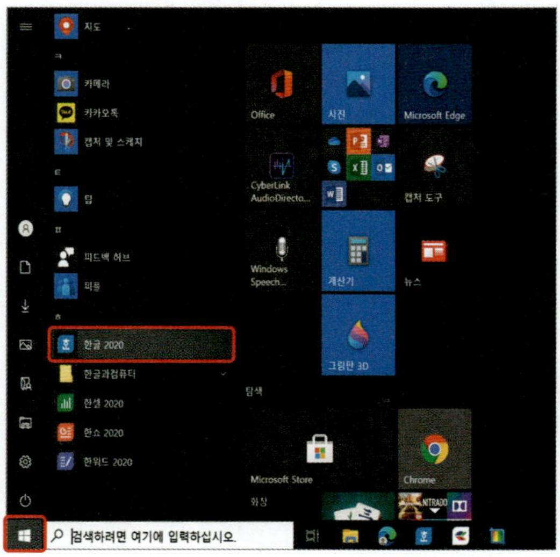

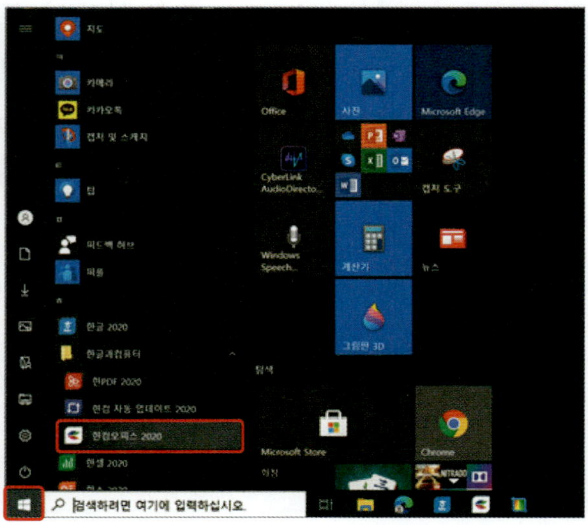

한글 2020은 '문서 시작 도우미'를 시작 화면으로 설정되어 있다. 사용자의 편의에 따라 바로 새 문서를 작성할 수 있도록 한글의 [도구] 탭에서 변경할 수 있다.

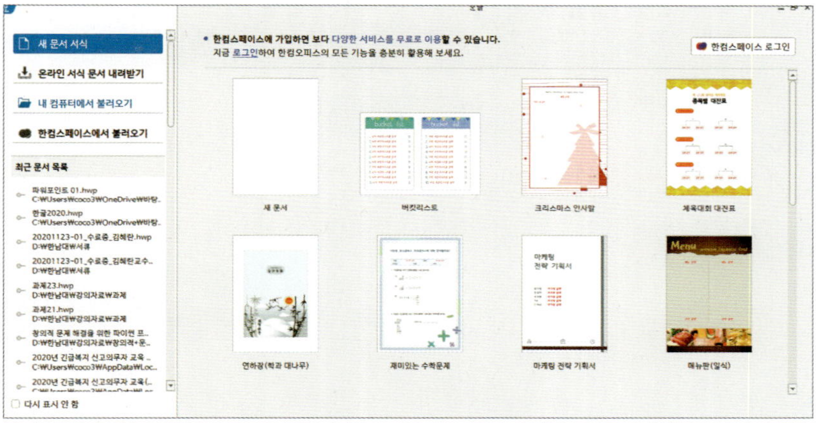

- **한글 2020의 시작 화면 변경하기** 한글 2020의 메뉴 중 [도구 ▾] 탭 – [환경 설정] – [편집]의 시작 설정을 '빈 문서'로 설정한다.

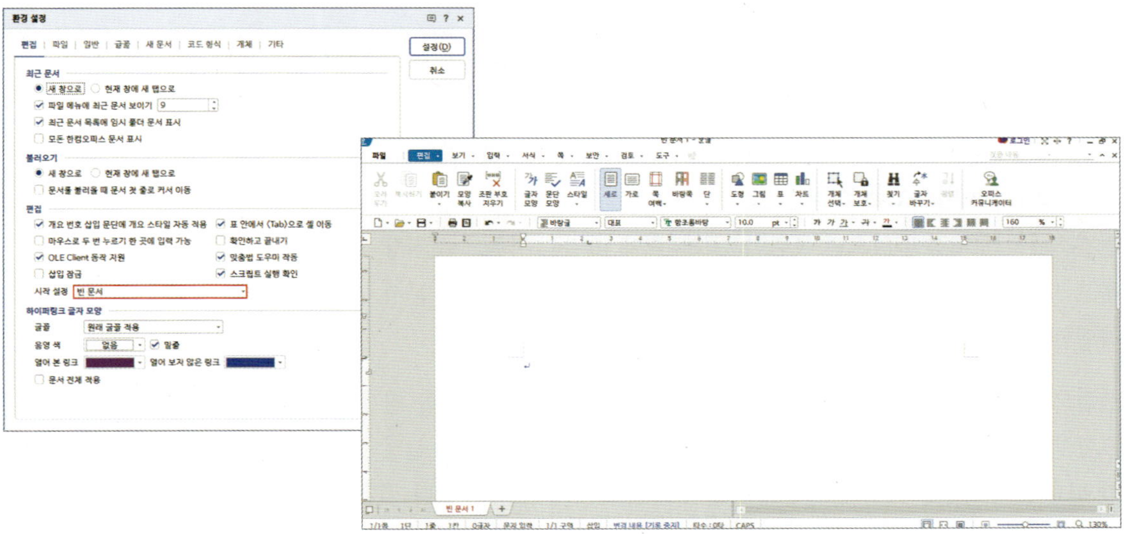

1.1.2 한글 2020 종료하기

한글 2020의 종료는 한글 2020의 화면의 끝(✕)을 클릭하거나, [파일] 탭의 [끝]을 클릭하여 종료할 수 있다. 여러 개의 한글 문서를 열어 놓은 상태에서 현재 작업 중인 문서만을 닫을 때는 [파일] 탭의 [문서 닫기]를 이용하고, 열어 놓은 모든 문서를 닫을 경우에는 [파일] 탭의 [끝]을 이용하여 종료할 수 있다. 이 때 모든 문서를 닫을 때 작업한 내용이 있으면 저장할 것인지를 묻는 대화 창이 나타난다.

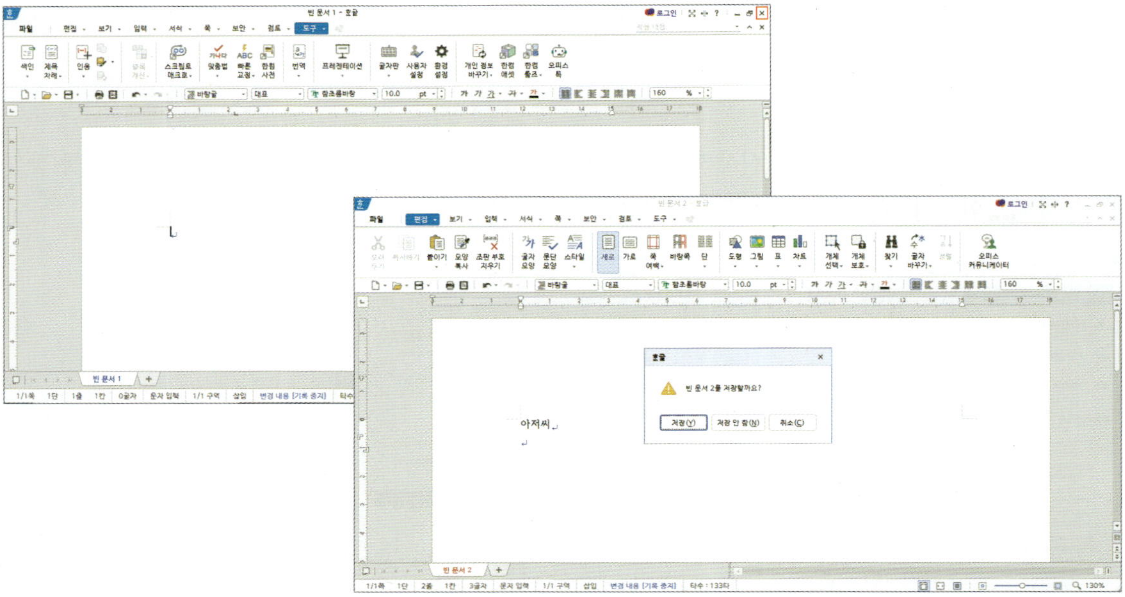

> **TIP** 한글 2020 종료는 Alt+X를 이용하거나, 아이콘을 더블 클릭하여 종료할 수 있다.

1.2 한글 2020의 새로운 기능

한글 2020은 윈도우용 워드프로세서 프로그램으로 개선된 사용자 인터페이스와 강력해진 편집 기능을 통해 보다 간편하고 신속하게 문서 편집 작업을 수행할 수 있습니다.

1.2.1 한컴스페이스 연동 강화

한컴스페이스 계정만 있으면 온라인 스토리지에 파일을 자동으로 저장하고 모바일 장치나 다른 플랫폼에서 어디서나 파일에 접근하여 문서 작업할 수 있다.

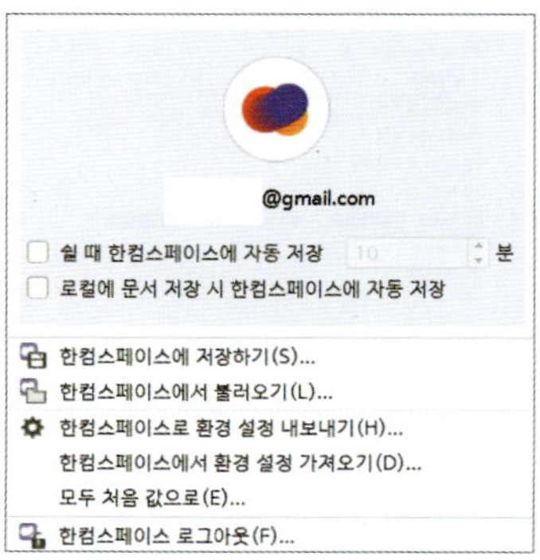

한컴오피스의 환경 설정을 한컴스페이스에 일시적으로 저장한 다음 필요할 때, 문서 작업 장소가 바뀌더라도 지정했던 사용 환경을 다시 설정할 필요 없이 동일한 사용자 환경에서 문서 작업을 이어 나갈 수 있다.

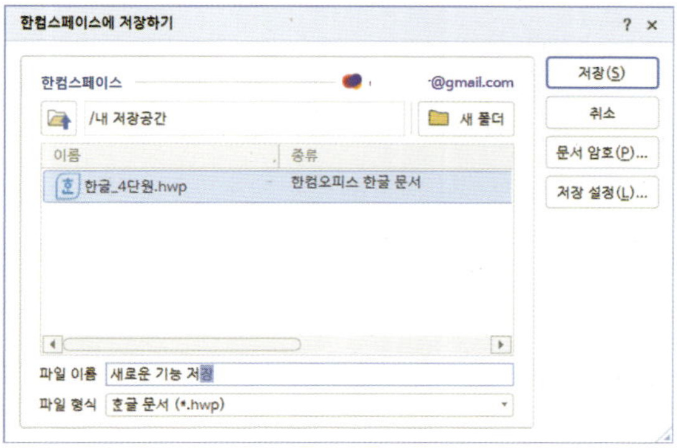

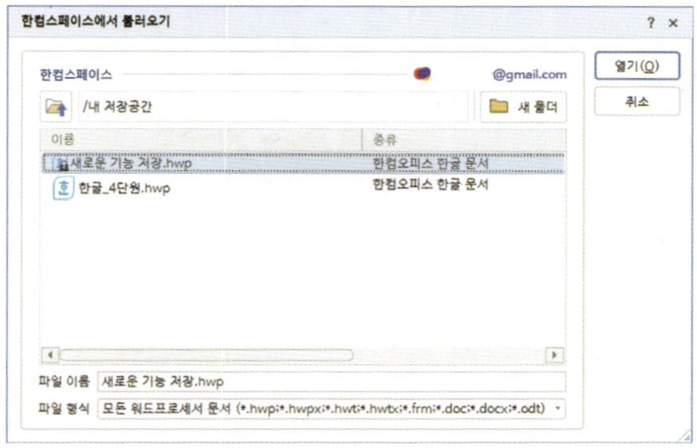

1.2.2 OCR로 그림에서 글자 추출

한컴오피스에서는 OCR(Optical Character Recognition) 기술을 활용하여 그림 파일에서 글자를 추출할 수 있는 기능을 지원한다.

이 기능을 사용하여 스캔하거나 다운로드한 이미지에 포함된 문자를 추출하여 한글 문서에 바로 입력할 수 있으며, 이 내용을 복사하여 다른 곳에 붙여 넣을 수 있어 인쇄물 형태의 명함 또는 서류를 스캔하거나 카메라로 촬영한 다음 편집 가능한 문자로 변환하고 싶을 때 유용하게 사용할 수 있다.

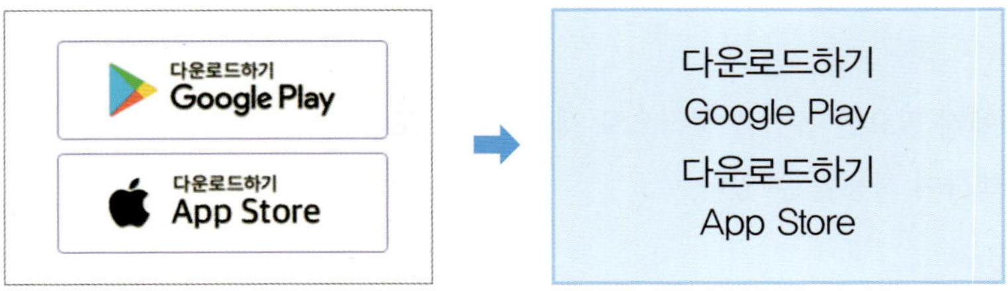

1.2.3 추가 기능 분리로 오피스 경량화

사용 빈도가 비교적 낮은 기능을 별도의 패키지로 분리하여 보다 가벼워진 한컴오피스를 체험할 수 있다. 처음에는 필수 기능만 포함된 한컴오피스를 설치하고 필요에 따라 추가 기능 패키지를 다운로드하여 전체 기능을 사용할 수 있다.

1.2.4 속성 손실 없이 편집 프로그램 간 개체 복사/붙이기

선택한 개체를 다른 편집 프로그램에서도 같은 방식으로 편집할 수 있도록 개체 호환성이 개선되어 한글에서 생성한 차트나 도형을 복사한 다음 한셀, 한쇼, 한워드에 붙여넣어도 개체 유형이 변경되거나 속성이 손실되지 않는다.

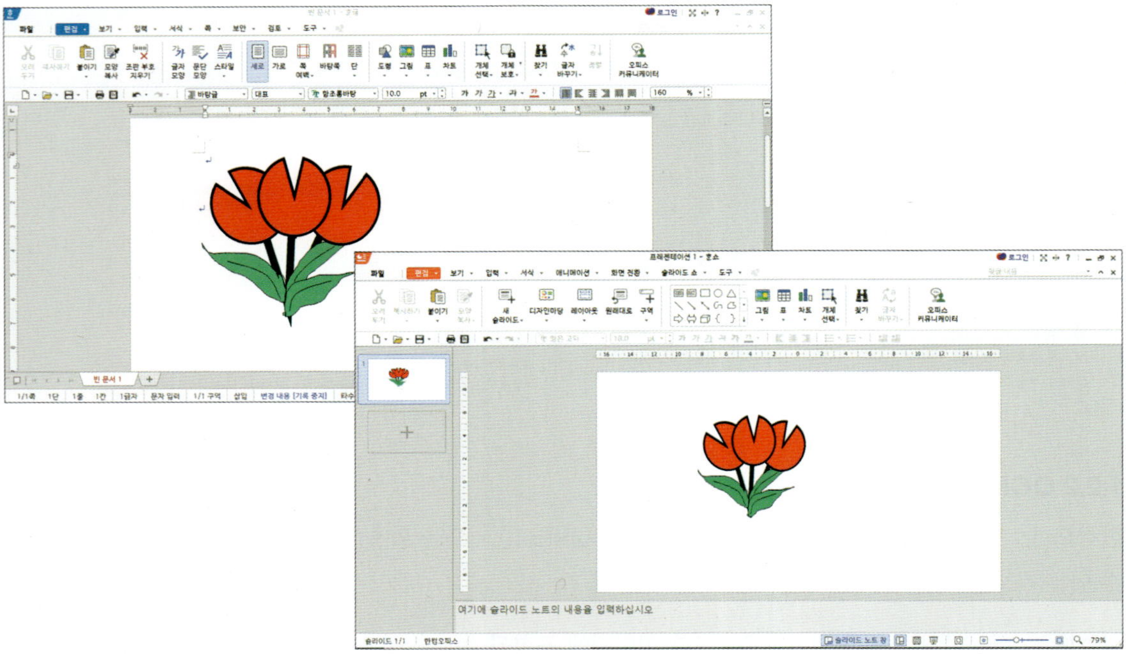

1.2.5 스마트 태그 지원

사용자가 선택한 항목이나 동작에 따라 필요한 메뉴 모음이 즉시 제공되므로 문서를 빠르게 편집하여 작업 시간을 절약할 수 있다.

현재 편집 중인 내용에 따라 사용자에게 필요한 옵션을 동적으로 제공하므로 도구 상자에서 메뉴를 찾지 않아도 원하는 유형의 옵션을 바로 선택하여 적용할 수 있다.

1.2.6 작업 창 분리 또는 고정

사용자의 편의에 따라 여러 개의 작업 창을 자유자재로 분리했다가 다시 고정할 수 있다.

[보기]–[작업 창]–[쪽 모양 보기]를 클릭하면 오른쪽 영역에 '탭' 형태의 [작업 창]이 표시되고, 작업 창의 상단을 더블 클릭하면 작업 창을 분리하거나 고정시킬 수 있다.

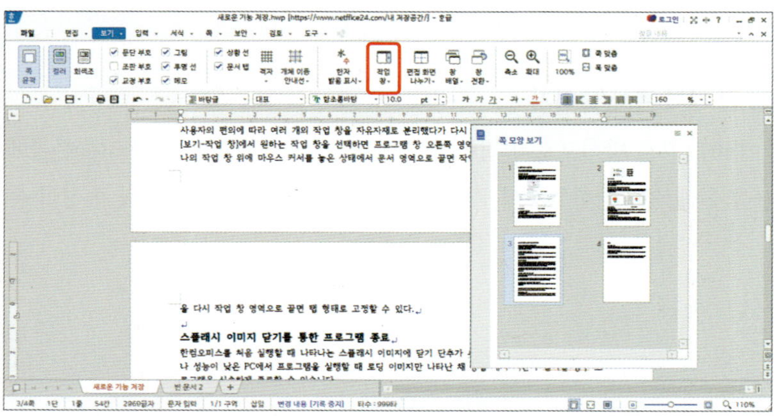

1.2.7 한컴 툴즈 접근성 및 사용성 개선

한글 2020에서는 [클라우드 클립보드], [스마트 입력], [음성 명령]의 접근성을 향상시켜 블루투스 연결 및 실행의 불편함을 개선하였으며, QR 코드를 활용하여 프로그램을 설치하거나 실행할 수 있다.

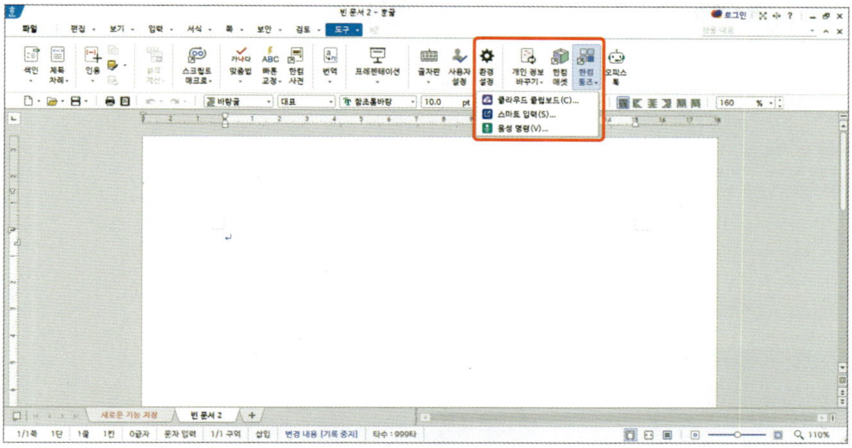

1.2.8 주의 글꼴 알림 제공

사용자가 작성한 콘텐츠를 개인적 또는 영리적 목적으로 배포할 때 한글과컴퓨터에 사용권이 없는 글꼴을 사용함으로써 사용권을 위반할 소지가 있는 글꼴에 대해 주의 표시와 경고 메시지를 제공한다.

이러한 주의 글꼴은 글꼴 목록에서 확인할 수 있으며, 각 글꼴 이름 시작 부분에 '느낌표' 모양의 주의 글꼴 아이콘이 표시된다.

1.2.9 오피스 톡을 통해 한 번에 기능 실행

한컴오피스 챗봇 서비스인 오피스 톡에 필요한 기능을 물어보면 기능에 대한 설명과 기능을 바로 실행할 수 있는 메뉴가 제공되며, 도구 상자나 펼침 메뉴를 거치지 않고 기능을 실행할 수 있어 시간을 절약하고 문서 작업의 효율성을 높일 수 있다.

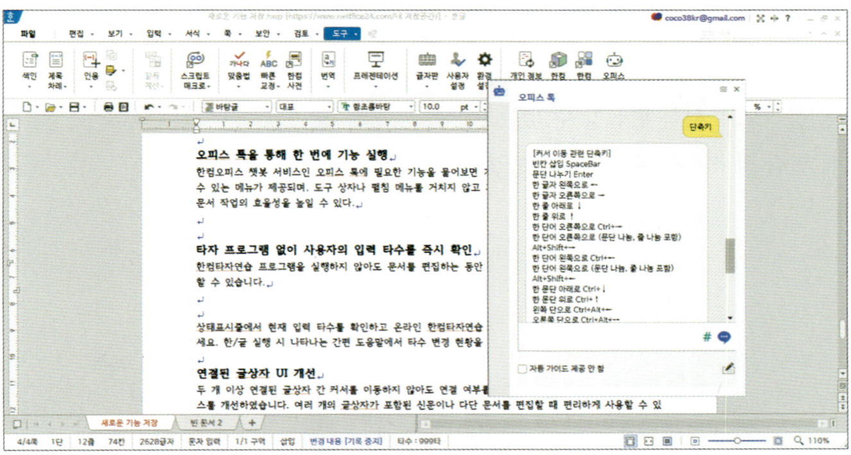

1.2.10 타자 프로그램 없이 사용자의 입력 타수를 즉시 확인

한컴타자연습 프로그램을 실행하지 않아도 문서를 편집하는 동안 실시간으로 사용자의 입력 타수를 확인할 수 있다.

한글 2020의 기본 화면 구성인 [상황 선]에 '입력 타수'가 표시되며, [입력 타수]를 클릭하면 [말랑 말랑 한컴 타자] 사이트가 실행되어 타자 연습을 할 수 있다.

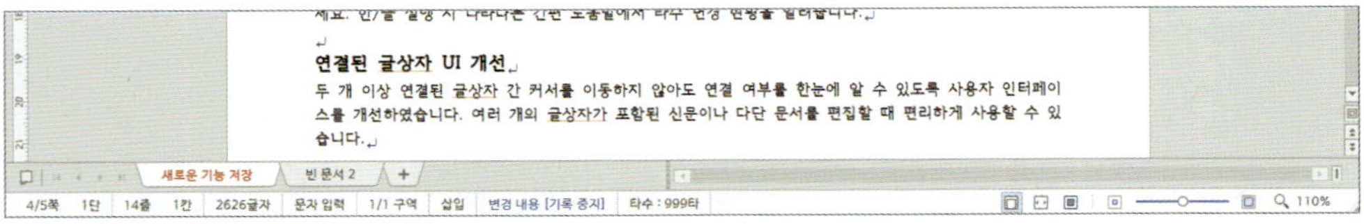

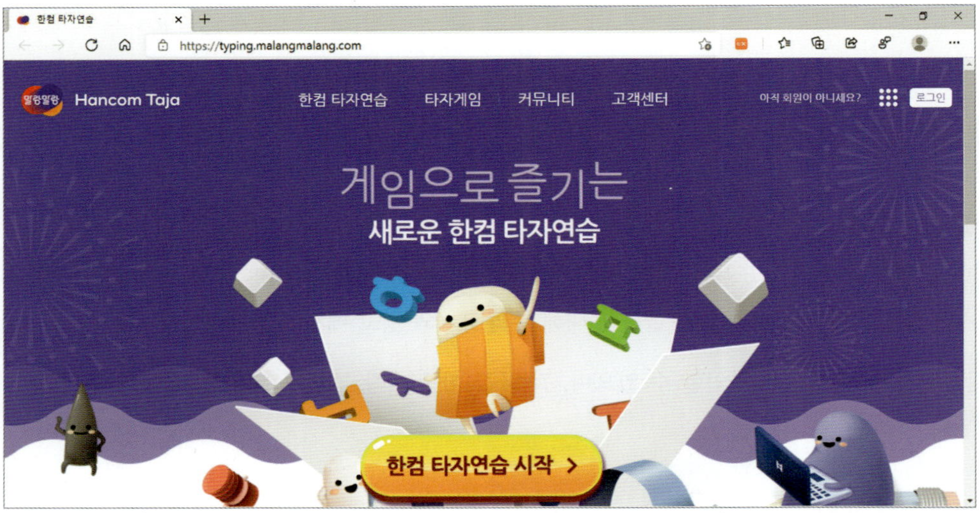

1.2.11 연결된 글상자 UI 개선

두 개 이상 연결된 글상자 간 커서를 이동하지 않아도 연결 여부를 한눈에 알 수 있도록 사용자 인터페이스를 개선하여 여러 개의 글상자가 포함된 신문이나 다단 문서를 편집할 때 편리하게 사용할 수 있다.

1.2.12 캡션 스타일 추가

그림과 표에 추가된 캡션을 일괄적으로 서식 편집할 수 있는 [캡션] 스타일이 추가되어 캡션 서식 편집 및 적용을 손쉽게 할 수 있다.

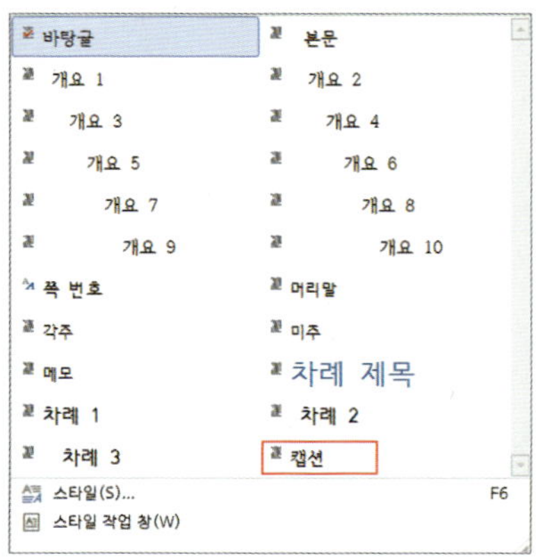

SECTION 02

한글 2020 화면 구성

한글의 기본 화면 구성을 살펴보고, 화면 구성 도구를 화면에 표시하거나 숨길 수 있으며, 각 도구의 특징과 사용방법을 살펴본다.

2.1 한글 2020의 기본 화면 알기

한글 2020은 제목 표시줄, 메뉴, 기본 도구 상자, 서식 도구 상자, 문서 탭, 상황 선, 가로/세로 이동 막대, 가로/세로 눈금자로 구성되어있다.

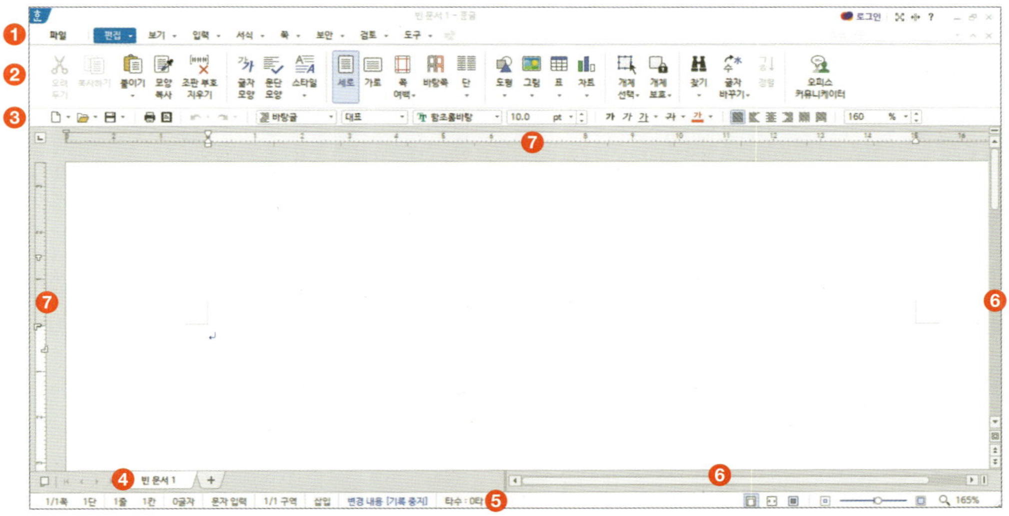

한글 2020의 상단에는 한글 아이콘( ), 문서의 저장 위치와 파일명/빈 문서, 로그인, 전체 화면( ), 크게 보기/기본 보기( ), 도움말(?), 최소화/최대화/이전 크기/끝( )으로 구성되어 있다.

❶ **메뉴 탭** 파일, 편집, 보기 입력, 서식, 쪽, 보안 검토, 도구, 상황, 개체 탭으로 구성되어 있다.

❷ **기본 도구 상자** 메뉴 탭, 개체 탭, 상황 탭을 누르면 탭 별로 사용 가능한 메뉴로 구성되어 있다.

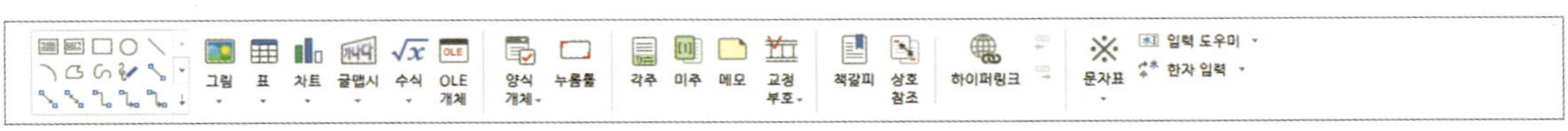

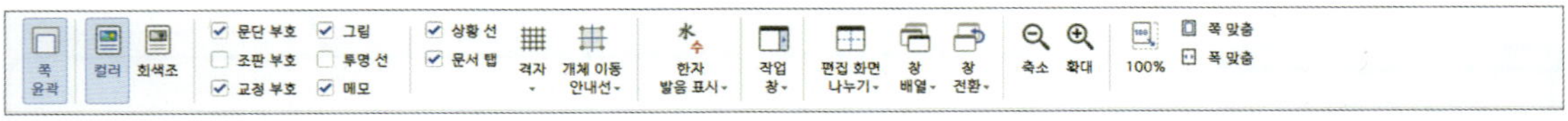

❸ 서식 도구 상자 문서 편집 시 자주 사용하는 기능을 모아 놓은 곳으로, 새 문서, 열기, 저장, 인쇄, 미리 보기, 글꼴, 글자 크기, 글자 속성, 정렬, 줄 간격으로 구성되어 있다.

❹ 문서 탭 상황 선 위에 표시된다. 문서 탭을 필요에 따라 보이기/숨기기로 설정하여 편집 화면을 문서 탭의 폭만큼 넓게 사용할 수 있으며, [+]을 클릭하여 문서 탭을 추가할 수 있다.

❺ 상황 선 한글 문서 창의 맨 아랫줄에 있는 [상황 선]은 커서가 있는 위치의 쪽 수/단 수, 줄 수/칸 수, 구역 수, 삽입/수정 등 사용자에게 필요한 정보들을 알려주는 영역으로, 편집 화면에서 감추거나 보이게 할 수 있다.

❻ 가로/세로 이동 막대 작업 중인 문서의 내용이 많을 경우 사용자가 이동 막대를 상하/좌우로 움직여 문서 내용을 확인할 수 있다.

❼ 가로/세로 눈금자 편집 화면 위쪽의 가로 눈금자와 왼쪽의 세로 눈금자가 있으며, 편집 화면에서 감추거나 보이게 할 수 있다.

2.2 화면 보기 설정하기

화면 보기를 이용하여 문서를 편리하게 작업할 수 있다. 화면 보기에는 쪽 윤곽, 폭 맞춤, 쪽 맞춤, 확대/축소 슬라이더, 확대/축소가 있으며, 문서 작업을 편리하게 도와주는 조판 부호, 교정 부호, 문단 부호, 투명 선, 그림 보기를 선택할 수 있다. 문단 부호와 그림 보기는 기본적으로 선택되어 있다.

❶ 쪽 윤곽( ) 작성한 문서의 각 쪽의 윤곽을 볼 수 있으며 쪽 윤곽을 통해 용지의 여백, 머리말/꼬리말 등을 볼 수 있다. 쪽 윤곽은 Ctrl+G, L을 눌러 설정하거나 해제할 수 있다.

❷ 폭 맞춤( ) 문서 작업 시 작업 화면의 가로 폭을 맞추는 기능으로 확대/축소를 이용하여 확대 또는 축소된 화면의 가로 폭을 맞춰준다.

❸ 쪽 맞춤( ) 현재 작업 중인 문서의 전체 레이아웃을 축소해서 보여준다.

❹ 확대/축소 슬라이더( ) 화면을 확대/축소 슬라이더를 드래그하여 확대/축소할 수 있다.

5 확대/축소(🔍) 배율, 쪽 모양, 쪽 이동을 설정할 수 있다. 화면 배율은 사용자 정의를 선택하여 10%~500%까지 지정할 수 있다.

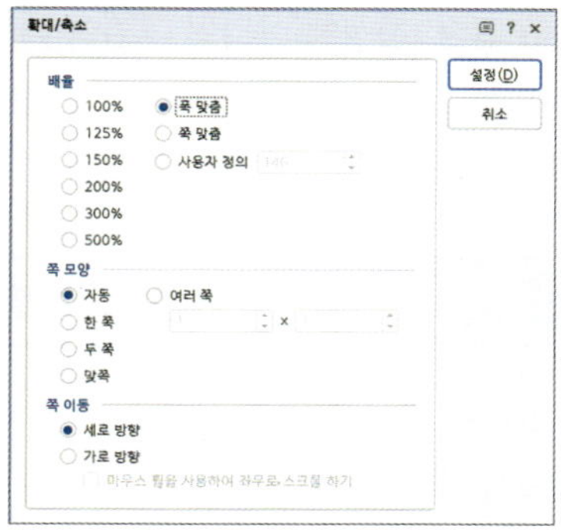

6 조판 부호 표, 글상자, 그림, 머리말/꼬리말 등을 삽입한 위치에는 붉은 색 조판 부호 표시되며, Enter를 누른 곳에는 파란색 줄 바꿈 표시(↵), Space Bar를 누른 곳에는 파란색 공백 표시가 표시된다.

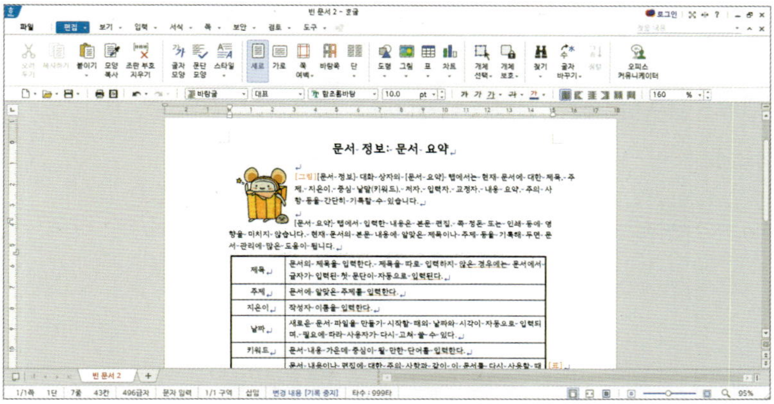

7 문단 부호 문서 작성중에 Enter를 눌렀을 때 파란색 화살표 모양(↵)의 줄 바꿈을 표시하거나 표시를 해제할 수 있다. 문단 부호는 [보기 ▾] 탭-[표시/숨기기] 그룹에서 '문단 부호'를 클릭하여 표시하거나 숨길 수 있다.

8 투명 선 보이지 않는 선을 빨강 색 점선으로 화면에 표시해 주며, 프린터로 출력시 투명 선은 인쇄되지 않는다. 투명 선은 [보기 ▾] 탭-[표시/숨기기] 그룹에서 '투명 선'을 클릭하여 표시하거나 숨길 수 있다.

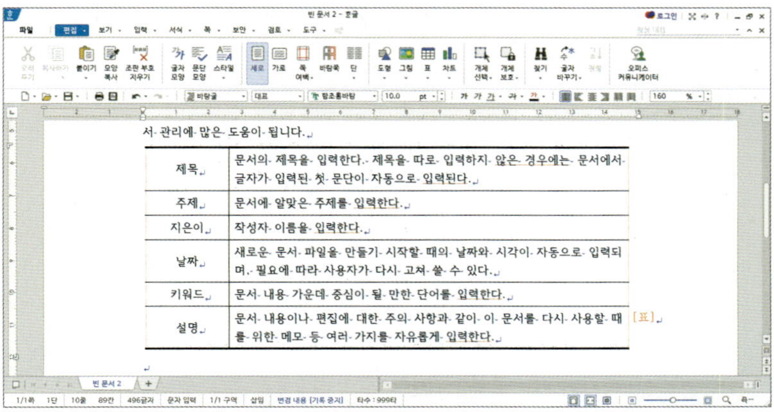

❾ **그림** 문서에 삽입된 그림을 화면에 표시해 준다. 그림 표시는 기본값으로 선택되어 있다. 그림 표시 여부는 [보기 ▾] 탭–[표시/숨기기(H)] 그룹에서 '그림'을 클릭하여 표시하거나 숨길 수 있다.

기본예제 01 기본 화면 설정

한글의 기본 화면을 다음과 같이 설정해 보자(쪽 윤곽 설정, 화면 배율을 130%, 회색조로 지정, 문단 부호를 표시 해제).

01 쪽 윤곽 해제 한글 메뉴 중 [보기 ▾] 탭–[쪽 윤곽]을 선택하여 '쪽 윤곽'을 선택한다.

02 화면 배율 130% 지정하기 [보기 ▾] 탭–[확대]와 [축소] 도구를 이용하여 화면 배율을 130%로 설정하거나, [상황 선]의 [확대/축소]를 클릭하여 [배율]–[사용자 정의]의 증감 단추를 눌러 130%로 지정한다.

03 회색조 설정 [보기 ▾] 탭–[회색조]를 선택하여 '회색조'를 선택한다.

04 문단 부호 표시 해제 [보기 ▾] 탭에서 [문단 부호]의 선택을 해제한다.

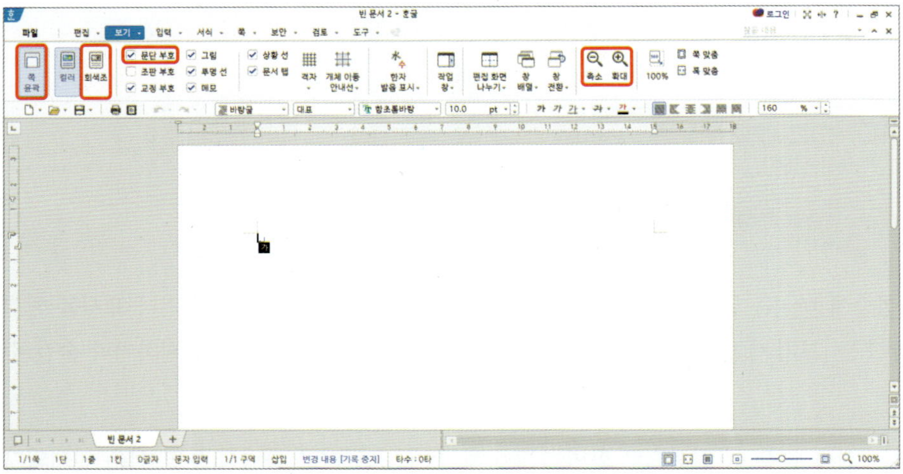

SECTION 03

환경 설정과 스킨 설정하기

환경 설정을 이용하여 문서 작성 시 편리하도록 한글 2020의 환경을 변경해 보고, 한글 2020의 스킨을 변경해 본다.

3.1 환경 설정

환경 설정에는 편집, 파일, 일반, 글꼴, 새 문서 코드 형식, 개체, 기타로 구성되어 있으며, [도구 ▾] 탭-[환경 설정](환경 설정(U)...)을 선택한다.

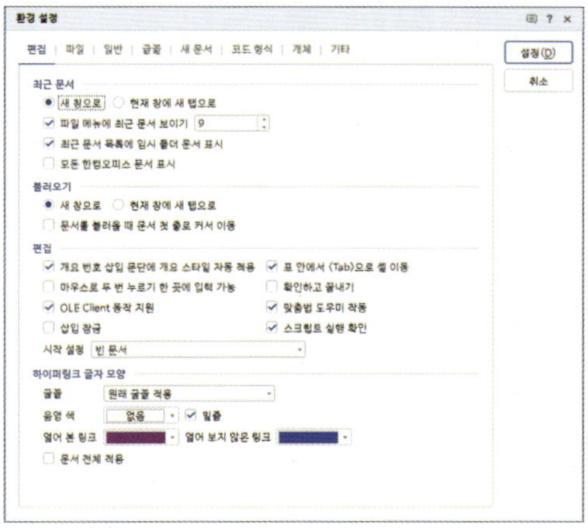

❶ **편집** 최근 작업 문서 목록 표시, 편집 모드, 하이퍼링크 글자 모양을 설정할 수 있다.

❷ **파일** 파일 저장이나, 자동 저장에 대한 옵션을 설정할 수 있다.

❸ **일반** 사용자 정보와 금칙 문자를 설정할 수 있다.

❹ **글꼴** 글꼴 보기와 목록을 표시하거나, 대표 글꼴을 설정할 수 있다.

❺ **새 문서** 새 문서의 용지 종류, 용지 방향, 용지 여백을 설정할 수 있다.

❻ **코드 형식** 텍스트, HTML, 클립보드, 편지 보기 옵션을 설정할 수 있다.

❼ **개체** 표의 본문 위치나, 그림 개체의 품질을 설정할 수 있다.

❽ **기타** 악성코드, 검색, 풍선 도움말/입력기 언어/파일 경로를 표시할 수 있다.

3.2 스킨 설정

한글 2020의 화면 스킨에는 '기본 스킨', '파스텔 스킨', '어두운 스킨'이 있다. 제공된 스킨 외 '사용자 정의 스킨'을 선택하여 화면의 색을 변경하거나 '스킨 그림'을 이용하여 도구 상자의 배경 화면을 그림으로 지정할 수 있다.

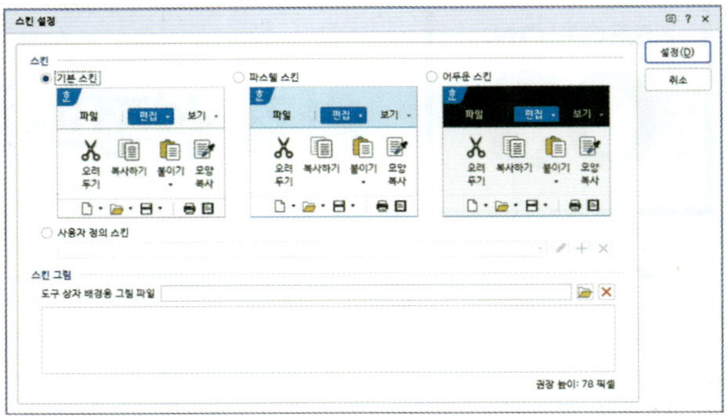

기본예제 02 환경 설정

파일 메뉴의 최근 사용한 문서 수를 5개가 보이도록 설정하고, 하이퍼링크의 열어 본 링크는 빨강색, 열어보지 않은 링크는 초록색으로 설정해 보자.

01 최근 문서 보이기 설정 [도구 ▾] 탭–[환경 설정]을 선택하여 나타난 [환경 설정] 대화상자의 [편집]–[최근 문서]–[파일 메뉴의 최근 문서 보이기]의 증감 단추를 눌러 '5'로 설정하거나 입력한다.

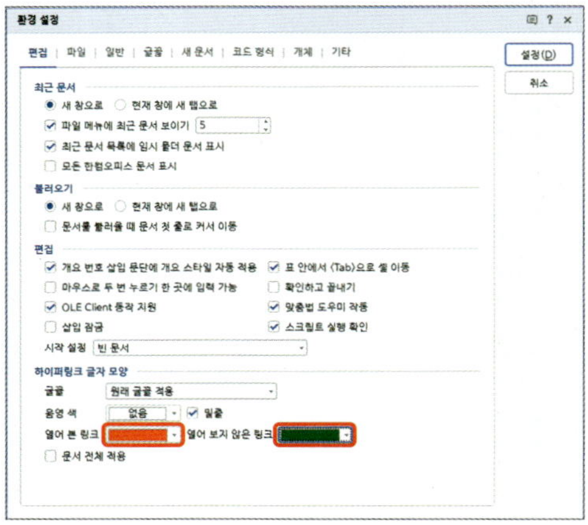

02 하이퍼링크 색 설정 [도구 ▾] 탭–[환경 설정]을 선택하여 나타난 [환경 설정] 대화상자의 [편집]–[하이퍼링크 글자 모양]의 [열어 본 링크]를 '빨강색', [열어 보지 않은 링크]는 '초록색'으로 설정한다.

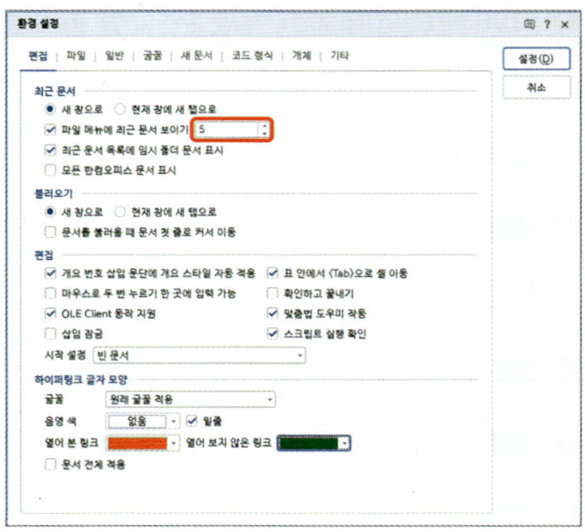

SECTION 04

새 문서와 문서마당으로 문서 작성하기

한글에서는 문서 작성할 때 새 문서를 이용하여 문서를 작성하는 방법과 문서마당을 이용하여 기본 문서 서식 틀을 이용하여 문서를 작성할 수 있다.

4.1 새 문서로 문서 작성하기

새 문서로 문서 작성하기는 빈 문서에 자료를 입력하는 방법으로 글자 모양, 문단 모양, 그림, 표, 도형 등을 이용하여 문서 내용의 가독성과 전달력을 높일 수 있다. 문서 작업 중 새 문서로 작업해야 할 경우에는 [파일] 탭-[새 문서]를 클릭하거나 Alt+N을 눌러 작업할 수 있다.

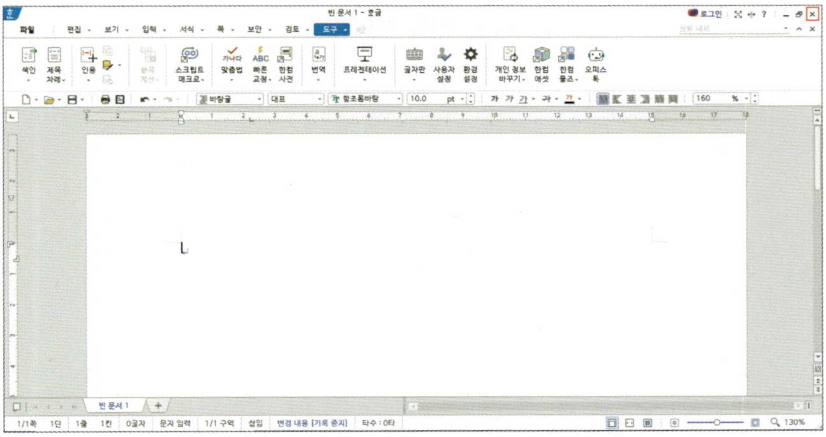

4.2. 문서마당으로 문서 작성하기

문서마당으로 문서 작성하기는 한글 2020 설치 시 기본으로 제공되는 서식으로, [파일] 탭-[문서 마당]-[문서 마당 꾸러미] 탭을 선택하여 원하는 서식을 찾아 이용할 수 있다. 문서마당 꾸러미에 원하는 서식이 없을 경우에는 [도구] 탭-[한컴 애셋]의 [한글 서식]을 선택하여 원하는 서식을 다운받아 사용할 수 있다. 다운받은 서식은 [문서마당]의 [내려받은 문서마당] 탭에 표시된다. 문서마당의 바로 가기 키는 Ctrl+Alt+N이다.

한컴 애셋은 [한글 서식] 뿐만아니라, [클립아트], [그리기 조각], [글꼴], [훈글 전용 글꼴], [유틸리티] 탭이 있으며, 각 탭을 선택하여 원하는 정보를 검색 또는 선택한 후, 다운받아 사용할 수 있다.

기본예제 03 문서마당

문서마당의 연하장(학과 대나무) 꾸러미를 이용하여 연하장을 만들어본다.

01 문서마당의 연하장 꾸러미 불러오기 [파일] 메뉴에서 [문서마당]을 클릭한 후 [문서마당 꾸러미] 탭–[기본 문서]에서 서식 파일 중 '연하장(학과 대나무)'를 선택하고 [열기]를 클릭한다.

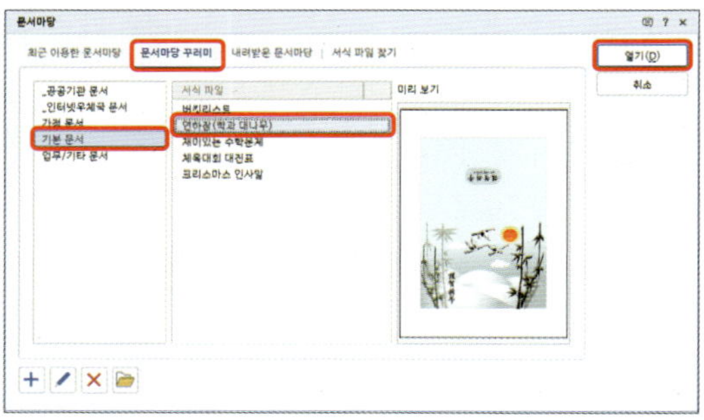

02 서식 파일 편집 연하장 서식 파일에 원하는 내용을 편집하여 입력한다.

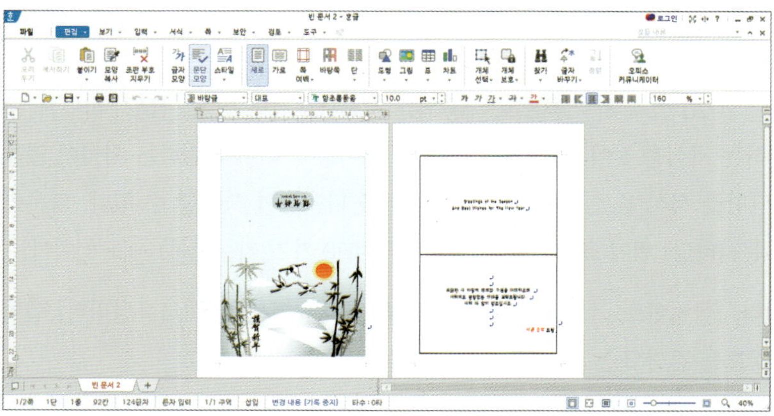

SECTION 05

문서 저장과 열기

작성한 문서는 한글 문서 형식이나 PDF, 그림 파일(*.jpg, *.bmp, *.png 등), 웹 문서 형식(*.html)으로 저장할 수 있으며, 저장된 문서를 다시 열어 편집할 수 있다.

5.1 문서 저장하기

문서 저장은 저장 위치를 지정하여 [저장]과 [다른 이름으로 저장하기]를 선택하여 저장할 수 있으며, [다른 이름으로 저장하기]는 문서를 처음 저장하거나 저장된 문서의 이름을 변경하여 저장해야 할 경우 사용할 수 있다. 한글 문서의 기본 파일 형식은 *.hwp이며, 문서의 특성에 따라 다른 형식으로 저장할 수 있다.

문서 저장하기 방법은 [파일] 탭-[저장]을 클릭하거나, Alt+S를 눌러 저장할 수 있다. 또한, 서식 도구 상자의 저장하기 아이콘( )을 이용하여 저장할 수 있다.

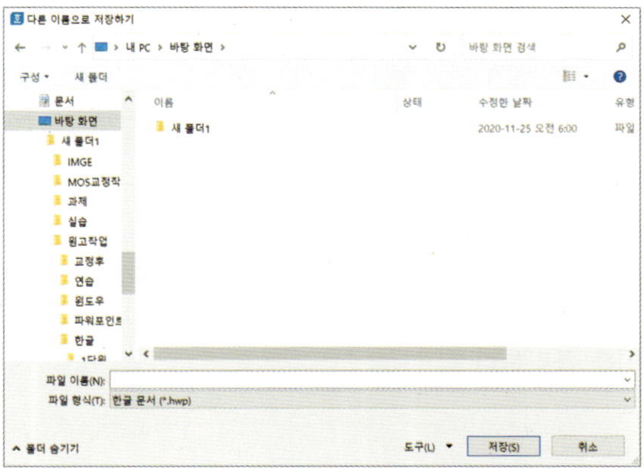

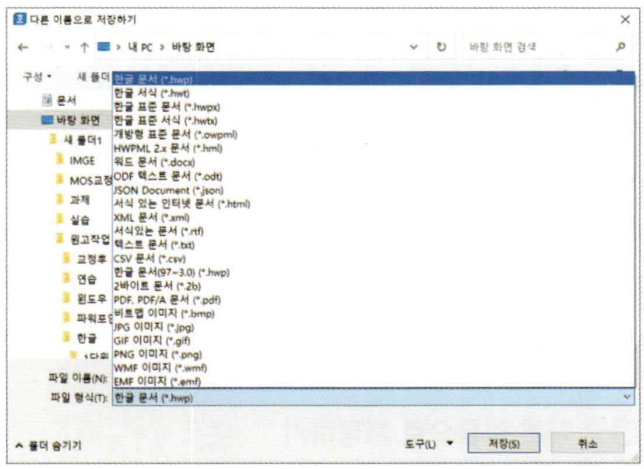

5.2 문서 열기(Alt+O)

저장한 문서를 불러와 작업하기 위해서는 문서가 저장된 위치에서 파일을 찾아 선택한 후 [열기] 단추를 클릭하여 불러올 수 있다.

문서 열기 방법은 [파일] 탭-[불러오기]를 클릭하거나, 서식 도구 상자의 불러오기 아이콘( )을 이용하여 문서를 불러올 수 있다.

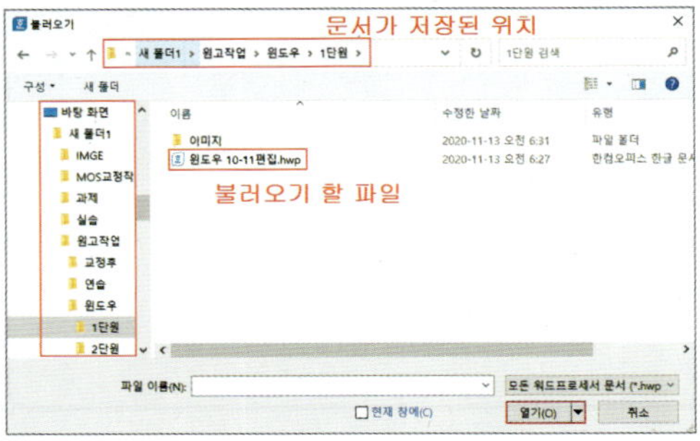

저장된 문서가 최근에 작업한 문서일 경우에는 [파일] 탭–[인쇄] 메뉴 밑에 표시되는 [최근 문서] 목록에서 원하는 문서를 선택하여 편리하게 문서를 열 수 있다.

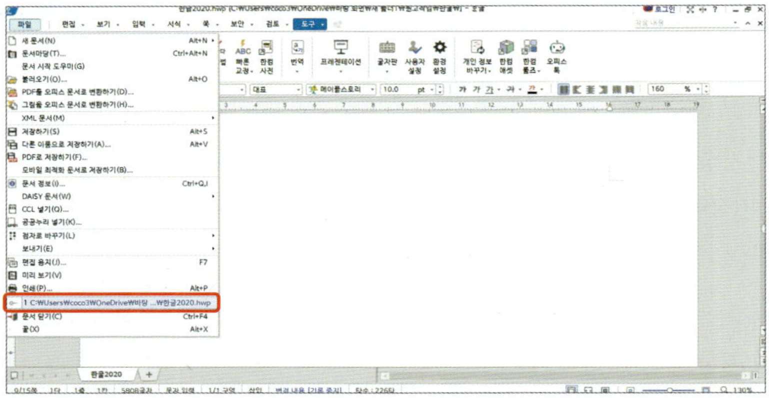

기본예제 04 파일 저장

문서마당의 '주간 식단표 4' 서식 파일을 '주간식단표.png' 파일로 바탕화면에 저장해 봅시다.

01 '주간 식단표 4' 서식 파일 불러오기 [파일] 메뉴의 [문서마당]를 클릭한 후 [문서마당 꾸러미] 탭–[가정 문서]에서 서식 파일 중 '주간 식단표 4'를 선택하고 [열기]를 클릭한다.

02 다른 이름으로 저장하기 [파일] 탭–[다른 이름으로 저장하기]에서 파일 이름은 『주간식단표』를 입력하고 파일 형식은 '*.png', 저장 위치는 '바탕 화면'으로 지정한 후 [저장]을 클릭한다.

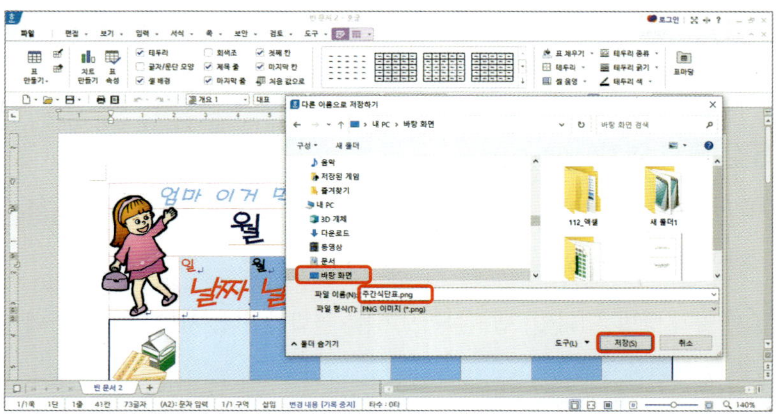

SECTION 06

문서 인쇄하기

문서 내용 작성 및 편집이 완료된 문서는 프린터로 인쇄할 수 있으며, 인쇄하기 전에 [미리 보기]를 이용하여 문서 내용을 화면으로 확인한 후, 문서 내용 편집을 완료하여 인쇄한다.

인쇄 메뉴를 이용하여 인쇄하는 방법은 [파일] 탭-[인쇄]를 선택하거나, Alt+P를 누른다. 또는, 서식 도구 상자의 인쇄 아이콘(🖨)을 선택한다.

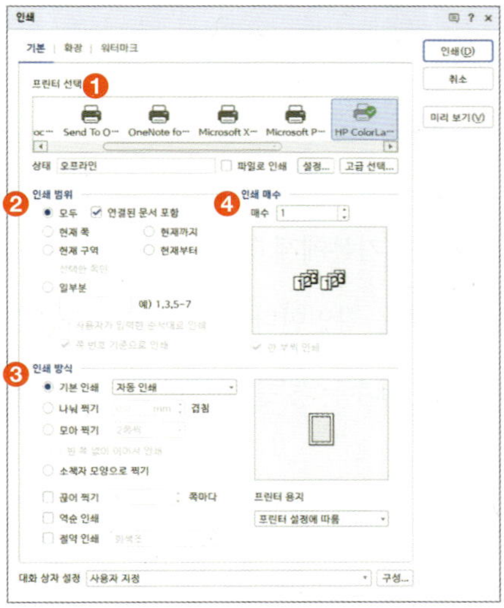

❶ **프린터 선택** 인쇄 가능한 프린터 목록이 표시되며, 원하는 프린터를 지정할 수 있다.

❷ **인쇄 범위** 모두, 현재 쪽, 현재까지, 현재 구역, 현재부터, 선택한 쪽만, 일부분을 지정하여 인쇄할 수 있다.

❸ **인쇄 방식** 나눠 찍기, 모아 찍기, 소책자 모양으로 찍기, 역순 인쇄, 절약 인쇄, 프린터 용지 등을 선택할 수 있다.

❹ **인쇄 매수** 인쇄 매수를 지정하여 한 부씩 인쇄하거나, 페이지별로 인쇄 매수에 따라 인쇄할 수 있다.

미리 보기 기능을 이용하여 인쇄하는 방법은 [파일] 탭-[미리 보기]를 선택하거나, 서식 도구 상자에서 [미리 보기] 아이콘을 선택하여 전체적인 문서의 레이아웃을 확인한 후 인쇄를 클릭한다.

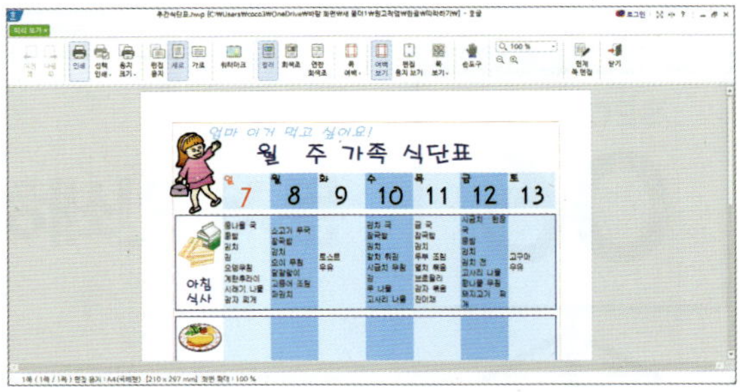

여기서잠깐 **기본 프린터**

[인쇄] 대화상자의 [프린터 선택]에는 인쇄 가능한 프린터가 표시되어 원하는 프린터를 선택하여 인쇄할 수 있다. 인쇄 명령 시 프린터를 선택하지 않아도 바로 인쇄되는 프린터를 기본 프린터라고 하며, 기본 프린터는 프린터 아이콘에 선택 표시가 표시된다.

기본예제 05 인쇄

[미리 보기] 기능을 이용하여 '인쇄 범위 : 현재 쪽, 인쇄 매수 : 5'로 지정하여 '기본예제 04'를 인쇄해 본다.

01 미리 보기 실행 [파일] 메뉴의 [미리 보기]를 클릭하여 문서의 전체 윤곽을 확인한다.

02 인쇄하기 미리 보기의 [인쇄]를 클릭하여 인쇄 범위는 '현재 쪽', 인쇄 매수는 '5'를 지정한 후 [인쇄]를 클릭한다.

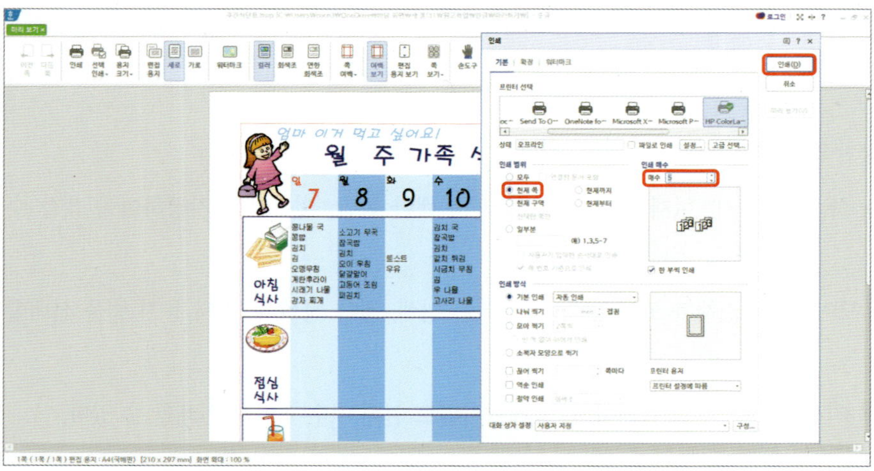

종합예제

※ [종합예제]에 대한 해설은 PDF로 제공됩니다.

문제 1 [도구 ▾] 탭-[스킨 설정]을 이용하여 아래의 [조건]에 따라 설정하시오.

[조건]

- 스킨 : 파스텔 스킨 적용
- 도구 상자 배경용 그림 파일 : 한글그림.BMP

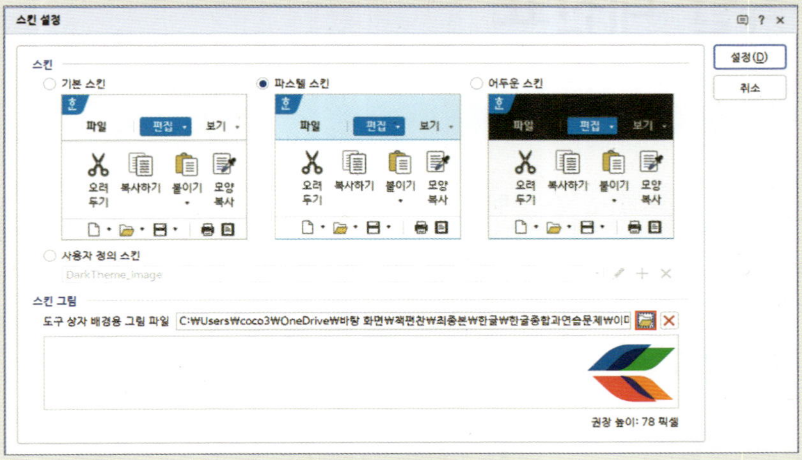

문제 2 [도구 ▾] 탭-[사용자 설정]을 이용하여 서식 도구 상자의 '인쇄' 아이콘 앞에 '편집 용지' 아이콘을 등록하시오.

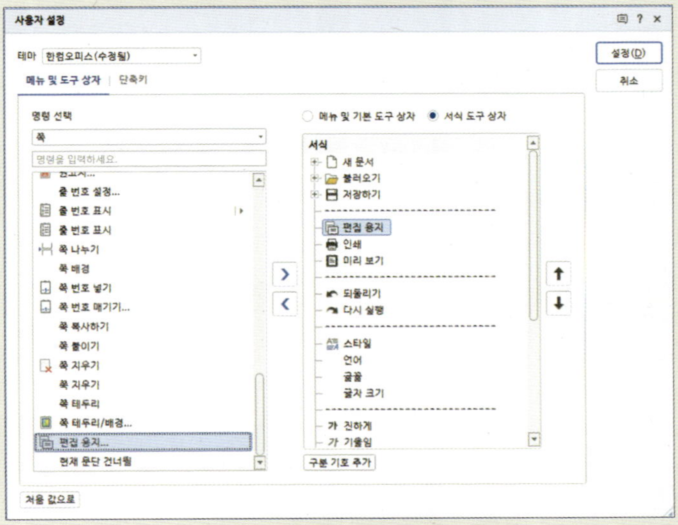

문제 3 문서마당에서 '체육대회 대진표'를 불러와 미리 보기를 실행한 후 '대진표.PDF' 파일로 저장하시오.

제 회 한마음 체육대회

종목별 대진표

1.

A B

2.

A B

3.

A B

연습문제

1 문서 마당의 '거래처 대장'을 불러와서 다음 [조건]에 따라 처리하시오.

[조건]
- 환경 설정 : 파일 경로 표시 해제, 단위 표시(cm)로 지정
- 저장 파일 이름 : 거래처대장.hwt

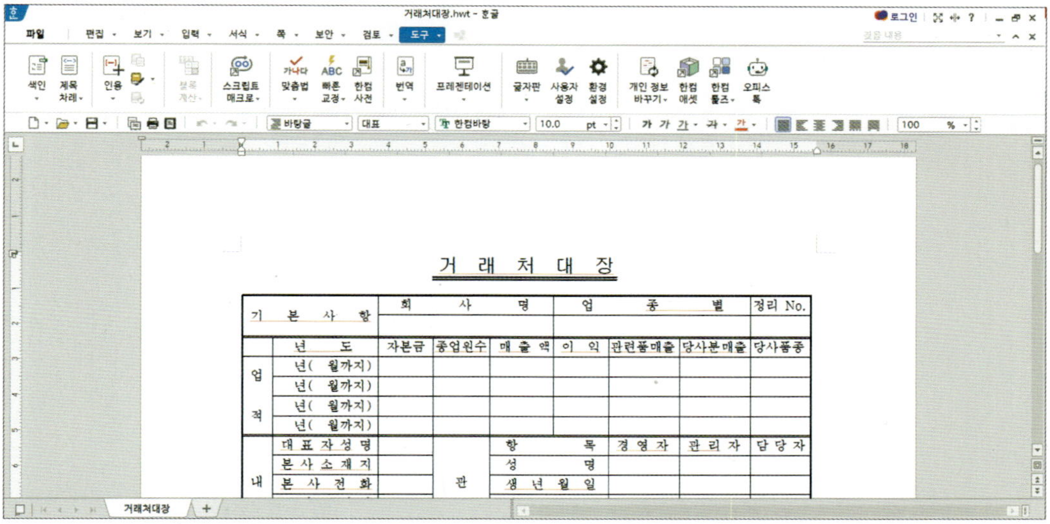

CHAPTER

03

개체를 활용한 문서 작성하기

01 글자 모양 활용하기

02 개체 및 입력 도우미 활용하기

03 문단 모양 활용하기

04 그림 넣기와 편집하기

05 덧말 넣기와 모양 복사하기

06 문서 끼워 넣기와 문서 정보

07 한자 변환과 문단 띠

종합예제

연습문제

학습목표

- 글자 모양을 이용하여 글자를 꾸밀 수 있다.
- 개체와 입력 도우미를 활용할 수 있다.
- 정렬과 문단 여백을 활용할 수 있다.
- 한글을 한자로 변환할 수 있으며, 그림을 문서에 삽입할 수 있다.
- 덧말 넣기를 활용할 수 있으며, 모양 복사 기능을 이용하여 서식을 복사할 수 있다.
- 문단 띠를 삽입 및 편집할 수 있다.

SECTION 01

글자 모양 활용하기

글자 모양의 글꼴, 크기, 장평, 글자 색, 음영, 밑줄을 이용하여 문서 내용을 편집할 수 있다. 글자 모양은 [기본], [확장], [테두리/배경] 탭으로 구성되어 있다. 글자 모양 변경은 우선 내용을 입력한 후, 입력한 내용 부분을 블록으로 지정하여 글자 모양을 변경하거나, 먼저, 글자 모양을 실행하여 글자 모양 속성을 설정하면 설정된 글자 모양으로 데이터를 입력할 수 있다.

1.1 글자 모양 실행하기

글자 모양은 [서식 ▾] 탭–[글자 모양]을 클릭하거나 Alt+L를 누른다. 또는 [서식 ▾] 탭을 클릭한 후 기본 도구 상자의 [글자 모양]을 선택하거나, 기본 도구 상자의 글자 속성(글꼴, 크기, 진하게, 기울임, 밑줄, 취소선, 글자 색)을 선택한다. [서식 도구 상자]는 글자 모양에서 사용 빈도가 많은 글자 속성을 등록해 놓아 편리하게 이용할 수 있다.

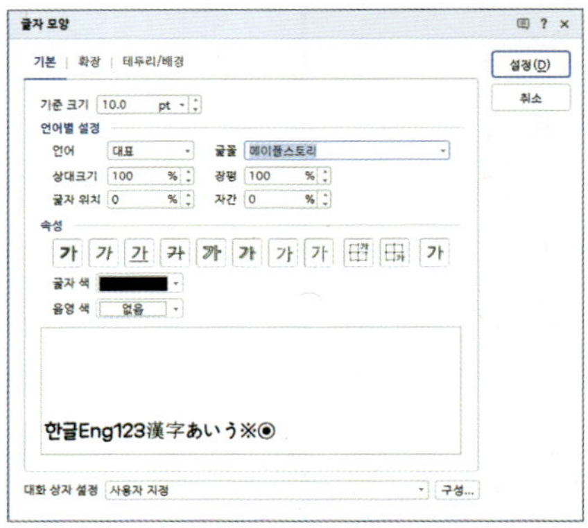

[기본] 탭

- **기준 크기** 글자 크기를 크게/작게 조절할 수 있다.
- **글꼴** 사용 가능한 글꼴 이름이 표시되며, 선택한 글꼴 모양을 문서에 적용할 수 있다.
- **장평** 글자의 가로 폭을 조절할 수 있다(기본값:100%).
- **자간** 글자 사이간의 간격을 조절할 수 있다.
- **속성** 진하게, 기울임, 밑줄, 취소선, 외곽선, 그림자, 양각, 음각, 첨자를 설정할 수 있다.
- **글자 색** 글자 색을 지정할 수 있다.
- **음영 색** 글자의 배경에 색을 지정할 수 있다.
- **[확장] 탭** 그림자 방향(X, Y), 밑줄의 위치와 모양, 외곽선, 강조 등을 설정할 수 있다.

여기서 잠깐 블록

블록은 편집 기능이 적용될 범위를 미리 지정하는 것으로 F3을 누른 후, 방향키를 눌러 범위를 지정하거나, 마우스를 드래그하여 블록을 지정할 수 있으며, 검정색 음영으로 표시된다. 블록은 본문 중의 내용 일부를 복사하거나 지울 때 또는 글자 모양이나 문단 모양을 바꾸고자 할 때, 먼저 원하는 내용을 블록으로 설정한 다음에 각종 편집 기능을 실행할 수 있다.

기준(글꼴) 크기	20pt	해와 달	6pt	해와 달
글꼴	양재매화체s	해와 달	MD솔체	해와 달
자간	-30%	해와달	20%	해 와 달
글자 색	빨강	해와 달	파랑	해와 달
음영 색	노랑	해와 달	밝은 연두색	해와 달
그림자	그림자	해와 달	[확장] 그림자 : 연속, XY 방향 20%, 초록	해와 달
외곽선	외곽선	해와 달	[확장] 외곽선 : 점선	해와 달
장평	50%	해와달	200%	해와 달
속성	진하게	**해와 달**	기울임	*해와 달*
	밑줄	해와 달	취소선	~~해와 달~~
	양각	해와 달	아래 첨자	해와 달
[확장] 강조점		해와 달		

기본예제 06 글자 모양

다음 〈지시 사항〉에 따라 글자 모양을 지정해 본다.

〈지시 사항〉

- **전체** 글꼴(궁서체), 글자 크기(16), 글자 색(파랑), 속성(양각), 장평(90%)
- **제목** 글꼴(MD솔체), 글자 크기(28), 음영 색(시멘트색), 글꼴 색(검정), 속성(양각)

01 전체 글자 모양 설정 마우스를 드래그하여 문서 전체를 블록을 지정한 후 [편집 ▾] 탭-[글자 모양]을 클릭한다(Alt+L). [글자 모양] 대화상자가 나타나면 글꼴은 '궁서체', 글자 크기는 '16', 글자 색은 '파랑', 속성은 '양각', 장평은 '90%'를 지정한 후 [설정]을 클릭한다.

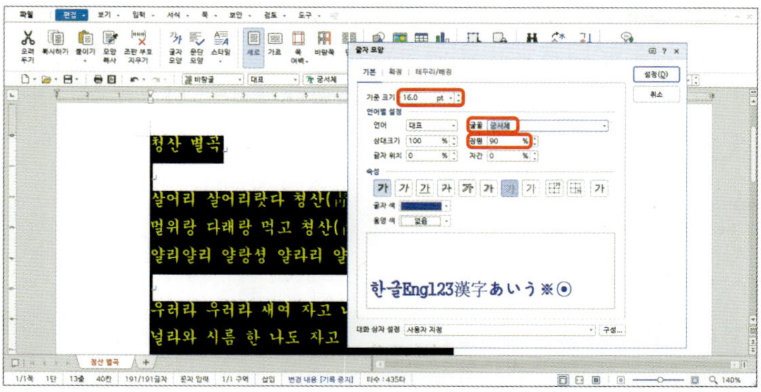

02 제목 글자 모양 설정 제목(청산 별곡)을 드래그하여 블록으로 지정한 후 [편집 ▾] 탭-[글자 모양]을 클릭한다(Alt+L). [글자 모양] 대화상자가 나타나면 글꼴은 'MD솔체', 글자 크기는 '28', 글자 색은 '검정', 음영 색은 '시멘트색' 속성은 '양각'을 지정한 후 [설정]을 클릭한다.

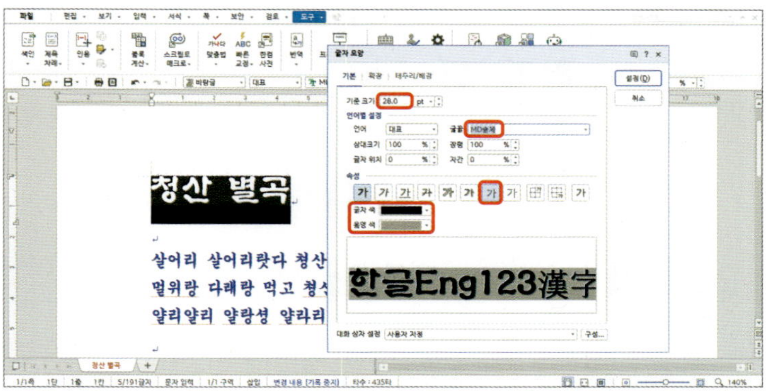

SECTION 02

개체 및 입력 도우미 활용하기

한글 문서에 삽입할 수 있는 개체에는 글맵시, 그리기 개체, OLE 개체, 필드 입력, 양식 개체가 있으며, 입력 도우미에는 상용구, 글자 겹치기, 외래어 표기, 로마자 등록을 활용할 수 있다.

2.1 글맵시( )

글맵시는 글자를 변형하거나 외곽선, 면 채우기, 그림자, 회전 등의 효과를 주어 문자를 꾸밀 수 있으며, 주로 문서의 제목이나 핵심 부분을 작성할 때 사용할 수 있다. 빠른 글맵시 작성을 위한 글맵시 스타일을 이용하여 글맵시 모양 및 정렬, 배치, 채우기, 선 색, 선 종류 등 보기 좋은 모양으로 만들 수 있다.

글맵시는 [글맵시 만들기]를 선택하는 방법과 글맵시 스타일을 선택한 후, 글을 입력하는 방법을 이용할 수 있다. 글맵시를 만들기 위해서는 [입력 ▾] 탭–[개체]–[글맵시]를 선택하거나, [입력 ▾] 탭을 선택한 후 기본 도구 상자의 [글맵시]를 선택하여 이용할 수 있다.

[입력 ▾] 탭에서 [글맵시]를 클릭한 후 [글맵시 만들기] 대화상자가 나타나면 내용을 입력하고, '글맵시 모양'과 '글꼴' 등을 선택하여 설정할 수 있다. [적용] 단추를 클릭하면 문서에 삽입된 글맵시 모양을 확인할 수 있다.

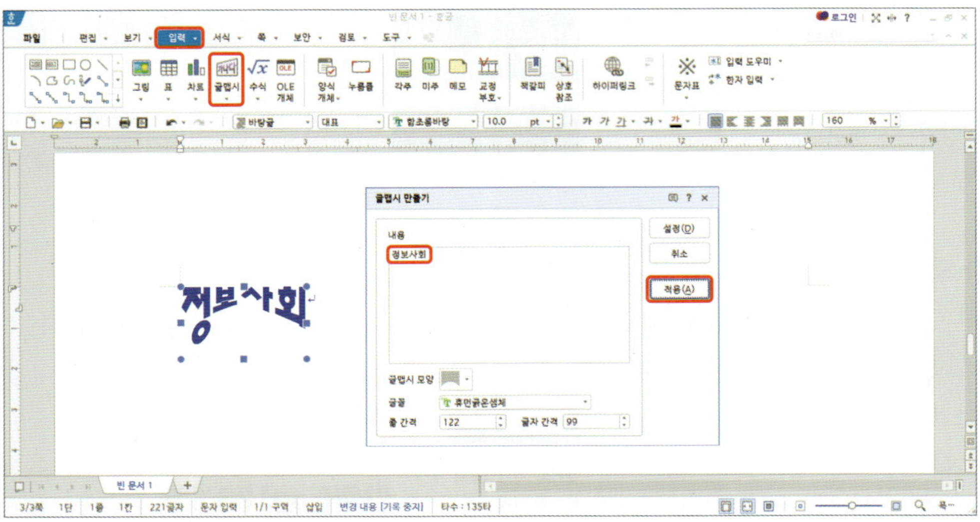

작성된 글맵시를 편집하기 위해서는 글맵시를 선택하고, 메뉴 끝에 나타난 [글맵시( )] 탭을 이용하여 글맵시 윤곽선, 글맵시 채우기, 음영, 글맵시 모양, 그림자 모양 등을 사용할 수 있다.

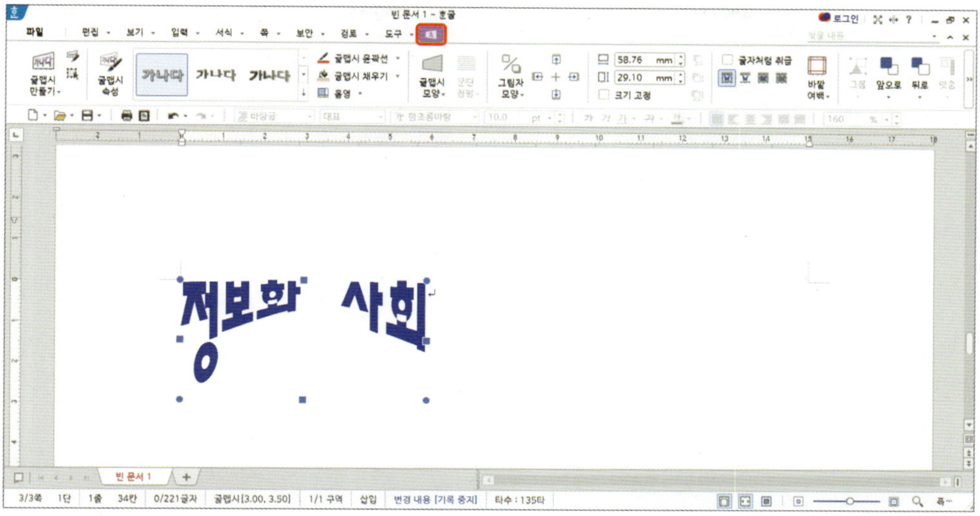

2.2 그리기 개체

그리기 개체는 도형을 삽입할 수 있는 기능으로 선, 사각형, 원, 호를 크기와 위치를 지정하여 문서에 삽입할 수 있다. 삽입된 도형에는 글상자 기능을 추가하여 텍스트를 입력할 수 있다. 그리기 개체 넣기의 [속성] 단추를 클릭하여 선, 채우기, 글상자, 그림자를 이용할 수 있다.

그리기 개체의 삽입은 [입력 ▾] 탭–[개체]–[그리기 개체]를 선택하거나, [입력 ▾] 탭을 클릭한 후 기본 도구 상자의 [그리기 개체 목록]에서 원하는 '그리기 개체'를 선택하여 문서에 삽입할 수 있다. 그리기 개체는 Shift를 이용하여 그리면 반듯한 직선이나 사선, 정원, 정사각형을 그릴 수 있다.

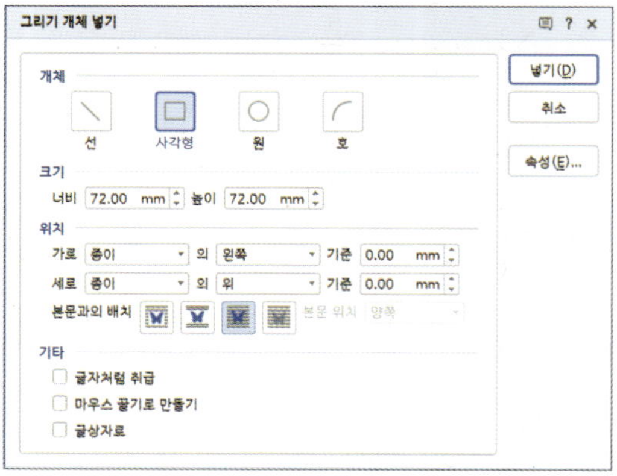

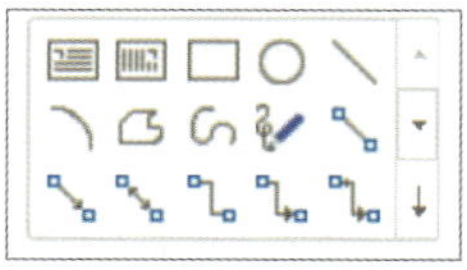

문서에 삽입된 그리기 개체를 편집하기 위해서는 [그리기 개체]를 선택하고, 메뉴 끝에 나타난 [도형( )] 탭을 이용하여 도형 속성, 도형 윤곽선, 도형 채우기, 그림자 모양, 글상자 여백, 회전 등을 사용할 수 있다.

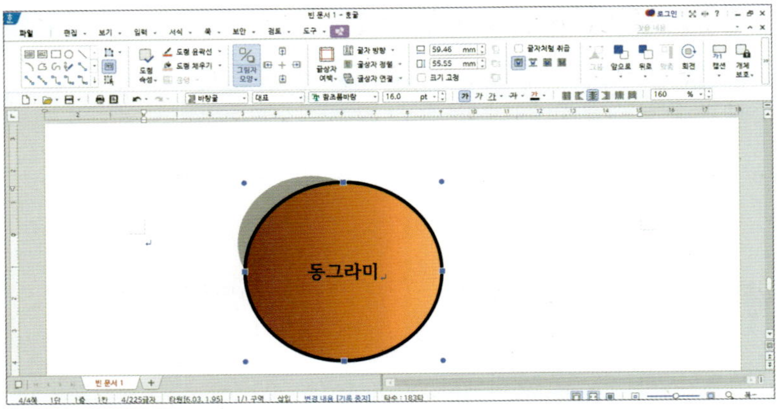

여기서 잠깐 **개체 선택**

[그리기 개체]를 이용하여 타원이나 사각형, 직선 등을 그린 후, [그리기 개체]에 마우스를 갖다 대어 모양일 때 마우스를 클릭하여 선택하거나, [편집 ▾] 탭–[개체 선택 ▾]–[개체 선택]을 선택한 다음 드래그하여 개체를 선택할 수 있다.

- **선 그리기** 그리기 개체에서 [직선]을 선택하여 드래그 앤 드롭하여 그린 후, 직선을 선택한 상태에서 [도형] 탭을 선택한 다음 [도형 윤곽선]을 클릭하여 선 색, 선 굵기, 선 종류, 화살표 모양을 선택하여 선을 편집할 수 있다.

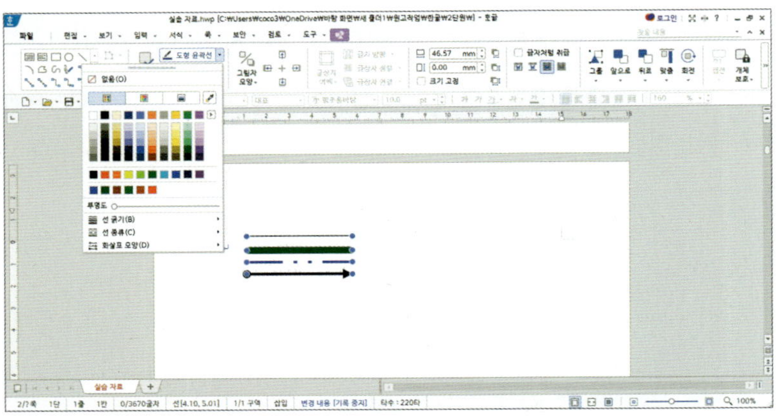

- **사각형 그리기** 그리기 개체에서 [사각형]을 선택하여 드래그 앤 드롭하여 그린 후, 사각형을 선택한 상태에서 [도형] 탭을 선택한 다음 [도형 속성]을 클릭하여 [선] 탭에서는 선 색, 선 굵기, 선 종류, 사각형 곡률(직각, 둥근 모양, 반원)을 선택할 수 있으며, [채우기] 탭에서는 면색, 그러데이션(시작 색, 끝 색 지정), 그림으로 도형 내부를 채울 수 있다.

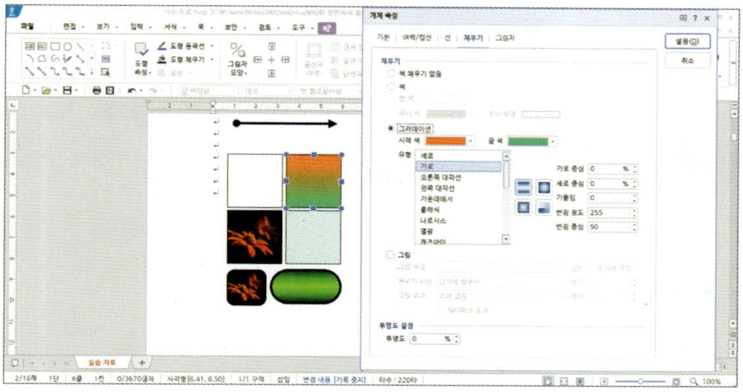

• **타원 그리기** 그리기 개체에서 [타원]을 선택하여 드래그 앤 드롭하여 그린 후, 타원을 선택한 상태에서 [도형] 탭을 선택한 다음 [도형 속성]을 클릭하여 [선] 탭에서는 선 색, 선 굵기, 선 종류를 선택할 수 있으며, [채우기] 탭에서는 면색, 그러데이션(시작 색, 끝 색 지정), 그림으로 도형 내부를 채울 수 있다. 타원을 그린 후, 바로 가기 메뉴에서 [도형 안에 글자 넣기]를 선택하여 도형에 글자를 입력할 수 있다. 도형 안에 글자 넣기가 추가되면 개체 속성에 [글상자] 탭이 추가되어 안쪽 여백이나 속성을 지정할 수 있다.

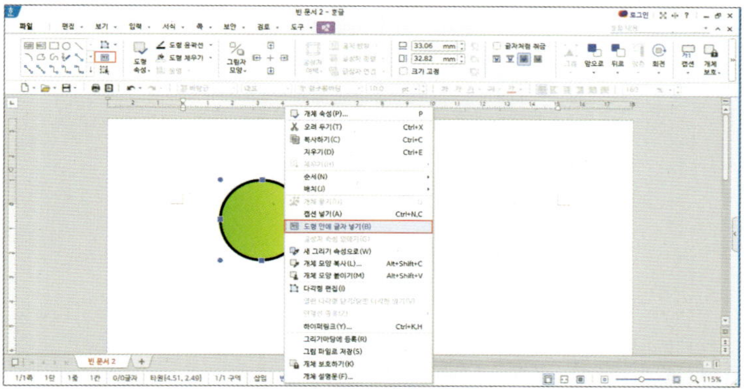

• **호 그리기** 그리기 개체에서 [호]를 선택하여 드래그 앤 드롭하여 그린 후, 호을 선택한 상태에서 [도형] 탭을 선택한 다음 [도형 속성]을 클릭하여 [선] 탭에서는 선 색, 선 굵기, 선 종류, 호 테두리(호, 부채꼴, 활 모양)를 선택할 수 있으며, [채우기] 탭에서는 면색, 그러데이션(시작 색, 끝 색 지정), 그림으로 도형 내부를 채울 수 있다.

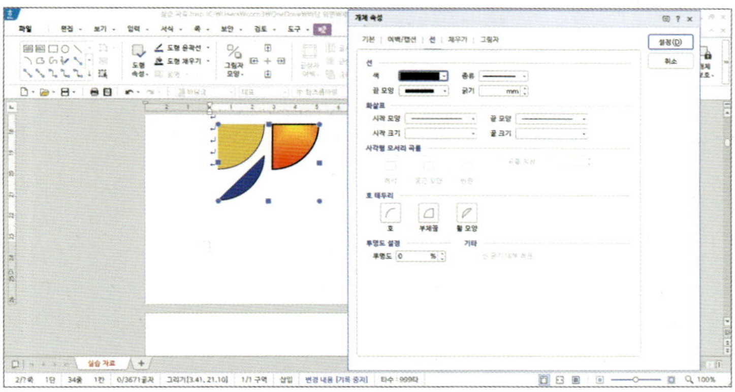

- **다각형 및 곡선 그리기** 그리기 개체에서 [다각형] 또는 [곡선]을 선택한 후 도형을 그릴 시작 위치에서 클릭하고 원하는 모양을 만들 때까지 마우스를 클릭하여 도형의 '시작 점'과 '끝 점'을 연결하여 그릴 수 있다. [다각형]이나 [곡선] 그리기를 종료하는 방법은 Esc를 누르거나 마우스를 더블 클릭하여 종료할 수 있다. 편집은 [다각형]이나 [곡선]을 선택한 상태에서 [도형] 탭을 선택한 다음 [도형 속성]을 클릭하여 [개체 속성]을 이용하여 설정할 수 있다.

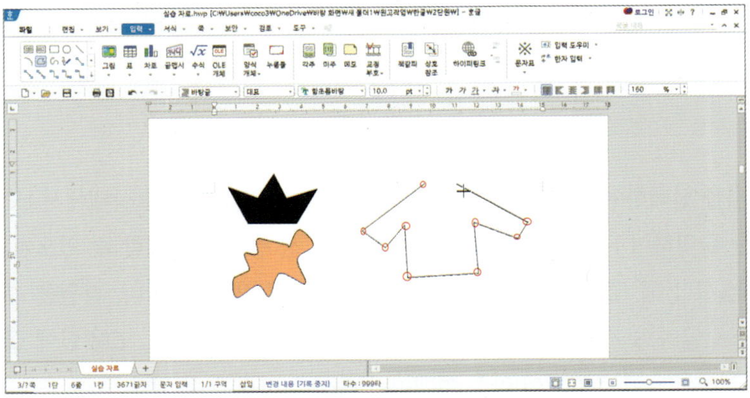

TIP 다각형 편집은 타원, 호, 다각형, 곡선/자유선을 이용하여 그린 도형을 선택한 후 바로 가기 메뉴의 다각형 편집을 선택하여 사각형의 조절점을 드래그하여 도형을 편집할 수 있다.

- **자유선 그리기** 그리기 개체에서 [자유선]을 선택하여 도형을 그릴 시작 위치에 연필로 그림 그리듯이 드래그하여 도형을 그릴 수 있다.

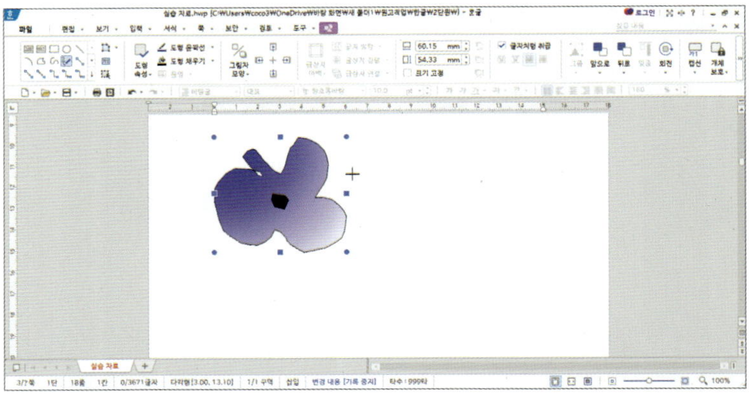

- **연결선 그리기** 도형과 도형을 연결하기 위한 선을 그리는 것으로 연결하고자 하는 첫 번째 도형과 두 번째 도형을 그린 후, 그리기 개체에서 [연결선]을 선택하여 도형과 도형을 연결되도록 도형에 마우스 포인터를 갖다대면 나타나는 빨강색의 조절점에 맞춰 선을 그린다.

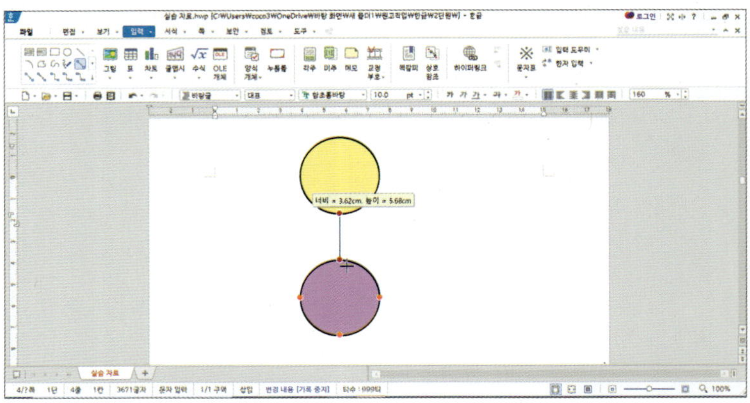

• **도형 복사** 도형을 이용하여 문서를 작성할 때 많이 사용된다. 도형 복사는 복사할 도형을 선택한 후, Ctrl 을 누르면 마우스 포인터가 + 모양으로 바뀌며, Ctrl을 누르고 있는 상태에서 드래그하여 도형을 복사할 수 있다.

• **도형 정렬** 도형의 순서를 변경하거나 문서 내의 배치 위치를 지정할 수 있다. 도형의 정렬에는 앞으로, 맨 앞으로, 뒤로, 맨 뒤로 뿐만 아니라 [글자처럼 취급]을 설정하여 텍스트와 같이 왼쪽, 오른쪽, 가운데 정렬를 설정할 수 있다. '토끼 귀'를 뒤로 정렬하기 위해서는 '토끼 귀'를 선택한 후 [도형] 탭의 기본 도구 상자에서 [뒤로]를 선택한다.

- **도형 삭제** 도형을 선택한 후 Delete를 누르거나, 바로 가기 메뉴에서 [오려 두기], [지우기]를 선택하여 삭제할 수 있다.

- **도형 이동** 도형을 선택한 후, 방향키를 누르거나 마우스로 드래그 앤 드롭하여 도형을 이동할 수 있다. 마우스를 이용하여 도형을 이동시킬 때는 ✥ 모양이 표시된다.

- **개체 묶기** 여러 개의 도형을 하나의 개체로 묶는 것으로, 먼저 여러 개의 도형을 선택한 다음, [도형 ▾] 탭을 선택하고, 기본 도구 상자의 [그룹]–[개체 묶기]를 선택하여 도형을 묶을 수 있다. 여러 개의 도형을 선택할 때는 Shift를 눌러 도형를 선택하거나, [편집 ▾] 탭을 선택한 후, 편집의 기본 도구 상자의 [개체 선택 ▾]을 클릭한 다음 드래그하여 도형을 선택할 수 있다.

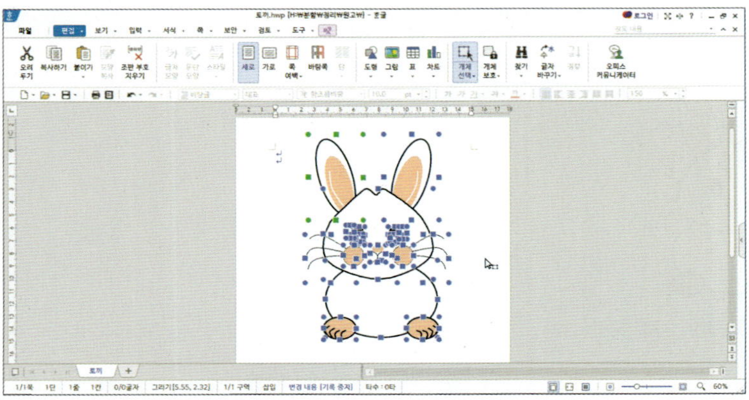

- **도형의 개체 풀기** 도형을 선택한 후 [도형 ▾] 탭을 선택하고 기본 도구 상자의 [그룹 ▾]-[개체 풀기]를 선택하여 개체를 풀 수 있다.

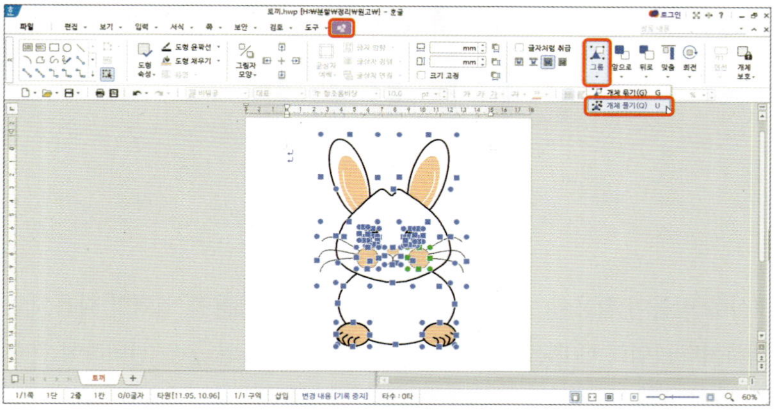

- **도형 회전** 도형을 선택한 후 [도형] 탭을 선택하고 기본 도구 상자의 [회전]을 클릭하면 도형을 회전시킬 수 있다. 회전에는 개체 회전, 왼쪽/오른쪽 90도 회전, 좌우 회전, 상하 회전을 선택할 수 있다. [개체 회전]은 도형 모서리의 연두색 조절점에 마우스 포인터를 갖다 대면 회전 상태의 모양으로 변경될때 마우스를 드래그하여 회전할 수 있다.

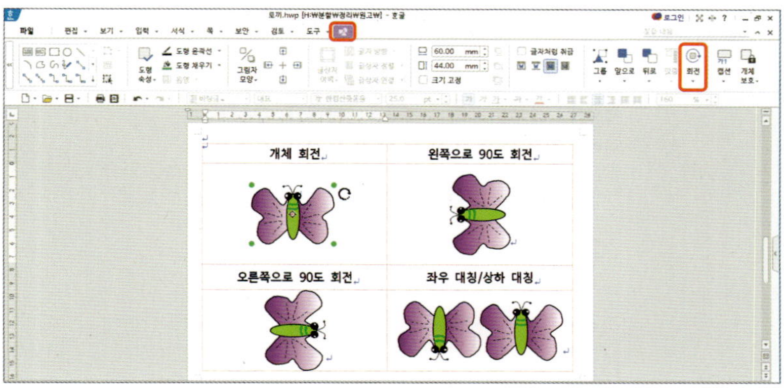

2.3 OLE 개체

OLE(Object Linking & Embedding)는 각각의 응용프로그램들이 생산한 각양각색의 자료들을 독립적으로 사용하는 것이 아니라, 서로 유기적으로 엮어 놓는 것으로, 다양한 응용프로그램의 개체를 이용함으로써 훨씬 더 효율적이고 입체적인 문서를 작성할 수 있다.

OLE 개체의 삽입은 [입력 ▾] 탭–[개체]–[OLE 개체]를 선택하거나, [입력 ▾] 탭을 선택한 후, 기본 도구 상자의 [OLE 개체]를 선택한 후, 개체 삽입 대화상자의 [개체 유형] 선택하여 문서에 삽입 및 편집할 수 있다.

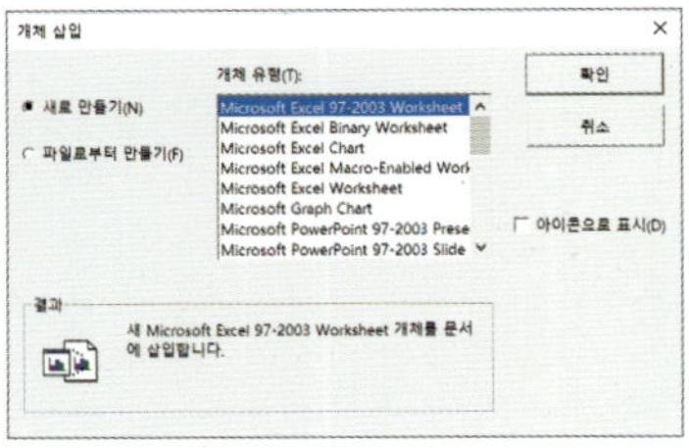

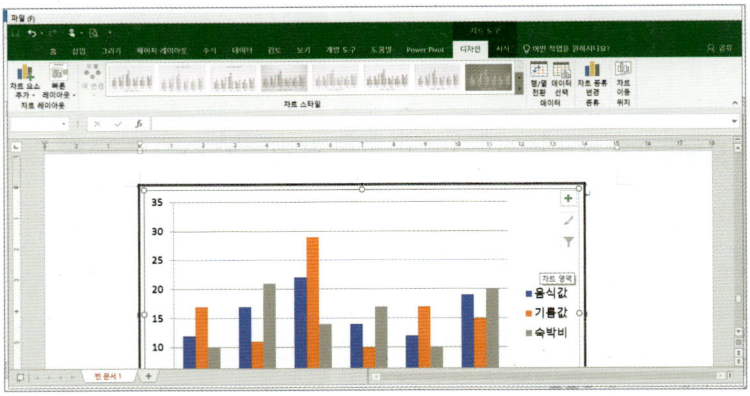

2.4 필드 입력

문서에 누름 틀을 삽입하여 문서 서식을 만들어 활용할 수 있다. 필드 입력은 기본 내용을 입력한 다음, [입력 ▾] 탭–[개체]–[필드 입력]을 선택하거나, [입력 ▾] 탭을 선택한 후, 기본 도구 상자의 [누름틀]을 선택하여 문서에 삽입할 수 있다.

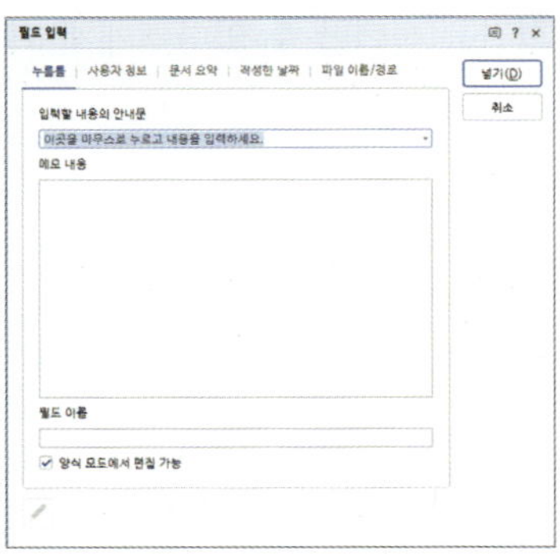

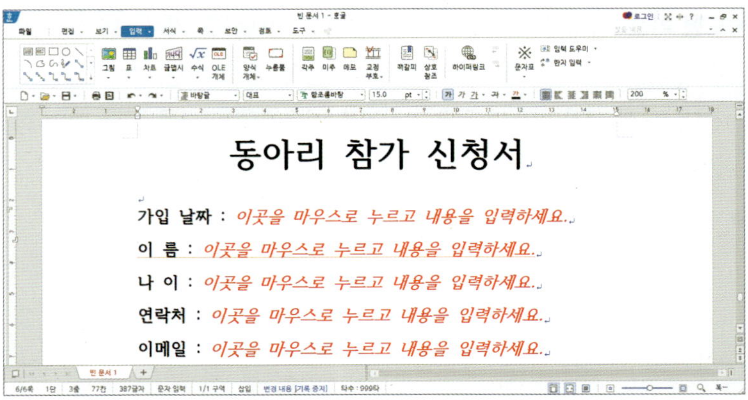

2.5 상용구

상용구에는 글자 상용구와 본문 상용구가 있으며, 글자 상용구는 글자만 등록할 수 있고, 본문 상용구는 글자, 표, 그림 등 한글에서 사용하는 모든 내용들의 서식 그대로 등록하는 상용구이다. 한글에서 입력 시 많이 사용되는 [글자 상용구]는 자주 쓰이는 문자열을 등록해 놓았다가 필요할 때 등록한 준말을 입력하면 본말 전체가 입력되도록 하는 기능으로, 낱말이 길거나 복잡할 경우 상용구로 등록하여 사용할 수 있다. 글자 상용구는 [입력 ▾] 탭–[입력 도우미]–[상용구]를 클릭하거나, Ctrl+F3을 눌러 실행할 수 있으며, 상용구 대화상자 하단에 있는 상용구 추가하기(+)를 클릭하여 준말, 본말을 입력한 다음 [설정] 단추를 클릭하여 등록할 수 있다.

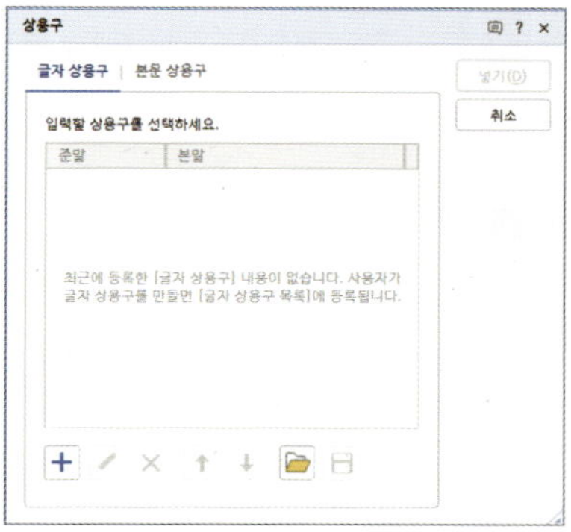

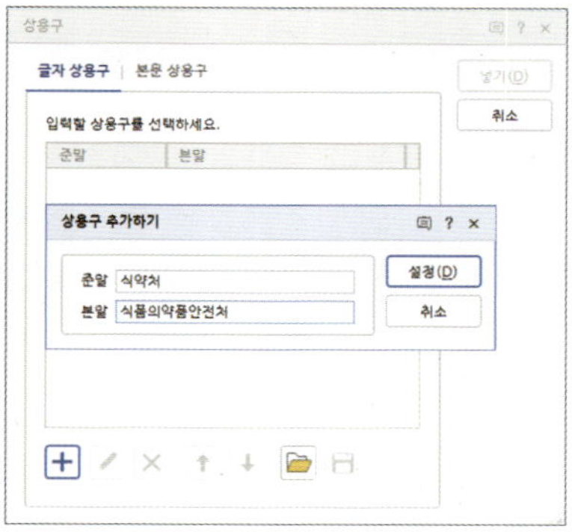

상용구의 실행은 준말을 입력한 후, Alt+I를 클릭하여 상용구를 실행할 수 있다. 현재 작업 중인 문서 정보의 제목, 지은이, 파일 이름, 날짜, 제목, 전체 쪽 수, 현재 쪽 등을 상용구 기능을 이용하여 편리하게 입력할 수 있다.

2.6 문자표

문자표는 키보드로 입력할 수 없는 다양한 문자나 기호를 입력할 수 있으며, 사용자 문자표, 유니코드 문자표, 훈글(HNC) 문자표, 완성형(KS) 문자표가 있다. 문자표는 [입력 ▾] 탭–[문자표]를 클릭하거나, Ctrl+F10을 눌러 실행할 수 있다. 문자표는 원하는 기호를 선택한 후 [넣기] 단추를 클릭하여 삽입할 수 있으며, 여러 개의 문자나 기호를 입력할 때는 원하는 모양을 선택하고, 문자표 하단의 [선택] 단추를 클릭하여 입력 문자에 등록한 후 [넣기] 단추를 클릭하여 삽입할 수 있다.

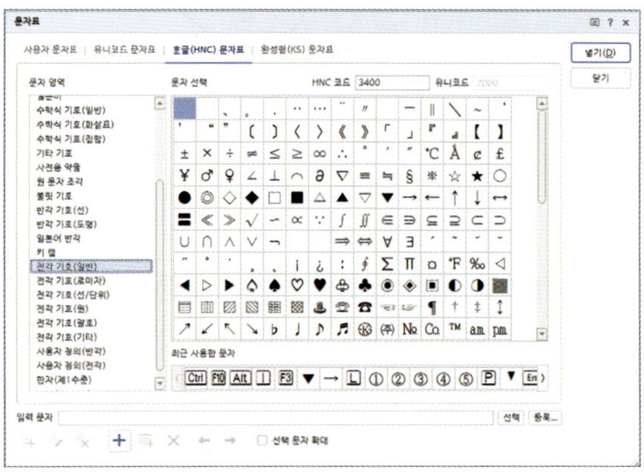

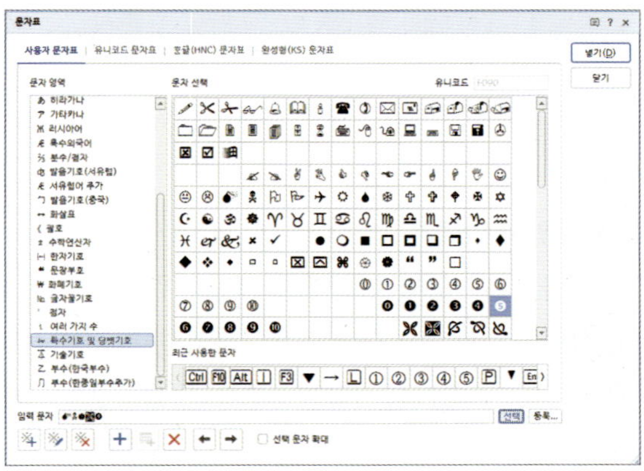

2.7 글자 겹치기

글자 겹치기는 키보드나 문자표로 입력할 수 없는 문자나 기호를 겹치기 종류를 선택한 후, 겹쳐 쓸 문자를 입력하여 사용할 수 있다. 겹쳐 쓸 문자로 공백 문자는 사용할 수 없다. 글자 겹치기는 [글자 크기 조절]을 이용하여 겹쳐 쓸 문자의 크기를 조절할 수 있다.

글자 겹치기는 [입력 ▾] 탭–[입력 도우미]–[글자 겹치기]를 클릭하거나, [입력 ▾] 탭을 선택한 후, 기본 도구 상자의 입력 도우미 클릭하여 이용할 수 있다. 글자 겹치기를 실행한 후, [겹치기 종류]를 선택하고, '겹쳐 쓸 글자' 입력란에 내용을 입력한다.

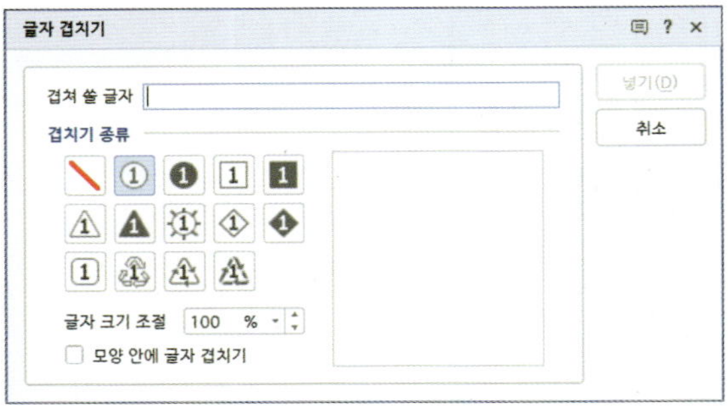

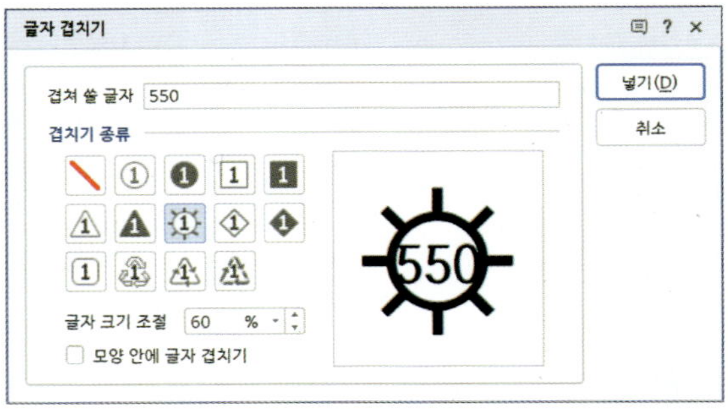

기본예제 07 글맵시, 글자 겹치기, 그리기 개체

글맵시, 입력 도우미의 글자 겹치기, 그리기 개체를 이용하여 [지시 사항]에 따라 만들어 봅시다.

[지시 사항]

- **글맵시** → 제목 : 우리들의 겨울
- **글자 겹치기** → ♺
- **눈과 눈 사람** → 그리기 개체(선, 다각형, 원)

01 글맵시 만들기 [입력 ▾] 탭–[글맵시]를 선택한 후 [글맵시 만들기]의 내용에 '우리들의 겨울'을 입력하고, 글꼴 : HY 동녘B, 글맵시 모양 : 위쪽 리본 사각형을 선택하고 [설정] 단추를 클릭하여 본문에 삽입한다. 삽입한 글맵시를 선택한 후, [글맵시 속성]을 선택하여, [개체 속성] 대화상자가 나타나면 [선 색 : 노랑], [채우기 : 그러데이션(시작색 : 보라, 끝색 : 주황)]을 설정하여 본문의 중앙에 크기를 조절하여 삽입한다.

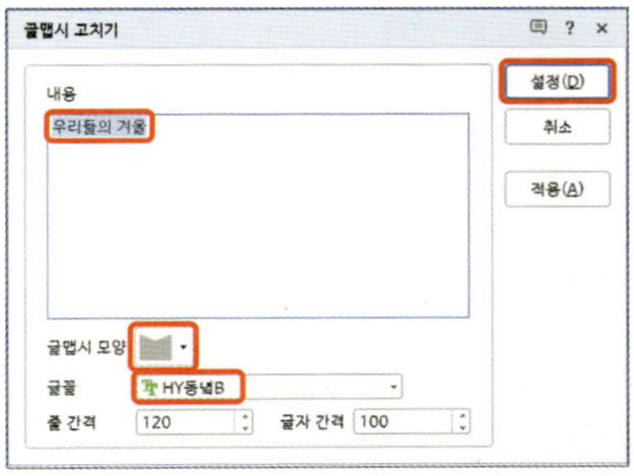

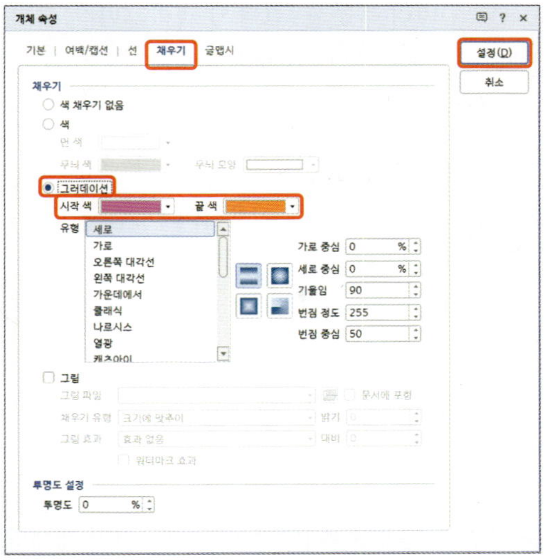

02 글자 겹치기 [입력 ▾] 탭–[입력 도우미]–[글자 겹치기]를 선택한 후 [글자 겹치기] 대화상자에서 '겹쳐 쓸 글자 : 눈'을 입력하고, '겹치기 종류 : 반전된 재활용 글자' 선택한 후 [넣기] 단추를 클릭하여 원하는 위치에 삽입한다.

03 눈 그리기 [입력 ▾] 탭–[그리기 개체]의 타원(○)을 선택하여 Shift를 누른 상태에서 '타원'을 그린다. 타원이 선택된 상태에서 [도형] 탭–[그림자 모양]–[오른쪽 아래]를 선택한 후 그림자 방향 왼쪽과 위쪽으로 한 번씩 이동시킨다. 본문에 삽입된 타원을 선택한 후 Ctrl을 누르면서 원하는 위치에 드래그하여 9개의 타원을 복사하여 위치시킨다.

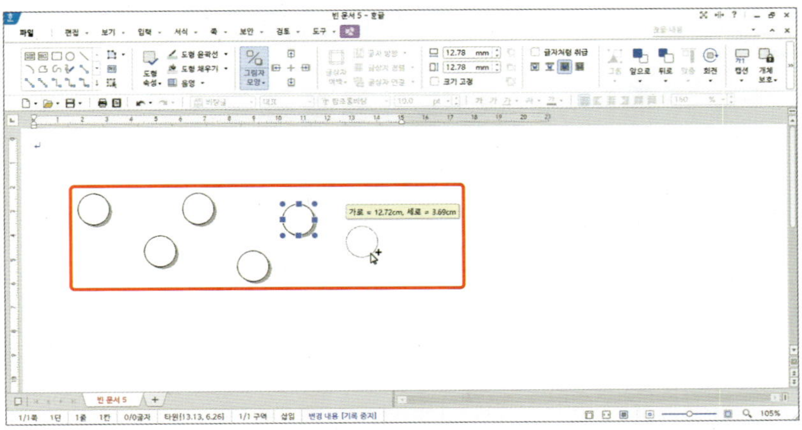

04 눈사람 그리기 눈사람의 머리 부분을 [입력 ▾] 탭-[그리기 개체]의 타원(○)을 선택하여 Shift를 누른 상태에서 '타원'을 적당한 크기로 그리고, 몸 부분도 타원을 이용하여 머리 보다 크게 그린 다음, 작은 타원 3개를 그려 간격을 맞춰 그린다. 3개의 작은 타원을 선택한 후, [도형 채우기]를 이용하여 [파랑]을 지정한다.

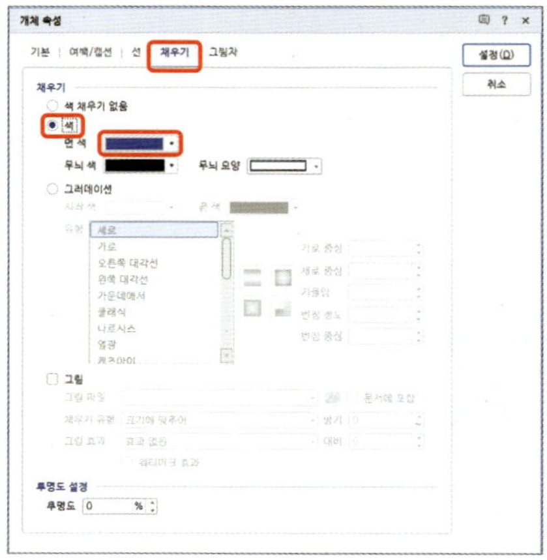

05 눈과 손 그리기 눈 사람의 눈과 손은 [입력 ▾] 탭-[그리기 개체]의 직선(＼)을 선택하여 그린다.

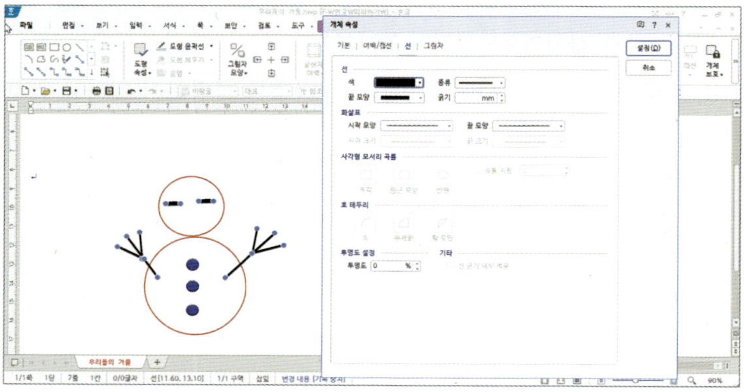

06 눈 사람의 모자와 코 [입력 ▾] 탭-[그리기 개체]의 '다각형'을 선택하여 다각형 그리기를 시작할 지점을 클릭한 후 삼각형 모양의 모자와 코를 그린다. 모자 위의 방울은 타원으로 그리고 노랑색으로 색 채운다. 코를 선택한 후 [도형 윤곽선] 색을 '빨강', 모자의 [도형 채우기]의 색을 '빨강'으로 지정한다.

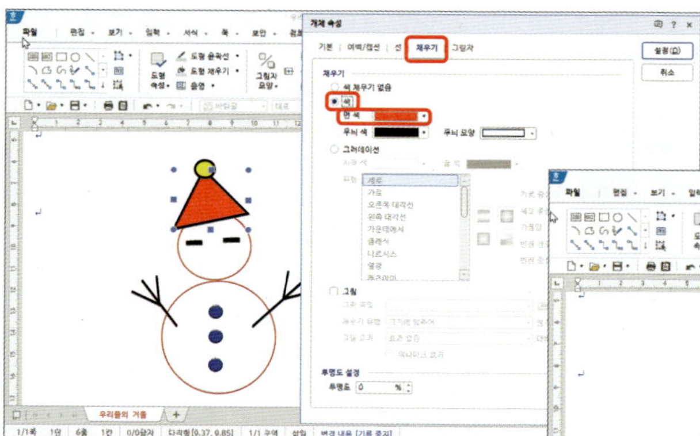

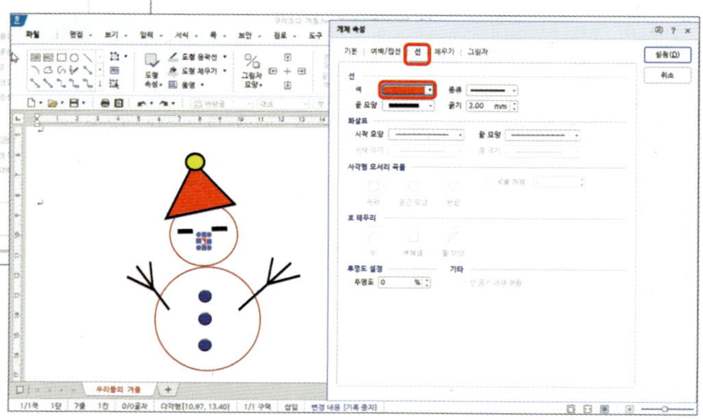

SECTION 03

문단 모양 활용하기

한글에서 사용자가 입력하는 도중에 Enter를 누르면 문단이 나뉘어지며, 문단은 왼쪽/오른쪽 여백, 들여 쓰기/내어쓰기, 정렬 방식, 줄 간격, 문단 테두리, 문단 배경, 문단 종류, 탭 설정 등을 설정할 수 있다.

문단 모양 실행은 [서식 ▾] 탭-[문단 모양]을 클릭하거나 Alt+T를 누른다. 또는 [서식 ▾] 탭의 기본 도구 상자에서 [문단 모양]을 선택한다. 많이 쓰는 서식이 등록된 서식 도구 상자에는 양쪽 정렬, 왼쪽 정렬, 가운데 정렬, 오른쪽 정렬, 배분 정렬, 나눔 정렬, 줄 간격을 이용할 수 있다.

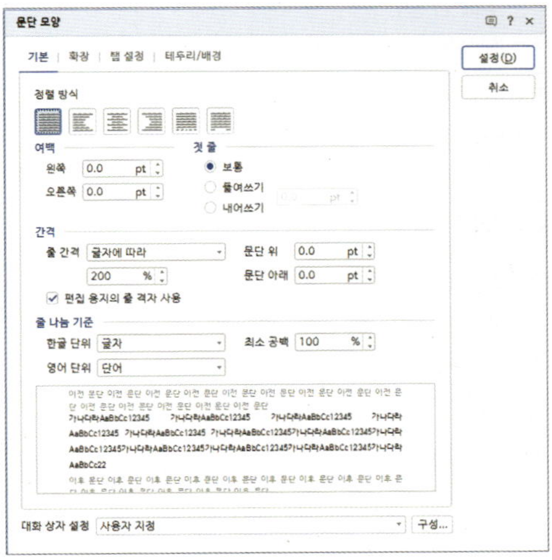

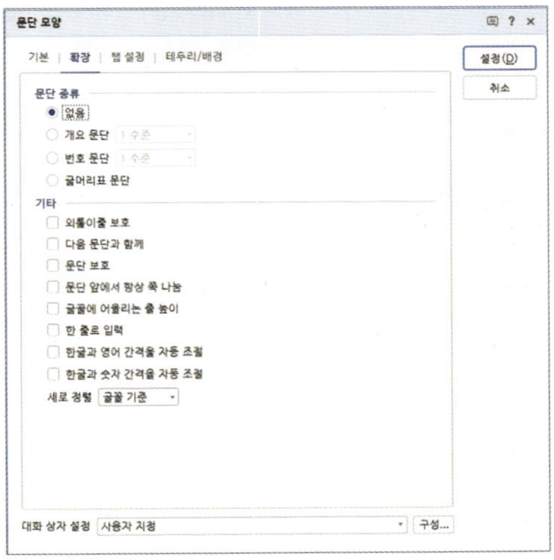

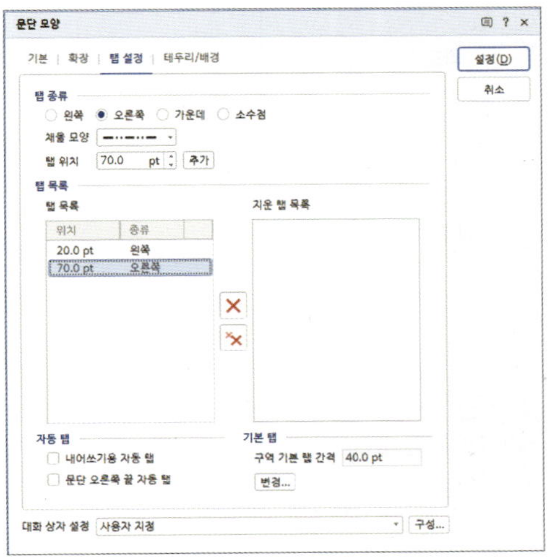

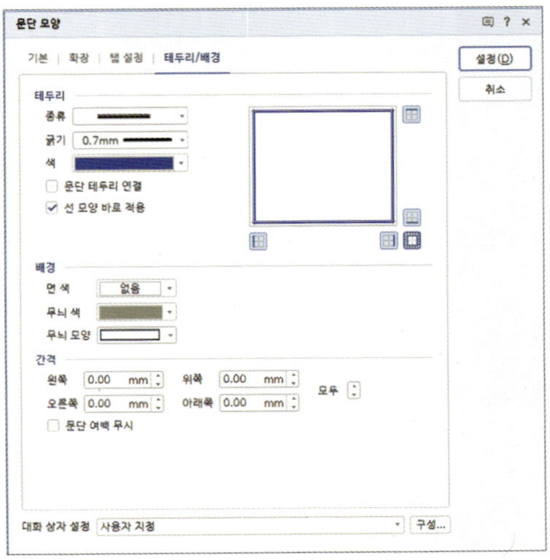

• 문단 모양 예시

구분	항목	예시
정렬 방식	양쪽 정렬	은혜 갚은 두꺼비
	가운데 정렬	은혜 갚은 두꺼비
	오른쪽 정렬	은혜 갚은 두꺼비
	배분 정렬	은 혜 갚 은 두 꺼 비
	나눔 정렬	은혜 갚은 두꺼비
문단 여백	보통	하루는 부뚜막에서 밥을 푸고 있는데 옆에 조그만 두꺼비 가 한 마리 와서 앉아 있어서 밥을 푸는 김에 한 숟갈 떠 주니까 날름 집어먹었다.
	왼쪽/오른쪽 여백(20pt)	하루는 부뚜막에서 밥을 푸고 있는데 옆에 조그 만 두꺼비가 한 마리 와서 앉아 있어서 밥을 푸 는 김에 한 숟갈 떠주니까 날름 집어먹었다.
	들여쓰기 (30pt)	하루는 부뚜막에서 밥을 푸고 있는데 옆에 조그만 두 꺼비가 한 마리 와서 앉아 있어서 밥을 푸는 김에 한 숟 갈 떠주니까 날름 집어먹었다.
	내어쓰기(30pt)	하루는 부뚜막에서 밥을 푸고 있는데 옆에 조그만 두꺼비가 한 마리 와서 앉아 있어서 밥을 푸는 김에 한 숟갈 떠주니까 날름 집어먹었다.
줄 간격	기본 160%	하루는 부뚜막에서 밥을 푸고 있는데 옆에 조그만 두꺼비가 한 마리 와서 앉아 있어서 밥을 푸는 김에 한 숟갈 떠 주니 까 날름 집어먹었다.
	300%	하루는 부뚜막에서 밥을 푸고 있는데 옆에 조그만 두꺼비가 한 마리 와서 앉아 있어서 밥을 푸는 김에 한 숟갈 떠 주니 까 날름 집어먹었다.

문단 모양의 [확장] 탭에서는 개요 문단과 번호 문단, 글머리표 문단을 설정할 수 있으며, [테두리/배경] 탭에서는 문단의 테두리를 설정하거나 음영을 넣을 수 있다.

구분	설정	예시		
[확장] 탭의 문단 종류	개요 문단	음악의 3대 요소 1. 리듬 2. 멜로디 3. 하모니	글머리표 문단	음악의 3대 요소 • 리듬 • 멜로디 • 하모니
[탭 설정]	**[탭의 종류]** 왼쪽 탭 채울 모양–일점쇄선 탭 위치–40pt	------- 소녀는 살아 있었다. 그 뒤 지네와 함께 우환이 사라진 뒤 소녀는 살아 집으로 돌아왔고, 마을에는 더 이상 지네의 피해는 없었다.		
[테두리/배경]	**[테두리]** 종류–실선 선 굵기–0.7mm 선 색–빨강 문단 테두리 연결–선택 **[배경]** 면색–주황(RGB : 255.132.58) 80% 밝게	소녀는 살아 있었다. 그 뒤 지네와 함께 우환이 사라진 뒤 소녀는 살아 집으로 돌아왔고, 마을에는 더 이상 지 네의 피해는 없었다.		

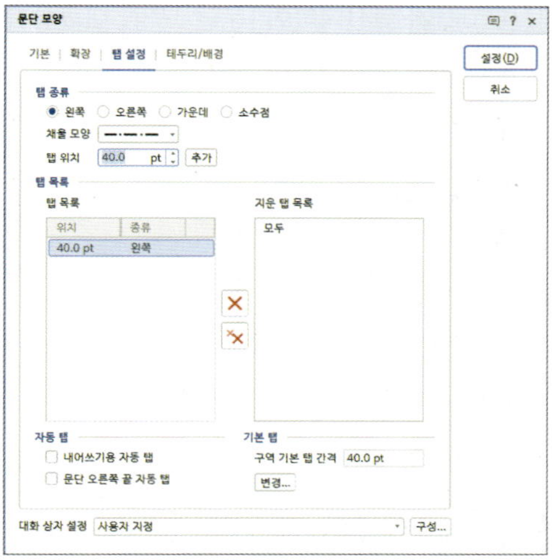

▲ 탭 설정 - 왼쪽 탭 추가

▲ 테두리/ 배경

기본예제 08 문단 모양

다음 [지시 사항]에 따라 문단 모양을 지정해 봅시다.

[지시 사항]

- **전체 문단 테두리** 외곽선 넣기
- **제목(상장)** 가운데 정렬
- **등급 및 이름** 오른쪽 정렬, 등급은 글머리 표 지정(■)
- **상장 본문 내용** 들여쓰기 20, 줄 간격 200%
- **년 월 일 및 한국 문서 협회** 가운데 정렬

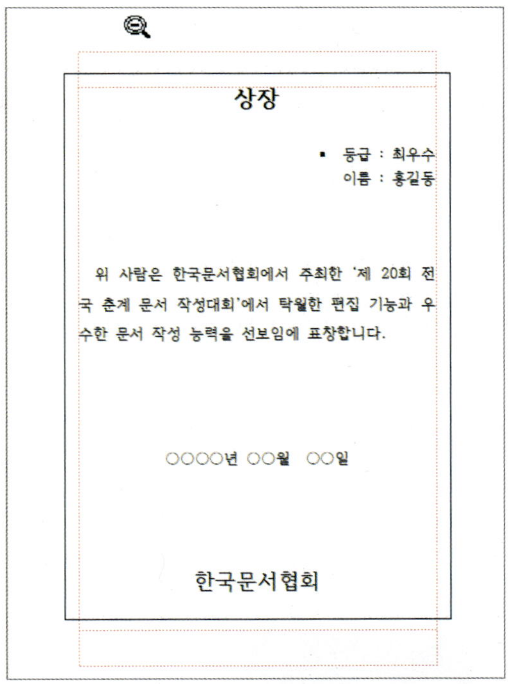

01 제목 편집 제목(상장)을 블록으로 지정한 후 [편집 ▾] 탭-[문단 모양]을 선택하여 [문단 모양] 대화상자가 나타나면 [정렬 방식]은 가운데 정렬(☰)을 선택한다.

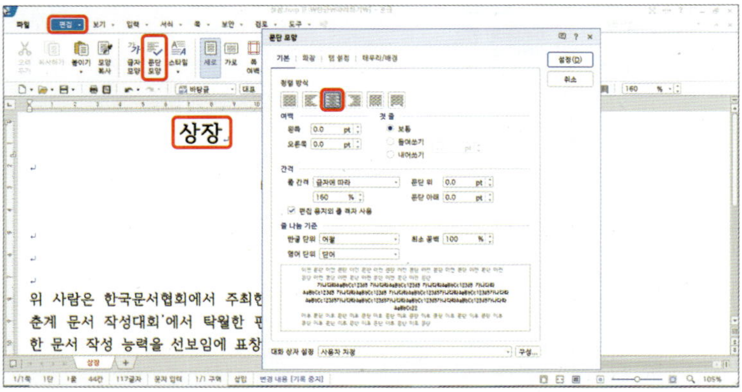

02 등급, 이름 편집 등급 및 이름을 블록으로 지정한 후 [편집 ▾] 탭-[문단 모양]을 선택하여 [문단 모양] 대화상자가 나타나면 [정렬 방식]은 오른쪽 정렬(☰)을 선택한다. 등급을 블록으로 지정하고, [서식 ▾] 탭-[글머리표]의 콤보 상자를 클릭하여 글머리표의 첫 째 줄의 5번째 (■ ––––) 글머리표를 선택한다.

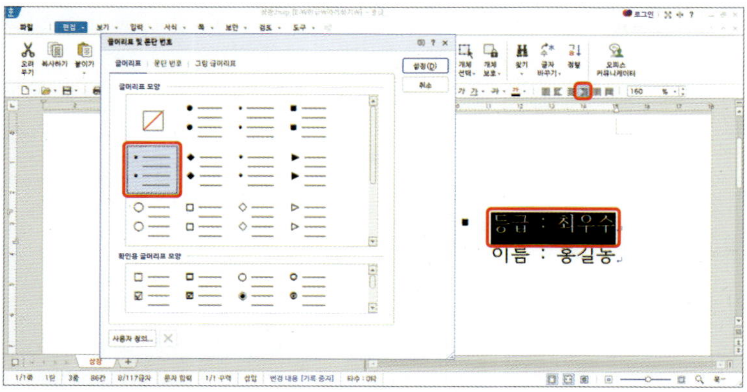

03 본문 편집 상장 본문 내용을 블록으로 지정한 후 [편집 ▾] 탭-[문단 모양]을 선택하여 [문단 모양] 대화상자가 나타나면 '첫 줄 : 들여 쓰기 20pt, 줄 간격 200%'를 지정한다.

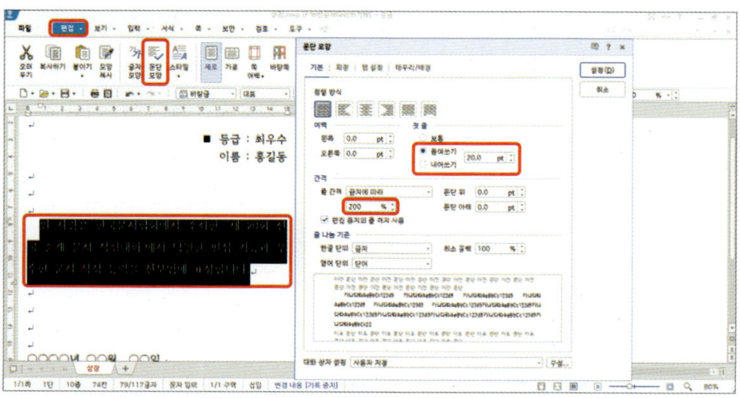

04 하단 편집 년 월 일 및 한국 문서 협회를 블록으로 지정한 후 [편집 ▾] 탭-[문단 모양]을 선택하여 [문단 모양] 대화상자가 나타나면 [정렬 방식]을 가운데 정렬(☰)을 선택한다.

05 전체 문단 테두리 상장 파일의 모든 내용을 블록으로 지정한 후 [편집 ▾] 탭-[문단 모양]을 선택하여 [문단 모양] 대화상자가 나타나면 [테두리/배경] 탭을 선택하여 종류 '실선', 굵기 '0.1mm', '문단 테두리 연결' 선택, 테두리 적용 범위 모두, 간격 : 왼쪽/오른쪽/위/아래 6mm'로 지정한다.

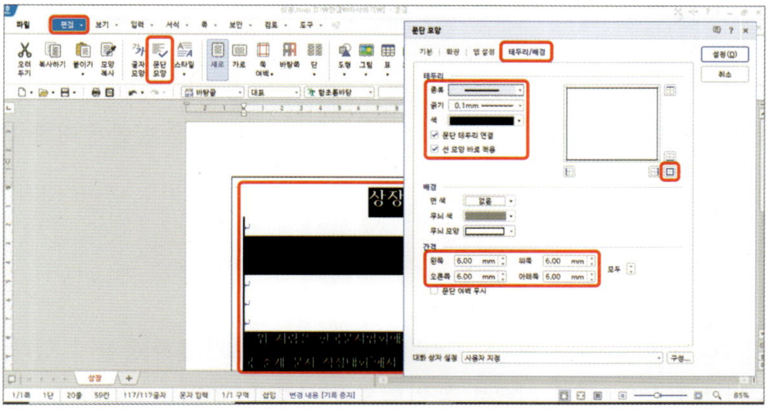

SECTION 04

그림 넣기와 편집하기

이 단원에서는 그림을 여러 가지 방법으로 삽입해 보고, 그림 편집 및 사진 편집 도구의 이용 방법에 대해 알아본다.

4.1 그림 넣기

한글의 그림 삽입 기능에는 [그림], [그리기 마당], [스크린 샷], [그림에서 글자 가져오기]를 이용할 수 있다. 그림은 [입력 ▾] 탭–[그림]를 선택하거나, [입력 ▾] 탭을 선택한 후 기본 도구 상자의 [그림]을 클릭하여 삽입할 수 있다.

삽입된 그림은 그림을 선택한 후 기본 도구 상자의 [그림 스타일]을 선택하면 검정색 아래쪽 그림자, 회색 아래쪽 그림자, 파란색 아래쪽 그림자 등의 기존 [그림 스타일]을 적용 및 편집할 수 있다.

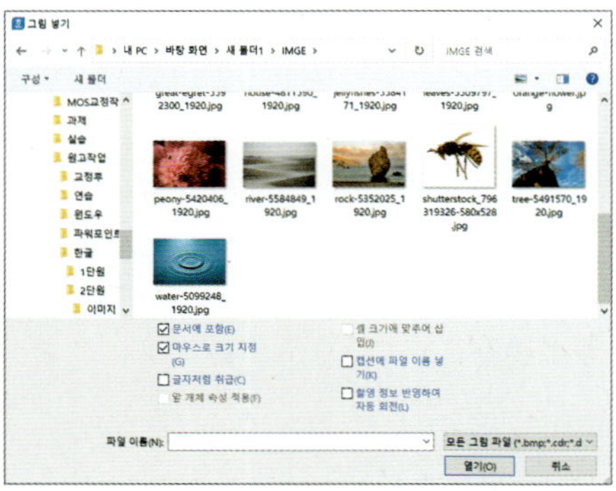

[그림] 탭의 기본 도구 상자에는 그림 넣기, 그림 용량 줄이기, 그림 바꾸기, 원래 그림으로, 그림 속성, 그림 테두리, 효과, 색조, 밝기/대비, 사진 편집, 자르기, 본문 내용과의 배치, 개체 순서 이동, 회전, 캡션을 사용할 수 있다.

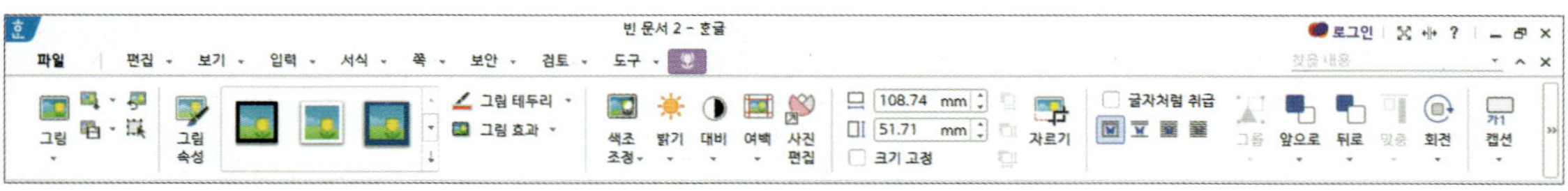

사진 편집을 이용하여 사진을 조금 더 세밀하게 편집할 수 있다. [사진 편집]에는 간편 보정, 투명 효과, 아웃포커싱 효과, 수평 맞추기가 있으며, 투명 효과를 이용하여 사진의 배경을 삭제할 수 있다. 사진 편집은 그림을 선택한 후 [그림] 탭–[사진 편집]을 클릭하여 [사진 편집기] 대화상자가 나타나면 원하는 기능을 선택한 다음 [적용] 단추를 클릭하여 문서에 삽입할 수 있다.

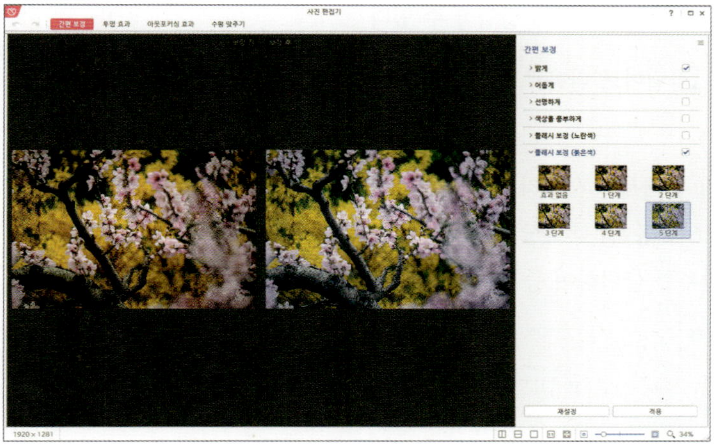

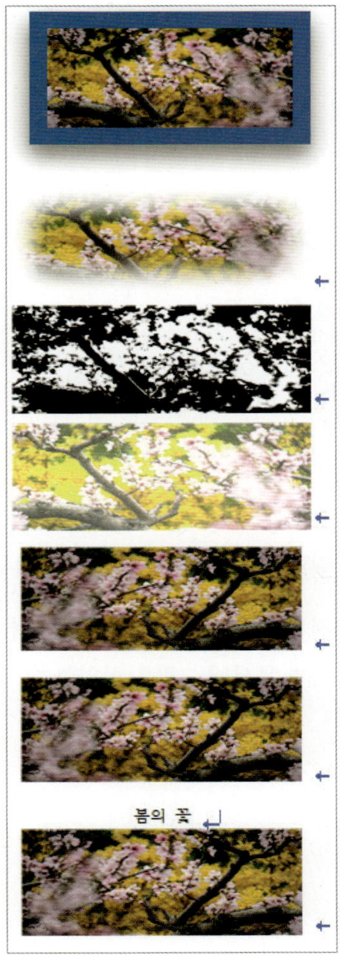

- **그림 스타일** 그림 스타일에는 검정색 아래쪽 그림자 등 18개의 스타일이 있으며, 원하는 스타일 선택 후, 그림 테두리 색, 굵기, 선 종류, 그림 효과를 지정할 수 있다.
  (파란색 아래쪽 그림, 그림 테두리–3pt)
- **그림 효과** 그림자, 반사, 네온, 옅은 테두리가 있다.
  (옅은 테두리 - 20pt)
- **색조 조정** 효과 없음, 회색조, 흑백, 워터마크를 지정할 수 있다.
  (흑백)
- **밝기** 밝게와 어둡게를 지정할 수 있다.
  (밝게 +40%)
- **자르기** 자르기 도구를 이용하여 그림을 자르거나, 그림을 선택 후 Shift 를 누른 상태에서 드래그하여 그림을 자를 수 있다.
- **회전** - 좌우 회전
- **캡션** - 위, 왼쪽, 오른쪽, 아래에 캡션을 지정할 수 있다.
  (캡션 - 위)

4.2 그리기마당

그리기마당에는 한글 문서 작성에 활용할 수 있는 도형, 클립아트가 제공되어 원하는 도형이나 클립아트를 선택하여 문서에 삽입할 수 있다. 또한 사용자가 원하는 개체를 만들어 그리기마당에 등록할 수 있다. [그리기 조각], [공유 클립아트], [최근 그리기마당], [내려받은 그리기마당], [찾기 결과] 탭으로 구성되어 있으며, 원하는 개체를 선택한 후, [넣기] 단추를 클릭하여 문서에 삽입할 수 있다.

그리기마당에 원하는 개체가 없을 경우, [클립아트 다운로드] 단추를 클릭하여 한컴 애셋의 클립아트를 다운받을 수 있다.

사용자가 그리기마당에 개체를 등록하기 위해서는 사용자가 만든 개체를 선택한 후 바로 가기 메뉴에서 [그리기마당에 등록]을 선택하고 [그리기 조각 등록] 대화상자가 나타나면, '등록할 꾸러미 목록'을 선택하고, '이름'에 개체 이름을 입력한 후 [등록] 단추를 클릭하여 등록할 수 있다.

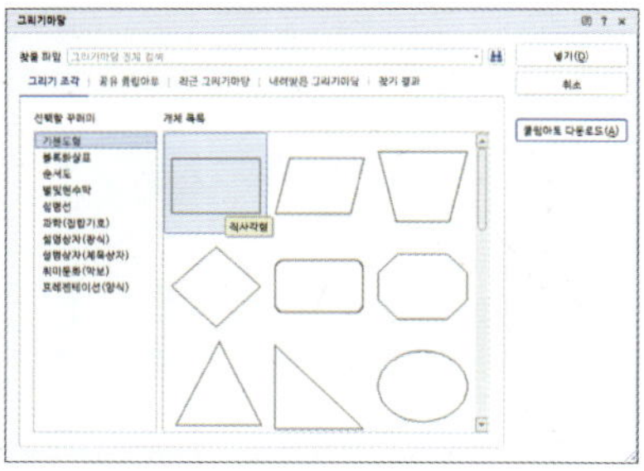

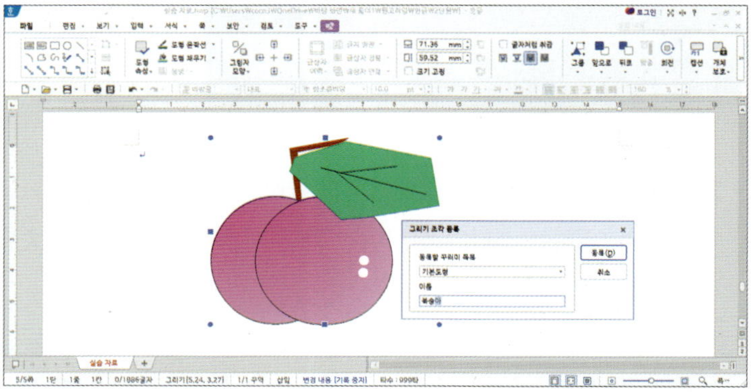

4.3 스크린 샷

스크린 샷은 변경되거나 만료될 수 있는 화면을 캡처하는 데 유용하며, 한글에서 실행 중인 프로그램을 그대로 유지한 채 화면을 캡처한 다음 문서에 스크린 샷을 손쉽게 추가할 수 있다. 스크릿 샷은 전체 화면이나, 영역을 직접 지정하여 일부 화면을 캡처할 수 있다.

스크린 샷은 [입력 ▾] 탭–[그림]–[스크린 샷]을 선택하거나, [입력 ▾] 탭을 선택한 후 기본 도구 상자의 [그림]–[스크린 샷]을 클릭하여 이용할 수 있다.

전체 화면 캡처는 [입력 ▾] 탭–[그림]–[스크린샷]을 클릭하여 현재 열어 놓은 창 목록 중 원하는 그림을 선택하면 문서에 그림을 삽입할 수 있다.

[한글의 전체 화면 캡처]

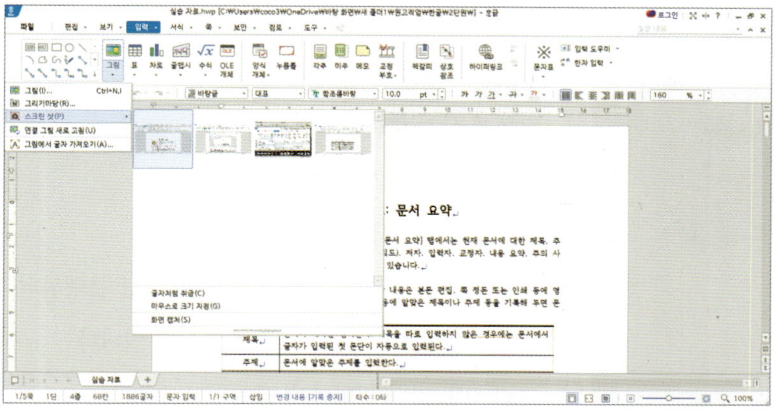

창의 일부분을 캡처하고자 할 때는 [입력 ▾] 탭–[그림]–[스크린샷]–[화면 캡처]를 클릭한 후 캡처하고자 하는 부분을 마우스로 드래그 앤 드롭하여 원하는 영역을 지정하고 마우스 포인터가 ┼ 표시일 때 그림을 넣기 위한 위치에서 드래그 앤 드롭하여 부분 캡처한 그림을 삽입할 수 있다.

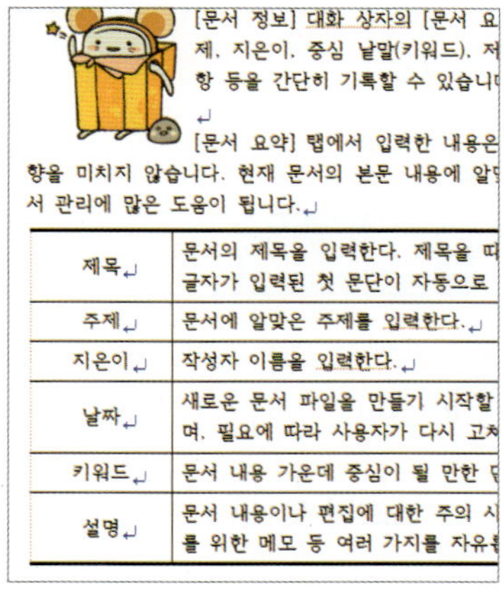

> **TIP** 다른 프로그램의 내용을 캡처해서 한글에 삽입하고자 할 때는 미리 한글을 실행하여 화면을 최소화시킨 후 다른 프로그램그램의 캡처할 부분을 열어 놓은 상태에서 작업표시줄에 있는 한글을 클릭하여 캡처할 수 있다.

4.4 그림에서 글자 가져오기

한컴오피스에서는 OCR(Optical Character Recognition) 기술을 활용하여 그림 파일에서 글자를 추출할 수 있는 기능을 지원하며, 그림 또는 이미지에 포함된 문자나 기호 등을 컴퓨터에서 읽을 수 있는 문자로 변환하여 삽입할 수 있다. 그림에서 글자 가져오기가 가능한 그림 파일 형식은 *.jpg, *.jpeg, *.png이다.

그림에서 글자 가져오기는 [입력 ▾] 탭–[그림]–[그림에서 글자 가져오기]를 선택한 후 [┼] 단추를 클릭하여 그림 파일이 있는 위치를 지정하여 그림 파일을 불러온다. [확인] 단추를 클릭하여 변환 과정을 확인한다.

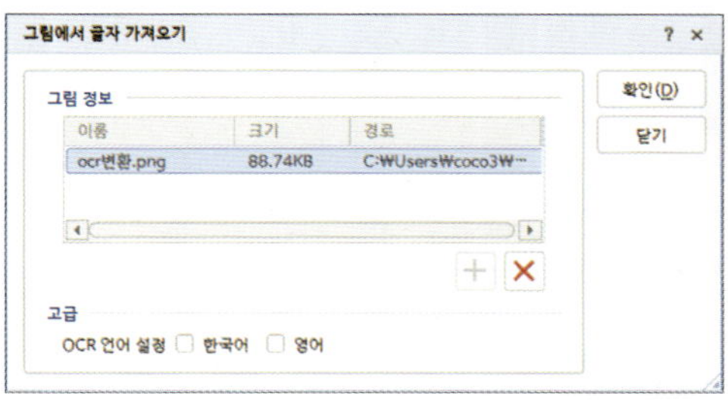

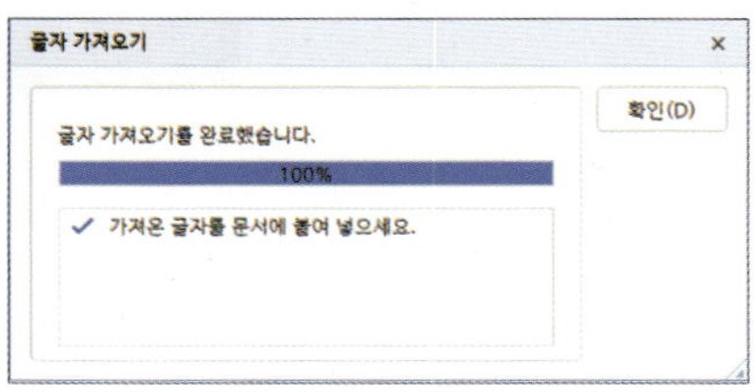

글자 가져오기가 완료되면 [확인] 단추를 클릭한 후, 본문 내용의 원하는 위치로 이동하여 Ctrl+V나 바로 가기 메뉴의 [붙이기]를 실행하여 변환된 글자를 입력할 수 있다.

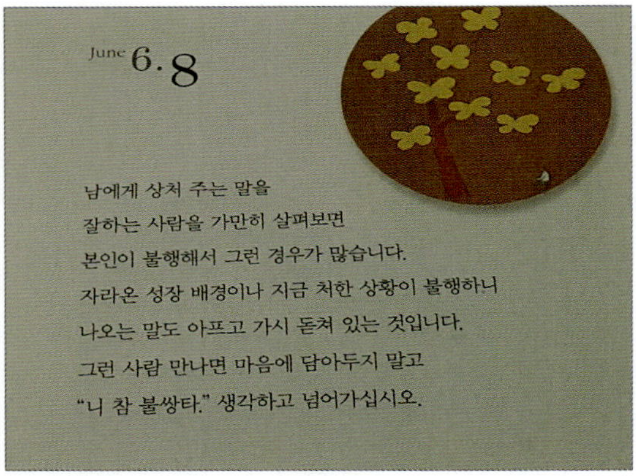

▲ 그림 파일

June
남에게 상처 주는 말을
장하는 사람을 가만히 살펴보면
보인이 불행해서 그런 경우가 많습니다.
자라온 성장 배경이나 지금 처한 상황으| 불행하니
나오는 말도 아프고 가시 돋쳐 있는 것입니다
그런 사람 만나면 마음에 담아두지 말고
니 참 불쌍타" 생각하고 넘어가십시오

▲ 그림에서 글자 가져오기 변환 후

기본예제 09 그림

인터넷에서 '맨드라미'를 검색하여 검색된 텍스트와 그림을 [스크린 샷] 기능으로 캡처하여 한글에 삽입 후, 그림 파일로 저장하고, 그림에서 글자 가져오기를 이용하여 텍스트를 한글에 삽입해 보자.

01 스크린 샷 웹 브라우저를 실행한 후 네이버 사이트에서 맨드라미를 검색한다. 검색된 결과에서 캡처할 부분을 확인한 다음 한글의 [입력 ▾]–[그림]–[스크린 샷]–[화면 캡처]를 선택하여 맨드라미 검색 결과 웹 브라우저가 활성화되면 '맨드라미의 특징 정보'를 드래그하여 캡처한다. 한글이 활성화되면 삽입할 위치를 클릭하여 캡처한 그림을 삽입한다. 맨드라미 정보가 캡처된 그림을 선택한 후 바로 가기 메뉴의 [그림 파일 저장]을 선택하여 '맨드라미.png' 파일로 저장한다. 저장이 완료되면 한글에 삽입한 '맨드라미 정보' 스크린 샷 그림을 삭제하고 커서를 맨드라미 꽃이 있는 왼쪽 셀에 커서를 둔다.

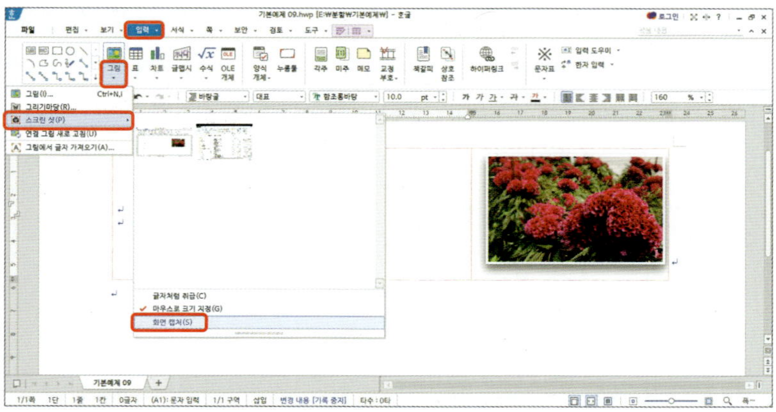

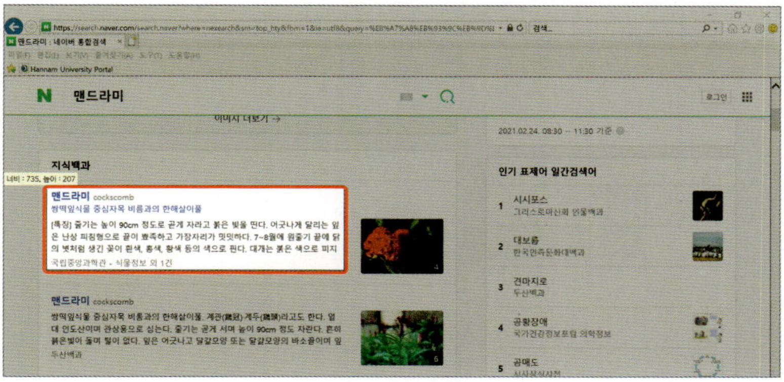

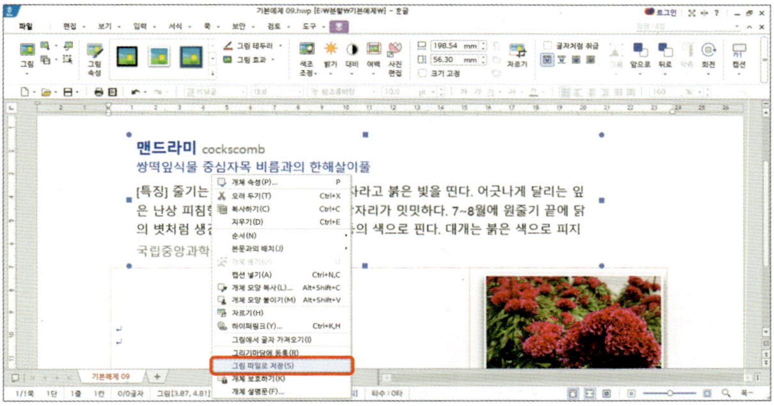

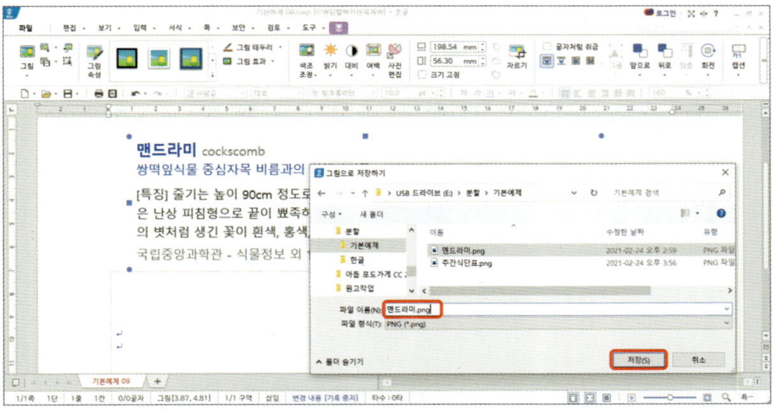

02 그림에서 글자 가져오기 실행 [입력 ▾] 탭-[그림]-[그림에서 글자 가져오기]를 클릭하여 [그림에서 글자 가져오기] 대화상자가 나타나면 [그림 정보]의 +를 클릭하여 '맨드라미.png' 파일이 저장된 위치를 지정한 후 [확인] 단추를 클릭한다. 변환 작업이 끝나면 다시 [확인] 단추를 클릭한 후, 텍스트를 붙여 넣을 위치에 커서 두고 바로 가기 메뉴의 [붙이기]를 클릭한다.

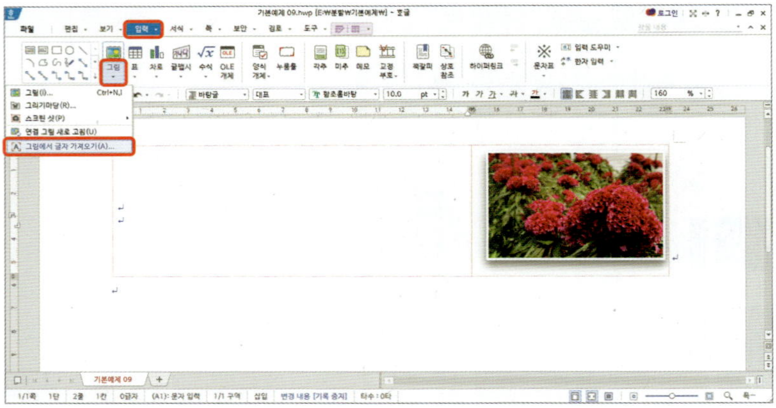

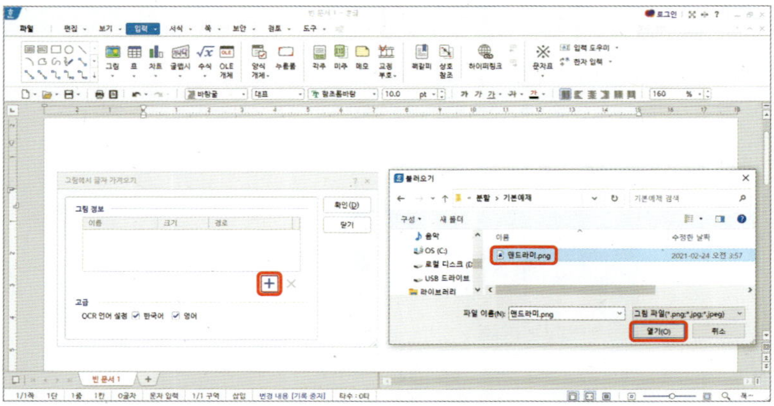

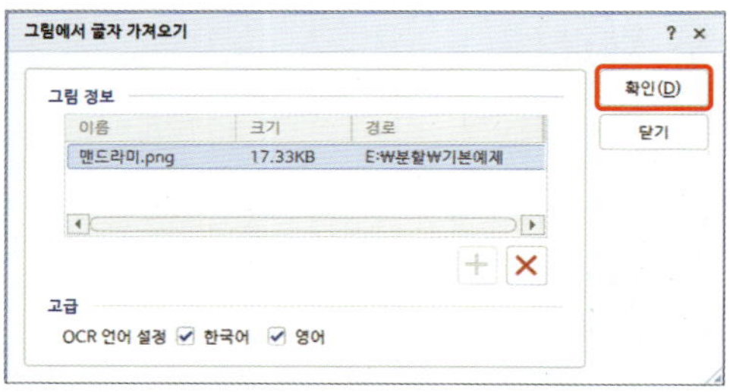

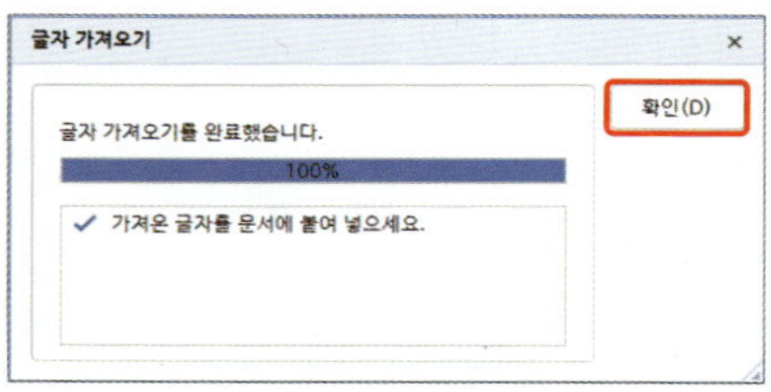

맨 드라미 cockscomb
쌍떡잎식물 중심자목 비름과의 한해살이풀
[특징] 줄기는 높이 90c 정도로 곧게 자라고 붉은 빛을 띤다. 어긋나게 달리는 잎
은 난상 피침형으로 끝이 뾰족하고 가장자리가 마다 7~8월에 원줄기 끝에 닭
의 벗처럼 생긴 꽃이 흰색, 홍색, 황색 등의 색으로 핀다. 대개는 붉은 색으로 피...
국립중앙과학관 – 식물정보 외 1건

▲ 그림에서 글자 가져오기 결과

SECTION 05

덧말 넣기와 모양 복사하기

이 단원에서는 인용한 자료의 출처를 밝히거나 보충 자료를 제시할 수 있는 덧말 기능과 글자 모양, 문단 모양의 서식을 복사하여 통일감 있게 문서 작성하는 방법에 대해 알아본다.

5.1 덧말 넣기

내용의 보충 자료를 제시할 수 있는 덧말은 본말의 [위], [아래]에 넣을 수 있으며, 원하는 덧말 스타일을 선택할 수 있다. 덧말 넣기는 입력한 내용을 블록으로 지정한 후 [입력 ▾] 탭–[덧말 넣기]를 선택하고, 덧말에 원하는 보충 내용을 입력, 덧말 위치를 선택한 다음 [넣기] 단추를 클릭하여 삽입할 수 있다.

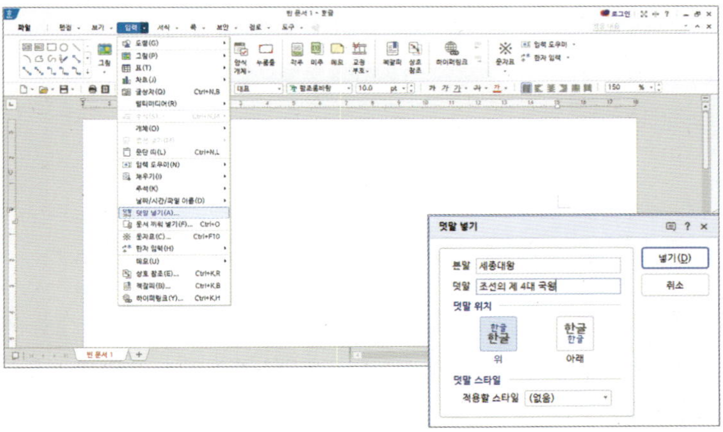

삽입된 덧말은 바로 가기 메뉴의 [덧말 고치기]를 이용하여 수정 및 덧말을 지울 수 있다.

5.2 모양 복사

모양 복사는 커서 위치의 글자 모양이나 문단 모양, 셀 모양을 다른 곳으로 간편하게 복사하는 기능으로, 특정한 모양을 반복적으로 사용할 때 유용하게 활용할 수 있으며, 그림 개체 또는 그리기 개체에도 개체 모양 복사 기능을 활용하여 선 모양, 개체 크기, 그림 효과 등을 간편하게 복사하여 적용할 수 있다.

모양 복사는 [편집 ▾] 탭–[모양 복사]를 선택하거나, [편집 ▾] 탭의 기본 도구 상자의 [모양 복사]를 선택하여 이용할 수 있다. 바로 가기 키는 Alt+C이다.

모양 복사의 실행은 원하는 서식이 있는 위치로 이동한 후, [편집 ▾] 탭의 기본 도구 상자의 [모양 복사]를 누르거나 Alt+C를 누른다. 복사를 원하는 글자 모양, 문단 모양, 문단 스타일 등을 선택하고 [복사]를 클릭한다.

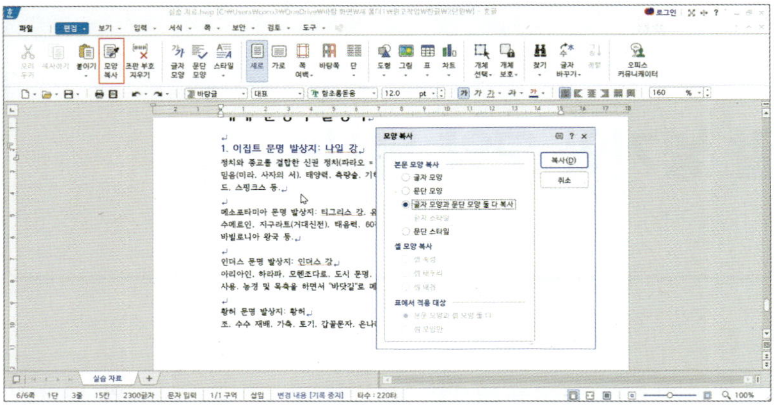

모양 복사를 적용할 부분을 블록으로 설정한 후 [편집 ▾] 탭의 기본 도구 상자의 [모양 복사]를 누르거나, Alt +C를 누른다.

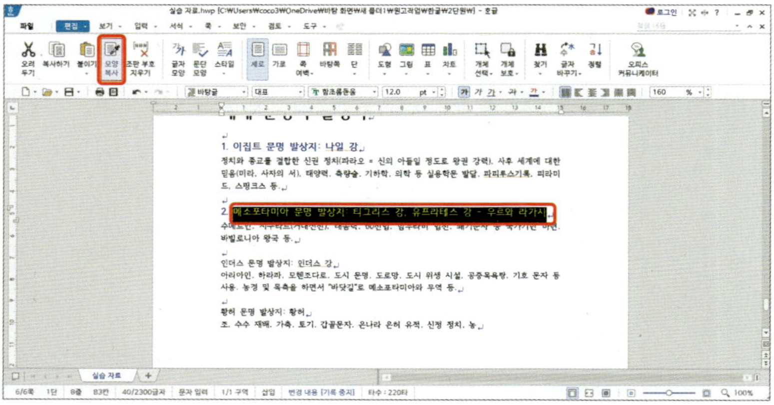

그림 개체 또는 그리기 개체의 선 종류, 채우기 모양, 개체 크기 등 개체의 모양을 복사하여 다른 개체에 간편하게 붙여 넣는 [개체 모양 복사]는 특정한 개체의 모양을 반복적으로 자주 지정해야 하는 경우 매우 간편하게 활용할 수 있다. 개체 모양 복사 기능은 바로 가기 메뉴의 [개체 모양 복사]을 클릭하거나 Alt+Shift+C를 눌러 실행할 수 있다.

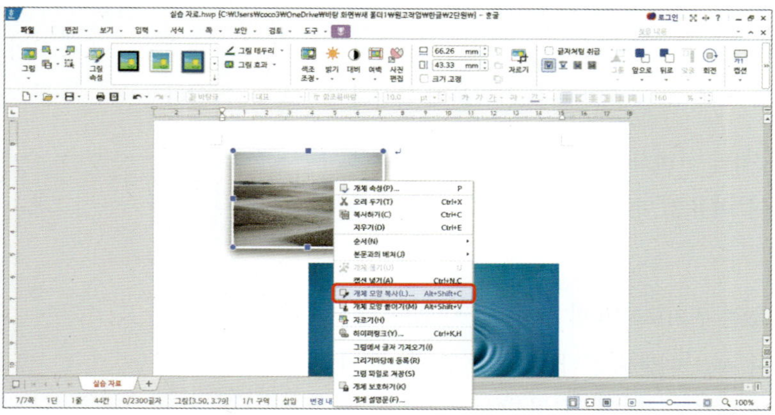

개체 모양 복사를 적용할 개체를 선택한 후, 바로 가기 메뉴의 [개체 모양 붙이기]를 클릭하거나 Alt+Shift+V를 눌러 실행할 수 있다.

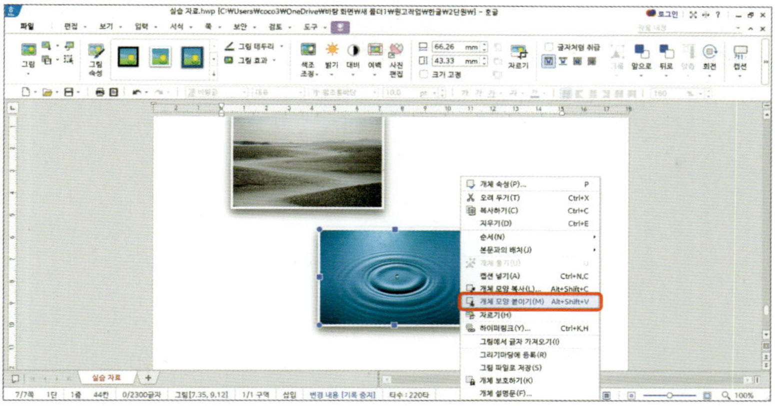

기본예제 10 덧말 넣기와 모양 복사

다음의 [지시 사항]에 따라 작성해 봅시다.

[지시 사항]

- 제목(속담 풀이) – 덧말 넣기(덧말 : 재미있는 우리나라 속담, 덧말 위치 : 위)
- 기갈이 감식에 적용된 글자 모양과 문단 모양 - 모양 복사 기능을 이용하여 모든 속담에 적용하기

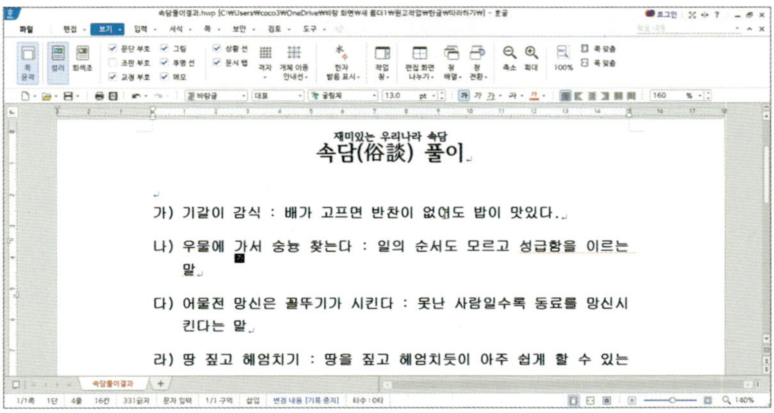

01 덧말 넣기 속담(俗談) 풀이를 블록으로 지정한 후 [입력 ▾] 탭–[덧말 넣기]를 선택하여, '덧말 : 재미있는 우리나라 속담, 덧말 위치 : 위'로 설정하고 [넣기] 단추를 클릭한다.

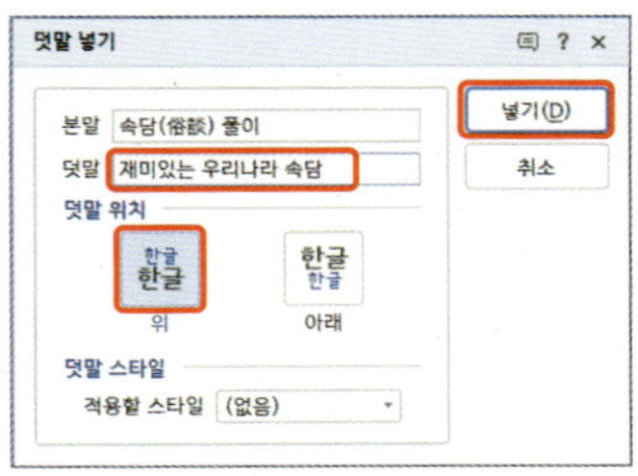

02 모양 복사 기능 적용하기 기갈이 감식 문단에 커서를 위치한 후 [편집 ▾]–[모양 복사]를 클릭하여 나타난 [모양 복사] 대화상자에서 '본문 모양 복사 : 글자 모양과 문단 모양 둘 다 복사'를 선택하고 [복사] 단추를 클릭한다. 모양 복사 기능을 적용할 속담 전체를 블록으로 지정한 다음 [편집 ▾]–[모양 복사]를 클릭한다.

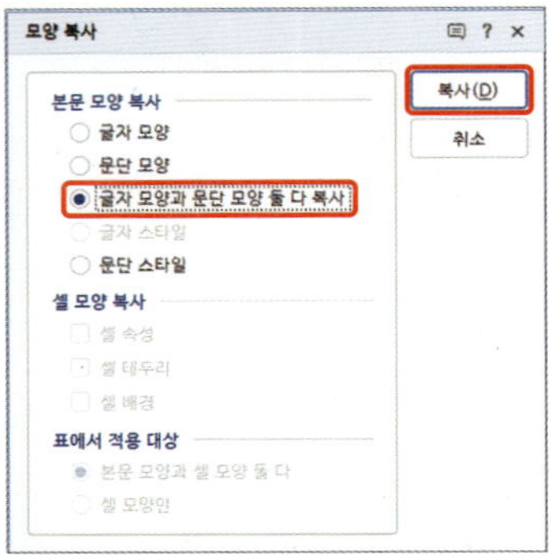

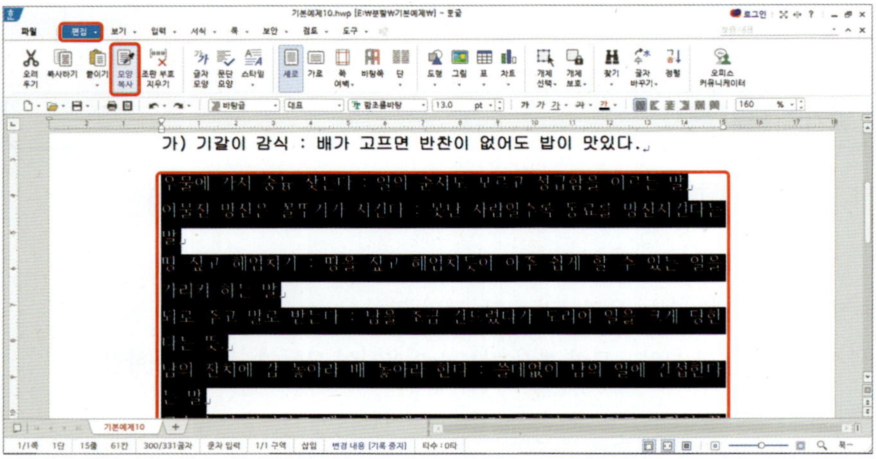

SECTION 06

문서 끼워 넣기와 문서 정보

이 단원에서는 협업으로 작성한 문서를 병합하거나, 문서 정보에 대해 알아본다.

6.1 문서 끼워 넣기

문서 끼워 넣기는 서로 다른 파일로 만들어진 두 개 이상의 문서를 하나로 병합하는 기능으로, 편집하고 있는 문서의 커서 위치에 선택한 문서 파일을 삽입할 수 있으며, 끼워 넣을 문서의 글자 모양, 문단 모양, 스타일을 유지한 채 끼워 넣을 수 있다.

문서 끼워 넣기는 [입력 ▾] 탭–[문서 끼워 넣기]를 선택하거나 Ctrl+O를 눌러 실행할 수 있다. 문서 끼워 넣기는 우선, 문서를 끼워 넣을 위치로 커서를 이동한 후, 문서 끼워 넣기를 실행하여 원하는 파일을 선택하여 다른 파일의 문서 내용을 끼워 넣을 수 있다.

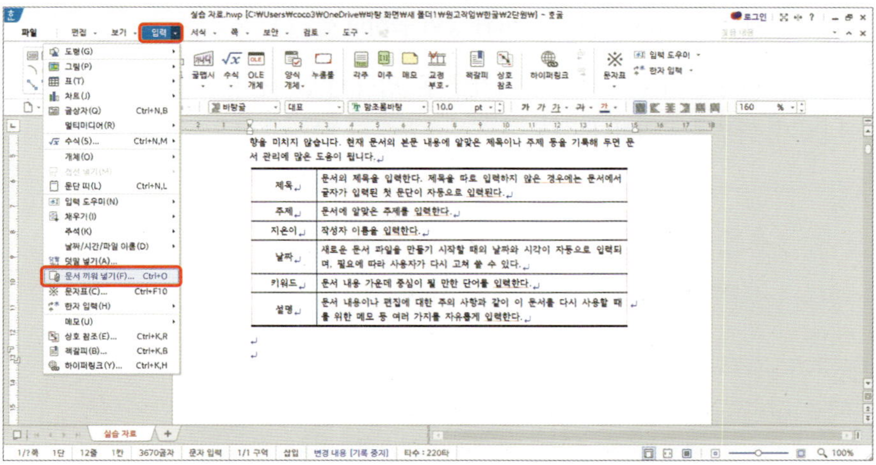

6.2 문서 정보

문서 정보에는 [일반], [문서 요약], [문서 통계], [글꼴 정보], [그림 정보] 탭으로 구성되어 있으며, [파일]–[문서 정보]를 선택하여 실행할 수 있다.

[문서 요약]에는 현재 문서에 대한 제목, 주제, 지은이, 중심 낱말(키워드), 저자, 입력자, 교정자, 내용 요약, 주의 사항 등을 간단히 기록할 수 있다.

[문서 통계]에는 내용 작성한 날짜, 마지막 작성한 날짜, 글자, 낱말, 그림/표, 쪽에 대한 통계 정보가 있다.

[글꼴 정보]에는 현재 문서에 사용된 글꼴 정보를 보여주며, [그림 정보]에는 페이지 별 삽입된 그림 정보를 보여주며, 그림을 저장하거나 바꿀 수 있다.

문서 정보에 있는 정보는 본문 편집, 쪽 정보 또는 인쇄 등에 영향을 미치지 않기 때문에 현재 문서의 본문 내용에 알맞은 제목이나 주제 등을 기록해 두면 문서 관리에 많은 도움이 될 수 있다.

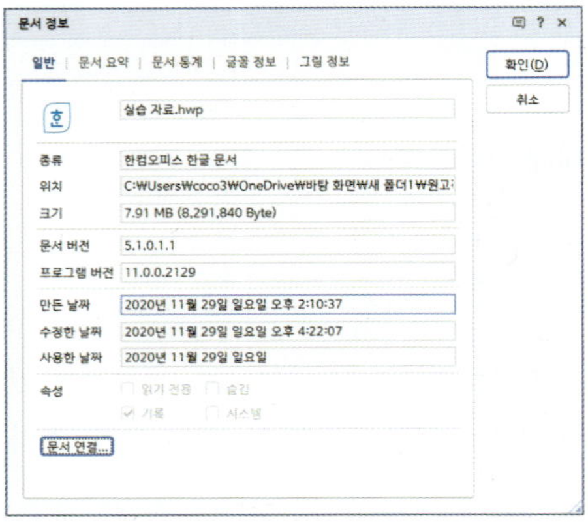

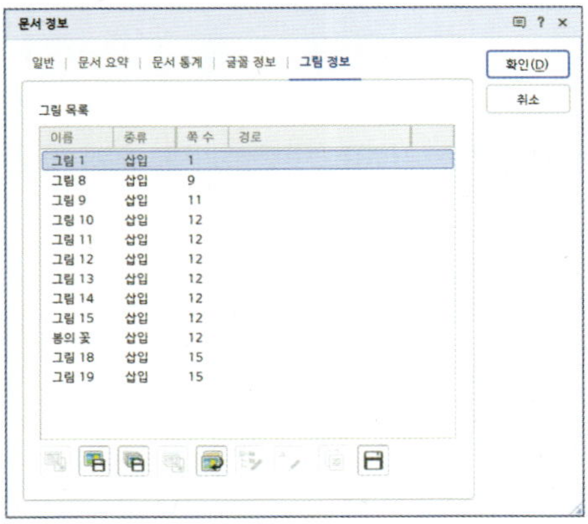

기본예제 11 문서 끼워넣기

'기본예제11.hwp' 문서 내용의 끝에 '문서2.hwp' 파일을 끼워 넣어 봅시다.

01 '기본예제11.hwp' 파일을 열어 문서의 끝에 커서를 위치한 후 [입력 ▾] 탭–[문서 끼워 넣기]를 클릭하여 끼워 넣을 '문서2'를 찾아 [넣기] 단추를 클릭한다.

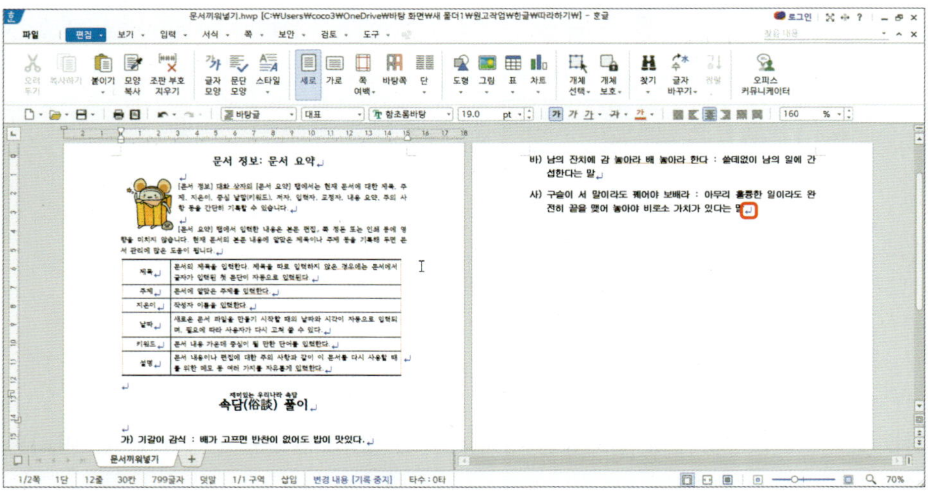

SECTION 07

한자 변환과 문단 띠

이 단원에서는 한글을 한자로 변환하는 방법, 한자 사전에 한자를 등록하는 방법에 대해 알아보고, 문단 띠를 이용하여 편리하게 선을 입력해본다.

7.1 한자 변환

한글에서 한자를 입력하는 방법에는 한글 문자를 입력한 후 [한자로 바꾸기]를 실행하여 변환하거나, 한자 사전의 [한자 부수]에 의해 한자를 찾아 입력하는 방법, 한자의 음과 뜻을 알 경우 사용할 수 있는 [한자 새김 입력]이 있다. 한자 변환은 한자 사전에 등록된 단어일 경우 편리하게 단어별 변환을 할 수 있으며, 등록되지 않은 한자는 추가로 등록하여 사용할 수 있다.

한자 변환은 [입력 ▾] 탭–[한자 입력]을 선택하거나, [입력 ▾] 탭를 선택하고 기본 도구 상자의 [한자 입력]을 선택한다.

한자로 바꾸기는 한글 문자를 입력한 후 [입력 ▾] 탭–[한자 입력]–[한자로 바꾸기]를 선택하거나, F9를 눌러 한자 변환을 실행할 수 있다.

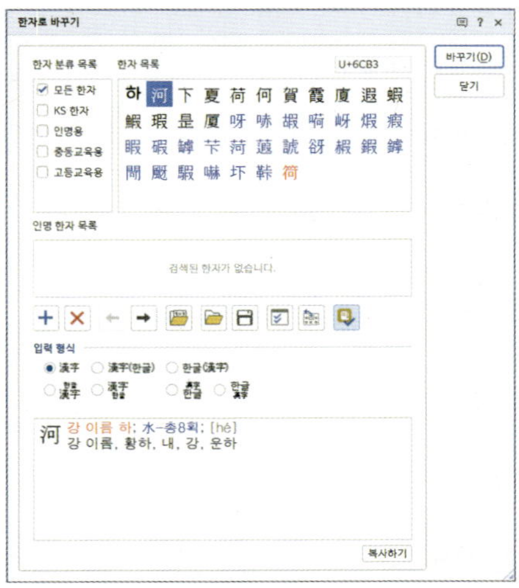

❶ **한자 목록** 변환하고자 하는 한자 목록을 보여준다. 원하는 한자를 선택할 때, 입력 형식 밑에 선택한 한자의 음과 뜻, 총 획 정보를 보여 준다.

❷ **인명 한자 목록** 한국학중앙연구원의 인명사전에 등록된 총 21,218명의 이름을 한자로 변환하여 생몰년과 함께 표시해 준다(예 이순신(李舜臣, 1545~1598). 바로 가기키는 Ctrl+Alt+F10이다.

❸ **입력형식** 한자 변환 시 한글과 한자를 표현하는 방법을 선택할 수 있다.

한자 부수/총획수로 입력 변환은 [입력 ▾] 탭–[한자 입력]–[한자 부수/총획수]를 선택하거나 Ctrl+F9를 눌러 실행할 수 있다. 한자 부수/총획수로 입력 한자 변환은 한자의 음을 모르고, 부수를 알고 있는 경우 해당 부수와 획수를 이용하여 한자를 찾을 수 있으며, 부수를 정확히 모르는 한자는 총획수로 한자를 찾아 입력할 수 있다.

❶ 부수로 입력 부수 목록에서 해당 부수를 선택한 후, 해당 부수를 제외한 나머지 획수를 선택하면 [찾을 한자 선택] 목록에 해당 한자가 표시되어 원하는 한자를 입력할 수 있다.

❷ 총획수로 입력 한자의 총획수를 선택한 후 한자 선택에 표시된 한자 목록에서 원하는 한자를 선택하여 입력할 수 있다.

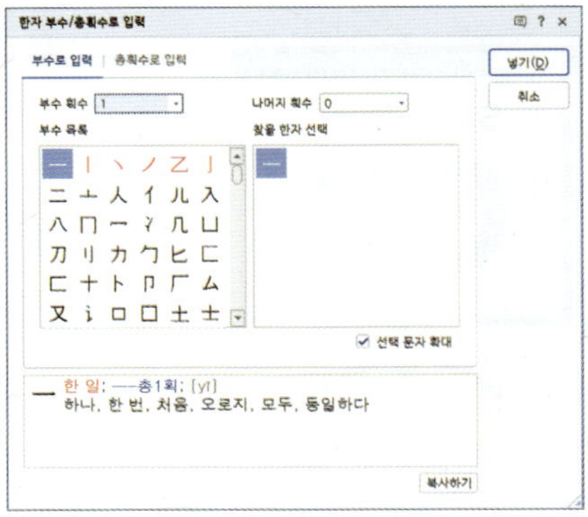

한자 새김 입력은 한자의 음과 뜻을 알고 있을 때 사용할 수 있으며, [입력 ▾] 탭–[한자 입력]–[한자 새김 입력]을 선택하거나 Ctrl+Shift+F9를 눌러 실행할 수 있다.

한자 새김 입력을 실행한 후, 한자 새김 입력 대화상자가 나타나면 '뜻과 음'에 찾고자 하는 한자의 뜻과 음을 입력한 다음 [넣기] 단추를 클릭한다.

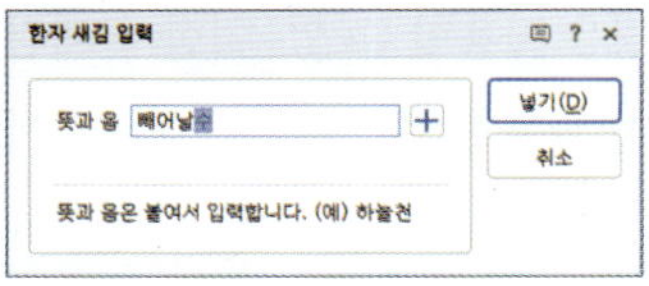

한자 사전에 등록되지 않은 한자는 한자 단어 등록을 이용하여 한자를 등록할 수 있다.

[입력 ▾] 탭–[한자 입력]–[한자 단어 등록]을 선택하거나 Ctrl+Alt+F9를 눌러 실행할 수 있다.

한자 사전에 한자 단어를 등록하기 위해서는 한자 단어 등록을 실행시킨 후 '등록할 한자 단어'의 한글에 한글을 입력하고 [한자로] 단추를 클릭하여 한 글자씩 한자 변환하여 한자를 등록할 수 있다.

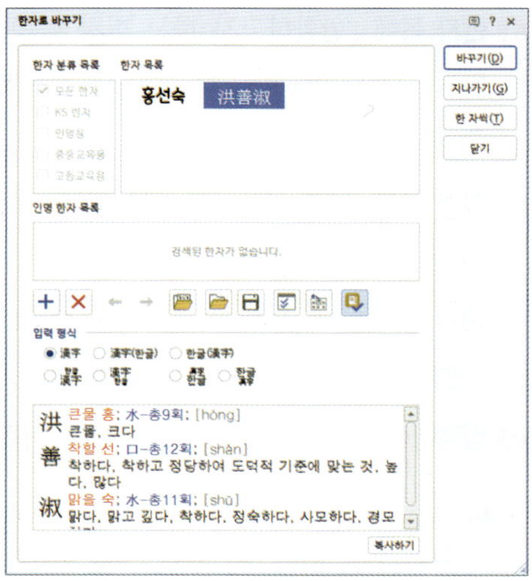

7.2 문단 띠

문단 띠는 편집 중인 문서에서 주로 쪽(페이지) 장식용으로 사용하기 위하여 굵기나 색깔 등을 지정하여 그리는 구분선을 말하며, 문단의 왼쪽 여백부터 오른쪽 여백까지 한 번에 구분선을 그릴수 있다. 문단 띠는 [입력 ▾] 탭-[문단 띠]를 선택하거나, Ctrl+N+L를 눌러 실행할 수 있다.

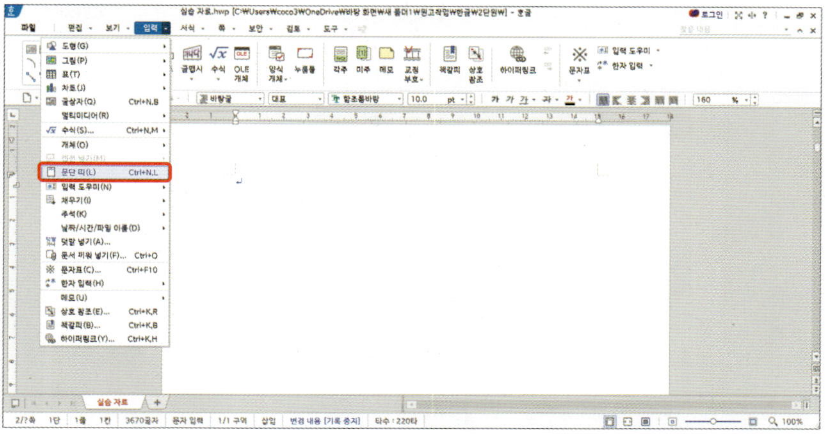

문단 띠는 사각형 개체로, 개체 속성을 이용하여 선 색, 선 종류, 굵기, 채우기의 면 색을 설정할 수 있다. 문단 띠를 선택하여 드래그 앤 드롭하여 세로 크기를 조절할 수 있다.

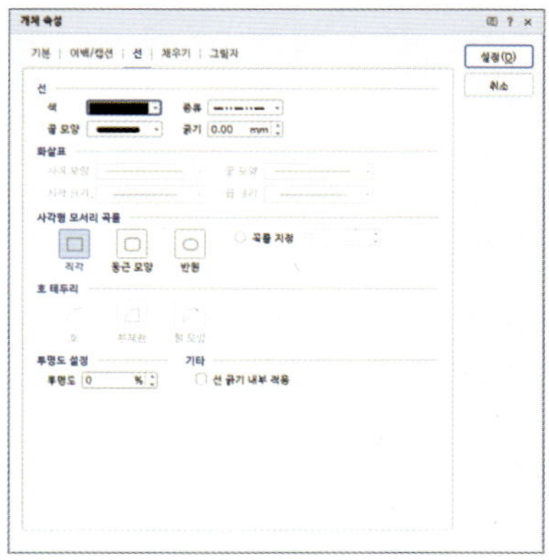

기본예제 12 문단 띠

제목 밑에 문단 띠를 삽입하고, 사자성어를 한자로 변환해 봅시다.

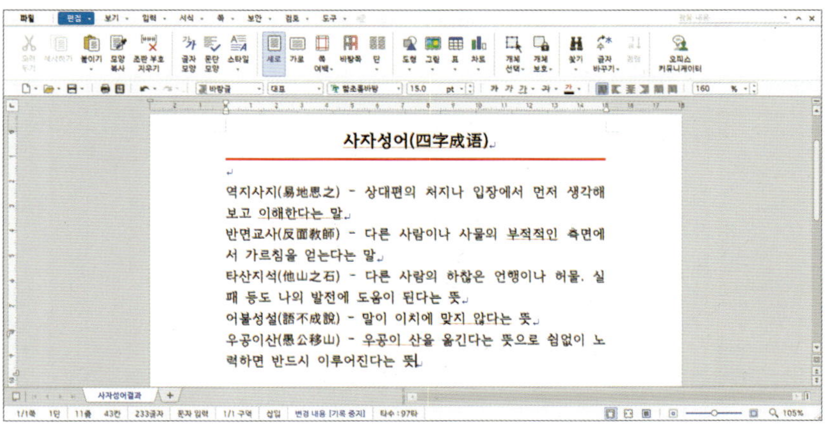

01 문단 띠 넣기 제목(사자성어) 밑에 커서를 두고 [입력 ▾] 탭–[문단 띠]를 선택하여 삽입한다. 삽입한 문단 띠를 선택하고, [도형] 탭의 기본 도구에서 [도형 채우기]를 선택하여 '빨강'색을 지정한다.

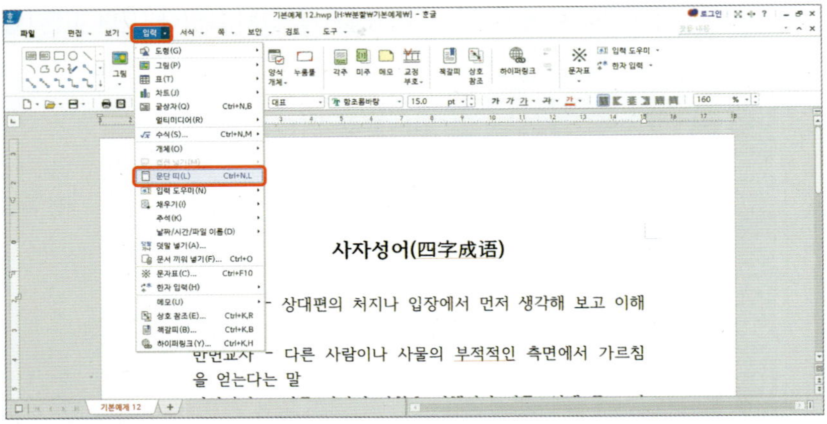

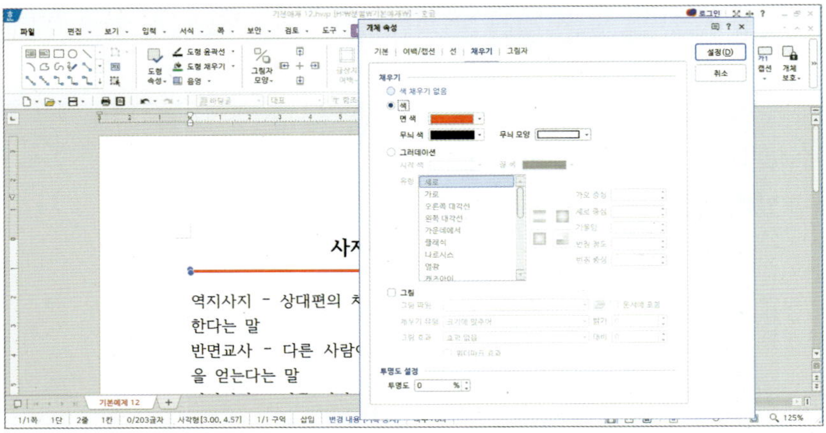

02 한자 변환하기 '역지사지'를 블록으로 지정한 후 F9를 눌러 [한자로 바꾸기] 대화상자를 실행하여 한자 목록에 표시된 한자를 선택하고, 입력 형식을 '한글(漢字)'로 지정한 다음 [바꾸기] 단추를 클릭하여 한자 변환한다. '반면교사'는 한자 단어 등록이 되지 않았기 때문에 '반면교사'를 복사하여 반면교사(반면교사)로 입력한 후 괄호 안의 '반면교사'를 블록 지정하고 한자 입력 형식은 漢字를 선택하고 한글자씩 해당 한자를 찾아 한자 변환한다. 같은 방법으로 타산지석, 어불성설, 우공이산을 한자 변환한다.

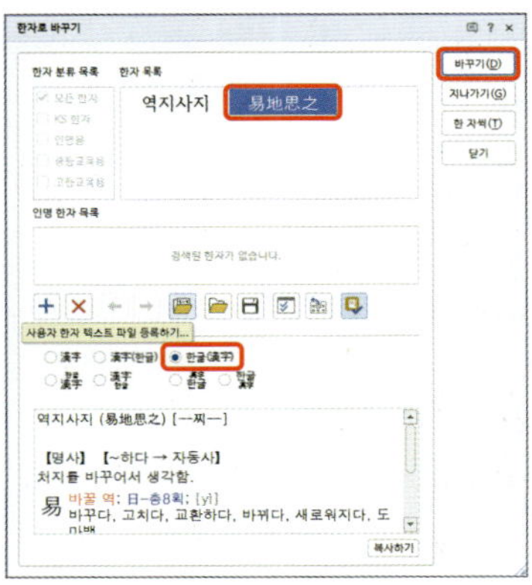

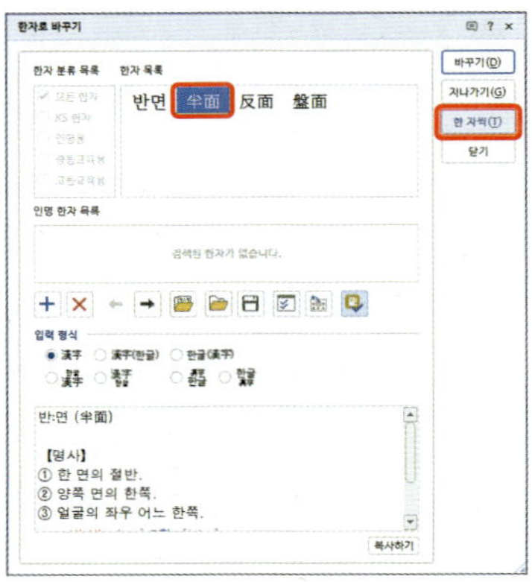

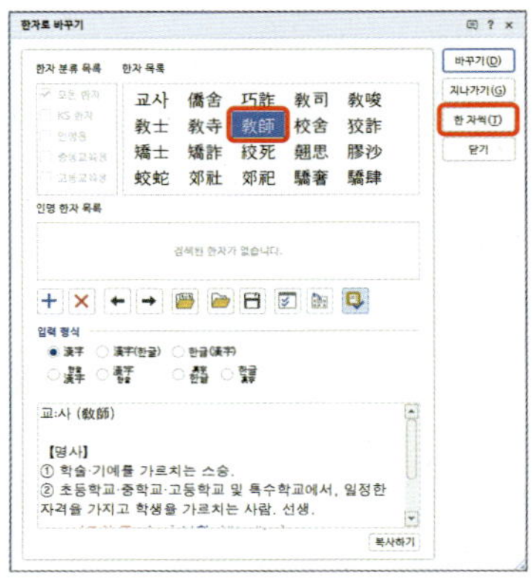

종합예제

※ [종합예제]에 대한 해설은 PDF로 제공됩니다.

문제 1 주어진 [조건]에 따라 아래와 같은 포스터를 만드시오.

[조건]

- 쪽 테두리의 '배경' 색을 설정한다.
- 호 도형을 이용하여 포스터 상단의 왼/오른쪽에 배치한다.
- 글맵시와 원 도형을 이용하여 제목을 작성한다.
- 한컴 애셋에 '봄'을 검색하여 그림을 삽입한다.
- 직사각형, 글상자를 이용하여 텍스트를 입력한다.
- 도형을 삽입하고, 도형 속성의 '선', '배경'을 설정한다.
- 스크린 샷을 이용하여 그림을 삽입하고, 사진을 편집한다.

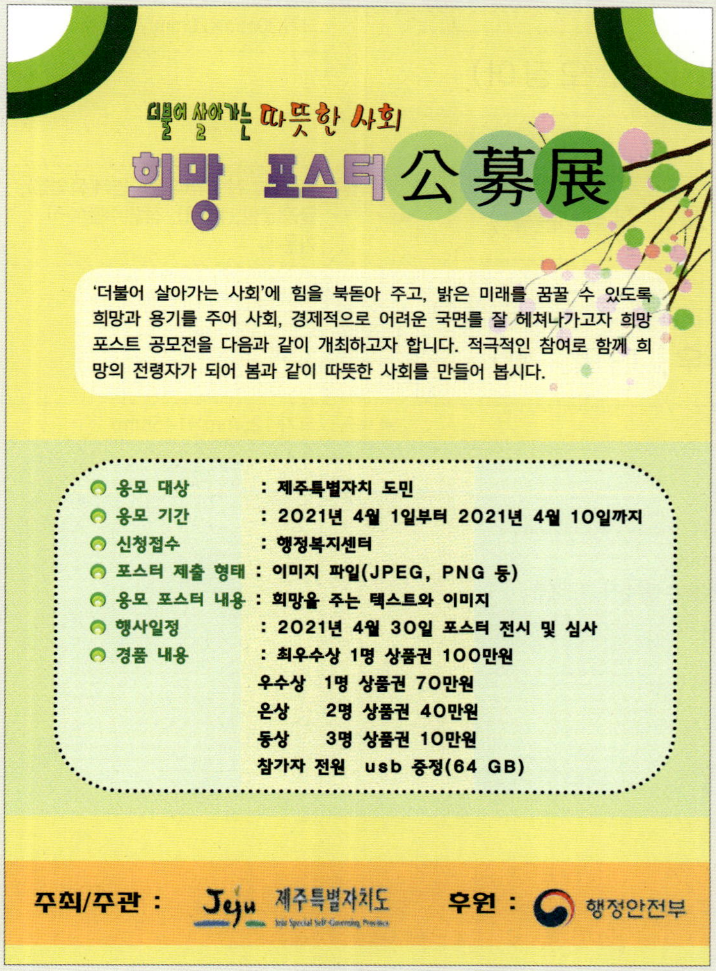

연습문제

1 점선 박스에 주어진 설정에 따라 작성하시오.

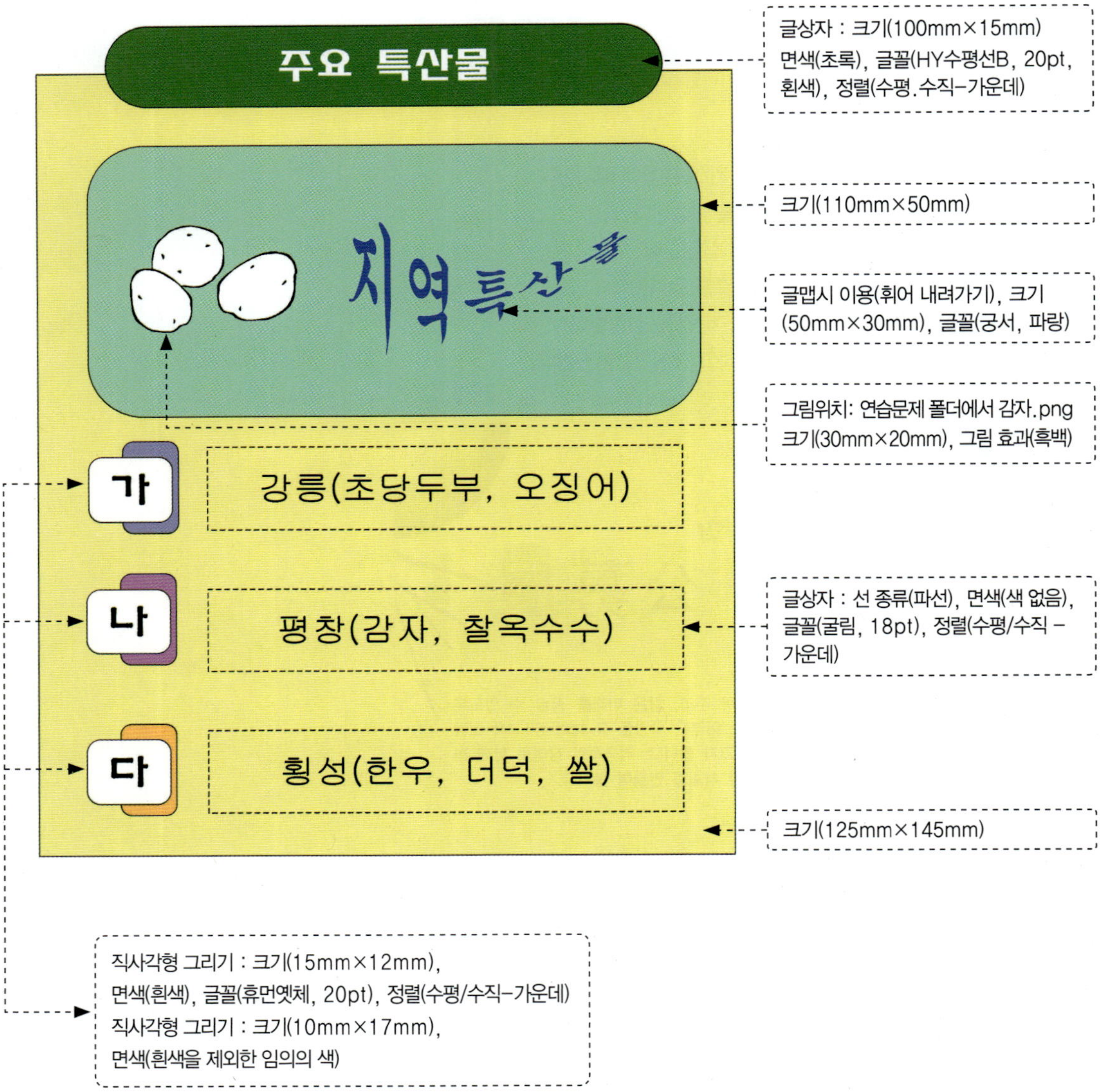

CHAPTER 04

고급 문서 작성을 위한 기능 익히기

01 표 삽입 및 편집하기

02 차트 삽입 및 편집하기

03 스타일 만들기 및 편집하기

04 문서 레이아웃 설정하기

종합예제

연습문제

학습목표

- 줄과 칸을 이용하여 표를 만들어 꾸밀 수 있다.
- 차트를 삽입하여 데이터를 시각적으로 표현할 수 있다.
- 스타일을 만들어 문서에 적용할 수 있다.
- 편집 용지와 쪽 테두리를 이용할 수 있으며, 미리 보기로 문서의 레이아웃을 확인할 수 있다.

SECTION 01

표 삽입 및 편집하기

복잡한 내용이나 수치 자료를 일목요연하게 정리하고자 할 때 표를 이용하면 편리하다. 간결하고 통일감있는 표를 작성하기 위해 표 레이아웃의 다양한 표 편집 메뉴를 활용해 보고, 표의 여러 가지 기능들에 대해 살펴보도록 한다.

1.1 표 삽입

표를 작성하기 위한 여러 가지 방법에 대해 살펴보고, 글자처럼 취급과 마우스 끌기로 만들기에 대해 알아본다.

1.1.1 표 삽입

표 삽입은 [표] 항목의 줄과 칸을 마우스로 끌기, [표 만들기] 클릭, 표 그리기로 작성할 수 있다. 표를 삽입하기 위해서는 [입력] 탭-[표] 항목의 [표 만들기]를 선택한다. [표 만들기] 대화상자에 줄 개수와 칸 개수를 입력하고 [만들기]를 클릭한다. [표 만들기] 대화상자의 [기타] 항목에서 [글자처럼 취급]을 선택하면 표가 글자의 속성을 갖게 되어 정렬이나 위치의 설정에 있어 글자처럼 인식되어 처리된다.

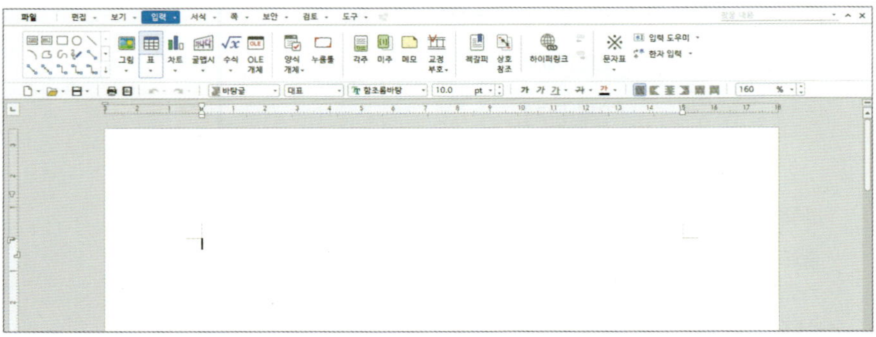

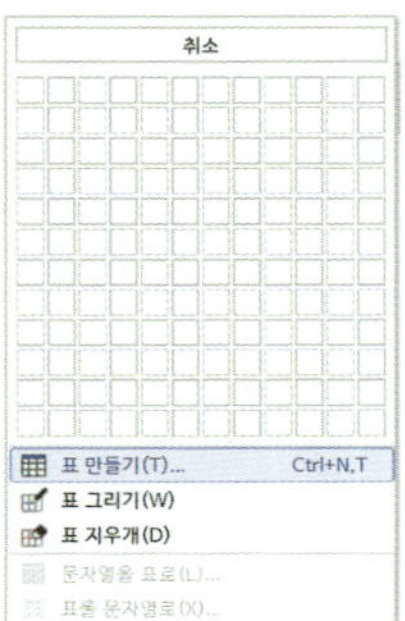

여기서잠깐 **크기 지정**

너비는 단에 맞춤, 문단에 맞춤, 임의 값 중 하나를 선택한다. 단에 맞춤은 단의 폭에 맞춰 표를 만드는 것이고, 문단에 맞춤은 문단 폭에 맞는 너비로 표를 만든다. 임의 값은 사용자가 직접 너비 값을 입력하여 표를 만든다.

높이는 자동과 임의 값 중 하나를 선택한다. 자동은 셀의 기본 높이에 줄 수를 곱한 크기로 표를 만드는 것이고 임의 값은 사용자가 입력한 값으로 표를 만든다.

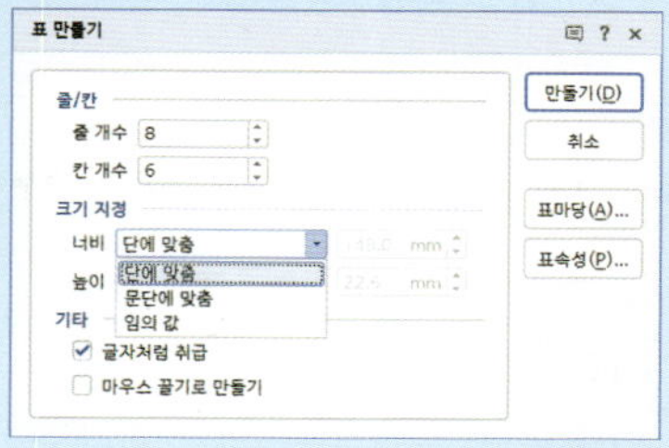

1.1.2 표 만들기 속성

한글에는 표 안에 또 다른 표를 넣어 문서를 표시할 수 있다.

기본예제 13 표 안의 표

2개의 줄과 1개의 칸으로 이루어진 표를 만들고 첫 번째 줄에 1개의 줄, 5개의 열로 이루어진 표를 삽입하시오. 첫 번째 표는 높이를 100mm로 지정하고, 두 번째 표는 높이를 30mm로 설정하고, '어두운 스타일 1 - 분홍 색조'를 지정하시오. "표안의표" 이름으로 저장하시오.

01 표 만들기 표 안에 표를 넣는 방법은 우선 2줄, 1칸의 표를 만든다. [입력] 탭–[표]–[표 만들기]를 선택한다. [표 만들기] 대화상자에 줄 개수에 『2』,칸 개수에 『1』을 입력한다. [크기 지정] 항목에서 높이를 임의 값으로 선택하고 『100mm』를 입력한 후 [만들기]를 클릭한다.

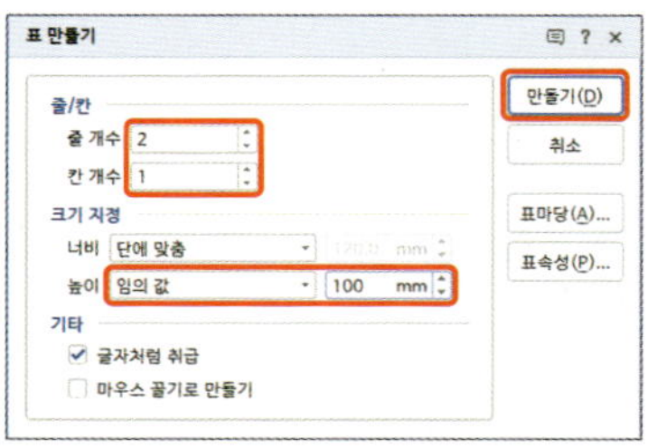

02 표 안에 표 만들기 첫 번째 줄에 커서를 두고 [입력] 탭–[표]–[표 만들기]를 선택한다. [표 만들기] 대화상자에 줄 개수에 『1』, 칸 개수에 『5』를 입력한다. [크기 지정] 항목에서 높이를 임의 값으로 선택하고 『30mm』를 입력한 후 [표마당]를 누른다. [표마당] 대화상자의 표마당 목록에서 '어두운 스타일 1 -분홍 색조'를 선택하고 [설정]을 누른다.

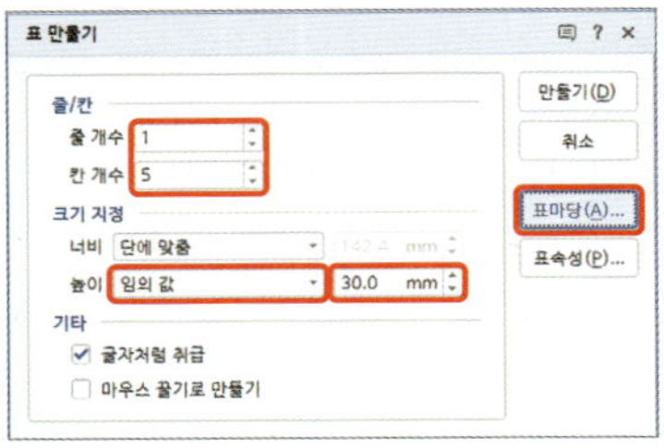

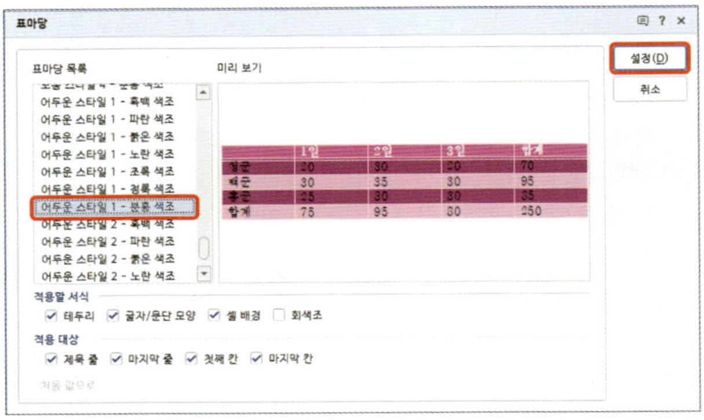

03 [표마당] 선택 후 [표 만들기] 대화상자의 [만들기]를 누르면 첫 번째 줄에 표가 삽입된다.

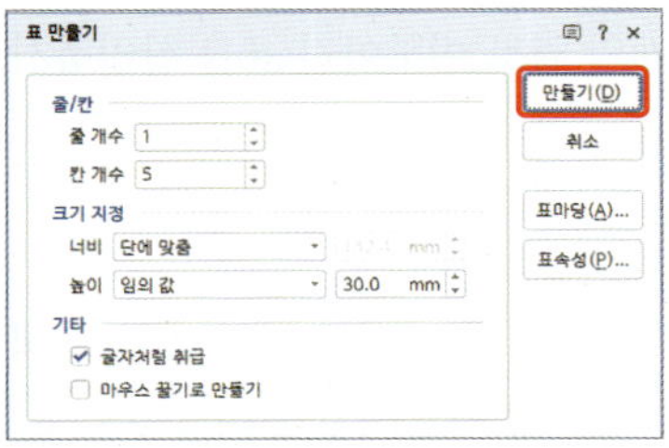

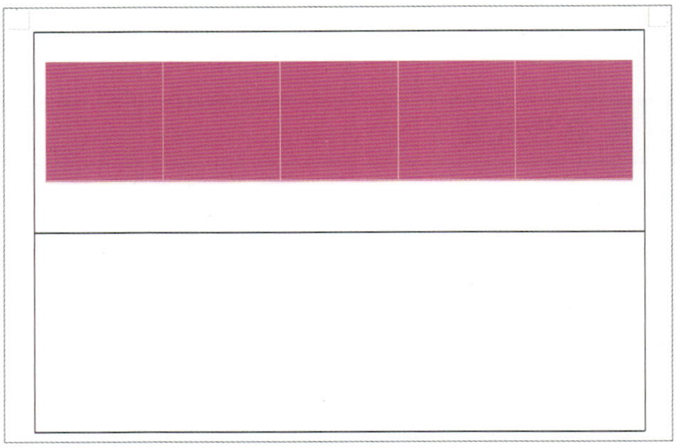

> **TIP** 표 스타일은 표를 만든 후에 적용할 수도 있고, [표 만들기]의 [표마당]을 이용하여 스타일을 적용할 수도 있다.

1.1.4 텍스트를 표로 변환

문자열로 되어 있는 텍스트를 표로 변환이 가능하다. 탭으로 구분되어 있는 문자열을 드래그하여 블록으로 설정한 후 [입력] 탭–[표]의 ▦를 클릭하면 블록으로 설정되어 있는 텍스트가 표에 입력된다.

기본예제 14 텍스트를 표로 변환

문자열을 표로 변환하시오.

01 **표로 변환** 문자열을 블록 설정한 후 [입력] 탭–[표](▦)를 클릭한다.

이름	학년	전화번호	과목
이슬기	3	010-111-1222	데이터베이스
박진주	4	010-222-2322	소프트웨어공학
김이슬	1	010-232-4444	이산수학

> **TIP** 문자열을 표로 변환할 때는 각 문자열은 탭, 쉼표, 3칸 이상의 빈칸, 사용자가 지정한 단어 등으로 구분할 수 있고 줄 바꿈은 Enter로 한다.

1.1.5 표를 텍스트로 변환

이미 만들어진 표를 텍스트로 변환할 수 있다. 표를 텍스트로 변환하는 방법은 임의의 셀을 선택하고 [입력] 탭–[표] 항목–[표를 문자열로]를 선택한다. [표를 문자열로] 대화상자에서 분리 방법을 '탭'으로 선택한 후 [설정]을 누르면 표는 없어지고 표의 데이터만 문자열로 표시된다.

기본예제 15 텍스트 변환

표를 텍스트로 변환하시오. 이 때 텍스트는 탭으로 분리하시오.

01 표의 임의의 셀을 선택하고 [입력] 탭–[표] 항목–[표를 문자열로]를 선택한다.

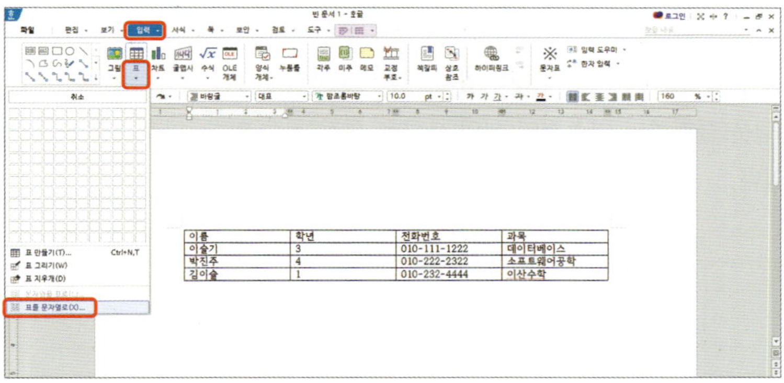

02 [표를 문자열로] 대화상자에서 분리 방법 지정에 '탭'을 선택한 후 [설정]을 클릭한다.

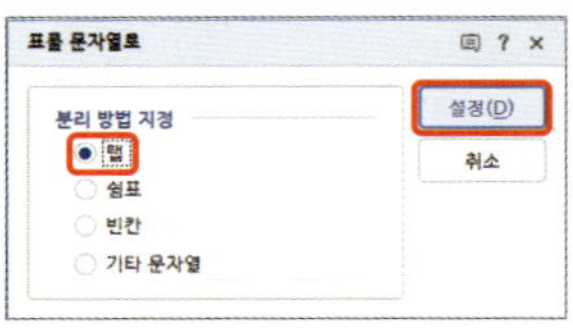

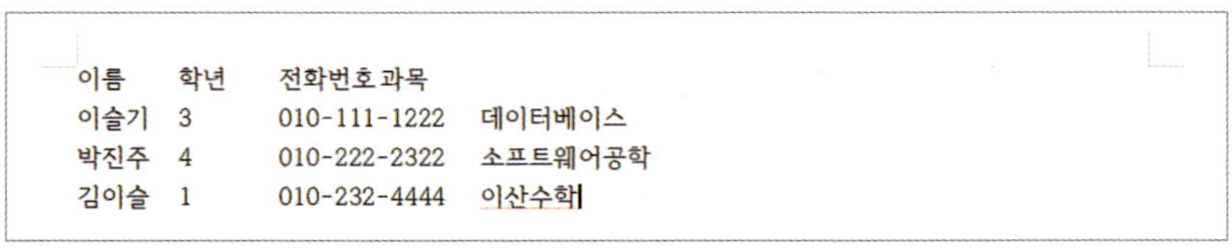

1.2 셀의 블록 지정

셀(Cell)은 줄과 칸으로 구성되며, 표 편집의 기본 단위이다. 셀을 클릭하고 F5를 누르면 하나의 셀에 블록이 지정되고, 셀을 편집할 수 있다.

1.2.1 한 줄(행) 블록 지정

F5를 누르고 F8을 누르면 한 줄(행)이 블록 지정된다.

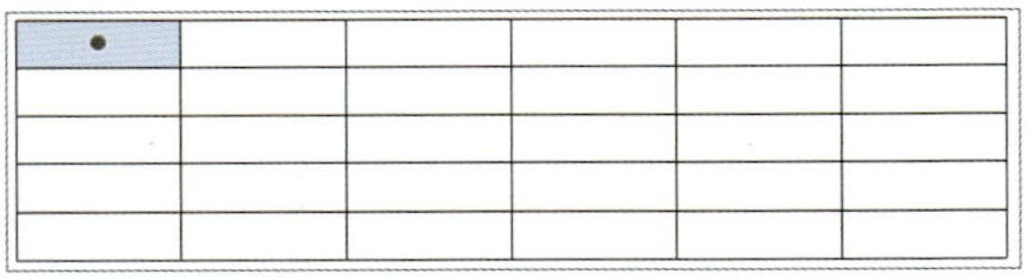

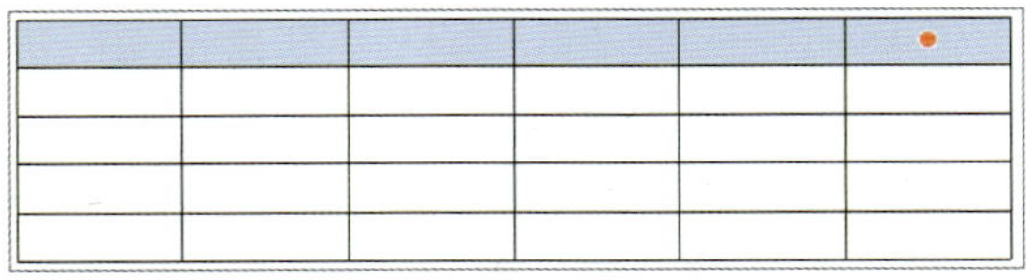

1.2.2 한 칸(열) 블록 지정

F5를 누르고 F7을 누르면 한 칸(열)이 블록 지정된다.

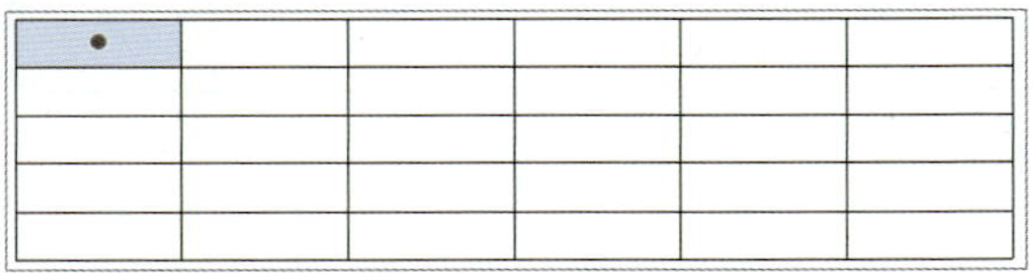

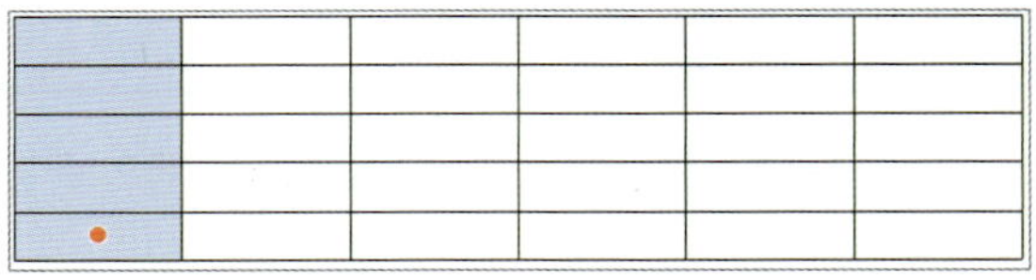

1.2.3 여러 셀 블록 지정

F5를 누르고 Ctrl을 누른 채 다른 셀을 클릭하면 서로 연결되어 있지 않은 즉 불연속적인 셀을 선택할 수 있고 F5를 누르고 Shift를 누른채 다른 셀을 클릭하면 연속적인 셀의 블록을 설정할 수 있다. 마우스를 드래그하여 연속된 셀을 블록 지정할 수도 있다.

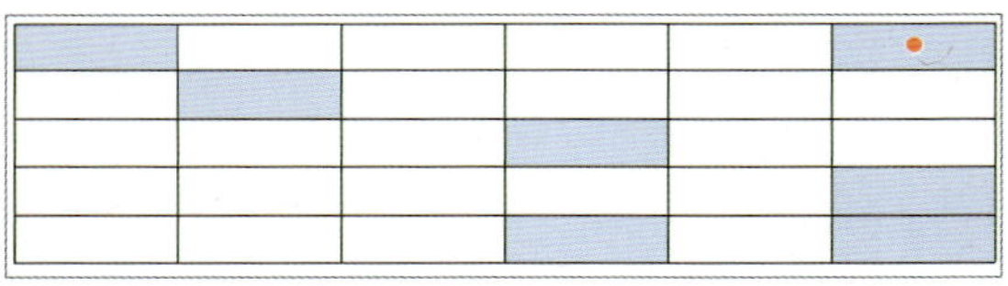

▲ Ctrl을 누르고 셀 클릭

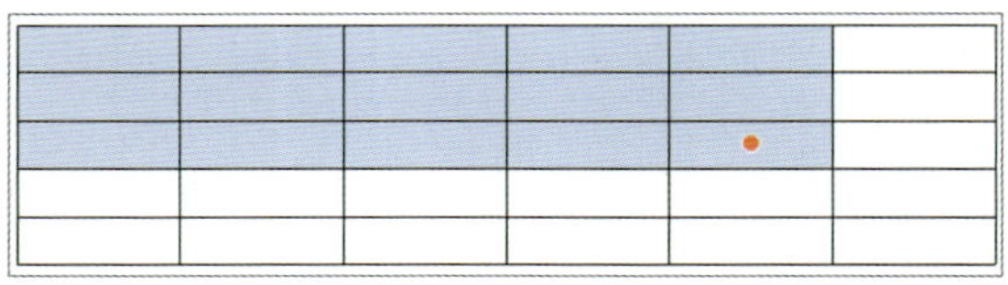

▲ Shift을 누르고 셀 클릭

1.2.4 셀 크기 조절

셀이 선택된 상태에서 Ctrl, Alt, Shift를 누른채 방향키를 누르면 셀의 크기를 바꿀 수 있다. Ctrl을 누른 상태에서 방향키를 누르면 해당 줄/칸의 크기가 조절되면서 표 전체의 크기도 같이 변한다.

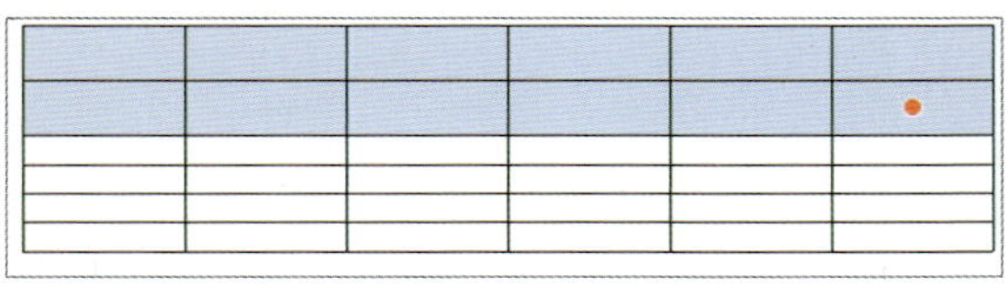

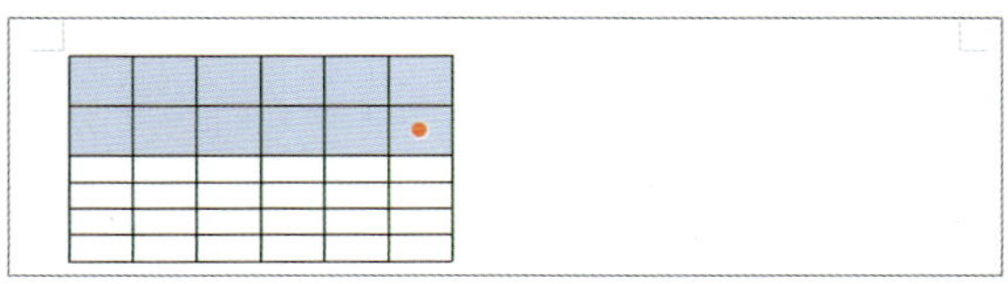

Shift를 누른 상태에서 방향키를 누르면 해당 셀의 크기만 변화하면서 표 전체의 크기에는 변화가 없다.

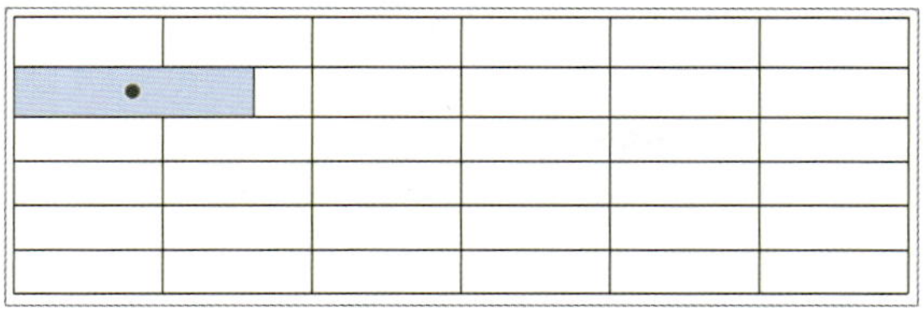

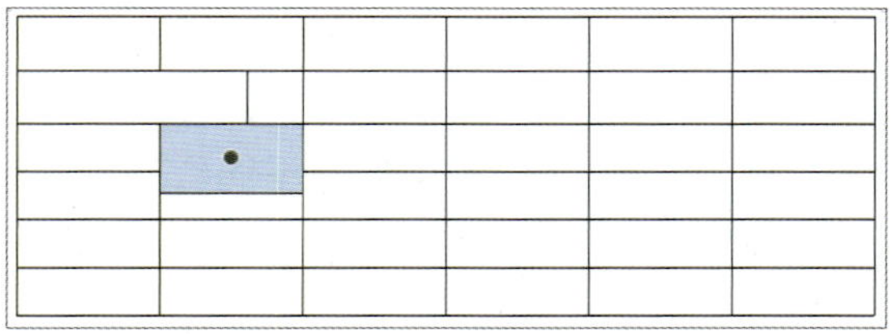

Alt를 누른 상태에서 방향키를 누르면 해당 줄/칸과 인접한 줄/칸의 크기만 변화하고 표 전체의 크기에는 변화가 없다.

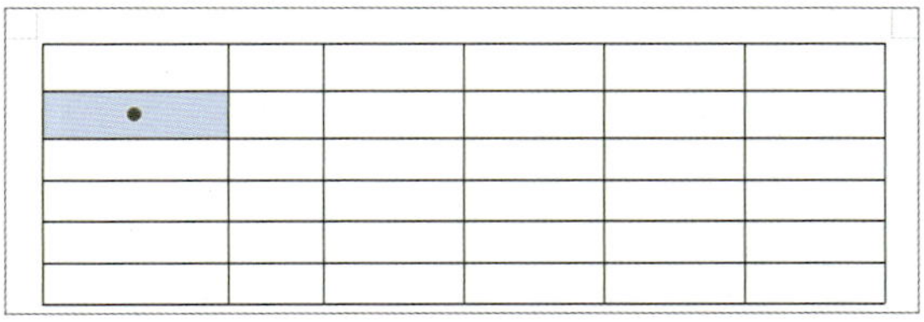

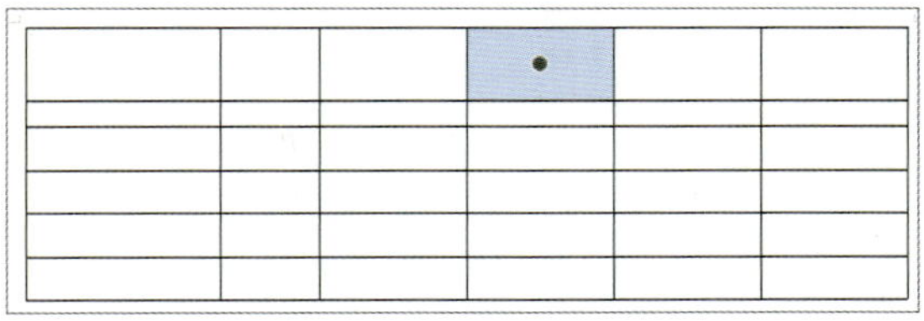

> **TIP** F5를 한 번 누르면 커서가 있는 셀만 지정, 방향키로 움직일 경우 선택 셀이 바뀐다. F5를 두 번 누르면 커서가 있는 셀을 기준으로 방향키가 움직여 가리키는 셀까지 연속적으로 블록이 지정된다. F5를 세 번 누르면 표 전체에 블록이 설정된다.

1.3 표 편집

만들어진 표의 편집 방법은 다양하다. 표의 선이나 셀의 채우기 색, 셀의 병합 및 셀 나누기, 배경 지정, 줄/칸 삽입 및 삭제 등 표의 편집에 대해 살펴보도록 한다.

1.3.1 표 레이아웃

[표 레이아웃] 탭은 표 레이아웃 요소를 편집하는 데 필요한 기능을 아이콘 모양으로 만들어 모아 놓은 곳이다. [표 레이아웃] 탭에서는 다양한 표 편집 메뉴를 사용하여 사용자가 원하는 레이아웃의 표를 손쉽게 만들 수 있다. 표 레이아웃 탭에서는 줄/칸 추가하기, 제거하기, 셀 나누기, 셀 합치기, 셀 너비/높이 같게, 표 안의 내용 정렬, 글자처럼 취급, 캡션 지정 등을 할 수 있다.

- **줄/칸 추가하기** [표 레이아웃] 탭에서 [줄/칸 추가하기]를 클릭한 후 [줄/칸 추가하기] 대화상자에서 현재 커서가 위치한 셀을 기준으로 추가하고 싶은 방향과 [줄/칸 수]를 입력하여 추가할 수 있다.

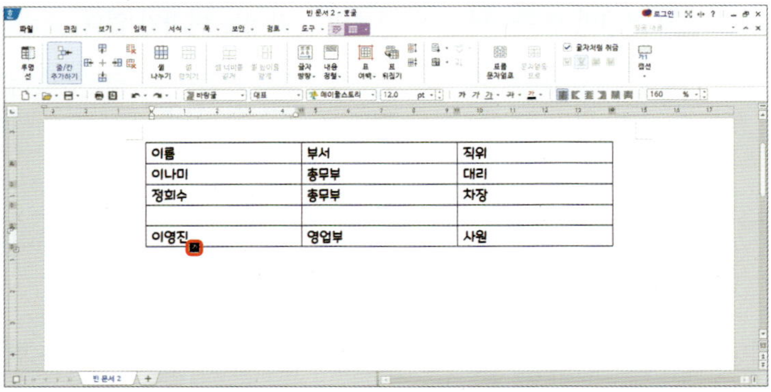

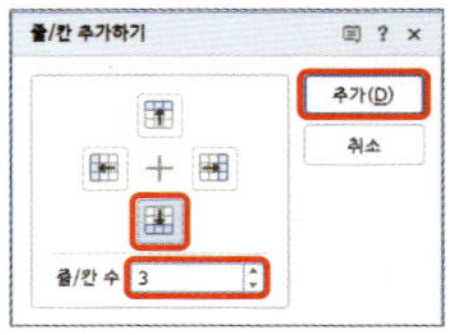

이름	부서	직위
이나미	총무부	대리
정회수	총무부	차장
이영진	영업부	사원

TIP 표의 바로 가기 메뉴에서 [줄/칸 추가하기]를 선택하거나, Alt+Insert를 눌러도 줄/칸을 추가할 수 있다. 또한, Ctrl+Enter를 누르면 아래쪽에 줄이 추가된다.

- **줄/칸 지우기** 지울 줄이나 칸을 선택한 후 [표 레이아웃] 탭에서 [줄 지우기] 또는 [칸 지우기]를 선택한다.

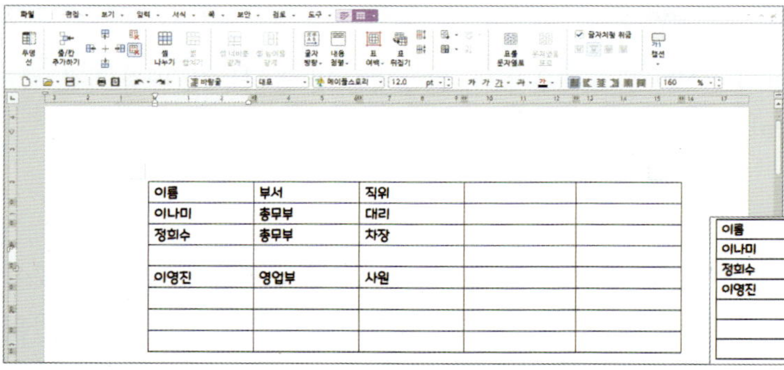

이름	부서	직위		
이나미	총무부	대리		
정회수	총무부	차장		
이영진	영업부	사원		

- **셀 나누기** 셀 나누기하려는 셀에 커서를 두거나 셀을 블록 설정한 후 [표 레이아웃] 탭에서 [셀 나누기]를 선택한다. [셀 나누기] 대화상자에서 [줄 개수]와 [칸 개수]를 입력하여 나눌 수 있다.

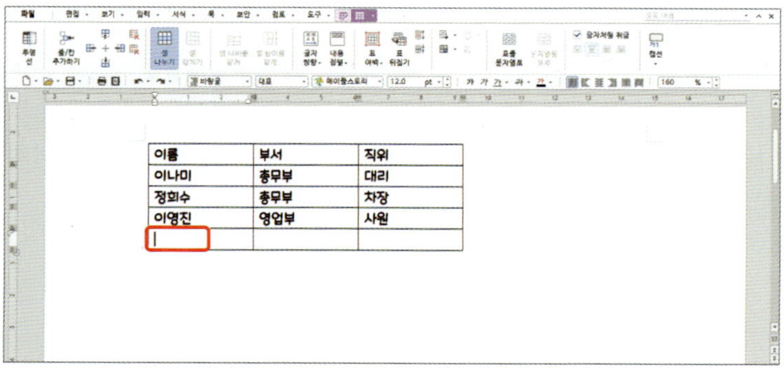

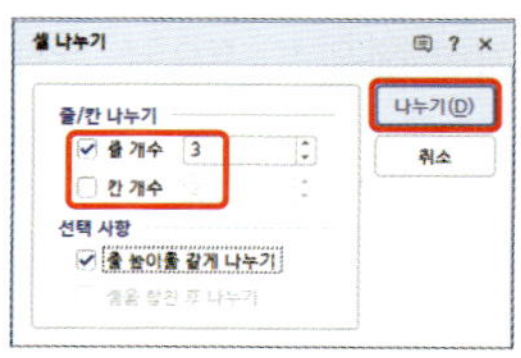

이름	부서	직위
이나미	총무부	대리
정희수	총무부	차장
이영진	영업부	사원

- **셀 합치기** 합치려는 셀을 블록 설정한 후 [표 레이아웃] 탭에서 [셀 합치기]를 선택한다.

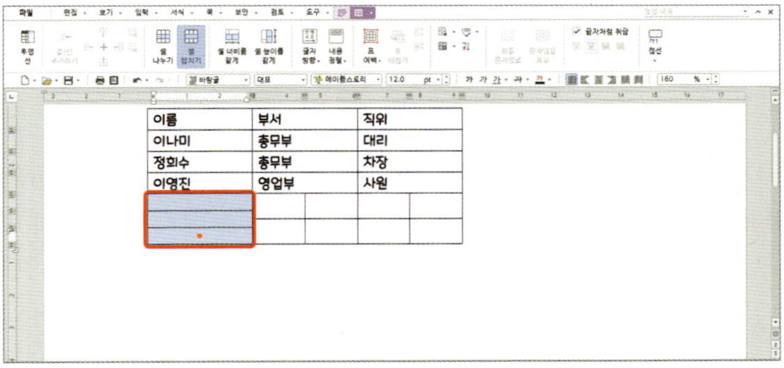

이름	부서		직위	
이나미	총무부		대리	
정희수	총무부		차장	
이영진	영업부		사원	

TIP 셀 나누기는 블록을 지정 후 S, 셀 합치기는 합칠 셀을 블록으로 지정한 후 M을 눌러 실행할 수 있다.

기본예제 16 표 편집

그림과 같이 표를 수정하시오. 참고로 설치된 글꼴에 따라 표의 글꼴이 그림과 다르게 표시될 수 있다.

이름	부서	직위	기본급
이나미	총무부	대리	2900000
정희수	총무부	차장	3500000
이영진	영업부	사원	2000000
정권상	홍보부	과장	4300000
박우찬	영업부	대리	2700000
기본급 합계			

01 줄 나누기 마지막 줄의 첫 번째 칸을 블록 지정한 후 S를 눌러 [셀 나누기] 대화상자가 나타나면 줄 개수를 체크하고 『2』를 입력한다. 선택 사항에 '줄 높이를 같게 나누기'를 체크 표시한 후 [나누기]를 클릭한다.

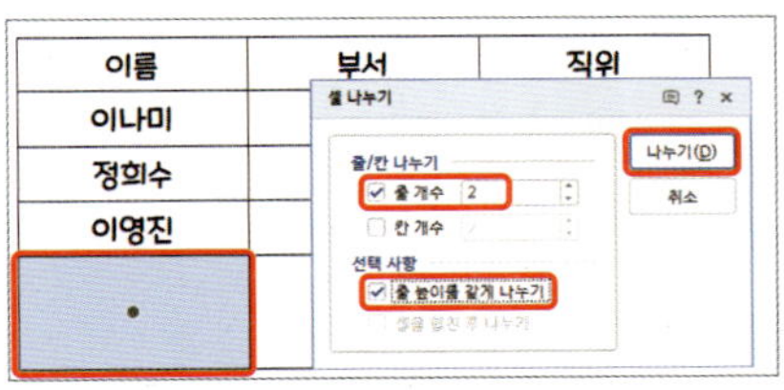

02 줄/칸 나누기 마지막 줄의 병합된 셀을 블록 지정한 후 S를 눌러 [셀 나누기] 대화상자가 나타나면 줄 개수와 칸 개수에 체크하고 『2』를 입력한다. 선택 사항에 '줄 높이를 같게 나누기'를 체크 표시한 후 [나누기]를 클릭한다.

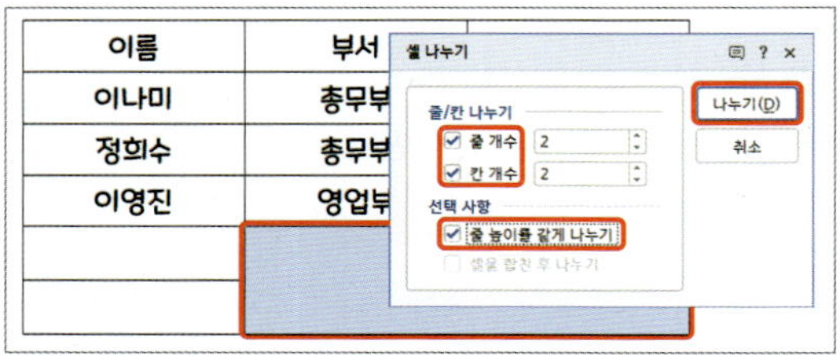

03 줄/칸 추가하기 마지막 줄에서 Ctrl+Enter를 눌러 줄을 추가한다. 맨 오른쪽 칸을 클릭하고 Alt+Insert를 눌러 [줄/칸 추가하기] 대화상자가 나타나면 '오른쪽에 칸 추가하기'를 선택하고 '줄/칸 수'에 『1』을 입력하고 [추가]를 클릭한다.

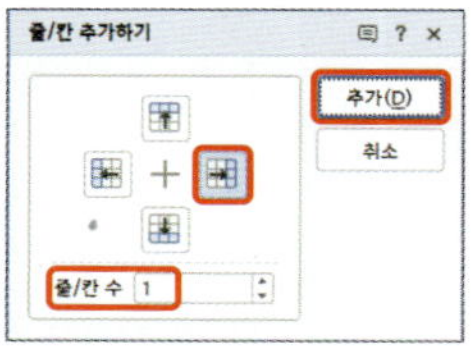

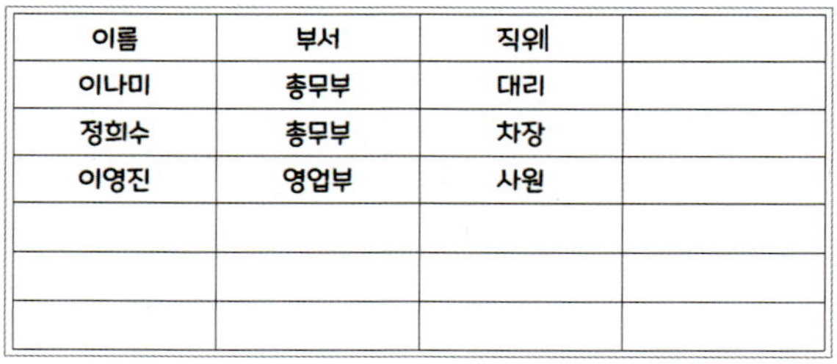

이름	부서	직위	
이나미	총무부	대리	
정희수	총무부	차장	
이영진	영업부	사원	

04 셀 합치기 마지막 줄의 첫 번째 칸부터 세 번째 칸까지 블록 지정한 후 M을 눌러 셀을 합친다.

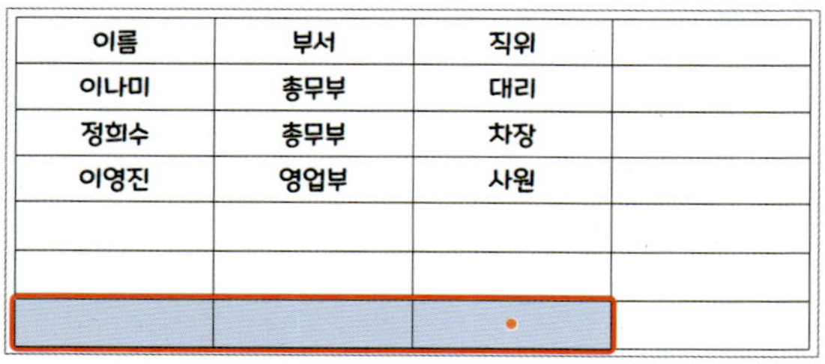

이름	부서	직위	
이나미	총무부	대리	
정희수	총무부	차장	
이영진	영업부	사원	

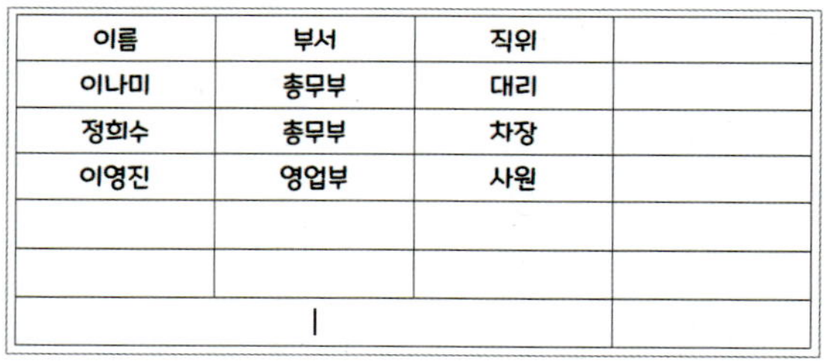

이름	부서	직위	
이나미	총무부	대리	
정희수	총무부	차장	
이영진	영업부	사원	

05 데이터 입력 데이터를 입력하고 숫자 데이터는 오른쪽 정렬, 나머지는 가운데 정렬을 설정한다.

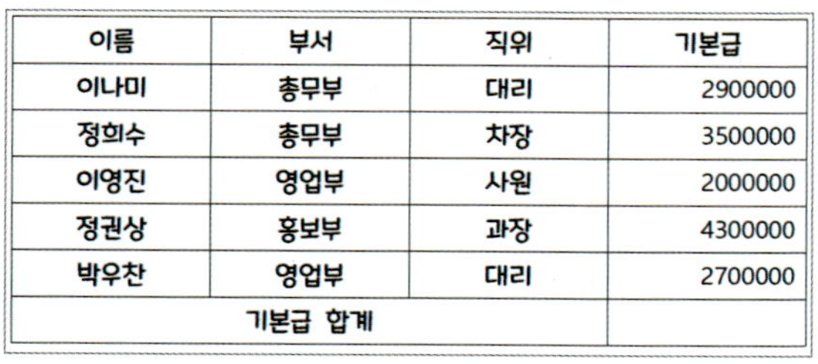

이름	부서	직위	기본급
이나미	총무부	대리	2900000
정희수	총무부	차장	3500000
이영진	영업부	사원	2000000
정권상	홍보부	과장	4300000
박우찬	영업부	대리	2700000
기본급 합계			

1.3.2 표 나누기 및 표 합치기

표를 만들어 데이터를 입력했더니 그 표가 다음 페이지로 넘어가는 경우, 적당한 위치에서 [표 나누기]를 실행하여 하나의 표를 두 개 이상의 표로 나눌 수 있고, 나누었던 표를 합칠 수도 있다.

- **표 나누기** 커서를 나누고자 하는 셀에 위치한 후 [표 레이아웃] 탭-[표 나누기]를 클릭하면 표가 분리된다.

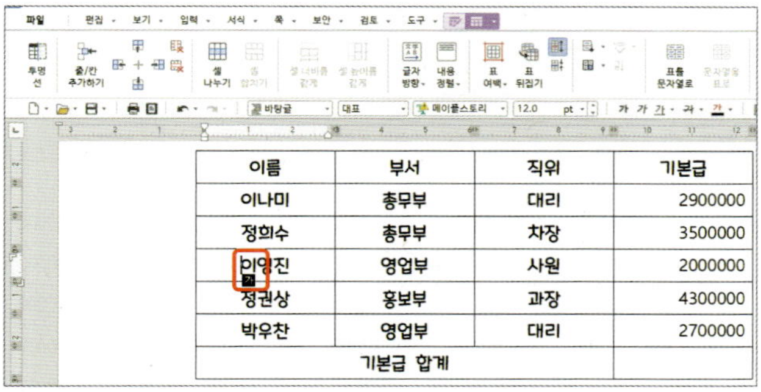

이름	부서	직위	기본급
이나미	총무부	대리	2900000
정희수	총무부	차장	3500000

이영진	영업부	사원	2000000
정권상	홍보부	과장	4300000
박우찬	영업부	대리	2700000
기본급 합계			

- **표 합치기** 두 개 이상의 표를 하나의 표로 합치고자 할 때에는 앞쪽에 있는 표 안에 커서를 두고 [표 레이아웃] 탭-[표 붙이기]를 클릭한다.

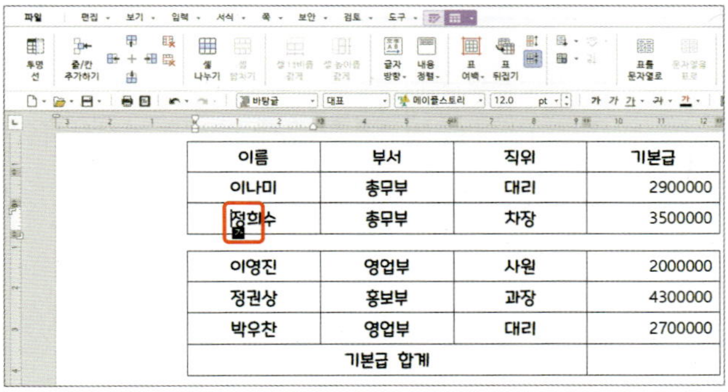

이름	부서	직위	기본급
이나미	총무부	대리	2900000
정희수	총무부	차장	3500000
이영진	영업부	사원	2000000
정권상	홍보부	과장	4300000
박우찬	영업부	대리	2700000
기본급 합계			

1.3.3 캡션

삽입된 그림이나 표 등의 이해를 돕기 위해 쓰는 간단한 주석문으로 표에서는 단위나 제목을 주로 입력할 때 사용한다. 캡션은 표의 위치를 변경하더라도 표와 함께 이동하기 때문에 따로 이동시킬 필요가 없어 편리하다.

캡션을 삽입하는 방법은 표의 임의의 셀을 선택한 후 [표 레이아웃] 탭-[캡션]에서 캡션의 위치를 선택한다. 캡션 번호가 부여되면 원하는 캡션 내용을 입력한다.

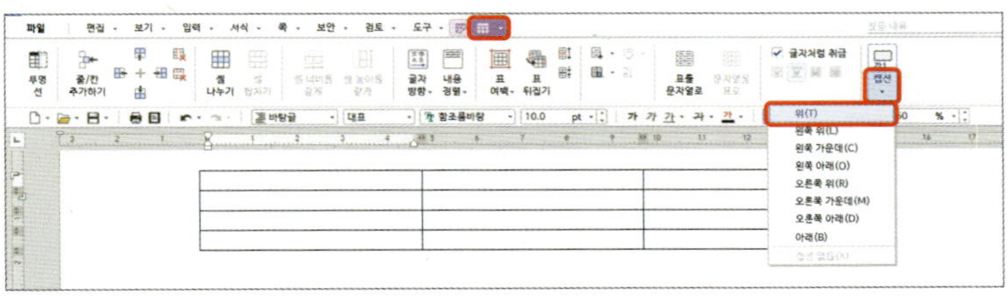

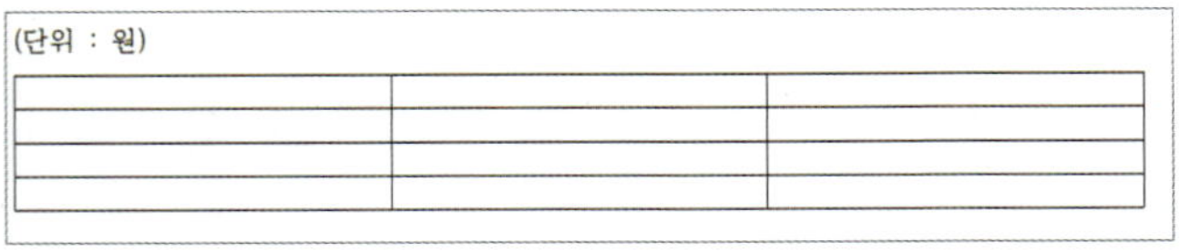

삽입한 캡션을 삭제하는 방법은 표의 임의의 셀을 선택한 후 [표 레이아웃] 탭–[캡션 ▾]에서 '캡션 없음'을 클릭한다.

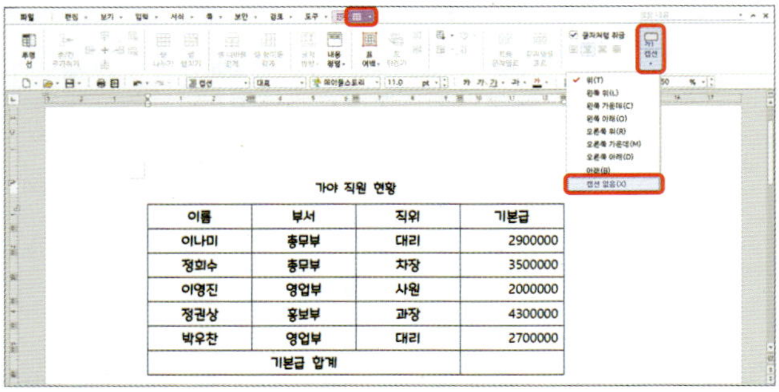

이름	부서	직위	기본급
이나미	총무부	대리	2900000
정희수	총무부	차장	3500000
이영진	영업부	사원	2000000
정권상	홍보부	과장	4300000
박우찬	영업부	대리	2700000
기본급 합계			

기본예제 17 캡션 삽입

"가야 직원 현황"이라는 캡션을 표에 설정하고, 캡션의 글꼴 크기는 '11', 정렬은 '가운데 정렬'을 지정하시오.

01 캡션 삽입 표에서 임의의 셀을 선택한 후 [표 레이아웃] 탭–[캡션]의 [위]를 클릭한다.

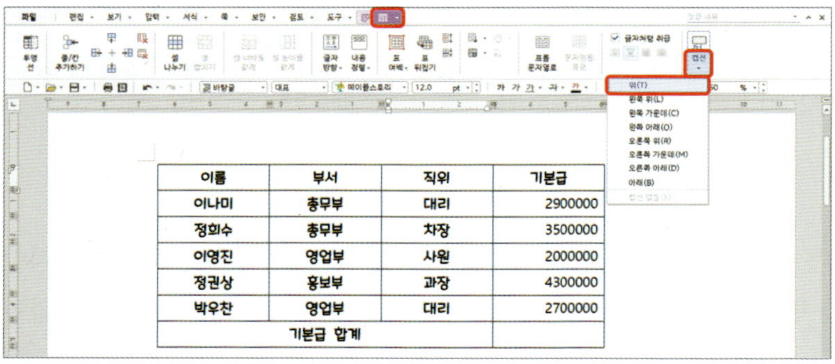

02 캡션 내용 입력 캡션 번호를 지우고 『가야 직원 현황』을 입력한다. 그리고 글꼴 크기는 '11', 정렬은 '가운데 정렬'을 설정한다.

가야 직원 현황

이름	부서	직위	기본급
이나미	총무부	대리	2900000
정희수	총무부	차장	3500000
이영진	영업부	사원	2000000
정권상	홍보부	과장	4300000
박우찬	영업부	대리	2700000
기본급 합계			

TIP Ctrl+N, C를 눌러 캡션을 삽입할 수 있다.

1.3.4 계산식

표에서는 덧셈, 뺄셈, 곱셈, 나눗셈의 간단한 사칙연산은 물론이고, sum과 avg의 시트 함수와 sum(left) 등과 같은 left, right, below, above의 범위 지정자로 구성된 계산식을 사용할 수 있다.

표에 계산식을 적용하는 방법은 계산할 범주를 블록 지정한 후 [표 레이아웃] 탭–[계산식]에서 '블록 합계'를 클릭한다.

기본예제 18 계산식

기본급의 합계를 구하고 천 단위 구분 기호를 적용하시오.

01 '기본급' 칸의 영역을 블록 지정한 후 [표 레이아웃] 탭–[계산식]에서 '블록 합계'를 클릭한다.

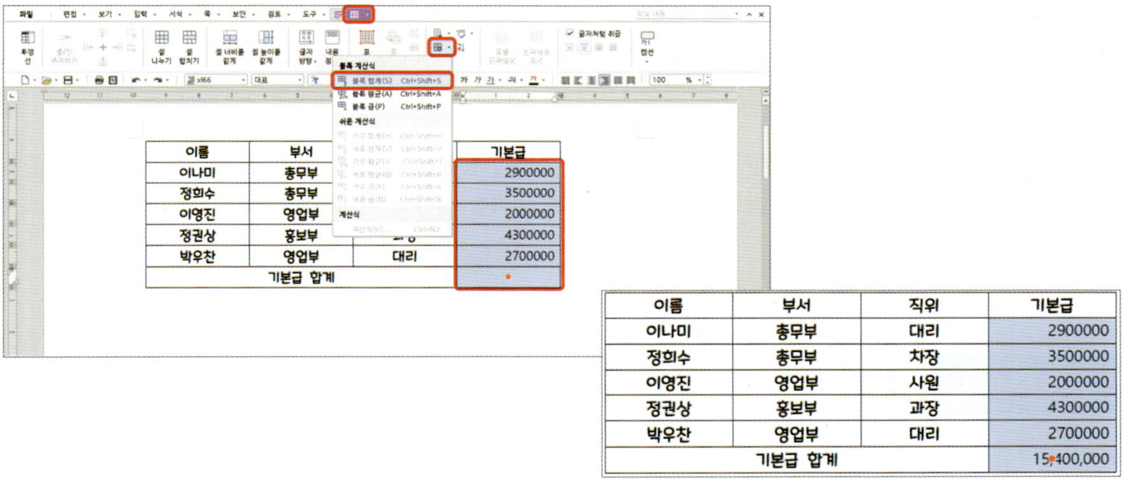

02 [표 레이아웃] 탭–[천단위 구분 쉼표]에서 '자릿점 넣기'를 클릭한다.

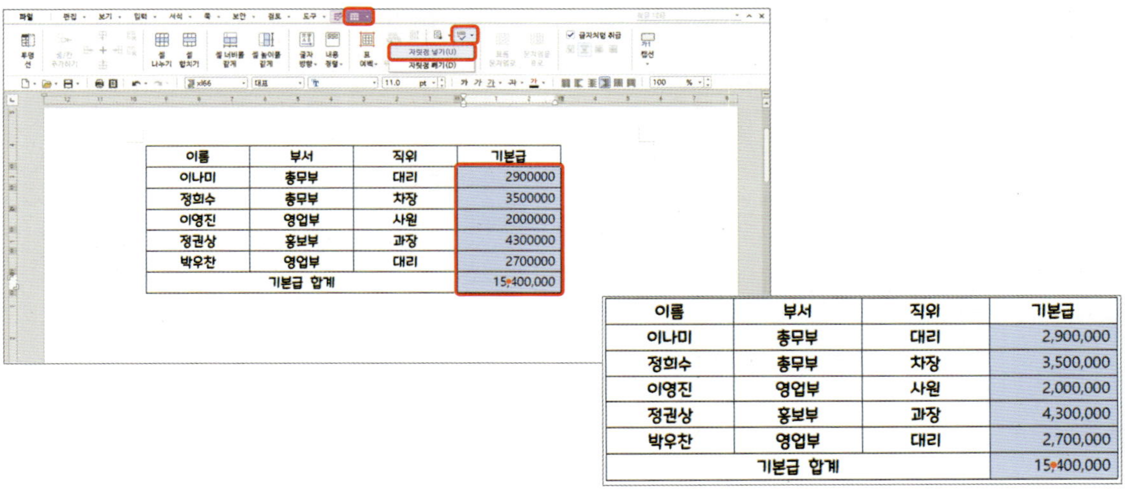

1.4 표 디자인

[표 디자인] 탭은 표 디자인이나 스타일을 편집하는 데 필요한 기능을 아이콘 모양으로 만들어 모아 놓은 곳이다. [표 디자인] 탭에서는 미리 정의된 표 스타일을 적용하거나 테두리, 표 채우기, 셀 배경 설정 등 나만의 표를 디자인할 수 있다.

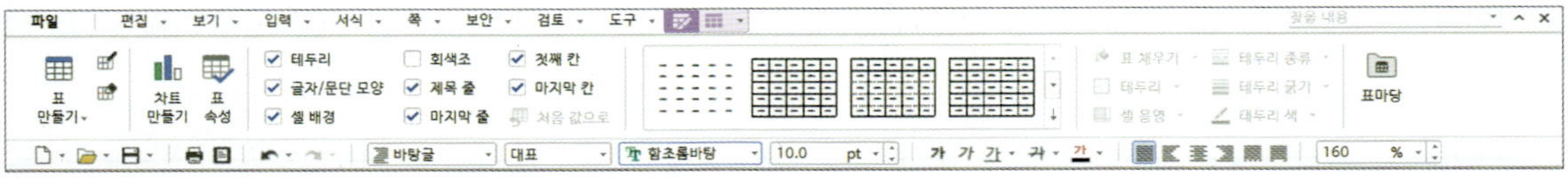

1.4.1 테두리

표의 테두리는 다양하게 지정할 수 있다. 테두리 색, 테두리 굵기, 테두리 종류를 '위', '아래', '왼쪽', '오른쪽' 자유롭게 지정할 수 있어 표의 테두리를 개성있게 표현할 수 있다.

테두리의 속성을 변경하는 방법은 [표 디자인] 탭의 [테두리], [테두리 종류], [테두리 굵기], [테두리 색]에서 설정할 수 있다.

테두리를 지정하려면 먼저 바꿀 테두리를 선택한 후 테두리 종류를 지정한다. 테두리는 11가지의 선 종류 중에서 선택할 수 있으며, 각각의 테두리 종류에 대하여 굵기와 색깔을 지정할 수 있다. 선 굵기는 목록 중에서 선택만 할 수 있고, 굵기의 값을 직접 입력해서 정할 수는 없다.

기본예제 19 표 테두리

표의 외곽선을 0.4mm 굵기로 지정하고, 첫 번째 줄의 아래쪽 테두리는 이중 실선으로, 파란색으로 색을 지정하시오. 마지막 줄의 위쪽 테두리는 얇고 굵은 이중선으로 지정하시오.

01 바깥쪽 테두리 표의 임의의 셀을 선택하고 F5를 세 번 눌러 표 전체를 블록 지정한다. [표 디자인] 탭–[테두리 굵기]에서 [0.4mm]를 선택한 후, [표 디자인] 탭–[테두리]에서 [바깥쪽 테두리]를 선택한다.

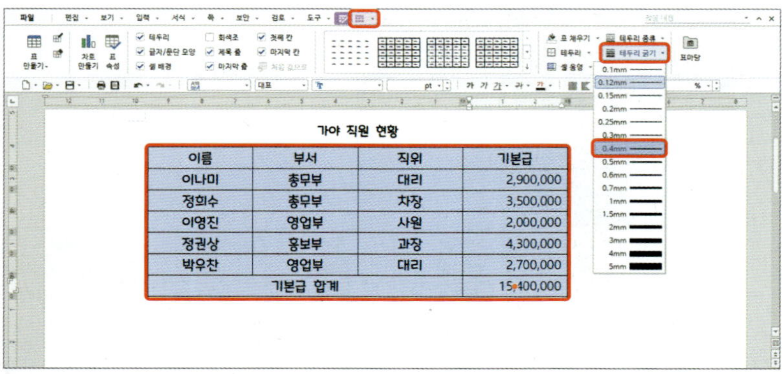

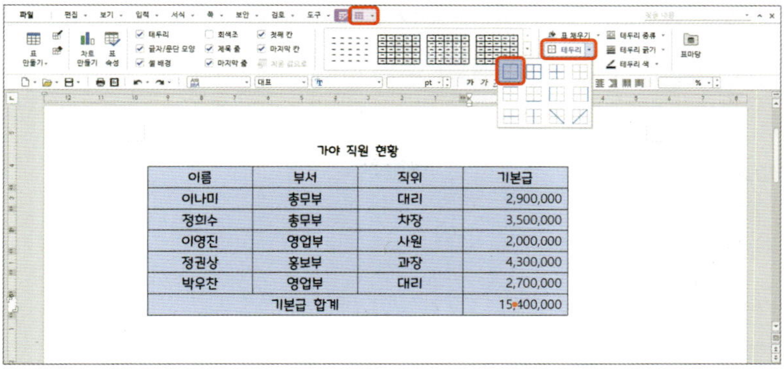

02 테두리 색 첫 번째 줄에 커서를 두고 F5와 F8을 차례로 눌러 한 줄을 블록 지정한다. [표 디자인] 탭–[테두리 종류]에서 '이중 실선'을 선택하고 [표 디자인] 탭–[테두리 색]에서 [파랑]을 선택한다.

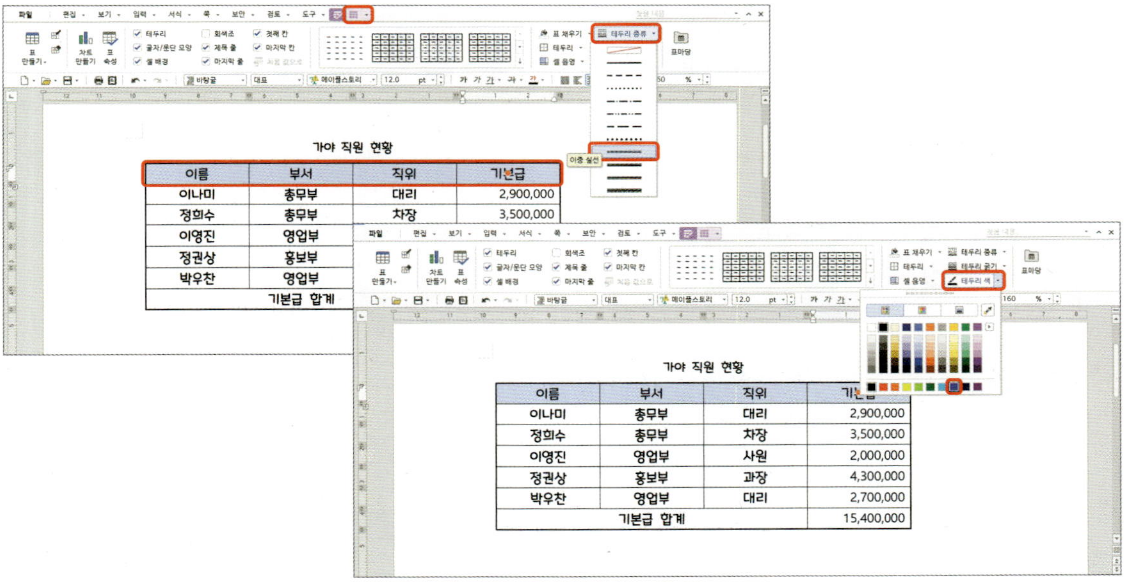

03 아래쪽 테두리 적용 [표 디자인] 탭–[테두리]에서 [아래쪽 테두리]를 선택하면 테두리가 적용된다.

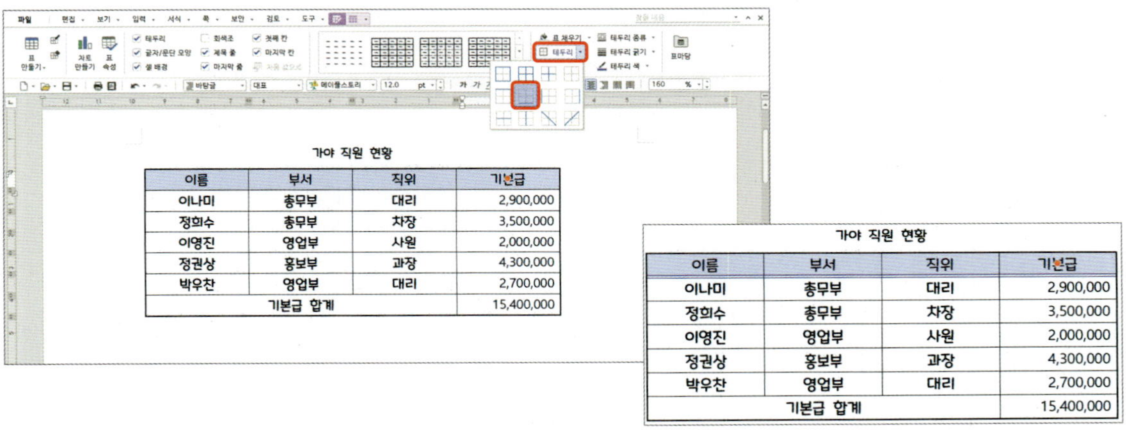

04 위쪽 테두리 마지막 줄에 커서를 두고 F5와 F8을 차례로 눌러 한 줄을 블록 지정한다. [표 디자인] 탭-[테두리 종류]에서 [얇고 굵은 이중선]을 선택하고, [표 디자인] 탭-[테두리]에서 [위쪽 테두리]를 선택하면 테두리가 적용된다.

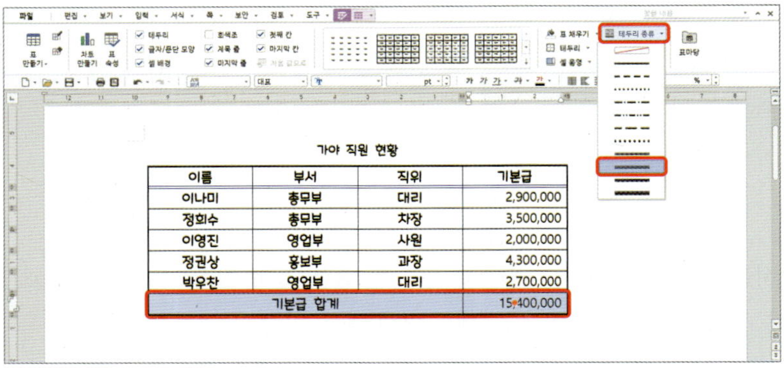

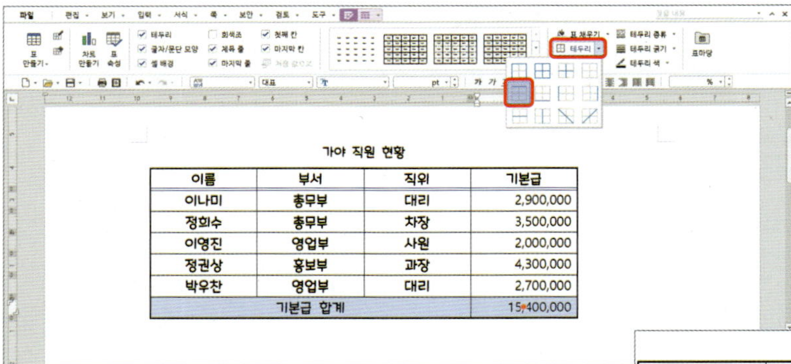

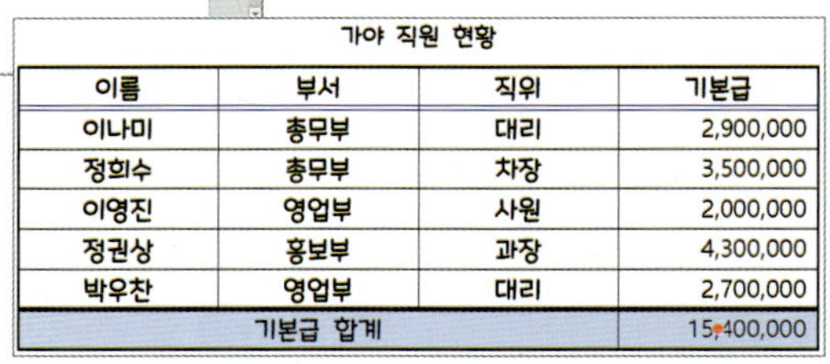

여기서 잠깐 테두리 지정

블록을 지정한 다음 L을 누르면 [셀 테두리/배경] 대화상자의 [테두리] 탭에서 테두리를 설정할 수 있다.

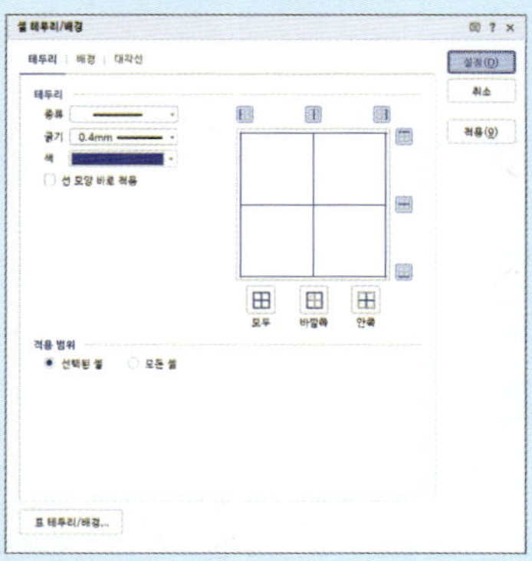

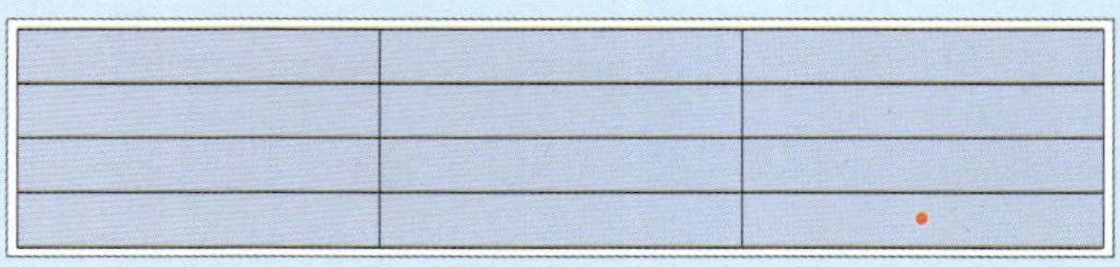

기본예제 20 표 삽입 및 레이아웃, 서식 지정

'표 예제' 파일의 표에서 첫 번째 줄에 '보라 80% 밝게' 배경 색을 채우시오. 마지막 줄에는 그러데이션 '물안개'를, 그리고 5번째 줄 첫 번째 칸에 '하향 대각선' 무늬를 적용하시오.

01 표 채우기 첫 번째 줄을 블록 지정하고 [표 디자인] 탭–[표 채우기]에서 [보라 80% 밝게]를 선택한다.

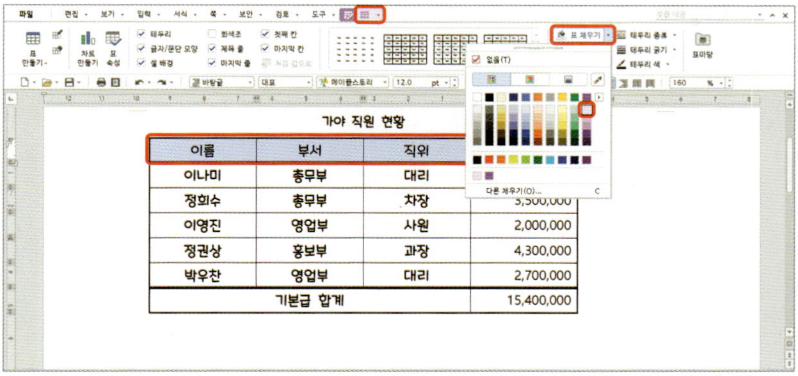

02 그러데이션 마지막 줄을 블록 지정하고 [표 디자인] 탭–[표 채우기]에서 [다른 채우기]를 선택한다. [셀 테두리/배경] 대화상자가 나타나면 [배경] 탭에서 [그러데이션]을 클릭하고, 유형에 [물안개]를 선택한 후 [설정]을 누른다.

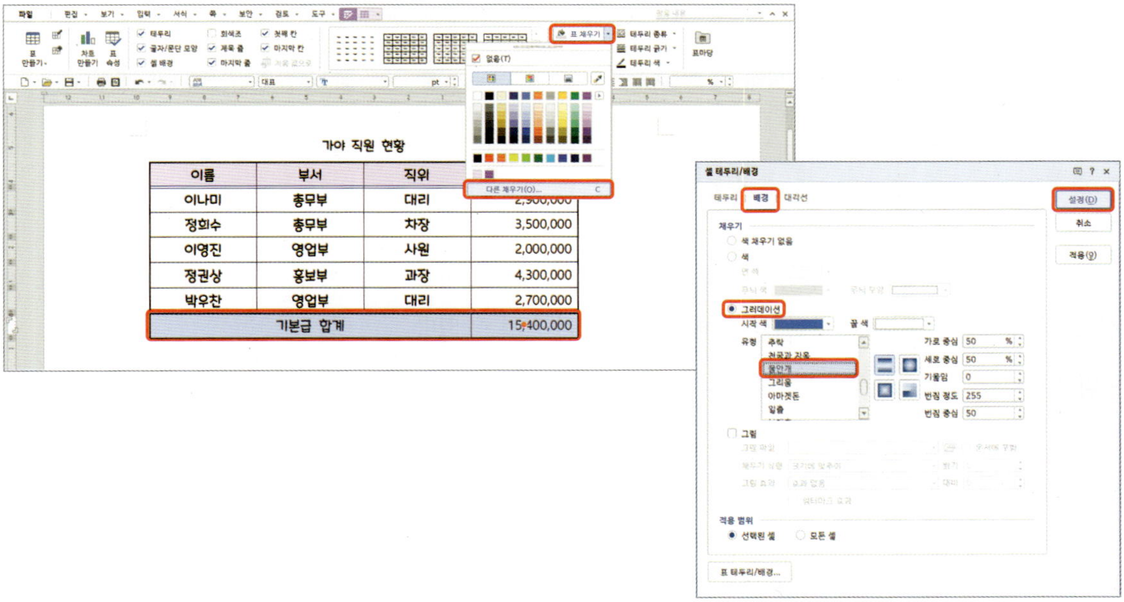

03 대각선 5줄의 첫 번째 칸을 블록 지정하고 [표 디자인] 탭–[표 채우기]에서 [다른 채우기]를 선택한다. [셀 테두리/배경] 대화상자가 나타나면 [배경] 탭에서 [색]을 클릭하고 무늬 모양에 [하향 대각선]을 선택한 후 [설정]을 누른다.

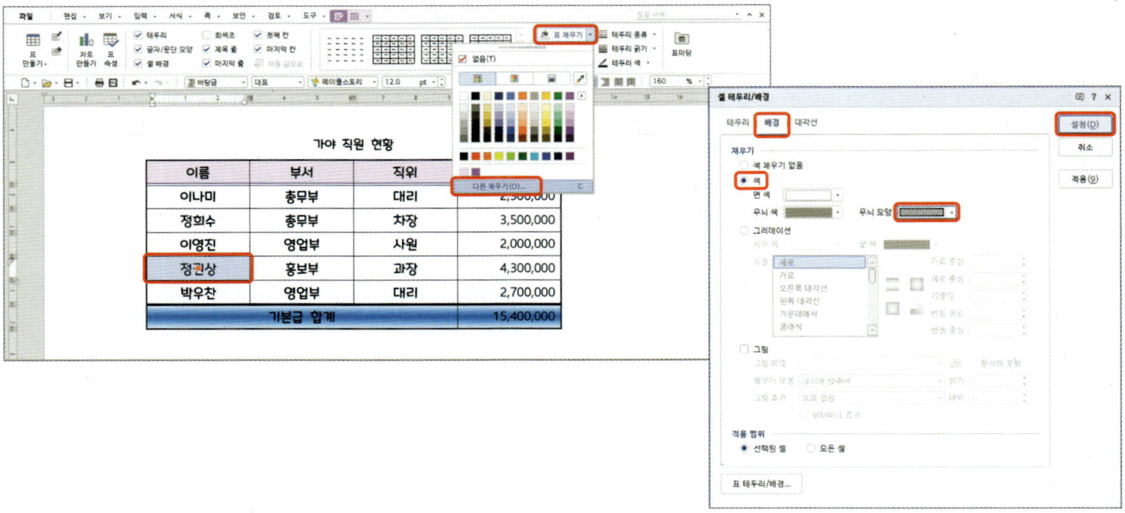

04 적용 5줄의 첫 번째 칸에 '하향 대각선' 무늬가 설정된다.

가야 직원 현황

이름	부서	직위	기본급
이나미	총무부	대리	2,900,000
정희수	총무부	차장	3,500,000
이영진	영업부	사원	2,000,000
정권상	홍보부	과장	4,300,000
박우찬	영업부	대리	2,700,000
기본급 합계			15,400,000

> **TIP** 셀의 배경을 지정하는 또 다른 방법은 블록을 지정한 후 키보드의 ⓒ를 누른다. [셀 테두리/배경] 대화상자의 [배경] 탭에서 면 색을 클릭한 다음 원하는 색상을 선택한다.

1.4.2 표 속성

본문에 삽입한 표의 크기와 위치, 여백과 캡션, 셀의 크기, 세로 정렬, 세로 쓰기 등을 설정할 수 있다. [표 디자인] 탭의 [표 속성]을 클릭하면 [표/셀 속성] 대화상자를 열 수 있다.

- **위치** 본문 내의 표의 위치는 [표/셀 속성] 대화상자의 [기본] 탭에 있는 [위치]에서 설정할 수 있다.
  [글자처럼 취급]은 표를 보통 글자와 같이 취급하여 문서 내에서 '왼쪽', '가운데', '오른쪽' 정렬을 할 수 있다.

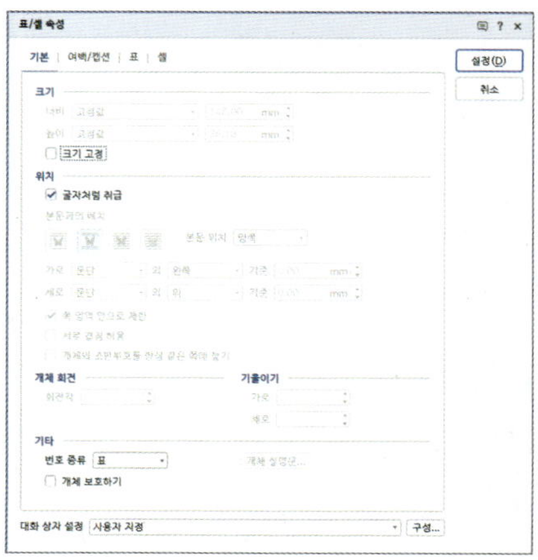

• **여백** 여백은 표의 바깥쪽 여백과 셀의 안쪽 여백으로 나눌 수 있는데 표의 바깥쪽 여백은 [표/셀 속성] 대화상자의 [여백/캡션] 탭에서, 표의 안쪽 여백은 [표/셀 속성] 대화상자의 [표] 탭에서 설정할 수 있다. 그리고 각 셀마다 다르게 지정하고 싶은 경우에는 원하는 셀을 블록 지정한 후 [표/셀 속성] 대화상자의 [셀] 탭에서 지정하면 된다.

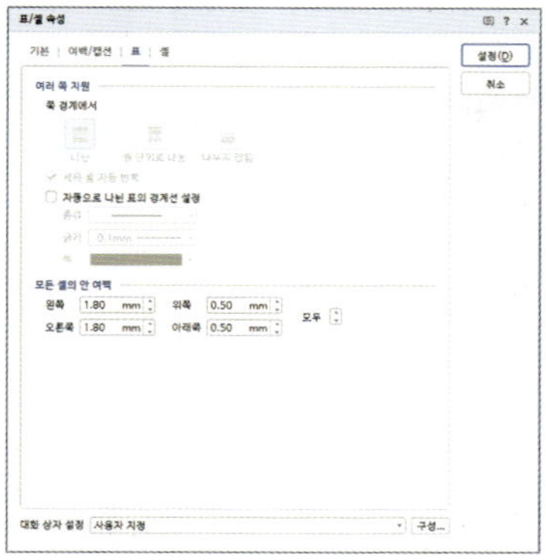

기본예제 21 표 배경

8줄 6칸의 표를 만들어 아래와 같이 시간표 표를 편집하시오. 글꼴 크기는 '11', 첫 줄과 첫 번째 칸의 글꼴 속성을 진하게 설정하시오. 표의 테두리의 굵기는 '0.4mm', 첫 줄의 아래쪽 테두리는 '이중 실선', 채우기는 '보라 80% 밝게'로 지정하시오. 캡션으로 『2021학년 1학기』를 입력하고 글꼴 크기 '11', '진하게'를 설정하고 '오른쪽 맞춤'으로 설정하시오. 나머지는 아래 표를 보고 알맞게 설정하시오.

2021학년 1학기

	월요일	**화요일**	**수요일**	**목요일**	**금요일**
9:00		파이썬	컴퓨팅사고와 코딩원리	파이썬	데이터 분석
10:00					
11:00					
12:00					데이터 분석
13:00			컴퓨팅사고와 코딩원리		
14:00	컴활_가			컴활_가	
15:00					
16:00					
17:00					

01 표 만들기 Ctrl+N+T를 눌러 줄 개수 "8", 칸 개수 "6", 글자처럼 취급을 선택하고 [만들기]를 누른다.

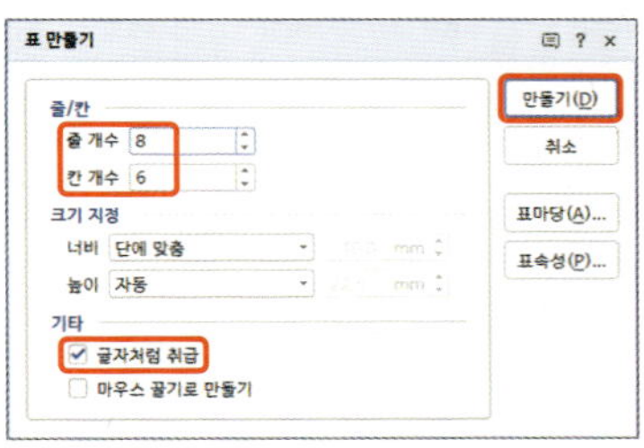

02 데이터 입력 첫 줄의 두 번째 칸과 세 번째 칸에 "월요일"과 "화요일"을 입력한다.

	월요일	화요일			

03 데이터 채우기 첫 줄의 첫 번째 칸을 제외한 나머지를 블록 지정한 후 A를 누르면 나머지 칸에 수요일부터 금요일까지 입력된다.

	월요일	화요일			

	월요일	화요일	수요일	목요일	금요일

04 데이터 채우기 첫 번째 칸의 두 번째 줄에 "9:00"를, 세 번째 줄에 "10:00"을 입력한다. 첫 번째 칸의 두 번째 줄부터 마지막 줄까지 블록 지정한 후 A를 눌러 연속된 데이터를 입력한다.

	월요일	화요일	수요일	목요일	금요일
9:00					
10:00					

	월요일	화요일	수요일	목요일	금요일
9:00					
10:00					
11:00					
12:00					
13:00					
14:00					
15:00					

05 줄 추가 마지막 줄에서 Ctrl+Enter를 눌러 두 줄을 추가한 후 데이터가 연속되게 입력한다.

	월요일	화요일	수요일	목요일	금요일
9:00					
10:00					
11:00					
12:00					
13:00					
14:00					
15:00					
16:00					
17:00					

04 셀 병합 두 번째 칸의 14:00–16:00 줄을 블록 지정하고 M을 눌러 세 줄을 병합하고 "컴활_가"를 입력한다.

	월요일	화요일	수요일	목요일	금요일
9:00					
10:00					
11:00					
12:00					
13:00					
14:00					
15:00					
16:00					
17:00					

	월요일	화요일	수요일	목요일	금요일
9:00					
10:00					
11:00					
12:00					
13:00					
14:00	컴활_가				
15:00					
16:00					
17:00					

05 셀 병합 같은 방법으로 오른쪽 표와 같이 병합하고 데이터를 입력한다.

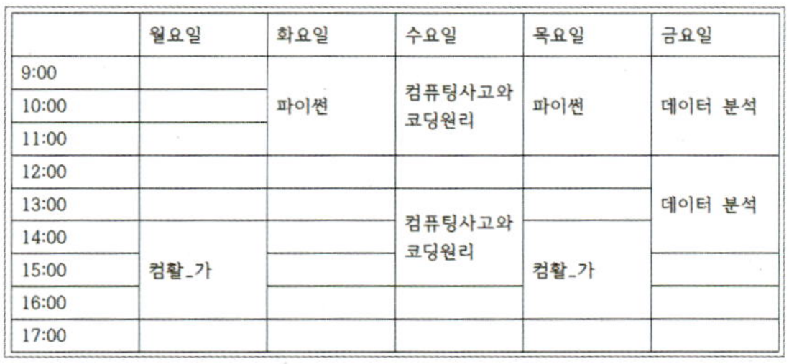

06 서식 F5를 세 번 눌러 표의 모든 셀을 블록 지정한 후 [서식 도구 모음]에서 글자 크기를 '11', [가운데 정렬]을 선택한다.

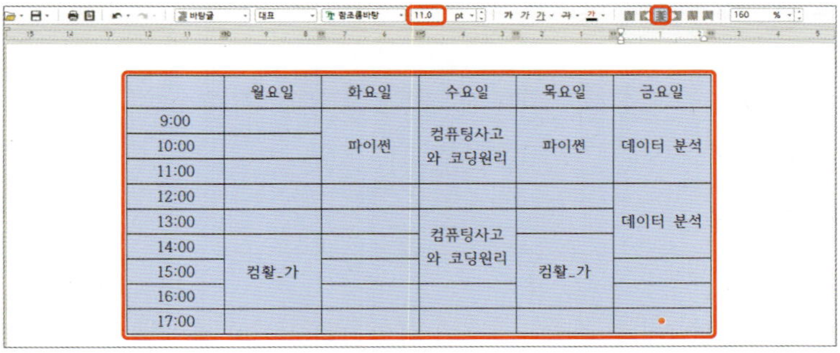

07 서식 첫 번째 줄과 첫 번째 칸을 블록 설정한 후 [서식 도구 모음]의 [진하게]를 클릭한다.

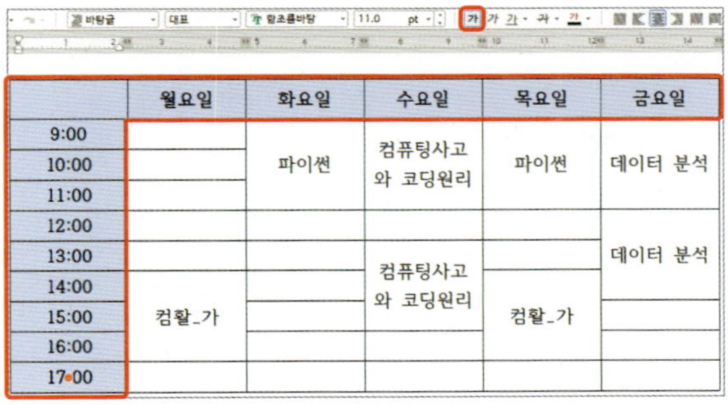

08 셀 테두리 F5를 세 번 눌러 표의 모든 셀을 블록 지정한 후 L을 누른다. [셀/테두리 배경]의 [테두리] 탭에서 굵기에 '0.4mm'를 선택하고 '바깥쪽'을 클릭한 후 [설정]을 누른다.

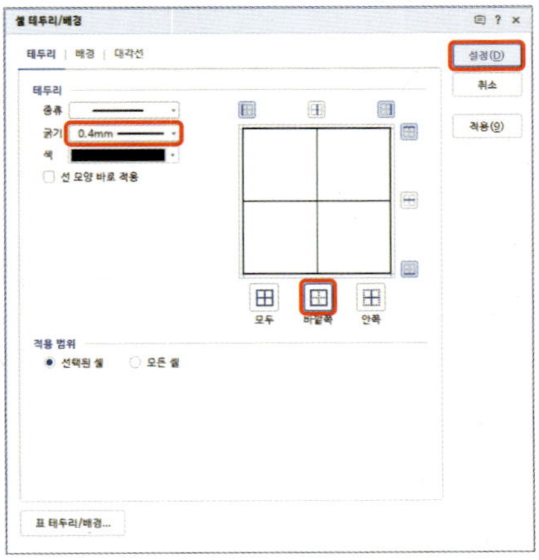

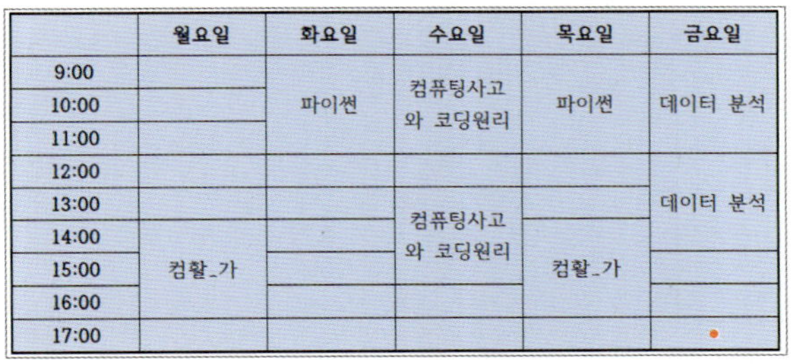

09 배경 첫 줄을 블록 지정한 후 L을 누른다. [셀/테두리 배경]의 [테두리] 탭에서 테두리 종류를 '이중 실선'을 선택하고 '아래쪽 테두리'를 클릭한 후 [배경] 탭을 선택한다.

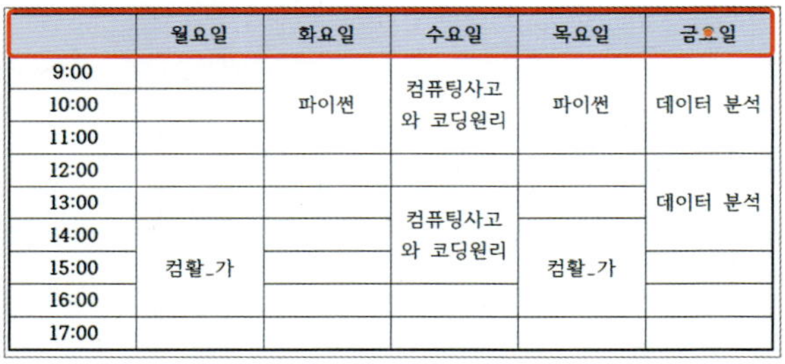

	월요일	화요일	수요일	목요일	금요일
9:00					
10:00		파이썬	컴퓨팅사고와 코딩원리	파이썬	데이터 분석
11:00					
12:00					
13:00					데이터 분석
14:00			컴퓨팅사고와 코딩원리		
15:00	컴활_가			컴활_가	
16:00					
17:00					

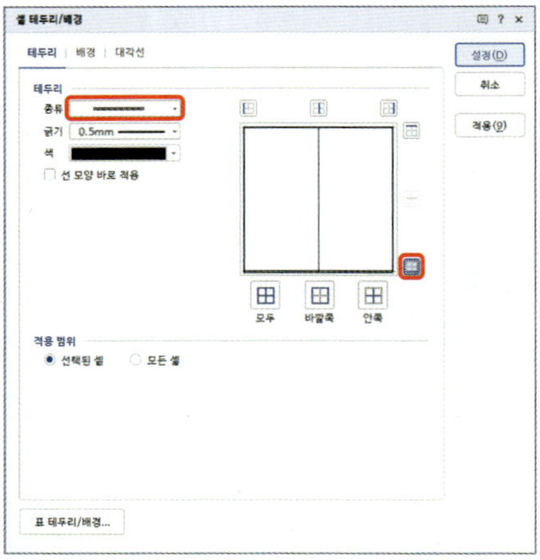

10 배경 색 [배경] 탭에서 채우기 색을 클릭하고 면 색에 '보라, 80% 밝게'를 선택한 후 [설정]을 누른다.

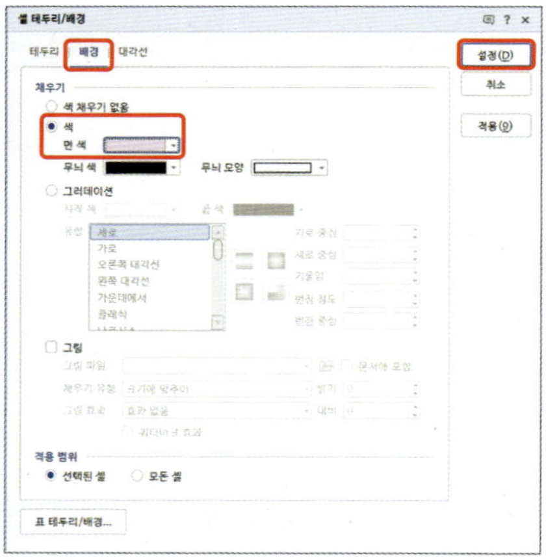

11 캡션 삽입 표의 임의의 셀을 선택하고 [표 레이아웃] 탭–[캡션]의 [위]를 클릭한다.

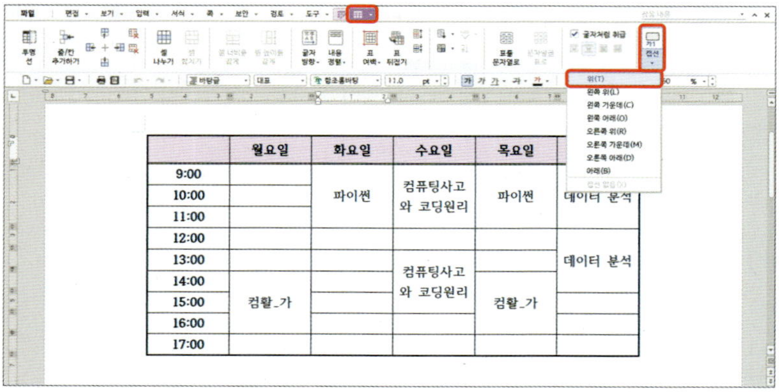

12 캡션 내용 입력 번호를 지우고 "2021학년 1학기"를 입력한다.

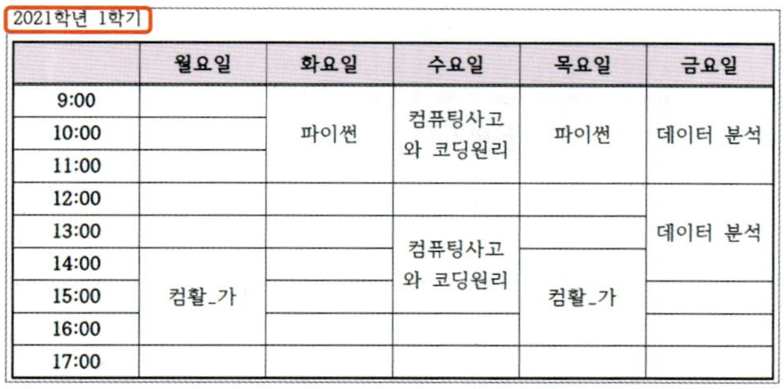

2021학년 1학기

	월요일	화요일	수요일	목요일	금요일
9:00		파이썬	컴퓨팅사고와 코딩원리	파이썬	데이터 분석
10:00					
11:00					
12:00					
13:00			컴퓨팅사고와 코딩원리		데이터 분석
14:00	컴활_가			컴활_가	
15:00					
16:00					
17:00					

13 캡션 서식 글꼴 크기를 '11', 속성을 '진하게', '오른쪽 정렬'을 설정한다.

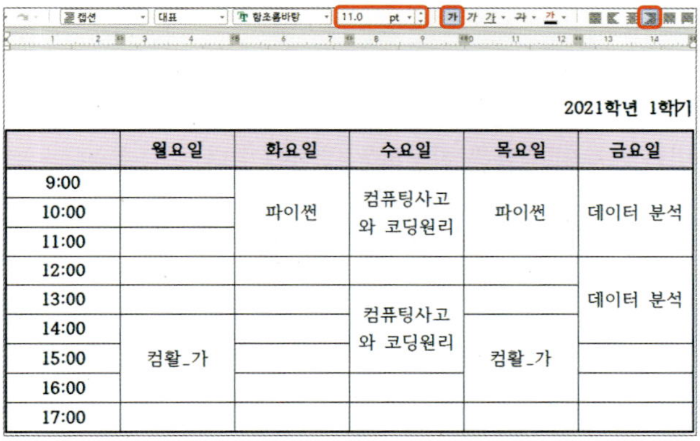

2021학년 1학기

	월요일	화요일	수요일	목요일	금요일
9:00		파이썬	컴퓨팅사고와 코딩원리	파이썬	데이터 분석
10:00					
11:00					
12:00					
13:00			컴퓨팅사고와 코딩원리		데이터 분석
14:00	컴활_가			컴활_가	
15:00					
16:00					
17:00					

SECTION 02

차트 삽입과 및 편집하기

차트는 자료의 변화를 한눈에 알아보기 쉽게 데이터를 그래프 형식으로 만드는 기능이다. 차트를 만드는 방법과 편집 방법, 차트의 구성요소에 대해 살펴보도록 한다.

2.1 차트 삽입

차트를 만드는 방법은 표의 데이터를 이용하는 방법과 차트의 메뉴를 이용하는 방법이 있다.

첫 번째, 표를 이용한 차트 삽입은 차트 데이터로 사용될 표의 데이터를 블록으로 지정한 후 [표 디자인] 탭–[차트 만들기]를 클릭한다.

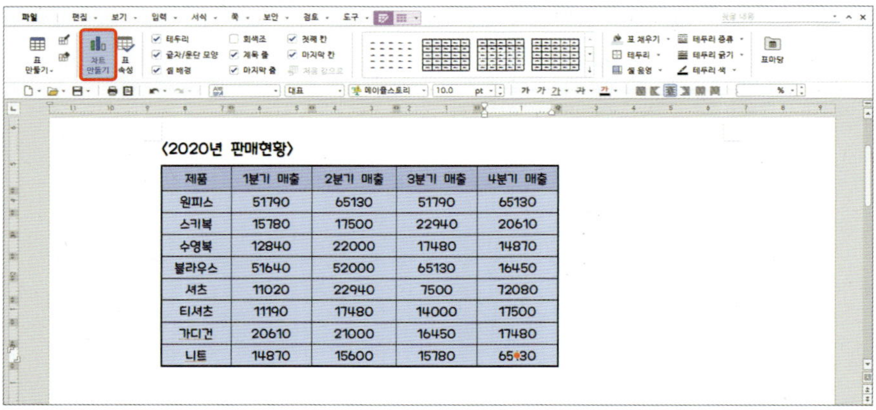
〈2020년 판매현황〉

제품	1분기 매출	2분기 매출	3분기 매출	4분기 매출
원피스	51790	65130	51790	65130
스키복	15780	17500	22940	20610
수영복	12840	22000	17480	14870
블라우스	51640	52000	65130	16450
셔츠	11020	22940	7500	72080
티셔츠	11190	17480	14000	17500
가디건	20610	21000	16450	17480
니트	14870	15600	15780	65130

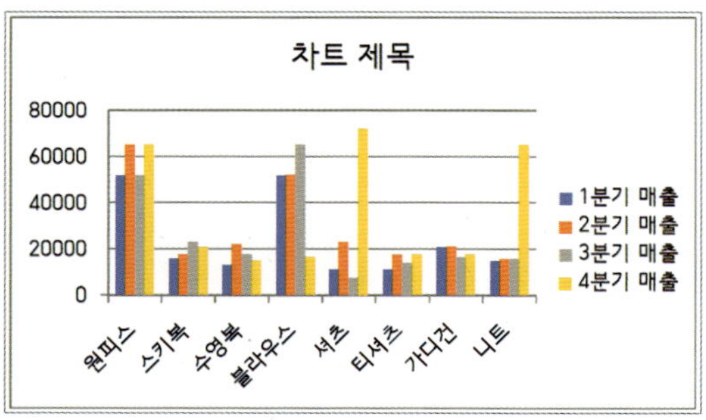

두 번째 차트 메뉴를 이용해 차트를 만드는 방법은 [입력] 탭–[차트]에서 원하는 차트 종류를 선택해 차트를 만든 후 차트 데이터를 수정하면 된다.

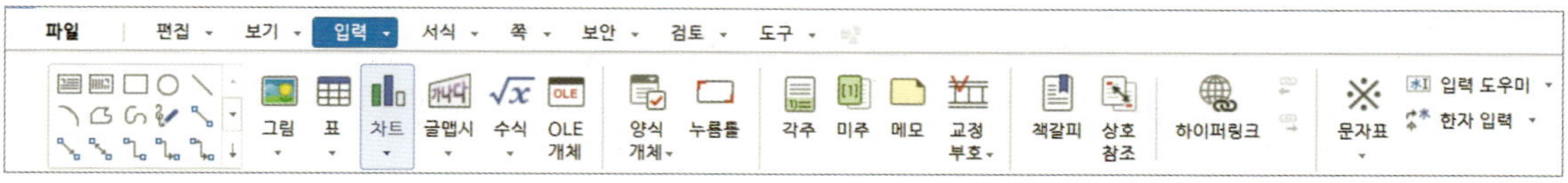

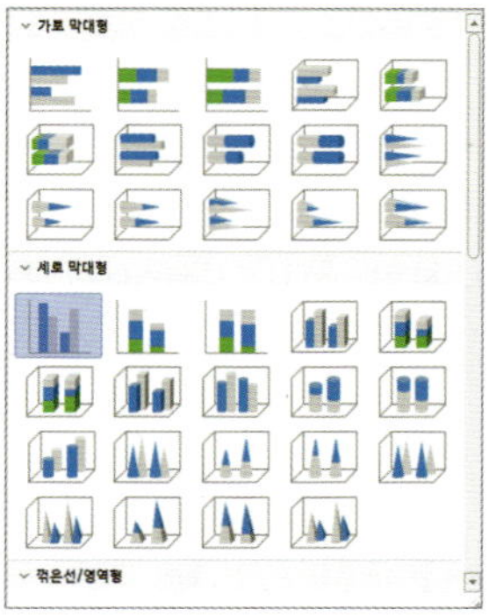

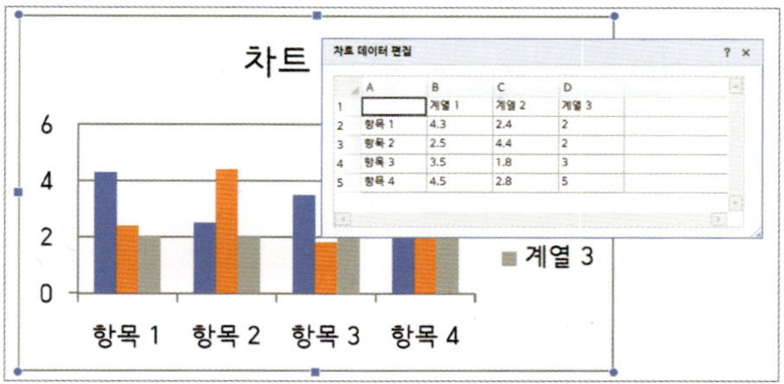

2.2 차트 구성요소

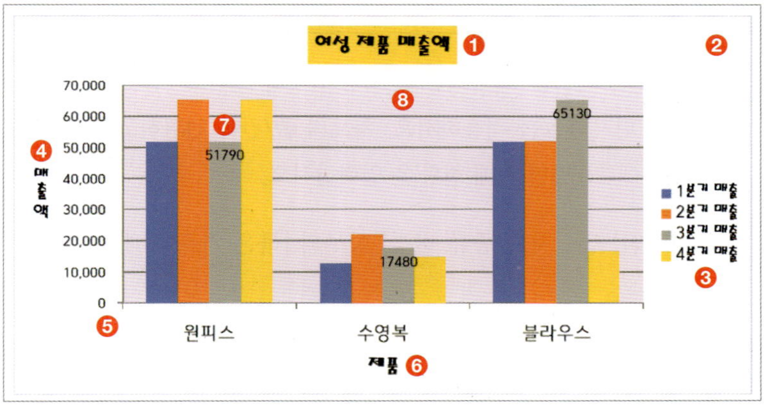

❶ **차트 제목** 차트 제목을 표시합니다. 글꼴, 글자 크기 및 색 등 글자 속성을 바꿀 수 있다.

❷ **차트 영역** 차트의 축과 계열, 차트 제목 등 차트의 모든 영역을 포함한 차트 전체 영역

❸ **범례** 범례 표시 여부 및 표시 위치를 설정한다. 글꼴, 글자 크기 및 색 등 글자 속성을 바꿀 수 있다.

❹ **세로(값) 축 제목** 세로 축 제목을 표시한다. 글꼴, 글자 크기 및 색 등 글자 속성을 바꿀 수 있다.

❺ **축** 세로(값) 축과 가로(항목) 축 사용 여부를 설정한다.

❻ **가로(항목) 축 제목** 가로 축 제목을 표시한다. 글꼴, 글자 크기 및 색 등 글자 속성을 바꿀 수 있다.

❼ **데이터 레이블** 데이터 레이블 표시 여부를 설정하며, 값, 항목 이름, 계열 이름을 표시할 수 있다.

❽ **그림 영역** 차트 계열의 그림을 표시하는 영역을 뜻한다.

❾ **차트 계열** 차트에 표시된 계열을 의미하며 범례를 그래프(그림)으로 표시한 것을 의미한다.

2.3 차트 편집

차트를 편집하려면 차트를 선택하고 [차트 디자인] 탭과 [차트 서식] 탭에서 수정할 수 있다. [차트 디자인]과 [차트 서식] 탭에서 수정할 수 있는 차트 요소들에 대해 살펴보자.

2.3.1 차트 디자인 탭

[차트 디자인] 탭은 차트를 입력하고 편집하는 데 필요한 기능들을 아이콘 모양으로 만들어 모아 놓은 곳이다. [차트 디자인] 탭을 이용하면 차트 종류, 차트의 구성요소 추가, 차트 레이아웃 설정, 차트 스타일 설정, 줄/칸 전환, 데이터 편집 등 속성을 바꿀 수 있다.

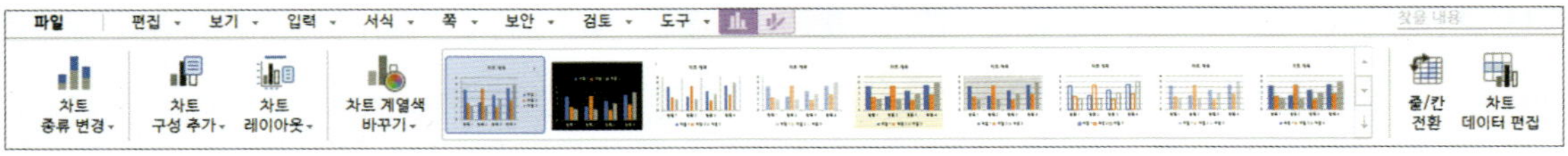

기본예제 22 차트 변경

차트를 [묶은 가로 막대형]으로 변경하고 가로 축 제목을 '매출액'으로 지정하시오. 그리고 차트 레이아웃 8을 지정하고 범례를 차트 아래쪽에 추가한 후 '디자인 9'를 적용하시오. 차트의 줄/칸을 전환하고 차트 종류를 '묶은 세로 막대형'으로 변경한 후 차트 제목에 '2020년 판매 현황'을 입력하시오.

01 차트 선택 차트를 클릭하고 [차트 디자인] 탭–[차트 종류 변경] 항목의 [묶은 가로 막대형]을 선택한다.

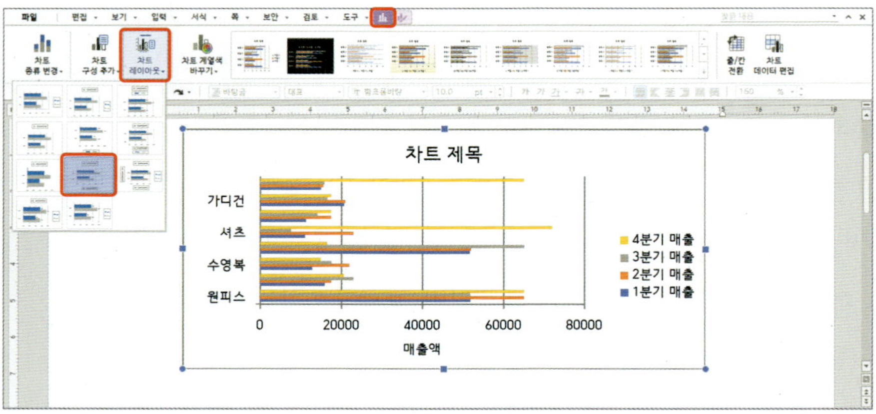

02 축 제목 차트를 클릭하고 [차트 디자인] 탭–[차트 구성 추가] 항목의 [축 제목]–[기본 가로]를 선택한다. 차트의 축 제목의 바로 가기 메뉴에서 [제목 편집]을 클릭한다.

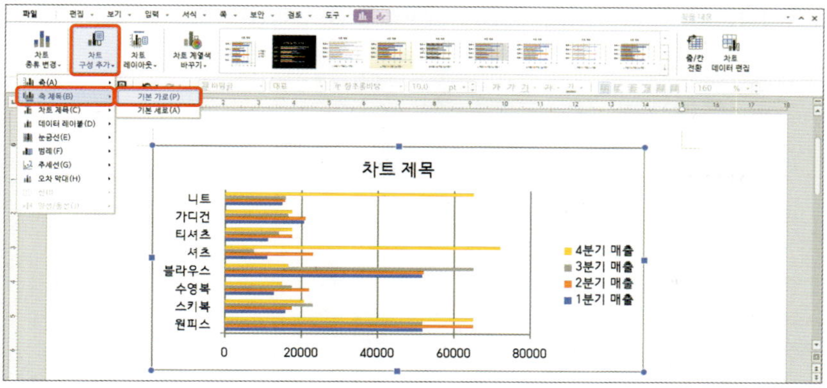

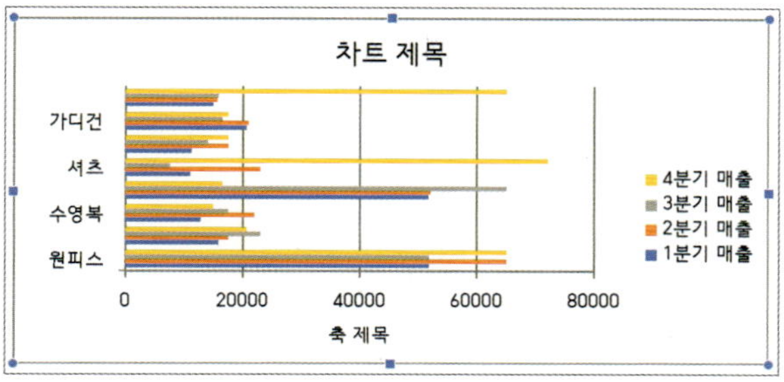

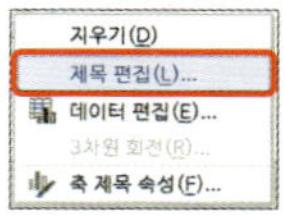

03 축 제목 수정 [차트 글자 모양] 대화상자에서 글자 내용에 "매출액"을 입력하고, 한글 글꼴에 '새굴림'을 선택한 후 [설정]을 누른다.

04 레이아웃 차트를 클릭하고 [차트 디자인] 탭–[차트 레이아웃] 항목의 [레이아웃 8]을 선택한다.

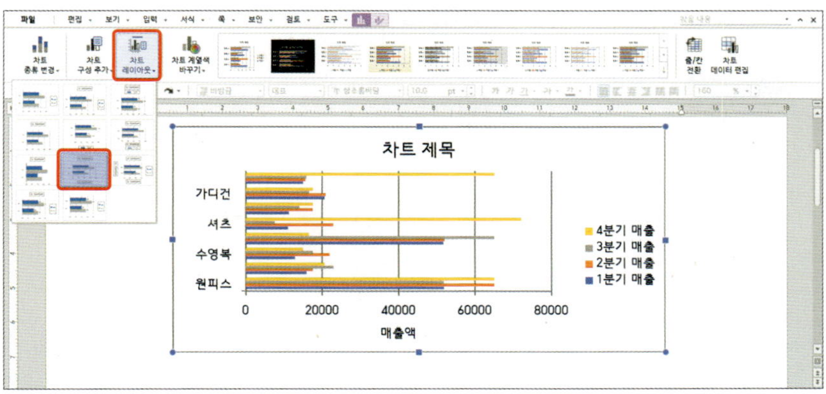

05 범례 위치 [차트 디자인] 탭–[차트 구성 추가] 항목의 [범례]–[아래쪽]을 선택한다.

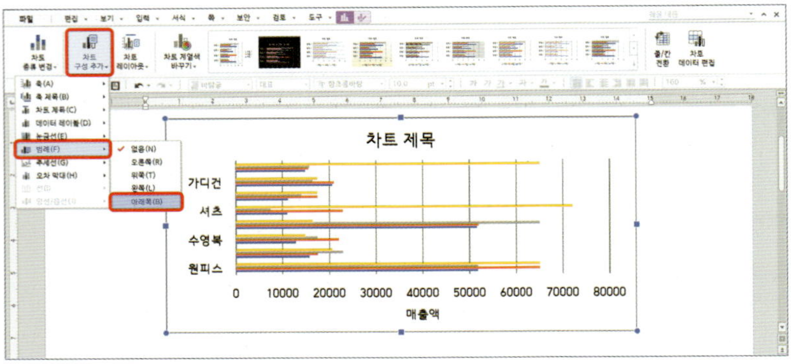

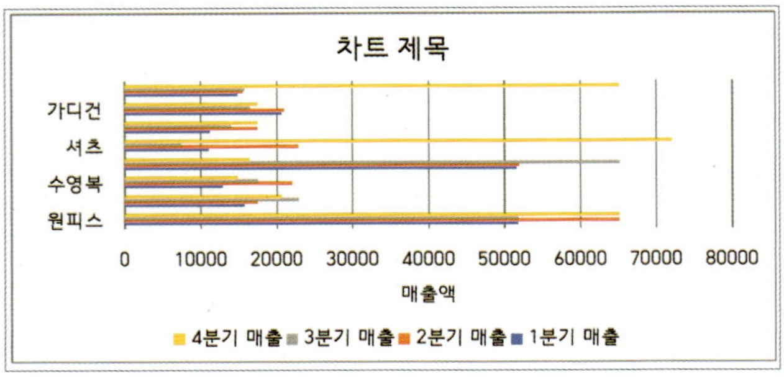

06 차트 디자인 차트를 클릭하고 [차트 디자인] 탭–[디자인 9]를 선택한다.

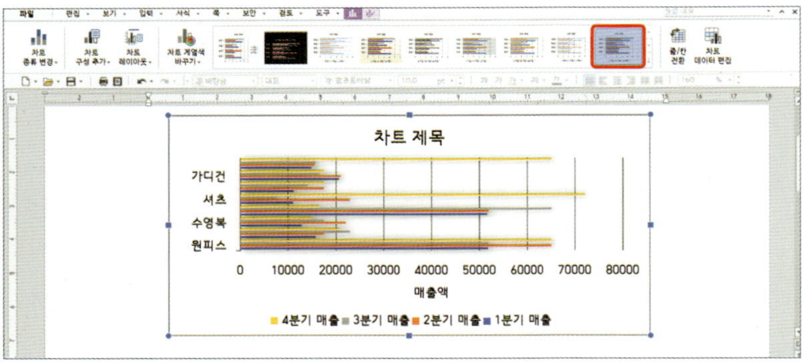

07 줄/칸 전환 차트를 클릭하고 [차트 디자인] 탭–[줄/칸 전환]을 클릭한다.

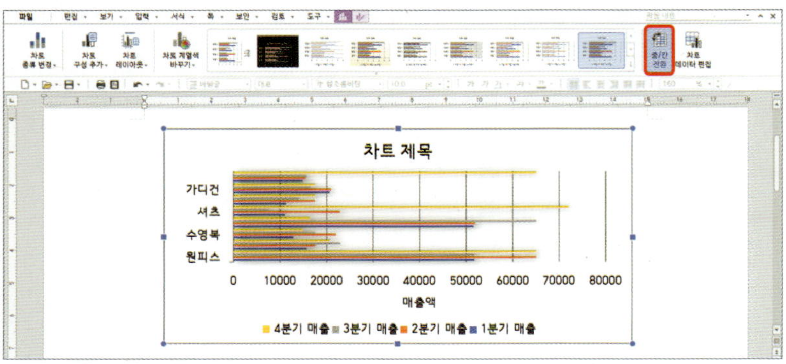

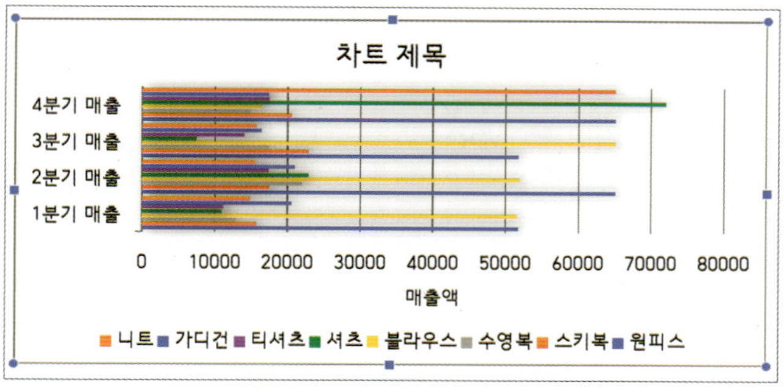

08 차트 종류 변경 [차트 디자인] 탭–[차트 종류 변경] 항목의 [묶은 세로 막대형]을 선택한다.

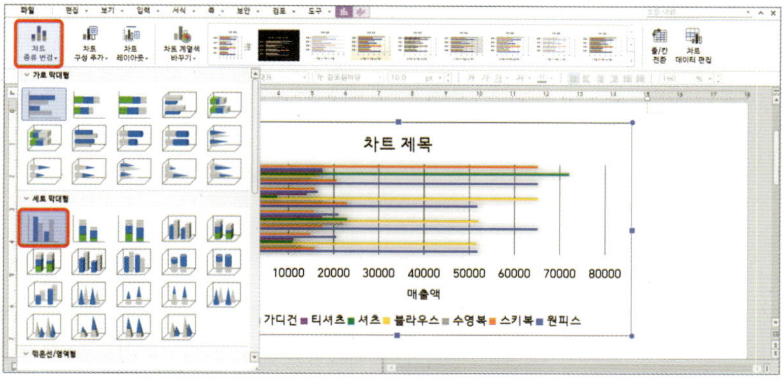

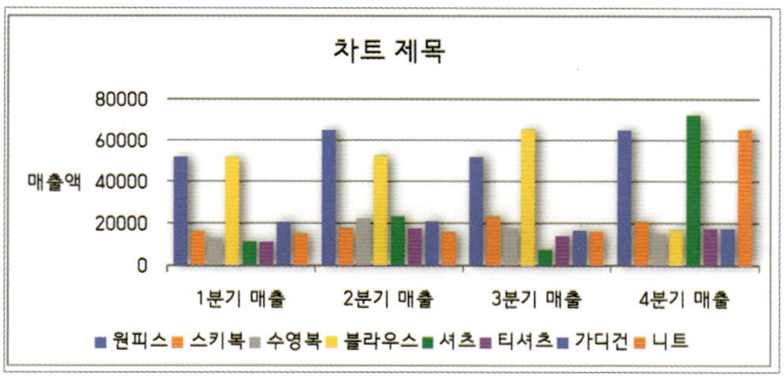

09 차트 제목 편집 [차트 제목]의 바로 가기 메뉴에서 [제목 편집]을 클릭한다. [차트 글자 모양] 대화상자의 글자 내용에 "2020년 판매 현황"을 입력하고 [설정]을 누른다.

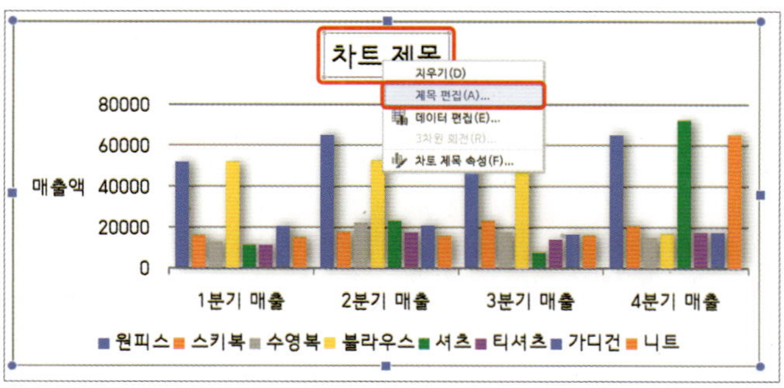

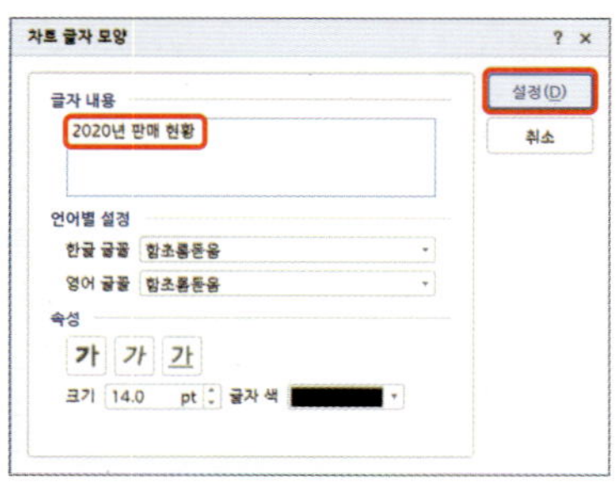

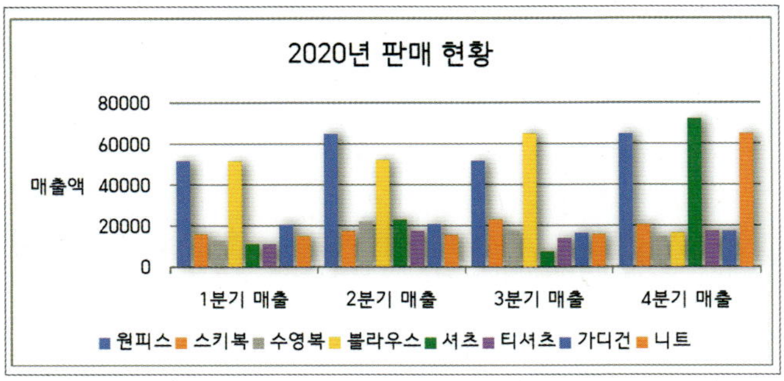

2.3.2 차트 서식 탭

[차트 서식] 탭은 차트 속성 중 차트 서식, 도형 스타일, 글자 스타일, 차트 크기, 위치, 정렬, 회전, 효과 등 다양한 차트 속성을 바꿀 수 있다.

기본예제 23 차트 서식

차트를 글자처럼 취급하고 문서의 가운데 정렬하시오.

01 글자처럼 취급 차트를 선택하고 [차트 서식] 탭–[글자처럼 취급]에 체크 표시한다. 차트 바깥쪽에 커서를 두고 [서식 도구 모음]의 [가운데 정렬]을 클릭한다.

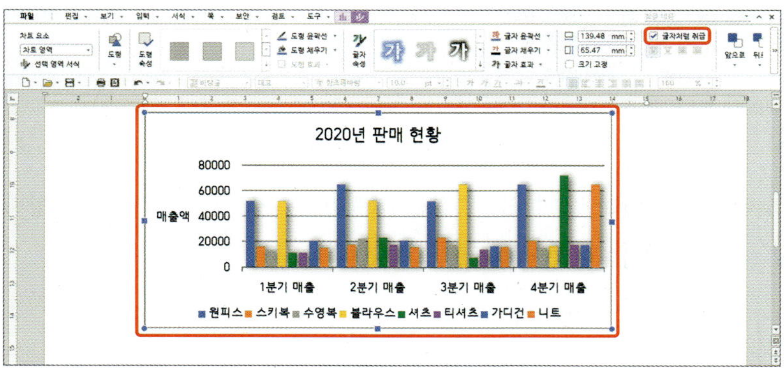

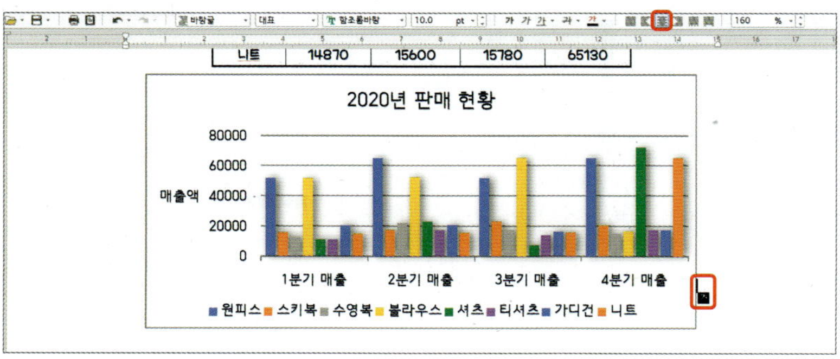

기본예제 24 차트 삽입 및 레이아웃, 서식 지정

사원들의 판매점수와 평가 점수를 이용하여 차트를 만드시오. 평가 점수를 '표식이 있는 꺾은선형'으로 수정하시오. 가로 축 제목을 '사원명', 세로 축 제목을 '점수', 차트 제목을 '승진 대상 직원의 점수'로 입력하고 글꼴 크기 '14', 글꼴 '휴먼 매직체', 속성 '진하게'를 적용하시오. 차트를 '스타일 5', 세로 축 속성은 최소값 '0', 최대값 '120', 주 단위 '30'으로 설정하시오. 차트의 크기를 너비 '130mm', 높이 '80mm'로 설정하고 '글자처럼 취급'을 지정하시오.

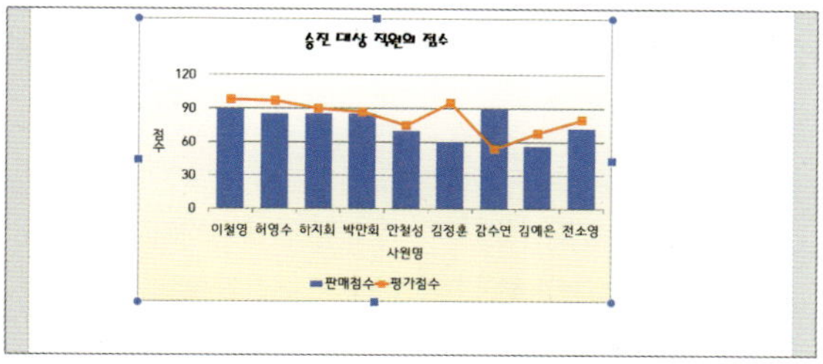

01 차트 만들기 표의 성명부터 판매점수와 평가점수 칸을 모두 선택한 후 [표 디자인] 탭– [차트 만들기]를 클릭한다.

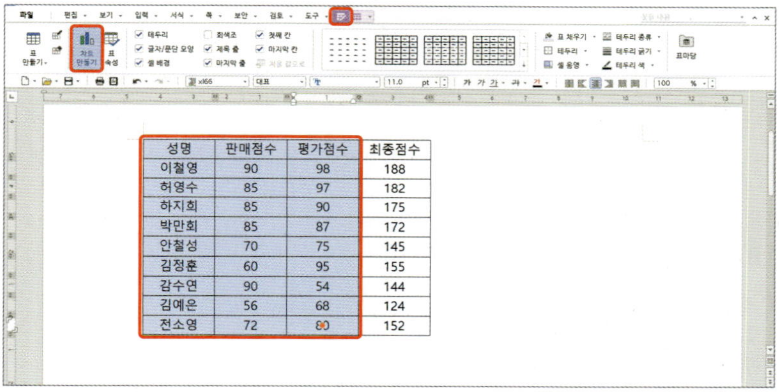

성명	판매점수	평가점수	최종점수
이철영	90	98	188
허영수	85	97	182
하지희	85	90	175
박만희	85	87	172
안철성	70	75	145
김정훈	60	95	155
감수연	90	54	144
김예은	56	68	124
전소영	72	80	152

02 차트 종류 선택 [차트 데이터 입력] 창을 닫고 차트의 평가점수 계열을 선택한 후 [차트 디자인] 탭– [차트 종류 변경]–[꺾은선/영역형]–[표식이 있는 꺾은선형]을 선택한다.

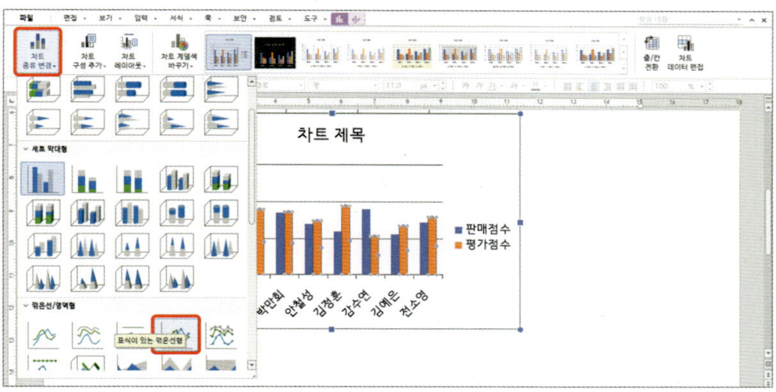

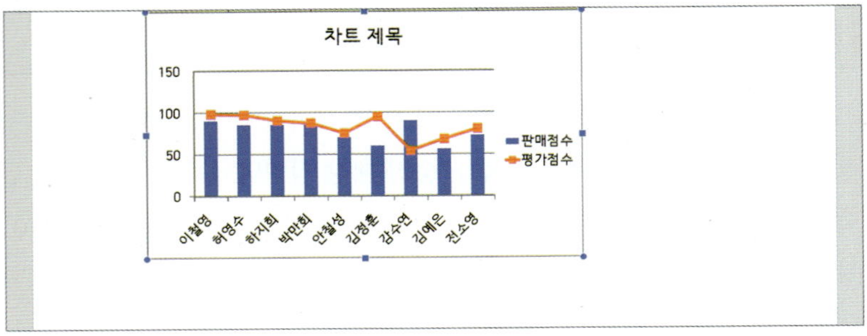

03 가로 축 제목 삽입 [차트 디자인] 탭– [차트 구성 추가]–[축 제목]–[기본 가로]를 선택한다. 축 제목의 바로 가기 메뉴에서 [제목 편집]을 클릭한다.

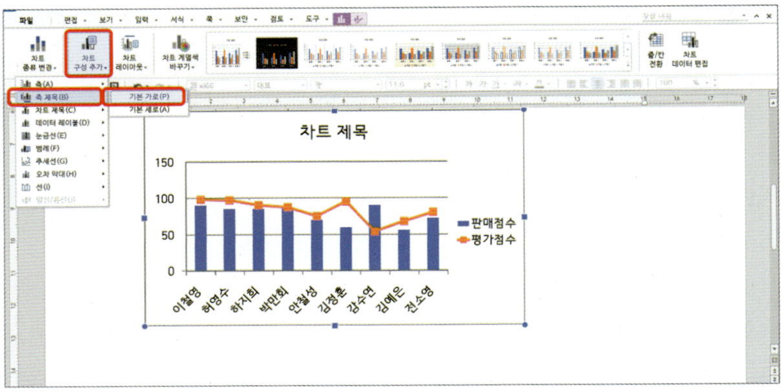

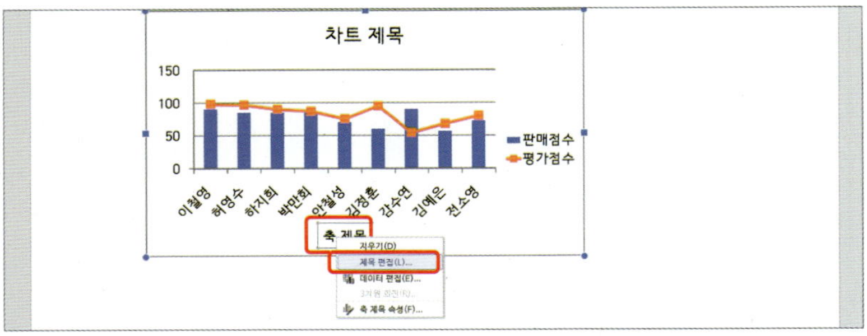

04 축 제목 변경 [차트 글자 모양] 대화상자의 글자 내용에 "사원명"을 입력하고 [설정]을 누른다.

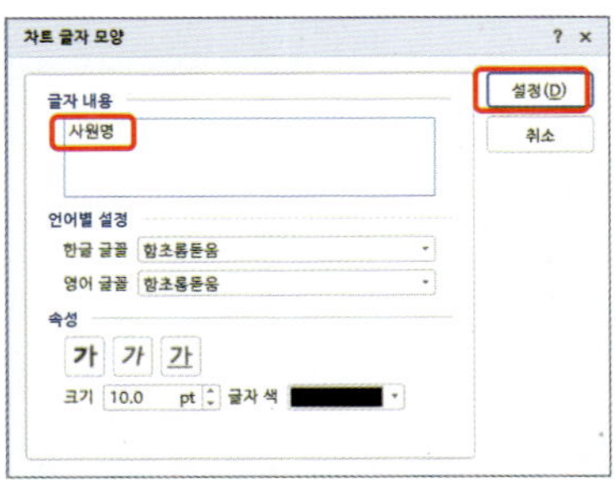

05 세로 축 제목 삽입 [차트 디자인] 탭– [차트 구성 추가]–[축 제목]–[기본 세로]를 선택한다. 축 제목의 바로 가기 메뉴에서 [제목 편집]을 클릭한다.

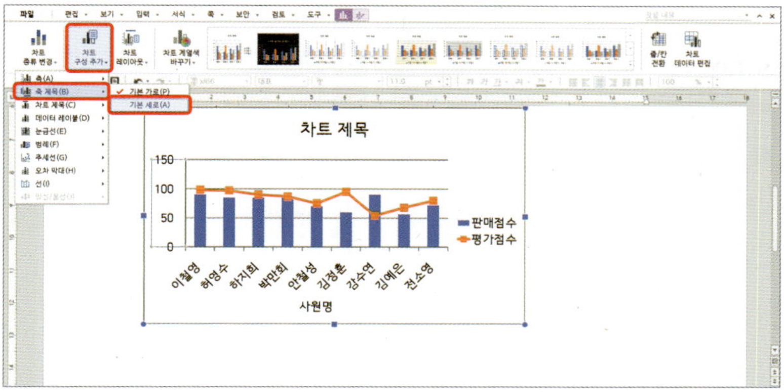

06 축 제목 변경 [차트 글자 모양] 대화상자의 글자 내용에 “점수”를 입력하고 [설정]을 누른다. 글자가 누워있으므로 글자를 더블 클릭하여 [개체 속성] 창을 열어 글상자에서 글자 방향을 ‘세로’를 선택한다.

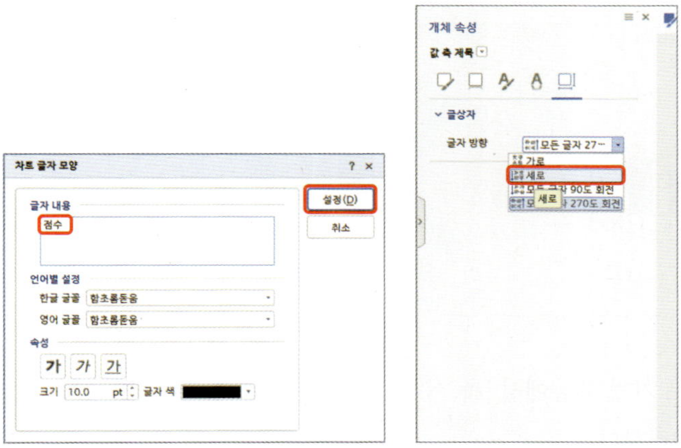

07 차트 스타일 [차트 디자인] 탭–[스타일 5]를 클릭하여 스타일을 지정한다.

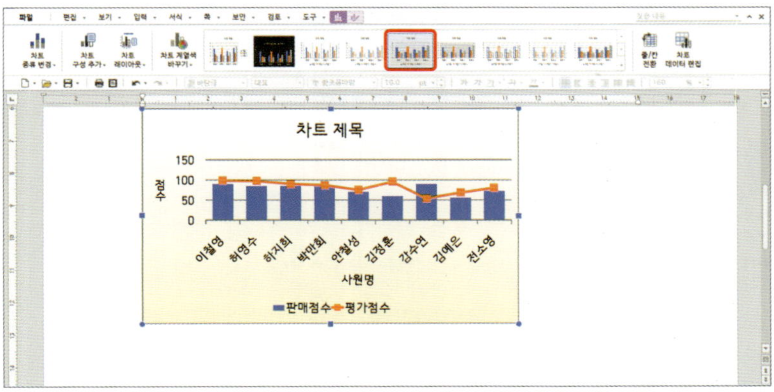

08 차트 제목 수정 차트 제목의 바로 가기 메뉴에서 [제목 편집]을 클릭한다. [차트 글자 모양] 대화상자의 글자 내용에 "승진 대상 직원의 점수"를 입력하고 한글 글꼴에 '휴먼매직체' 속성에 '진하게' 크기 '14'를 지정한 후 [설정]을 누른다.

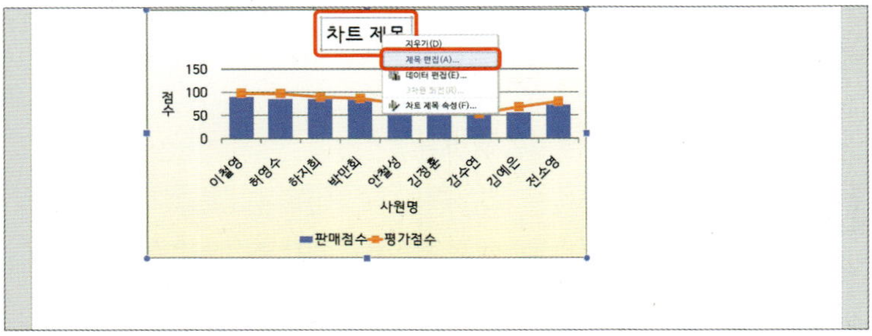
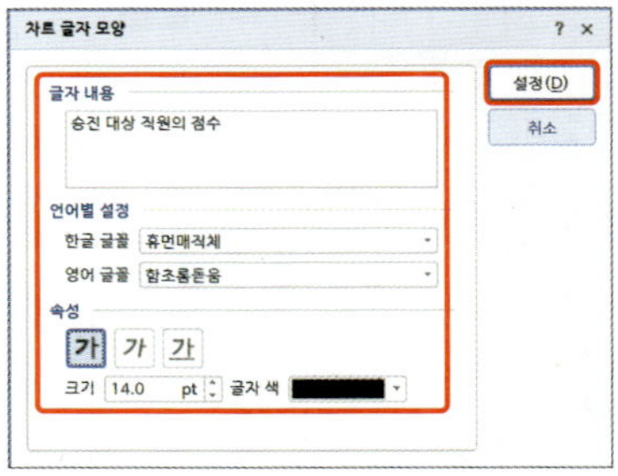

09 차트 크기 설정 [차트 서식] 탭의 너비에 "130"을 높이에 "80"을 입력하고 글차처럼 취급에 체크 표시한다.

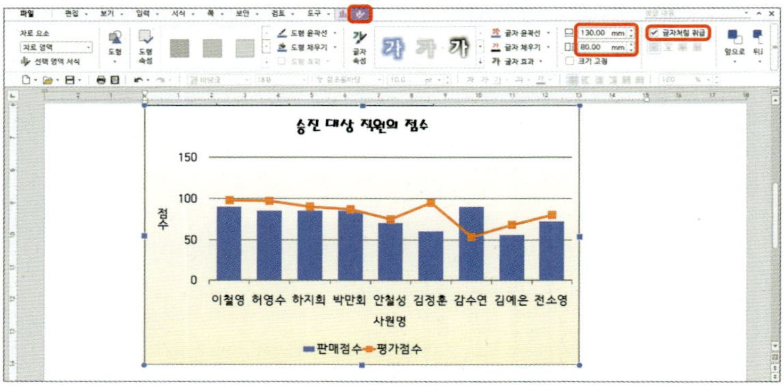

10 축 서식 축을 지정하기 위해 축 값의 바로 가기 메뉴에서 [축 서식]을 선택한다. [축 속성] 창에서 최솟값에 "0", 최댓값에 "120", 주 단위에 "30"을 입력한다.

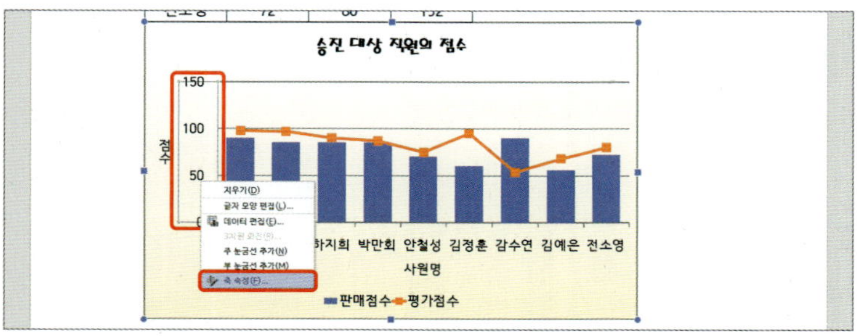
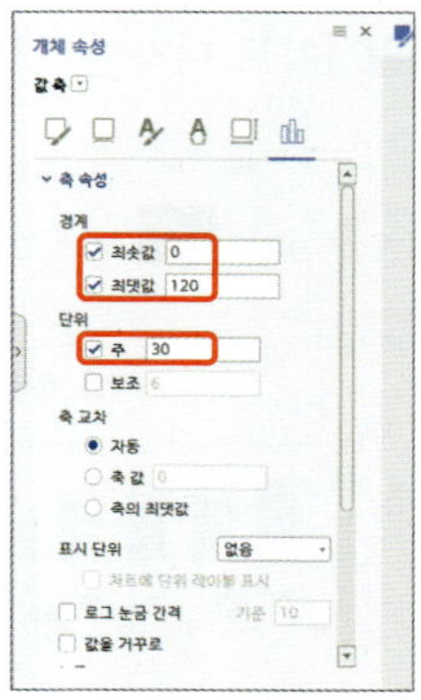

SECTION 03

스타일 만들기 및 편집하기

자주 사용하는 글자 모양이나 문단 모양을 미리 정해 놓고 쓰는 것을 '스타일(styles)'이라고 한다. 스타일을 만들어 놓으면 필요할 때 그 스타일을 선택하는 것만으로 해당 문단의 글자 모양과 문단 모양을 한꺼번에 바꿀 수 있다. 스타일은 단순히 글자 모양이나 문단 모양을 간편하게 선택하기 위해서라기보다는, 긴 글에 대하여 일관성 있는 문단 모양을 유지하면서 편집 작업을 하는 데 꼭 필요한 기능이다.

새 스타일을 추가하는 방법과 기존 스타일을 편집하는 방법, 다른 문서의 스타일을 복사하는 방법에 대해 알아보도록 한다.

3.1 새 스타일 추가하기

새 스타일을 추가하는 방법은 [서식] 탭-[스타일]을 클릭하고 [스타일] 대화상자의 왼쪽 하단의 스타일 추가하기(+)를 선택한다. [스타일 추가하기] 대화상자에서 [스타일] 이름을 입력하고, [스타일 종류]를 지정한 후, [문단 모양], [글자 모양], [글머리표/문단 번호] 등을 설정한 후 [추가]를 누른다.

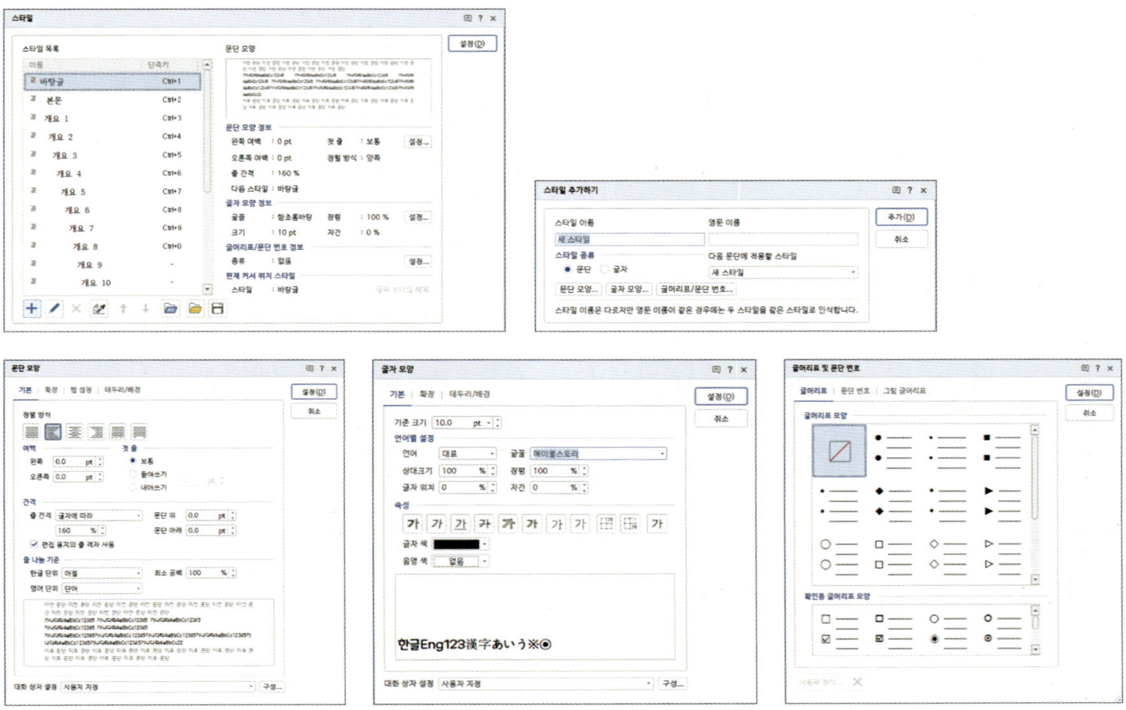

TIP F6을 누르면 [스타일] 대화상자가 화면에 나타나 새 스타일을 추가할 수 있다.

쓰임새없는 스타일을 스타일 목록에서 삭제하는 방법은 [서식] 탭 – [스타일]을 클릭하고 [스타일] 대화상자의 스타일 목록에서 삭제할 스타일을 선택하고 왼쪽 하단의 [스타일 삭제하기](×)를 누르면 스타일이 삭제된다.

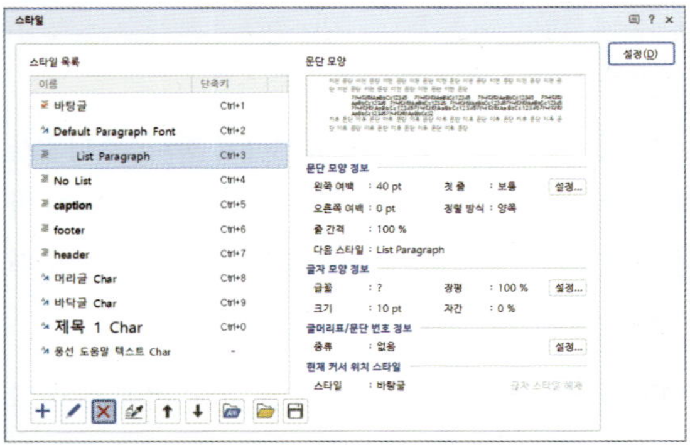

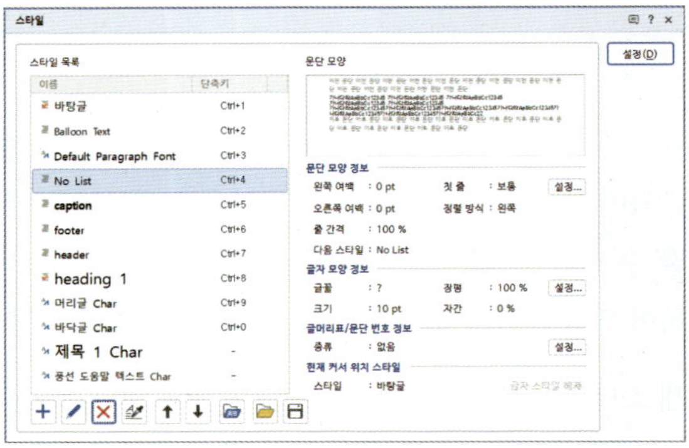

기본예제 25 스타일 만들기

출장 신청서 문서에서 양식 스타일을 만드시오. 문단 모양에서 '가운데 정렬', 글자 모양에서 글꼴 '함초롬돋움', 크기 '15', 속성 '진하게', 글자 색 '파랑'을 적용하시오.

01 스타일 추가 [서식] 탭–[스타일 추가하기]를 클릭한다.

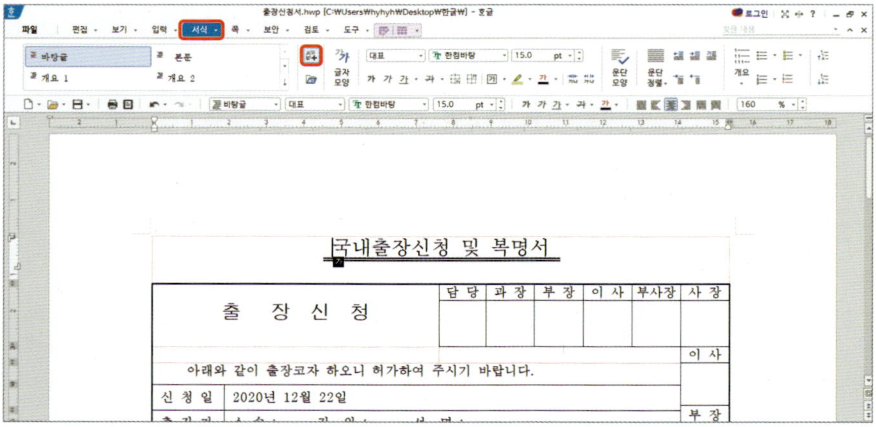

02 문단 모양 수정 [스타일 추가하기] 대화상자의 [문단 모양]을 눌러 [문단 모양] 대화상자에서 정렬 방식을 '가운데'로 지정한 후 [설정]을 누른다.

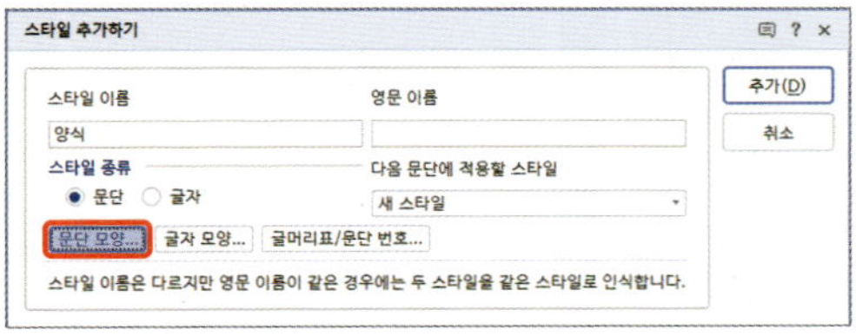

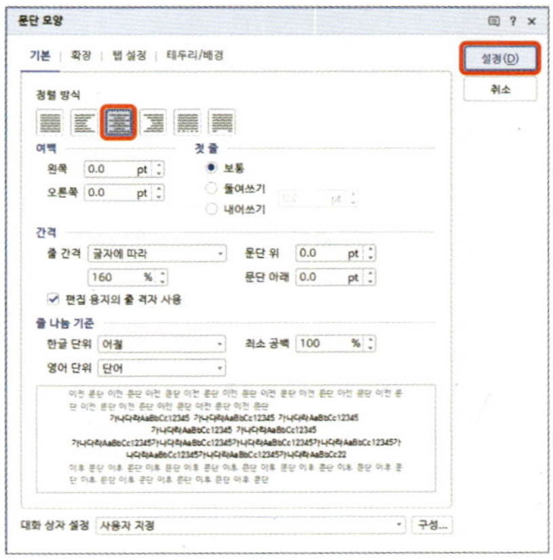

03 글자 모양 수정 [스타일 추가하기] 대화상자의 [글자 모양]을 눌러 [글자 모양] 대화상자에서 기준 크기 '15', 글꼴 '함초롬돋움', 속성 '진하게', 글자 색 '파랑'을 지정한 후 [설정]을 누른다. [스타일 추가하기] 대화상자에서 [추가]를 눌러 스타일을 추가한다.

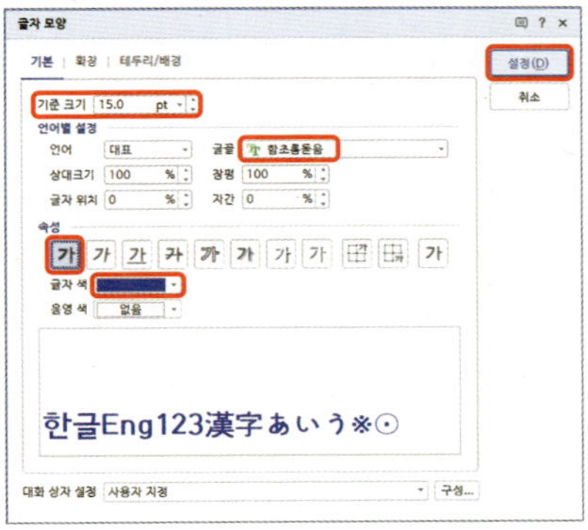

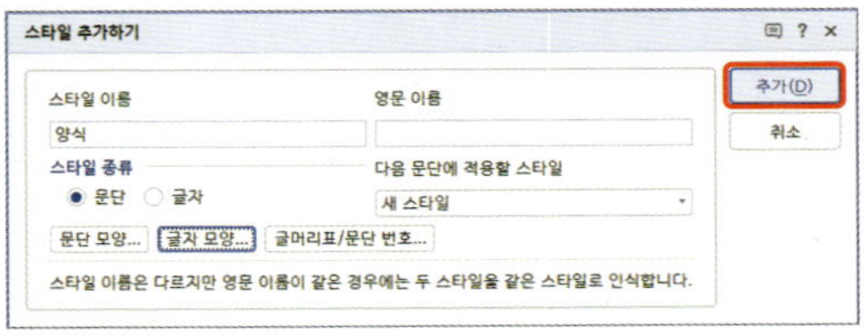

3.2 다른 문서의 스타일 가져오기

스타일을 직접 만들지 않고 다른 문서에서 사용하고 있는 스타일을 복사하여 가져와 사용할 수 있다.

기본예제 26 스타일 가져오기

"작성법.hwp" 문서의 스타일 중 'Title', 'heading 1', 'heading 2'를 복사해서 가져오시오. 그리고 제목에 "Title" 스타일을 적용하시오.

01 스타일 가져오기 문서를 열고 [서식] 탭-[스타일]의 자세히를 눌러 [스타일]을 선택한다.

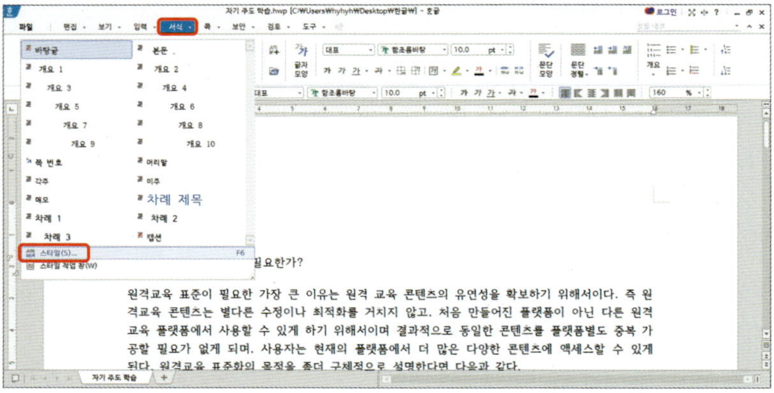

02 스타일 가져올 파일 선택 [스타일] 대화상자에서 [스타일 가져오기]를 선택하여 [스타일 가져오기] 대화상자에서 [파일 선택]을 클릭한다.

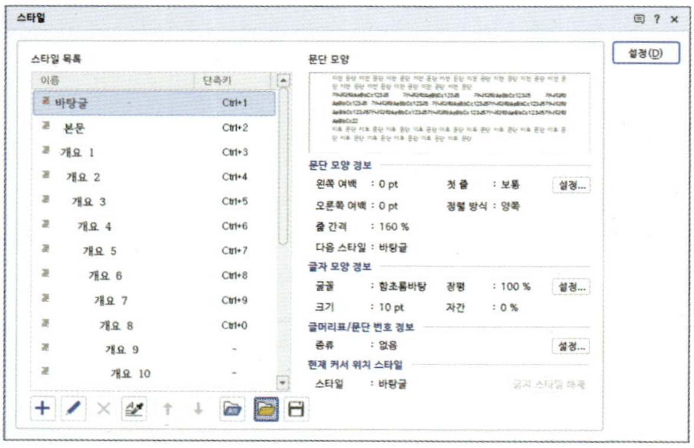

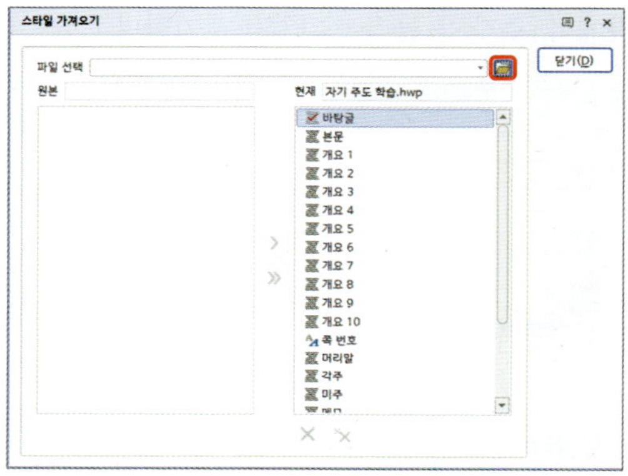

03 스타일 가져올 파일 선택 [불러오기] 대화상자에서 '작성법.hwp' 파일을 선택한 후 [열기]를 누른다.

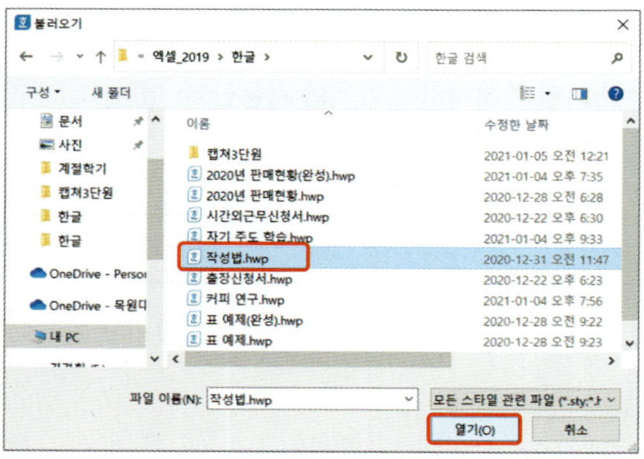

04 가져올 스타일 선택 [스타일 가져오기] 대화상자의 원본에서 'Title', 'heading 1', 'heading 2'를 선택하고 복사(>)를 클릭하여 현재 파일의 스타일에 복사한다. [스타일] 메시지 창이 나타나 현재 파일에 복사할지를 물으면 [복사]를 누른다.

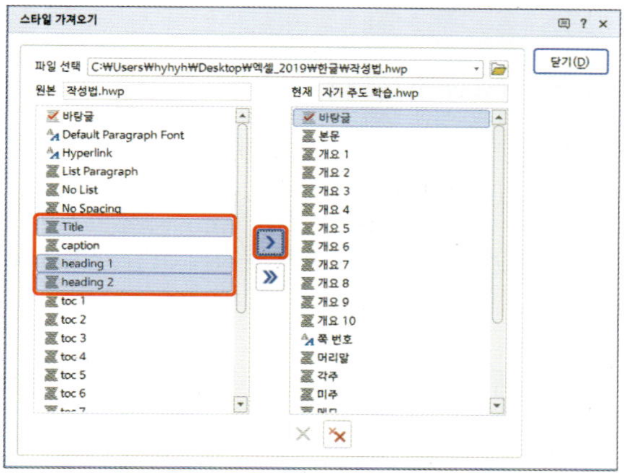

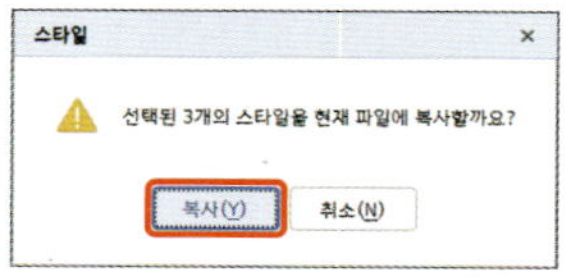

05 복사 확인 현재 파일에 복사되었으면 [닫기]를 누르고 [스타일] 대화상자에서 잘 복사되었는지 확인한 후 [설정]을 누른다.

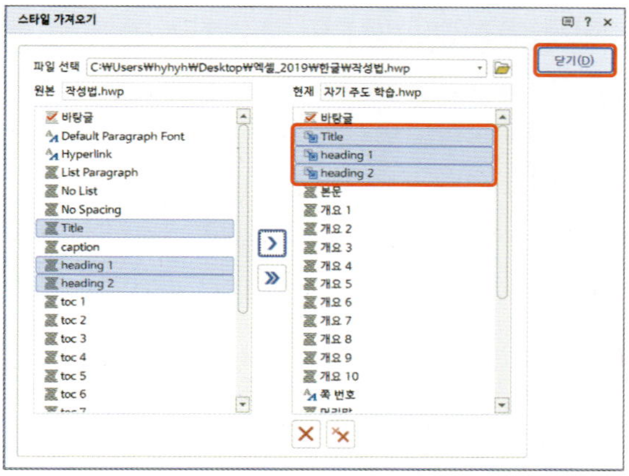

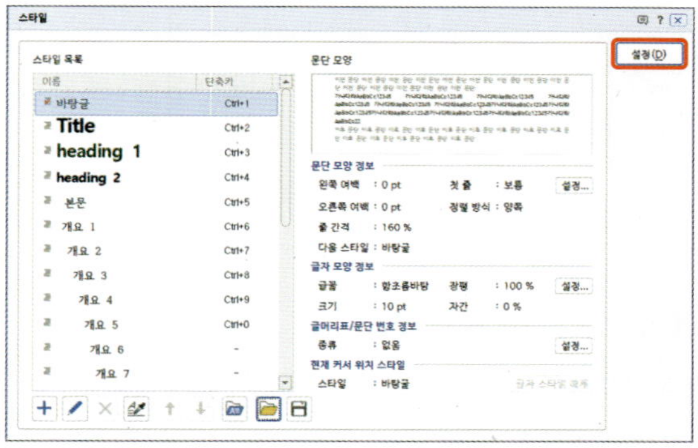

06 스타일 적용 첫 번째 줄의 제목에 커서를 두고 [서식] 탭–[스타일]–[Title]을 선택하여 스타일을 적용한다.

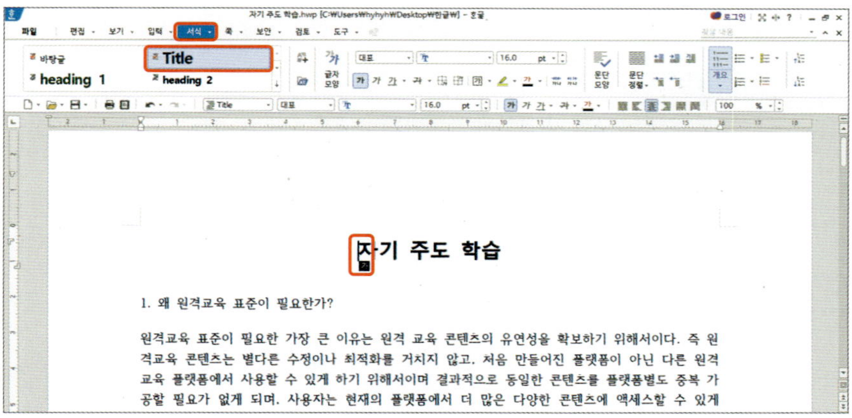

3.3 스타일 마당

[스타일마당]은 문서의 종류에 따라 자주 쓰이는 스타일 묶음을 제공하여 일관성 있는 문서 작성은 물론, 다양한 형태의 문서를 쉽고 빠르게 만들 수 있도록 도와주는 기능이다.

[스타일마당]에는 용도별로 스타일 묶음이 들어 있으므로, 기본 스타일을 이용하여 작성한 문서를 [미리 보기] 창을 통해 미리 확인한 다음 스타일마당에서 적용할 스타일만 선택해 주면 현재 문서의 모양을 빠르게 수정할 수 있다.

스타일마당은 [서식] 탭-[스타일마당]을 선택하여 [스타일마당] 대화상자의 스타일마당 목록에서 적용할 스타일을 선택하면 된다.

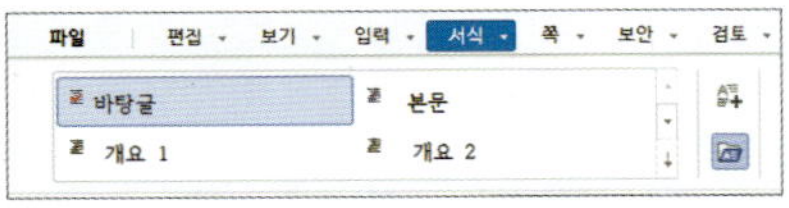

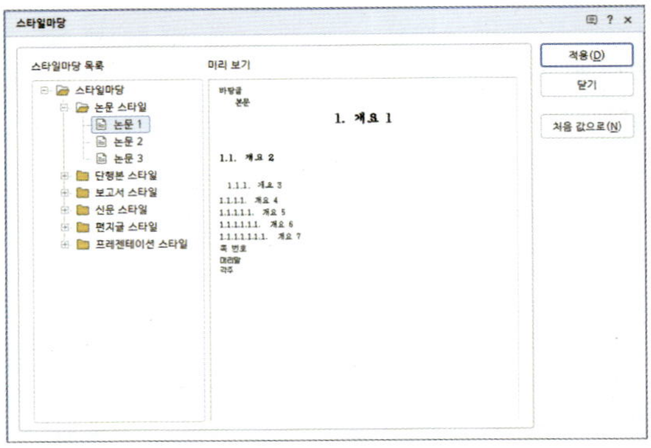

3.4 스타일 수정하기

스타일 목록에 있는 스타일을 편집하려면 [서식] 탭 – [스타일]을 클릭하고 [스타일] 대화상자의 '스타일 목록'에서 수정할 스타일을 선택한 후 [스타일 편집하기]( )를 누른다. [스타일 편집하기] 대화상자에서 [스타일 이름]에 수정할 이름을 입력하고, [문단 모양], [글자 모양], [글머리표/문단 번호] 중 편집을 원하는 부분을 선택하고 지정한 후 [설정]을 눌러 스타일 수정을 마친다.

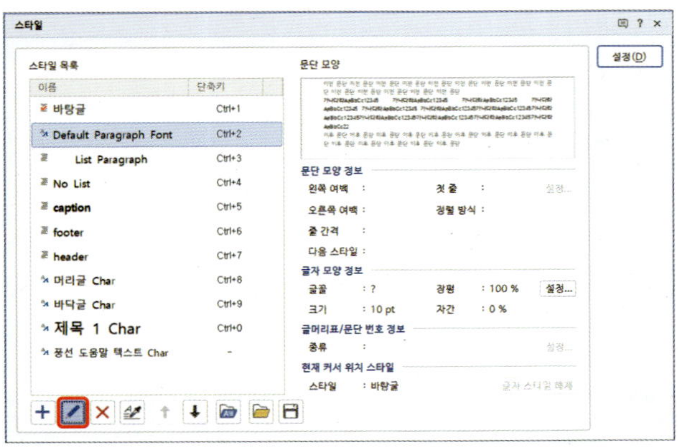

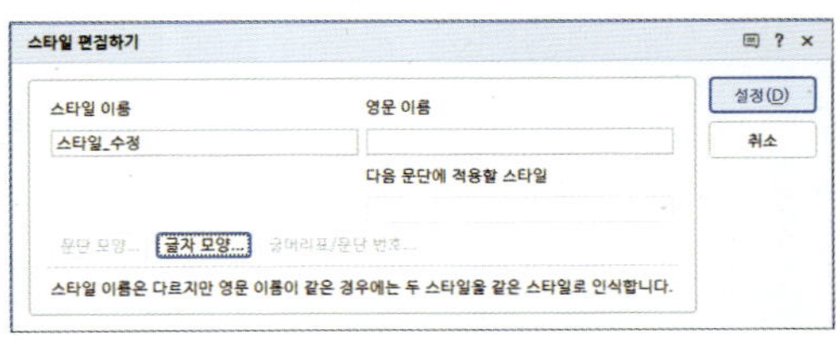

기본예제 27 스타일 수정하기

"기본예제 27" 문서의 'heading 1' 스타일에서 글꼴을 "태 나무"로 지정하고, 문단 번호를 없음으로 설정하시오.

01 스타일 선택 [서식] 탭-[스타일]의 자세히를 눌러 [스타일]을 클릭한다.

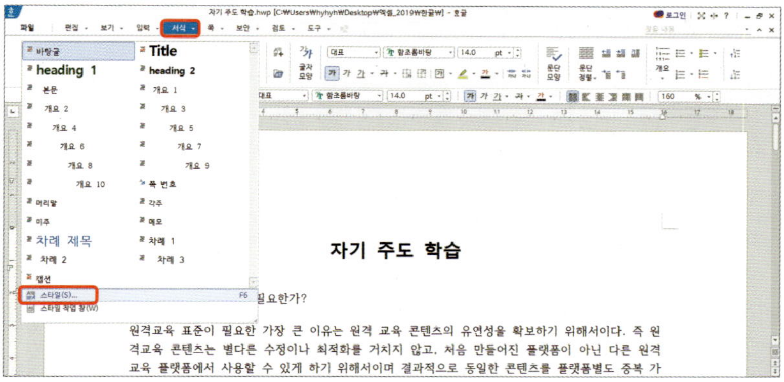

02 글자 모양 편집 [스타일] 대화상자의 '스타일 목록'에서 'heading 1'을 선택한 후 [스타일 편집하기](✎)를 누른다. [스타일 편집하기] 대화상자에서 [글자 모양]을 눌러 [글자 모양] 대화상자에서 글꼴을 '태 나무'를 선택하고 [설정]을 누른다.

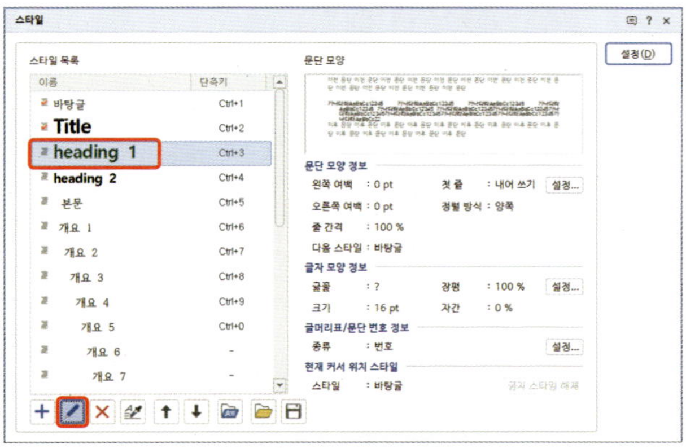

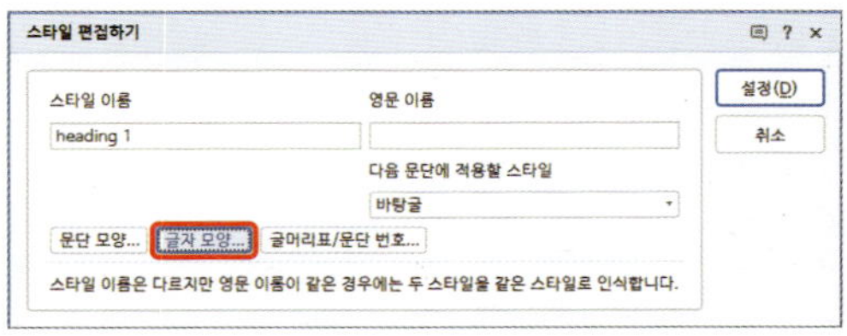

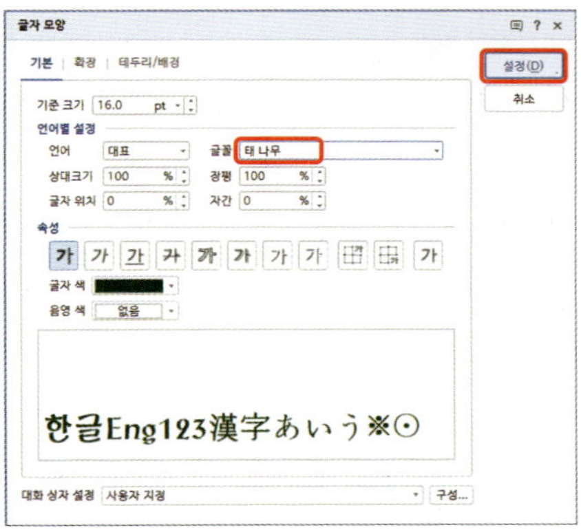

03 문단 모양 편집 [스타일 편집하기] 대화상자에서 [글머리표/문단 번호]를 눌러 [글 머리표 및 문단 번호] 대화상자의 [문단 번호] 탭에서 [문단 번호 모양]을 '없음'으로 지정하고 [설정]을 누른다.

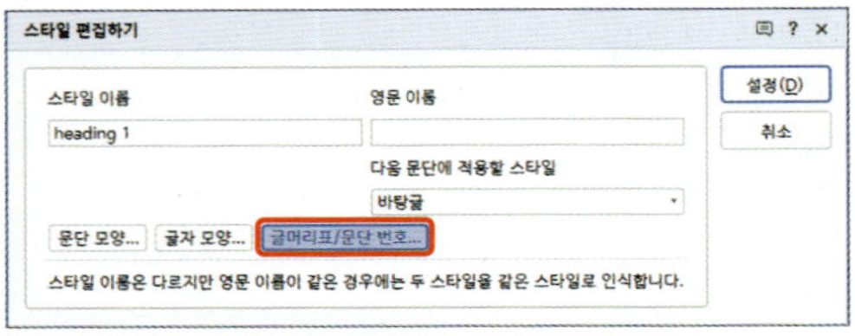

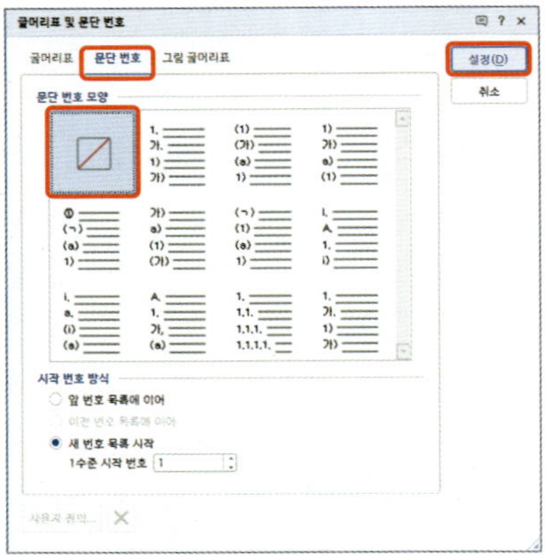

04 스타일 편집 완료 스타일 편집이 끝났으면 [스타일 편집하기] 대화상자에서 [설정]을 누르고, [스타일 편집하기] 대화상자에서 [닫기]를 눌러 스타일 수정을 마친다.

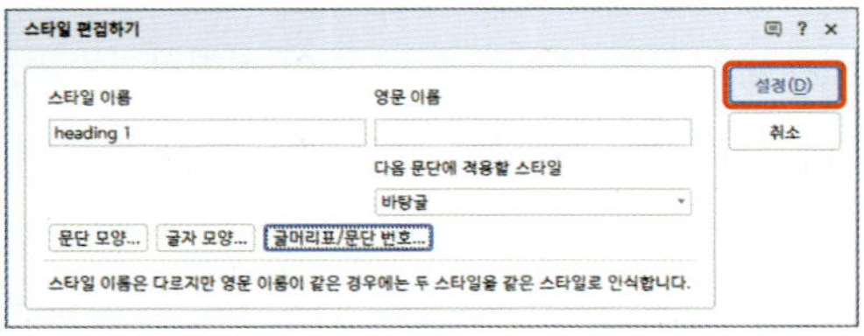

여기서 잠깐 **스타일 편집의 또 다른 방법**

[서식] 탭-[스타일]의 자세히를 눌러 수정하고자 하는 스타일의 바로 가기 메뉴에서 [스타일 편집]을 눌러도 스타일을 편집할 수 있다.

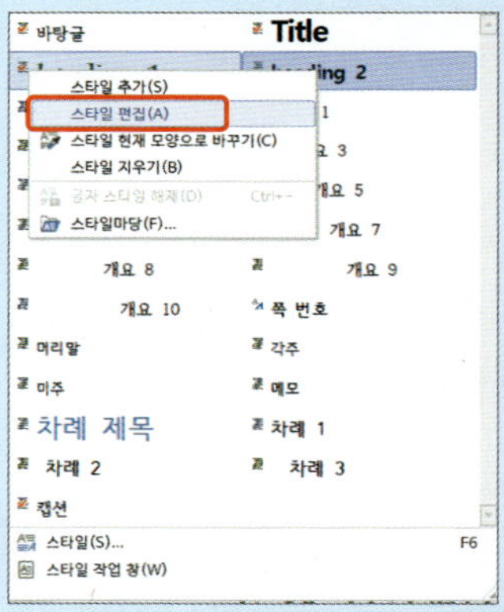

SECTION 04

문서 레이아웃 설정하기

4.1 편집 용지 설정하기

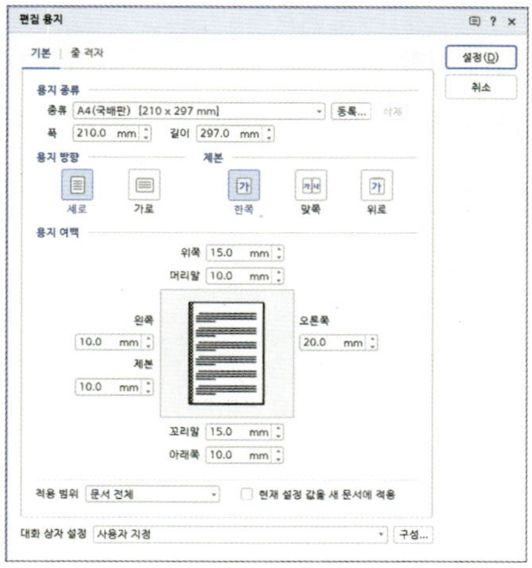

문서 레이아웃을 설정하기 위해서는 먼저 편집 용지를 설정해야 한다. 편집 용지 설정은 다양한 종이 규격 중 어떤 규격을 사용할 것인지, 종이를 좁게 쓸 것인지 넓게 쓸 것인지, 그리고 종이의 상하/좌우에 어느 정도 여백을 얼만큼 남길 것인지 등을 미리 정하는 기능이다.

편집 용지를 설정하는 방법은 [쪽] 탭-[편집 용지]를 선택하여 [편집 용지] 대화상자에서 용지 종류와 용지 방향, 용지 여백을 설정할 수 있다.

TIP F7를 눌러 편집 용지를 설정할 수 있다.

기본예제 28 편집 용지

한글의 빈 파일을 열고 용지 종류를 'B4'로, 용지 방향을 '가로'로 설정하고 상하 좌우 여백을 각 '15mm'로 지정하시오. 설정 사항을 "스타일"이라는 용지 이름으로 등록하고 "용지 등록"으로 한글 문서를 저장하시오.

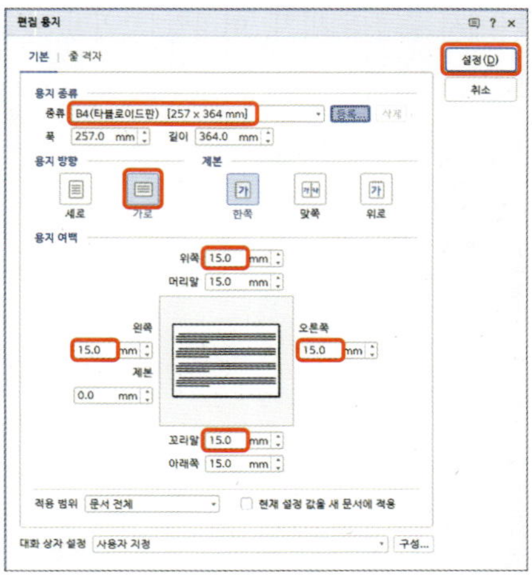

01 편집 용지 설정 한글의 새 파일을 열고 F7을 누른다. [편집 용지] 대화상자에서 용지종류에 'B4', 용지 방향에 '가로'를, 용지 여백의 왼쪽, 오른쪽, 위쪽, 아래쪽에 "15"를 입력하고 [등록]을 누른다.

02 편집 용지 이름 [다른 이름으로 등록] 대화상자에서 용지 이름을 "스타일"로 입력하고 [등록]을 누른 후 [편집 용지]에서 [설정]을 누른다.

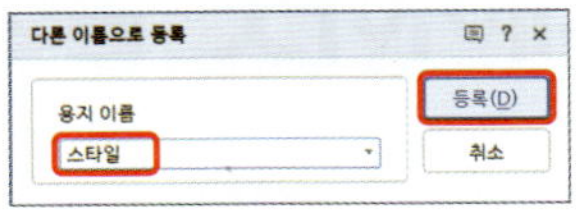

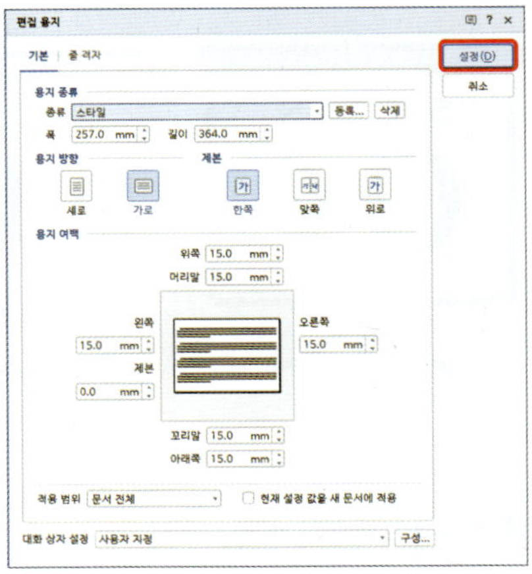

03 저장 [서식 도구 모음]의 [저장]을 클릭한다. [다른 이름으로 저장] 대화상자에서 파일 이름에 "용지 등록"을 입력하고 [저장]을 누른다.

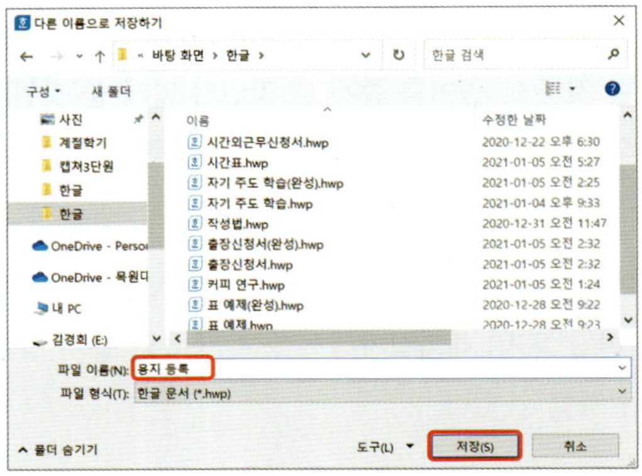

4.2 머리말/꼬리말 설정하기

머리말/꼬리말은 쪽(페이지)의 맨 위와 아래에 한두 줄의 내용이 고정적으로 반복해서 표시되는 것을 의미하며 머리말과 꼬리말에는 보통 책의 제목, 그 장의 제목, 쪽 번호 등을 표시한다.

4.2.1 머리말/꼬리말 삽입

머리말/꼬리말을 삽입하는 방법은 [쪽] 탭–[머리말]–[머리말/꼬리말]을 선택한다. [머리말/꼬리말] 대화상자에서 종류와 위치, 머리말/꼬리말 마당의 목록에서 선택해도 되고 직접 입력하고 싶으면 '모양 없음'을 선택하고 [만들기]를 누른다.

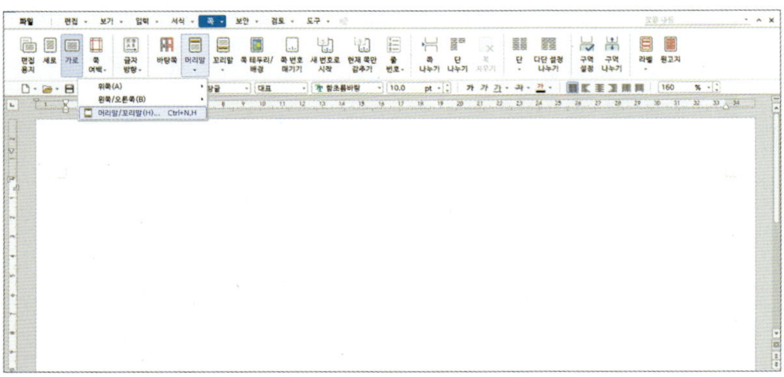

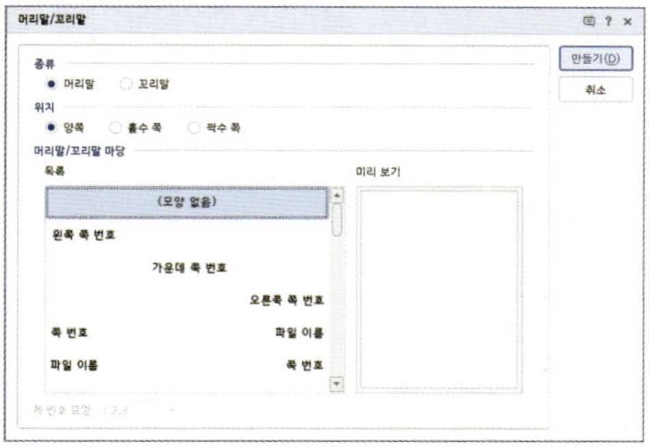

TIP Ctrl+N+H를 눌러 머리말을 설정할 수 있다.

머리말 편집 영역에서 머리말을 입력한 후 [머리말/꼬리말] 탭의 [닫기]를 클릭한다.

삽입된 머리말/꼬리말은 문서 전체에 반영되며 어느 일부분을 감추고 싶으면 [쪽] 탭 –[현재 쪽만 감추기]를 선택하면 된다.

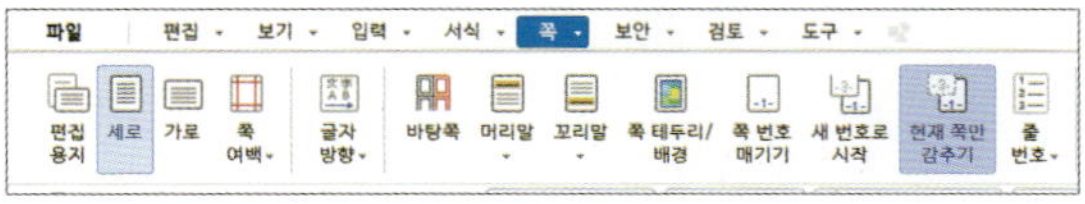

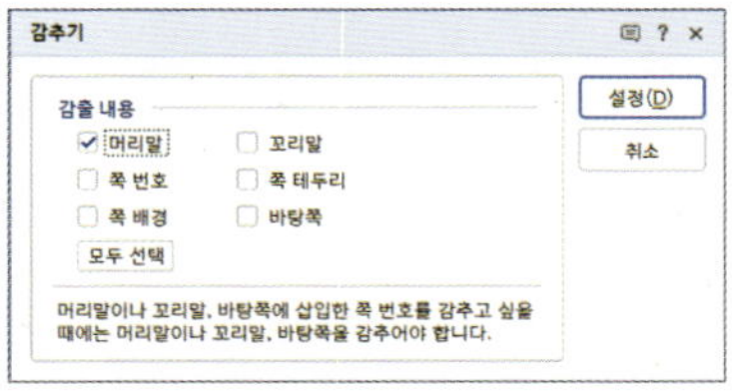

TIP [쪽 윤곽 감추기] 상태에서는 문서에 삽입한 머리말, 꼬리말이 화면에 보이지 않는다. [쪽 윤곽 보이기]를 선택해야만 인쇄할 때나 나타나는 용지 여백, 머리말/꼬리말 등 페이지에 인쇄될 모든 내용과 모양이 화면에 표시되어 직접 보면서 편집할 수 있다.

기본예제 29 머리말

문서의 머리말을 '한글 레이아웃 설정'으로 입력하시오.

01 머리말 삽입 Ctrl+N+H를 누르면 [머리말/꼬리말] 대화상자가 나오는데 [머리말/꼬리말] 대화상자에서 종류에 '머리말' 위치에 '양쪽', 머리말/꼬리말 마당의 목록에서 '모양 없음'을 선택하고 [만들기]를 누른다.

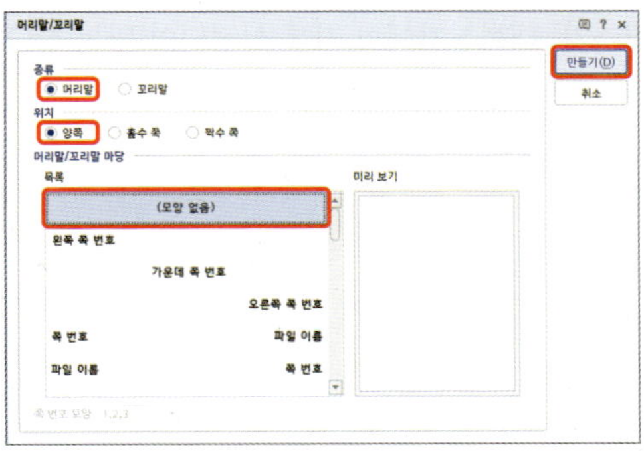

02 머리말 편집 머리말 편집 영역에서 "한글 레이아웃 설정"을 입력하고 [머리말/꼬리말] 탭의 [닫기]를 클릭한다.

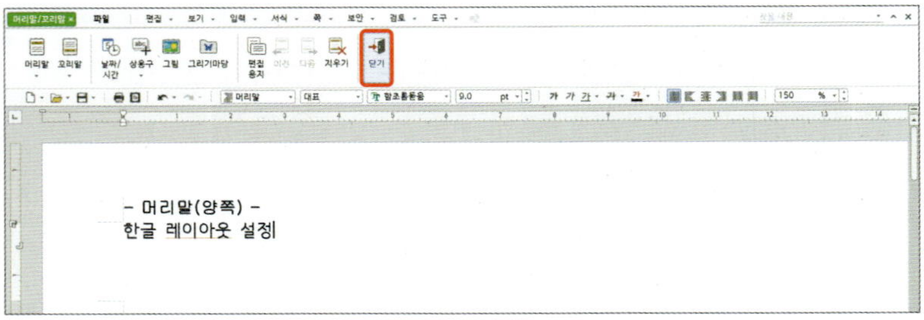

4.3 쪽 번호 매기기

쪽 번호 매기기는 복잡한 절차 없이 문서에 쪽 번호를 자동으로 매겨 주는 기능으로 문서에 분량이 많은 경우 쪽 번호를 매기면 원하는 내용으로 쉽게 이동하거나 찾을 수 있다.

4.3.1 쪽 번호 매기기

쪽 번호 매기기는 [쪽]-[쪽 번호 매기기]를 클릭해 [쪽 번호 매기기] 대화상자에서 번호 위치, 번호 모양, 줄표 넣기 여부, 시작 번호를 지정해 문서에 쪽 번호를 삽입한다.

기본예제 30 쪽 번호

문서에 쪽 번호를 넣으시오.

01 쪽 번호 삽입 [쪽]-[쪽 번호 매기기]를 클릭해 [쪽 번호 매기기] 대화상자에서 기본 설정되어 있는 상태로 [넣기]를 눌러 쪽 번호를 삽입한다.

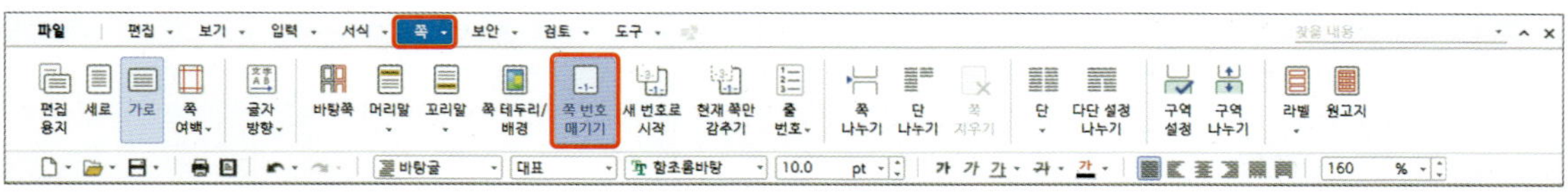

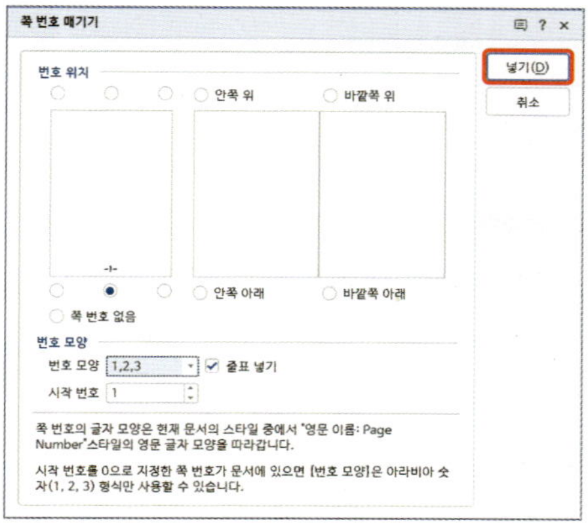

4.3.2 쪽 번호 지우기

삽입된 쪽 번호를 지우는 방법은 [쪽]–[쪽 번호 매기기]를 클릭해 [쪽 번호 매기기] 대화상자에서 '쪽 번호 없음'을 선택하면 된다. 또 다른 방법은 조판 부호 중에서 쪽 번호를 나타내는 [쪽 번호 위치]를 삭제해도 쪽 번호를 지울 수 있다.

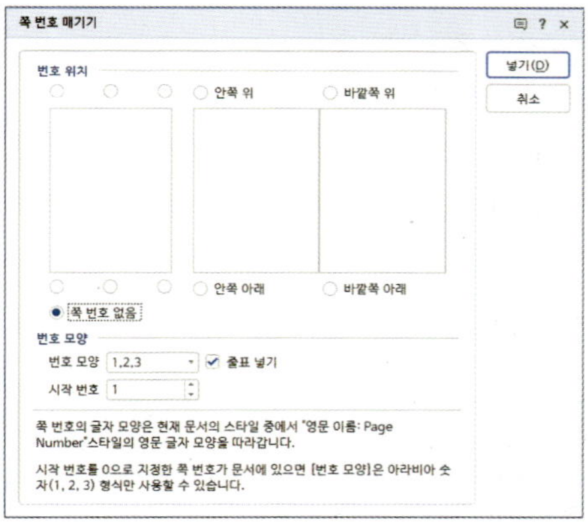

모든 문서가 아닌 현재 쪽에서만 쪽 번호를 보이지 않게 하는 방법은 [쪽] 탭–[현재 쪽만 감추기]를 클릭해 [감추기] 대화상자에서 '쪽 번호'를 선택하면 된다.

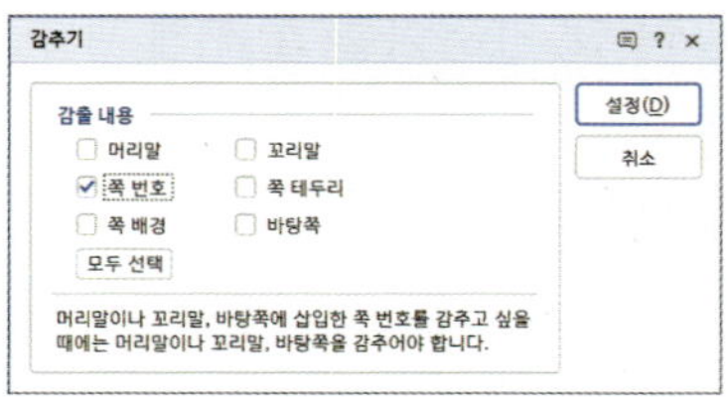

4.3.3 새 번호로 시작

문서 중간에서 쪽 번호를 새로 시작하기 위해서는 [쪽] 탭–[새 번호로 시작]을 클릭해 [새 번호로 시작] 대화상자에서 쪽 번호와 시작 번호를 설정한다.

기본예제 31 새 번호로 시작

문서에서 페이지를 추가한 후 2 페이지를 '5'로 새 번호로 시작하시오.

01 새 번호로 시작 용지 등록 문서에서 Ctrl+Enter를 눌러 페이지를 추가한다. 2페이지에서 [쪽] 탭–[새 번호로 시작]을 클릭해 [새 번호로 시작] 대화상자에서 번호 종류를 '쪽 번호'로, 시작 번호에 "5"를 입력한 후 [넣기]를 눌러 쪽 번호를 새로 설정한다.

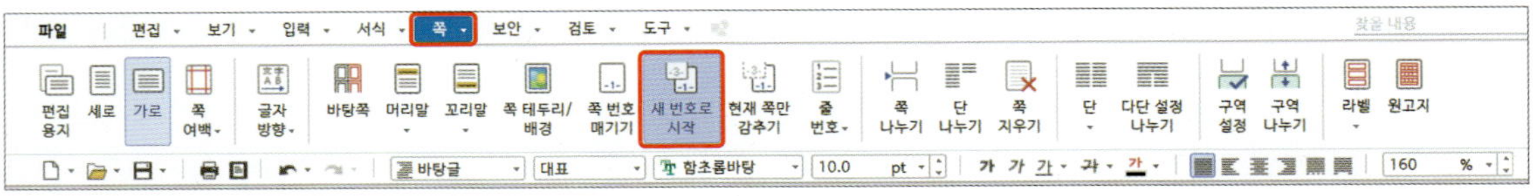

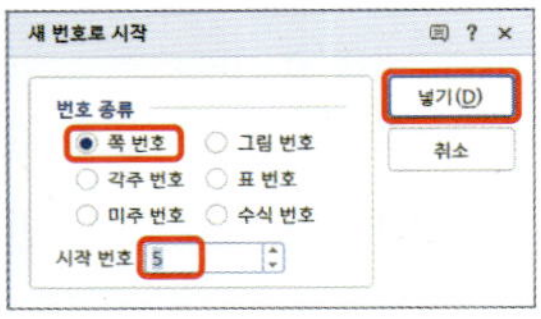

4.4 쪽 테두리/배경

문서의 페이지마다 본문을 에워싸는 테두리를 넣거나 바탕색, 배경 그림 등을 넣어 문서를 보기 좋게 꾸밀 수 있다. 쪽 테두리/배경은 [쪽] 탭–[쪽 테두리/배경]을 클릭하여 [쪽 테두리/배경] 대화상자의 테두리 탭과 배경 탭에서 설정할 수 있다.

기본예제 32 배경

문서의 쪽 테두리/배경에서 테두리 종류를 '이중 실선', 선 색 '파랑', 테두리는 위와 아래만 적용되게 하시오. 배경은 그러데이션으로 시작 색에 '주황, 80% 밝게', 끝 색에 '하양'을 설정하시오.

01 배경 [용지 등록] 문서에서 [쪽] 탭–[쪽 테두리/배경]을 클릭한다. [쪽 테두리/배경] 대화상자의 [테두리] 탭에서 테두리 종류를 '이중 실선', 선 색에 '파랑', 테두리는 위와 아래만 선택한 후 [배경] 탭을 선택한다.

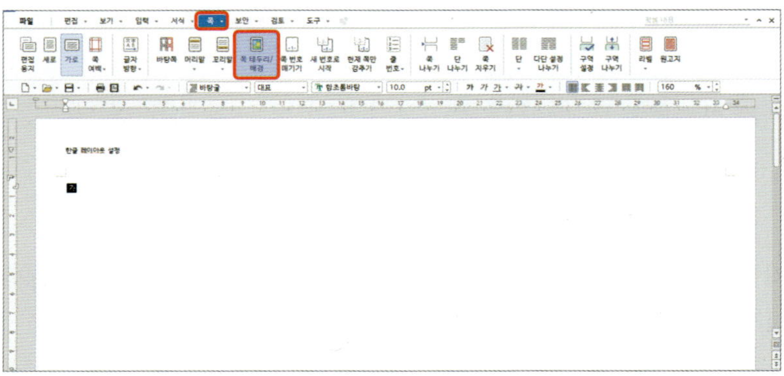

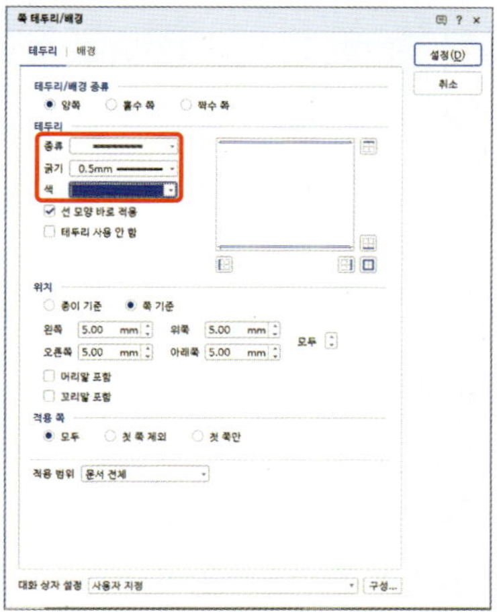

02 그러데이션 선택 [배경] 탭에서 '그러데이션'을 클릭하고, 시작 색에 '주황, 80% 밝게', 끝 색에 '하양'을 선택한 후 [설정]을 누른다.

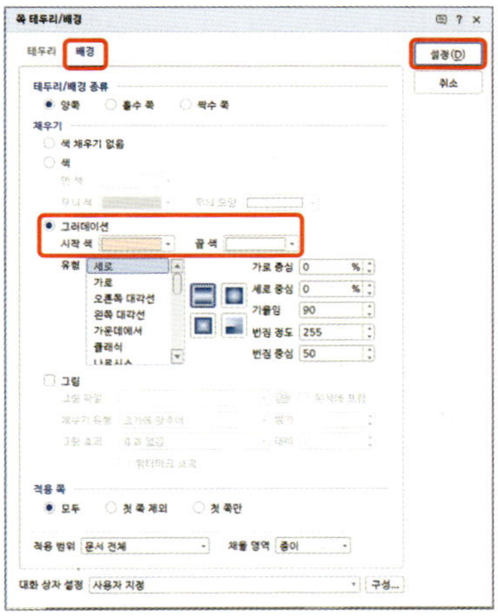

종합예제

※ [종합예제]에 대한 해설은 PDF로 제공됩니다.

문제 1 주어진 [조건]에 따라 작성하시오.

(1) [커피 연구] 파일에서 1페이지에서 머리글 "SUNLIVER"를 입력하고 페이지 번호를 삽입하시오. 페이지 번호는 줄표와 함께 번호 모양은 '가,나,다'로 지정하시오. 3페이지를 만들어 구역을 나누고 3페이지의 편집 용지를 [A5]로 지정하고 페이지 번호 "7"로 시작하시오. 쪽 테두리에서 테두리 종류 '실선', 굵기 '0.4mm', 색 '보라'를 모든 테두리에 적용하시오. 2페이지의 머리말과 쪽 번호를 숨기시오.

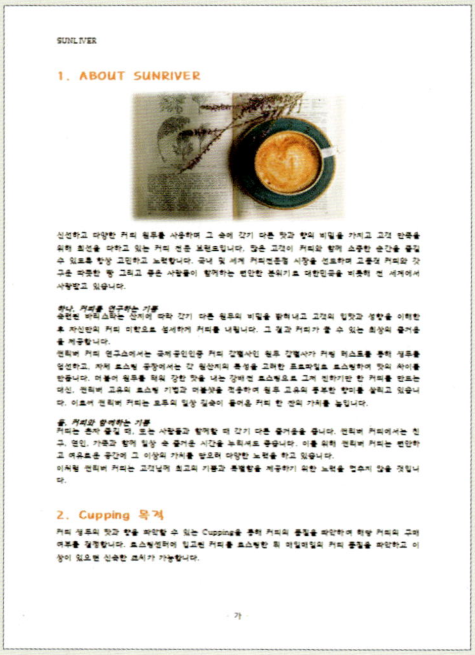

(2) 2페이지 "환경을 생각하는 SUNRIVER" 아래 본문에 스타일을 적용하시오.

- 스타일 이름 : SUNRIVER
- 글꼴 : 휴먼매직체, 12pt, 장평 105%, 글자색 : 파랑

5. 환경을 생각하는 SUNRIVER

생활 속 환경 보호 활동에 앞장서고자 환경문화 캠페인을 진행합니다. '일회용 컵 없는 매장'을 전국 20개 도시 370개 전 매장에 적용합니다. 일회용 컵 없는 매장은 매장 내 주문고객에는 머그잔 제공을 원칙으로 하는 매장을 의미합니다. 소비자들의 자발적인 참여를 유도하고 지속해서 환경 캠페인을 해나갈 것입니다.

(3) 3페이지에 그림과 같이 표를 삽입하고 표를 이용하여 차트를 작성하시오. 표의 글꼴은 '굴림'에 12포인트, 단위는 캡션을 사용하여 작성하고 첫 줄은 '보라, 80% 밝게'로 채우시오. 표의 외곽선의 굵기는 0.4mm로 지정하시오. 매출 데이터에 자릿점을 표시하시오.

지역별 매출 분석

(단위 : 만원)

매장 및 매출 / 지역	매장	매출
서울	50	55,555
경기	77	65,110
대전	56	73,050
부산	60	56,850
제주	20	36,666

(4) 차트는 묶은 세로 막대형으로 작성하시오. 매출 계열은 표식이 있는 꺾은 선형으로 변경하고 보조축으로 지정하시오. 표와 차트는 그림을 참조하여 작성하시오.

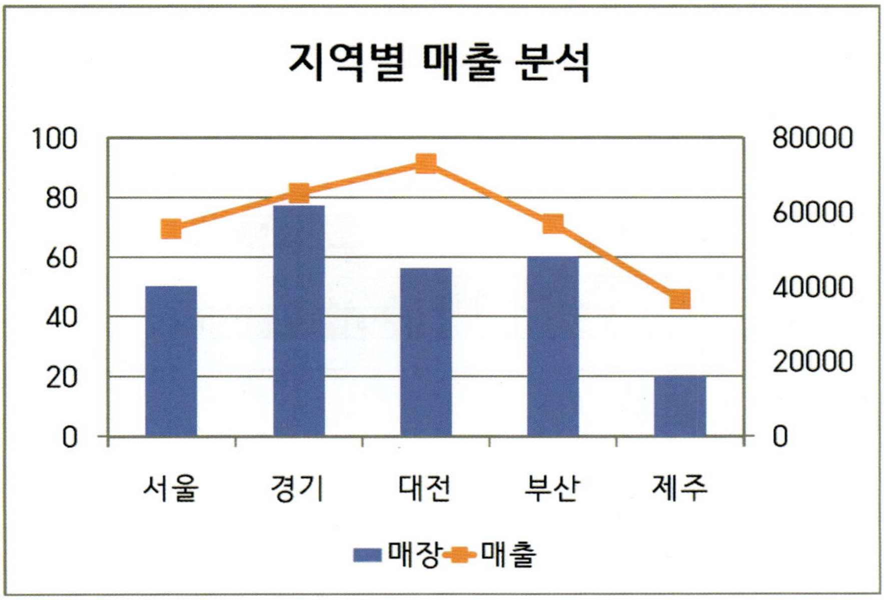

연습문제

1 다음의 [조건]에 따라 스타일 기능을 적용하여 ≪출력형태≫와 같이 작성하시오.

[조건]

- 스타일 이름 – governance
- 문단 모양 – 왼쪽 여백 : 15pt, 문단 아래 간격 : 10pt
- 글자 모양 – 글꼴 : 한글(돋움)/영문(굴림), 크기 : 10pt, 장평 : 95%, 자간 : 5%

≪출력형태≫

Create a framework for governance that forms a private council that links local resources and improves the water quality of private small rivers, centered on local residents.

소하천 지역 주민과 농업인을 중심으로 하는 민간 소하천 수질개선 지역공동체 구성과 지역자원을 연계한 민간 협의체를 구성하는 거버넌스 프레임 워크를 만듭니다.

2 다음의 [조건]에 따라 ≪출력형태≫와 같이 표와 차트를 작성하시오.

[조건]

- 표 전체(표, 캡션) – 돋움, 10pt
- 정렬 – 문자 : 가운데 정렬, 숫자 : 오른쪽 정렬
- 셀 배경(면색) : 노랑
- 한글의 계산 기능을 이용하여 빈칸에 합계를 구하고, 캡션 기능 사용
- 선 모양은 ≪출력형태≫와 동일하게 처리

≪출력형태≫

전국 수계 수질개선 지역공동체 현황(단위: 개)

구분	한강	낙동강	금강	섬진강	합계
환경시민단체	21	13	18	10	62
지역마을주민	34	21	16	9	80
교육기관	45	28	15	11	99
정화시설	9	5	3	2	

[조건]

- 차트 데이터는 표 내용에서 구분별 환경시민단체, 지역마을주민, 교육기관의 값만 이용
- 종류 – 〈묶은 가로 막대형〉
- 제목 – 굴림, 진하게, 12pt, 배경 – 선(어두운 색), 그림자(대각선 오른쪽 아래, 투명도 0%, 흐리게 0 pt, 거리 2pt)
- 제목 이외의 전체 글꼴 - 굴림, 보통, 10pt
- 축 제목과 범례는 ≪출력형태≫와 동일하게 처리

≪출력형태≫

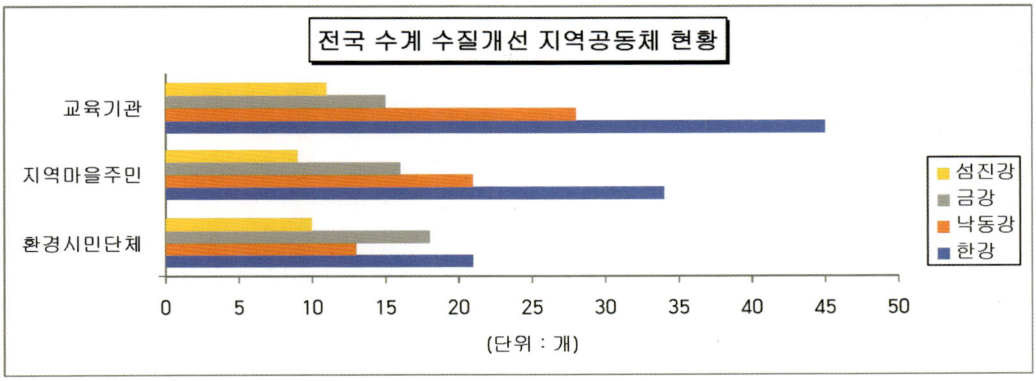

CHAPTER 05

효율적으로 문서 작성하기

01 맞춤법 검사와 문서 번역

02 메일 머지와 차례/색인 만들기

03 한컴 애셋과 한컴 툴즈

04 단과 구역 설정하기

05 주석 및 하이퍼링크

06 찾기와 찾아 바꾸기

종합예제

연습문제

학습목표

- 맞춤법 검사로 틀린말을 찾아 교정할 수 있으며, 다른 언어를 번역할 수 있다.
- 한컴 애셋을 이용하여 그림과 글꼴을 다운받을 수 있으며, 한컴 툴즈를 사용할 수 있다.
- 유틸리티 도구를 활용하여 시스템을 최적화시킬 수 있다.
- 단과 구역을 설정 및 편집할 수 있다.
- 주석의 각주와 미주를 이해하며, 하이퍼링크을 이용하여 문서를 연결할 수 있다.
- 현재 문서에서 수정하고자 하는 문자를 찾아 일괄적으로 바꿀 수 있다.

SECTION 01

맞춤법 검사와 문서 번역

이 단원에서는 문서에 포함된 내용이 맞춤법에 맞지 않을 때, 맞춤법 검사를 실행하여 틀린 단어를 교정해 보고, 번역 기능을 이용하여 다른 언어로 번역하는 방법에 대해 알아본다.

1.1 맞춤법 검사 및 교정

맞춤법 검사기는 표준국어대사전을 포함한 다양한 사전 및 풍부한 전문 용어를 기반으로 정확하고 올바른 단어를 제시해 줌으로써 현재 문서의 내용을 사전(한글/한자/영어 맞춤법 사전)과 비교하여 틀린 곳을 찾아 올바른 단어를 제시하여 교정할 수 있도록 해준다.

맞춤법 검사 및 교정은 [도구 ▾] 탭–[맞춤법]을 선택하거나, F8을 눌러 실행할 수 있다.

맞춤법 검사 및 교정을 실행한 후, [시작] 단추를 클릭한 다음, 맞춤법 검사/교정 대화상자의 '입력 내용'과 '대치어'를 비교하며 [지나가기], [바꾸기]를 이용하여 검사 및 교정을 진행할 수 있다.

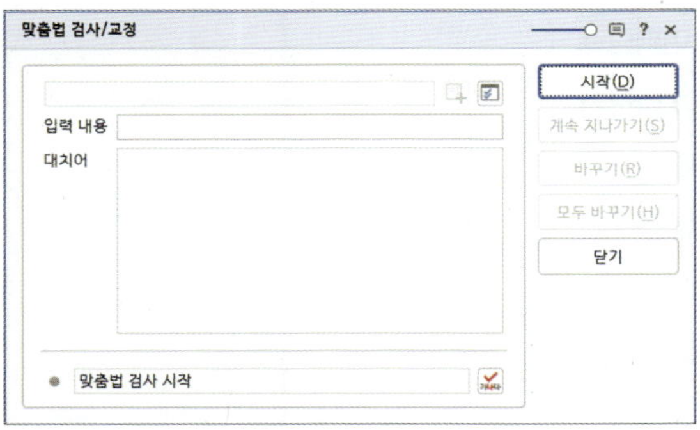

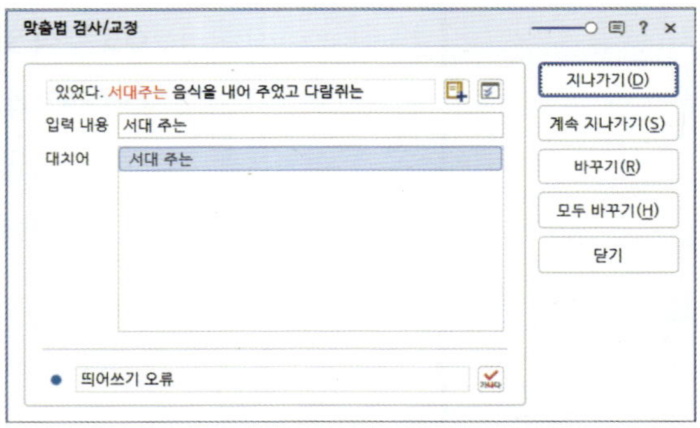

빠른 교정은 사용자가 문서 작성 중에 잘못 입력한 단어나 오타, 띄어쓰기를 자동으로 고쳐주는 기능으로 한글, 영어, 한자, 특수 문자를 교정할 수 있다.

또한, 틀리기 쉬운 말을 [빠른 교정 내용]에 직접 추가하거나 삭제할 수도 있으며, 빠른 교정을 확인하기 위해서는 문서 작성 중 틀린 문자열을 입력하고 Space Bar, Tab, Enter 등을 눌렀을 때 동작함을 확인할 수 있다.

빠른 교정 내용에 교정 단어를 등록하기 위해서는 [도구 ▾] 탭–[빠른 교정]–[빠른 교정 내용]을 선택하거나, Shift+F8을 눌러 등록할 수 있다.

[빠른 교정 내용] 대화상자의 하단 도구 [+]를 클릭한 다음, '틀린 말'과 '맞는 말'에 내용을 입력하여 [추가]를 클릭하여 등록할 수 있다.

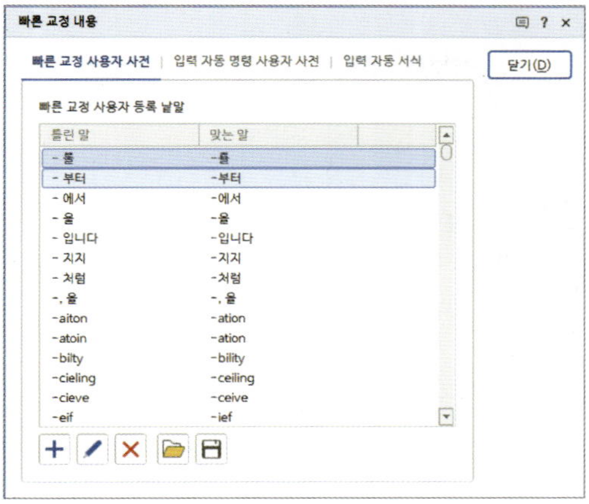

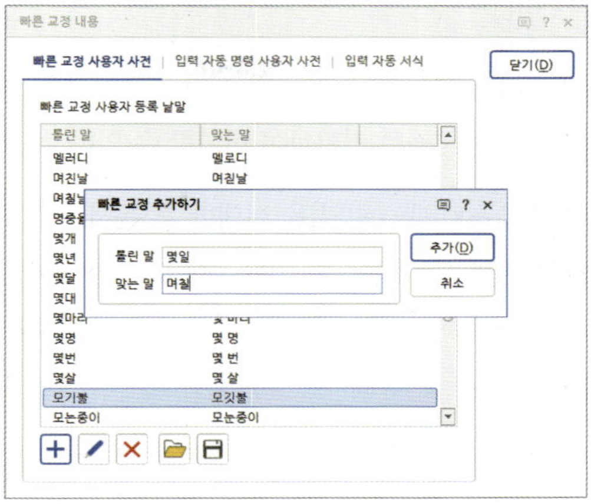

빠른 교정 내용에 등록된 틀린 말을 문서에 입력한 후, Space Bar를 눌러 확인할 수 있다.

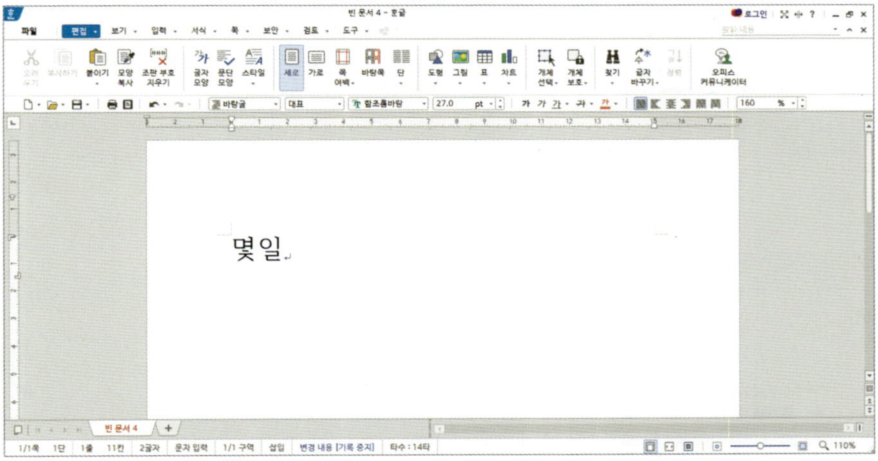

◀ [틀린 말] 입력

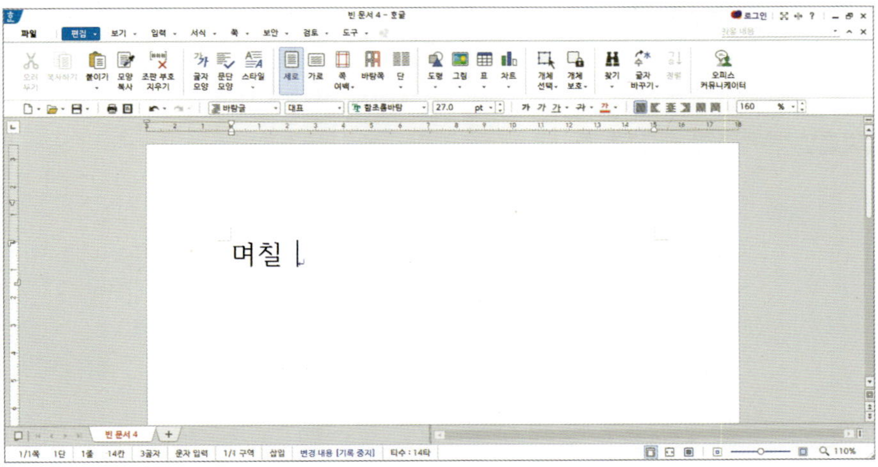

◀ Space Bar를 눌러 자동 교정

1.2 문서 번역

한글로 작성된 문서를 영어, 베트남어, 일본어, 중국어로 번역하여 입력하거나, 외국어를 다른 외국어로 즉시 번역할 수 있다.

번역은 서비스 가입 없이 무료로 번역 서비스를 이용할 수 있으며, 무료 번역은 5,250자이며, 5,250자를 초과하면 유료 번역 서비스로 전환하여 번역할 수 있다.

문서 번역은 [도구 ▾] 탭–[번역]을 선택한 후 문서 번역, 문단 번역, 선택 영역 번역을 활용할 수 있다. 번역이 끝나면 번역 창의 하단에 있는 [모두 덮어쓰기]나 [삽입] 단추를 클릭하여 문서에 삽입할 수 있다.

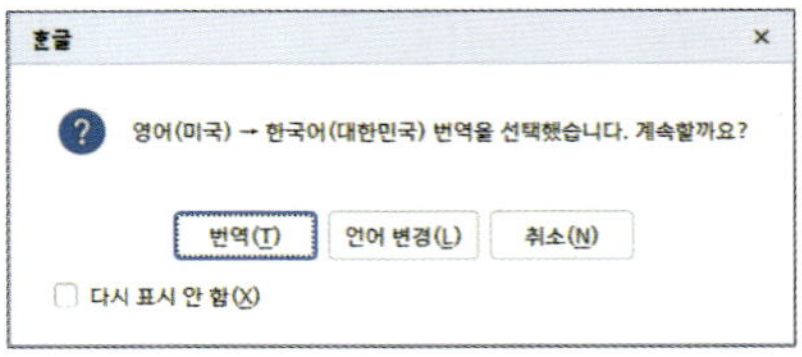

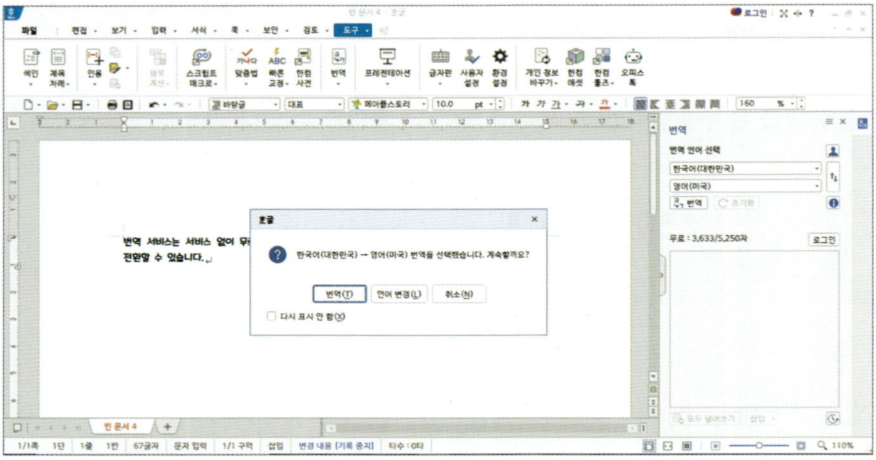

▲ [문서 번역 실행 : 한국어 → 영어]

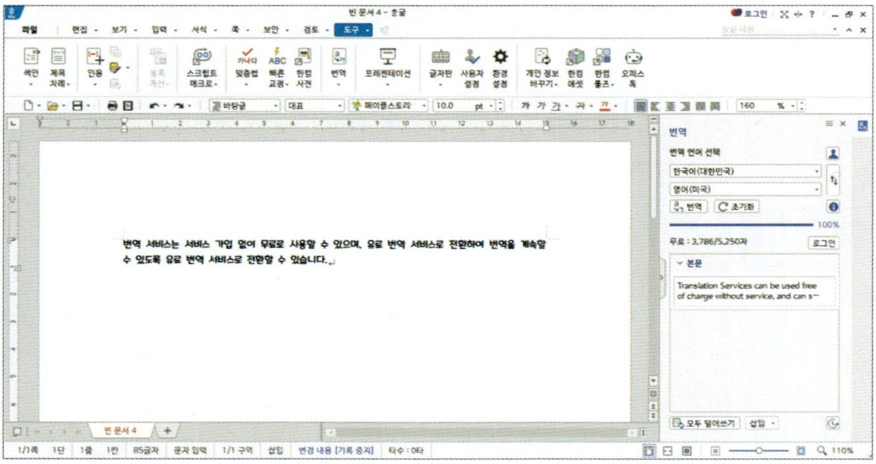

▲ [한글 → 영어 번역 결과]

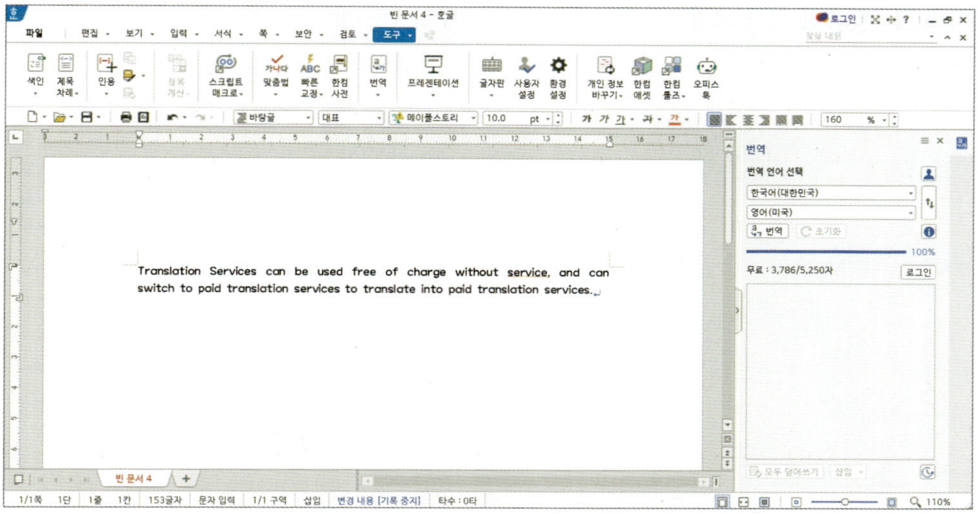

기본예제 33 맞춤법 검사

파일을 열어 맞춤법 검사를 진행하여 봅시다.

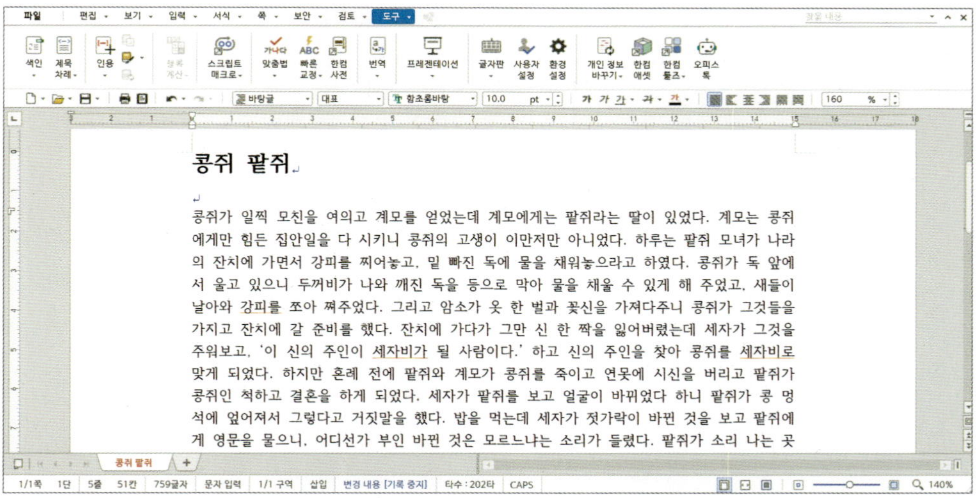

01 맞춤법 검사 파일을 불러온 후 [도구 ▾] 탭–[맞춤법]을 클릭한다.

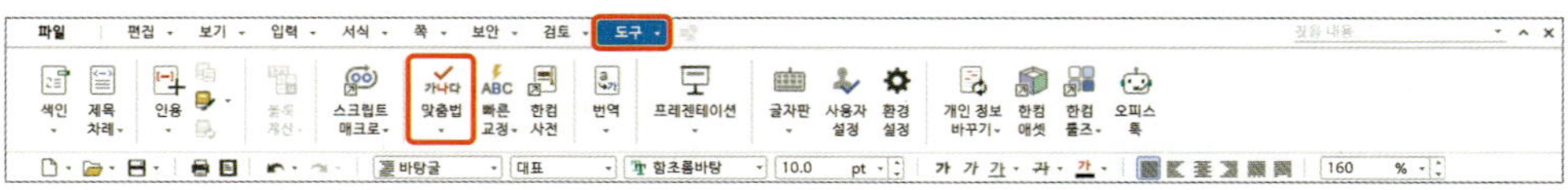

02 맞춤법 검사/교정 [맞춤법 검사/교정] 대화상자의 [시작] 단추를 클릭하여 '입력 내용'과 '대치어'를 확인하면서 맞춤법이 틀리지 않으면 [지나가기], 틀리면 [바꾸기] 단추를 클릭하여 맞춤법 검사를 문서 끝까지 실행한다.

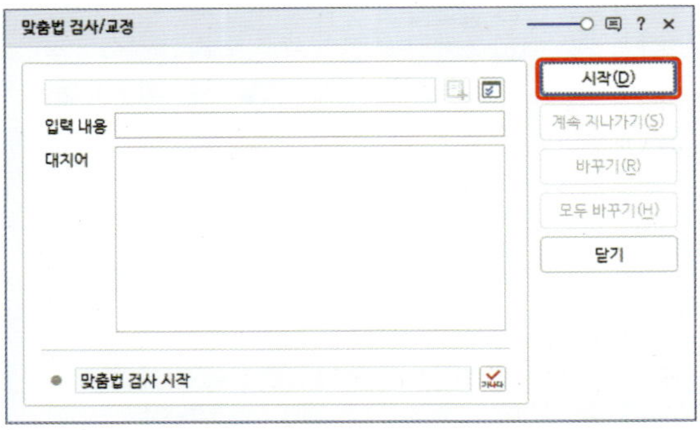

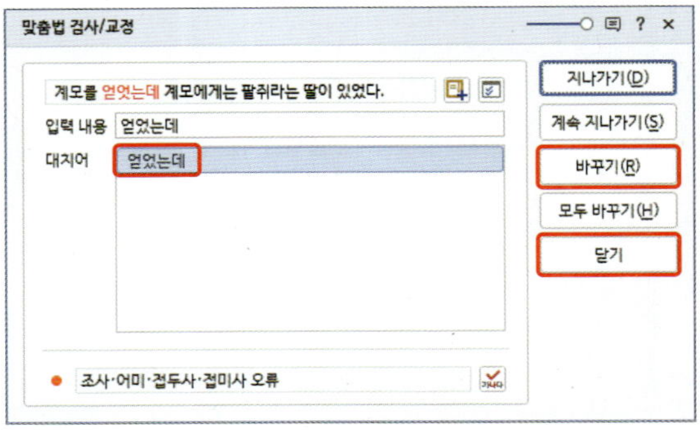

SECTION 02

메일 머지와 차례/색인 만들기

이 단원에서는 서식 파일과 데이터 파일을 병합하여 파일로 만들거나 인쇄할 수 있는 메일 머지와, 제목 차례 표시를 이용하여 간편하게 제목 차례를 만들어 봄으로써 많은 양의 단순 반복 작업을 편리하게 활용할 수 있는 방법에 대해 알아본다.

2.1 메일 머지

메일 머지는 초대장, 안내장과 같은 문서를 만들 때 사용하는 기능으로, 서식 파일과 데이터 파일이 필요하다. 서식 내용 중 다른 부분(이름, 직책, 주소 부분)에 대한 데이터 파일을 만들어 두 파일을 결합하여 편지를 한꺼번에 만듦으로써 많은 양의 편지나 라벨을 만들 수 있다.

메일 머지는 [도구 ▾] 탭-[메일 머지]를 선택하여 먼저, 서식 파일의 내용 중 [데이터 파일]이 들어갈 위치에 [메일 머지 표시 달기]를 설정한 다음 메일 머지 만들기를 실행할 수 있다.

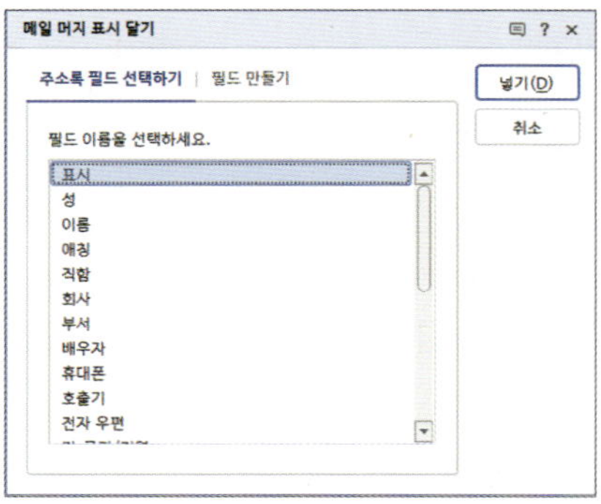

[메일 머지 표시 달기]는 서식 파일에 적용할 필드 이름을 선택하여 적용할 수 있는 [주소록 필드 선택하기]와 사용자가 필드를 만들어 사용할 수 있는 [필드 만들기]를 이용할 수 있으며, 메일 머지 표시 달기를 지정한 위치에는 {} 모양이 표시되며, 서식 파일의 원하는 부분에 메일 머지 표시 달기를 지정할 수 있다.

[메일 머지 만들기]의 데이터 파일로 사용되는 자료의 종류에는 윈도우의 주소록과 Outlook 주소록, 한글 파일(＊.hwp), DBF 파일(＊.dbf, 한/셀 파일(＊.cell), 넥셀 파일(＊.nxl), 엑셀 파일(＊.xls)) 등을 사용할 수 있다.

❶ **주소록** 윈도우 주소록, Outlook 주소록의 입력된 데이터를 자동으로 가져와 데이터 파일로 사용할 수 있다.

❷ **한글 파일** 데이터 파일의 첫 줄에 반드시 그 데이터 파일의 필드 개수를 알려 주는 숫자를 입력한 후 사용할 수 있다. 즉, '이름, 전화번호, 주소, 생일'과 같이 4개의 필드로 이루어진 데이터 파일을 만든다면 첫 줄에 '4'라고 입력하고 Enter를 누르면서 데이터를 입력한다.

❸ **DBF 파일 및 한/셀, 엑셀 파일** 서식 파일에 [메일 머지 표시 달기]를 수행하여 필드 번호나 데이터 파일의 필드 이름을 입력하여 사용할 수 있다.

한글 데이터 파일을 이용한 [메일 머지 만들기]는 우선, 서식 파일을 만들고, 메일 머지 표시 달기를 진행한 후, 데이터 파일을 작성하여 [메일 머지 만들기]를 실행한다.

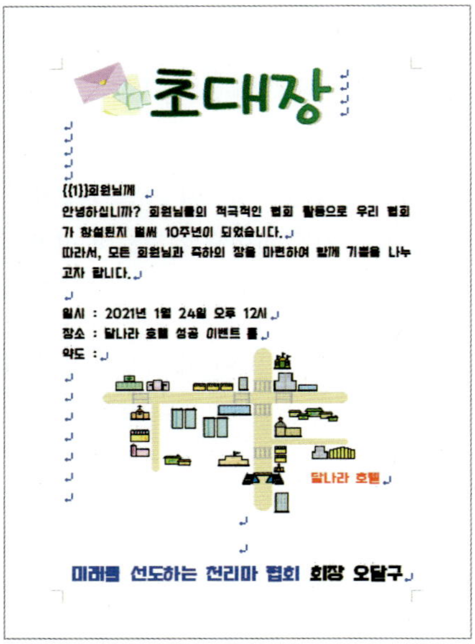

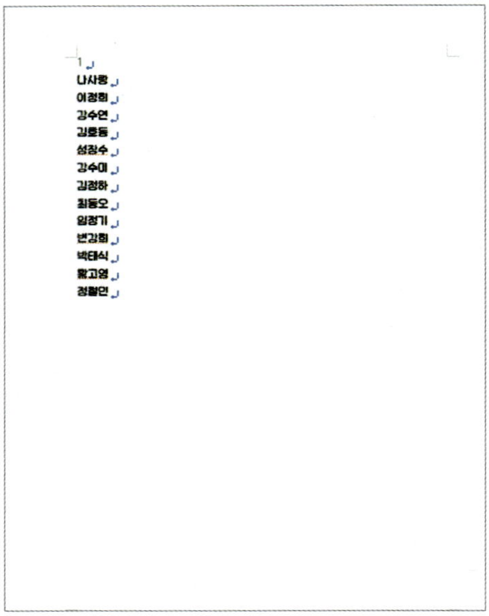

[메일 머지 만들기] 대화상자에서 자료 종류를 ⦿한글 파일을 선택하고, 📂를 클릭하여 데이터 파일이 있는 경로를 지정한다.

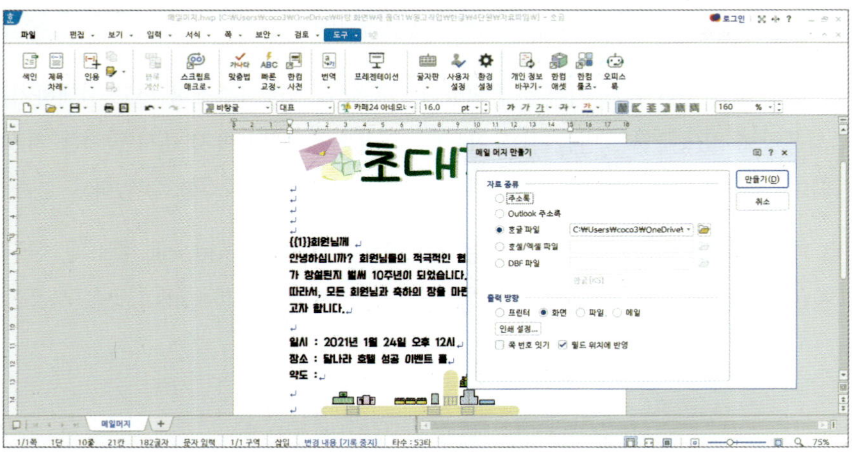

메일 머지 실행 결과의 출력 방향을 프린터, 화면, 파일, 메일로 지정할 수 있으며, '화면'으로의 출력 방향은 메일 머지의 서식 파일에 데이터 파일이 잘 적용되었는지를 확인할 수 있다.

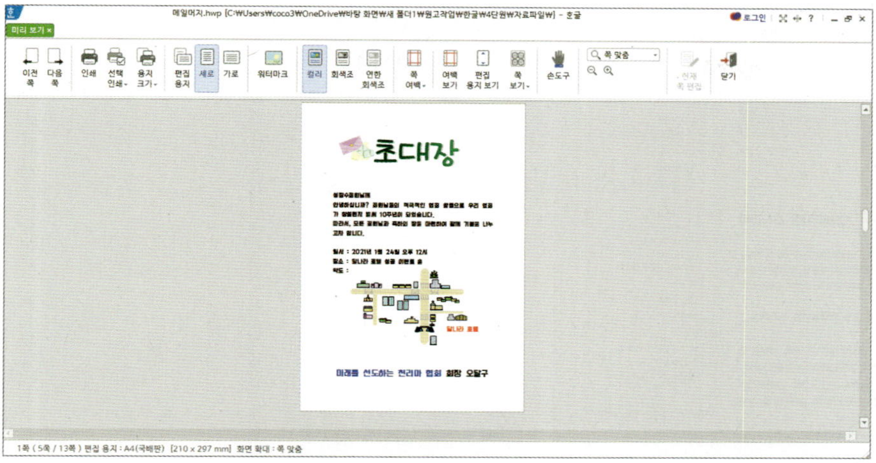

2.2 차례 만들기

차례에는 본문의 제목, 표, 그림, 수식 등에 대하여 차례 형식, 만들 차례, 탭 모양, 하이퍼링크 만들기 등을 선택하여 만들 수 있으며, 단행본이나 논문 작성 등에 꼭 필요한 기능으로 사용할 수 있다. [차례 만들기]는 차례 표시한 내용이 어느 쪽에 있는지를 내용과 쪽 번호를 붙여 표시해 주는 것으로, [차례 만들기]를 완료한 이후에 본문 쪽 번호가 바뀐 경우에는 [차례 만들기]를 다시 수행하거나 [차례 새로 고침]을 수행하여 수정할 수 있다.

차례 만들기를 표시하여 차례 만들기로 사용된 부분을 확인하면서 만들 수 있도록 [보기▼] 탭 – [조판 부호]를 선택한다. 차례의 제목으로 설정할 지점에서 마우스를 클릭하여 커서를 위치한 후, [도구▼] 탭–[차례/색인]의 [제목 차례 표시]를 선택하여 한글 문서에 제목 차례를 표시하고, 제목 차례가 표시된 부분에는 주황색 [제목 차례] 조판 부호가 표시된다.

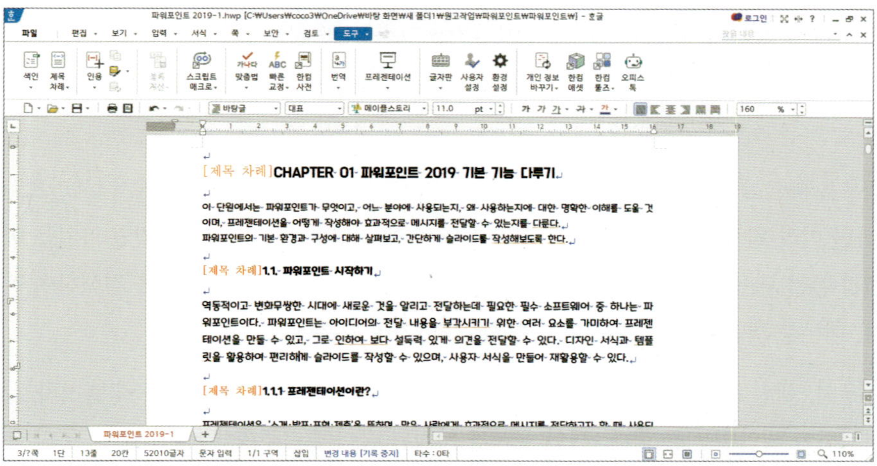

[제목 차례 표시] 지정이 끝나면 차례를 삽입할 위치로 이동한 후 [도구 ▾] 탭–[차례/색인]–[차례 만들기]를 클릭하여 [차례 형식], [만들 차례], [탭 모양], [만들 위치]를 지정하여 차례를 삽입할 수 있다.

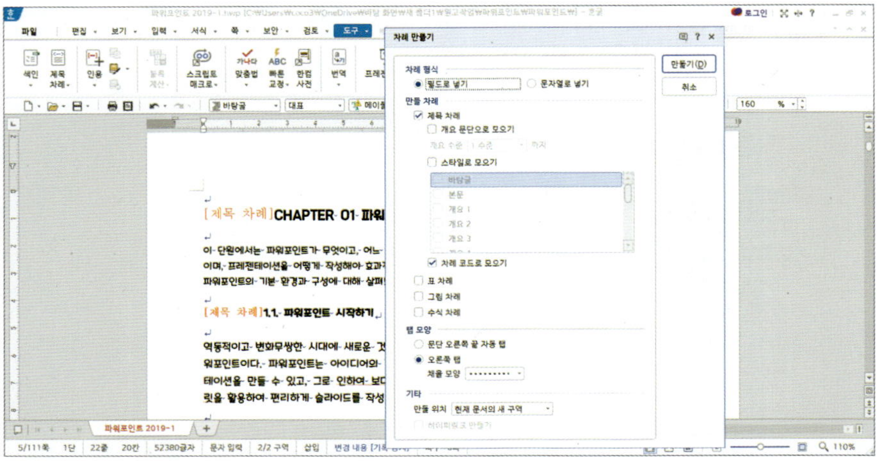

작성한 한글 문서에 [개요 문단]이나 [스타일]이 지정된 경우에는 지정된 서식을 선택하여 차례를 만들 수 있으며, [제목 차례 표시]를 이용하여 차례를 만들고자 할 때는 [차례 코드로 모으기]를 선택하여 만들 수 있다.

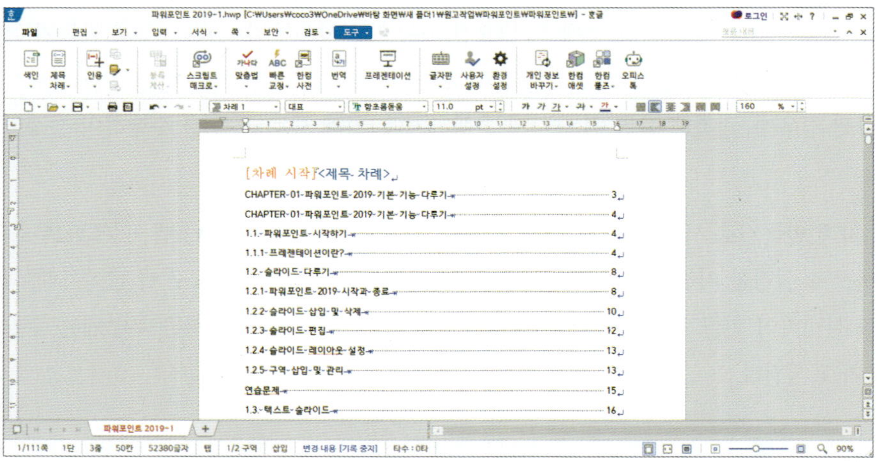

2.3 색인 만들기

색인은 문서에서 찾는 내용을 빠르게 찾을 수 있도록 해 주는 기능으로, [문서 찾기] 대화상자에서 [색인으로 빨리 찾기] 기능을 이용하면 미리 원하는 장소의 문서를 색인 파일 속에 기록해 두었다가, 그 색인 파일을 이용하여 빠르게 찾는 방법과 본문 내용이나 문서 요약 또는 파일 이름으로 원하는 곳의 파일들을 검색하여 파일을 찾는 방법이 있으며, 대부분 색인 목록은 논문이나 단행본의 마지막 부분에 위치한다.

색인을 만들기 위해서는 우선, 색인 목록에 등록하고자 하는 [단어]를 블록 설정한 다음, [도구 ▾] 탭–[차례/색인]의 [색인 표시]를 선택하여 색인 표시를 한다. 색인 표시가 지정된 단어에는 주황색 [색인 표시] 조판 부호가 표시된다.

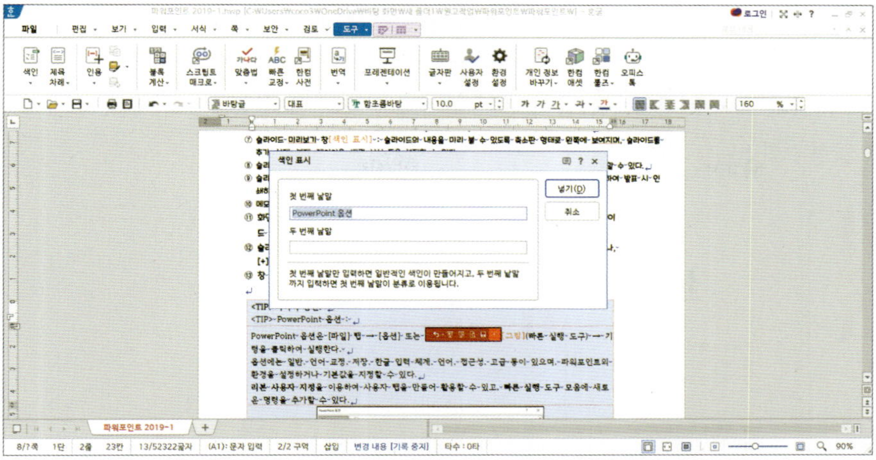

색인 표시가 완료되면, [도구 ▾] 탭–[차례/색인]–[색인 만들기]를 선택하면 작성된 색인 목록이 삽입된다.

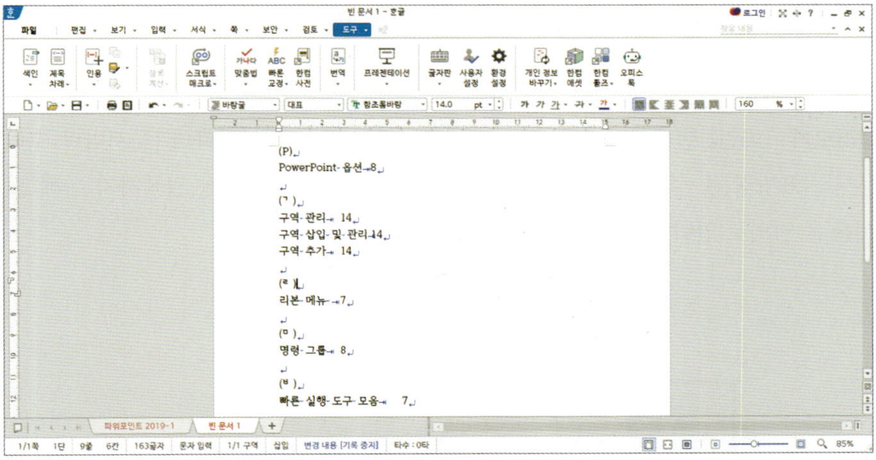

만들어진 색인 문서는 별도의 파일로 저장할 수 있으며, 저장된 색인 문서는 [한컴 문서 찾기]의 '찾을 파일 또는 내용'에 원하는 내용을 입력한 후 [문서 내용]을 선택하여 찾을 수 있다.

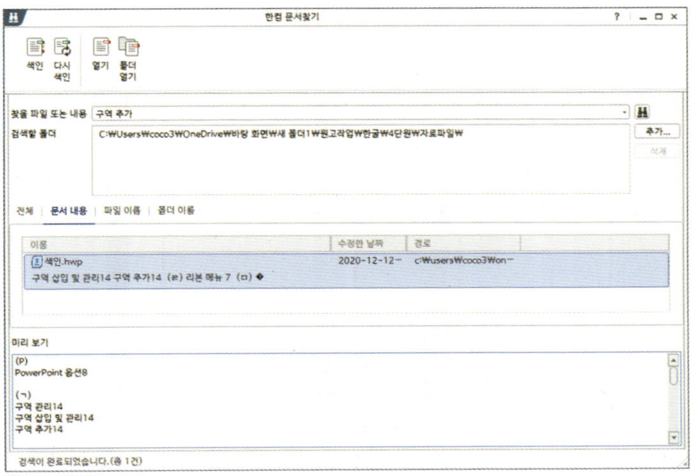

기본예제 34 메일 머지

[문서마당]의 '표창장' 서식 파일과 데이터 파일을 만들어 메일 머지를 실행해 봅시다(메일 머지 표시 달기 : 부서명, 직위, 성명, 출력 방향 : 화면).

01 표창장 서식 파일 불러오기 [파일] 탭–[문서마당]을 클릭한다. [문서마당] 대화상자의 [문서마당 꾸러미] 탭에서 [업무/기타 문서]–[표창장]을 선택한 후 [열기] 단추를 클릭한다. 서식 파일을 완성하기 위해 '날짜', '회사명', '대표이사 이름'을 임의로 입력한다.

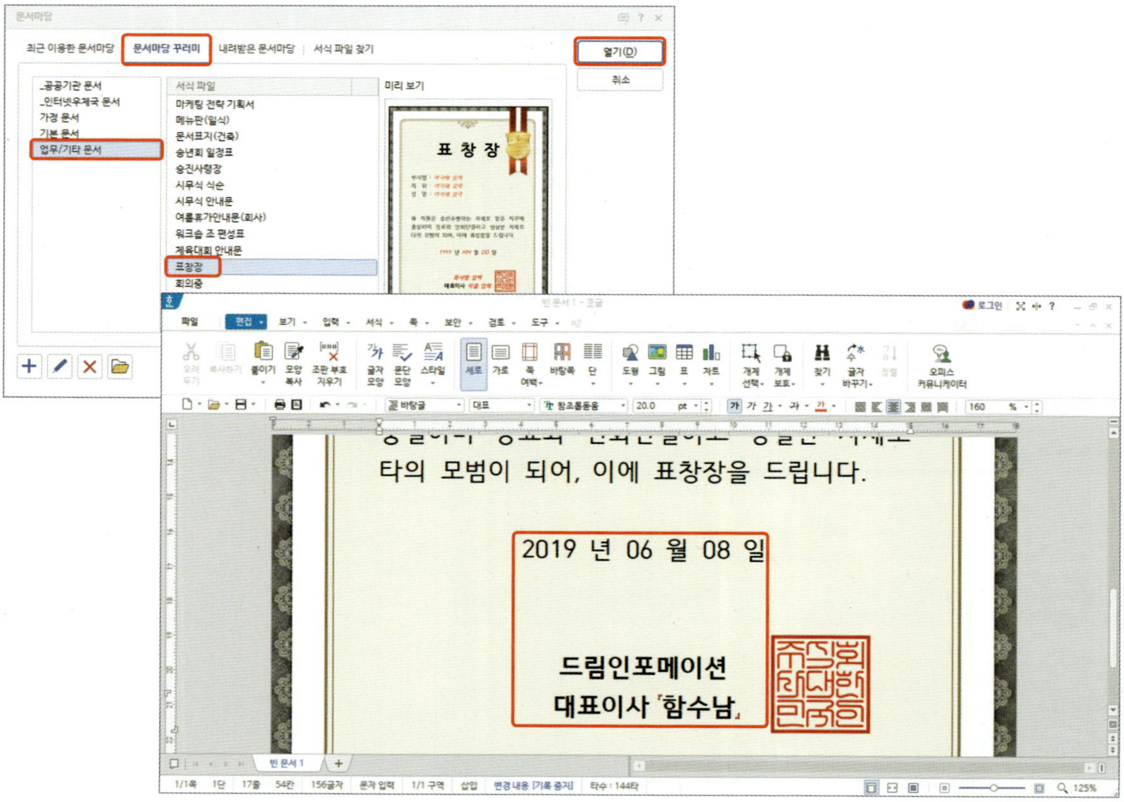

02 메일 머지 표시 달기 '부서명'의 오른쪽에 커서를 두고 [도구 ▾] 탭–[메일 머지]–[메일 머지 표시 달기] 메뉴를 클릭한 후 [메일 머지 표시 달기] 대화상자의 [필드 만들기] 탭을 클릭하여 '필드 번호나 이름을 입력하세요.'의 입력 상자에 『1』을 입력하고 [넣기] 단추를 클릭한다. 동일한 방법으로 '직위'에는 『2』, '성명'에는 『3』을 입력한다.

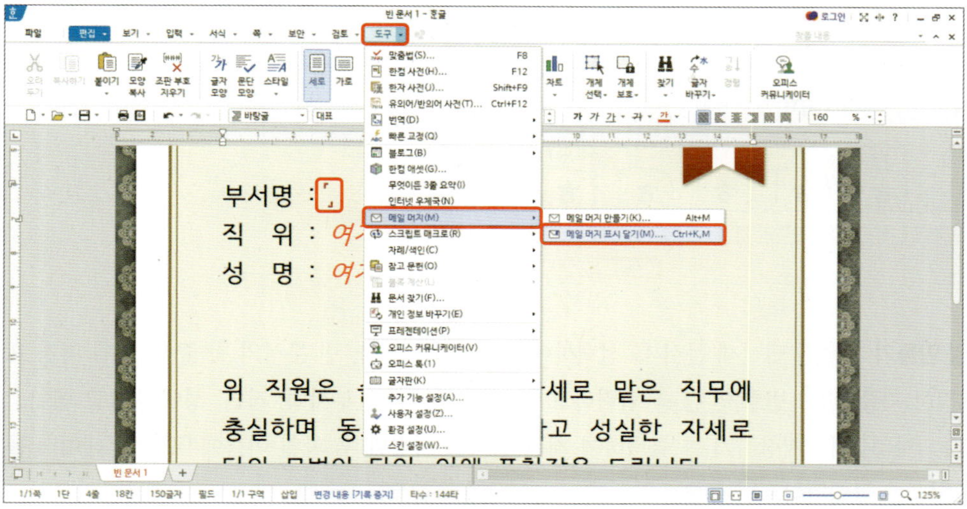

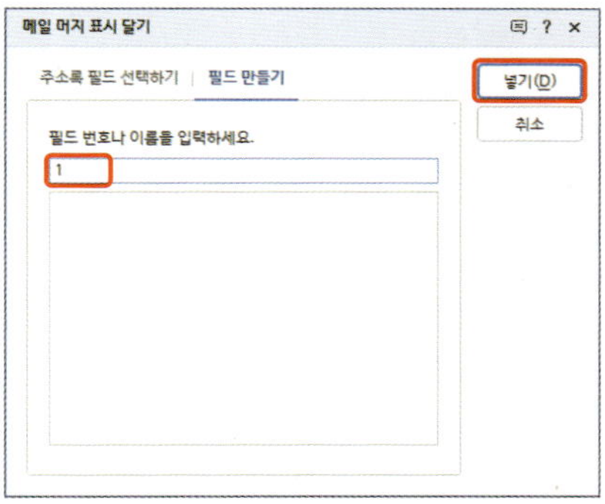

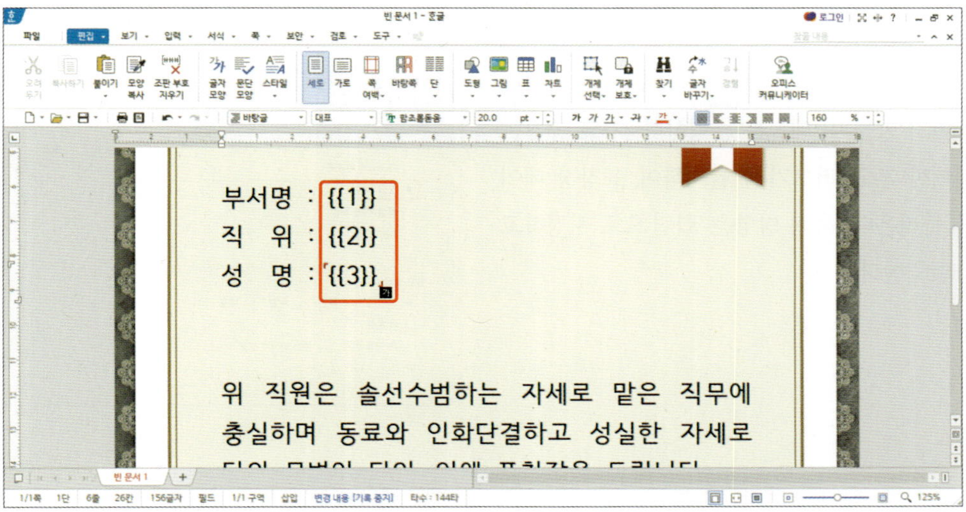

03 저장하기 [파일] 탭-[저장하기]를 클릭하여 저장 위치를 지정한 후 파일 이름에 『표창장』을 입력하고 [저장] 단추를 클릭한다.

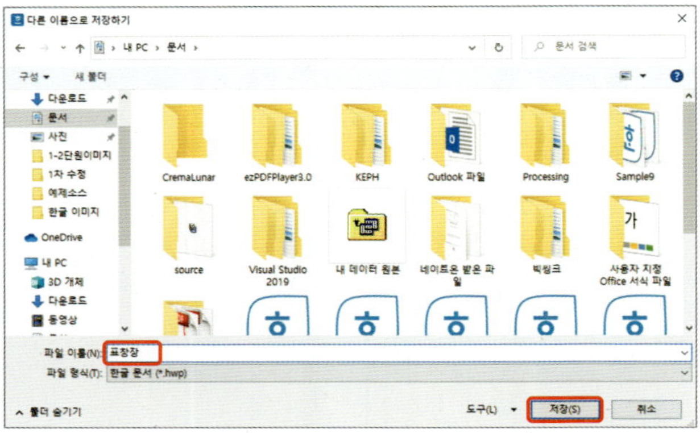

04 데이터 파일 만들기 [파일] 탭-[새 문서]를 선택하여 '빈 문서'를 연다. 빈 문서의 첫 줄에 [메일 머지 표시 달기]에서 설정한 최종 [필드 번호]인 『3』을 입력하고 두 번째 줄부터는 부서명, 직위, 성명 순으로 데이터를 모두 입력한다. [파일] 탭-[저장하기]를 클릭하여 저장 위치를 지정한 후 파일 이름에 『표창장 데이터』를 입력하고 [저장] 단추를 클릭한다.

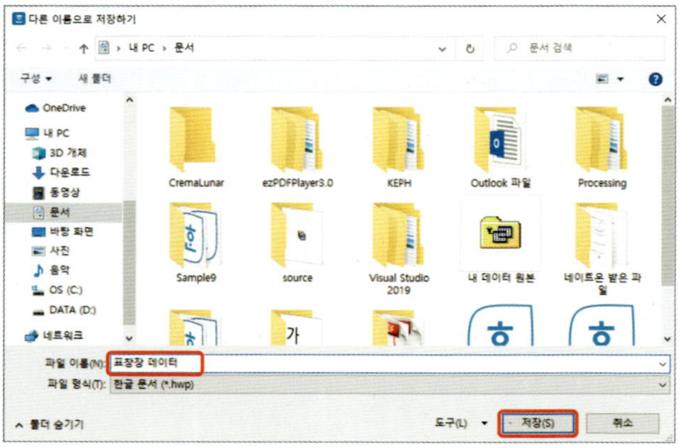

05 메일 머지 실행하기 '표창장' 문서에서 [도구 ▾] 탭-[메일 머지]-[메일 머지 만들기] 메뉴를 클릭한다. 자료 종류는 '한글 파일'을 선택한 후 '불러오기'를 클릭하여 '표창장 데이터.hwp' 파일을 불러온다. 출력 방향은 '화면'으로 지정하고 [만들기] 단추를 클릭한다.

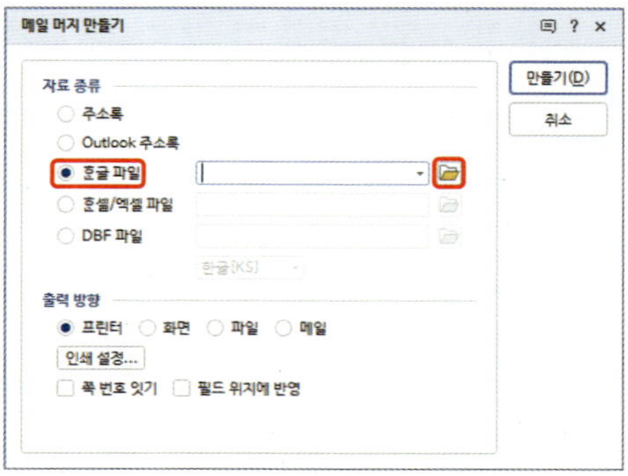

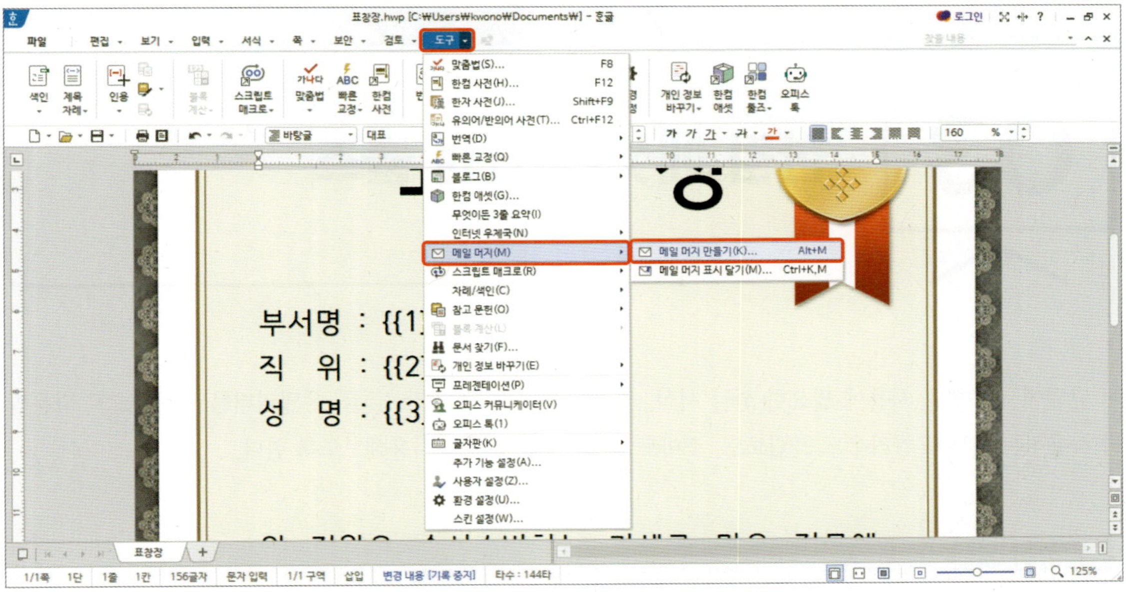
도구
맞춤법(S)... F8
한컴 사전(H)... F12
한자 사전(J)... Shift+F9
유의어/반의어 사전(T)... Ctrl+F12
번역(D)
빠른 교정(Q)
블로그(B)
한컴 애셋(G)...
무엇이든 3줄 요약(I)
인터넷 우체국(N)
메일 머지(M)
메일 머지 만들기(K)... Alt+M
메일 머지 표시 달기(M)... Ctrl+K,M
스크립트 매크로(R)
차례/색인(C)
참고 문헌(O)
문서 찾기(F)...
개인 정보 바꾸기(E)
프레젠테이션(P)
오피스 커뮤니케이터(V)
오피스 톡(1)
글자판(K)
추가 기능 설정(A)...
사용자 설정(Z)...
환경 설정(U)...
스킨 설정(W)...
부서명 : {{1
직 위 : {{2
성 명 : {{3

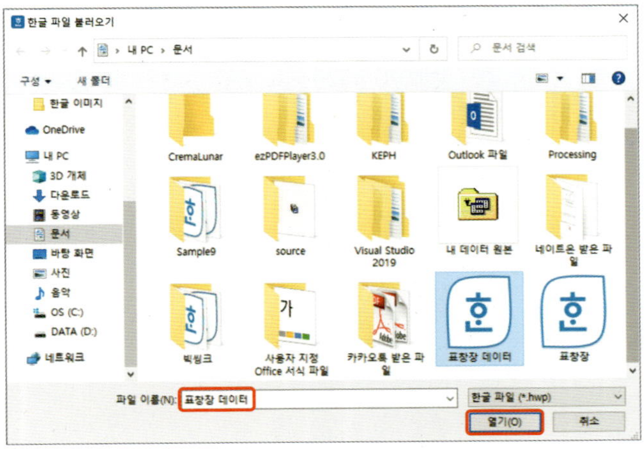
한글 파일 불러오기
내 PC › 문서
파일 이름(N): 표창장 데이터
한글 파일 (*.hwp)
열기(O)
취소

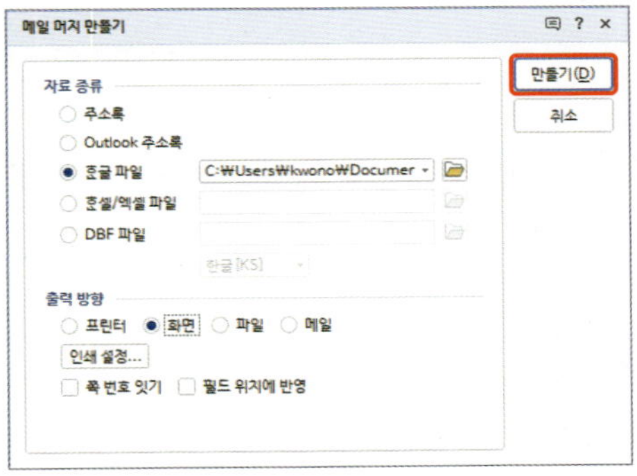
메일 머지 만들기
자료 종류
주소록
Outlook 주소록
한글 파일
C:₩Users₩kwono₩Documer
호셀/엑셀 파일
DBF 파일
출력 방향
프린터
화면
파일
메일
인쇄 설정...
쪽 번호 잇기
필드 위치에 반영
만들기(D)
취소

SECTION 03

한컴 애셋과 한컴 툴즈

이 단원에서는 한글 사용에 필요한 한글 서식, 클립아트, 그리기 조각, 글꼴, 유틸리티를 추가적으로 다운받아 사용하는 방법과 클라우드 클립보드, 스마트 입력, 음성 명령을 사용해보도록 한다.

3.1 한컴 애셋

한컴 애셋은 한글 문서 작성에 도움을 주는 서식이나 클립아트, 글꼴 등을 다운받아 설치할 수 있다. 한컴 애셋은 [도구 ▾] 탭–[한컴 애셋]을 선택한다.

다운받은 클립아트나 그리기 조각은 [그리기 마당]에 등록되고, 한컴 전용 글꼴은 시스템에 설치되어 바로 사용할 수 있도록 한글을 다시 실행해야 한다.

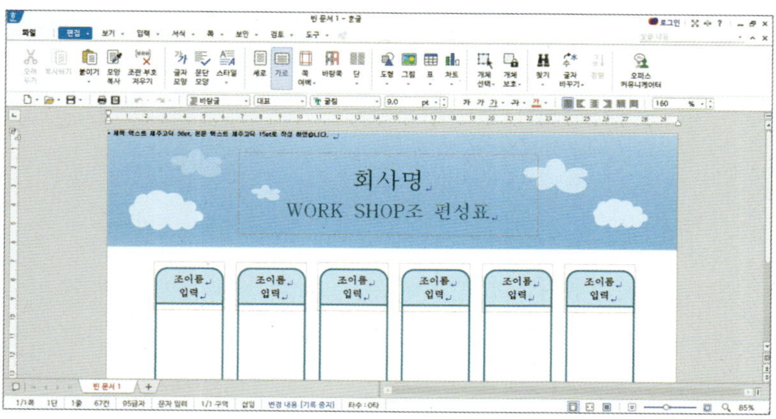

3.2 한컴 툴즈

한컴 툴즈는 유무선 네트워크나 블루투스 연결을 통해 한컴오피스를 원격 제어할 수 있는 Android용 응용 프로그램 패키지로, 모바일 장치에서 클립보드의 내용을 공유하고, 스마트 입력으로 데이터를 간편하게 전송하고 음성 명령을 통해 기능을 실행하는 등의 다양한 작업을 수행할 수 있다.

한컴 툴즈를 사용하려면 Android 운영 체제를 지원하는 모바일 장치에서 '한컴 툴즈' 프로그램을 설치한 다음 한컴오피스에 연결하여 이용할 수 있다.

내 PC와 스마트폰을 연결하기 위해서는 우선, 스마트폰과 내 PC를 블루투스나, Wifi로 연결한다. 블루투스 연결 확인 [시작(■)]–[설정(⚙)]–[장치]–[Bluetooth 및 기타 디바이스]에서 확인할 수 있다.

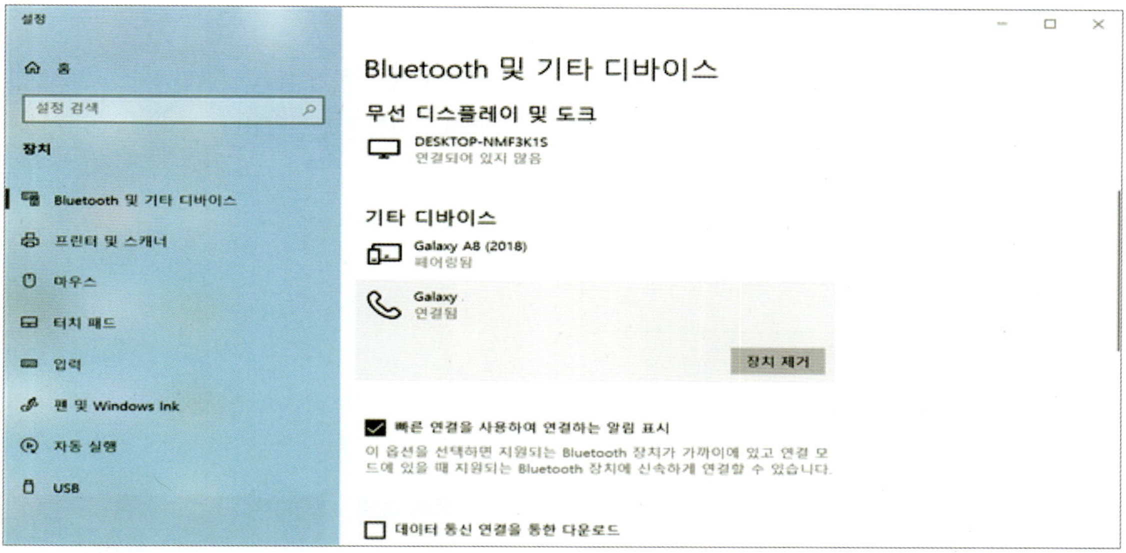

[도구 ▾] 탭–[한컴 툴즈 ▾]를 클릭하여 한컴 툴즈의 항목인 [클라우드 클립보드], [스마트 입력], [음성 입력] 중 원하는 항목의 [설치하기] 단추를 클릭하여 화면에 표시되는 QR코드를 스마트폰의 QR코드 렌즈로 찍어 [한컴 툴즈]를 스마트폰에 설치할 수 있다.

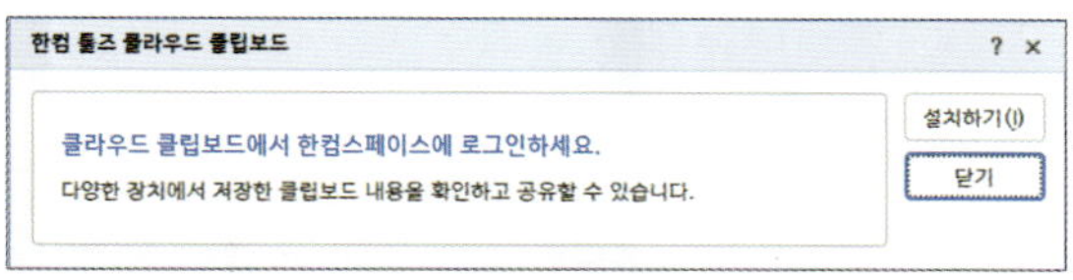

3.2.1 클라우드 클립보드

클라우드 클립보드를 통해 복사한 내용, 이미지 등 개체를 별도의 다른 기기나 플랫폼에서도 붙여넣을 수 있다. 오피스 프로그램에서 복사한 경우 서식 그대로 복사해서 붙여넣을 수 있다.

한컴스페이스는 회원 가입을 한 후 서비스를 이용할 수 있으며, 현재 문서를 한컴스페이스에 저장하거나 저장된 문서를 불러올 수 있다.

3.2.2 스마트 입력

스마트 입력을 이용하면 장비간 물리적 연결을 하지 않고 텍스트나 이미지, 동영상, 파일 등을 손쉽게 전송하고 공유할 수 있어 스마트폰의 [한컴 툴즈] 앱을 이용하여 간편하게 텍스트, 이미지 등을 한글2020에 입력할 수 있다.

스마트폰에서 한컴 툴즈의 [스마트 입력] 앱을 실행시킨 후, [도구 ▾] 탭-[한컴 툴즈]-[한컴 툴즈 스마트 입력]을 선택한 후, [연결하기]를 클릭하여 나타나는 QR코드를 찍어 스마트폰과 연결한다.

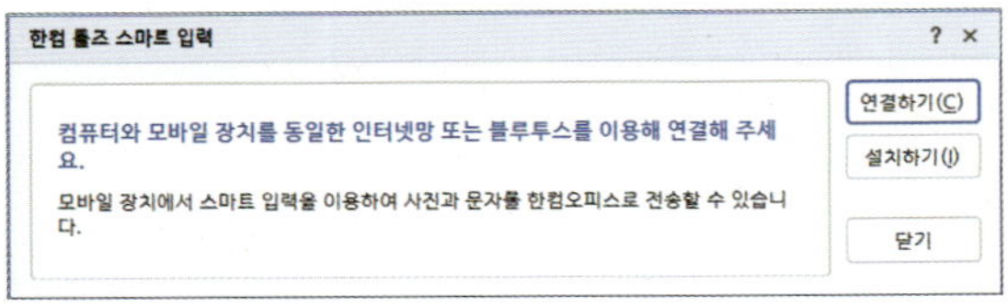

[스마트 입력]을 이용하여 전송한 파일은 C:\Users\사용자 계정\AppData\Roaming\HNC\SmartInput 위치에 저장된다.

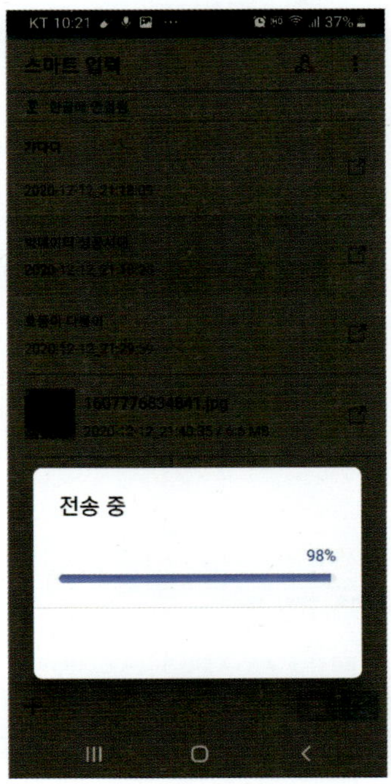

스마트폰의 [한컴 툴즈 스마트 입력] 앱을 통해 내 PC의 한글 2020에 한글 텍스트와 이미지를 입력할 수 있다.

3.2.3 음성 명령

사용자의 음성을 사용하여 한컴오피스 프로그램을 실행하거나 편집 화면에 사용자 음성을 텍스트로 입력할 수 있다.

스마트폰에서 한컴 툴즈의 [음성 명령] 앱을 실행시킨 후 한글 2020의 [도구 ▾] 탭-[한컴 툴즈]-[한컴 툴즈 음성 명령]을 선택한 후, [연결하기]를 클릭하여 나타나는 QR코드를 찍어 스마트폰과 연결한다.

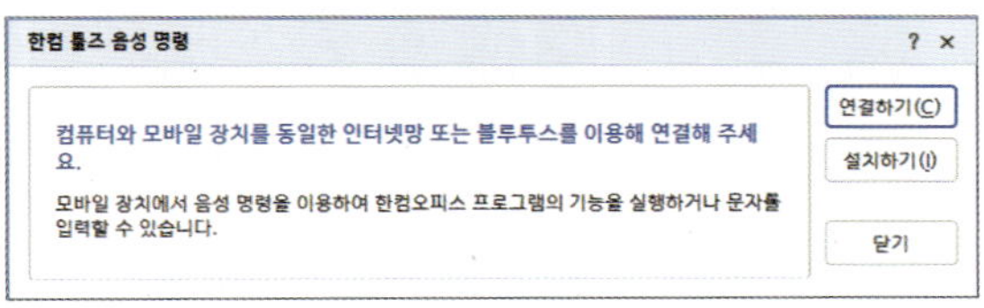

스마트폰의 [한컴 툴즈 음성 명령] 앱을 내 PC와 연결한 후, [음성 명령] 앱의 마이크에 '한쇼 실행'이라는 음성을 인식시켜 한컴오피스의 한쇼2020을 실행시킬 수 있다.

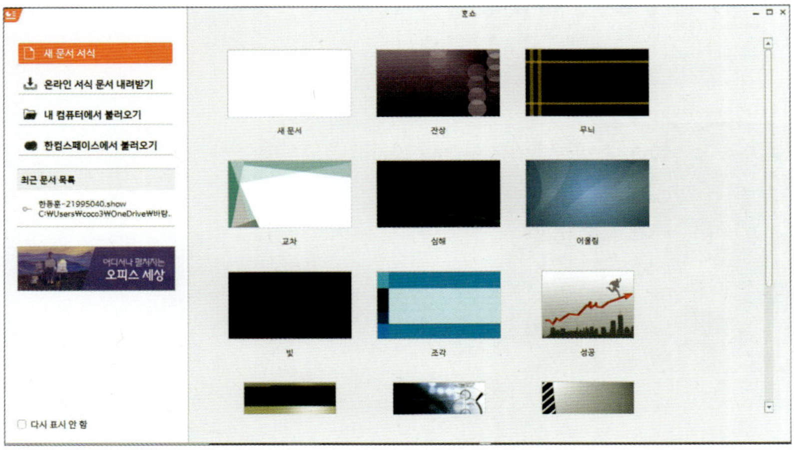

3.2.4 오피스 톡

오피스 톡은 시간을 절약하여 문서 작업의 효율성을 높일 수 있는 기능으로, 작업 창에서 실시간 채팅 형식으로 지식을 검색하거나 한컴오피스의 사용 문제를 해결할 수 있는 정보 검색 기능이다. 오피스 톡은 한컴스페이스에 회원 가입을 해야 사용할 수 있으며, Google계정, Facebook계정, Naver계정, Dropbox계정 등으로 회원 가입할 수 있다.

오피스 톡은 [도구 ▾] 탭–[오피스 톡]을 선택하여 실행한 후 오피스 톡 창에서 검색어를 입력하여 정보를 얻을 수 있다.

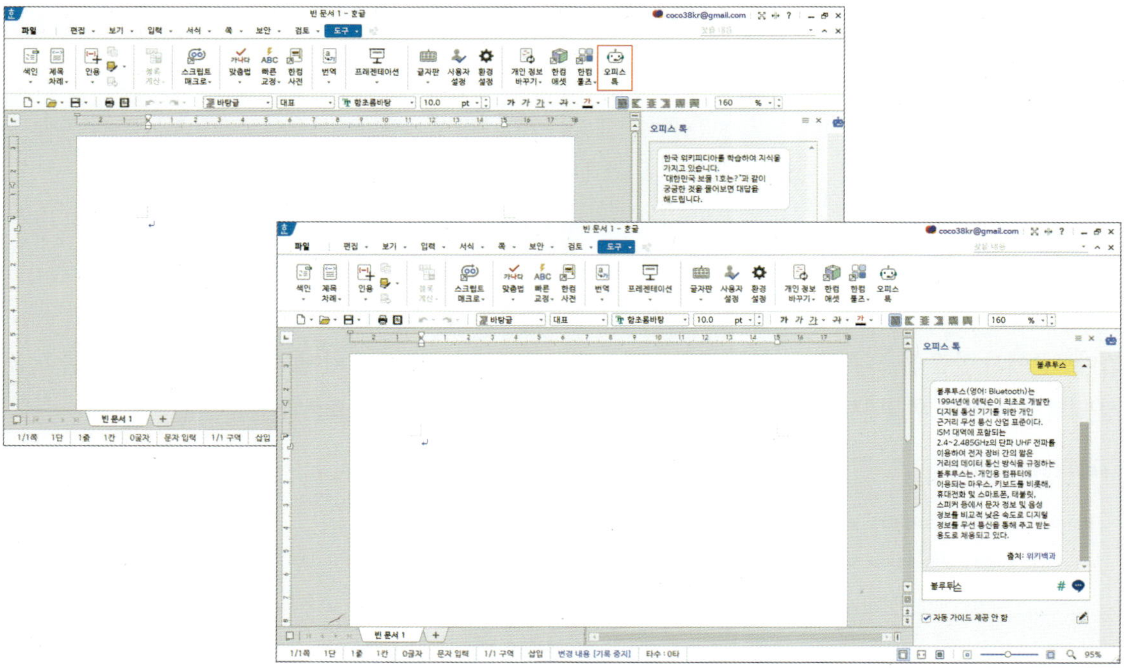

기본예제 35 한컴 애셋과 오피스 톡

새 문서를 열어 한컴 애셋의 '클립아트(나무1)'를 다운받아 한글에 삽입해 보고, 오피스 톡을 이용하여 '인공지능'에 대한 정보를 검색하여 삽입해 봅시다.

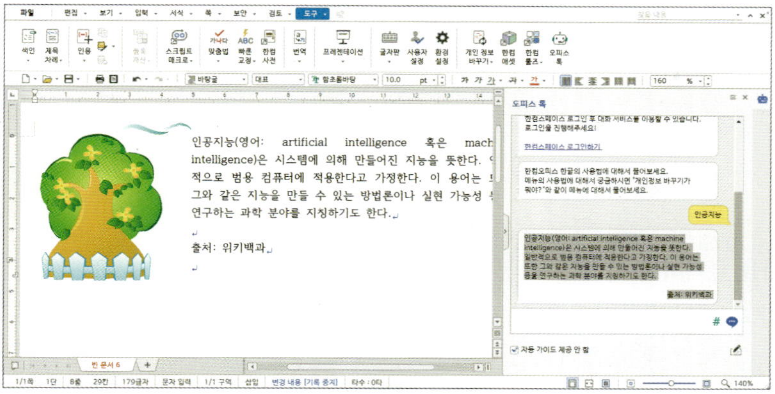

01 '나무1' 클립아트 다운로드 [파일] 탭–[새 문서]를 클릭하여 빈 문서를 연다. [도구 ▾] 탭을 클릭하여 기본 도구 상자에서 [한컴 애셋]을 선택하여 실행한다. [한컴 애셋]의 [클립 아트] 탭을 선택하고 [검색 상자]에 '나무1'을 입력한 후 Enter를 누른다. 검색 결과에서 '나무1'을 선택하여 [다운] 아이콘을 클릭하여 다운받는다.

02 '나무1' 클립아트 삽입 [입력 ▾] 탭–기본 도구의 [그림 ▾]–[그리기 마당] 메뉴를 선택한다. [그리기 마당]의 [내려받은 그리기 마당] 탭에서 '나무1'을 찾아 선택한 후 [넣기] 클릭한다. 빈 문서 왼쪽 상단에서 마우스를 드래그하여 그림을 삽입한다.

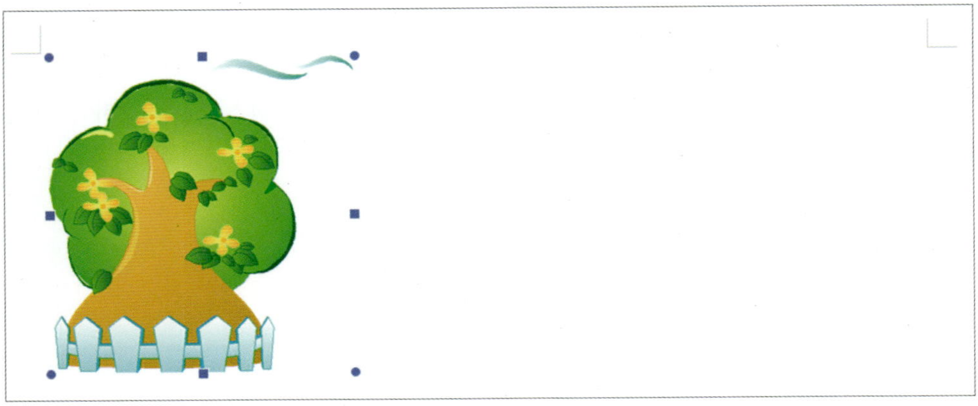

03 오피스 톡 로그인 [도구 ▾] 탭을 클릭하고 기본 도구 상자의 [오피스 톡]을 선택하여 실행한다. 한컴 스페이스 로그인 창에 가입된 '이메일'과 '비밀번호'를 입력하여 로그인한다.

04 인공지능 정보 검색 오른쪽 [오피스 톡] 창의 입력 상자에 『인공지능』을 입력하고 Enter를 누른다. 검색된 인공지능 정보를 블록으로 지정하여 복사한 후 본문에 붙여넣는다.

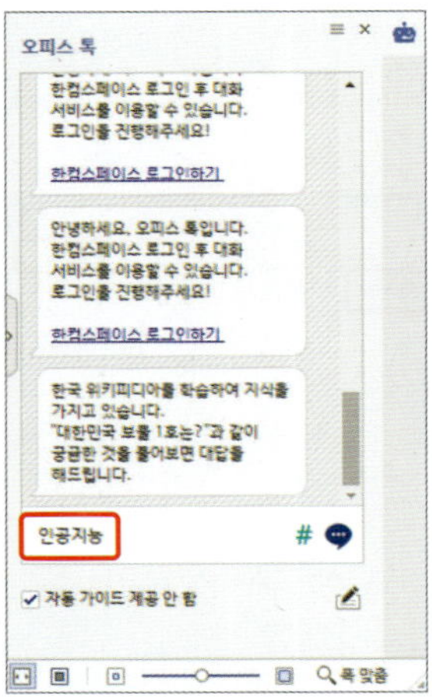

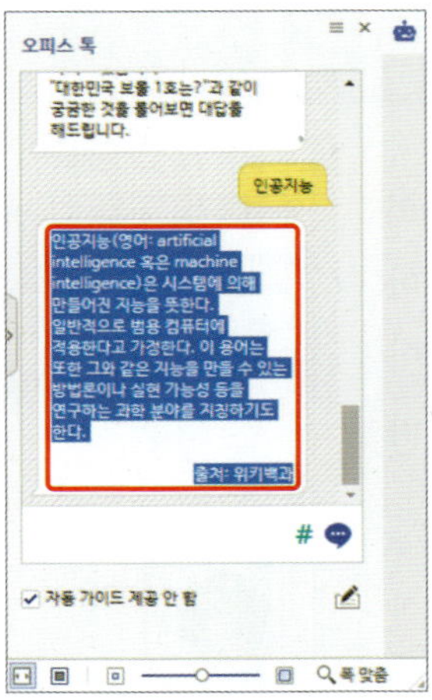

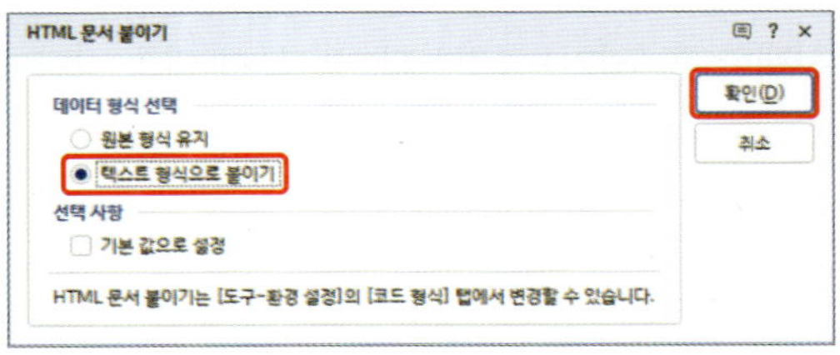

SECTION 04

단과 구역 설정하기

이번 단원에서는 신문이나 회보, 찾아보기 등을 만들 때 읽기 쉽도록 한 쪽을 여러 개의 단으로 나누는 다단 설정과 문서를 구역으로 나누어 각 구역마다 다르게 서식을 지정하는 방법에 대해 알아본다.

4.1 단 설정하기

단은 하나, 둘, 셋, 왼쪽, 오른쪽, 다단 중 원하는 형태를 선택하여 간편하게 세로로 단을 나눌 수 있으며, 다단을 사용하면 문서가 정돈되어 보이는 효과가 있고, 보다 많은 내용을 한눈에 볼 수 있다.

다단은 최대 15단까지 단을 나눌 수 있으며, 각 단의 너비가 서로 다른 단을 만들 수도 있고, 한 쪽 안에서 단 수가 다른 단을 만들 수도 있다.

단에는 일반 다단, 배분 다단, 평행 다단으로 구분할 수 있으며, 가장 기본적인 일반 다단은 한 단씩 차례로 내용을 가득 채워 가득 차면 다음 단으로 내용이 넘어가는 것을 말한다.

배분 다단은 마지막 쪽에서 각 단의 높이가 가능한 한 같아지도록 들어가는 내용의 양을 자동으로 조절하는 것이며, 평행 다단은 하나의 단에서 내용이 다 채워지지 않더라도 다음 단으로 이동하여 내용을 입력하는 사전 형식의 용어 설명집과 같이 제목과 설명이 번갈아 나열되는 형식의 문서에 주로 쓰인다.

단은 [쪽 ▾] 탭-[단]을 선택한 다음, 다단 설정을 선택하여 단 종류, 자주 쓰이는 모양, 구분선, 너비 및 간격을 지정하여 단을 나눌 수 있다.

단 간의 이동은 Ctrl+Alt+←/→를 이용하여 왼쪽, 오른쪽으로 단 이동을 할 수 있다.

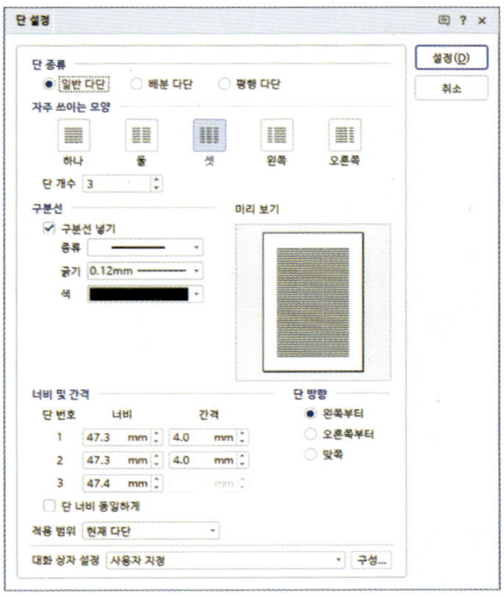

4.2 다단 설정 나누기

하나의 문서에서 여러 개의 단 모양을 사용하여 문서를 편집하는 경우에 사용되며, [다단 설정 나누기]를 이용하면 앞단과 관계없이 독립적인 새로운 단 모양을 정의할 수 있어, 한 쪽안에서 단 수를 몇 번이고 다르게 지정할 수 있다.

한 페이지에 여러 개의 단 모양으로 나누기 위해서는 [쪽▼] 탭-[단]-[다단 설정]을 클릭하여 '단의 수', '구분선', '너비'를 지정한 후 [설정] 단추를 클릭한다. 단의 수를 조절한 [단 나누기]는 [쪽▼] 탭-[다단 설정 나누기]를 선택한다. [다단 설정]과 [다단 설정 나누기] 기능을 반복 실행하면서 한 페이지에 단의 모양을 다르게 나눌 수 있다.

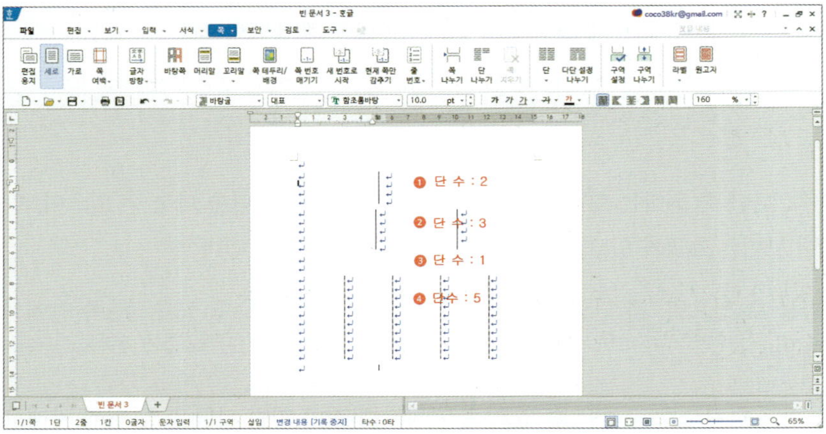

4.3 구역 나누기

구역은 한 문서 안에서 서로 다른 편집 용지, 바탕쪽, 각주/미주 모양, 쪽 테두리/배경, 개요 모양, 메모 등을 사용할 수 있으며, [구역 설정]에서 속성을 구역마다 각각 다르게 지정할 수 있다.

4.3.1 구역 나누기(Alt+Shift+Enter)

새로운 구역이 시작될 곳에 커서를 놓고 [쪽▼] 탭-[구역 나누기]를 선택하여 나눌 수 있다.

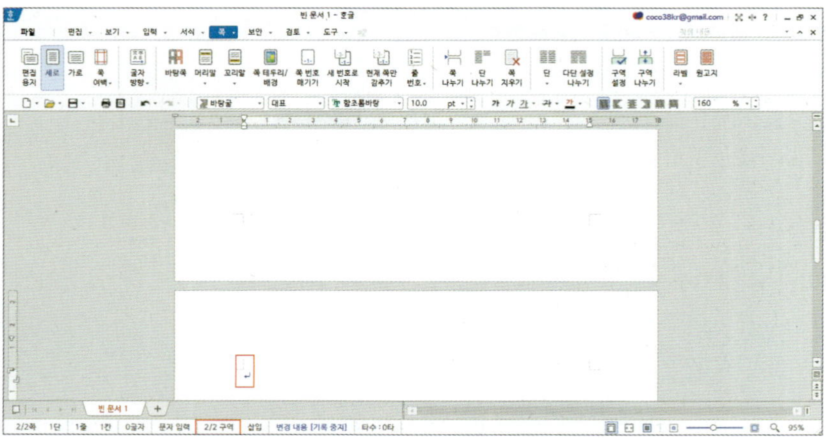

4.3.2 구역 설정(Ctrl+N, G)

[구역 설정] 대화상자에서는 시작 쪽 번호, 개체 시작 번호, 머리말/꼬리말 감추기, 테두리/배경 감추기, 단 사이 간격, 기본 탭 간격 적용 범위를 지정할 수 있다.

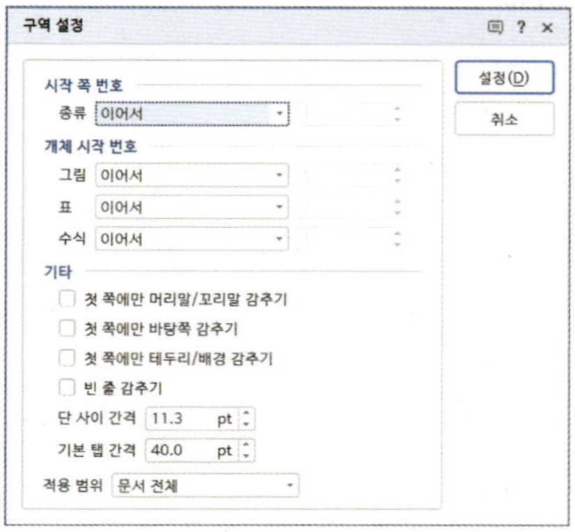

[쪽 ▾] 탭-[구역 나누기]를 실행한 후, 2구역의 [구역 설정] 대화상자 옵션 중 시작 번호, 그림 개체 시작 번호 등을 '사용자'로 지정하여 1구역과 번호가 이어지지 않도록 하고, [쪽 ▾] 탭-[편집 용지]를 선택하여 용지 여백을 '좁게', [쪽 ▾] 탭-[쪽 테두리/배경]을 선택하여 문서 테두리의 종류 '얇고 굵은 이중선', 굵기 '0.7mm'로 설정한다.

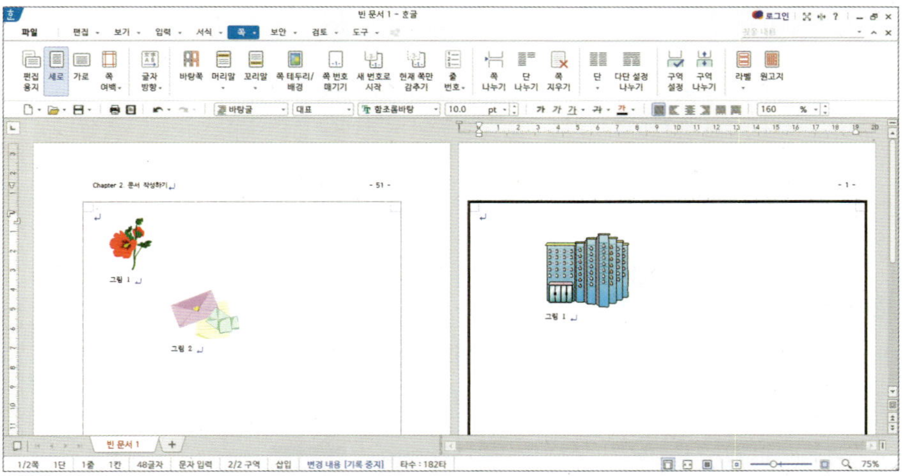

기본예제 36 구역 나누기 및 다단 설정

새 문서를 열어 2개의 구역으로 나누고, 첫 번째 구역에는 '쪽 테두리 : 이점쇄선, 선 굵기 : 0.4mm, 모두'를 지정하고, 두 번째 구역에는 '쪽 테두리 : 실선, 선 굵기 :0.6mm, 모두', '가로 방향', 다단(단 수 : 3, 구분선 : 실선)을 설정해 봅시다.

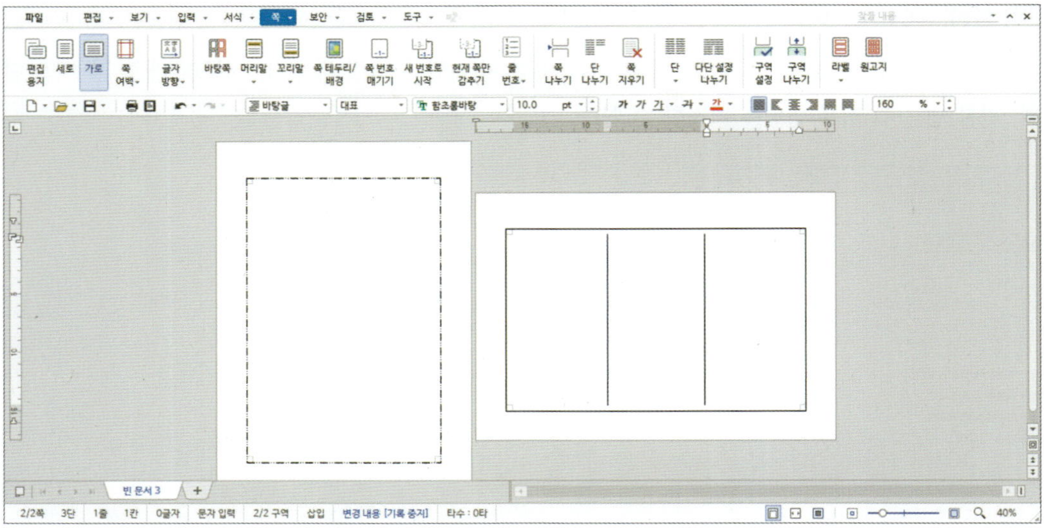

01 구역 나누기 [파일] 탭-[새 문서]를 클릭하여 빈 문서를 연다. [쪽 ▾] 탭-기본 도구의 [구역 나누기]를 선택하여 실행한다.

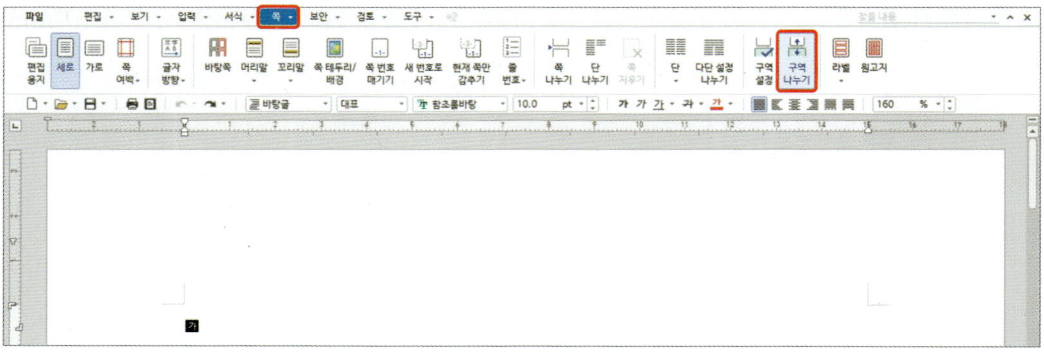

02 첫 번째 구역 테두리 설정 첫 번째 구역에 커서를 두고 [쪽 ▾] 탭-기본 도구의 [쪽 테두리/배경]을 선택하여 '테두리 종류 : 이점 쇄선, 굵기 : 0.4mm, 선 적용 범위는 : 모두'를 선택하여 지정한다.

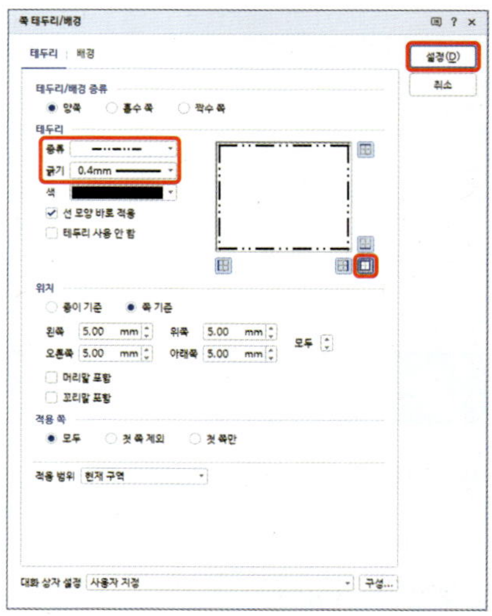

03 두 번째 구역 편집 용지 설정 두 번째 구역에 커서를 위치시킨 후 [쪽 ▾] 탭–기본 도구의 [가로]를 선택하여 편집 용지를 '가로 방향'으로 설정한다.

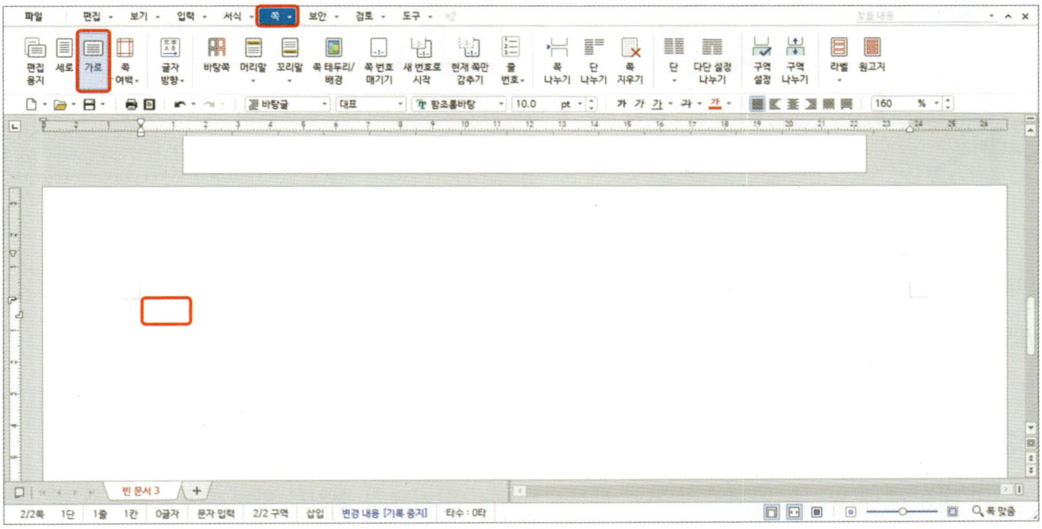

04 두 번째 구역 테두리 지정 [쪽 ▾] 탭–기본 도구의 [쪽 테두리/배경]을 선택하여 '테두리 종류 : 실선, 굵기 : 0.6mm, 선 적용 범위는 : 모두'를 선택하여 지정한다.

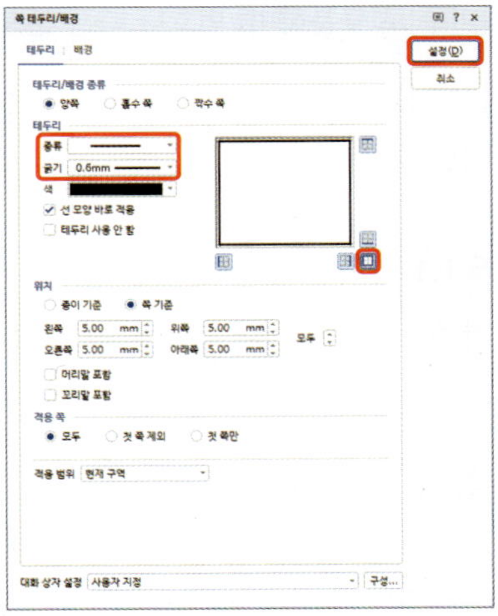

05 두 번째 구역 다단 설정 [쪽 ▾] 탭–기본 도구의 [단 ▾]–[다단 설정]을 선택하여 '자주 쓰이는 모양 : 셋, 구분선 : 구분선 넣기 선택'을 지정한 후 [설정]을 클릭한다. Enter를 눌러 3단으로 다단이 설정되었는지를 확인한다.

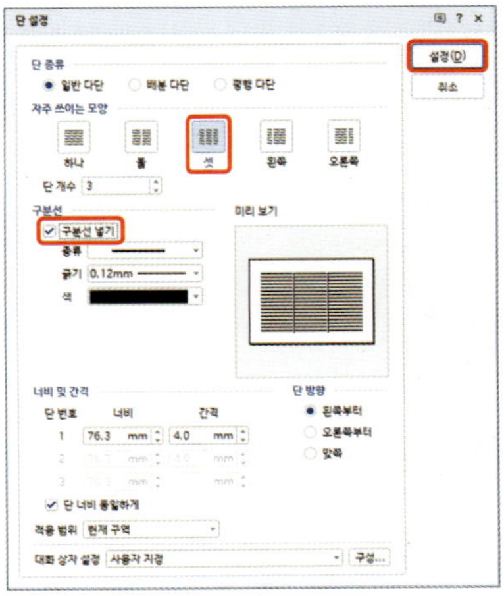

SECTION 05 주석 및 하이퍼링크

이번 단원에서는 문서 내용을 보충 설명해 주는 주석의 종류와 특징을 살펴보고, 문서 내의 이동, 웹 주소, 전자 우편으로의 연결을 위한 하이퍼링크에 대해 알아본다.

5.1 주석

주석은 본문의 내용 중에 넣기는 부담스러우나, 본문에서 인용한 자료의 출처를 밝히거나 본문에서 언급한 내용에 대한 보충 자료를 구체적으로 제시할 필요가 있을 때 이용되는 기능으로 주석의 위치에 따라 [각주], [미주]로 구분하며, 번호나 다른 문자로 주석 모양을 변경하여 적용할 수 있다.

[각주]는 각주를 설정한 쪽의 꼬리말 위나, 본문 아래에 표시되며, [미주]는 문서의 맨 끝이나 구역의 끝에 표시할 수 있다.

5.1.1 각주 넣기(Ctrl+N, N)

각주는 문서의 내용 중 각주를 넣고자 하는 단어를 블록으로 지정하거나, 해당 단어 앞이나 뒤에 커서를 위치시키고 [입력 ▾] 탭–[주석]–[각주]를 선택하며, 각주 내용을 입력할 수 있다.

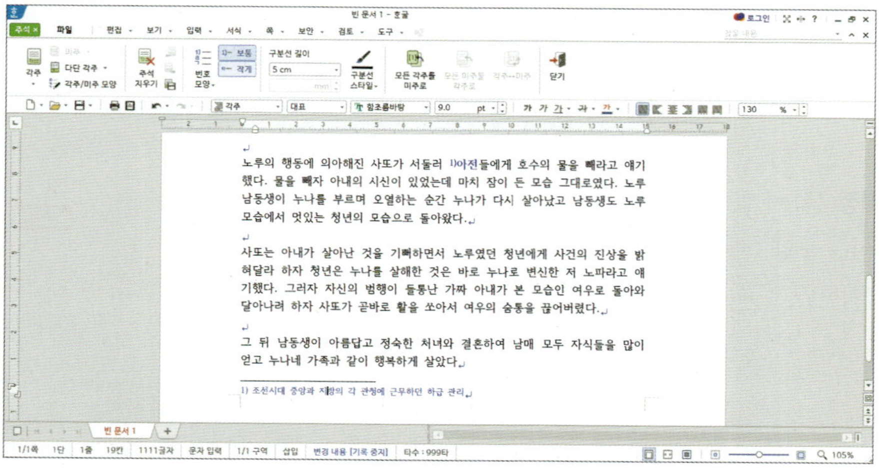

주석은 주석 입력 위치로 이동할 때 주석을 편집하기 위한 주석 도구가 표시되며, 주석 도구를 이용하여 각주/미주의 모양, 구분선 길이, 각주/미주의 글자 크기, 각주를 미주로, 미주를 각주로 전환하거나, 저장할 수 있다.

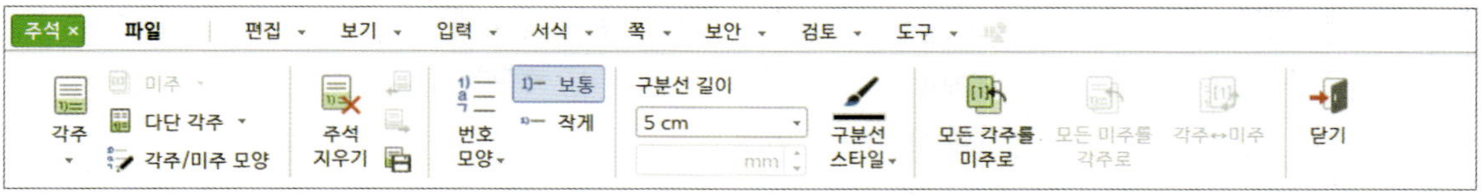

주석의 모양은 주석 도구의 각주/미주 모양을 선택하여 번호 모양을 기호 모양으로 변경할 수 있으며, 주석 편집 모드에서 본문 편집 모드로 전환하고자 할 때는 주석 도구에서 [닫기]를 클릭하거나, Shift+Esc를 눌러 전환할 수 있다.

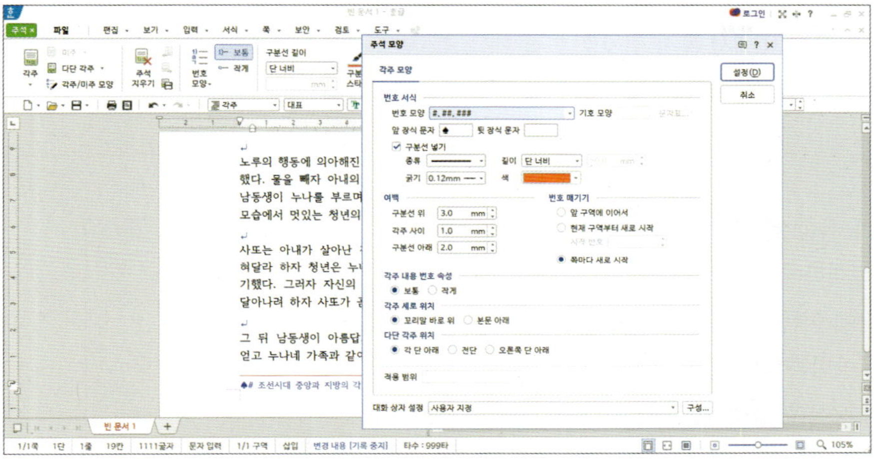

5.1.2 미주 넣기(Ctrl+N, E)

미주는 현재 구역의 맨 끝 부분이나 문서의 맨 끝 부분에 넣는 기능으로 미주를 넣고자 하는 단어를 블록으로 지정하거나 해당 단어 앞이나 뒤에 커서를 위치시키고 [입력 ▾] 탭–[주석]–[미주]를 선택하여 미주 내용을 입력할 수 있다.

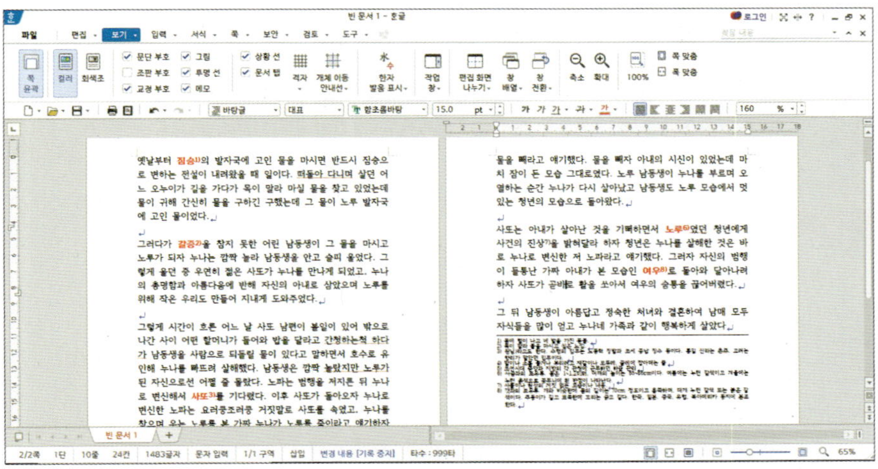

5.2 하이퍼링크(Ctrl+K, H)

하이퍼링크는 문서의 특정한 위치에 현재 문서나 다른 문서, 웹 페이지, 전자 우편 주소 등을 연결하여 쉽게 참조하거나 이동할 수 있게 해 주는 기능이다. 하이퍼링크 설정 시 문서에서 하이퍼링크를 연결할 [표시할 문자열]과 하이퍼링크 위에 마우스 포인터를 올렸을 때 표시할 [설명할 문자열]을 입력할 수 있으며 하이퍼링크는 텍스트, 그림, 도형 등의 개체에 연결할 수 있다.

하이퍼링크는 [입력 ▾] 탭–[하이퍼링크]를 선택한 후 연결 대상을 선택한다.

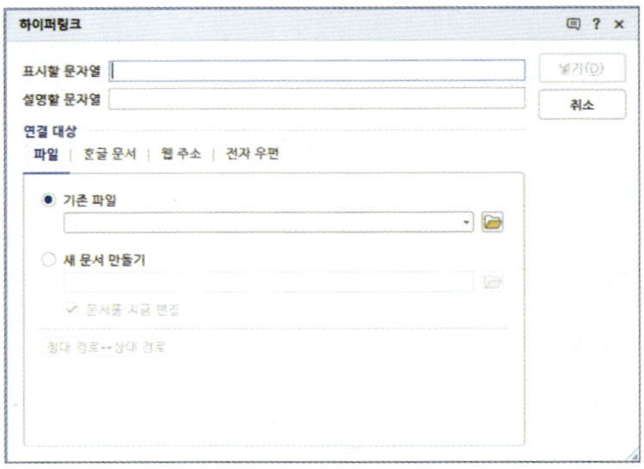

- **연결 대상(파일)** 컴퓨터에 저장된 파일이나 새 문서를 만들어 문서와 문서를 연결할 수 있다.
- **연결 대상(호글 문서)** 한글 문서 내에서 특정 위치로 연결하기 위해서는 먼저 연결할 위치를 책갈피에 등록하여 연결할 수 있다.

책갈피 등록은 책갈피로 등록할 위치로 커서를 이동한 후, [입력 ▾] 탭–[책갈피]를 선택하여 책갈피 대화상자가 나타나면 '책갈피 이름' 입력란에 이름을 입력한 다음 [넣기] 단추를 클릭하여 등록하는 방법과 책갈피에 등록할 단어를 블록 지정한 다음 책갈피 등록을 실행하면 책갈피 목록에 자동으로 등록하는 방법이 있다.

책갈피 목록은 책갈피 이름이 표시되며 이름이나 위치별로 정렬할 수 있다.

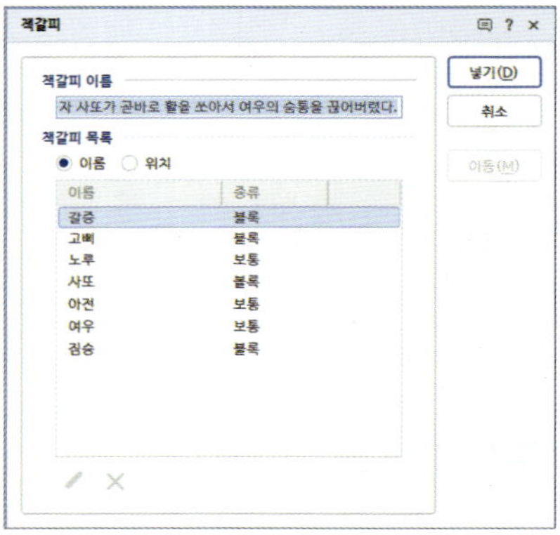

'짐승', '갈증', '사또', '고삐', '아전', '노루', '여우'를 문서에서 찾아 책갈피로 등록한 후 [입력 ▾] 탭–[하이퍼링크]를 선택한 다음 [연결 대상]을 호글 문서를 선택하고 [현재 문서]의 책갈피 목록에서 원하는 책갈피를 선택한 후, [넣기] 단추를 클릭하여 연결할 수 있다.

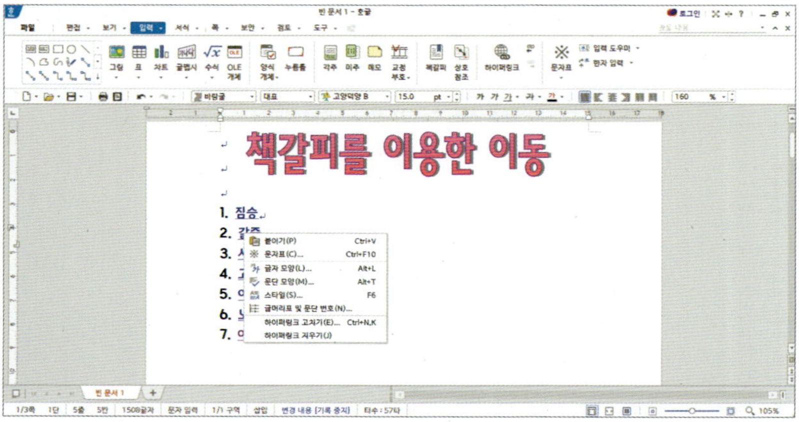

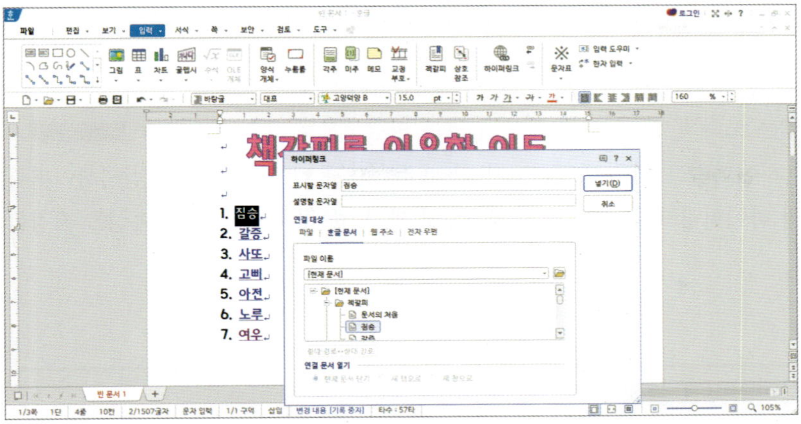

하이퍼링크를 수정하거나 삭제할 때는 하이퍼링크가 설정된 부분으로 이동하고, 마우스 포인터가 링크 모양(☝)으로 바뀌면 마우스 오른쪽 버튼을 클릭하여 [하이퍼링크 고치기] 메뉴을 이용하여 하이퍼링크를 편집할 수 있다.

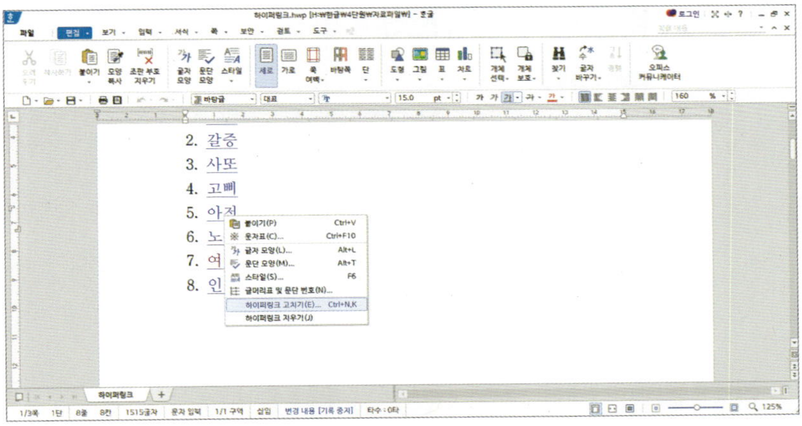

- **연결 대상(웹 주소)** 한글 문서와 웹 주소를 연결하기 위해서는 [입력 ▾] 탭–[하이퍼링크]를 선택한 다음 [연결 대상]을 웹 주소를 선택하고, 웹 주소 입력란에 연결한 웹 주소를 입력한 후 [넣기] 단추를 클릭하여 연결할 수 있다.

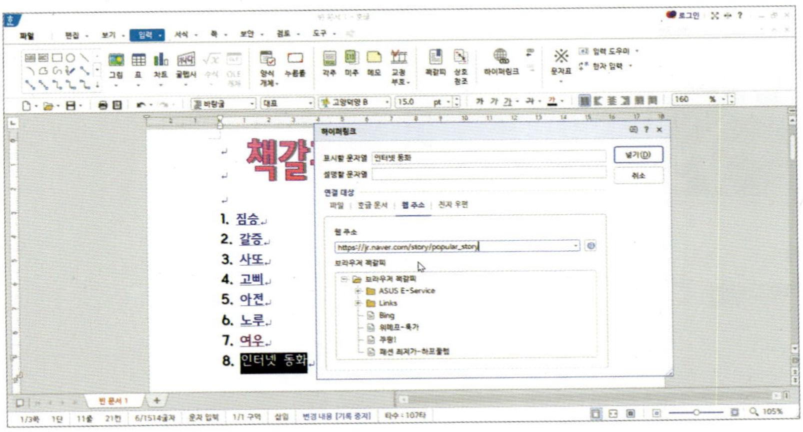

• **연결대상(전자 우편)** : 하이퍼링크 연결 대상을 전자 우편으로도 연결할 수 있다. 전자 우편을 연결할 때는 받을 사람의 전자 우편 주소를 입력하여 연결할 수 있다.

하이퍼링크 표시는 열어 본 링크는 보라색, 열어 보지 않은 링크는 파랑색으로 표시(열어 본 링크 [보라색] 열어 보지 않은 링크 [파랑색])되며 하이퍼링크 색을 변경하고자 할 때는 [도구 ▾] 탭–[환경 설정]–[하이퍼링크 글자 모양]에서 본문에 삽입할 하이퍼링크의 글꼴, 글자 색, 음영 색, 밑줄 긋기 등의 글자 속성을 지정할 수 있다.

기본예제 37 책갈피와 하이퍼링크 설정

2쪽의 반려견 견종 이름을 책갈피로 등록한 후 하이퍼링크를 설정해 봅시다.

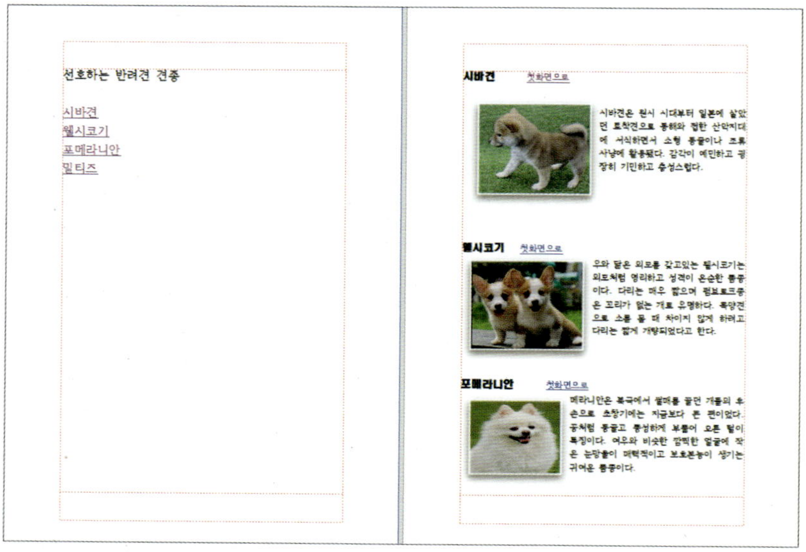

01 책갈피 넣기 2쪽에서 '시바견'의 '시' 앞에 커서를 두고 [입력 ▾] 탭–[책갈피] 메뉴를 선택하여 실행한다. [책갈피] 대화상자가 나타나면 '책갈피 이름 : 시바견, 책갈피 목록 : 이름'으로 지정한 후 [넣기]를 클릭한다. '웰시코기', '포메라니안', '말티즈'도 동일한 방법으로 책갈피를 등록한다.

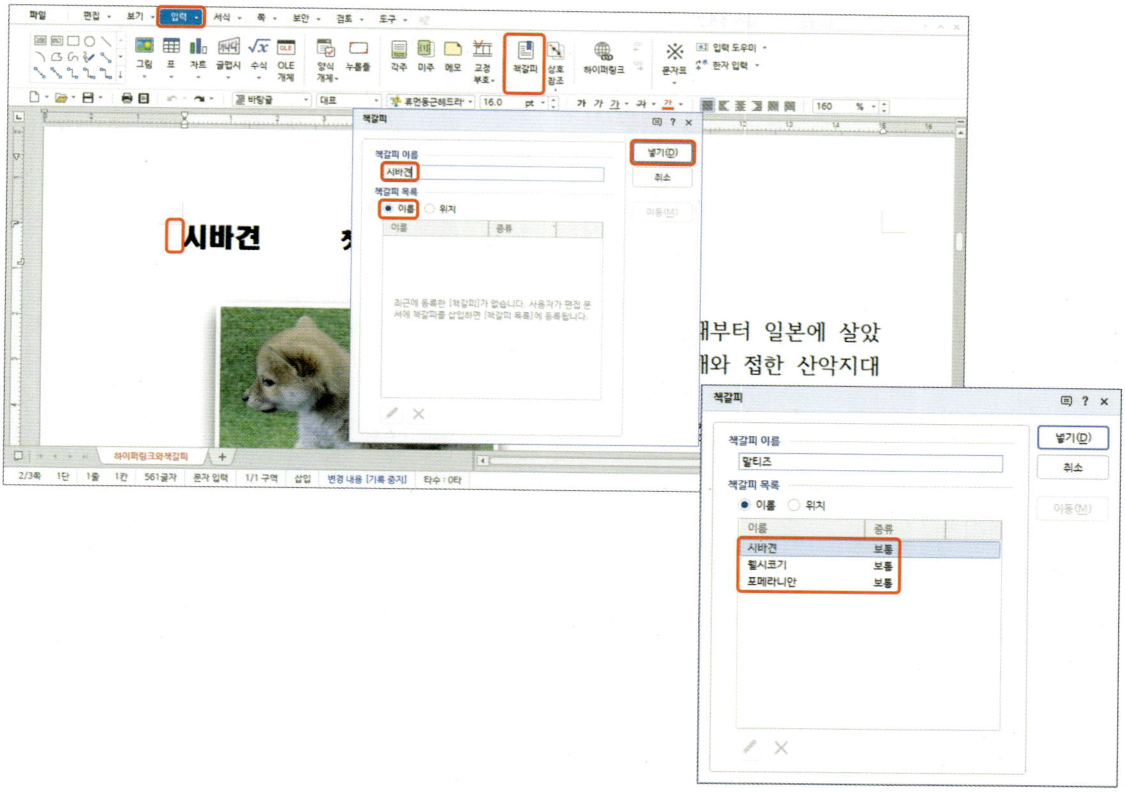

02 하이퍼링크 연결 1쪽에 있는 '시바견'을 블록으로 지정한 후 [입력 ▾] 탭–[하이퍼링크] 메뉴를 선택한다. [하이퍼링크] 대화상자가 나타나면 '연결 대상 : 흔글 문서'로 지정하고, 책갈피 목록에서 '시바견'을 선택한 후 [넣기]를 클릭한다. 동일한 방법으로 '웰시코기', '포메라니안', '말티즈'를 하이퍼링크로 연결한다.

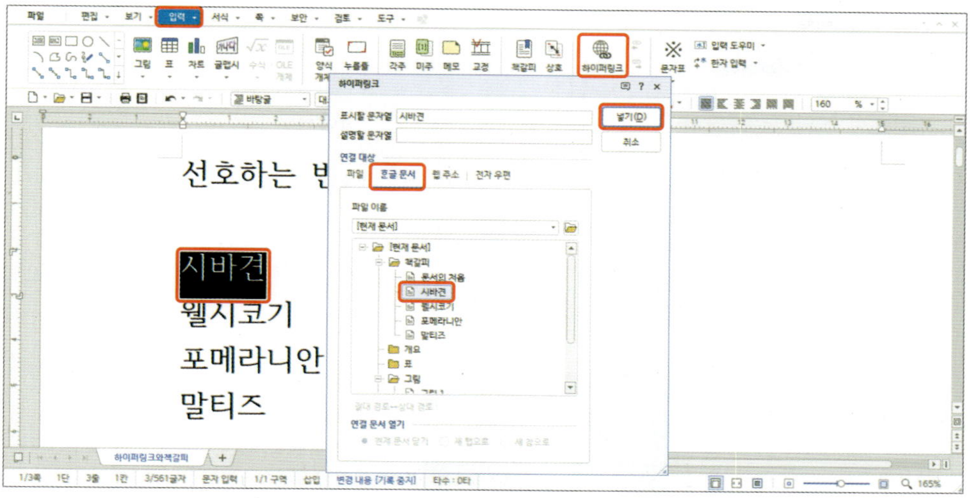

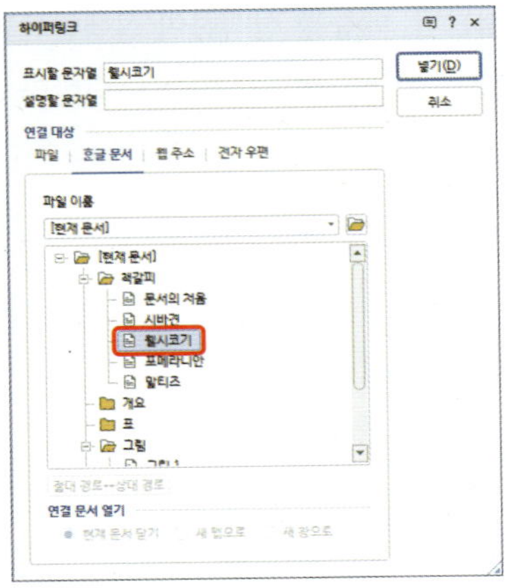

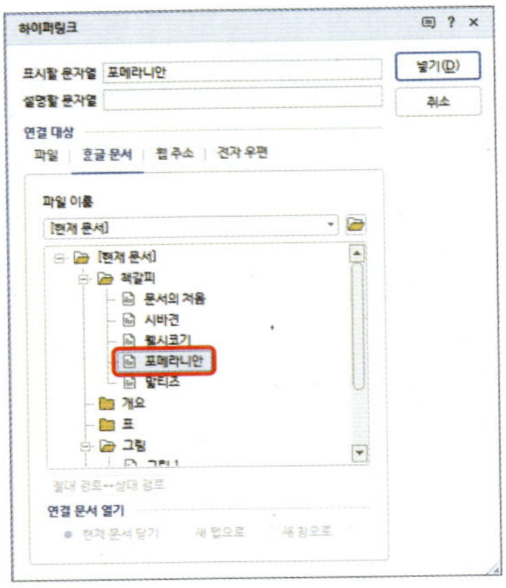

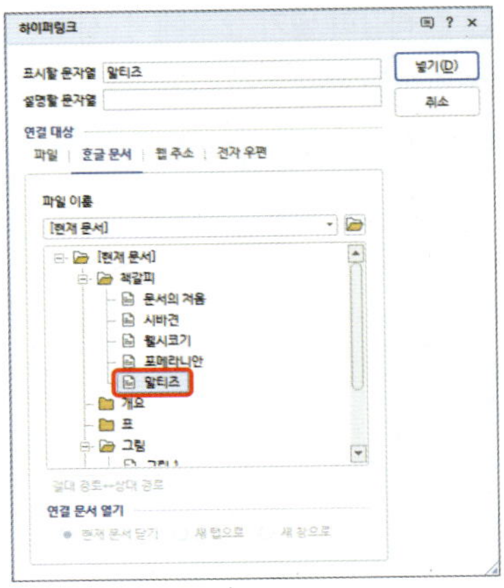

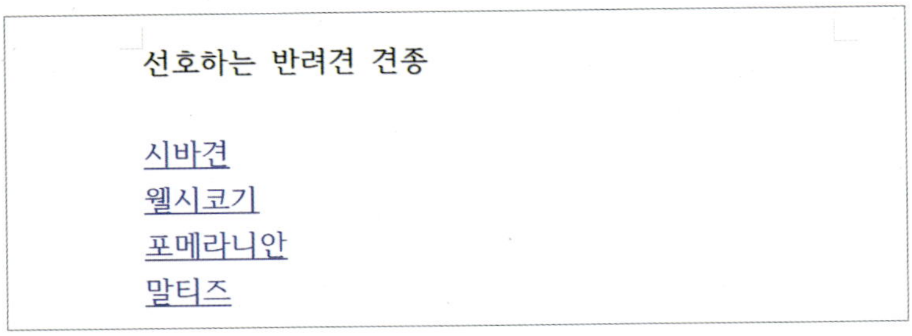

03 하이퍼링크 연결(문서의 처음) 2쪽에 있는 시바견의 '첫화면으로'를 블록으로 지정한 후 [입력 ▾] 탭–[하이퍼링크] 메뉴를 선택한다. [하이퍼링크] 대화상자가 나타나면 '연결 대상 : 훈글 문서'로 지정하고, 책갈피 목록에서 '문서의 처음'을 선택한 후 [넣기]를 클릭한다. 동일한 방법으로 '웰시코기', '포메라니안', '말티즈'에 있는 '첫화면으로'를 하이퍼링크로 연결한다.

SECTION 06

찾기와 찾아 바꾸기

이 단원에서는 한글 문서를 작성한 후 수정하고자 하는 낱말(문자열)을 문서 내용에서 찾아 일괄적으로 특정한 낱말(문자열)로 바꾸거나, 서식을 적용하여 바꾸는 방법에 대해 알아본다.

6.1 찾기(Ctrl+F)

현재 편집하고 있는 문서에서 특정한 낱말(문자열)을 찾거나, 이미 찾은 문자를 [다시 찾기]를 할 수 있으며, 선택 사항을 이용하면 더욱 자세하고 다양하게 찾기를 수행할 수 있다. 찾기의 찾을 내용에는 문서 내용에 있는 낱말(문자열)을 입력한 다음, 선택사항에서 온전한 낱말, 띄어쓰기 무시 등을 선택하여 찾을 방향을 지정하여 [다음 찾기]를 클릭하여 하나씩 찾거나, [모두 찾기]를 선택하여 일괄적으로 찾을 수 있다.

찾기는 찾기 대화상자의 를 클릭하여 문서에 지정된 특정한 서식(글자 모양, 문단 모양, 스타일)을 찾을 수 있다.

찾기의 실행은 [편집 ▾] 탭–[찾기]–[찾기]를 선택한다.

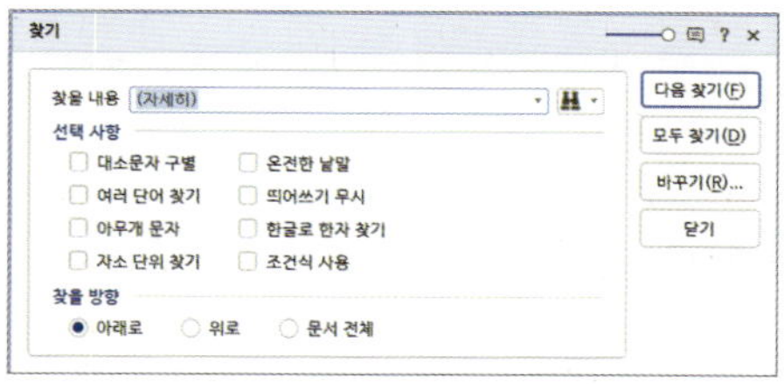

[모두 찾기]는 [편집 ▾] 탭–[찾기]–[찾기]를 선택하여 찾기 대화상자의 '찾을 내용'에 내용을 입력하고, [선택 사항]과 [찾을 방향]의 원하는 항목을 선택한 후 [모두 찾기]를 클릭하여 일괄적으로 찾을 수 있다.

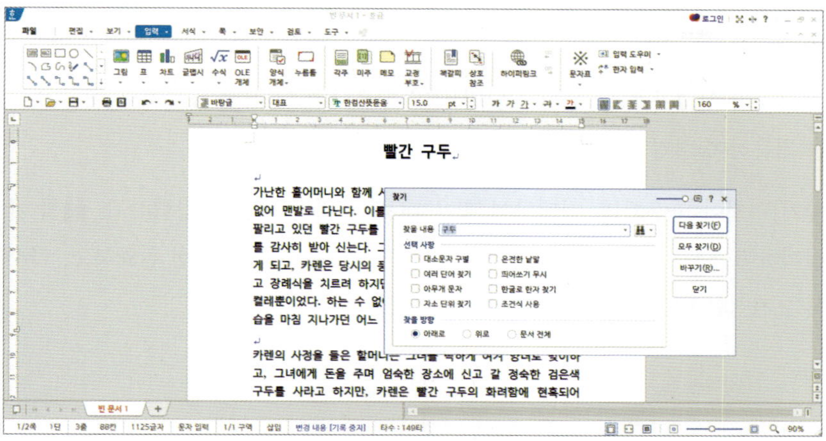

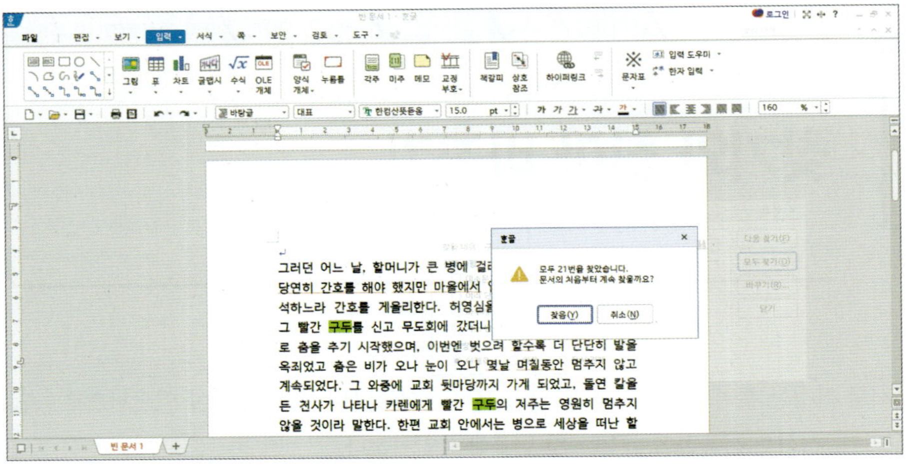

6.2 찾아가기(Alt+G)

찾아가기는 현재 편집 중인 문서의 쪽, 구역, 줄, 스타일, 조판 부호, 책갈피를 찾아 이동할 수 있게 해 주는 기능이다. 찾아가기는 [편집 ▾] 탭–[찾기]–[찾아가기]를 선택하여 이동할 옵션을 선택 및 입력한 다음 [가기] 단추를 클릭하여 실행할 수 있다.

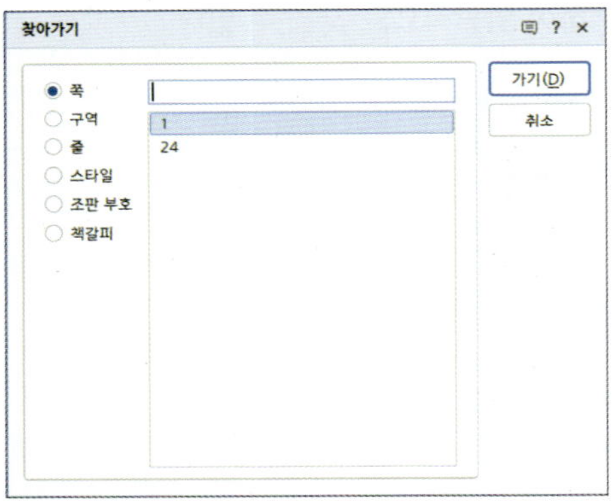

6.3 찾아 바꾸기(Ctrl+F2)

현재 편집 중인 문서 내에서 사용자가 찾고자 하는 특정한 낱말(문자열)을 찾아 바꾸려는 문자로 개별 또는 일괄적으로 변경하거나 서식을 적용하여 변경할 수 있다.

찾아 바꾸기는 [편집 ▾] 탭–[찾기]–[찾아 바꾸기]를 선택하여 '찾을 내용'과 '바꿀 내용'을 입력하고, 를 클릭한 후, '바꿀 글자 모양'을 선택하여 [글자 모양] 대화상자가 나타나면 원하는 항목을 설정 완료하고, 다시 [모두 바꾸기]를 클릭하면 서식을 지정한 내용으로 한번에 바꿀 수 있다.

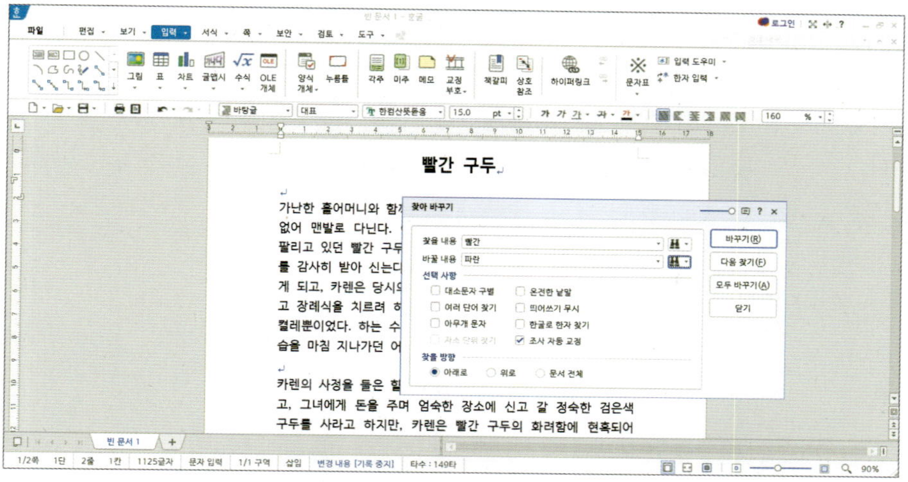
찾아 바꾸기
찾을 내용 빨간
바꿀 내용 파란
선택 사항
대소문자 구별
온전한 낱말
여러 단어 찾기
띄어쓰기 무시
아무개 문자
한글로 한자 찾기
조사 자동 교정
찾을 방향
아래로
위로
문서 전체
바꾸기(R)
다음 찾기(F)
모두 바꾸기(A)
닫기

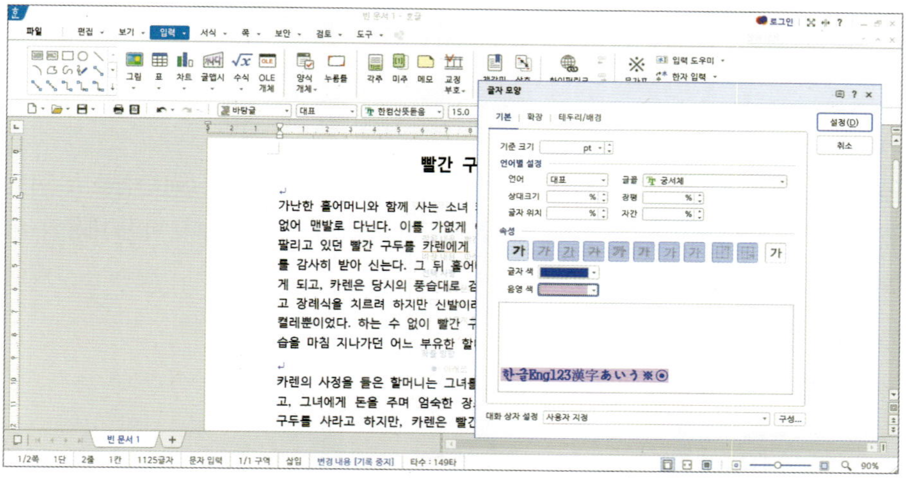
글자 모양
기본
확장
테두리/배경
기준 크기
언어별 설정
언어
대표
글꼴
공서체
상대크기
장평
글자 위치
자간
속성
글자 색
음영 색
대화 상자 설정
사용자 지정
구성...
설정(D)
취소

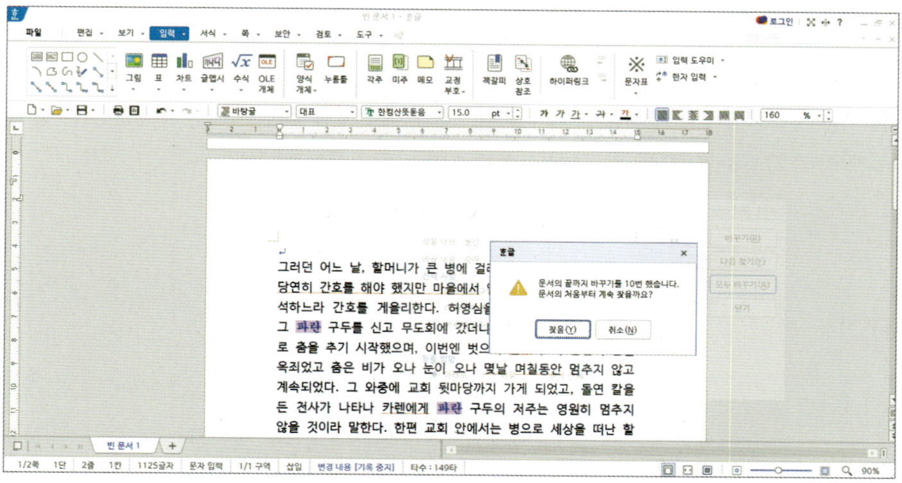
한글
문서의 끝까지 바꾸기를 10번 했습니다.
문서의 처음부터 계속 찾을까요?
찾음(Y)
취소(N)

기본예제 38 찾기와 찾아 바꾸기

본문 내용 중 '세자'를 모두 바꿀 글자 모양(글꼴 : 양재매화체S, 글자 색 : 보라, 음영 색 : 노랑)을 지정하여 '왕세자'로 변경해 봅시다.

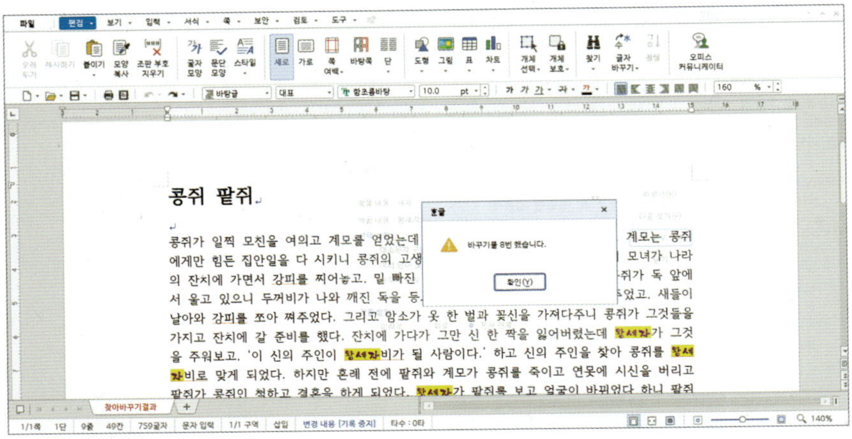

01 찾아 바꾸기 [편집 ▾] 탭-기본 도구의 [찾기 ▾]-[찾아 바꾸기] 메뉴를 선택하거나 Ctrl+F2를 누른다. [찾아 바꾸기] 대화상자가 나타나면 '찾을 내용'은 『세자』, '바꿀 내용'은 『왕세자』를 입력한다. 바꿀 내용의 '서식 찾기( )'를 클릭한 후 [바꿀 글자 모양]을 선택한다.

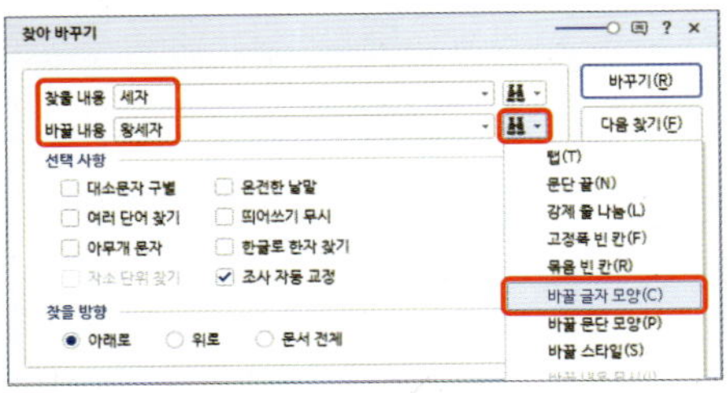

02 바꿀 글자 모양 지정 '글꼴 : 양재매화체S, 글자 색 : 보라, 음영 색 : 노랑'으로 지정한 후 [설정]을 클릭한다. 찾을 방향을 '문서 전체'로 지정하고 [모두 바꾸기]를 클릭하여 바꾸기를 실행한다.

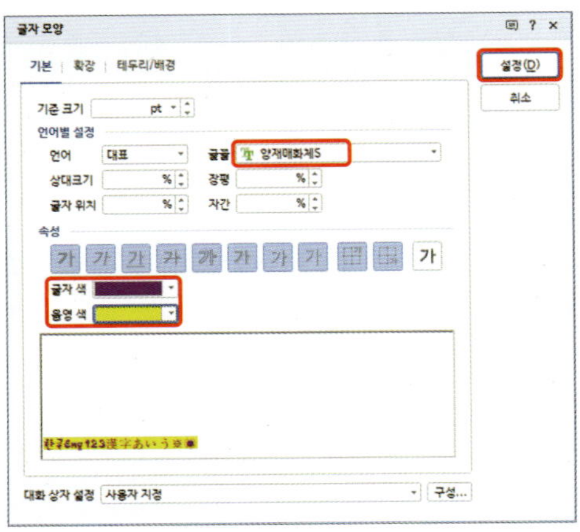

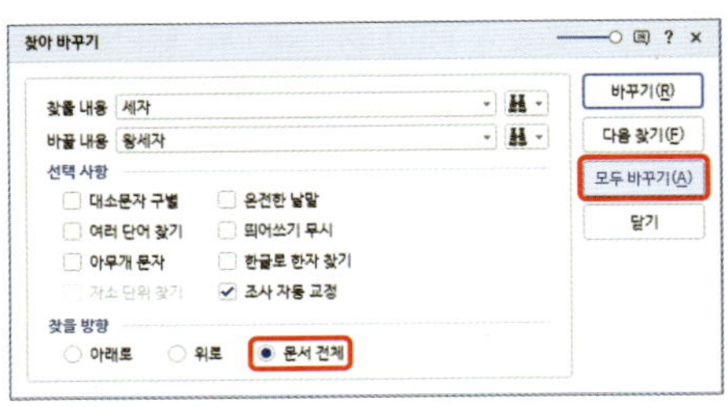

종합예제

※ [종합예제]에 대한 해설은 PDF로 제공됩니다.

문제 1 다음 ≪조건≫에 따라 다단을 설정하시오.

[조건]

• 단 개수 : 2　　• 단 구분선 : 점선　　• 단 굵기 : 0.5mm

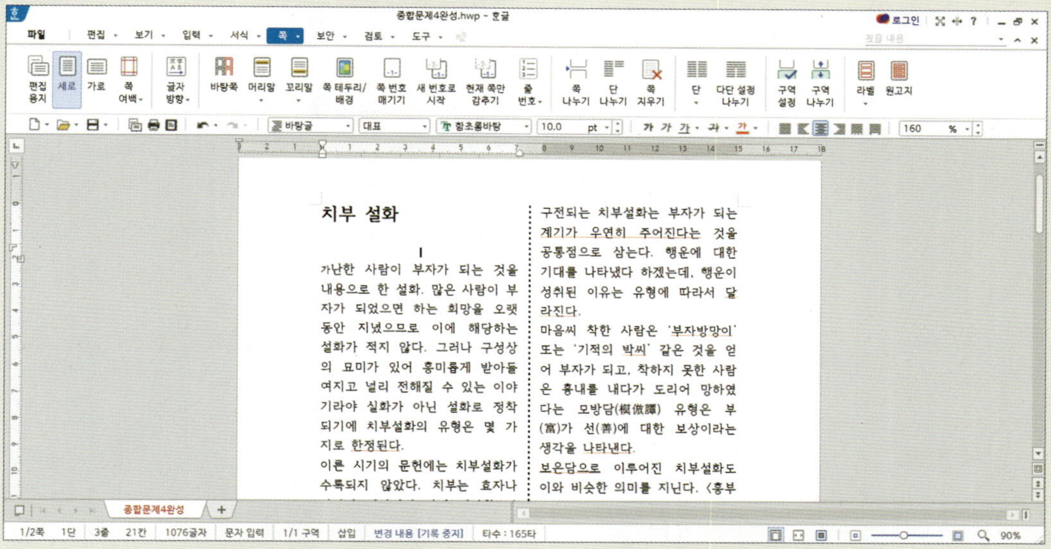

문제 2 문서 내용 중 '치부 설화'에 아래와 같은 각주를 설정하시오.

[조건]

• 각주 내용 : 가난한 사람이 부자가 되는 것을 내용으로 한 설화
• 각주 모양 : *
• 한자 변환 : 致富 說話

문제 3 문서 내용 중 '부자'를 찾아 모두 '富者'로 아래의 ≪조건≫에 따라 변경하시오.

[조건]

• 바꿀 글자 모양 글꼴 : 휴먼옛체
• 기준 크기 : 14
• 글자 색: 파랑
• 음영 : 노랑
• 진하게

문제 4 한컴 애셋의 클립아트(초가집)를 다운받아 문서에 삽입하시오.

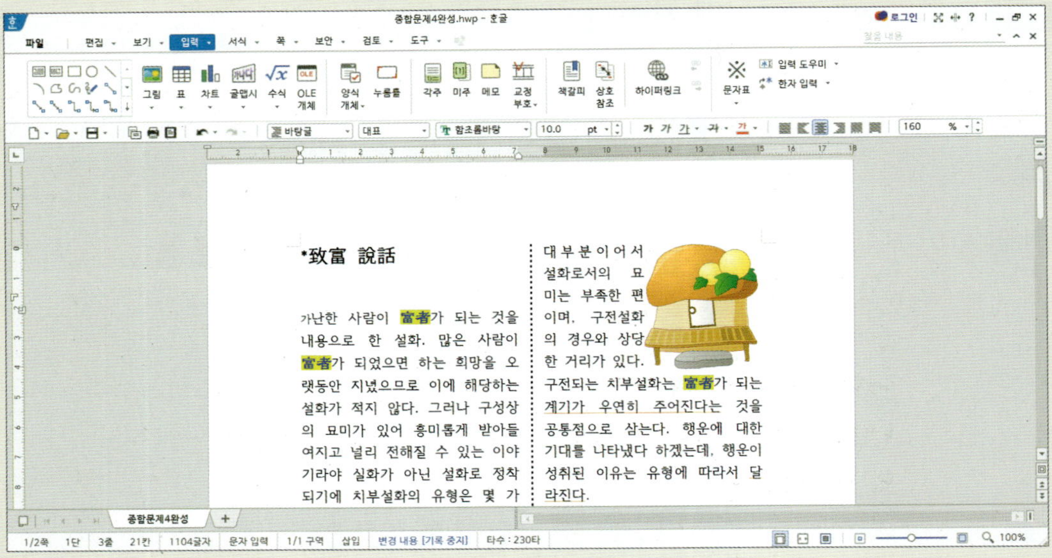

연습문제

1 다음 [조건]에 따라 문서를 작성하시오.

[조건]
- 문서 전체 : 줄 간격(220%), 글꼴(바탕), 글꼴 크기(10pt)
- 글상자 : 글자처럼 취급, 크기(70mm×12mm), 면색(노랑), 선(이중 실선), 선 굵기(1.0mm), 반원
- 번호 모양 : 글꼴(돋움체), 글꼴 크기(12pt)
- 다단 설정 : 2, 구분선(없음)
- 각주 : '알고리즘'에 설정

컴퓨팅 사고력과 알고리즘

1. 컴퓨팅 사고력

오늘날 컴퓨팅 사고는 새로운 창의적(創意的) 사고의 방법으로 주목받고 있다. 많은 나라들이 소프트웨어(software) 교육을 실시하는 것은 단지 국민을 컴퓨터 코딩을 능숙하게 다루는 프로그래머로 만들자는 것이 아니라, 국민들이 모든 분야의 문제를 새로운 방향으로 생각하여 수월하게 해결할 수 있는 능력을 키워주기 위해서 이다. 따라서 컴퓨팅 사고력은 컴퓨터가 문제를 해결하는 방식처럼 복잡한 문제를 단순화하고 이를 논리적, 효율적으로 해결하는 능력뿐만 아니라 컴퓨터가 여러 일들을 묶어서 처리하거나, 우선순위를 정하여 순서대로 처리하는 원리를 배워서 실생활에서 자신이 해야 할 일들을 효율적으로 처리하는 능력을 기를 수 있다. 그러므로 빠르게 변하고 복잡해지는 미래(未來) 사회에서 모든 사람들이 갖추어야 할 능력으로 꼽히고 있다.

2. 알고리즘(algorithm)

우리는 해결해야 할 문제에 접하면, 대부분의 문제들은 순간적인 판단으로 해결한다. 하지만 여러 가지 조건과 상황을 고려하여 최적의 판단을 해야 하는 복잡한 문제가 발생할 때는 컴퓨터를 이용하기도 한다. 알고리즘[1]은 주어진 문제를 논리적으로 해결하기 위해 필요한 절차(節次), 방법, 명령어들을 모아놓은 것이라 정의할 수 있으며 넓게는 사람 손으로 해결하는 것, 컴퓨터로 해결하는 것, 수학적인 것, 비수학적인 것을 모두 포함한다. 그리고 알고리즘에서 가장 중요한 것은 효율성이라고 할 수 있는데 똑같은 문제(問題) 해결에 있어 결과는 같아도 해결방법에 따라 실행 속도나 오차(誤差) 또는 오류(error) 등에 차이가 있을 수 있기 때문이다. 또한, 알고리즘은 명확해야 하는데 이를 위해 프로그래머들은 주로 순서도나 의사코드(pseudocode) 등을 이용하고 있다.

1) 수학자 알고리즈미(Al-Khowarizmi) 이름에서 유래

- 가 -

PART

03

엑셀

EXCEL 2019

CHAPTER

06

엑셀 기본 기능 다루기

01 엑셀 시작하기

02 통합 문서 관리하기

03 셀 다루기

04 데이터 입력하기

05 셀 서식 설정하기

종합예제

연습문제

학습목표

- 엑셀 프로그램에 대해 알아보고 어떠한 기능이 있는지 숙지한다.
- 통합 문서를 열고, 저장할 수 있고 워크시트 관리를 할 수 있다.
- 데이터를 입력하는 셀의 사용법과
- 셀에 원하는 형식의 데이터를 입력할 수 있다.
- 데이터에 형식에 맞는 서식을 설정할 수 있다.

SECTION 01

엑셀 시작하기

엑셀은 마이크로소프트에서 개발한 스프레드시트의 한 종류로 수식 및 함수를 이용한 수치 계산, 데이터 관리 및 분석 작업에 탁월한 기능을 제공한다. 스프레드시트란 여러 가지 도표 형태의 양식에 계산, 표기되는 사무 업무를 자동으로 하는 표 계산 프로그램으로 계산기와 계산 용지 등이 통합되어 연산 및 표를 작성하고 그래프를 그리는 소프트웨어를 말한다. 윈도우 환경에서 많은 스프레드시트를 연결하고 통합하여 여러 가지 도형과 그래프 등을 작성할 수 있다.

엑셀 프로그램의 정의와 기능에 대해 알아보고, 엑셀 2019에서 새롭게 추가된 기능과 화면 구성에 대해 알아본다.

1.1 엑셀의 기능

엑셀은 대표적인 사무자동화 프로그램으로 수식 및 함수를 이용하여 문서를 작성하는데 탁월하다. 다양한 함수를 이용하여 효과적으로 계산식을 처리할 수 있고, 서식이나 조건부 서식, 표, 차트를 이용하여 데이터를 시각화하여 문서의 가독성을 높일 수 있다. 또한 데이터를 분석하고 처리하는 데 뛰어나다.

1.1.1 문서 작성

다양한 문서를 작성하고, 편집할 수 있다. 함수를 이용한 계산 작업이 많은 문서 처리에 효율적이다.

1.1.2 함수를 이용한 수치 계산

엑셀의 가장 강력한 기능은 엑셀에서 제공하고 있는 다양한 함수(통계 함수, 텍스트 함수, 날짜/시간 함수, 논리 함수, 수학/삼각 함수, 찾기/참조, 재무, 데이터베이스 함수)를 이용하여 복잡하고 어려운 계산을 단순화하여 처리할 수 있고, 수식의 복사나 참조 기능이 뛰어나다.

1.1.3 데이터 시각화

서식, 표, 차트, 스파크라인 등을 이용하여 데이터를 시각화 하는 능력이 뛰어나고, 시각화를 통해 문서의 개요 파악을 쉽고, 빠르게 할 수 있다.

1.1.4 데이터 처리

데이터를 다양한 방법으로 정렬(오름차순, 내림차순, 사용자 지정)할 수 있고, 필터(자동 필터, 고급 필터) 기능을 이용하여 조건에 맞는 데이터만 화면에 표시할 수 있다. 그리고 데이터 유효성 검사를 이용하면 데이터 입력에 제한을 둘 수 있어 사용자가 원하는 데이터만 입력하여 처리할 수 있다.

1.1.5 데이터 분석

엑셀의 데이터 분석 기능은 많은 양의 데이터를 단순화시킬 수 있고, 분석할 수 있다. 피벗 테이블 기능을 이용하면 조건에 따라 원하는 데이터만 요약할 수 있고, 다른 MS 오피스와 연계하여 데이터를 수집, 저장, 통계 등 다양한 데이터 분석 능력을 제공한다. 그리고 가상 분석(시나리오, 데이터 표, 목표값 찾기)을 이용하여 데이터의 추세를 알 수 있다. 데이터 통합을 이용하면 여러 데이터를 하나로 통합하여 간단하게 요약, 분석할 수 있다.

1.1.6 매크로를 이용한 자동화

매크로는 단순하게 반복해야 하는 작업을 하나의 명령으로 만들어 업무의 효율을 높일 수 있는 기능이다. 키보드 또는 마우스의 작업을 기록하여 바로 가기 키에 지정하거나, 양식 컨트롤의 단추나 도형 등에 지정하여 반복 작업을 사용할 때마다 불러와 사용할 수 있다.

1.2 엑셀 실행과 종료하기

엑셀을 사용하기 위해 실행하는 방법과 종료하는 방법을 알아보자. 그리고 쉽게 엑셀을 실행하도록 시작 메뉴에 엑셀 고정하는 방법과 바탕화면에 바로 가기 아이콘을 만드는 방법에 대해 살펴본다.

1.2.1 엑셀 실행하기

윈도우 환경에서 엑셀을 시작하는 방법은 두 가지 있다. 바탕화면에 바로 가기 아이콘이 있는 경우에는 엑셀 바로 가기 아이콘을 더블클릭하고, 바로 가기 아이콘이 없는 경우에는 윈도우 바탕 화면에서 [시작]을 클릭한 후 [Excel]을 클릭하면 실행된다.

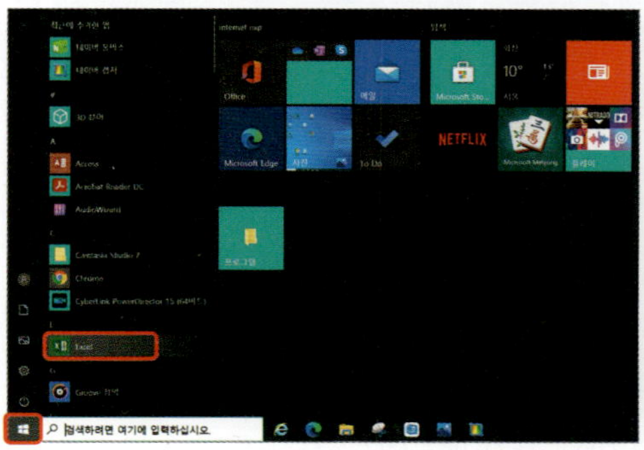

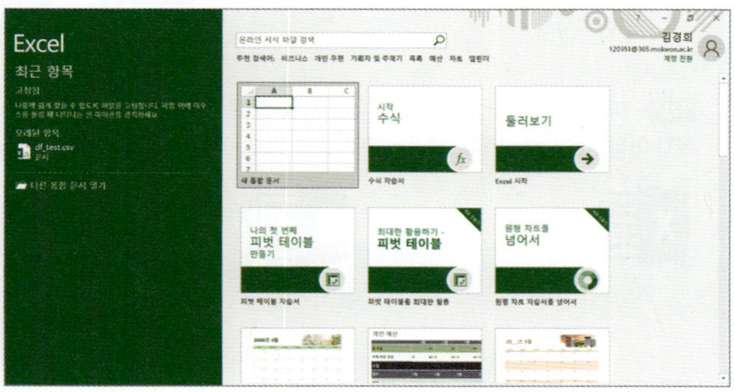

1.2.2 엑셀 종료하기

실행된 엑셀 통합 문서에서 현재 통합 문서를 종료하는 방법은 [파일] 탭–[닫기]를 클릭하거나, 제목 표시줄 오른쪽 끝에 있는 [닫기]를 클릭하면 프로그램이 종료된다.

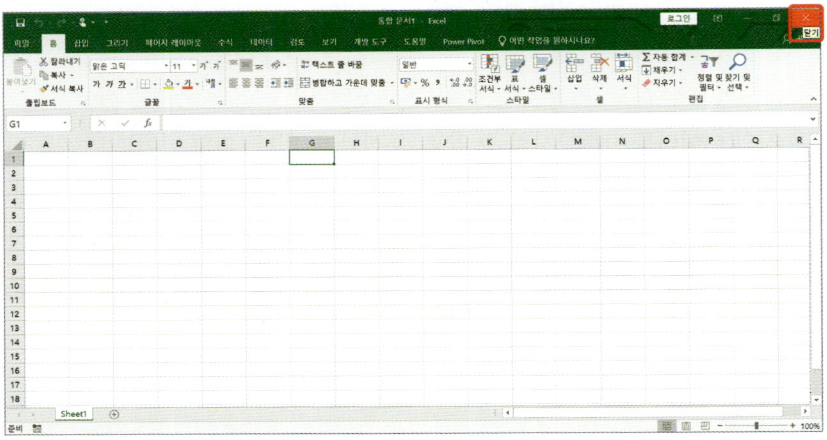

1.2.3 바로 가기 아이콘 만들기 및 시작 화면에 고정하기

엑셀을 빠르게 실행하는 방법은 바탕 화면에 바로 가기 아이콘을 만드는 방법과 시작 화면에 엑셀 프로그램을 고정시키는 방법이 있다.

- **바로 가기 아이콘 만들기** [시작]을 클릭한 후 [Excel]을 키보드의 Ctrl과 Shift를 눌러 바탕화면으로 드래그하면 엑셀의 바로 가기 아이콘이 만들어진다.

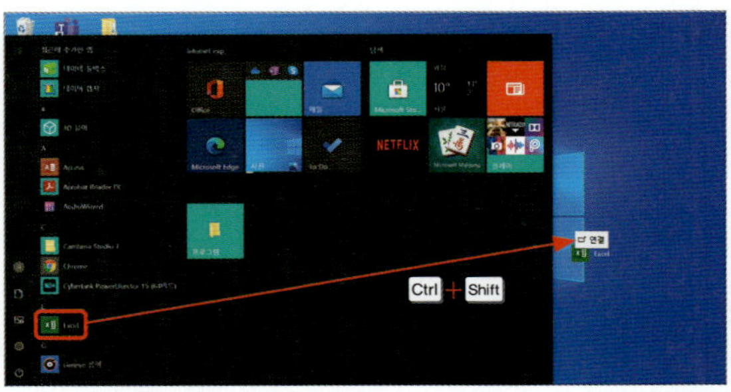

TIP 바로 가기 아이콘은 프로그램의 위치 정보만 담겨 있는 아이콘으로 아이콘을 더블클릭하면 해당 프로그램이 실행된다. 바로 가기 아이콘은 아이콘 아래에 화살표가 표시되고, 삭제해도 프로그램이 삭제되지 않는다.

◀ 바로 가기 아이콘

◀ 아이콘

- **시작 화면에 프로그램 고정하기** [시작]을 클릭한 후 [Excel]의 바로 가기 메뉴에서 '시작 화면에 고정'을 선택한다.

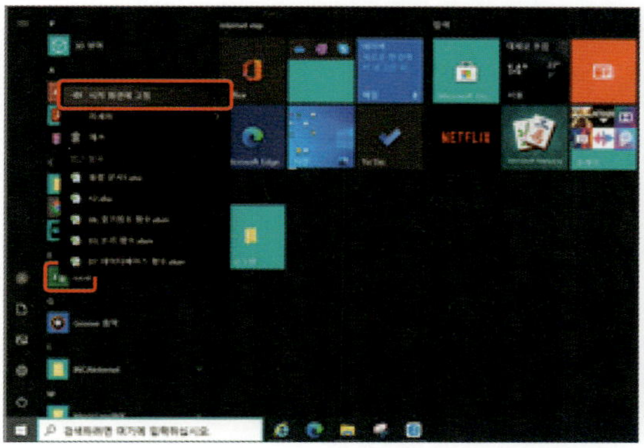

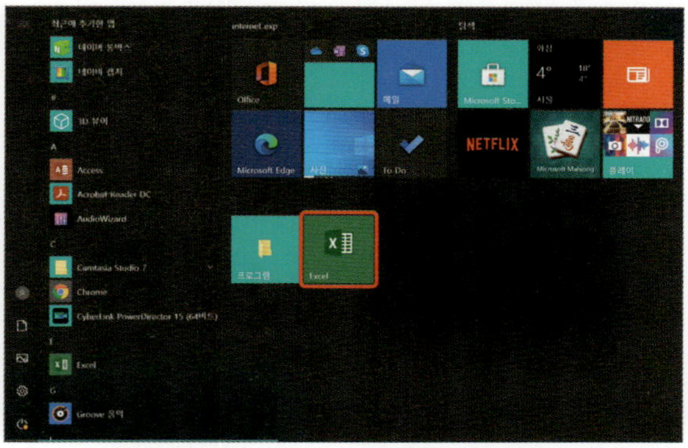

TIP 바로 가기 메뉴는 마우스 오른쪽 버튼을 클릭했을 때 나오는 메뉴를 말한다.

1.3 엑셀 2019의 새로운 기능

엑셀 2019에서 새롭게 추가된 기능 중 시각적으로 표현되는 부분이 월등하게 좋아졌다. 일러스트레이션 기능의 3D 모델, 2D 지도, SVG 벡터 그래픽 표현 등 시각적인 효과가 개선되었고, 함수는 IFS, MAXIFS, MINIFS, CONCAT, TEXTJOIN, SWITCH가 새롭게 추가되었다. 깔대기형 차트 및 2D 지도 기능으로 지리 데이터를 고화질 시각 자료로 전환할 수 있다.

1.3.1 차트

- **2D 지도** 지도 차트는 값을 비교하고 여러 지역의 범주를 표시할 수 있다. 데이터에 국가/지역, 시/도, 군 또는 우편 번호와 같은 지리적 지역이 있는 경우에는 지도 차트를 사용할 수 있다. 단, 인터넷이 연결되어 있어야 한다.

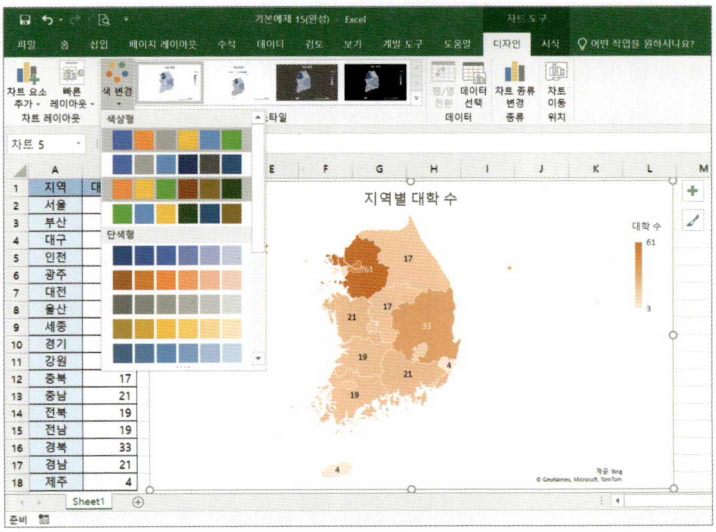

- **깔대기형 차트** 깔때기형 차트는 프로세스에서 점차적으로 감소하는 단계를 보여준다. 예를 들어 깔때기형 차트를 사용하여 영업 파이프라인 내 각 단계의 예상 판매 수량을 표시할 수 있다.

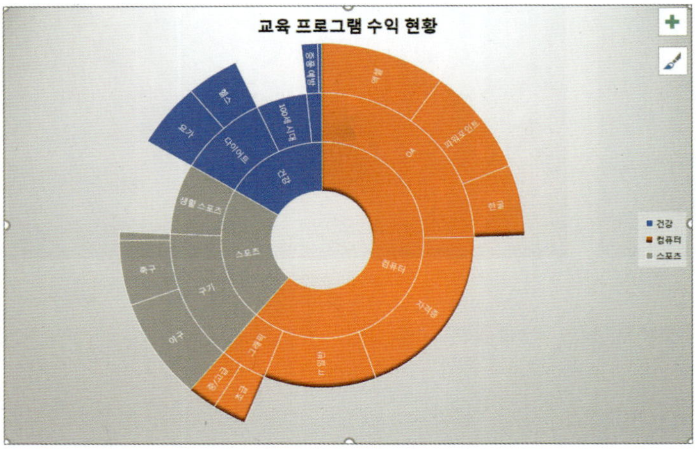

1.3.2 함수

- **CONCAT** CONCATENATE와 유사하지만 기능이 향상되었다. 우선 더 짧고 입력하기가 더 쉽다. 그리고 셀 참조 외에 범위 참조도 지원한다. EX) CONCAT(텍스트1,텍스트2,…), CONCAT(영역1,영역2,…)
- **IFS** IFS 함수는 하나 이상의 조건이 충족되는지 여부를 확인하고 첫 번째 TRUE 조건에 해당하는 값을 반환한다. IFS는 여러 중첩된 IF문 대신 사용할 수 있고 여러 조건을 사용해도 읽기가 더 쉽다.
- **MAXIFS** 단일 또는 여러 조건을 충족하는 범위에서 가장 큰 값을 반환한다.
- **MINIFS** 단일 또는 여러 조건을 충족하는 범위에서 가장 작은 값을 반환한다.
- **SWITCH** SWITCH 함수는 값의 목록에 대한 하나의 값(식이라고 함)을 계산하고 첫 번째 일치하는 값에 해당하는 결과를 반환한다. 일치하는 항목이 없는 경우 선택적 기본값이 반환될 수 있다.
- **TEXTJOIN** TEXTJOIN 함수는 여러 범위 및/또는 문자열의 텍스트를 결합하며, 결합할 각 텍스트 값 사이에 지정되는 구분 기호를 포함한다. 구분 기호가 빈 텍스트 문자열인 경우 이 함수는 범위를 효율적으로 연결한다.

1.3.3 향상된 시각 효과

- **SVG(Scalable Vector Graphics)** 필터가 적용된 SVG를 삽입하여 문서, 워크시트 및 프레젠테이션을 시각적으로 꾸밀 수 있다.
- **SVG 아이콘을 도형으로 변환** 모든 SVG 사진과 아이콘을 Office 도형으로 변환하여 색상, 크기 또는 질감을 변경할 수 있다.
- **3D 모델을 삽입하여 모든 각도 보기** 3D를 사용하여 통합 문서의 시각적이고 창의적인 효과를 더할 수 있다. 3D 모델을 삽입한 후 360도로 회전할 수 있다.

1.3.4 잉크 수식

수학 수식을 훨씬 쉽게 포함할 수 있게 되었다. 통합 문서에 복잡한 수학 수식을 포함할 수 있다. 터치 장치가 있는 경우 손가락이나 터치 스타일러스로 직접 수학 수식을 쓰면 작성한 내용이 텍스트로 변환된다. 터치 장치가 없는 경우 마우스로도 쓸 수 있다. 작성한 내용을 바로 지우고, 선택하고, 수정할 수 있다.

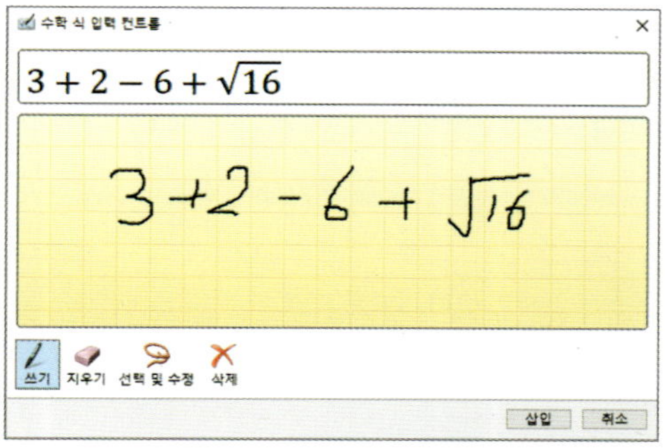

1.3.5 피벗 테이블 기능 향상

파워 피벗과 데이터 모델이 도입된 Excel 2010 및 Excel 2013에서는 이 기능이 크게 향상되어 데이터에 정교한 모델을 쉽게 구축하고 측정값과 KPI로 확대한 다음 수백만 개의 행을 매우 빠르게 계산할 수 있게 되었다. 다음은 데이터 관리에 들이는 수고를 줄이고 중요한 정보를 파악하는 데 더욱 집중할 수 있도록 몇 가지 향상된 기능이다.

- **기본 피벗 테이블 레이아웃 개인 기능** 사용자가 원하는 방식대로 피벗 테이블을 설정할 수 있다. 원하는 방식으로 배치된 기존 피벗 테이블이 있는 경우 해당 설정을 가져오고 그렇지 않은 경우 해당 설정을 개별적으로 편집할 수 있다. 기본 피벗 테이블 설정을 변경하면 모든 통합 문서의 새 피벗 테이블에 영향을 미친다. 기존 피벗 테이블은 기본 레이아웃에 대한 변경의 영향을 받지 않는다.
- **자동 관계 검색** 통합 문서의 데이터 모델에 사용된 표 사이의 관계를 사용자 대신 만들 수 있다. Excel에서는 분석 시 언제 두 개 이상의 표를 연결해야 하는지를 파악하고 사용자에게 알려준다. 클릭 한 번으로 쉽게 관계를 구축할 수 있다.
- **자동 시간 그룹화** 피벗 테이블에서 시간과 관련된 필드(연도, 분기, 월)를 자동으로 감지하고 그룹화하므로 이러한 필드를 더욱 효과적으로 활용할 수 있다. 그룹화가 완료되면 그룹을 피벗 테이블로 한 번에 끌어오고 드릴다운 기능으로 다양한 시간 수준에서 즉시 분석을 시작할 수 있다.
- **피벗 테이블 검색** 필드 목록으로 전체 데이터 집합에서 중요한 필드를 표시할 수 있다.
- **다중 선택 슬라이서** 다중 선택 슬라이서를 이용하여 슬라이서의 여러 항목을 선택할 수 있다. 슬라이서 레이블에 있는 새 단추를 사용하여 슬라이서 다중 선택 모드로 전환할 수 있다.

1.4 화면 구성

엑셀 2019의 시작 화면과 화면 구성은 어떻게 이루어져 있는지 알아보고, 엑셀의 리본 메뉴의 구성과 각 탭의 사용 용도에 대해 살펴보도록 한다.

1.4.1 엑셀 2019의 시작 화면

엑셀 2019의 시작 화면 구성에 대해 살펴보기로 하자.

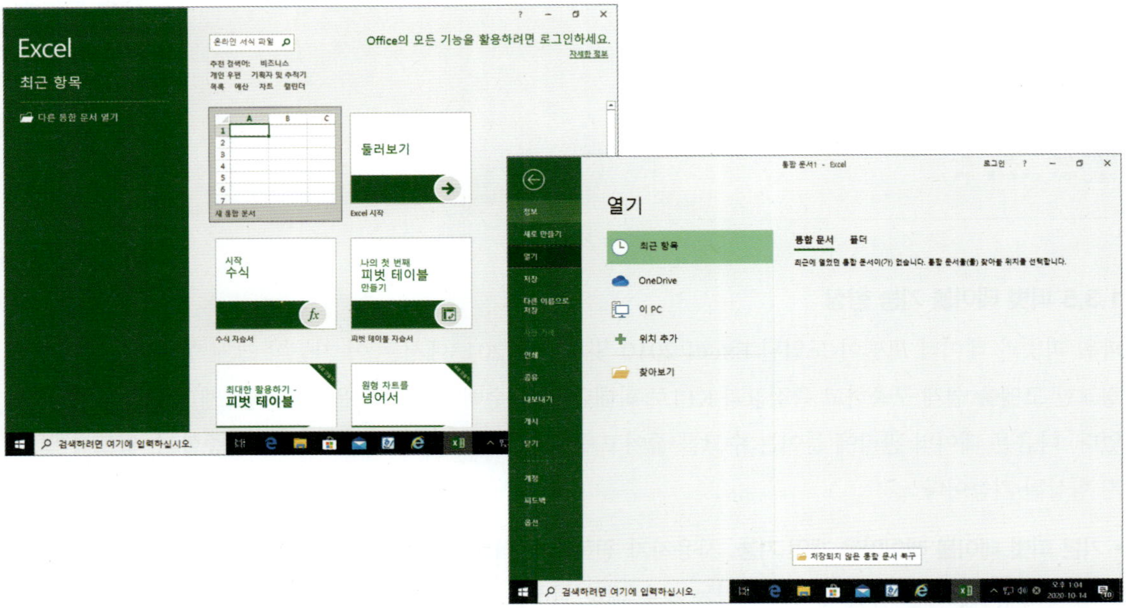

❶ 정보 통합 문서 검사 및 보호, 통합 문서 관리, 브라우저 보기 옵션, 속성 정보를 알 수 있다.

❷ 새로 만들기 비어 있는 새 통합 문서를 만들거나 서식을 이용한 통합 문서를 만들 수 있다.

❸ 열기 이미 만들어진 엑셀 문서를 불러온다.

❹ 저장 현재 작업 중인 엑셀 파일을 저장한다.

❺ 다른 이름으로 저장 열려있는 엑셀 파일을 다른 이름으로 저장하거나, 다른 형식의 문서로 저장한다.

❻ 인쇄 통합 문서를 인쇄 옵션에 맞게 인쇄할 수 있다.

❼ 공유 현재 문서를 다른 사람과 공유해서 사용한다.

❽ 내보내기 PDF 문서를 만들거나, 다른 파일 형식으로 변경할 수 있다.

❾ 게시 Microsoft Excel 2019 이상에서는 Power BI 작업 영역에 직접 Excel 통합 문서를 게시할 수 있다. 그러면 통합 문서의 데이터를 기반으로 대화형 보고서 및 대시보드를 만들 수 있다.

❿ 계정 마이크로소프트 계정을 설정 및 수정할 수 있고, 원드라이브를 설정할 수 있다.

⓫ 옵션 엑셀의 옵션 및 환경을 설정할 수 있다.

1.4.2 2019 엑셀 화면 구성

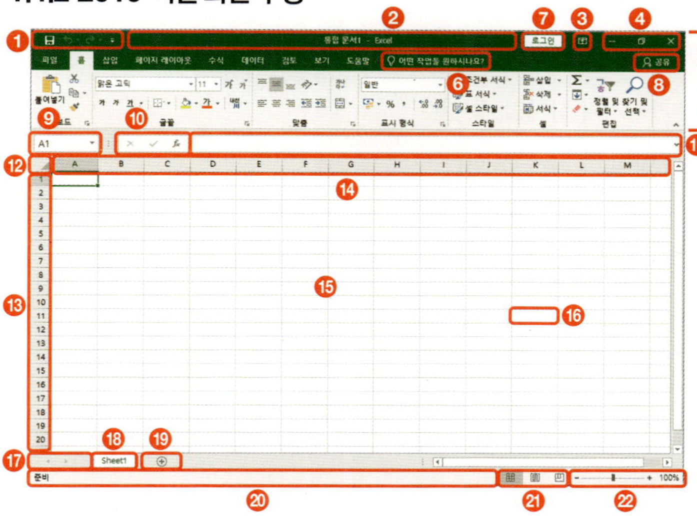

1 **빠른 실행 도구 모음** 저장, 실행 취소, 다시 실행 등이 기본적으로 제공되며 자주 사용하는 명령을 등록하여 빠르게 사용할 수 있다.

2 **제목 표시줄** 현재 열려있는 파일의 이름을 표시한다.

3 **리본 메뉴 표시 단추** 리본 메뉴의 표시 여부를 설정할 수 있다(워크시트를 넓게 사용하고자 할 경우에는 리본 메뉴 축소).

4 **작업 창 조정** 엑셀 프로그램 창을 닫거나 최대화, 최소화할 때 사용한다.

5 **리본 메뉴** 탭과 그룹으로 구성되어 있으며 비슷한 기능을 수행하는 명령들이 아이콘 형태로 그룹별로 나누어져 있다.

6 **설명** 2016부터 제공되는 기능으로, 필요한 키워드나 설명을 입력하면 관련 엑셀 기능, 도움말을 검색할 수 있다.

7 **사용자 이름 및 사진** Microsoft Office 2013부터 Microsoft cloud 서비스인 OneDrive 사용자 계정을 표시한다.

8 **공유** 클라우드에 저장된 문서를 다른 사용자와 공유할 수 있다

9 **이름 상자** 현재 시트에서 작업중인 셀의 주소를 표시하며, 선택 범위를 이름으로 지정할 수 있다.

10 **함수 삽입** 함수 마법사를 실행하여 원하는 함수를 실행할 수 있다.

11 **수식 입력줄** 데이터 또는 수식을 입력하거나, 수정할 수 있다.

12 **모두 선택** 워크시트의 모든 셀을 선택할 때 사용한다.

13 **행 머리글** 워크시트의 행 주소를 표시하는 곳으로 1행부터 1,048,576행까지 있다.

14 **열 머리글** 워크시트의 열 주소를 표시하는 곳으로 A열부터 XFD열까지 표현된다.

15 **워크시트** 실제 데이터 작업이 이루어지는 공간이다.

⑯ **셀** 행과 열이 만나는 직사각형의 영역으로 데이터나 수식을 입력한다.

⑰ **워크시트 이동 버튼** 원하는 시트로 이동할 때 사용한다.

⑱ **시트 탭** 워크시트의 이름이 표시되며, 추가하거나 삭제할 수 있다.

⑲ **새 시트** 선택한 시트의 오른쪽에 새로운 시트를 추가할 수 있다.

⑳ **상태 표시줄** 현재의 작업 상태나 매크로 기록을 표시한다.

㉑ **화면 보기 단추** 기본 보기, 페이지 레이아웃 보기, 페이지 나누기 미리 보기의 3가지 화면 모드를 빠르게 선택할 수 있다.

㉒ **확대/축소 슬라이더** 화면을 확대/축소할 때 사용하는 것으로, 배율은 10~400%로 설정할 수 있다.

1.4.3 Excel 2019 리본 메뉴

리본 메뉴는 엑셀 2007부터 제공되고 있으며, 크게 탭, 그룹, 명령 아이콘으로 나눌 수 있다.

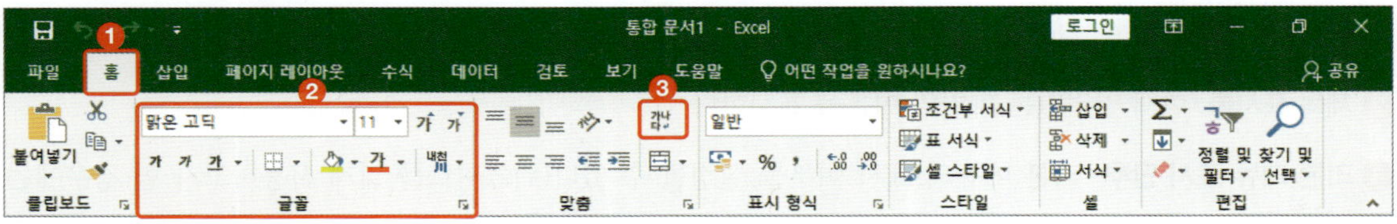

❶ **탭** 엑셀의 명령을 분류하는 최상위 메뉴이다. 파일, 홈, 삽입, 페이지 레이아웃, 수식, 데이터, 검토, 보기 탭이 기본으로 제공되고, 선택하는 기능에 따라 확장 탭이 만들어진다. 탭 추가/제거는 [파일] 탭–[옵션]을 클릭한 후 [Excel 옵션] 대화상자에서 [리본 사용자 지정]을 선택해서 설정한다.

❷ **그룹** 각 탭에는 연관성이 있는 명령들을 모아 구분선으로 분류해 놓았는데 이를 그룹이라 한다.

❸ **명령** 작은 아이콘으로 표시되며, 명령 단추를 클릭하면 해당 기능을 실행한다. 사용빈도가 높은 명령을 왼쪽에 배치시켜 놓았다.

1.4.4 각 탭 별 기능

• **[파일] 탭** 엑셀 문서를 열거나 저장하는 등 다양한 파일 작업과 인쇄 및 공유, 내보내기, 엑셀의 환경 설정을 위한 옵션 설정 등을 할 수 있다.

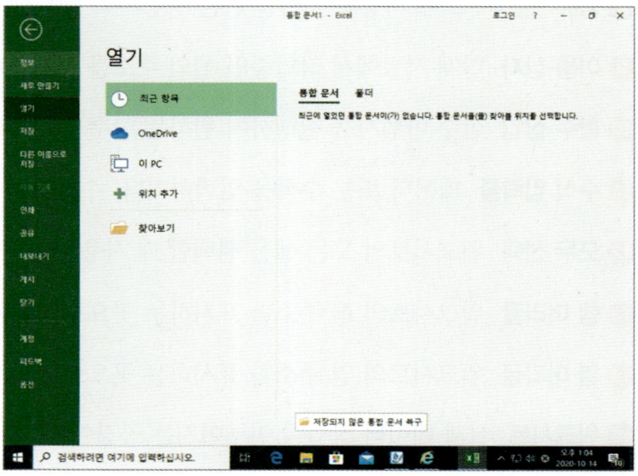

• **[홈] 탭** 엑셀을 실행하였을 때 기본 설정된 탭으로 텍스트 작업 등 편집 기능과 서식 설정 등을 할 수 있다.

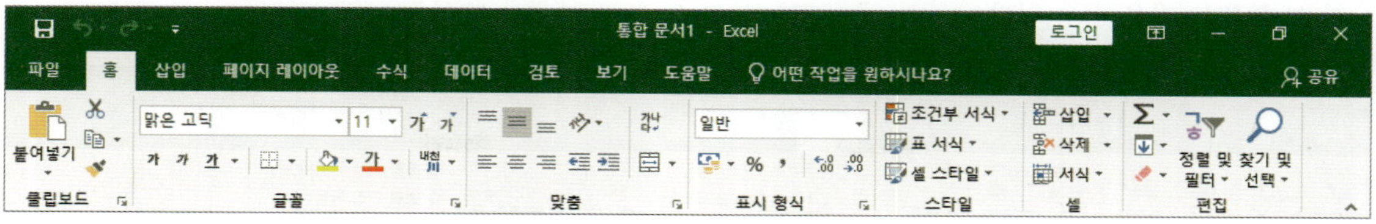

• **[삽입] 탭** 표를 비롯하여 일러스트레이션이나 앱 스토어를 통해 개체를 삽입하거나 추가할 수 있다. 차트, 필터, 스파크라인 등 다양한 시각적 효과를 위한 기능을 추가할 수 있다.

• **[페이지 레이아웃] 탭** 워크시트에 다양한 서식이 포함된 테마를 적용할 수 있으며, 인쇄를 위한 페이지 설정과 시트 옵션 등 다양한 인쇄 관련 기능을 비롯하여 개체들을 정렬할 수 있다.

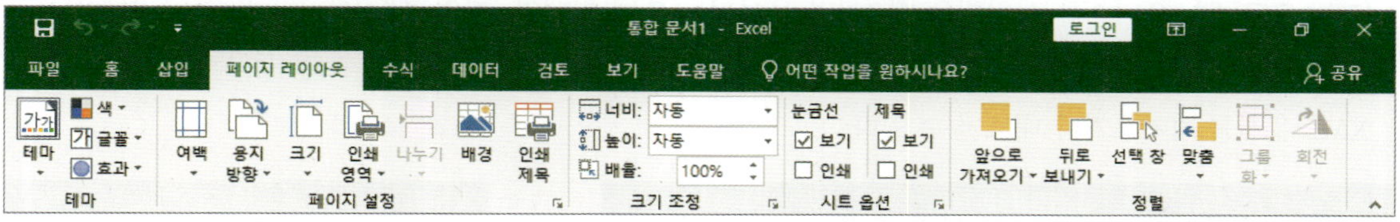

• **[수식] 탭** 함수를 삽입하거나 수식을 분석하는 등 수식과 관련된 기능을 설정할 수 있다.

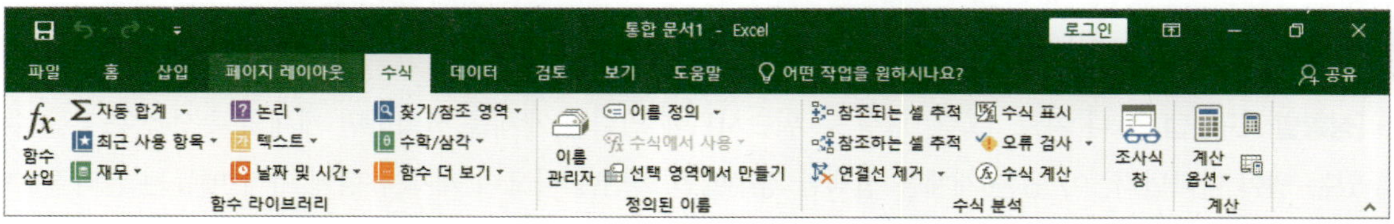

• **[데이터] 탭** 액세스 데이터베이스나 웹 페이지 등의 외부 데이터를 가져오거나 데이터를 정렬 또는 필터링하여 원하는 데이터만 추출할 수 있다. 부분합을 사용하여 데이터를 그룹화하거나, 가상 분석을 통해 데이터를 예측할 수 있다. 또한 데이터 유효성 검사를 통해 원하는 데이터만 입력할 수 있는 기능도 제공한다.

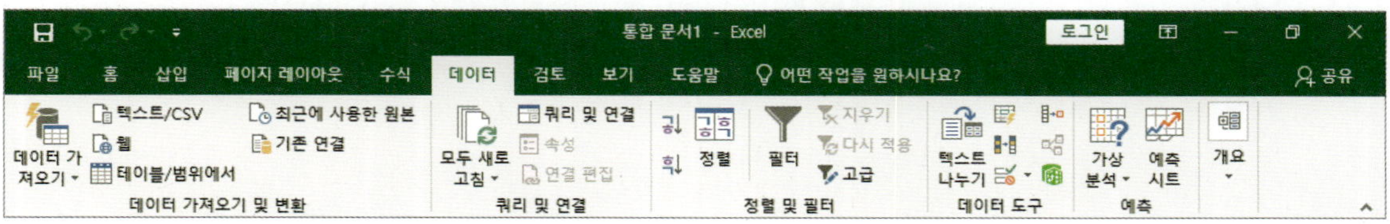

• **[검토] 탭** 입력한 데이터에 대해 맞춤법 검사와 다른 언어로 번역할 수 있다. 또한 메모 삽입 및 삭제, 시트를 보호 또는 공유할 수 있다.

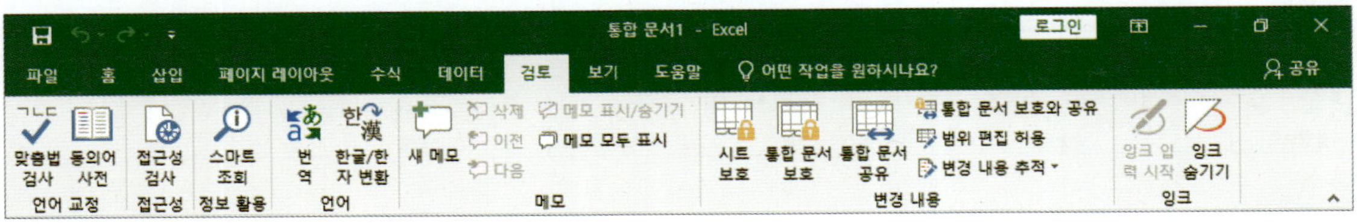

• **[보기] 탭** 페이지 나누기 미리보기, 페이지 레이아웃 등을 이용해 인쇄될 문서가 어떻게 나타나는지 확인할 수 있다. 화면 확대/축소, 매크로 등을 실행할 수 있으며, 데이터 입력과 편집을 쉽게 할 수 있도록 틀 고정, 창 나누기, 정렬 등을 할 수 있다.

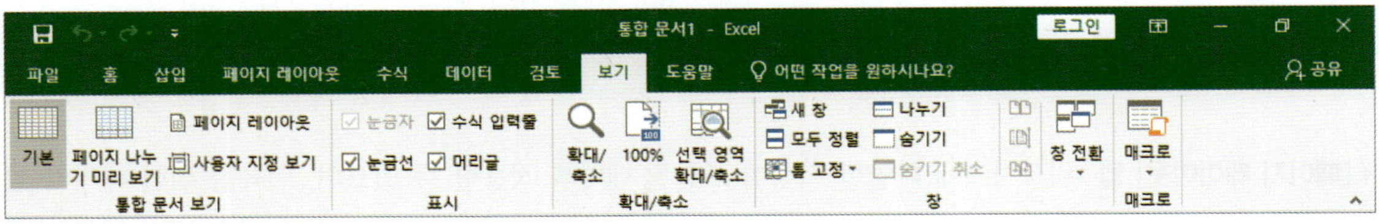

• **[개발 도구] 탭** 오피스를 설치했을 때, 미리 보여지는 탭이 아니라 [파일] 탭–[Excel 옵션]–[리본 사용자 지정]의 기본 탭에서 '개발 도구'를 체크해야 화면에 보여진다. 매크로 지정 및 보안 등을 설정할 수 있고, XML 문서를 가져오거나 내보낼 수 있다.

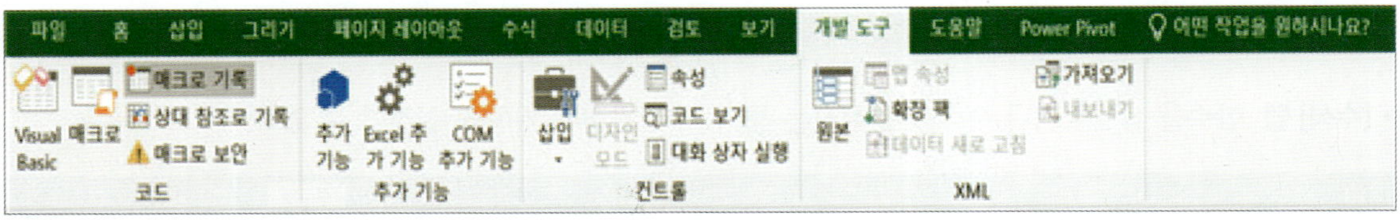

• **[상황별 도구] 탭** 표나 차트, 그림, 도형 등 워크시트에 입력된 개체를 선택하면 개체의 속성을 변경할 수 있는 탭이 나타난다. 이 탭은 개체를 선택한 경우에만 화면에 나오며 개체 유형에 따라 메뉴는 달라질 수 있다.

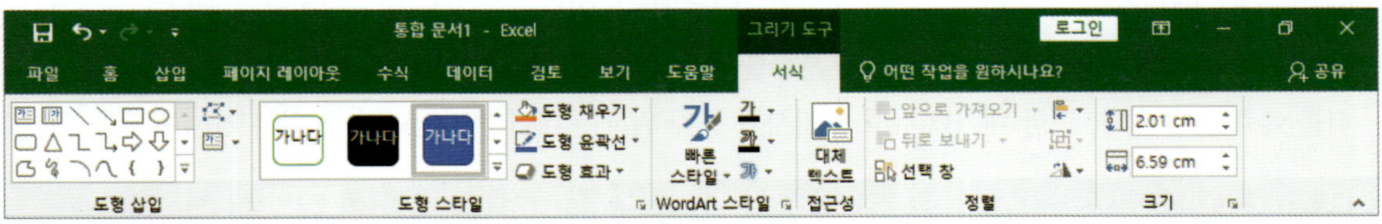

SECTION 02

통합 문서 관리하기

엑셀은 기본적으로 워크시트의 셀에 데이터를 입력한다. 그리고 하나의 엑셀 문서에는 여러 개의 워크시트를 만들어 사용할 수 있다. 그래서 엑셀 문서를 통합 문서라고 부른다.

이번 장에서는 통합 문서를 만들고 저장하는 방법, 만들어진 통합 문서를 불러오는 방법에 대해 알아본다. 그리고 워크시트 관리하는 방법과 만든 통합 문서를 효과적으로 출력하는 방법에 대해 이해하도록 한다.

2.1 새 통합 문서 만들기

새 통합 문서를 만드는 방법은 빈 통합 문서를 만드는 방법과 서식 파일을 이용한 새 통합 문서를 만드는 방법이 있다. 각각의 통합 문서 만드는 방법을 살펴보도록 한다.

2.1.1 빈 통합 문서 만들기

- **시작 메뉴에서 만드는 방법** [시작]–[Excel]을 클릭한 후 [새 통합 문서]를 선택한다.

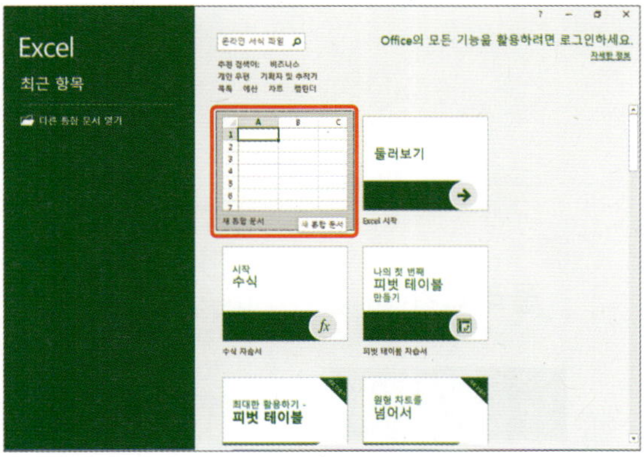

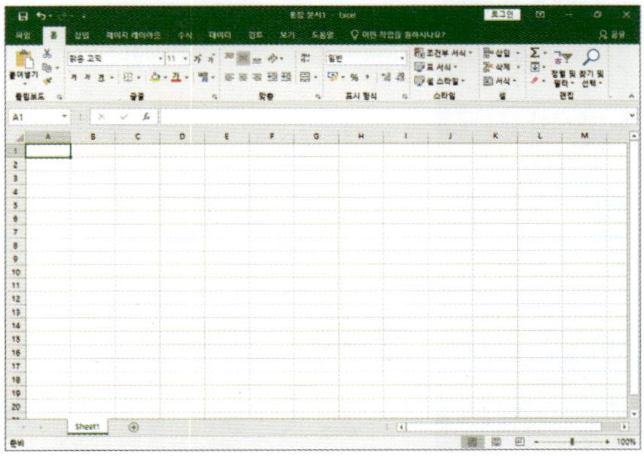

TIP 바탕화면에 엑셀 아이콘의 있을 경우, 엑셀 아이콘을 클릭해도 엑셀이 실행된다.

• **엑셀 파일에서 새 통합 문서 만드는 방법** 비어 있는 새 통합 문서를 만드는 방법은 [파일] 탭–[새로 만들기]에서 '새 통합 문서'를 클릭한다.

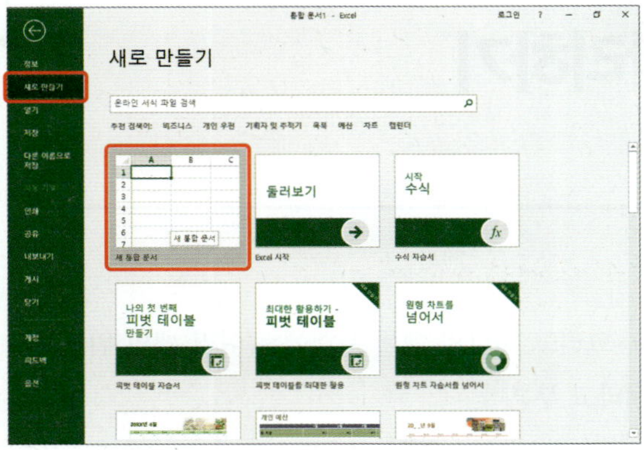

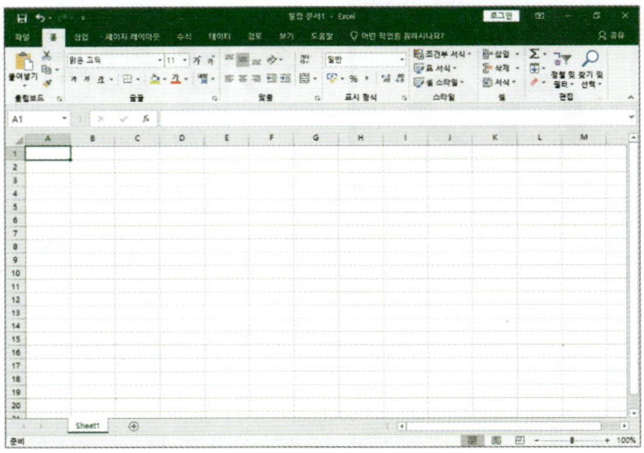

TIP 새 통합 문서를 만드는 바로 가기 키는 Ctrl+N이다.

2.1.2 서식 파일을 이용해 새 통합 문서 만들기

엑셀에서 제공하는 서식 파일은 전문가가 이미 만들어 놓은 서식으로 사용자가 내용만 입력해 문서를 만들 수 있다.

• **시작 메뉴를 클릭해서 만드는 방법** [시작]–[Excel]을 클릭한 후 서식 파일의 목록에서 원하는 서식 파일을 선택한다. 원하는 서식 파일이 없는 경우에는 온라인 검색으로 서식 파일을 찾아 선택할 수 있다.

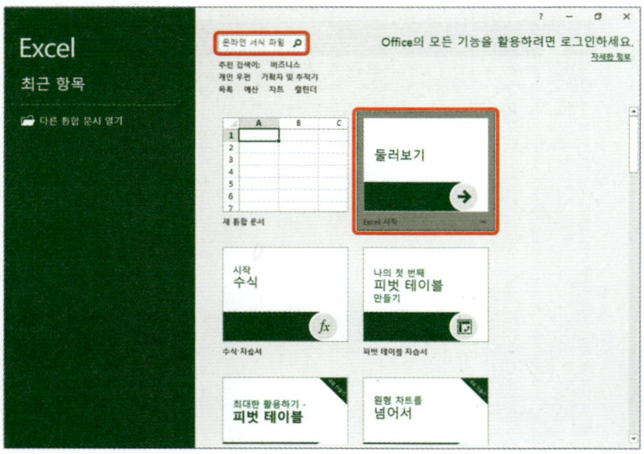

- **엑셀 파일에서 만드는 방법** [파일] 탭–[새로 만들기]를 클릭한 후 서식 파일의 목록에서 원하는 서식 파일을 선택한다.

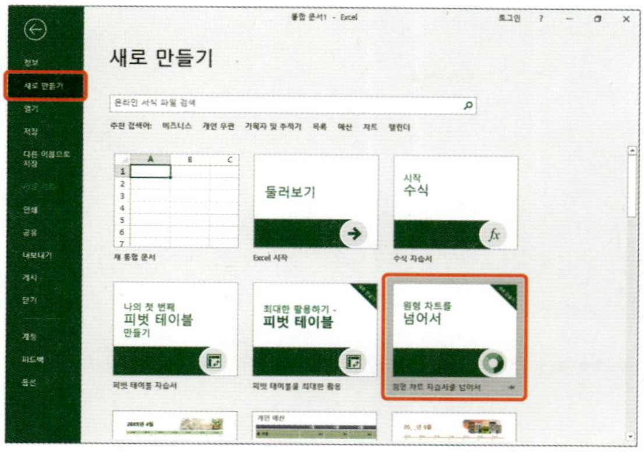

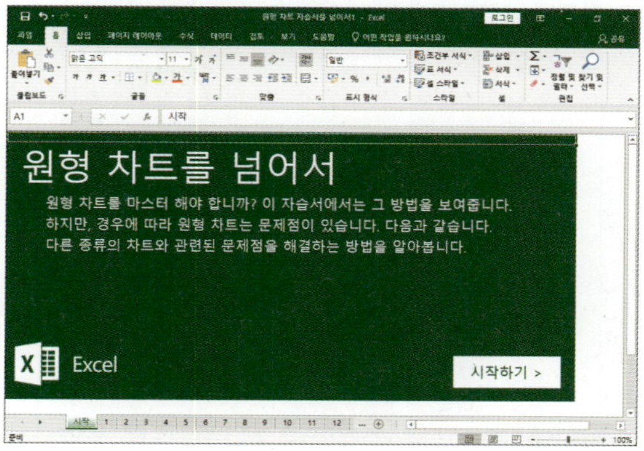

2.2 통합 문서 저장하고 열기

현재 작업 중인 엑셀 문서를 저장, 다른 이름으로 저장, 다른 형식으로 저장할 수 있다. 또한 이전에 저장한 엑셀 문서를 열어 작업할 수 있다.

엑셀 통합 문서의 저장 방법과 다른 형식으로의 저장, 그리고 저장된 엑셀 통합 문서를 불러오는 방법에 대해 알아보도록 한다.

2.2.1 통합 문서 저장하기

통합 문서를 저장하는 방법은 현재 통합 문서를 저장하는 방법과 다른 이름으로 저장하는 방법이 있다.

- **현재 문서에 저장하기** 엑셀 통합 문서를 처음 저장할 때는 [파일] 탭–[저장]을 선택한 후 저장하고 싶은 위치나 폴더를 선택하거나 [찾아보기]를 클릭한다. [다른 이름으로 저장] 대화상자가 나타나면 파일 이름을 입력하고 저장한다.

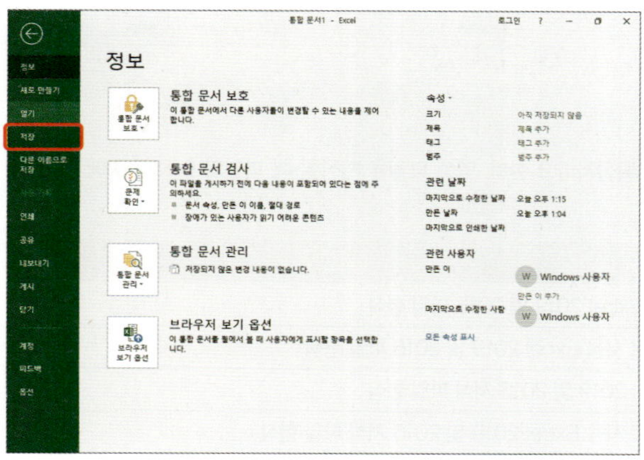

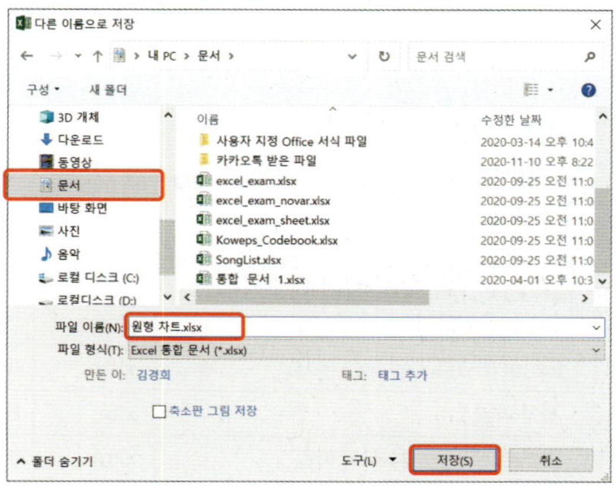

한 번 저장한 문서는 [파일] 탭–[저장] 또는 빠른 실행 도구 모음의 [저장]을 클릭하여 저장한다.

여기서 잠깐 **문서 암호 지정**

파일을 보호하기 위해 암호를 지정할 경우, [다른 이름으로 저장] 대화상자에서 [도구]-[일반 옵션]을 선택하면 열기 암호와 쓰기 암호를 지정할 수 있다.

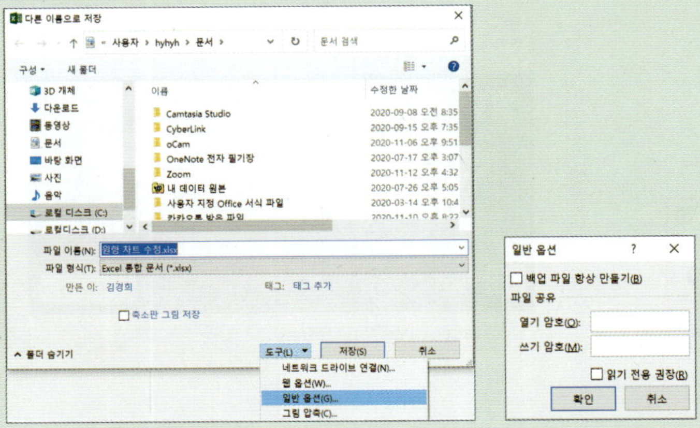

- **다른 이름으로 저장하기** 작성 중인 엑셀 통합 문서에 수정한 내용을 저장하지 않고, 다른 엑셀 통합 문서로 저장할 경우에는 [파일] 탭-[다른 이름으로 저장]을 선택하여 저장한다.
- **다른 형식으로 문서 저장하기** 엑셀 통합 문서를 다른 형식으로 저장할 때 사용한다. [파일] 탭-[다른 이름으로 저장]을 선택한 후 [다른 이름으로 저장] 대화상자에서 원하는 파일 형식을 선택 저장한다.

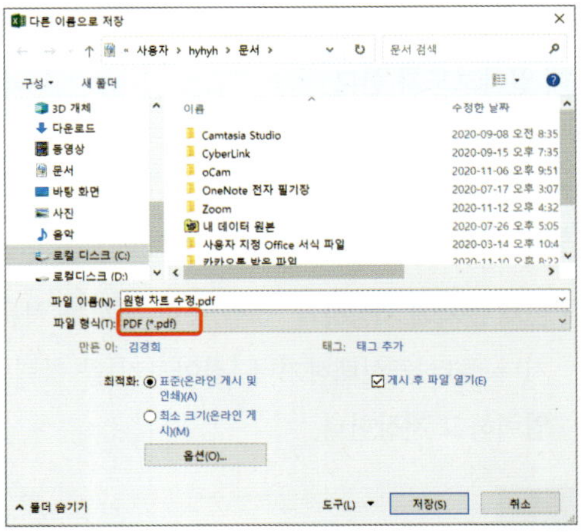

여기서 잠깐 **파일 형식별 확장자**

파일의 종류를 구분하기 위해 파일명 이름 뒤에 붙이는 문자를 확장자라고 한다. 엑셀 파일을 저장할 때 파일의 형식(종류)에 따라 다양한 확장자가 제공된다.

파일 형식	확장자	설명
Excel 통합문서	.xlsx	기본 Excel 2019 및 2016 파일 형식
Excel 매크로 사용 통합 문서	.xlsm	매크로 사용 Excel 2019 및 2016 파일 형식
서식 파일	.xltx	Excel 2019 및 2016 서식 파일 형식
Excel 매크로 사용 서식 파일	.xltm	매크로 사용 Excel 2019 및 2016 서식 파일 형식
Excel 97-2003 통합 문서	.xls	Excel 97-2003 파일 형식
Excel 97-2003 서식 파일	.xlt	Excel 97-2003의 서식 파일 형식

기본예제 01 서식 파일로 통합 문서 만들고 저장

'주간 출석 보고서' 서식 파일을 검색해 작성한 후 저장해 본다.

01 서식 파일 열기 [파일] 탭–[새로 만들기]를 클릭한 후 『주간 출석 보고서』를 입력하여 검색한다. 검색된 '주간 출석 보고서'를 클릭한 후 창이 나타나면 [만들기]를 클릭한다.

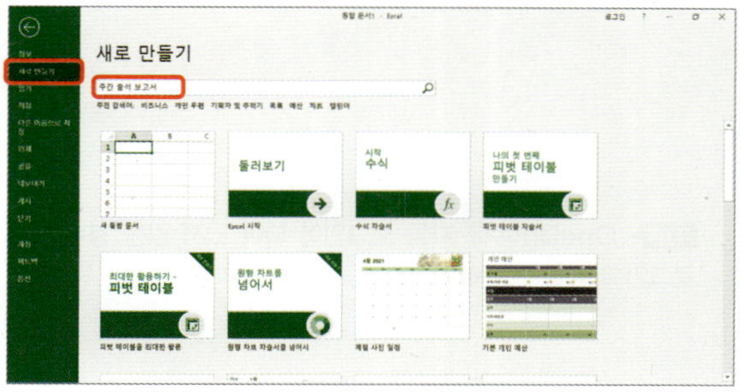

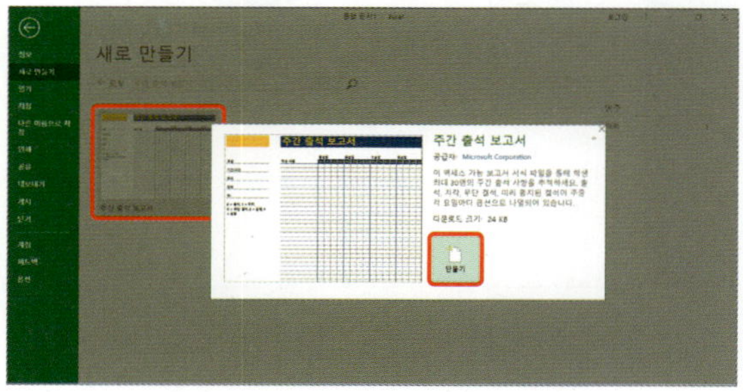

02 데이터 입력 및 저장 '주간 출석 보고서' 시트를 선택한 후 데이터를 입력하다. [파일] 탭–[저장]–[찾아보기]를 클릭한 후 [다른 이름 저장] 대화상자가 나타나면 폴더 위치와 파일 이름을 입력하고 [저장]을 클릭한다.

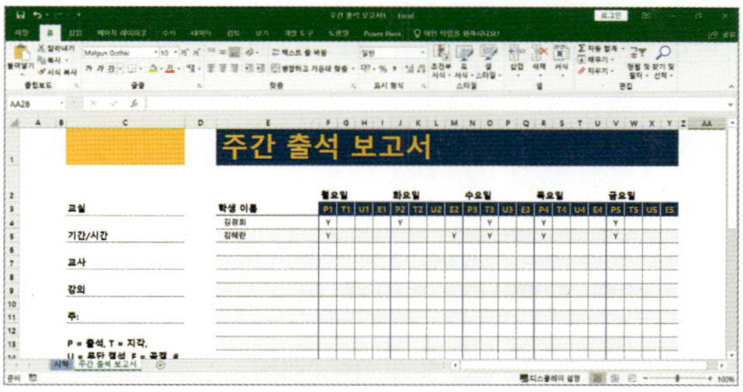

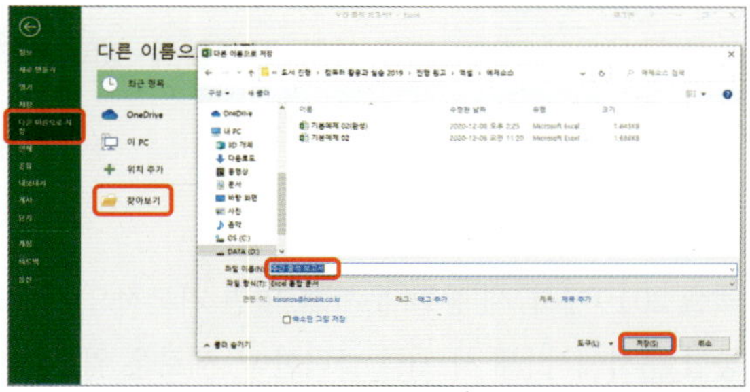

2.2.2 통합 문서 열기

엑셀로 저장된 문서는 필요할 때 찾아서 사용할 수 있다. 최근에 사용한 통합 문서를 열기 위해서는 [파일] 탭–[열기]–[최근 항목]을 클릭한 후 원하는 파일을 선택한다. 최근에 사용한 통합 문서가 아닌 경우에는 [파일] 탭–[열기]–[찾아보기]를 클릭하여 원하는 파일을 선택한다.

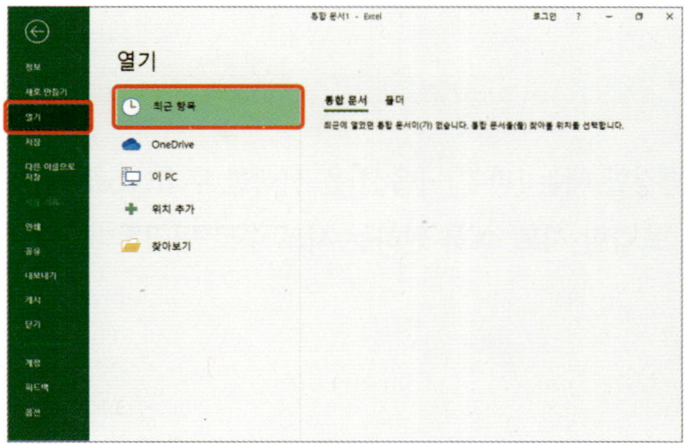

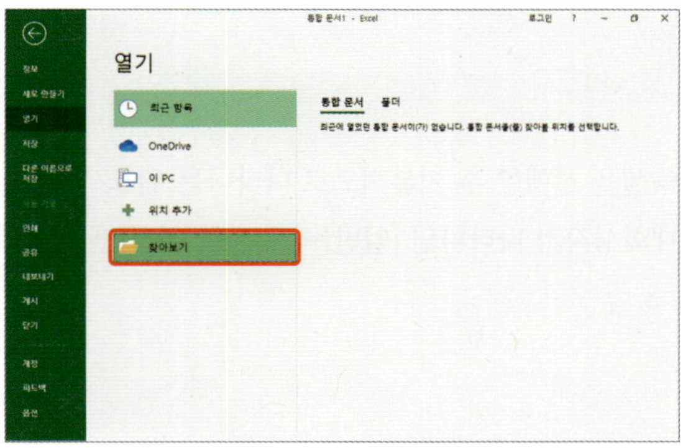

요즘은 어디에서나 파일을 액세스하고 다른 사람과 공유할 수 있는 OneDrive를 많이 사용하는 추세이다. OneDrive의 통합 문서는 [파일]–[열기]–[OneDrive]를 클릭한 후 원하는 파일을 찾는다.

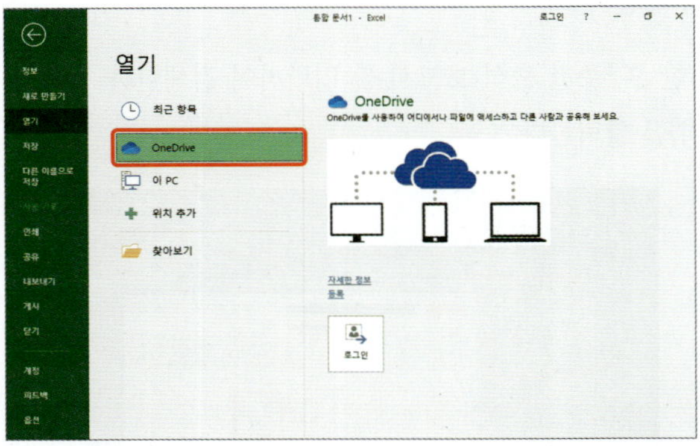

TIP OneDrive에 자동 로그인이 되어 있지 않을 경우에는 로그인 과정을 먼저 해야 한다.

2.3 워크시트 관리하기

워크시트란 데이터를 일정한 양식으로 정리할 수 있도록 구성된 시트이다. 시트는 행과 열로 구성된 셀로 이루어져 있으며 자료의 입력, 정렬, 서식 등의 기능이 있어 사용자가 쉽고 간편하게 작성할 수 있다.

통합 문서에서 워크시트를 삽입, 삭제할 수 있고, 워크시트의 복사와 이동, 이름 바꾸기, 탭 색 변경, 워크시트 숨기기 등을 할 수 있다.

2.3.1 워크시트 삽입

엑셀 2019에서 '새 통합 문서'를 열면 기본적으로 워크시트 1개만 존재한다. 추가로 워크시트를 삽입하려면 통합 문서에서 [새 시트]를 클릭한다. 새로운 워크시트는 현재 워크시트 오른쪽에 추가된다.

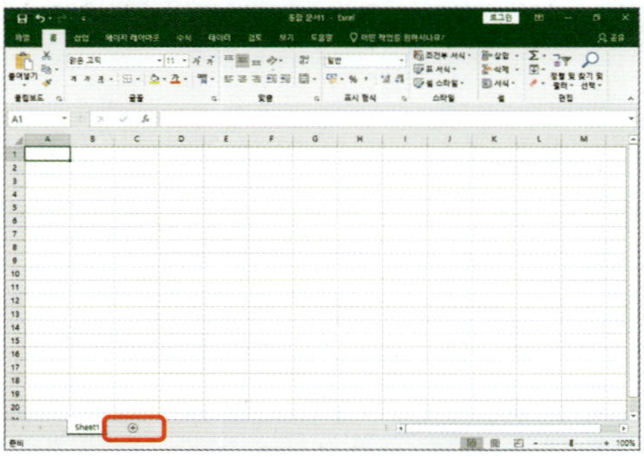

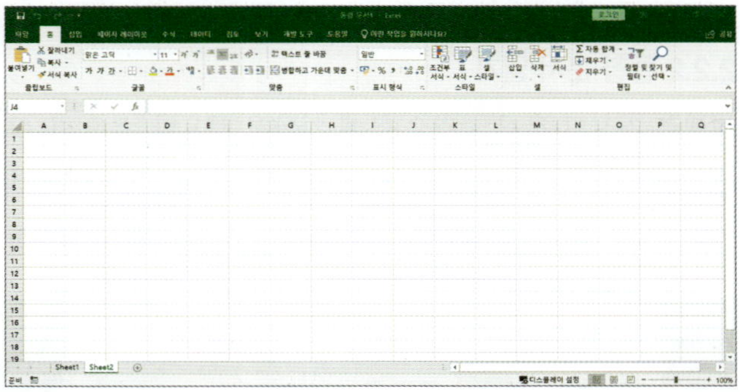

엑셀을 실행한 후 기본적으로 나타나는 워크시트 수를 변경할 때는 [파일]–[옵션]을 선택한 후 [Excel 옵션] 대화상자가 나타나면 [일반]–[새 통합 문서 만들기]에서 '포함할 시트 수'를 원하는 시트 수로 변경한다.

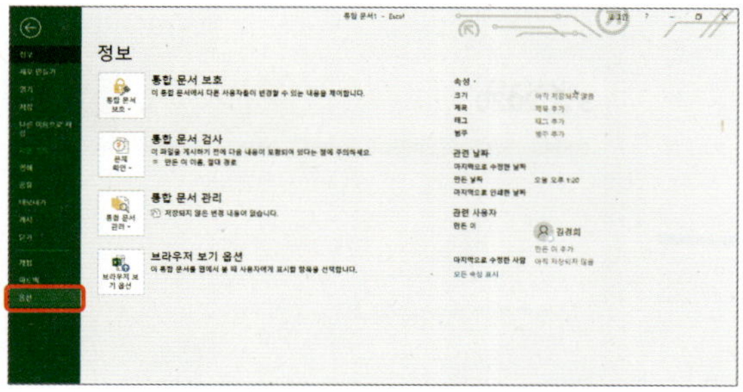

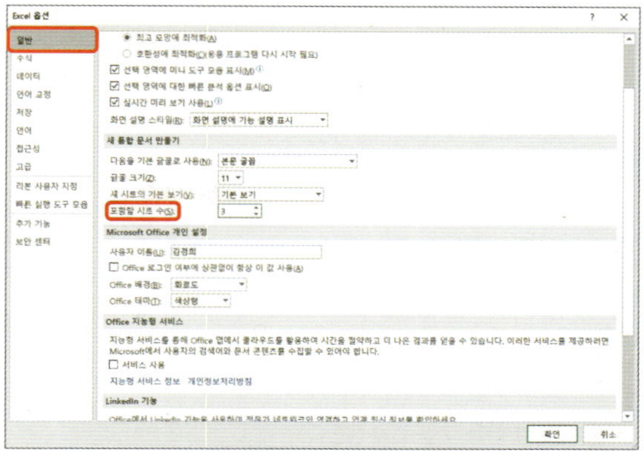

> **TIP** 워크시트의 바로 가기 메뉴에서 [삽입]을 클릭하면 워크시트를 추가할 수 있다.

2.3.2 워크시트 삭제

삭제할 워크시트를 선택한 후 바로 가기 메뉴에서 삭제를 선택한다.

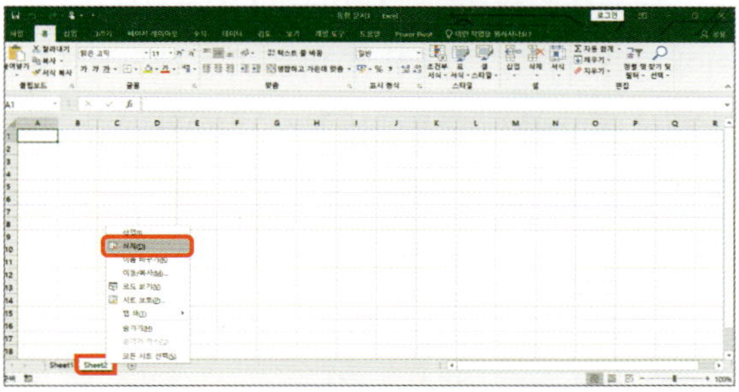

2.3.3 워크시트 복사와 이동

워크시트 복사와 이동은 같은 통합 문서에 하거나, 다른 통합 문서에 할 수 있다.

- **같은 통합 문서에 이동과 복사** 워크시트를 선택한 후 원하는 위치로 드래그하면 워크시트가 이동되고, Ctrl을 누르고 원하는 위치로 드래그하면 복사가 된다.

여기서 잠깐 ▶ 같은 통합 문서에 복사하는 또 다른 방법

① 복사할 시트를 선택하고 바로 가기 메뉴에서 [이동/복사]를 선택한다. [이동/복사] 대화상자의 '끝으로 이동'을 선택하고, 복사본 만들기에 체크한 후, [확인]을 누른다.

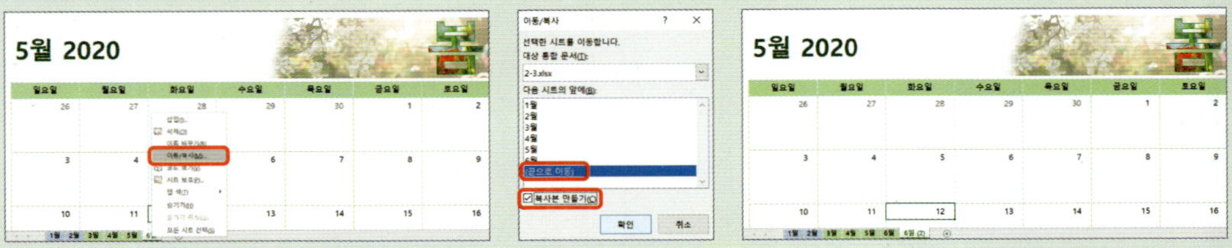

② 시트 이름을 '7월'로 수정한다.

- **다른 통합 문서에 이동 또는 복사** 다른 통합 문서에 복사(이동)하기 위해서는 복사(이동)할 워크시트가 있는 통합 문서와 복사(이동)될 통합 문서는 반드시 열려 있어야 한다. 시트를 선택한 후 바로 가기 메뉴에서 [이동/복사]를 클릭하면 [이동/복사] 대화상자가 나타난다. '대상 통합 문서' 항목에는 복사(이동)될 통합 문서를 선택하고, 복사(이동)될 위치를 지정한다. 여기서, '복사본 만들기'를 체크하면 복사되고, 체크 해제하면 이동된다.

2.3.4 시트 이름과 색 바꾸기

- **시트 이름 바꾸기** 시트를 선택한 후 바로 가기 메뉴에서 [이름 바꾸기]를 클릭하고 시트 이름을 수정한다.

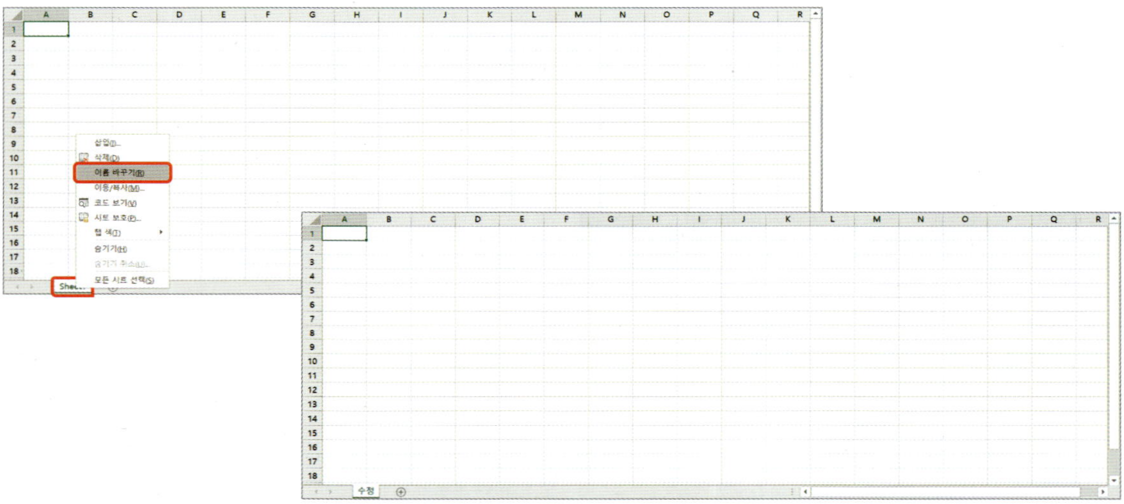

TIP ▶ 시트 탭을 더블 클릭하여 시트 이름을 수정할 수 있다.

- **시트 색 바꾸기** 시트를 선택한 후 바로 가기 메뉴에서 [탭 색]을 클릭하면 원하는 색으로 바꿀 수 있다.

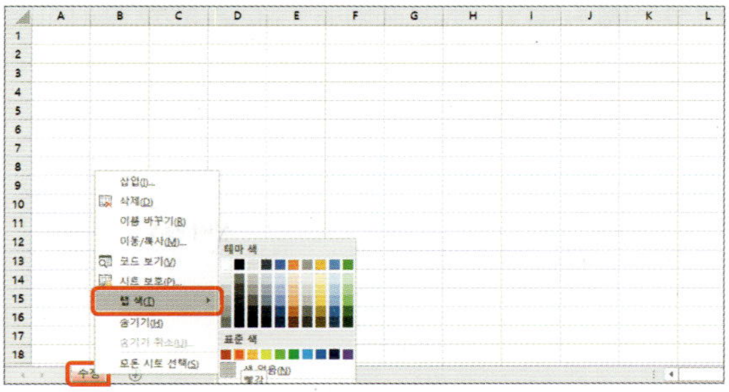

2.3.5 워크시트 숨기기

숨길 시트 탭의 바로 가기 메뉴에서 [숨기기]를 선택한다. 워크시트 숨기기를 할 때 모든 워크시트를 숨길 수는 없다. 최소 한 개의 워크시트는 열려있어야 한다.

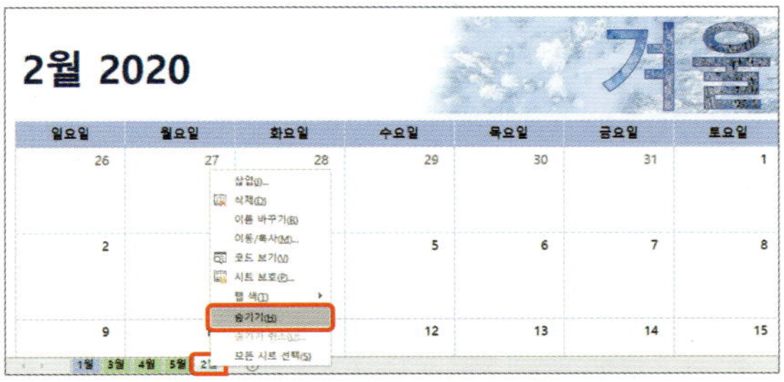

통합 문서의 모든 시트를 숨기고 싶을 경우에는 [보기] 탭–[창] 그룹–[숨기기]를 클릭하면 모든 워크시트를 숨길 수 있다.

기본예제 02 워크시트 관리

'계절' 통합 문서의 '5월' 워크시트를 복사하여 '기본예제 02.xlsx' 통합문서의 끝에 『6월』로 이름을 변경하고, 탭 색을 '파랑'으로 지정하시오. '2월' 워크시트를 '6월' 워크시트 뒤로 이동한 후 워크시트를 숨기시오.

01 다른 통합 문서로 복사 '계절' 통합 문서의 '5월' 워크시트를 선택한 후 바로 가기 메뉴에서 [이동/복사]를 선택한다. [이동/복사] 대화상자가 나타나면 [대상 통합 문서] 항목에 '기본예제 02.xlsx' 통합 문서 선택, 복사될 위치 지정, '복사본 만들기'를 체크한 후 [확인]을 클릭한다.(반드시 '기본예제 02.xlsx' 통합 문서는 열려 있어야 함)

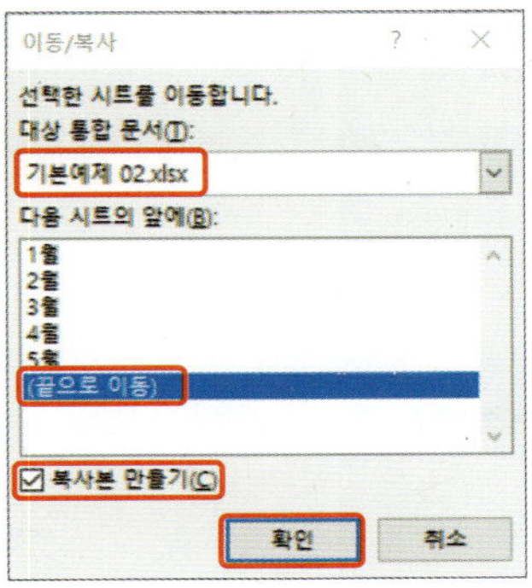

02 이름 바꾸기 '기본예제 02.xlsx' 통합 문서의 '5월(2)' 워크시트를 선택한 후 바로 가기 메뉴에서 [이름 바꾸기]를 클릭하고 시트 이름에 『6월』을 입력한다.

03 워크시트 색 변경 '6월' 워크시트의 바로 가기 메뉴에서 [탭 색]을 선택한 후 '표준색'의 '파랑'을 선택한다.

04 워크시트 이동 '2월' 워크시트를 선택한 후 '6월' 워크시트 오른쪽으로 드래그한다.

05 워크시트 숨기기 및 숨기기 취소 '2월' 워크시트의 바로 가기 메뉴에서 [숨기기]를 클릭한다. 다시 보이게 하려면 [숨기기 취소]를 클릭한다.

2.4 페이지 설정 지정하기

엑셀 통합 문서는 페이지 단위가 아니기 때문에 화면에 보이는 대로 인쇄되지 않은 경우가 많다. 그래서 페이지 설정에서 인쇄에 대한 다양한 옵션을 지정할 수 있다. 페이지 설정은 [페이지 레이아웃] 탭–[페이지 설정]의 '자세히(⊡)'를 클릭하여 설정한다.

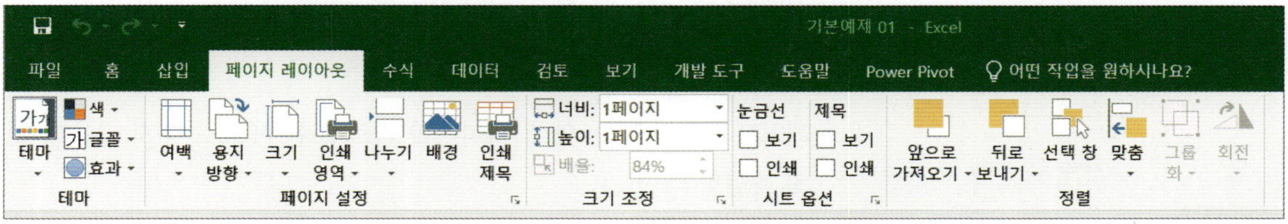

2.4.1 페이지

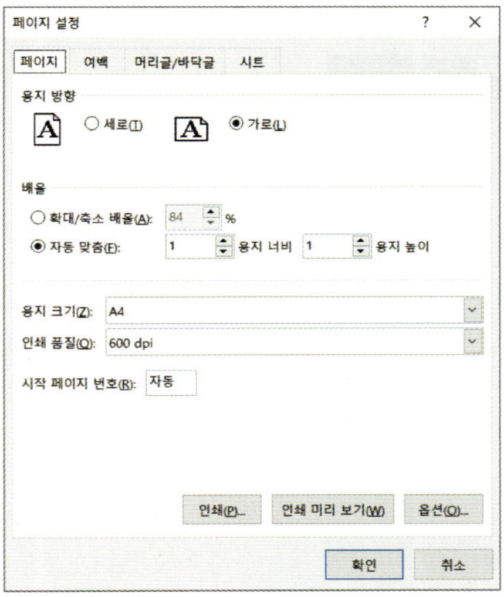

- **용지 방향** 세로(기본값) 또는 가로 용지 방향을 설정하여 출력할 수 있다.
- **배율** 배율을 지정하여 확대 또는 축소 출력할 수 있다. 자동 맞춤에서 '용지 너비' '용지 높이'가 1일 경우 많은 페이지를 1페이지에 축소하여 출력할 수 있다.
- **용지 크기** 기본적인 용지 크기는 A4이며, 다양한 용지 크기를 지정할 수 있다.
- **시작 페이지 번호** 문서를 출력할 때 시작 페이지 번호를 지정하여 출력할 수 있다.

여기서잠깐 **한 페이지에 출력하는 방법**

[파일] 탭–[인쇄]를 선택한 후 설정 부분에서 '현재 설정된 용지'의 드롭다운 버튼을 클릭하면 '한 페이지에 시트 맞추기', '한 페이지에 모든 열 맞추기', '한 페이지에 모든 행 맞추기'를 선택하여 설정할 수 있다.

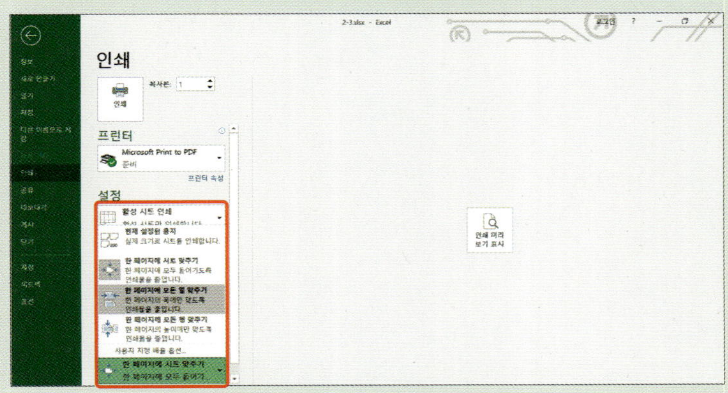

2.4.2 여백 지정

여백이란 용지 상하좌우 데이터를 쓸 수 없는 빈 공간을 말한다.

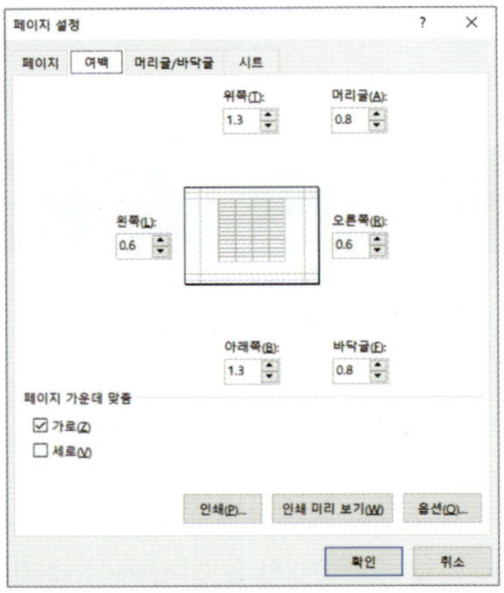

- **여백** [페이지 레이아웃] 탭–[페이지 설정] 그룹의 '여백'에서 선택하여 설정할 수 있다. 원하는 설정값이 없다면 [사용자 지정 여백]을 선택한 후 [페이지 설정] 대화상자의 [여백] 탭에서 직접 설정할 수 있다.
- **페이지 가운데 맞춤** 엑셀 데이터를 가로 또는 세로로 용지 가운데 맞춰 출력할 수 있다.

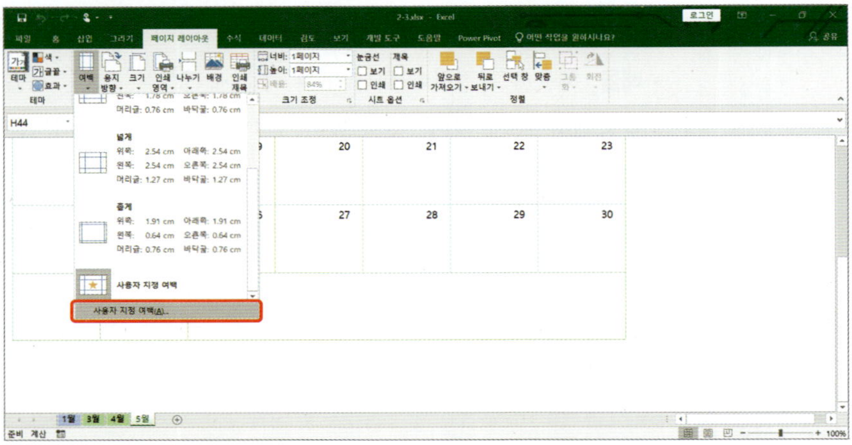

2.4.3 머리글/바닥글

페이지 상단이나 하단에 각 챕터 이름, 페이지 번호, 페이지 수, 현재 날짜, 파일 이름 등을 추가할 수 있다. 짝수와 홀수 페이지를 다르게 지정할 수도 있다.

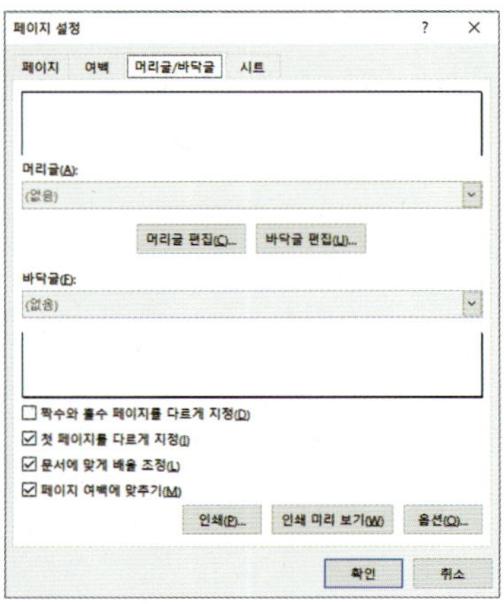

2.4.4 시트

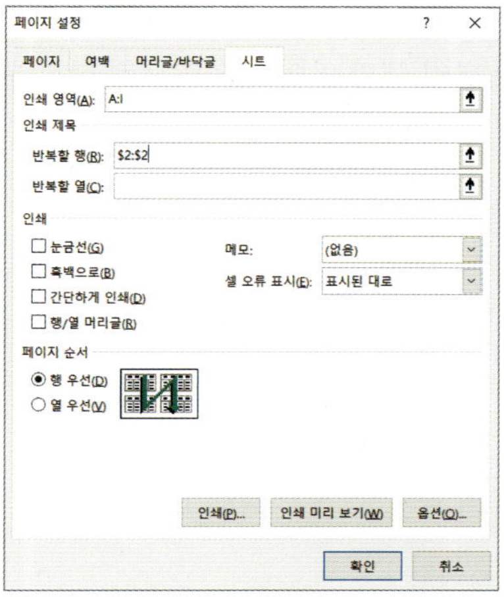

- **인쇄 영역 설정** 워크시트에서 원하는 부분만 인쇄되도록 인쇄 영역을 설정할 수 있다.

> **TIP** 인쇄 영역 설정을 한 다음 엑셀 문서를 저장할 경우, 문서를 다시 열 때 이전에 설정한 인쇄 영역은 저장된다. 그래서 인쇄 영역을 확대하거나 축소할 경우 인쇄 영역을 재설정해야 한다.

- **인쇄 제목** 워크시트가 여러 페이지인 경우 제목이나 필드명 등 페이지마다 동일한 데이터를 같은 곳에 인쇄해야 할 경우에는 반복할 행이나 열을 지정한다.
- **눈금선 및 행/열 머리글 인쇄** 워크시트의 눈금선 및 행/열 머리글을 인쇄할 수 있다. [페이지 레이아웃] 탭–[시트 옵션] 그룹–[눈금선], [제목]의 인쇄에 체크 표시하여 설정할 수 있다.

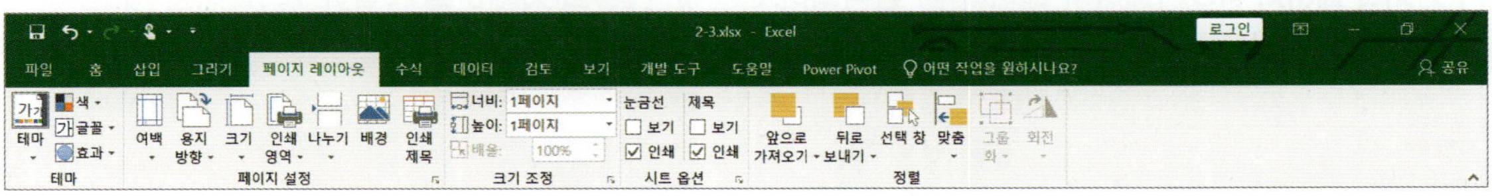

- **간단하게 인쇄** 그래픽 요소를 제외한 데이터만 인쇄한다.
- **페이지 순서** 행 또는 열 우선으로 페이지 순서를 매길 수 있다.

기본예제 03 페이지 설정

페이지 여백을 좁게 설정하고, 시작 번호를 3페이지로 지정하시오. [A2:I58] 셀까지 인쇄 영역으로 설정하고, 5행까지 매 페이지에 출력되도록 설정하시오.

01 여백 [페이지 레이아웃] 탭-[페이지 설정] 그룹-[여백]에서 '좁게'를 클릭한다.

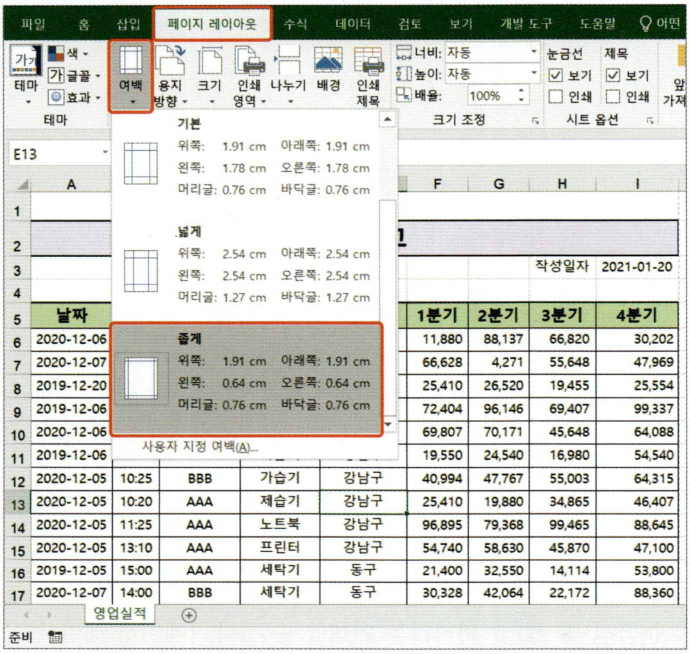

02 시작 페이지 번호 [페이지 레이아웃] 탭-[페이지 설정] 그룹의 자세히를 클릭한 후 [페이지 설정] 대화상자가 나타나면 [페이지] 탭의 '시작 페이지 번호'에 『3』을 입력한다.

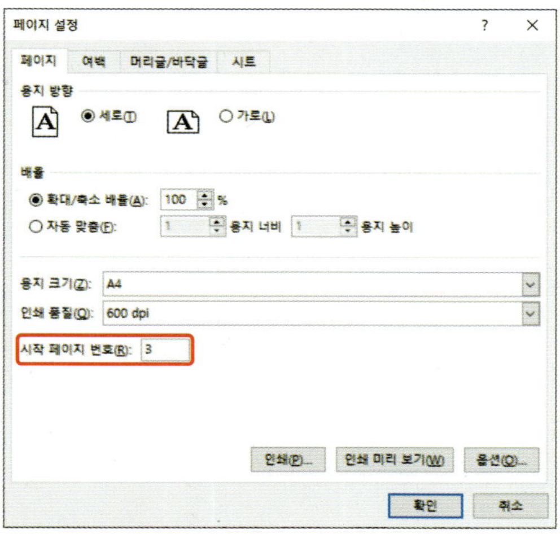

03 인쇄 영역과 반복할 행 [시트] 탭의 '인쇄 영역'을 클릭하고 [A2:I58] 영역을 드래그하여 선택한다. '반복할 행'을 클릭한 후 [1:5] 행머리글을 드래그하여 선택한 후 [확인]을 클릭한다.

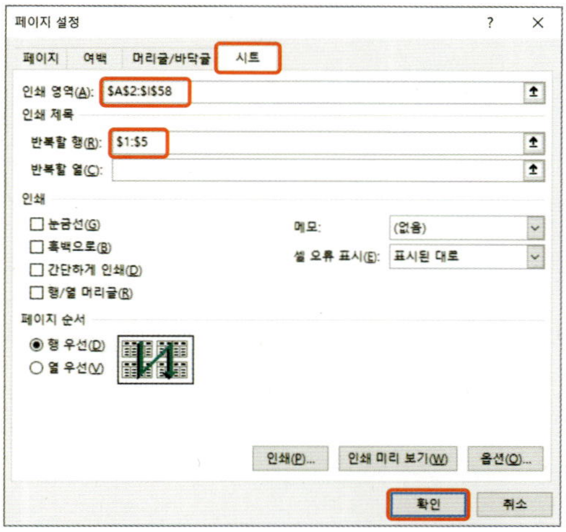

SECTION 03

셀 다루기

셀이란 엑셀에서 기본적으로 데이터가 입력되는 공간으로 행 머리글과 열 머리글로 구성되어 있다. 셀의 선택과 범위를 지정하는 방법, 셀 너비와 높이의 변경, 행/열의 추가 및 삭제, 행/열 숨기기 및 숨기기 해제 등에 대해 살펴보기로 한다.

3.1 셀 범위 선택하기

셀에 입력된 데이터의 서식을 지정하거나, 셀의 내용을 복사나 이동하기 위해서는 반드시 해당 셀이나 범위를 선택해야 한다. 마우스로 원하는 셀을 클릭하면 셀이 선택된다. 셀이 선택되면 셀 주위에 녹색 테두리가 생기는데, 이를 셀 포인터라고 한다. 셀 포인터의 위치는 '이름 상자'에 표시된다.

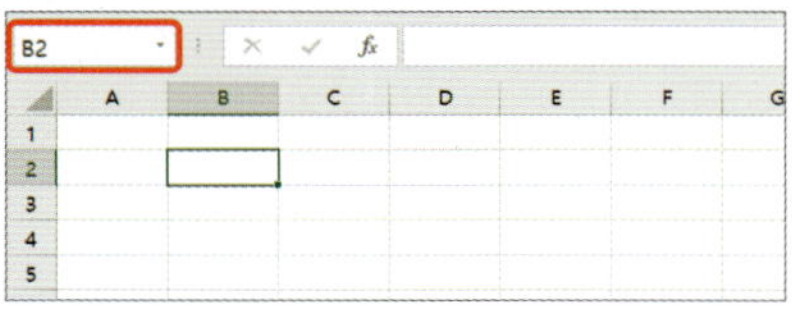

셀을 두 개 이상 선택하는 등 여러 셀을 동시에 범위로 지정하는 방법은 다양하다. 가장 보편적으로 사용되는 방법은 해당 범위를 마우스로 드래그하는 것이다. 여러 셀을 빠르게 범위로 지정하는 방법에 대해 살펴보도록 한다.

3.1.1 연속 셀 범위 지정하기

연속된 데이터의 범위를 지정하는 방법은 범위의 첫 번째 셀을 선택한 후 Shift를 누른 채로 마지막 셀을 클릭하거나 마지막 셀까지 방향키로 이동한다.

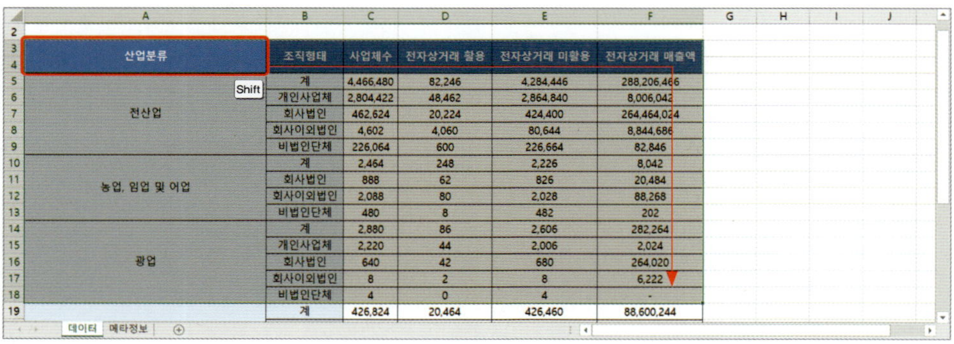

여기서 잠깐 **전체 셀 선택하기**

전체 셀을 선택하려면 화면의 왼쪽 맨 위에서 A열과 1행 사이에 위치한 [시트 전체 선택]을 클릭하거나 바로 가기 키 Ctrl+A를 누른다.

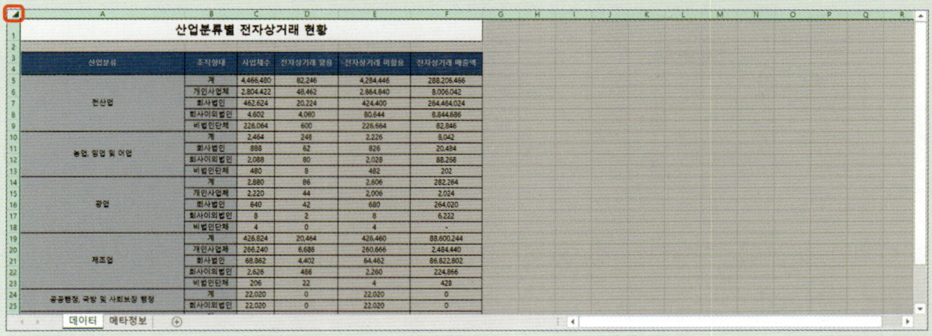

3.1.2 비연속 셀 범위 지정하기

서로 떨어져 있는 셀 범위를 선택하기 위해서는 마우스를 드래그하여 첫 번째 셀 범위를 선택한 후 Ctrl을 누른 채로 마우스를 드래그하여 나머지 셀 범위를 선택하면 된다.

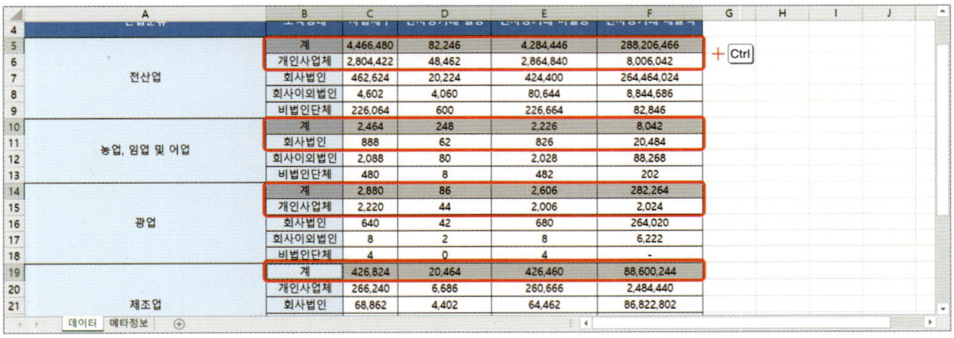

3.1.3 행/열 단위로 셀 범위 지정하기

행 또는 열 단위로 셀 범위를 지정하려면 해당하는 행 또는 열 머리글을 선택하면 된다. 연속적인 행/열 단위일 경우에는 해당하는 행/열 머리글을 드래그하거나, 해당하는 첫 번째 행/열 머리글을 선택한 후 Shift를 누른 상태에서 마지막 행/열 머리글을 선택한다.

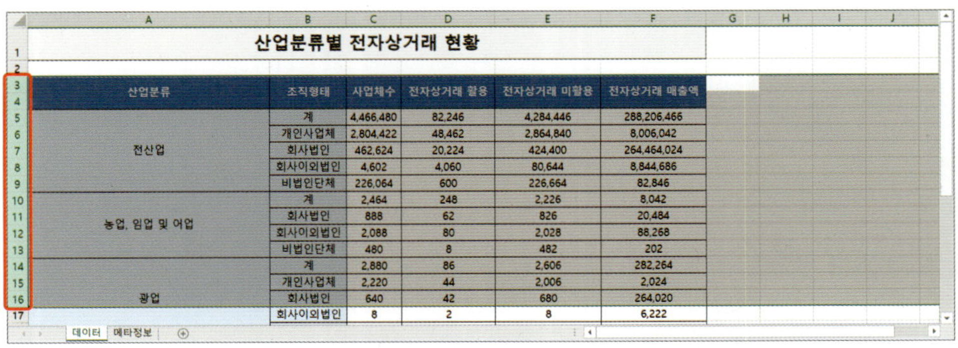

비연속적인 행/열 단위일 경우에는 해당하는 행/열 머리글의 범위를 선택한 후 Ctrl을 누른 상태에서 다음 행/열 머리글의 범위를 선택한다.

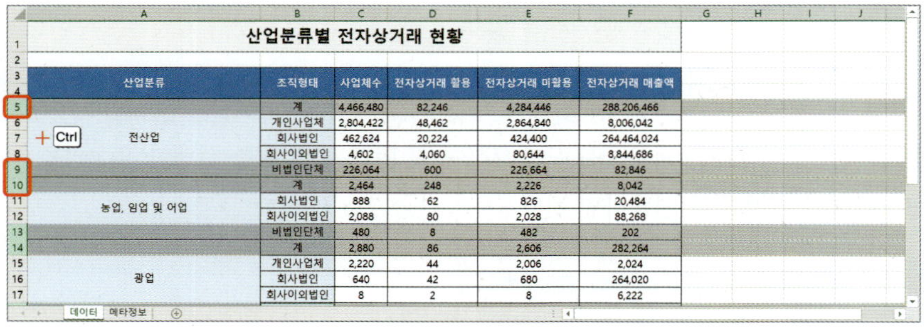

3.1.4 데이터가 있는 셀의 범위 지정하기

데이터가 있는 셀을 선택하는 방법은 첫 번째 셀을 선택한 후 Ctrl+Shift+방향키를 눌러 범위를 지정할 수 있다. 데이터가 있는 표를 선택할 때에는 Ctrl+*를 누른다.

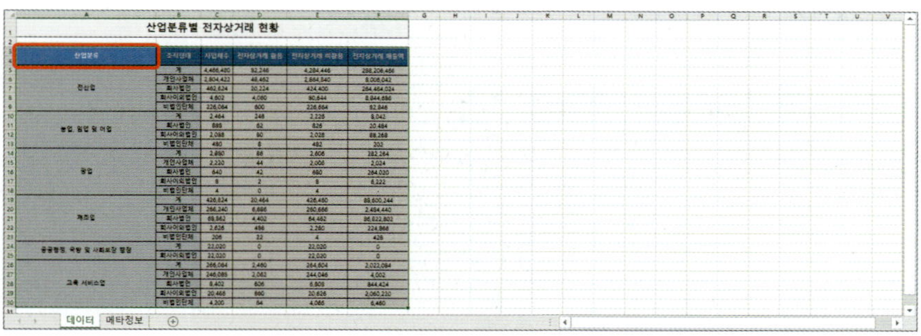

3.2 복사/이동하기

입력된 데이터를 원하는 위치로 복사 또는 이동할 수 있다.

3.2.1 복사하기

입력된 데이터를 복사하려면 셀 또는 범위를 선택한 후 Ctrl을 누른 채 셀 포인터를 원하는 위치로 드래그하면 데이터가 복사된다. 또는 Ctrl+C를 누른 후 원하는 셀에서 Ctrl+V를 누른다.

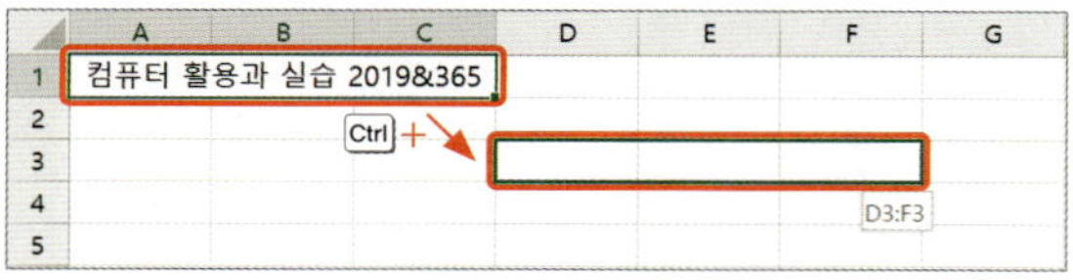

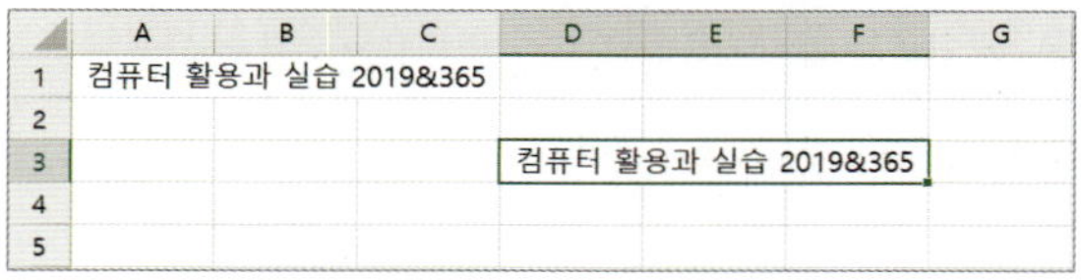

3.2.2 이동하기

입력된 데이터를 이동하려면 셀 또는 범위를 선택한 후 셀 포인터를 원하는 위치로 드래그하면 데이터가 이동된다. 또는 Ctrl+X를 누른 후 원하는 셀에서 Ctrl+V를 누른다.

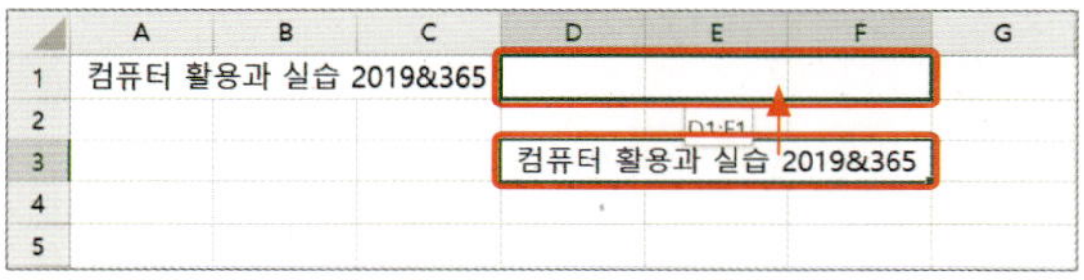

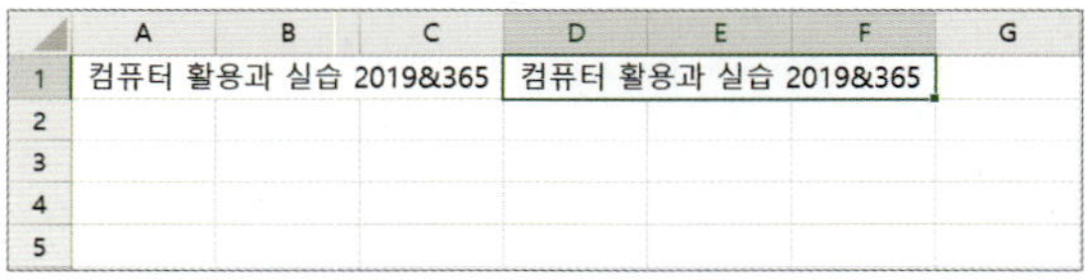

기본예제 04 복사하여 붙여넣기

[B2:F5] 범위를 복사하여 [I2] 셀에 원본 열 너비를 유지하여 붙여넣기 하시오. [I8] 셀에는 행/열을 바꿔 붙여넣기하시오.

01 복사하기 [B2:F5] 범위를 영역 지정한 후 Ctrl+C를 눌러 복사한다.

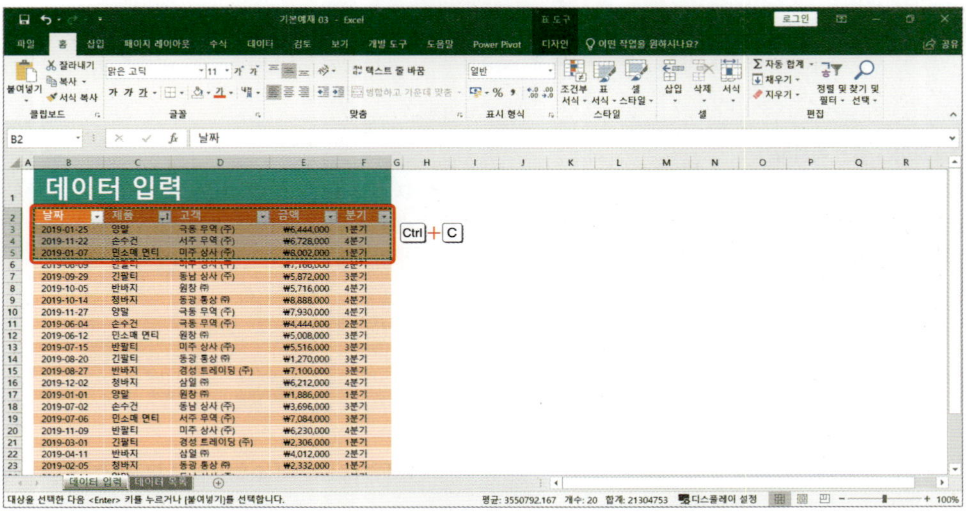

02 원본 열 너비 유지 [I2] 셀을 선택한 후 바로 가기 메뉴에서 [선택하여 붙여넣기]의 '원본 열 너비 유지'를 클릭한다.

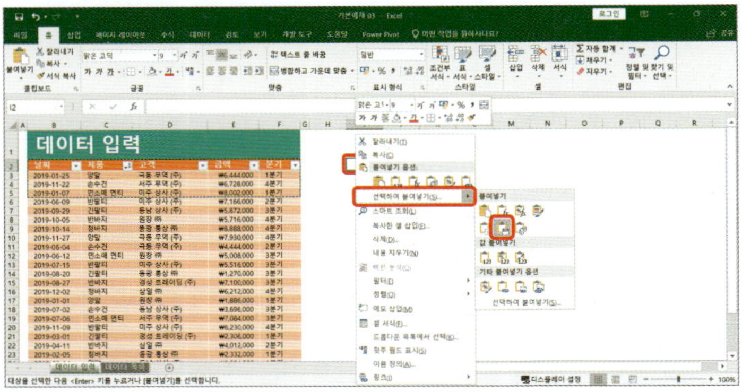

03 행/열 바꿈 [I8] 셀을 선택한 후 바로 가기 메뉴에서 [선택하여 붙여넣기]의 '바꾸기'를 클릭한다.

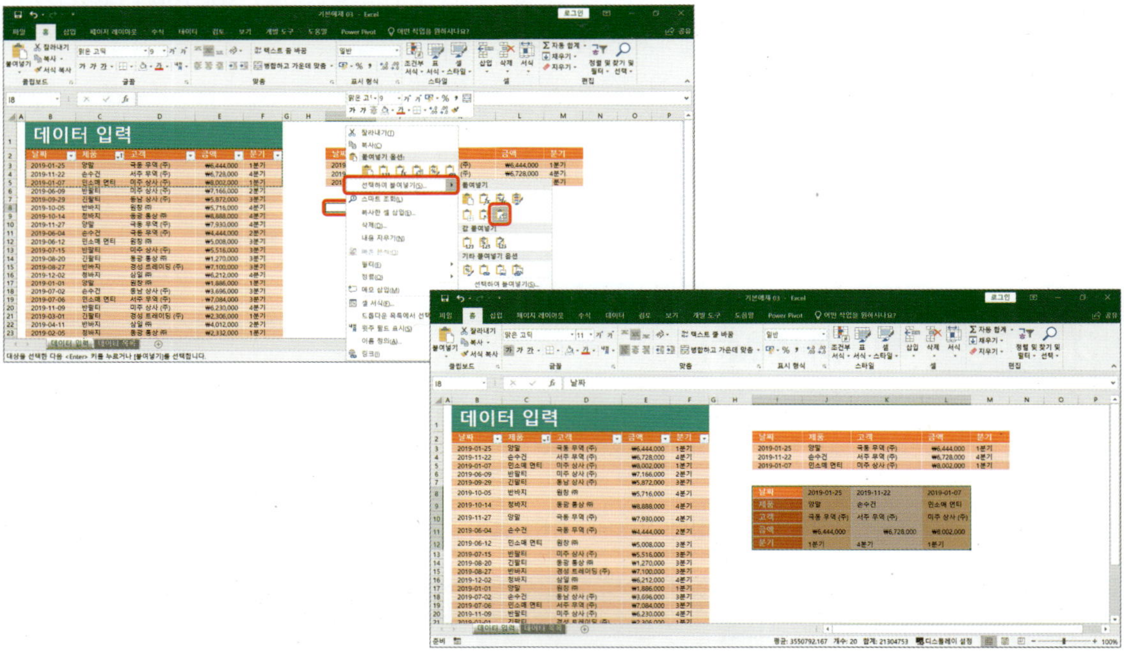

여기서잠깐 화면에 보이는 셀만 복사하기

부분합이나 피벗 테이블처럼 행이나 열이 숨겨져 있는 상태에서 화면에 보이는 셀만 복사하는 방법은 원하는 범위를 지정한 후 [홈] 탭–[편집] 그룹–[찾기 및 선택]의 [이동 옵션]을 선택한다. [이동 옵션] 대화상자에서 '화면에 보이는 셀만'을 선택하고 [확인]을 클릭한 후 Ctrl+C를 눌러 복사하고 복사할 위치에 Ctrl+V를 눌러 붙여넣기한다.

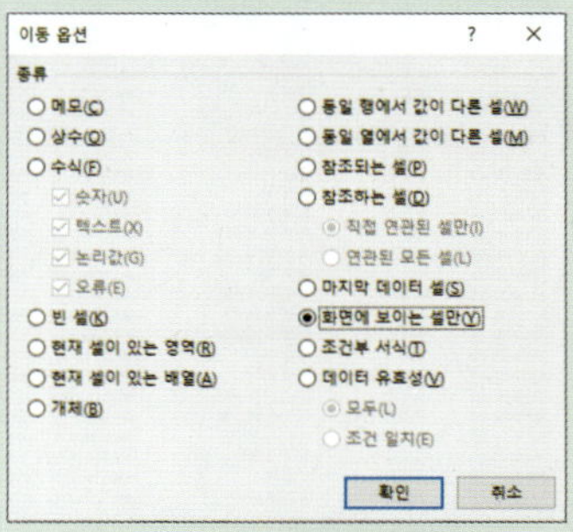

여기서 잠깐 **붙여넣기 옵션**

복사를 한 후 붙여넣기를 할 경우에는 붙여넣기 옵션을 선택할 수 있다. 붙여넣기 옵션에는 '수식', '값', '서식', '원본 열 너비 유지', '행/열 바꿈', '값 및 원본 서식', '연결하여 붙여넣기' 등이 있다. 붙여넣기 옵션의 마지막 줄에 있는 [선택하여 붙여넣기]를 선택하면 [선택하여 붙여넣기] 대화상자가 나타나 붙여넣기 옵션을 편하게 사용할 수 있다(아이콘보다 한글 설명이 더 명확함).

잘라내기를 한 후에는 붙여넣기 옵션을 사용할 수 없다.

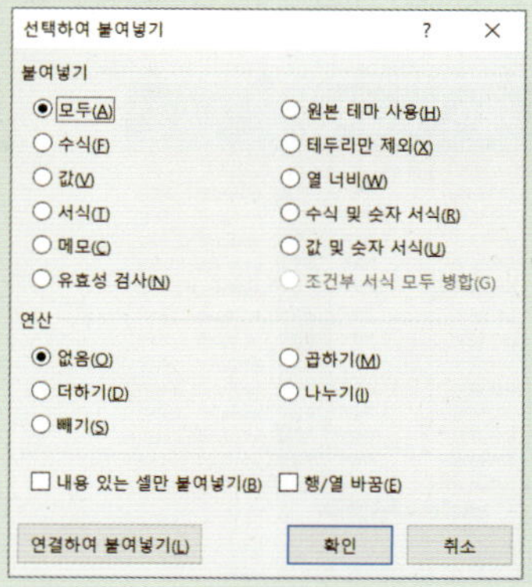

3.3 열 너비/행 높이 지정

기본적인 열의 너비는 8.08, 행의 높이는 17이다. 셀에 데이터를 입력할 때, 데이터의 길이가 열의 너비보다 큰 경우 화면에 표시되는 방법은 데이터가 입력된 오른쪽 셀이 데이터가 입력되어 있는지 비어 있는지에 따라 다를 수 있다. 오른쪽 셀이 비어 있는 경우에는 오른쪽 셀까지 데이터가 끊어지지 않고 이어서 표시되고 오른쪽 셀에 데이터가 있는 경우에는 셀의 너비만큼 데이터가 표시되고 나머지는 화면에 표시되지 않는다.

3.3.1 열 너비

- **바로 가기 메뉴를 이용한 열 너비 조절** 너비를 조절할 열의 바로 가기 메뉴에서 [열 너비]를 선택한 후 [열 너비] 대화상자가 나타나면 열 너비를 입력하고 [확인]을 클릭한다.

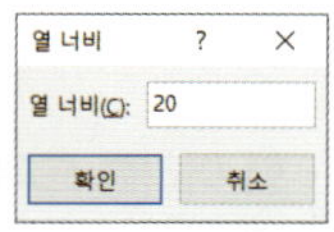

- **열 머리를 드래그하여 열 너비 조정** 너비를 조절할 열의 오른쪽 경계를 드래그하여 원하는 만큼 열 너비를 조절한다.

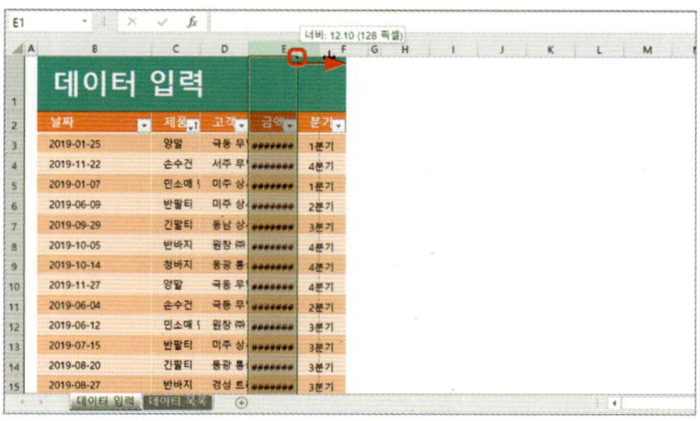

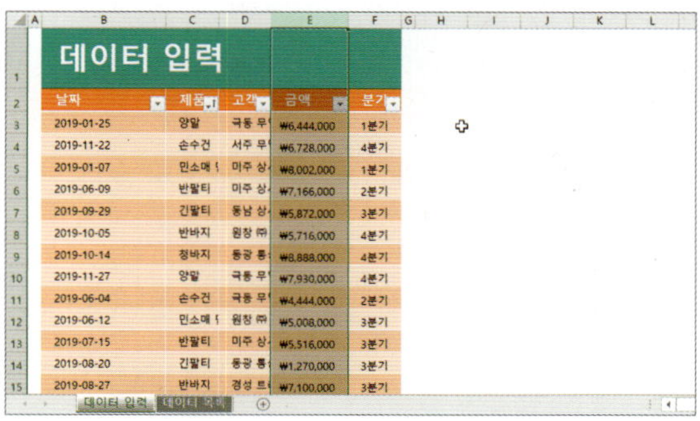

- **열 머리글의 오른쪽 경계선을 더블 클릭** 너비를 조절할 열 머리글의 오른쪽 경계선을 더블 클릭하면 가장 긴 데이터를 기준으로 열 너비가 변경된다.

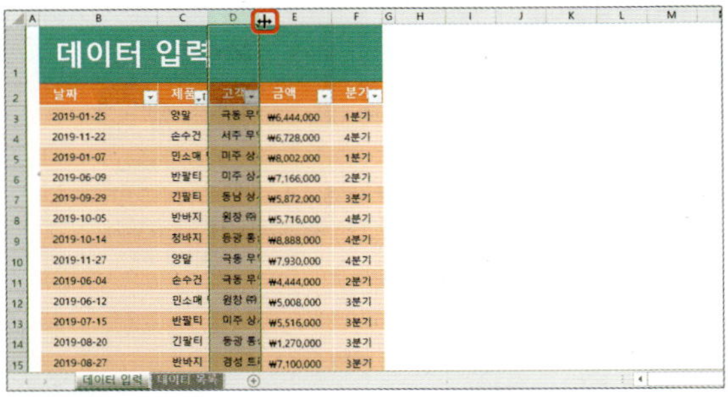

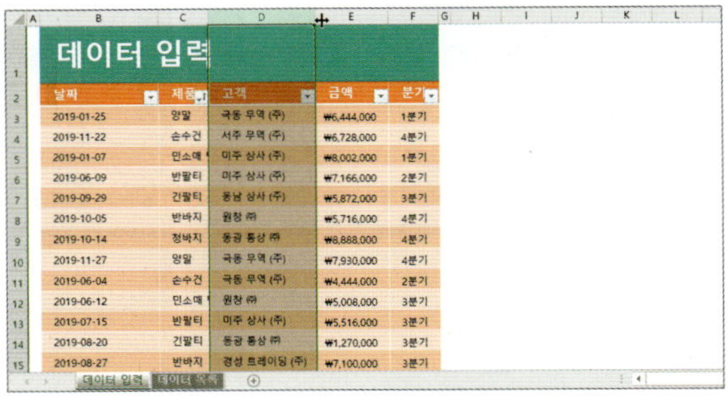

3.3.2 행 높이

- **바로 가기 메뉴를 이용한 행 높이 조절** 높이를 조절할 행의 바로 가기 메뉴에서 [행 높이]를 선택한 후 [행 높이] 대화상자가 나타나면 행 높이를 입력하고 [확인]을 클릭한다.

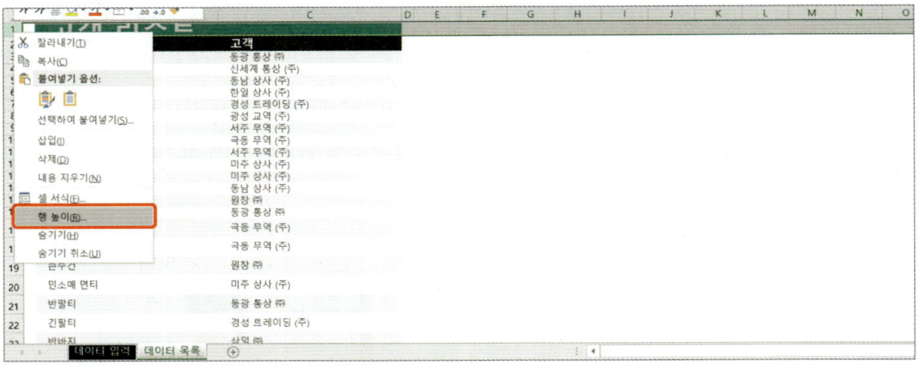

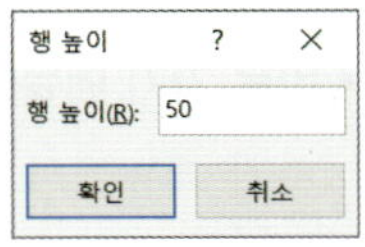

> **TIP** 여러 행의 행 높이를 조절하고자 할 경우에는 조절하고자 하는 곳의 영역을 지정한 후 바로 가기 메뉴를 이용하면 된다.

- **행 머리를 드래그하여 행 높이 조정** 높이를 조절할 행의 아래 경계를 드래그하여 원하는 만큼 행 높이를 조절한다.

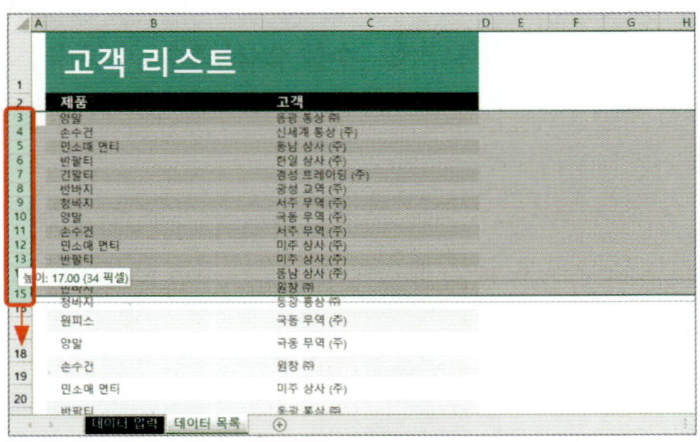

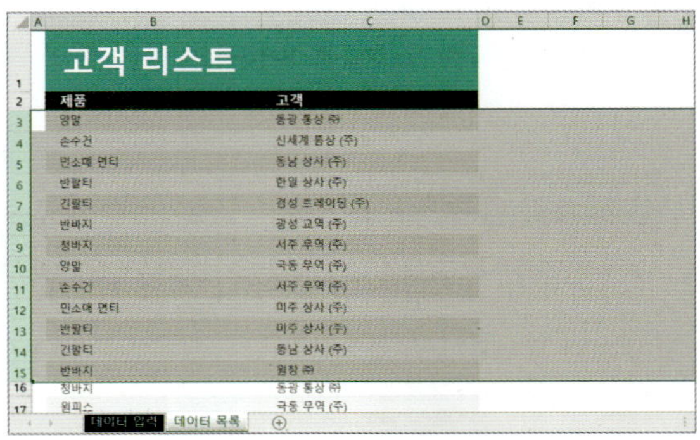

• **행 머리글의 아래 경계선을 더블 클릭** 높이를 조절할 행 머리글의 아래 경계선을 더블 클릭하면 높이가 가장 높은 데이터를 기준으로 행 높이가 변경된다.

3.4 행/열 삽입 및 삭제하기

데이터가 입력되어 있을 때 행이나 열을 추가하여 데이터를 입력하는 방법과 필요없는 행이나 열을 삭제하는 방법에 대해 살펴보도록 한다.

3.4.1 행/열 삽입

• **행 삽입** 삽입할 행 아래에 있는 행 머리글의 바로 가기 메뉴에서 [삽입]을 클릭한다.

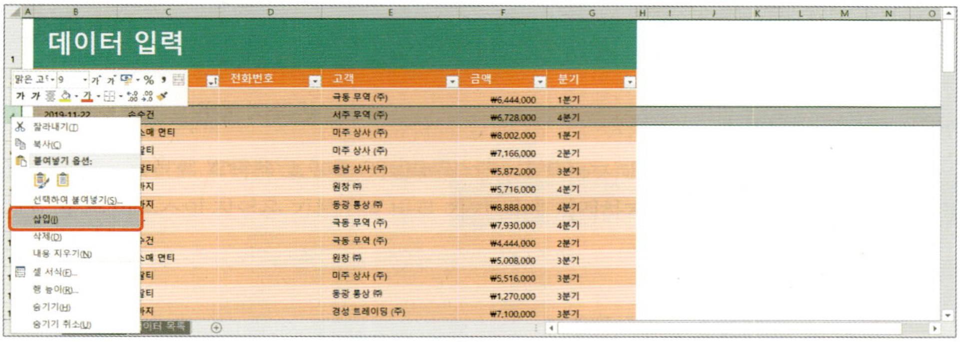

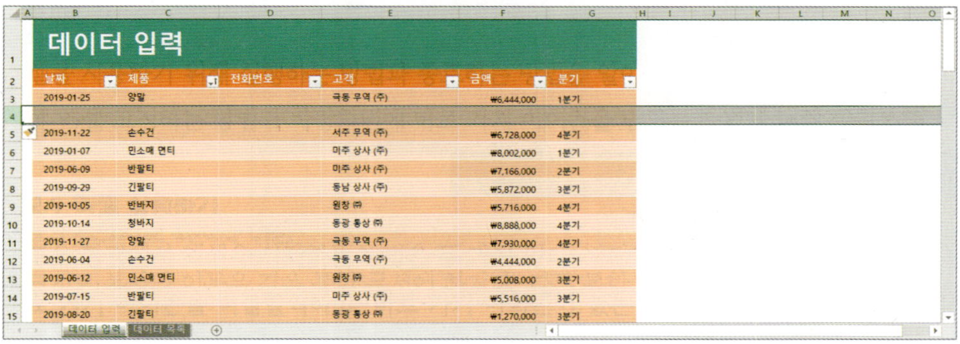

• **열 삽입** 삽입할 열 오른쪽에 있는 열 머리글의 바로 가기 메뉴에서 [삽입]을 클릭한다.

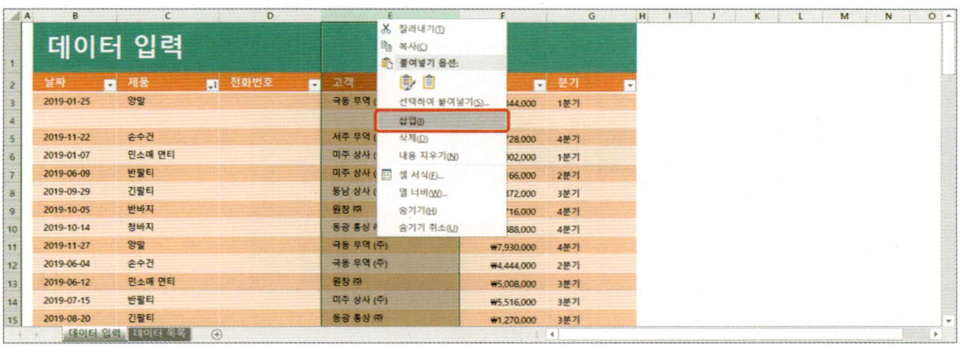

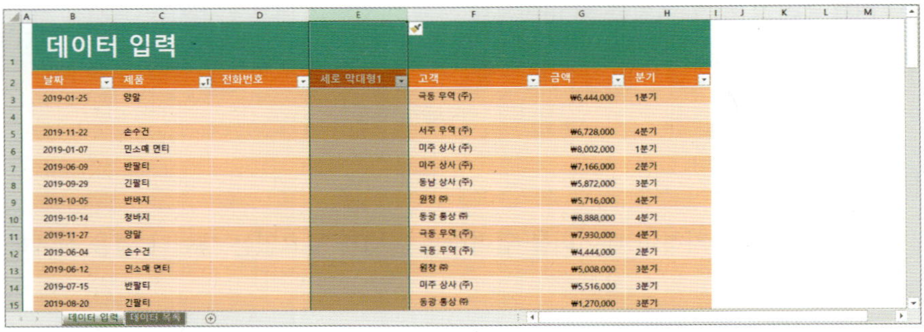

TIP 행 삽입 시 선택한 행의 위쪽에 삽입되고, 열 삽입 시 선택한 열 왼쪽에 삽입된다. 또한 여러 행이나 열을 범위 지정한 후 삽입하면 범위 지정한 행이나 열만큼 삽입된다.

3.4.2 행/열 삭제

- **행 삭제** 삭제하려는 행 머리글의 바로 가기 메뉴에서 [삭제]를 클릭한다.

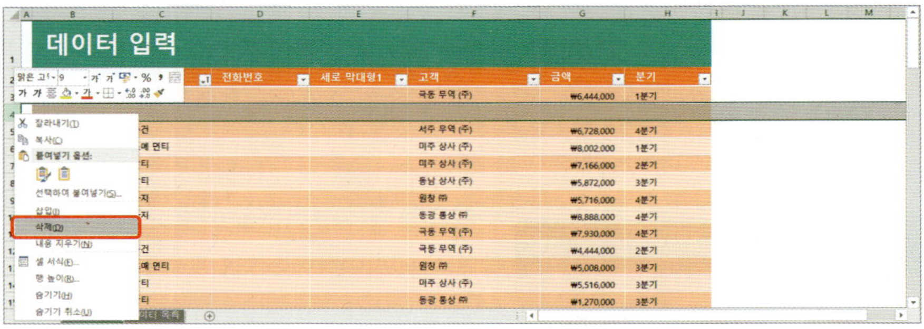

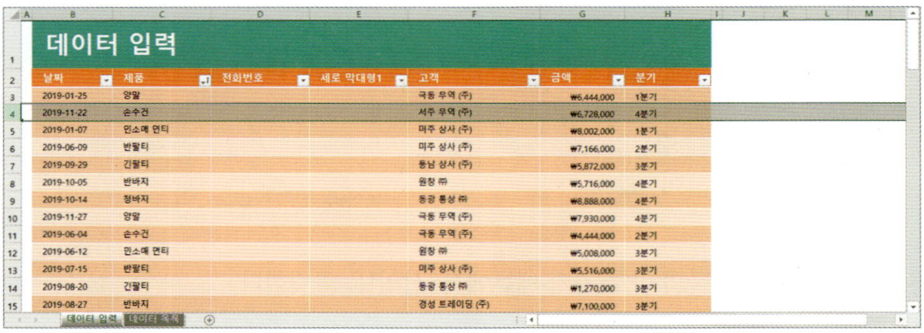

- **열 삭제** 삭제하려는 열 머리글의 바로 가기 메뉴에서 [삭제]를 클릭한다.

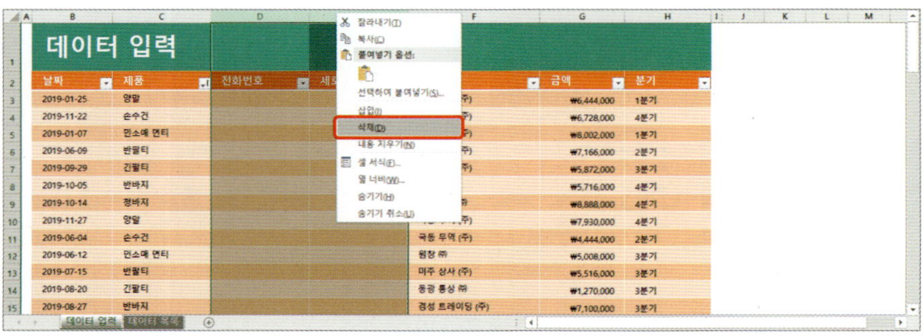

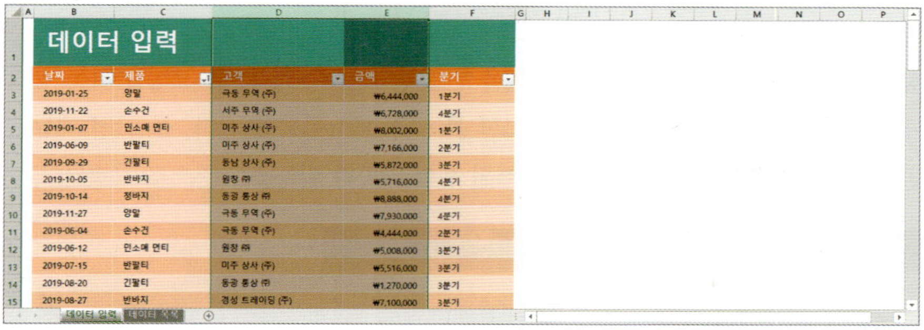

3.5 행/열 숨기기 및 숨기기 취소

데이터를 삭제하지 않고 화면에 표시하지 않는 방법으로 행/열 숨기기를 할 수 있다. 그리고 숨기기한 행과 열을 다시 화면에 표시할 수도 있다.

행/열을 숨기는 방법은 숨기고 싶은 행/열 머리글의 바로 가기 메뉴에서 [숨기기]를 선택한다.

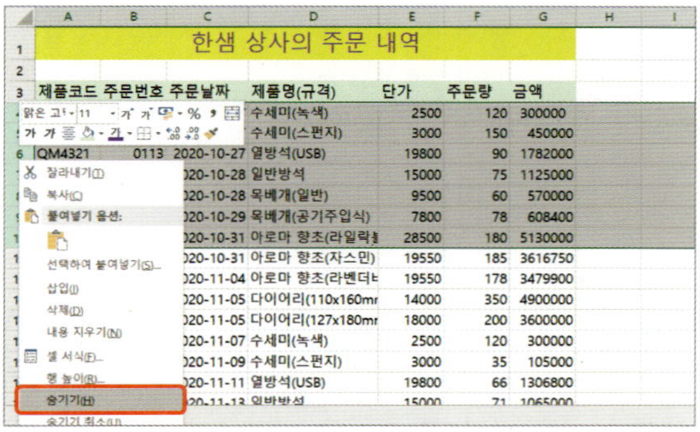

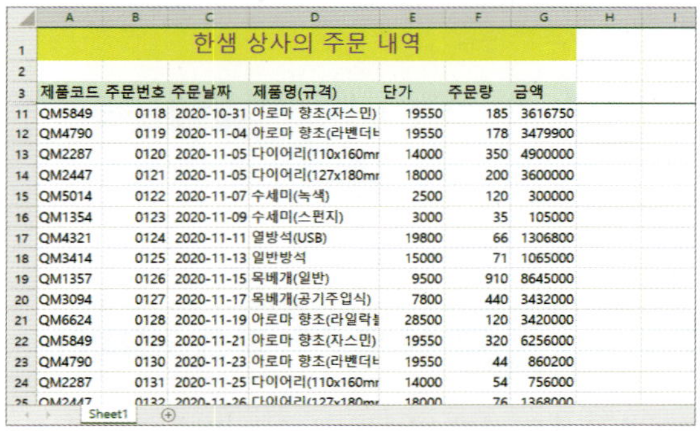

숨겨진 행/열을 표시하는 방법은 해당 행/열이 포함되도록 넓게 행/열 머리글을 범위로 지정한 후 바로 가기 메뉴에서 [숨기기 취소]를 선택한다.

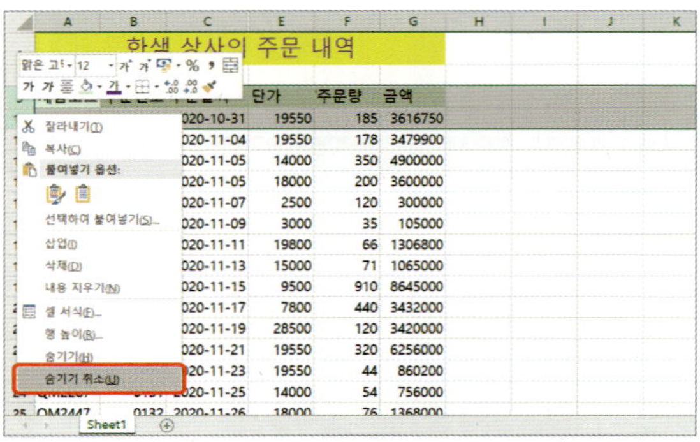

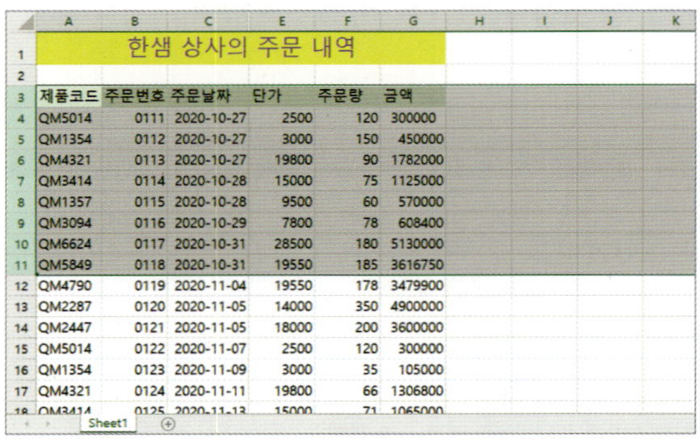

3.6 틀 고정하기

데이터가 많을 경우, 특정 행 또는 열을 고정해 데이터의 입력을 원활하게 할 수 있다. 틀 고정을 하는 방법은 [보기] 탭–[창] 그룹–[틀 고정]을 클릭한 후 데이터에 적합한 틀 고정 메뉴를 선택한다. 틀 고정 메뉴는 '틀 고정', '첫 행 고정', '첫 열 고정'이 있다. 틀 고정은 현재 선택된 셀의 왼쪽과 위쪽을 기준으로 고정된다.

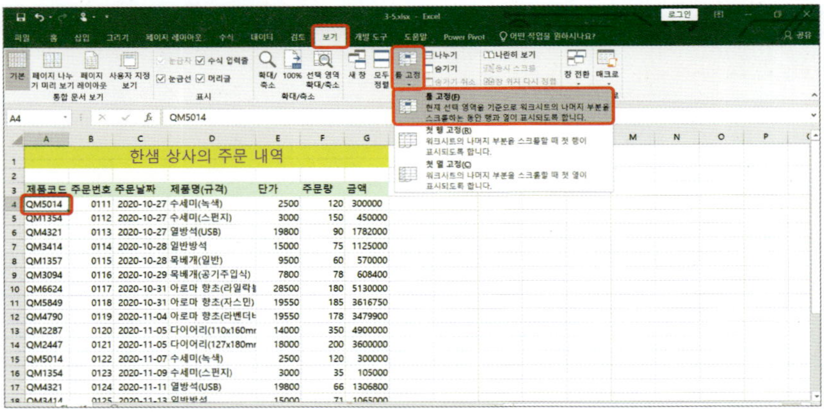

TIP 틀 고정은 화면에서만 이루어지며 인쇄에는 적용되지 않는다. 틀 고정 취소는 [보기] 탭–[창] 그룹–[틀 고정]–[틀 고정 취소]를 선택한다.

기본예제 05 행/열 관리 및 틀 고정하기

C열과 D열을 가장 긴 너비로 열 너비를 조정하고 1~3행의 높이도 가장 큰 높이로 지정하시오. D열 앞에 새로운 열을 삽입한 후 '배송날짜'를 입력하시오. F열은 숨기고 1~3행을 틀 고정하여 계속 화면에 표시되게 하시오.

01 열 조절 [C:D] 열 머리글을 범위 지정한 후 [C:D] 열 머리글 사이에서 더블 클릭하여 열 너비를 조절한다.

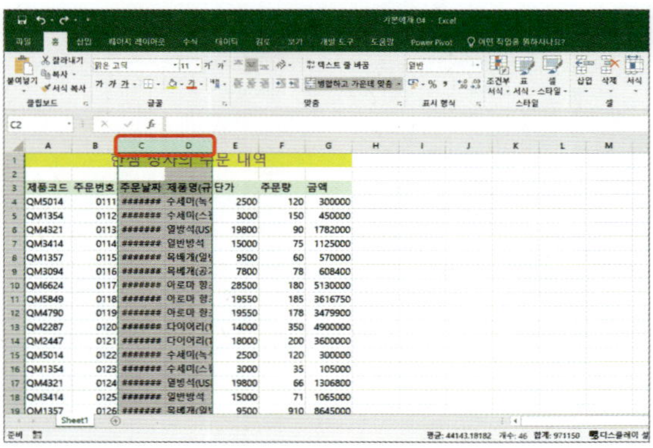

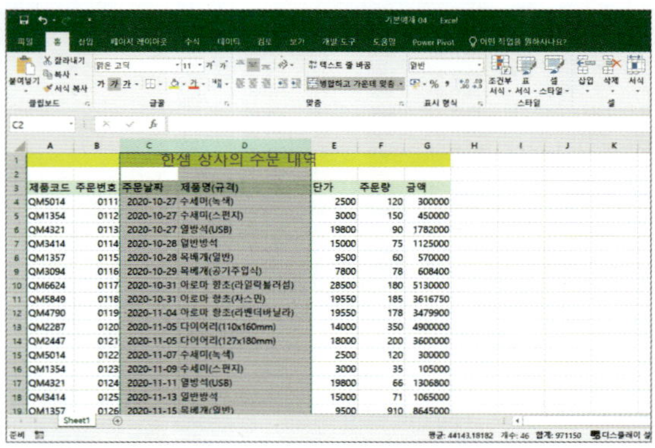

02 행 조절 [1:3] 행 머리글을 범위 지정한 후 [1:3] 행 머리글 사이에서 더블 클릭하여 행 높이를 조절한다.

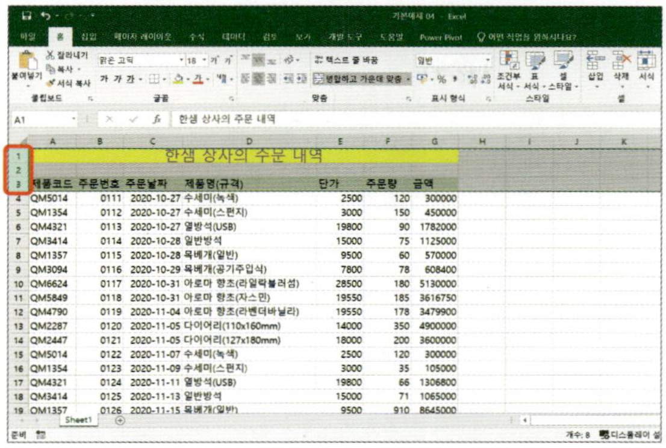

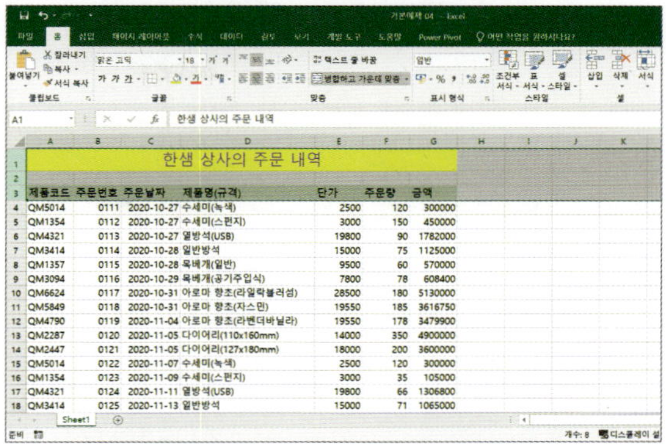

03 열 삽입 [D] 열 머리글의 바로 가기 메뉴에서 [삽입]을 클릭한 후 삽입된 [D] 열에 『배송날짜』를 입력한다.

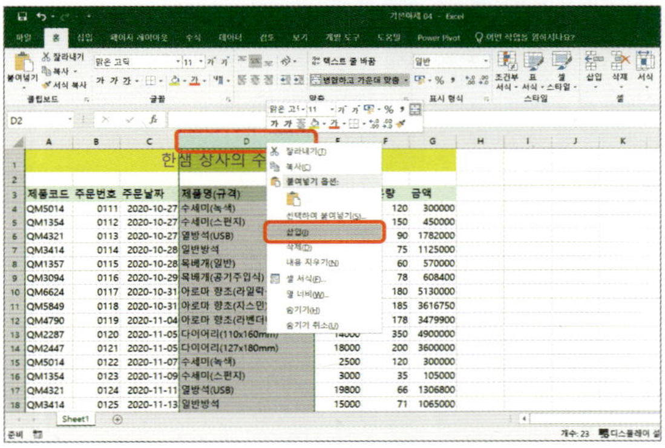

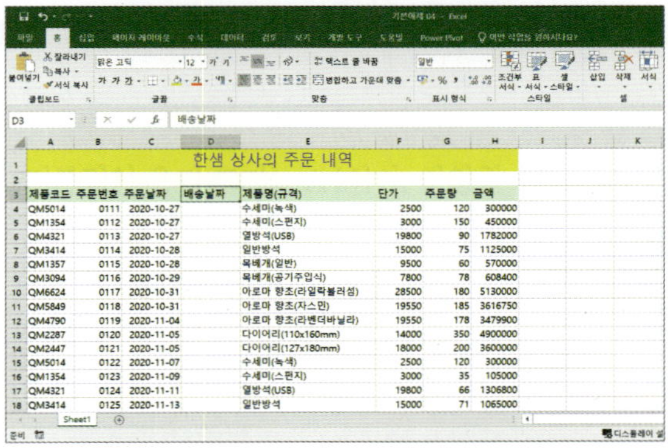

04 열 숨기기 [F] 열 머리글의 바로 가기 메뉴에서 [숨기기]를 클릭한다.

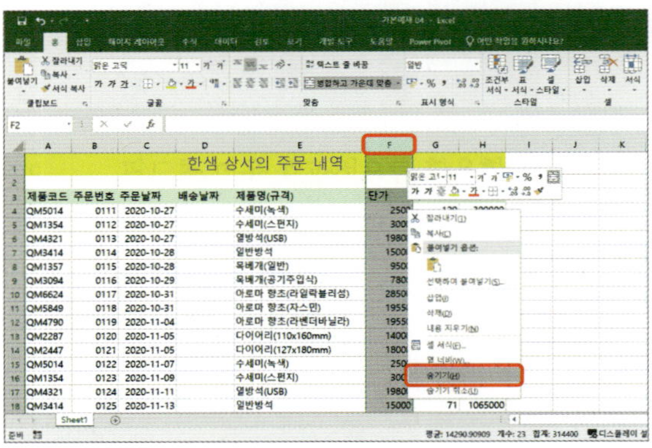

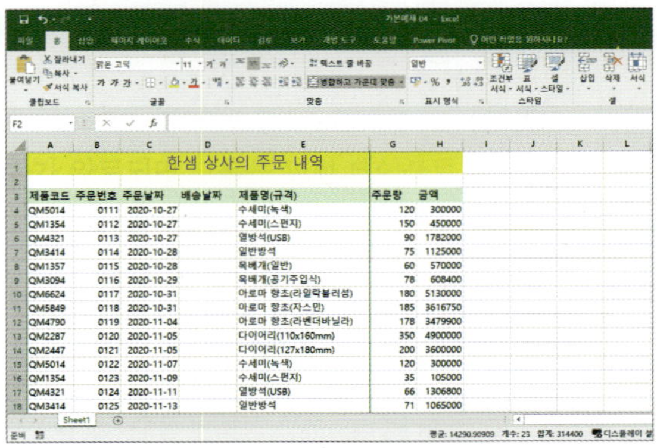

05 틀 고정 [A4] 셀을 선택한 후 [보기] 탭–[창] 그룹–[틀 고정▼]에서 '틀 고정'을 선택한다.

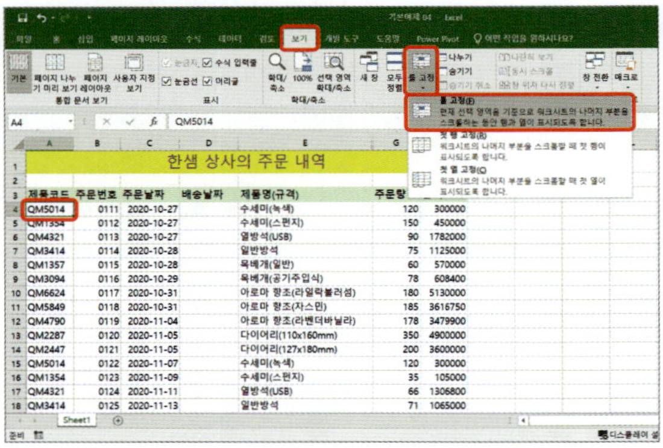

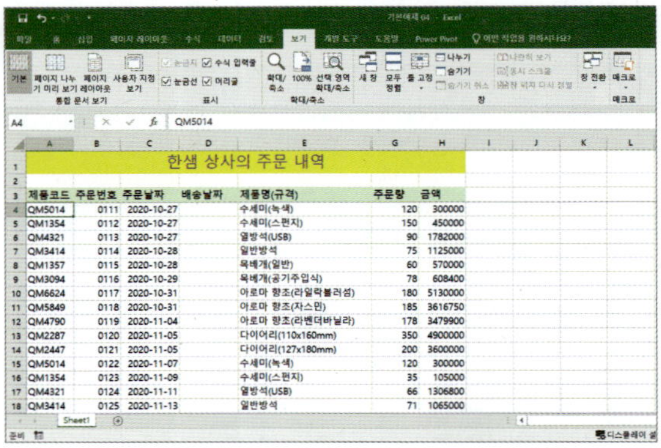

SECTION 04

데이터 입력하기

엑셀에서 사용하는 데이터는 크게 텍스트와 숫자로 나눌 수 있다. 데이터의 종류에 따라 데이터를 입력하는 방식이 조금씩 다르다. 다양한 데이터의 입력 방법에 대해 알아보도록 한다.

4.1 숫자 데이터

숫자 데이터는 숫자 0~9와 부호, $나 ₩ 등과 같이 사용할 수 있다. 숫자 데이터는 기본적으로 셀의 오른쪽으로 정렬된다. 숫자 데이터의 특징은 다음과 같다.

- 아주 큰 수(12자리 이상)는 지수 형태(E)로 표시된다.
- 수치 계산(사칙 연산)이 가능하다.
- 형식을 포함하지 않고 숫자만 입력하고, 셀 서식을 이용하여 서식을 지정한다.
- 통화 기호($나 ₩)는 숫자 앞에, 백분율 기호(%)는 숫자 뒤에 입력한다.
- 분수를 입력할 경우에는 대분수 형식으로 중간에 공백을 둔다 ex) 1/3 => 0 1/3

	A	B
1	종류	표시
2	서식없는 숫자	5678900
3	천단위	5,678,900
4	소수점	5678900.345
5	음수	-5678900
6	통화	₩5,678,900
7	회계	₩ 5,678,900
8	백분율	80%
9	분수	1 3/4
10	지수	5.67667E+23

- 입력한 데이터가 열 너비보다 크면 '####'으로 표시된다. 이 경우 열 너비를 크게 조정하면 제대로 표시된다.

4.2 문자 데이터

한글, 영문, 한자, 특수 문자 등의 데이터는 문자로 인식한다. 그리고 문자와 숫자의 혼합형도 문자 데이터로 간주된다. 문자 데이터는 기본적으로 셀의 왼쪽으로 정렬된다. 문자 데이터의 특징은 다음과 같다.

- 수치 계산에 사용될 수 없다.
- 한자는 한자음을 한글로 입력한 후 키보드의 [한자]를 누르고 목록에서 선택한다.
- 숫자를 문자 데이터로 입력하기 위해서는 숫자 앞에 작은따옴표(')를 입력한다.

	A	B
1	텍스트 형식	모두 건강하세요
2	텍스트 숫자 혼합	2020년 가을
3	문자로된 숫자데이터	2020
4	한 셀에 두 줄로 쓰기	2020년 가을 다들 건강하세요
5	기호 입력	▶◀
6	셀에 맞춤	2020년 가을 다들 건강하세요

• 특수 문자를 표시하는 방법은 [삽입] 탭–[기호] 그룹–[기호]를 클릭하거나 한글 자음을 입력한 후 키보드의 [한자]를 눌러 선택할 수도 있다.

• 한 셀에 두 줄로 데이터를 입력할 경우 키보드의 Alt+Enter를 누른다.

여기서 잠깐 **특수 문자 입력**

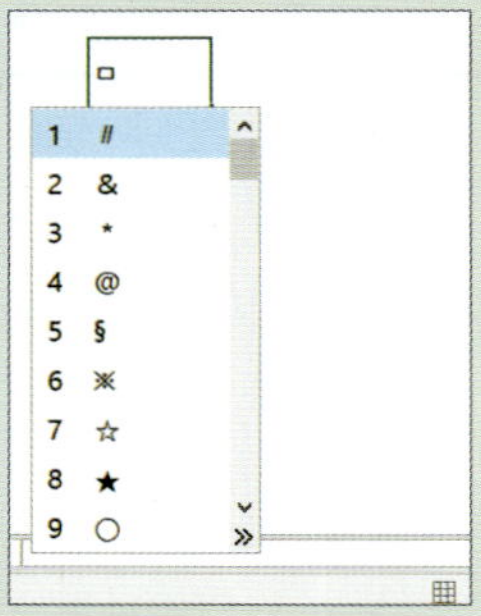

엑셀에서 기호를 입력하는 방법 중 많이 사용하는 방법은 한글 자음(ㄱ,ㄴ,ㄷ,…)을 입력하고 키보드의 [한자]를 누르면 특수 문자가 나온다. 한글의 각 자음마다 할당된 문자가 다르기 때문에 많이 사용하는 특수 문자의 한글 자음을 기억해 두는 것이 용이하다.

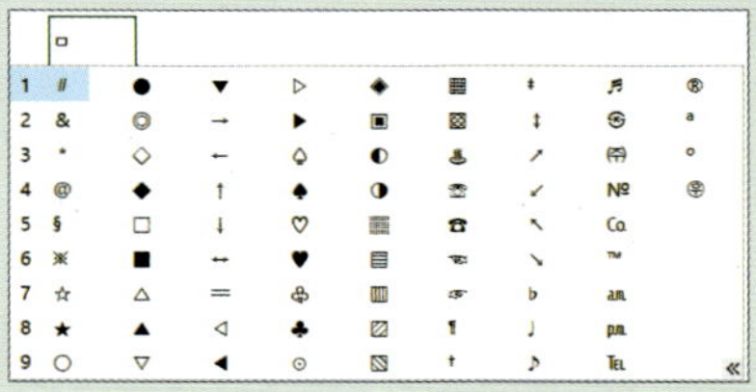

4.3 날짜/시간 데이터

날짜와 시간 데이터는 기본적으로 숫자 데이터로 인식되므로 오른쪽으로 정렬된다. 날짜/시간 데이터의 특징은 다음과 같다.

• 날짜를 입력할 때 슬래시(/)나 하이픈(-)으로 연, 월, 일을 구분하여 입력하면 셀에 날짜 서식으로 입력된다.

• 날짜를 입력할 때 월과 일만 입력하면 기본적으로 올해 연도가 표시된다.

• 시간 데이터는 클론(:)으로 시, 분, 초를 구분해 입력하며 기본적으로 24 시각제를 사용한다.

• Ctrl+;을 입력하면 현재 날짜가 입력된다.

• Ctrl+Shift+;을 입력하면 현재 시간이 입력된다.

	A	B
1	입력	셀 표시
2	2010/11/10	2020-11-10
3	2020-11-10	2020-11-10
4	11-10	11월 10일
5	16:00	16:00
6	11:30 p	11:30 PM

4.4 자동 완성 기능

자동 완성 기능은 동일한 데이터를 반복해서 입력 시 셀에 글자의 일부를 입력하면 이전에 입력했던 내용과 일치하는 내용이 자동으로 채워지는 기능이다. 자동으로 입력된 내용을 사용하려면 Enter를 누르고, 아닐 경우에는 나머지 내용을 계속 입력하면 된다. 자동 완성 기능은 문자나 문자와 숫자의 조합에만 적용되고, 숫자나 날짜 데이터는 자동 완성 기능이 적용되지 않는다.

	A
1	수강과목
2	데이터베이스
3	소프트웨어공학
4	데이터베이스
5	
6	
7	
8	
9	

4.5 자동 채우기 기능

자동 채우기란 셀에 입력된 내용을 셀의 채우기 핸들을 이용하여 인접한 셀에 복사하는 기능이다.

여기서 잠깐 **자동 채우기 옵션**

옵션	내용
셀 복사	선택한 셀의 값과 서식을 복사한다. 이 옵션이 기본 선택되어 있는 상태에서는 Ctrl을 누르고 드래그하면 숫자일 경우에는 연속 데이터 채우기 옵션이 적용된다.
연속 데이터 채우기	선택한 범위 내 숫자의 값이 증감하는 것을 말한다. 서식도 함께 적용된다.
서식만 채우기	선택한 셀의 값을 제외한 서식만 복사된다.
서식 없이 채우기	선택한 셀의 값만 복사된다. 서식은 제외된다.
빠른 채우기	엑셀 2013부터 새롭게 추가된 기능으로 일정한 규칙에 맞게 셀 값을 잘라 텍스트를 나눌 수도 있고, 형식을 변경할 수도 있다.

4.5.1 단순 데이터 자동 채우기

셀에 숫자 또는 문자 데이터만 입력되어 있는 경우에 채우기 핸들을 드래그하면 데이터가 복사된다.

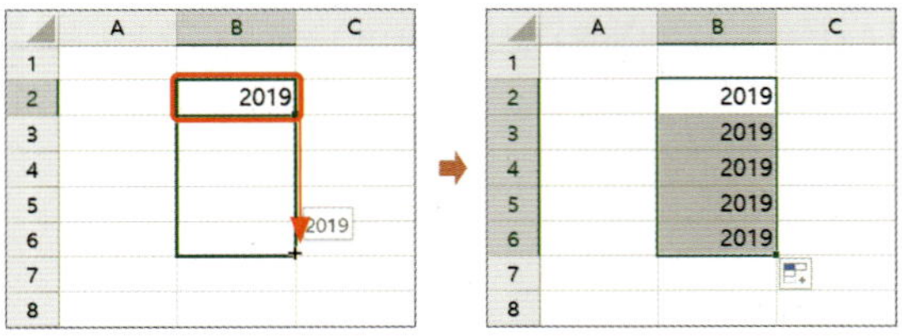

▲ 숫자 데이터

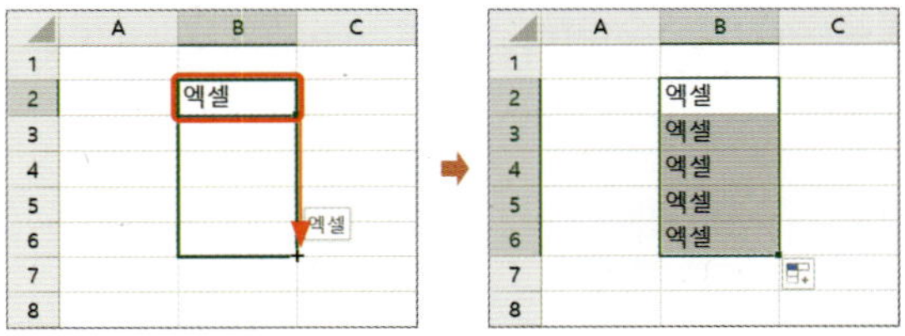

▲ 문자 데이터

셀에 숫자를 입력하고 채우기 핸들을 드래그하면 숫자가 복사된다. 셀에 숫자를 입력한 후 Ctrl을 누르고 채우기 핸들을 드래그하면 숫자가 1씩 연속적으로 증가한다. 또 다른 방법은 [자동 채우기 옵션]을 클릭하여 연속 데이터 채우기를 선택하면 숫자가 연속적으로 증가한다.

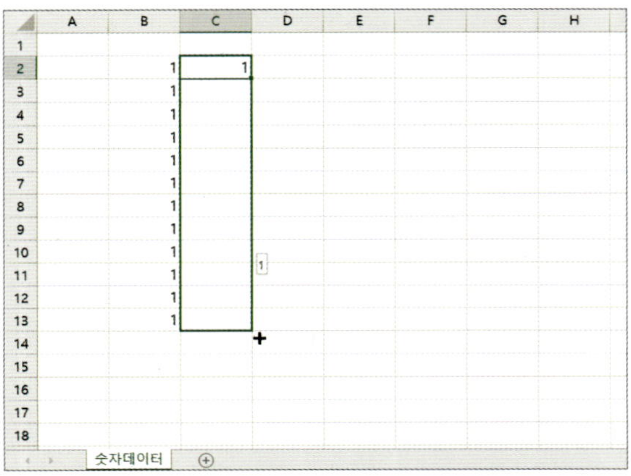

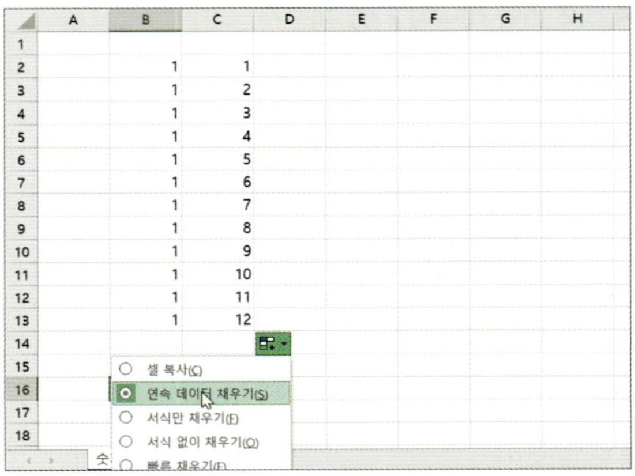

[사용자 지정 목록]에 있는 문자일 경우에는 드래그하면 [사용자 지정 목록]에 있는 데이터 순서대로 하나씩 값이 늘어난다(ex 월요일을 입력한 뒤 채우기 핸들을 드래그하면 화요일, 수요일,…,일요일 순으로 셀에 채워진다.).

[사용자 지정 목록]에 있는 문자를 단순 복사하기 위해서는 Ctrl을 누르고 드래그한다. 또 다른 방법으로는 [자동 채우기 옵션]을 클릭하여 [셀 복사]를 선택하면 문자가 단순 복사된다.

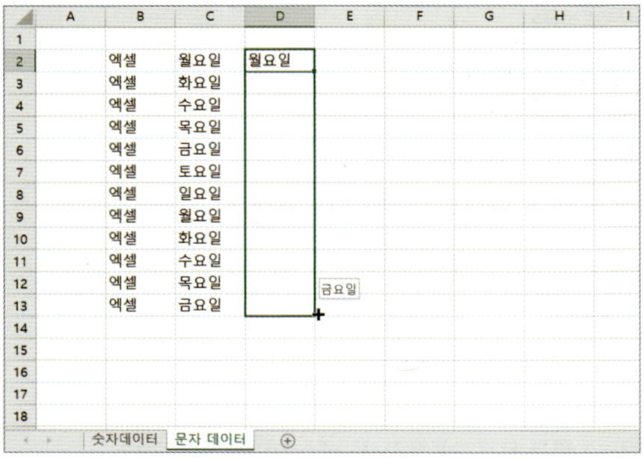

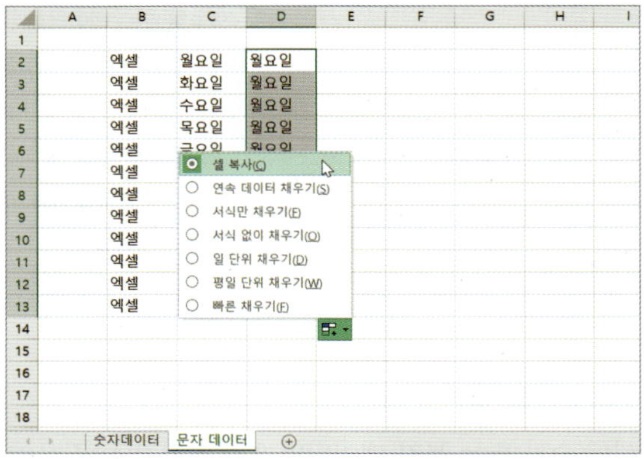

날짜 데이터가 입력되어 있는 경우에는 Ctrl을 누른 상태에서 채우기 핸들을 드래그하면 날짜 데이터가 복사된다.

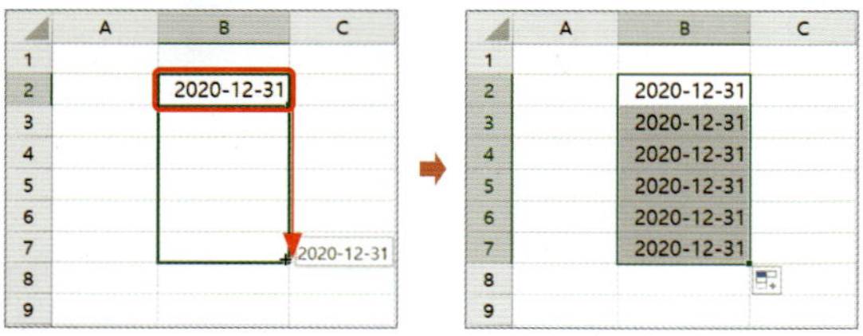

▲ 날짜 데이터

4.5.2 연속 데이터 자동 채우기

셀에 문자와 숫자로 구성된 혼합 데이터가 입력되어 있는 경우에 채우기 핸들을 드래그하면 숫자만 연속적으로 증가하면서 채워진다.

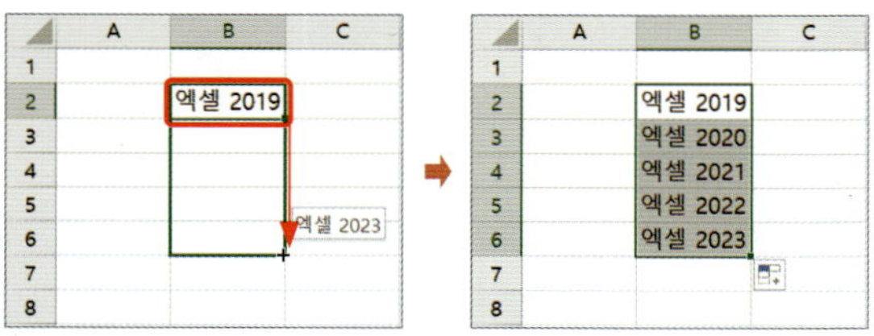

▲ 혼합 데이터

두 셀에 날짜, 숫자가 입력되어 있는 경우에 두 셀을 범위로 지정하고 채우기 핸들을 드래그하면 두 셀의 차이만큼 증가하거나 감소하면서 채워진다. Ctrl을 누르고 드래그하면 두 셀의 값이 복사되어 표시된다.

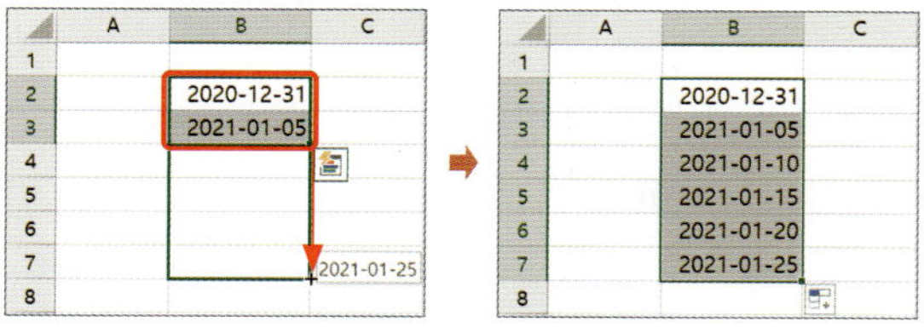

▲ 날짜 데이터

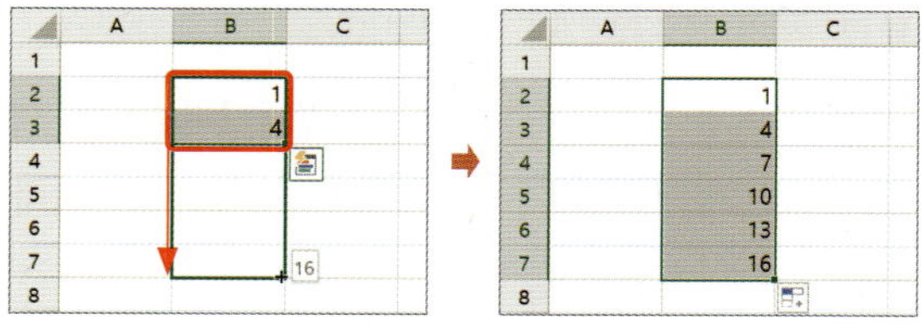

▲ 숫자 데이터

여기서 잠깐 **날짜의 자동 채우기 옵션**

날짜 데이터의 경우 [자동 채우기 옵션]을 사용하면 일, 평일, 월, 연 단위로 채우기가 가능하다.

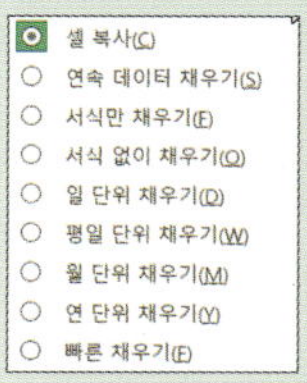

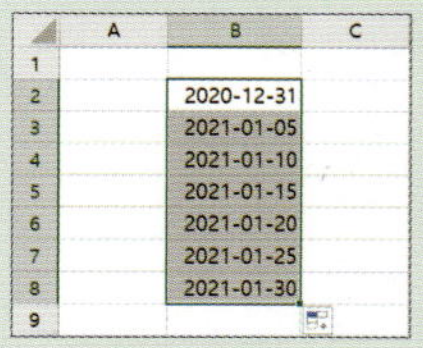

▲ 연속 데이터 채우기

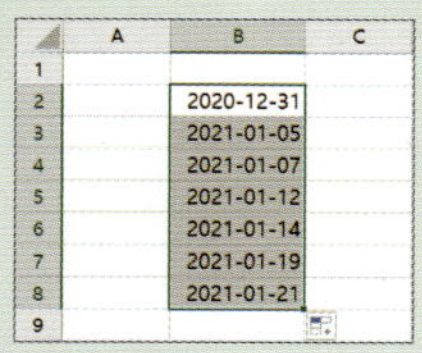

▲ 평일 단위 채우기

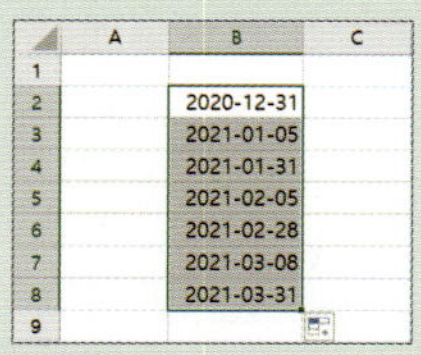

▲ 월 단위 채우기

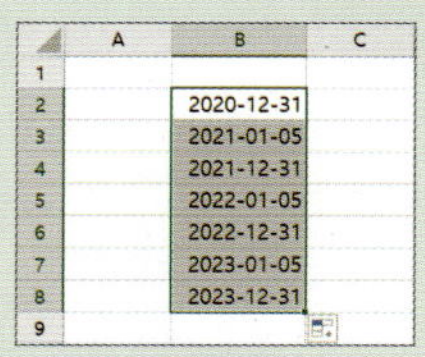

▲ 연 단위 채우기

4.5.3 두 셀 범위 지정

[사용자 지정 목록]에 있는 데이터나 문자와 숫자로 구성된 혼합 데이터를 인접한 셀에 입력하고 두 셀을 범위로 지정한 후 채우기 핸들을 드래그하면 두 데이터의 차이만큼 증감하면서 채워진다. ex) 월요일,수요일 입력시 금요일,일요일,화요일…로 채워진다.

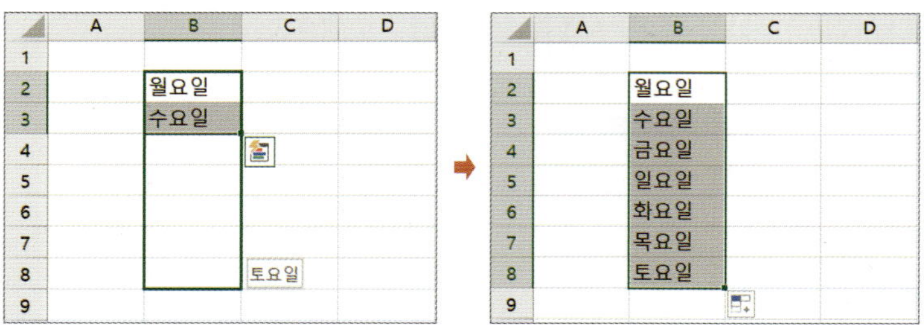

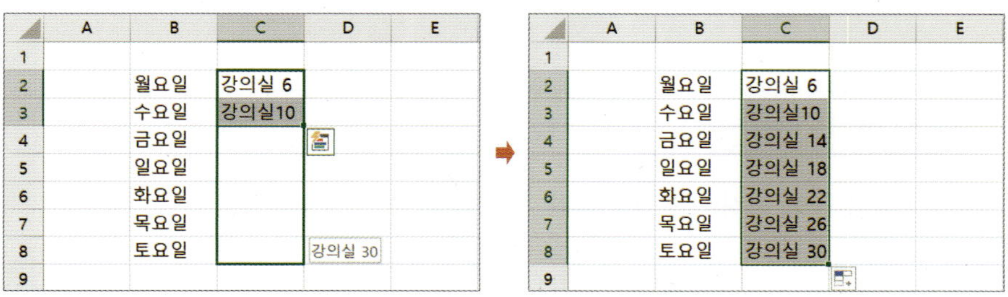

4.5.4 사용자 지정 목록 채우기

자주 사용하는 데이터 목록이 있는 경우 사용자 지정 목록에 추가하면 필요할 때마다 빠르게 데이터를 입력할 수 있기 때문에 매우 편리하다.

[사용자 지정 목록]에 추가하는 방법은 [파일] 탭-[옵션]을 클릭한 후 [Excel 옵션] 대화상자가 나타나면 [고급]-[일반]에서 '사용자 지정 목록 편집'을 클릭한다. [새 목록]을 선택한 후 [목록 항목]에 원하는 목록을 입력하여 추가한다(각 항목은 Enter로 구분). 범위를 지정하여 목록을 가져올 수도 있다.

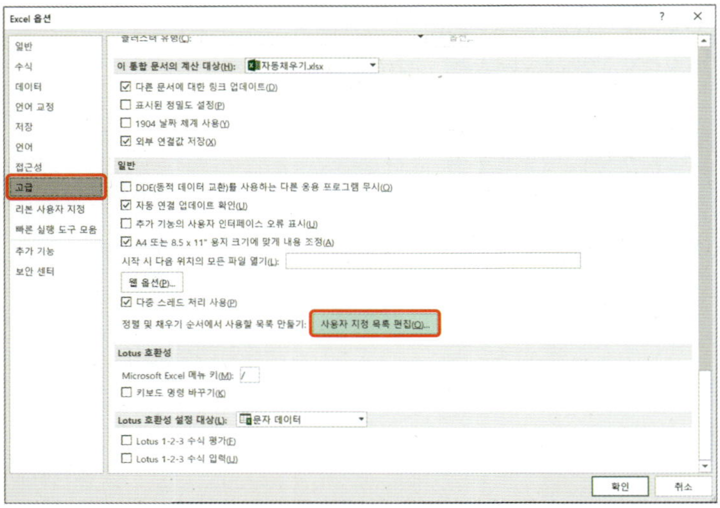

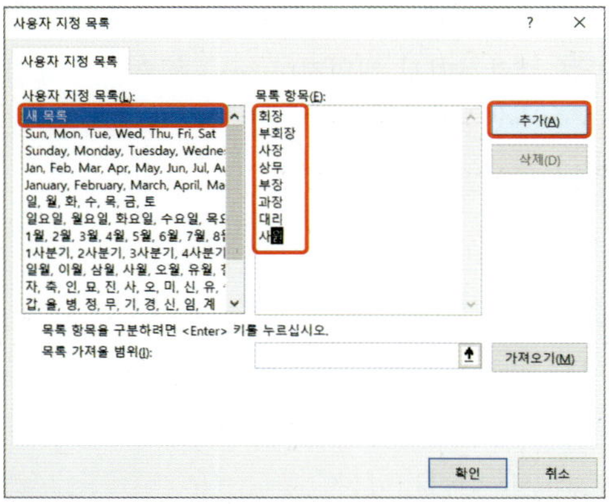

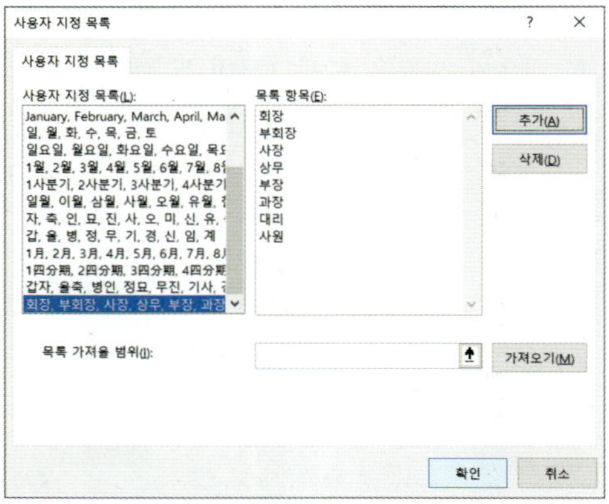

기본예제 06 데이터 입력하기

데이터를 입력하고 자동 채우기 및 사용자 지정 채우기 기능을 알아본다.

01 특수 문자 입력 [A1:G1] 영역을 더블 클릭한 후 표 제목 앞에 커서를 두고『ㅁ』을 입력한다. [한자]를 누른 후 ★을 클릭한다. 동일한 방법으로 표 제목 뒤에 ★을 입력한다.

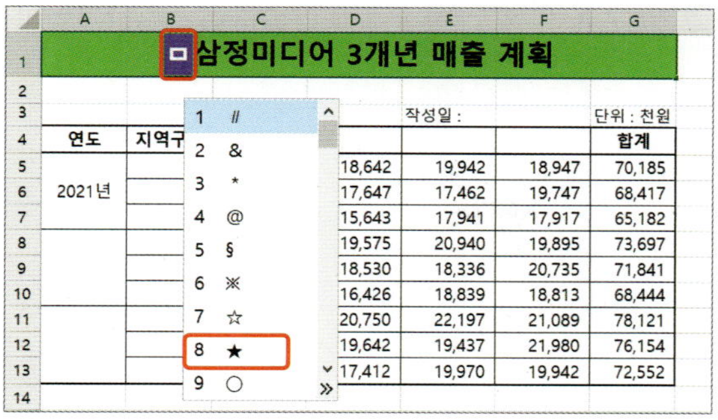

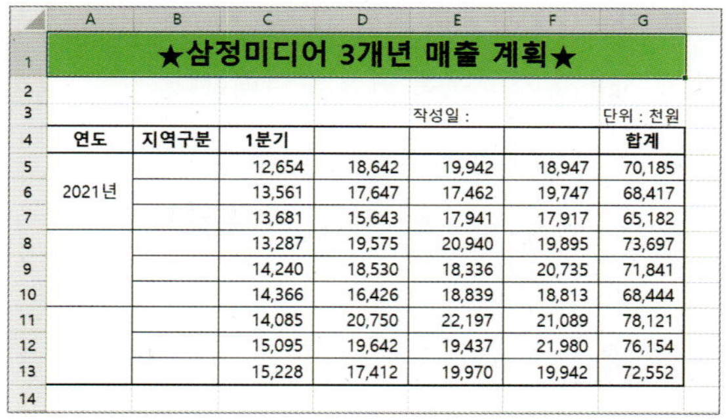

02 날짜 입력 [F3] 셀을 선택한 후 Ctrl+;을 눌러 오늘 날짜를 입력한다.

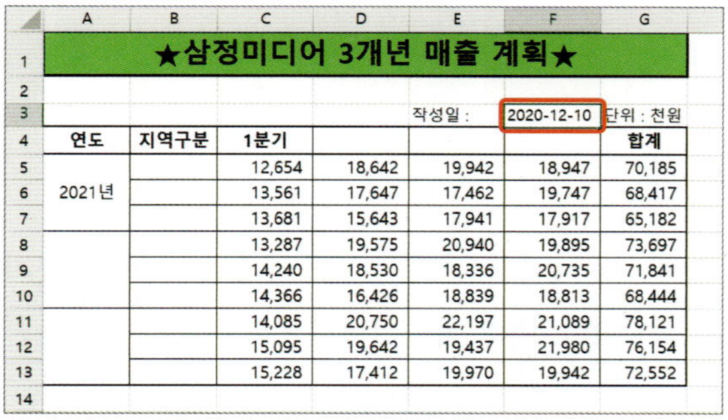

> **TIP** 오늘 날짜는 실습하고 있는 현재 날짜를 의미한다(현재 컴퓨터 시스템의 날짜를 의미).

03 연속 데이터 자동 채우기 [A5] 셀을 선택한후 [A11] 셀까지 채우기 핸들을 드래그하여 연도를 입력한다. [C4] 셀을 선택한 후 [F4] 셀까지 채우기 핸들을 드래그하여 분기를 입력한다.

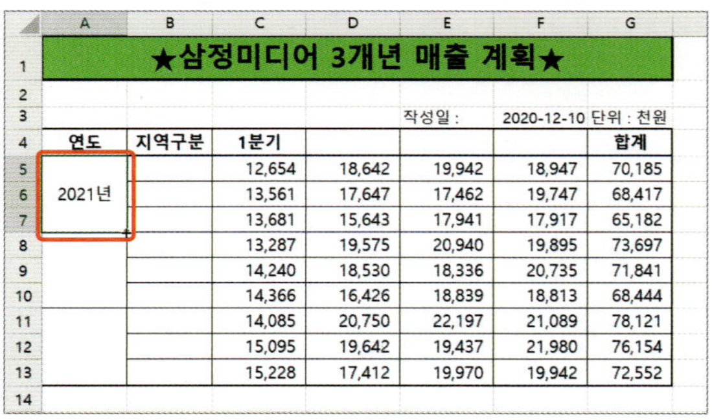

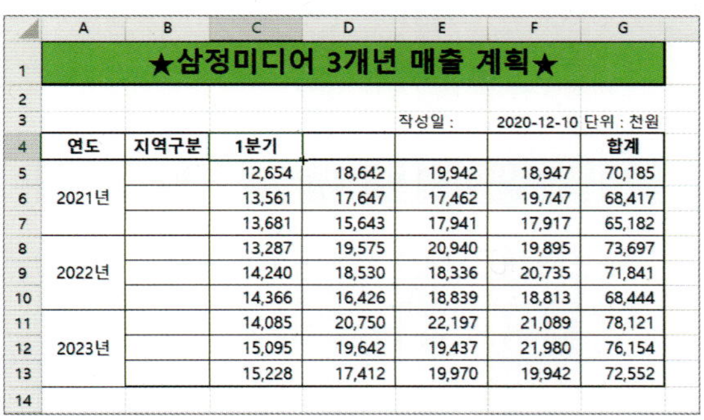

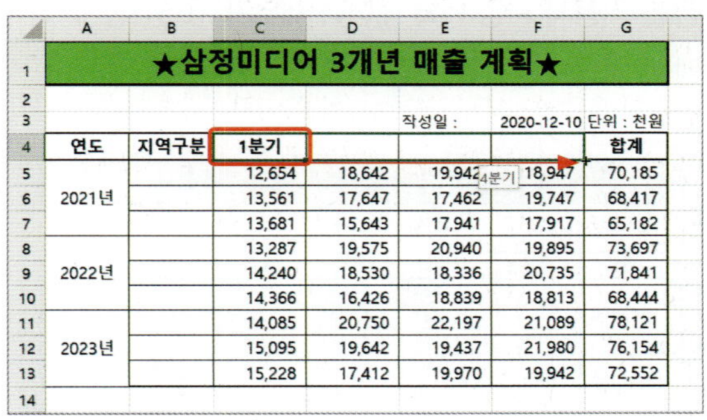

04 사용자 지정 목록 편집 [파일] 탭–[옵션]을 클릭한 후 [Excel 옵션] 대화상자가 나타나면 [고급]–[일반]에서 '사용자 지정 목록 편집'을 클릭한다.

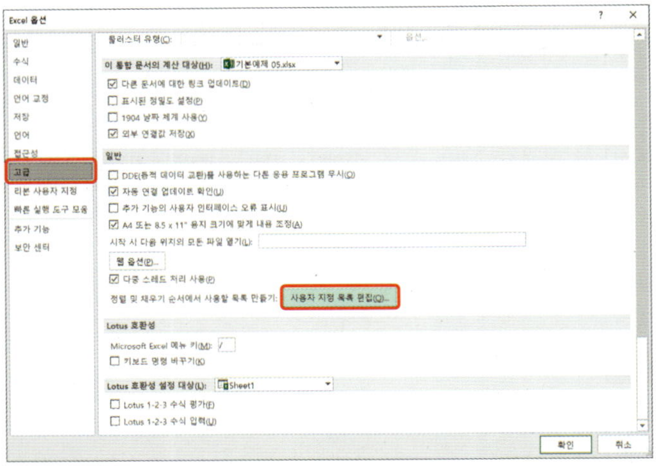

05 사용자 지정 목록 추가 [사용자 지정 목록] 대화상자가 나타나면 '새 목록'선택, [목록 항목]에 『북부지역』, 『중부지역』, 『남부지역』을 입력한 후 [추가]와 [확인]을 클릭한다. [Excel 옵션] 대화상자도 [확인]을 클릭한다.

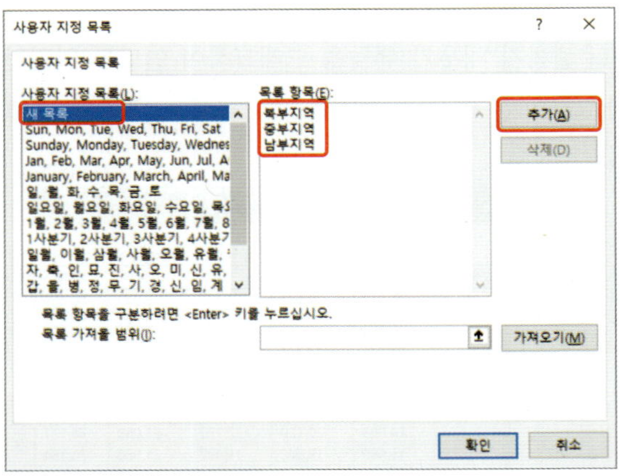

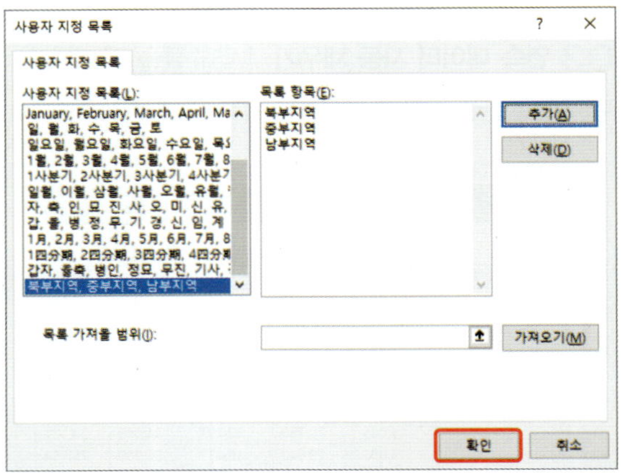

06 사용자 지정 목록 데이터 채우기 [B5] 셀에 『북부지역』을 입력한 후 [B13] 셀까지 채우기 핸들을 드래그하여 지역구분을 입력한다.

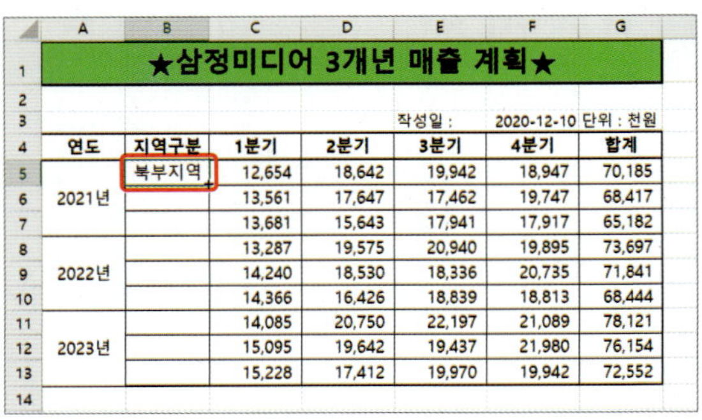

연도	지역구분	1분기	2분기	3분기	4분기	합계
2021년	북부지역	12,654	18,642	19,942	18,947	70,185
		13,561	17,647	17,462	19,747	68,417
		13,681	15,643	17,941	17,917	65,182
2022년		13,287	19,575	20,940	19,895	73,697
		14,240	18,530	18,336	20,735	71,841
		14,366	16,426	18,839	18,813	68,444
2023년		14,085	20,750	22,197	21,089	78,121
		15,095	19,642	19,437	21,980	76,154
		15,228	17,412	19,970	19,942	72,552

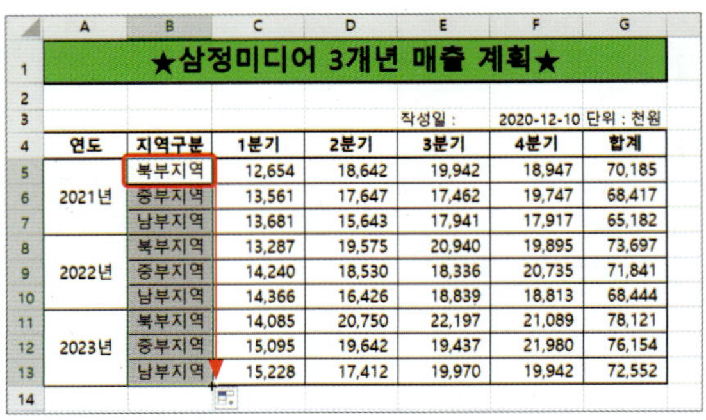

연도	지역구분	1분기	2분기	3분기	4분기	합계
2021년	북부지역	12,654	18,642	19,942	18,947	70,185
	중부지역	13,561	17,647	17,462	19,747	68,417
	남부지역	13,681	15,643	17,941	17,917	65,182
2022년	북부지역	13,287	19,575	20,940	19,895	73,697
	중부지역	14,240	18,530	18,336	20,735	71,841
	남부지역	14,366	16,426	18,839	18,813	68,444
2023년	북부지역	14,085	20,750	22,197	21,089	78,121
	중부지역	15,095	19,642	19,437	21,980	76,154
	남부지역	15,228	17,412	19,970	19,942	72,552

4.6 빠른 채우기 기능

셀에 데이터가 이미 있는 경우 패턴을 찾아 데이터를 빠르게 채우는 기능을 빠른 채우기라 한다.

이름	연락처	주소	연락처(비밀)	시
홍수환	010-3858-1111	서울특별시 중구 세종대로	010-3858-****	서울특별시
임꺽정	010-3818-4032	서울특별시 중구 남대문로	010-3818-****	서울특별시
아수라	010-4748-7811	서울특별시 강남구 가로수길	010-4748-****	서울특별시
고지옹	010-9731-9819	서울특별시 강남구 강남대로	010-9731-****	서울특별시
최무영	010-1104-2815	부산광역시 강서구 기달로	010-1104-****	부산광역시
김복선	010-9842-3798	부산광역시 강서구 가덕해안로	010-9842-****	부산광역시
예지숙	010-6038-6774	부산광역시 금정구 가마실로	010-6038-****	부산광역시
정세대	010-5284-2858	부산광역시 금정구 개좌로	010-5284-****	부산광역시
이문진	010-3818-1119	인천광역시 계양구 가현	010-3818-****	인천광역시

기본예제 07 빠른 채우기

데이터 패턴을 이용해서 빠른 채우기 기능에 대해 알아본다.

01 데이터 입력 [E3] 셀을 선택한 후 『010-3858-＊＊＊＊』을 입력한다.

이름	연락처	주소	연락처(비밀)	시
홍수환	010-3858-1111	서울특별시 중구 세종대로	010-3858-****	
임꺽정	010-3818-4032	서울특별시 중구 남대문로		
아수라	010-4748-7811	서울특별시 강남구 가로수길		
고지옹	010-9731-9819	서울특별시 강남구 강남대로		
최무영	010-1104-2815	부산광역시 강서구 기달로		
김복선	010-9842-3798	부산광역시 강서구 가덕해안로		
예지숙	010-6038-6774	부산광역시 금정구 가마실로		
정세대	010-5284-2858	부산광역시 금정구 개좌로		
이문진	010-3818-1119	인천광역시 계양구 가현		

02 빠른 채우기 [E4] 셀을 선택한 후 [홈] 탭-[편집] 그룹-[채우기 ▾]에서 '빠른 채우기'를 클릭한다. 동일한 방법으로 [F3] 셀에 『서울특별시』를 입력한 후 Enter를 눌러 [F4] 셀에서 빠른 채우기로 채운다.

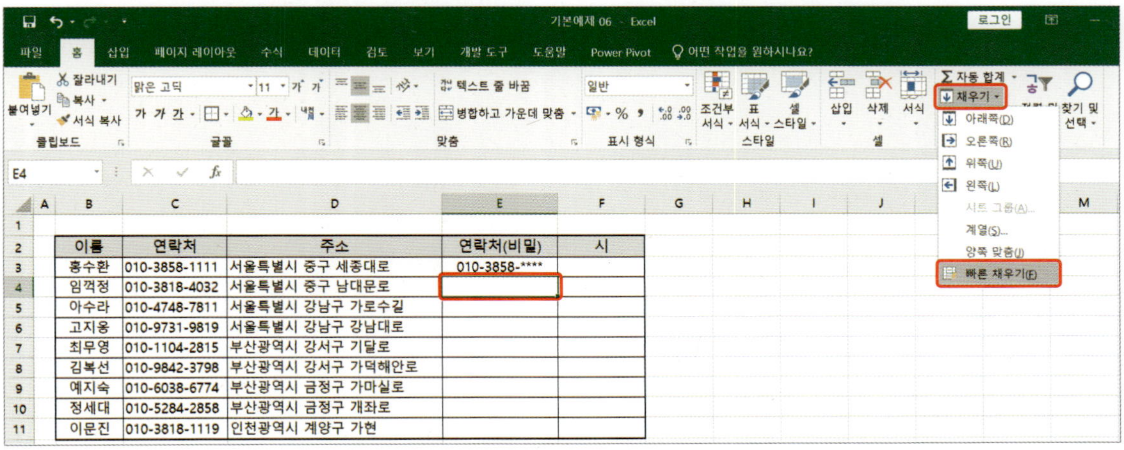

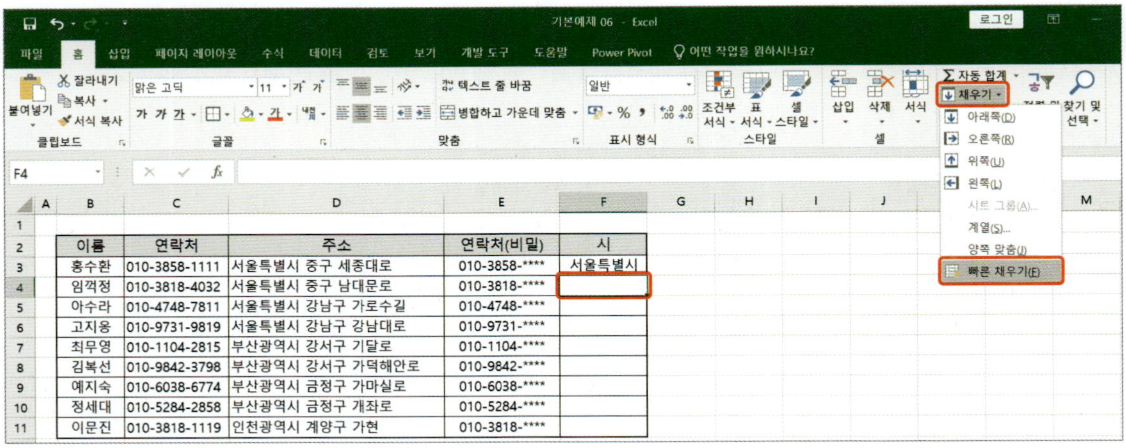

이름	연락처	주소	연락처(비밀)	시
홍수환	010-3858-1111	서울특별시 중구 세종대로	010-3858-****	서울특별시
임꺽정	010-3818-4032	서울특별시 중구 남대문로	010-3818-****	서울특별시
아수라	010-4748-7811	서울특별시 강남구 가로수길	010-4748-****	서울특별시
고지웅	010-9731-9819	서울특별시 강남구 강남대로	010-9731-****	서울특별시
최무영	010-1104-2815	부산광역시 강서구 기달로	010-1104-****	부산광역시
김복선	010-9842-3798	부산광역시 강서구 가덕해안로	010-9842-****	부산광역시
예지숙	010-6038-6774	부산광역시 금정구 가마실로	010-6038-****	부산광역시
정세대	010-5284-2858	부산광역시 금정구 개좌로	010-5284-****	부산광역시
이문진	010-3818-1119	인천광역시 계양구 가현	010-3818-****	인천광역시

SECTION 05

셀 서식 설정하기

엑셀은 셀에 데이터를 입력하기 때문에 데이터에 서식을 지정하는 것을 셀 서식이라고 부른다. 엑셀의 셀 서식은 다른 데이터 편집 프로그램의 서식과 차이가 있다. 엑셀의 셀 서식에는 어떤 것이 있는지 하나하나 다뤄보도록 하자.

5.1 셀 서식 지정 방법

셀 서식은 [홈] 탭의 [글꼴], [맞춤], [표시 형식] 그룹에서 바로 적용하거나 [홈] 탭–[셀] 그룹–[서식]에서 '셀 서식'을 클릭한 후 [셀 서식] 대화상자에서 설정할 수 있다.

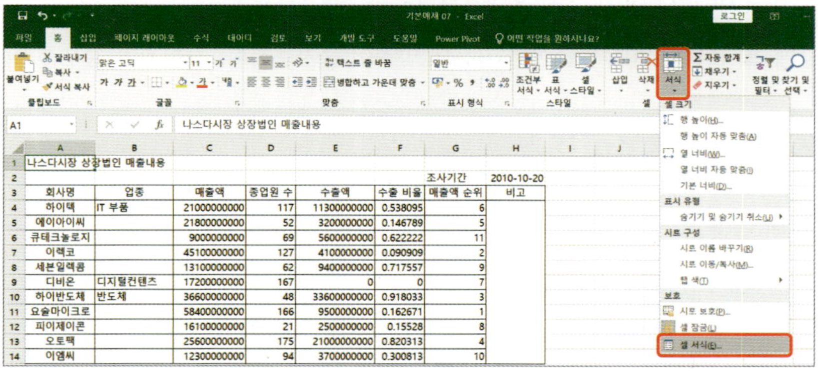

바로 가기 메뉴를 이용해 [셀 서식]을 선택하거나, 간단한 셀 서식은 바로 가기 메뉴에서 [서식 미니 도구 모음]을 이용할 수 있다.

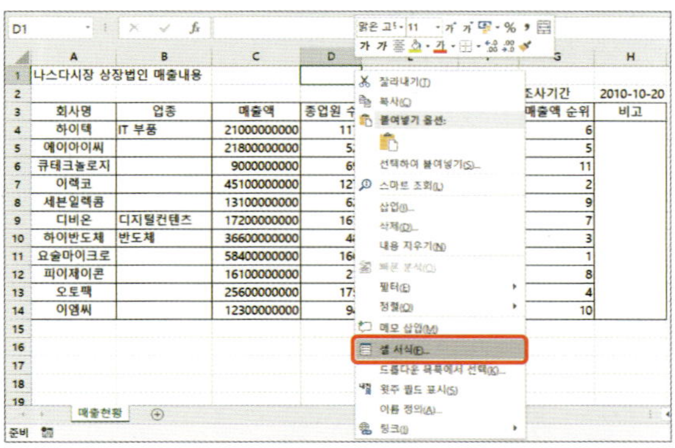

TIP 바로 가기 키 Ctrl+1을 누르면 [셀 서식] 대화상자가 열린다.

5.2 표시 형식

셀에 입력된 데이터를 다양한 표시 형식으로 지정할 수 있다. 표시 형식은 [홈] 탭–[표시 형식] 그룹에서 지정하거나, [표시 형식] 그룹의 '자세히'를 클릭해 [셀 서식] 대화상자의 [표시 형식] 탭에서 지정할 수 있다.

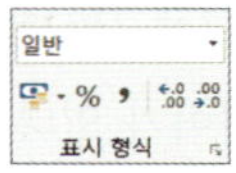

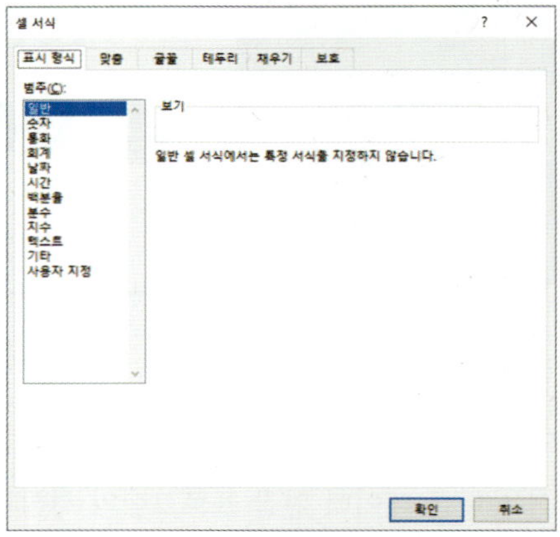

- **일반** 데이터에 특정 서식을 지정하지 않은 경우 일반 형식으로 표시된다. 이 경우 문자 데이터는 왼쪽, 숫자 데이터는 오른쪽으로 정렬된다.
- **숫자** 일반적인 숫자를 표시한다. 소수 자릿수와 천 단위 구분 기호, 음수를 표시할 수 있다.
- **통화** 숫자 데이터를 화폐 단위로 표시한다. 통화 기호가 숫자 앞에 붙고, 천 단위 구분 기호(,)가 적용되며 오른쪽 맞춤으로 표시된다. 왼쪽 맞춤이나 가운데 맞춤이 가능하다.
- **회계** 기호가 해당 셀의 맨 앞에 표시된다. 왼쪽 맞춤이나 가운데 맞춤이 불가능하다. 값이 0인 경우 하이픈(–)으로 표시된다.
- **날짜/시간** 날짜와 시간에 해당하는 일련의 숫자를 날짜값으로 표시한다.
- **백분율** 셀 값에 100을 곱한 값이 백분율(%) 기호와 함께 표시된다.
- **텍스트** 셀에 입력한 숫자를 텍스트로 처리하여 입력한 대로 표시한다.
- **기타** 숫자 데이터를 우편번호, 전화번호, 주민등록번호 등으로 표시한다.
- **사용자 지정** 사용자가 직접 필요한 표시 형식을 정의하여 지정할 수 있다.

	A	B	C
1	표시 형식	선택	표시
2	일반		25000
3	숫자	1,000 단위 구분 기호 사용	25,000
4	통화	기호 ₩	₩25,000
5	회계	기호 ₩	₩ 25,000
6	날짜		2021-03-01
7	시간		오후 12:30
8	백분율	0.999 입력(소수 자릿수 1)	99.9%
9	분수	한 자릿수 분모	2 3/4
10	지수	25000 입력	3.E+04
11	텍스트		25000
12	기타	139052 입력(우편번호)	139-052
13	사용자 지정	G/표준"명"	25000명

여기서 잠깐 **사용자 지정**

엑셀에서 제공하는 서식 이외의 사용자가 직접 필요한 표시 형식을 설정할 수 있다.

- **사용자 지정 서식의 형태** 사용자 지정 서식은 4개의 구역으로 각 구역은 세미콜론(;)으로 구분한다. 4개의 구역으로 구분하지 않고 한 가지 서식만 입력하면 한 가지 서식으로 통일된다.

#,##0 ;	[빨강]#,##0 ;	0.00 ;	@"천원"
양수 서식	음수 서식	0 서식	문자 서식

- **숫자 서식 코드**

코드	설명
0(영)	0~9의 숫자를 표시하며, 유효하지 않은 0을 표시
#	0(영)과 동일한 규칙이지만 유효하지 않은 0을 표시하지 않음
G/표준	서식이 없는 숫자를 입력할 때 사용
?	0(영)과 동일한 규칙이지만 소수점 기준으로 각 방향에 유효하지 않은 0 대신 공백이 추가되어 열에서 소수점 기준으로 정렬됨
.(마침표)	숫자에 소수점을 표시

- **문자 서식 코드(@)** 텍스트 값을 그대로 표시한다. 입력한 문자와 특정 문자를 함께 표시하려면 특정 문자를 큰 따옴표("")로 묶는다.
- **날짜 서식 코드**

코드	설명
m	맨 앞에 0을 표시하지 않고 월을 숫자로 표시(1~12 표시)
mm	한 자리 월은 맨 앞에 0을 표시하고 월을 숫자로 표시(01~12 표시)
mmm	1월~12월을 영어로 표현하는데 영문 3글자로 표시(JUN)
mmmm	1월~12월을 영어 풀네임으로 표시
d	맨 앞에 0을 표시하지 않고 날짜를 숫자로 표시(1~31 표시)
dd	한 자리 날짜에는 맨 앞에 0을 표시하고 날짜를 숫자로 표시(01~31 표시)
ddd	요일의 앞 세 글자만 표시(MON, SUN)
dddd	요일의 풀네임으로 영문자가 표시
aaa	월, 화, 수..요일이 한 글자로 표시
aaaa	월요일, 화요일.. 요일의 한글 풀네임이 표시
yy	연도를 뒤의 두 자리 숫자로 표시(20 표시)
yyyy	연도를 네 자리 숫자로 표시(2020 표시)

- **시간 서식 코드**

코드	설명
h	맨 앞에 0을 표시하지 않고 시간을 숫자로 표시한다. (1~12 표시)
hh	한 자리 시는 맨 앞에 0을 표시하고 시간을 숫자로 표시한다. (01~12 표시)
m	맨 앞에 0을 표시하지 않고 분을 숫자로 표시한다. (1~60 표시)
mm	한 자리 분은 맨 앞에 0을 표시하고 분을 숫자로 표시한다. (01~60 표시)
s	맨 앞에 0을 표시하지 않고 초를 숫자로 표시한다. (1~60 표시)
ss	한 자리 초는 맨 앞에 0을 표시하고 초를 숫자로 표시한다. (01~60 표시)

기본예제 08 셀 서식-표시 형식

데이터의 종류에 따라 [셀 서식] 대화상자에서 다양한 표시 형식을 지정해 본다.

01 날짜 형식 지정 [H2] 셀을 선택한 후 Ctrl+1을 누른다. [셀 서식] 대화상자가 나타나면 [표시 형식] 탭의 [날짜] 범주에서 '자세한 날짜(년 월 일 요일)'을 선택하고 [확인]을 클릭한다.

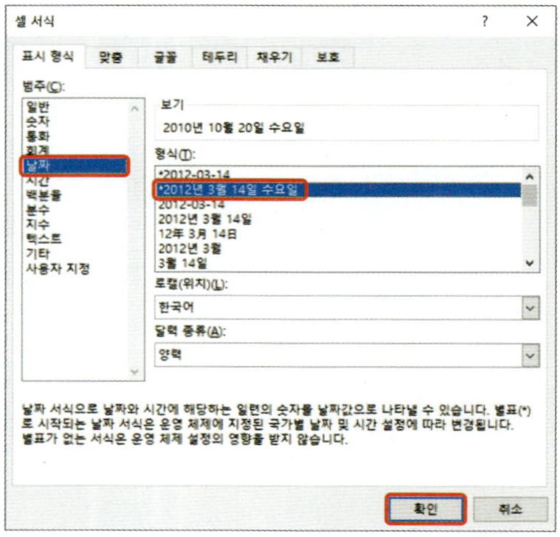

TIP '####'으로 표시될 경우에는 열 너비를 조절하여 표시한다.

02 통화 형식 지정 [C4:C14] 영역을 선택한 후 Ctrl+1을 누른다. [셀 서식] 대화상자가 나타나면 [표시 형식] 탭의 [통화] 범주에서 기호에 '없음'을 선택하고 [확인]을 클릭한다.

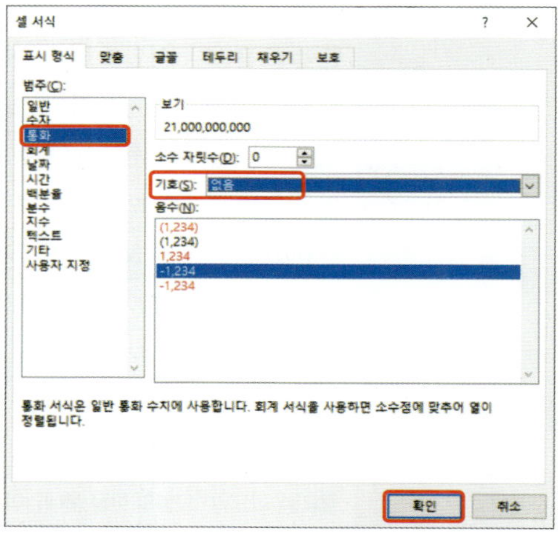

03 사용자 지정 형식 [D4:D14] 영역을 선택한 후 Ctrl+1을 누른다. [셀 서식] 대화상자가 나타나면 [표시 형식] 탭의 [사용자 지정] 범주에서 형식에 『G/표준"명"』을 입력하고 [확인]을 클릭한다.

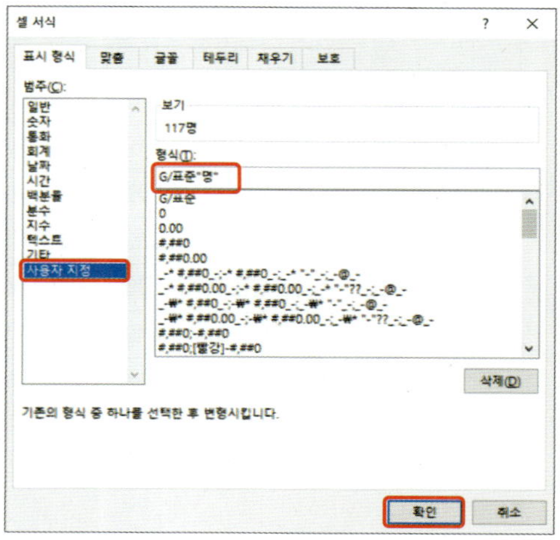

04 백분율 형식 지정 [F4:F14] 영역을 선택한 후 [홈] 탭-[표시 형식] 그룹에서 '백분율 스타일'을 클릭한다.

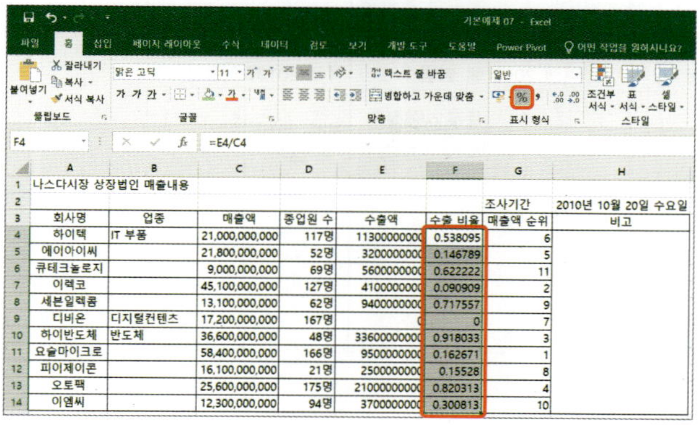

05 사용자 지정 형식 [E4:E14] 영역을 선택한 후 영역을 선택한 후 Ctrl+1을 누른다. [셀 서식] 대화상자가 나타나면 [표시 형식] 탭의 [사용자 지정] 범주에서 형식에 『#,##0,,"백만"』을 입력하고 [확인]을 클릭한다.

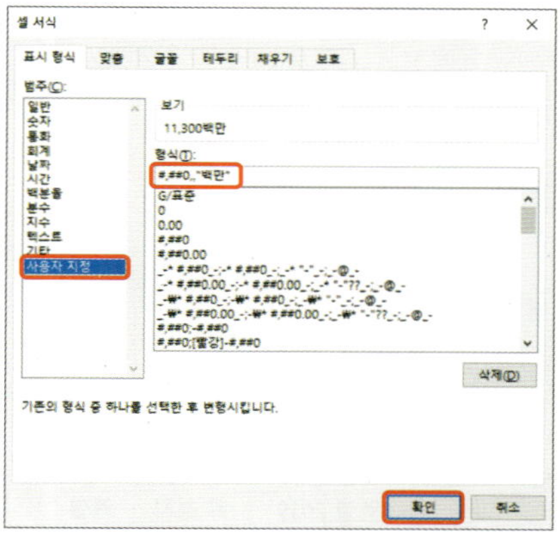

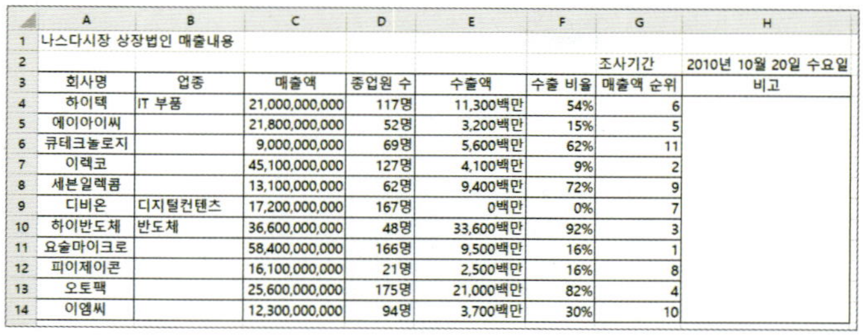

TIP 사용자 지정의 형식에서 ,(콤마) 뒤에 아무 것도 없으면 ,(콤마)는 뒤의 세 자리를 숨기라는 의미이다. 콤마가 두 개일 경우는 6자리를 숨기라는 의미이다. ,(콤마)가 천자리 구분 기호이기 때문에 뒤에 숫자가 없는 경우, 숨겨진 것으로 간주한다.

5.3 맞춤 서식

[셀 서식] 대화상자에 있는 [맞춤] 탭에서는 '텍스트 맞춤', '방향', '텍스트 조정', '텍스트 방향'을 설정할 수 있다. 맞춤 서식은 [홈] 탭-[맞춤] 그룹에서 설정할 수도 있다.

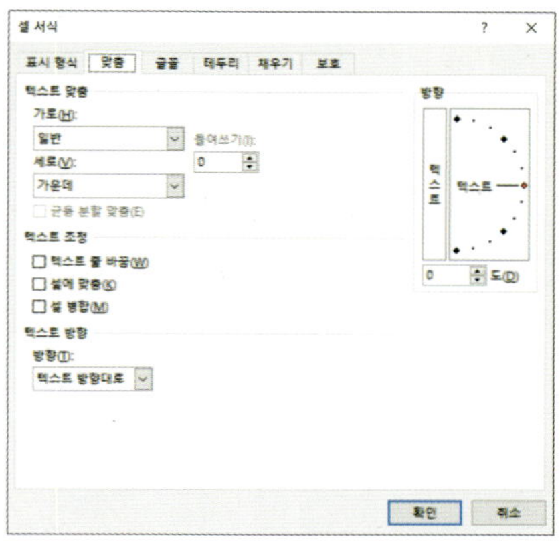

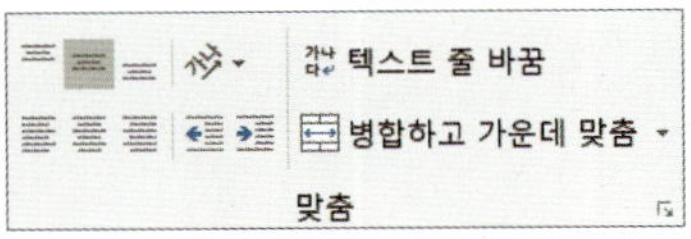

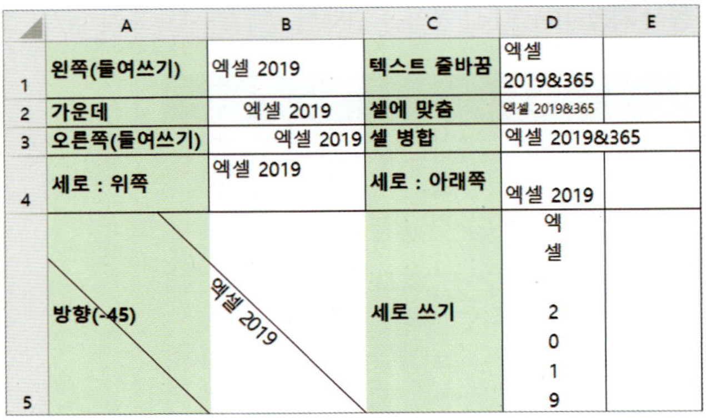

5.4 글꼴 서식

[글꼴] 탭에서는 '글꼴', '글꼴 스타일', '크기', '밑줄', '색', '효과' 등을 설정할 수 있다.

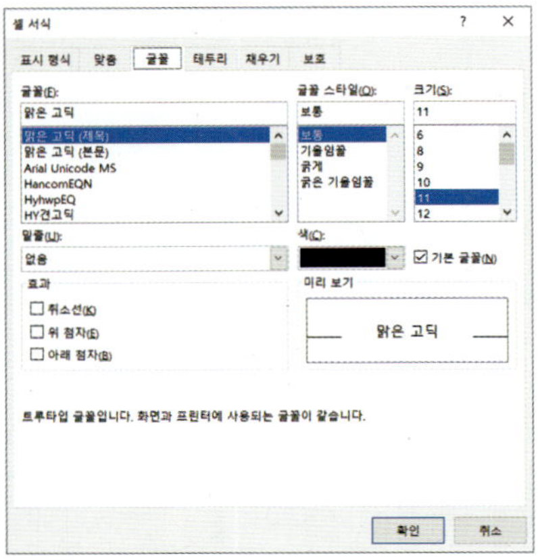

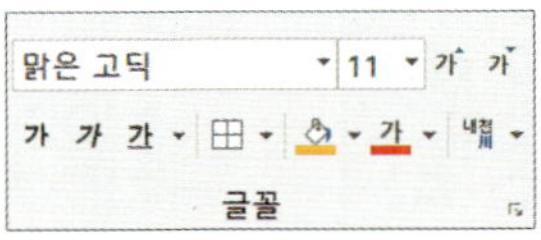

5.5 테두리

[테두리] 탭에서는 테두리의 선 스타일과 선 색, 테두리, 대각선 등을 지정할 수 있다. [홈] 탭–[글꼴] 그룹–[테두리]를 이용하여 지정할 수 있고, [테두리] 목록에 없는 테두리나 대각선은 [셀 서식] 대화상자의 [테두리] 탭에서 선택할 수 있다.

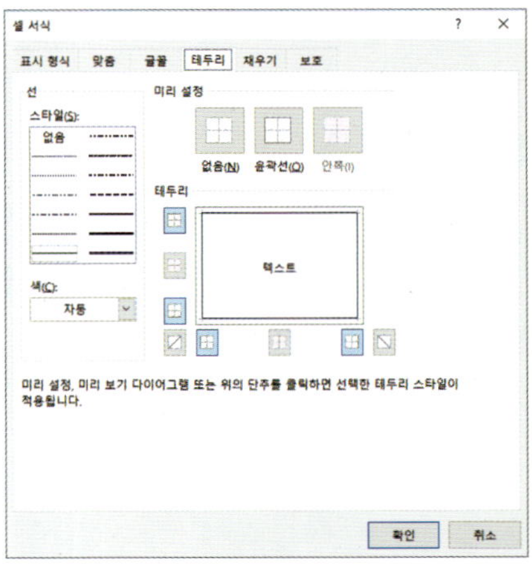

5.6 채우기

[채우기] 탭에서는 채우기를 이용해 셀의 배경색과 무늬, 채우기 효과로 그라데이션을 설정할 수 있다. [홈] 탭-[글꼴] 그룹-[채우기]를 이용하여 지정할 수 있고, [채우기] 목록에 없는 채우기 색이나 무늬, 무늬 스타일 지정은 [셀 서식] 대화상자의 [채우기] 탭에서 선택할 수 있다.

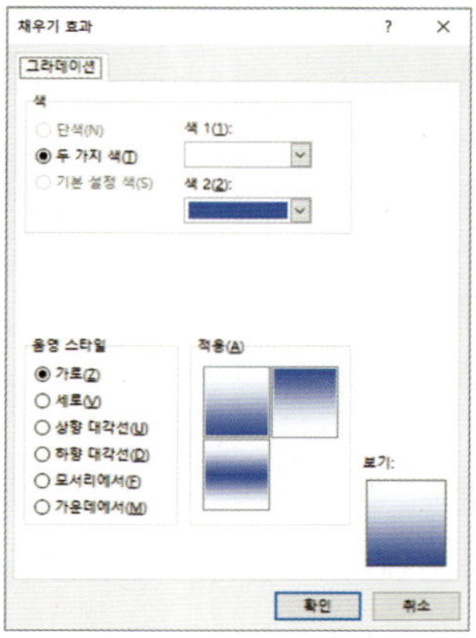

기본예제 09 셀 서식–맞춤

[셀 서식] 대화상자에서 다양한 맞춤을 지정해 본다.

01 셀에 맞춤 [H2] 셀을 선택한 후 Ctrl+1을 누른다. [셀 서식] 대화상자의 [맞춤] 탭에서 '셀에 맞춤'을 체크 표시한 후 [확인]을 클릭한다.

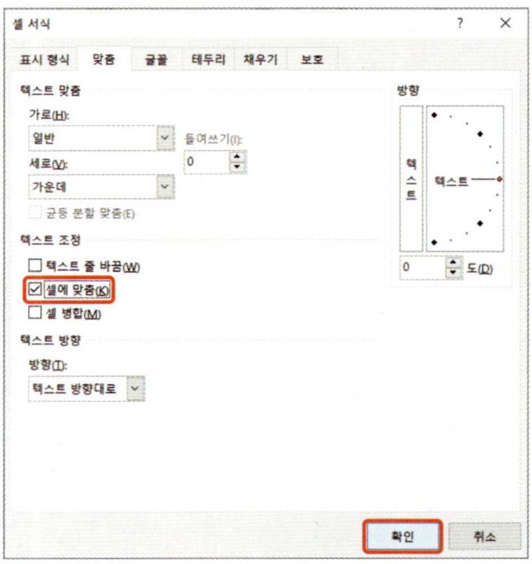

02 병합하고 가운데 맞춤 [A1:H1], [B4:B8], [B10:B14]를 영역 지정한 후 [홈] 탭–[맞춤] 그룹에서 '병합하고 가운데 맞춤'을 클릭한다.

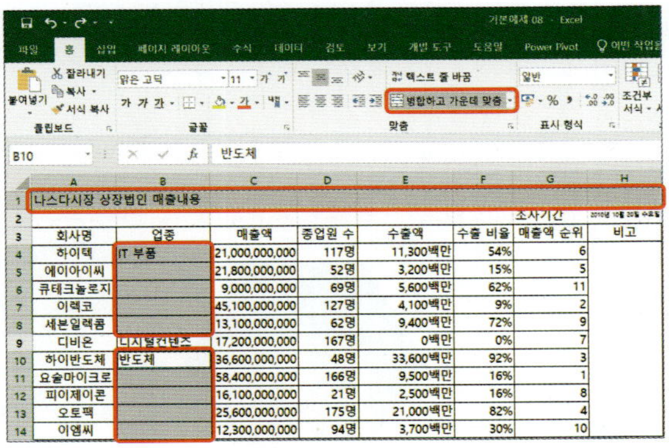

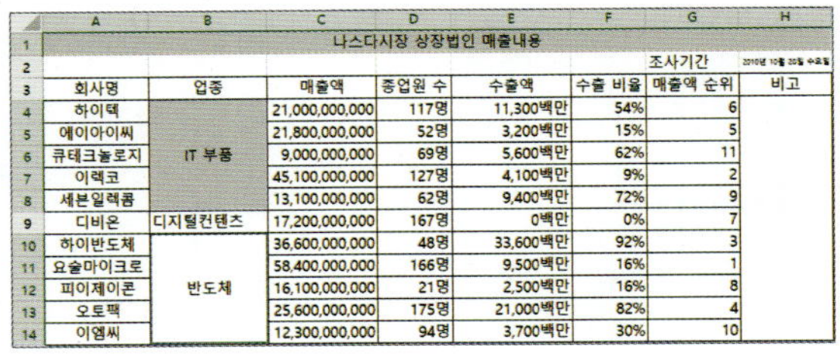

03 글꼴 서식 [A1] 셀을 선택한 후 [홈] 탭–[글꼴] 그룹에서 글꼴은 'HY헤드라인M', 크기는 '16', 글꼴 스타일은 '굵게', 채우기 색은 '회색, 강조 3, 80% 더 밝게'를 선택한다.

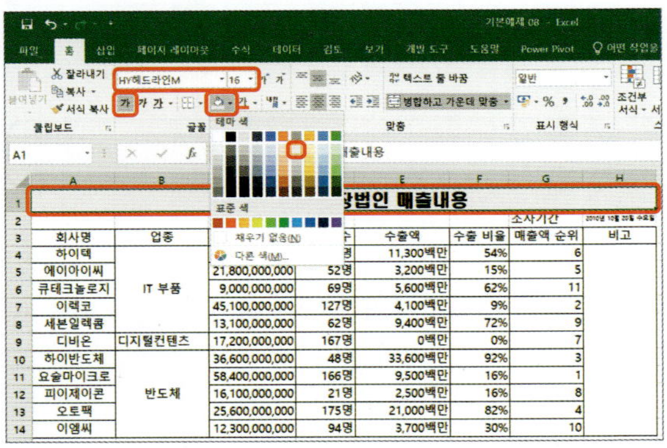

04 글꼴 서식 [A3:H3]을 영역 지정한 후 [홈] 탭–[글꼴] 그룹에서 글꼴 스타일은 '굵게', 글꼴 색은 '파랑', 채우기 색은 '노랑'을 선택한다.

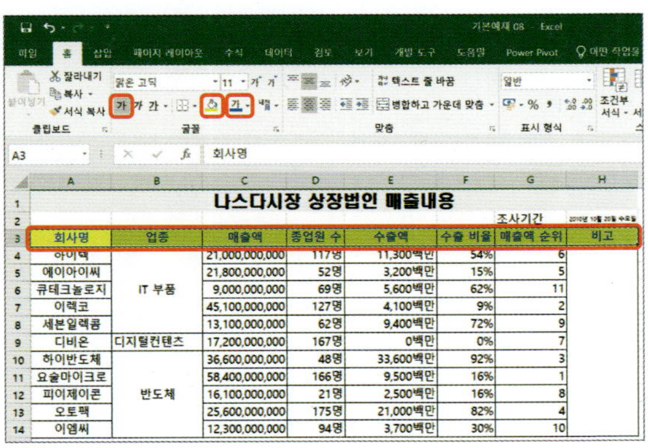

05 테두리 서식 [A3:H14]를 영역 지정한 후 [홈] 탭–[글꼴] 그룹–[테두리]에서 '모든 테두리'를 선택하고 다시 한번 '굵은 바깥쪽 테두리'를 선택한다.

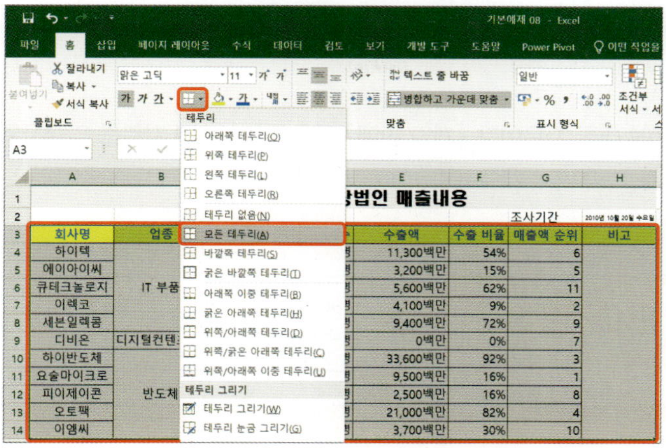

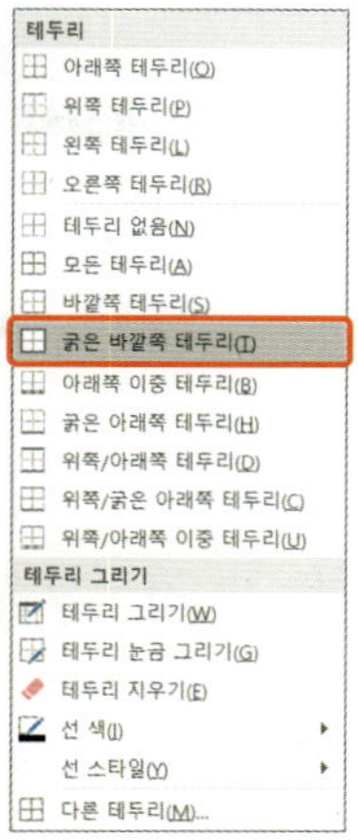

회사명	업종	매출액	종업원 수	수출액	수출 비율	매출액 순위	비고
하이텍	IT 부품	21,000,000,000	117명	11,300백만	54%	6	
에이아이씨		21,800,000,000	52명	3,200백만	15%	5	
큐테크놀로지		9,000,000,000	69명	5,600백만	62%	11	
이렉코		45,100,000,000	127명	4,100백만	9%	2	
세븐일렉콤		13,100,000,000	62명	9,400백만	72%	9	
디비온	디지털컨텐츠	17,200,000,000	167명	0백만	0%	7	
하이반도체	반도체	36,600,000,000	48명	33,600백만	92%	3	
요술마이크로		58,400,000,000	166명	9,500백만	16%	1	
피이제이콘		16,100,000,000	21명	2,500백만	16%	8	
오토팩		25,600,000,000	175명	21,000백만	82%	4	
이엠씨		12,300,000,000	94명	3,700백만	30%	10	

종합예제

※ [종합예제]에 대한 해설은 PDF로 제공됩니다.

문제 1 다음은 '2020년 게임 S/W 판매 현황'에 대한 자료이다. [게임 판매 현황] 워크시트에 자료를 입력하고 [조건]에 맞도록 작업하시오.

2020년 게임 S/W 판매 현황

결재	담당	팀장	부장

제품코드	제품명	개발사	포맷	가격 (단위:원)	상반기 판매량	하반기 판매량	상반기 판매량 순위	출시일
SC-051105	릴리 스토리	소리아	PS02	32,700	25,470	25,700		
SC-060810	파이널 판타지	아람	PS01	30,500	47,892	48,920		
KA-050715	아크 더 래드	지성소프트	PS02	34,900	47,890	78,510		
SA-050825	아소의 나라	소리아	PS02	28,400	25,780	24,560		
SC-060125	좀비5	지성소프트	PS01	28,400	48,520	51,850		
PS-040615	다나의 눈	소리아	PS02	28,400	35,870	37,890		
SA-050901	제로2	지성소프트	PS01	32,700	45,015	38,780		
PS-060407	잠수함	아람	PS02	32,700	68,920	78,520		
아람 제품의 평균 가격					소리아 제품의 상반기 총 판매량			
하반기 최대 판매량					제품명	릴리 스토리	가격(단위:원)	

[조건]

- 모든 데이터의 서식에는 글꼴(굴림, 11pt), 정렬은 숫자 및 회계 서식은 오른쪽 정렬, 나머지 서식은 가운데 정렬로 작성하며 예외적인 것은 ≪출력형태≫를 참조하시오.
- A 열의 너비를 1로 지정하시오.
- 제목 ⇒ 모서리가 둥근 직사각형과 바깥쪽 그림자 스타일(오프셋 오른쪽)을 이용하여 작성하고 "2020년 게임 S/W 판매 현황"을 입력한 후 다음 서식을 적용하시오(글꼴–굴림, 24pt, 검정, 굵게, 채우기–노랑).
- 임의의 셀에 결재란을 작성하여 카메라 또는 그림복사 기능을 이용하여 붙이기 하시오(단, 원본 삭제).
- 「B4:J4, G14, I14」 영역은 '주황'으로 채우기 하시오.
- 유효성 검사를 이용하여 「H14」 셀에 제품명(「C5:C12」 영역)이 선택 표시되도록 하시오.
- 셀 서식 ⇒ 「E5:E12」 영역에 셀 서식을 이용하여 숫자 앞에 'PS'를 붙이고 숫자는 2자리로 표시하시오(예 : 1 → PS01).
- 「H5:H12」 영역에 대해 '하반기판매량'으로 이름정의를 하시오.

문제 2 다음은 '인기 복합기 제품 구성 비교'에 대한 자료이다. [제품 구성 비교] 워크시트에 자료를 입력하고 [조건]에 맞도록 작업하시오.

≪출력형태≫

인기 복합기 제품 구성 비교

결재	담당	팀장	부장

관리코드	제품명	판매금액	컬러 인쇄속도	흑백 인쇄속도	네트워크	기능	출시연도	평가
LP-1507-3	삼정 레이저 C473FW	375,000	10ppm	18ppm	유/무선/NFC	스캔/복사/팩스		
IK-1409-1	어드밴티지 3545	149,000	14ppm	17ppm	유/무선	스캔/복사		
LP-1501-2	삼정 레이저 M2074F	150,000	16ppm	18ppm	유/무선/NFC	스캔/복사/팩스		
IK-1409-1	복합기 1510	400,000	16ppm	20ppm	유선	스캔/복사		
LP-1411-3	다큐프린터 CM215FW	288,000	12ppm	15ppm	유/무선	스캔/복사/팩스		
LP-1411-3	다큐프린터 CM215B	179,000	12ppm	15ppm	유선	스캔/복사		
IK-1505-1	어드밴티지 4645	175,000	6ppm	9ppm	유/무선	스캔/복사/팩스		
LP-1407-3	캐넌 MF8284CW	344,000	14ppm	14ppm	유/무선	스캔/복사/팩스		
무선을 제공하는 제품의 개수					복합기 1510 제품의 분류			
스캔/복사/팩스 기능 제품의 최저 판매금액					관리코드	LP-1507-3	네트워크	

[조건]

- 모든 데이터의 서식에는 글꼴(굴림, 11pt), 정렬은 숫자 및 회계 서식은 오른쪽 정렬, 나머지 서식은 가운데 정렬로 작성하며 예외적인 것은 ≪출력형태≫를 참조하시오.
- A 열의 너비를 1로 지정하시오.
- 제목 ⇒ 육각형과 바깥쪽 그림자 스타일(오프셋 아래쪽)을 이용하여 작성하고 "인기 복합기 제품 구성 비교"를 입력한 후 다음 서식을 적용하시오(글꼴-굴림, 24pt, 검정, 굵게, 채우기-노랑).
- 임의의 셀에 결재란을 작성하여 카메라 또는 그림복사 기능을 이용하여 붙이기 하시오(단, 원본 삭제).
- 「B4:J4, G14, I14」 영역은 '주황'으로 채우기 하시오.
- 유효성 검사를 이용하여 「H14」 셀에 관리코드(「B5:B12」 영역)가 선택 표시되도록 하시오.
- 셀 서식 ⇒ 「E5:F12」 영역에 셀 서식을 이용하여 숫자 뒤에 'ppm'을 표시하시오(예 : 4 → 4ppm).
- 「G5:G12」 영역에 대해 '네트워크'로 이름정의를 하시오.

문제 3 [이월상품] 워크시트의 데이터를 [조건]과 같이 변경하시오.

≪출력형태≫

	A	B	C	D	E	F	G	H
1		☆이월제품 在庫量 및 할인판매☆						
2								
3		제품번호	브랜드	제품명	사이즈	수량	판매가	할인율
4		AS1329	아디다스	아동화	210mm	10개	115,000	20.0%
5		AS1227	아디다스	아동화	205mm	8개	99,000	15.0%
6		AS1305	아디다스	여성화	240mm	12개	150,000	20.0%
7		OQ0023	르꼬끄	아동화	210mm	5개	120,000	10.0%
8		OQ0078	르꼬끄	공용화	245mm	15개	220,000	20.0%
9		CS5217	프로스펙스	여성화	230mm	10개	85,000	20.0%
10		CE1455	뉴발란스	아동화	210mm	10개	99,000	20.0%
11		CE1479	뉴발란스	풋살화	260mm	6개	55,000	15.0%
12		CE1465	뉴발란스	축구화	255mm	5개	80,000	10.0%
13		KE0321	나이키	축구화	270mm	3개	170,000	10.0%
14		KE7143	나이키	풋살화	265mm	5개	100,000	10.0%

[조건]

- A열의 너비를 '3', 1행의 높이를 '25'로 조정하시오.
- [B1:H1] 영역은 '병합하고 가운데 맞춤', 글꼴 '돋움', 크기 '18', 글꼴 스타일 '굵게'로 지정하시오.
- 제목 '이월제품 재고량 및 할인판매'의 앞뒤에 "☆"을 삽입하시오.
- 제목 '이월제품 재고량 및 할인판매'의 '재고량'을 한자 "在庫量"으로 바꾸시오.
- [B4:B14] 영역의 셀을 "제품번호"로 이름을 정의하시오.
- [B4:E14] 영역을 '가운데 맞춤'으로 지정하시오.
- [B3:H3] 영역을 '가운데 맞춤'으로 지정하고 '표준 색-연한 녹색'으로 채우시오.
- [F4:F14] 영역의 셀 서식은 사용자 지정 서식을 이용하여 수량 뒤에 "개"를 표시하시오.(표시 예: 3 → 3개)
- [H3] 셀에 "5개 이하 10% 적용"이라는 메모를 삽입하고, 표시되지 않도록 하시오.
- [G4:G14] 영역의 데이터에 '천 단위 구분기호'를 적용하시오.
- [H4:H14] 영역의 셀 서식에 '백분율 스타일', 소수 첫째 자리까지 지정하시오.
- [B3:H14] 영역에 '모든 테두리', 선 스타일 '이중 실선', 테두리 색 '자동'으로 적용하여 표시하시오.

연습문제

1 [데이터 다루기] 워크시트의 문서를 아래의 [조건]과 같이 수정하시오.

[조건]

- 1행의 높이를 '25'으로 지정하시오
- 분류 열과 사이즈 열을 복사하여 [C20] 셀부터 행/열 바꾸기를 수행하여 붙여넣기 하시오.
- [D] 열의 너비를 가장 넓은 데이터에 맞춰 넓히시오.
- 구분 열은 삭제하고 [B] 열을 추가하여 필드명에 계절을 입력하시오.
- 3행까지 틀고정하기

≪출력형태≫

	A	B	C	D	E	F	G	H	I	J	K	L	M	N
1	Brand S-hyun F/W 신규상품 회수 리스트													
2														
3	제품코드	계절	분류	제품명	사이즈	수량	사유							
4	FSWT01		스웨터	따듯한스웨터	S	2	소매 오염							
5	MNT02		니트	커플니트	XL	1	뒷면 오염							
6	DN01		청바지	쭉쭉 늘어나는 청바지	M	3	지퍼 고장							
7	MP02		면바지	다리 길어보이는 면바지	M	2	단추 손상							
8	FNT01		니트	커플니트	XS	2	소매 오염							
9	TSC02		티셔츠	잘 생겨보여 티셔츠	XXS	5	앞면 오염							
10	NB02		남방	호감형 남방	L	2	단추 손상							
11	BBJ02		반바지	안추워보이는 반바지	XL	3	지퍼 고장							
12	FSKT01		스커트	가을바람에 휘날리는 스커트	S	1	지퍼 고장							
13	JJK01		가죽자켓	라이더자켓	M	2	소매 오염							
14	DN02		청바지	차가운 도시남자 데님	M	4	끝단 손상							
15														
16														
17														
18														
19														
20			분류	스웨터	니트	청바지	면바지	니트	티셔츠	남방	반바지	스커트	가죽자켓	청바지
21			사이즈	S	XL	M	M	XS	XXS	L	XL	S	M	M

2 [데이터] 워크시트에 문서를 아래의 [조건]과 같이 수정하시오.

[조건]

- 제목 : [A1:I2] 영역 셀 병합 후 가운데 정렬, 맑은 고딕, 15, 진하게
- 표 전체 글꼴 : 12, 맑은 고딕
- 필드명 채우기 색 '파랑, 강조 1, 80% 더 밝게'
- 1분기 매출[E5:E16], 3분기 매출[G5:G16] : 통화
- 2분기[F5:F16], 4분기 매출[H5:H16] : 기호없는 회계
- 연간 매출 총계[I5:I16] : 회계로 표시
- 사원명 뒤에 셀 서식을 이용하여 "님"자를 붙이시오.
- 나머지는 출력 형태와 동일하게 입력하시오.

≪출력형태≫

	A	B	C	D	E	F	G	H	I
1	★ CN그룹 매출 보고서 ★								
2									
3									
4	사원번호	사원명	직급	지역	1분기 賣出	2분기 매출	3분기 賣出(매출)	4분기 매출	연간 매출총계
5	J0101Y	고원주님	대리	대전	₩77,630	49,200	₩48,650	38,700	₩ 214,180
6	J0914Y	박종명님	사원	원주	₩57,640	36,800	₩58,500	49,540	₩ 202,480
7	J2648Y	이철영님	대리	서울	₩79,000	46,450	₩78,900	32,950	₩ 237,300
8	J1315Y	김지희님	과장	대전	₩68,750	85,400	₩98,750	75,400	₩ 328,300
9	J3510Y	오덕훈님	사원	부산	₩54,150	56,780	₩64,540	42,380	₩ 217,850
10	J4543Y	민상민님	대리	서울	₩59,870	54,400	₩55,680	67,200	₩ 237,150
11	J3773Y	공보배님	사원	평택	₩65,280	35,450	₩54,000	49,800	₩ 204,530
12	J1197Y	한송이님	과장	천안	₩88,340	74,300	₩85,200	62,750	₩ 310,590
13	J2528Y	이원규님	대리	천안	₩45,000	34,800	₩48,350	98,400	₩ 226,550
14	J4878Y	구덕한님	과장	대전	₩78,540	72,540	₩85,400	43,400	₩ 279,880
15	J2548Y	이용규님	대리	서울	₩82,000	49,950	₩69,900	54,400	₩ 256,250
16	J1123Y	사군자님	사원	원주	₩54,300	64,500	₩55,240	78,540	₩ 252,580

3 [상담] 워크시트에 문서를 아래의 [조건]과 같이 수정하시오.

[조건]

- 상담 워크시트에서 순번 열에 일련번호와 같이 1부터 차례로 채우시오.
- 상담 일시는 [B5] 셀과 [B6] 셀의 차이만큼 다른 셀들도 채우시오. 이 때, 평일만 가능하게 설정하시오.
- 요일은 평일만 채우시오.
- 시간은 1시간 단위로 채워질 수 있도록 조정하시오.
- 주소 셀에서 시와 구를 나누어 시와 구열에 표시하시오.
- 핸드폰 번호 열을 이용하여 마지막 4자리를 "*"로 표시하는 핸드폰번호(암호)를 구하시오.
- 상담실은 4명씩 같은 상담실을 배정받을 수 있도록 셀 4개를 병합한 후 제1상담실~제5상담실까지 채우기하시오.

≪출력형태≫

	A	B	C	D	E	F	G	H	I	J	K
2	고객 상담 명단										
3											
4	순 번	상담일시	요 일	시 간	고객명	주소	시	구	핸드폰 번호	핸드폰번호(암호)	상담실
5	1	2020-03-05	월요일	오전 8:00	김성호	대전광역시 서구	대전광역시	서구	010-2432-1222	010-2432-****	제1상담실
6	2	2020-03-09	화요일	오전 9:00	박소영	대전광역시 동구	대전광역시	동구	010-1432-1223	010-1432-****	
7	3	2020-03-12	수요일	오전 10:00	차재영	대전광역시 동구	대전광역시	동구	010-2499-1224	010-2499-****	
8	4	2020-03-16	목요일	오전 11:00	김상준	대전광역시 서구	대전광역시	서구	010-1329-1225	010-1329-****	
9	5	2020-03-19	금요일	오후 12:00	김효민	대전광역시 대덕구	대전광역시	대덕구	010-8832-1226	010-8832-****	제2상담실
10	6	2020-03-23	월요일	오후 1:00	장정미	대전광역시 유성구	대전광역시	유성구	010-2419-1227	010-2419-****	
11	7	2020-03-26	화요일	오후 2:00	이경아	대전광역시 서구	대전광역시	서구	010-2341-1222	010-2341-****	
12	8	2020-03-30	수요일	오후 3:00	백미애	대전광역시 동구	대전광역시	동구	010-2350-1234	010-2350-****	
13	9	2020-04-02	목요일	오후 4:00	이정훈	대전광역시 중구	대전광역시	중구	010-2369-1765	010-2369-****	제3상담실
14	10	2020-04-06	금요일	오후 5:00	이주창	대전광역시 중구	대전광역시	중구	010-2374-4433	010-2374-****	
15	11	2020-04-09	월요일	오후 6:00	원영진	대전광역시 동구	대전광역시	동구	010-2344-5555	010-2344-****	
16	12	2020-04-13	화요일	오후 7:00	임연수	대전광역시 서구	대전광역시	서구	010-2876-6578	010-2876-****	
17	13	2020-04-16	수요일	오후 8:00	이준용	대전광역시 유성구	대전광역시	유성구	010-240-9000	010-240-****	제4상담실
18	14	2020-04-20	목요일	오후 9:00	김재호	대전광역시 대덕구	대전광역시	대덕구	010-2419-1677	010-2419-****	
19	15	2020-04-23	금요일	오후 10:00	황인정	대전광역시 대덕구	대전광역시	대덕구	010-2429-1833	010-2429-****	
20	16	2020-04-27	월요일	오후 11:00	김채린	대전광역시 동구	대전광역시	동구	010-2098-0099	010-2098-****	
21	17	2020-04-30	화요일	오전 12:00	이유림	대전광역시 서구	대전광역시	서구	010-2441-7887	010-2441-****	제5상담실
22	18	2020-05-04	수요일	오전 1:00	이슬기	대전광역시 동구	대전광역시	동구	010-2451-1111	010-2451-****	
23	19	2020-05-07	목요일	오전 2:00	박진영	대전광역시 중구	대전광역시	중구	010-2460-1209	010-2460-****	
24	20	2020-05-11	금요일	오전 3:00	안재은	대전광역시 유성구	대전광역시	유성구	010-9988-2312	010-9988-****	

CHAPTER

07

비주얼적인 데이터 꾸미기

01 셀 스타일 및 표 서식

02 조건부 서식

03 차트

종합예제

연습문제

학습목표

- 셀 스타일이 무엇이고, 사용할 수 있다.
- 조건부 서식의 종류와 사용법을 숙지하고 사용할 수 있다.
- 차트가 무엇인지 알고 사용할 수 있다.
- 데이터에 따라 효율적인 차트의 종류를 선택할 수 있다.
- 스파크라인을 사용할 수 있다.

SECTION 01

셀 스타일 및 표 서식

엑셀에서 일관성있는 스타일을 적용할 때 사용하는 것 중에 대표적인 것이 셀 스타일과 표 서식이다. 셀 스타일은 전문가가 미리 셀의 테마를 만들어 사용자에게 제공해주는 서식으로 서식을 잘 지정하지 못하는 초보자들이 세련되게 서식을 지정할 수 있도록 도와준다. 표 서식도 셀 스타일과 마찬가지로 다양한 표 스타일을 만들어 빠르게 표에 적용할 수 있도록 만든 것으로 표를 꾸밀 때 지정된 표 서식을 이용하면 효과적으로 표를 표현할 수 있다.

이미 만들어진 셀 스타일을 적용, 편집하는 방법과 새로운 셀 스타일을 만들고 삭제하는 방법을 알아보고, 표 서식의 적용과 편집에 대해서도 알아보도록 한다.

1.1 셀 스타일

여러 서식을 적용하고 셀 서식이 일관되도록 하려면 셀 스타일을 사용하면 된다. 글꼴, 숫자 서식, 테두리, 채우기 색 등의 서식이 미리 적용된 셀 스타일을 목록에서 선택해서 적용할 수 있다.

1.1.1 셀 스타일 적용

셀 또는 범위를 지정한 후 [홈] 탭–[스타일] 그룹–[셀 스타일] 갤러리의 '자세히'를 클릭하고 원하는 셀 스타일을 선택한다.

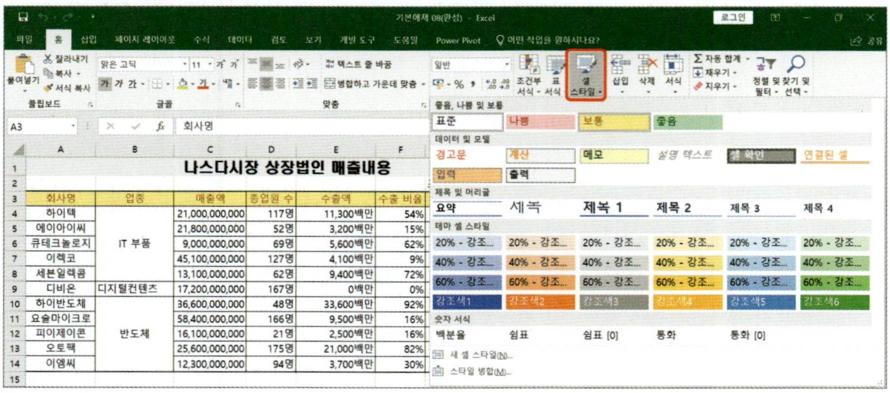

TIP 셀 스타일은 전체 통합 문서에 적용되는 문서 테마를 기반하므로 다른 문서 테마로 전환하면 셀 스타일이 새 문서 테마와 일치하도록 업데이트된다.

1.1.2 셀 스타일 만들기

[홈] 탭–[스타일] 그룹–[셀 스타일] 갤러리의 '자세히'를 클릭한 후 '새 셀 스타일'을 클릭하여 새로운 셀 스타일을 만들 수 있다. [스타일] 대화상자에서 '스타일 이름'을 지정하고 '서식'을 클릭한 후 [셀 서식] 대화상자에서 서식을 지정한다.

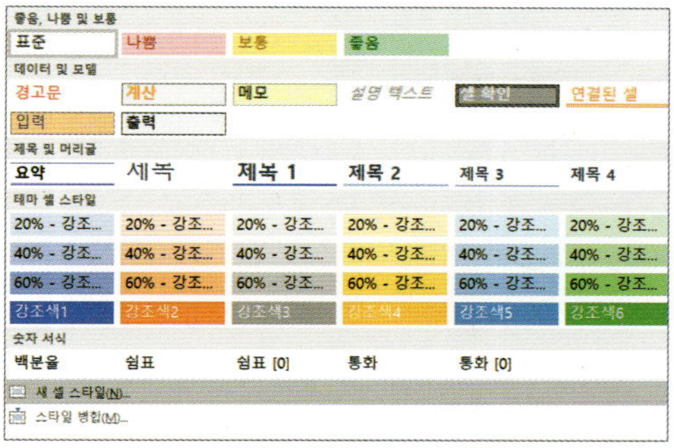
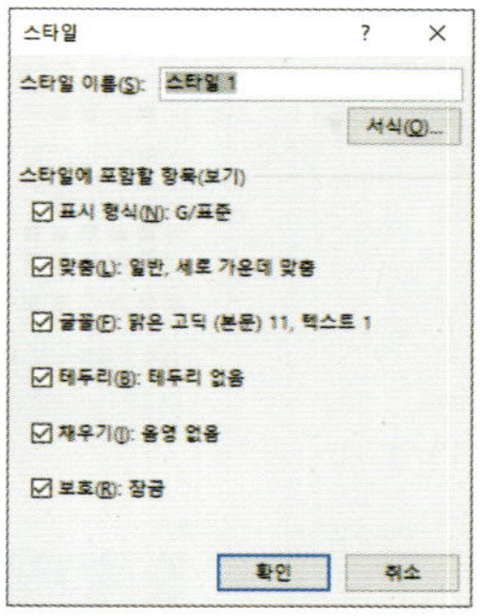
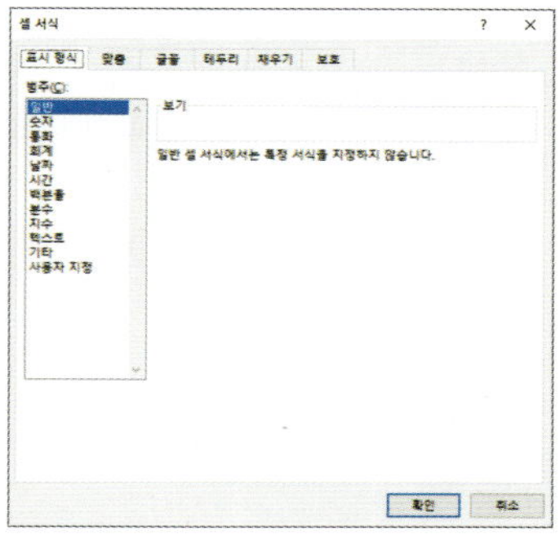

기본예제 10 셀 스타일 적용

새로운 셀 스타일을 만들어 적용하여 본다.

01 셀 스타일 적용 [A2] 셀을 선택한 후 [홈] 탭–[스타일] 그룹–[셀 스타일] 갤러리의 '자세히'를 클릭하고 '제목 1' 스타일을 선택한다.

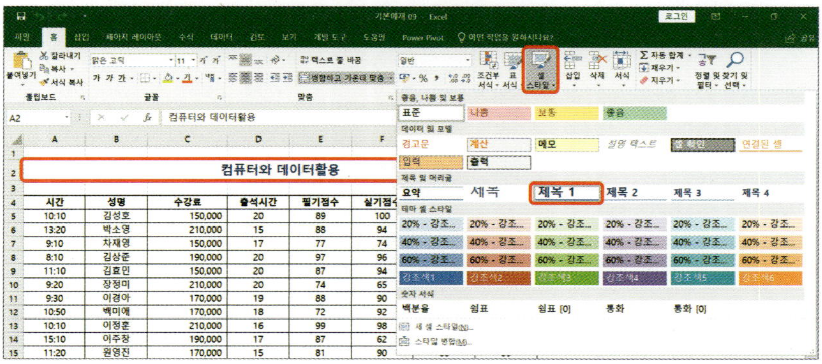

02 새 셀 스타일 [홈] 탭– [스타일] 그룹의 [셀 스타일] 갤러리에서 '자세히'를 클릭한 후 [새 셀 스타일]을 선택한다.

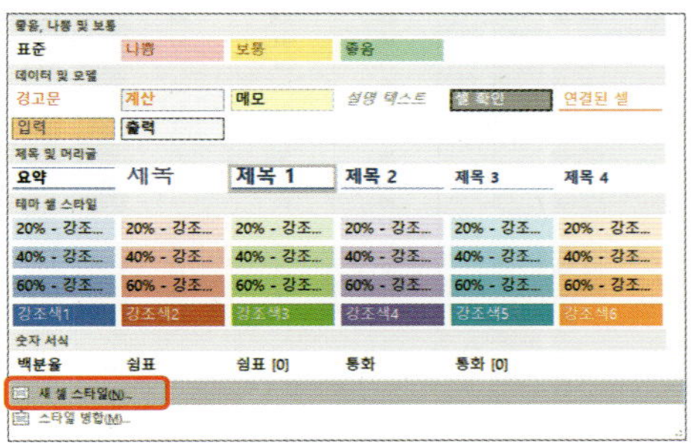

03 셀 서식 지정 [스타일] 대화상자에서 [서식]을 클릭한다. [셀 서식] 대화상자가 나타나면 [글꼴] 탭에서 글꼴 스타일은 '굵게', 색은 '진한 빨강'을 선택한다. [채우기] 탭에서 배경색은 '진한 파랑, 텍스트 2, 60% 더 밝게', 무늬 스타일은 25% 회색'을 선택한 후 [확인]을 클릭한다.

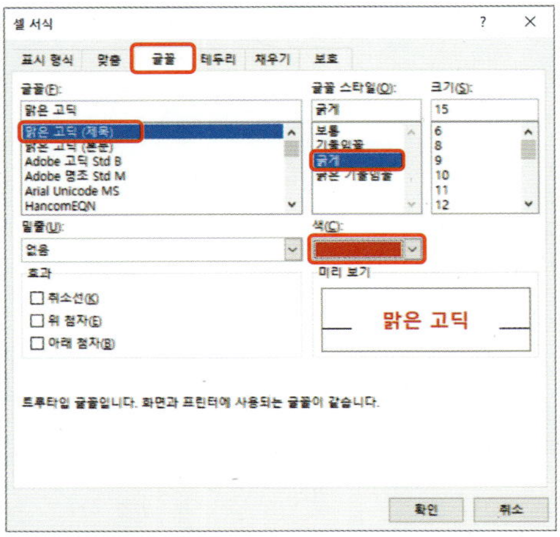

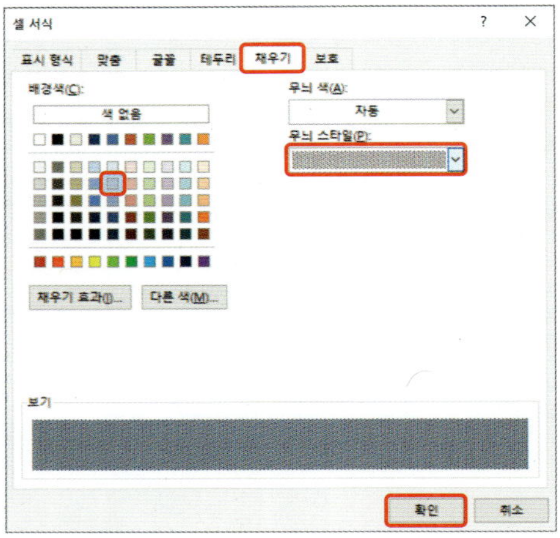

04 스타일 지정 [스타일] 대화상자에서 스타일 이름에 『평균』을 입력하고, 스타일에 포함할 항목은 '글꼴'과 '채우기' 항목만 체크하고 [확인]을 클릭한다.

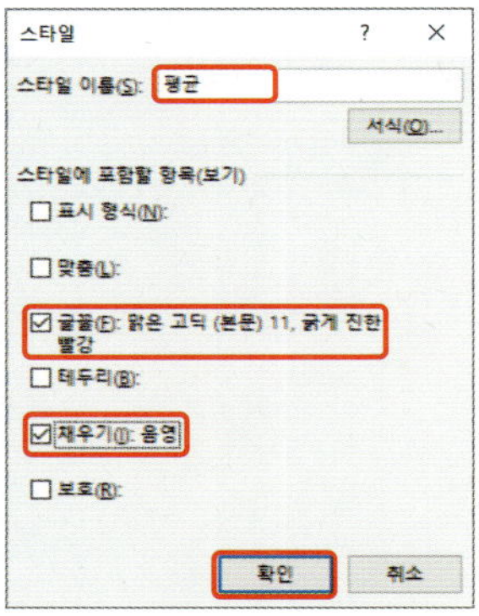

05 새 셀 스타일 적용 [H5:H24] 영역을 지정한 후 [홈] 탭-[스타일] 그룹-[셀 스타일] 갤러리의 '자세히'를 클릭하고 '평균'을 선택하여 적용한다.

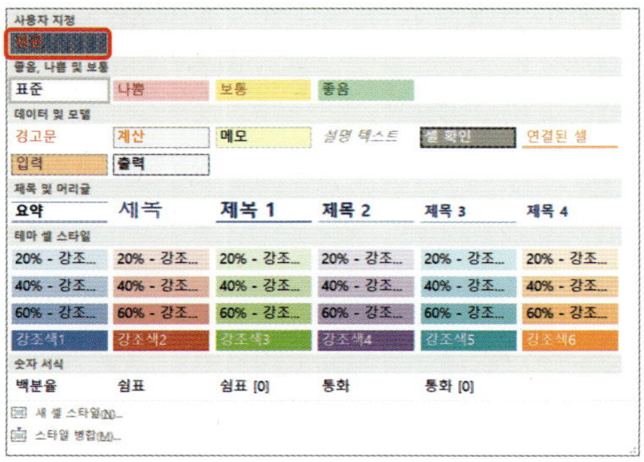

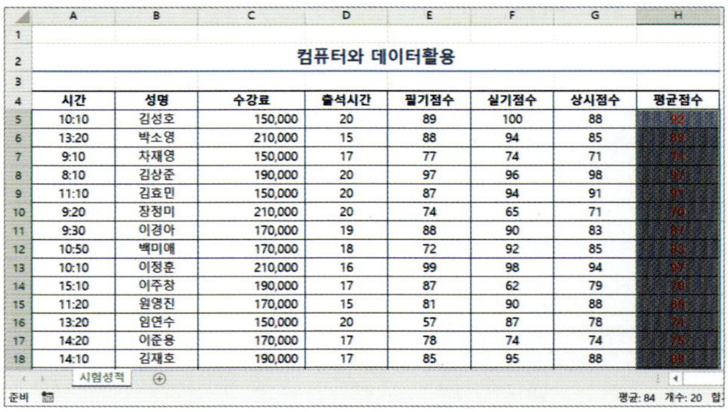

1.2 표 서식

엑셀에서는 다양한 표 스타일을 만들어서 빠르게 사용할 수 있도록 표 서식을 제공하며, 사용자가 원하는 서식을 표 서식으로 등록하여 사용할 수 있다. 엑셀에서 제공하는 표 서식은 삭제가 불가능하지만 사용자가 만든 표 서식은 삭제가 가능하다. 표 서식의 적용과 해제, 새로운 표 서식을 만드는 방법에 대해 알아보도록 한다.

1.2.1 표 서식 적용

데이터 범위에서 임의의 셀 또는 전체 범위를 지정한 후 [홈] 탭–[스타일] 그룹–[표 서식 ▾]에서 원하는 표 스타일을 선택한다. [표 서식] 대화상자가 나타나면 표에 사용할 데이터가 올바른지 확인한 후 '머리글 포함' 옵션을 선택하여 적용한다.

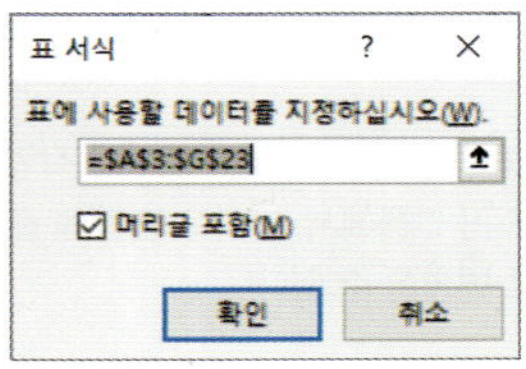

TIP 표 서식을 사용하면 표가 아닌 데이터 범위도 자동으로 테이블(표 형태)로 변환된다.

1.2.2 표 서식 만들기

[홈] 탭–[스타일] 그룹–[표 서식 ▾]에서 '표 스타일 새로 만들기'를 클릭한다. [새 표 스타일] 대화상자가 나타나면 '이름'을 지정하고 '표 요소'에 대한 서식을 지정하여 새로운 표 서식을 만들 수 있다.

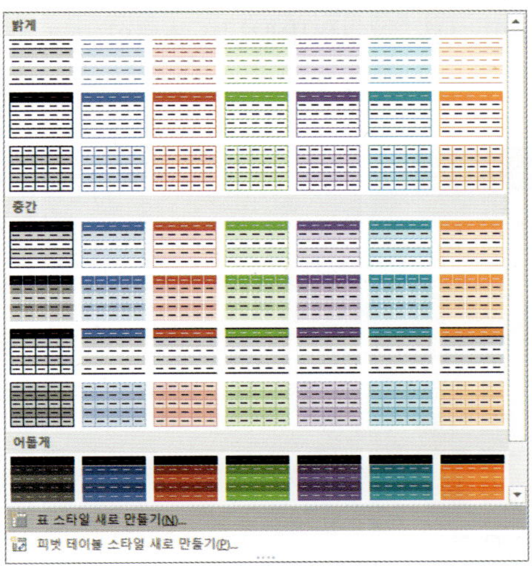

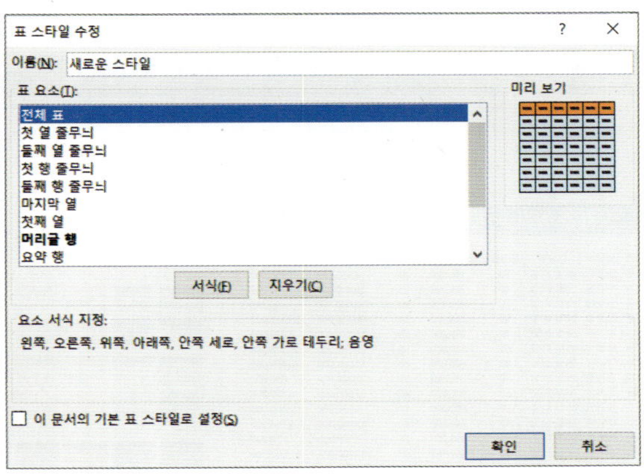

1.2.3 요약 행

표 서식의 요약 행 옵션을 사용하면 Excel 표의 데이터를 빠르게 요약한 다음 각 열의 드롭 다운 목록에서 제공되는 기본 함수 중 하나를 사용할 수 있다. 요약 행은 [표 도구]–[디자인] 탭–[표 스타일 옵션] 그룹–[요약 행] 체크 박스를 클릭하면 표의 마지막 행에 요약 행이 추가되어 사용할 수 있다.

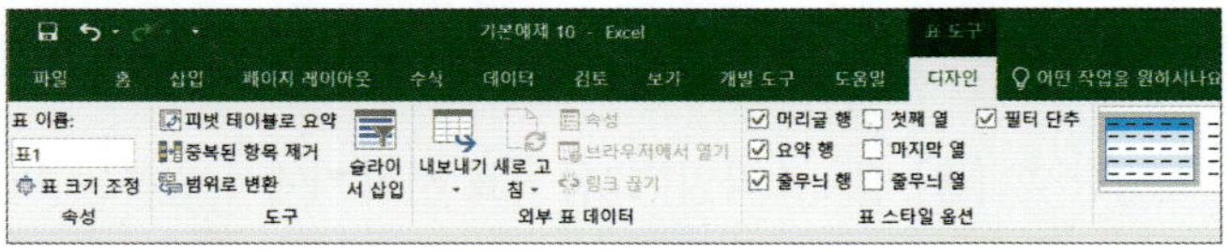

1.2.4 표 서식 삭제

표에서 현재 표 서식을 해제 및 삭제할 수 있다. 표 서식 삭제는 사용자가 만든 표 서식만 가능하다. [홈] 탭–[스타일] 그룹에서 '표 서식'을 클릭하거나 [표 도구]–[디자인] 탭–[표 스타일] 그룹에서 '자세히'를 클릭한 후 삭제하고자 하는 표 스타일 바로 가기 메뉴에서 [삭제]를 클릭한다.

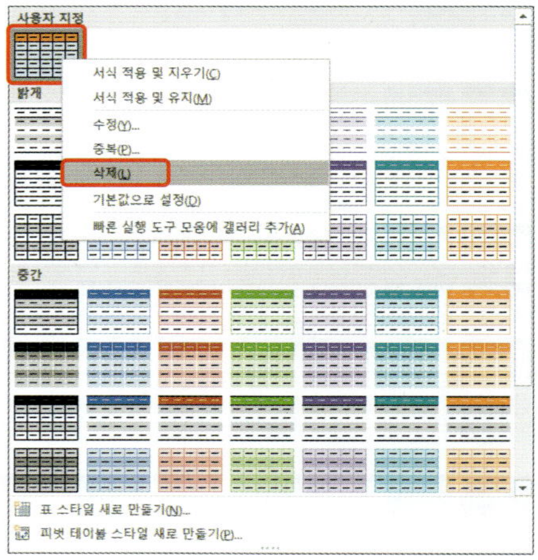

TIP 표 스타일을 삭제해도 표 데이터는 삭제되지 않는다. 표에서 데이터 작업을 하지 않을 경우에는 [표 도구]–[디자인] 탭–[도구] 그룹에서 '범위로 변환'을 클릭하면 표의 서식을 유지하면서 표를 일반 범위로 변환할 수 있다.

기본예제 11 표 스타일 만들어 적용

새로운 표 스타일을 만들어 적용한 후 요약 행을 추가하고, 판매량, 매출액, 순이익의 합계를 구하시오.

01 표 스타일 새로 만들기 임의의 셀을 선택한 후 [홈] 탭–[스타일] 그룹–[표 서식]에서 '표 스타일 새로 만들기'를 선택한다.

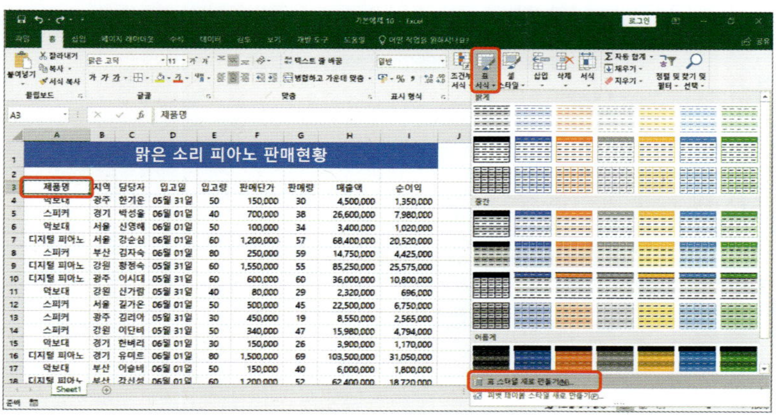

02 전체 표 [새 표 스타일] 대화상자에서 표 스타일 이름에 『판매현황』을 입력하고, 표 요소에서 '전체 표'를 선택한 후 [서식]을 클릭한다. [셀 서식] 대화상자의 [테두리] 탭에서 선 스타일을 지정하고, 색은 '파랑', 미리 설정은 '윤곽선'을 선택하고 [확인]을 클릭한다.

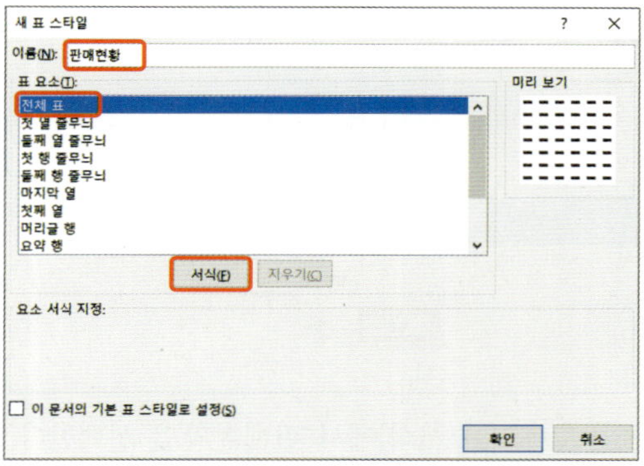

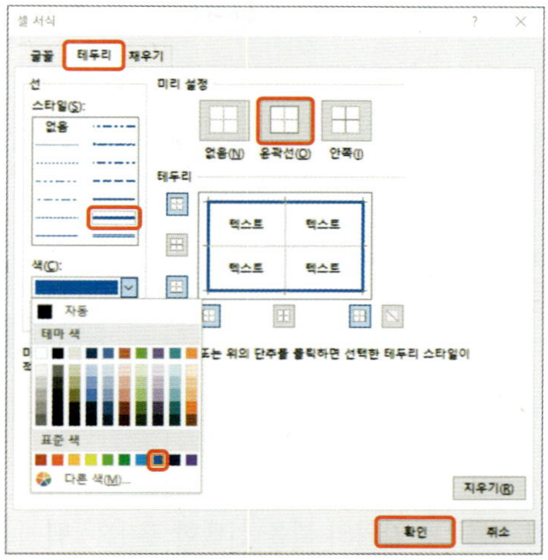

03 첫 행 줄무늬 표 요소에서 '첫 행 줄무늬'를 선택한 후 [서식]을 클릭한다. [셀 서식] 대화상자의 [채우기] 탭에서 배경색을 지정하고 [확인]을 클릭한다.

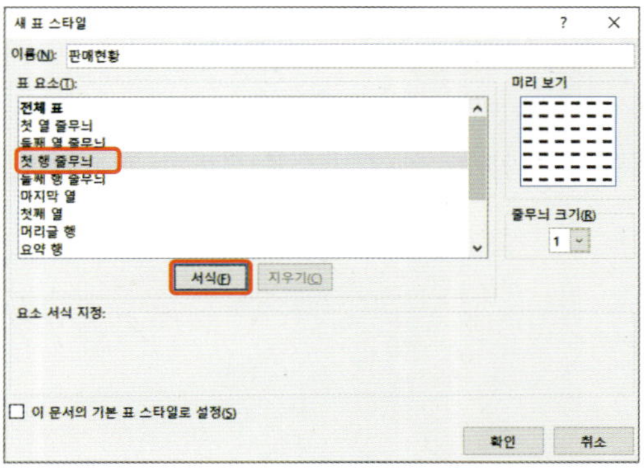

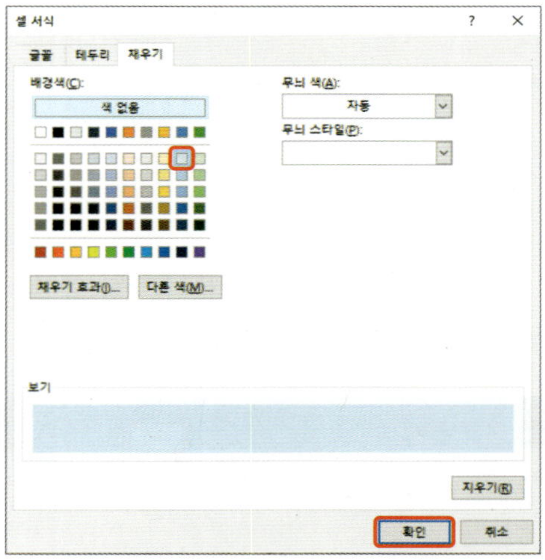

04 머리글 행 표 요소에서 '머리글 행'을 선택한 후 [서식]을 클릭한다. [셀 서식] 대화상자의 [채우기] 탭에서 배경색을 지정하고 [확인]을 클릭한다. [새 표 스타일] 대화상자에서 [확인]을 클릭한다.

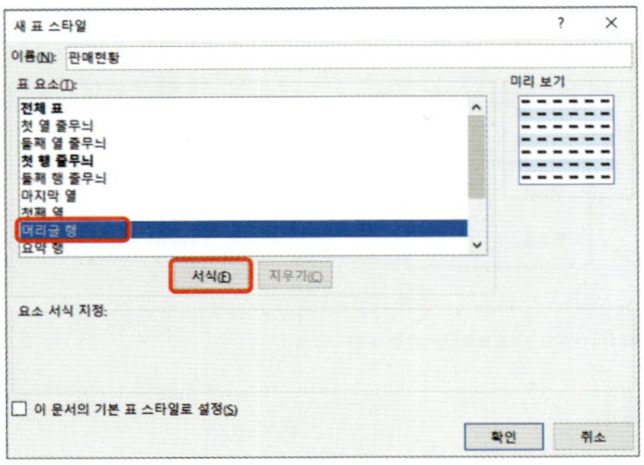

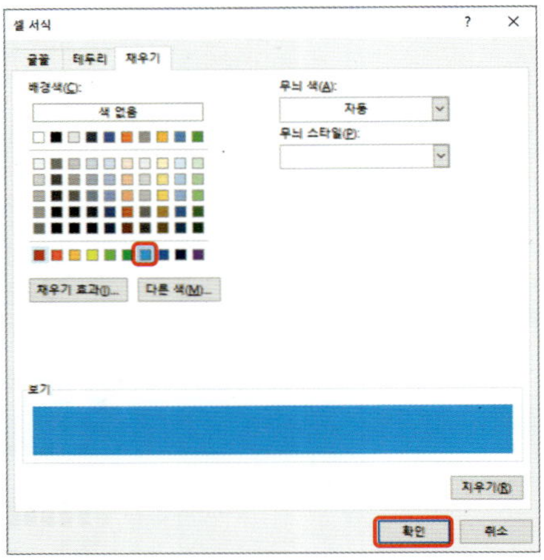

05 표 스타일 적용 표 임의의 셀을 선택한 후 [홈] 탭–[스타일] 그룹–[표 서식]에서 '판매현황'을 선택한다. [표 서식] 대화상자가 나타나면 [확인]을 클릭한다.

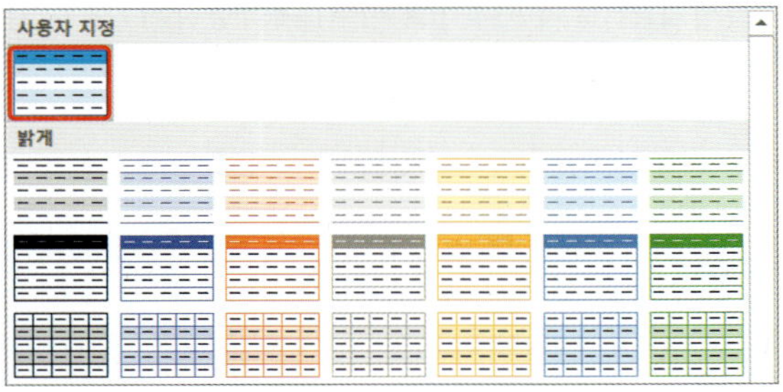

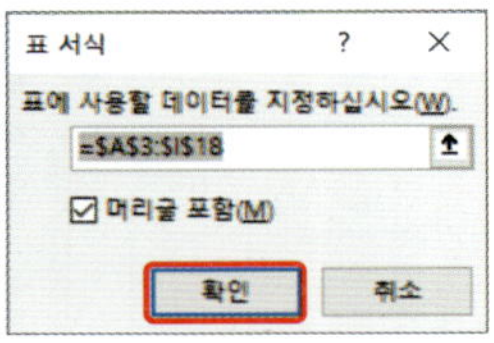

06 요약 행 [표 도구]–[디자인] 탭–[표 스타일 옵션] 그룹에서 '요약 행' 체크 박스를 클릭한 후 [G19], [H19], [I19]를 차례로 클릭하여 '합계'를 선택한다.

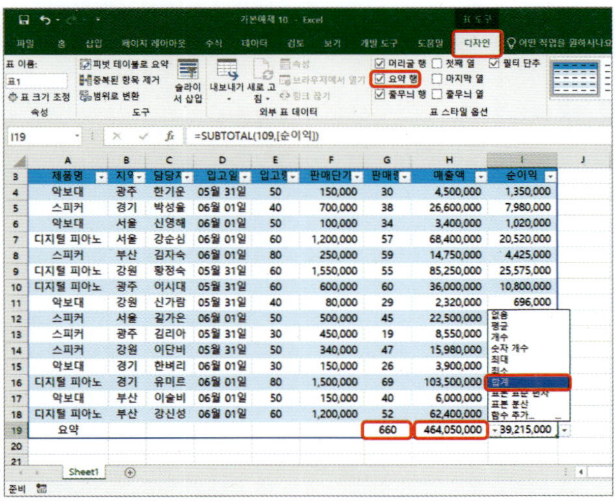

SECTION 02

조건부 서식

조건부 서식이란 조건을 만족하는 셀에만 서식을 지정한다는 의미이다. 조건부 서식을 사용하면 특정 조건을 만족하는 셀이나 범위를 강조 표시하거나 데이터 막대, 색조, 아이콘 집합 등으로 데이터의 추세 및 패턴을 시각적으로 쉽게 확인할 수 있다. 조건부 서식이 적용된 후에 셀 값이 변경되어 해당 조건을 만족하지 못하는 경우에는 적용된 서식이 해제되고, 반대로 해당 조건에 만족할 경우에는 서식이 다시 적용된다.

2.1 조건부 서식 지정

조건부 서식을 지정하는 방법에는 '셀 강조 규칙', '상위/하위 규칙', '데이터 막대', '색조', '아이콘 집합'이 있다. 조건부 서식은 [홈] 탭-[스타일] 그룹-[조건부 서식▼]을 클릭하여 원하는 조건부 서식을 지정한다.

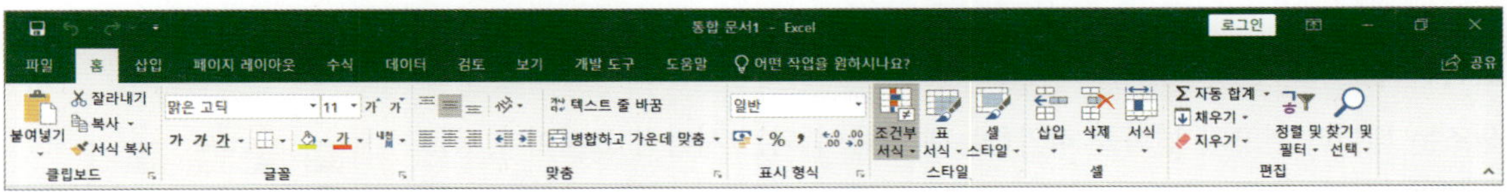

2.1.1 셀 강조 규칙

셀 강조 규칙은 '숫자의 범위', '텍스트 포함', '발생 날짜', '중복 값' 등의 특정 조건을 만족하는 데이터를 강조하기 위해 사용하는 방법이다. 원하는 규칙이 없을 경우에는 '기타 규칙'을 선택하여 만들 수 있다.

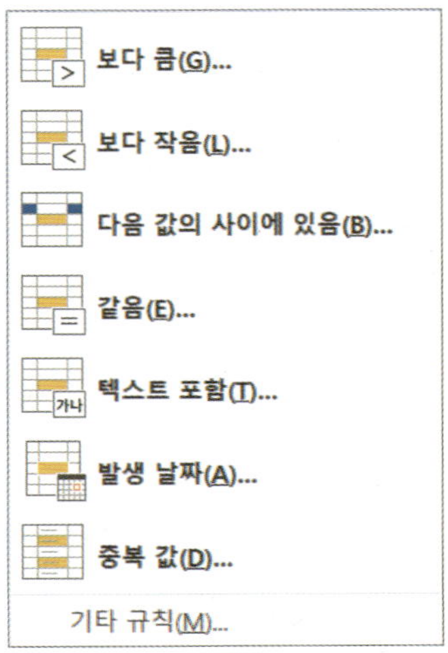

2.1.2 상위/하위 규칙

설정하는 기준 값에 따라 셀 범위에서 최상위 값과 최하위 값을 찾을 수 있다. 상위/하위 규칙에는 '상위/하위 10개 항목', '상위/하위 10%', '평균 초과', '평균 미만', '기타 규칙' 등을 설정할 수 있다.

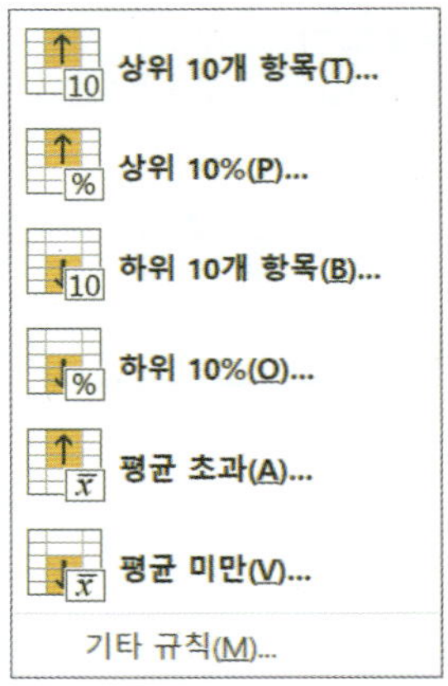

2.1.3 데이터 막대

데이터 막대를 사용하면 다른 셀을 기준으로 셀 값을 확인할 수 있다. 데이터 막대의 길이는 셀 값을 나타내며, 더 높거나 낮은 값을 시각적으로 쉽게 확인할 수 있다. 그라데이션과 단색으로 데이터 막대를 표현할 수 있다.

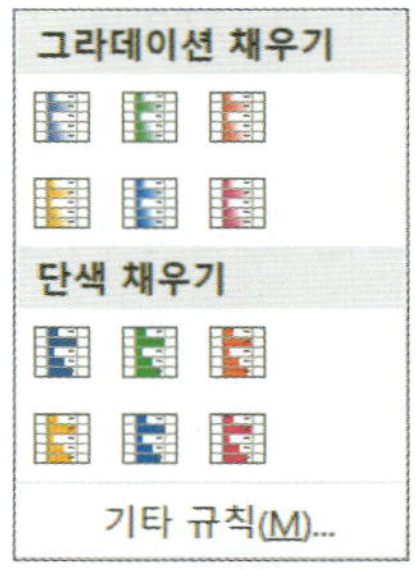

2.1.4 색조

색조는 데이터 분포와 변화를 파악하는데 도움이 되는 시각적 표시이다. 색조는 2가지 또는 3가지 색조를 사용할 수 있다. 셀 범위에서 각각의 셀이 해당하는 위치를 색으로 표시한다.

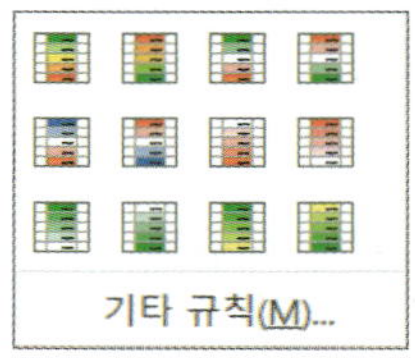

2.1.5 아이콘 집합

데이터를 임계값으로 구분되는 3~5가지 범주로 분류하여 값에 따라 아이콘을 셀에 표시한다.

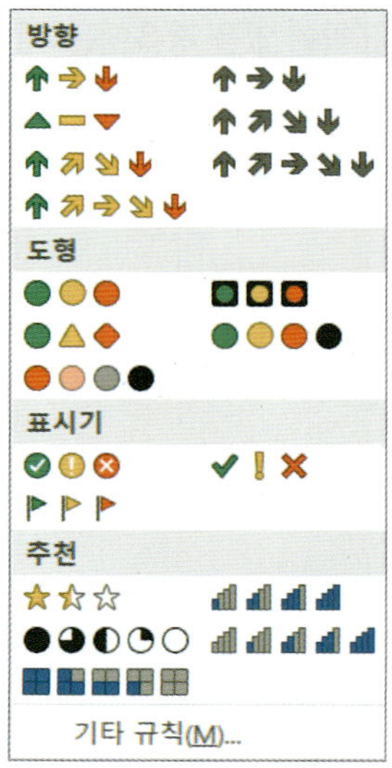

2.1.6 수식을 사용하여 서식 지정

수식을 사용하여 수식의 조건을 만족하면 서식이 지정되고, 만족하지 않으면 서식이 지정되지 않는다. 조건부 서식에서는 전체 행 또는 열에 서식을 지정할 때 수식 셀을 절대 참조 또는 혼합 참조로 변경해야 하는 경우가 있다. 이를 변경하지 않으면 모두 참이거나 모두 거짓이 된다. 모든 행에 서식을 지정할 경우에는 해당하는 숫자 앞에 '$'를 추가 또는 삭제해야 하고, 모든 열에 서식을 지정할 때는 문자 앞에 '$'를 추가 또는 삭제해야 한다.

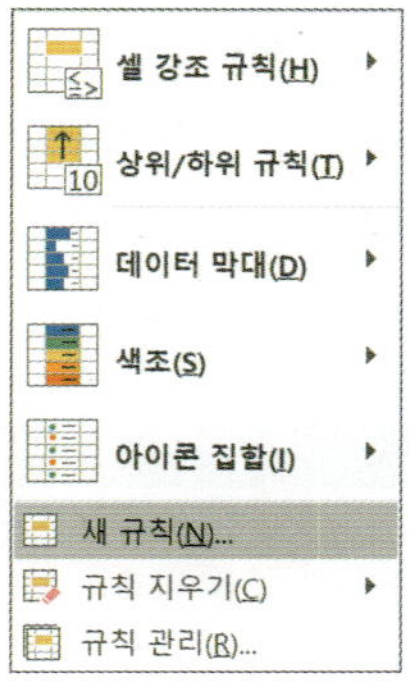

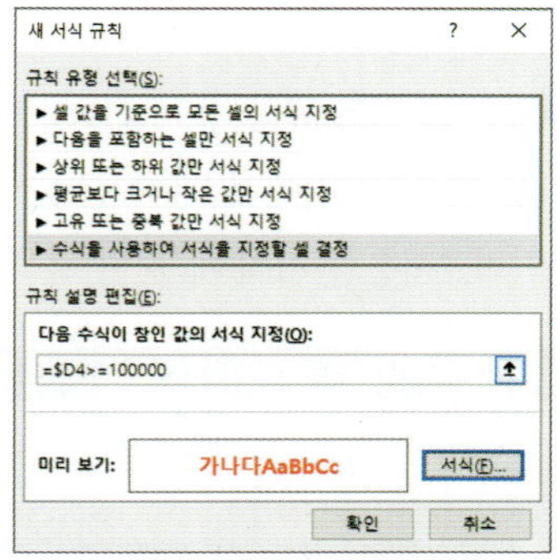

TIP 셀을 수식에 참조하는 유형에는 '상대 참조'와 '절대 참조', 그리고 두 방식을 혼합한 '혼합 참조'가 있다. 참조에 대해서는 다음(3장) 장에서 자세하게 설명한다.

2.2 조건부 서식 지우기

적용된 조건부 서식을 지우는 방법은 특정 셀 또는 영역만 지정하여 지우는 방법과 특정 조건부 서식만 지우는 방법이 있다.

2.3.1 특정 영역만 조건부 서식 지우기

특정 셀 또는 영역을 지정한 후 [홈] 탭–[스타일] 그룹–[조건부 서식▼]–[규칙 지우기]에서 원하는 지우기 항목을 선택할 수 있다.

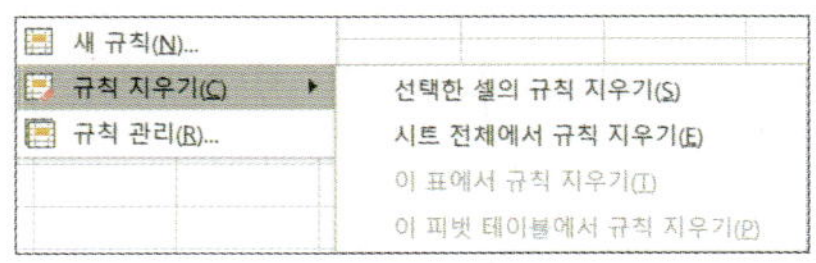

2.3.2 특정 조건부 서식만 지우기

조건부 서식이 지정된 셀 또는 영역에서 [홈] 탭–[스타일] 그룹–[조건부 서식 ▼]–[규칙 관리]를 클릭한 후 [조건부 서식 규칙 관리자] 대화상자에서 지우려는 조건부 서식을 선택하고 [규칙 삭제]를 클릭하여 삭제한다.

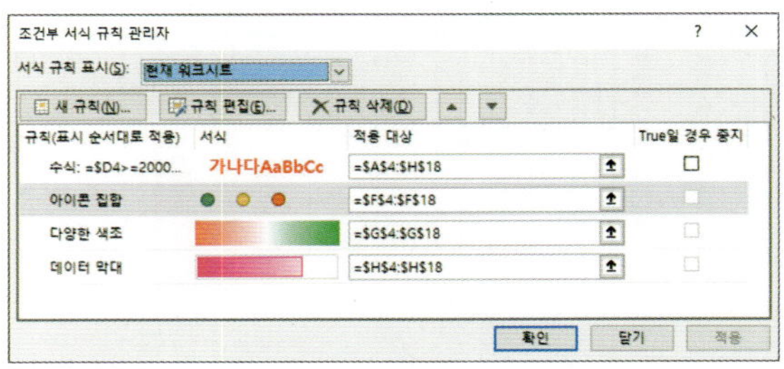

2.3 조건부 서식 규칙의 순서 편집

조건부 서식의 순서(우선 순위)는 상대적인 중요도를 반영한다. 조건부 서식 규칙 목록에서 규칙의 순서가 높을수록 더 중요하다. 즉, 두 개의 조건부 서식 규칙이 서로 충돌하는 경우 목록에서 순서가 위에 있는 규칙이 적용되고 목록에서 순서가 더 아래에 있는 규칙은 적용되지 않는다.

기본예제 12 셀 강조 규칙 및 상위/하위 규칙

판매량이 50보다 큰 셀에 진한 녹색 텍스트가 있는 녹색 채우기 서식을 지정하시오. 맑은 소리 피아노 판매 현황에서 순이익의 상위 4개 셀에 연한 빨강 채우기를 적용하시오.

01 셀 강조 규칙 [G4:G18] 범위를 드래그하여 영역을 설정한 후 [홈] 탭–[스타일] 그룹–[조건부 서식]–[셀 강조 규칙]에서 '보다 큼'을 선택한다. [보다 큼] 대화상자에서 '다음 값보다 큰 셀의 서식 지정'에 『50』을 입력, '적용할 서식'에 '진한 녹색 텍스트가 있는 녹색 채우기'를 선택한 후 [확인]을 클릭한다.

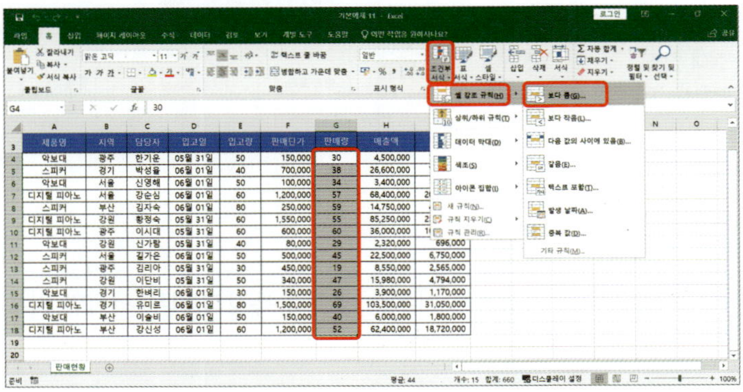

02 상위 4개 항목 [I4:I18] 영역을 범위 지정한 후 [홈] 탭–[스타일] 그룹–[조건부 서식]–[상위/하위 규칙]에서 '상위 10개 항목'을 선택한다. [상위 10개 항목] 대화상자에서 『4』를 입력하고, '적용할 서식:'은 '연한 빨강 채우기'를 선택한 후 [확인]을 클릭한다.

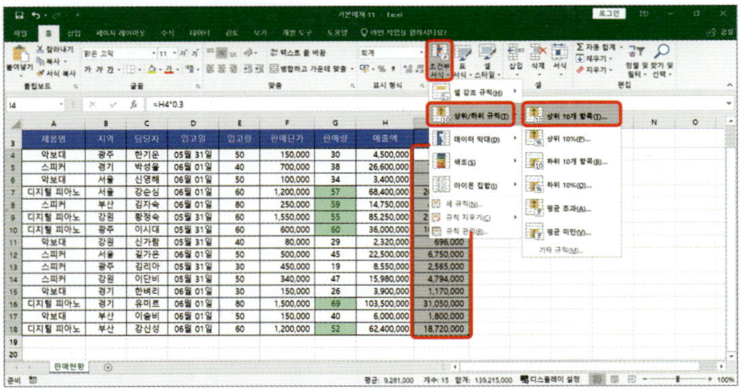

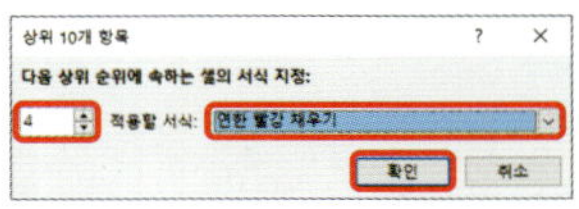

기본예제 13 데이터 막대 및 색조

연간 총 매출에 자주색 그라데이션 데이터 막대를 적용하시오. 4분기에 녹색–흰색–빨강 색조를 적용하시오. 3분기에 3색 신호등 아이콘 조건부 서식을 적용하시오. 1분기의 값이 200,000 이상인 전체 행에 글꼴 스타일 '굵게', 색을 '빨강'으로 지정하는 조건부 서식을 적용하시오. 데이터 막대 조건부 서식이 처음으로 적용되게 순서를 수정하시오.

01 데이터 막대 [H4:H18] 영역을 범위 지정한 후 [홈] 탭–[스타일] 그룹–[조건부 서식]–[데이터 막대]에서 '자주 데이터 막대'를 선택한다.

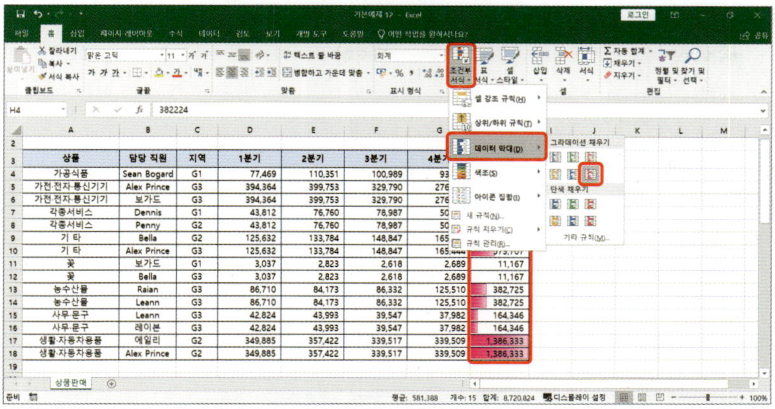

02 색조 [G4:G18] 영역을 범위 지정한 후 [홈] 탭–[스타일] 그룹–[조건부 서식]–[색조]에서 '녹색–흰색–빨강 색조'를 선택한다.

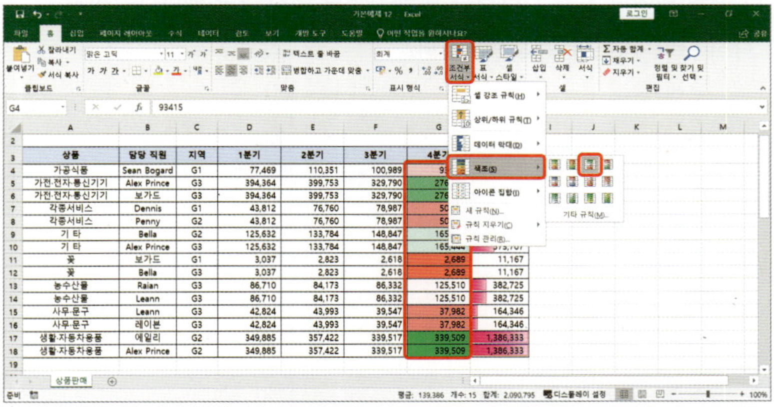

03 아이콘 집합 [F4:F18] 영역을 범위 지정한 후 [홈] 탭–[스타일] 그룹–[조건부 서식]–[아이콘 집합]에서 '3색 신호등'을 선택한다.

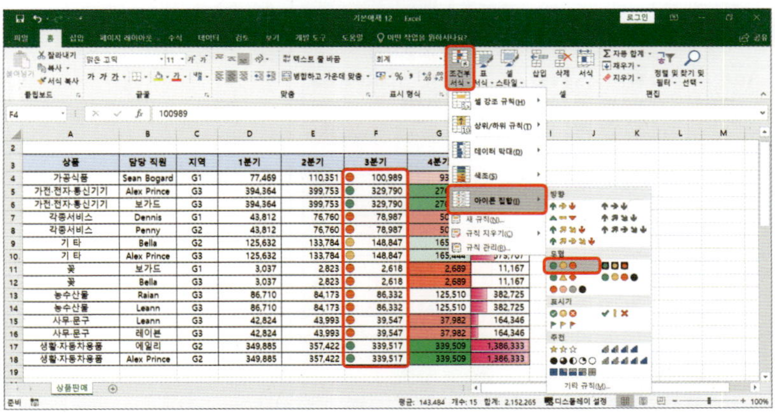

04 새 규칙 필드명을 제외한 모든 영역을 범위로 지정한 후 [홈] 탭–[스타일] 그룹–[조건부 서식]에서 '새 규칙'을 클릭한다.

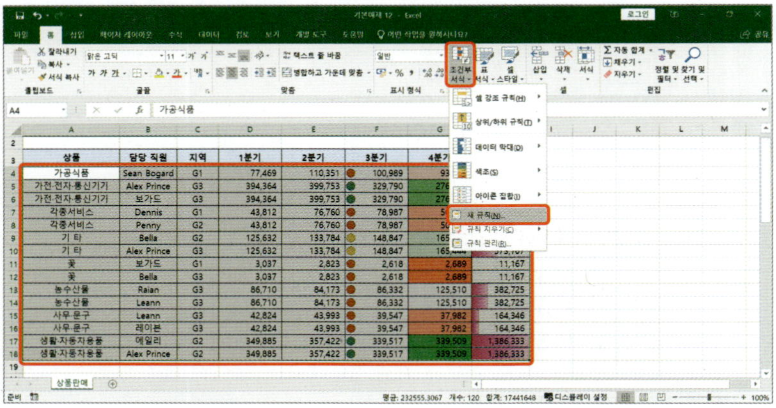

05 수식을 사용하여 서식을 지정할 셀 결정 [새 서식 규칙] 대화상자에서 '규칙 유형 선택'은 '수식을 사용하여 서식을 지정할 셀 결정'을 선택하고, '규칙 설명 편집'의 수식 줄에 『 =$D4>=200000』을 입력한 후 [서식]을 클릭한다. [셀 서식] 대화상자의 [글꼴] 탭에서 글꼴 스타일은 '굵게', 색은 '빨강'을 선택한 후 [확인]을 클릭한다. [새 서식 규칙] 대화상자가 다시 나타나면 [확인]을 클릭한다.

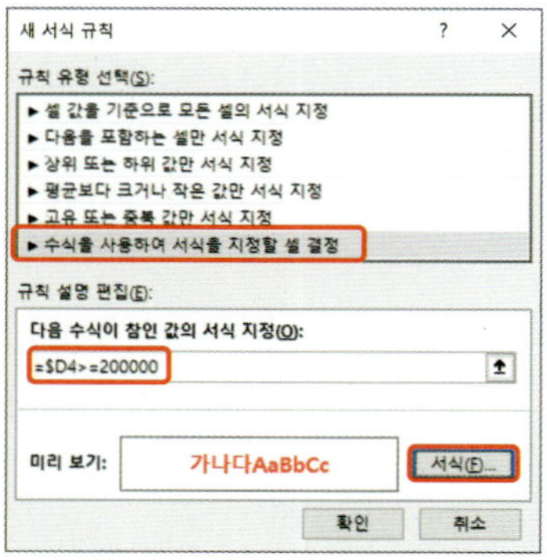

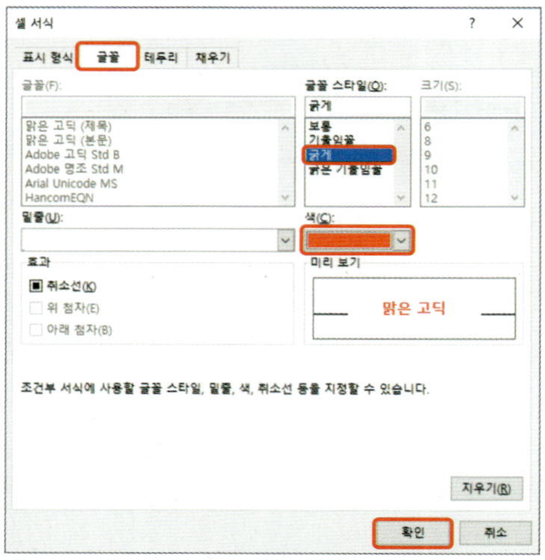

	A	B	C	D	E	F	G	H
2								
3	상품	담당 직원	지역	1분기	2분기	3분기	4분기	연간 총 매출
4	가공식품	Sean Bogard	G1	77,469	110,351	100,989	93,415	382,224
5	가전·전자·통신기기	Alex Prince	G3	394,364	399,753	329,790	276,716	1,400,623
6	가전·전자·통신기기	보가드	G3	394,364	399,753	329,790	276,716	1,400,623
7	각종서비스	Dennis	G1	43,812	76,760	78,987	50,840	250,399
8	각종서비스	Penny	G2	43,812	76,760	78,987	50,840	250,399
9	기 타	Bella	G2	125,632	133,784	148,847	165,444	573,707
10	기 타	Alex Prince	G3	125,632	133,784	148,847	165,444	573,707
11	꽃	보가드	G1	3,037	2,823	2,618	2,689	11,167
12	꽃	Bella	G3	3,037	2,823	2,618	2,689	11,167
13	농수산물	Raian	G3	86,710	84,173	86,332	125,510	382,725
14	농수산물	Leann	G3	86,710	84,173	86,332	125,510	382,725
15	사무·문구	Leann	G3	42,824	43,993	39,547	37,982	164,346
16	사무·문구	레이븐	G3	42,824	43,993	39,547	37,982	164,346
17	생활·자동차용품	에일리	G2	349,885	357,422	339,517	339,509	1,386,333
18	생활·자동차용품	Alex Prince	G2	349,885	357,422	339,517	339,509	1,386,333

TIP 조건부 서식의 수식을 지정할 때 셀을 클릭하면 셀의 주소가 기본적으로 절대 참조로 표시된다. 모든 행에 서식을 지정할 때는 행 번호가 계속 변해야 되므로 셀 주소의 행에 해당하는 숫자 앞에 '$' 기호를 지운다.

06 조건부 서식 순서 변경 조건부 서식이 적용된 영역을 블록 설정한 후 [홈] 탭–[스타일] 그룹–[조건부 서식]의 자세히 명령을 클릭하여 [규칙 관리]를 클릭한다. [조건부 서식 규칙 관리자] 대화상자에서 순서를 바꿀 [데이터 막대] 조건부 서식을 선택한 후 위로 이동을 세 번 눌러 맨 위로 위치를 이동시킨다. [확인]을 클릭하여 규칙을 수정한다.

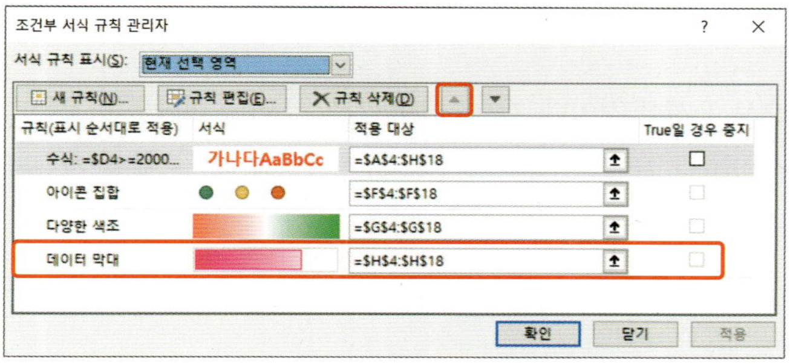

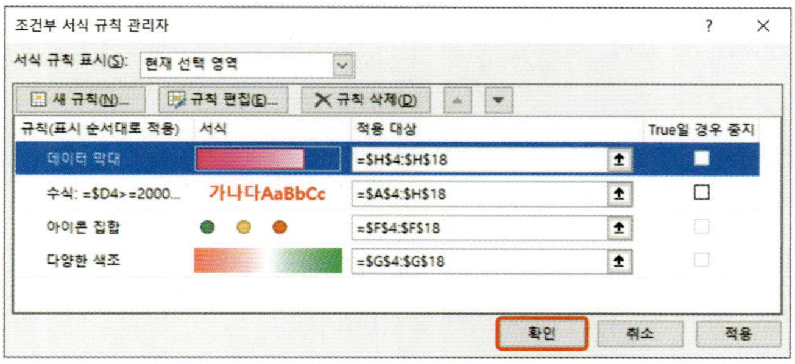

SECTION 03

차트

차트는 많은 양의 숫자 데이터를 그래픽 형식으로 표시한 것이다. 데이터 계열간의 추이나 변화를 비교하기 쉽고, 효과적으로 데이터를 분석하여 확인할 수 있다. 그리고 이해하기 쉽도록 스타일과 레이아웃을 사용자가 원하는 형태로 변경할 수 있다.

3.1 차트 만들기

차트는 데이터에 따라 차트 종류를 다양하게 지정할 수 있다. 차트를 만들어 차트의 디자인과 레이아웃을 지정해보자.

3.1.1 단축키를 사용하여 빠르게 기본 차트 만들기

데이터 범위를 지정한 후 Alt+F1을 누르면 현재 워크시트에 차트가 만들어진다. F11을 누르면 '새로운 시트'에 차트가 삽입된다. 기본적으로 만들어지는 차트 종류는 "묶은 세로 막대형"이다.

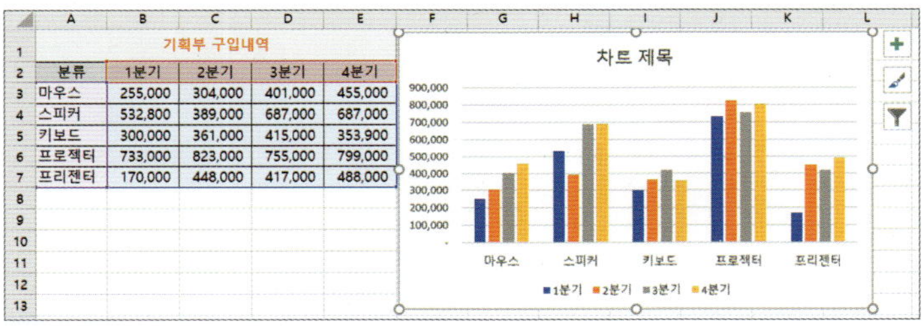

3.1.2 추천 차트에서 만들기

데이터 범위를 지정한 후 [삽입] 탭–[차트] 그룹에서 '추천 차트'를 클릭한다. [차트 삽입] 대화상자의 [추천 차트] 탭에서 원하는 차트를 선택한다.

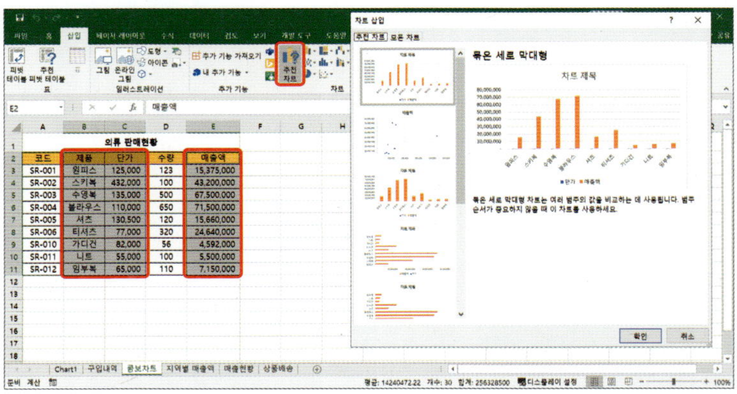

3.1.3 모든 차트에서 만들기

데이터 범위를 지정한 후 [삽입] 탭–[차트] 그룹에서 원하는 차트를 선택한다.

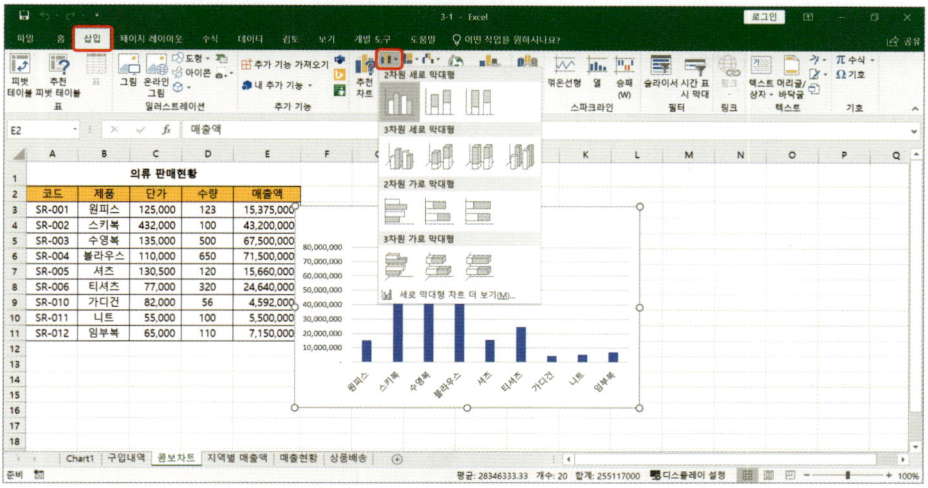

3.1.4 차트 종류 변경하기

이미 만들어진 차트의 종류를 변경하기 위해서는 변경할 차트를 선택한 후 [차트 도구]–[디자인] 탭–[종류] 그룹에서 '차트 종류 변경'을 클릭한다. [차트 종류 변경] 대화상자의 [모든 차트] 탭에서 변경하고자 하는 차트를 선택한다.

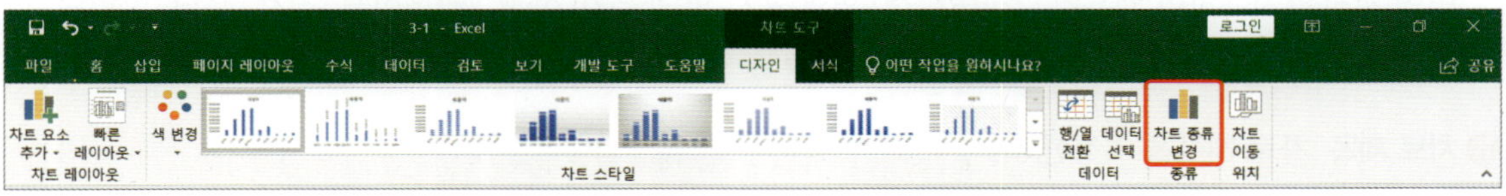

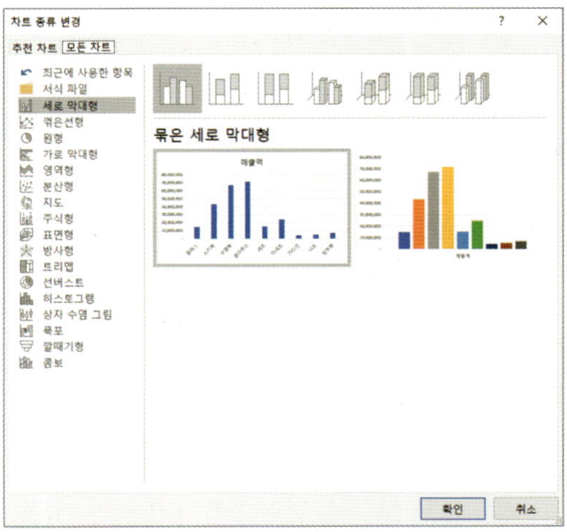

3.2 차트 구성요소

차트 구성요소는 차트의 종류에 따라 다르게 나타난다. 기본 차트인 묶은 세로 막대형의 차트 구성요소에 대해 살펴보자.

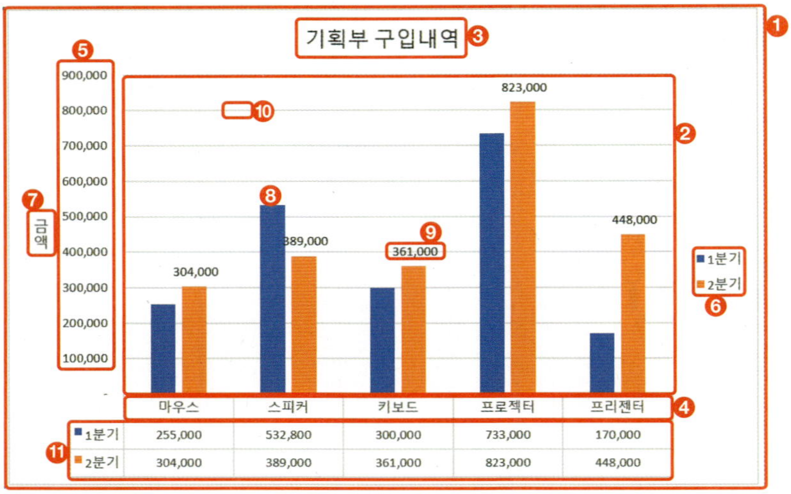

❶ **차트 영역** 차트의 전체 영역을 의미하며 차트의 모든 구성요소를 포함한다. 차트 영역의 서식을 사용하여 모든 구성요소의 서식을 한 번에 변경할 수 있다.

❷ **그림 영역** 데이터 계열의 값이 그래프로 표시되는 영역이다. 가로축과 세로축으로 형성된 영역으로 그림 영역 서식을 사용하여 테두리, 스타일, 색, 영역 표시 및 채우기 효과(그라데이션, 질감, 무늬, 그림)를 설정할 수 있다.

❸ **차트 제목** 차트 제목을 지정한다.

❹ **가로축(항목)** 데이터 항목을 나타내는 축

❺ **세로축** 데이터 계열의 값을 나태는 축

❻ **범례** 데이터 계열의 항목별 이름을 나타내는 것으로 무늬 및 색으로 계열을 구분한다.

❼ **축 제목** X축(항목 축) 항목들의 전체 의미를 나타내는 제목과 Y축(값 축)에 표현하는 숫자들의 전체 의미를 나타내는 제목을 지정한다.

❽ **데이터 계열** 차트로 나타낼 값을 가진 항목들을 의미하여 막대나 선으로 표현한다. 각 항목별 계열마다 서로 다른 색이나 무늬로 구분한다. 범례에 있는 항목은 데이터 계열의 항목과 일치한다.

❾ **데이터 레이블** 데이터 계열의 값이나 항목을 이름표 형식으로 표현한다.

❿ **눈금선** X축(항목 축)과 Y축(값 축)의 눈금을 그림 영역 부분에 표시한다. X축(항목 축)과 Y축(값 축) 모두 주 눈금선과 보조 눈금선을 표시할 수 있다.

⓫ **데이터 표** 차트를 만든 데이터를 표 형태로 차트 아래에 표시한다.

3.3 콤보 차트 만들기

두 개 이상의 계열이 있는 차트를 만들 때 계열의 숫자 크기가 크게 다를 경우 보조 축을 만들어 차트를 표시할 수 있다. 이럴 경우 데이터 계열의 크기가 크게 차이가 나도 차트를 잘 표현할 수 있다. 축을 이중 축으로 사용할 경우 각 축에 사용하는 데이터 계열의 차트 종류를 다르게 지정하면 서로 확실히 구분할 수 있어 효과적이다. 이런 차트를 콤보 차트라고 한다. [삽입] 탭–[차트] 그룹–[콤보 차트 삽입 ▾]에서 '사용자 지정 콤보 차트 만들기'를 선택한다.

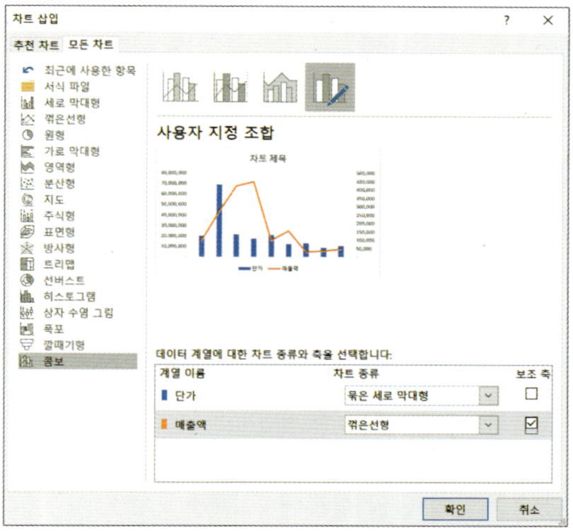

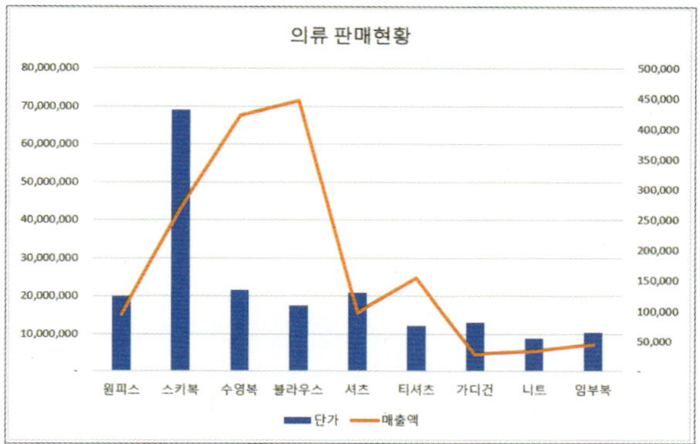

3.4 차트 편집하기

차트를 만들면 차트를 더 효율적으로 활용하기 위해 차트 레이아웃에서 차트 요소들을 추가할 수 있다. 디자인과 서식의 변경도 차트를 더욱 잘 표현할 수 있는 방법들이다.

3.4.1 차트 레이아웃 지정하기

차트 레이아웃을 추가하는 방법은 [차트 도구]–[디자인] 탭–[차트 레이아웃] 그룹에서 '차트 요소 추가'를 클릭하거나, 차트 오른쪽에서 '차트 요소'를 클릭해 선택할 수도 있다. 빠른 레이아웃 편집을 원한다면 엑셀에서 제공하는 차트 레이아웃을 사용할 수 있다. [차트 도구]–[디자인] 탭–[차트 레이아웃] 그룹–[빠른 레이아웃] 명령에서 원하는 레이아웃을 선택한다.

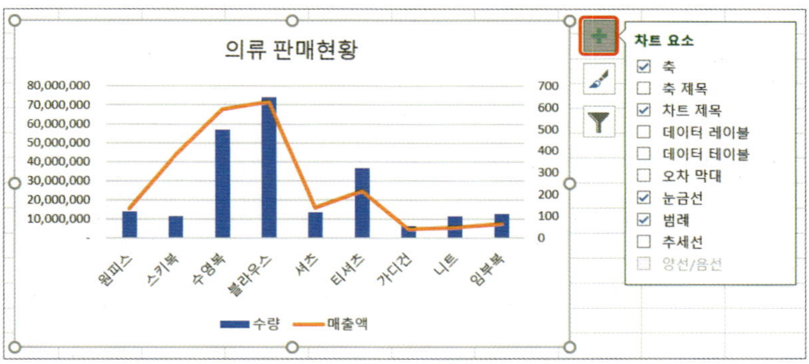

- **축 제목** [차트도구]–[디자인] 탭–[차트 레이아웃] 그룹–[차트 요소 추가▼]–[축 제목]에서 '기본 가로' 또는 '기본 세로'를 선택한다. 축 제목이 삽입되면 축 제목을 입력한다.

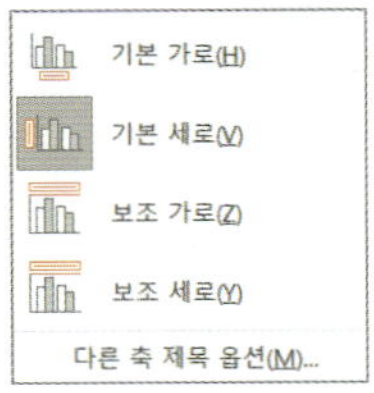

- **차트 제목** [차트도구]–[디자인] 탭–[차트 레이아웃] 그룹–[차트 요소 추가▼]–[차트 제목]에서 '차트 위' 또는 '가운데에 맞춰 표시'를 선택한다. 차트 제목이 삽입되면 차트 제목을 입력한다.

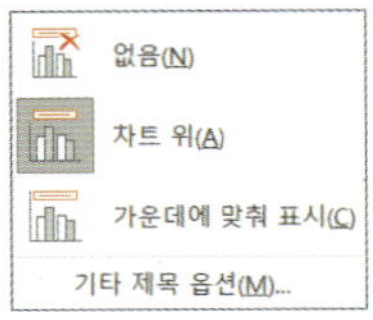

- **범례** 범례가 없거나 범례의 위치를 수정하는 방법은 [차트도구]–[디자인] 탭–[차트 레이아웃] 그룹–[차트 요소 추가▼]–[범례]에서 위치를 선택한다.

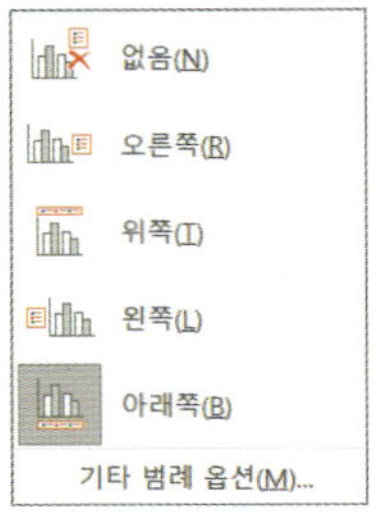

- **데이터 레이블** 데이터 레이블은 모든 계열, 단일 계열, 단일 계열의 단일 항목에 설정할 수 있다. 데이터 레이블의 종류에는 계열 이름, 항목 이름, 값, 백분율 등이 있다. 데이터 레이블을 추가하려는 계열을 선택한 후 [차트도구]–[디자인] 탭–[차트 레이아웃] 그룹–[차트 요소 추가▼]–[데이터 레이블]에서 설정한다.

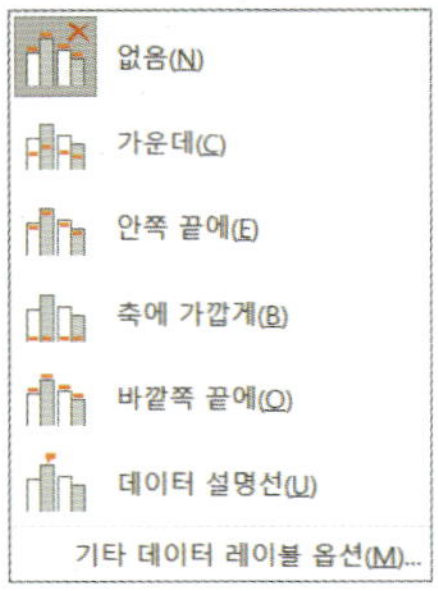

- **데이터 테이블** 꺾은선형 차트, 영역형 차트, 세로 막대형 차트, 가로 막대형 차트는 데이터 테이블을 표시할 수 있다. [차트도구]–[디자인] 탭–[차트 레이아웃] 그룹–[차트 요소 추가▼]–[데이터 테이블]에서 설정한다.

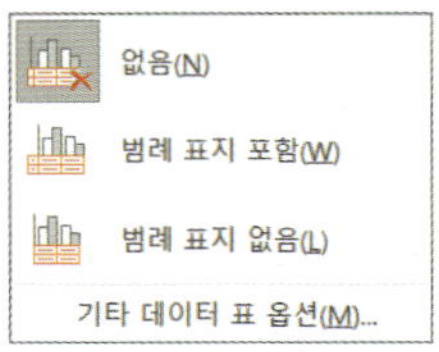

3.4.2 차트 디자인 지정하기

- **차트 스타일 변경** 이미 만들어 놓은 차트 스타일은 [차트도구]–[디자인] 탭–[차트 스타일] 그룹에서 설정 가능하다.

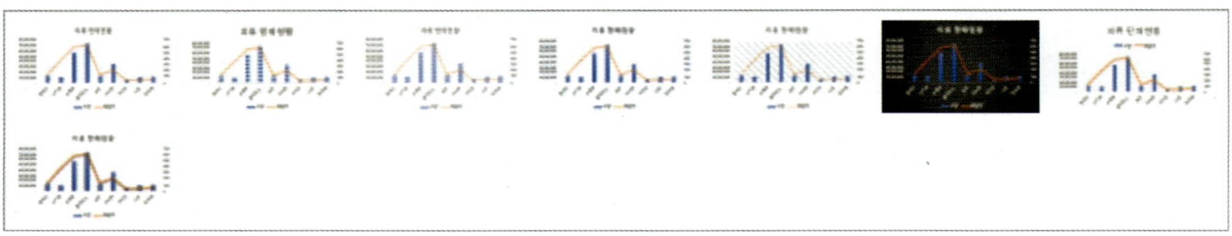

• **행/열 전환** 차트의 가로(항목) 축과 세로(계열) 축을 서로 바꾸려면 [차트 도구]-[디자인] 탭-[데이터] 그룹에서 '행/열 전환'을 클릭한다.

• **데이터 선택** 차트 데이터 범위 변경, 계열의 추가와 제거, 범례의 순서 변경, 가로 축 레이블 편집을 위해서는 [차트 도구]-[디자인] 탭-[데이터] 그룹에서 '데이터 선택'을 클릭한다. [데이터 원본 선택] 대화상자에서 해당 항목을 설정한다.

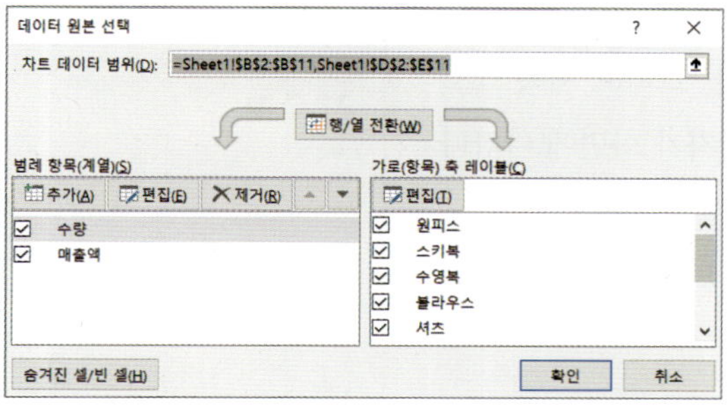

• **차트 종류 변경** 차트 종류를 변경하거나 계열 차트의 종류를 변경하기 위해서는 [차트 도구]-[디자인] 탭-[종류] 그룹-[차트 종류 변경] 명령을 클릭하고 바꿀 차트의 종류를 선택한다. 바로 가기 메뉴에서 [차트 종류 변경]을 클릭해도 된다.

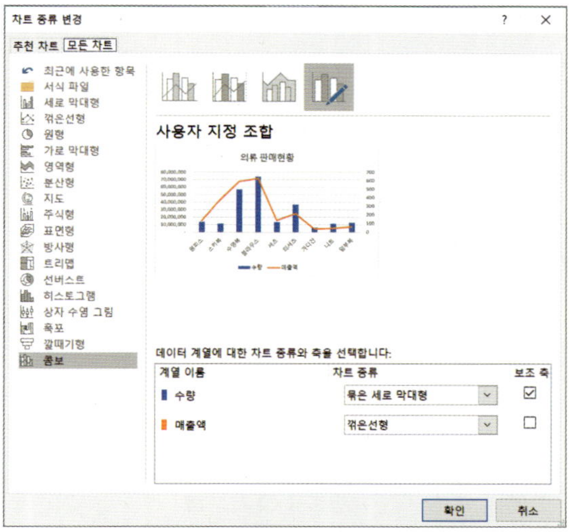

• **차트 이동** 차트를 이동하려면 차트를 선택한 후 [차트도구]-[디자인] 탭-[위치] 그룹에서 '차트 이동'을 클릭한다. [차트 이동] 대화상자에서 '새 시트'를 선택하면 차트가 새로운 차트 시트로 이동할 수 있고, '워크시트에 삽입'을 선택하면 다른 워크시트로 이동할 수 있다.

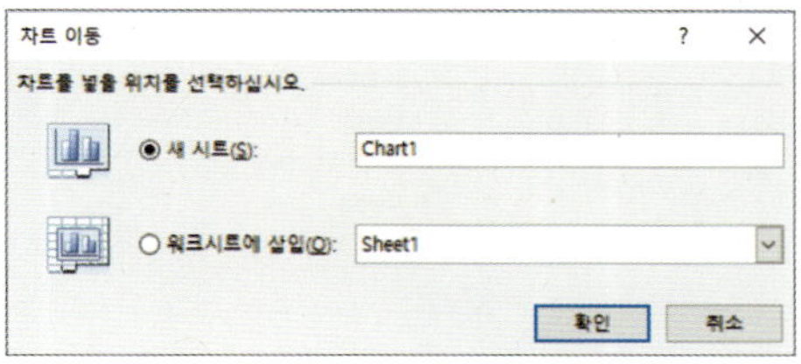

3.4.3 차트 서식 지정하기

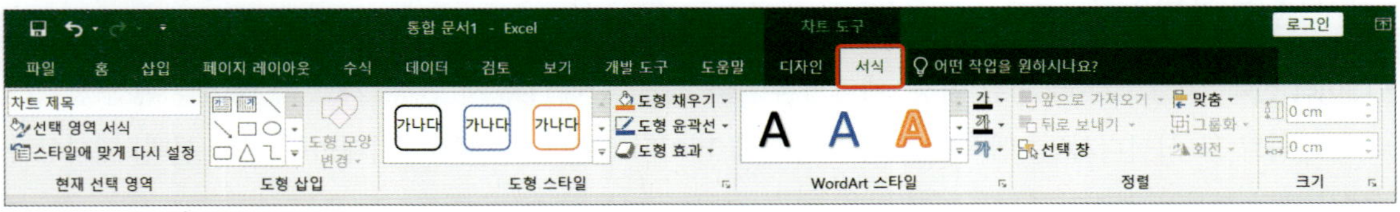

- **차트 제목 서식** 차트의 제목 텍스트 상자를 클릭하고 [홈] 탭–[글꼴] 그룹에서 글꼴 스타일과 크기, 색, 채우기 등을 설정할 수 있다. 그리고 제목 텍스트 상자의 오른쪽 마우스를 클릭하면 [미니 도구모음] 상자가 화면에 나타나는데 여기서 설정해도 무방하다.

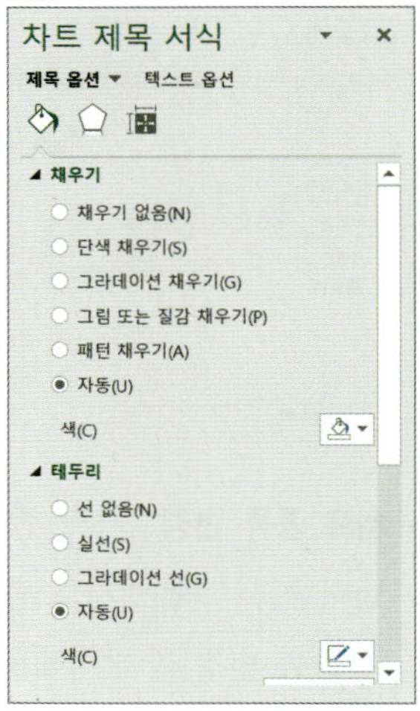

- **데이터 계열 서식** [차트 도구]–[서식] 탭–[현재 선택 영역] 그룹–[차트 요소] 명령의 콤보 버튼을 클릭하고 원하는 계열을 선택한 후 [선택 영역 서식] 명령을 클릭한다. 또 다른 방법은 차트의 데이터 계열을 클릭하고 바로 가기 메뉴에서 [데이터 계열 서식]을 선택한다. [데이터 계열 서식] 작업창이 화면에 나타나면 데이터 계열의 선 및 채우기, 그림자, 보조 축 지정, 계열 겹치기 및 간격 너비 등을 지정할 수 있다.

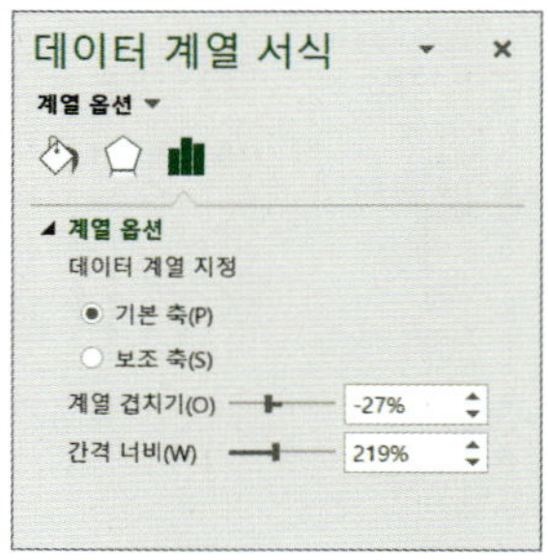

- **차트 영역 서식** 차트 영역의 바로 가기 메뉴에서 [차트 영역 서식]을 선택하면 [차트 영역의 서식] 작업창이 화면에 나타난다. 차트 영역의 테두리 및 채우기, 효과, 크기 및 속성, 텍스트 옵션 등을 지정할 수 있다.

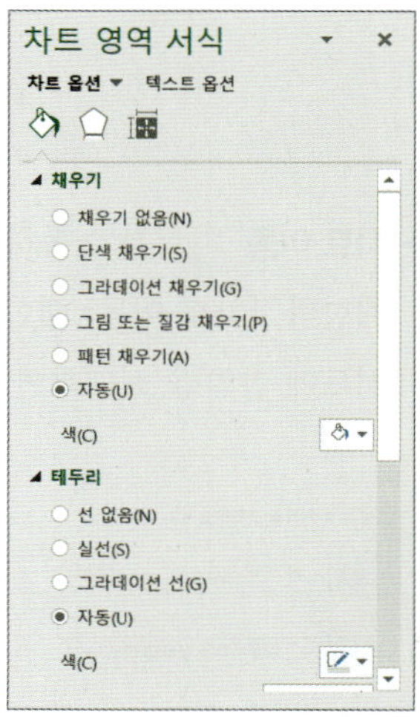

- **그림 영역 서식** 그림 영역의 바로 가기 메뉴에서 [그림 영역 서식]을 선택하면 [그림 영역의 서식] 작업창이 화면에 나타난다. 그림 영역의 테두리 및 채우기, 효과 등을 지정할 수 있다.

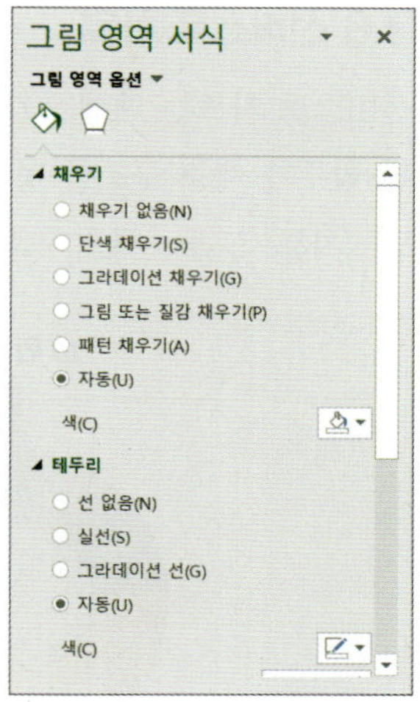

- **축 서식** 축의 바로 가기 메뉴에서 [축 서식]을 선택하면 [축 서식] 작업창이 화면에 나타난다. 축 서식에서는 주로 최소값과 최대값, 주 단위와 보조 단위, 가로 축 교차 및 표시 단위, 로그 눈금 간격 등을 설정할 수 있다.

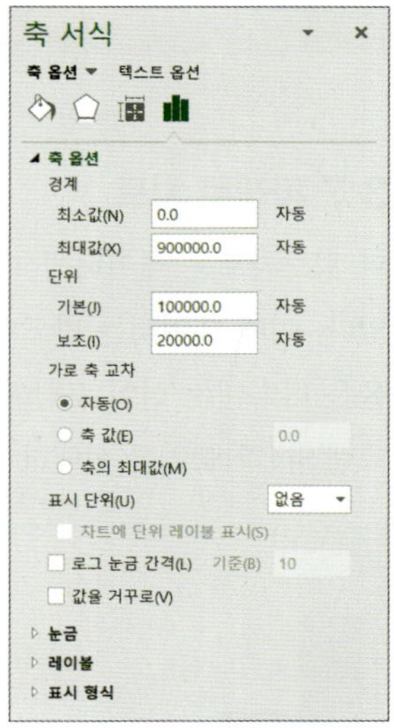

3.5 지도 차트

2019에 처음 나온 지도 차트는 지역 별로 통계를 지도에 표시해주는 차트이다. 지역별 추세를 확인하는 데 유용하다.

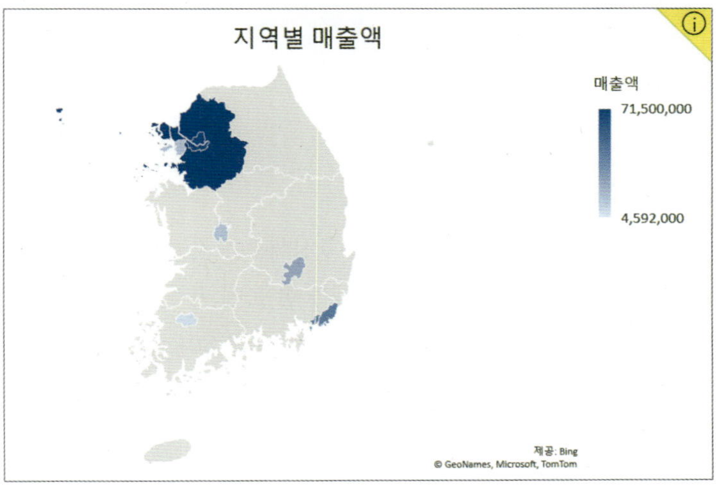

3.6 선버스트 차트

선버스트 차트는 엑셀 2016부터 새롭게 만들어진 차트로 개별 항목과 전체를 비교하거나 여러 열로 구성된 범주가 계층 구조를 형성하는 경우 선버스트 차트가 이를 효과적으로 분석하여 표시할 수 있다. [삽입] 탭–[차트] 그룹–[계층 구조 차트 삽입] 명령을 클릭한 후 '선버스트'의 [선버스트]를 선택한다.

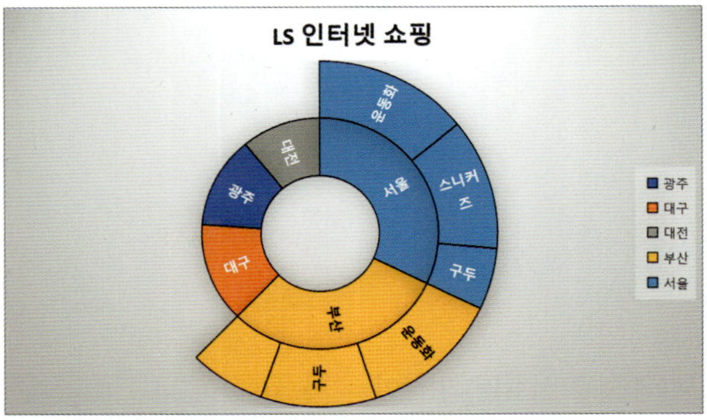

3.7 파레토 차트

파레토 차트는 데이터의 가장 큰 항목이 강조 표시되어 몇 가지 중요한 항목만 집중해서 결과를 확인할 수 있다. 이때 데이터는 반드시 내림차순 정렬되어 있어야 한다. 파레토 차트는 내림차순한 열과 총 누적 백분율을 나타내는 선이 포함되어 표시된다. [삽입] 탭–[차트] 그룹–[통계 차트 삽입] 명령을 클릭한 후 '히스토그램'의 [파레토]를 선택하여 차트를 삽입할 수 있다.

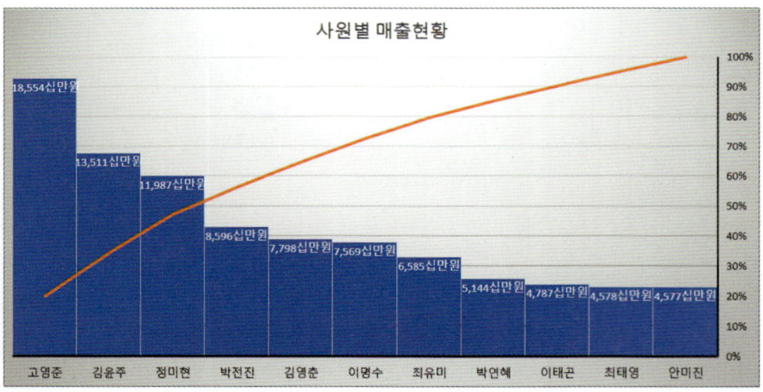

3.8 스파크라인

스파크라인은 데이터를 시각적으로 표시해주는 기능으로, 셀 안의 작은 차트를 의미한다. 별도의 차트를 생성하지 않아도 데이터의 흐름과 추세를 한 눈에 파악하기 쉽고, 구체적인 데이터 값도 비교하며 볼 수 있다. 스파크라인은 계절별 변화나 경기 순환과 같은 중요 항목을 눈에 띄게 표시하고 최대값과 최소값을 다른 색으로 강조하여 표시할 수 있다. [삽입] 탭 – [스파크라인] 그룹에서 설정 가능하고, 종류는 꺾은선형, 열, 승패가 있다.

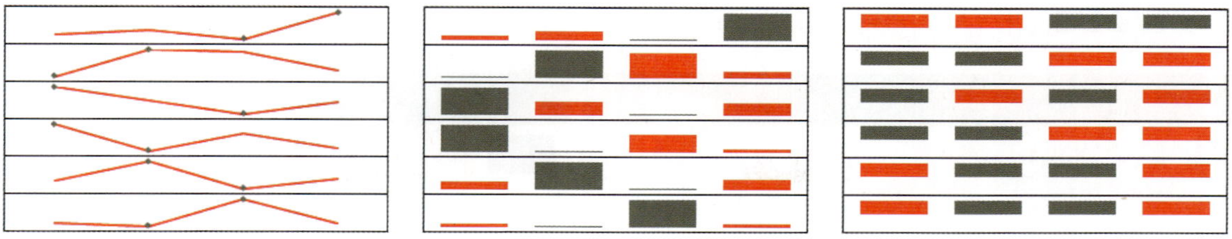

기본예제 14 묶은 세로 막대형 차트 만들기

새로운 차트를 만들어 보고 다양한 서식을 지정해 본다.

01 묶은 세로 막대형 차트 만들기 [A2:E7] 영역을 범위 지정한 후 [삽입] 탭–[차트] 그룹–[세로 또는 가로 막대형 차트 삽입▼]에서 '묶은 세로 막대형'을 선택한다.

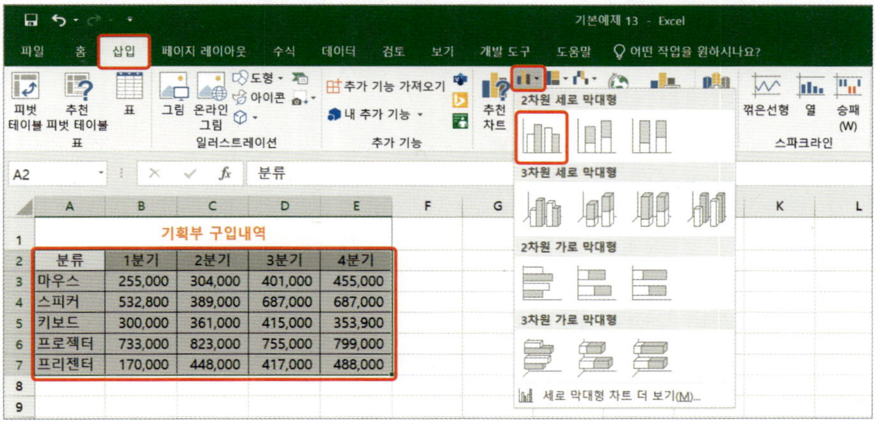

02 차트 제목 '차트 제목'의 텍스트 상자를 선택한 후 [홈] 탭–[글꼴] 그룹에서 글꼴은 'HY헤드라인M', 글꼴 크기는 『18』, 글꼴 색은 '진한 파랑', 채우기 색은 '주황, 강조 2, 80% 더 밝게'를 선택한다. 차트 제목을 『기획부 구입내역』으로 변경한다.

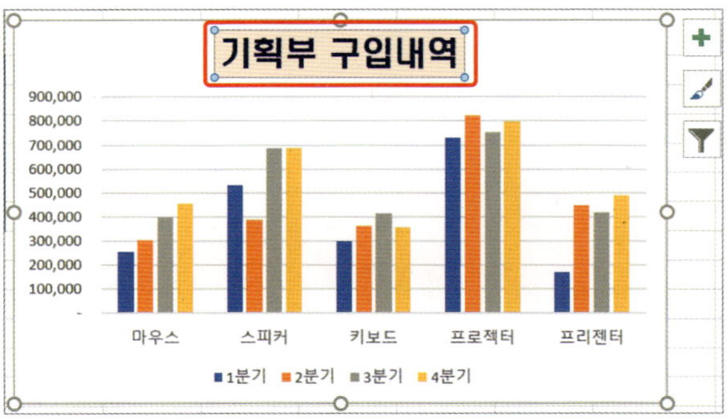

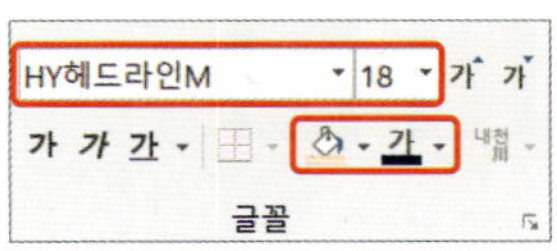

03 행/열 전환 [차트 도구]–[디자인] 탭–[데이터] 그룹에서 '행/열 전환'을 클릭한다.

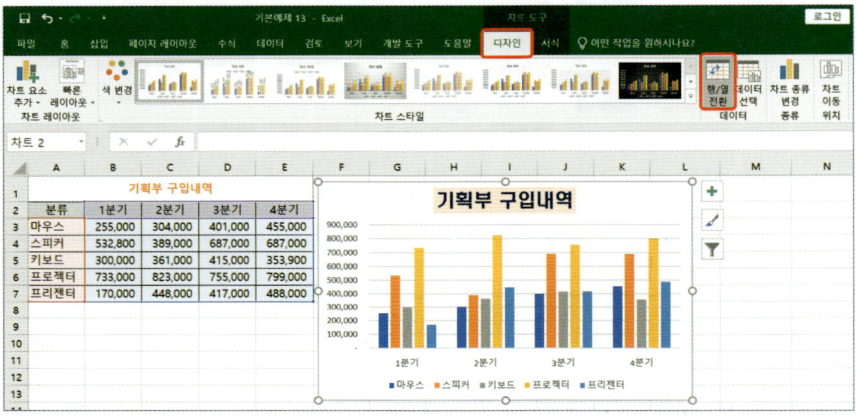

04 데이터 계열 서식 '프로젝트' 계열을 선택한 후 바로 가기 메뉴에서 [데이터 계열 서식]을 클릭한다. [데이터 계열 서식] 창이 나타나면 [채우기]에서 '패턴 채우기'를 선택하고 '대각선 줄무늬: 넓은 하향'을 선택한다.

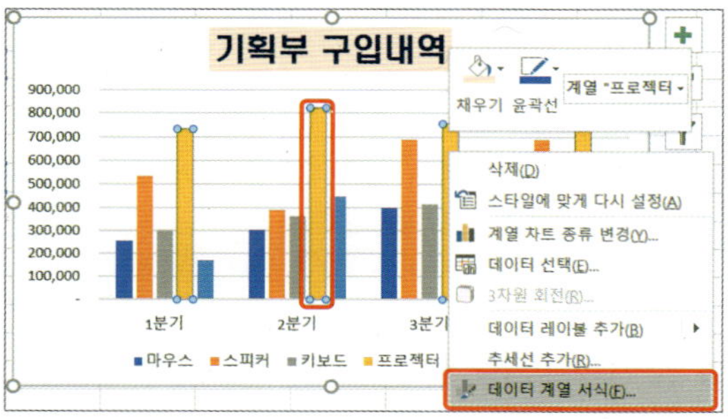

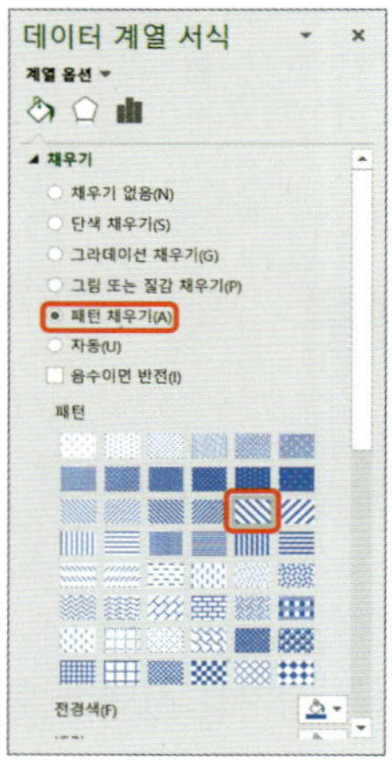

05 그림 영역 서식 '그림 영역'을 선택한 후 [그림 영역 서식] 창의 [채우기]에서 '단색 채우기'를 선택한다. 색은 '주황'을 선택하고, 투명도는 '50%'를 지정한다.

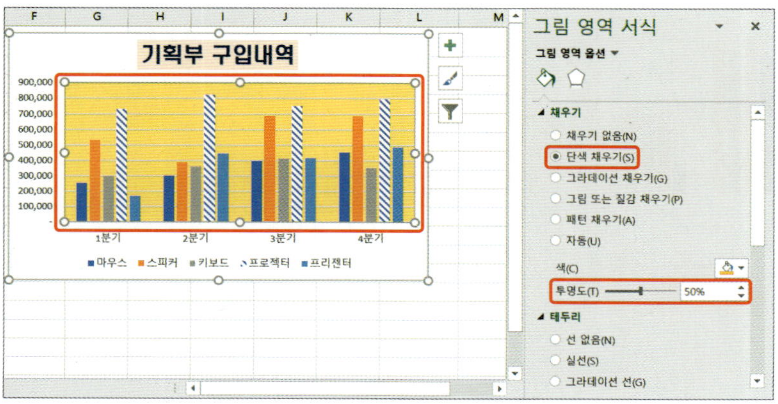

06 차트 영역 서식 '차트 영역'을 선택한 후 [차트 영역 서식] 창의 [채우기]에서 '그림 또는 질감 채우기'를 선택한다. 질감은 '양피지'를 선택한다.

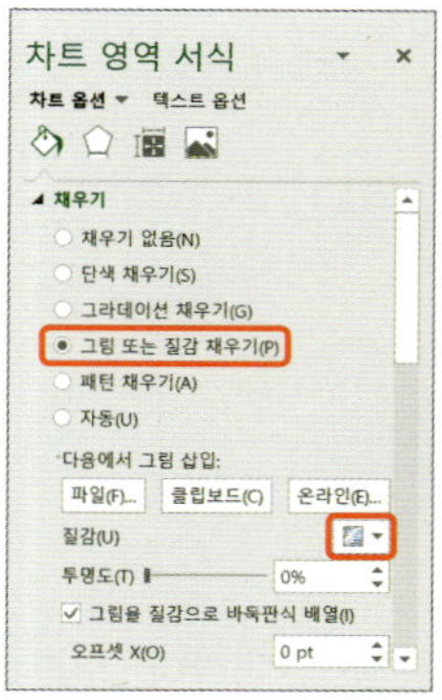

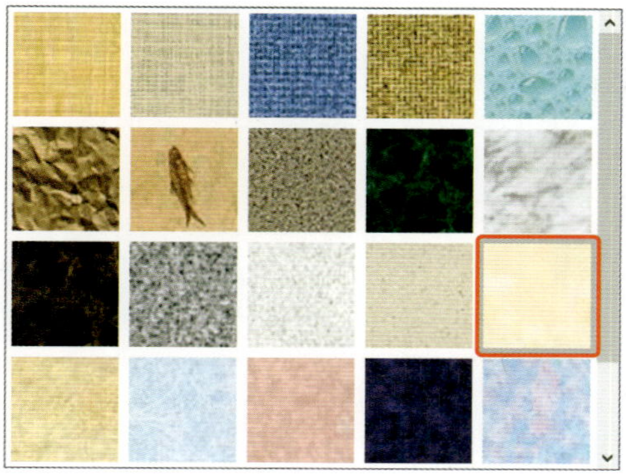

07 축 서식 '세로 (값) 축'을 선택한 후 [축 서식] 창의 [축 옵션]에서 '표시 단위'를 '천'으로 선택하고 '차트에 단위 레이블 표시'를 체크한다.

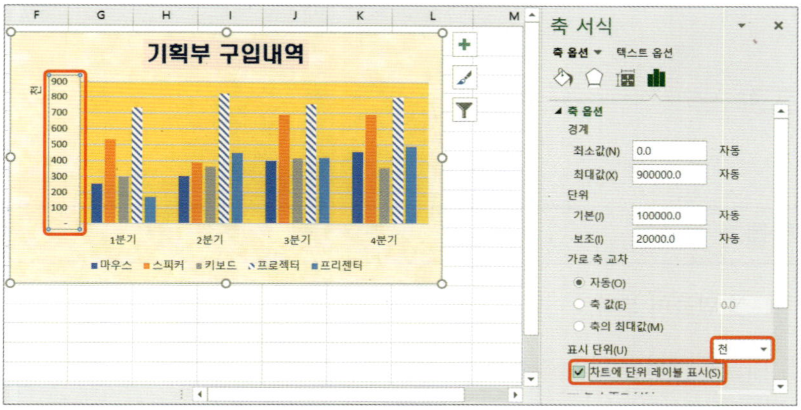

08 데이터 레이블 추가 '스피커' 계열을 선택한 후 바로 가기 메뉴에서 [데이터 레이블 추가]-[데이터 설명선 추가]를 선택한다.

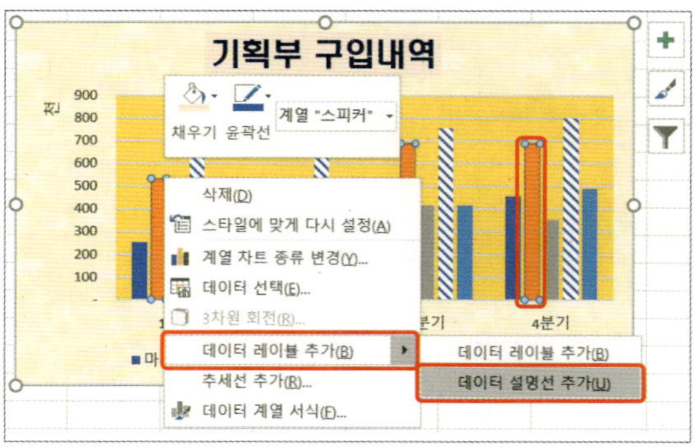

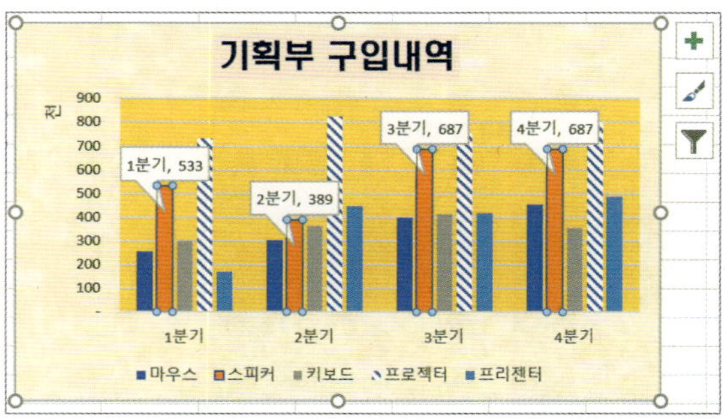

09 범례 서식 '범례'를 선택한 후 [범례 서식] 창의 [범례 옵션]에서 범례 위치를 '위쪽'으로 선택한다.

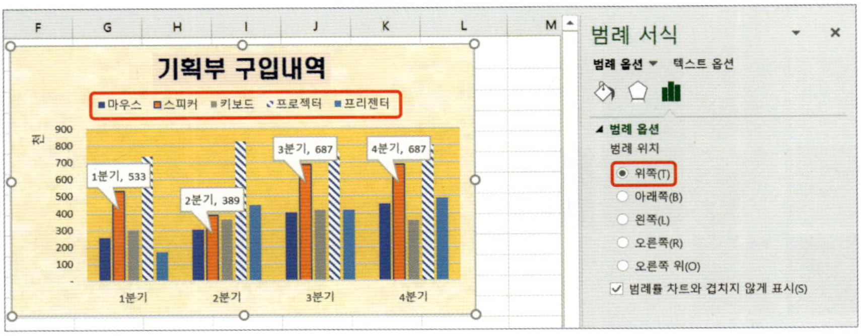

10 차트 이동 차트를 선택한 후 [차트 도구]–[디자인] 탭–[위치] 그룹에서 '차트 이동'을 선택한다. [차트 이동] 대화상자가 나타나면 '새 시트'를 선택하고 『구입내역 차트』를 입력하고 [확인]을 클릭한다.

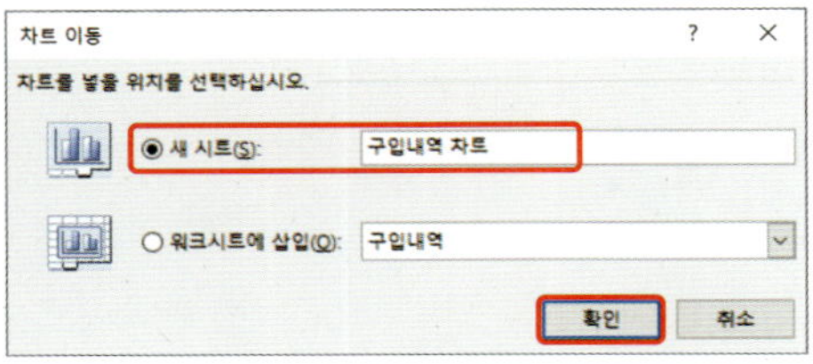

기본예제 15 콤보 차트 만들기

두 개 이상의 계열이 있는 콤보 차트를 만들어 본다.

01 콤보 차트 선택 제품, 수량, 매출액 계열을 영역 지정한 후 [삽입] 탭–[차트] 그룹–[콤보 차트 삽입]에서 '사용자 지정 콤보 차트 만들기'를 선택한다.

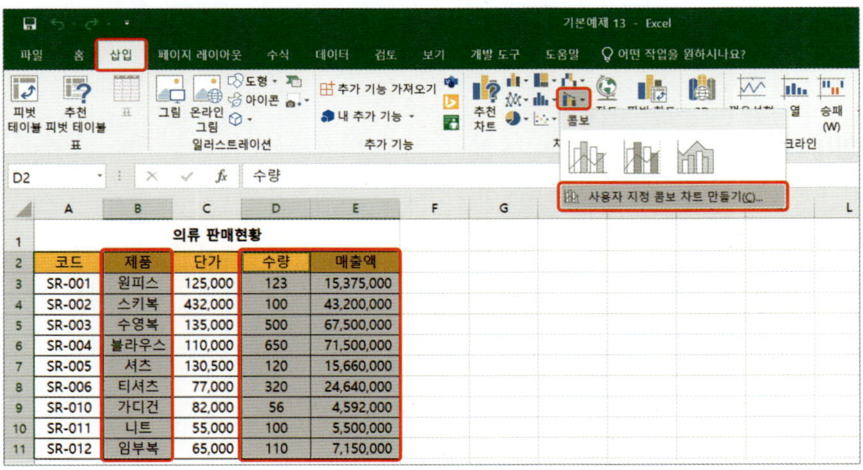

02 차트 종류와 축 선택 [차트 삽입] 대화상자에서 '수량' 계열의 차트 종류는 '묶은 세로 막대형', 보조 축은 체크 표시한 후 '매출액' 계열의 차트 종류는 '꺾은선형'을 선택하고 [확인]을 클릭한다.

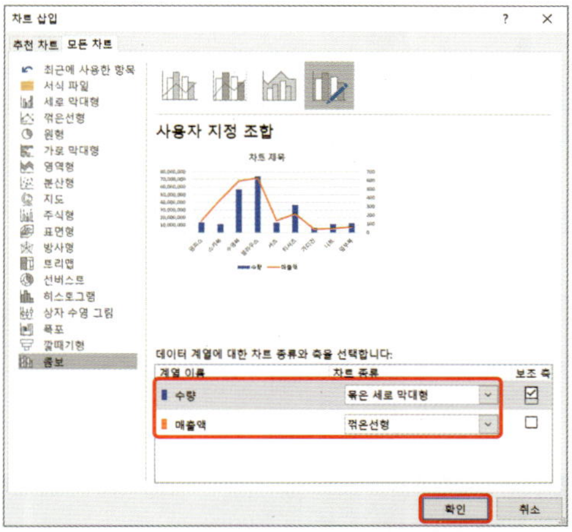

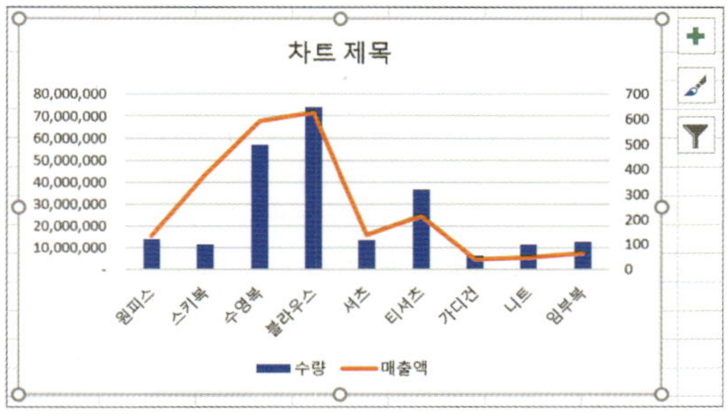

03 차트 제목 삭제 및 범례 위치 변경 차트를 선택하고 [차트 요소]를 클릭한 후 '차트 제목'을 체크 해제한다. '범례'는 '위쪽'을 선택한다.

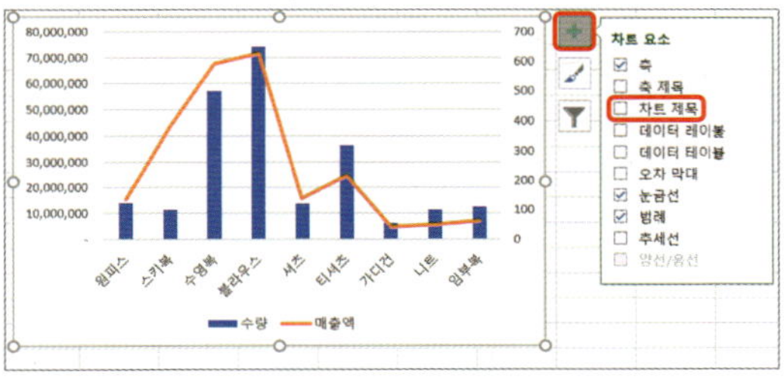

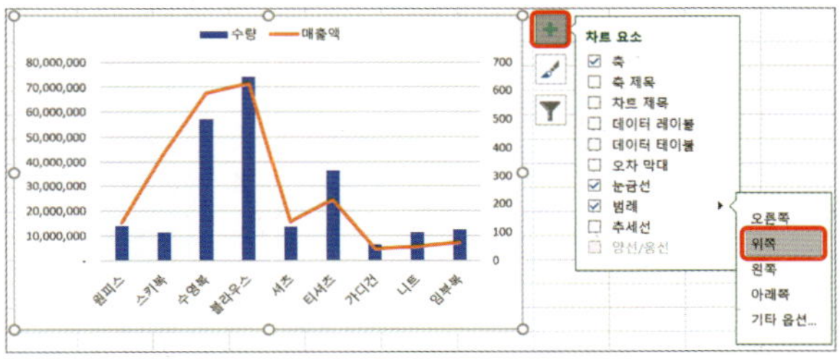

04 주 눈금선 삭제 및 데이터 레이블 추가 '세로 (값) 축 주 눈금선'을 선택한 후 Delete를 눌러 눈금선을 삭제한다. '수량' 계열을 선택한 후 [차트 요소]에서 '데이터 레이블'을 체크하여 추가한다.

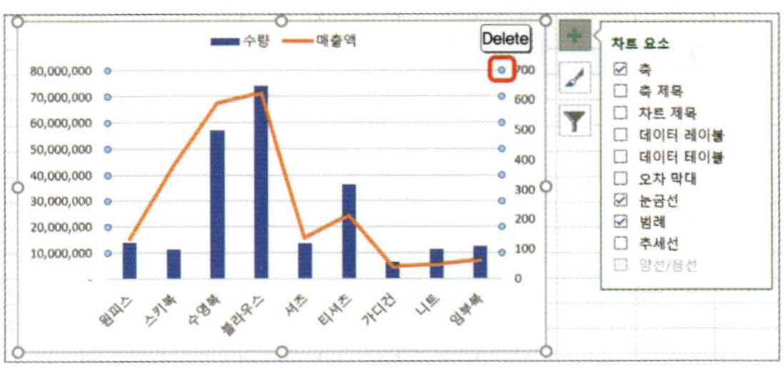

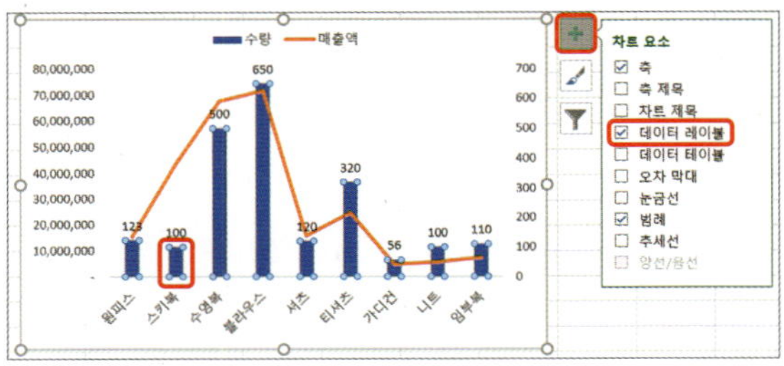

05 그림 영역 테두리 지정 '그림 영역'을 선택한 후 바로 가기 메뉴에서 [그림 영역 서식]을 클릭한다. [그림 영역 서식] 창의 [테두리]에서 '실선'을 선택하고, 색은 '녹색, 강조 6', 너비는 '1.25pt'를 선택하여 테두리를 지정한다.

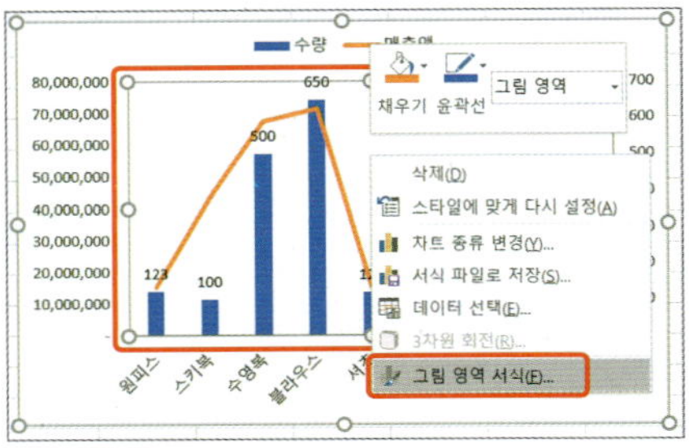

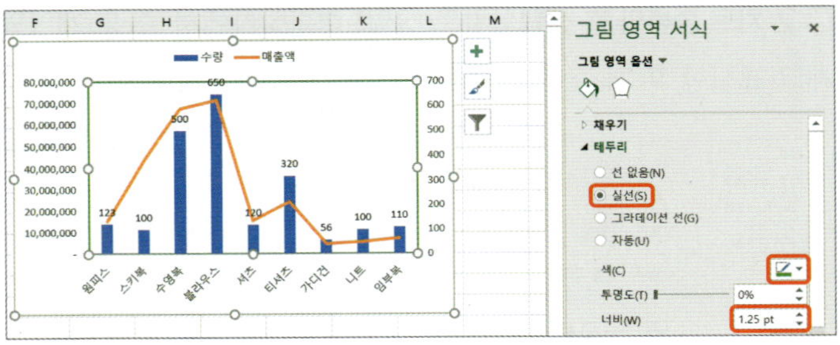

기본예제 16 지도 차트 만들기

지역별로 통계를 지도에 표시해주는 지도 차트를 만들어 본다.

01 차트 선택 [A1:B18] 영역을 범위 지정한 후 [삽입] 탭–[차트] 그룹–[지도 ▾]에서 '등치 지역도'를 선택한다.

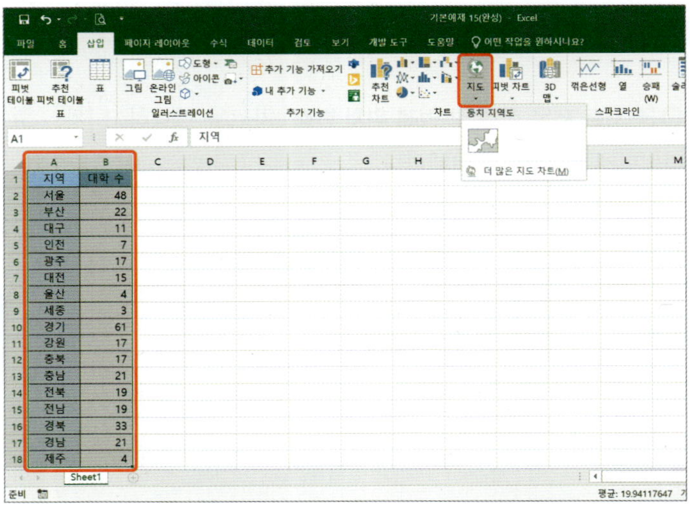

02 차트 제목 및 레이아웃 변경 차트 제목을 선택한 후『지역별 대학 수』를 입력한다. [차트 도구]–[디자인] 탭–[차트 레이아웃] 그룹–[차트 레이아웃 ▾]에서 '레이아웃 4'를 선택한다.

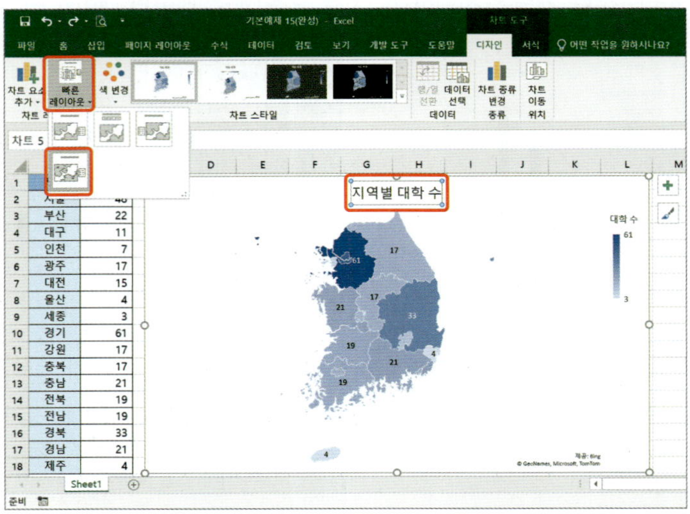

03 차트 색 변경 [차트 도구]–[디자인] 탭–[차트 스타일] 그룹–[색 변경 ▾]에서 '다양한 색상표 3'을 선택한다.

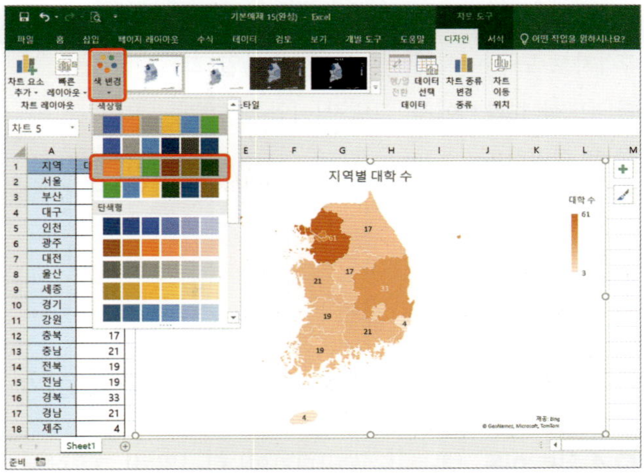

기본예제 17 선버스트 차트 만들기

개별 항목과 전체를 비교하거나 여러 열로 구성된 범주가 계층 구조를 형성하는 선버스트 차트를 만들어 본다.

01 차트 선택 [A2:D18] 영역을 범위 지정한 후 [삽입] 탭–[차트] 그룹–[계층 구조 차트 삽입 ▾]에서 '선버스트'를 선택한다.

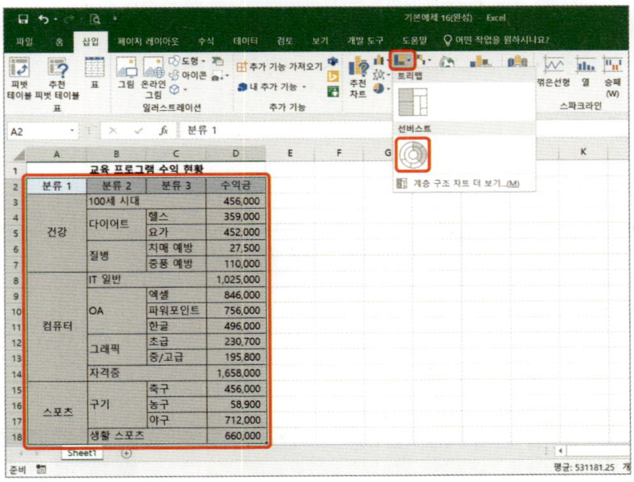

02 차트 스타일 및 차트 제목 [차트 도구]–[디자인] 탭–[차트 스타일] 그룹에서 차트 스타일을 선택한다. 차트 제목은 『교육 프로그램 수익 현황』으로 수정한다.

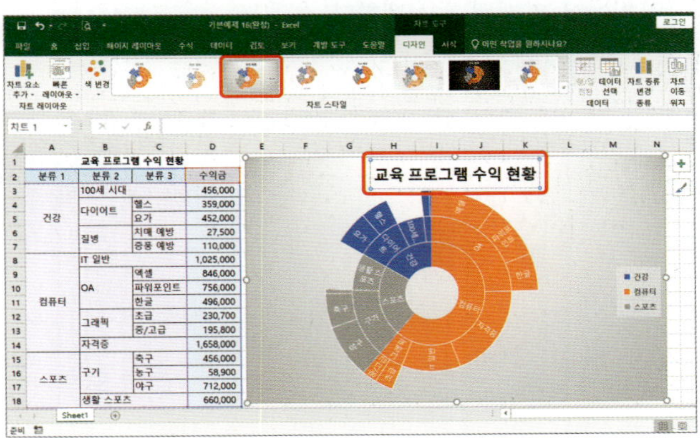

03 그림자 효과 '컴퓨터' 요소를 선택한 후 [차트 도구]–[서식] 탭–[도형 스타일] 그룹–[도형 효과▼]에서 [그림자]–[안쪽: 아래쪽]을 클릭한다.

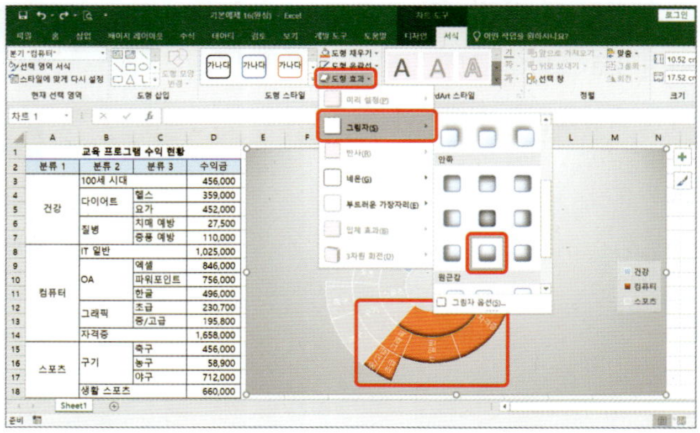

04 차트 이동 [차트 도구]–[디자인] 탭–[위치] 그룹에서 '차트 이동'을 선택한 후 [차트 이동] 대화상자가 나타나면 '새 시트'를 선택하고『수익 현황』을 입력하고 [확인]을 클릭한다.

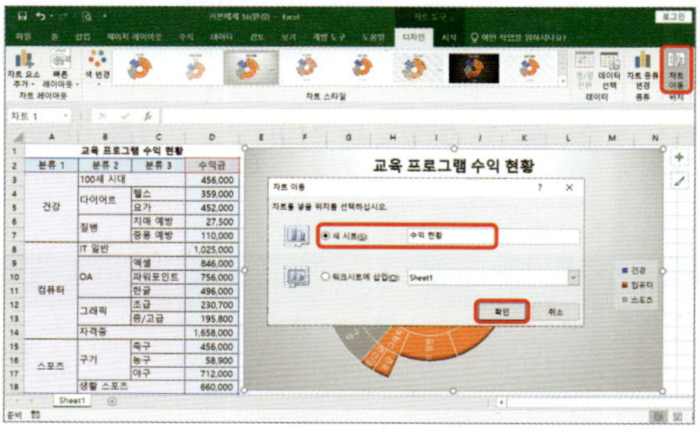

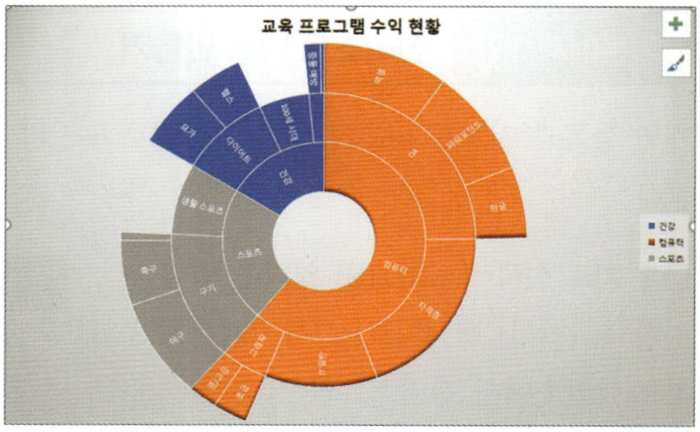

기본예제 18 파레토 차트 만들기

데이터의 가장 큰 항목이 강조 표시되어 몇 가지 중요한 항목만 집중해서 결과를 확인할 수 있는 파레토 차트를 만들어 본다.

01 차트 선택 [A3:B14] 영역을 범위 지정한 후 [삽입] 탭–[차트] 그룹–[통계 차트 삽입▼]에서 '파레토'를 선택한다.

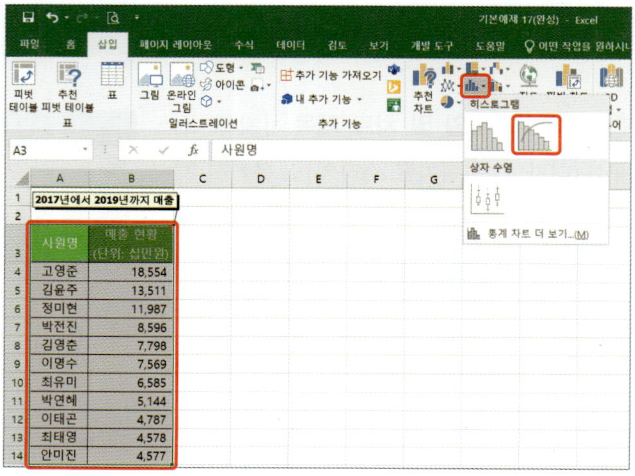

02 차트 제목 및 스타일 파레토 차트가 삽입되면 차트 제목에 『사월별 매출현황』으로 수정한 후 [차트 도구]-[디자인] 탭-[차트 스타일] 그룹에서 '스타일3'을 선택한다.

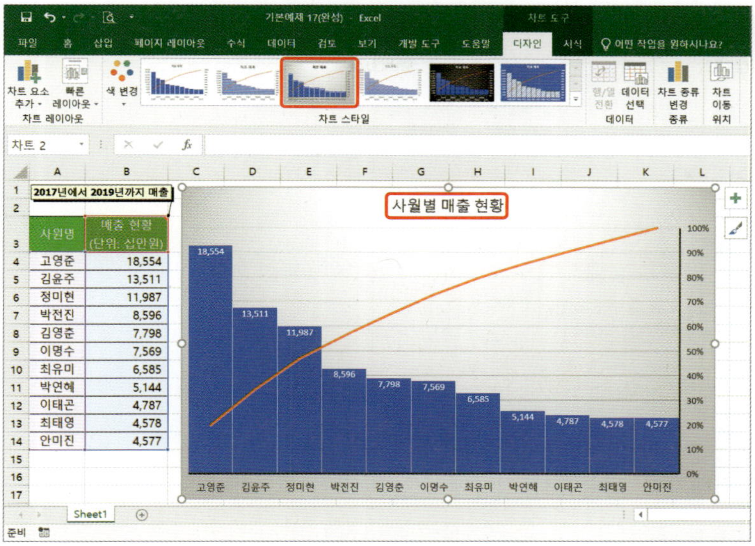

기본예제 19 스파크라인 만들기

데이터를 시각적으로 표시해주는 스파크라인을 만들어 본다.

01 차트 선택 [B4:E11] 영역을 범위 지정한 후 [삽입] 탭-[스파크라인] 그룹에서 '열'을 선택한다.

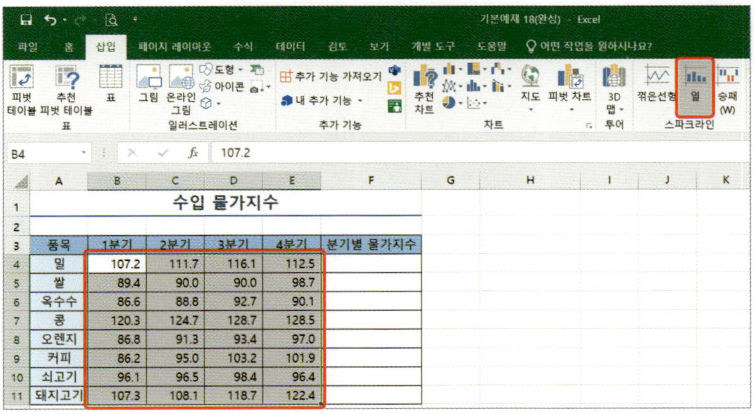

02 위치 범위 지정 [스파크라인 만들기] 대화상자가 나타나면 '데이터 범위'를 확인한 후 '위치 범위'는 워크시트에서 [F4:F11] 영역을 범위 지정하고 [확인]을 클릭한다.

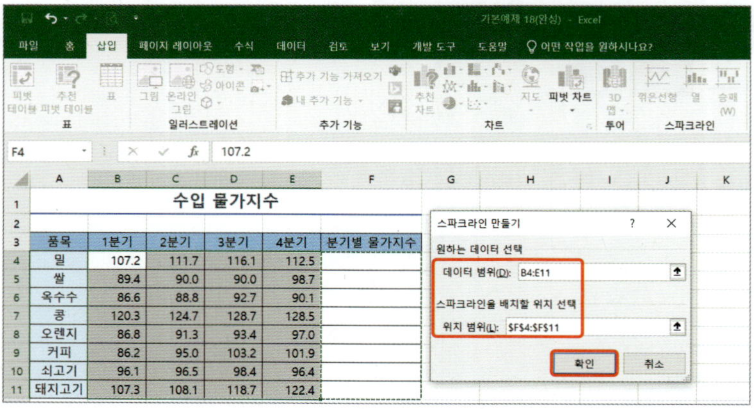

03 높은 점 표시 [스파크라인 도구]-[디자인] 탭-[표시] 그룹에서 '높은 점'을 체크한다.

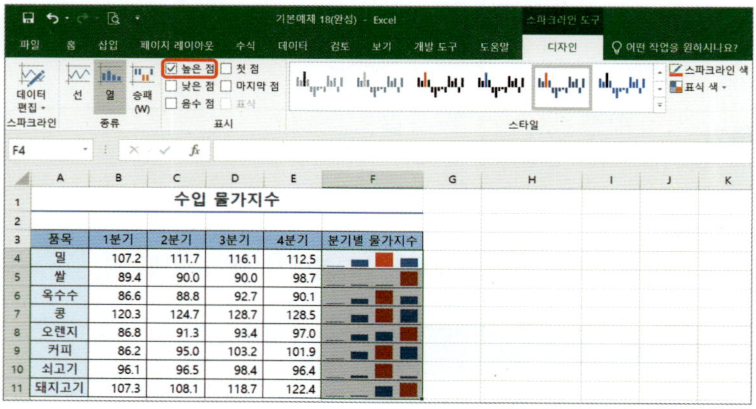

종합예제

※ [종합예제]에 대한 해설은 PDF로 제공됩니다.

문제 1 [게임 판매 현황] 시트를 이용하여 [조건]에 따라 ≪출력형태≫와 같이 작업하시오.

[조건]

- 차트 종류 ⇒ 〈묶은 세로 막대형〉으로 작업하시오.
- 데이터 범위 ⇒ "게임 판매 현황" 시트의 내용을 이용하여 작업하시오.
- 위치 ⇒ "새 시트"로 이동하고, "게임판매현황(차트)"으로 시트 이름을 바꾸시오.
- 차트 디자인 도구 ⇒ 레이아웃 3, 스타일 1을 선택하여 ≪출력형태≫에 맞게 작업하시오.
- 영역 서식 ⇒ 차트 : 글꼴(굴림, 11pt), 채우기 효과(질감–파랑 박엽지)
  그림 : 채우기(흰색)
- 제목 서식 ⇒ 차트 제목 : 글꼴(굴림, 굵게, 20pt), 채우기(흰색), 테두리
- 서식 ⇒ 상반기 판매량 계열의 차트 종류를 〈표식이 있는 꺾은선형〉으로 변경한 후 보조축으로 지정하시오.
  - 레이블 : 상반기 판매량 계열값을 표시하고, 위치는 ≪출력형태≫와 같이 표시하시오.
  - 눈금선 : 선 스타일–파선
  - 축 : ≪출력형태≫를 참조하시오.
- 범례 ⇒ 범례명을 변경하고 ≪출력형태≫를 참조하시오.
- 나머지 사항은 ≪출력형태≫에 맞게 작성하시오.

≪출력형태≫

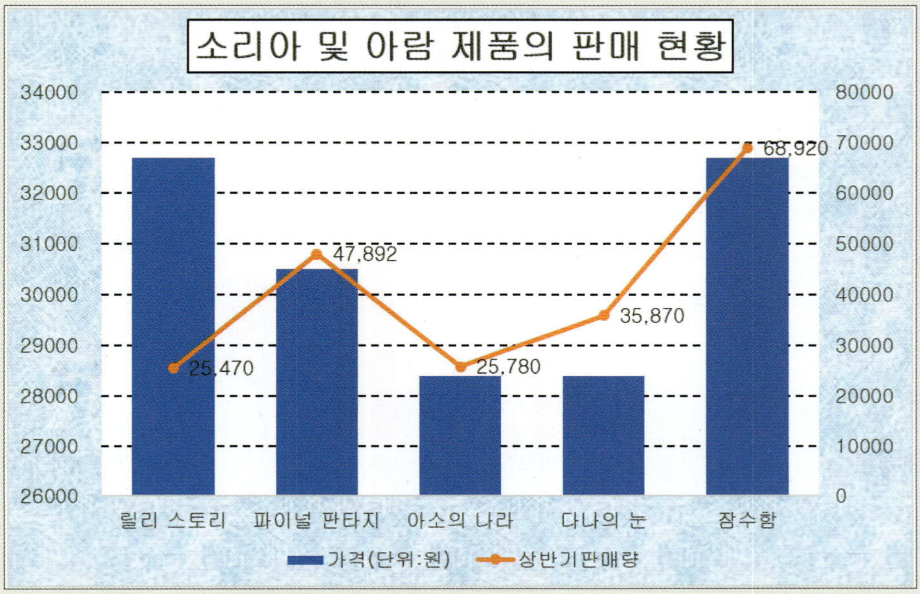

문제 2 "제품 구성 비교" 시트를 이용하여 [조건]에 따라 ≪출력형태≫와 같이 작업하시오.

[조건]

- 차트 종류 ⇒ 〈묶은 세로 막대형〉으로 작업하시오.
- 데이터 범위 ⇒ "제품 구성 비교" 시트의 내용을 이용하여 작업하시오.
- 위치 ⇒ "새 시트"로 이동하고, "제품구성비교(차트)"로 시트 이름을 바꾸시오.
- 차트 디자인 도구 ⇒ 레이아웃 3, 스타일 1을 선택하여 ≪출력형태≫에 맞게 작업하시오.
- 영역 서식 ⇒ 차트 : 글꼴(굴림, 11pt), 채우기 효과(질감-파랑 박엽지)그림 : 채우기(흰색)
- 제목 서식 ⇒ 차트 제목 : 글꼴(굴림, 굵게, 20pt), 채우기(흰색), 테두리
- 서식 ⇒ 판매금액 계열의 차트 종류를 〈표식이 있는 꺾은선형〉으로 변경한 후 보조축으로 지정하시오.
  - 레이블 : 어드밴티지 4645의 판매금액 계열값을 표시하고, 위치는 ≪출력형태≫와 같이 표시하시오.
  - 눈금선 : 선 스타일-파선
  - 축 : ≪출력형태≫를 참조하시오.
- 범례 ⇒ 범례명을 변경하고 ≪출력형태≫를 참조하시오.
- 도형 ⇒ '가로로 말린 두루마리 모양'을 삽입한 후 ≪출력형태≫와 같이 내용을 입력하시오.
- 나머지 사항은 ≪출력형태≫에 맞게 작성하시오.

≪출력형태≫

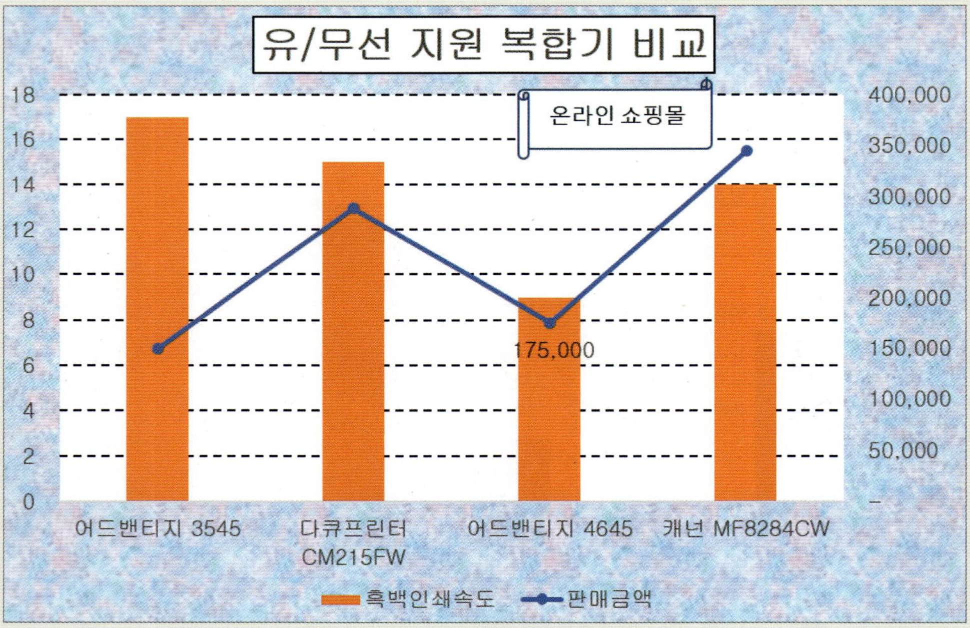

문제 3 '판매실적' 시트에 대하여 다음의 [조건]을 처리하시오.

[조건]

• [표1]에서 판매실적를 기준으로 녹색 데이터 막대 그라데이션을 지정하는 조건부 서식을 설정하시오.

문제 4 '판매실적' 시트에 대하여 다음의 [조건]을 처리하시오.

[조건]

• [표2]에서 점수가 75 이상이고, 80 미만인 행 전체에 대해 글꼴 스타일 '굵게', 글꼴 색 '표준 색-주황'으로 지정하는 조건부 서식을 작성하시오. 단, 규칙 유형은 '수식을 사용하여 서식을 지정할 셀 결정'을 사용하고, 한 개의 규칙으로만 작성하시오

문제 5 '기타작업' 시트의 차트를 [조건]에 따라 아래 그림과 같이 수정하시오.

[조건]

※ 차트는 반드시 문제에서 제공한 차트를 사용하여야 함

• 제품이 '예가체프'인 데이터가 차트에 표시되도록 데이터 범위를 추가하고, '판매가격' 데이터 계열의 차트 종류를 ' 표식이 있는 꺾은선형'으로 변경하시오.
• 차트 제목을 그림과 같이 입력하고, 글꼴 '궁서체', 크기 '20'으로 지정하시오.
• '판매가격' 데이터 계열 중 '슈프리모'만 데이터 레이블 값을 '위쪽'에 표시하시오.
• 세로(값) 축의 주 단위는 '10,000,000'으로 지정하시오.
• 차트 영역의 테두리 스타일은 '둥근 모서리'로 지정하시오.

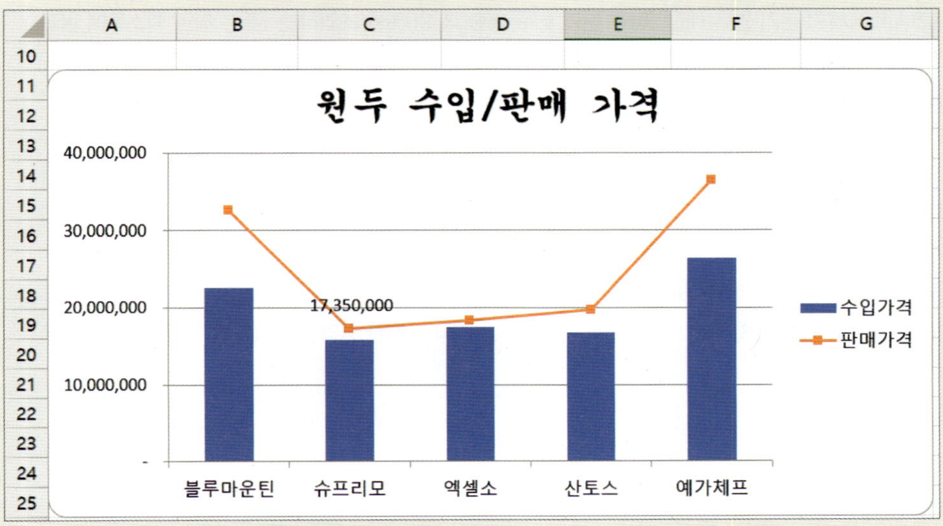

연습문제

1 분양수 워크시트에 있는 표의 제목에 [제목 1] 셀 스타일을 적용하시오. 이때 "제목 1" 셀 스타일을 글꼴 크기 "18", 채우기 색 "노랑"으로 수정한 후 적용하시오. 표에는 [진한 파랑, 표 스타일 어둡게 6]을 적용하고 요약 행을 표시하시오.

	A	B	C	D	E	F	G
1		지역별 분양수					
2							
3		지역	1월	2월	3월	4월	5월
4		서울	235	108	290	383	545
5		부산	694	643	135	275	454
6		대구	144	462	339	581	455
7		인천	655	250	124	354	245
8		광주	222	422	107	526	717
9		대전	123	234	265	325	400
10		경기	54	546	356	240	338
11		요약	2,127	2,665	1,616	2,684	3,154

2 다음 [조건]에 맞게 작업을 수행하시오.

[조건]

- "수입 현황" 워크시트에서 [C4:C26] 범위의 제품별 원두 총 매출이 200,000 이상일 경우 "파란색" 채우기를 적용하는 조건부 서식 규칙을 적용하시오.
- "수입 현황" 워크시트에서 "2분기 원두 매출" 이 "1분기 원두 매출"의 90%를 초과하는 경우, 해당 텍스트에 굵게 서식을 지정하고, 색에 "녹색"을 데이터 행의 모든 텍스트에 적용하시오.
- "수입 현황" 워크시트에서 각 분기의 원두 매출의 평균이 40000보다 낮은 경우 셀 [D4:D26]을 50% 회색 패턴 스타일의 파란색 패턴 색상으로 채우시오.
- "수입 현황" 워크시트에서 원두 총 매출이 200,000 이상일 경우 녹색 원을 표시하고 150,000 이상이거나 200,000 미만인 경우에는 노란색 원을 표시하고, 150,000 미만일 경우 빨간색 원을 표시하는 조건부 서식 규칙을 J열에 적용하시오. 해당 서식은 J열에 있는 기존 행이나 새 행에 적용되도록 하시오.
- "수입 현황" 워크시트에서 [G4:G26] 범위에 [자주 데이터 막대] 조건부 서식을 적용하시오.
- "수입 현황" 워크시트에서 [J4:J26] 범위의 값이 평균을 초과할 경우, "진한 빨강 텍스트가 있는 연한 빨강 채우기]로 조건부 서식을 적용하시오.

≪출력형태≫

	A	B	C	D	E	F	G	H	I	J
2										
3	입고일자	시간	제품	원산지	제품 번호	1분기 원두 매출	2분기 원두 매출	3분기 원두 매출	4분기 원두 매출	원두 총 매출
4	2020-03-06	13:10	블루마운틴	자메이카	J-1030	55230	88922	₩ 25,564	₩ 78,922	₩ 248,638
5	2020-03-09	13:50	블루마운틴	자메이카	J-1026	65589	24626	₩ 5,255	₩ 23,526	₩ 118,996
6	2020-03-12	10:20	블루마운틴	자메이카	J-1025	69589	26664	₩ 22,526	₩ 55,564	₩ 174,343
7	2020-03-15	9:30	산토스	브라질	B-1027	45998	28893	₩ 23,831	₩ 27,626	₩ 126,348
8	2020-03-18	11:20	산토스	브라질	B-1028	12364	20998	₩ 55,230	₩ 88,922	₩ 177,514
9	2020-03-21	10:50	산토스	브라질	B-1031	456476	69089	₩ 65,589	₩ 27,626	₩ 618,780
10	2020-03-24	15:30	산토스	브라질	B-1029	45458	26626	₩ 69,589	₩ 26,667	₩ 168,340
11	2020-03-27	14:10	슈프리모	콜롬비아	C-0907	9988	88922	₩ 75,676	₩ 6,266	₩ 180,852
12	2020-03-30	17:30	슈프리모	콜롬비아	C-0911	23831	24626	₩ 78,921	₩ 72,676	₩ 200,054
13	2020-04-02	19:20	슈프리모	콜롬비아	C-0913	69589	68896	₩ 23,526	₩ 78,896	₩ 240,907
14	2020-04-05	21:30	슈프리모	콜롬비아	C-0912	45646	55998	₩ 15,567	₩ 76,998	₩ 194,209
15	2020-04-08	9:20	슈프리모	콜롬비아	C-0908	78921	69589	₩ 5,255	₩ 22,767	₩ 176,532
16	2020-04-11	20:10	시다모	에티오피아	E-4609	27890	5355	₩ 756,776	₩ 69,089	₩ 859,110
17	2020-04-14	16:30	시다모	에티오피아	E-4611	20998	45546	₩ 25,626	₩ 78,935	₩ 171,105
18	2020-04-17	14:00	시다모	에티오피아	E-4614	69089	45646	₩ 78,921	₩ 33,736	₩ 227,392
19	2020-04-20	11:20	시다모	에티오피아	E-4612	25626	78935	₩ 23,726	₩ 77,764	₩ 206,051
20	2020-04-23	10:50	엑셀소	콜롬비아	C-0909	78921	33536	₩ 17,764	₩ 7,377	₩ 137,598
21	2020-04-26	15:30	엑셀소	콜롬비아	C-0910	23526	55564	₩ 7,277	₩ 7,377	₩ 93,744
22	2020-04-29	14:10	엑셀소	콜롬비아	C-0914	15564	5355	₩ 71,776	₩ 47,746	₩ 140,441
23	2020-05-02	17:30	예가체프	에티오피아	E-4714	87858	15564	₩ 47,998	₩ 28,893	₩ 180,313
24	2020-05-05	19:20	예가체프	에티오피아	E-4711	45998	5255	₩ 12,364	₩ 20,998	₩ 84,615
25	2020-05-08	21:30	예가체프	에티오피아	E-4712	78921	21526	₩ 476,476	₩ 69,089	₩ 646,012
26	2020-05-11	9:20	예가체프	에티오피아	E-4713	23526	27890	₩ 17,764	₩ 47,646	₩ 116,826

3 다음의 [조건]에 맞게 차트를 만들고 수정하시오.

[조건]

- "지역별 분양수" 워크시트 [B3:G9] 데이터를 이용하여 '묶은 세로 막대형' 차트를 새 시트에 "지역 차트"라는 이름으로 작성하시오.
- "지역 차트" 워크시트의 막대형 차트에 '경기' 행 값이 포함되도록 데이터 원본을 수정하시오
- 차트 디자인을 '스타일 14'로 변경하고 차트 영역은 '연한 녹색'으로 채우시오.
- "지역 차트"를 행/열 전환하고 부산 계열의 차트 종류를 "표식이 있는 꺾은선형"으로 수정하시오.
- 차트 제목에 "지역별 분양수"를 입력하고 [강한 효과 – 파랑, 강조 5] 도형 스타일을 지정하시오.

≪출력형태≫

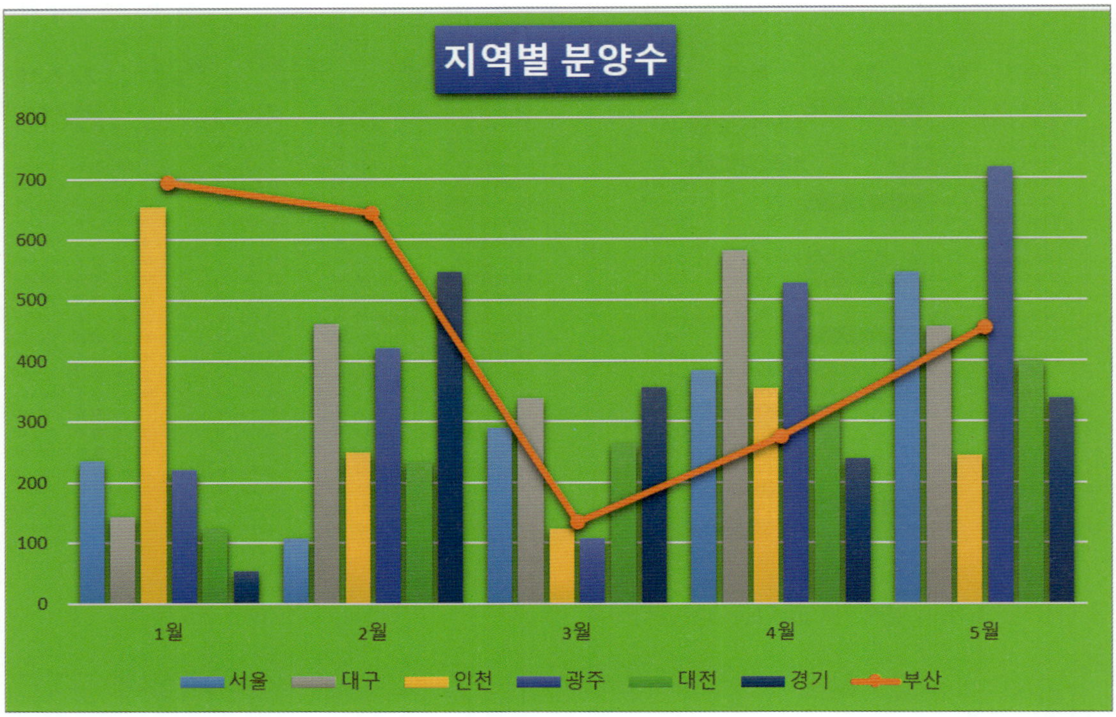

4 "지역별 분양수" 워크시트에서 각 분기별 매출를 분석할 수 있도록 [H4:H10] 셀 범위에 [밤색, 스파크라인 스타일 강조 2, 25% 더 어둡게], 표식은 [검정, 텍스트 1]인 꺾은 선형 스파크라인을 만드시오.

지역	1월	2월	3월	4월	5월	월별 분양수
서울	235	108	290	383	545	
부산	694	643	135	275	454	
대구	144	462	339	581	455	
인천	655	250	124	354	245	
광주	222	422	107	526	717	
대전	123	234	265	325	400	
경기	54	546	356	240	338	

CHAPTER 08

수식 계산 및 함수 익히기

01 수식의 개요
02 함수 개요
03 이름 정의
04 기본 함수 활용하기
05 고급 함수 활용하기
종합예제
연습문제

학습목표

- 엑셀 수식에 대해 알고 수식을 잘 사용할 수 있다.
- 자동 합계의 종류에 대해 알고 사용법을 숙지한다.
- 함수 마법사를 잘 사용할 수 있다.
- 이름 정의를 할 수 있고, 함수식에 사용하는 방법을 알 수 있다.
- 기본 함수의 종류를 알고 사용법을 숙지하여 잘 사용할 수 있다.
- 고급 함수의 활용법을 잘 알고 활용할 수 있다.

SECTION 01

수식의 개요

수식이란 워크시트에 입력된 데이터를 이용하여 사칙 연산, 비교 연산 등을 수행하는 것을 말한다. 수식을 이용하여 데이터를 계산하고 분석할 수 있어 편리하게 사용하고 있다. 수식은 어떻게 입력하고, 연산자의 종류와 우선순위, 셀의 참조란 무엇이며 종류는 어떻게 되는지 살펴보도록 한다.

1.1 수식의 기초

엑셀에서 수식을 작성하기 위해서는 반드시 등호(=)나 부호(+, −)로 시작해야 한다. 엑셀의 수식에서는 가급적이면 직접 상수를 입력하지 않고, 데이터가 들어있는 셀을 이용하여 수식을 작성하는데 이를 '셀 참조'라고 부른다. 이유는 셀의 데이터가 변경되면 결과 값에 바로 변경되기 때문이다. 수식의 결과 값은 셀에 표시되고, 수식 입력줄에는 입력한 수식이 표시된다. 함수를 사용하여 작성할 경우 효율적으로 수식을 사용할 수 있다.

1.1.1 수식의 구성

수식은 등호를 처음 입력하고 피연산자나 연산자, 함수 등을 조합하여 만든다. 피연산자는 셀 주소 또는 숫자를 시용하며, 연산자는 산술 연산자, 비교 연산자 등을 사용한다.

=	E3	*	3
등호	피연산자	연산자	피연산자

수식은 등호(=)를 입력과 동시에 시작된다. 피연산자는 연산자에 의해 계산되는 것으로 셀의 주소, 숫자, 문자를 사용할 수 있다. 연산자는 피연산자를 계산하는 것으로 산술, 비교, 연결, 참조 연산자로 나뉜다.

1.2 연산자

연산자는 덧셈, 뺄셈, 곱셈 또는 나눗셈 등 수식의 요소에 대해 수행할 계산 유형을 지정한다. 연산자의 종류와 사용법, 그리고 여러 개의 연산자가 하나의 수식에 있을 때 계산되는 순서에 대해 알아보자.

1.2.1 연산자 유형

엑셀에서 사용하는 연산자에는 크게 산술, 비교, 연결, 참조의 네 가지 유형이 있다.

- **산술 연산자** 사칙 연산자 및 백분율, 지수 등을 사용하여 연산을 수행한다.

종류	의미	예
%	백분율	80%
^	지수, 거듭제곱	49=7^2
*	곱셈	35=5 * 7
/	나눗셈	7=35/5
+	덧셈	12=5+7
–	뺄셈	7=12–5

- **비교 연산자** 두 값을 비교할 때 사용하는 연산자로 결과값이 TRUE 또는 FALSE로 표시된다.

종류	의미	예
=	같다(A1과 A2 값이 같으면 TRUE, 같지 않으면 FALSE로 표시)	A1=A2
〉	크다(A1 값이 크면 TRUE, 작거나 같으면 FALSE로 표시)	A1〉A2
〈	작다(A1 값이 작으면 TRUE, 크거나 같으면 FALSE로 표시)	A1〈A2
〉=	크거나 같다(A1 값이 크거나 같으면 TRUE, 작으면 FALSE로 표시)	A1〉=A2
〈=	작거나 같다(A1 값이 작거나 같으면 TRUE, 크면 FALSE로 표시)	A1〈=A2
〈〉	같지 않다(A1과 A2 같지 않으면 TRUE, 같으면 FALSE로 표시)	A1〈〉A2

- **연결 연산자** &를 사용하여 문자와 문자, 문자와 숫자, 문자와 수식을 연결하여 단일 텍스트를 생성한다.

종류	의미	예
&	두 개의 값을 연결하여 하나의 텍스트 값을 만듦	"가을"&"하늘"→ "가을하늘"

- **참조 연산자** 수식에 사용하는 셀 범위를 결합할 때 사용한다.

종류	의미	예
:	연속된 셀의 범위 지정	A3:A10
,	여러 참조를 하나의 참조로 결합	SUM(A3:A6,B3:B6)
공백	두 영역의 공통되는 셀에 대한 참조	SUM(A3:A6 A4:B7)
@	수식의 암시적 논리곱을 표시	

1.2.2 연산자 우선순위

하나의 수식에 여러 개의 연산자를 사용할 경우 엑셀에서는 연산자 우선순위에 따라 우선순위가 높은 연산이 먼저 수행된다. 수식에 우선순위가 같은 연산자가 여러 개 있을 경우에는 왼쪽에 있는 연산자가 먼저 계산된다.

참조 연산자	산술 연산자	연결 연산자	비교 연산자
(공백) ,	–(음수), %, ^, * 및 /, + 및 –	&	=, 〈, 〉, 〈=, 〉=, 〈〉

← 높음 우선순위 낮음 →

기본예제 20 연산자 수식

급여지급현황 표에서 수당(기본급 * 상여비율)과 총 지급액(기본급+수당)을 구하시오.

01 수당 계산 [E4] 셀을 선택한 후 『=C4 * D4』를 입력하고 Enter를 누른다.

급여지급현황

성명	근무년수	기본급	상여비율	수당	총 지급액
이영진	15	2,600,000	15%	=C4*D4	
김유진	9	2,300,000	10%		
감우선	10	2,000,000	12%		
박진주	8	2,200,000	10%		
박우찬	4	1,300,000	7%		
정유찬	5	1,700,000	9%		
이무진	7	2,000,000	9%		
나영신	12	2,450,000	14%		

02 총 지급액 계산 [F4] 셀을 선택한 후 『=C4+E4&"원"』을 입력하고 Enter를 누른다.

급여지급현황

성명	근무년수	기본급	상여비율	수당	총 지급액
이영진	15	2,600,000	15%	390,000	=C4+E4&"원"
김유진	9	2,300,000	10%		
감우선	10	2,000,000	12%		
박진주	8	2,200,000	10%		
박우찬	4	1,300,000	7%		
정유찬	5	1,700,000	9%		
이무진	7	2,000,000	9%		
나영신	12	2,450,000	14%		

03 채우기 [E4:F4] 영역을 범위 지정한 후 채우기 핸들을 더블클릭하여 수식을 복사한다.

급여지급현황

성명	근무년수	기본급	상여비율	수당	총 지급액
이영진	15	2,600,000	15%	390,000	2990000원
김유진	9	2,300,000	10%		
감우선	10	2,000,000	12%		
박진주	8	2,200,000	10%		
박우찬	4	1,300,000	7%		
정유찬	5	1,700,000	9%		
이무진	7	2,000,000	9%		
나영신	12	2,450,000	14%		

급여지급현황

성명	근무년수	기본급	상여비율	수당	총 지급액
이영진	15	2,600,000	15%	390,000	2990000원
김유진	9	2,300,000	10%	230,000	2530000원
감우선	10	2,000,000	12%	240,000	2240000원
박진주	8	2,200,000	10%	220,000	2420000원
박우찬	4	1,300,000	7%	91,000	1391000원
정유찬	5	1,700,000	9%	153,000	1853000원
이무진	7	2,000,000	9%	180,000	2180000원
나영신	12	2,450,000	14%	343,000	2793000원

TIP 채우기 핸들을 더블클릭한 후 마지막 행에 선이 없어질 경우에는 [자동 채우기 옵션]에서 '서식 없이 채우기' 항목을 선택하면 마지막 행의 선이 없어지지 않는다.

1.3 셀 참조

셀을 수식에 참조하는 유형에는 '상대 참조'와 '절대 참조', 그리고 두 방식을 혼합한 형태인 '혼합 참조'가 있다.

- **상대 참조** 선택한 셀을 기준으로 채우기 핸들을 이용할 때 상대적으로 셀의 주소가 변한다. ex) [A13]
- **절대 참조** 선택한 셀을 기준으로 채우기 핸들을 이용할 때 셀의 주소가 변하지 않는 것으로 셀을 선택한 상태에서 F4를 누르면 셀의 주소에 '$'가 표시된다. ex) [$A$13]
- **혼합 참조** 상대 참조와 절대 참조가 혼합된 것으로 선택한 셀을 기준으로 채우기 핸들을 이용할 때 행이나 열 중에서 하나만 고정된 것으로 셀을 선택한 상태에서 F4를 두 번 누르면 행 고정, 세 번을 누르면 열이 고정된다. ex) [$A13], [A$13]

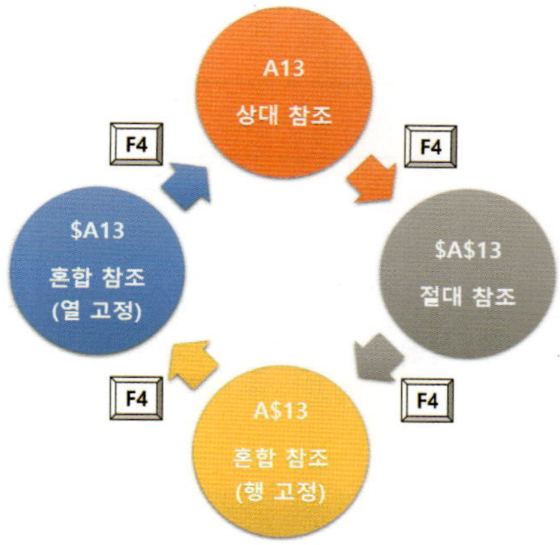

기본예제 21 절대 참조

절대 참조를 이용해서 게임 출전자들의 POINT 합계를 구하시오(WIN * 승리 포인트 + LOSE * 패배 포인트).

01 포인트 계산 [D4] 셀에서 『=B4 * 』를 입력한 후 [G3] 셀을 선택하고 F4를 눌러 절대 참조[$G$3]로 바꾼다. 이어서 『+C4 * 』를 입력한 후 [G4] 셀을 선택하고 F4를 눌러 절대 참조[$G$4]로 수정한 후 Enter를 누른다. ▶ 입력 수식 =B4 * $C$12+C4 * $C$13

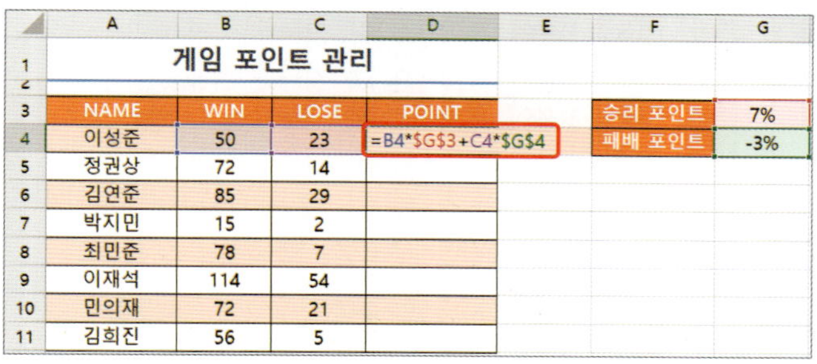

	A	B	C	D	E	F	G
1	게임 포인트 관리						
2							
3	NAME	WIN	LOSE	POINT		승리 포인트	7%
4	이성준	50	23	=B4*$G$3+C4*$G$4		패배 포인트	-3%
5	정권상	72	14				
6	김연준	85	29				
7	박지민	15	2				
8	최민준	78	7				
9	이재석	114	54				
10	민의재	72	21				
11	김희진	56	5				

02 채우기 핸들 [D4] 셀을 선택한 후 채우기 핸들을 더블클릭하여 수식을 복사한다.

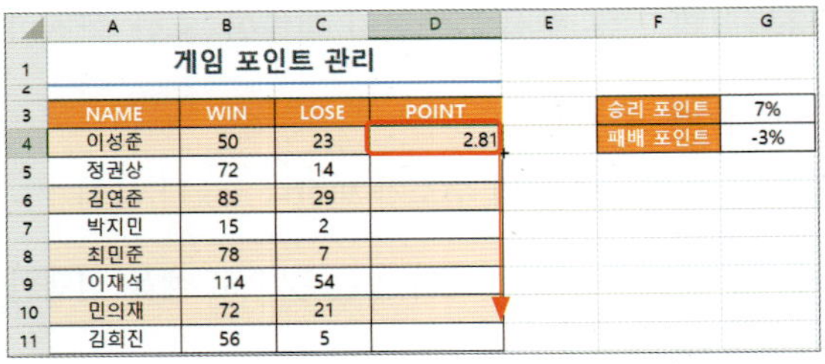

	A	B	C	D	E	F	G
1	게임 포인트 관리						
3	NAME	WIN	LOSE	POINT		승리 포인트	7%
4	이성준	50	23	2.81		패배 포인트	-3%
5	정권상	72	14				
6	김연준	85	29				
7	박지민	15	2				
8	최민준	78	7				
9	이재석	114	54				
10	민의재	72	21				
11	김희진	56	5				

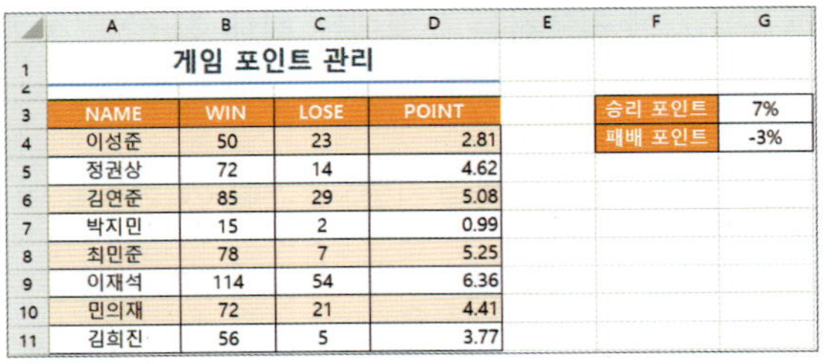

	A	B	C	D	E	F	G
1	게임 포인트 관리						
3	NAME	WIN	LOSE	POINT		승리 포인트	7%
4	이성준	50	23	2.81		패배 포인트	-3%
5	정권상	72	14	4.62			
6	김연준	85	29	5.08			
7	박지민	15	2	0.99			
8	최민준	78	7	5.25			
9	이재석	114	54	6.36			
10	민의재	72	21	4.41			
11	김희진	56	5	3.77			

TIP 채우기 핸들을 더블클릭한 후 셀 서식이 기존과 맞지 않을 경우에는 [자동 채우기 옵션]에서 '서식 없이 채우기' 항목을 선택한다.

기본예제 22 혼합 참조

혼합 참조를 이용해서 시설별 입장료를 구하시오.

01 입장료 계산 [C5] 셀에서 『=』를 입력한 후 [B5] 셀을 선택하고 F4를 3번 누른다(열 고정). 이어서 『−』를 입력한 후 [B5] 셀을 선택하고 F4를 3번 누른다(열 고정). 이어서 『*』를 입력한 후 [C4] 셀을 선택하고 F4를 2번 누르고(행 고정) Enter를 누른다. ▶ 입력 수식 =$B5−$B5*C$4

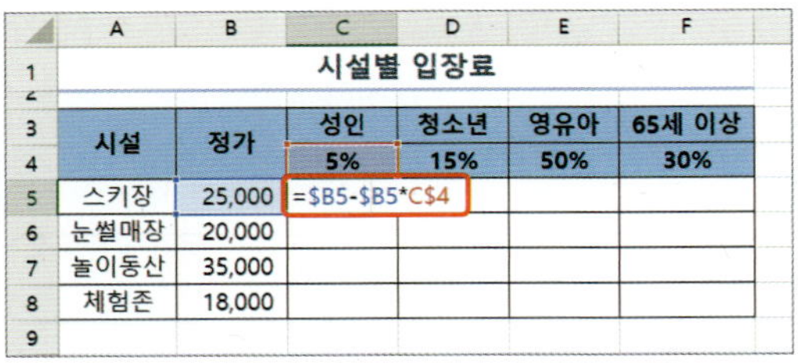

	A	B	C	D	E	F
1	시설별 입장료					
3	시설	정가	성인	청소년	영유아	65세 이상
4			5%	15%	50%	30%
5	스키장	25,000	=$B5-$B5*C$4			
6	눈썰매장	20,000				
7	놀이동산	35,000				
8	체험존	18,000				

02 채우기 핸들 [C5] 셀을 선택한 후 채우기 핸들을 더블클릭하여 수식을 복사하고 [C8] 셀에 있는 채우기 핸들을 오른쪽으로 드래그하여 수식을 복사한다.

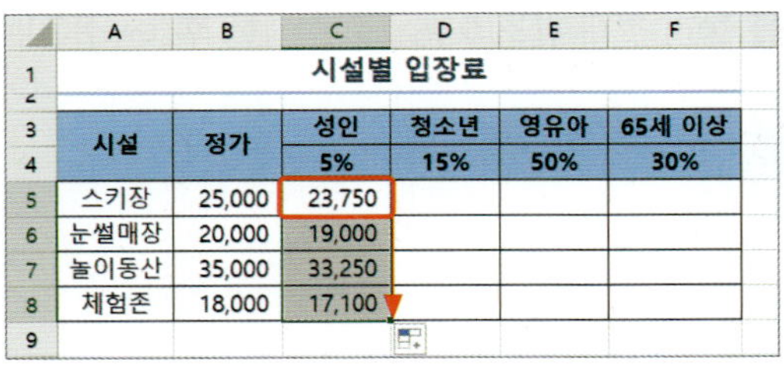

	A	B	C	D	E	F
1	시설별 입장료					
3	시설	정가	성인	청소년	영유아	65세 이상
4			5%	15%	50%	30%
5	스키장	25,000	23,750			
6	눈썰매장	20,000	19,000			
7	놀이동산	35,000	33,250			
8	체험존	18,000	17,100			

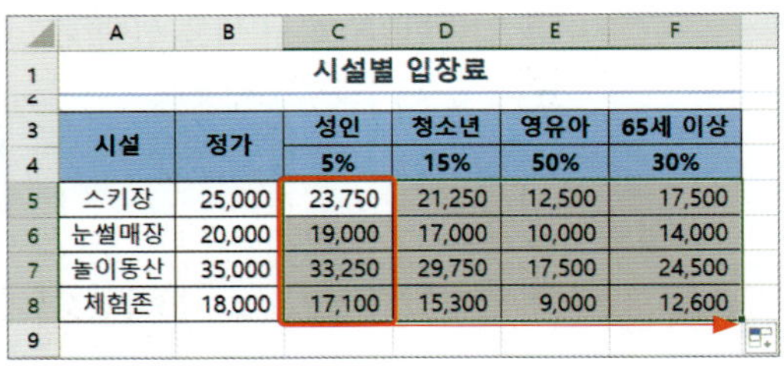

	A	B	C	D	E	F
1	시설별 입장료					
3	시설	정가	성인	청소년	영유아	65세 이상
4			5%	15%	50%	30%
5	스키장	25,000	23,750	21,250	12,500	17,500
6	눈썰매장	20,000	19,000	17,000	10,000	14,000
7	놀이동산	35,000	33,250	29,750	17,500	24,500
8	체험존	18,000	17,100	15,300	9,000	12,600

SECTION 02

함수 개요

함수란 엑셀에서 미리 정의된 수식으로, 함수를 이용하면 어렵고 복잡한 계산 작업을 간단하게 처리할 수 있다. 값을 직접 입력하기보다 셀 주소를 참조하여 수식을 작성하기 때문에 데이터 변화에 유연하게 대처하고, 계산 오류도 줄여준다. 함수란 무엇인지 함수에 대해 알아보고, 자동 합계 기능의 사용과 함수의 범주에 알아보자.

2.1 함수의 기초

함수란 엑셀에서 기본적으로 제공하는 계산 도구로 함수를 사용하면 복잡한 계산을 효율적으로 할 수 있다. 함수의 시작은 등호(=)나 부호(+, −)로 시작한다. 함수의 구성과 사용법을 알아보도록 한다.

2.1.1 함수의 구성

=함수명(인수1, 인수2....)	ex) =SUM(A3:A10,A13,A15)

수식은 등호(=)의 입력과 동시에 시작된다. 함수는 이름과 기능이 엑셀에 내장되어 있어 각 함수의 작성 형식에 맞추어 사용할 수 있으며, 사용자가 함수를 만들어 추가·사용할 수도 있다. 함수는 함수명, 괄호(), 인수로 구성되어 있으며, 괄호 안에 사용되는 인수는 함수에 따라 다르다. 예를 들어 함수식 '=SUM(A3:A10)'에서 SUM은 합을 구하는 함수명이고, (A3:A10)은 인수이다.

콜론(:)은 (A3:A10)과 같은 형식으로 쓰이며 [A3] 셀부터 [A10] 셀까지 연속된 셀들을 참조한다는 의미이다. 쉼표(,)는 (A13,A15)와 같이 떨어져 있는 셀을 참조할 때 사용한다. 즉, 연속되지 않은 셀을 선택할 때는 쉼표(,)를 사용하고, 연속된 셀을 참조할 때는 콜론(:)을 사용한다.

2.1.2 함수 마법사

함수는 셀에 직접 함수식을 입력하거나 함수 마법사를 사용하여 작성한다. 함수 마법사는 사용할 함수나 함수의 인수를 선택하기 쉽기 때문에 함수에 익숙하지 않은 사용자들이 함수 사용을 쉽게 도와주는 도구이다.

함수 마법사 실행 방법은 [수식] 탭–[함수 라이브러리] 그룹에서 '함수 삽입'을 클릭하거나, 수식 입력줄에서 '함수 삽입'을 클릭한다. 바로 가기 키는 Shift+F3이다.

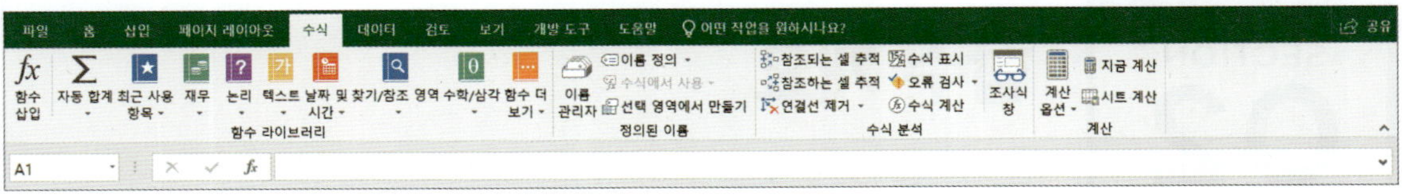

함수 마법사를 클릭하면 [함수 마법사] 대화상자가 나타나고 범주와 함수를 선택한 후 [확인]을 클릭하면 [함수 인수] 대화상자가 나타나고 함수의 인수에 해당하는 값을 입력하고 [확인]을 클릭한다.

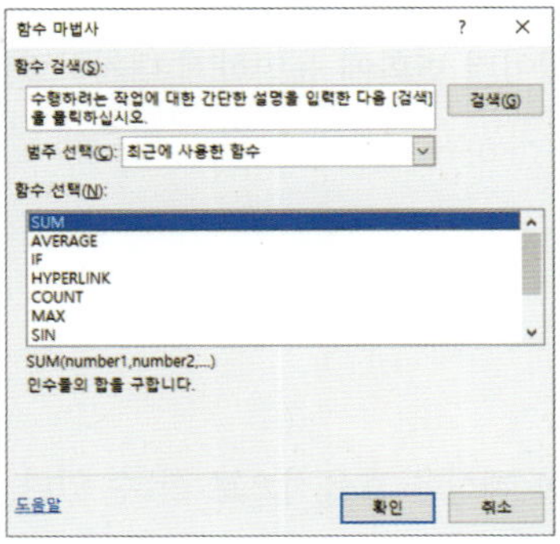

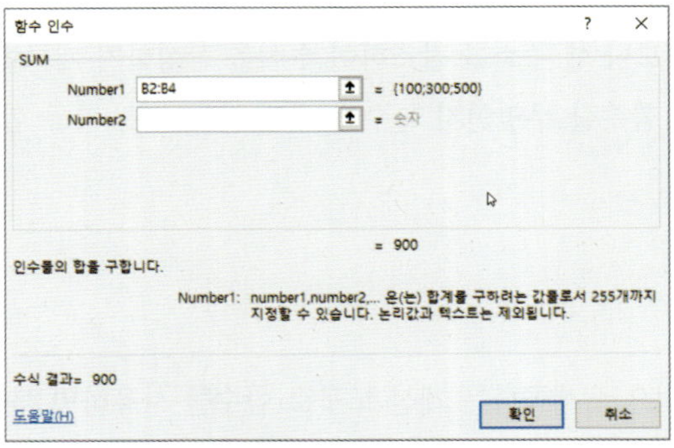

2.2 자동 함수

자동 함수는 함수를 쉽게 사용할 수 있도록 내장되어 있는 기능이다. 숫자 열 또는 행의 합계를 계산해야 하는 경우에는 엑셀에서 자동으로 계산을 수행하도록 할 수 있다. 합계를 계산하려는 숫자 옆에 있는 셀을 선택하고 [홈] 탭–[편집] 그룹 –[자동 합계] 명령의 드롭다운 버튼을 클릭해서 설정한다.

기본예제 23 자동 함수

자동 함수를 이용해서 합계, 평균, 최대값 및 최소값을 구하시오.

01 합계 [G4] 셀을 선택한 후 [홈] 탭–[편집] 그룹–[자동 합계 ▾]에서 '합계'를 선택한다. =SUM(D4:F4)가 나타나면 Enter 눌러 수식을 완성한다.

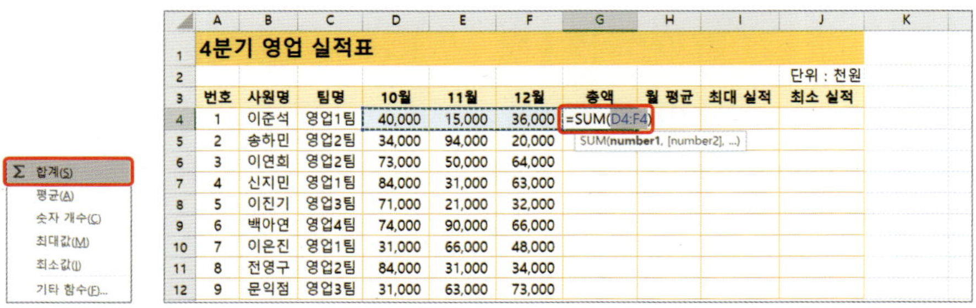

> **여기서 잠깐** **인접한 셀에 자동 함수**
>
> [D4:G12] 영역을 범위 지정한 후 [홈] 탭–[편집] 그룹 –[자동 합계] 명령을 클릭하면 채우기 핸들을 사용하지 않고 전체의 합계를 구할 수 있다.

02 평균 [H4] 셀을 선택한 후 [홈] 탭–[편집] 그룹–[자동 합계 ▼]에서 '평균'을 선택한다. =AVERAGE(D4:G4)가 나타나면 [D4:F4] 영역을 범위로 지정한 후 Enter를 누른다.

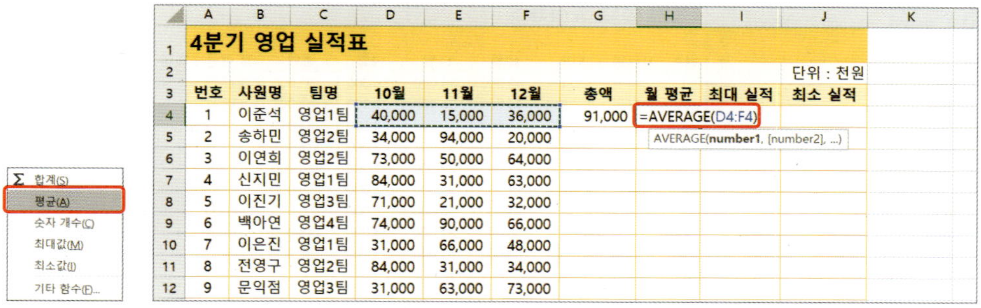

	A	B	C	D	E	F	G	H	I	J	K
1	4분기 영업 실적표										
2										단위 : 천원	
3	번호	사원명	팀명	10월	11월	12월	총액	월 평균	최대 실적	최소 실적	
4	1	이준석	영업1팀	40,000	15,000	36,000	91,000	=AVERAGE(D4:F4)			
5	2	송하민	영업2팀	34,000	94,000	20,000					
6	3	이연희	영업2팀	73,000	50,000	64,000					
7	4	신지민	영업1팀	84,000	31,000	63,000					
8	5	이진기	영업3팀	71,000	21,000	32,000					
9	6	백아연	영업4팀	74,000	90,000	66,000					
10	7	이은진	영업1팀	31,000	66,000	48,000					
11	8	전영구	영업2팀	84,000	31,000	34,000					
12	9	문익점	영업3팀	31,000	63,000	73,000					

03 최대값 [I4] 셀을 선택한 후 [홈] 탭–[편집] 그룹–[자동 합계 ▼]에서 '최대값'을 선택한다. =MAX(D4:H4)가 나타나면 [D4:F4] 영역을 범위로 지정한 후 Enter를 누른다.

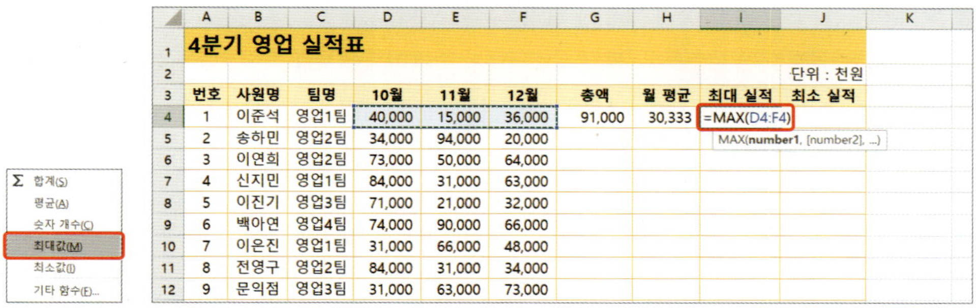

	A	B	C	D	E	F	G	H	I	J	K
1	4분기 영업 실적표										
2										단위 : 천원	
3	번호	사원명	팀명	10월	11월	12월	총액	월 평균	최대 실적	최소 실적	
4	1	이준석	영업1팀	40,000	15,000	36,000	91,000	30,333	=MAX(D4:F4)		
5	2	송하민	영업2팀	34,000	94,000	20,000					
6	3	이연희	영업2팀	73,000	50,000	64,000					
7	4	신지민	영업1팀	84,000	31,000	63,000					
8	5	이진기	영업3팀	71,000	21,000	32,000					
9	6	백아연	영업4팀	74,000	90,000	66,000					
10	7	이은진	영업1팀	31,000	66,000	48,000					
11	8	전영구	영업2팀	84,000	31,000	34,000					
12	9	문익점	영업3팀	31,000	63,000	73,000					

04 최소값 [J4] 셀을 선택한 후 [홈] 탭–[편집] 그룹–[자동 합계 ▼]에서 '최소값'을 선택한다. =MIN(D4:I4)가 나타나면 [D4:F4] 영역을 범위로 지정한 후 Enter를 누른다.

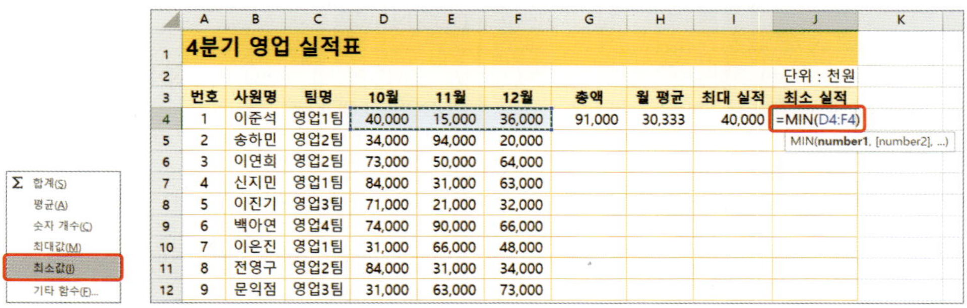

	A	B	C	D	E	F	G	H	I	J	K
1	4분기 영업 실적표										
2										단위 : 천원	
3	번호	사원명	팀명	10월	11월	12월	총액	월 평균	최대 실적	최소 실적	
4	1	이준석	영업1팀	40,000	15,000	36,000	91,000	30,333	40,000	=MIN(D4:F4)	
5	2	송하민	영업2팀	34,000	94,000	20,000					
6	3	이연희	영업2팀	73,000	50,000	64,000					
7	4	신지민	영업1팀	84,000	31,000	63,000					
8	5	이진기	영업3팀	71,000	21,000	32,000					
9	6	백아연	영업4팀	74,000	90,000	66,000					
10	7	이은진	영업1팀	31,000	66,000	48,000					
11	8	전영구	영업2팀	84,000	31,000	34,000					
12	9	문익점	영업3팀	31,000	63,000	73,000					

05 채우기 핸들 [G4:J4] 영역을 범위로 지정한 후 채우기 핸들을 더블클릭하여 수식을 복사한다.

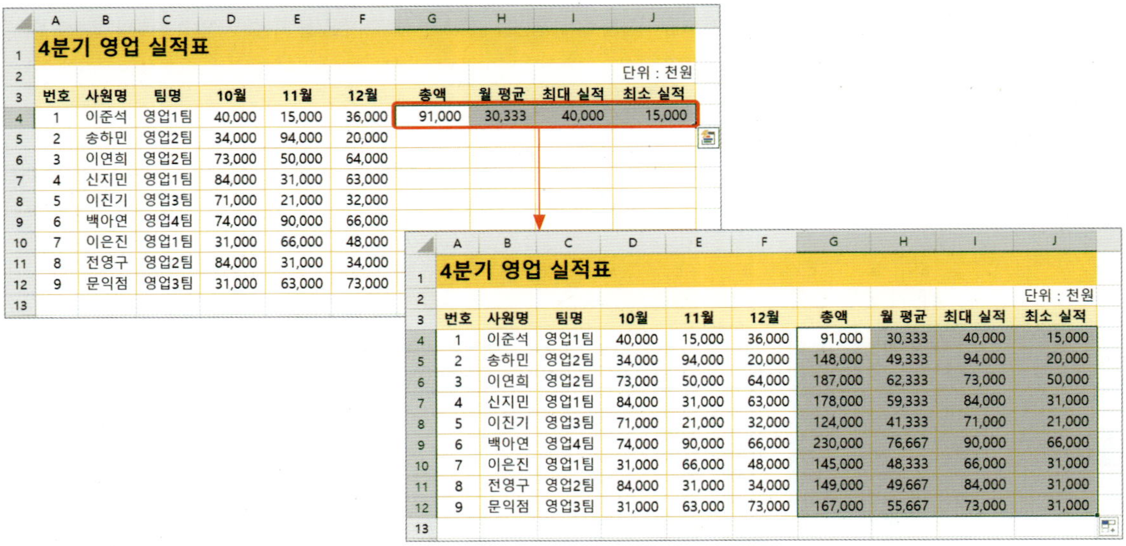

4분기 영업 실적표

단위 : 천원

번호	사원명	팀명	10월	11월	12월	총액	월 평균	최대 실적	최소 실적
1	이준석	영업1팀	40,000	15,000	36,000	91,000	30,333	40,000	15,000
2	송하민	영업2팀	34,000	94,000	20,000				
3	이연희	영업2팀	73,000	50,000	64,000				
4	신지민	영업1팀	84,000	31,000	63,000				
5	이진기	영업3팀	71,000	21,000	32,000				
6	백아연	영업4팀	74,000	90,000	66,000				
7	이은진	영업1팀	31,000	66,000	48,000				
8	전영구	영업2팀	84,000	31,000	34,000				
9	문익점	영업3팀	31,000	63,000	73,000				

4분기 영업 실적표

단위 : 천원

번호	사원명	팀명	10월	11월	12월	총액	월 평균	최대 실적	최소 실적
1	이준석	영업1팀	40,000	15,000	36,000	91,000	30,333	40,000	15,000
2	송하민	영업2팀	34,000	94,000	20,000	148,000	49,333	94,000	20,000
3	이연희	영업2팀	73,000	50,000	64,000	187,000	62,333	73,000	50,000
4	신지민	영업1팀	84,000	31,000	63,000	178,000	59,333	84,000	31,000
5	이진기	영업3팀	71,000	21,000	32,000	124,000	41,333	71,000	21,000
6	백아연	영업4팀	74,000	90,000	66,000	230,000	76,667	90,000	66,000
7	이은진	영업1팀	31,000	66,000	48,000	145,000	48,333	66,000	31,000
8	전영구	영업2팀	84,000	31,000	34,000	149,000	49,667	84,000	31,000
9	문익점	영업3팀	31,000	63,000	73,000	167,000	55,667	73,000	31,000

2.3 함수의 범주

엑셀에서 기본적으로 제공하는 함수의 범주는 아래의 표와 같다. 각 함수를 나누는 범주의 기준이 어떻게 되고 각 범주의 기능 및 속하는 함수가 어떤 것이 있는지 알아보도록 한다.

범주	기능	함수 종류
텍스트	셀에서 문자열을 추출, 데이터의 길이, 대/소문자 변경, 공백 제거 등 수식에서 문자열을 조작할 때 이용한다.	LEFT, RIGHT, MID, LEN, TRIM, UPPER, PROPER, LOWER
날짜/시간	셀의 날짜에서 년, 월, 일, 요일을 일련번호로 추출, 오늘 날짜, 특정한 날짜 지정, 시, 분, 초 등 수식에서 날짜와 시간을 조건에 맞게 조작할 때 사용한다.	YEAR, MONTH, DAY, DATE, WEEKDAY, EDATE, TODAY, NOW, TIME,
통계	평균, 최대값, 최소값, 개수, 순위 등 특정 영역의 통계를 추출할 때 사용한다.	AVERAGE, MAX, MIN, COUNT, COUNTA, COUNTIF, RANK.EQ
논리	조건의 결과가 참인지 거짓인지 판별하고, 조건의 참 거짓에 따라 결과를 반환할 때 사용한다.	AND, OR, NOT, IF, IFERROR
데이터베이스	목록에서 조건에 만족하는 값들을 통계낼 때 사용한다.	DSUM, DAVERAGE, DMAX, DMIN, DCOUNT, DCOUNTA
찾기/참조	배열이나 셀 범위를 참조하여 특정한 값을 찾거나 다른 셀에 입력된 값을 찾아올 때 사용한다.	VLOOKUP, HLOOKUP, INDEX, MATCH, CHOOSE, LOOKUP
재무	재무 계산할 때 사용한다.	FV, PV, PMT
정보	셀에 입력한 데이터의 종류를 확인할 때 사용한다.	ISNUMBER, ISBLANK, ISERROR
수학/삼각	합계, 절대값, 나머지 등 주로 계산을 할 때 사용한다.	SUM, SUMIF, SUMIFS, ROUND, ROUNDUP, ROUNDDOWN, ABS, INT, MOD
공학	2진수, 8진수, 16진수, 제곱근을 계산할 때 사용한다.	DEC2BIN, DEC2HEX, DEC2OCT, DELTA, ERF

SECTION 03

이름 정의

수식 작성이나 조건 범위를 지정할 때, 범위를 '시트명!$A$1:$B$107'과 같이 복잡한 셀 주소 형태로 사용하지 않고 사용자가 정의한 명칭을 사용하여 쉽게 작업을 수행하기 위해 이름 정의 기능을 사용한다. 이름 정의와 이름 정의의 삭제, 이름 정의의 활용에 대해 알아보도록 한다.

3.1 이름 정의 및 관리하기

이름 정의 시 규칙을 알아보고 이름을 정의하는 방법 및 잘못 정의된 이름을 수정하는 방법, 이름을 삭제하는 방법에 대해 알아보도록 한다.

3.1.1 이름 정의 규칙

셀의 이름을 정의하는데 일정한 규칙이 있고, 이 규칙을 만족해야만 이름 정의를 할 수 있다.

① 셀이나 범위에서 사용되는 이름은 첫 글자를 문자나 밑줄로 시작하며, 두 번째부터는 문자, 숫자, 밑줄 등이 포함될 수 있다.

② 이름 정의에서 공백이나 특수 기호는 사용할 수 없다.

③ 최대 255자까지 정의할 수 있고 대소문자를 구별하지 않는다.

④ 하나의 통합 문서에서 같은 이름을 2개 이상 지정할 수 없다.

3.1.2 이름 정의

특정한 셀이나 범위에 이름을 정의하면 수식에서 이름을 사용하여 범위를 지정할 수 있다. 그리고 이름이 지정된 범위는 F4를 눌러 절대 참조를 설정하지 않아도 기본적으로 절대 참조로 인식한다.

이름을 정의하는 방법은 다음과 같다.

- **방법 1** 셀 또는 영역을 지정한 후 [수식] 탭–[정의된 이름] 그룹–[이름 정의▼]에서 '이름 정의'를 클릭한다. [새 이름] 대화상자에서 이름을 입력하고 [확인]을 클릭한다.

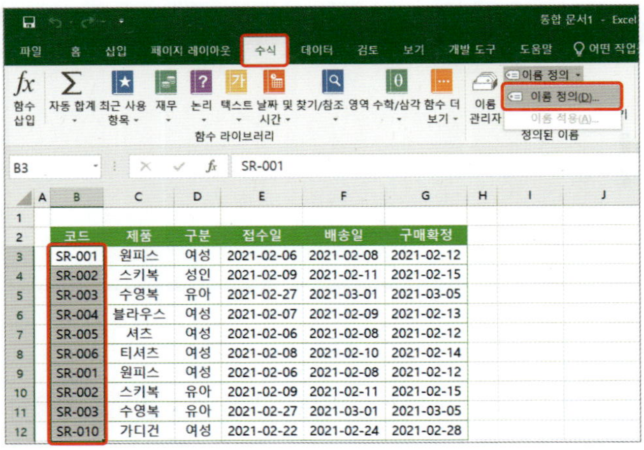

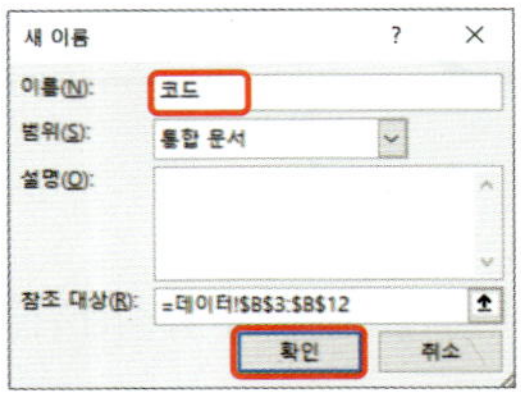

• **방법 2** 셀 또는 영역을 지정한 후 [수식] 탭–[정의된 이름] 그룹에서 '선택 영역에서 만들기'를 클릭한다. [선택 영역에서 이름 만들기] 대화상자의 '이름 만들기'에서 원하는 항목을 클릭하여 선택한다.

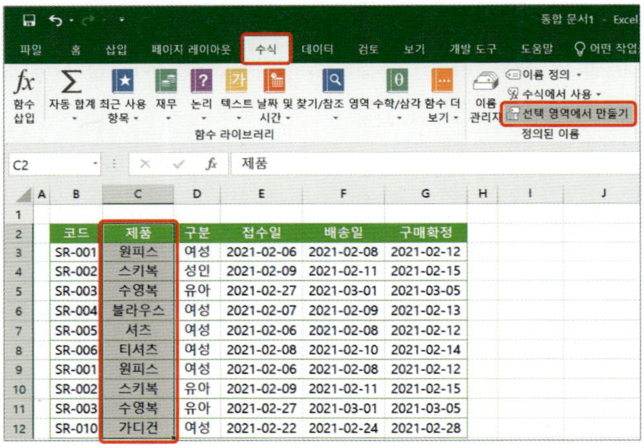

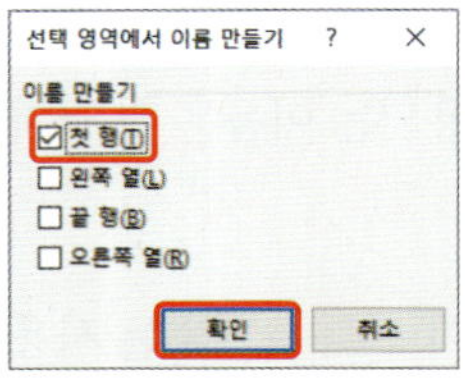

• **방법 3** 셀 또는 영역을 지정한 후 [이름 상자]에 이름을 입력하고 Enter를 누른다.

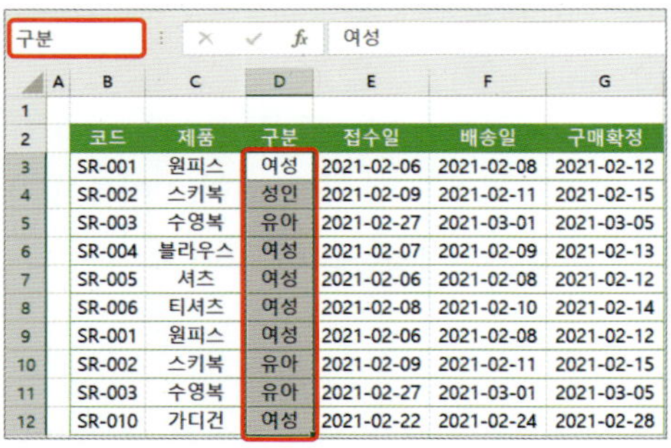

• **방법 4** Ctrl+F3을 눌러 [이름 관리자] 대화상자가 나타나면 [새로 만들기]를 클릭하고 이름 정의를 수행한다.

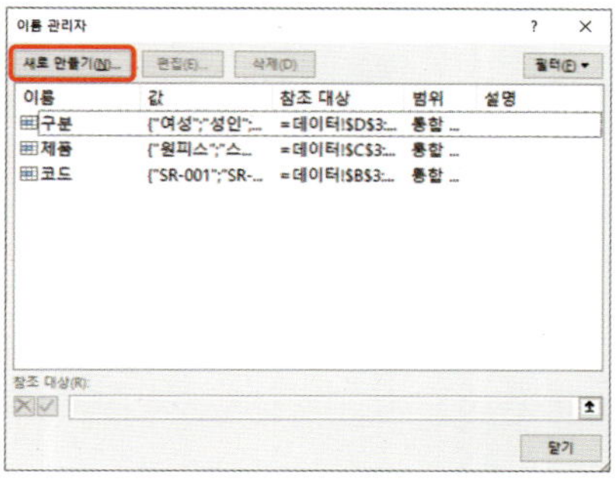

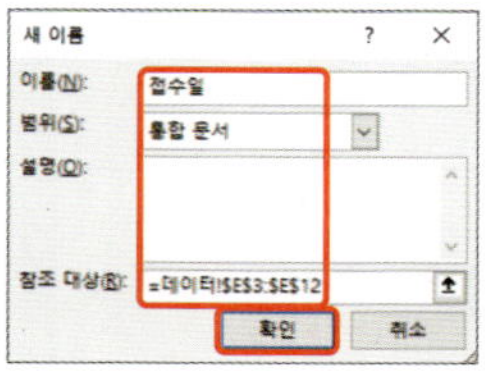

TIP 이름을 정의할 때 첫 글자는 밑줄이나 문자만 쓸 수 있고, 숫자는 첫 글자로 쓸 수 없다.

3.2 이름 정의 편집 및 삭제

이름 정의를 잘못 지정하였을 경우에는 이름이나 범위를 재편집할 수 있고, 필요없을 경우에는 삭제할 수 있다. [수식] 탭–[정의된 이름] 그룹에서 '이름 관리자'를 클릭한 후 [이름 관리자] 대화상자에서 편집 및 삭제할 수 있다.

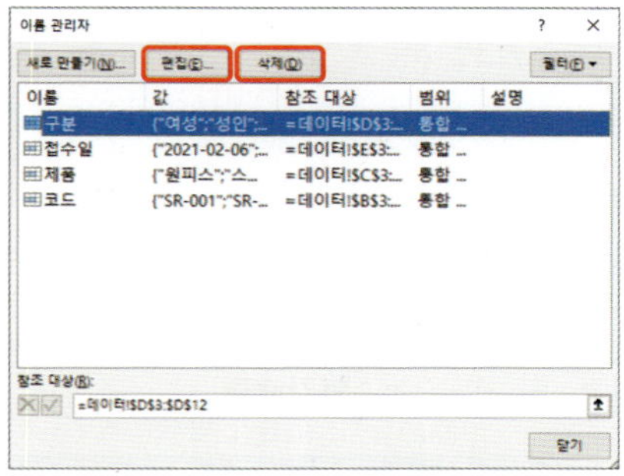

기본예제 24 이름 정의

이름 정의를 이용하여 최대 판매 수량과 총 매출액을 구하시오.

01 수량 이름 정의 [E4:E17] 영역을 범위 지정한 후 [수식] 탭–[정의된 이름] 그룹–[이름 정의 ▾]에서 '이름 정의'를 클릭한다. [새 이름] 대화상자에서 『수량』으로 이름을 입력하고 [확인]을 클릭한다.

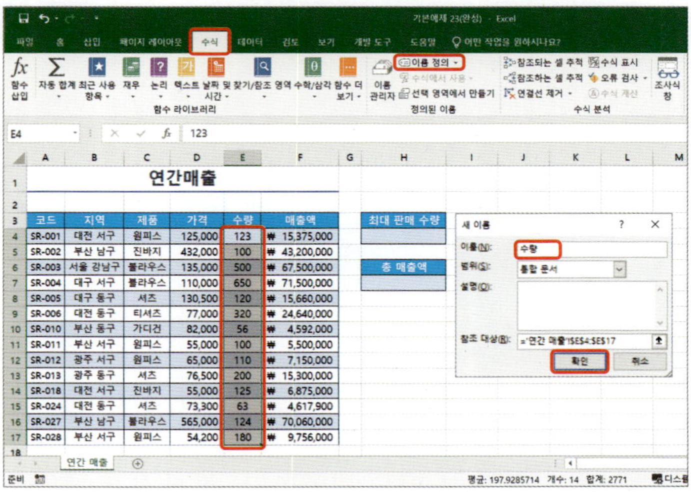

02 매출액 이름 정의 [F4:F17] 영역을 범위 지정한 후 [수식] 탭–[정의된 이름] 그룹–[이름 정의▼]에서 '이름 정의'를 클릭한다. [새 이름] 대화상자에서 『매출액』으로 이름을 입력하고 [확인]을 클릭한다.

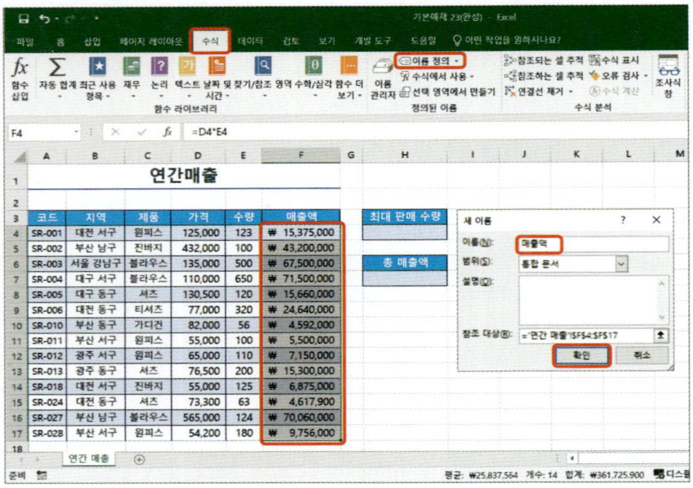

03 함수 활용 [H4] 셀을 선택한 후 『=MAX(수량)』을 입력한다. [H7] 셀을 선택한 후 『=SUM(매출액)』을 입력한다.

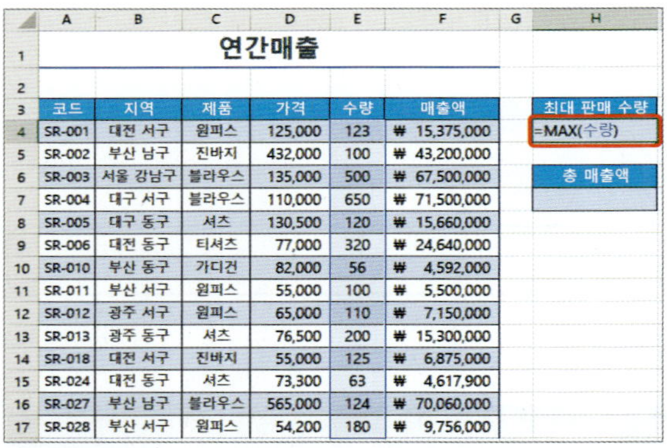

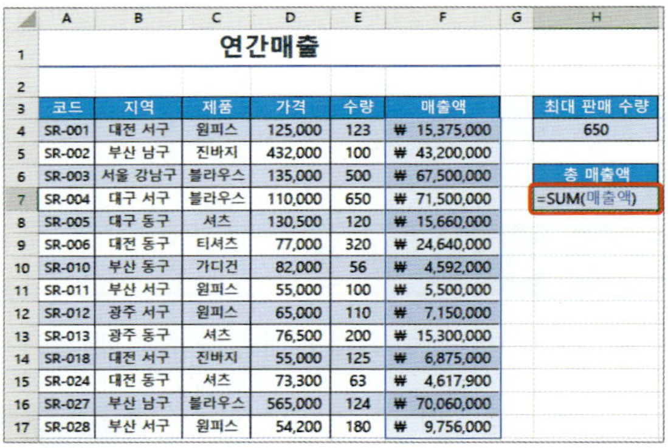

SECTION 04

기본 함수 활용하기

엑셀에서 제공하는 함수를 사용하면 정확한 결과를 빠르게 얻을 수 있다. 함수는 미리 정의된 수식 프로그램으로 인수는 함수마다 다르게 지정될 수 있다. 기본적인 함수의 활용에 대해 알아보고 실습해보자.

4.1 텍스트 함수

텍스트 함수는 문자열(일련의 문자)의 일부를 추출하거나 문자열의 길이, 대/소문자의 변환, 공백 제거, 문자열의 연결이나 문자열을 다른 문자열로 치환하는 등의 기능을 사용하는 함수이다. 다음은 대표적인 텍스트 함수이다.

4.1.1 LEFT 함수

- **형식** LEFT(문자열,추출할 문자 수)
- **기능** 문자열 중 왼쪽을 기준으로 몇 개 추출할 것인지 추출된 문자를 표시
- **예시** =LEFT(B6,4)
- **설명** [B6] 셀의 값 "마이크로2019" 중 왼쪽을 기준으로 4개의 문자인 "마이크로" 추출

4.1.2 RIGHT 함수

- **형식** RIGHT(문자열,추출할 문자 수)
- **기능** 문자열 중 오른쪽을 기준으로 몇 개 추출할 것인지 추출된 문자를 표시
- **예시** =RIGHT(B6,4)
- **설명** [B6] 셀의 값 "마이크로2019" 중 오른쪽을 기준으로 4개의 문자인 "2019" 추출

4.1.3 MID 함수

- **형식** MID(문자열,시작위치,추출할 문자열 수)
- **기능** 문자열 중 시작 위치를 기준으로 몇 개 추출할 것인지 추출된 문자를 표시
- **예시** =MID(B6,3,4)
- **설명** [B6] 셀의 값 "마이크로2019" 중 3번째 시작해서 4개의 문자인 "크로20" 추출

4.1.3 LEN 함수

- **형식** LEN(문자열)
- **기능** 문자열의 길이를 추출하는 함수로 문자열의 전체 길이를 표시
- **예시** =LEN(B6)
- **설명** [B6] 셀의 값 "마이크로2019"의 길이를 표시하므로 8이 표시

4.1.4 REPT 함수

- **형식** REPT(표시될 문자, 개수)
- **기능** 표시될 문자를 몇 개 반복할 것인지 개수만큼 문자를 반복해서 표시
- **예시** =REPT("■",5)
- **설명** "■"기호를 5번 반복하여 출력하라는 의미로 ■■■■■를 표시

4.1.5 PROPER 함수

- **형식** PROPER(텍스트)
- **기능** 영문 텍스트에서 첫 글자만 대문자로 표시
- **예시** =PROPER(E3)
- **설명** [E3] 셀에 "kim"이 첫 글자를 대문자로 변환하여 "Kim"으로 표시

4.1.6 UPPER 함수

- **형식** UPPER(텍스트)
- **기능** 소문자를 모두 대문자로 변환하여 표시
- **예시** =UPPER(E3)
- **설명** [E3] 셀에 "kim"이 첫 대문자로 변환하여 "KIM"으로 표시

4.1.6 LOWER 함수

- **형식** LOWER(텍스트)
- **기능** 대문자를 모두 소문자로 변환하여 표시
- **예시** =LOWER(E3)
- **설명** [E3] 셀에 "KIM"이 소문자로 변환하여 "kim"으로 표시

4.1.7 SEARCH 함수

- **형식** SEARCH(찾을 문자, 문자열, 시작 위치)
- **기능** 문자열에서 특정 문자의 위치를 글자 단위로 찾아 글자의 위치를 숫자로 표시

• **예시** =SEARCH("로",B6)

• **설명** [B6] 셀의 값 "마이크로2019"에서 "로"의 위치 4를 표시

기본예제 25 텍스트 함수

텍스트 함수를 이용해서 거래연도, 제품코드, 거래처 코드, 거래처 등급을 구하시오.

01 코드 앞 4자리 추출 [C3] 셀을 선택한 후 『=LEFT(A3,4)』를 입력한다.

	A	B	C	D	E	F	G	H
1	거래처 현황							
2	코드	거래처명	거래연도	제품코드	거래처 코드	판매수량	매출액	거래처 등급
3	2020-S-01	(주)다판다	=LEFT(A3,4)			101	1,111,000	
4	2020-S-02	(주)다판다				395	4,345,000	
5	2020-P-01	미풍상회				178	6,853,000	
6	2020-S-03	형제상회				328	3,608,000	
7	2020-A-01	삼정물산				570	9,747,000	
8	2020-A-02	삼정물산				101	1,727,100	
9	2020-A-03	삼정물산				600	10,260,000	
10	2020-P-02	미풍상회				308	11,858,000	
11	2020-S-04	형제상회				550	6,050,000	
12	2020-P-03	미풍상회				200	7,700,000	
13	2020-P-04	미풍상회				80	3,080,000	

02 코드 뒤 2자리 추출 [D3] 셀을 선택한 후 『=RIGHT(A3,2)』를 입력한다.

	A	B	C	D	E	F	G	H
1	거래처 현황							
2	코드	거래처명	거래연도	제품코드	거래처 코드	판매수량	매출액	거래처 등급
3	2020-S-01	(주)다판다	2020	=RIGHT(A3,2)		101	1,111,000	
4	2020-S-02	(주)다판다				395	4,345,000	
5	2020-P-01	미풍상회				178	6,853,000	
6	2020-S-03	형제상회				328	3,608,000	
7	2020-A-01	삼정물산				570	9,747,000	
8	2020-A-02	삼정물산				101	1,727,100	
9	2020-A-03	삼정물산				600	10,260,000	
10	2020-P-02	미풍상회				308	11,858,000	
11	2020-S-04	형제상회				550	6,050,000	
12	2020-P-03	미풍상회				200	7,700,000	
13	2020-P-04	미풍상회				80	3,080,000	

03 코드 여섯 번째 1자리 추출 [E3] 셀을 선택한 후 『=MID(A3,6,1)』를 입력한다.

	A	B	C	D	E	F	G	H
1	거래처 현황							
2	코드	거래처명	거래연도	제품코드	거래처 코드	판매수량	매출액	거래처 등급
3	2020-S-01	(주)다판다	2020	01	=MID(A3,6,1)	101	1,111,000	
4	2020-S-02	(주)다판다				395	4,345,000	
5	2020-P-01	미풍상회				178	6,853,000	
6	2020-S-03	형제상회				328	3,608,000	
7	2020-A-01	삼정물산				570	9,747,000	
8	2020-A-02	삼정물산				101	1,727,100	
9	2020-A-03	삼정물산				600	10,260,000	
10	2020-P-02	미풍상회				308	11,858,000	
11	2020-S-04	형제상회				550	6,050,000	
12	2020-P-03	미풍상회				200	7,700,000	
13	2020-P-04	미풍상회				80	3,080,000	

04 판매수량을 100으로 나눈 값을 '▲'로 표시 [H3] 셀을 선택한 후 『=REPT("▲",F3/100)』를 입력한다.

거래처 현황							
코드	거래처명	거래연도	제품코드	거래처 코드	판매수량	매출액	거래처 등급
2020-S-01	(주)다판다	2020	01	S	101	1,111,000	=REPT("▲",F3/100)
2020-S-02	(주)다판다				395	4,345,000	
2020-P-01	미풍상회				178	6,853,000	
2020-S-03	형제상회				328	3,608,000	
2020-A-01	삼정물산				570	9,747,000	
2020-A-02	삼정물산				101	1,727,100	
2020-A-03	삼정물산				600	10,260,000	
2020-P-02	미풍상회				308	11,858,000	
2020-S-04	형제상회				550	6,050,000	
2020-P-03	미풍상회				200	7,700,000	
2020-P-04	미풍상회				80	3,080,000	

05 채우기 핸들 [C3:E3] 영역을 범위로 지정한 후 채우기 핸들을 드래그하여 [E13] 셀까지 수식을 복사한다. [H3] 셀을 선택한 후 채우기 핸들을 드래그하여 [H13] 셀까지 수식을 복사한다.

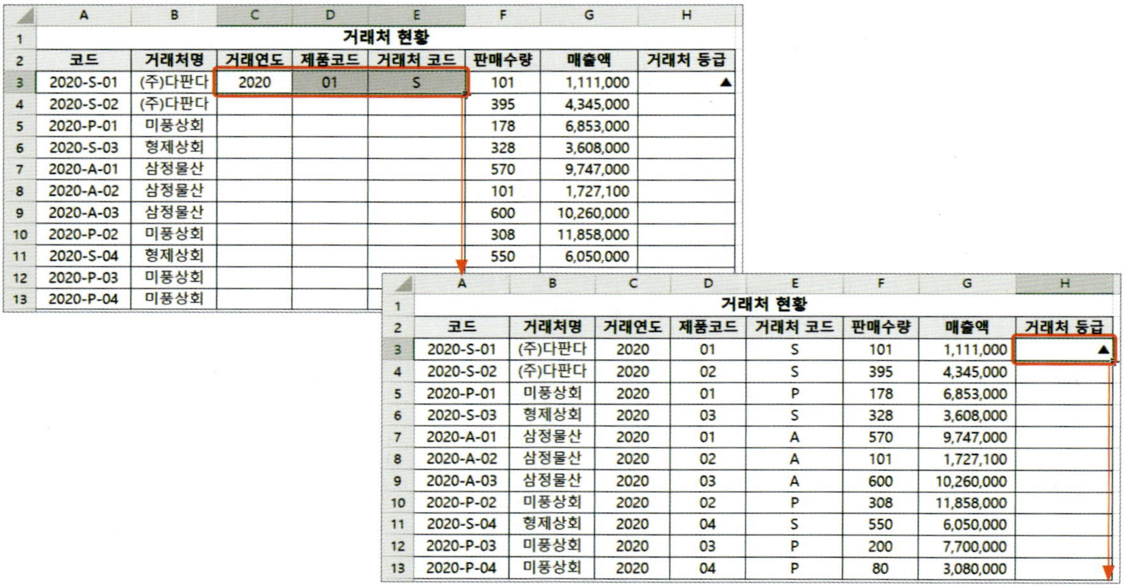

거래처 현황							
코드	거래처명	거래연도	제품코드	거래처 코드	판매수량	매출액	거래처 등급
2020-S-01	(주)다판다	2020	01	S	101	1,111,000	▲
2020-S-02	(주)다판다	2020	02	S	395	4,345,000	
2020-P-01	미풍상회	2020	01	P	178	6,853,000	
2020-S-03	형제상회	2020	03	S	328	3,608,000	
2020-A-01	삼정물산	2020	01	A	570	9,747,000	
2020-A-02	삼정물산	2020	02	A	101	1,727,100	
2020-A-03	삼정물산	2020	03	A	600	10,260,000	
2020-P-02	미풍상회	2020	02	P	308	11,858,000	
2020-S-04	형제상회	2020	04	S	550	6,050,000	
2020-P-03	미풍상회	2020	03	P	200	7,700,000	
2020-P-04	미풍상회	2020	04	P	80	3,080,000	

06 대문자 아이디 구하기(메일에서 @가 나오기 전까지) [고객현황] 워크시트에서 [D3] 셀을 선택한 후 『=UPPER(LEFT(C3,SEARCH("@",C3)−1))』을 입력한다. 채우기 핸들을 드래그하여 [D10] 셀까지 수식을 복사한다.

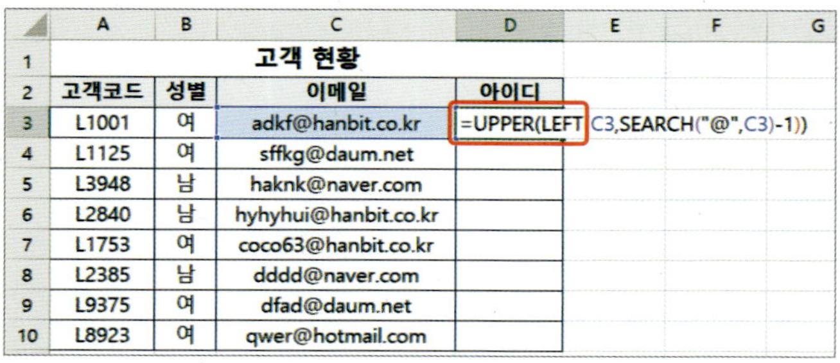

고객 현황			
고객코드	성별	이메일	아이디
L1001	여	adkf@hanbit.co.kr	=UPPER(LEFT(C3,SEARCH("@",C3)-1))
L1125	여	sffkg@daum.net	
L3948	남	haknk@naver.com	
L2840	남	hyhyhui@hanbit.co.kr	
L1753	여	coco63@hanbit.co.kr	
L2385	남	dddd@naver.com	
L9375	여	dfad@daum.net	
L8923	여	qwer@hotmail.com	

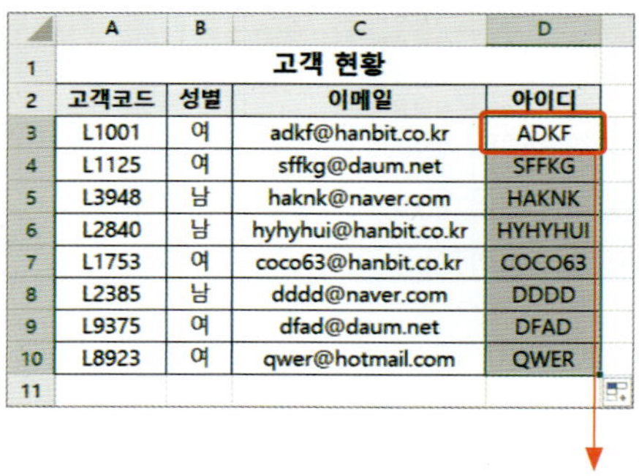

고객 현황			
고객코드	성별	이메일	아이디
L1001	여	adkf@hanbit.co.kr	ADKF
L1125	여	sffkg@daum.net	SFFKG
L3948	남	haknk@naver.com	HAKNK
L2840	남	hyhyhui@hanbit.co.kr	HYHYHUI
L1753	여	coco63@hanbit.co.kr	COCO63
L2385	남	dddd@naver.com	DDDD
L9375	여	dfad@daum.net	DFAD
L8923	여	qwer@hotmail.com	QWER

4.2 날짜/시간 함수

날짜 및 시간 함수는 날짜에서 연도, 월, 일을 추출하거나 시간에서 시, 분, 초를 추출할 수 있다. 그리고 현재 날짜나 현재 시각을 표시할 수 있다.

4.2.1 TODAY 함수

- **형식** TODAY()
- **기능** 현재 컴퓨터의 날짜를 표시, 인수가 필요없는 무인수 함수로 함수 뒤에 괄호만 표시
- **예시** TODAY()
- **설명** 현재 날짜 표시

4.2.2 NOW 함수

- **형식** NOW()
- **기능** 현재 컴퓨터의 날짜와 시간을 표시, 무인수 함수로 함수 뒤에 괄호만 표시
- **예시** NOW()
- **설명** 현재 날짜와 시간 표시

4.2.3 YEAR 함수

- **형식** YEAR(날짜)
- **기능** 날짜에서 연도만 추출하여 표시
- **예시** =YEAR(E4)
- **설명** [E4] 셀(2020-3-2)에서 "2020" 추출

4.2.4 MONTH 함수

- **형식** MONTH(날짜)
- **기능** 날짜에서 월만 추출하여 표시
- **예시** =MONTH(E4)
- **설명** [E4] 셀(2020-3-2)에서 "3" 추출

4.2.5 DAY 함수

- **형식** DAY(날짜)
- **기능** 날짜에서 일만 추출하여 표시
- **예시** =DAY(E4)
- **설명** [E4] 셀(2020-3-2)에서 "2" 추출

4.2.6 HOUR 함수

- **형식** HOUR(시간)
- **기능** 시간에서 시만 추출하여 표시
- **예시** =HOUR(F3)
- **설명** [E3] 셀(3:30:15)에서 "3" 추출

4.2.7 MINUTE 함수

- **형식** MINUTE(시간)
- **기능** 시간에서 분만 추출하여 표시
- **예시** =MINUTE(F3)
- **설명** [E3] 셀(3:30:15)에서 "30" 추출

4.2.8 SECOND 함수

- **형식** SECOND(시간)
- **기능** 시간에서 초만 추출하여 표시
- **예시** =SECOND(F3)
- **설명** [E3] 셀(3:30:15)에서 "15" 추출

4.2.9 DATE 함수

- **형식** DATE(연, 월, 일)
- **기능** 추출한 값을 날짜 형식으로 표시
- **예시** =DATE(2020,6,15)
- **설명** 2020-6-15 날짜 형식으로 표시

4.2.10 TIME 함수

- **형식** TIME(시, 분, 초)
- **기능** 추출한 값을 시간 형식으로 표시
- **예시** =TIME(3,25,10)
- **설명** 3:25:10 시간 형식으로 표시

4.2.11 WEEKDAY 함수

- **형식** WEEKDAY(날짜, 반환 타입)

• **기능** 날짜의 해당 요일을 숫자로 반환(변환 타입이 1이면 일요일이 1 토요일은 7, 옵션이 2이면 월요일이 1 일요일은 7)

• **예시** =WEEKDAY(G3,1)

• **설명** [G3] 셀(2020-11-05)이 목요일을 뜻하는 5로 표시

기본예제 26 날짜/시간 함수

날짜/시간 함수를 이용해서 [거래개시], [작업완료일] 워크시트를 완성하시오.

01 연도 추출 [거래개시] 워크시트에서 [C4] 셀을 선택한 후 『=YEAR(B4)』를 입력한다.

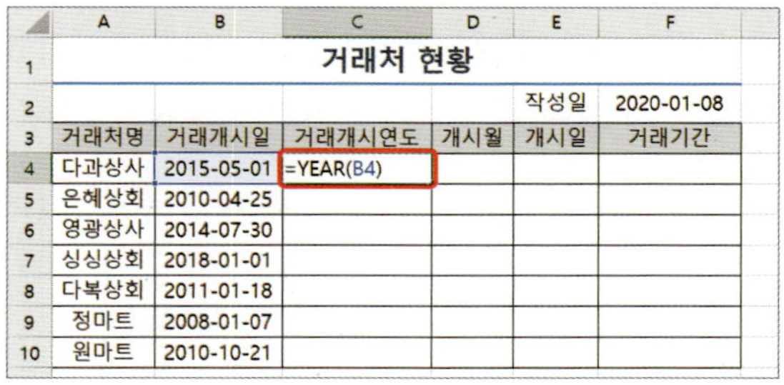

거래처 현황 | 작성일 2020-01-08

거래처명	거래개시일	거래개시연도	개시월	개시일	거래기간
다과상사	2015-05-01	=YEAR(B4)			
은혜상회	2010-04-25				
영광상사	2014-07-30				
싱싱상회	2018-01-01				
다복상회	2011-01-18				
정마트	2008-01-07				
원마트	2010-10-21				

02 월 추출 [거래개시] 워크시트에서 [D4] 셀을 선택한 후 『=MONTH(B4)』를 입력한다.

거래처 현황 | 작성일 2020-01-08

거래처명	거래개시일	거래개시연도	개시월	개시일	거래기간
다과상사	2015-05-01	2015	=MONTH(B4)		
은혜상회	2010-04-25				
영광상사	2014-07-30				
싱싱상회	2018-01-01				
다복상회	2011-01-18				
정마트	2008-01-07				
원마트	2010-10-21				

03 일 추출 [거래개시] 워크시트에서 [E4] 셀을 선택한 후 『=DAY(B4)』를 입력한다.

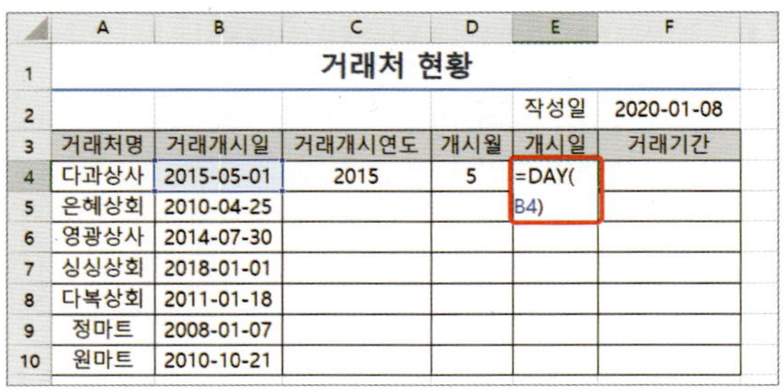

거래처 현황 | 작성일 2020-01-08

거래처명	거래개시일	거래개시연도	개시월	개시일	거래기간
다과상사	2015-05-01	2015	5	=DAY(B4)	
은혜상회	2010-04-25				
영광상사	2014-07-30				
싱싱상회	2018-01-01				
다복상회	2011-01-18				
정마트	2008-01-07				
원마트	2010-10-21				

04 거래기간 추출 [거래개시] 워크시트에서 [F4] 셀을 선택한 후 『=YEAR(TODAY())−YEAR(B4)&"년"』을 입력한다.

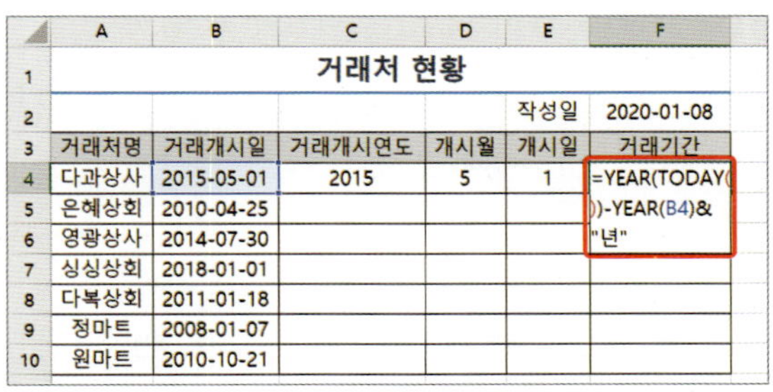

거래처 현황 | 작성일 2020-01-08

거래처명	거래개시일	거래개시연도	개시월	개시일	거래기간
다과상사	2015-05-01	2015	5	1	=YEAR(TODAY())-YEAR(B4)&"년"
은혜상회	2010-04-25				
영광상사	2014-07-30				
싱싱상회	2018-01-01				
다복상회	2011-01-18				
정마트	2008-01-07				
원마트	2010-10-21				

05 채우기 핸들 [C4:F4] 영역을 범위로 지정한 후 채우기 핸들을 드래그하여 [F10] 셀까지 수식을 복사한다.

	A	B	C	D	E	F
1	거래처 현황					
2					작성일	2020-01-08
3	거래처명	거래개시일	거래개시연도	개시월	개시일	거래기간
4	다과상사	2015-05-01	2015	5	1	5년
5	은혜상회	2010-04-25				
6	영광상사	2014-07-30				
7	싱싱상회	2018-01-01				
8	다복상회	2011-01-18				
9	정마트	2008-01-07				
10	원마트	2010-10-21				

	A	B	C	D	E	F
1	거래처 현황					
2					작성일	2020-01-08
3	거래처명	거래개시일	거래개시연도	개시월	개시일	거래기간
4	다과상사	2015-05-01	2015	5	1	5년
5	은혜상회	2010-04-25	2010	4	25	10년
6	영광상사	2014-07-30	2014	7	30	6년
7	싱싱상회	2018-01-01	2018	1	1	2년
8	다복상회	2011-01-18	2011	1	18	9년
9	정마트	2008-01-07	2008	1	7	12년
10	원마트	2010-10-21	2010	10	21	10년

06 작업 완료 예정일 [작업완료일] 워크시트에서 [D4] 셀을 선택한 후 『=DAY($D$2)+C4&"일"』을 입력한다. 채우기 핸들을 드래그하여 [D10] 셀까지 수식을 복사한다.

	A	B	C	D
1	작업 완료 예정			
2			작성일	2020-01-08
3	거래처명	거래개시일	작업 소요일	작업 완료 예정일
4	다과상사	2015-05-01	5일	=DAY($D$2)+C4&"일"
5	은혜상회	2010-04-25	2일	
6	영광상사	2014-07-30	4일	
7	싱싱상회	2018-01-01	7일	
8	다복상회	2011-01-18	7일	
9	정마트	2008-01-07	6일	
10	원마트	2010-10-21	5일	
11				

	A	B	C	D
1	작업 완료 예정			
2			작성일	2020-01-08
3	거래처명	거래개시일	작업 소요일	작업 완료 예정일
4	다과상사	2015-05-01	5일	13일
5	은혜상회	2010-04-25	2일	10일
6	영광상사	2014-07-30	4일	12일
7	싱싱상회	2018-01-01	7일	15일
8	다복상회	2011-01-18	7일	15일
9	정마트	2008-01-07	6일	14일
10	원마트	2010-10-21	5일	13일
11				

07 생년월일 추출 [생년월일] 워크시트에서 [E4] 셀을 선택한 후 『=DATE(20&LEFT(A4,2),MID(A4,3,2),MID(A4,5,2))』를 입력한다. 채우기 핸들을 드래그하여 [E11] 셀까지 수식을 복사한다.

	A	B	C	D	E	F
1	회원 등록 현황					
2						
3	주민등록번호	성명	과목	성별	생년월일	
4	021010-4231519	=DATE(20&LEFT(A4,2),MID(A4,3,2),MID(A4,5,2))				
5	030621-3469851	함하영	국어	남자		
6	020725-4348521	오정철	영어	여자		
7	031231-3247825	이지함	수학	남자		
8	040409-3254874	하나영	수학	남자		
9	021122-3352487	류인태	국어	남자		
10	030815-4354798	김예윤	영어	여자		
11	020917-4514783	유지온	국어	여자		

	A	B	C	D	E	F
1	회원 등록 현황					
2						
3	주민등록번호	성명	과목	성별	생년월일	
4	021010-4231519	나소인	영어	여자	2002-10-10	
5	030621-3469851	함하영	국어	남자	2003-06-21	
6	020725-4348521	오정철	영어	여자	2002-07-25	
7	031231-3247825	이지함	수학	남자	2003-12-31	
8	040409-3254874	하나영	수학	남자	2004-04-09	
9	021122-3352487	류인태	국어	남자	2002-11-22	
10	030815-4354798	김예윤	영어	여자	2003-08-15	
11	020917-4514783	유지온	국어	여자	2002-09-17	

08 시, 분, 초 추출 [시간] 워크시트에서 [A4] 셀을 선택한 후 『=HOUR(B2)』를 입력한다. [B4] 셀을 선택한 후 『=MINUTE(B2)』를 입력한다. [C4] 셀을 선택한 후 『=SECOND(B2)』를 입력한다.

	A	B	C	D
1				
2	현재시간	18:50:45		
3	시간	분	초	
4	=HOUR(B2)			

	A	B	C	D
1				
2	현재시간	18:50:45		
3	시간	분	초	
4	18	=MINUTE(B2)		

	A	B	C	D
1				
2	현재시간	18:50:45		
3	시간	분	초	
4	18	50	=SECOND(B2)	

	A	B	C	D
1				
2	현재시간	18:50:45		
3	시간	분	초	
4	18	50	45	

09 시간 추출 [시간] 워크시트에서 [E7] 셀을 선택한 후 『=TIME(B7,C7,D7)』을 입력한다. 채우기 핸들을 드래그하여 [E8] 셀까지 수식을 복사한다.

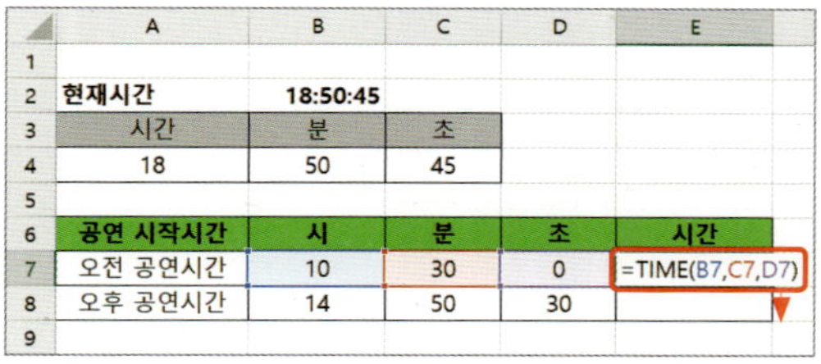

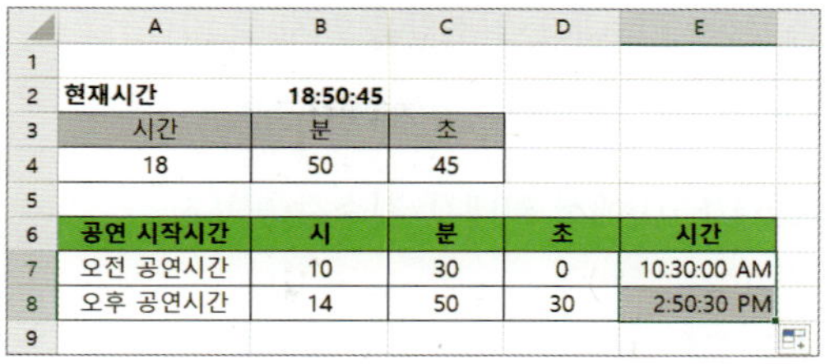

10 요일 추출(일요일 숫자 1) [납품요일] 워크시트에서 [B2] 셀을 선택한 후 『=WEEKDAY(A2,1)』을 입력한다. 채우기 핸들을 드래그하여 [B8] 셀까지 수식을 복사한다.

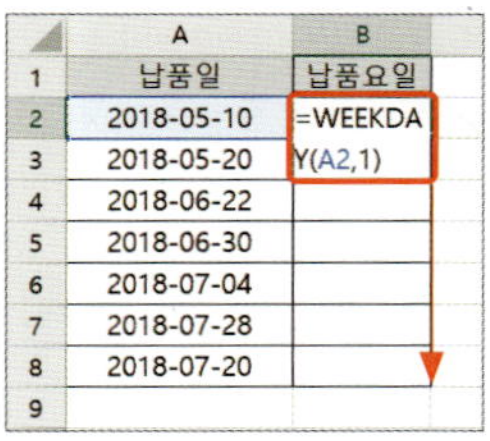

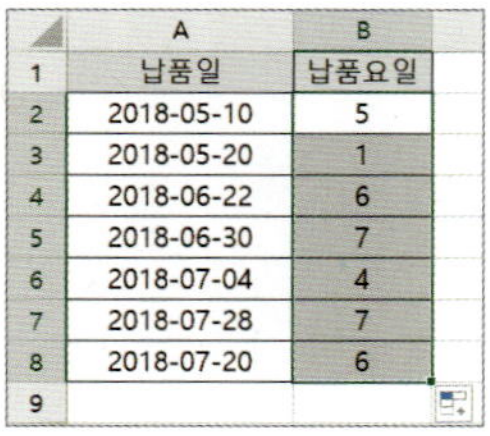

4.3 통계 함수

통계 함수는 평균, 최고값, 최저값, 개수, 순위 등 데이터 범위에서 통계와 관련된 함수를 말한다. 대표적인 통계 함수로는 AVERAGE, AVERAGEIF, MAX, MIN, RANK, VAR, COUNT, COUNTA, COUNTIF 등이 있다.

4.3.1 AVERAGE 함수

- **형식** AVERAGE(인수1, 인수2, …)
- **기능** 인수들의 평균값을 표시
- **예시** =AVERAGE(5,6,7,8)
- **설명** 인수들의 평균값인 6.5를 표시

4.3.2 AVERAGEIF 함수

- **형식** AVERAGEIF(조건 범위, 조건, 평균을 구할 범위)
- **기능** 조건에 만족하는 값들의 평균값을 표시
- **예시** =AVERAGEIF(B4:B10,"여성",E4:E10)
- **설명** 성별(B4:B10)이 여성인 성과금(E4:E10) 평균값을 반환

4.3.3 MAX/MIN 함수

- **형식** MAX(범위)/MIN(범위)
- **기능** 범위 중에서 최대값/최소값을 표시
- **예시** =MAX(E4:E10)/=MIN(E4:E10)
- **설명** 평가(E4:E10)에서 최대값/최소값을 표시

4.3.4 RANK.EQ 함수

- **형식** RANK.EQ(인수,범위,옵션)
- **기능** 범위 안에서의 순위를 표시(옵션 0 또는 생략(내림차순(큰 값이 1위)), 1(오름차순(작은 값이 1위))
- **예시** =RANK.EQ(E4,$E$4:$E$10)
- **설명** [E4] 셀 값이 평가($E$4:$E$10)에서 몇 위인지 표시

4.3.5 VAR 함수

- **형식** VAR.P(인수1,인수2,…) / VAR.S(인수1,인수2,…)
- **기능** 전체 모집단의 분산 표시 / 표본 집단의 분산 표시
- **예시** =VAR.P(E4:E10)
- **설명** [E4:E10] 영역의 분산을 표시

4.3.6 STDEV 함수

- **형식** STDEV.P(인수1,인수2,…) / STDEV.S(인수1,인수2,…)
- **기능** 전체 모집단의 표준편차를 표시 / 전체 모집단의 표준 편차 표시
- **예시** =STDEV.P(E4:E10)
- **설명** [E4:E10] 영역의 표준편차를 표시

4.3.7 COUNT 함수

- **형식** COUNT(인수1,인수2,…)
- **기능** 숫자 데이터의 개수 표시
- **예시** =COUNT(E4:E10)
- **설명** [E4:E10] 영역에서 숫자 데이터가 입력된 셀의 개수 표시

4.3.8 COUNTA 함수

- **형식** COUNTA(인수1,인수2,…)
- **기능** 영역에서 값이 입력된 셀의 개수 표시

• **예시** =COUNTA(E4:E10)

• **설명** [E4:E10] 영역에서 데이터가 입력된 셀의 개수 표시

4.3.9 COUNTBLANK 함수

• **형식** COUNTABLANK(인수1, 인수2, …)

• **기능** 영역에서 빈 셀의 개수 표시

• **예시** =COUNTBLANK(E4:E10)

• **설명** [E4:E10] 영역에서 빈 셀의 개수 표시

4.3.10 COUNTIF 함수

• **형식** COUNTIF(인수, 조건)

• **기능** 조건에 만족하는 값들의 개수를 표시

• **예시** =COUNTIF(E4:E10, ">=80")

• **설명** [E4:E10] 영역에서 80 이상인 값들의 개수를 표시

4.3.11 LARGE/SMALL 함수

• **형식** =LARGE(영역, K)/=SMALL(영역, K)

• **기능** 영역에서 K번째 큰 수/작은 수 표시

• **예시** =LARGE(E4:E10, 2)/=SMALL(E4:E10, 2)

• **설명** [E4:E10] 영역에서 2번째 큰 수/작은 수 표시

기본예제 27 통계 함수

통계 함수를 이용해서 [기본급], [매출순위], [응시자현황], [타자 순위] 워크시트를 완성하시오.

01 최대/최소 기본급 [기본급] 워크시트에서 [C14] 셀을 선택한 후 『=MAX(C4:C13)』을 입력한다. [C15] 셀을 선택한 후 『=MIN(C4:C13)』을 입력한다.

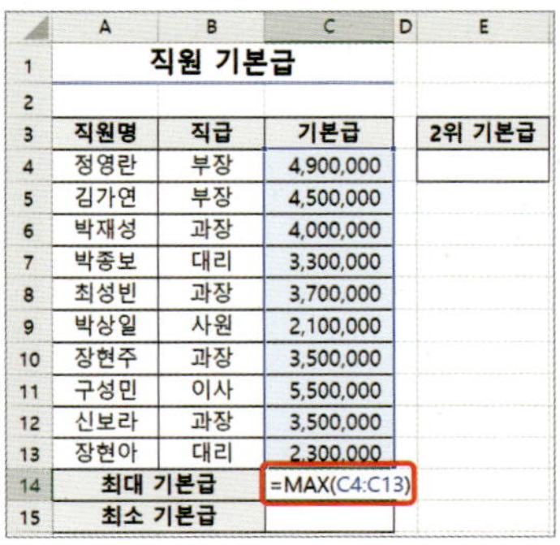

	A	B	C	D	E
1	직원 기본급				
2					
3	직원명	직급	기본급		2위 기본급
4	정영란	부장	4,900,000		
5	김가연	부장	4,500,000		
6	박재성	과장	4,000,000		
7	박종보	대리	3,300,000		
8	최성빈	과장	3,700,000		
9	박상일	사원	2,100,000		
10	장현주	과장	3,500,000		
11	구성민	이사	5,500,000		
12	신보라	과장	3,500,000		
13	장현아	대리	2,300,000		
14	최대 기본급		=MAX(C4:C13)		
15	최소 기본급				

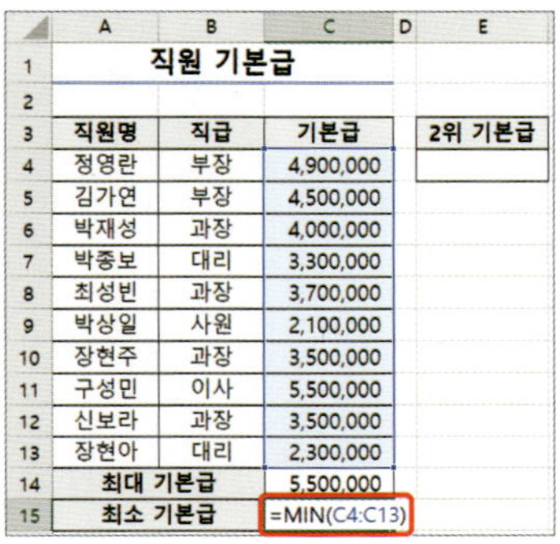

	A	B	C	D	E
1	직원 기본급				
2					
3	직원명	직급	기본급		2위 기본급
4	정영란	부장	4,900,000		
5	김가연	부장	4,500,000		
6	박재성	과장	4,000,000		
7	박종보	대리	3,300,000		
8	최성빈	과장	3,700,000		
9	박상일	사원	2,100,000		
10	장현주	과장	3,500,000		
11	구성민	이사	5,500,000		
12	신보라	과장	3,500,000		
13	장현아	대리	2,300,000		
14	최대 기본급		5,500,000		
15	최소 기본급		=MIN(C4:C13)		

02 두 번째로 큰 기본급(금액 뒤 '원' 붙이기) [기본급] 워크시트에서 [E4] 셀을 선택한 후 『=LARGE(C4:C13,2)&"원"』을 입력한다.

	A	B	C	D	E
1	직원 기본급				
2					
3	직원명	직급	기본급		2위 기본급
4	정영란	부장	4,	=LARGE(C4:C13,2)&"원"	
5	김가연	부장	4,500,000		
6	박재성	과장	4,000,000		
7	박종보	대리	3,300,000		
8	최성빈	과장	3,700,000		
9	박상일	사원	2,100,000		
10	장현주	과장	3,500,000		
11	구성민	이사	5,500,000		
12	신보라	과장	3,500,000		
13	장현아	대리	2,300,000		
14	최대 기본급		5,500,000		
15	최소 기본급		2,100,000		

	A	B	C	D	E
1	직원 기본급				
2					
3	직원명	직급	기본급		2위 기본급
4	정영란	부장	4,900,000		4900000원
5	김가연	부장	4,500,000		
6	박재성	과장	4,000,000		
7	박종보	대리	3,300,000		
8	최성빈	과장	3,700,000		
9	박상일	사원	2,100,000		
10	장현주	과장	3,500,000		
11	구성민	이사	5,500,000		
12	신보라	과장	3,500,000		
13	장현아	대리	2,300,000		
14	최대 기본급		5,500,000		
15	최소 기본급		2,100,000		

03 매출 순위 [매출순위] 워크시트에서 [G4] 셀을 선택한 후 『=RANK.EQ(F4,$F$4:$F$12,0)』을 입력한다. 채우기 핸들을 드래그하여 [G12] 셀까지 수식을 복사한다.

	A	B	C	D	E	F	G	H
1	분기별 매출 금액							
2							단위 : 천원	
3	사원명	1분기	2분기	3분기	4분기	매출	매출 순위	
4	고원주	77,630	49,200	48,650	38,700	=RANK.EQ(F4,$F$4:$F$12,0)		
5	박종명	57,640	36,800	58,500	49,540	202,480		
6	이철영	79,000	46,450	78,900	32,950	237,300		
7	김지희	68,750	85,400	98,750	75,400	328,300		
8	오덕훈	54,150	56,780	64,540	42,380	217,850		
9	민상민	59,870	54,400	55,680	67,200	237,150		
10	공보배	65,280	35,450	54,000	49,800	204,530		
11	한송이	88,340	74,300	85,200	62,750	310,590		
12	이원규	45,000	34,800	48,350	98,400	226,550		
13								

	A	B	C	D	E	F	G	H
1	분기별 매출 금액							
2							단위 : 천원	
3	사원명	1분기	2분기	3분기	4분기	매출	매출 순위	
4	고원주	77,630	49,200	48,650	38,700	214,180	7	
5	박종명	57,640	36,800	58,500	49,540	202,480	9	
6	이철영	79,000	46,450	78,900	32,950	237,300	3	
7	김지희	68,750	85,400	98,750	75,400	328,300	1	
8	오덕훈	54,150	56,780	64,540	42,380	217,850	6	
9	민상민	59,870	54,400	55,680	67,200	237,150	4	
10	공보배	65,280	35,450	54,000	49,800	204,530	8	
11	한송이	88,340	74,300	85,200	62,750	310,590	2	
12	이원규	45,000	34,800	48,350	98,400	226,550	5	
13								

04 서류와 면접 점수가 모두 90점 이상인 응시자 수(뒤에 '명' 붙이기) [응시자 현황] 시트에서 [E16] 셀을 선택한 후 『=COUNTIFS(B4:B14,">=90",C4:C14,">=90")&"명"』을 입력한다.

	A	B	C	D	E	F	G
1	응시자 현황						
2							
3	성명	서류	면접	점수합계			
4	김성호	89	100	189			
5	박소영	88	95	183			
6	차재영	50	50	100			
7	김상준	97	96	193			
8	김효민	87	94	181			
9	장정미	74	65	139			
10	이경아	88	90	178			
11	백미애	72	92	164			
12	이정훈	99	100	199			
13	이주창	87	62	149			
14	원영진	80	90	170			
15							
16	서류와 면접 점수가 모	=COUNTIFS(B4:B14,">=90",C4:C14,">=90")&"명"					

	A	B	C	D	E
1	응시자 현황				
2					
3	성명	서류	면접	점수합계	
4	김성호	89	100	189	
5	박소영	88	95	183	
6	차재영	50	50	100	
7	김상준	97	96	193	
8	김효민	87	94	181	
9	장정미	74	65	139	
10	이경아	88	90	178	
11	백미애	72	92	164	
12	이정훈	99	100	199	
13	이주창	87	62	149	
14	원영진	80	90	170	
15					
16	서류와 면접 점수가 모두 90 점 이상인 응시자 수				2명

05 홈런 10개 이상, 안타 150개 이상인 선수들의 평균 출루율 [타자 순위] 시트에서 [F15] 셀을 선택한 후 『=AVERAGEIFS(F4:F13,C4:C13,">=10",D4:D13,">=150")』을 입력한다.

	A	B	C	D	E	F	G	H
1	프로야구 타자 순위							
2								
3	선수명	구단명	홈런	안타	삼진	출루율		
4	최우형	삼성	31	195	83	0.464		
5	김정균	한화	23	193	97	0.475		
6	이옹규	한화	3	159	29	0.438		
7	김승찬	기아	23	177	68	0.386		
8	박성택	엘지	11	176	71	0.412		
9	구철욱	삼성	14	147	68	0.420		
10	박민욱	엔씨	3	149	70	0.420		
11	유준상	케이티	14	137	40	0.404		
12	황태균	롯데	3	167	66	0.394		
13	박건욱	두산	14	162	86	0.390		
14								
15	홈런 10개 이상, 안타 150개 이상인			=AVERAGEIFS(F4:F13,C4:C13,">=10",D4:D13,">=150")				

	A	B	C	D	E	F
1	프로야구 타자 순위					
2						
3	선수명	구단명	홈런	안타	삼진	출루율
4	최우형	삼성	31	195	83	0.464
5	김정균	한화	23	193	97	0.475
6	이옹규	한화	3	159	29	0.438
7	김승찬	기아	23	177	68	0.386
8	박성택	엘지	11	176	71	0.412
9	구철욱	삼성	14	147	68	0.420
10	박민욱	엔씨	3	149	70	0.420
11	유준상	케이티	14	137	40	0.404
12	황태균	롯데	3	167	66	0.394
13	박건욱	두산	14	162	86	0.390
14						
15	홈런 10개 이상, 안타 150개 이상인 선수들의 평균 출루율					0.425

4.4 논리 함수

논리 함수는 조건과 논리를 판단하여 참이면 논리값 TRUE를 구하고, 거짓이면 논리값 FALSE를 구하는 함수이다. 대표적인 논리 함수로는 IF, AND, OR, NOT, IFERROR 등이 있다.

4.4.1 IF 함수

- **형식** IF(조건식,참,거짓)
- **기능** 조건을 만족하면 참 값을, 만족하지 않으면 거짓 값을 표시
- **예시** =IF(A3>=80,"합격","불합격")
- **설명** [A3] 셀의 값이 80 이상이면 '합격' 그렇지 않으면 '불합격'으로 표시

4.4.2 중첩 IF 함수

- **형식** IF(조건식,참,IF(조건식,참,거짓,…))
- **기능** IF 문은 거짓 값이 1개가 될 때까지 IF 문을 이용해서 중첩하여 사용
- **예시** =IF(A3>=90,"A학점",IF(A3>=80,"B학점","C학점"))
- **설명** [A3] 셀의 값이 90 이상이면 'A학점', 80 이상이면 'B학점' 그 외에는 'C학점'으로 표시

4.4.3 AND 함수

- **형식** AND(조건1,조건2,…)
- **기능** 나열된 조건들이 모두 만족하면 'TRUE' 값을 표시하고, 조건들 중 하나라도 만족하지 않으면 'FALSE' 값을 표시
- **예시** =AND(A3>=B3,C3>=D3)
- **설명** [A3] 셀이 [B3] 셀보다 크거나 같고, [C3] 셀이 [D3] 셀보다 크거나 같으면 'TRUE', 그렇지 않으면 'FALSE' 표시

4.4.4 OR 함수

- **형식** OR(조건1,조건2,…)
- **기능** 나열된 조건들 중 하나라도 만족하면 'TRUE' 값을 표시하고, 조건들을 모두 만족하지 않으면 'FALSE' 값을 표시
- **예시** =OR(A3=B3,C3=D3)
- **설명** 두 개의 조건(A3=B3,C3=D3) 중 하나라도 같으면 'TRUE', 모두 같지 않으면 'FALSE' 표시

4.4.5 NOT 함수

- **형식** NOT(인수)
- **기능** 논리식의 결과가 'TRUE'이면 'FALSE'를 반환하고, 'FALSE'이면 'TRUE'를 반환
- **예시** =NOT(5>4)
- **설명** 5가 4보다 큰 것은 참이지만 앞에 NOT이 있어 반대로 'FALSE' 표시

4.4.6 IFERROR 함수

- **형식** IFERROR(값,오류 메시지)
- **기능** 데이터나 식의 결과 값이 오류인 경우 오류 값을 반환하고 그렇지 않으면 수식의 결과를 반환
- **예시** =IFERROR(A3,"없음")
- **설명** [A3] 셀의 값이 오류가 아니면 [A3] 셀 표시, 오류라면 '없음'으로 표시

기본예제 28 논리 함수

[성적결과] 워크시트에서 영어, 수학, 과학 점수 모두 70 이상이면 [E3:E9] 셀에 TRUE, 그렇지 않으면 FALSE를 표시하시오.

01 영어, 수학, 과학 점수 모두 70 이상이면 TRUE, 그 외에는 FALSE [성적결과] 워크시트에서 [E3] 셀을 선택한 후 『=AND(B3>=70,C3>=70,D3>=70)』을 입력한다. 채우기 핸들을 드래그하여 [E9] 셀까지 수식을 복사한다.

	A	B	C	D	E	F
1	성적 결과					
2	성명	영어	수학	과학	결과	
3	박민중	70	=AND(B3>=70,C3>=70,D3>=70)			
4	성현민	88	95	100		
5	전영구	90	77	60		
6	김민지	100	80	55		
7	이영한	75	69	70		
8	남미진	38	92	76		
9	문현진	55	89	88		
10						

	A	B	C	D	E	F
1	성적 결과					
2	성명	영어	수학	과학	결과	
3	박민중	70	100	90	TRUE	
4	성현민	88	95	100	TRUE	
5	전영구	90	77	60	FALSE	
6	김민지	100	80	55	FALSE	
7	이영한	75	69	70	FALSE	
8	남미진	38	92	76	FALSE	
9	문현진	55	89	88	FALSE	
10						

02 중간고사와 기말고사가 40점 이상이고, 가산점이 8이면 '장학금' [성적계산표] 워크시트에서 [G3] 셀을 선택한 후 『=IF(AND(OR(C3>=40,D3>=40),E3=8),"장학금","")』을 입력한다. 채우기 핸들을 드래그하여 [G9] 셀까지 수식을 복사한다.

재학생 성적계산표

재학생	학번	중간고사	기말고사	가산점	합계	비고
문혜인	20162614	42	=IF(AND(OR(C3>=40,D3>=40),E3=8),"장학금","")			
이재진	20131893	39	48	5	92	
김미리	20140919	43	42	3	88	
고재훈	20131021	39	41	5	85	
최예빈	20161203	40	39	8	87	
박우영	20150350	37	35	5	77	
한지희	20140204	42	41	5	88	

재학생 성적계산표

재학생	학번	중간고사	기말고사	가산점	합계	비고
문혜인	20162614	42	45	8	95	장학금
이재진	20131893	39	48	5	92	
김미리	20140919	43	42	3	88	
고재훈	20131021	39	41	5	85	
최예빈	20161203	40	39	8	87	장학금
박우영	20150350	37	35	5	77	
한지희	20140204	42	41	5	88	

03 포인트가 800 이상은 'VIP', 600 이상은 '일반' 그 외에는 공백 [고객현황] 워크시트에서 [E3] 셀을 선택한 후 『=IF(D3>=800,"VIP",IF(D3>=600,"일반",""))』을 입력한다. 채우기 핸들을 드래그하여 [E6] 셀까지 수식을 복사한다.

고객 현황

고객코드	성별	나이	포인트	비고
L1001	=IF(D3>=800,"VIP",IF(D3>=600,"일반",""))			
L1125	여	50	800	
L3948	남	38	650	
L2840	남	24	300	

고객 현황

고객코드	성별	나이	포인트	비고
L1001	여	32	750	일반
L1125	여	50	800	VIP
L3948	남	38	650	일반
L2840	남	24	300	

04 <당첨번호>를 이용하여 결과 표시 [여행경품] 워크시트에서 [D3] 셀을 선택한 후 『=IFERROR(HLOOKUP(C3,$B$12:$D$13,2,FALSE),"")』을 입력한다. 채우기 핸들을 드래그하여 [D9] 셀까지 수식을 복사한다.

여행 경품

고객명	성별	응모번호	결과
문서라	=IFERROR(HLOOKUP(C3,$B$12:$D$13,2,FALSE),"")		
정세화	남	E-3	
지수연	여	E-4	
김애라	남	E-5	
김기쁨	여	E-6	
한서린	여	E-7	
최동희	남	E-8	

<당첨번호>

응모번호	E-8	E-5	E-4
결과	유럽	남미	동남아시아

여행 경품

고객명	성별	응모번호	결과
문서라	여	E-2	
정세화	남	E-3	
지수연	여	E-4	동남아시아
김애라	남	E-5	남미
김기쁨	여	E-6	
한서린	여	E-7	
최동희	남	E-8	유럽

<당첨번호>

응모번호	E-8	E-5	E-4
결과	유럽	남미	동남아시아

4.5 수학/삼각 함수

수학/삼각 함수는 합계, 절대값, 나머지 등 주로 계산을 할 때 사용하는 함수이다. 인수로 숫자를 포함한 셀 범위가 사용된다. 대표적인 수학/삼각 함수로는 SUM, SUMIF, SUMIFS ROUND, ROUNDUP, ROUNDDOWN, ABS, INT 등이 있다.

4.5.1 ROUND 함수

- **형식** ROUND(숫자,자릿수)
- **기능** 설정한 자릿수까지 반올림하여 표시
- **예시** =ROUND(7845.147,2)
- **설명** 소수 셋째 자리에서 반올림하여 소수 둘째 자리까지 나타내므로 7845.15값 반환

4.5.2 ROUNDUP 함수

- **형식** ROUNDUP(숫자,자릿수)
- **기능** 설정한 자릿수까지 올림하여 표시
- **예시** =ROUNDUP(7845.147,2)
- **설명** 소수 셋째 자리에서 올림하여 소수 둘째 자리까지 나타내므로 7845.15값 반환

4.5.3 ROUNDDOWN 함수

- **형식** ROUNDDOWN(숫자,자릿수)
- **기능** 설정한 자릿수까지 버림하여 표시
- **예시** =ROUND(7845.147,2)
- **설명** 소수 셋째 자리에서 버림하여 소수 둘째 자리까지 나타내므로 7845.14값 반환

4.5.4 MOD 함수

- **형식** MOD(피젯수,젯수)
- **기능** 피젯수를 젯수로 나눈 나머지 값을 표시
- **예시** =MOD(45,3)
- **설명** 45를 3으로 나눈 나머지 0을 반환

4.5.5 SUMIF 함수

- **형식** SUMIF(조건의 범위,조건,더할 범위)
- **기능** 조건을 만족하는 데이터들의 합계를 표시
- **예시** =SUMIF(B5:B12,"과장",F5:F12)
- **설명** 직책(B5:B12)이 과장인 기본금(F5:F12)의 합계 표시

4.5.6 SUMIFS 함수

- **형식** SUMIFS(더할 범위,조건 범위1,조건1,조건 범위2,조건2,…)
- **기능** 하나 이상의 조건을 만족하는 데이터들의 합계를 표시

• **예시** =SUMIFS(C3:C10,A3:A10,“합격”,B3:B10,“>=90”)

• **설명** 비고(A3:A10)가 합격이고 평균(B3:B10)이 90 이상의 가산점(C3:C10)의 합계를 표시

기본예제 29 수학/삼각 함수

수학/삼각 함수를 이용해서 [판매 내역], [차량번호], [쁘띠끄 판매현황], [지역별 생산량], [활동지수], [분기별 매출표] 워크시트를 완성하시오.

01 '판매 금액 평균' 둘째자리에서 올림 [판매 내역] 워크시트에서 [D9] 셀을 선택한 후 『=ROUNDUP(AVERAGE(D3:D7),-2)』을 입력한다.

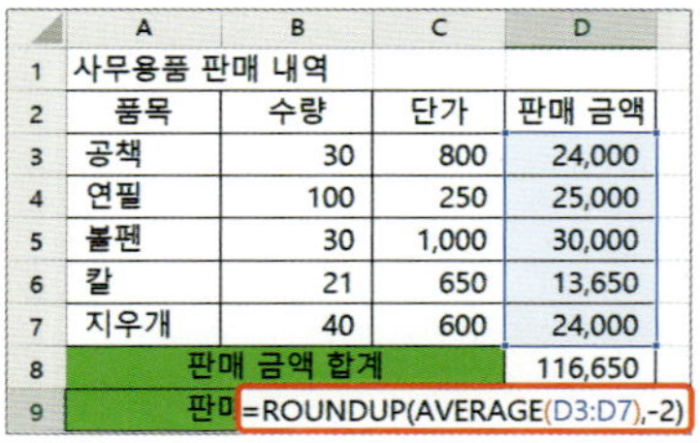

	A	B	C	D
1	사무용품 판매 내역			
2	품목	수량	단가	판매 금액
3	공책	30	800	24,000
4	연필	100	250	25,000
5	볼펜	30	1,000	30,000
6	칼	21	650	13,650
7	지우개	40	600	24,000
8	판매 금액 합계			116,650
9	판매	=ROUNDUP(AVERAGE(D3:D7),-2)		

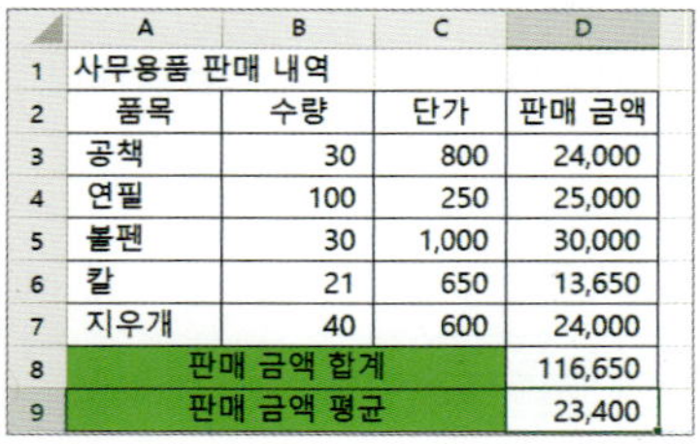

	A	B	C	D
1	사무용품 판매 내역			
2	품목	수량	단가	판매 금액
3	공책	30	800	24,000
4	연필	100	250	25,000
5	볼펜	30	1,000	30,000
6	칼	21	650	13,650
7	지우개	40	600	24,000
8	판매 금액 합계			116,650
9	판매 금액 평균			23,400

02 차량번호 끝자리가 홀수이면 '주차가능' 짝수이면 '주차불가' [차량번호] 워크시트에서 [B4] 셀을 선택한 후 『=IF(MOD(A4,2),“주차가능”,“주차불가”)』를 입력한다. 채우기 핸들을 드래그하여 [B10] 셀까지 수식을 복사한다.

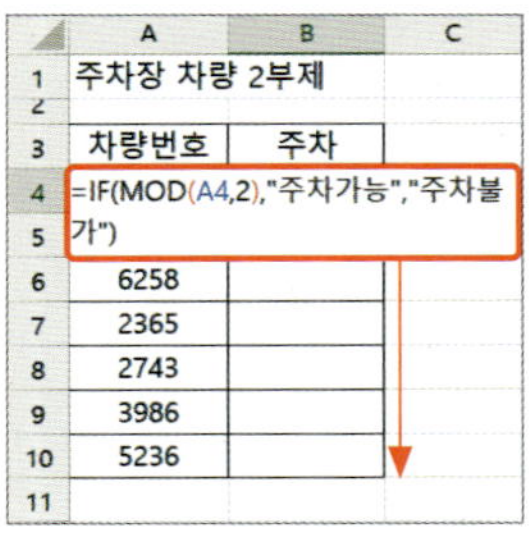

	A	B	C
1	주차장 차량 2부제		
2			
3	차량번호	주차	
4	=IF(MOD(A4,2),"주차가능","주차불가")		
5			
6	6258		
7	2365		
8	2743		
9	3986		
10	5236		
11			

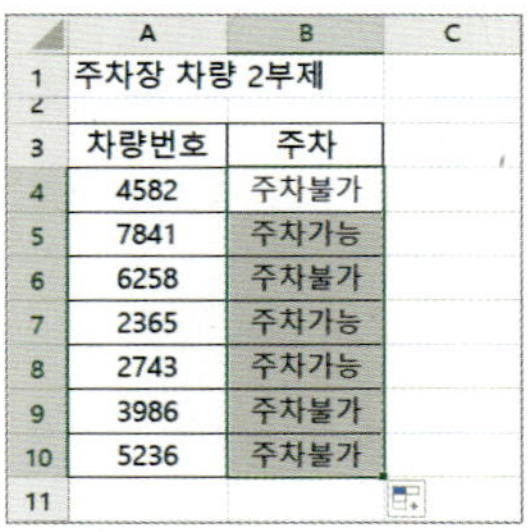

	A	B	C
1	주차장 차량 2부제		
2			
3	차량번호	주차	
4	4582	주차불가	
5	7841	주차가능	
6	6258	주차불가	
7	2365	주차가능	
8	2743	주차가능	
9	3986	주차불가	
10	5236	주차불가	
11			

03 제품명에 '니트'가 포함된 판매금액 합계(뒤에 '원' 표시) [쁘띠끄 판매현황] 워크시트에서 [D12] 셀을 선택한 후 『=SUMIF(A3:A11,“니트*”,D3:D11)&“원”』을 입력한다.

	A	B	C	D	E
1	우리 쁘띠끄 판매현황				
2	제품명	판매량	단가	판매금액	
3	니트 원피스	352	2,100	739,200	
4	니트 가디건	540	1,800	972,000	
5	머플러	342	500	171,000	
6	베스트	198	1,800	356,400	
7	실크 원피스	392	2,100	823,200	
8	실크 블라우스	650	1,500	975,000	
9	니트 조끼	232	2,000	464,000	
10	실크 머플러	470	1,700	799,000	
11	니트 티	780	1,400	1,092,000	
12	판매금	=SUMIF(A3:A11,"니트*",D3:D11)&"원"			

	A	B	C	D	E
1	우리 쁘띠끄 판매현황				
2	제품명	판매량	단가	판매금액	
3	니트 원피스	352	2,100	739,200	
4	니트 가디건	540	1,800	972,000	
5	머플러	342	500	171,000	
6	베스트	198	1,800	356,400	
7	실크 원피스	392	2,100	823,200	
8	실크 블라우스	650	1,500	975,000	
9	니트 조끼	232	2,000	464,000	
10	실크 머플러	470	1,700	799,000	
11	니트 티	780	1,400	1,092,000	
12	판매금액 합계			3267200원	

04 대전 지역 평균 생산량(정수 표시) [지역별 생산량] 워크시트에서 [D12] 셀을 선택한 후 『=INT(SUMIF(B4:B10,"대전",C4:C10)/COUNTIF(B4:B10,"대전"))』을 입력한다.

	A	B	C	D	E	F
1	지역별 생산량과 반품량					
2						
3	날짜	지역	생산량	반품량		
4	2020년 1월	대전	10	0		
5	2020년 1월	서울	8	1		
6	2020년 1월	부산	11	3		
7	2020년 4월	대전	9	2		
8	2020년 5월	부산	9	0		
9	2020년 5월	서울	10	2		
10	2020년 8월	대전	12	0		
11						
12	=INT(SUMIF(B4:B10,"대전",C4:C10)/COUNTIF(B4:B10,"대전"))					

	A	B	C	D
1	지역별 생산량과 반품량			
2				
3	날짜	지역	생산량	반품량
4	2020년 1월	대전	10	0
5	2020년 1월	서울	8	1
6	2020년 1월	부산	11	3
7	2020년 4월	대전	9	2
8	2020년 5월	부산	9	0
9	2020년 5월	서울	10	2
10	2020년 8월	대전	12	0
11				
12	대전 지역 평균 생산량			10

05 동아리가 '홀릭'이고 성별이 '남'인 학생들의 활동지수 합계 [활동지수] 워크시트에서 [E12] 셀을 선택한 후 『=SUMIFS(E3:E10,C3:C10,"홀릭",D3:D10,"남")』을 입력한다.

	A	B	C	D	E	F
1						
2	학번	이름	동아리	성별	활동지수	
3	20141001	김진아	엘리제	여	700	
4	20111125	이미연	스앗	여	500	
5	20153948	박민훈	엘리제	남	600	
6	20152840	정권상	홀릭	남	700	
7	20141753	이미수	홀릭	여	800	
8	20142385	김민준	홀릭	남	300	
9	20139375	장혜진	홀릭	남	600	
10	20128923	이수지	스앗	여	400	
11						
12	동아리가 '홀릭'이고 성별이 '남'인 학생들의				=SUMIFS(E3:E10,C3:C10,"홀릭",D3:D10,"남")	

06 제품이 '원피스'이고, 분기의 평균이 '60,000' 이상인 2사분기의 합계 [분기별 매출표] 워크시트에서 [F14] 셀을 선택한 후 『=SUMIFS(D3:D12,B3:B12,"원피스",G3:G12,">=60000")』을 입력한다.

	A	B	C	D	E	F	G	H
1	분기별 매출표							
2	코드	제품	1분기	2분기	3분기	4분기	분기 평균	
3	SR-001	원피스	79,015	65,130	78,420	87,120	77,421	
4	SR-004	원피스	12,840	22,000	17,480	14,870	16,798	
5	SR-007	스키복	51,790	54,130	24,540	27,480	39,485	
6	SR-010	셔츠	11,020	22,940	17,980	28,450	20,098	
7	SR-011	코트	14,870	14,650	15,550	18,700	15,943	
8	SR-018	셔츠	20,610	21,150	15,790	22,500	20,013	
9	SR-020	스키복	72,080	49,300	65,500	59,000	61,470	
10	SR-021	원피스	19,000	19,950	18,450	15,900	18,325	
11	SR-024	스키복	24,470	35,000	45,350	38,980	35,950	
12	SR-025	코트	75,540	45,200	35,580	89,870	61,548	
13								
14	제품이 원피스이고, 분기의 평균이 60,000 이			=SUMIFS(D3:D12,B3:B12,"원피스",G3:G12,">=60000")				

SECTION 05

고급 함수 활용하기

이번 장에서는 찾기/참조 함수와 데이터베이스 함수의 사용법에 대해 살펴보기로 한다.

5.1 찾기/참조 함수

찾기/참조 함수는 배열이나 셀 범위를 참조하여 특정한 값을 찾거나 다른 셀에 입력된 값을 찾아올 때 사용한다. 대표적으로 VLOOKUUP, HLOOKUP, CHOOSE, INDEX, MATCH 등이 있다.

5.1.1 VLOOKUP 함수

- **형식** VLOOKUP(찾는 값,범위,추출할 열 번호,옵션)
- **기능** 값을 범위의 첫 열에서 찾아, 그 위치에 해당하는 열 번호의 값을 표시

  [옵션] 0 또는 FALSE 정확한 값(찾는 값이 참조될 범위의 첫 열에 정확하게 모두 있을 경우)

  1 또는 TRUE 근사값
- **예시** =VLOOKUP(A3,B14:G14,3,FASE)
- **설명** [A3] 셀을 범위(B14:G14)에서 찾아 3번째 열의 값을 표시

5.1.2 HLOOKUP 함수

- **형식** HLOOKUP(찾는 값,범위,추출할 행 번호,옵션)
- **기능** 값을 범위의 첫 행에서 찾아, 그 위치에 해당하는 행 번호의 값을 표시

  [옵션] 0 또는 FALSE 정확한 값

  1 또는 TRUE 근사값
- **예시** =HLOOKUP(A3,B14:G14,3,FASE)
- **설명** [A3] 셀을 범위(B14:G14)에서 찾아 3번째 행의 값을 표시

5.1.3 CHOOSE 함수

- **형식** CHOOSE(인덱스,값1,값2,…)
- **기능** 인덱스 넘버에 해당하는 값을 표시하는 것으로 값1은 인덱스가 '1'일 때, 값2는 인덱스가 2일 때 표시되는 데이터를 의미

• **예시** =CHOOSE(1,"토끼","뱀","닭","쥐")

• **설명** 토끼를 표시

5.1.4 INDEX 함수

• **형식** INDEX(범위,행번호,열번호)

• **기능** 범위에서 행과 열이 교차하는 값을 표시

• **예시** =INDEX(B4:G12,4,5)

• **설명** 범위(B4:G12)에서 4행과 5열의 교차하는 셀의 값을 반환

5.1.5 MATCH 함수

• **형식** MATCH(찾는 값,범위,옵션)

• **기능** 찾는 값이 범위에서 몇 번째인지 위치 값을 숫자로 표시

[옵션] 0 정확히 일치하는 값
−1 작거나 같은 값 중 최대값
1 크거나 같은 값 중 최소값

• **예시** =MATCH(빨강,H3:H12,0)

• **설명** 범위(H3:H12)에서 빨강이 있는 위치 값을 반환하는 것으로 '빨강' 위치가 네 번째 있으면 '4' 표시

기본예제 30 찾기/참조 함수

찾기/참조 함수를 이용해서 [점수 등급], [평가], [졸업인증], [매출현황] 워크시트를 완성하시오.

01 취득 점수와 [등급표]를 이용한 등급 표시 [점수 등급] 워크시트에서 [D3] 셀을 선택한 후 『=VLOOKUP(C3,$F$4:$G$7,2,1)&"등급"』을 입력한다. 채우기 핸들을 드래그하여 [D11]셀까지 수식을 복사한다.

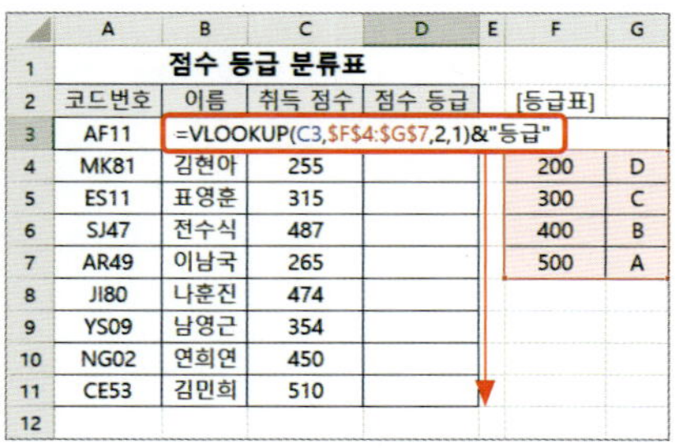

	A	B	C	D	E	F	G
1	점수 등급 분류표						
2	코드번호	이름	취득 점수	점수 등급		[등급표]	
3	AF11	=VLOOKUP(C3,$F$4:$G$7,2,1)&"등급"					
4	MK81	김현아	255			200	D
5	ES11	표영훈	315			300	C
6	SJ47	전수식	487			400	B
7	AR49	이남국	265			500	A
8	JI80	나훈진	474				
9	YS09	남영근	354				
10	NG02	연희연	450				
11	CE53	김민희	510				
12							

	A	B	C	D	E	F	G
1	점수 등급 분류표						
2	코드번호	이름	취득 점수	점수 등급		[등급표]	
3	AF11	유시민	523	A등급		점수	등급
4	MK81	김현아	255	D등급		200	D
5	ES11	표영훈	315	C등급		300	C
6	SJ47	전수식	487	B등급		400	B
7	AR49	이남국	265	D등급		500	A
8	JI80	나훈진	474	B등급			
9	YS09	남영근	354	C등급			
10	NG02	연희연	450	B등급			
11	CE53	김민희	510	A등급			
12							

02 점수 순위가 1~2인 경우 'A', 3~4인 경우 'B', 5~6인 경우 'C', 나머지는 'D'로 평가 [평가] 워크시트에서 [F3] 셀을 선택한 후 『=HLOOKUP(RANK(E3,$E$3:$E$11),$B$14:$E$15,2,1)』를 입력한다. 채우기 핸들을 드래그하여 [F11] 셀까지 수식을 복사한다.

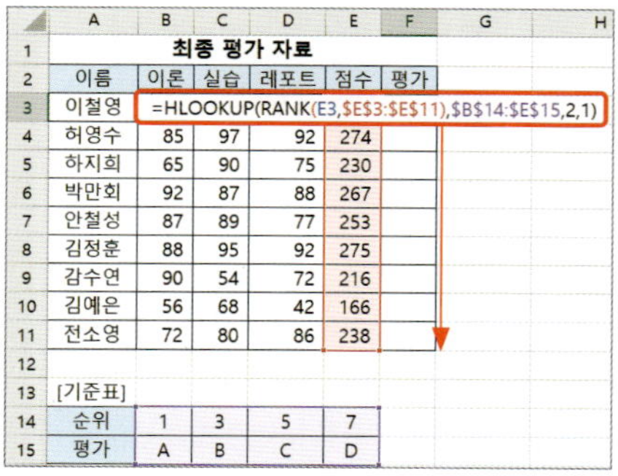

	A	B	C	D	E	F
1	최종 평가 자료					
2	이름	이론	실습	레포트	점수	평가
3	이철영	=HLOOKUP(RANK(E3,$E$3:$E$11),$B$14:$E$15,2,1)				
4	허영수	85	97	92	274	
5	하지희	65	90	75	230	
6	박만희	92	87	88	267	
7	안철성	87	89	77	253	
8	김정훈	88	95	92	275	
9	감수연	90	54	72	216	
10	김예은	56	68	42	166	
11	전소영	72	80	86	238	
12						
13	[기준표]					
14	순위	1	3	5	7	
15	평가	A	B	C	D	

	A	B	C	D	E	F
1	최종 평가 자료					
2	이름	이론	실습	레포트	점수	평가
3	이철영	65	98	82	245	C
4	허영수	85	97	92	274	A
5	하지희	65	90	75	230	D
6	박만희	92	87	88	267	B
7	안철성	87	89	77	253	B
8	김정훈	88	95	92	275	A
9	감수연	90	54	72	216	D
10	김예은	56	68	42	166	D
11	전소영	72	80	86	238	C
12						
13	[기준표]					
14	순위	1	3	5	7	
15	평가	A	B	C	D	

03 자격증 1개 취득 시 '취득요망', 2개 취득 시 '보통', 3개일 때 '우수', 4개일 때 '완벽' [졸업인증] 워크시트에서 [F3] 셀을 선택한 후 『=CHOOSE(COUNTIF(B3:E3,"★"),"취득요망","보통","우수","완벽")』을 입력한다. 채우기 핸들을 드래그하여 [F11] 셀까지 수식을 복사한다.

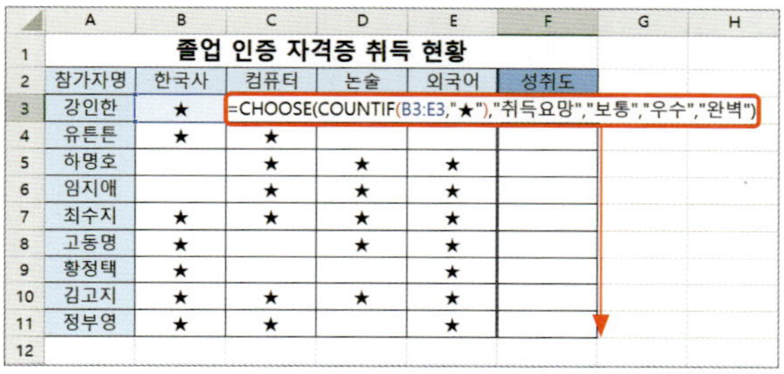

	A	B	C	D	E	F
1	졸업 인증 자격증 취득 현황					
2	참가자명	한국사	컴퓨터	논술	외국어	성취도
3	강인한	★	=CHOOSE(COUNTIF(B3:E3,"★"),"취득요망","보통","우수","완벽")			
4	유튼튼	★	★			
5	하명호		★	★	★	
6	임지애		★	★	★	
7	최수지	★	★	★	★	
8	고동명	★		★	★	
9	황정택	★			★	
10	김고지	★	★	★	★	
11	정부영	★	★		★	
12						

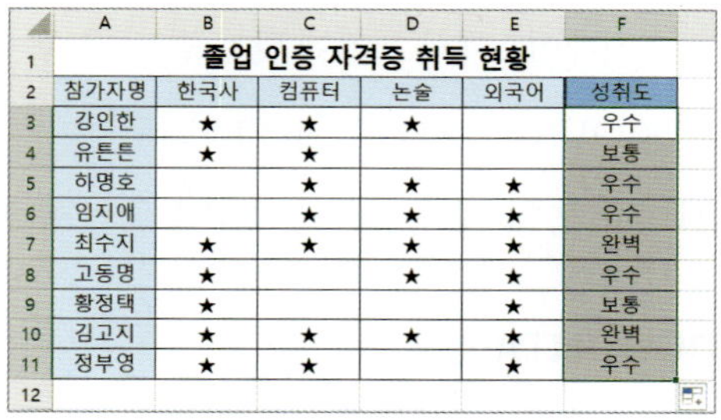

	A	B	C	D	E	F
1	졸업 인증 자격증 취득 현황					
2	참가자명	한국사	컴퓨터	논술	외국어	성취도
3	강인한	★	★	★		우수
4	유튼튼	★	★			보통
5	하명호		★	★	★	우수
6	임지애		★	★	★	우수
7	최수지	★	★	★	★	완벽
8	고동명	★		★	★	우수
9	황정택	★			★	보통
10	김고지	★	★	★	★	완벽
11	정부영	★	★		★	우수
12						

04 최고 매출수량의 분류코드 [매출현황] 워크시트에서 [F3] 셀을 선택한 후 『=INDEX(A3:A12,MATCH(MAX(C3:C12),C3:C12,0),1)』을 입력한다.

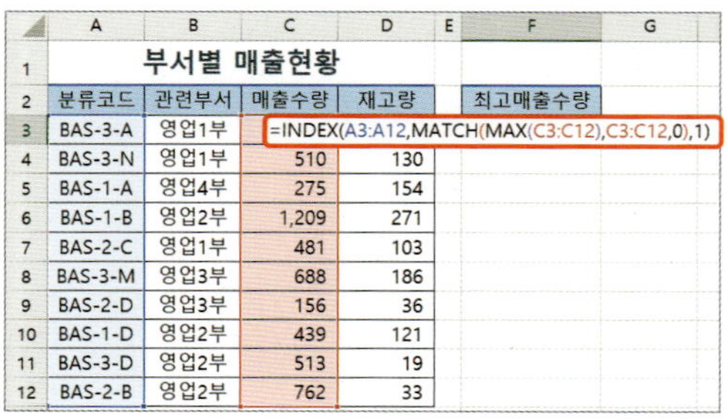

	A	B	C	D	E	F
1	부서별 매출현황					
2	분류코드	관련부서	매출수량	재고량		최고매출수량
3	BAS-3-A	영업1부	=INDEX(A3:A12,MATCH(MAX(C3:C12),C3:C12,0),1)			
4	BAS-3-N	영업1부	510	130		
5	BAS-1-A	영업4부	275	154		
6	BAS-1-B	영업2부	1,209	271		
7	BAS-2-C	영업1부	481	103		
8	BAS-3-M	영업3부	688	186		
9	BAS-2-D	영업3부	156	36		
10	BAS-1-D	영업2부	439	121		
11	BAS-3-D	영업2부	513	19		
12	BAS-2-B	영업2부	762	33		

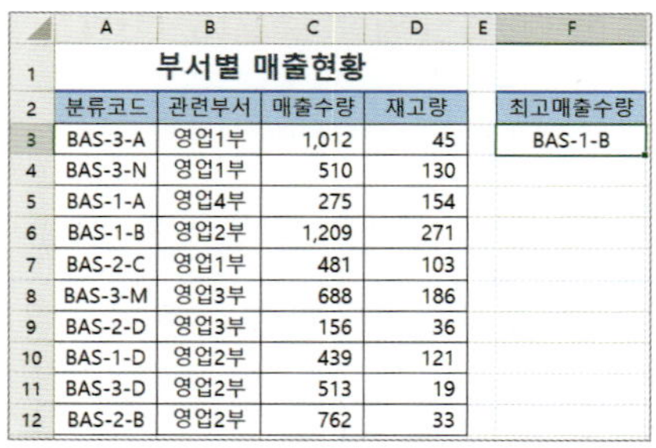

	A	B	C	D	E	F
1	부서별 매출현황					
2	분류코드	관련부서	매출수량	재고량		최고매출수량
3	BAS-3-A	영업1부	1,012	45		BAS-1-B
4	BAS-3-N	영업1부	510	130		
5	BAS-1-A	영업4부	275	154		
6	BAS-1-B	영업2부	1,209	271		
7	BAS-2-C	영업1부	481	103		
8	BAS-3-M	영업3부	688	186		
9	BAS-2-D	영업3부	156	36		
10	BAS-1-D	영업2부	439	121		
11	BAS-3-D	영업2부	513	19		
12	BAS-2-B	영업2부	762	33		

5.2 데이터베이스 함수

데이터베이스 함수는 목록에서 조건에 만족하는 값들을 통계낼 때 사용한다. 대표적으로 DSUM, DAVERAGE, DCOUNT, DCOUNTA, DMAX, DMIN 등이 있다.

5.2.1 DSUM 함수

- **형식** DSUM(데이터베이스 범위,필드 번호,조건 범위)
- **기능** 데이터베이스에서 조건에 맞는 필드의 합계

- **예시** =DSUM(C3:H47,4,E3:E4)
- **설명** 데이터베이스에서 성별이 여자(조건)인 총점의 합계를 표시

5.2.2 DAVERAGE 함수

- **형식** DAVERAGE(데이터베이스 범위,필드 번호,조건 범위)
- **기능** 데이터베이스에서 조건에 맞는 필드의 평균
- **예시** =DAVERAGE(C3:H47,4,E3:E4)
- **설명** 데이터베이스에서 성별이 여자(조건)인 총점의 평균을 표시

5.2.3 DCOUNT 함수

- **형식** DCOUNT(데이터베이스 범위,필드 번호,조건 범위)
- **기능** 데이터베이스에서 조건에 맞는 필드 값 중 숫자가 있는 셀의 개수
- **예시** =DCOUNT(C3:H47,4,E3:E4)
- **설명** 데이터베이스에서 성별이 여자(조건)인 총점의 개수를 표시

5.2.4 DCOUNTA 함수

- **형식** DCOUNTA(데이터베이스 범위,필드 번호,조건 범위)
- **기능** 데이터베이스에서 조건에 맞는 필드 값 중 공백을 제외한 셀의 개수
- **예시** =DCOUNTA(C3:H47,3,E3:E4)
- **설명** 데이터베이스에서 성별이 여자(조건)인 사원의 수를 표시

5.2.5 DMAX 함수

- **형식** DMAX(데이터베이스 범위,필드 번호,조건 범위)
- **기능** 데이터베이스에서 조건에 맞는 필드 값 중 가장 큰 수를 구함
- **예시** =DMAX(C3:H47,4,E3:E4)
- **설명** 데이터베이스에서 성별이 여자(조건)인 총점의 최대값을 표시

5.2.6 DMIN 함수

- **형식** DMIN(데이터베이스 범위,필드 번호,조건 범위)
- **기능** 데이터베이스에서 조건에 맞는 필드 값 중 가장 작은 수를 구함
- **예시** =DMIN(C3:H47,4,E3:E4)
- **설명** 데이터베이스에서 성별이 여자(조건)인 총점의 최소값을 표시

기본예제 31 데이터베이스 함수

데이터베이스 함수를 이용해서 [분기 교육 현황], [등산 동호회] 워크시트를 완성하시오.

01 강남 교육장 평가 점수의 평균 점수(소수 둘째 자리에서 반올림) [분기 교육 현황] 워크시트에서 [E10] 셀을 선택한 후 『=ROUND(DAVERAGE(A2:C13,C2,E5:E6),1)』을 입력한다.

	A	B	C	D	E	F
1	4분기 교육 현황					
2	교육원	교육장	평가 점수			
3	서초여성센터	서초	98			
4	강남구민센터	강남	123			
5	장애인복지센터	서초	200		교육장	
6	장애인복지센터	노원	154		강남	
7	장애인복지센터	강북	162			
8	장애인복지센터	강남	245			
9	강북구민센터	강북	198		강남 평균 점수	
10	노원여성센터	노원	=ROUND(DAVERAGE(A2:C13,C2,E5:E6),1)			
11	서초구민센터	서초	157			
12	강남여성센터	강남	188		서초 최고 점수	
13	노원구민센터	노원	215			

02 서초 교육장 평가 점수의 최고 점수 [E13] 셀을 클릭하고 "=DMAX(A2:C13,C2,B2:B3)"을 입력한다.

	A	B	C	D	E	F
1	4분기 교육 현황					
2	교육원	교육장	평가 점수			
3	서초여성센터	서초	98			
4	강남구민센터	강남	123			
5	장애인복지센터	서초	200		교육장	
6	장애인복지센터	노원	154		강남	
7	장애인복지센터	강북	162			
8	장애인복지센터	강남	245			
9	강북구민센터	강북	198		강남 평균 점수	
10	노원여성센터	노원	211		185.3	
11	서초구민센터	서초	157			
12	강남여성센터	강남	188		서초 최고 점수	
13	노원구민센터	노원	215		=DMAX(A2:C13,C2,B2:B3)	

	A	B	C	D	E
1	4분기 교육 현황				
2	교육원	교육장	평가 점수		
3	서초여성센터	서초	98		
4	강남구민센터	강남	123		
5	장애인복지센터	서초	200		교육장
6	장애인복지센터	노원	154		강남
7	장애인복지센터	강북	162		
8	장애인복지센터	강남	245		
9	강북구민센터	강북	198		강남 평균 점수
10	노원여성센터	노원	211		185.3
11	서초구민센터	서초	157		
12	강남여성센터	강남	188		서초 최고 점수
13	노원구민센터	노원	215		200

03 지리산과 한라산을 등반한 산악회 수 [등산 동호회] 워크시트에서 [F13] 셀을 선택한 후 『=DCOUNTA(A2:F12,A2,E2:F3)』을 입력한다.

	A	B	C	D	E	F	G
1	등산 산악회 등반 활동						
2	산악회명	회원수	태백산	소백산	지리산	한라산	
3	삼천리	321	★	★	★	★	
4	구름	128	★			★	
5	다함께	54	★				
6	개나리	126	★	★	★	★	
7	천지	287		★		★	
8	2030	206	★	★	★	★	
9	블랙야크	89	★	★	★		
10	힐링	307	★	★	★		
11	청량	133			★	★	
12	뉴어울림	159	★	★	★	★	
13	지리산과 한라산을 등반한 산악				=DCOUNTA(A2:F12,A2,E2:F3)		

	A	B	C	D	E	F
1	등산 산악회 등반 활동					
2	산악회명	회원수	태백산	소백산	지리산	한라산
3	삼천리	321	★	★	★	★
4	구름	128	★			★
5	다함께	54	★			
6	개나리	126	★	★	★	★
7	천지	287		★		★
8	2030	206	★	★	★	★
9	블랙야크	89	★	★	★	
10	힐링	307	★	★	★	
11	청량	133			★	★
12	뉴어울림	159	★	★	★	★
13	지리산과 한라산을 등반한 산악회 수					5

종합예제

※ [종합예제]에 대한 해설은 PDF로 제공됩니다.

문제 1 "게임 판매 현황" 워크시트에서 (1)~(6) 셀의 값을 구하시오. 반드시 주어진 함수를 이용하시오.

2020년 게임 S/W 판매 현황

결재	담당	팀장	부장

제품코드	제품명	개발사	포맷	가격(단위:원)	상반기 판매량	하반기 판매량	상반기 판매량 순위	출시일
SC-051105	릴리 스토리	소리아	PS02	32,700	25,470	25,700	(1)	(2)
SC-060810	파이널 판타지	아람	PS01	30,500	47,892	48,920	(1)	(2)
KA-050715	아크 더 래드	지성소프트	PS02	34,900	47,890	78,510	(1)	(2)
SA-050825	아소의 나라	소리아	PS02	28,400	25,780	24,560	(1)	(2)
SC-060125	좀비5	지성소프트	PS01	28,400	48,520	51,850	(1)	(2)
PS-040615	다나의 눈	소리아	PS02	28,400	35,870	37,890	(1)	(2)
SA-050901	제로2	지성소프트	PS01	32,700	45,015	38,780	(1)	(2)
PS-060407	잠수함	아람	PS02	32,700	68,920	78,520	(1)	(2)
아람 제품의 평균 가격			(3)		소리아 제품의 상반기 총 판매량			(5)
하반기 최대 판매량			(4)		제품명	릴리 스토리	가격(단위:원)	(6)

(1) 상반기 판매량 순위 ⇒ 상반기 판매량의 내림차순 순위를 구한 결과값에 '위'를 붙이시오(RANK 함수, & 연산자)(예 : 1위).

(2) 출시일 ⇒ 제품코드의 4번째 문자부터 2글자씩 추출하여 년, 월, 일로 사용하여 출시일을 구하시오(DATE, MID 함수)(예 : SC-051105 → 2005-11-05).

(3) 아람 제품의 평균 가격 ⇒ (SUMIF, COUNTIF 함수)

(4) 하반기 최대 판매량 ⇒ 정의된 이름(하반기판매량)을 이용하여 구하시오(MAX 함수).

(5) 소리아 제품의 상반기 총 판매량 ⇒ 조건은 입력데이터를 이용하시오(DSUM 함수).

(6) 가격(단위:원) ⇒「H14」셀에서 선택한 제품명에 대한 가격(단위:원)을 표시하시오(VLOOKUP 함수).

(7) 조건부 서식의 수식을 이용하여 하반기 판매량이 '50,000' 이상인 행 전체에 다음의 서식을 적용하시오(글꼴 : 파랑).

문제 2 "제품 구성 비교" 워크시트에서 (1)~(6) 셀의 값을 구하시오. 반드시 주어진 함수를 이용하시오.

인기 복합기 제품 구성 비교

결재	담당	팀장	부장

	A	B	C	D	E	F	G	H	I	J
4		관리코드	제품명	판매금액	컬러 인쇄속도	흑백 인쇄속도	네트워크	기능	출시연도	평가
5		LP-1507-3	삼정 레이저 C473FW	375,000	10ppm	18ppm	유/무선/NFC	스캔/복사/팩스	(1)	(2)
6		IK-1409-1	어드밴티지 3545	149,000	14ppm	17ppm	유/무선	스캔/복사	(1)	(2)
7		LP-1501-2	삼정 레이저 M2074F	150,000	16ppm	18ppm	유/무선/NFC	스캔/복사/팩스	(1)	(2)
8		IK-1409-1	복합기 1510	400,000	16ppm	20ppm	유선	스캔/복사	(1)	(2)
9		LP-1411-3	다큐프린터 CM215FW	288,000	12ppm	15ppm	유/무선	스캔/복사/팩스	(1)	(2)
10		LP-1411-3	다큐프린터 CM215B	179,000	12ppm	15ppm	유선	스캔/복사	(1)	(2)
11		IK-1505-1	어드밴티지 4645	175,000	6ppm	9ppm	유/무선	스캔/복사/팩스	(1)	(2)
12		LP-1407-3	캐넌 MF8284CW	344,000	14ppm	14ppm	유/무선	스캔/복사/팩스	(1)	(2)
13		무선을 제공하는 제품의 개수			(3)		복합기 1510 제품의 분류			(5)
14		스캔/복사/팩스 기능 제품의 최저 판매금액			(4)		관리코드	LP-1507-3	네트워크	(6)

(1) 출시연도 ⇒ 관리코드의 네 번째 글자부터 두 글자씩 연도와 월을 예와 같이 구하시오(MID 함수, & 연산자)(예 : LP−1507−9−3 → 2015년 07월).

(2) 평가 ⇒ 흑백 인쇄속도가 전체 흑백 인쇄속도에서 세 번째 값보다 큰 경우는 '우수', 그 외에는 공백으로 표시하시오(IF, LARGE 함수).

(3) 무선을 제공하는 제품의 개수 ⇒ 정의된 이름(네트워크)을 이용하여 무선을 포함하는 네트워크의 개수를 구하시오(COUNTIF 함수).

(4) 스캔/복사/팩스 기능 제품의 최저 판매금액 ⇒ 조건은 입력데이터를 이용하시오(DMIN 함수).

(5) 복합기 1510 제품의 분류 ⇒ 관리코드의 마지막 한 글자가 1이면 '잉크젯', 2이면 '레이저', 3이면 '컬러 레이저'로 표시하시오(CHOOSE, RIGHT 함수).

(6) 네트워크 ⇒ 「H14」 셀에서 선택한 관리코드에 대한 네트워크를 구하시오(VLOOKUP 함수).

(7) 조건부 서식의 수식을 이용하여 판매금액이 '300,000' 이상인 행 전체에 다음 서식을 적용하시오(글꼴 : 파랑).

문제 3 [계산작업1] 시트에서 작업하시오.

(1) [표1]에서 평가기준표[F2:H7]를 참조하여 점수[C3:C10]에 따른 평가[D3:D10]를 구하시오.
– VLOOKUP, HLOOKUP 중 알맞은 함수 사용

(2) [표2]에서 언어[B14:B20] 점수가 언어의 평균 점수 이상이면 "통과", 그렇지 않으면 공란으로 결과[D14:D20] 영역에 표시하시오.
– IF, AVERAGE 함수 사용

(3) [표3]에서 상품코드[F14:F22]를 이용하여 상품명[G14:G22]을 표시하시오.

- 상품명 : 상품코드의 뒤 네 글자를 뺀 나머지
- LEFT와 LEN 함수 사용

(4) [표4]에서 직급[C26:C33]이 대리인 사원의 급여[D26:D33] 평균을 계산하여 대리 급여평균[D35]에 표시하시오.

- DAVERAGE, DSUM 중 알맞은 함수 사용
- 조건 범위는 제시된 데이터를 사용할 것

(5) [표4]에서 특별 상여금[E26:E33]이 500,000원 이상인 과장 상여금 평균을 [D36] 셀에 구하시오.

- 결과값 뒤에 "원"을 포함하여 표시하시오(표시 예 : 100000원).
- AVERAGEIFS 함수와 & 연산자 사용

문제 4 [계산작업2] 시트에서 작업하시오.

(1) [표1]에서 용도[C3:C10]가 산업용인 청구요금[E3:E10]의 평균[A13]을 표시하시오.

- 청구요금의 평균을 백의 자리에서 반올림하여 천 단위까지 표시
- AVERAGE, DAVERAGE, ROUND, ROUNDDOWN 중 알맞은 함수 사용

(2) [표2]에서 각 반기별 판매량[I3:I10, K3:K10]이 각 반기별 목표량[H3:H10, J3:J10] 이상일 경우 "지급", 나머지는 공란으로 보너스[L3:L10] 영역에 표시하시오.

- IF, AND, OR 중 알맞은 함수 사용

(3) [표3]에서 수량[B17:B24]과 판매가[C17:C24], [표4]의 할인적용표[F17:K18]를 이용하여 판매금액[D17:D24]을 구하시오.

- 판매금액 : 수량 * 판매가 * (1-할인율)
- 할인율 : [표4]를 참고
- VLOOKUP, HLOOKUP, INDEX 중 알맞은 함수 사용

(4) [표5]에서 점수[C28:C35]를 기준으로 1위는 "최우수", 2위는 "금상", 3위는 "은상", 4위는 "동상", 나머지는 공백으로 결과[D28:D35]에 표시하시오.

- 순위는 점수가 가장 높은 사람이 1위
- CHOOSE, RANK 함수 사용

(5) [표6]의 코드[F24:F33]에서 A의 위치가 1일 때 "경제학과", 2일 때 "경영학과", 3일 때 "통계학과", 나머지는 "자유전공"으로 학과[H24:H33]에 표시하시오

- IF, SEARCH 함수 사용

연습 문제

1 [계산문제A] 워크시트에 문서를 아래와 같이 수정하시오.

(1) [표1]에서 응시일[C3:C9]이 월요일부터 금요일이면 '평일', 그 외에는 '주말'로 요일[D3:D9]에 표시하시오.

- 단, 요일 계산 시 월요일이 1 인 유형으로 지정
- IF, WEEKDAY 함수 사용

(2) [표2]에서 중간고사[G3:G9], 기말고사[H3:H9]와 학점기준표[G12:K14]를 참조하여 학점[I3:I9]을 계산하시오.

- 평균은 각 학생의 중간고사와 기말고사로 구함
- AVERAGE, HLOOKUP 함수 사용

(3) [표3]에서 학과[A14:A21]가 '경영학과'인 학생들의 평점에 대한 평균을 [D24] 셀에 계산하시오.

- 평균은 소수점 이하 셋째자리에서 반올림하여 둘째자리까지 표시(예 : 3.5623 → 3.56)
- 조건은 [A24:A25] 영역에 입력하시오.
- DAVERAGE, ROUND 함수 사용

(4) [표4]에서 커뮤니케이션[B29:B35], 회계[C29:C35], 경영전략[D29:D35]이 모두 70 이상인 학생 수를 [D37] 셀에 계산하시오.

- COUNT, COUNTIF, COUNTIFS 함수 중 알맞은 함수 사용

(5) [표5]에서 학과[F29:F36]의 앞 세 문자와 입학일자[G29:G36]의 연도를 이용하여 입학코드[H29:H36]를 표시하시오.

- 학과의 첫 글자만 대문자로 표시(예 : 학과가 'HEALTHCARE', 입학일자가 '2015-03-02'인 경우 → Hea2015)
- LEFT, PROPER, YEAR 함수와 & 연산자 사용

2 [계산문제B] 워크시트에 문서를 아래와 같이 수정하시오.

(1) [표1]에서 지점[A3:A10]이 동부인 매출액[C3:C10]의 합계를 [C13] 셀에 계산하시오.

- 동부지점 합계는 백의 자리에서 올림하여 천의 자리까지 표시(예: 1,234,123 → 1,235,000)
- 조건은 [A12:A13] 영역에 입력하시오.
- DSUM, ROUND, ROUNDUP, ROUNDDOWN 함수 중 알맞은 함수들을 선택하여 사용

(2) [표2]에서 상여금[J3:J10]이 1,200,000 보다 크면서 기본급이 기본급의 평균 이상인 인원수를 [J12] 셀에 표시하시오.

- 계산된 인원 수 뒤에 '명'을 포함하여 표시(예: 2명)
- AVERAGE, COUNTIFS 함수와 & 연산자 사용

(3) [표3]에서 주민등록번호[C17:C24]의 왼쪽에서 8번째 문자가 '1' 또는 '3' 이면 '남', '2' 또는 '4' 이면 '여'를 성별[D17:D24]에 표시하시오.

- CHOOSE, MID 함수 사용

(4) [표4]에서 총점[I17:I24]이 첫 번째로 높은 사람은 '최우수', 두 번째로 높은 사람은 '우수', 그렇지 않은 사람은 공백을 순위[J17:J24]에 표시하시오.

- IF, LARGE 함수 사용

(5) [표5]에서 원서번호[A29:A36]의 왼쪽에서 첫 번째 문자와 [B38:D39] 영역을 참조하여 지원학과[D29:D36]를 표시하시오.

- 단, 오류발생시 지원학과에 '코드오류'로 표시
- IFERROR, HLOOKUP, LEFT 함수 사용

CHAPTER 09

데이터 관리 및 분석

01 데이터 관리

02 데이터 분석

03 매크로

종합예제

연습문제

학습목표

- 정렬, 필터, 부분합, 데이터 통합 등을 이용해서 데이터를 관리할 수 있다.
- 피벗 테이블, 슬라이서, 피벗 차트, 가상 분석을 통해 데이터를 분석할 수 있다.
- 매크로를 기록하고 실행, 편집, 삭제 및 컨트롤과 연결하여 사용할 수 있다.

SECTION 01

데이터 관리

데이터 관리는 엑셀의 핵심 기능 중 하나이다. 이번 장에서는 정렬, 필터, 부분합, 데이터 통합, 데이터 유효성 검사, 중복된 항목 제거, 텍스트 나누기 등에 대해 알아본다.

1.1 정렬

정렬이란 특정 필드를 기준(오름차순 혹은 내림차순)으로 행 단위로 데이터의 순서를 재배열하는 것을 말한다.

정렬 항목이 1개인 경우 정렬할 필드명을 선택한 후 [데이터] 탭-[정렬 및 필터] 그룹에서 [텍스트 오름차순 정렬] 또는 [텍스트 내림차순 정렬]을 클릭하면 정렬이 수행된다. 정렬 항목이 여러 개일 때에는 정렬할 데이터 내에 있는 임의의 셀을 선택한 후 [데이터] 탭-[정렬 및 필터] 그룹에서 '정렬'을 클릭한다.

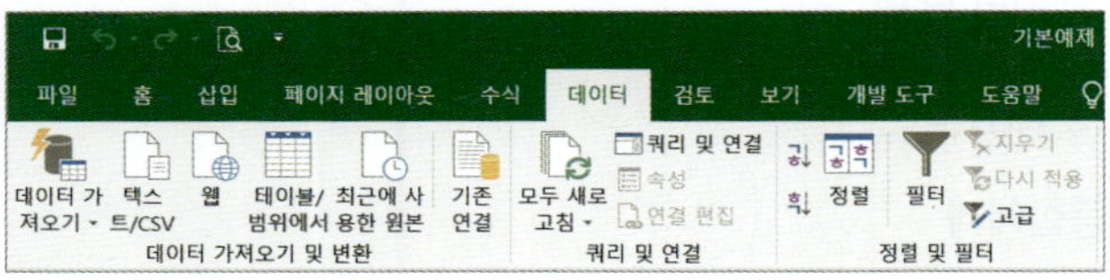

[정렬] 대화상자가 나타나면 열(정렬 필드), 정렬 기준, 정렬 종류를 선택한다. 정렬할 대상이 여러 개일 경우에는 [기준 추가]를 선택하여 정렬 기준을 추가한다.

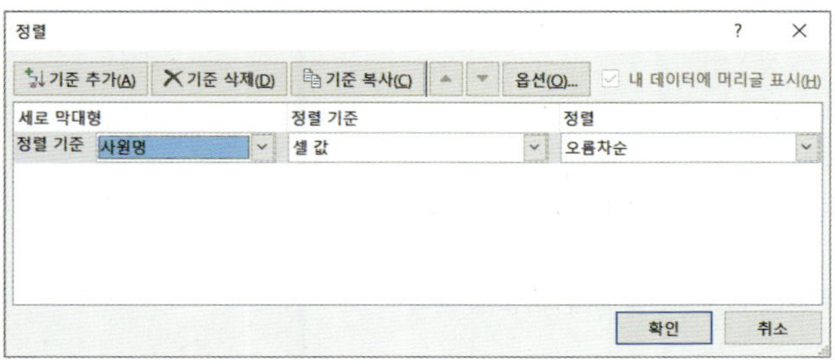

❶ **열(정렬 필드)** 정렬하고자 하는 필드를 의미한다.

❷ **정렬 기준** 값, 셀 색, 글꼴 색, 조건부 서식 아이콘 중 선택할 수 있다.

❸ **정렬 종류** 오름차순, 내림차순, 사용자 지정 목록 중 선택할 수 있다.

여기서 잠깐 ▶ 정렬의 우선 순위

- **오름차순** 숫자 〉 특수문자 〉 영문 〉 한글 〉 논리값 〉 오류값 〉 공백(빈 셀)순으로 정렬되며 숫자는 작은 수에서 큰 수(0~9) 순서로 정렬되고 문자는 A~Z, ㄱ~ㅎ 순서로 정렬된다.
- **내림차순** 오류값 〉 논리값 〉 한글 〉 영문 〉 특수문자 〉 숫자 〉 공백(빈 셀) 순으로 정렬되며 순자는 큰 수에서 작은 수, 문자도 오름차순의 반대로 정렬된다.
- **사용자 지정 목록** [사용자 지정 목록] 대화상자에 사용자가 입력한 순서를 기준으로 정렬된다.

1.1.1 값을 이용한 정렬

값을 이용한 정렬은 입력된 데이터의 값을 기준으로 정렬된다. 정렬 기준이 값일 경우, 오름차순, 내림차순, 사용자 지정 목록으로 정렬할 수 있다.

- **하나의 기준으로 정렬할 경우** 정렬할 필드명을 선택한 후 [데이터] 탭-[정렬 및 필터] 그룹에서 '텍스트 오름차순' 또는 '텍스트 내림차순'을 클릭한다.
- **하나 이상의 기준으로 정렬할 경우** 정렬할 데이터의 임의의 셀을 선택한 후 [데이터] 탭-[정렬 및 필터] 그룹에서 '정렬'을 클릭한다. [정렬] 대화상자가 나타나면 열(정렬 필드) 및 정렬 기준, 정렬 종류를 선택한다. 정렬이 여러 개일 경우 [기준 추가]를 선택하여 정렬 기준을 추가한다.

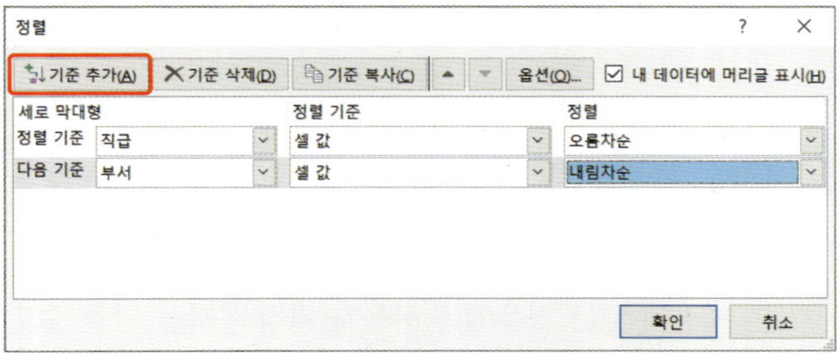

1.1.2 셀 색, 글꼴 색, 조건부 서식 아이콘을 이용한 정렬

보통 셀의 값을 기준으로 정렬하는데 셀 색이나, 글꼴 색, 아이콘을 기준으로 정렬을 수행할 수 있다. 이때, 오름차순, 내림차순을 정하지 않고 셀의 색, 글꼴 색의 기준 추가를 선택하여 나열하면 사용자가 원하는 기준으로 정렬을 수행할 수 있다. 같은 방법으로 아이콘을 이용하여 정렬을 수행할 수도 있다.

- **셀 색을 기준으로 정렬** 엑셀에서는 셀 색을 기준으로 정렬을 수행할 수 있다. 셀 색을 기준으로 정렬을 수행할 경우, 정렬을 원하는 색의 순서로 기준을 추가해야 한다. 색을 추가한 후 셀 색을 위에 표시할지 아래에 표시할지 선택할 수 있다.

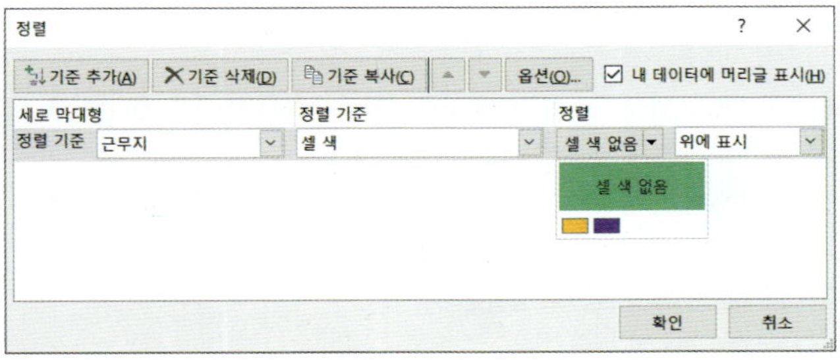

• **글꼴 색을 기준으로 정렬** 엑셀에서는 글꼴 색을 기준으로 정렬을 수행할 수 있다. 글꼴 색을 기준으로 정렬을 수행할 경우, 정렬을 원하는 글꼴 색의 순서로 기준을 추가해야 한다. 글꼴 색을 추가한 후 글꼴 셀 색을 위에 표시할지 아래에 표시할지 선택할 수 있다,

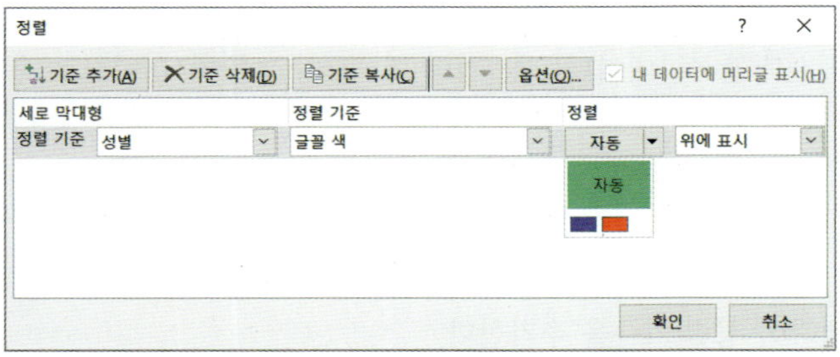

1.1.3 사용자 지정 목록

사용자가 원하는 정렬 순서가 오름차순이나 내림차순이 아닐 경우 사용자 지정 목록을 사용하여 데이터 정렬을 수행할 수 있다. 사용자 지정 목록을 사용하면 사용자가 원하는 순서대로 우선순위를 지정하여 그 기준으로 워크시트를 정렬할 수 있다. 엑셀에서 기본적으로 제공하는 사용자 지정 목록을 사용하면 요일 또는 월을 기준으로 데이터를 정렬할 수 있다. 기본 제공에 없는 경우에는 사용자 지정 목록을 만들 수도 있다.

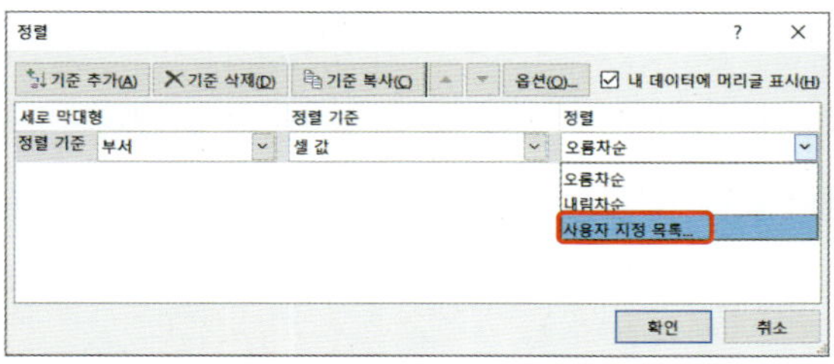

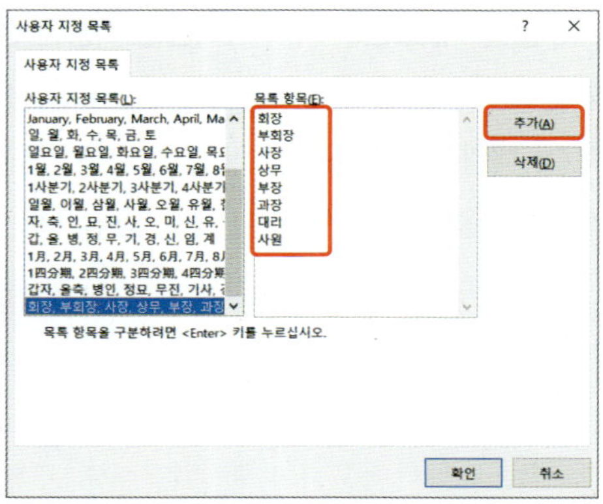

기본예제 32 정렬

'직급'을 기준으로 '오름차순', '부서'를 기준으로 '내림차순' 정렬을 수행하시오. [셀 색] 워크시트에서 부서를 기준으로 오름차순 정렬을 수행하시오. 부서가 같은 경우에는 근무지의 셀 색이 주황, 자주 순으로 정렬을 수행하시오. [사원명단2] 워크시트에서 부서별로 홍보부, 인사부, 영업부, 총무부 순으로 정렬을 수행하시오.

01 데이터 선택 [사원명단] 워크시트 표의 임의의 셀을 선택한 후 [데이터] 탭-[정렬 및 필터] 그룹에서 '정렬'을 클릭한다.

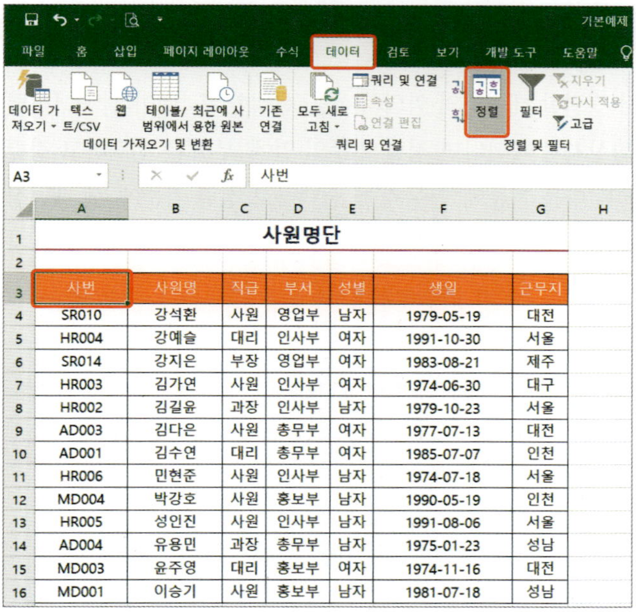

사번	사원명	직급	부서	성별	생일	근무지
SR010	강석환	사원	영업부	남자	1979-05-19	대전
HR004	강예슬	대리	인사부	여자	1991-10-30	서울
SR014	강지은	부장	영업부	여자	1983-08-21	제주
HR003	김가연	사원	인사부	여자	1974-06-30	대구
HR002	김길윤	과장	인사부	남자	1979-10-23	서울
AD003	김다은	사원	총무부	여자	1977-07-13	대전
AD001	김수연	대리	총무부	여자	1985-07-07	인천
HR006	민현준	사원	인사부	남자	1974-07-18	서울
MD004	박강호	사원	홍보부	남자	1990-05-19	인천
HR005	성인진	사원	인사부	남자	1991-08-06	서울
AD004	유용민	과장	총무부	남자	1975-01-23	성남
MD003	윤주영	대리	홍보부	여자	1974-11-16	대전
MD001	이승기	사원	홍보부	남자	1981-07-18	성남

02 정렬 [정렬] 대화상자가 나타나면 [정렬 기준] 열에는 '직급'을 선택하고 [정렬]은 '오름차순'을 선택한다. [정렬] 대화상자 왼쪽 상단의 [기준 추가]를 클릭해 [다음 기준] 열에는 '부서'를 선택하고 [정렬]에 '내림차순'을 선택한 후 [확인]을 클릭한다.

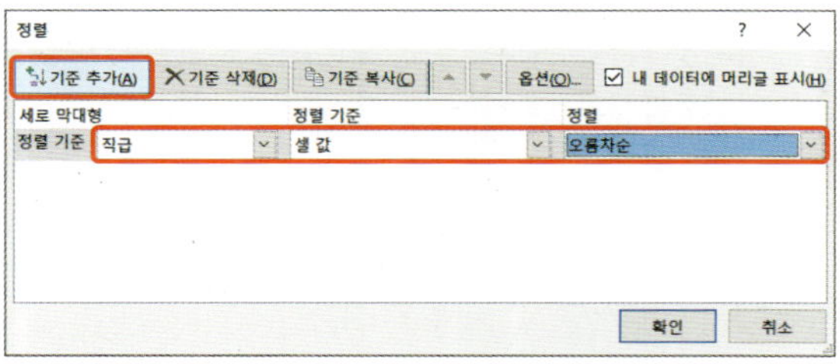

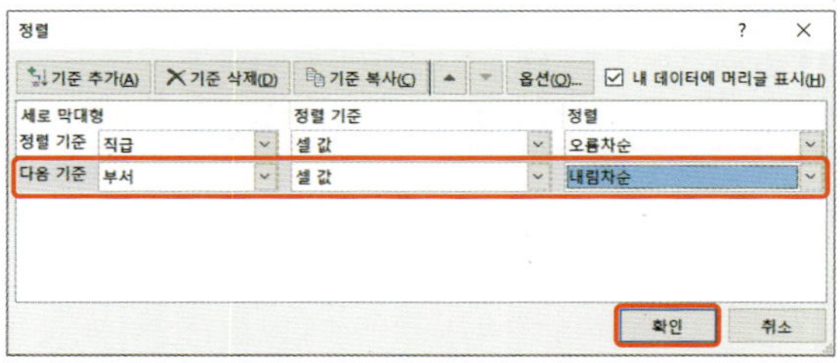

사번	사원명	직급	부서	성별	생일	근무지
AD004	유용민	과장	총무부	남자	1975-01-23	성남
HR002	김길윤	과장	인사부	남자	1979-10-23	서울
MD003	윤주영	대리	홍보부	여자	1974-11-16	대전
AD001	김수연	대리	총무부	여자	1985-07-07	인천
HR004	강예슬	대리	인사부	여자	1991-10-30	서울
SR014	강지은	부장	영업부	여자	1983-08-21	제주
MD004	박강호	사원	홍보부	남자	1990-05-19	인천
MD001	이승기	사원	홍보부	남자	1981-07-18	성남
AD003	김다은	사원	총무부	여자	1977-07-13	대전
HR003	김가연	사원	인사부	여자	1974-06-30	대구
HR006	민현준	사원	인사부	남자	1974-07-18	서울
HR005	성인진	사원	인사부	남자	1991-08-06	서울
SR010	강석환	사원	영업부	남자	1979-05-19	대전

03 [셀 색] 워크시트 정렬 [셀 색] 워크시트에서 정렬할 데이터의 임의의 셀을 선택한 후 [데이터] 탭-[정렬 및 필터] 그룹에서 '정렬'을 클릭한다. [정렬] 대화상자가 나타나면 정렬 기준의 열에 '부서'를 선택하고 정렬은 '오름차순'을 선택한다. [기준 추가]를 클릭한 후 다음 기준에 '근무지'를 선택하고 정렬 기준에 '셀 색', 정렬에 '주황'을 선택한다. 다시 [기준 추가]를 클릭한 후 다음 기준에 '근무지', 정렬 기준에 '셀 색', 정렬에 '자주'를 선택한 후 [확인]을 클릭한다.

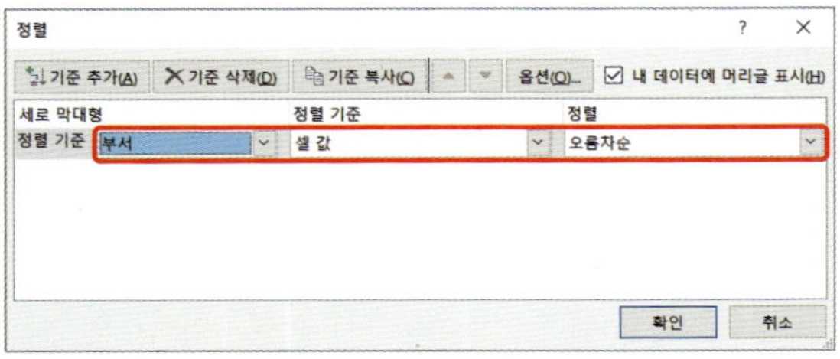

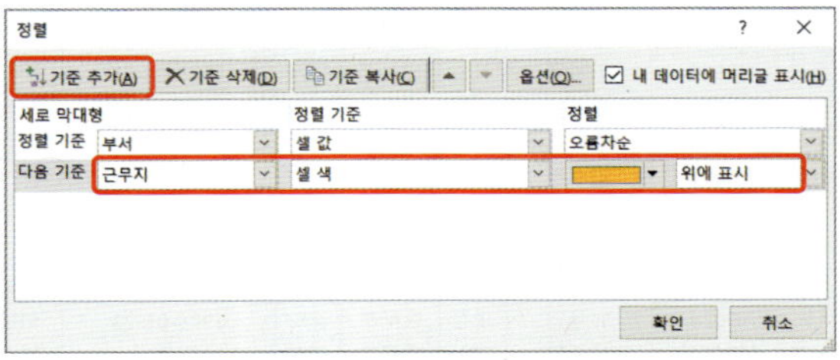

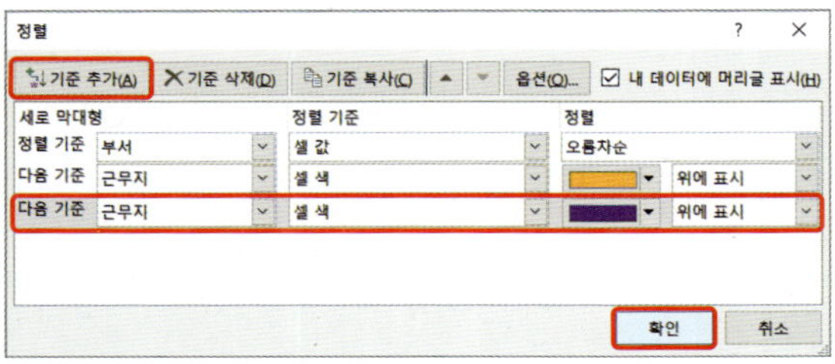

사원명단

사번	사원명	직급	부서	필기시험	실기시험	성별	생일	근무지
SR010	강석환	사원	영업부	40	75	남자	1979-05-19	대전
SR013	최효민	사원	영업부	54	90	여자	1973-10-06	서울
SR014	강지은	부장	영업부	67	61	여자	1983-08-21	제주
HR005	성인진	사원	인사부	99	100	남자	1991-08-06	서울
HR001	이해준	과장	인사부	100	100	여자	1986-10-27	서울
HR007	정아윤	부장	인사부	82	39	여자	1976-09-29	서울
HR004	강예슬	대리	인사부	100	77	여자	1991-10-30	서울
HR006	민현준	사원	인사부	100	95	남자	1974-07-18	서울
HR003	김가연	사원	인사부	83	62	여자	1974-06-30	대구
HR002	김길윤	과장	인사부	95	99	남자	1979-10-23	서울
AD002	최은아	사원	총무부	98	110	여자	1979-05-28	부산
AD004	유용민	과장	총무부	53	88	남자	1975-01-23	성남
AD003	김다은	사원	총무부	73	86	여자	1977-07-13	대전
AD001	김수연	대리	총무부	103	54	여자	1985-07-07	인천
MD003	윤주영	대리	홍보부	72	93	여자	1974-11-16	대전
MD002	한윤아	과장	홍보부	71	65	여자	1978-01-08	대구
MD004	박강호	사원	홍보부	68	82	남자	1990-05-19	인천
MD001	이승기	사원	홍보부	78	88	남자	1981-07-18	성남

사원명단 | 사원명단2 | 셀 색 | 글꼴색 | 아이콘

04 [사원명단2] 워크시트 정렬 [사원명단2] 워크시트에서 정렬할 데이터의 임의의 셀을 선택한 후 [데이터] 탭-[정렬 및 필터] 그룹에서 '정렬'을 클릭한다.

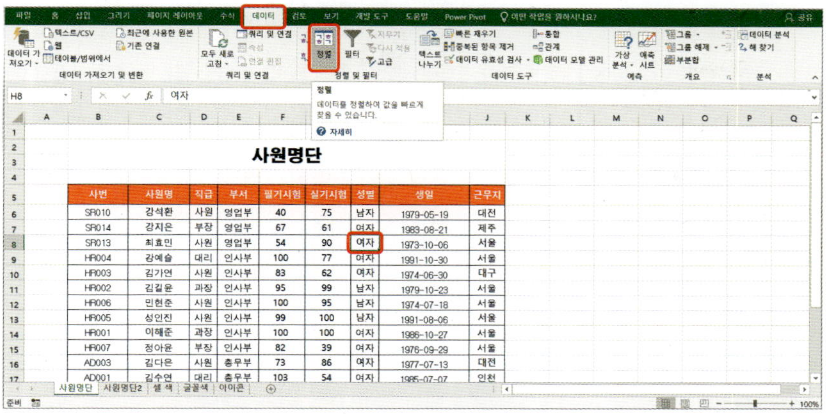

05 사용자 지정 목록 선택 [정렬] 대화상자가 나타나면 정렬 기준의 열에 '부서'를 선택한 후 정렬은 '사용자 지정 목록'을 선택한다.

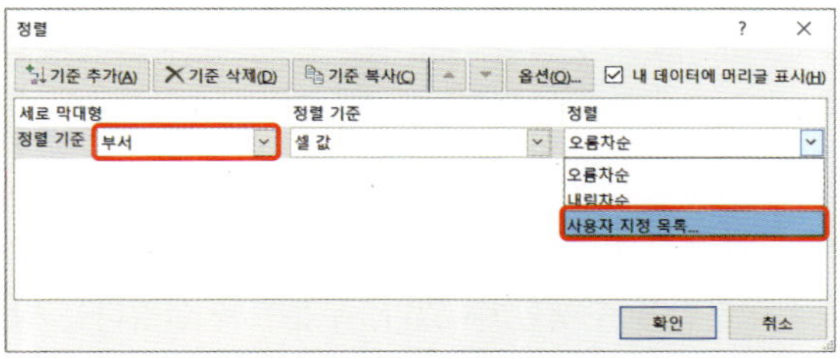

06 사용자 지정 목록 작성 [사용자 지정 목록] 대화상자가 나타나면 목록 항목에 『홍보부』, 『인사부』, 『영업부』, 『총무부』 순으로 입력하고 [추가]를 클릭하여 사용자 지정 목록에 추가한 후 [확인]을 클릭한다. [정렬] 대화상자에서 [확인]을 클릭한다.

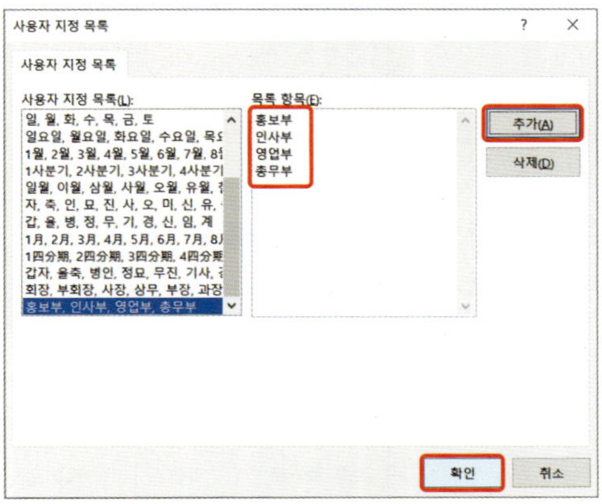

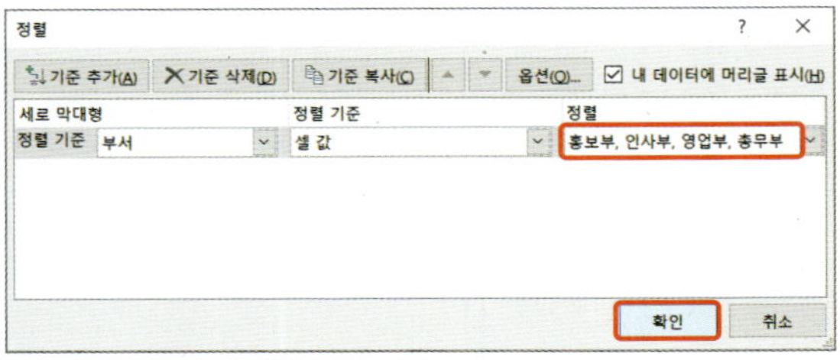

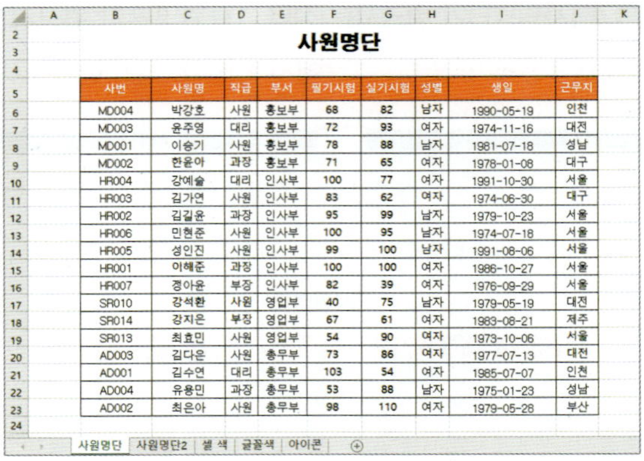

사원명단

사번	사원명	직급	부서	필기시험	실기시험	성별	생일	근무지
MD004	박강호	사원	홍보부	68	82	남자	1990-05-19	인천
MD003	윤주영	대리	홍보부	72	93	여자	1974-11-16	대전
MD001	이승기	사원	홍보부	78	88	남자	1981-07-18	성남
MD002	한윤아	과장	홍보부	71	65	여자	1978-01-08	대구
HR004	강예슬	대리	인사부	100	77	여자	1991-10-30	서울
HR003	김가연	사원	인사부	83	62	여자	1974-06-30	대구
HR002	김길윤	과장	인사부	95	99	남자	1979-10-23	서울
HR006	민현준	사원	인사부	100	95	남자	1974-07-18	서울
HR005	성인진	사원	인사부	99	100	남자	1991-08-06	서울
HR001	이해준	과장	인사부	100	100	여자	1986-10-27	서울
HR007	정아윤	부장	인사부	82	39	여자	1976-09-29	서울
SR010	강석환	사원	영업부	40	75	남자	1979-05-19	대전
SR014	강지은	부장	영업부	67	61	여자	1983-08-21	제주
SR013	최효민	사원	영업부	54	90	여자	1973-10-06	서울
AD003	김다은	사원	총무부	73	86	여자	1977-07-13	대전
AD001	김수연	대리	총무부	103	54	여자	1985-07-07	인천
AD004	유용민	과장	총무부	53	88	남자	1975-01-23	성남
AD002	최은아	사원	총무부	98	110	여자	1979-05-28	부산

1.2 부분합

부분합이란 데이터 중 특정 필드로 그룹화하여 그룹별로 '합계', '평균', '개수', '최대값', '최소값' 등을 자동으로 계산하여 통계화시키는 기능이다. 부분합의 설정과 제거, 자동 윤곽의 설정과 해제에 대해 알아보도록 한다.

1.2.1 부분합 설정

부분합은 실행하기 전 반드시 특정 필드를 기준으로 정렬되어 있어야 한다. 부분합은 특정 필드를 기준으로 그룹화하는데 정렬을 수행하여 같은 데이터들끼리 모아서 그룹을 설정하기 때문에 반드시 어떤 필드를 기준으로 오름차순 또는 내림차순으로 정렬되어 있어야 제대로 부분합을 수행할 수 있다. 부분합을 설정하는 방법은 [데이터] 탭–[개요] 그룹에서 '부분합'을 클릭한 후 [부분합] 대화상자에서 '그룹화할 항목', '사용할 함수', '부분합 계산' 항목을 적절히 지정하면 된다.

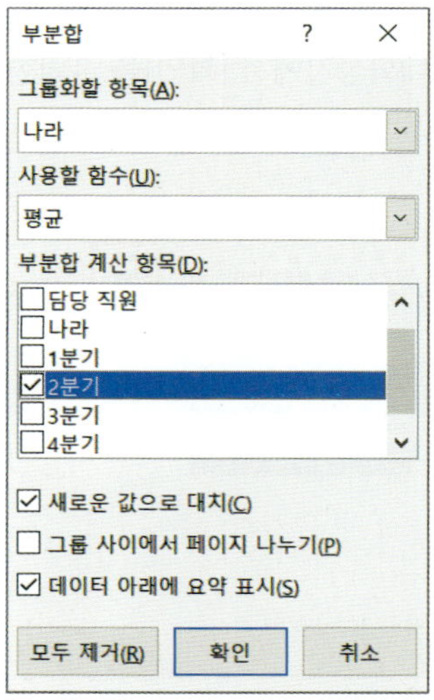

❶ **그룹화할 항목** 어떤 대상으로 그룹화할 것인지를 정하는 것으로 정렬한 항목만 올 수 있다.

❷ **사용할 함수** 계산 항목을 어떤 함수를 이용해서 구할 것인가를 결정

❸ **부분합 계산 항목** 필드 중 부분합을 구할 항목을 결정

❹ **새로운 값으로 대치** 두 번째 부분합 수행 시, 반드시 새로운 값으로 대치를 체크 해제해야 한다. 새로운 값으로 대치가 체크되어 있으면 두 번째 부분합을 구할 때, 첫 번째 부분합이 사라지고 두 번째 부분합만 나오게 된다.

❺ **그룹 사이에서 페이지 나누기** 부분합 계산의 그룹별로 페이지 구분선이 나누어져, 인쇄 시 그룹별로 인쇄 설정이 가능하다.

❻ **데이터 아래에 요약 표시** 부분합의 결과값이 그룹 하단에 표시되고, 체크 해제 시 그룹의 상단에 표시된다.

❼ **모두 제거** 부분합을 모두 제거한다.

부분합이 작성된 상태에서 추가로 부분합을 작성하려면 [부분합] 대화상자에서 '그룹화할 항목', '사용할 함수', '부분합 계산 항목'을 선택한 후 '새로운 값으로 대치'를 체크 해제한다. '새로운 값으로 대치'를 해제하지 않으면 기존 부분합은 지워지고 새로운 부분합이 작성된다.

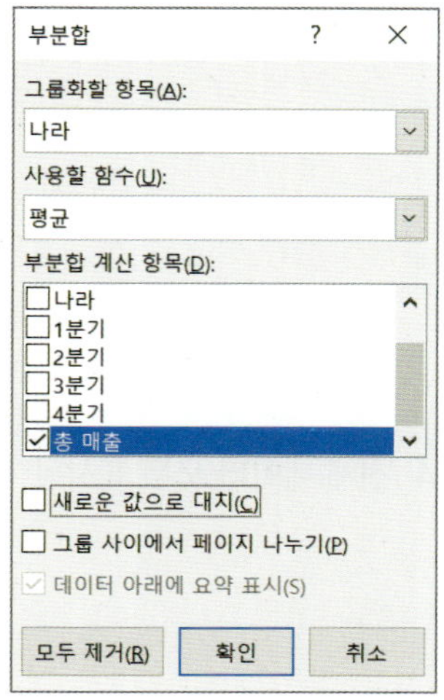

부분합을 잘못 만들었거나, 만들어진 부분합을 제거하려면 부분합이 표시된 목록의 셀을 선택한 후 [데이터] 탭– [개요] 그룹에서 '부분합'을 클릭한 후 [부분합] 대화상자에서 [모두 제거]를 클릭한다.

1.2.2 자동 윤곽

부분합을 작성하면 워크시트의 왼쪽에 자동으로 윤곽 기호가 표시된다. 윤곽 기호로 데이터 목록의 하위 수준을 표시하거나 숨길 수 있다.

	A	B	C	D	E	F	G	H
1	나라별 상품 판매							
2								
3	상품	담당 직원	나라	1분기	2분기	3분기	4분기	총 매출
4	화장품	제니퍼	미국	159,152	174,272	172,469	187,767	693,660
5	꽃	보가드	미국	3,037	2,823	2,618	2,689	11,167
6	서 적	데니스	미국	77,469	110,351	100,989	93,415	382,224
7	가공식품	Sean Bogard	미국	77,469	110,351	100,989	93,415	382,224
8	화장품	Raven	미국	144,102	166,602	150,551	154,387	615,642
9	음·식료품	Penny	미국	250,150	268,044	270,851	331,437	1,120,482
10	소프트웨어	Kerry	미국	4,910	4,465	4,452	5,931	19,758
11	인테리어 소품	Gerry	미국	220,572	254,843	245,788	221,224	942,427
12	각종서비스	Dennis	미국	43,812	76,760	78,987	50,840	250,399
13			미국 평균		129,835			
14			미국 요약					4,417,983
15	생활·자동차용품	에일리	일본	349,885	357,422	339,517	339,509	1,386,333
16	패션	알렉스	일본	250,150	268,044	270,851	331,437	1,120,482
17	화장품	레이븐	일본	159,152	174,272	172,469	187,767	693,660

1 모든 데이터가 숨겨지고 전체 결과만 표시된다.

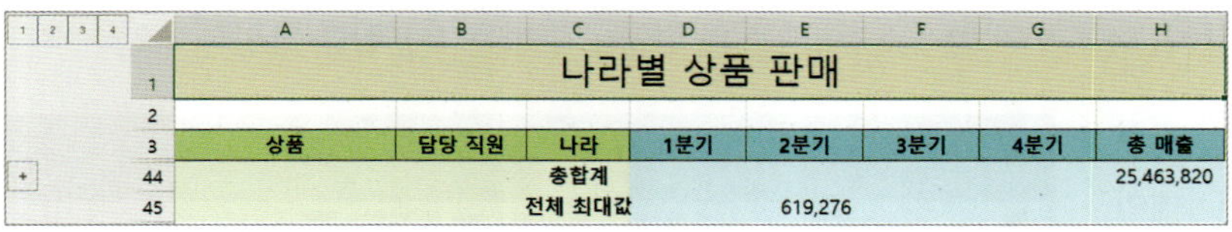

	A	B	C	D	E	F	G	H
1	나라별 상품 판매							
2								
3	상품	담당 직원	나라	1분기	2분기	3분기	4분기	총 매출
44			총합계					25,463,820
45			전체 최대값		619,276			

2~3 전체 결과 및 그룹화된 부문의 결과만 표시된다.

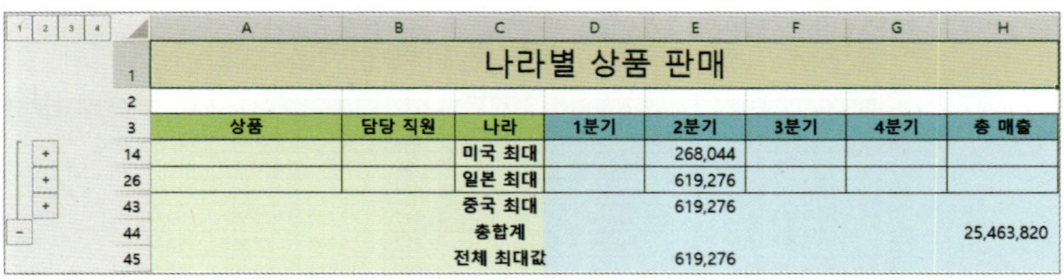

	A	B	C	D	E	F	G	H
1	나라별 상품 판매							
2								
3	상품	담당 직원	나라	1분기	2분기	3분기	4분기	총 매출
14			미국 최대		268,044			
26			일본 최대		619,276			
43			중국 최대		619,276			
44			총합계					25,463,820
45			전체 최대값		619,276			

	A	B	C	D	E	F	G	H
1	나라별 상품 판매							
2								
3	상품	담당 직원	나라	1분기	2분기	3분기	4분기	총 매출
13			미국 요약					4,417,983
14			미국 최대		268,044			
25			일본 요약					8,913,253
26			일본 최대		619,276			
42			중국 요약					12,132,584
43			중국 최대		619,276			
44			총합계					25,463,820
45			전체 최대값		619,276			

4 전체 데이터 모두 표시된다.

	A	B	C	D	E	F	G	H
1	나라별 상품 판매							
2								
3	상품	담당 직원	나라	1분기	2분기	3분기	4분기	총 매출
4	화장품	제니퍼	미국	159,152	174,272	172,469	187,767	693,660
5	꽃	보가드	미국	3,037	2,823	2,618	2,689	11,167
6	서 적	데니스	미국	77,469	110,351	100,989	93,415	382,224
7	가공식품	Sean Bogard	미국	77,469	110,351	100,989	93,415	382,224
8	화장품	Raven	미국	144,102	166,602	150,551	154,387	615,642
9	음·식료품	Penny	미국	250,150	268,044	270,851	331,437	1,120,482
10	소프트웨어	Kerry	미국	4,910	4,465	4,452	5,931	19,758
11	인테리어 소품	Gerry	미국	220,572	254,843	245,788	221,224	942,427
12	각종서비스	Dennis	미국	43,812	76,760	78,987	50,840	250,399
13			미국 요약					4,417,983
14			미국 최대		268,044			
15	생활·자동차용품	에일리	일본	349,885	357,422	339,517	339,509	1,386,333
16	패션	알렉스	일본	250,150	268,044	270,851	331,437	1,120,482
17	화장품	레이본	일본	159,152	174,272	172,469	187,767	693,660

- **윤곽 지우기** 부분합 기능으로 인해 생성된 그룹을 '개요 지우기' 기능을 이용하여 윤곽선을 지울 수 있다. [데이터] 탭-[개요] 그룹-[그룹 해제▼]에서 '개요 지우기'를 선택한다.
- **윤곽 재설정** [데이터] 탭-[개요] 그룹-[그룹▼]에서 '자동 개요'를 선택한다.

기본예제 33 부분합 작성 및 제거

'나라' 별로 '1분기', '2분기', '3분기', '4분기'의 합계와 '총 매출'의 평균을 구하는 부분합을 작성하시오.

01 오름차순 정렬 [상품판매] 워크시트에서 [C3] 셀을 선택한 후 [데이터] 탭-[정렬 및 필터] 그룹의 '텍스트 오름차순'을 클릭한다.

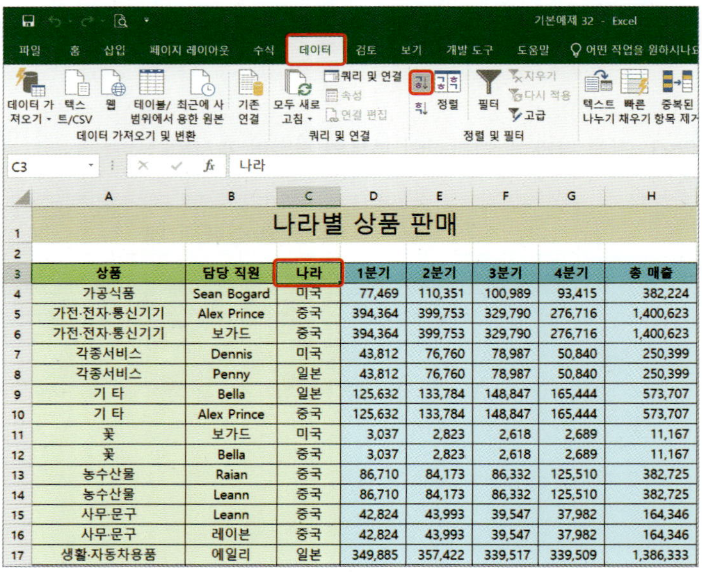

	A	B	C	D	E	F	G	H
1	나라별 상품 판매							
2								
3	상품	담당 직원	나라	1분기	2분기	3분기	4분기	총 매출
4	가공식품	Sean Bogard	미국	77,469	110,351	100,989	93,415	382,224
5	가전·전자·통신기기	Alex Prince	중국	394,364	399,753	329,790	276,716	1,400,623
6	가전·전자·통신기기	보가드	중국	394,364	399,753	329,790	276,716	1,400,623
7	각종서비스	Dennis	미국	43,812	76,760	78,987	50,840	250,399
8	각종서비스	Penny	일본	43,812	76,760	78,987	50,840	250,399
9	기 타	Bella	일본	125,632	133,784	148,847	165,444	573,707
10	기 타	Alex Prince	중국	125,632	133,784	148,847	165,444	573,707
11	꽃	보가드	미국	3,037	2,823	2,618	2,689	11,167
12	꽃	Bella	중국	3,037	2,823	2,618	2,689	11,167
13	농수산물	Raian	중국	86,710	84,173	86,332	125,510	382,725
14	농수산물	Leann	중국	86,710	84,173	86,332	125,510	382,725
15	사무·문구	Leann	중국	42,824	43,993	39,547	37,982	164,346
16	사무·문구	레이븐	중국	42,824	43,993	39,547	37,982	164,346
17	생활·자동차용품	에일리	일본	349,885	357,422	339,517	339,509	1,386,333

02 첫 번째 부분합 [데이터] 탭-[개요] 그룹에서 '부분합'을 클릭한다. [부분합] 대화상자에서 [그룹화할 항목]에 '나라', [사용할 함수]에 '합계', [부분합 계산 항목]에 '1분기', '2분기', '3분기', '4분기'에 체크 표시한 후 [확인]을 클릭한다.

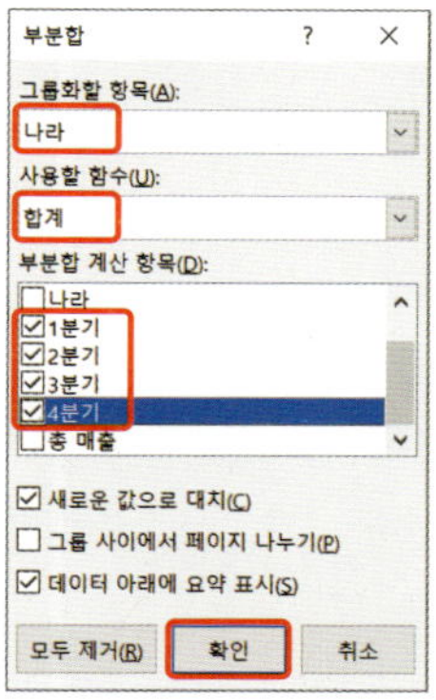

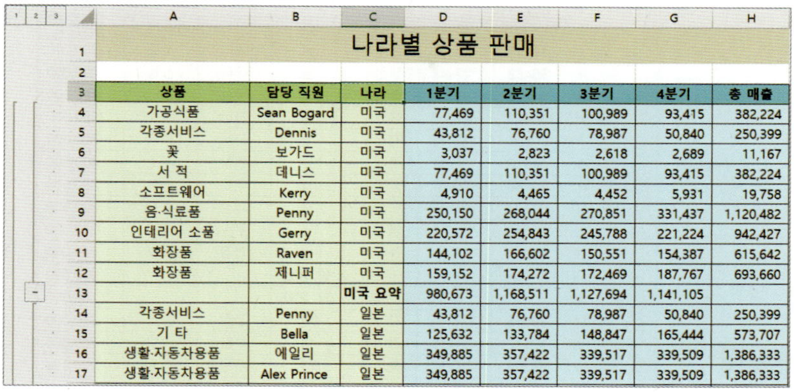

	A	B	C	D	E	F	G	H
1	나라별 상품 판매							
2								
3	상품	담당 직원	나라	1분기	2분기	3분기	4분기	총 매출
4	가공식품	Sean Bogard	미국	77,469	110,351	100,989	93,415	382,224
5	각종서비스	Dennis	미국	43,812	76,760	78,987	50,840	250,399
6	꽃	보가드	미국	3,037	2,823	2,618	2,689	11,167
7	서 적	데니스	미국	77,469	110,351	100,989	93,415	382,224
8	소프트웨어	Kerry	미국	4,910	4,465	4,452	5,931	19,758
9	음·식료품	Penny	미국	250,150	268,044	270,851	331,437	1,120,482
10	인테리어 소품	Gerry	미국	220,572	254,843	245,788	221,224	942,427
11	화장품	Raven	미국	144,102	166,602	150,551	154,387	615,642
12	화장품	제니퍼	미국	159,152	174,272	172,469	187,767	693,660
13			미국 요약	980,673	1,168,511	1,127,694	1,141,105	
14	각종서비스	Penny	일본	43,812	76,760	78,987	50,840	250,399
15	기 타	Bella	일본	125,632	133,784	148,847	165,444	573,707
16	생활·자동차용품	에일리	일본	349,885	357,422	339,517	339,509	1,386,333
17	생활·자동차용품	Alex Prince	일본	349,885	357,422	339,517	339,509	1,386,333

03 두 번째 부분합 [데이터] 탭-[개요] 그룹에서 '부분합'을 클릭한다. [부분합] 대화상자에서 [그룹화할 항목]에 '나라', [사용할 함수]에 '평균', [부분합 계산 항목]에 '1분기', '2분기', '3분기', '4분기'는 체크 해제하고 '총 매출'에 체크 표시한다. [새로운 값으로 대치]는 체크 해제한 후 [확인]을 클릭한다.

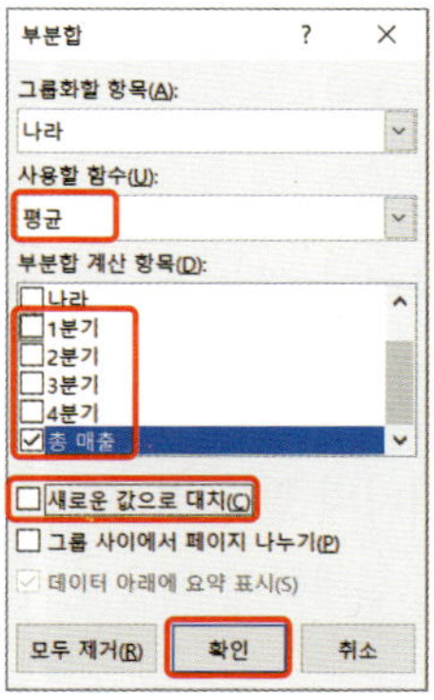

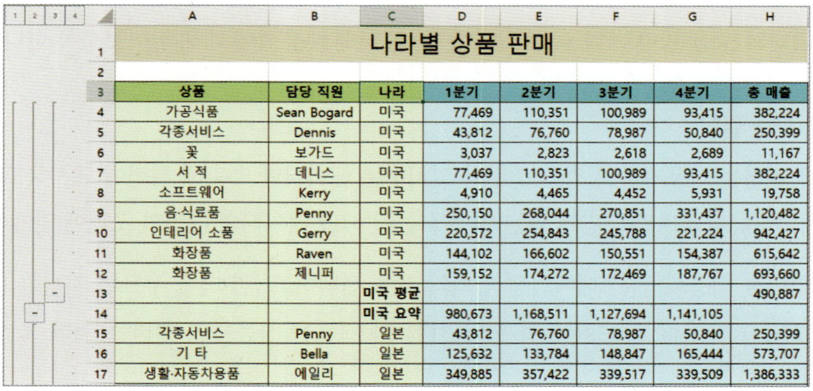

	A	B	C	D	E	F	G	H
1	나라별 상품 판매							
2								
3	상품	담당 직원	나라	1분기	2분기	3분기	4분기	총 매출
4	가공식품	Sean Bogard	미국	77,469	110,351	100,989	93,415	382,224
5	각종서비스	Dennis	미국	43,812	76,760	78,987	50,840	250,399
6	꽃	보가드	미국	3,037	2,823	2,618	2,689	11,167
7	서 적	데니스	미국	77,469	110,351	100,989	93,415	382,224
8	소프트웨어	Kerry	미국	4,910	4,465	4,452	5,931	19,758
9	음·식료품	Penny	미국	250,150	268,044	270,851	331,437	1,120,482
10	인테리어 소품	Gerry	미국	220,572	254,843	245,788	221,224	942,427
11	화장품	Raven	미국	144,102	166,602	150,551	154,387	615,642
12	화장품	제니퍼	미국	159,152	174,272	172,469	187,767	693,660
13			미국 평균					490,887
14			미국 요약	980,673	1,168,511	1,127,694	1,141,105	
15	각종서비스	Penny	일본	43,812	76,760	78,987	50,840	250,399
16	기 타	Bella	일본	125,632	133,784	148,847	165,444	573,707
17	생활·자동차용품	에일리	일본	349,885	357,422	339,517	339,509	1,386,333

04 부분합 제거 [급여현황] 워크시트에서 데이터 임의의 셀을 선택한 후 [데이터] 탭-[개요] 그룹에서 '부분합'을 클릭한다. [부분합] 대화상자에서 '모두 제거'를 클릭하고 [확인]을 클릭한다.

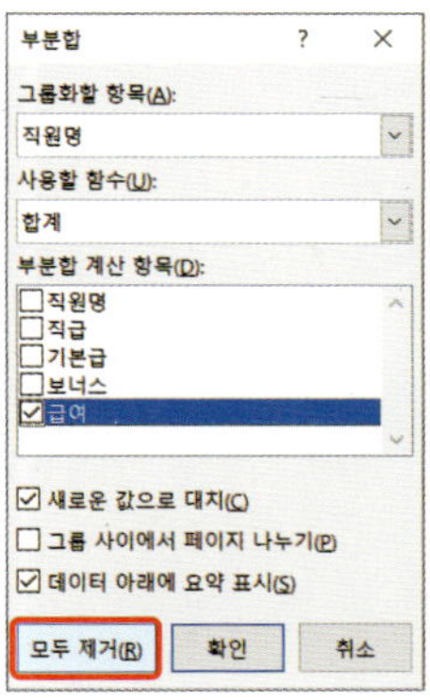

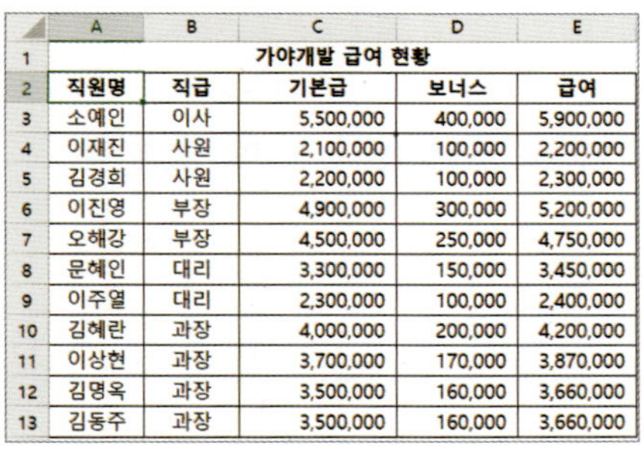

	A	B	C	D	E
1	가야개발 급여 현황				
2	직원명	직급	기본급	보너스	급여
3	소예인	이사	5,500,000	400,000	5,900,000
4	이재진	사원	2,100,000	100,000	2,200,000
5	김경희	사원	2,200,000	100,000	2,300,000
6	이진영	부장	4,900,000	300,000	5,200,000
7	오해강	부장	4,500,000	250,000	4,750,000
8	문혜인	대리	3,300,000	150,000	3,450,000
9	이주열	대리	2,300,000	100,000	2,400,000
10	김혜란	과장	4,000,000	200,000	4,200,000
11	이상현	과장	3,700,000	170,000	3,870,000
12	김명옥	과장	3,500,000	160,000	3,660,000
13	김동주	과장	3,500,000	160,000	3,660,000

05 자동 개요 [지원비 지급현황] 워크시트에서 데이터 임의의 셀을 선택한 후 [데이터] 탭–[개요] 그룹–[그룹▼]에서 '자동 개요'를 클릭한다.

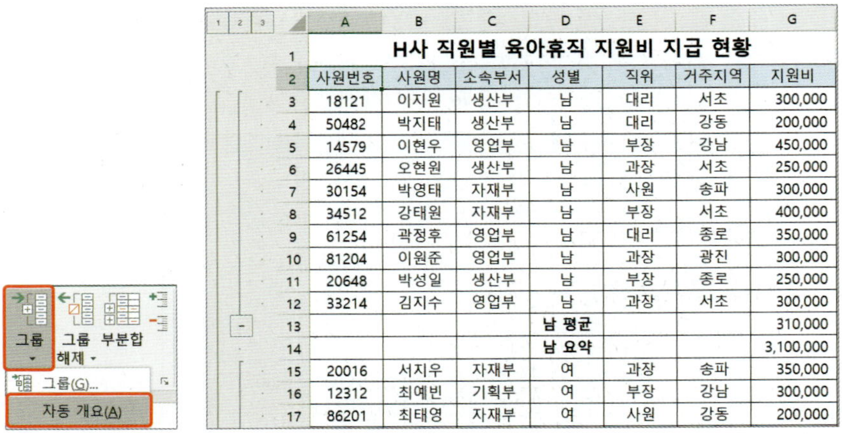

1.3 필터

엑셀에서 필터란 데이터를 걸러내어 원하는 데이터만 표시하는 기능이다. 필터 기능을 사용하면 원래의 데이터가 변경되는 것이 아니라 화면에 보여지는 데이터만 걸러내어 표시되는 기능이다. 엑셀에서의 필터는 자동 필터와 고급 필터로 나눌 수 있으며, 각 필터의 사용법에 대해 알아보도록 한다.

1.3.1 자동 필터

데이터 필터는 사용자가 지정한 조건과 일치하는 데이터만 추출해 화면에 표시하고, 나머지 행은 숨기는 기능이다. 자동 필터는 필드명에 있는 단추를 눌러 해당 데이터의 타입과 조건에 맞게 필터링을 한다.

자동 필터를 적용할 원본 데이터의 임의의 셀을 선택하고 [필터]를 누르면 지정한 데이터의 필드명(머리글) 옆에 [모두 표시(▾)]라는 버튼이 나타난다. 이 버튼을 사용하여 원하는 필터 조건을 선택하여 적용할 수 있다.

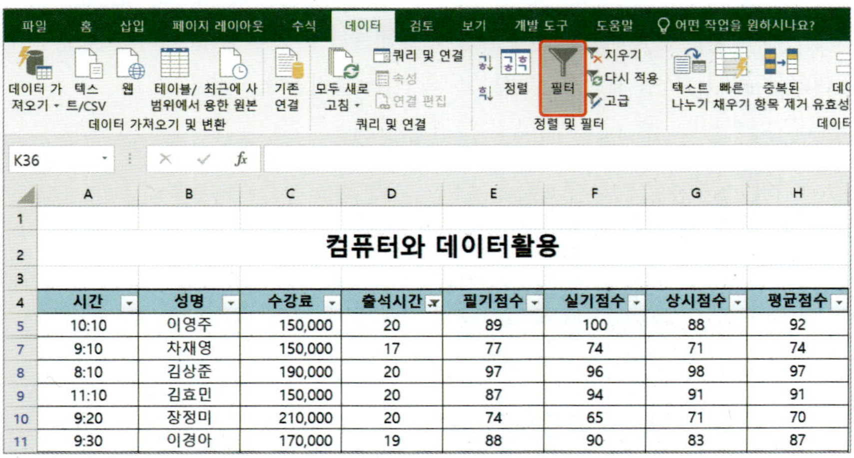

자동 필터에서의 조건은 텍스트, 숫자, 날짜/시간 등에 대해 비교 연산자를 지정하거나 두 개의 조건을 지정할 수 있다. 또한 와일드카드(만능 문자)를 사용하여 데이터를 필터링할 수 있다. 선택한 조건에 따라 데이터 목록이 표시되며, [모두 표시(▾)] 버튼은 [항목 표시(⏷)] 버튼으로 변경되어 표시된다. 자동 필터는 [데이터] 탭–[정렬 및 필터] 그룹에서 '필터'를 클릭하여 적용할 수 있다.

- **숫자 필터** 필터 처리할 필드의 데이터 형식이 숫자일 경우 숫자 목록에서 필터 기준으로 사용될 숫자를 선택하거나, 숫자 필터의 조건으로 같은 값, 이상, 이하, 미만, 초과, 상위, 평균 등을 기준으로 필터 처리할 수 있고, [사용자 지정 필터]로 찾을 조건을 직접 입력하여 지정해도 된다.

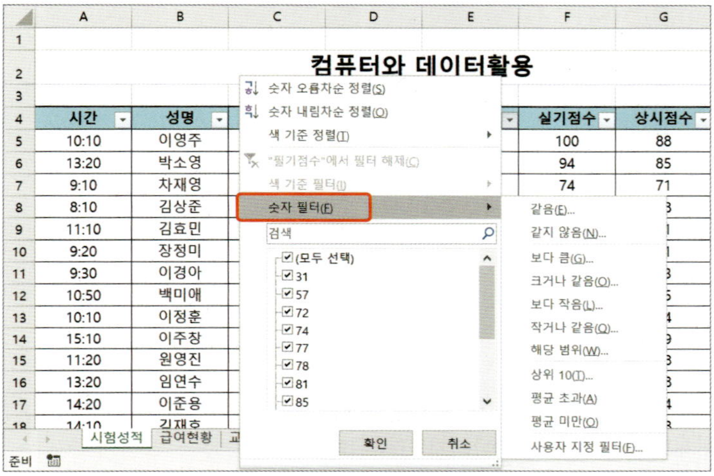

- **텍스트 필터** 필터 처리할 필드의 데이터 형식이 문자일 경우 필드명의 목록 단추를 클릭하고, 텍스트 값 목록에서 필터 기준으로 사용할 텍스트 값을 선택하여 필터링할 수 있다. [텍스트 필터]에서는 같음, 같지 않음, 시작 문자, 끝 문자, 포함 문자 등을 지정하여 필터 처리할 수 있고, [사용자 지정 필터]를 사용하여 찾을 조건을 직접 목록에 입력하여 지정해도 된다.

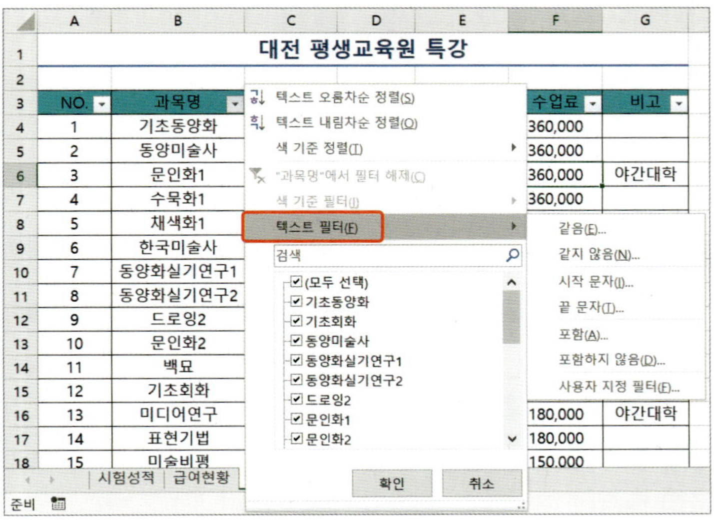

- **날짜 및 시간 필터** 필터 처리할 필드의 데이터 형식이 날짜나 시간일 경우 날짜 또는 시작 목록에서 필터 기준으로 사용할 날짜나 시간을 선택하여 필터링할 수 있다. 날짜 필터에서는 일, 주, 월, 분기, 연도 등을 값을 필터 처리할 수도 있고, [사용자 지정 필터]를 사용하여 찾을 조건을 입력하여 직접 설정할 수도 있다.

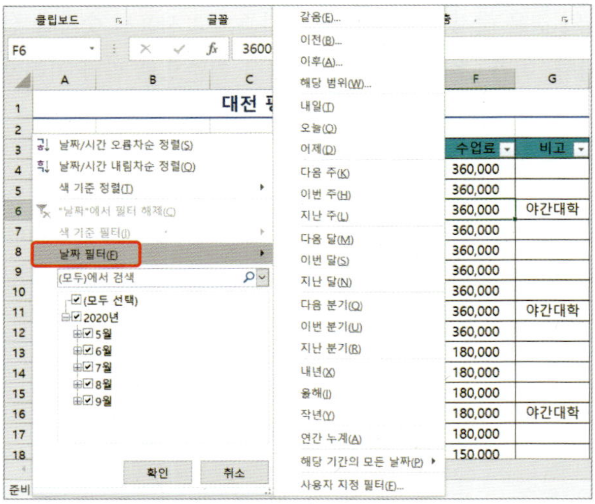

- **자동 필터 해제** 자동 필터 기능 해제하는 방법은 [데이터] 탭–[정렬 및 필터] 그룹에서 선택된 '필터'를 다시 클릭하면 '자동 필터' 기능 자체가 해제되면서 원래의 데이터가 표시된다.

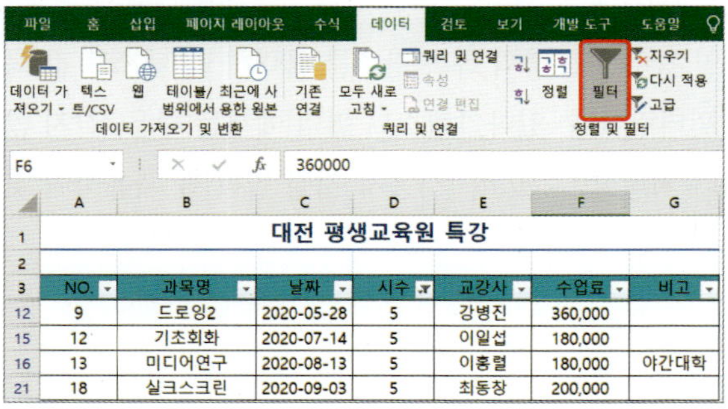

필터 기능은 해제하지 않고 전체 데이터만 표시하는 방법은 [데이터] 탭–[정렬 및 필터] 그룹에서 '지우기'를 클릭하면 필터되지 않은 원 데이터가 표시된다.

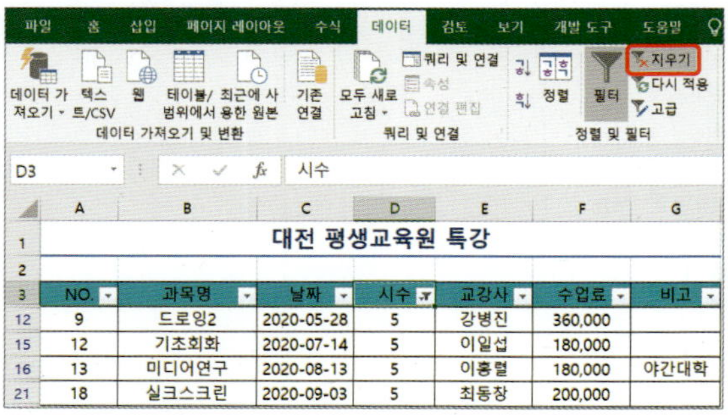

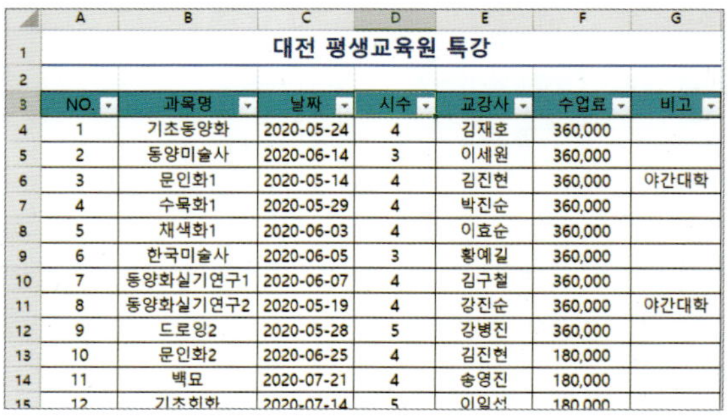

기본예제 34 자동 필터(숫자, 텍스트, 날짜 시간)

숫자, 텍스트, 날짜 필터를 이용해서 완성하시오.

01 숫자 필터 [시험성적] 워크시트에서 데이터 임의의 셀을 선택한 후 [데이터] 탭-[정렬 및 필터] 그룹에서 '필터'를 클릭한다. [F3] 셀의 목록 단추를 누른 후 [숫자 필터]-[크거나 같음]을 선택한다.

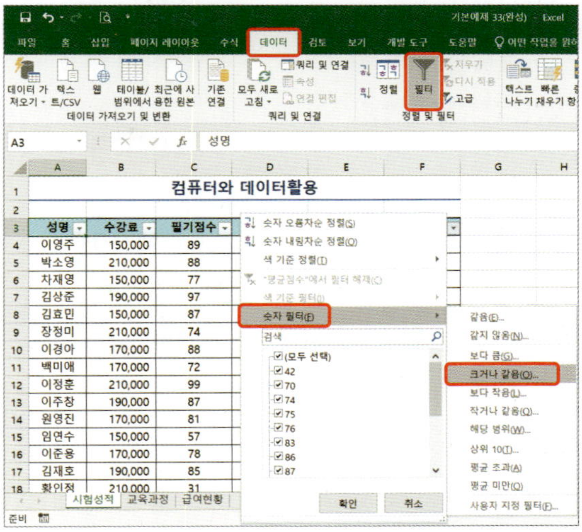

02 평균점수가 '80' 이상인 데이터 [사용자 지정 자동 필터] 대화상자에서 『80』을 입력하고 [확인]을 클릭한다.

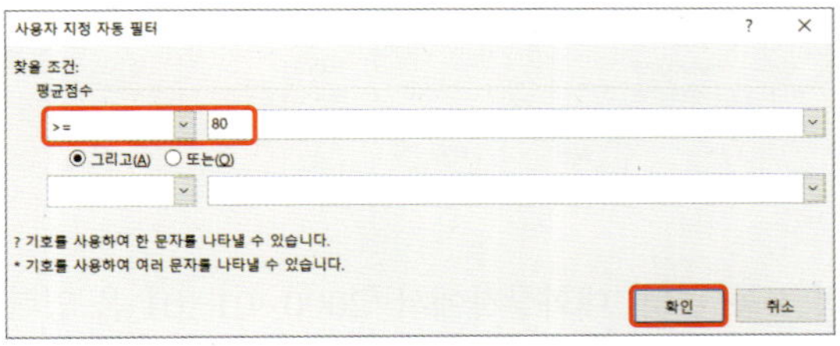

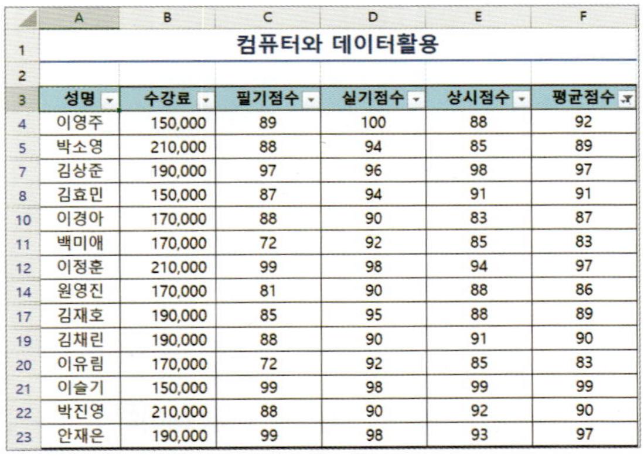

컴퓨터와 데이터활용

	성명	수강료	필기점수	실기점수	상시점수	평균점수
4	이영주	150,000	89	100	88	92
5	박소영	210,000	88	94	85	89
7	김상준	190,000	97	96	98	97
8	김효민	150,000	87	94	91	91
10	이경아	170,000	88	90	83	87
11	백미애	170,000	72	92	85	83
12	이정훈	210,000	99	98	94	97
14	원영진	170,000	81	90	88	86
17	김재호	190,000	85	95	88	89
19	김채린	190,000	88	90	91	90
20	이유림	170,000	72	92	85	83
21	이슬기	150,000	99	98	99	99
22	박진영	210,000	88	90	92	90
23	안재은	190,000	99	98	93	97

03 텍스트 필터 [교육과정] 워크시트에서 데이터 임의의 셀을 선택한 후 [데이터] 탭-[정렬 및 필터] 그룹에서 '필터'를 클릭한다. [B3] 셀의 목록 단추를 누른 후 [텍스트 필터]-[포함]을 선택한다.

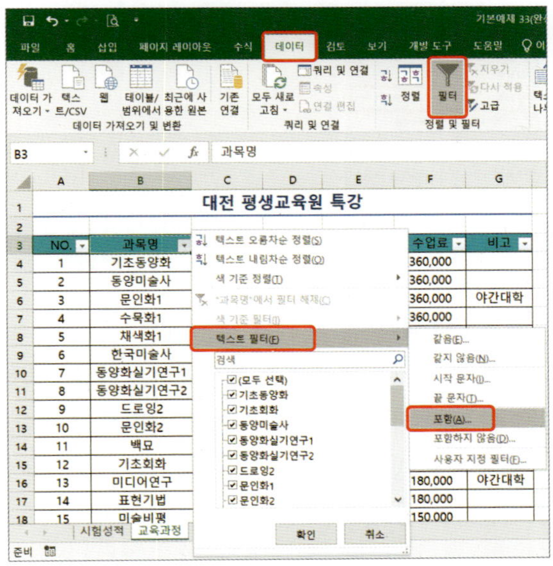

04 과목명에 '동양' 텍스트가 포함된 데이터 [사용자 지정 자동 필터] 대화상자에서 『동양』을 입력하고 [확인]을 클릭한다.

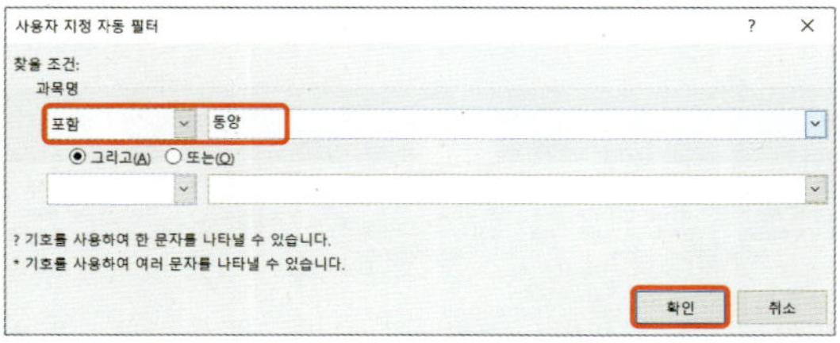

	A	B	C	D	E	F	G
1	대전 평생교육원 특강						
2							
3	NO.	과목명	날짜	시수	교강사	수업료	비고
4	1	기조동양화	2020-05-24	4	김재호	360,000	
5	2	동양미술사	2020-06-14	3	이세원	360,000	
10	7	동양화실기연구1	2020-06-07	4	김구철	360,000	
11	8	동양화실기연구2	2020-05-19	4	강진순	360,000	야간대학

05 날짜 필터 [급여현황] 워크시트에서 데이터 임의의 셀을 선택한 후 [데이터] 탭–[정렬 및 필터] 그룹에서 '필터'를 클릭한다, [D3] 셀의 목록 단추를 누른 후 [날짜 필터]–[이후]를 선택한다.

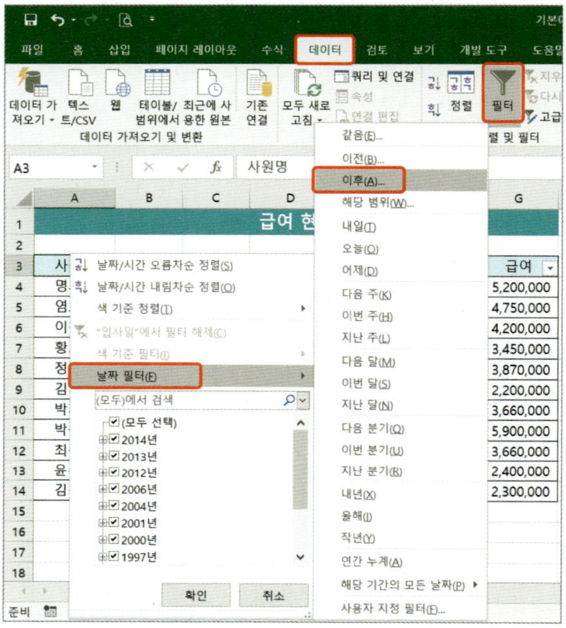

06 입사일이 2000년 1월 1일' 이후 데이터 [사용자 지정 자동 필터] 대화상자에서 『2000-01-01』을 입력하고 [확인]을 클릭한다.

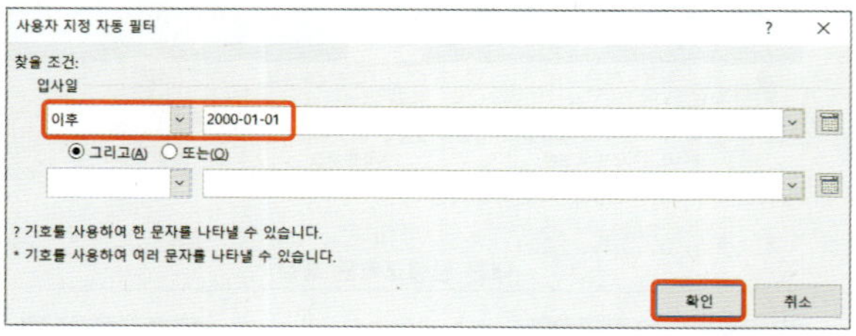

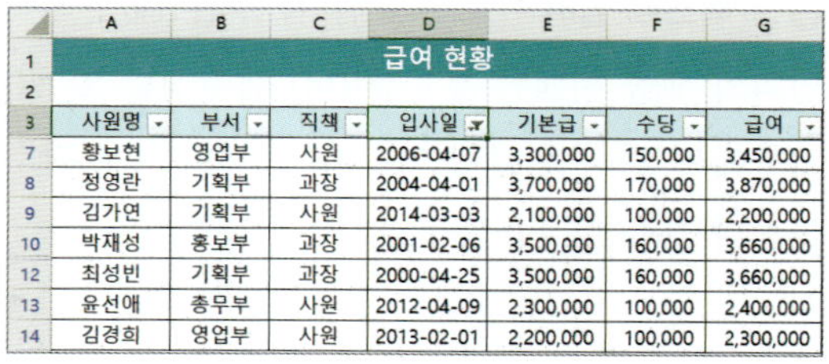

	A	B	C	D	E	F	G
1	급여 현황						
2							
3	사원명	부서	직책	입사일	기본급	수당	급여
7	황보현	영업부	사원	2006-04-07	3,300,000	150,000	3,450,000
8	정영란	기획부	과장	2004-04-01	3,700,000	170,000	3,870,000
9	김가연	기획부	사원	2014-03-03	2,100,000	100,000	2,200,000
10	박재성	홍보부	과장	2001-02-06	3,500,000	160,000	3,660,000
12	최성빈	기획부	과장	2000-04-25	3,500,000	160,000	3,660,000
13	윤선애	총무부	사원	2012-04-09	2,300,000	100,000	2,400,000
14	김경희	영업부	사원	2013-02-01	2,200,000	100,000	2,300,000

1.3.2 고급 필터

고급 필터는 기존 데이터 중 특정 조건을 직접 입력하여 더 자세한 조건에 해당하는 데이터를 필터링하는 기능이다. 데이터 목록의 임의의 셀을 클릭한 후 고급 필터를 실행하면 전체 영역을 선택하지 않아도 목록 범위를 쉽게 지정할 수 있다. 고급 필터는 현재 위치에 필터 처리할 수도 있고, 다른 장소에 필터링한 결과를 표시할 수도 있다.

고급 필터가 필요한 이유는 다음과 같다.

❶ 필드(열)의 필터링하여 데이터를 추출하고자 할 경우

❷ 필드 간 OR 조건을 사용하여 데이터를 추출하고자 할 경우

❸ 수식이 포함된 조건을 사용하여 데이터를 추출하고자 할 경우

❹ 원래 위치가 아닌 다른 장소에 필터링된 데이터를 추출하고자 할 경우

고급 필터 적용은 고급 필터를 적용하기 전에 워크시트에 검색 조건을 입력한 후 원본 데이터 임의의 셀을 선택하고 [데이터] 탭-[정렬 및 필터] 그룹에서 '고급'을 클릭한다. [고급 필터] 대화상자가 나타나면 '목록 범위'는 자동으로 참조된다. '조건 범위'와 '복사 위치'를 지정하고 고급 필터를 실행한다.

부서명	지역
영업부	제주

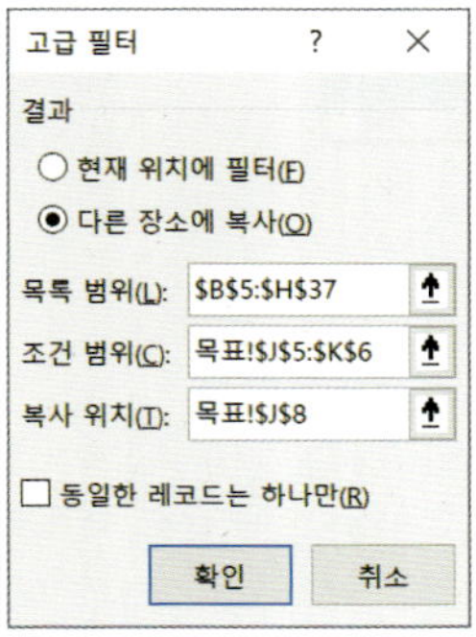

❶ **현재 위치에 필터** 원본 데이터 범위에 필터링한 결과를 표시한다.

❷ **다른 장소에 복사** 원본 데이터 범위가 아닌 다른 위치에 필터링한 결과를 표시한다.

❸ **목록 범위** 원본 데이터의 범위를 지정한다.

❹ **조건 범위** 조건을 명시한 조건의 범위를 지정한다.

❺ **복사 위치** 필터링한 결과를 붙여넣을 위치로 '다른 장소에 복사'를 선택해야 활성화된다.

❻ **동일한 레코드는 하나만** 중복된 데이터 행이 있는 경우에는 필터링하고 하나만 화면에 표시한다.

TIP '다른 장소에 복사'를 선택하고 '복사 위치'를 지정해주면 원본 데이터는 유지되고 지정한 복사 위치에 필터링된 결과가 표시된다.

여기서 잠깐 고급 필터 조건

- AND 조건 조건을 같은 행에 입력한다.

부서명	지역
영업부	제주

부서명이 '영업부'이고 지역이 '제주'인 데이터를 추출

- OR 조건 조건을 다른 행에 입력한다.

부서명	지역
영업부	
	제주

부서명이 '영업부'이거나 지역이 '제주'인 데이터를 추출

기본예제 35 고급 필터

고급 필터 기능을 이용해서 완성하시오.

01 AND 조건식 [목표] 워크시트에서 [J3:K4] 범위에 아래와 같이 조건식을 작성한다. 데이터 임의의 셀을 선택한 후 [데이터] 탭-[정렬 및 필터] 그룹에서 '고급'을 클릭한다.

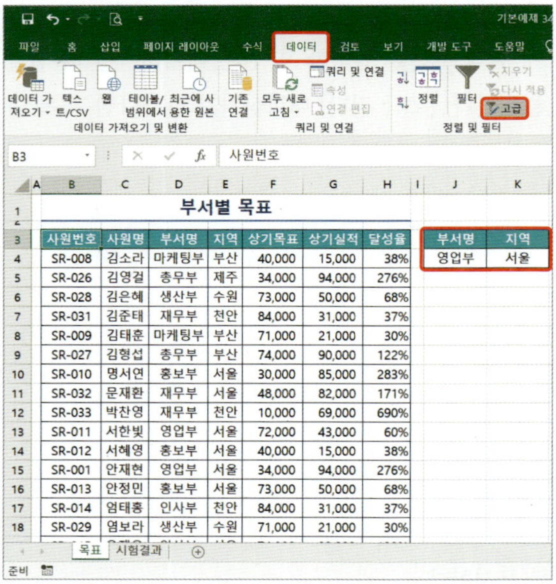

02 고급 필터 [고급 필터] 대화상자가 나타나면 결과는 '다른 장소에 복사'를 선택하고, 목록 범위는 [B3:H35] 셀 범위가 지정된 것을 확인한다. 조건 범위는 마우스로 드래그하여 [J3:K4] 영역을 지정하고, 복사 위치는 [J6] 셀을 클릭하고 [확인]을 클릭한다.

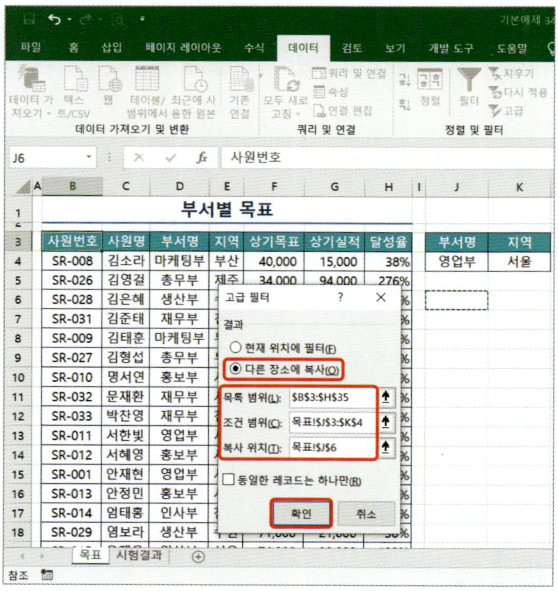

03 데이터 추출 결과 조건에 맞는 데이터만 추출되어 [J6] 셀부터 표시된다.

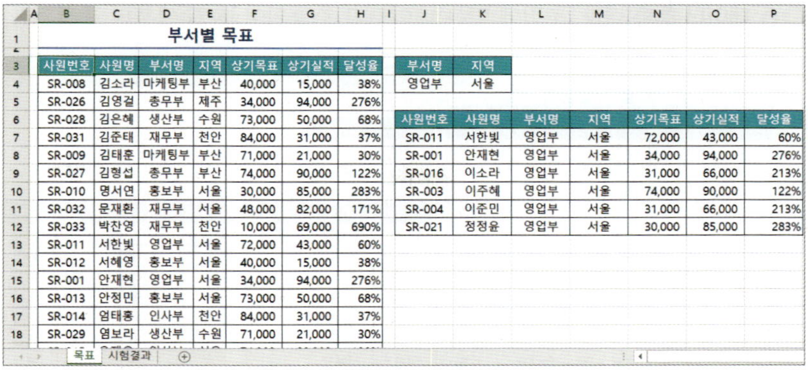

04 OR 조건식 [시험결과] 워크시트에서 [K3:L5] 범위에 아래와 같이 조건식을 작성한다. 데이터 임의의 셀을 선택한 후 [데이터] 탭–[정렬 및 필터] 그룹에서 '고급'을 클릭한다.

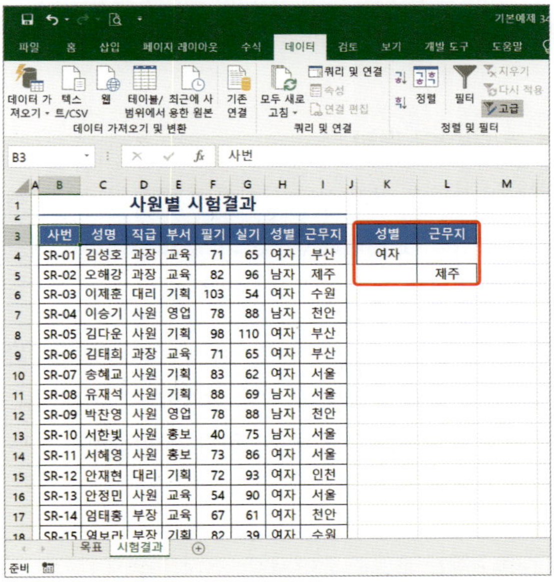

05 고급 필터 [고급 필터] 대화상자가 나타나면 결과는 '다른 장소에 복사'를 선택하고, 목록 범위는 [B3:I20] 셀 범위가 지정된 것을 확인한다. 조건 범위는 마우스로 드래그하여 [K3:L5] 영역을 지정하고, 복사 위치는 [K7] 셀을 클릭하고 [확인]을 클릭한다.

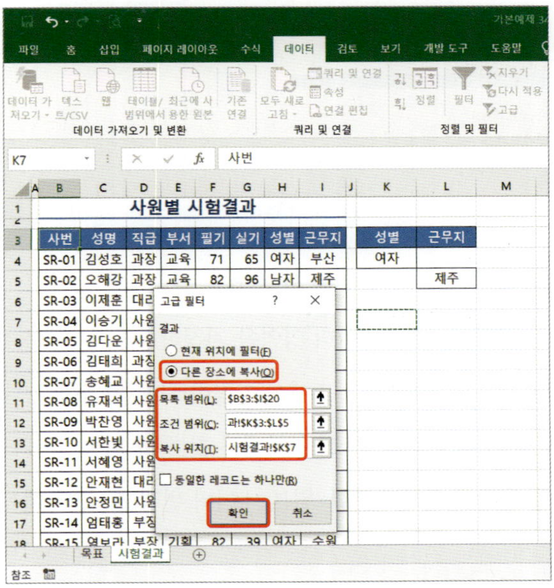

06 데이터 추출 결과 조건에 맞는 데이터만 추출되어 [K7] 셀부터 표시된다.

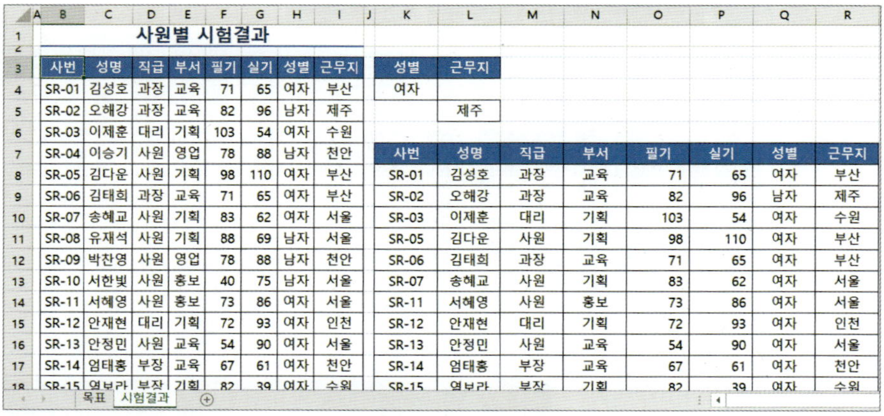

1.4 데이터 통합

데이터 통합은 여러 시트나 여러 표에 분산된 데이터를 하나의 시트에 통합시키는 기능이다. 데이터 통합에서는 통합할 첫 번째 열은 반드시 참조 첫 열과 같은 필드명이거나 빈 셀이어야 한다. 필드명이 다를 경우 데이터가 결과에 맞지 않게 통합될 수 있다.

데이터를 통합하기 위해서는 통합될 값이 표시될 영역을 선택한 후 [데이터] 탭–[데이터 도구] 그룹에서 '통합'을 클릭한다. 통합할 함수를 선택하고, 통합하려는 영역을 참조 부분에 드래그하여 선택한 후 [추가]를 클릭하여 모든 참조 영역에 추가한다. 통합하려는 모든 영역을 추가하고 사용할 레이블을 선택한 후 데이터 통합을 실행한다.

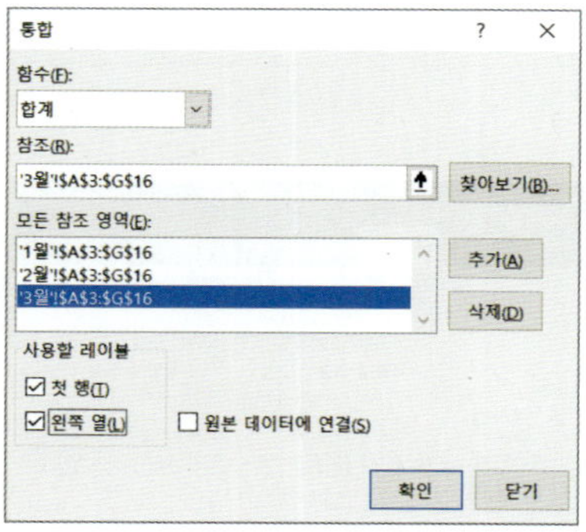

❶ **함수** 사용할 함수를 선택한다.

❷ **참조** 통합할 데이터 영역을 지정한다.

❸ **모든 참조 영역** 참조에서 지정한 모든 영역이 표시된다.

❹ **사용할 레이블** 참조 영역에서 첫 행과 왼쪽 열의 데이터 표시 유무를 지정한다.

❺ **원본 데이터에 연결** 원본 데이터 변경 시 통합 데이터에 자동으로 반영 여부를 지정한다.

기본예제 36 데이터 통합

1월, 2월, 3월 데이터를 [1분기 통합] 워크시트에 통합하시오.

01 데이터 통합 표시 영역 지정 [1분기 통합] 시트에서 [A3] 셀을 선택한 후 [데이터] 탭–[데이터 도구] 그룹에서 '통합'을 클릭한다.

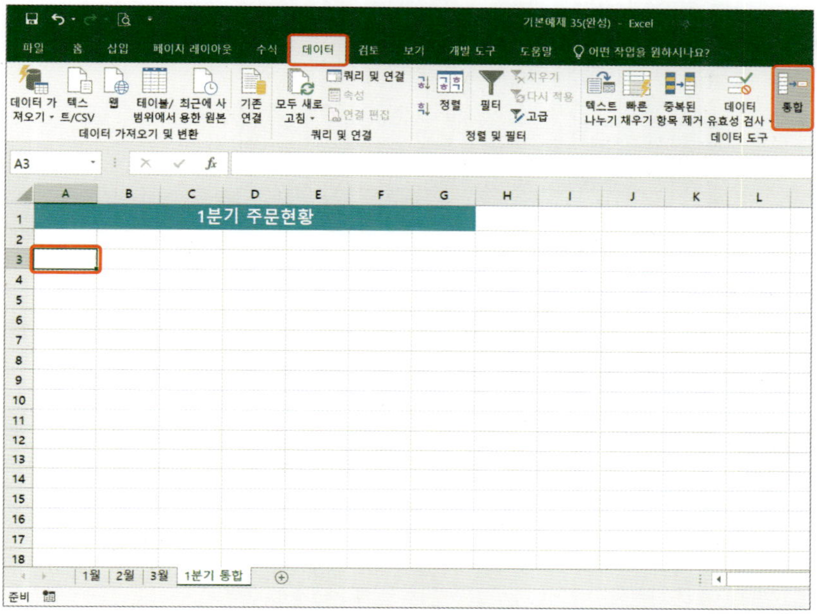

02 데이터 참조 영역 [통합] 대화상자가 나타나면 함수는 '합계'를 선택하고, 참조는 통합할 [1월] 워크시트를 선택한 후 [A3:G16] 영역을 지정하고 [추가]를 클릭한다. 이어서 참조에 [2월] 워크시트를 선택한 후 [A3:G16] 영역을 지정하고 [추가]를 클릭한다. 동일한 방법으로 참조에 [3월] 워크시트를 선택한 후 [A3:G16] 영역을 지정하고 [추가]를 클릭한다.

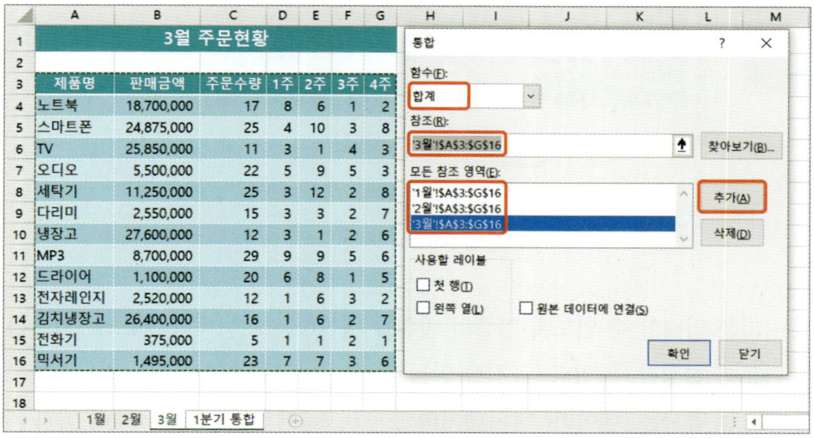

03 사용할 레이블 사용할 레이블에서 '첫 행'과 '왼쪽 열'에 모두 체크한 후 '원본 데이터에 연결'의 체크가 해제된 상태에서 [확인]을 클릭한다.

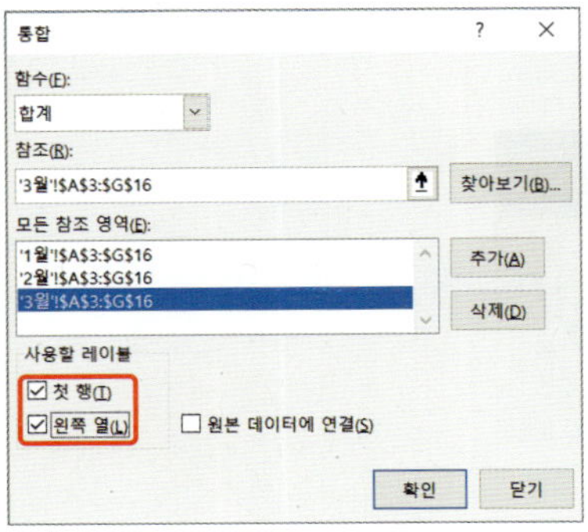

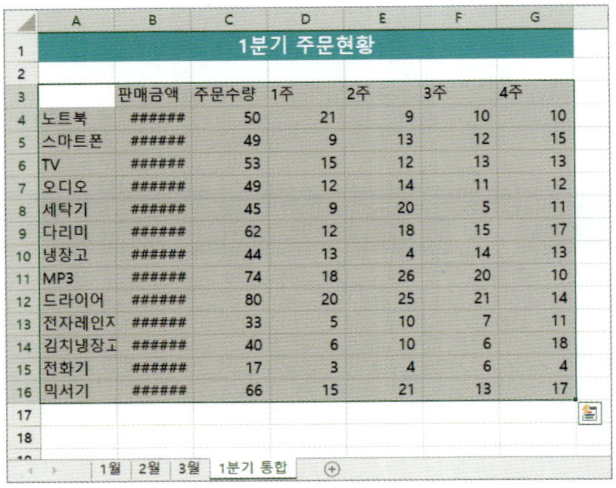

04 서식 복사 [3월] 시트에서 [A3:G16] 영역을 범위로 지정한 후 [홈] 탭–[클립보드]에서 '서식 복사'를 클릭한다. [1분기 통합] 시트에서 [A3] 셀을 클릭하여 서식을 복사한 후 열 너비를 적절하게 조절한다.

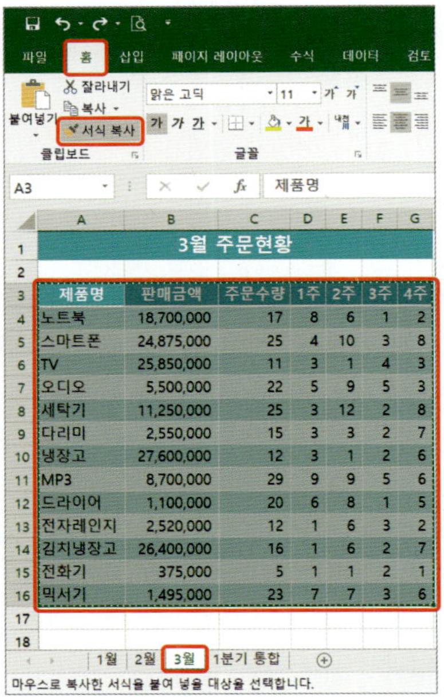

TIP [3월] 시트에서 [A3:G16] 영역을 범위로 지정하고 Ctrl+C를 누르고 [1분기 통합] 시트에서 [A3] 셀을 클릭하여 선택하여 붙여넣기에서 '열 너비'를 선택하면 따로 열 너비를 조정하지 않아도 된다.

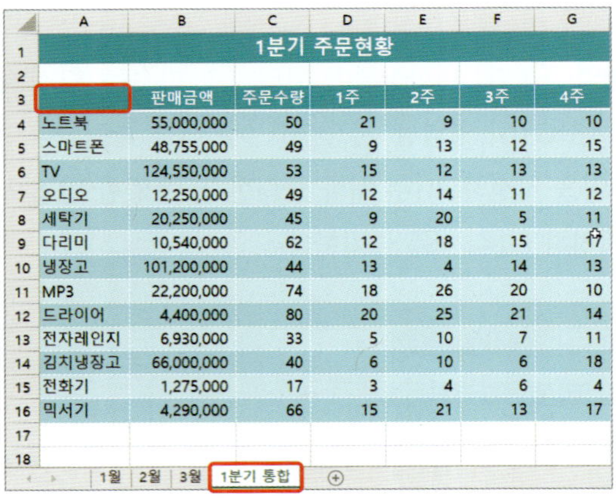

1.5 데이터 유효성 검사

데이터 유효성 검사는 정확한 데이터를 입력할 수 있도록 일종의 범위를 제한하는 기능이다. 텍스트 길이를 제한하거나, 목록에서 값을 선택하도록 설정할 수 있다. 규칙을 만들기 전에 입력된 데이터 중 잘못된 항목을 찾는 것도 가능하다. 데이터 유효성 검사는 [데이터] 탭–[데이터 도구] 그룹에서 '데이터 유효성 검사'를 클릭한다. 유효성 검사는 제한 대상에 따라 설정할 수 있는 메뉴가 다르게 나타난다.

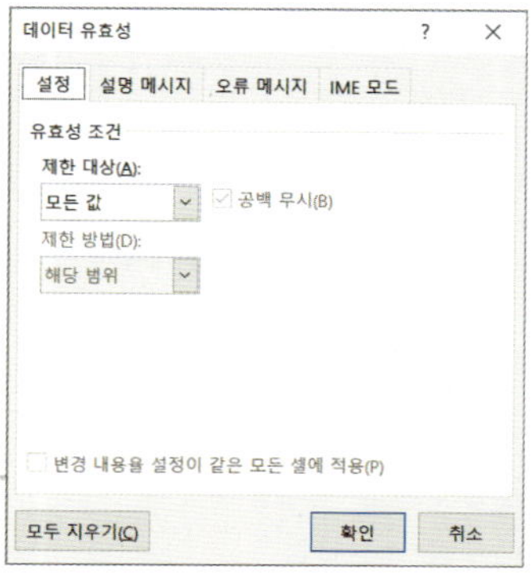

제한 대상	설명
정수	정수만 입력할 수 있고, 제한 범위를 설정할 수 있다.
소수점	정수, 실수 입력이 가능하고, 제한 범위를 설정할 수 있다.
목록	목록에서 원하는 값을 선택하여 적용할 수 있고, 원본에 직접 입력하여 설정할 수 있다.
날짜/시간	날짜와 시간을 입력하여 적용 가능하며 해당 범위를 지정하여 설정할 수 있다.
텍스트 길이	텍스트의 길이를 설정할 수 있고, 제한 범위의 설정이 가능하다.
사용자 지정	참조 범위나 수식 결과값을 입력 범위로 설정할 수 있다.

기본예제 37 데이터 유효성 검사

데이터 유효성 검사를 활용하여 경고 오류를 표시하시오.

01 데이터 유효성 검사 범위 지정 [E4:G16] 영역을 범위로 지정한 후 [데이터] 탭-[데이터 도구] 그룹-[데이터 유효성 검사▾]에서 '데이터 유효성 검사'를 클릭한다.

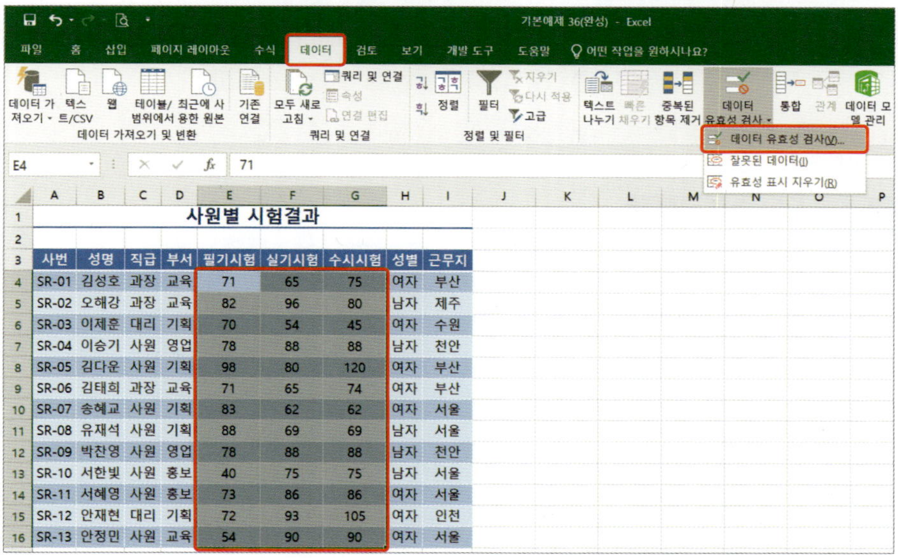

02 정수 조건 지정 및 오류 메시지 [데이터 유효성 검사] 대화상자가 나타나면 [설정] 탭에서 제한 대상은 '정수', 제한 방법은 '해당 범위'를 선택한 후 최소값은 『1』, 최대값은 『100』을 입력한다. [오류 메시지] 탭을 클릭한 후 스타일은 '경고'를 선택, 제목은 『적당하지 않음』, '오류 메시지'는 『1에서 100까지만 입력 가능』을 입력하고 [확인]을 클릭한다.

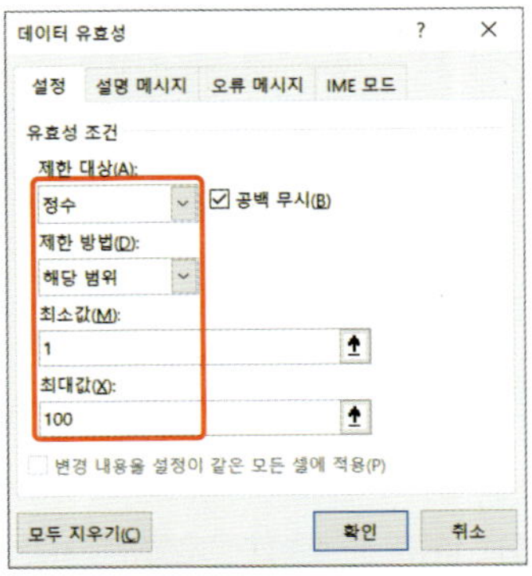

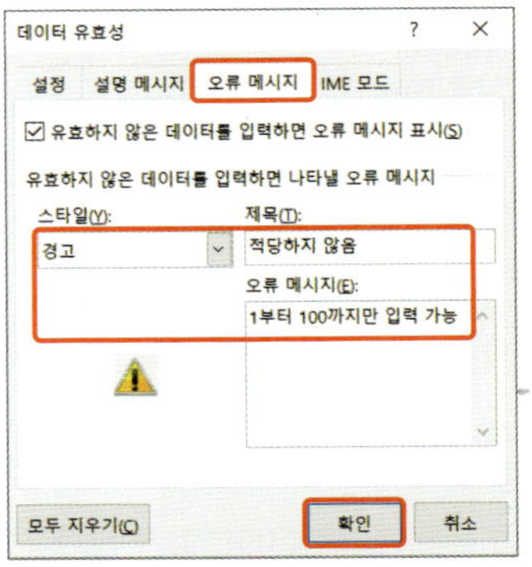

03 데이터 유효성 검사 테스트 [E4] 셀을 선택한 후 『101』을 입력하여 확인한다.

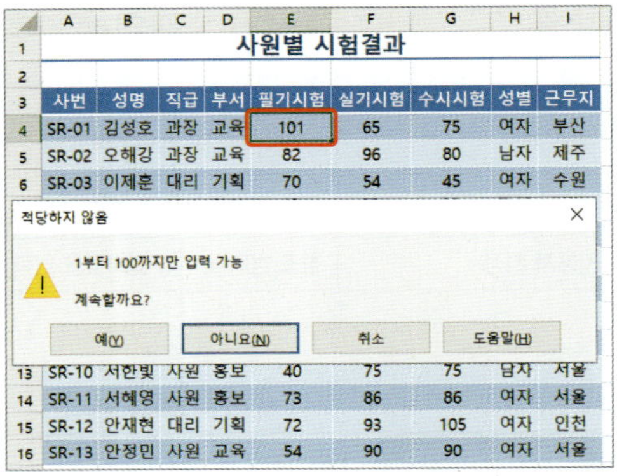

04 데이터 유효성 검사 범위 지정 [C4:C16] 영역을 범위로 지정한 후 [데이터] 탭–[데이터 도구] 그룹–[데이터 유효성 검사▾]에서 '데이터 유효성 검사'를 클릭한다.

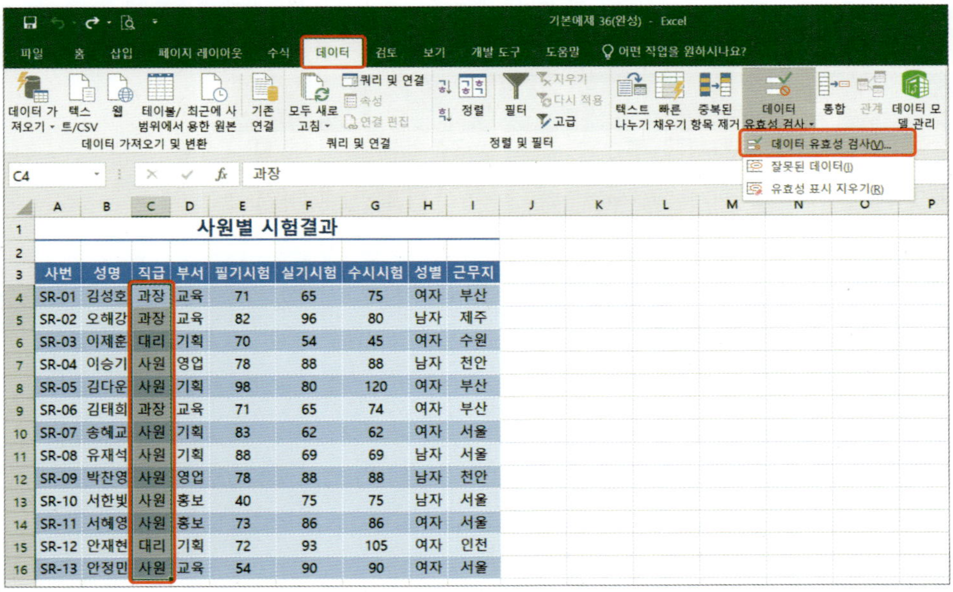

05 목록 조건 지정 [데이터 유효성 검사] 대화상자가 나타나면 [설정] 탭에서 제한 대상은 '목록'을 선택하고, 원본에 『부장, 과장, 대리, 사원』을 입력하고 [확인]을 클릭한다.

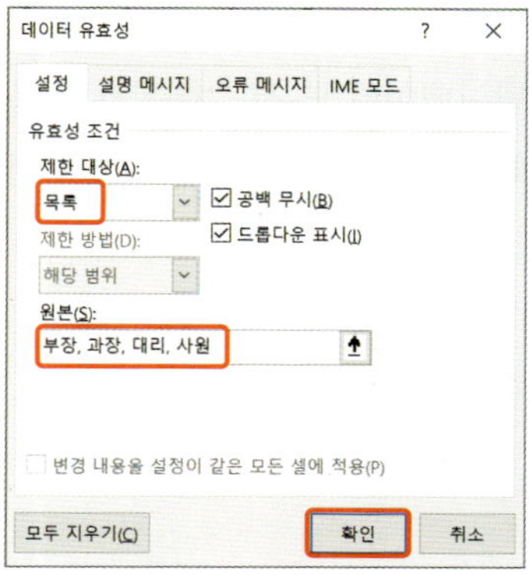

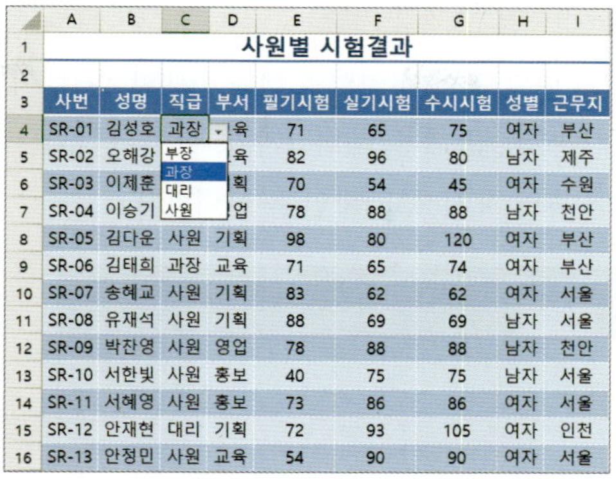

06 잘못된 데이터 찾기 [데이터] 탭–[데이터 도구] 그룹–[데이터 유효성 검사▼]에서 '잘못된 데이터'를 클릭하면 조건에 맞지 않는 데이터에 빨간색 원이 표시된다. 데이터를 조건에 맞게 수정하면 빨간색 원은 사라진다.

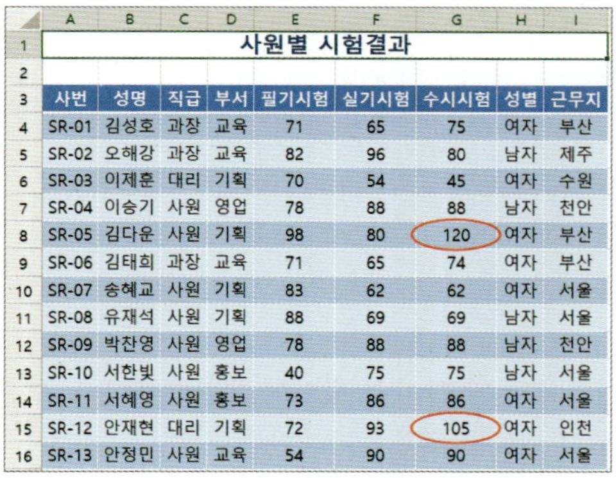

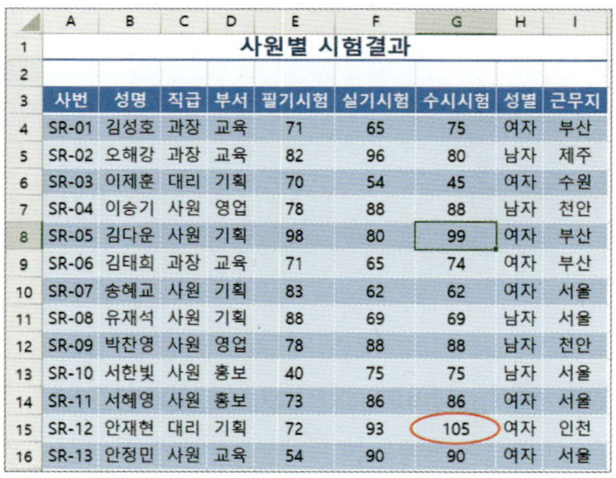

1.6 중복된 항목 제거

항목에서 중복된 데이터를 삭제해야 할 경우가 있다. 중복 값이 제거되면 첫 번째 항목은 유지되고 다른 동일한 값은 삭제된다. 중복된 항목 제거 시 데이터는 영구적으로 삭제되므로 필요하다면 별도로 저장해 보관해야 한다. 중복된 항목을 제거하는 방법은 중복 데이터를 제거할 범위의 임의의 셀을 선택한 후 [데이터] 탭–[데이터 도구] 그룹에서 '중복된 항목 제거'를 클릭한다.

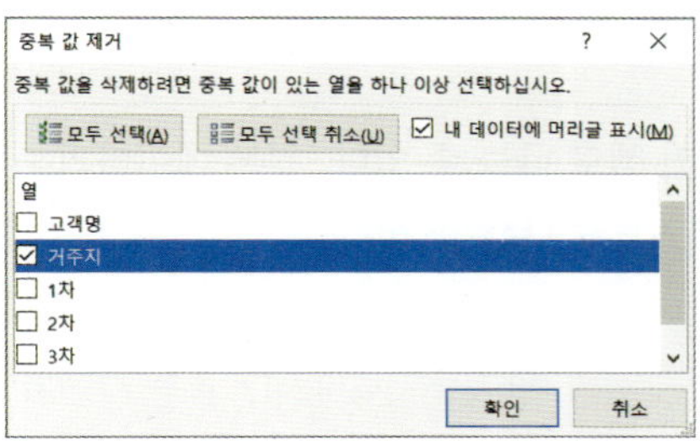

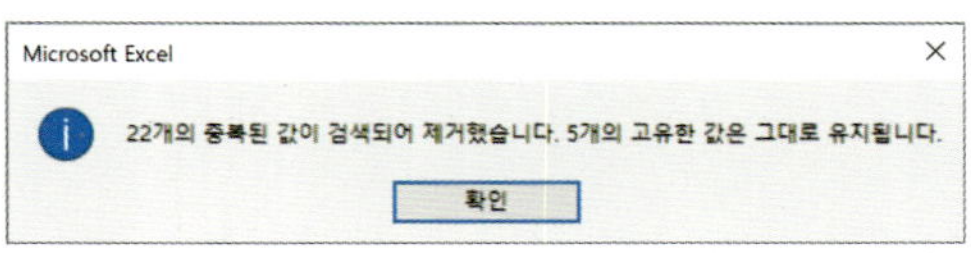

기본예제 38 중복된 항목 제거

표에서 '거주지' 열의 중복된 항목을 제거하시오.

01 중복 열 선택 '세일 참여 현황' 표에서 임의의 셀을 선택한 후 [데이터] 탭–[데이터 도구] 그룹에서 '중복된 항목 제거'를 클릭한다. [중복된 값 제거] 대화상자가 나타나면 [모든 선택 취소]를 클릭하여 모든 열의 선택을 해제한 후 '거주지' 열을 체크 표시하고 [확인]을 클릭한다.

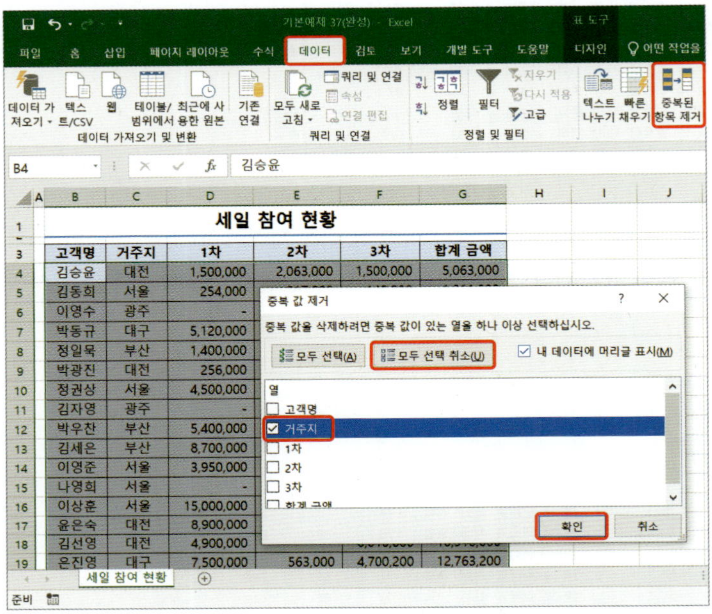

02 중복된 항목 제거 [Microsoft Excel] 대화상자에서 '22개의 중복된 값이 검색되어 제거했습니다. 5개의 고유한 값은 그대로 유지합니다.'라는 메시지가 나타나면 [확인]을 클릭한다.

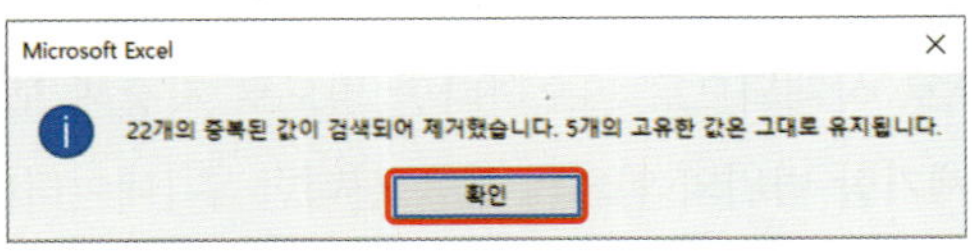

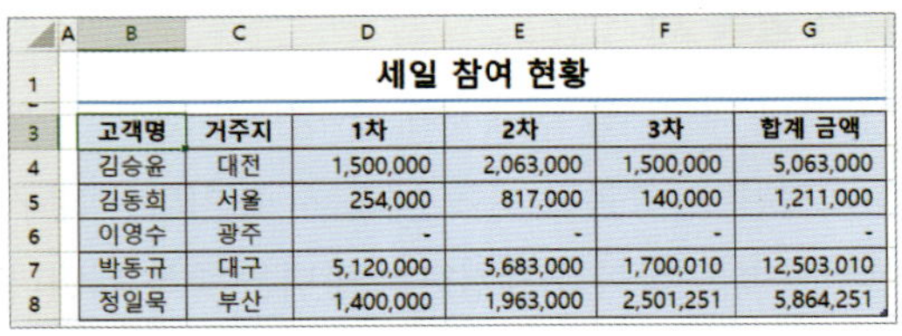

1.7 텍스트 나누기

하나 이상의 셀에서 텍스트를 가져와 [텍스트 마법사]를 사용하여 여러 셀로 나눌 수 있다. 원본 데이터의 파일 유형에 따라 '구분 기호로 분리됨'과 '너비가 일정함'을 기준으로 텍스트를 나눌 수 있다.

1.7.1 구분 기호로 분리됨

각 필드가 쉼표나 탭과 같은 문자로 구분되어져 있다면 구분 기호를 기준으로 텍스트를 나눌 수 있다. 또한, 사용자가 원하는 구분 기호를 기준으로 텍스트 나누기를 할 수 있다.

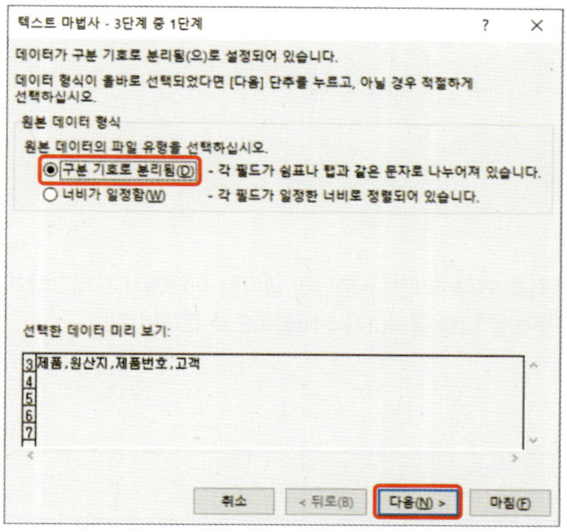

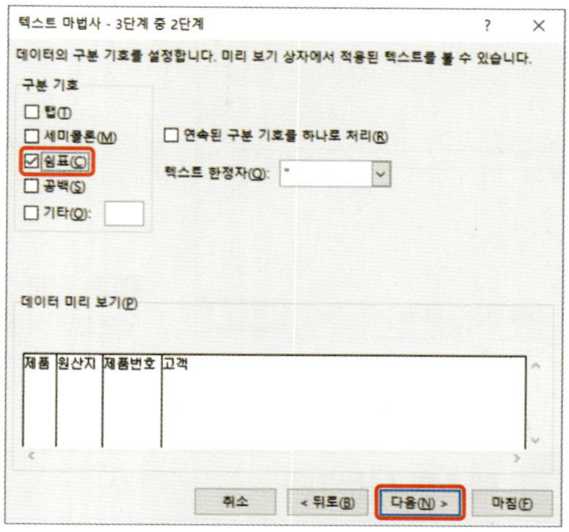

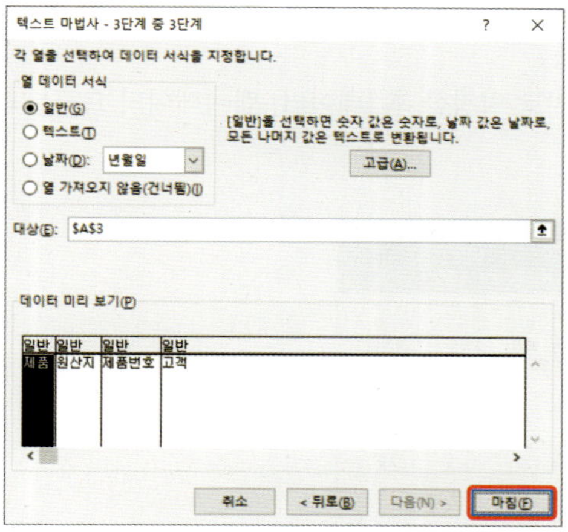

1.7.2 너비가 일정함

각 필드의 텍스트가 일정한 너비로 구분되어 있는 경우에는 '너비가 일정함'으로 텍스트를 분리할 수 있다.

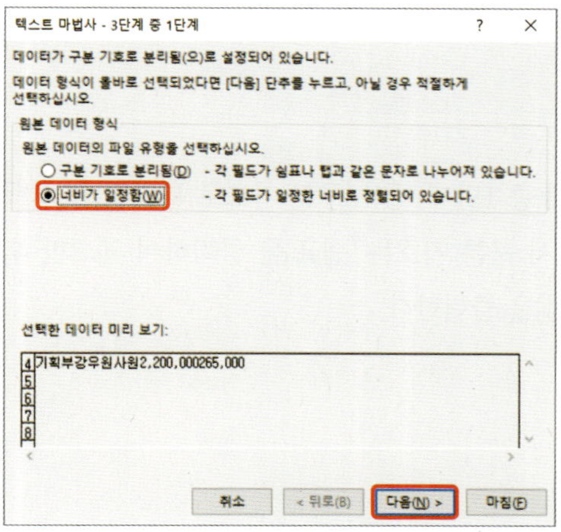

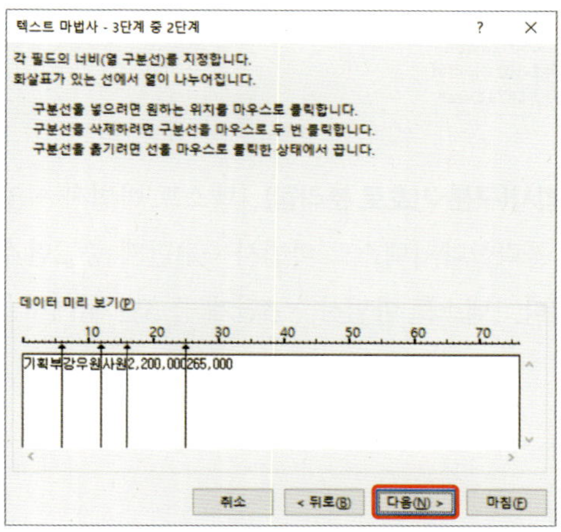

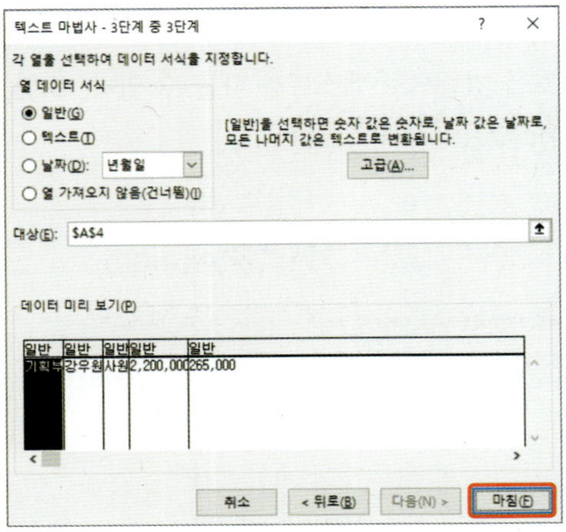

TIP 구분선의 위치를 변경하려면 구분선을 클릭한 상태에서 드래그하고, 구분선의 삭제는 구분선을 더블 클릭하거나 바깥쪽으로 보내면 된다.

기본예제 39 텍스트 나누기

구분 기호와 너비가 일정함을 기준으로 텍스트를 분리하시오.

01 범위 지정 [판매목록] 워크시트에서 [A3:A13] 영역을 범위로 지정한 후 [데이터] 탭–[데이터 도구] 그룹에서 '텍스트 나누기'를 클릭한다.

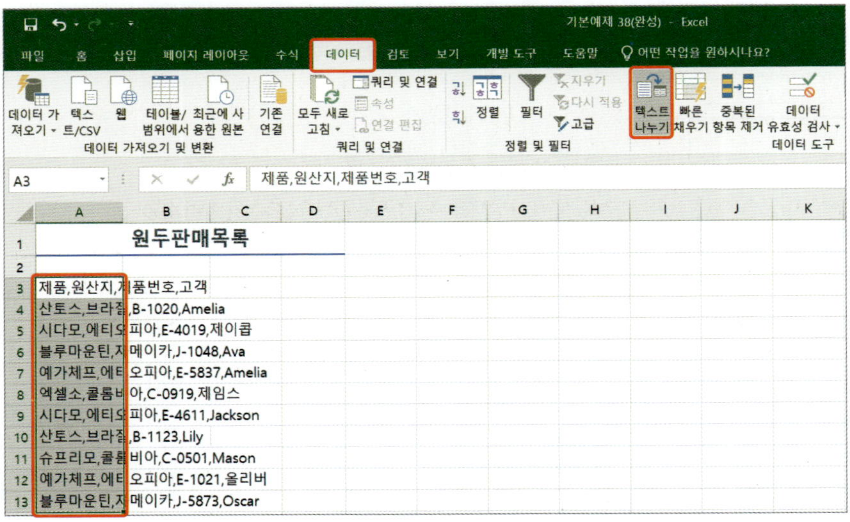

02 텍스트 마법사(구분 기호로 분리됨) [텍스트 마법사 – 3단계 중 1단계]에서 '구분 기호로 분리됨'을 선택한 후 [다음]을 클릭한다. [텍스트 마법사 – 3단계 중 2단계]에서 구분 기호는 '쉼표'를 클릭하여 체크한 후 [다음]을 클릭한다. [텍스트 마법사 – 3단계 중 3단계]에서 [마침]을 클릭한다.

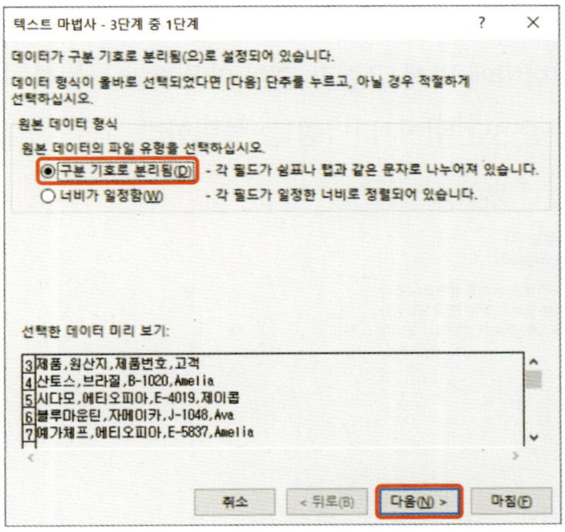

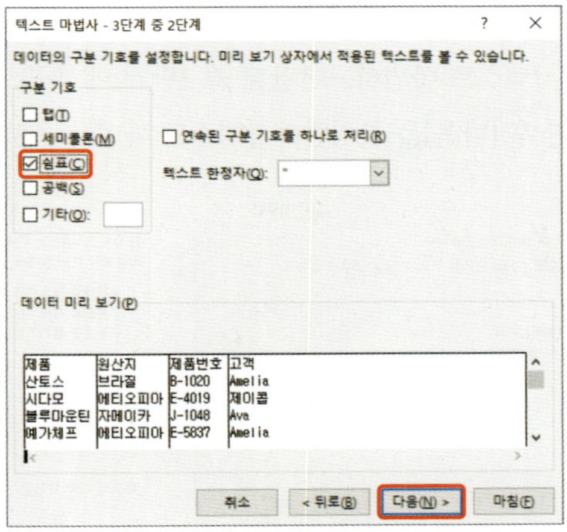

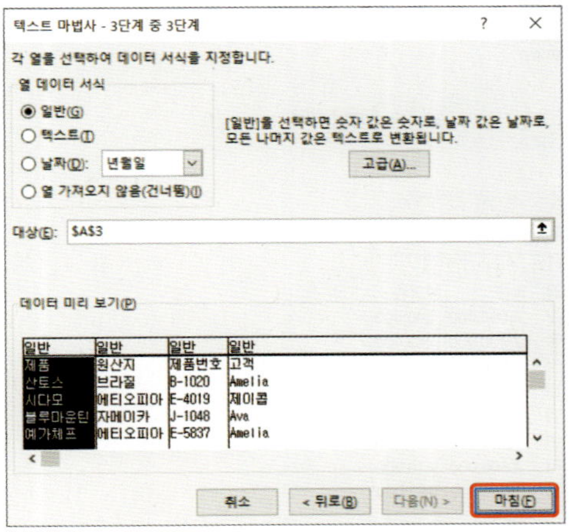

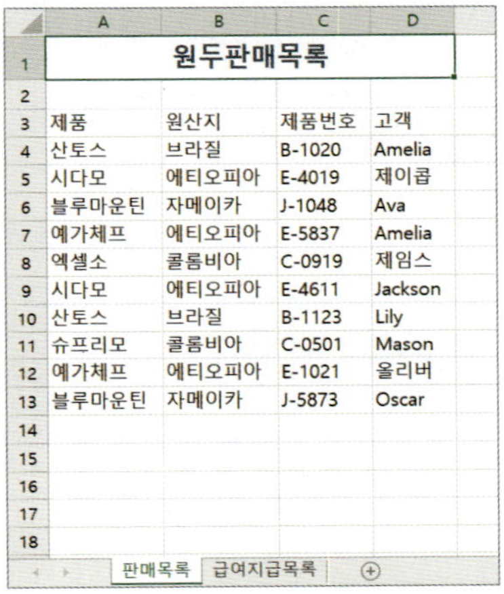

TIP 원본에서 가져오지 않을 열이 있을 경우 대상 열을 선택한 후 '열 가져오지 않기(건너뜀)'을 선택한다.

03 범위 지정 [급여지급목록] 워크시트에서 [A4:A11] 영역을 범위로 지정한 후 [데이터] 탭-[데이터 도구] 그룹에서 '텍스트 나누기'를 클릭한다.

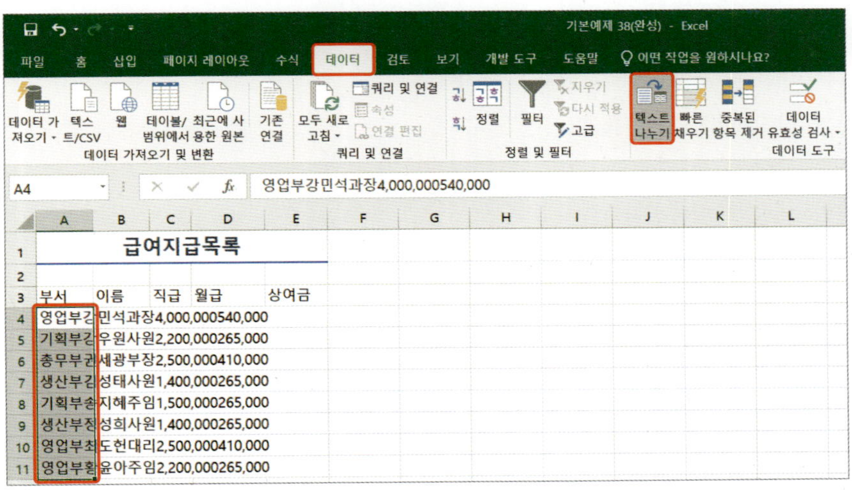

04 텍스트 마법사(너비가 일정함) [텍스트 마법사 – 3단계 중 1단계]에서 '너비가 일정함'을 선택한 후 [다음]을 클릭한다. [텍스트 마법사 – 3단계 중 2단계]에서 필드의 너비에 맞게 그림과 같이 마우스를 클릭하여 구분선을 삽입한 후 [다음]을 클릭한다. [텍스트 마법사 – 3단계 중 3단계]에서 [마침]을 클릭한다.

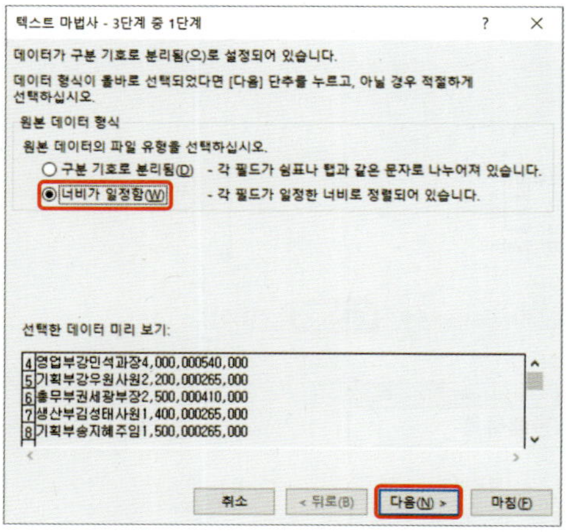

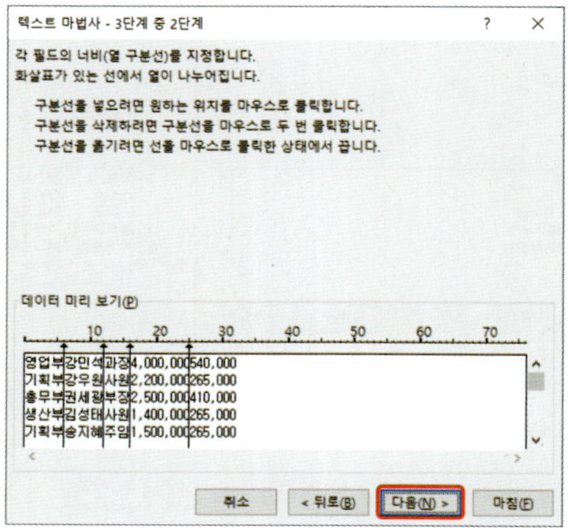

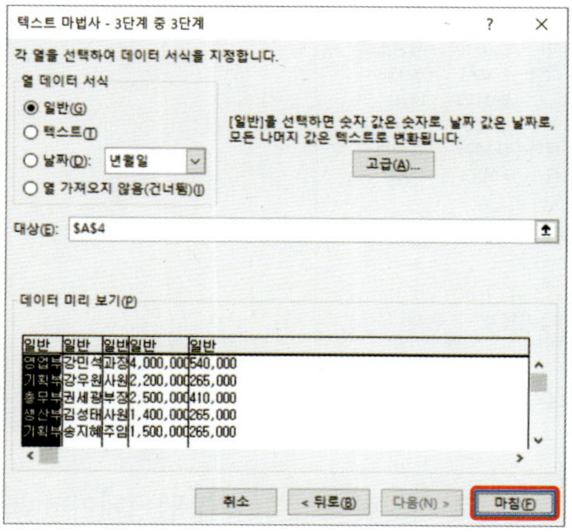

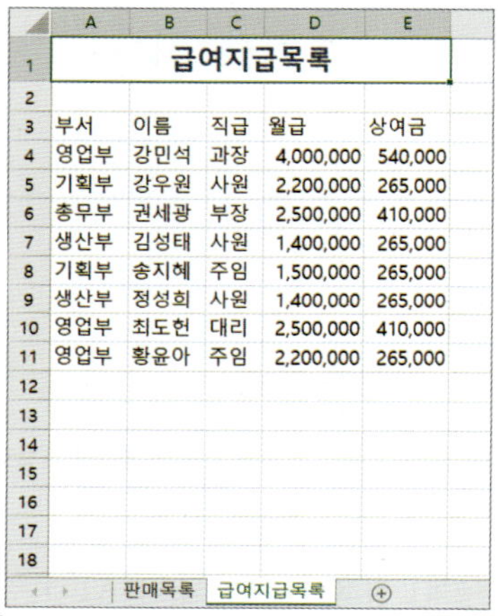

SECTION 02

데이터 분석

엑셀에서 작성된 데이터를 분석하기 위한 도구인 피벗 테이블, 슬라이서, 피벗 차트, 가상 분석에 대해 알아본다.

2.1 피벗 테이블

피벗 테이블은 기존 데이터 목록의 필드를 재구성하여 전체 데이터의 통계 파악을 용이하게 할 수 있도록 표로 만드는 기능이다. 피벗 테이블은 데이터를 계산, 요약 및 분석하는 강력한 도구로서, 데이터의 비교, 패턴 및 추세를 보는 데 사용할 수 있다. 특정 필드를 '보고서 필터', '행', '열', '값'에 분류하여 방대한 양의 데이터를 필요한 것만 골라 간단한 테이블로 변경하는 작업이다.

2.1.1 피벗 테이블 작성

피벗 테이블은 [삽입] 탭–[표] 그룹에서 '피벗 테이블'을 클릭한 후 [피벗 테이블 만들기]에서 새 워크시트나 기존의 워크시트를 선택하여 피벗 테이블을 삽입할 수 있다.

- **표 또는 범위 선택** 현재 통합 문서의 기존 데이터 범위를 사용하여 피벗 테이블을 작성한다.
- **외부 데이터 원본 사용** 다른 엑셀이나 데이터베이스, 기타 외부 데이터를 이용하여 피벗 테이블을 작성한다.
- **새 워크시트** 새로운 워크시트를 만들어 [A1] 셀부터 피벗 테이블을 삽입한다.
- **기존 워크시트** 현재 통합 문서에 있는 워크시트에 피벗 테이블을 만든다. 위치를 클릭하여 피벗 테이블이 삽입될 위치를 지정할 수 있다.

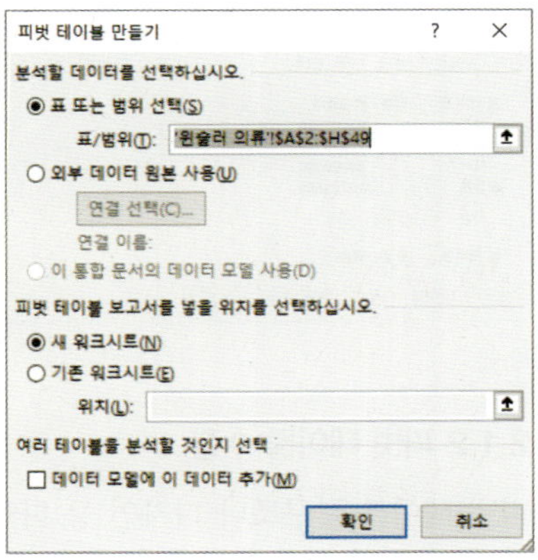

TIP 피벗 테이블의 영역을 지정할 때에는 병합된 셀이 없는 경우에는 임의의 셀을 선택한 후 피벗 테이블을 클릭하여 삽입한다. 병합된 셀, 빈 셀, 합계나 평균이 있을 때는 영역을 선택한 후 피벗 테이블 명령을 수행하는 것이 바람직하다.

삽입된 피벗 테이블에서 원하는 필드를 피벗 테이블의 각 영역에 드래그하여 작성한다.

- **필터** 피벗 테이블의 위쪽에 떨어져 표시된다.
- **행** 각 행의 제목인 행 레이블명 아래쪽으로 행 레이블의 내용이 한 열로 표시된다.
- **열** 각 열의 제목인 열 레이블명 아래줄에 열 레이블의 내용이 한 행으로 표시된다.
- **값** 값 필드명은 행 필드의 위쪽 열 레이블의 왼쪽에 표시되고, 데이터는 행 레이블의 오른쪽, 열 레이블(필드)의 아래쪽에 표시된다.

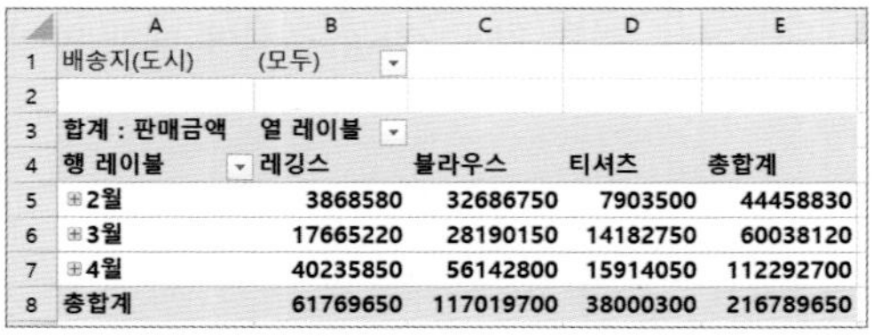

	A	B	C	D	E
1	배송지(도시)	(모두)			
2					
3	합계 : 판매금액	열 레이블			
4	행 레이블	레깅스	블라우스	티셔츠	총합계
5	⊞2월	3868580	32686750	7903500	44458830
6	⊞3월	17665220	28190150	14182750	60038120
7	⊞4월	40235850	56142800	15914050	112292700
8	총합계	61769650	117019700	38000300	216789650

피벗 테이블을 만드는 또 다른 방법은 추천 피벗 테이블을 클릭하여 삽입하는 방법도 있다. [삽입] 탭–[표] 그룹에서 '추천 피벗 테이블'을 클릭한 후 [권장 피벗 테이블] 대화상자에서 원하는 피벗 테이블을 선택하여 만들 수 있다.

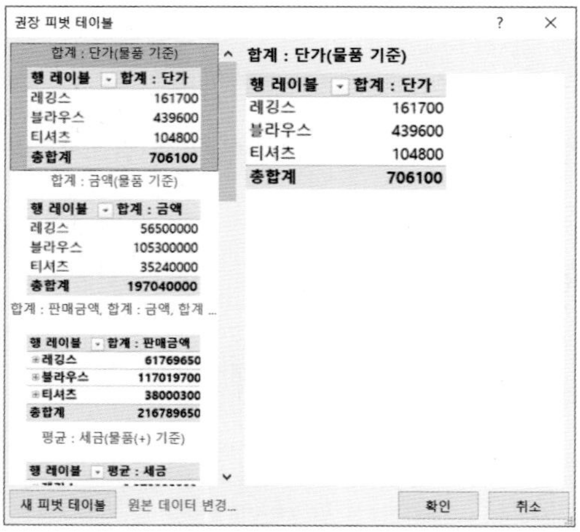

2.1.2 피벗 테이블 수정

피벗 테이블은 구조나 디자인 등 다양한 방법으로 수정할 수 있다. 피벗 테이블을 데이터 활용도에 맞게 수정하는 방법에 대해 알아보도록 하자.

- **[피벗 테이블 도구]–[분석] 탭** [분석] 탭에서는 피벗 테이블 옵션, 활성 필드, 그룹 설정 및 필터(슬라이서 및 시간 표시 막대 삽입), 데이터 원본 변경에 따른 새로 고침으로 피벗 테이블에 적용, 피벗 테이블 이동, 계산 필드 삽입, 피벗 차트 삽입 등의 작업을 수행할 수 있다.

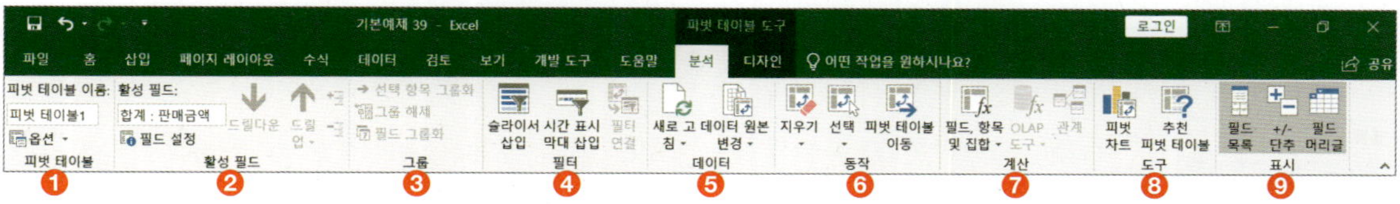

❶ 피벗 테이블 피벗 테이블의 이름을 수정하거나 [피벗 테이블 옵션]에서 피벗 테이블을 수정할 수 있다. [피벗 테이블 옵션] 대화상자에서는 레이아웃, 오류값 표시 및 빈 셀 표시, 행/열 총합계 표시, 정렬, 표시, 인쇄 등을 설정할 수 있다.

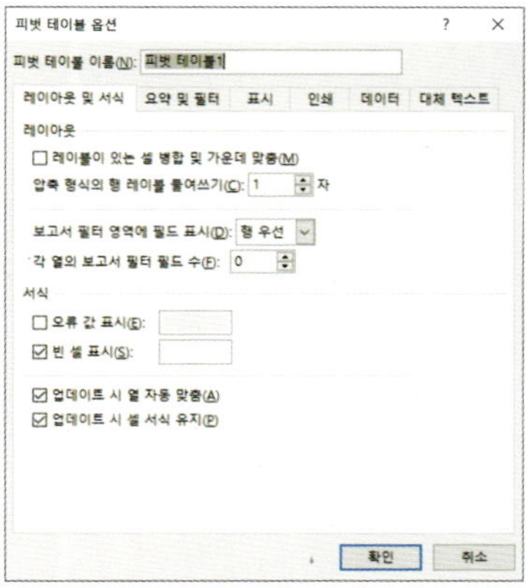

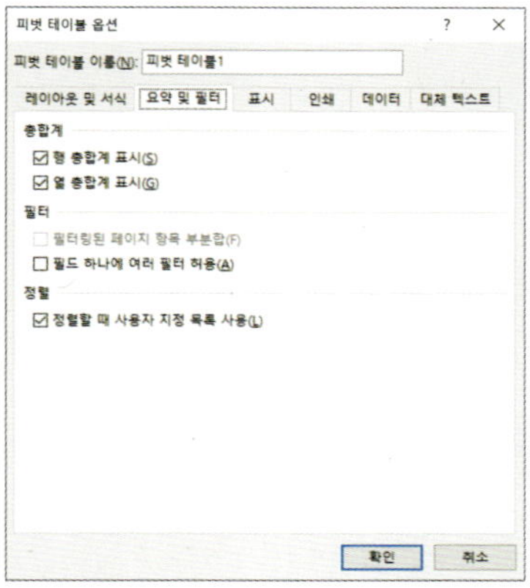

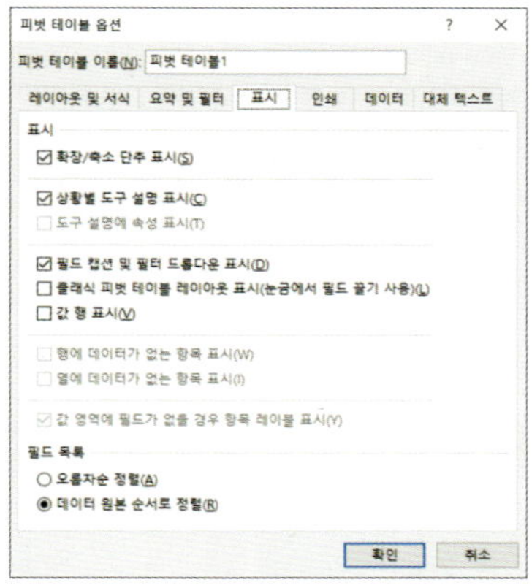

❷ 활성 필드 피벗 테이블에서 선택한 필드가 표시되며, [필드 설정]에서는 각 필드의 요약 기준에 사용되는 계산 유형, 표시 형식을 설정할 수 있다.

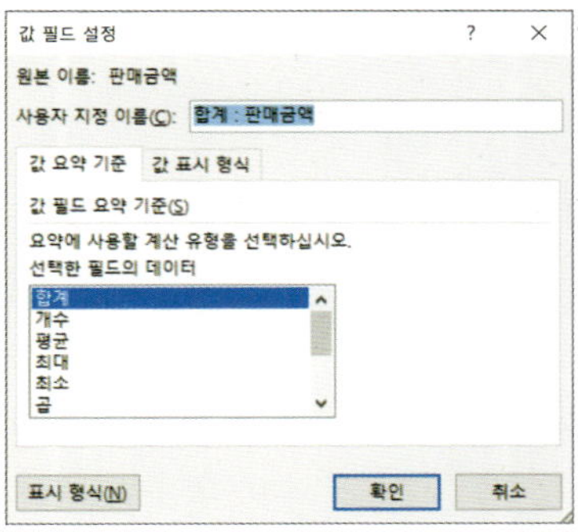

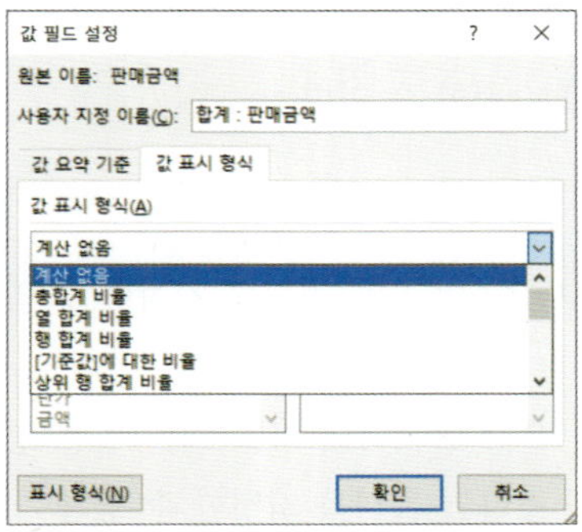

❸ 그룹 선택한 항목을 그룹화하거나, 숫자 또는 날짜의 그룹화 및 그룹의 해제를 설정할 수 있다.

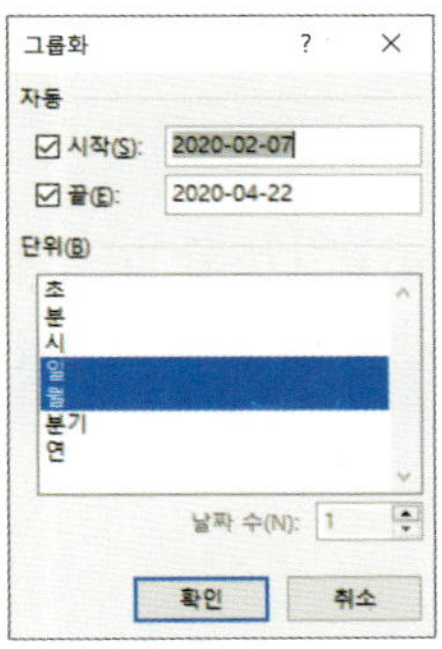

❹ **필터** 슬라이서와 시간 표시 막대를 이용하여 빠르고 쉬운 필터링 처리가 가능하다.

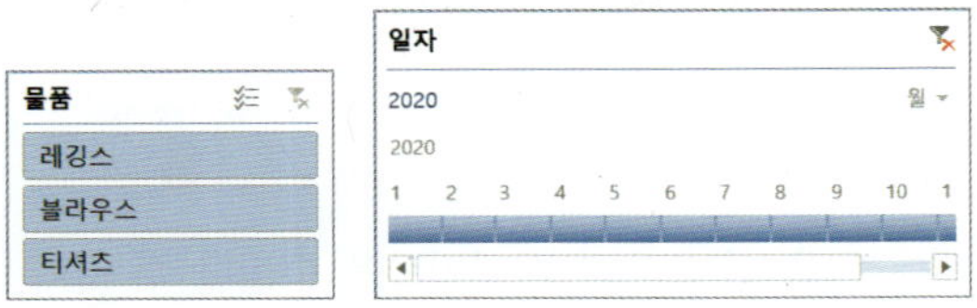

❺ **데이터** [새로 고침]을 클릭하면 원본 데이터의 변경을 피벗 테이블에 적용할 수 있다. 그리고 [데이터 원본 변경]에서는 원본 데이터의 범위를 수정할 수 있다.

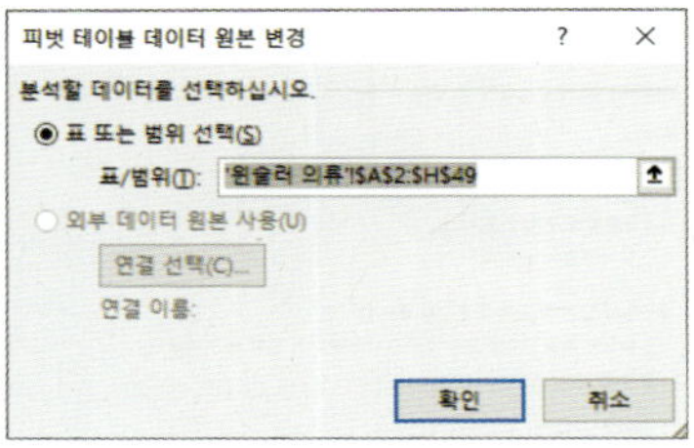

❻ **동작** 피벗 테이블의 위치를 변경할 수 있고, 피벗 테이블을 선택하거나 삭제할 수 있고, 필터를 해제할 수 있다.

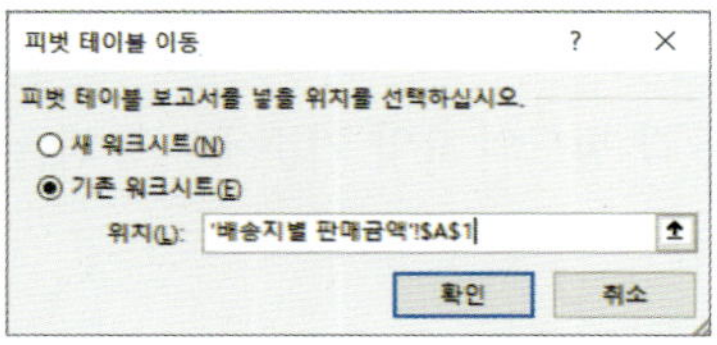

❼ **계산** 계산된 필드와 항목을 만들고 수정할 수 있다.

❽ **도구** 피벗 테이블을 원본으로 피벗 차트를 삽입할 수 있고, 사용자 지정 피벗 테이블 집합을 제공한다.

❾ **표시** 필드 목록, +/– 단추, 필드 머리글의 표시 여부를 지정할 수 있다.

• **[피벗 테이블 도구] –[디자인] 탭** [디자인] 탭에서는 피벗 테이블 레이아웃(부분합, 보고서 레이아웃, 빈 행 추가) 설정과 피벗 테이블 스타일 및 스타일 옵션을 지정할 수 있다.

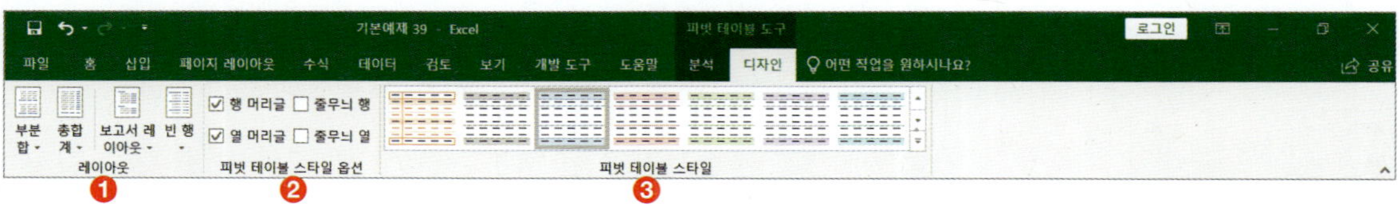

❶ **레이아웃** 피벗 테이블에 부분합, 총합계나 보고서 레이아웃을 지정할 수 있고, 빈 셀을 삽입할 수 있다.

❷ **피벗 테이블 스타일 옵션** 피벗 테이블을 지정할 때 옵션으로 행/열 머리글이나 줄무늬 행/열 등을 설정할 수 있다.

❸ **피벗 테이블 스타일** 만들어진 피벗 테이블에 스타일을 지정할 수 있다.

기본예제 40 피벗 테이블 작성 1

보고서 필터에 배송지, 행 레이블에 일자, 열 레이블에 물품, 값에 금액과 판매금액의 합계를 나타내는 피벗 테이블을 [배송지별 판매금액] 워크시트의 [A3] 셀에 작성하시오. 피벗 테이블의 행/열의 총합계는 표시하지 말고, 피벗 테이블 스타일은 '흰색, 피벗 스타일 밝게 3'을 적용하시오.

01 피벗 테이블 작성 [윈슬러 의류] 워크시트의 데이터베이스 목록에서 임의의 셀을 클릭한 후 [삽입] 탭–[표] 그룹에서 '피벗 테이블'을 클릭한다.

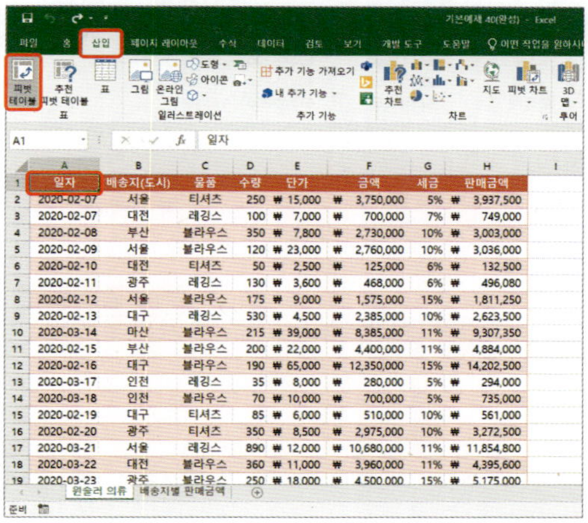

02 기존 워크시트 선택 [피벗 테이블 만들기] 대화상자가 나타나면 분석할 데이터의 범위를 확인한다. 피벗 테이블 보고서를 넣을 위치로 '기존 워크시트'를 선택한 후 위치는 [배송지별 판매금액] 워크시트의 [A3] 셀을 선택하고 [확인]을 클릭한다.

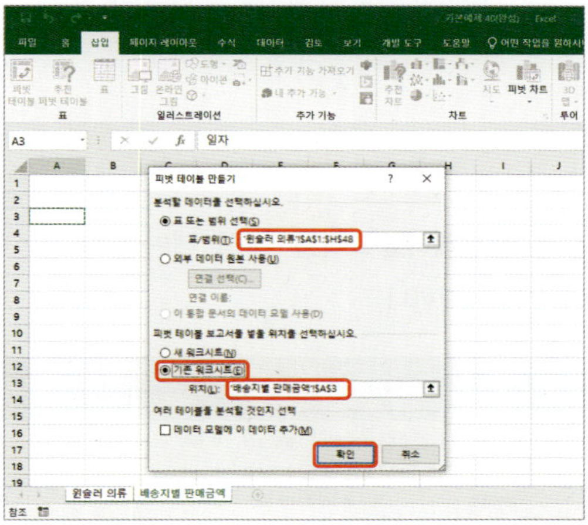

03 피벗 테이블 필드 작성 [피벗 테이블 필드] 창이 나타나면 '배송지(도시)' 필드를 필터 영역으로 드래그하여 추가한다. '일자' 필드를 행 영역으로, '물품' 필드를 열 영역으로 드래그하여 추가한다. '금액'과 '판매금액'은 값 영역으로 드래그하여 추가한다.

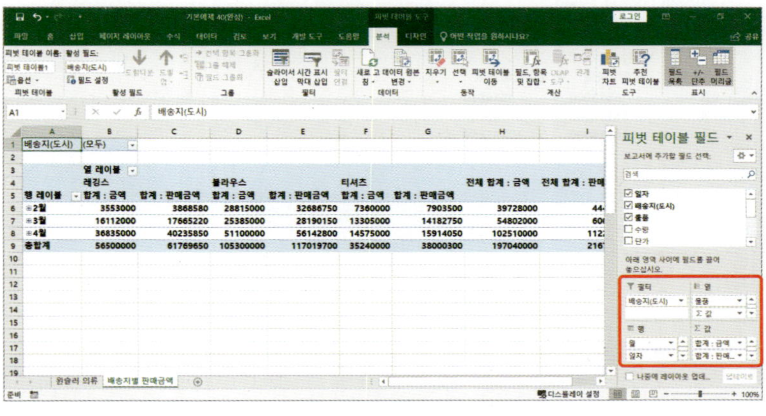

04 행 총합계, 열 총합계 표시 해제 피벗 테이블의 임의의 셀을 선택한 후 바로 가기 메뉴에서 [피벗 테이블 옵션]을 선택한다. [피벗 테이블 옵션] 대화상자의 [요약 및 필터] 탭에서 '행 총합계 표시'와 '열 총합계 표시'를 각각 체크 해제한 후 [확인]을 클릭한다.

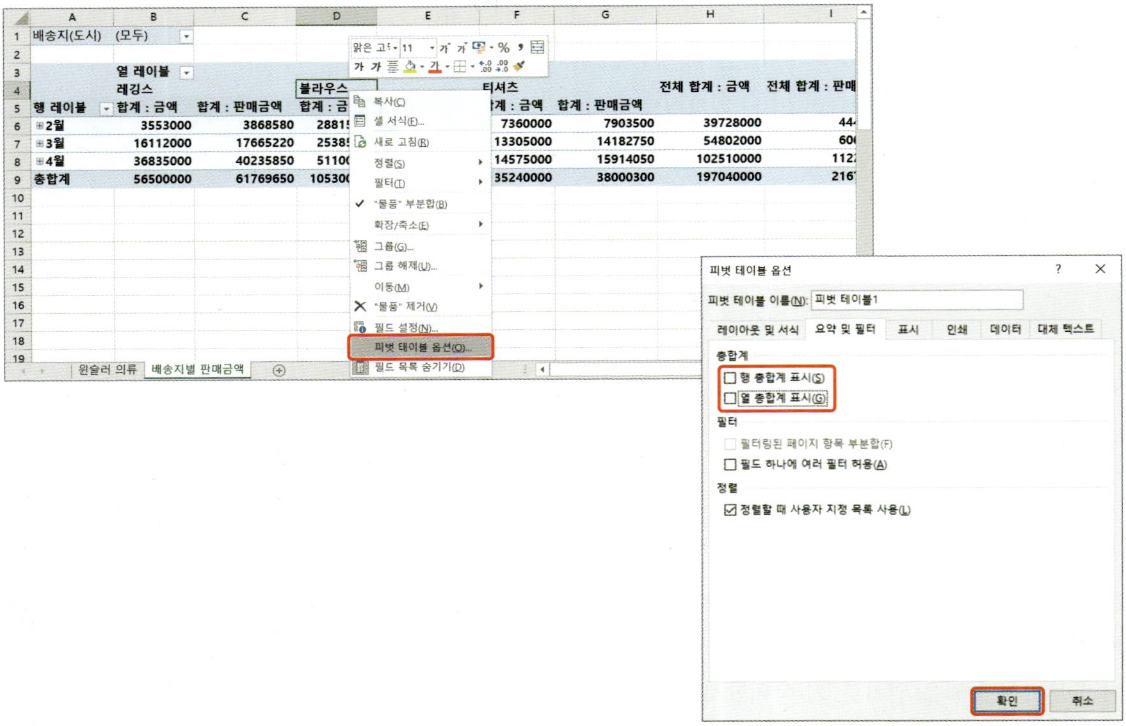

05 피벗 테이블 스타일 [피벗 테이블 도구]–[디자인] 탭–[피벗 테이블 스타일]에서 '흰색, 피벗 스타일 밝게 3'을 선택한다.

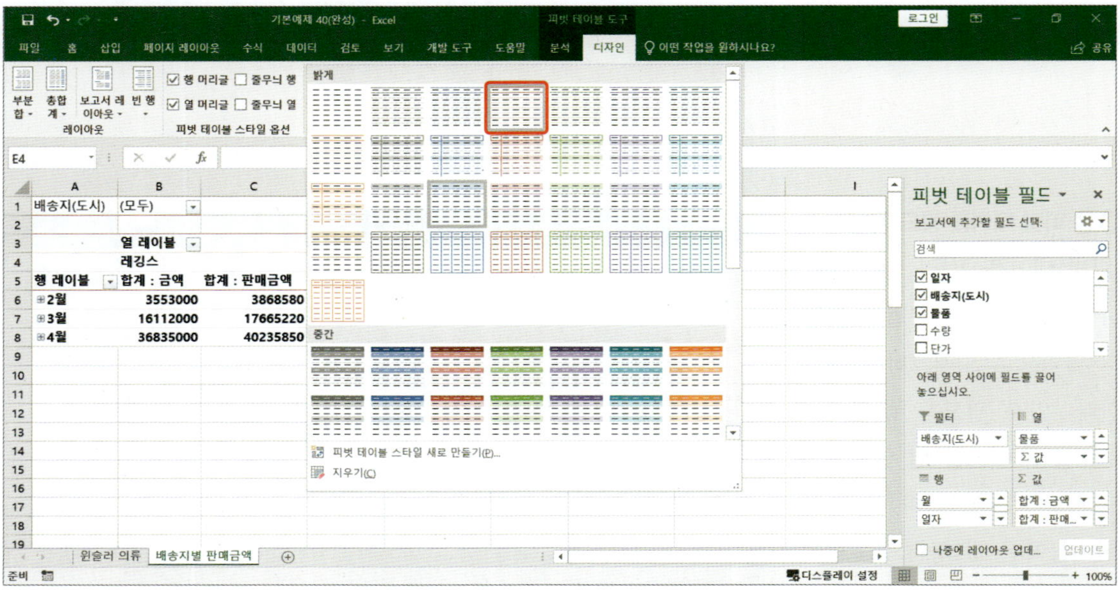

	A	B	C	D	E	F	G
1	배송지(도시)	(모두)					
2							
3		열 레이블					
4		레깅스		블라우스		티셔츠	
5	행 레이블	합계 : 금액	합계 : 판매금액	합계 : 금액	합계 : 판매금액	합계 : 금액	합계 : 판매금액
6	⊞2월	3553000	3868580	28815000	32686750	7360000	7903500
7	⊞3월	16112000	17665220	25385000	28190150	13305000	14182750
8	⊞4월	36835000	40235850	51100000	56142800	14575000	15914050

기본예제 41 피벗 테이블 작성 2

물품별 수량, 금액, 판매금액의 합계를 나타내는 피벗 테이블을 '요약' 워크시트의 [A3] 셀에 작성하시오.

01 피벗 테이블 작성 [윈슬러 의류] 워크시트의 데이터베이스 목록에서 임의의 셀을 클릭한 후 [삽입] 탭-[표] 그룹에서 '피벗 테이블'을 클릭한다.

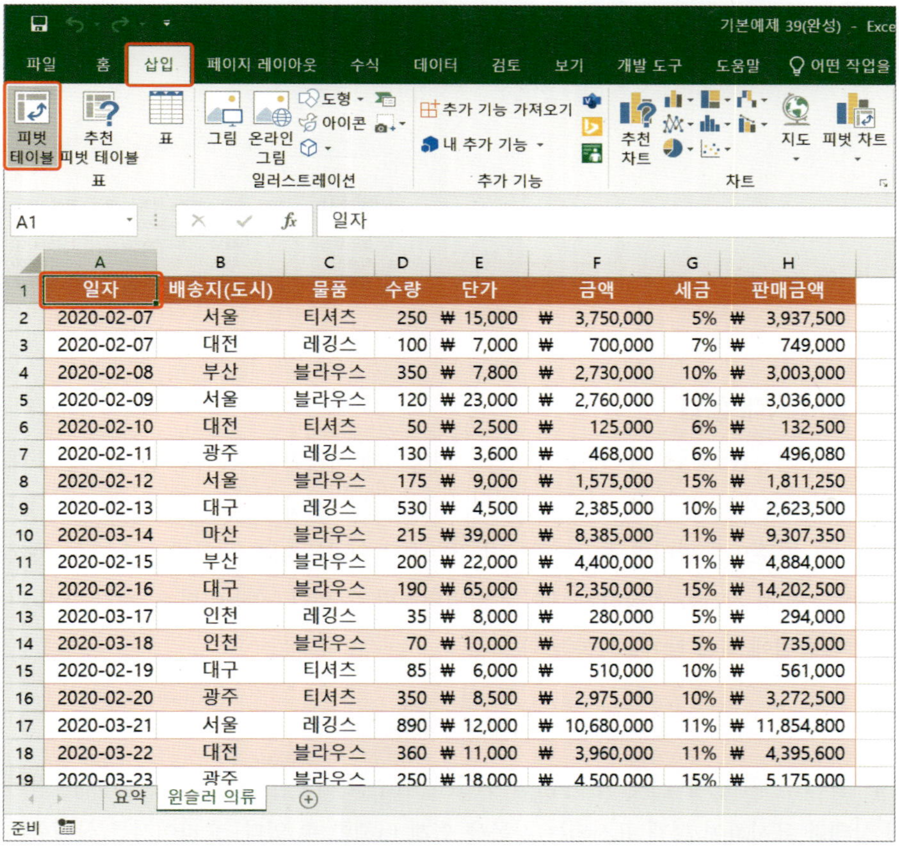

	A	B	C	D	E	F	G	H
1	일자	배송지(도시)	물품	수량	단가	금액	세금	판매금액
2	2020-02-07	서울	티셔츠	250	₩ 15,000	₩ 3,750,000	5%	₩ 3,937,500
3	2020-02-07	대전	레깅스	100	₩ 7,000	₩ 700,000	7%	₩ 749,000
4	2020-02-08	부산	블라우스	350	₩ 7,800	₩ 2,730,000	10%	₩ 3,003,000
5	2020-02-09	서울	블라우스	120	₩ 23,000	₩ 2,760,000	10%	₩ 3,036,000
6	2020-02-10	대전	티셔츠	50	₩ 2,500	₩ 125,000	6%	₩ 132,500
7	2020-02-11	광주	레깅스	130	₩ 3,600	₩ 468,000	6%	₩ 496,080
8	2020-02-12	서울	블라우스	175	₩ 9,000	₩ 1,575,000	15%	₩ 1,811,250
9	2020-02-13	대구	레깅스	530	₩ 4,500	₩ 2,385,000	10%	₩ 2,623,500
10	2020-03-14	마산	블라우스	215	₩ 39,000	₩ 8,385,000	11%	₩ 9,307,350
11	2020-02-15	부산	블라우스	200	₩ 22,000	₩ 4,400,000	11%	₩ 4,884,000
12	2020-02-16	대구	블라우스	190	₩ 65,000	₩ 12,350,000	15%	₩ 14,202,500
13	2020-03-17	인천	레깅스	35	₩ 8,000	₩ 280,000	5%	₩ 294,000
14	2020-03-18	인천	블라우스	70	₩ 10,000	₩ 700,000	5%	₩ 735,000
15	2020-02-19	대구	티셔츠	85	₩ 6,000	₩ 510,000	10%	₩ 561,000
16	2020-02-20	광주	티셔츠	350	₩ 8,500	₩ 2,975,000	10%	₩ 3,272,500
17	2020-03-21	서울	레깅스	890	₩ 12,000	₩ 10,680,000	11%	₩ 11,854,800
18	2020-03-22	대전	블라우스	360	₩ 11,000	₩ 3,960,000	11%	₩ 4,395,600
19	2020-03-23	광주	블라우스	250	₩ 18,000	₩ 4,500,000	15%	₩ 5,175,000

02 기존 워크시트 선택 [피벗 테이블 만들기] 대화상자가 나타나면 분석할 데이터의 범위를 확인한다. 피벗 테이블 보고서를 넣을 위치로 '기존 워크시트'를 선택한 후 위치는 [요약] 워크시트의 [A3] 셀을 선택하고 [확인]을 클릭한다.

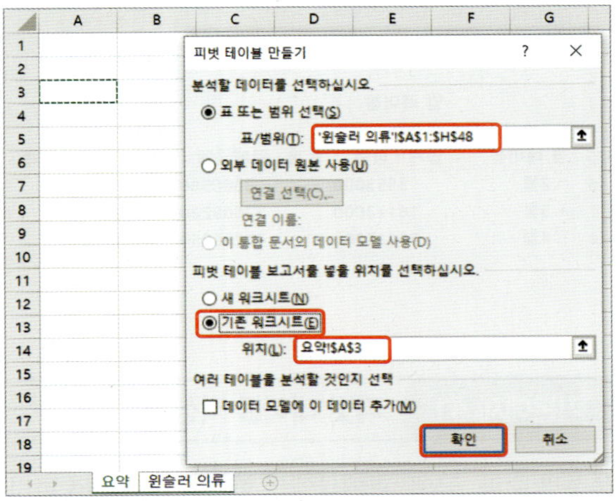

03 피벗 테이블 필드 작성 [피벗 테이블 필드] 창이 나타나면 '물품' 필드를 행 영역으로 드래그하여 추가한다. '수량', '금액', '판매금액'은 값 영역으로 드래그하여 추가한다.

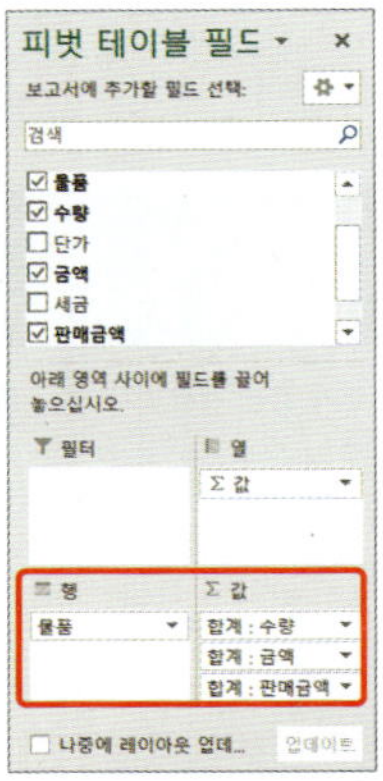

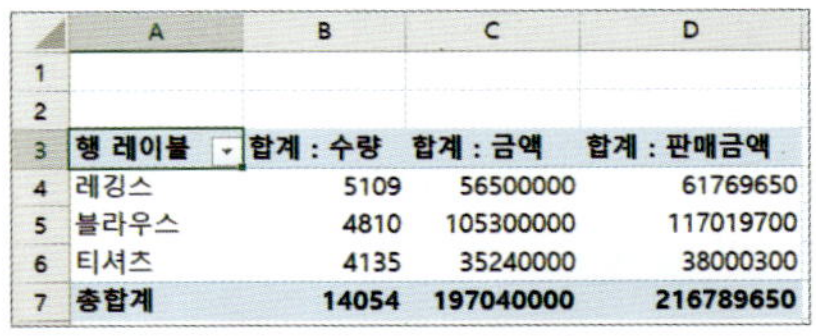

2.2 슬라이서 및 시간 표시 막대 삽입

엑셀 2010 버전부터 슬라이서 기능을 제공한다. 피벗 테이블을 다양하게 시각화하고, 검색 필터를 통해 대량의 데이터를 빠르고 정확하게 표시할 수 있다. 필터를 조정하여 날짜를 표시하는 대신, 피벗 테이블 시간 표시 막대(손쉽게 날짜/시간을 기준으로 필터링하고 슬라이더 컨트롤로 원하는 기간을 확대할 수 있는 동적 필터 옵션)를 사용하여 원하는 특정 기간을 설정하여 데이터를 필터링할 수 있다. 슬라이더 및 시간 표시 막대의 삽입과 설정 방법, 삭제 방법에 대해 알아보도록 한다.

2.2.1 슬라이서

슬라이서는 클릭하여 테이블 또는 피벗 테이블을 필터링 할 수 있는 단추를 제공한다. 슬라이서는 빠른 필터링 외에도 현재 필터링 상태를 표시하여 현재 표시되는 항목을 쉽게 이해할 수 있다. 슬라이서를 삽입하는 방법은 [삽입] 탭–[필터] 그룹에서 '슬라이서'를 클릭하거나, 피벗 테이블이나 피벗 차트를 선택한 후 [피벗 테이블 도구]–[분석] 탭–[필터] 그룹에서 '슬라이서 삽입'을 클릭한다. 슬라이서에서 하나의 항목 또는 여러 항목을 선택할 수 있다.

❶ 슬라이서 머리글은 슬라이서의 항목 범주를 나타낸다.

❷ 선택되지 않은 필터링 단추는 항목이 필터에 포함되지 않는다.

❸ 선택된 필터링 단추는 항목이 필터에 포함된다.

❹ 필터 지우기 단추는 슬라이서의 모든 항목을 선택하여 필터를 제거한다.

❺ 현재 슬라이서에 표시되는 항목보다 더 많은 항목이 있는 경우 스크롤 막대를 사용하여 스크롤할 수 있다.

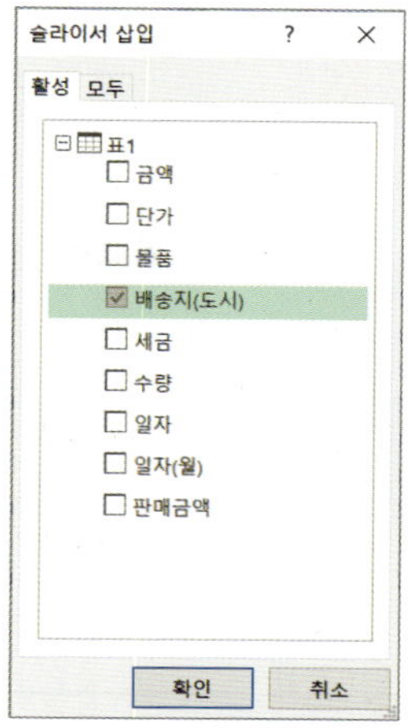

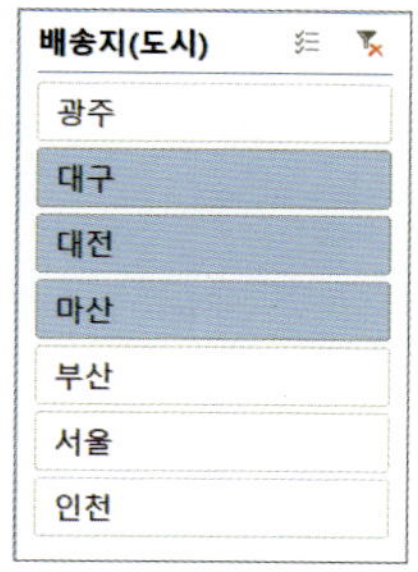

슬라이서를 삭제하기 위해서는 만들어진 슬라이서의 바로 가기 메뉴에서 '제거'를 클릭하거나, 슬라이서를 선택한 후 Delete를 눌러 삭제할 수 있다.

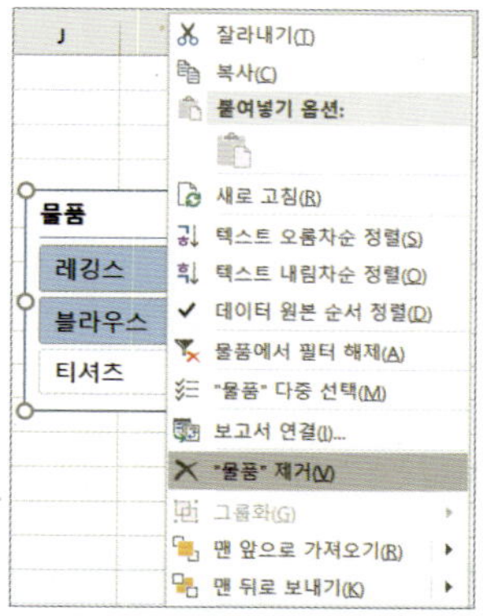

[슬라이서 도구]–[옵션] 탭의 [슬라이서] 그룹에서는 슬라이서의 캡션 설정, 슬라이서 설정을 할 수 있다. [슬라이서 설정] 대화상자에서는 슬라이서 이름, 머리글 표시 유무, 캡션, 정렬 항목 필터링을 지정할 수 있다. 두 개 이상의 피벗 테이블과 연결할 경우 [보고서 연결]을 선택한다.

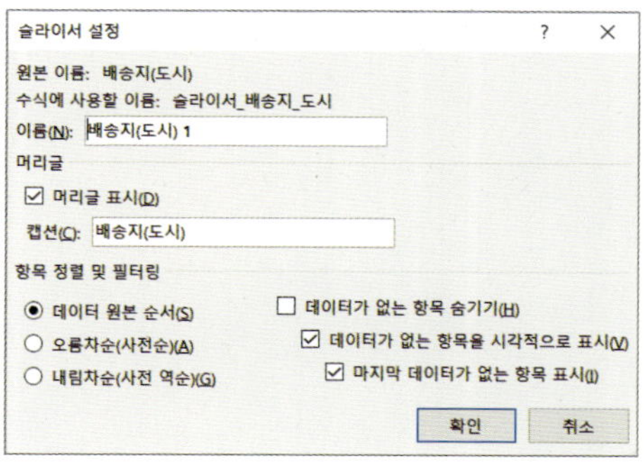

[슬라이서 스타일] 그룹에서는 슬라이서의 스타일을 지정할 수 있고, [정렬] 그룹에서는 슬라이서의 배치에 대해 설정할 수 있다. [단추] 그룹은 슬라이더 내의 단추들의 높이와 너비를 지정할 수 있고, 열은 한 줄에 몇 개의 열을 표현할 수 있는지 대해서 지정할 수 있다. [크기] 그룹에서는 슬라이서의 너비와 높이를 설정할 수 있다.

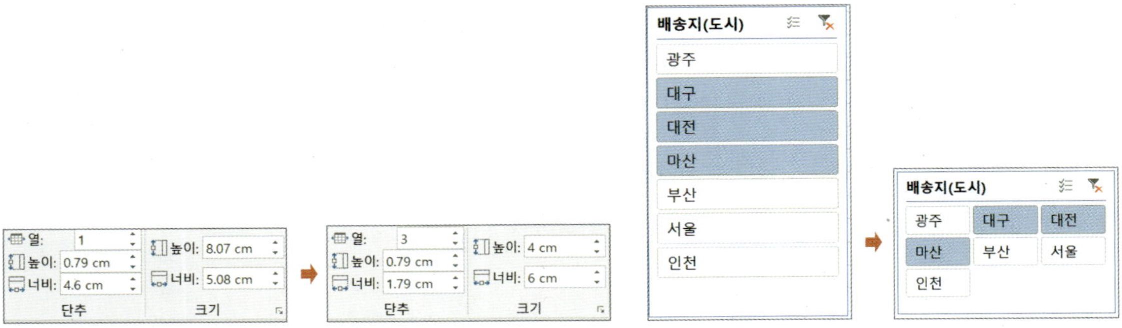

기본예제 42 슬라이서 삽입

배송지(도시)와 물품을 사용하여 데이터를 표시할 수 있는 슬라이서를 추가하시오. 대구, 대전, 마산의 레깅스와 블라우스만 표시되도록 슬라이서에서 필터링하시오.

01 슬라이서 삽입 [요약] 워크시트의 피벗 테이블의 임의의 셀을 선택한 후 [피벗 테이블 도구]–[분석] 탭–[필터] 그룹에서 '슬라이서'를 클릭한다. [슬라이서 삽입] 대화상자가 나타나면 테이블에 표시할 '물품'과 '배송지'를 선택하고 [확인]을 클릭한다.

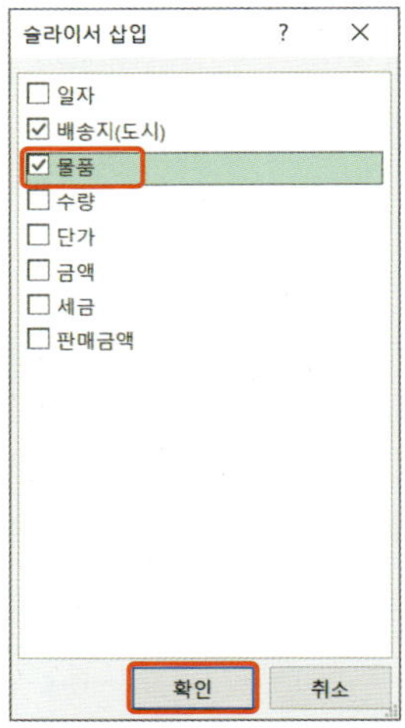

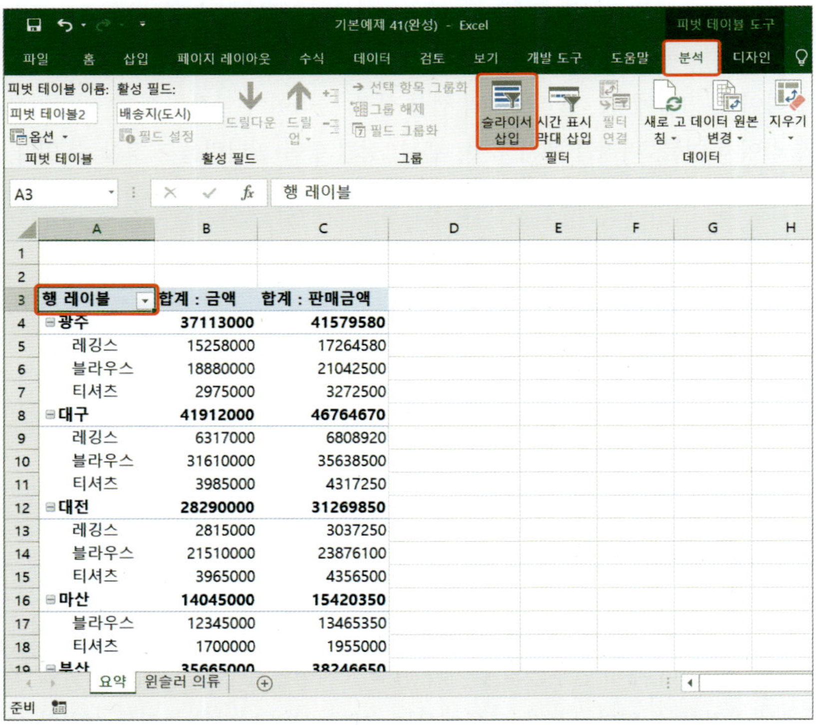

02 슬라이서 필터 대구, 대전, 마산의 레깅스와 블라우스만 표시되도록 [배송지(도시)] 슬라이서는 '대구', '대전', '마산'을 선택하고, [물품] 슬라이서에서는 '레깅스'와 '블라우스'를 선택한다.

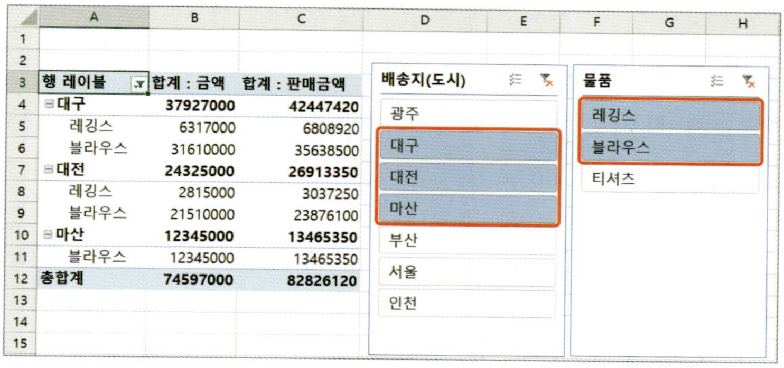

행 레이블	합계 : 금액	합계 : 판매금액
⊟대구	37927000	42447420
레깅스	6317000	6808920
블라우스	31610000	35638500
⊟대전	24325000	26913350
레깅스	2815000	3037250
블라우스	21510000	23876100
⊟마산	12345000	13465350
블라우스	12345000	13465350
총합계	74597000	82826120

2.2.2 시간 표시 막대

시간 표시 막대를 클릭하면 테이블 또는 피벗 테이블을 날짜나 시간 단위로 필터링할 수 있는 단추를 제공한다. 시간 표시 막대는 빠른 필터링 외에도 현재 필터링 상태를 표시하여 현재 표시되는 항목을 쉽게 이해할 수 있다. 시간 표시 막대를 삽입하는 방법은 [삽입] 탭–[필터] 그룹에서 '시간 표시 막대'를 클릭하거나, 피벗 테이블이나 피벗 차트를 선택한 후 [피벗 테이블 도구]–[분석] 탭–[필터] 그룹에서 '시간 표시 막대 삽입'을 클릭하여 삽입한다. 시간 표시 막대를 한 번 삽입한 후에는 피벗 테이블과 함께 유지하여 언제든지 시간 범위를 변경할 수 있다.

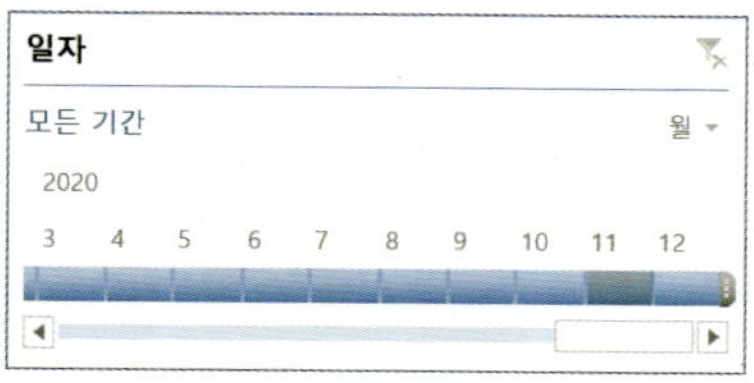

시간 표시 막대를 삭제하기 위해서는 시간 표시 막대를 선택한 후 Delete를 누르거나, 바로 가기 메뉴에서 '시간 표시 막대 제거'를 선택한다.

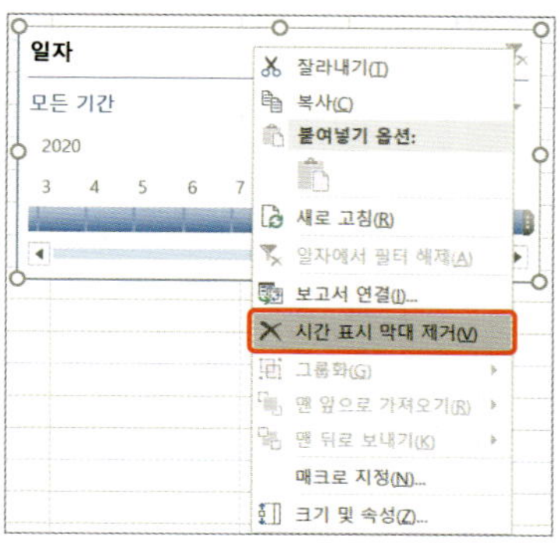

기본예제 43 시간 표시 막대 삽입

'일자'를 사용하여 데이터를 표시할 수 있는 시간 표시 막대를 추가하시오. 시간 표시 막대에는 3월만 표시되도록 지정하시오.

01 시간 표시 막대 삽입 [배송지별 판매금액] 워크시트에서 피벗 테이블의 임의의 셀을 선택한 후 [피벗 테이블 도구]-[분석] 탭-[필터] 그룹에서 '시간 표시 막대 삽입'을 클릭한다. [시간 표시 막대 삽입] 대화상자가 나타나면 테이블에 표시할 '일자'를 선택하고 [확인]을 클릭한다.

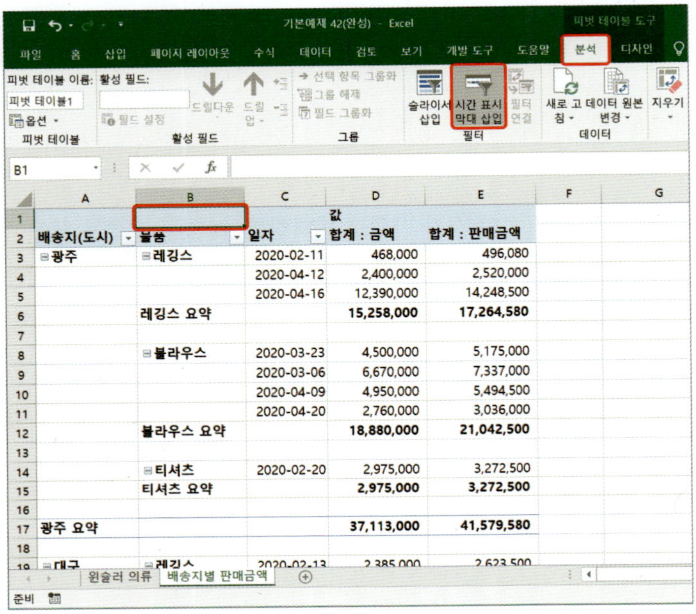

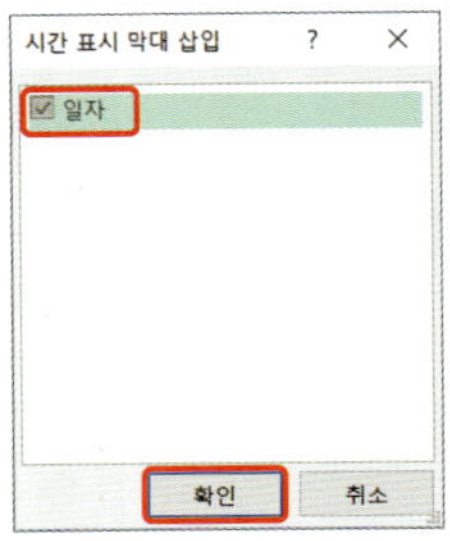

02 시간 표시 막대 필터 [시간 표시 막대]에서 3월을 클릭하여 피벗 테이블의 일자를 3월만 나오도록 필터링한다.

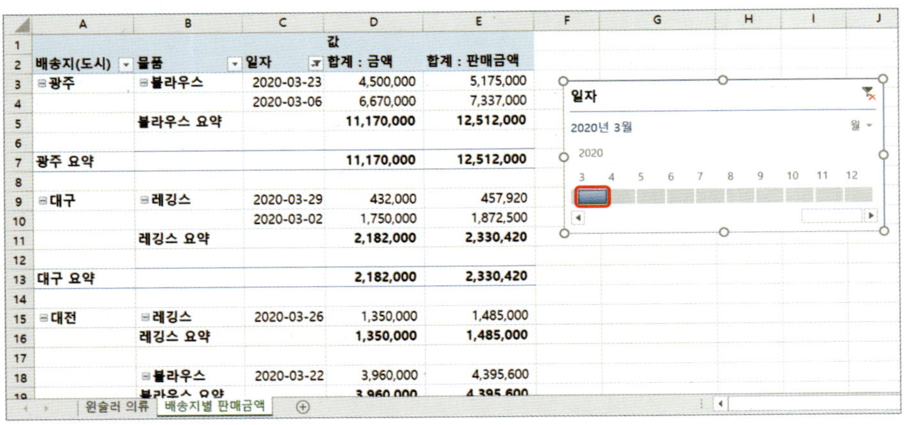

2.3 피벗 차트 작성

피벗 차트는 피벗 테이블의 데이터를 그래픽으로 표현하며, 원본 데이터에 정렬 및 필터링을 적용할 수 있다. 피벗 테이블의 세부 항목이나 값이 변경되면 피벗 차트에도 자동으로 갱신되어 나타난다. 피벗 차트를 만들 때는 피벗 차트만 만들 수도 있고, 피벗 테이블과 함께 만들 수도 있다. 피벗 차트를 만들고 편집하는 방법에 대해 알아보기로 하자.

2.3.1 피벗 차트 삽입

피벗 차트 삽입은 데이터가 일반 데이터인지 피벗 테이블인지에 따라 만드는 방법이 달라질 수 있다.

- **데이터가 피벗 테이블일 경우** 피벗 테이블의 임의의 셀을 선택한 후 [피벗 테이블 도구]–[분석] 탭–[도구] 그룹에서 '피벗 차트'를 클릭한다. [차트 삽입] 대화상자가 나타나 차트 종류를 선택하면 피벗 차트가 만들어진다.

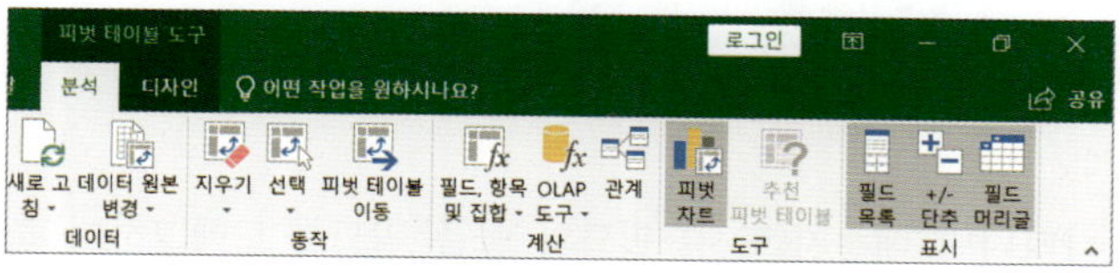

- **일반 데이터일 경우** 데이터의 임의의 셀을 선택한 후 [삽입] 탭–[차트] 그룹–[피벗 차트 ▾]에서 '피벗 차트'를 클릭한다. [피벗 차트 만들기] 대화상자에서 차트를 넣을 위치를 지정한다. [피벗 차트 필드] 창에서 원하는 필드를 선택해서 축과 값 필드에 추가하면 피벗 차트가 만들어진다.

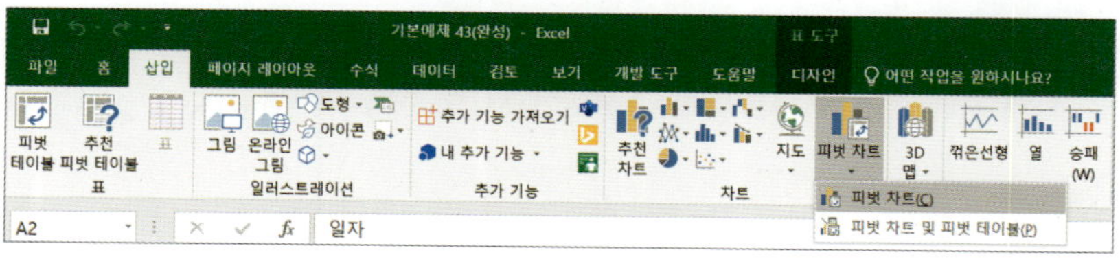

기본예제 44 피벗 차트 만들기 1

[윈슬러 의류] 워크시트에 있는 데이터를 사용하여 [배송지별 판매금액] 워크시트에 판매금액의 최소값을 구하는 피벗 차트를 만드시오. 가로 축에는 '배송지'와 '물품' 값이 표시되도록 하시오. 판매금액은 숫자로 천자리 구분기호를 사용하시오.

01 피벗 차트 만들기 [윈슬러 의류] 워크시트에서 데이터베이스의 임의의 셀을 클릭한 후 [삽입] 탭–[차트] 그룹에서 '피벗 차트'를 클릭한다. [피벗 차트 만들기] 대화상자가 나타나면 분석할 데이터의 범위를 확인하고, 피벗 차트 넣을 위치를 '기존 워크시트'로 선택한 후 위치에 '배송지별 판매금액'!$A$1을 선택하고 [확인]을 누른다.

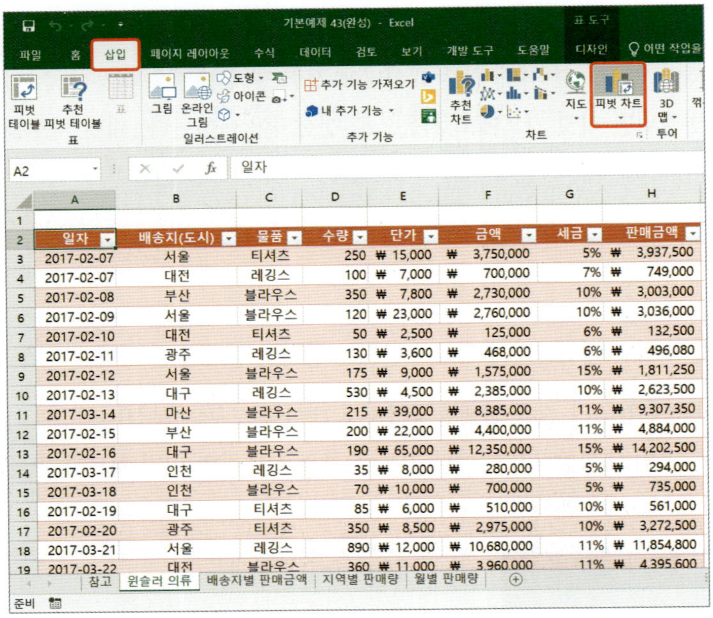

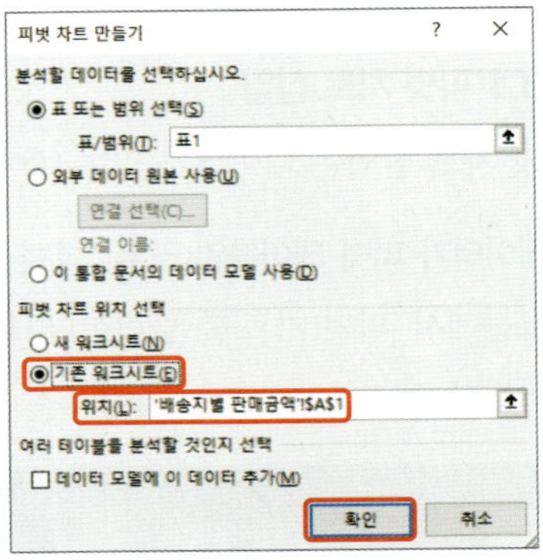

02 피벗 테이블 필드 [피벗 테이블 필드] 창이 나타나면 '배송지(도시)' 필드와 '물품' 필드를 드래그하여 '축(범주)'로 추가한 후 '판매금액' 필드는 '값'으로 드래그하여 추가한다.

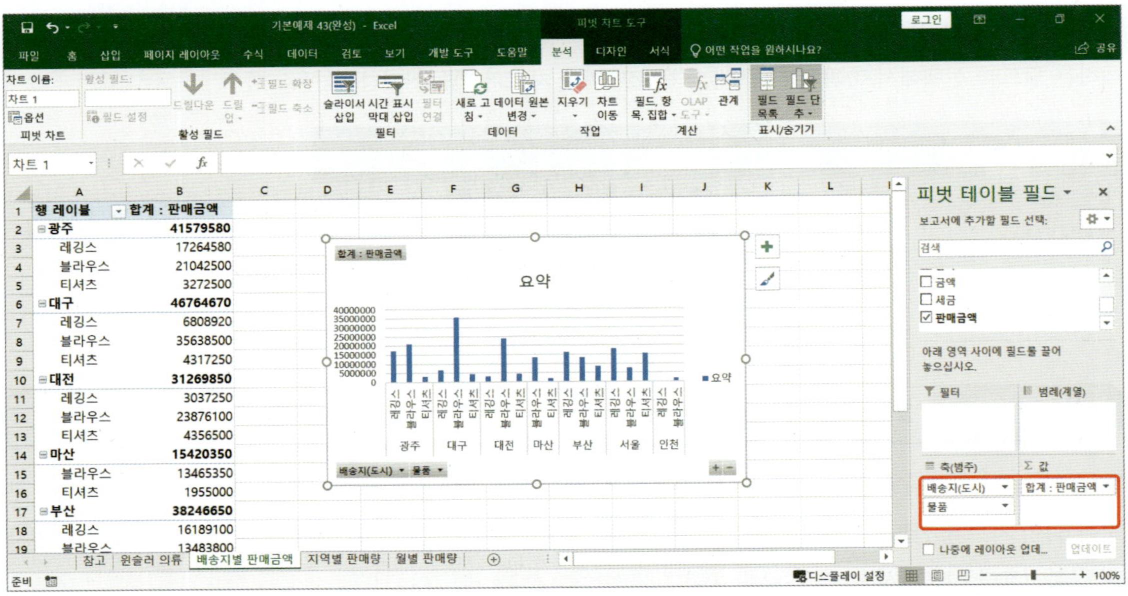

03 값 필드 설정 '판매금액' 필드를 클릭한 후 [값 필드 설정]을 클릭한다. [값 필드 설정] 대화상자가 나타나면 값 필드 요약 기준으로 '최소값'을 선택한 후 [표시 형식]을 클릭한다. [셀 서식] 대화상자의 [표시 형식] 탭의 범주에서 숫자를 선택한 후 '1000 단위 구분 기호(,) 사용'에 체크하고 [확인]을 클릭한다. [값 필드 설정] 대화상자가 다시 나타나면 [확인]을 클릭한다.

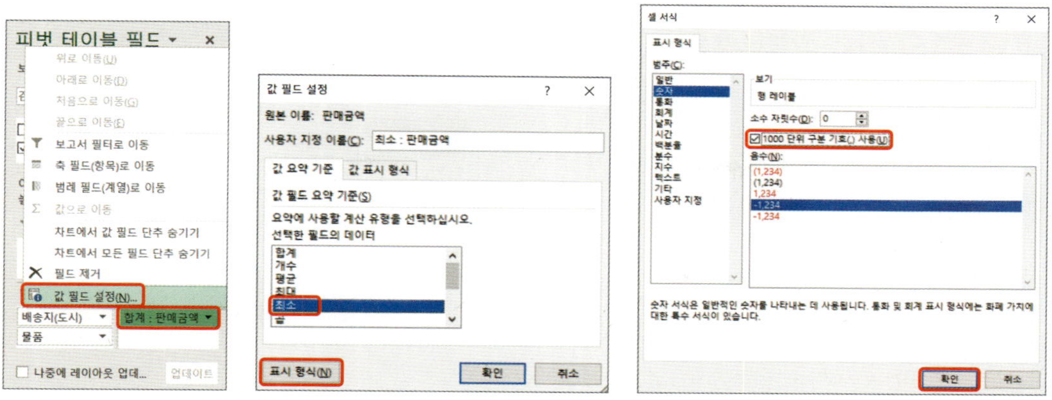

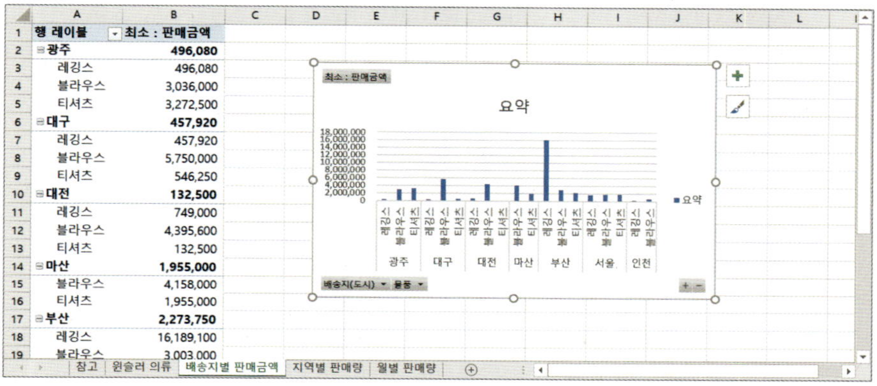

기본예제 45 피벗 차트 만들기 2

[지역별 판매량] 워크시트의 피벗 테이블을 이용하여 3차원 묶은 가로 막대형 피벗 차트를 추가하시오.

01 피벗 차트 만들기 [지역별 판매량] 워크시트에서 데이터베이스의 임의의 셀을 선택한 후 [피벗 테이블 도구]-[분석] 탭-[도구] 그룹에서 '피벗 차트'를 클릭한다.

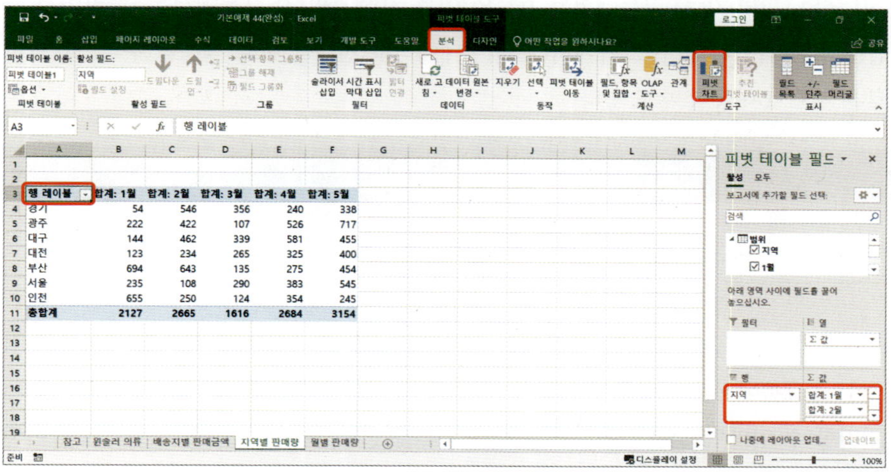

02 차트 선택 [차트 삽입] 대화상자가 나타나면 모든 차트의 [가로 막대형]에서 '3차원 묶은 가로 막대형'을 선택한 후 [확인]을 클릭한다.

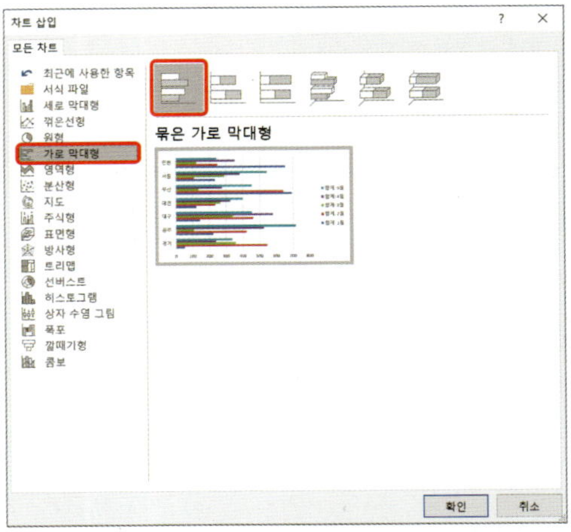

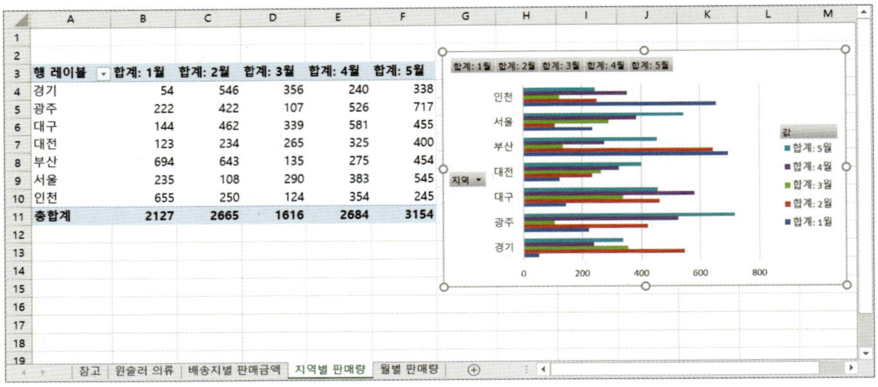

2.3.2 피벗 차트 수정

이미 만들어진 피벗 차트를 사용자의 필요에 따라 다양하게 수정할 수 있다. 필터 기능을 사용하여 원하는 데이터만 그래픽으로 나타낼 수 있고, 데이터를 그룹화하여 표현할 수도 있다. 또한 차트 서식을 변경할 수도 있다.

[피벗 차트 도구]의 [분석] 탭의 [피벗 차트] 그룹에서는 차트의 이름 지정, [필터] 그룹에서는 [슬라이서]와 [시간 표시 막대]를 삽입할 수 있다. [데이터] 그룹에서는 원본 데이터의 변경을 바로 적용할 수 있고, 피벗 차트를 다른 시트나 새로운 시트로 이동할 수도 있다.

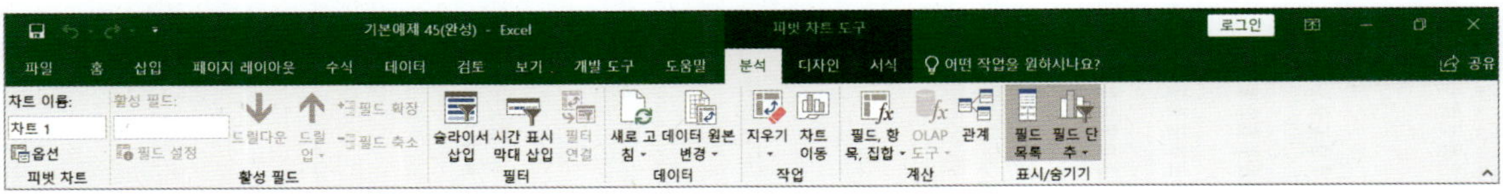

[피벗 차트 도구]의 [디자인] 탭의 [차트 레이아웃] 그룹에서는 차트 요소를 추가하거나 빠른 레이아웃을 지정이 가능하다. [차트 스타일] 그룹에서는 스타일을 지정할 수 있다, [데이터] 그룹에서는 행/열 전환이나 데이터 선택에서 범위를 지정할 수 있다. [종류] 그룹에서는 차트 종류를 변경, [위치] 그룹에서는 차트를 이동할 수 있다.

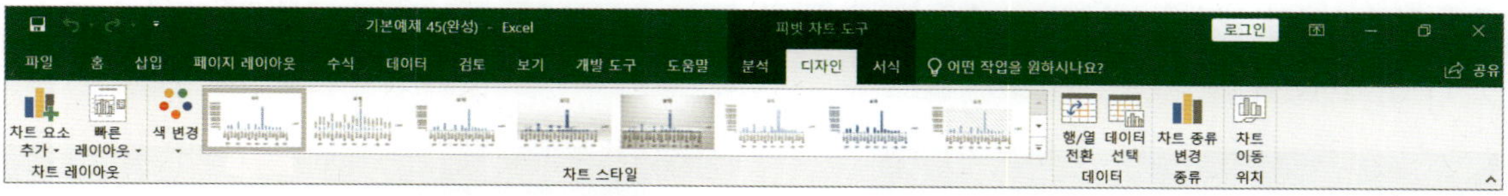

[피벗 차트 도구]의 [서식] 탭에서는 도형의 삽입, 도형 스타일이나 워드아트 스타일을 지정하거나 서식의 변경, 차트의 크기를 변경할 수 있다.

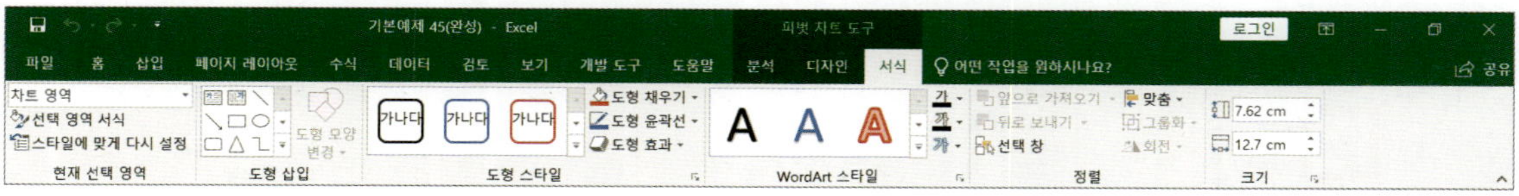

기본예제 46 피벗 차트 수정하기

[배송지별 판매금액] 워크시트에서 일자 필드를 해당 피벗 차트의 필터로 추가하시오. 차트에 레이아웃 11, 차트 스타일 8을 적용하시오. 대구, 대전, 마산의 레깅스와 블라우스만 표시되도록 필터링하시오. 새로운 워크시트로 이동하고 워크시트 이름을 "피벗 차트"로 입력하시오.

01 보고서 필터에 필드 추가 [배송지별 판매금액] 워크시트에서 차트를 선택한 후 [피벗 테이블 필드] 창의 '일자'의 바로 가기 메뉴에서 [보고서 필터에 추가]를 선택한다.

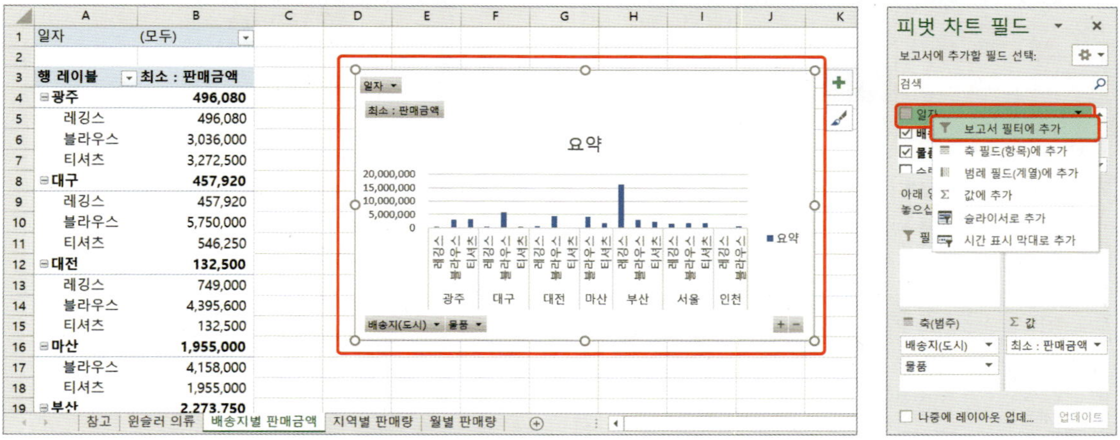

02 차트 스타일 수정 [피벗 차트 도구]–[디자인] 탭–[차트 레이아웃] 그룹–[빠른 레이아웃▼]에서 '레이아웃 11'을 선택한다.

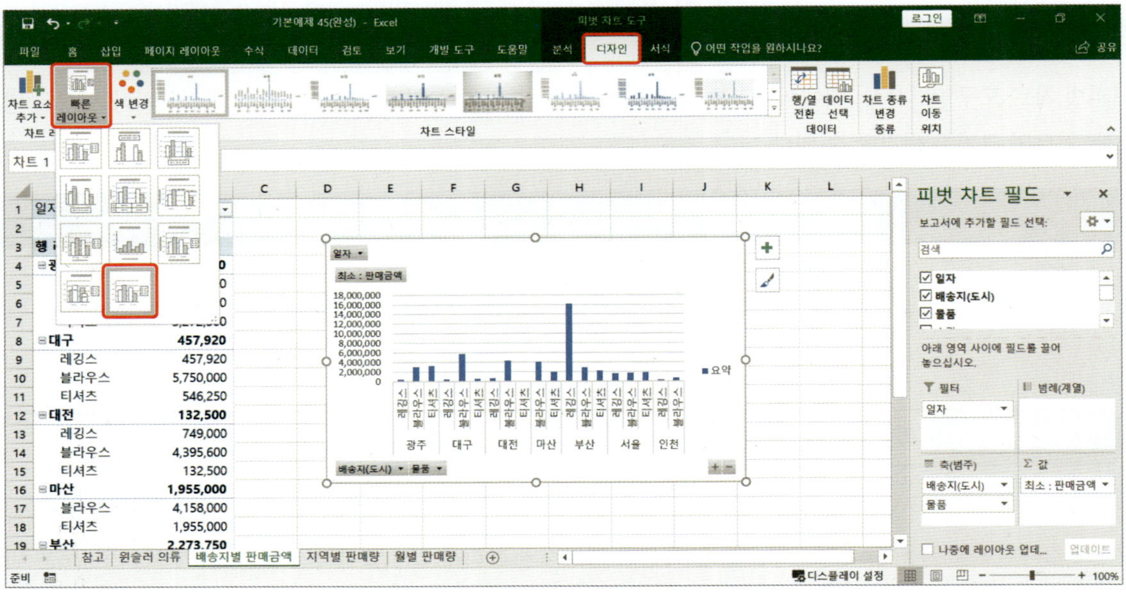

03 차트 스타일 [피벗 차트 도구]–[디자인] 탭–[차트 스타일] 그룹에서 '스타일 8'을 선택한다.

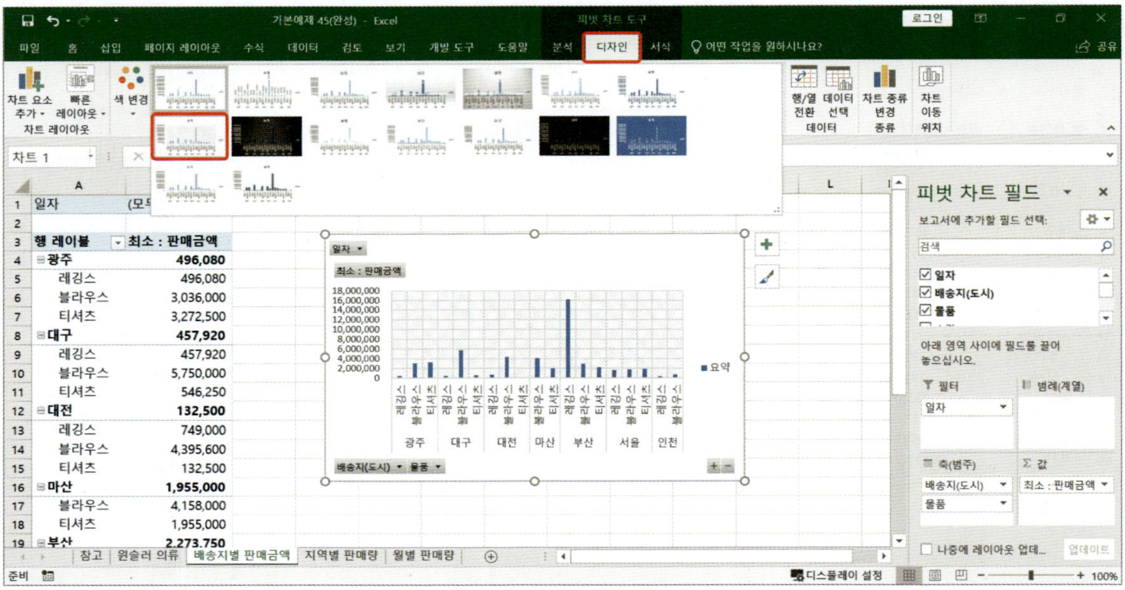

04 배송지(도시) 필터 피벗 차트의 [배송지(도시)] 단추를 클릭한 후 '모두 선택'을 해제하고, '대구', '대전', '마산'에 체크 표시하고 [확인]을 클릭한다.

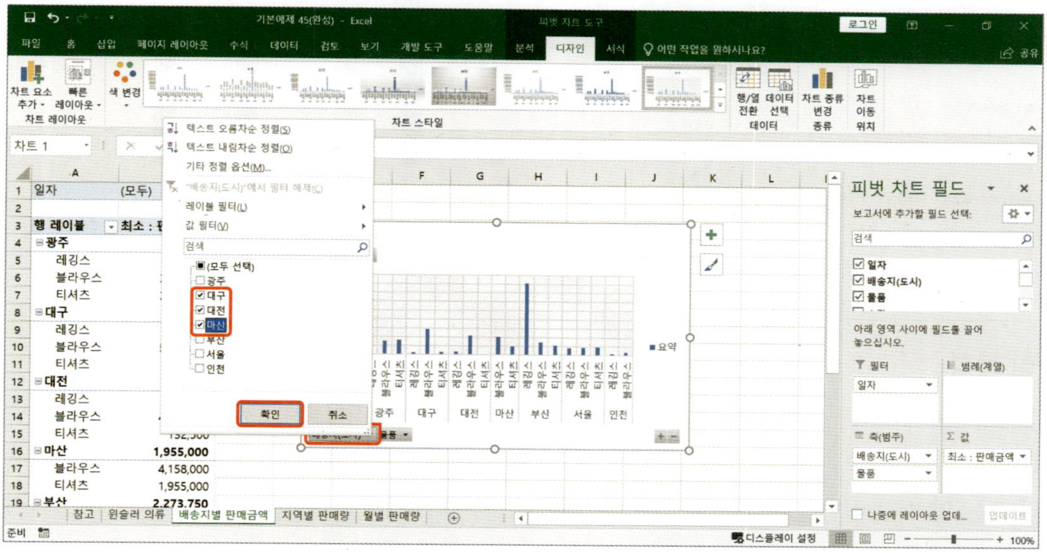

05 물품 필터 피벗 차트의 [물품] 단추를 클릭한 후 '모두 선택'을 해제하고, '레깅스'와 '블라우스'에 체크 표시하고 [확인]을 클릭한다.

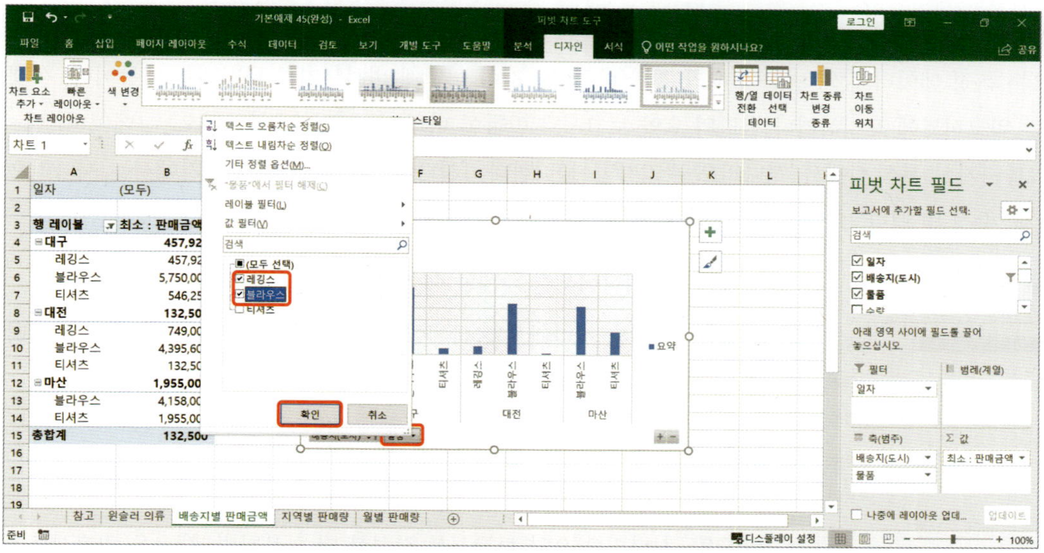

06 피벗 차트 이동 [피벗 차트 도구]–[디자인] 탭–[위치] 그룹에서 '차트 이동'을 클릭한다. [차트 이동] 대화상자에서 '새 시트'를 선택한 후 시트 이름에 『피벗 차트』를 입력하고 [확인]을 클릭한다.

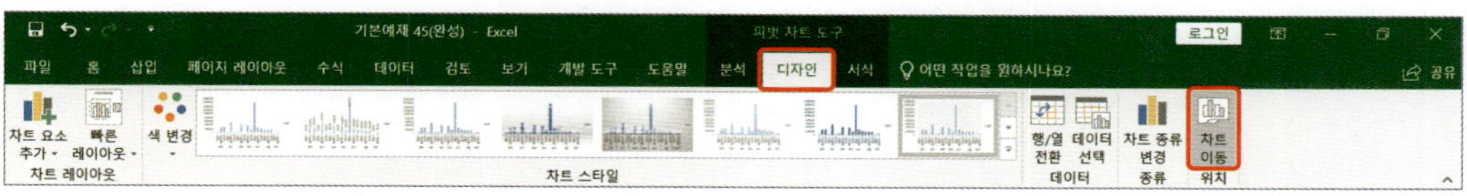

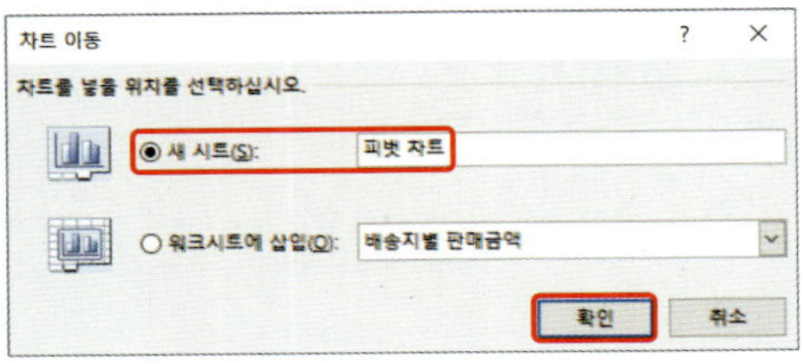

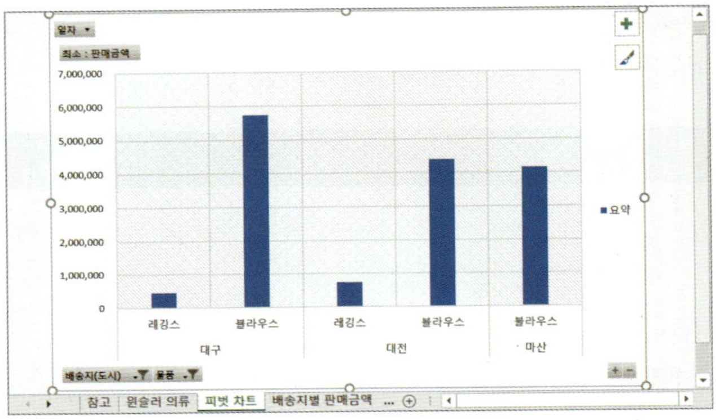

2.4 가상 분석

엑셀에서 가상 분석 도구를 통해 하나 이상의 수식에 다양한 값 집합을 사용하여 다양한 결과를 살펴볼 수 있다. 엑셀에서는 시나리오, 목표값 찾기, 데이터 표, 세 가지 종류의 가상 분석 도구를 제공한다. 시나리오 및 데이터 표는 입력 값 집합을 사용하여 결과를 확인한다. 데이터 표는 변수 한 개 또는 두 개만 사용하지만, 해당 변수에 대한 여러 값을 받아들일 수 있다. 시나리오는 여러 개의 변수를 사용할 수 있지만, 최대 32개의 값만 사용할 수 있다. 목표값 찾기는 결과를 이용하여 해당 결과를 생성하는 입력 값을 확인한다는 점에서 시나리오 및 데이터 표와 반대로 동작한다는 것을 알 수 있다.

2.4.1 시나리오

시나리오는 특정 데이터 값의 변화에 따라 결과(다른 값) 값이 어떻게 변하는지를 나타내는 기능이다. 실행된 결과는 워크시트에 표시하거나 별도의 요약 보고서로 만들어 나타낼 수 있다. 시나리오는 [데이터] 탭–[예측] 그룹–[가상 분석 ▾]에서 '시나리오 관리자'를 클릭한다. [시나리오 관리자] 대화상자에서는 시나리오 추가, 삭제, 수정 및 병합, 요약을 할 수 있다.

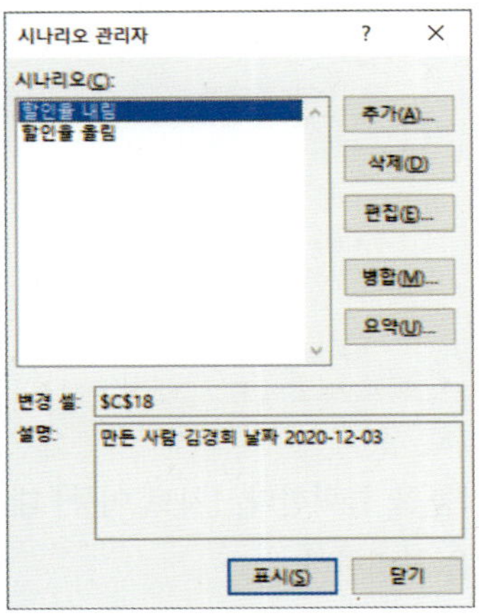

- **추가** 새 시나리오를 작성할 때 사용한다.
- **삭제** 작성된 시나리오를 삭제할 때 사용하며, 삭제할 시나리오를 선택한 후 [삭제] 단추를 클릭하면 '시나리오'목록에서 삭제된다.
- **편집** 작성된 시나리오를 편집할 때 사용한다.
- **병합** 다른 통합 문서의 시나리오와 합칠 때 사용한다.
- **요약** 시나리오 요약 보고서를 작성할 때 사용하며, 새로운 워크시트에 요약 보고서를 작성한다.
- **표시** 작성된 시나리오를 해당 표에 적용(표시)할 때 사용한다.

기본예제 47 시나리오 만들기

- [C18] 셀의 이름을 "할인율", [G16] 셀의 이름을 "총매출금액"으로 설정하시오.
- 시나리오1 시나리오 이름을 "할인율 내림", 할인율을 5%로 설정하시오.
- 시나리오2 시나리오 이름을 "할인율 올림", 할인율을 15%로 설정하시오.

01 이름 상자 [C18] 셀을 선택하고 이름 상자를 클릭한 후 『할인율』을 입력하고 Enter를 누른다. 동일한 방법으로 [G16] 셀 이름을 『총매출금액』으로 입력하고 Enter를 누른다.

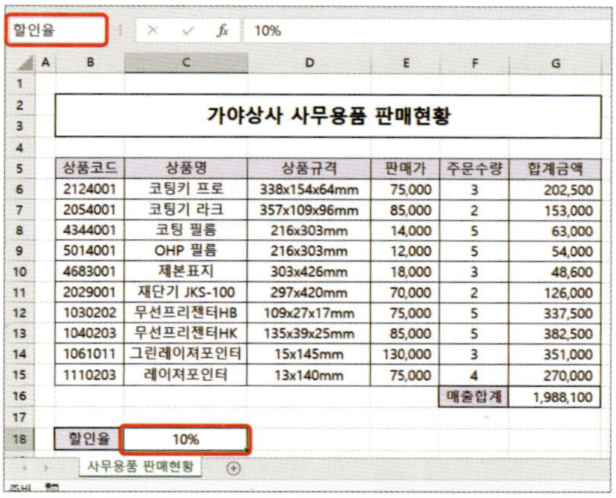

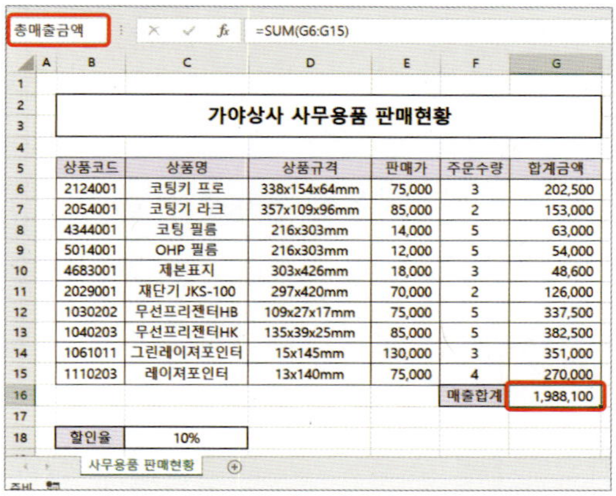

02 시나리오 작성 [C18] 셀을 선택한 후 [데이터] 탭–[예측] 그룹–[가상 분석 ▾]에서 '시나리오 관리자'를 클릭한다.

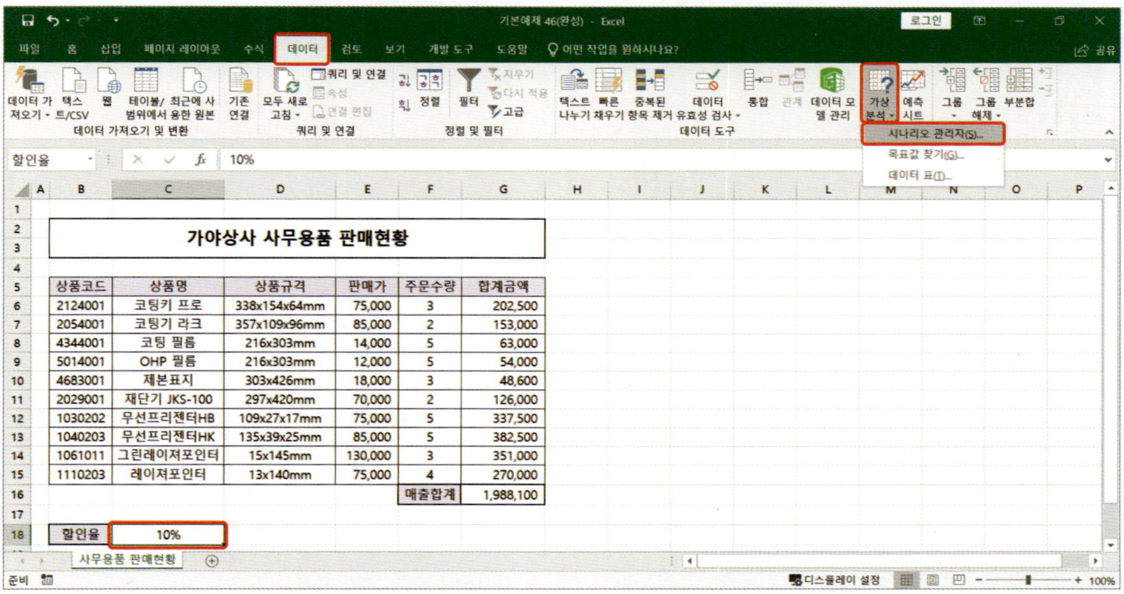

03 할인율 내림 시나리오 추가 [시나리오 관리자] 대화상자가 나타나면 [추가]를 클릭한다. [시나리오 추가] 대화상자에서 시나리오 이름에 『할인율 내림』을 입력하고, 변경 셀에 [C18]을 선택한 후 [확인]을 클릭한다. [시나리오 값] 대화상자에서 '할인율'에 『0.05』를 입력하고 [추가]를 클릭한다.

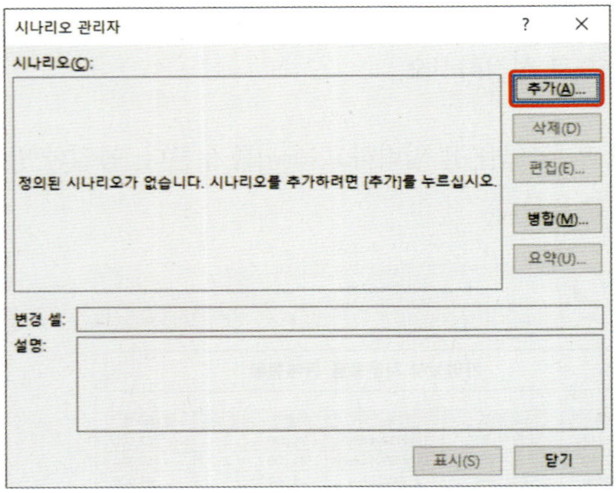

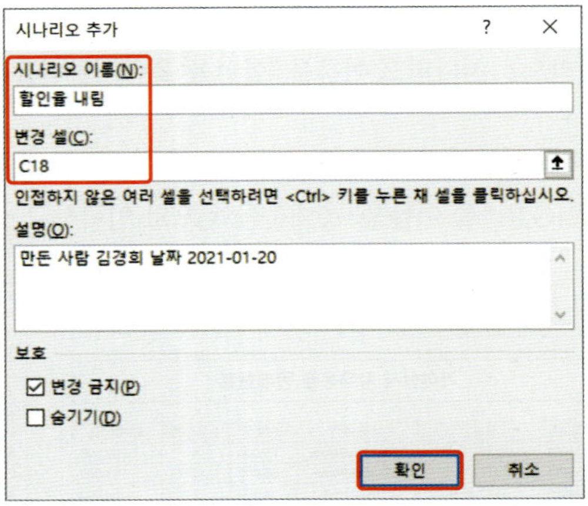

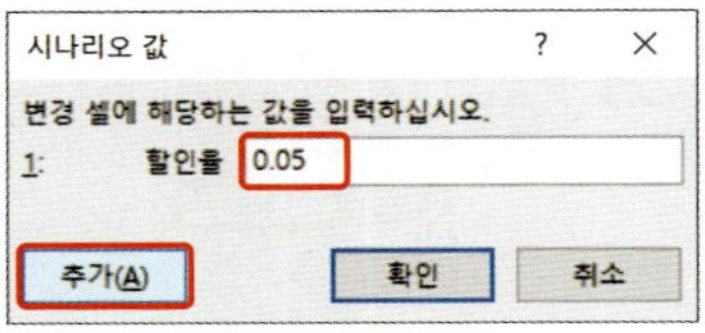

04 할인율 올림 시나리오 추가 [시나리오 추가] 대화상자에서 시나리오 이름에 『할인율 올림』을 입력하고, 변경 셀에 [C18]을 선택한 후 [확인]을 클릭한다. [시나리오 값] 대화상자의 할인율에 『0.15』를 입력하고 [확인]을 클릭한다.

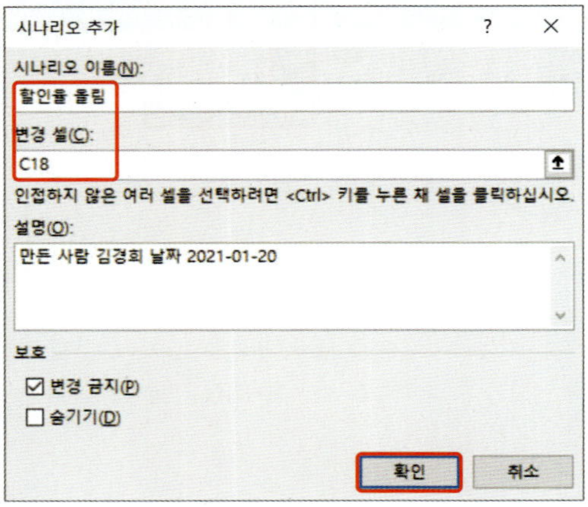

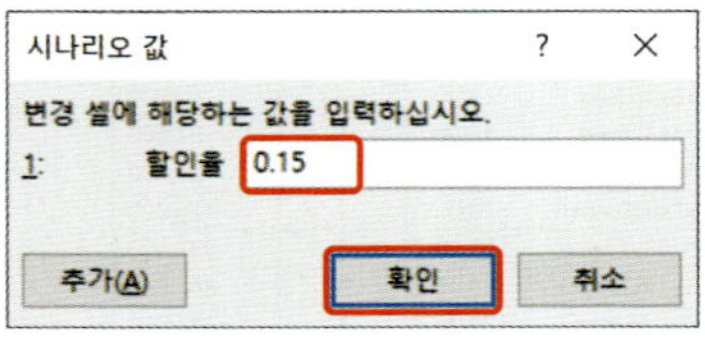

05 시나리오 요약 [시나리오 관리자] 대화상자가 나타나면 [요약]을 클릭한 후 [시나리오 요약] 대화상자의 결과 셀에 [G16] 셀을 입력하고 [확인]을 클릭한다. [시나리오 요약] 워크시트에 시나리오 요약 보고서가 만들어진다.

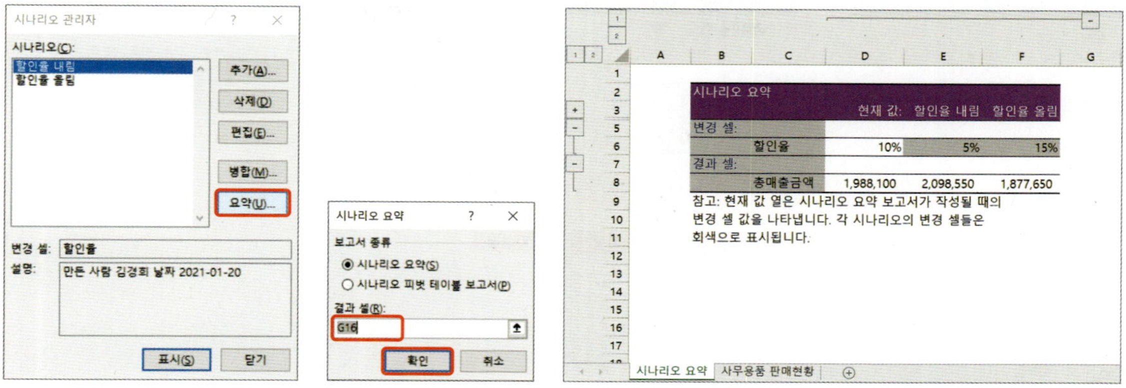

2.4.2 목표값 찾기

목표값 찾기는 수식이 사용된 셀에서 원하는 결과(목표) 값은 이미 알고 있는데 그 결과 값을 얻기 위한 입력 값을 알고자 할 때 사용한다. 목표값 찾기는 결과에 영향을 미치는 변수가 하나일 때에만 사용할 수 있으며, 결과값은 입력값을 참조하는 수식으로 작성되어 있어야 한다. 목표값 찾기는 [데이터] 탭–[예측] 그룹–[가상 분석▼]에서 '목표값 찾기'를 클릭한다.

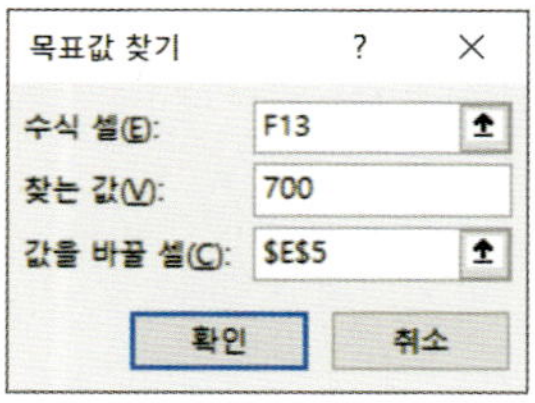

- **수식 셀** 목표값을 찾을 수식이 입력된 셀 주소를 입력한다. 미리 선택할 경우 자동으로 표시된다.
- **찾는 값** 수식 셀의 변경될 값을 입력한다.
- **값을 바꿀 셀** 목표값의 변동에 따라 예상 값을 구할 셀을 클릭하여 입력한다.

기본예제 48 목표값 찾기

[2학기 성적] 워크시트에서 목표값 찾기를 사용하여 최종 점수의 평균이 90이 되기 위한 이영진의 '프레젠테이션' 성적을 계산하시오.

01 목표값 찾기 최종 점수의 평균인 [F13] 셀을 클릭한 후 [데이터] 탭–[예측] 그룹–[가상 분석]에서 '목표값 찾기'를 클릭한다.

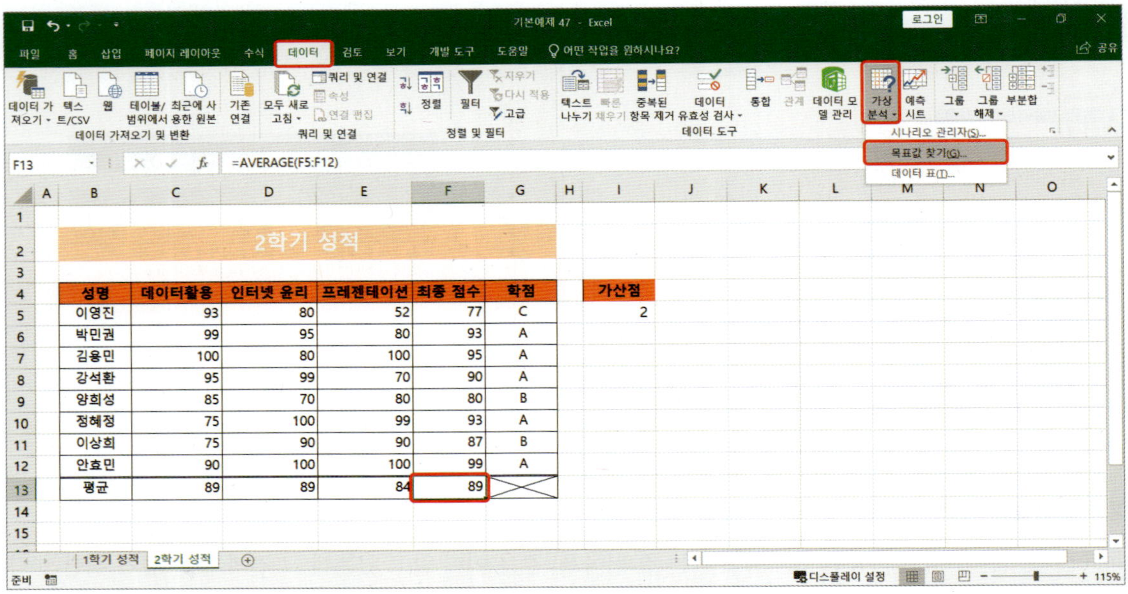

02 목표값 찾기 대화상자 [목표값 찾기] 대화상자가 나타나면 수식 셀은 [F13], 찾는 값은 『90』, 값을 바꿀 셀에 이영진의 프레젠테이션 성적인 [$E$5]를 선택한 후 [확인]을 클릭한다.

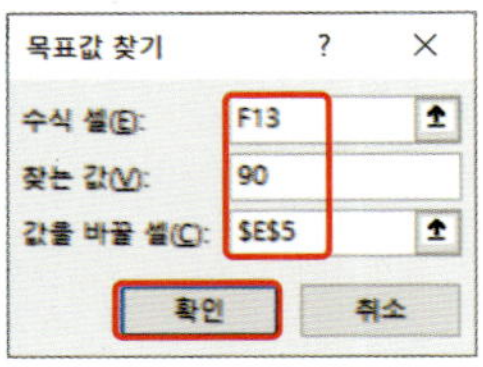

03 목표값 찾기 상태 [목표값 찾기 상태] 대화상자가 나타나면 [확인]을 클릭한다.

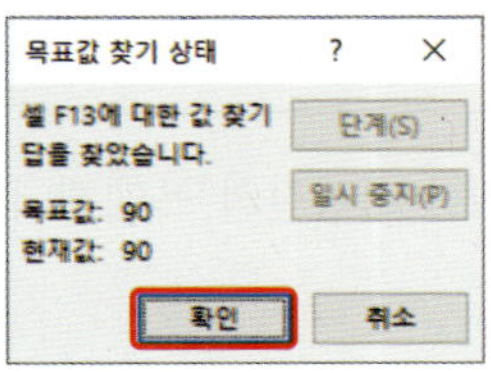

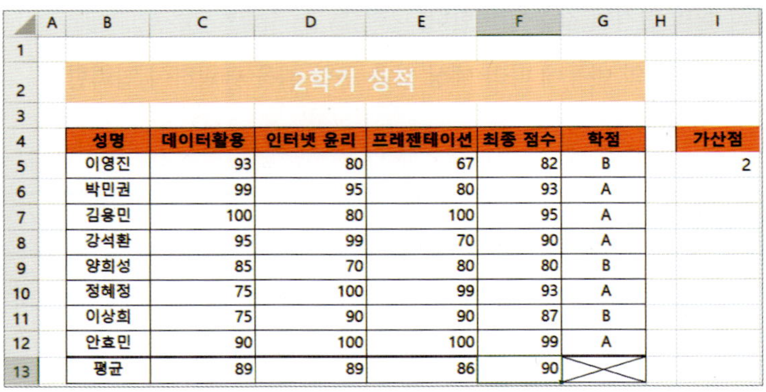

2.4.3 데이터 표

데이터 표는 특정 항목의 값이 변화됨에 따라 변경된 결과의 값을 계산하여 표로 나타내는 기능을 말한다. 수식은 행과 열이 처음 교차되는 셀에 입력하고, 예상할 값(수치)을 표의 행과 열의 필드명 부분에 입력한 후 데이터 표 기능을 이용하여 한 번의 계산으로 결과 값을 미리 확인할 수 있다.

데이터 표는 다양한 결과를 탐색하는데 도움이 된다. 시나리오와 달리 데이터 표는 모든 결과가 하나의 워크시트에 표시된다. 데이터 표를 사용하면 다양한 결과를 한눈에 파악할 수 있다. 하나 또는 두 개의 변수만 사용할 수 있기 때문에 표 형식으로 결과를 쉽게 읽고 공유할 수 있다. 세 개 이상의 변수를 사용하려면 시나리오로 대체해서 분석해야 한다.

데이터 표는 [데이터] 탭–[예측] 그룹–[가상 분석▼]에서 '데이터 표'를 클릭한다.

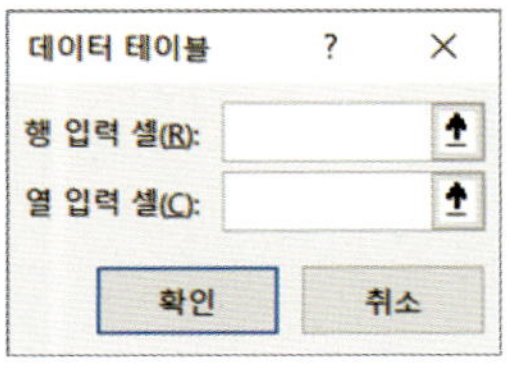

- **행 입력 셀** 변화 값이 행을 기준으로 나열 시 변화되는 셀의 주소를 지정한다. 이 때 셀의 주소는 원본의 표에서 지정한다.
- **열 입력 셀** 변화 값이 열을 기준으로 나열 시 변화되는 셀의 주소를 지정한다. 이 때 셀의 주소는 원본의 표에서 지정한다.

TIP 데이터 표는 부분 수정이나 삭제가 불가능하다. 수정을 원한다면 삭제 후 다시 작성해야 한다.

기본예제 49 데이터 표

데이터 표 기능을 이용하여 파워포인트와 엑셀 점수의 변화에 따른 합계점수를 [C11:I17] 영역에 계산하시오.

01 데이터 참조 [D12] 셀을 클릭한 후 『=』를 입력하고 [C7] 셀을 클릭하여 복사(참조)한다.

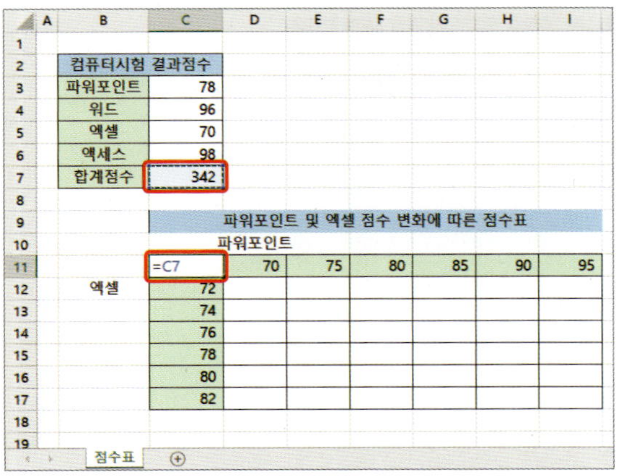

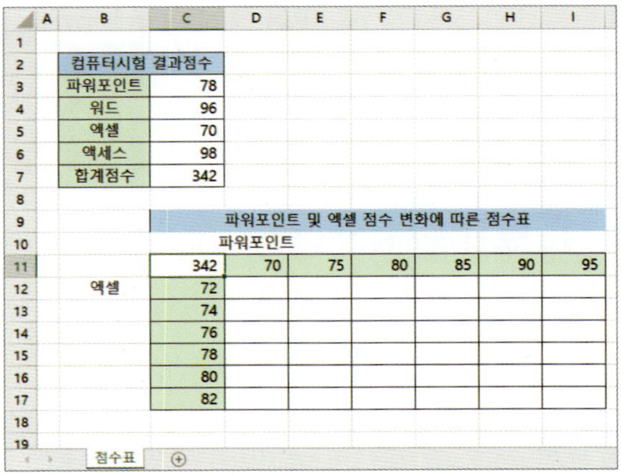

02 영역 지정 [C11:I17] 영역을 드래그하여 지정한 후 [데이터] 탭-[예측] 그룹-[가상 분석]에서 '데이터 표'를 클릭한다.

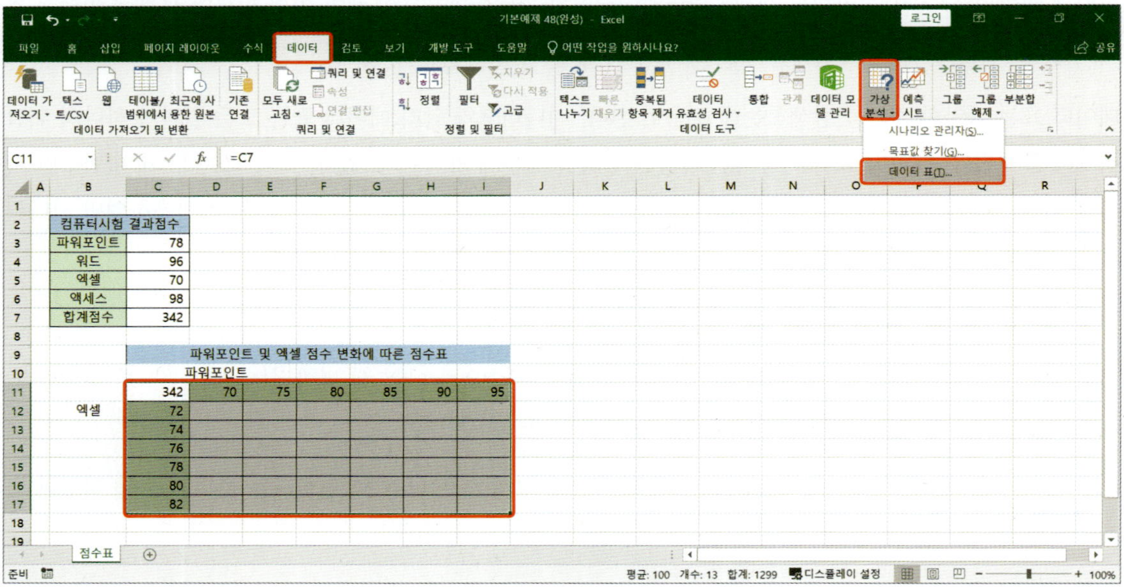

03 데이터 테이블 [데이터 테이블] 대화상자가 나타나면 행 입력 셀에 파워포인트에 해당하는 원본 데이터 [C3] 셀을 선택하고, 열 입력 셀에는 엑셀에 해당하는 원본 데이터 [C5] 셀을 선택한 후 [확인]을 클릭한다.

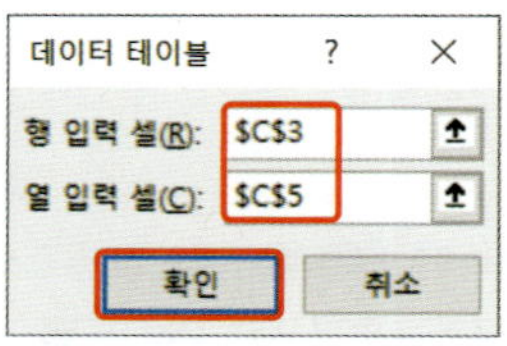

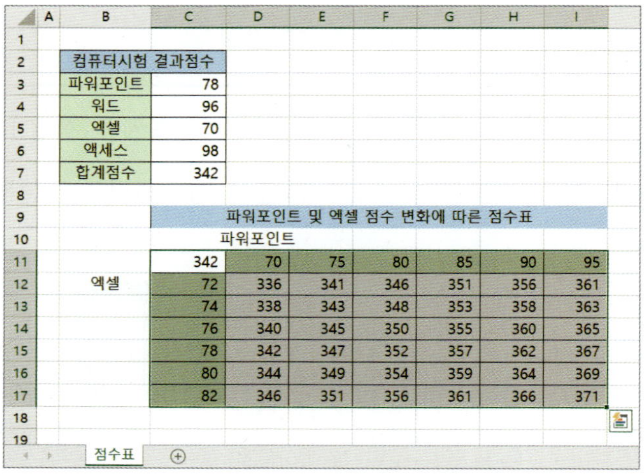

SECTION 03 매크로

매크로는 반복 수행되는 작업을 자동으로 처리하는 기능으로 엑셀에서 제공하지 않는 기능을 수행할 때 사용자가 만들어서 사용하면 편리하다. 매크로를 기록하고 실행, 편집, 삭제 및 컨트롤과 연결하여 사용하는 방법에 대해 알아보도록 한다.

3.1 [개발 도구] 탭 추가

매크로의 작성 및 양식 컨트롤을 삽입하기 위해서는 먼저 [개발 도구] 탭을 리본 메뉴에 추가해야 한다. [파일] 탭–[옵션]을 선택한 후 [Excel 옵션] 대화상자가 열리면 범주에서 [리본 사용자 지정]을 선택한 후 [개발 도구] 항목에 체크한 후 [확인]을 클릭한다.

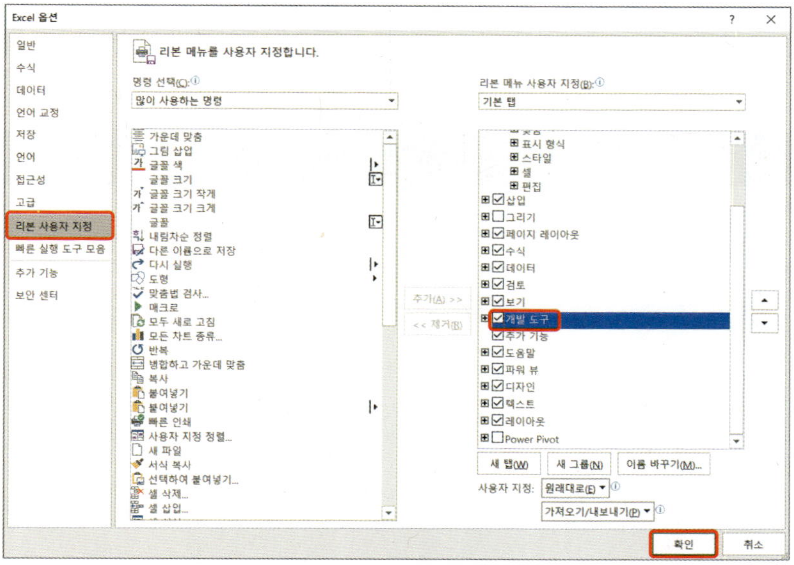

3.2 매크로 작성

매크로는 일련의 명령어로 반복 실행하는 작업을 기록해 두었다가 필요할 때 클릭 한 번으로 해당 작업을 바로 적용하는 기능이다. 매크로를 기록하면 VBA(Visual Basic for Application) 언어로 엑셀에 모듈 단위로 저장된다.

3.2.1 매크로 기록

매크로 기록은 사용자가 키보드와 마우스로 수행하는 일련의 명령을 모두 저장하고 필요할 때마다 실행할 수 있다. 매크로를 기록하려면 [개발 도구] 탭-[코드] 그룹에서 '매크로 기록'을 클릭한다. [매크로 기록] 대화 상자가 나타나면 [매크로 이름]을 입력하고 [확인]을 클릭한다.

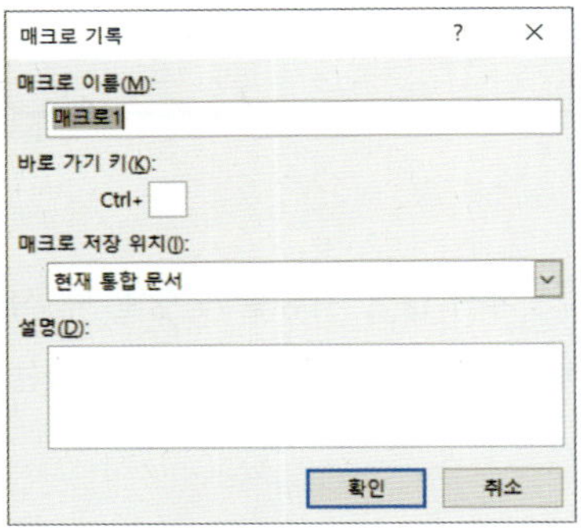

- **매크로 이름** 매크로 이름을 입력한다.
- **바로 가기 키** 바로 가기 키는 반드시 설정할 필요는 없으며, 설정하고 싶다면 Ctrl과 함께 영문자만 입력할 수 있고, 대문자를 입력하려면 Shift를 누르고 설정한다.
- **매크로 저장 위치** 매크로를 저장할 통합 문서를 선택할 수 있으며, '현재 통합 문서', '새 통합 문서', '개인용 매크로 통합 문서'를 선택할 수 있다.

여기서 잠깐 매크로 이름 지정 시 주의점

- 매크로 이름을 지정할 때 첫 글자는 반드시 문자나 '_'로 시작해야 한다. 숫자는 두 번째 위치부터 올 수 있다.
- 공백 문자는 매크로 이름을 지정할 때 쓸 수 없다.
- 하나의 통합 문서에서 같은 이름을 지정할 수 없다.

매크로 기록을 중지하려면 [개발 도구] 탭-[코드] 그룹에서 '기록 중지'를 클릭하거나 상태 표시줄의 '기록 중지'를 클릭한다.

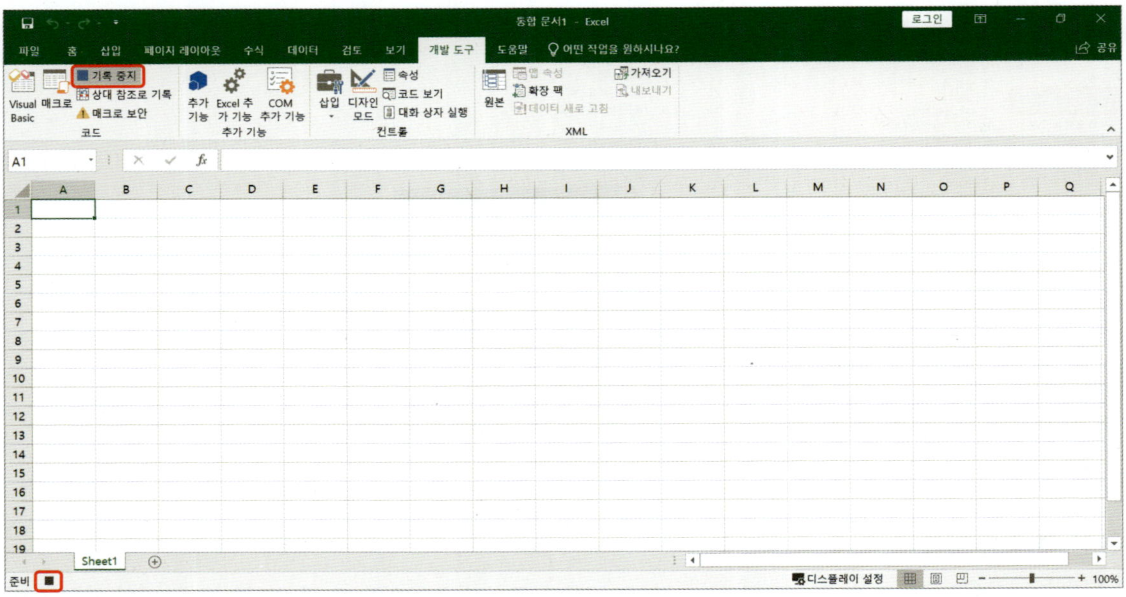

3.2.2 매크로 실행

매크로를 실행하는 방법은 크게 메뉴에서 실행하는 방법과 매크로를 연결한 개체(그림, 도형, 양식 컨트롤의 단추, 콤보 상자, 확인란 등)를 클릭하여 매크로를 실행할 수 있다. 또는 매크로를 기록할 때 설정한 바로 가기 키를 이용하여 매크로를 실행할 수 있다.

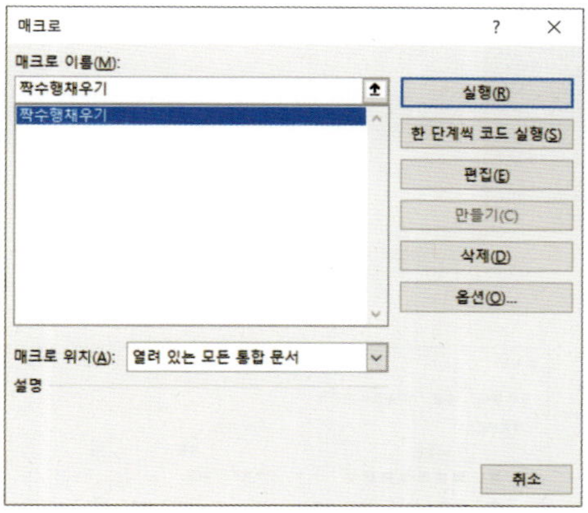

- **실행** 매크로 이름 목록에서 선택한 매크로를 실행한다.
- **한 단계씩 코드 실행** Visual Basic Editor가 실행되고 매크로 실행시 한 단계씩 코드를 실행한다.
- **편집** Visual Basic Editor가 실행되고 매크로의 이름을 변경, 매크로 수정이 가능하다.
- **만들기** 새 매크로를 기록한다.
- **삭제** 매크로 이름 목록에서 선택한 매크로를 삭제한다.
- **옵션** 매크로의 바로 가기 키와 설명을 수정할 수 있다.

기본예제 50 매크로 기록 및 실행

[영업실적] 워크시트의 표에 조건부 서식을 이용하여 짝수행에 채우기 색을 적용하는 매크로 "짝수행채우기" 매크로를 만드시오. 바로 가기 키는 Ctrl+A로 지정하고 채우기 색은 '주황'을 적용하시오.

01 매크로 기록 [영업실적] 워크시트의 [개발 도구] 탭-[코드] 그룹에서 '매크로 기록'을 클릭한다. [매크로 기록] 대화상자의 매크로 이름에『짝수행채우기』를 입력하고 바로 가기 키에『a』를 입력하고 [확인]을 클릭한다.

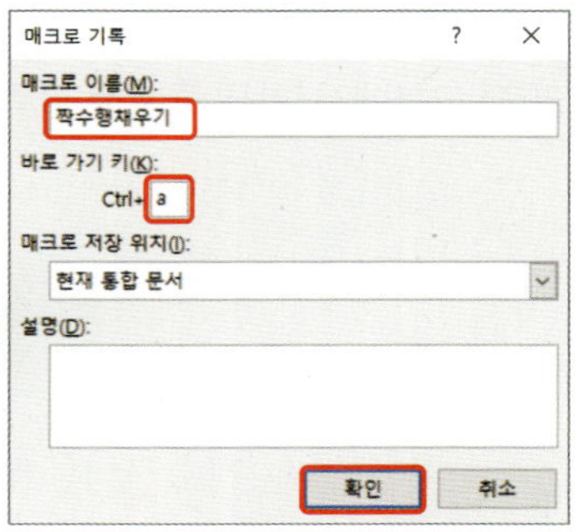

02 조건부 서식 [A6:I58] 영역을 범위로 지정한 후 [홈] 탭–[스타일] 그룹–[조건부 서식]에서 '새 규칙'을 클릭한다.

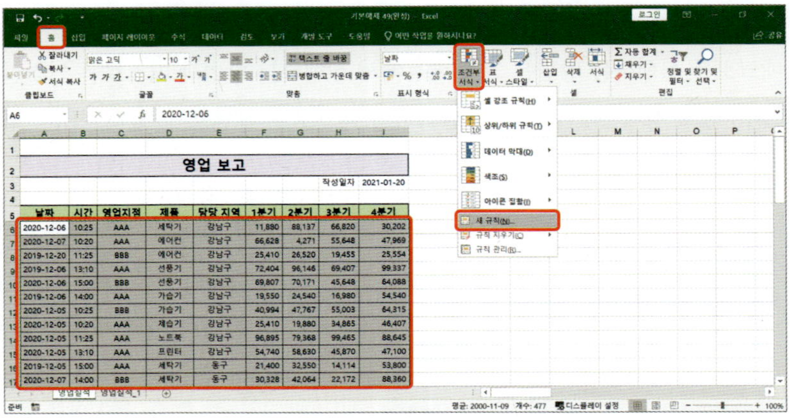

03 새 서식 규칙 [새 서식 규칙] 대화상자에서 규칙 유형 선택은 '수식을 사용하여 서식을 지정할 셀 결정'을 선택한 후 『=mod(row()−1,2)=0』을 입력하고 [서식]을 클릭한다. [셀 서식] 대화상자가 나타나면 [채우기] 탭에서 배경색은 '주황'을 선택하고 [확인]을 클릭한다. [새 서식 규칙] 대화상자가 다시 나타나면 [확인]을 클릭한다.

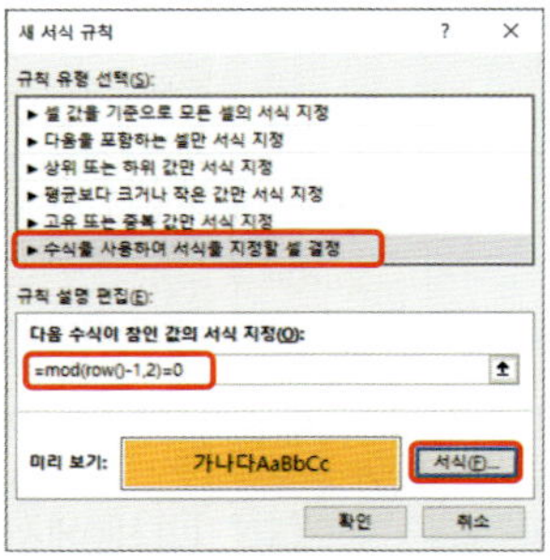

04 매크로 기록 중지 [개발 도구] 탭–[코드] 그룹에서 '기록 중지'를 클릭한다.

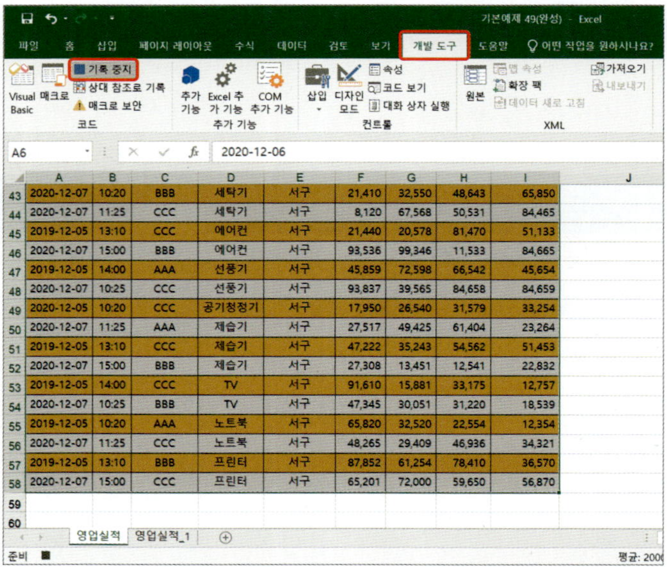

05 매크로 실행 [영업실적_1] 워크시트의 [A6:I58] 영역을 범위로 지정한 후 Ctrl+A 를 눌러 매크로를 실행한다.

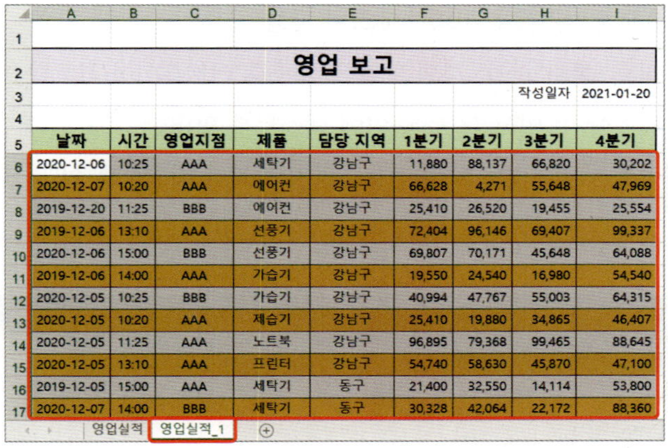

3.2.3 매크로 수정

매크로 편집은 [개발 도구] 탭-[코드] 그룹에서 '매크로'를 클릭한 후 [매크로] 대화상자에서 편집하려는 매크로를 선택하고 [편집]을 클릭한다. [Microsoft Visual Basic for Applications] 창이 열리면 매크로 이름과 코드를 편집하여 매크로를 수정할 수 있다.

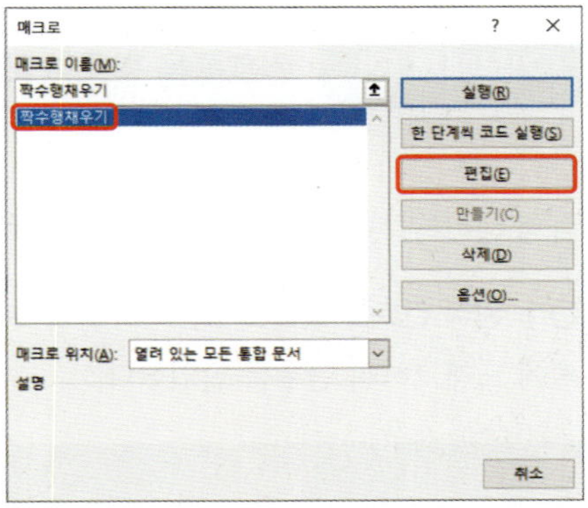

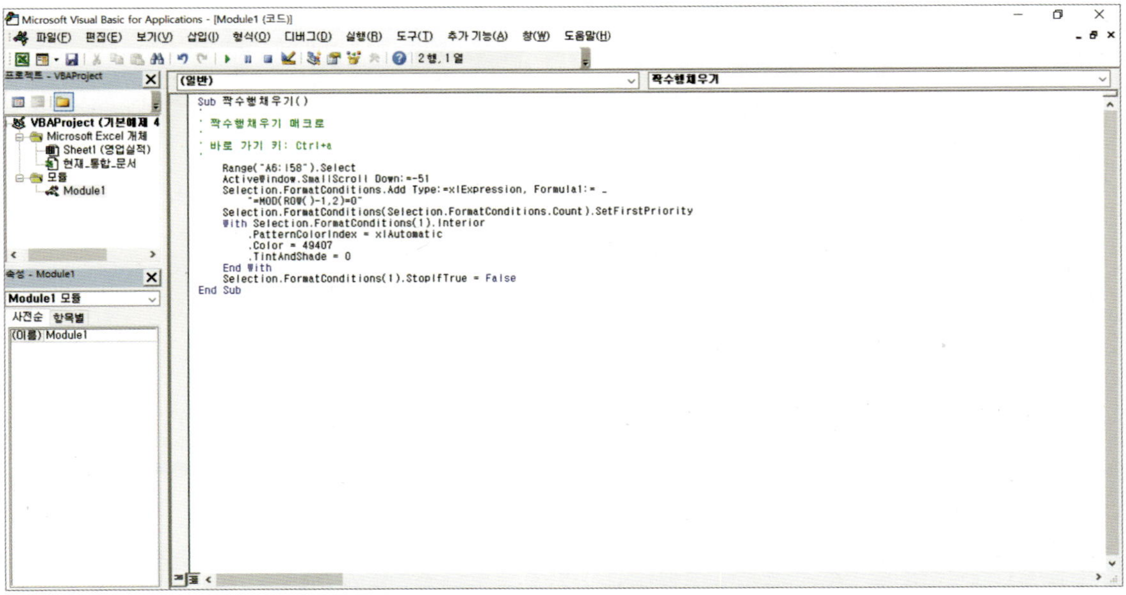

TIP 매크로를 편집하기 위해서는 비주얼베이직 코드에 대한 이해가 필요하며, 자칫 수정이 잘못될 수도 있으므로 신중하게 편집해야 한다.

3.2.4 컨트롤을 이용한 매크로 지정

버튼, 콤보 상자, 확인란 같은 요소를 컨트롤이라 부른다. 컨트롤은 워크시트의 행과 열의 경계와 상관없이 배치할 수 있고, 컨트롤 안에 텍스트를 입력할 수도 있다. 주로 특정 셀이나 매크로를 연결시켜 사용자에게 정보를 입력받는 양식 컨트롤로 만들거나 매크로를 쉽게 실행시키는 용도로 활용한다.

컨트롤의 삽입은 [개발 도구] 탭–[컨트롤] 그룹–[삽입] 명령의 목록 단추를 눌러 원하는 컨트롤을 클릭한다.

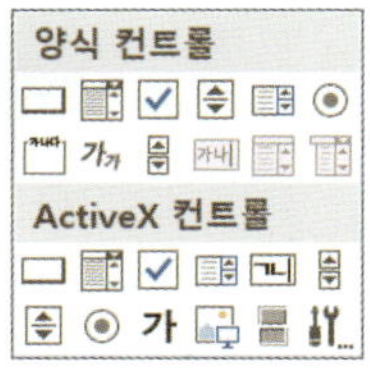

기본예제 51 컨트롤을 활용한 매크로 지정

양식 컨트롤의 단추를 [영업실적] 워크시트의 [K5:L6] 셀에 만들어 '합계' 매크로를 연결시키시오. [J] 열의 합계 데이터를 삭제하고 단추를 눌러 '합계' 매크로를 실행하시오.

01 양식 컨트롤 삽입 [개발 도구] 탭–[컨트롤] 그룹–[삽입 ▾]에서 '단추(양식 컨트롤)'을 클릭한 후 [K5:L6] 셀에 드래그하여 단추를 삽입한다.

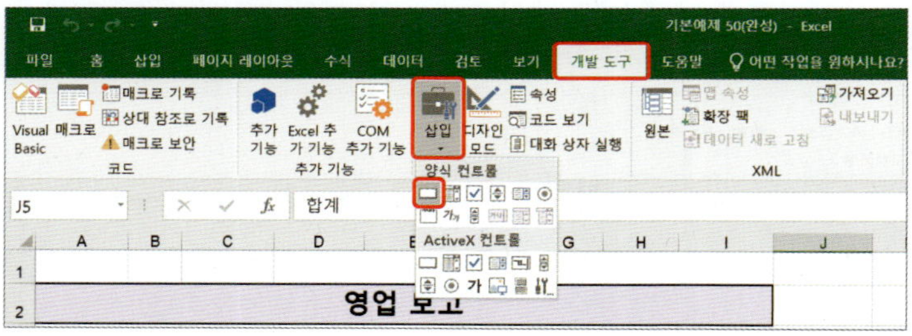

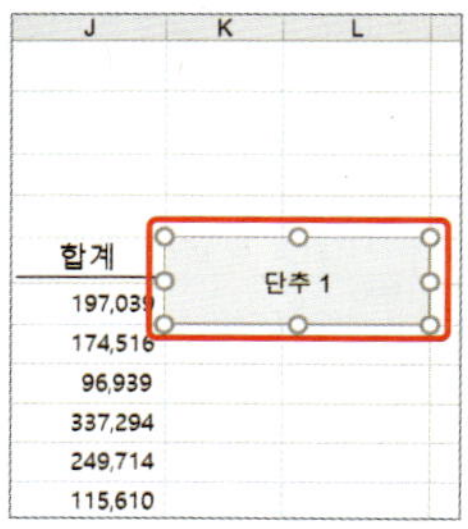

TIP 컨트롤을 클릭한 후 Alt를 누르고 컨트롤을 그리면 컨트롤이 셀의 크기에 맞게 정확히 그려진다.

02 매크로 지정 [매크로 지정] 대화상자가 나타나면 매크로 이름은 '합계'를 선택한 후 [확인]을 클릭하여 매크로를 연결한다. 단추의 텍스트를 『합계』로 수정한다.

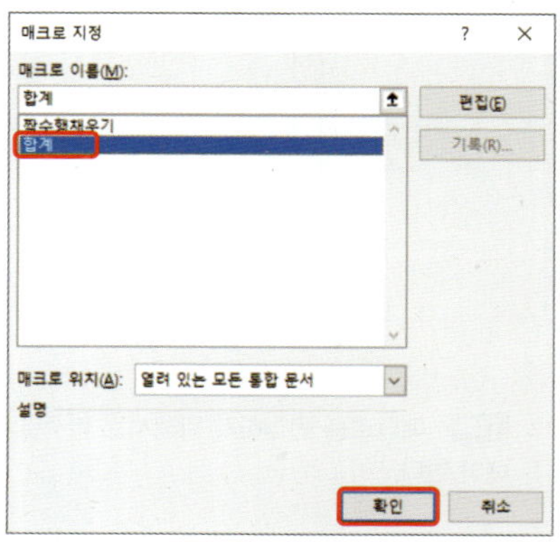

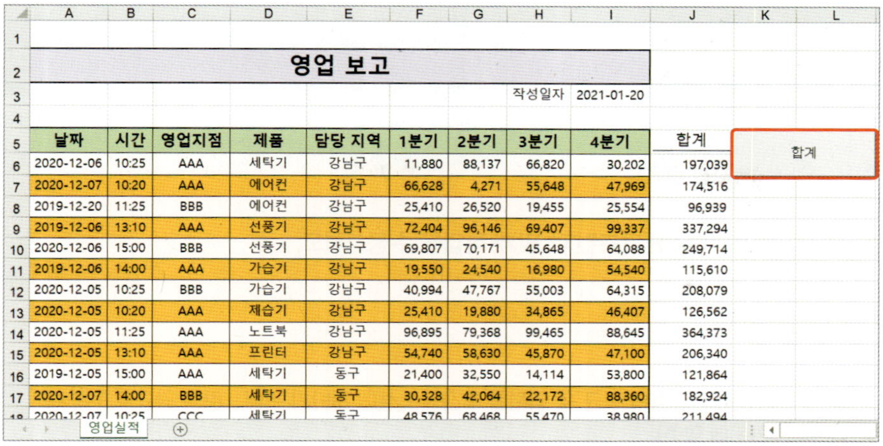

03 데이터 삭제 [J6:J58] 영역을 범위로 지정한 후 바로 가기 메뉴에서 [삭제]를 클릭하여 데이터를 삭제한다.

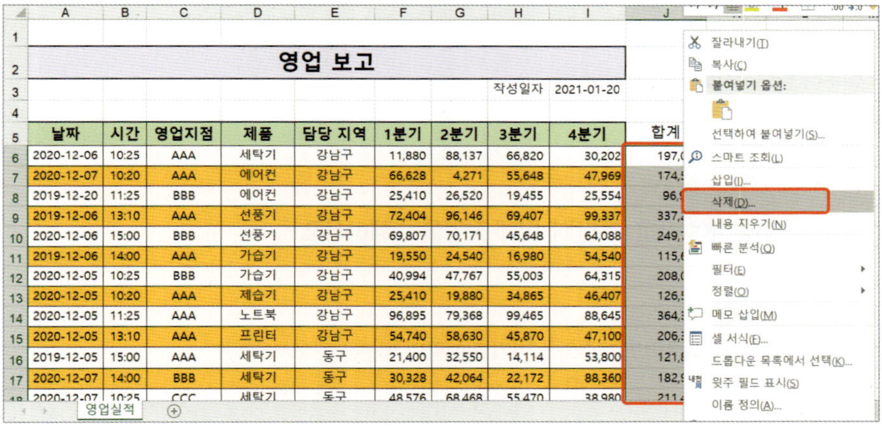

04 매크로 실행 [합계] 단추를 클릭하여 '합계' 매크로를 실행한다.

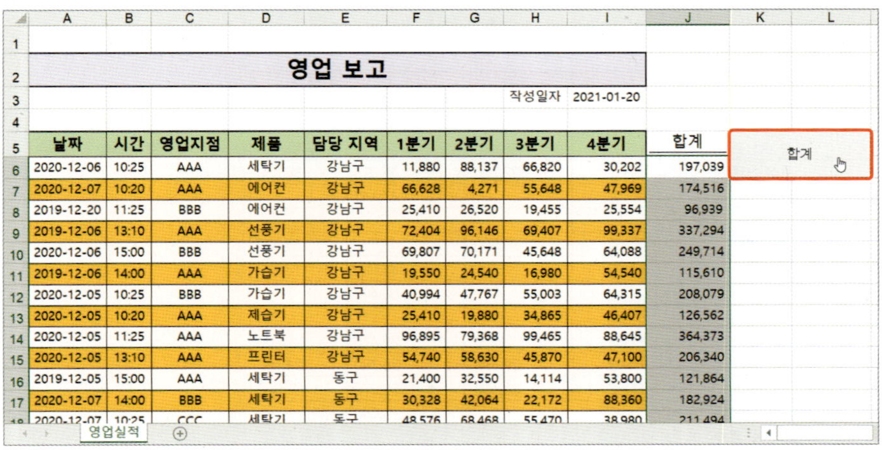

종합예제

※ [종합예제]에 대한 해설은 PDF로 제공됩니다.

문제 1 [게임 판매 현황] 시트를 이용하여 다음 [조건]에 맞게 작업을 수행하시오.

[조건]

- 목표값 찾기
  - 「B11:G11」셀을 병합하여 "하반기 판매량의 평균"을 입력한 후 「H11」셀에 하반기 판매　량의 평균을 구하시오(AVERAGE 함수, 테두리, 가운데 맞춤).
  - "하반기 판매량의 평균"이 '49,000'이 되려면 릴리 스토리의 하반기 판매량이 얼마가 되어야 하는지 목표값을 구하시오.
- 고급필터
  - 개발사가 '아람'이거나, 하반기 판매량이 '70,000' 이상인 자료의 데이터만 추출하시오.
  - 조건 위치 : 「B14」셀부터 입력하시오.
  - 복사 위치 : 「B18」셀부터 나타나도록 하시오.

문제 2 [게임판매현황2] 시트를 이용하여 다음 [조건]에 맞게 작업을 수행하시오.

[조건]

- 부분합 – ≪출력형태≫처럼 정렬하고, 제품명의 개수와 상반기 판매량의 평균을 구하시오.
- 윤 곽 – 지우시오.
- 나머지 사항은 ≪출력형태≫에 맞게 작성하시오.

≪출력형태≫

	A	B	C	D	E	F	G	H
1								
2		제품코드	제품명	개발사	포맷	가격 (단위:원)	상반기 판매량	하반기 판매량
3		KA-050715	아크 더 래드	지성소프트	PS02	34,900	47,890	78,510
4		SC-060125	좀비5	지성소프트	PS01	28,400	48,520	51,850
5		SA-050901	제로2	지성소프트	PS01	32,700	45,015	38,780
6				지성소프트 평균			47,142	
7			3	지성소프트 개수				
8		SC-060810	파이널 판타지	아람	PS01	30,500	47,892	48,920
9		PS-060407	잠수함	아람	PS02	32,700	68,920	78,520
10				아람 평균			58,406	
11			2	아람 개수				
12		SC-051105	릴리 스토리	소리아	PS02	32,700	25,470	25,700
13		SA-050825	아소의 나라	소리아	PS02	28,400	25,780	24,560
14		PS-040615	다나의 눈	소리아	PS02	28,400	35,870	37,890
15				소리아 평균			29,040	
16			3	소리아 개수				
17				전체 평균			43,170	
18			8	전체 개수				

문제 3 [제품 구성 비교] 시트를 이용하여 다음 [조건]에 맞게 작업을 수행하시오.

[조건]

• 고급필터
  – 컬러 인쇄속도가 '10' 이상이면서 기능이 '팩스'로 끝나는 자료의 데이터만 추출하시오.
  – 조건 위치 : 「B13」셀부터 입력하시오.
  – 복사 위치 : 「B18」셀부터 나타나도록 하시오.

• 표 서식
  – 고급필터의 결과 셀을 채우기 없음으로 설정한 후 '표 스타일 보통 17'의 서식을 적용하시오.

문제 4 [제품 구성 비교] 시트의 데이터를 이용하여 [제품 구성 비교2] 시트에 [조건]과 ≪출력형태≫와 맞게 피벗 테이블을 만드시오.

[조건]

• 흑백 인쇄속도 및 네트워크별 제품명의 개수와 판매금액의 평균을 구하시오.
• 흑백 인쇄속도를 ≪출력형태≫와 같이 그룹화하고, 레이블이 있는 셀 병합 및 가운데 맞춤으로 설정하시오.
• 네트워크를 ≪출력형태≫와 같이 정렬하고, 빈 셀은 '**'로 표시하시오.
• 행의 총합계를 지우고, 나머지 사항은 ≪출력형태≫에 맞게 작성하시오.

≪출력형태≫

	A	B	C	D	E	F	G	H
1								
2			네트워크					
3			유선		유/무선/NFC		유/무선	
4		흑백 인쇄속도	개수 : 제품명	평균 : 판매금액	개수 : 제품명	평균 : 판매금액	개수 : 제품명	평균 : 판매금액
5		6-10	**	**	**	**	1	175,000
6		11-15	1	179,000	**	**	2	316,000
7		16-20	1	400,000	2	262,500	1	149,000
8		총합계	2	289,500	2	262,500	4	239,000

문제 5 소속부서가 '영업3팀'이면서 판매실적이 200 이상인 데이터 값을 고급 필터를 사용하여 검색하시오([필터] 시트).

- 고급 필터 조건은 [A19:D21] 범위 내에 알맞게 입력하시오.
- 고급 필터 결과 복사 위치는 동일 시트의 [A23] 셀에서 시작하시오.

문제 6 '2학년 중간고사 결과' 표에서 반별 '국어', '수학', '사회', '과학', '영어'의 평균과 '합계'의 최대값을 계산하는 부분합을 작성하시오([분석작업-1] 시트).

- 정렬의 첫째 기준은 반별 오름차순, 둘째 기준은 합계별 내림차순으로 정렬하시오.
- 과목 별 평균 소수 자릿수는 소수점 이하 1로 표시하시오.
- 평균과 최대값 필드는 각각 하나의 행에 표시하시오.
- 부분합 작성 순서는 최대값을 구한 후 평균을 구하시오.

문제 7 '가야그룹 매출 보고서' 표를 이용하여 '사원명'은 보고서 필터, '지역'은 행 레이블, '직급'은 열 레이블로 표시하고, 값에 '연간 매출총계'의 합계를 표시하는 피벗 테이블을 작성하시오([분석작업-2] 시트).

- 피벗 테이블 보고서는 동일 시트의 [A35] 셀에 위치시키시오.
- 값의 표시 형식은 '회계' 형식, 기호 '없음' 사용하여 표시하시오.
- 완성한 피벗 테이블 보고서에 '피벗 스타일 보통 3'을 적용하시오.

문제 8 '가야상사 사무용품 판매현황' 표에서 할인율[C18]이 변경 될 경우, 매출합계[G16] 셀의 변경 시나리오를 작성하시오([분석작업-3] 시트).

- [C18] 셀의 이름을 "할인율", [G16] 셀의 이름을 "총매출금액"으로 설정하시오.
- 시나리오1 : 시나리오 이름을 "할인율 내림", 할인율을 5%로 설정하시오.
- 시나리오2 : 시나리오 이름을 "할인율 올림", 할인율을 15%로 설정하시오.
- 시나리오 요약 보고서는 '분석작업-3' 시트의 바로 앞에 위치시키시오.

문제 9 '사원별 급여현황' 표에서 총급여 평균[F12]이 1,650,000 이 되기 위하여 보너스[C3]가 몇 %로 변경되어야 하는지 목표값 찾기 기능을 이용하여 계산하시오([분석작업-4] 시트).

문제 10 **'매크로' 시트에 대하여 다음의 지시사항을 처리하시오.**

(1) [매크로] 시트의 [표1]에서 다음과 같은 기능을 수행하는 매크로를 현재 통합 문서에 작성하고 실행하시오(셀 포인터 위치에 상관없이 현재 통합 문서에서 매크로가 실행되어야 함).

① [F4:F10] 영역에 총지출을 계산하는 '총합계' 매크로를 생성하시오.

- 총지출 : 교통비 + 식비 + 숙박비 (SUM 함수 사용)
- [도형] → [사각형]의 '직사각형'을 동일 시트의 [H3:H4] 영역에 생성한 후 텍스트를 "총지출"로 입력하고, 도형을 클릭하면 '총합계' 매크로가 실행되도록 설정하시오.

② [A3:F3] 영역에 대하여 글꼴 색 '노랑', 채우기 색 '녹색'을 적용하는 '서식' 매크로를 생성하시오.

- [도형] → [기본 도형]의 '타원'을 동일 시트의 [H7:H8] 영역에 생성한 후 텍스트를 "서식"으로 입력하고, 도형을 클릭하면 '서식' 매크로가 실행되도록 설정하시오.

(2) [매크로] 시트의 [표2]의 '아름다움 화장품 고객현황'에서 다음과 같은 기능을 수행하는 매크로를 현재 통합 문서에 작성하고 실행하시오.

① 결제가[F15:F22]를 계산하는 매크로를 생성하고 매크로의 이름은 "결제가"로 만드시오.

- 결제가는 '판매가-할인가'로 계산
- '결제가' 매크로는 [양식 컨트롤]의 단추에 지정한 후 단추의 텍스트를 "결제가"로 입력하여 실행하도록 하고, 동일한 시트의 [H15] 셀에 위치시키시오.

② 판매가와 할인가의 합계[D23:E23]를 계산하는 매크로를 생성하고 매크로의 이름은 "합계"로 만드시오.

- '합계' 매크로는 [양식 컨트롤]의 단추에 지정한 후 단추의 텍스트를 "합계"로 입력하여 실행되도록 하며 동일 시트의 [H18] 셀에 위치시키시오.

연습문제

1 [사무용품 판매현황] 워크시트의 합계금액의 아이콘이 빨강 깃발, 초록 깃발, 노랑 깃발 순으로 정렬하고, 깃발의 색이 같을 경우 상품명을 기준으로 오름차순 정렬하시오.

	A	B	C	D	E	F	G
1							
2–3		가야상사 사무용품 판매현황					
4							
5		상품코드	상품명	상품규격	판매가	주문수량	합계금액
6		5014001	OHP 필름	216x303mm	12,000	5	54,000
7		2029001	재단기 JKS-100	297x420mm	70,000	2	126,000
8		4683001	제본표지	303x426mm	18,000	3	48,600
9		4344001	코팅 필름	216x303mm	14,000	5	63,000
10		2054001	코팅기 라크	357x109x96mm	85,000	2	153,000
11		1061011	그린레이저포인터	15x145mm	130,000	3	351,000
12		1030202	무선프리젠터HB	109x27x17mm	75,000	5	337,500
13		1040203	무선프리젠터HK	135x39x25mm	85,000	5	382,500
14		1110203	레이저포인터	13x140mm	75,000	4	270,000
15		2124001	코팅키 프로	338x154x64mm	75,000	3	202,500
16						매출합계	1,988,100
17							
18		할인율	10%				

2 [포상안내] 워크시트에 대하여 다음의 [조건]을 처리하시오.

[조건]

- '(주)MHI 실적 별 포상안내' 표에서 소속팀별로 '고객추천', '보너스'의 최대값과 '판매 실적'과 '기본급'의 평균을 계산하는 부분합을 작성하시오.
- 정렬의 첫째 기준은 소속팀별 오름차순, 둘째 기준은 성명별 내림차순으로 정렬하시오.
- 기본급의 평균 소수 자릿수는 소수 이하 1로 표시하시오.

	A	B	C	D	E	F	G
1	㈜MHI 실적 별 포상안내						
2	성명	소속팀	판매실적	고객추천	기본급	보너스	비고
3	홍찬솔	영업A팀	2,200	8	420	35	
4	최해련	영업A팀	1,900	5	300	20	
5	이호석	영업A팀	1,800	7	300	20	
6	유하늘	영업A팀	2,200	5	420	35	
7	박우민	영업A팀	2,000	10	400	30	
8	문한빛	영업A팀	1,700	7	300	20	
9	김한샘	영업A팀	1,600	10	300	20	
10	강태환	영업A팀	1,900	10	300	20	
11		영업A팀 평균	1,913		342.5		
12		영업A팀 최대값		10		35	
13	박지아	영업B팀	1,800	5	300	20	
14	민서민	영업B팀	1,600	8	300	20	
15	김해솔	영업B팀	2,100	8	410	30	
16	김한지	영업B팀	1,800	8	300	20	
17	김예찬	영업B팀	2,400	10	440	35	포상휴가
18	김나래	영업B팀	1,500	8	250	15	
19	기한울	영업B팀	2,400	5	440	35	포상휴가
20	곽승구	영업B팀	1,600	5	300	20	
21	고강민	영업B팀	2,400	6	440	35	포상휴가
22		영업B팀 평균	1,956		353.3		
23		영업B팀 최대값		10		35	
24	이힘찬	영업C팀	1,800	8	300	20	
25	박하늬	영업C팀	1,500	9	250	15	
26	류재휘	영업C팀	2,100	7	410	30	
27	나태환	영업C팀	2,200	8	420	35	
28	권석호	영업C팀	1,800	9	300	20	
29	고혜라	영업C팀	2,300	4	430	35	포상휴가
30		영업C팀 평균	1,950		351.7		
31		영업C팀 최대값		9		35	
32		전체 평균	1,939		349.1		
33		전체 최대값		10		35	

3 [판매실적] 워크시트의 표에서 소속부서가 '영업3팀'이면서 판매실적이 200 이상인 데이터 값을 고급 필터를 사용하여 검색하시오.

- 고급 필터 조건은 [A19:D21] 범위 내에 알맞게 입력하시오.
- 고급 필터 결과 복사 위치는 동일 시트의 [A23] 셀에서 시작하시오.

4 [판매실적] 워크시트의 표에서 직위가 '대리'이고 근속기간이 4년 이상이면서 판매실적이 판매실적 평균 이상인 데이터의 성명, 소속부서, 사내연락처, 보너스 열만 고급 필터를 사용하여 검색하시오.

- 고급 필터 조건은 [I3:L5] 범위 내에 알맞게 입력하시오.
- 고급 필터 결과 복사 위치는 동일 시트의 [I7] 셀에서 시작하시오.

5 [일리 농수산유통센터] 워크시트의 표에서 생산지가 '강원도' 또는 '충청도'이고 중량(kg)이 15 이상인 데이터만 자동 필터를 사용하여 검색하시오.

6 다음 피벗 테이블을 만들고 수정하시오.

- [사원관리] 워크시트의 데이터베이스에서 입사년도별 상여금, 월급의 합계를 나타내는 피벗 테이블을 [월별 요약] 워크시트에 작성하시오.
- [월별 요약] 워크시트에서 데이터를 월별로 그룹화하시오.
- [월별 요약] 워크시트에 있는 데이터의 레이아웃을 테이블 형식으로 표시하고, 각각의 다음에 빈 줄을 삽입하시오.
- 월별 상여금의 최대값을 [월별 요약] 워크시트의 E열에 추가하시오.
- [사원관리] 워크시트의 데이터베이스에서 부서별 상여금, 월급의 평균을 나타내는 피벗 테이블의 새 워크시트에 작성하시오. 이 워크시트의 이름을 "요약"이라고 지정하시오.
- [요약] 워크시트에서 "부서" 아래에 "성별" 행을 추가하시오.

	A	B	C	D	E
1					
2					
3	**입사년도(월**	**입사년도**	**합계: 상여금**	**합계: 월급**	**최대값: 상여금2**
4	**⊞03월**		2478000	16100000	540000
5					
6	**⊞05월**		3156000	21400000	540000
7					
8	**⊞06월**		1851000	10900000	410000
9					
10	**⊞09월**		2406000	13600000	410000
11					
12	**⊞11월**		1923000	11800000	540000
13					
14	**총합계**		**11814000**	**73800000**	**540000**

	A	B	C
1			
2			
3	**행 레이블**	**평균: 상여금**	**평균: 월급**
4	**⊟기획부**	**350125**	**2075000**
5	남	284333.3333	1666666.667
6	여	389600	2320000
7	**⊟생산부**	**327142.8571**	**1885714.286**
8	남	337500	1966666.667
9	여	265000	1400000
10	**⊟영업부**	**336000**	**2650000**
11	남	359666.6667	2800000
12	여	265000	2200000
13	**⊟총무부**	**336250**	**1900000**
14	남	330200	1880000
15	여	366500	2000000
16	**총합계**	**337542.8571**	**2108571.429**

7 다음 피벗 차트를 만들고 수정하시오.

- [월별 요약] 워크시트에 있는 피벗 테이블을 이용하여 부서별 상여금의 최대값과 월급의 최대값을 보여주는 표식이 있는 꺾은 선형 피벗 차트를 만드시오.
- [평균 상여금] 워크시트에서 해당 피벗 테이블에 있는 데이터를 표시하는 3차원 누적 가로 막대형 차트를 추가하시오.
- 새로운 워크시트에 [사원관리] 워크시트에서 각 부서별 "남", "여" 성별의 상여금의 합계를 보여주는 묶은 세로 막대형 피벗 차트를 만드시오.
- [Sheet1] 워크시트의 피벗 차트를 성별에 따른 부서별 상여금의 평균을 보여주는 묶은 세로 막대형으로 수정하시오.
- [Sheet1] 워크시트의 피벗 차트를 레이아웃 5, 스타일 14를 적용하시오.
- [월별 요약] 워크시트의 피벗 차트에서 성별을 보고서 필터에 추가하시오.
- [평균 상여금] 워크시트의 피벗 차트를 새로운 시트로 이동하시오. 새 시트 이름은 "차트 이동"으로 수정하시오.
- [Sheet1] 워크시트의 피벗 차트에 시간 표시 막대를 삽입하시오. 모든 기간의 단위를 연도로 바꾸시오.
- [평균 상여금] 워크시트의 피벗 테이블에 직급 슬라이서를 추가하시오. 부장, 본부장, 지점장만 나타내시오. 슬라이서 스타일을 '연보라, 슬라이서 스타일 밝게 4'를 지정하시오.

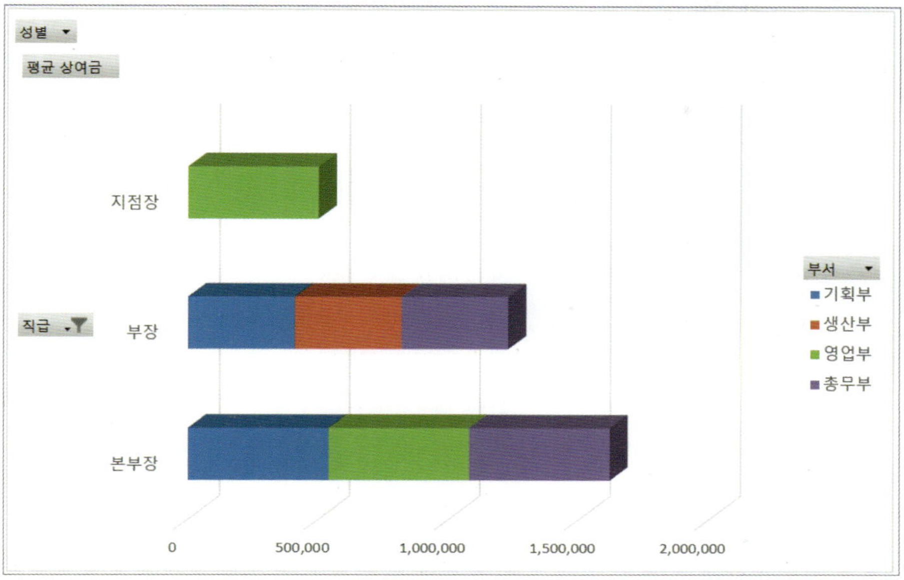

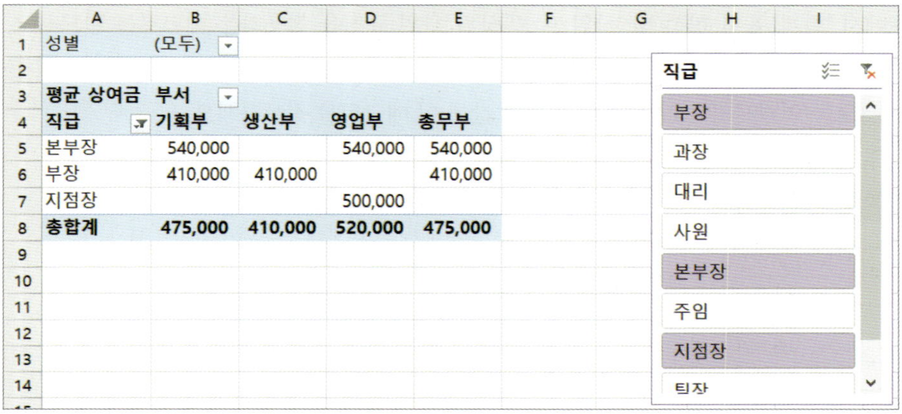

	A	B	C	D	E
1	성별	(모두)			
2					
3	평균 상여금	부서			
4	직급	기획부	생산부	영업부	총무부
5	본부장	540,000		540,000	540,000
6	부장	410,000	410,000		410,000
7	지점장			500,000	
8	총합계	475,000	410,000	520,000	475,000

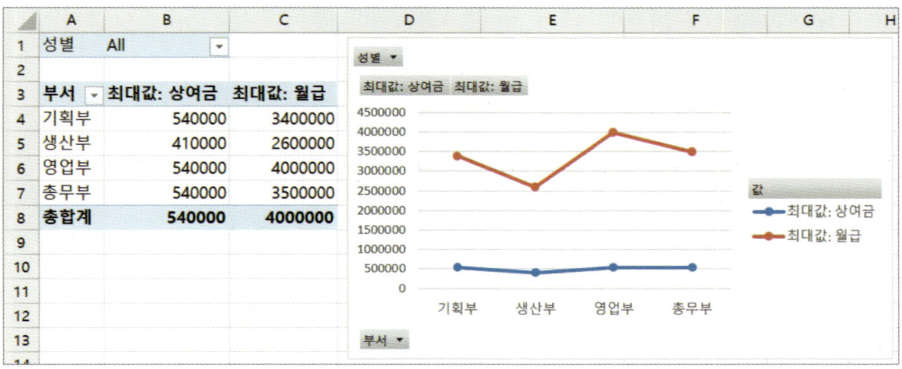

	A	B	C
1	성별	All	
2			
3	부서	최대값: 상여금	최대값: 월급
4	기획부	540000	3400000
5	생산부	410000	2600000
6	영업부	540000	4000000
7	총무부	540000	3500000
8	총합계	540000	4000000

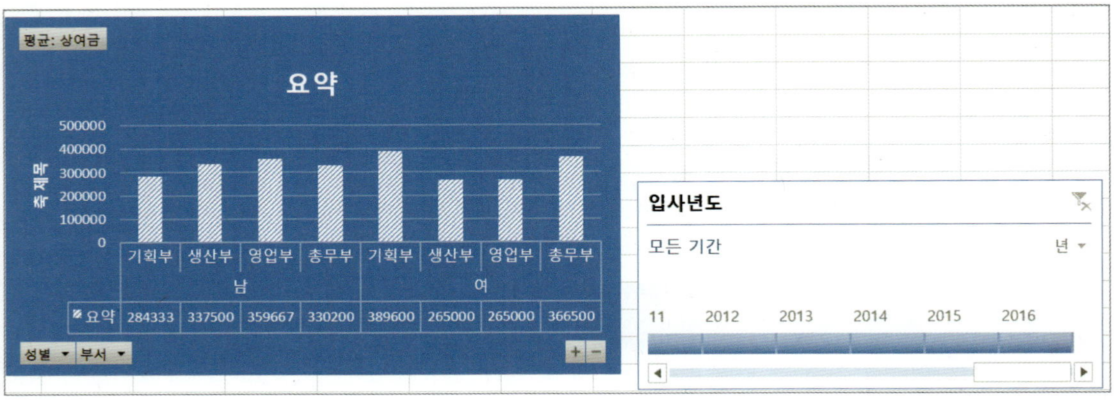

8 [교육과정] 워크시트에서 글꼴을 'HY견고딕', 글꼴 색은 '파랑' 서식을 적용하고 행 높이는 정확히 '21'로 지정하는 매크로를 만드시오. 매크로의 이름을 "서식"으로 지정하고, 이 통합 문서에만 저장하시오(참고: 다른 기본 설정은 그대로 적용하시오)

9 [수업료] 워크시트에서 '회계' 표시 형식 및 '상위 10%' 상위/하위 규칙을 적용하는 매크로를 만드시오. 매크로의 이름을 "상위"로 지정하고 이 통합 문서에만 저장하시오. [E3:E4] 셀에 양식 컨트롤의 단추를 삽입한 후 '상위' 매크로를 연결시키시오. 수업료 필드의 값에 이 매크로를 적용하시오.

	A	B	C	D	E
1	NO.	과목명	수업료		
2	1	기초동양화	₩ 360,000		
3	2	동양미술사	₩ 246,000		상위
4	3	문인화1	₩ 321,000		
5	4	수묵화1	₩ 652,000		
6	5	채색화1	₩ 365,000		
7	6	한국미술사	₩ 360,000		
8	7	동양화실기연구1	₩ 275,000		
9	8	동양화실기연구2	₩ 550,000		
10	9	드로잉2	₩ 360,000		
11	10	문인화2	₩ 550,000		
12	11	백묘	₩ 465,000		
13	12	기초회화	₩ 550,000		
14	13	미디어연구	₩ 180,000		
15	14	표현기법	₩ 512,000		
16	15	미술비평	₩ 545,000		
17	16	미술해부학	₩ 150,000		
18	17	색채학	₩ 150,000		
19	18	실크스크린	₩ 325,000		
20	19	조형심리학개론	₩ 200,000		
21	20	조형계획	₩ 200,000		

10 아래와 같이 피벗 테이블과 시간 표시 막대, 피벗 차트 및 슬라이서를 만드시오.

- [지출 기록] 워크시트를 이용하여 행 레이블에 날짜와 범주, 값에 금액의 합계가 오는 피벗 테이블을 새로운 워크시트에 만드시오. 새 워크시트의 이름을 [월별 지출]로 설정한 후 시간 표시 막대를 삽입하시오.
- [지출 기록] 워크시트를 이용하여 [대시보드] 워크시트에 그림과 같이 차트를 삽입하시오. 축에는 날짜와 범주, 값에는 금액의 합계가 오도록 설정하시오.
- [대시보드] 워크시트에 날짜, 범주, 하위 범주 슬라이서를 삽입하고 적절한 스타일을 적용한 후 완성 그림과 같이 배치하시오.

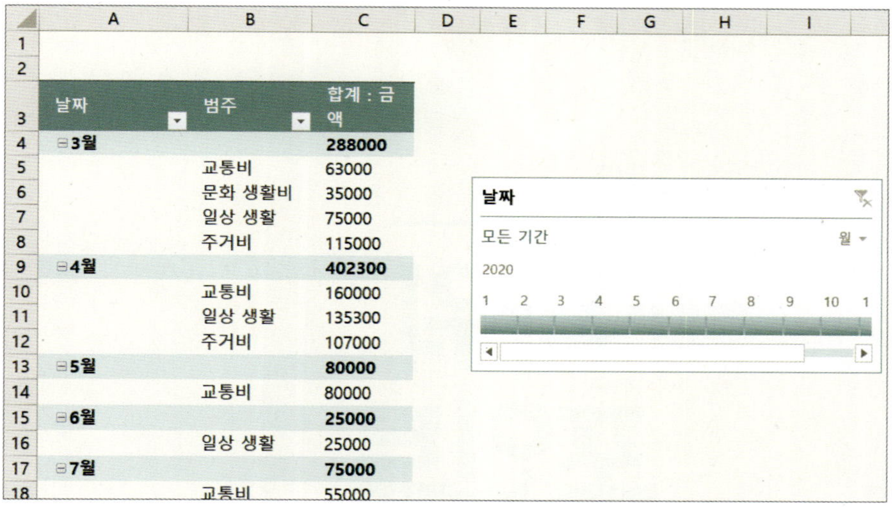

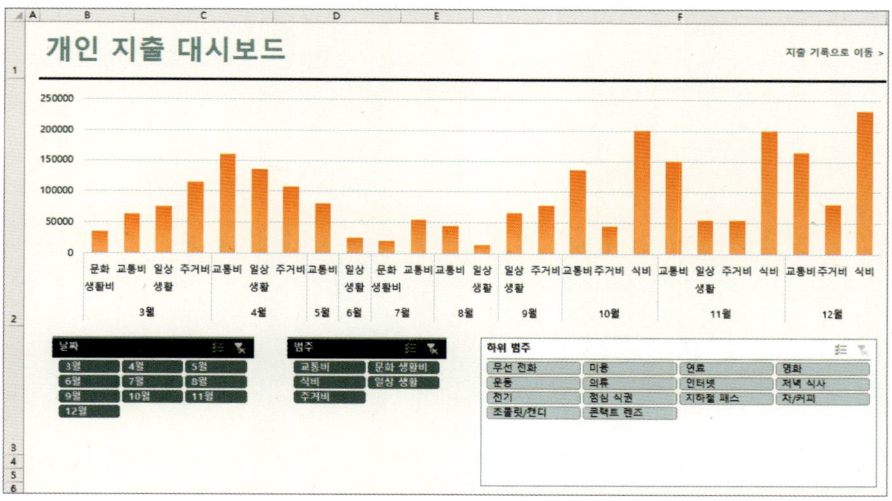

PART

04

파워 포인트

POWERPOINT 2019

CHAPTER

10

파워포인트 기본 기능 다루기

01 파워포인트 개요

02 슬라이드 다루기

03 텍스트 슬라이드

04 인쇄하기

종합예제

연습문제

학습목표

- 파워포인트의 기본 화면구성을 이해하며, 프레젠테이션을 이해할 수 있다.
- 슬라이드를 추가, 삭제, 이동 및 슬라이드 유형을 변경할 수 있다.
- 텍스트를 입력하여 개성있게 꾸밀수 있다.
- 슬라이드 인쇄 모양을 설정하여 인쇄할 수 있다.

SECTION 01

파워포인트 개요

파워포인트가 무엇이고, 어느 분야에 사용되는지, 왜 사용하는지에 대한 명확한 이해를 도울 것이며, 프레젠테이션을 어떻게 작성해야 효과적으로 메시지를 전달할 수 있는지를 다룬다. 파워포인트의 기본 환경과 구성에 대해 살펴본다.

1.1 프레젠테이션이란?

프레젠테이션(Presentation)은 '소개 · 발표 · 표현 · 제출'을 뜻하며, 많은 사람에게 효과적으로 메시지를 전달하고 청중을 설득시키고자 할 때 사용한다. 보고회, 세미나, 강연 등에서 이해를 돕기 위한 자료로 사용되며, 정해진 주제와 방향을 토대로 전반적인 내용을 구성하여 작성한다.

역동적이고 변화무쌍한 시대에 새로운 것을 알리고 전달하는데 필요한 필수 소프트웨어 중 하나가 파워포인트이다. 파워포인트는 아이디어의 전달 내용을 부각시키기 위한 여러 요소를 가미하여 프레젠테이션을 만들 수 있고, 보다 설득력 있게 의견을 전달할 수 있다. 디자인 서식과 템플릿을 활용하여 편리하게 슬라이드를 작성할 수 있으며, 사용자 서식을 만들어 재활용할 수 있다.

프레젠테이션의 종류에는 가장 인지도가 높은 Microsoft의 파워포인트, 오픈오피스인 임프레스, 폴라리리스 오피스, 한글과 컴퓨터의 한쇼, 프레지, 애플 Keynote의 iwork, 아이디어를 시각적으로 구성하여 공유할 수 있는 온라인 마인드맵 도구인 GitMind 등이 있다.

프레젠테이션의 단계

- **자료 수집 및 준비 단계** 목적과 목표를 설정한 후 계획 일정에 따라 자료를 준비한다.
- **파워포인트 작성 단계** 수집된 정보를 활용하여 파워포인트를 만드는 단계로 파워포인트의 여러 가지 기능을 활용한 함축적이고 명확한 내용 전달을 위해 텍스트, 도형, 애니메이션, 이미지, 소리, 동영상 등을 시각적으로 구성하여 배치하는 단계이다.
- **사전 점검 및 발표 단계** 작성된 프레젠테이션을 시연해 보고 보완점을 수정하여 보다 내용 전달을 설득력 있게 발표하는 단계이다.
- **평가 단계** : 프레젠테이션의 반응을 파악하고 평가 내용을 수집하는 단계이다.

1.2 파워포인트 특징

파워포인트는 발표용 프레젠테이션을 만드는 소프트웨어로, 설득력 있는 내용 전달을 위해 여러 가지 형태의 슬라이드를 제공한다. 선택한 슬라이드에는 텍스트, 이미지, 동영상, 소리 등의 멀티미디어 자료를 활용하여 상호 작용하는 파워포인트 문서를 작성할 수 있다.

파워포인트는 제품·서비스·솔루션을 하나로 통합해 효과적인 협동 작업을 할 수 있는 플랫폼을 제공한다. 여러 사람 앞에서 자신의 생각을 발표하거나 공동 작업을 할 때 시각적 보조자료로 활용할 수도 있다.

- **다양한 서식 파일** : [새로 만들기] 화면에서 다양한 서식을 제공한다. 마이크로소프트에서 제공하는 다양한 서식은 디자인이 완성된 상태로 제공되기 때문에 사용자가 내용만 입력하여 쉽게 프레젠테이션을 작성할 수 있다.

- **다양한 멀티미디어 개체** : 그림, 스크린샷, 사진 앨범, 도형, 아이콘, 3D 모델, 비디오, 오디오 등 다양한 멀티미디어 개체를 슬라이드에 삽입할 수 있다.

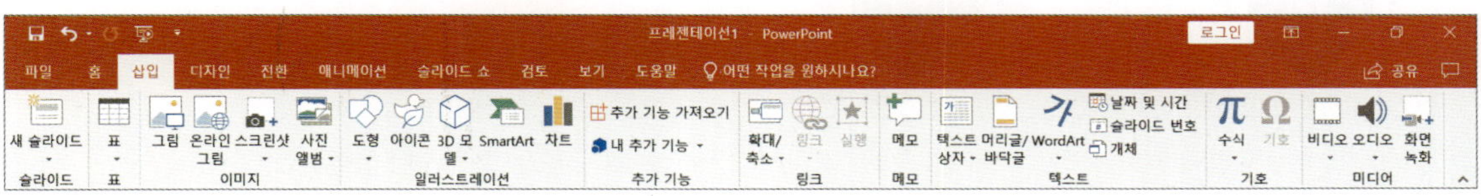

• **다양한 슬라이드 쇼 기능** : 발표자 보기 사용, 슬라이드 녹화, 예행 연습, 온라인 프레젠테이션, 슬라이드 재구성 기능을 활용하여 쇼를 다양하게 편집 및 재구성할 수 있다.

여기서 잠깐 **효과적인 파워포인트 작성 방법**

- 간결한 텍스트와 이미지를 활용한다.
- 프레젠테이션은 내용을 시각적으로 전달해야 하므로 한 슬라이드에 너무 많은 정보를 포함시키지 않는다.
- 발표 주제에 맞는 슬라이드 디자인을 사용하고, 정보를 잘 정리하여 통합할 수 있어야 한다.

1.3 파워포인트 2019의 새로운 기능

파워포인트 2019에서 사용할 수 있는 새로운 기능에는 시각 효과, 텍스트 형광펜, 그림 및 미디어 등 다양한 기능이 추가되었다.

• **모핑 전환** : 화면 전환 효과에 추가된 모핑 전환은 두 이미지를 부드럽게 연결하여 변환 과정을 자동으로 보여준다.

- **확대/축소** : 링크 그룹의 확대/축소는 순서에 따라 슬라이드를 연결하는 것이 아니라 원하는 슬라이드로 이동, 확대/축소할 수 있으며, '요약 확대/축소', '구역 확대/축소', '슬라이드 확대/축소'가 있다.

- **텍스트 강조 색** : 눈에 띄는 밝은 색으로 텍스트를 강조할 수 있다.

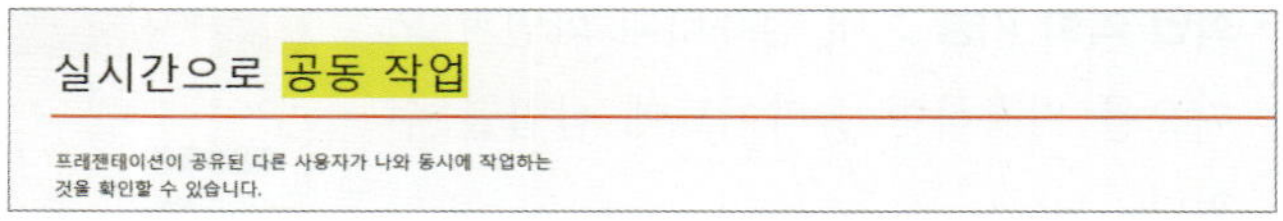

- **시각적 효과를 위한 벡터 그래픽** : 기존 이미지 파일(BMP, GIF, JPG, PNG, WMF)과 더불어 벡터 형식인 SVG(Scalable Vector Graphic) 이미지를 삽입할 수 있다.

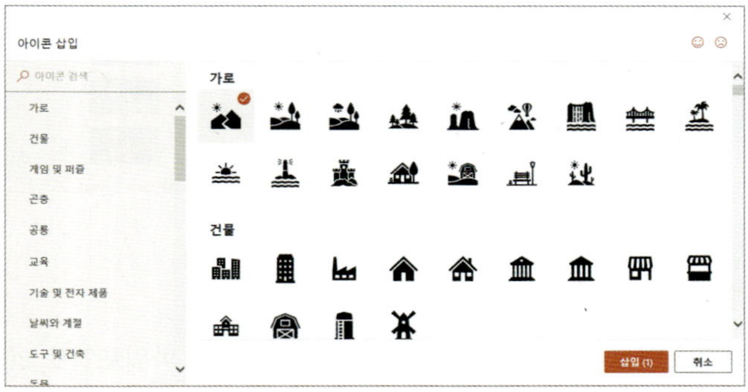

- **SVG 아이콘을 도형으로 변환** : SVG 아이콘을 도형으로 변환한 후 [점 편집] 기능을 활용하여 다양한 모양으로 변경할 수 있다.

- **3D 모델 다양한 각도 보기** : 3D 모델링 파일을 삽입하여 3D 형태를 보는 관점에 따라 변경하여 볼 수 있다.

- **더 쉬운 배경 제거** : 배경 삭제 시 보관할 영역, 삭제할 영역을 지정하여 더 세밀하게 배경을 제거할 수 있다.

- **화면 녹화 기능** : 내 컴퓨터의 화면과 오디오를 기록하여 슬라이드에 삽입할 수 있다.

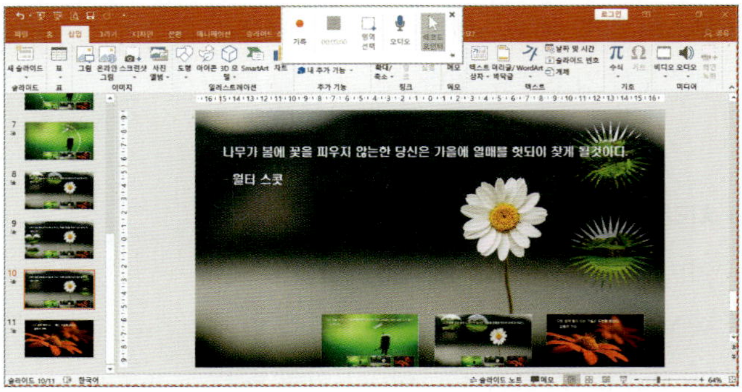

1.4 화면 구성

파워포인트 2019의 화면 구성은 이전 버전인 파워포인트 2016에 몇가지 기능이 추가되었다. 화면 구성의 주요 메뉴는 다음과 같다.

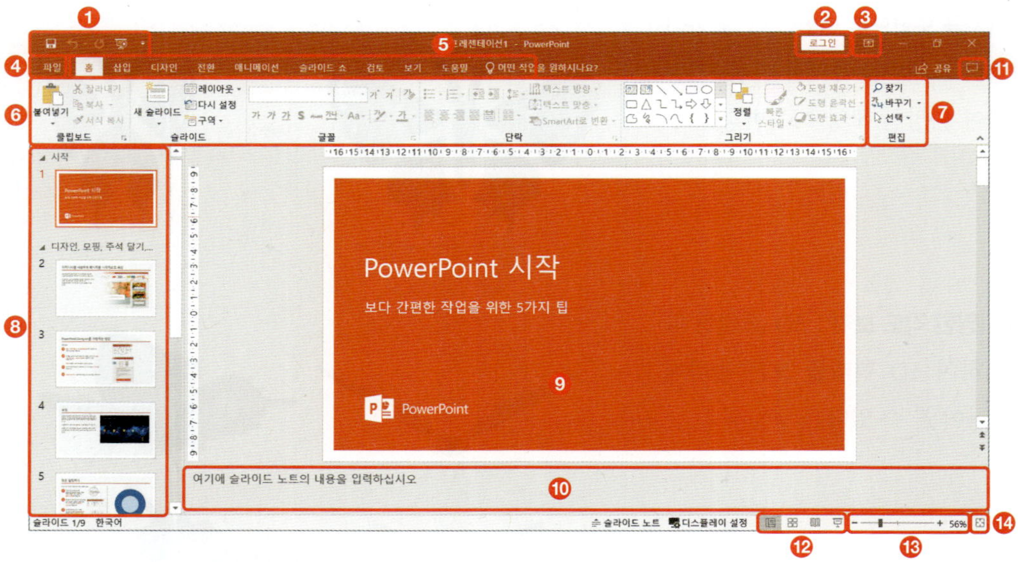

❶ **빠른 실행 도구 모음** 자주 사용하는 명령을 모아 놓는 곳으로, 빠르게 명령을 실행하거나, 원하는 명령을 사용자가 임의적으로 추가 또는 삭제할 수 있다.

❷ **사용자 계정** : Microsoft 계정을 추가 등록하여 사용할 수 있으며, OneDrive와 연결하여 작성한 프레젠테이션을 온라인으로 업로드할 수 있다.

❸ **리본 메뉴 표시 옵션** : 탭과 명령을 모두 숨기는 리본 메뉴 자동 숨기기, 탭만 표시하는 탭 표시, 파워포인트의 기본 화면인 탭 및 명령 표시가 있다.

❹ **[파일] 탭** : 정보, 새로 만들기, 열기, 저장, 다른 이름으로 저장, 인쇄, 공유, 내보내기, 닫기, 계정, 피드백, 옵션으로 구성되어 있다.

❺ **탭** : 파워포인트에 사용하는 명령들을 모아 기능에 따라 분류하여 표시한 것으로, 파일, 홈, 삽입, 디자인, 전환, 애니메이션, 슬라이드 쇼, 검토, 보기, 도움말, 상황탭(도형, 차트, 표 등 추가적으로 생기는 탭)으로 구성된다.

❻ **리본 메뉴** : 탭 형식의 메뉴를 선택하면 관련된 명령들을 그룹별로 모아 놓은 곳이다.

❼ **명령 그룹** : 선택한 탭의 리본 메뉴 중 유사한 기능별로 구분해 놓은 것을 말한다.

❽ **슬라이드 미리보기 창** : 슬라이드의 내용을 미리 볼 수 있도록 축소판 형태로 왼쪽에 보여지며, 슬라이드를 추가, 삭제, 복제, 레이아웃, 배경 서식 등을 설정할 수 있다.

❾ **슬라이드 창** : 슬라이드를 작업하는 곳으로 내용을 입력, 수정하거나, 개체를 삽입 또는 편집할 수 있다.

❿ **슬라이드 노트** : 슬라이드의 아래쪽에 표시되고, 선택한 슬라이드에 대한 설명을 추가 입력하여 발표 시 인쇄하여 자료로 사용할 수 있다.

⓫ **메모** : 메모를 입력하거나 메모를 확인할 수 있다.

⓬ **화면 보기** : 원하는 형태로 슬라이드를 볼 수 있게 하며, 기본, 여러 슬라이드, 읽기용 보기, 슬라이드 쇼 ()가 있다.

⓭ **슬라이드 확대/축소** : 슬라이드 바를 드래그하거나, [+],[−]를 클릭하여 슬라이드의 크기를 확대 또는 축소할 수 있다.

⓮ **창 크기 맞춤** : 현재 창 크기에 맞게 자동으로 슬라이드를 조절한다.

여기서 잠깐 PowerPoint 옵션

PowerPoint 옵션은 [파일] 탭–[옵션] 또는 [빠른 실행 도구]에서 [기타 명령]을 클릭하여 실행한다. 옵션에는 '일반', '언어 교정', '저장', '한글 입력 체계', '언어', '접근성', '고급' 등이 있다. '리본 사용자 지정'에서 사용자 탭을 만들어 활용할 수 있고, '빠른 실행 도구 모음'에서 새로운 명령을 추가할 수 있다. 사용자 자신에 맞게 파워포인트의 다양한 환경과 기본값을 설정할 수 있다.

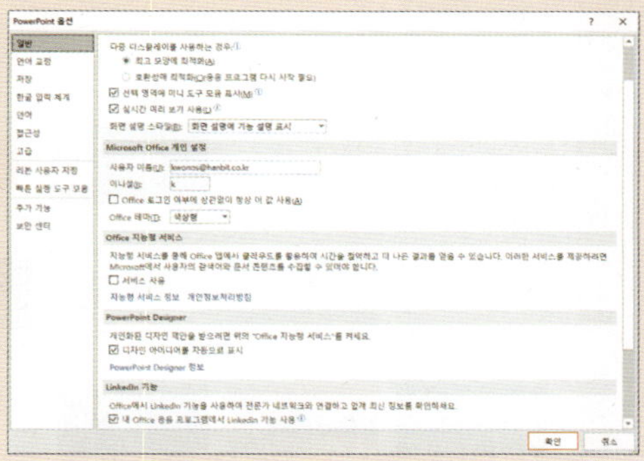

SECTION 02

슬라이드 다루기

프레젠테이션 작성을 위한 기본 기능을 다루어보는 부분으로 파워포인트의 시작과 종료, 슬라이드 삽입과 삭제, 슬라이드 레이아웃, 구역 관리를 연습해 본다.

2.1 파워포인트 2019 시작과 종료

파워포인트의 시작은 [시작] 단추를 클릭한 후 앱 목록 중 [PowerPoint]를 찾아 클릭하여 실행하거나 [작업 표시줄]의 검색 상자에 『PowerPoint』를 입력한 후 검색 결과인 'PowerPoint'를 클릭하여 실행한다.

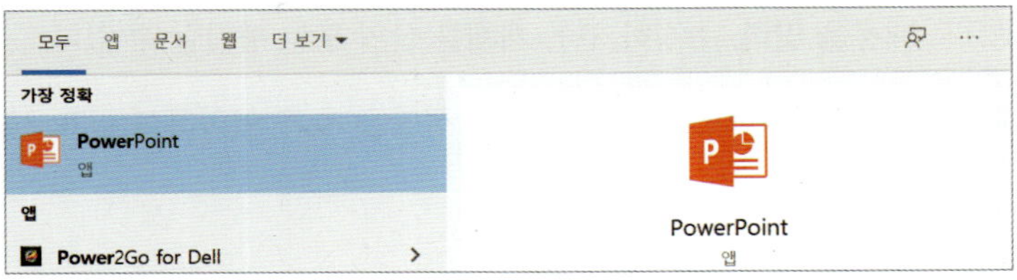

2.1.1 파워포인트 시작

파워포인트를 실행하면 아래와 같은 창이 열린다. 최근 항목에는 최근에 작성한 문서가 나열되어 있어 원하는 문서를 선택해 열 수 있다. 또한, [다른 프레젠테이션 열기]를 클릭하여 작성된 프레젠테이션 파일을 찾아서 열 수 있다. 새로운 문서를 작성하려면 서식이 없는 [새 프레젠테이션]이나 마이크로소프트사에서 제공하는 주요 서식 파일 중 원하는 서식을 더블 클릭하거나 '온라인 서식 파일 및 테마' 검색을 통해 원하는 서식을 선택하여 프레젠테이션 작성을 시작할 수 있다.

2.1.2 프레젠테이션 저장

작업한 프레젠테이션은 [파일] 탭–[저장]을 클릭한 후 저장 위치를 지정하여 저장할 수 있다. 저장 위치는 OneDrive의 클라우드 또는 내 컴퓨터에 저장할 수 있다. 파워포인트에서 작성한 문서는 '*.pptx', '*.pptm', '*.ppt', '*.pdf', '*.potx', '*.wmv' 등의 파일 형식으로 저장할 수 있다.

- **OneDrive의 클라우드에 저장** : OneDrive를 사용하여 저장하면 언제 어디서나 파일을 액세스할 수 있으며, 다른 사람과 공유도 가능하다. OneDrive의 클라우드에 저장하기 위해서 먼저 OneDrive의 웹사이트에서 계정을 만들어야 한다. Microsoft 계정으로 로그인한 후 'OneDrive – 개인' 폴더를 선택하고 '파일명'을 입력하여 저장할 수 있다.

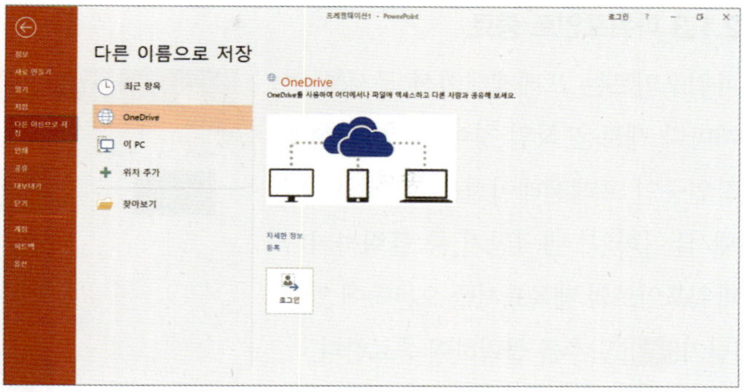

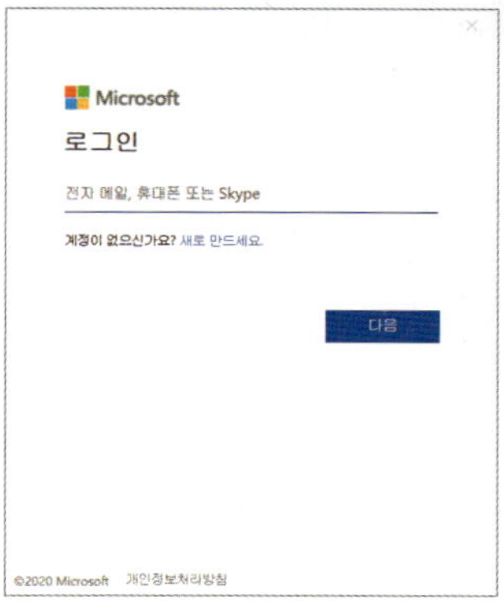

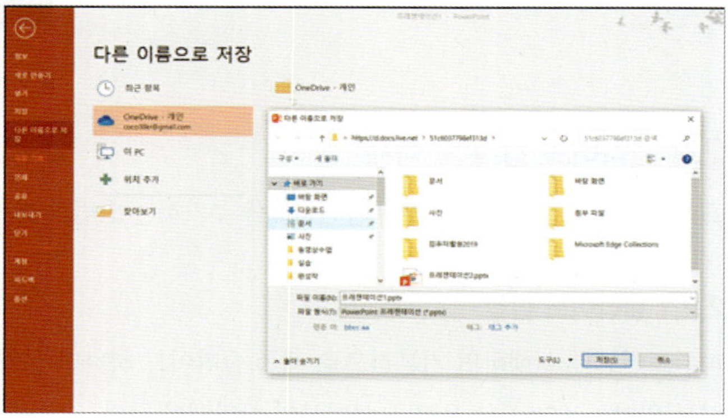

- **이 PC에 저장** : 내 컴퓨터의 원하는 위치에 저장할 때는 [이 PC]–[찾아보기]를 클릭한 후 원하는 폴더와 '파일명'을 입력하고 [저장] 단추를 클릭한다. 자주 사용되는 저장위치는 오른쪽에 표시된 목록에서 [이 항목을 목록에 고정]을 선택하여 저장 위치를 빠르게 지정할 수 있다.

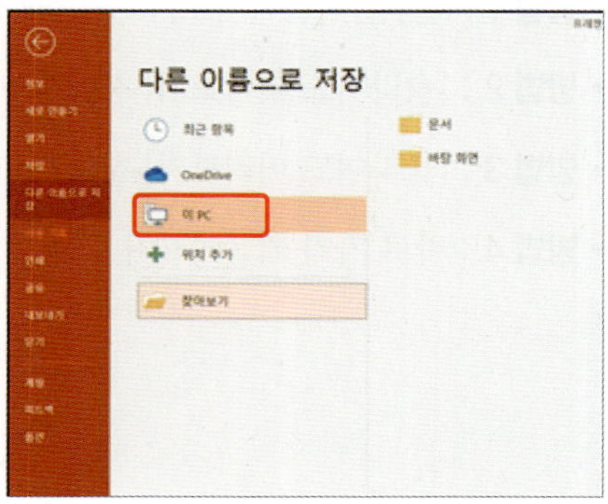

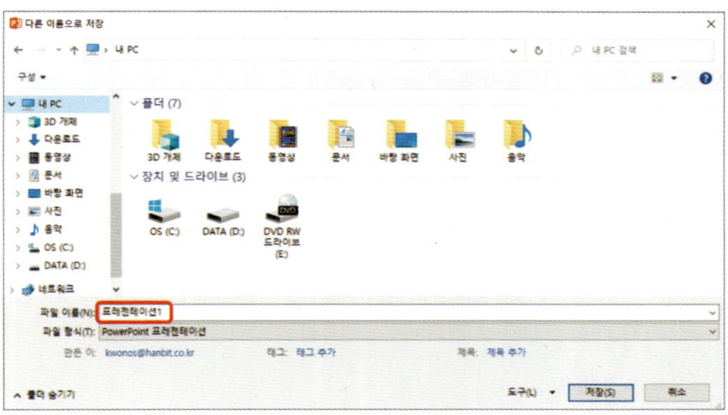

> **여기서 잠깐 ▶ 도구 옵션**
> - 도구에는 네트워크 드라이브 연결, 저장 옵션, 일반 옵션, 그림 압축이 있다.
> - 저장 옵션 : 기본 저장 위치 지정, 글꼴 포함해서 저장할 수 있도록 지정할 수 있다.
> - 일반 옵션 : 프레젠테이션 저장 시 보안을 위한 암호를 설정할 수 있다.

2.1.3 파워포인트 종료

파워포인트는 프레젠테이션 문서를 열 때마다 새로운 작업 창이 열린다. 현재 작업중인 프레젠테이션을 종료하기 위해서는 [파일] 탭–[닫기]를 클릭하거나 파워포인트의 제목표시줄 오른쪽에 있는 [닫기(×)] 단추를 클릭하여 종료한다.

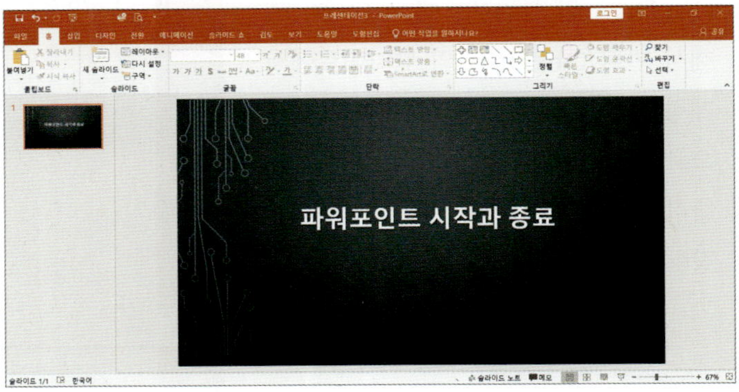

2.2 슬라이드 삽입 및 삭제

프레젠테이션을 작성하기 위해 슬라이드를 추가하는 방법과 불필요한 슬라이드를 삭제하는 방법을 알아본다.

2.2.1 슬라이드 삽입

파워포인트를 실행하면 기본적으로 제목 슬라이드 하나만 존재한다. 따라서, 프레젠테이션을 작성하기 위해서는 원하는 슬라이드 유형을 선택하여 삽입해야 한다.

- **방법 1** : [홈] 탭–[슬라이드] 그룹–[새 슬라이드] 클릭
- **방법 2** : [슬라이드 미리보기] 창에서 바로 가기 메뉴의 [새 슬라이드] 클릭
- **방법 3** : [슬라이드 미리보기] 창에서 슬라이드를 선택한 후 Enter
- **방법 4** : 바로 가기 키 Ctrl+M

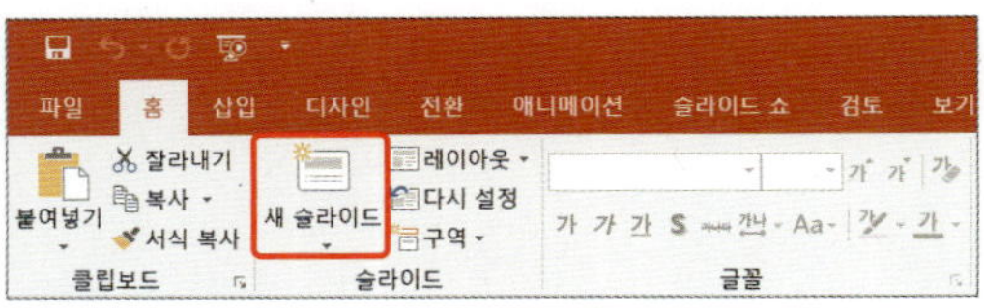

▲ 방법 1

▲ 방법 2

2.2.2 슬라이드 삭제

슬라이드 삭제는 [슬라이드 미리보기] 창에서 한 개 또는 여러 개의 슬라이드를 한 번에 삭제할 수 있다.

- **방법 1** : [슬라이드 미리보기] 창에서 삭제할 슬라이드를 선택한 후 Delete를 눌러 삭제
- **방법 2** : [슬라이드 미리보기] 창에서 삭제할 슬라이드를 선택한 후 바로 가기 메뉴의 [슬라이드 삭제] 메뉴 클릭

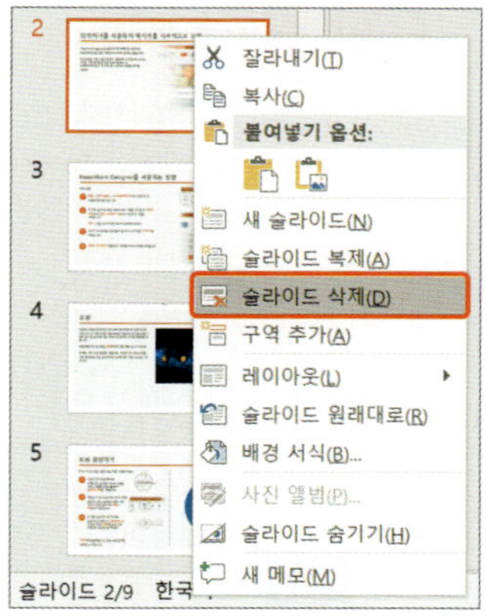

▲ 방법 2

> **TIP** Shift 또는 Ctrl을 이용하여 여러 개의 슬라이드 선택할 수 있다.

2.3 슬라이드 편집

슬라이드 작성 시 슬라이드 복제, 이동이 빈번이 발생한다. 슬라이드 복제를 이용하면 같은 디자인 형식의 슬라이드를 쉽게 편집하여 작성할 수 있다.

2.3.1 슬라이드 복제

- **방법 1** : [홈] 탭–[슬라이드] 그룹–[새 슬라이드▼]–[선택한 슬라이드 복제] 클릭
- **방법 2** : [슬라이드 미리보기] 창에서 바로 가기 메뉴의 [슬라이드 복제] 클릭

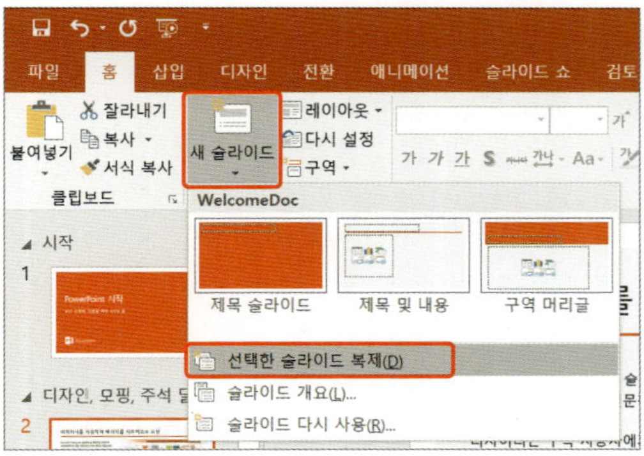

▲ 방법 1

▲ 방법 2

> **TIP** [슬라이드 미리보기] 창에서 복제할 슬라이드를 선택한 후 Ctrl+D를 이용하여 슬라이드를 복제할 수 있다.

2.3.2 슬라이드 이동

- **방법 1** : 이동하려는 슬라이드를 선택한 후 원하는 위치로 드래그하여 이동
- **방법 2** : [여러 슬라이드] 보기에서 이동하고자 하는 슬라이드를 선택한 후 원하는 위치로 드래그하여 이동

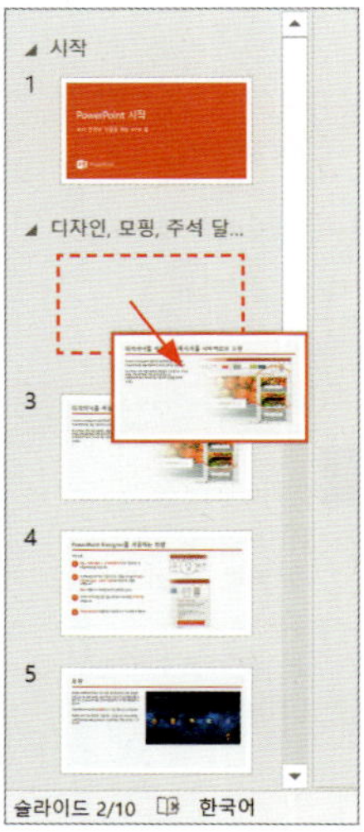

▲ 방법 1

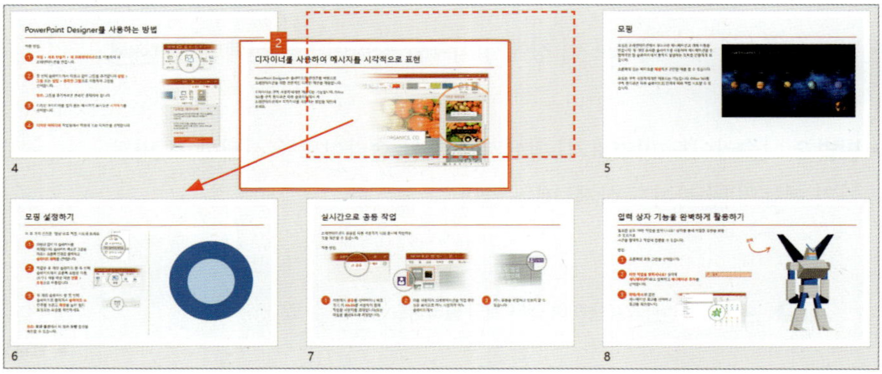

▲ 방법 2

> **TIP** 이동하려는 슬라이드를 선택한 후 Ctrl+X를 누르고 원하는 위치에서 Ctrl+V를 눌러 이동할 수 있다.

2.3.3 슬라이드 레이아웃 설정

슬라이드 작성 시 다양한 유형의 레이아웃을 선택할 수 있다. 이미 작성된 슬라이드도 원하는 레이아웃으로 변경할 수 있다.

- **방법 1** : [홈] 탭–[슬라이드] 그룹–[레이아웃▼] 클릭
- **방법 2** : [슬라이드 미리보기] 창에서 슬라이드를 선택한 후 바로 가기 메뉴의 [레이아웃] 클릭

> **TIP** [홈] 탭–[슬라이드] 그룹–[새 슬라이드 ▼]를 클릭하여 원하는 레이아웃을 선택하면 기존의 슬라이드 레이아웃을 변경하는 것이 아니고 새 슬라이드를 추가한다.

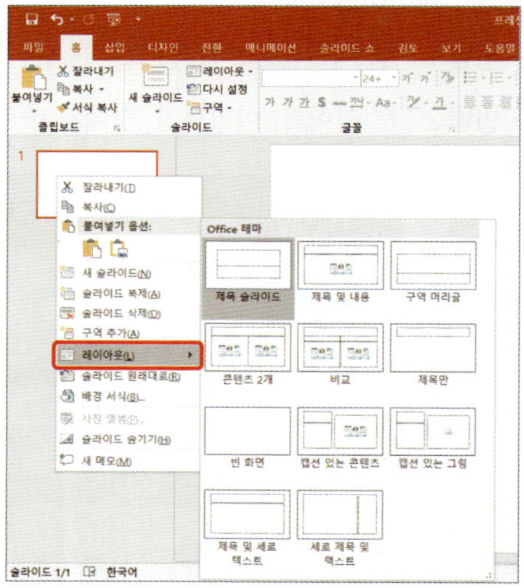

2.4 슬라이드 구역 관리

구역은 작성된 여러 개의 슬라이드를 그룹별로 묶어주는 기능이다. 많은 수의 슬라이드로 작성된 프레젠테이션을 구역으로 그룹화함으로써 슬라이드를 쉽게 관리할 수 있다. 구역 이름 바꾸기, 구역 및 슬라이드 제거, 구역 제거, 모든 구역 제거, 구역 이동, 구역 축소/확장을 할 수 있다. 또한 인쇄 시 구역으로 설정된 슬라이드만 인쇄할 수 있다.

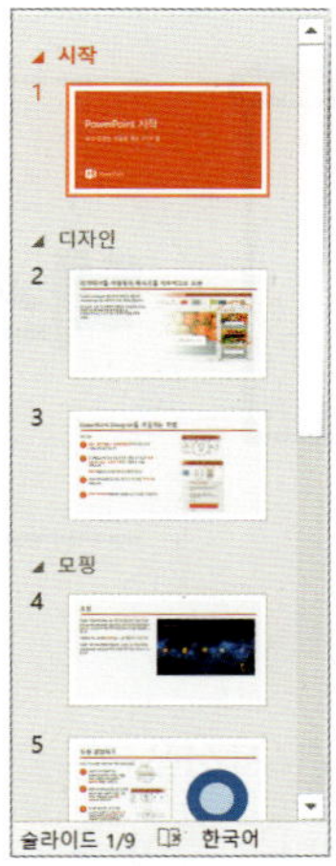

▲ 구역 확장

▲ 구역 축소

2.4.1 구역 추가

- **방법 1** : 구역을 추가할 슬라이드에서 [홈] 탭–[슬라이드] 그룹–[구역▼]–[구역 추가] 클릭
- **방법 2** : 구역을 추가할 슬라이드를 선택한 후 [슬라이드 미리보기 창]의 바로 가기 메뉴에서 [구역 추가] 클릭
- **방법 3** : 바로 가기 키 Ctrl+<

구역을 추가한 후 구역 이름을 지정할 수 있다.

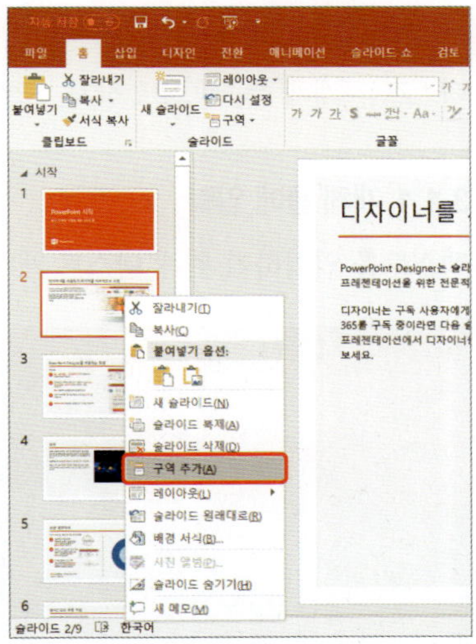

2.4.2 구역 삭제

- **방법 1** : '구역 이름'을 선택한 후 [홈] 탭–[슬라이드] 그룹–[구역▼]–[구역 제거] 클릭
- **방법 2** : '구역 이름'을 선택한 후 바로 가기 메뉴에서 [구역 제거] 클릭

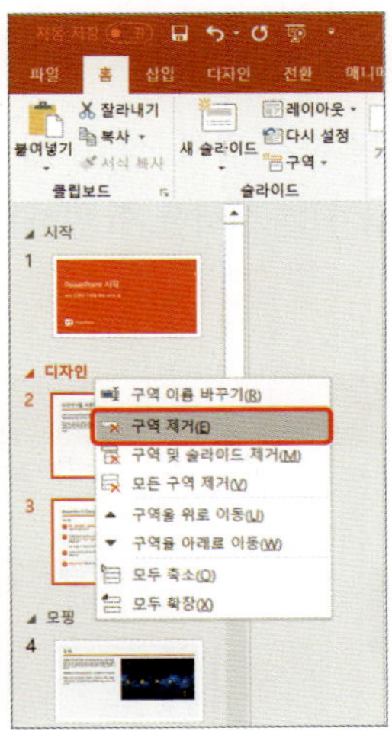

> **TIP 구역 삭제**
> - 구역 제거 : 해당 구역만을 삭제
> - 구역 및 슬라이드 제거 : 해당 구역과 슬라이드를 모두 제거
> - 모든 구역 제거 : 프레젠테이션에서 설정한 구역을 모두 제거

SECTION 03

텍스트 슬라이드

프레젠테이션 작성은 시선을 끄는 디자인도 중요하지만 무엇보다도 전달하고자 하는 정확한 내용과 더불어 간단 명료하게 작성하는 것이 중요하다. 입력한 텍스트는 글꼴, 글꼴 색, 글머리 기호, 문자 간격, 줄 간격 등을 이용하여 핵심 내용을 강조하여 전달할 수 있다.

3.1 텍스트 입력

텍스트는 개체 틀, 텍스트 상자, 도형에 텍스트를 입력할 수 있다.

3.1.1 개체 틀에 입력

텍스트를 입력하기 위해 텍스트 개체 틀 내부를 클릭한 후 내용을 입력한다.

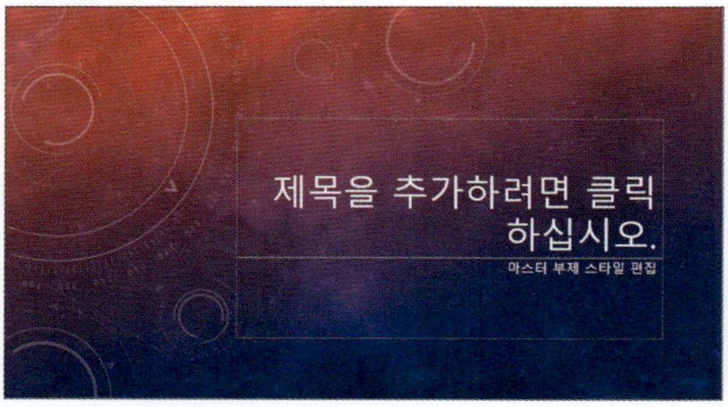

3.1.2 텍스트 상자에 입력

텍스트를 입력하기 위해 [삽입] 탭–[텍스트] 그룹–[텍스트 상자▼]에서 [가로 텍스트 상자 그리기] 또는 [세로 텍스트 상자]를 선택한 후 원하는 위치에 드래그하여 삽입한다. 텍스트 상자 내부를 클릭한 후 내용을 입력한다.

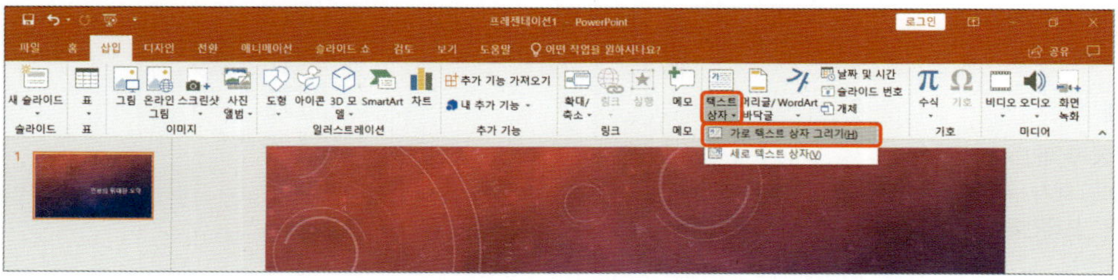

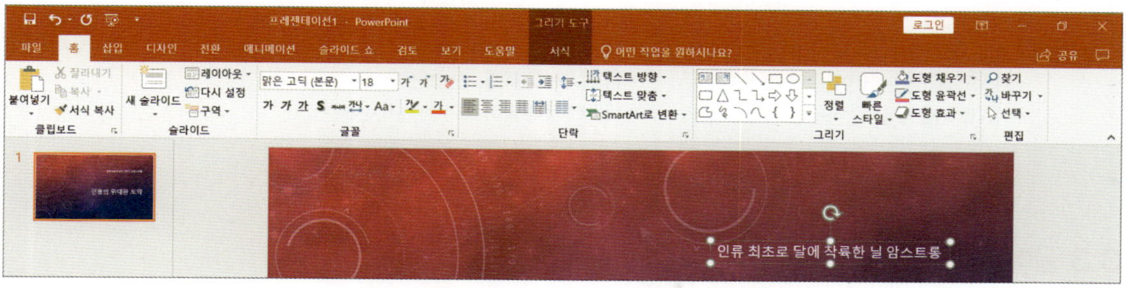

여기서 잠깐 **텍스트 상자**

텍스트 상자는 슬라이드에 텍스트를 추가하고자 할 때 사용된다. 가로 입력이 가능한 가로 텍스트 상자와 세로 입력이 가능한 세로 텍스트 상자가 있다.

- 이동 : 십자 모양의 화살표가 나타나면 드래그하여 이동
- 크기 변경 : 조절점을 드래그하여 크기 변경
- 회전 : 상단에 있는 회전 모양을 드래그하여 회전

텍스트 상자에 텍스트를 입력하면 텍스트에 맞춰 크기가 자동으로 조절된다. 텍스트 상자 자동 조절을 해제하려면 텍스트 상자를 선택한 후 바로 가기 메뉴에서 [도형 서식]을 선택하고 [크기 및 속성]–[텍스트 상자]–[자동 맞춤 안함]을 선택한다.

3.1.3 도형에 입력

도형에 텍스트를 입력하기 위해 [삽입] 탭–[일러스트레이션] 그룹–[도형 ▾]에서 '원' 도형을 선택한 후 슬라이드의 적당한 위치에 드래그하여 삽입한다. 삽입한 도형을 선택한 후 바로 가기 메뉴에서 [텍스트 편집]을 클릭하고 텍스트를 입력한다.

TIP 도형을 선택한 후 바로 텍스트를 입력하여 도형에 텍스트를 추가할 수 있다.

3.2 텍스트 꾸미기

입력한 텍스트는 [홈] 탭–[글꼴] 그룹에 있는 명령들을 이용하여 설정하거나, 텍스트를 선택하면 나타나는 미니 도구 모음을 통해 설정할 수 있다. [글꼴] 그룹에는 글꼴, 글꼴 크기, 굵게, 기울임꼴, 밑줄, 텍스트 그림자, 취소선, 문자 간격, 텍스트 강조 색, 글꼴 색 등이 있다.

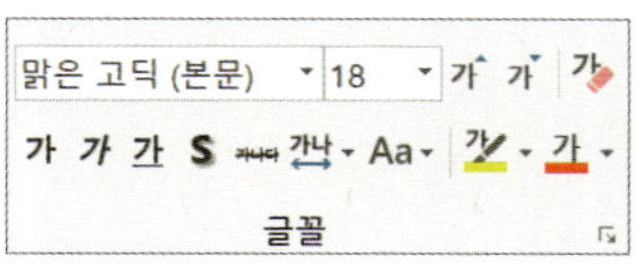

▲ [글꼴] 그룹

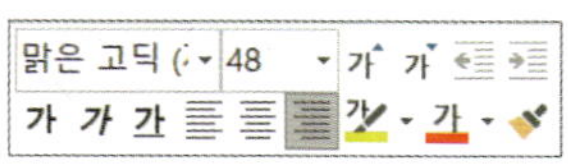

▲ 미니 도구 모음

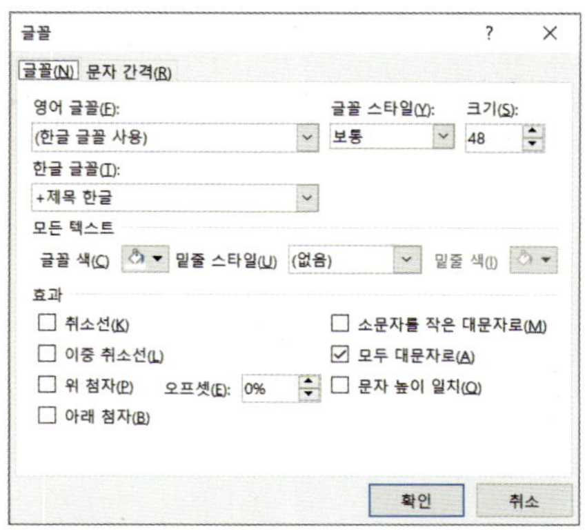

▲ [글꼴] 대화상자

> **TIP**
> - 글꼴 크기 조절 : Ctrl+[또는]
> - 텍스트 굵게 : Ctrl+B
> - 텍스트 기울임 꼴 : Ctrl+I
> - 텍스트 밑줄 : Ctrl+U
> - 텍스트 서식 복사 : Ctrl+Shift+C
> - 텍스트 서식 붙여 넣기 : Ctrl+Shift+V

3.3 글머리 기호 삽입 및 편집

파워포인트에서는 단락의 시작 부분에 글머리 기호나 번호 매기기를 설정할 수 있다. 글머리 기호는 '기본 기호', '그림(컴퓨터에 저장된 그림 파일, 온라인 그림 검색, 아이콘)', '사용자 지정(원하는 기호 선택)'이 있으며, 번호 매기기는 '아라비아 숫자', '원문자', '로마자', '영문 알파벳', '한자'를 지정할 수 있다. 번호 매기기는 시작 번호를 지정하여 설정할 수 있다. 글머리 기호나 번호 매기기를 지정하려고 하면 [홈] 탭–[단락] 그룹에서 [글머리 기호] 또는 [번호 매기기]를 선택한다.

3.4 단락 및 줄 간격 설정

텍스트 내용을 Enter로 구분한 것으로 단락 또는 문단이라고 하며, 들여 쓰기 수준을 높일 수 있는 [목록 수준 늘림]과 들여 쓰기 수준을 낮추는 [목록 수준 줄임]을 사용할 수 있다.

한 단락에는 내용에 따라 여러 문장이 있을 수 있으며, 단락 간의 간격을 조절하거나 줄 단위로 간격을 조절하여 보기 좋게 설정할 수 있다.

> **TIP** 목록 수준 늘림은 Tab, 목록 수준 줄임은 Shift+Tab을 눌러 목록 수준을 조절할 수 있다.

> **여기서 잠깐** **줄 간격 옵션**
>
> 줄 간격 옵션은 단락의 앞과 뒤를 다르게 줄 간격을 지정할 수 있으며, 1줄, 1.5줄, 2줄, 고정, 배수로 줄 간격을 조절할 수 있다. 배수는 한 줄 간격을 기준으로 줄이거나 늘릴 수 있다. 1pt=0.3527mm로, 줄 간격을 고정으로 지정 시 pt를 조정하여 줄 간격을 조절할 수 있다.

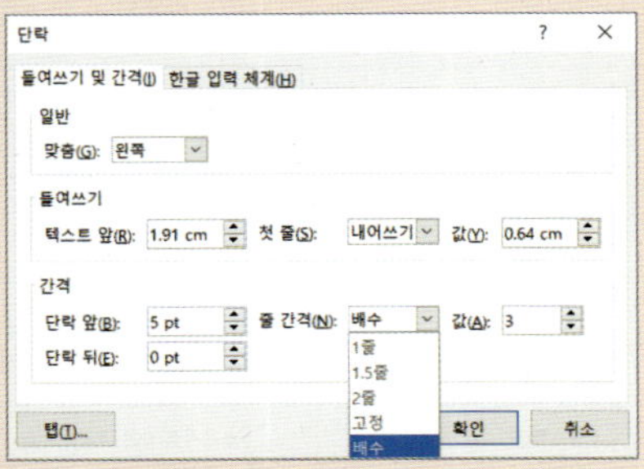

기본예제 01 텍스트 슬라이드 작성

새로운 프레젠테이션을 열어 텍스트 슬라이드를 작성해 보고, 글머리 기호 삽입, 슬라이드 복제, 번호 매기기, 단락 설정, 줄 간격 등 다양한 기능을 활용해 본다.

01 새 프레젠테이션을 열고 텍스트 입력 : [파일] 탭–[새로 만들기]에서 '새 프레젠테이션'을 클릭하여 새로운 프레젠테이션을 만든다. 제목에는『빅데이터 활용 기본 테크닉』을 입력하고 [부 제목] 텍스트 상자는 삭제한다. [홈] 탭–[그리기] 그룹–[텍스트 상자]를 선택한 후 슬라이드 왼쪽 상단을 클릭하고『데이터의 가치와 미래』를 입력한다.

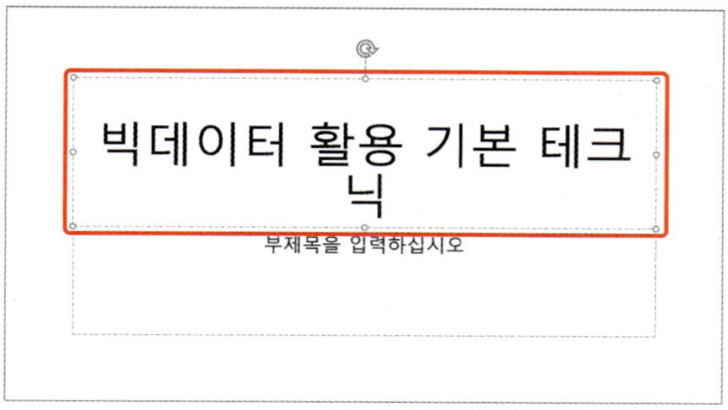

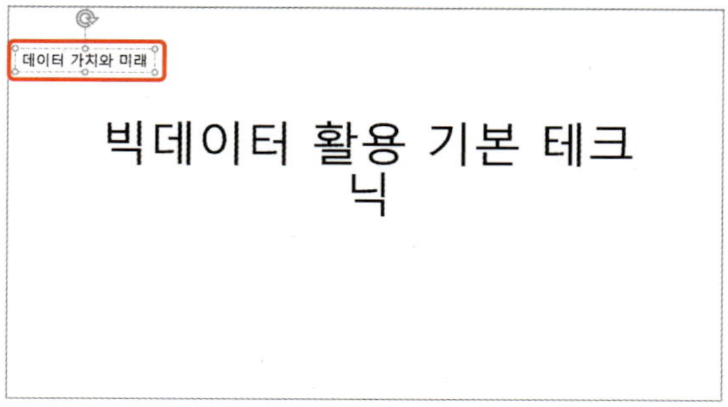

02 텍스트 서식 설정 : '데이터의 가치와 미래' 텍스트 상자를 선택한 후 글꼴은 '돋움', 글꼴 색은 '파랑', '굵게'를 설정한다. '빅데이터 활용 기본 테크닉' 텍스트 상자를 선택한 후 글꼴은 '굴림', 글꼴 색은 '자주', '굵게', 문자 간격은 '매우 좁게'로 설정한다.

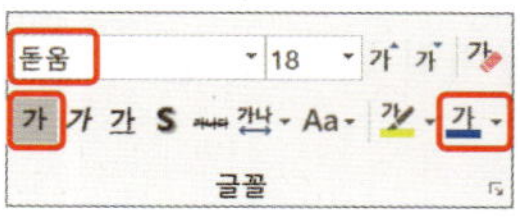

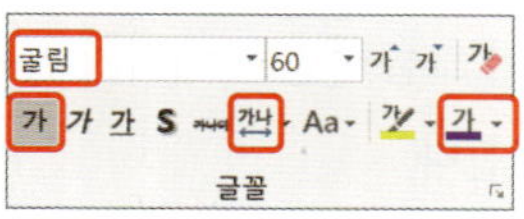

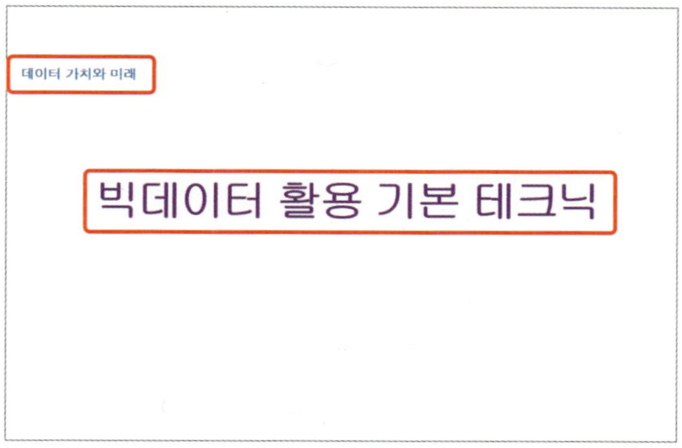

03 슬라이드 추가 및 데이터 입력 : 슬라이드 미리 보기 창에서 1번 슬라이드를 선택한 후 Enter를 눌러 두 번째 슬라이드를 추가한다. 추가된 슬라이드 제목에는『빅데이터 활용 기본 테크닉 방법』, 내용에는『감정분석』,『기계학습』,『사회관계망분석』,『연관규칙 학습』,『유형분석』,『유전자 알고리즘』,『회귀분석』을 입력한다.

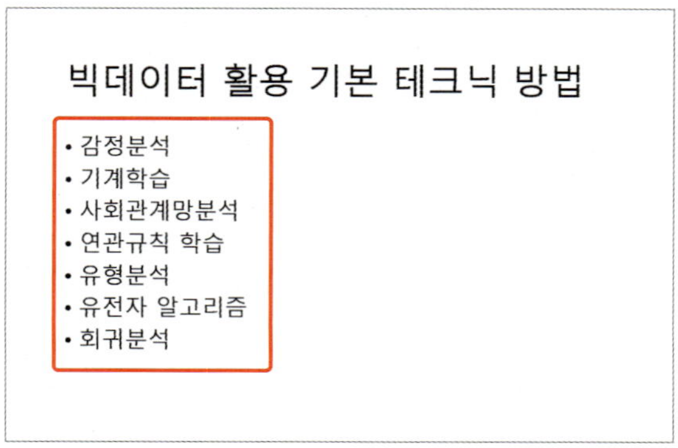

04 글머리 기호 삽입 : 내용에 입력한 텍스트를 블록 설정한 후 [홈] 탭–[단락] 그룹–[글머리 기호▼]–[글머리 기호 및 번호 매기기]를 클릭한다. 글머리 기호는 '✓'를 선택하고 색은 '노랑'으로 지정한 후 [확인]을 클릭한다.

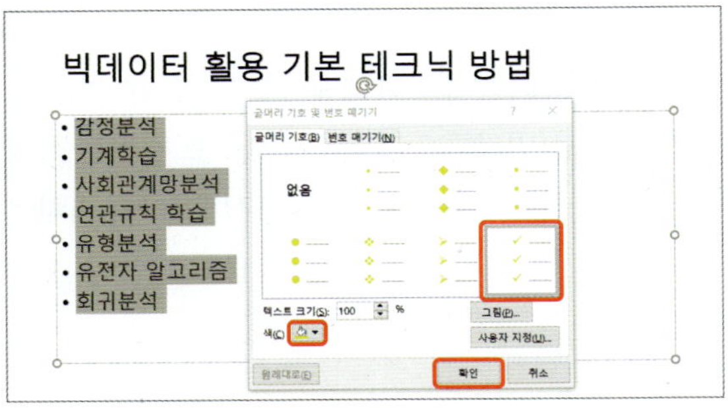

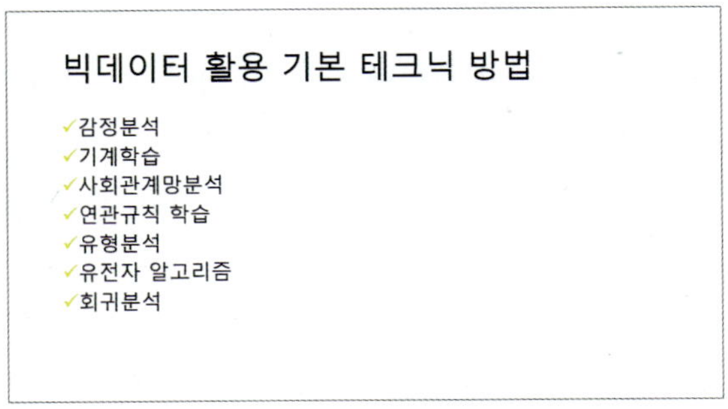

05 슬라이드 복제 : 슬라이드 미리보기 창에서 2번 슬라이드를 선택한 후 바로 가기 메뉴에서 [슬라이드 복제]를 선택하여 3번 슬라이드를 만든다.

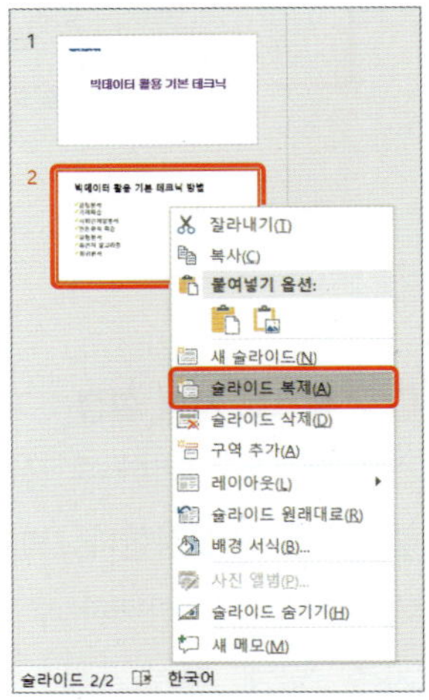

06 번호 매기기 : 내용을 모두 선택한 후 [홈] 탭–[단락] 그룹–[번호 매기기▼]–[글머리 기호 및 번호 매기기]를 클릭하고 번호 모양은 '1. –', 색은 '빨강'으로 지정한다.

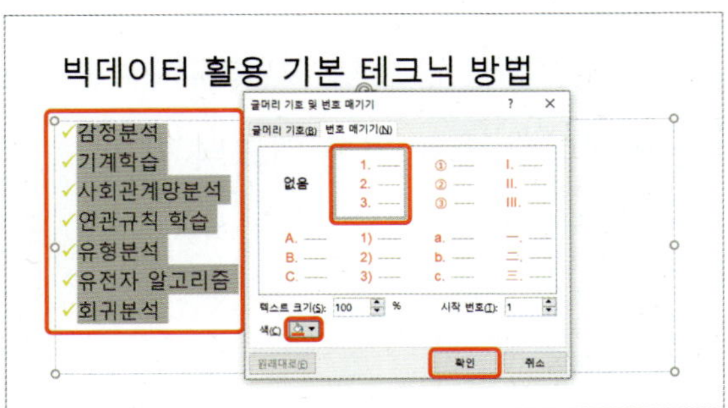

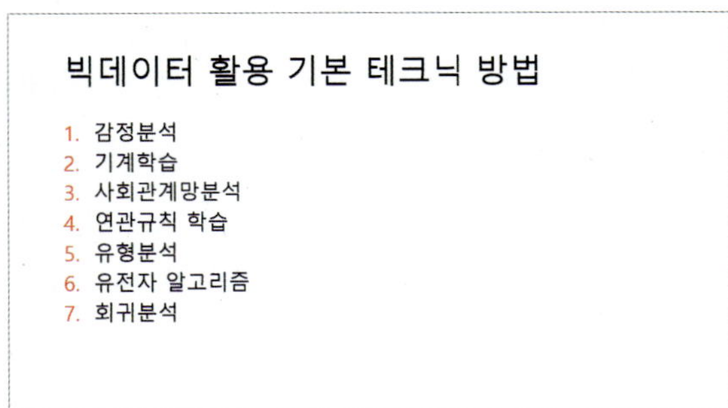

07 단락 설정 변경 : 그림과 같이 제목과 내용을 입력한다. Ctrl을 사용하여 변경할 단락을 영역 설정한 후 [홈] 탭–[단락] 그룹–[목록 수준 늘림(▤)]을 클릭한다.

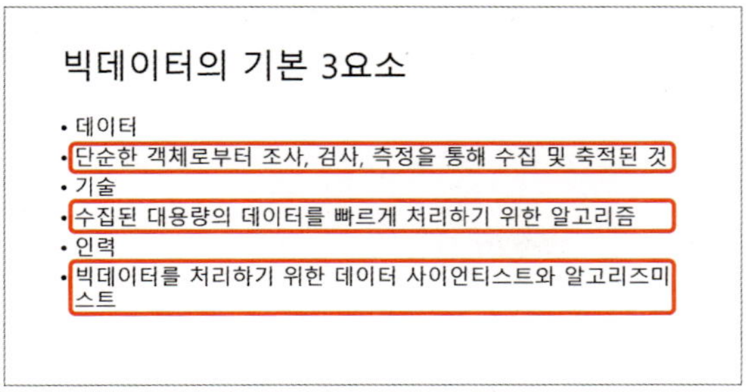

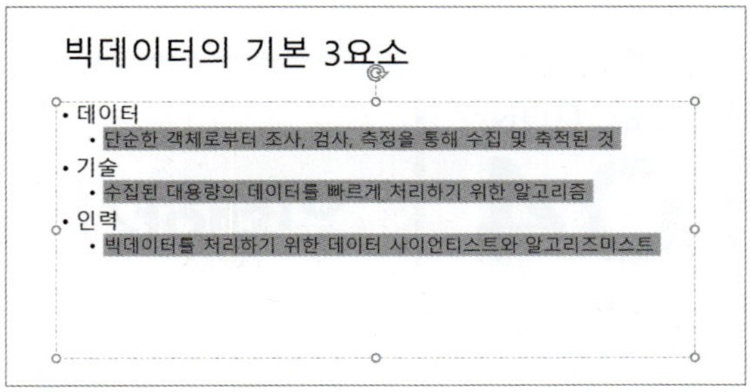

08 줄 간격 조절 : 조절할 영역을 드래그한 후 [홈] 탭–[단락] 그룹–[줄 간격( )]을 선택하고 '1.5'를 클릭한다.

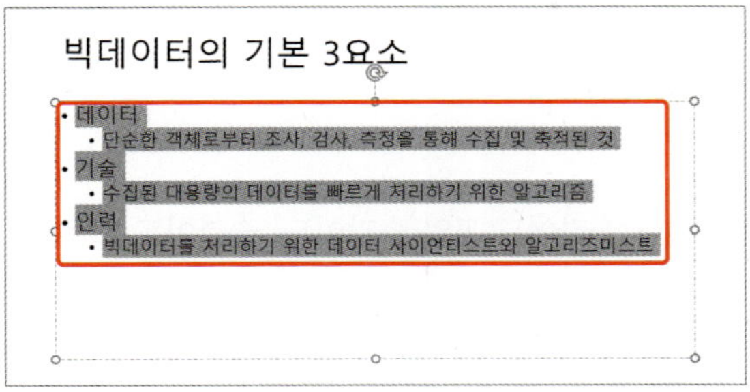

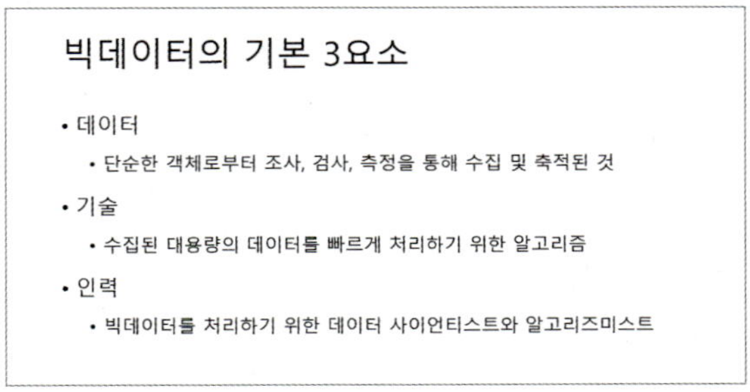

SECTION 04

인쇄하기

청중에게 프레젠테이션 자료를 배포하는 경우 다양한 형태로 인쇄하여 배포할 수 있다. 인쇄 시 특정 슬라이드만 인쇄하거나 여러 슬라이드를 한 페이지에 인쇄할 수 있다. 다양한 인쇄 설정에 대해 알아본다.

4.1 인쇄 설정

프레젠테이션을 인쇄하기 위해서는 인쇄 환경에 맞게 설정하여 슬라이드 모양(슬라이드, 슬라이드 노트, 개요)과 유인물을 선택하여 인쇄할 수 있다. 슬라이드 인쇄 범위는 모든 슬라이드, 일부 슬라이드, 구역을 지정할 수 있으며, 머리글/바닥글, 컬러, 회색조, 흑백을 설정하여 인쇄할 수 있다. [파일] 탭-[인쇄]를 클릭하면 나타나는 [인쇄] 화면에서 설정할 수 있다.

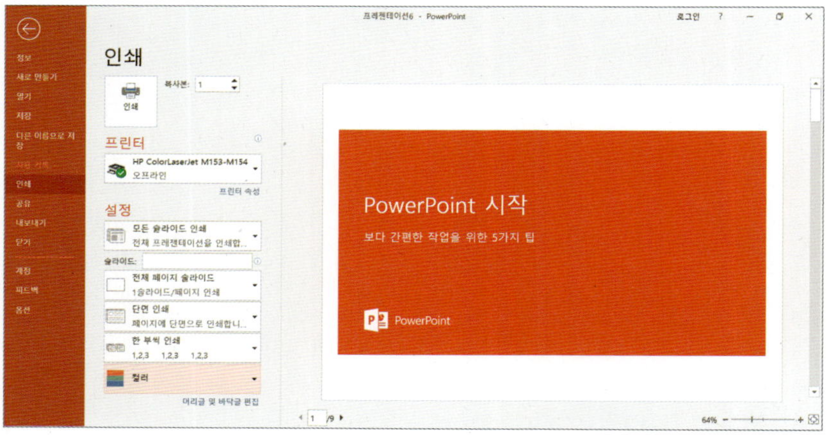

❶ **인쇄** : 문서를 인쇄한다.

❷ **복사본** : 인쇄 부수를 선택할 수 있다.

❸ **프린터** : 인쇄할 프린터를 선택할 수 있다.

❹ **인쇄 범위** : 인쇄할 범위를 지정하여 인쇄할 수 있다.

❺ **인쇄 모양** : 전체 페이지 슬라이드, 슬라이드 노트, 개요 등의 인쇄 모양과 유인물의 인쇄 모양을 설정할 수 있다.

❻ **단면/양면 인쇄** : 단면 또는 양면으로 인쇄할 수 있으며, 프린터 옵션에 따라 제공되는 옵션이 다를 수 있다.

❼ **인쇄 부수** : 한 부씩 인쇄 또는 페이지 단위로 인쇄할 수 있다.

❽ **인쇄 색상** : 컬러, 회색조, 흑백으로 인쇄할 수 있다.

❾ **머리글 및 바닥글 편집** : 슬라이드를 인쇄하기 전 머리글 및 바닥글, 슬라이드 번호 등을 삽입하거나 편집할 수 있다.

❿ **미리 보기** : 선택한 인쇄 설정에 맞게 인쇄 미리 보기를 확인할 수 있다.

TIP 머리글 및 바닥글 편집은 슬라이드와 슬라이드 노트 및 유인물의 위와 아래에 텍스트, 날짜 및 시간, 슬라이드 번호를 편집 및 설정할 수 있다. 제목 슬라이드에 표시 안함을 선택하면 제목 슬라이드에만 설정한 머리글/바닥글이 표시되지 않으며, [적용]은 현재 선택한 슬라이드에만 머리글/바닥글을 표시하고, [모두 적용]은 모든 슬라이드에 표시된다. 머리글/바닥글은 [삽입] 탭–[텍스트] 그룹–[머리글/바닥글]을 선택하여 삽입할 수 있다.

기본예제 02 유인물 인쇄하기

'기본예제 02.pptx' 문서를 불러와서 유인물 인쇄를 해본다.

01 파일 불러오기 : [파일] 탭–[열기]–[찾아보기]를 클릭한 후 '기본예제 02.pptx' 파일을 선택하여 문서를 불러온다.

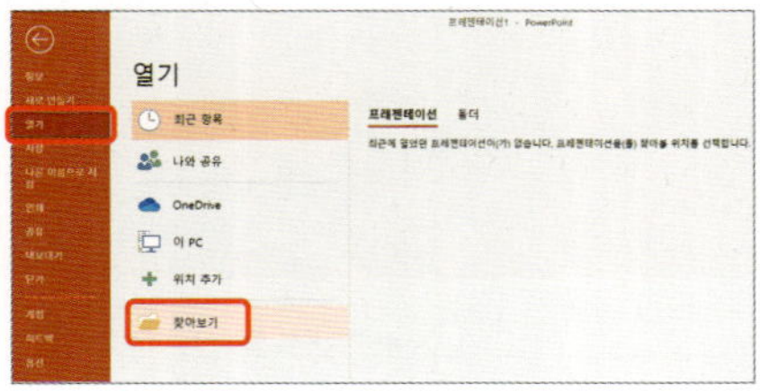

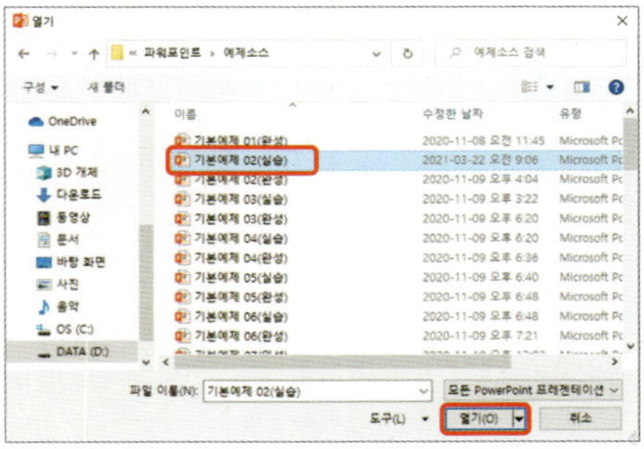

02 유인물 인쇄하기 : [파일] 탭–[인쇄]를 클릭한 후 [설정] 항목에서 '유인물–2슬라이드'를 선택하고 [인쇄]를 클릭한다.

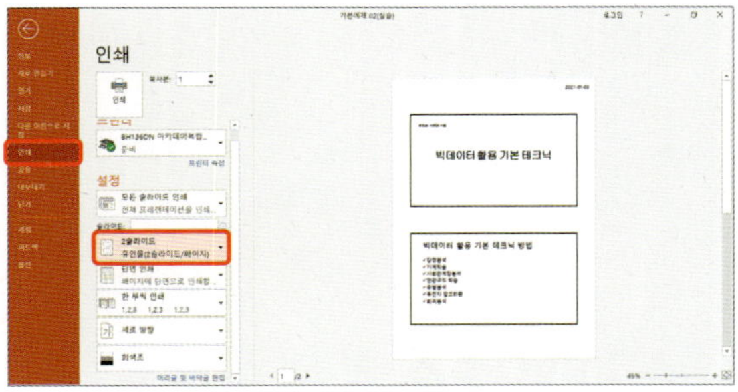

종합예제

※ [종합예제]에 대한 해설은 PDF로 제공됩니다.

문제 1 파워포인트의 서식 파일 중 PowerPoint 2016을 불러와 다음 [조건]에 따라 처리하시오.

[조건]

- 프레젠테이션 서식 파일 중 PowerPoint 2016을 불러온다.
- 1번 슬라이드와 2번 슬라이드 사이에 새 슬라이드를 추가한다.
- 추가된 2번 슬라이드를 [구역 머리글] 레이아웃으로 변경한다.
- 2번 슬라이드를 10번 슬라이드 위치로 이동한다.
- 구역을 추가한다(10번 슬라이드 : Q & A 구역 추가).

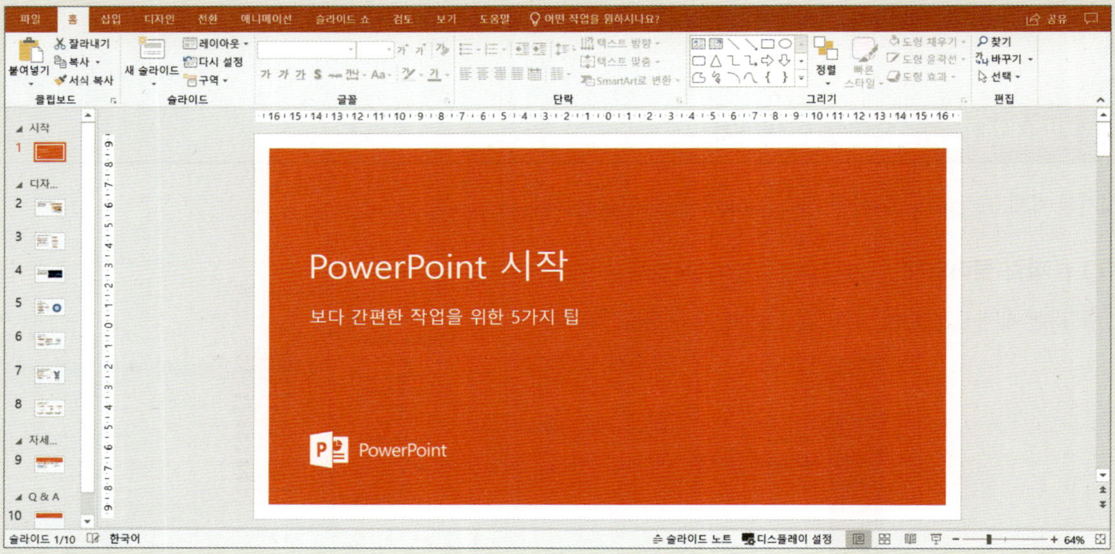

문제 2 새 프레젠테이션을 작성하여 다음 [조건]에 따라 처리하시오.

[조건]

- 1번 슬라이드의 단의 개수를 2로 설정한다.
- 1번 슬라이드의 '제목'의 글꼴은 궁서, '내용'의 글꼴은 굴림, 줄 간격 : 1.5 로 지정한다.
- 단락의 번호 매기기를 적용하고, 목록 수준 늘림을 적용한다.

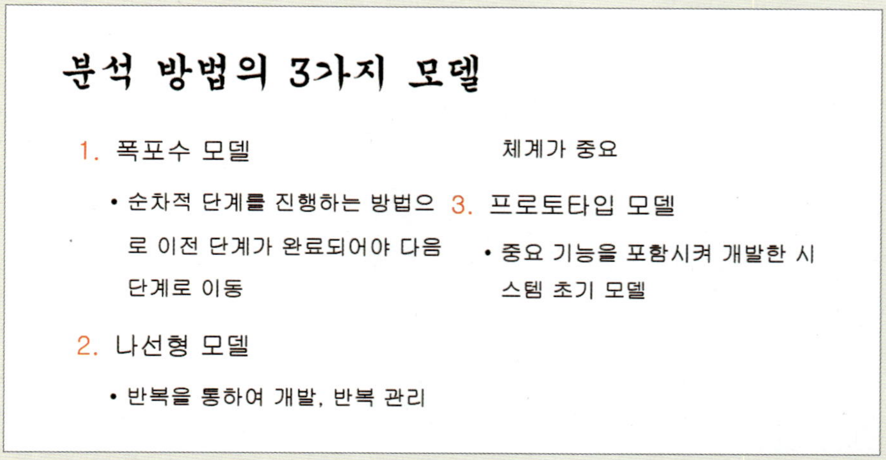

문제 3 파워포인트의 서식 파일 중 PowerPoint 2016을 불러와 다음과 같은 인쇄 [조건]을 설정하시오.

[조건]

- 모든 슬라이드를 유인물 형태로 인쇄한다.(유인물: 9슬라이드 세로)
- 2, 4, 6번 슬라이드를 한 부씩 인쇄, 흑백으로 인쇄 설정한다.
- 슬라이드 노트 형태로 인쇄 설정한다.

연습문제

1 '회로' 서식 파일 이용하여 슬라이드를 추가하고 프레젠테이션을 만들어보자.

[조건]

- 1번 슬라이드 – 글꼴 : 휴먼옛체, 크기 : 60 (제목 문자열 : 데이터 분석)
- 2번 슬라이드 – 제목 문자열(글꼴 휴먼옛체, 크기 40), 내용(줄 간격 2.0, 글머리 기호 : 속이 찬 큰 둥근 글머리 기호)
- 3번 슬라이드 – 내용(줄 간격 2.0, 글머리 기호 및 번호 매기기 : A. B. C. Optimaization, Solution, Insight, Discovery 글꼴 색 : 빨강)

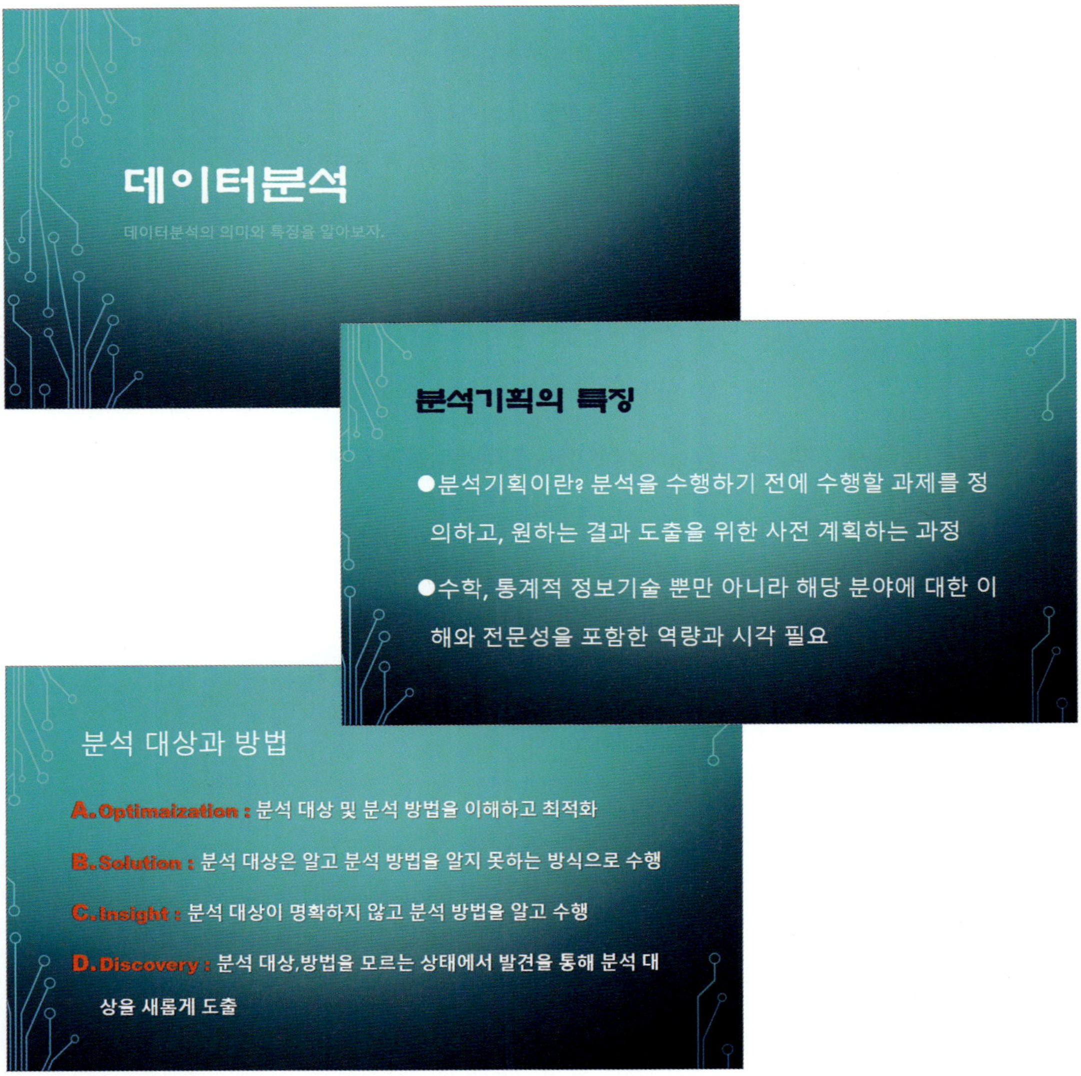

CHAPTER

11

비주얼적인 프레젠테이션 만들기

01 도형 이용하기

02 멀티미디어 삽입하기

03 표와 차트로 슬라이드 작성하기

04 워드아트 및 스마트아트 삽입하기

종합예제

연습문제

학습목표

- 도형을 삽입하여 도형을 예쁘게 꾸밀 수 있다.
- 이미지와 동영상 파일을 삽입할 수 있다.
- 표를 이용하여 자료를 작성할 수 있으며, 차트를 활용하여 데이터를 편리하게 비교할 수 있다.
- 스마트아트와 워드아트를 활용하여 강렬하게 메시지를 전달할 수 있다.

SECTION 01

도형 이용하기

프레젠테이션 작성에 많이 사용되는 텍스트를 딱딱하지 않고 편안하게 내용 전달을 위해 사용되는 개체가 도형이다. 색, 도형 편집, 도형 효과, 도형 병합 기능을 활용하여 감각적이며, 개성있는 슬라이드를 만들 수 있다.

1.1 도형을 이용한 슬라이드 작성

도형을 이용하여 슬라이드를 작성할 때는 내용에 적합한 도형을 선택하는 것이 무엇보다 중요하다. 도형의 그룹에는 선, 사각형, 기본 도형, 블록 화살표, 수식 도형, 순서도, 별 및 현수막, 설명선, 실행 단추가 있으며, 기존 도형을 도형의 조절 점, 점 편집, 도형 병합 기능을 이용하여 새로운 모양으로 만들 수 있다.

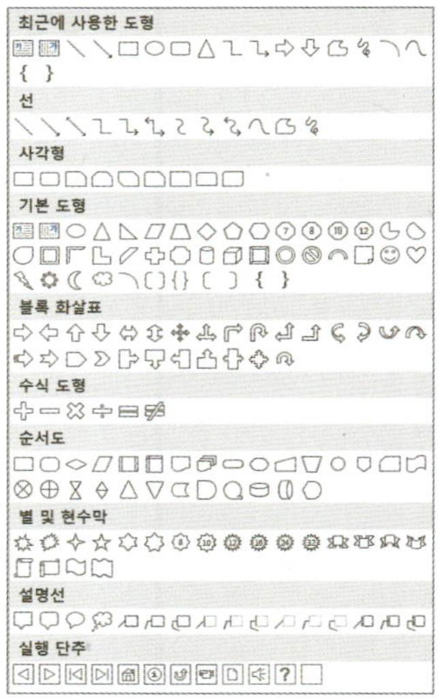

1.1.1 도형 삽입

도형을 삽입하기 위해서 [삽입] 탭–[일러스트레이션] 그룹–[도형]에서 원하는 도형을 선택하거나, [홈] 탭–[그리기] 그룹에서 원하는 도형을 선택한다. 마우스 포인터가 십자(+) 모양으로 바뀌면 원하는 크기만큼 마우스를 드래그하여 삽입한다.

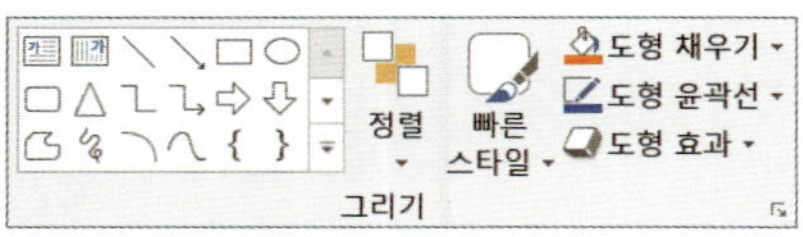

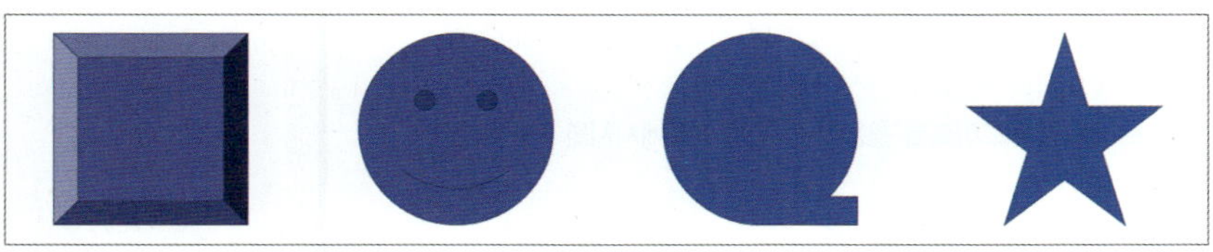

TIP 도형 삭제하는 방법은 도형을 선택한 후 키보드에서 Back Space, Delete를 누르거나, 바로 가기 메뉴에서 [잘라내기]를 선택한다.

1.1.2 도형 크기 조절

도형을 선택한 후 도형 조절점에 마우스 포인터를 가져가면 마우스 포인터 모양이 상하(↕), 좌우(↔), 대각선(↗)으로 변경된다. 이때 마우스를 드래그하여 크기를 조절한다.

> **여기서 잠깐 ▶ 도형 그릴 때 사용하는 키**
> - Shift : 수직/수평선, 정원, 정사각형 등을 그리거나, 여러 개의 도형을 선택할 때 많이 사용한다.
> - Ctrl : 도형을 그릴 때 가운데를 기점으로 도형을 그릴 수 있으며, Ctrl을 누른 상태에서 도형을 드래그하면 도형을 복사할 수 있다.

1.1.3 도형 선택

도형 선택은 삽입된 도형을 클릭하거나 마우스를 드래그하여 도형이 지정한 사각형 영역에 포함되도록 하여 선택할 수 있다. 여러 개의 도형을 선택할 때는 Shift를 이용한다.

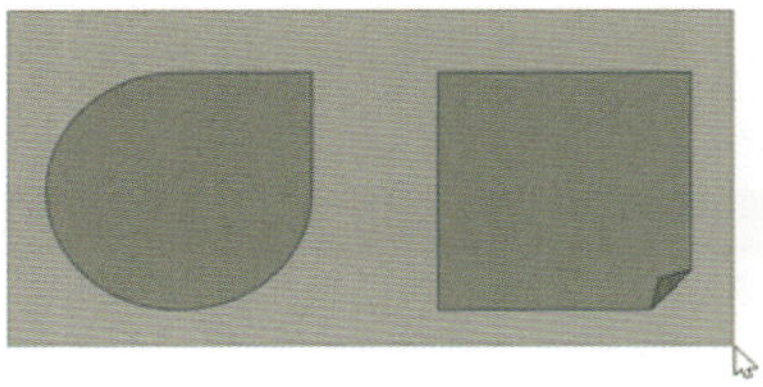

▲ 마우스를 드래그하여 도형 선택

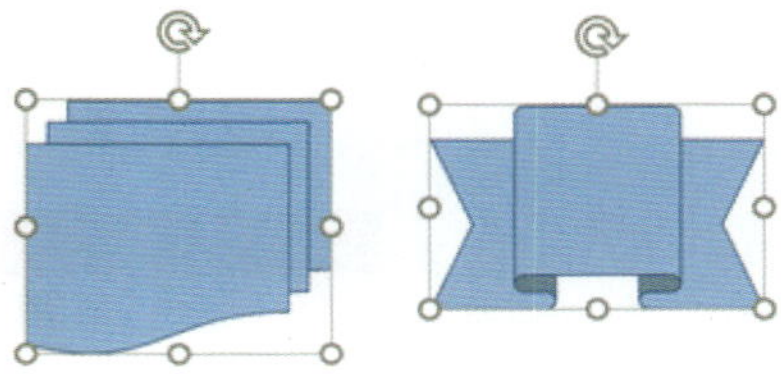

▲ Shift를 이용하여 도형 선택

1.1.4 도형 모양 변경

도형을 선택한 후 주황색 조절 점을 드래그하여 도형의 모양을 변경할 수 있다. 도형의 모양에 따라 조절 점의 개수와 위치가 다르다.

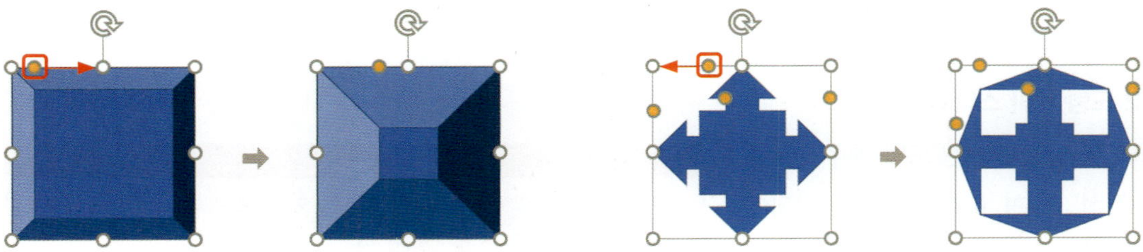

기본예제 03 도형 모양 변경

삽입한 도형의 모양을 변경해 본다.

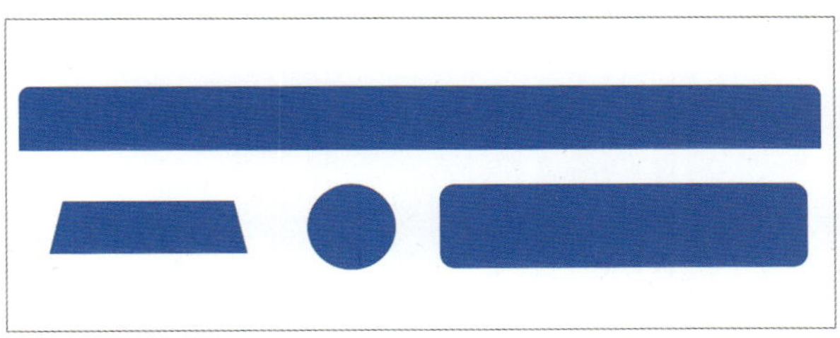

01 도형 삽입 : [삽입] 탭–[일러스트레이션] 그룹–[도형]을 클릭한 후 그림과 같이 '사각형–둥근 위쪽 모서리', '기본 도형–사다리꼴', '기본 도형–타원', '사각형–둥근 모서리'를 선택하여 삽입한다.

02 도형 모양 변경 : '사각형–둥근 위쪽 모서리' 도형의 조절 점을 드래그하여 모양을 변경한다.

1.2 도형 꾸미기

도형을 삽입한 후 삽입한 도형을 선택하면 [그리기 도구] 상황 탭이 나타난다. [그리기 도구]–[서식] 탭–[도형 스타일]에서 '도형 채우기', '도형 윤곽선', '도형 효과'를 이용하여 다양하게 꾸밀 수 있다.

1.2.1 도형 서식 이용

편집할 도형을 선택한 후 [그리기 도구]–[서식] 탭–[도형 스타일] 그룹에서 선택하거나 바로 가기 메뉴에서 [도형 서식]을 클릭한다.

1.2.2 도형 테마 스타일 이용

도형의 테마 스타일은 '도형 채우기', '도형 윤곽선', '도형 효과'가 미리 설정되어 있어 간편하게 도형 서식을 지정할 수 있고, 부분적으로 편집하여 사용할 수 있다. 편집할 도형을 선택한 후 [그리기 도구]–[서식] 탭–[도형 스타일] 그룹에서 '자세히'를 클릭하여 원하는 스타일을 선택한다.

▲ 도형 채우기

▲ 도형 윤곽선

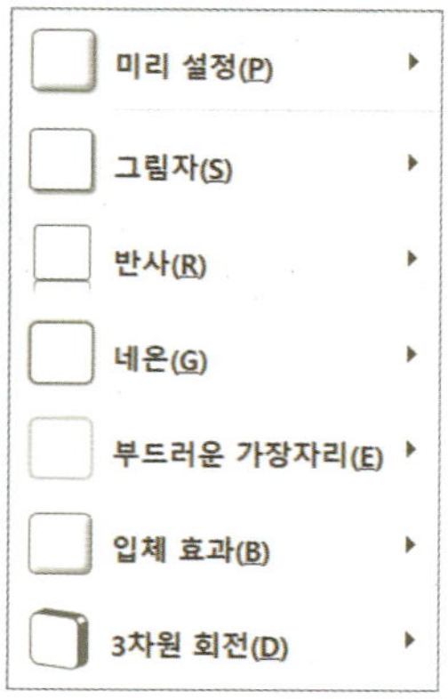

▲ 도형 효과

기본예제 04 도형 서식 지정

도형 색 변경, 윤곽선, 그림자 등 다양한 서식을 지정해 본다.

01 도형 색 변경 : Shift를 이용하여 그림과 같이 여러 도형을 선택한 후 [그리기 도구]–[서식] 탭–[그리기] 그룹–[도형 채우기]에서 '주황, 강조 2, 50% 더 어둡게'를 클릭한다.

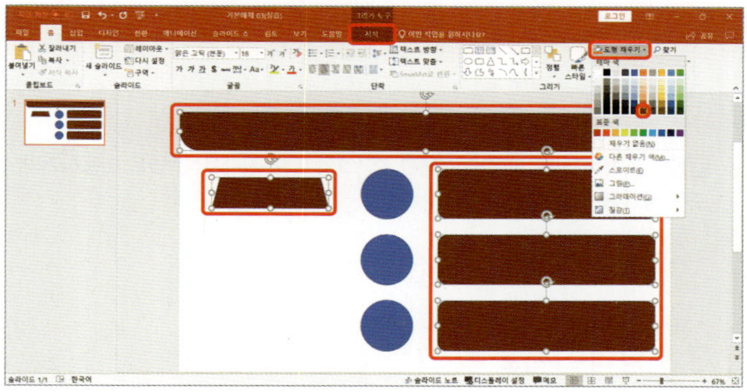

02 도형 윤곽선 변경 : Shift를 이용하여 '타원' 도형을 선택한 후 바로 가기 메뉴에서 [개체 서식]을 클릭한다. [도형 서식] 창에서 '단색 채우기', 색은 '주황, 강조 2, 60% 더 밝게', '선 없음'을 클릭한다.

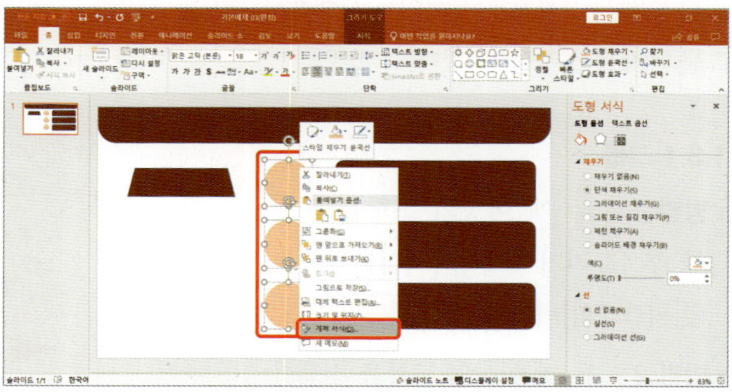

03 도형 복사 : 3개의 '타원' 도형을 Shift를 이용하여 복사한 후 [도형 서식] 창에서 '단색 채우기', 색은 '흰색', 투명도는 '60%'를 지정하고 그림과 같이 타원과 겹치게 배치한다.

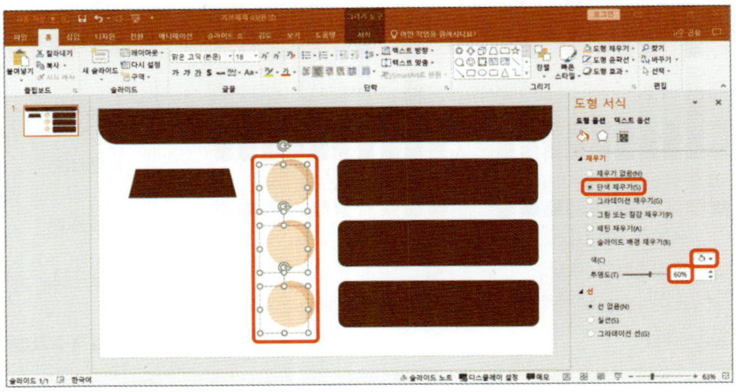

04 도형 그림자 : '사각형-둥근 모서리' 도형 3개를 선택한 후 [그리기 도구]-[서식] 탭-[그리기] 그룹-[도형 효과]-[그림자]에서 '오프셋 : 오른쪽 아래'를 클릭한다.

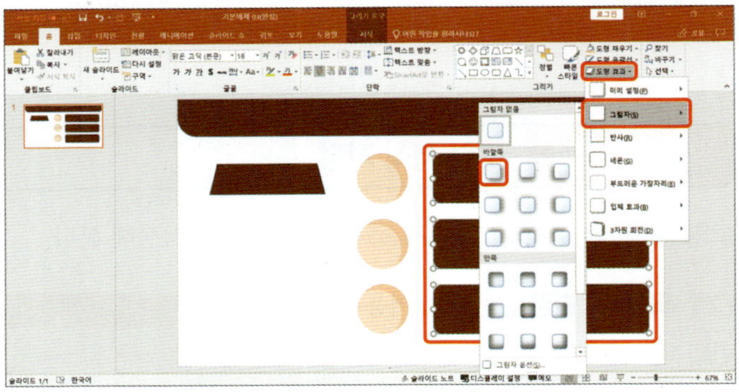

TIP 도형 서식은 도형을 선택한 후 [그리기 도구]-[서식] 탭을 이용하거나, 바로 가기 메뉴의 [도형 서식]을 클릭하여 '도형 서식' 도구 상자를 활용할 수 있다.

1.3 도형의 그룹화 및 그룹화 해제

도형의 그룹화란? 두 개 이상의 도형을 묶어 하나의 개체로 설정하여 사용하는 것을 그룹화라고 한다. 그룹화된 도형은 그룹으로 묶여있는 상태에서 크기를 조절할 수 있다. 도형 편집 시 편의에 따라 그룹화, 재그룹, 그룹 해제를 설정할 수 있다.

1.3.1 그룹

- **방법 1** : 두 개 이상의 도형을 선택한 후 [그리기 도구]-[서식] 탭-[정렬]-[그룹화]-[그룹] 클릭
- **방법 2** : 두 개 이상의 도형을 선택한 후 바로 가기 메뉴에서 [그룹화]-[그룹] 클릭
- **방법 3** : Shift를 이용하여 여러 개의 도형을 선택한 후 바로 가기 키 Ctrl+G

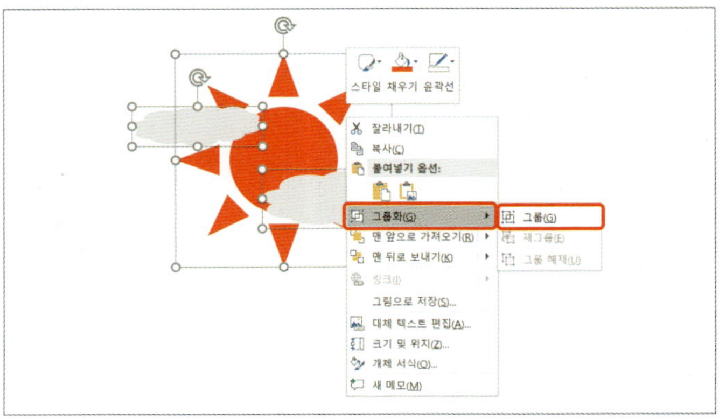

1.3.2 그룹 해제

- **방법 1** : 그룹화되어 있는 도형을 선택한 후 [그리기 도구]-[서식] 탭-[정렬]-[그룹화]-[그룹 해제] 클릭
- **방법 2** : 그룹화되어 있는 도형을 선택한 후 바로 가기 메뉴에서 [그룹화]-[그룹 해제] 클릭
- **방법 3** : 그룹화되어 있는 도형을 선택한 후 Ctrl+Shift+G

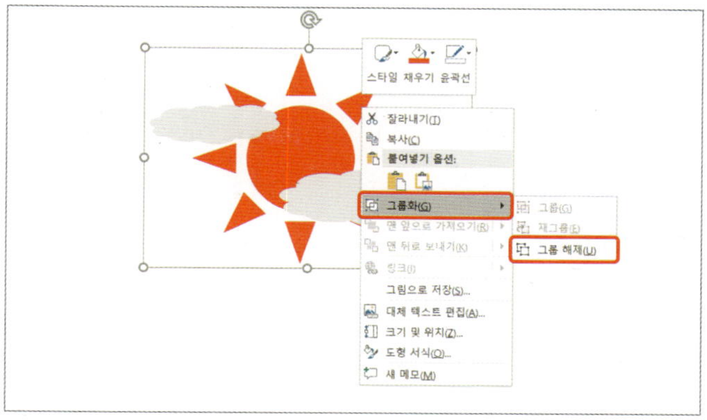

기본예제 05 도형 서식 지정 및 그룹화

도형 서식 지정과 여러 개의 도형을 그룹화 한다.

01 도형 복사 : '사다리꼴' 도형을 Shift+Ctrl를 이용하여 그림과 같이 복사한다.

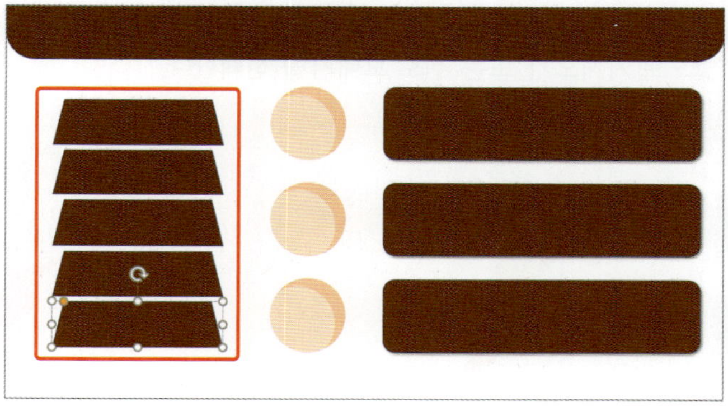

> **TIP** Shift+Ctrl를 이용하여 복사하는 경우 동일한 위치(세로 또는 가로)로 복사된다.

02 도형 투명도 : 두 번째 '사다리꼴' 도형을 선택한 후 바로 가기 메뉴에서 [도형 서식]을 선택한다. [도형 서식] 창의 '채우기' 항목에서 '투명도 : 30%', '선' 항목에서 '선 없음'을 선택한다. 동일한 방법으로 나머지 '사다리꼴' 도형의 '채우기' 투명도를 '50%', '70%', '90%', '선' 항목은 '선 없음'으로 설정한다.

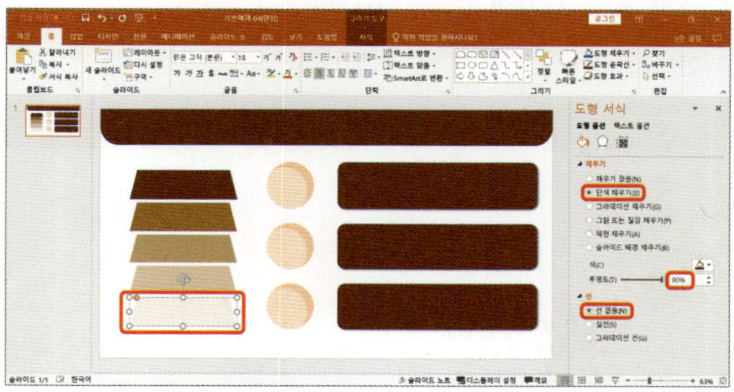

03 도형 그룹화 : 첫 번째 '사다리꼴' 도형에 『좋은 음식』을 입력한 후 모든 '사다리꼴' 도형을 선택하고 바로 가기 메뉴에서 [그룹화]-[그룹]을 클릭한다.

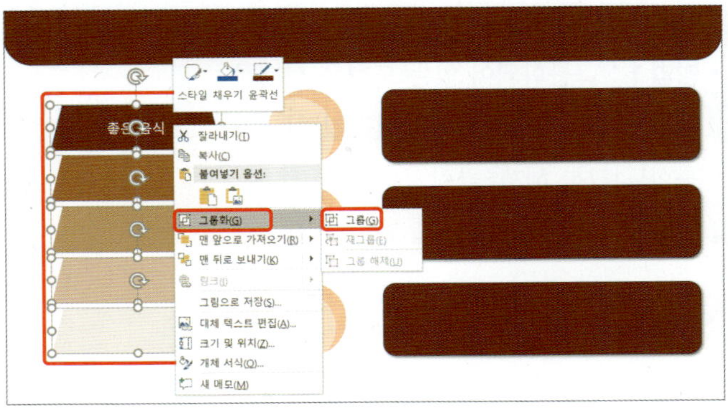

1.4 도형 정렬

도형은 앞/뒤로 순서를 바꾸거나, 선택한 개체에 따라 도형 간의 간격을 일정하게 배분 정렬 할 수 있으며, 원하는 방향으로 도형을 회전시킬 수 있다.

1.4.1 도형 순서 바꾸기

겹쳐있는 도형을 정렬할 경우 정렬하고자 하는 도형을 선택한 후 [그리기 도구]-[서식] 탭-[정렬] 그룹에서 '앞으로 가져오기' 또는 '뒤로 보내기'를 선택한다.

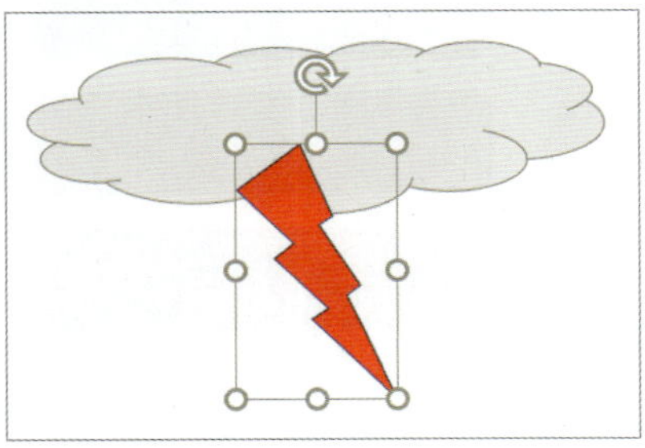

▲ 원본

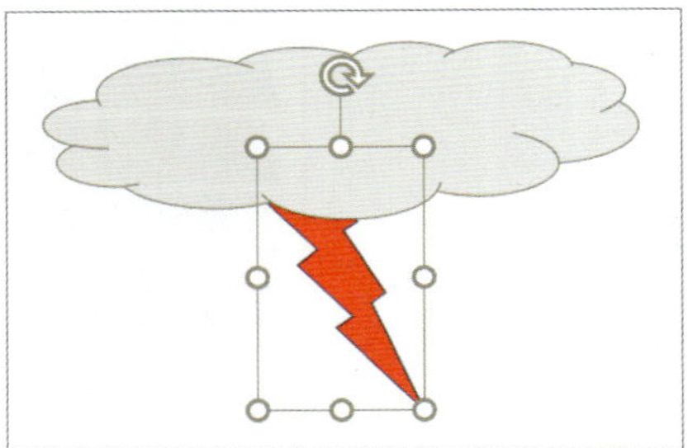

▲ 뒤로 보내기

1.4.2 도형 맞춤

맞춤할 두 개 이상의 도형을 선택한 후 [그리기 도구]-[서식] 탭-[정렬] 그룹-[맞춤]에서 원하는 맞춤을 선택한다.

원본	왼쪽 맞춤	가운데 맞춤	오른쪽 맞춤

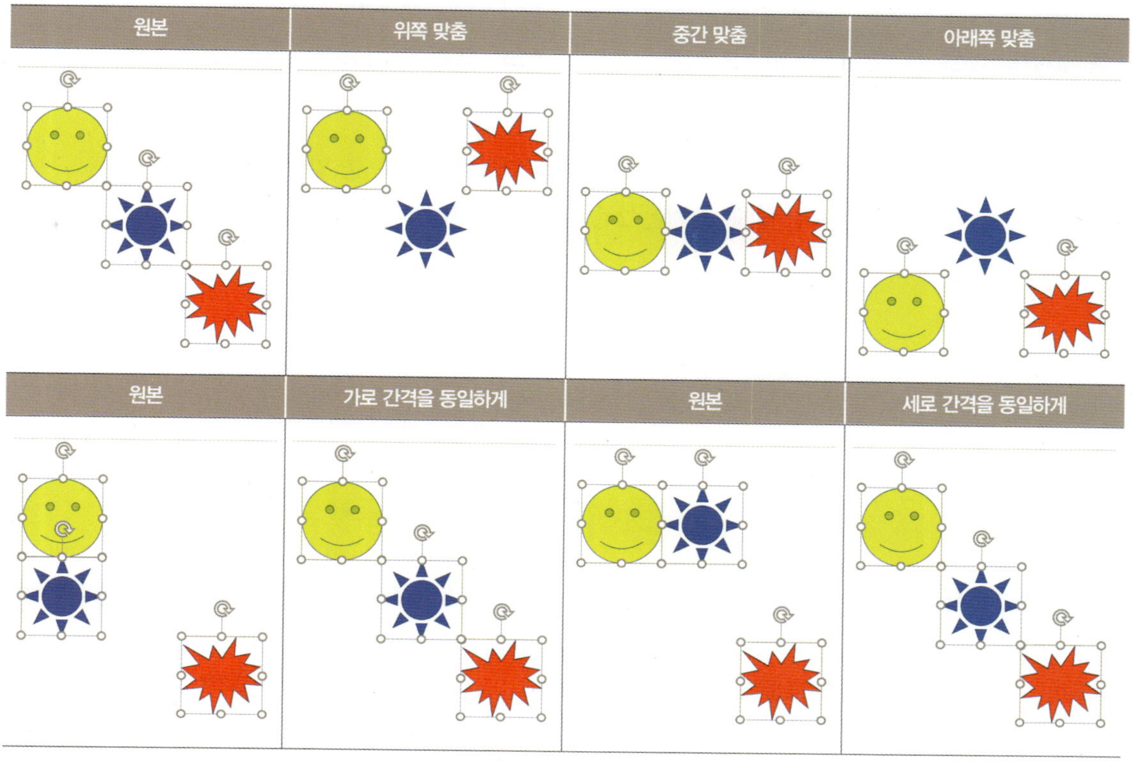

> **TIP** 도형의 맞춤은 '슬라이드에 맞춤', '선택한 개체에 맞춤'이 있다. 기본값은 '선택한 개체에 맞춤'이다.

1.4.3 도형 회전

도형을 선택한 후 도형 상단에 있는 회전 핸들(⟳)을 원하는 방향으로 마우스를 드래그하여 회전하거나, [그리기 도구]-[서식] 탭-[정렬]-[회전▼]을 클릭하여 회전 방식(오른쪽으로 90도 회전, 왼쪽으로 90도 회전, 상하 대칭, 좌우 대칭)을 선택하여 회전할 수 있다.

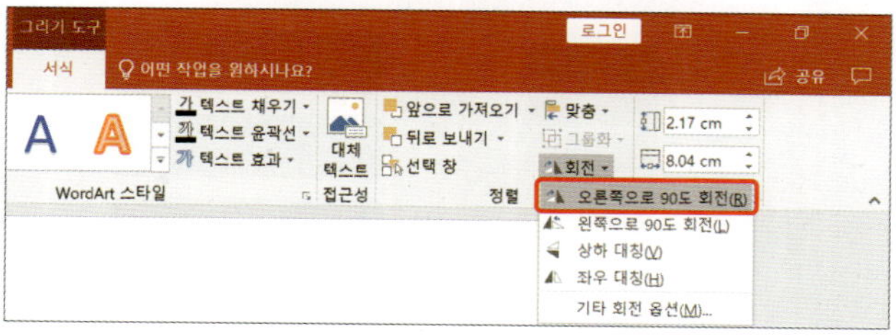

> **TIP** 도형 이동은 마우스를 드래그 앤 드롭하여 대부분 이동시키지만, 미세하게 도형을 이동할 때는 키보드의 방향키를 눌러 이동할 수 있다. 도형의 회전은 Alt를 누른 후 왼쪽/오른쪽 방향키를 눌러 15도씩 도형을 회전할 수 있으며, 좌/우 회전은 도형을 선택한 후 도형의 왼쪽이나 오른쪽에서 반대 방향으로 드래그하여 회전할 수 있다.
>
> 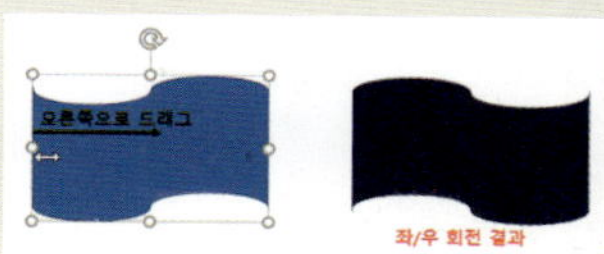
>

기본예제 06 도형 맞춤

정렬되지 않은 도형들을 도형 맞춤 기능을 이용해 정렬한다.

01 텍스트 입력 : '타원' 도형에 각각 『두부』, 『고구마』, 『단호박』 텍스트를 입력한 후 [홈] 탭–[글꼴] 그룹에서 글꼴은 '휴먼 옛체', 크기는 '24', 글꼴 색은 '빨강'과 '흰색'으로 설정한다.

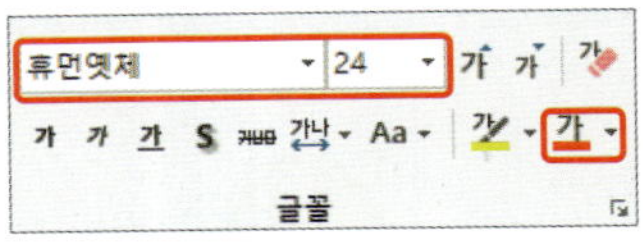

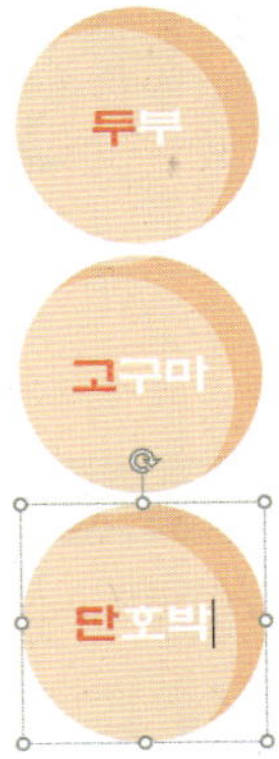

02 도형 그룹화 : Shift를 이용하여 두 개의 타원을 선택한 후 바로 가기 메뉴에서 [그룹화]–[그룹]을 클릭한다(Ctrl+G). 동일한 방법으로 '고구마', '단호박' 타원 도형도 그룹화한다.

03 도형 맞춤 : '타원' 도형을 모두 선택한 후 [그리기 도구]–[서식] 탭–[정렬] 그룹–[맞춤]에서 '세로 간격을 동일하게'를 클릭한다. 동일한 방법으로 '타원' 도형과 '사다리꼴' 도형을 '세로 간격을 동일하게' 적용한다.

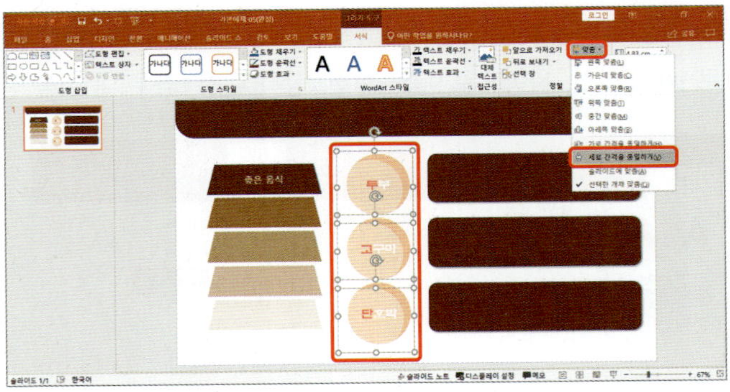

1.5 도형 병합

도형 병합은 두 개 이상의 도형을 삽입한 후 활용할 수 있으며, 통합, 결합, 조각, 교차, 빼기가 있다. 첫번째 선택한 도형은 두 번째 선택한 도형에 따라 도형 병합 기능이 적용됨으로 도형의 선택 순서를 고려하여 도형을 선택한 후 [그리기 도구]–[서식] 탭–[도형 삽입]–[도형 병합▼]을 실행한다.

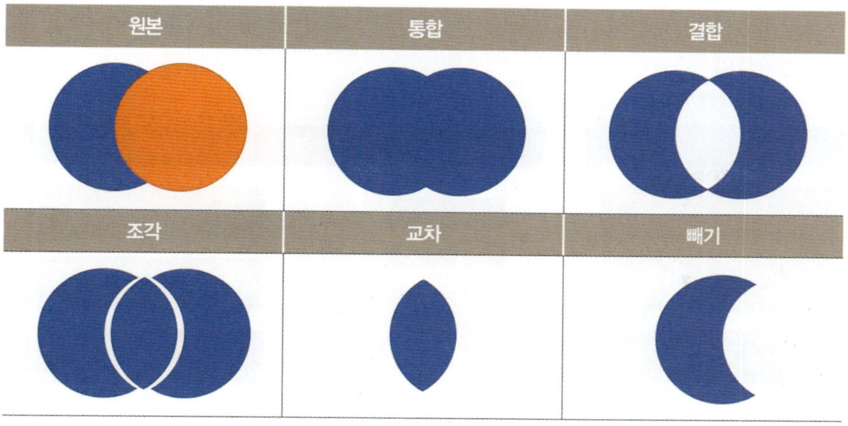

기본예제 07 도형 병합

도형 서식과 도형 병합 기능을 이용해 새로운 도형을 만들어 본다.

01 텍스트 입력 : 그림과 같이 도형에 텍스트를 입력한다. '1, 반려견과 식품'이 입력된 상단 도형을 선택한 후 [홈]–[삽입] 탭–[글꼴] 그룹에서 글꼴 크기 '40'을 설정한다.

02 도형 병합 : '사각형 : 둥근 위쪽 모서리' 도형을 그림과 같이 적당한 위치에 삽입하고 두 도형을 선택한 후 [그리기 도구]–[서식] 탭–[도형 삽입] 그룹–[도형 병합]에서 '빼기'를 클릭한다.

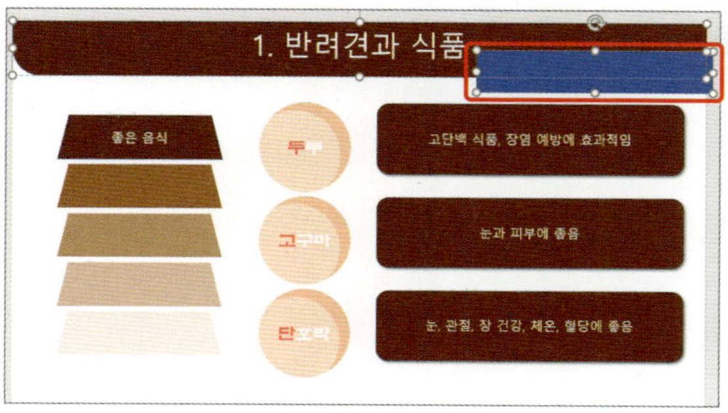

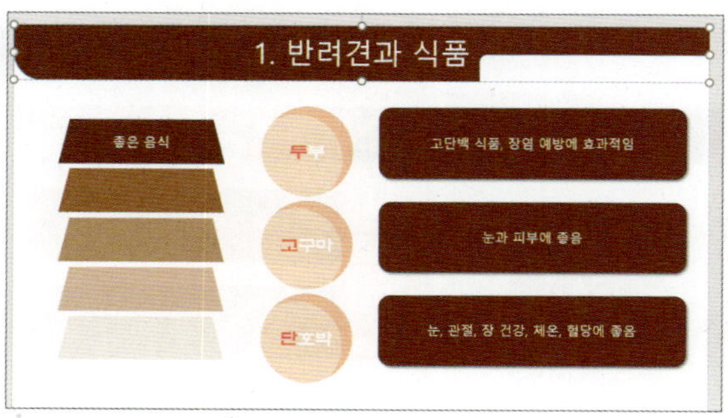

TIP 먼저 선택한 도형을 기준으로 두 번째 선택한 도형을 뺀다.

03 도형 삽입 : [삽입] 탭–[일러스트레이션] 그룹–[도형]에서 '사각형 : 둥근 위쪽 모서리' 도형을 그림과 같이 삽입한 후 크기와 조절점을 조절한다.

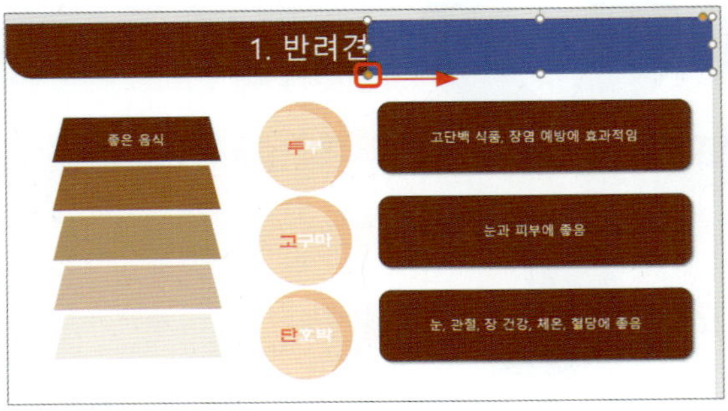

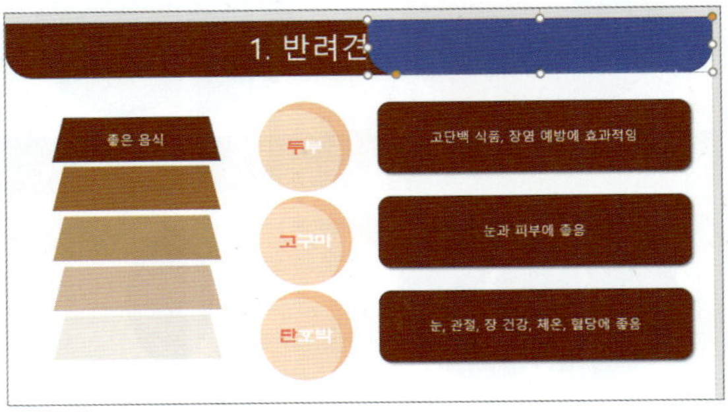

04 도형 서식 : 삽입한 도형을 선택한 후 바로 가기 메뉴에서 [도형 서식]을 클릭한다. 도형 서식의 '채우기' 항목에서 색은 '흰색, 배경 1', 투명도는 '50%', '선' 항목에서 '선 없음'을 설정하고 적당한 위치에 배치한다.

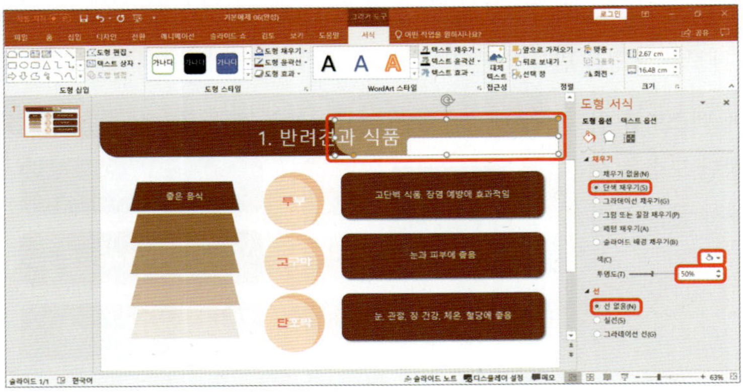

05 선 삽입 : [삽입] 탭–[일러스트레이션] 그룹–[도형]에서 '연결선: 꺾인 화살표'를 선택한 후 '타원' 도형의 상단 조절점에서 '사각형: 둥근 모서리' 도형의 왼쪽 조절점으로 드래그하여 삽입한다. [그리기 도구]–[서식] 탭–[도형 스타일] 그룹의 '도형 윤곽선'에서 색은 '주황, 강조 2, 50% 더 어둡게', 두께는 '2 1/4', 대시는 '둥근 점선'을 지정한다. 그림과 같이 나머지 선도 동일한 방법으로 삽입한다.

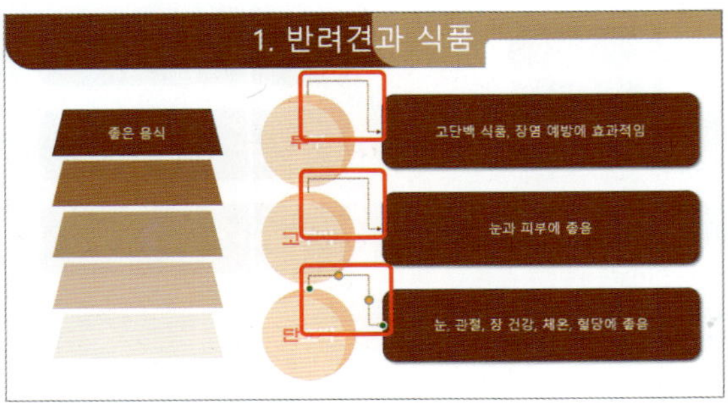

TIP 선을 선택한 후 바로 가기 메뉴에서 [기본 선으로 설정]을 클릭하면 이후에 그리는 선은 동일한 스타일이 적용된다.

06 도형 서식 : [삽입] 탭–[일러스트레이션] 그룹–[도형]에서 '기본 도형 : 타원' 도형을 삽입한 후 그림과 같이 '사다리꼴' 도형의 중앙에 배치한다. 도형 서식의 '채우기' 항목에서 색은 '흰색', 투명도는 '50%', '선' 항목에서 '선 없음'을 지정한다.

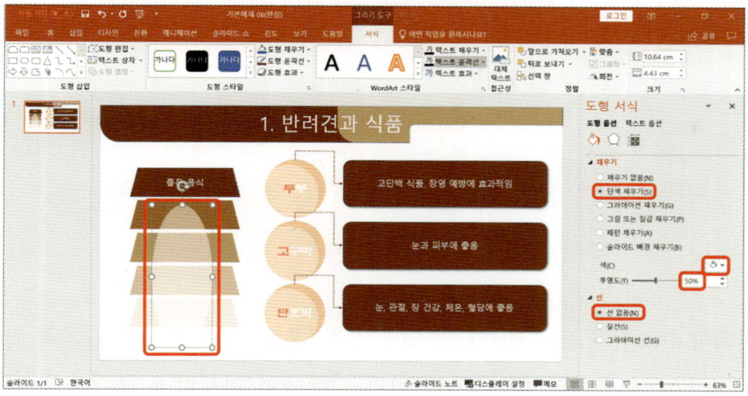

1.6 도형을 이용한 인포그래픽

인포메이션 그래픽(Information Graphics)의 줄임말로, 정보와 그래픽의 합성어이다. 인포그래픽은 그래픽 기반으로, 패턴과 시각을 이용하여 정보를 더욱 쉽고 빠르게 전달하는 기술을 말한다. 인포그래픽의 특징은 흥미를 유발하고, 정보 습득 시간을 절감하여 기억 지속 시간을 연장시켜 준다. 대중 매체 등에 다양하게 이용되면서 과학 분야, 교통 지도, 도로 표지판, 지하철 노선 등에 사용된다. 인포그래픽은 디자인을 위한 포토샵, 일러스트레이터 뿐만 아니라 파워포인트의 도형을 활용하여 사용되고 있다.

기본예제 08 인포그래픽 도형

도형을 이용해서 간단한 인포그래픽 도형을 만들어 본다.

01 새 프레젠테이션 및 레이아웃 설정 : 파워포인트를 실행하여 '새 프레젠테이션'을 클릭한 후 [홈] 탭–[슬라이드] 그룹–[레이아웃▼]–[빈 화면]을 클릭한다.

02 도형 및 텍스트 상자 삽입 : [홈] 탭–[그리기] 그룹에서 '자세히'를 클릭한 후 '직사각형'을 선택하고 드래그하여 삽입한다. 그림과 같이 하나의 도형을 더 추가한다.

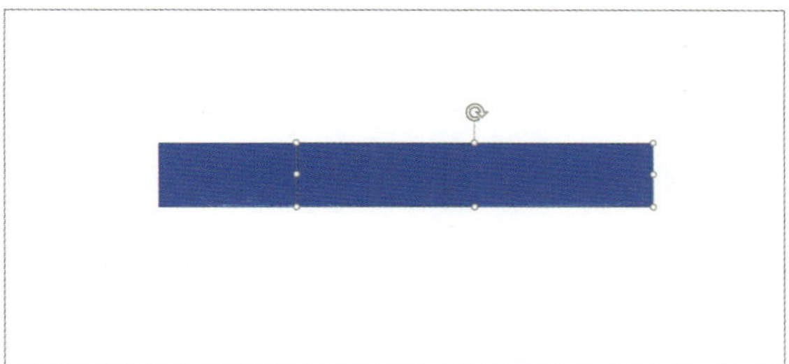

03 도형 서식 : 왼쪽 도형을 선택한 후 바로 가기 메뉴에서 [도형 서식]을 클릭하고 '채우기' 항목에서 색은 '황금색, 강조 4', '선' 항목에서 '선 없음'을 선택한다. 오른쪽 도형을 선택하고 '채우기' 항목에서 색은 '주황, 강조 2', '선' 항목에서 '선 없음'을 선택한다.

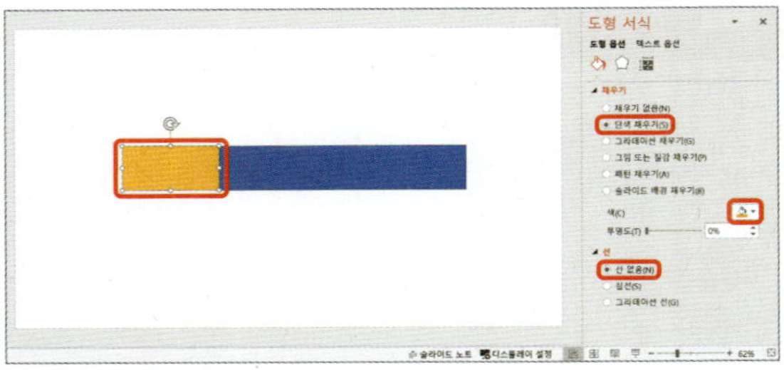

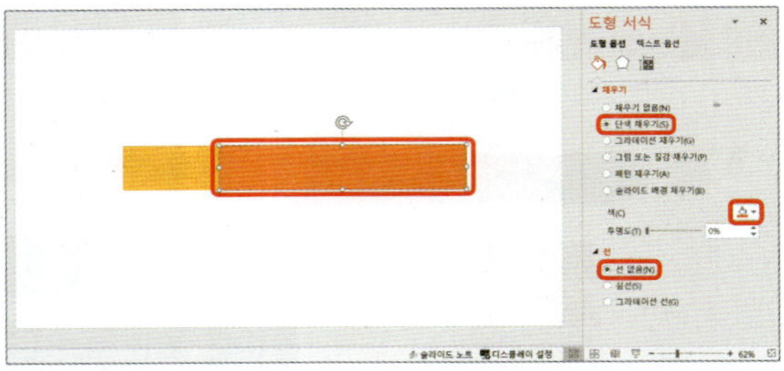

04 텍스트 입력 및 맞춤 : 도형을 선택하고 그림과 같이 텍스트를 입력한 후 [홈] 탭–[단락]에서 '오른쪽 맞춤'을 클릭한다. 나머지 텍스트도 그림과 같이 입력한다. [홈] 탭–[그리기] 그룹에서 '자세히'를 클릭한 후 '텍스트 상자'를 선택하고 그림과 같이 텍스트를 입력한다.

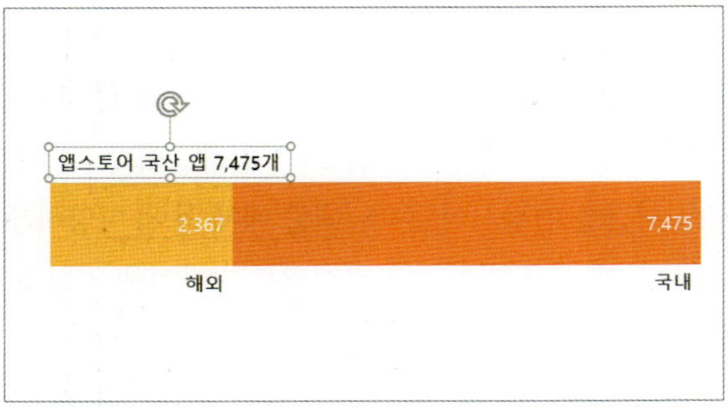

05 텍스트 서식 : 상단에 있는 텍스트 중 숫자 부분만 영역 지정한 후 [홈] 탭–[글꼴] 그룹에서 글꼴 크기를 '54'를 선택한다. 텍스트 상자는 적절한 위치로 드래그 한다. 오른쪽 도형에 있는 숫자 텍스트를 영역 지정한 후 글꼴 크기 '32'를 선택한다.

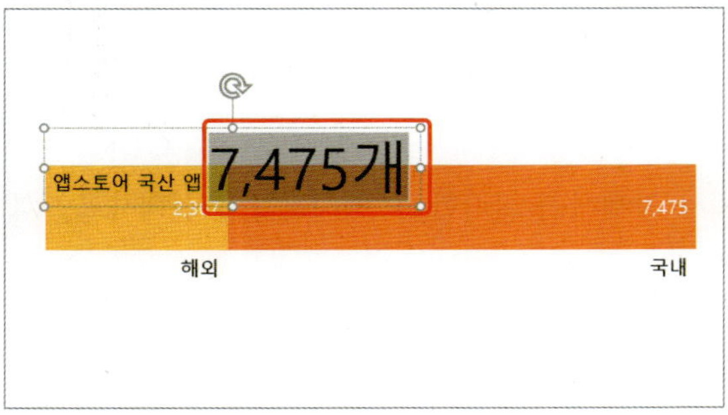

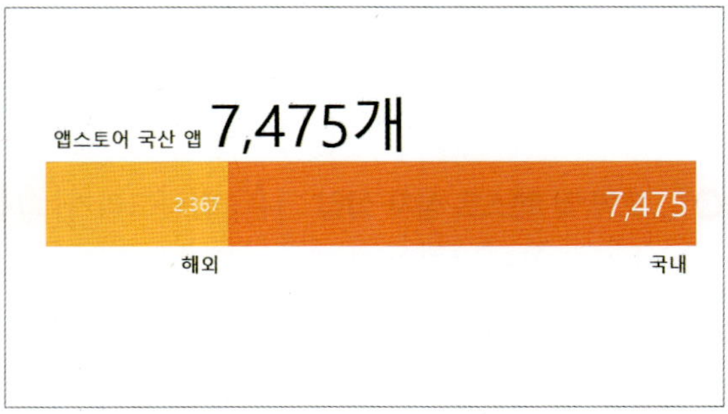

SECTION 02

멀티미디어 삽입하기

프레젠테이션의 내용을 보다 명확하게 전달하고, 이해를 돕기 위하여 그림, 오디오, 비디오, 아이콘을 삽입하여 만들 수 있으며, 삽입된 멀티미디어 파일을 간단하게 편집하여 따로 저장할 수도 있다. 또한, 프레젠테이션을 비디오 파일로 제작하여 저장할 수도 있다. 이 단원에서는 멀티미디어를 삽입하고 재생하는 방법에 대해 알아본다.

2.1 이미지 삽입

슬라이드에 그림을 삽입하는 방법에는 컴퓨터에 저장된 그림 파일을 삽입하거나, 온라인 그림을 이용하여 원하는 그림을 검색하여 삽입할 수 있다. 컴퓨터에 저장된 그림 파일은 사진 앨범 기능을 이용하여 앨범을 쉽게 제작할 수 있으며, 작업하는 환경이나 온라인 그림을 스크린샷 기능으로 직접 찍어 사용할 수 있다. 그림 파일은 비트맵 형식의 '*.bmp', '*.gif', '*.jpg', '*.png' 형식 뿐만 아니라 벡터 방식의 '*.wmf', '*.svg', '*.emf' 그림 파일도 삽입할 수 있다.

2.1.1 그림

그림 파일을 삽입하려면 [삽입] 탭–[이미지] 그룹–[그림] 선택한 후 [그림 삽입] 대화상자가 나타나면 그림 파일을 선택하고 [열기]를 클릭한다.

[그림 삽입] 대화상자에서 '아주 큰 아이콘', '큰 아이콘', '보통 아이콘', '작은 아이콘'을 클릭하여 그림을 미리 확인하고 열 수 있다.

2.1.2 온라인 그림

온라인 그림은 카테고리를 분류하여 제공되며 검색어 입력란에 단어를 입력하고 Enter를 눌러 검색할 수 있다. 온라인 그림은 'Bing'에서 제공되는 그림이다. 온라인 그림을 삽입하려면 [삽입] 탭–[이미지] 그룹–[온라인 그림]을 선택한 후 [온라인 그림] 창이 나타나면 그림을 선택하고 [삽입]을 클릭한다.

> **TIP** 온라인 그림은 다중 선택하여 한 번에 여러 개를 삽입할 수 있다.

2.1.3 스크린샷

스크린샷은 화면의 일부를 빠르게 캡처하는 기능으로 현재 작업 창이나 다른 프로그램의 화면을 캡쳐할 수 있다. 다른 프로그램의 화면을 캡쳐할 때는 미리 프로그램을 실행시킨 후에 스크린샷을 실행한다. 스크린샷을 삽입하려면 [삽입] 탭–[이미지] 그룹–[스크린샷▼]을 선택한 후 캡처할 창을 선택한다.

2.1.4 사진 앨범

사진 앨범은 내 컴퓨터에 저장된 그림을 이용하여 앨범을 제작할 수 있다. 사진 앨범에는 '그림 레이아웃', '프레임 모양', '테마', '그림 편집', '그림 옵션' 등을 설정할 수 있다. 사진 앨범을 삽입하려면 [삽입] 탭–[이미지] 그룹–[사진 앨범▼]–[새 사진 앨범]을 선택한 후 [사진 앨범] 대화상자가 나타나면 '파일/디스크'를 눌러 삽입할 그림들을 선택하고 사진 앨범의 옵션인 텍스트 삽입, 그림 옵션, 앨범 레이아웃을 선택한 후 [만들기]를 클릭한다.

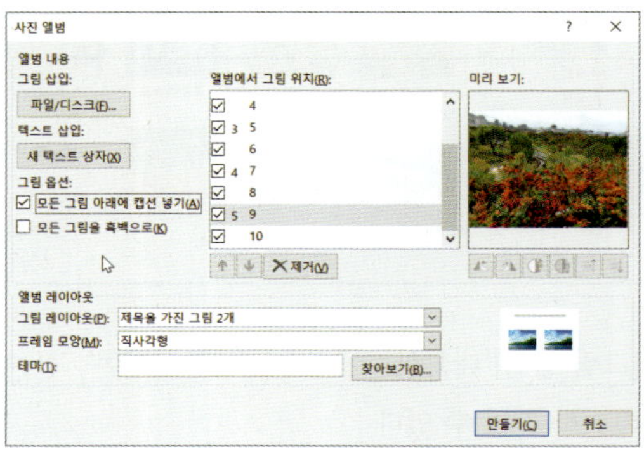

2.1.5 삽입된 그림 편집

그림 편집에는 '배경 제거', '선명도', '밝기 조절', '색', '꾸밈 효과', '그림 압축', '그림 바꾸기', '그림 스타일', '회전', '도형에 맞게 자르기' 등의 다양한 기능을 활용할 수 있다.

> **TIP** 그림이 삽입된 상태에서 그림을 변경하고자 할 때는 그림을 선택한 후 바로 가기 메뉴에서 [그림 바꾸기]–[파일에서], [온라인 소스에서], [아이콘에서], [클립보드에서]를 선택한다.

- **배경 제거** : 제거할 영역과 보관할 영역을 지정하여 배경을 제거할 수 있다.

- **선명도 및 밝기/대비** : 그림 수정 옵션을 이용하여 선명도 및 밝기/대비를 정밀하게 조정할 수 있다.

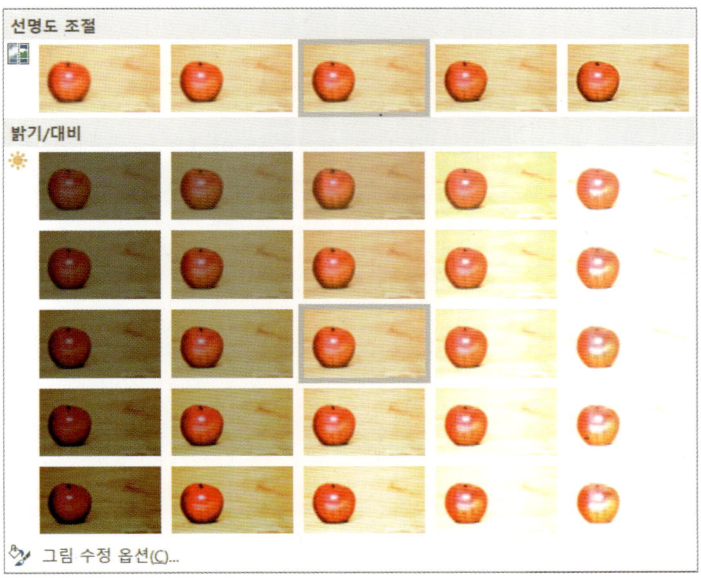

• **색** : 채도, 색조, 다시 칠하기 등을 조정할 수 있다.

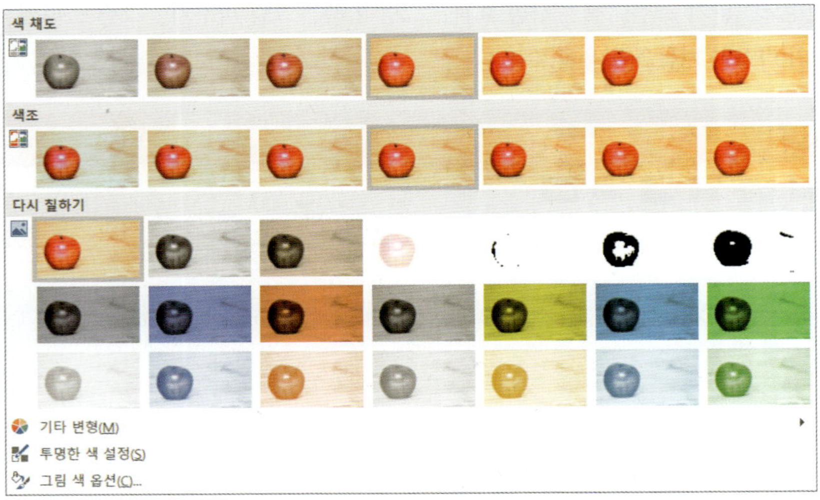

• **꾸밈 효과** : 표식, 연필 회색조, 연필 스케치 등 다양한 꾸밈 효과를 줄 수 있다.

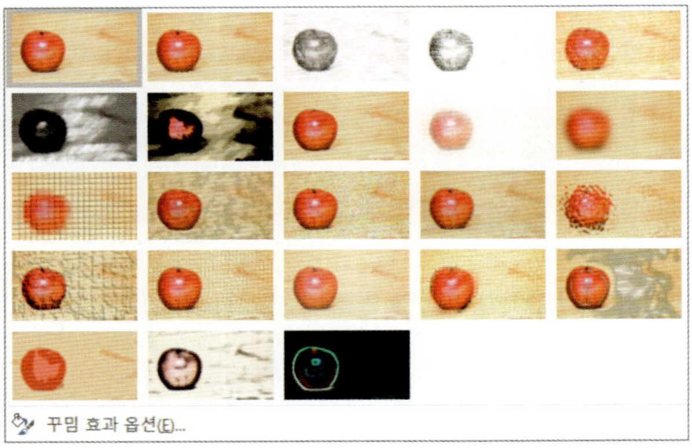

• **그림 스타일** : 그림 스타일은 그림 테두리, 그림 효과, 그림 레이아웃 등을 변경할 수 있다.

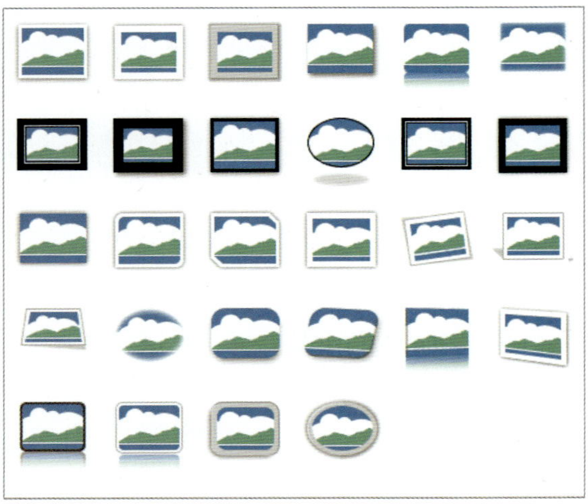

• **자르기** : 그림의 일정 부분을 자르거나 도형에 맞춰 자를 수 있다.

기본예제 09 그림 편집

꾸밈 효과, 그림 스타일, 도형에 맞춰 자르기를 이용해 그림을 편집한다.

01 꾸밈 효과와 그림 스타일 그림을 선택한 후 [그림 도구]–[서식] 탭–[조정] 그룹–[꾸밈 효과▼]에서 '확산 네온'을 클릭한다. 그림이 선택된 상태에서 [그림 도구]–[서식] 탭–[그림 스타일] 그룹에서 '자세히'를 눌러 '둥근 대각선 모서리, 흰색'을 선택한다.

02 도형에 맞춰 자르기 그림이 선택된 상태에서 [그림 도구]–[서식] 탭–[크기] 그룹–[자르기▼]를 클릭한 후 '도형에 맞춰 자르기 : 하트'를 선택한다.

TIP 삽입한 그림 또는 편집한 그림은 바로 가기 메뉴의 [그림으로 저장]을 이용하면 별도의 파일로 저장할 수 있다.

2.2 오디오 삽입

프레젠테이션은 슬라이드에 오디오 파일을 삽입하여 정보 전달을 극대화할 수 있다. 오디오 파일은 스피커나 헤드셋을 이용하여 재생할 수 있으며, 마이크를 사용하여 오디오를 직접 녹음할 수도 있다. 삽입된 오디오 파일은 트리밍 기능을 활용하여 소리를 편집하고 별도의 파일로 저장할 수 있다. 오디오 파일 형식은 '*.adts', '*.aiff', '*.au', '*.flac', '*.midi', '*.mp3', '*.mka', '*.mp4', '*.wav', '*.wma'를 사용한다.

오디오 파일을 삽입하기 위해 [삽입] 탭-[미디어] 그룹-[오디오▼]-[내 PC의 오디오]를 선택한 후 [오디오 삽입] 대화상자가 나타나면 오디오 파일을 선택하고 [삽입]을 클릭한다. 오디오 재생 및 편집은 [오디오 도구]-[재생] 탭에서 설정한다.

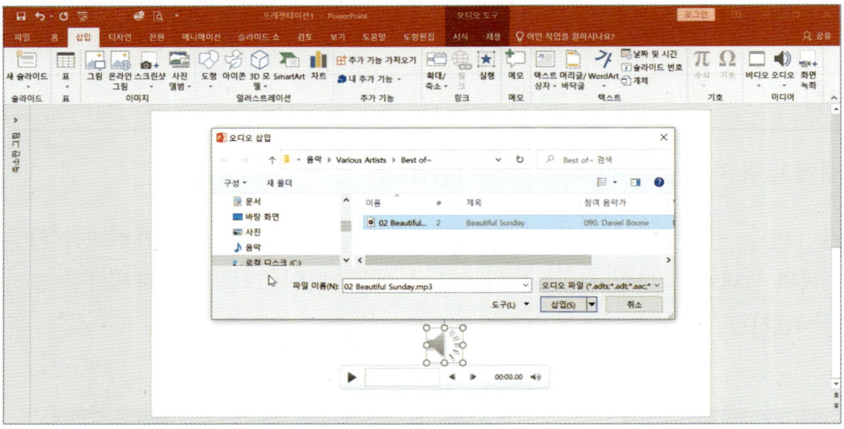

- **오디오 트리밍** : 원하는 부분만이 재생되도록 편집할 수 있다.
- **페이드 인/페이드 아웃** : 페이드 지속 시간을 설정하여 소리가 점점 커지거나 점점 작아지게 설정할 수 있다.
- **오디오 옵션** : 슬라이드 쇼 실행 시 오디오를 자동 실행하거나 클릭하여 실행시킬 수 있다.
- **오디오 스타일(백그라운드에서 재생)** : 모든 슬라이드에서 오디오를 백그라운드로 계속 재생한다.

기본예제 10 오디오 삽입 및 트리밍

오디오를 삽입한 후 트리밍을 적용해 저장한다(귀뚜라미.mp3 파일 : 40초 재생)

01 오디오 삽입 : 파워포인트를 실행한 후 '새 프레젠테이션'을 클릭한다. [홈] 탭-[슬라이드] 그룹-[레이아웃▼]을 클릭한 후 '빈 화면'을 선택한다. [삽입] 탭-[미디어] 그룹-[오디오▼]-[내 PC의 오디오]를 선택한 후 [오디오 삽입] 대화상자가 나타나면 '귀뚜라미' 오디오 파일 선택하고 [삽입]을 클릭한다.

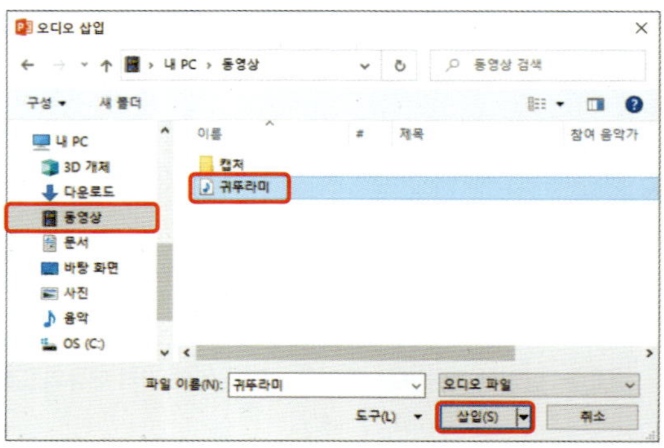

02 오디오 편집 : 오디오 파일이 선택된 상태에서 [오디오 도구]-[재생] 탭-[편집] 그룹-[오디오 트리밍]을 선택한 후 [오디오 트리밍] 대화상자가 나타나면 '종료 시간'에 『40』을 입력하고 [확인]을 클릭한다.

03 오디오 저장 : 오디오 파일이 선택된 상태에서 바로 가기 메뉴 [다른 이름으로 미디어 저장]을 클릭한후 [다른 이름으로 미디어 저장] 대화상자가 나타나면 파일 이름을 입력하고 [저장]을 클릭한다.

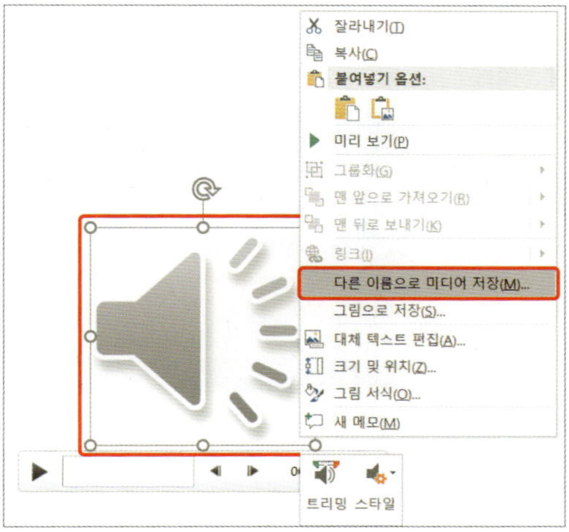

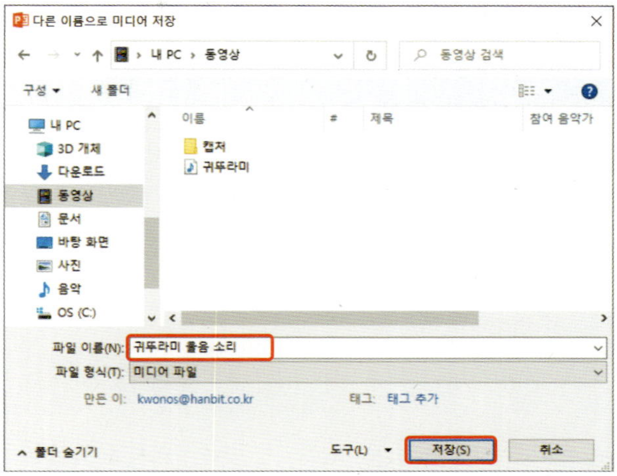

2.3 비디오 삽입 및 편집

프레젠테이션에 비디오를 추가하여 작성할 수 있으며, 비디오는 내 PC의 비디오나 온라인 비디오를 연결하여 삽입할 수 있다. 오디오 파일 형식은 '*.asf', '*.avi', '*.mk3d', '*.mkv', '*.mov', '*.mp4', '*.mpeg', '*.wmv' 등을 지원한다.

2.3.1 비디오 삽입

사용자 컴퓨터에 저장되어있는 비디오 파일을 삽입하려면 [삽입] 탭-[미디어] 그룹-[비디오▼]-[내 PC의 비디오]를 선택한 후 [비디오 삽입] 대화상자가 나타나면 비디오 파일을 선택하고 [삽입]을 클릭한다.

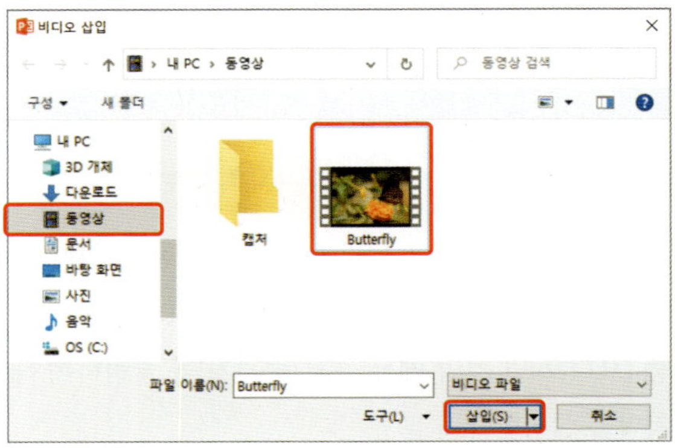

사용자 컴퓨터가 아닌 온라인에 있는 비디오를 삽입하기 위해서는 [삽입] 탭-[미디어] 그룹-[비디오▼]-[온라인 비디오]를 선택한다. [비디오 삽입] 창이 나타나면 You Tube 검색란에 검색어를 입력한 후 원하는 비디오 파일을 선택하고 [삽입]을 클릭한다.

TIP 온라인 비디오 삽입은 인터넷 연결 후 활용할 수 있다.

2.3.2 비디오 편집

- **비디오 트리밍** : 시작 시간과 종료 시간을 지정하여 비디오의 원하는 부분만 재생할 수 있다.

- **캡션 삽입** : 자막 파일을 만들어 비디오에 추가할 수 있다. 자막은 메모장 프로그램을 실행한 후 'WEBVTT, 재생 시간, 자막 내용'을 입력한다. 자막 파일은 첫 줄에 반드시 WEBVTT 입력 후 시작한다. 캡션 파일을 저장할 때 반드시 파일명과 확장자(파일명.vtt)를 입력한 후 인코딩은 'UTF-8'을 선택하고 저장한다. 캡션 삽입은 [비디오 도구]-[재생] 탭-[캡션 옵션]-[캡션 삽입▼]-[캡션 삽입]을 클릭한다.

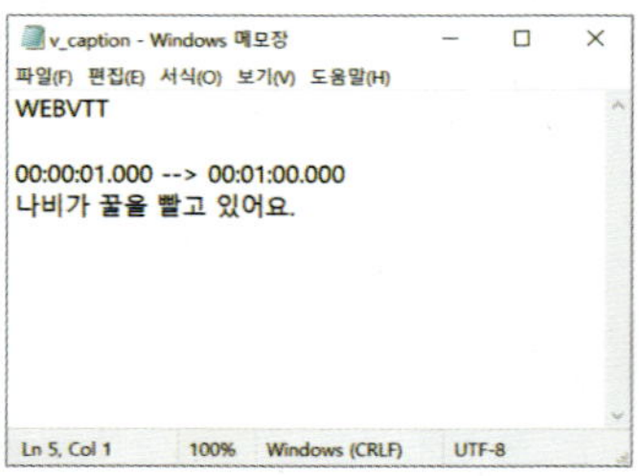

자막이 비디오에 표시되지 않는 경우에는 삽입한 비디오를 선택한 후 비디오 밑에 표시되는 비디오 재생 도구 중 [오디오 및 자막 메뉴 표시/숨기기]를 클릭하여 해당 자막을 설정한다.

여기서 잠깐 ▶ 자막 작성 형식

자막은 '자막이 재생되는 시작 시간', '→', '자막이 종료되는 시간', '자막 내용'으로 작성한다. 자막 재생 또는 종료 시간은 시:분:초.밀리초 형식으로 구성된다.

```
WEBVTT
00:00:01.000 → 00:00:40.000
자막 만들기 연습
```

비디오 재생 후 1초부터 40초까지 '자막 만들기 연습'이라는 자막이 표시된다.

기본예제 11 비디오 삽입

YouTube 검색을 통해 비디오를 삽입한다.

01 비디오 삽입 : 파워포인트를 실행한 후 '새 프레젠테이션'을 클릭한다. [홈] 탭–[슬라이드] 그룹–[레이아웃▼]을 클릭한 후 '빈 화면'을 선택한다. [삽입] 탭–[미디어] 그룹–[비디오▼]–[온라인 비디오]를 선택한 후 YouTube 검색란에 '스포츠'를 입력하고 검색된 결과에서 원하는 비디오를 선택한 후 [삽입]을 클릭한다.

2.4 아이콘 삽입 및 편집

아이콘은 키보드를 통해 입력할 수 없는 다양한 기호를 시각적으로 의사소통하기 위해 만들어진 것이다. 아이콘은 도형으로 변환하여 사용할 수 있다. 아이콘은 '*.svg' 벡터 그래픽 형식이다.

2.4.1 아이콘 삽입

아이콘을 삽입하기 위해 [삽입] 탭–[일러스트레이션] 그룹–[아이콘]을 클릭한 후 [아이콘 삽입] 창이 나타나면 원하는 아이콘을 선택하고 [삽입]을 클릭한다. 아이콘은 검색란에 원하는 '검색어'를 입력하거나 왼쪽 분류 목록을 이용하여 분류별로 원하는 아이콘을 검색한 후 한 개 또는 두 개 이상을 삽입할 수 있다.

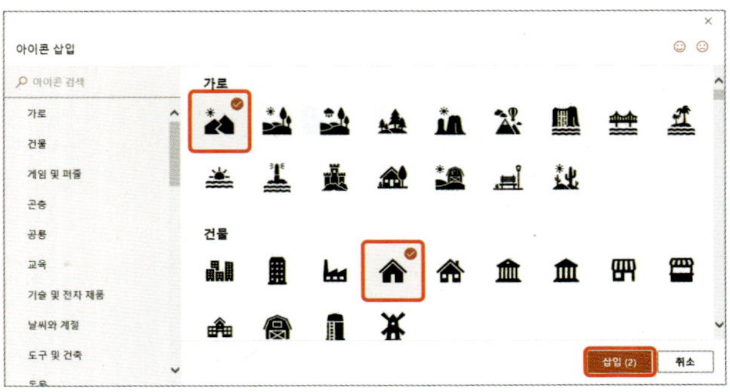

2.4.2 아이콘 편집

삽입된 아이콘을 편집하기 위해 [그래픽 도구]–[서식] 탭–[변경] 그룹–[도형으로 변환]을 클릭한다. 도형으로 변환된 아이콘은 바로 가기 메뉴에서 [그룹화]–[그룹 해제]를 클릭한 후 편집할 수 있다.

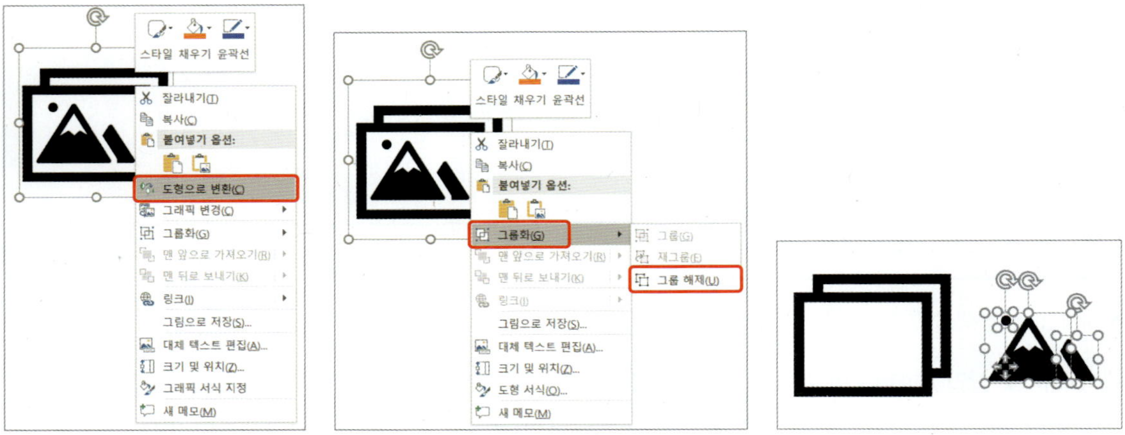

기본예제 12 아이콘 삽입 및 도형 변환

삽입한 아이콘을 도형 변환, 그룹 기능을 이용해 새로운 아이콘으로 만들어 본다.

01 아이콘 삽입 : 파워포인트를 실행한 후 '새 프레젠테이션'을 클릭한다. [홈] 탭–[슬라이드] 그룹–[레이아웃▼]을 클릭한 후 '빈 화면'을 선택한다. [삽입] 탭–[일러스트레이션] 그룹–[아이콘]을 선택한 후 검색란에 『선인장』을 입력하고 오른쪽 결과 창에서 '선인장' 아이콘을 선택하여 [삽입]을 클릭한다. 편집하기 쉽게 삽입된 아이콘의 조절점을 드래그하여 크기를 키운다.

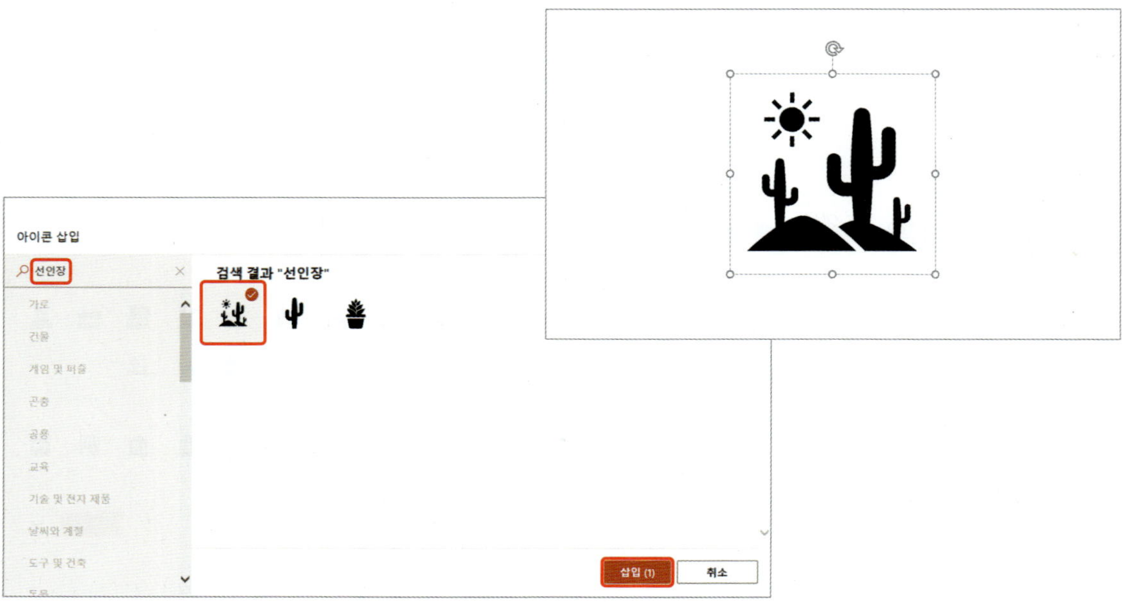

02 도형으로 변환 및 그룹화 해제 : 선인장 아이콘을 선택한 후 바로 가기 메뉴의 [도형으로 변환]을 클릭한다. 도형이 선택된 상태에서 바로 가기 메뉴의 [그룹화]-[그룹화 해제]를 클릭한다.

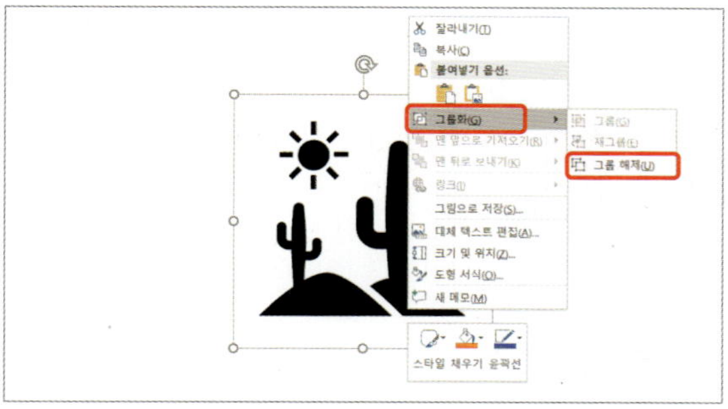

04 그룹화 : 도형을 그림과 같이 편집 후 편집한 도형을 모두 선택하고 바로 가기 메뉴의 [그룹화]-[그룹화]를 클릭한다.

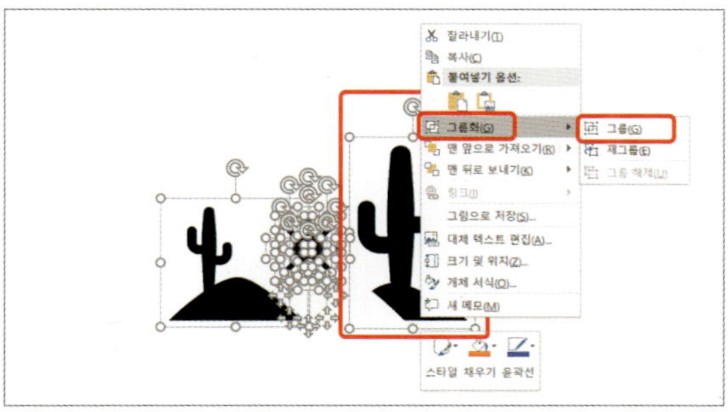

2.5 하이퍼링크 삽입

하이퍼링크는 문서 안에서 웹사이트, 파일(동영상, 소리, 이미지, 문서 파일), 현재 문서, 전자 메일 주소 등를 연결시켜 줌으로써 원하는 부분으로 빠르게 이동할 수 있다. 파워포인트에서는 도형, 텍스트, 이미지에 하이퍼링크를 설정하여 다른 슬라이드나 웹사이트로 이동시켜 주며, '슬라이드 쇼' 진행 시 확인할 수 있다.

[삽입]-[링크] 그룹에는 슬라이드 쇼 진행 시 슬라이드에 다른 슬라이드를 축소판 형태로 삽입하여 다른 슬라이드를 확대/축소 및 이동할 수 있도록 하는 '확대/축소', 문서 내의 이동이나 웹사이트를 연결하는 '링크', 마우스를 클릭이나 연결 개체를 설정할 수 있는 '실행'이 있다.

2.5.1 하이퍼링크 연결 설정

하이퍼링크로 연결할 개체(텍스트, 도형, 이미지 등)를 선택한 후 [삽입] 탭-[링크] 그룹-[링크]를 클릭한다. [하이퍼링크 삽입] 대화상자가 나타나면 연결 대상을 선택하고 [확인]을 클릭한다.

- **기존 파일/웹페이지** : 저장된 기존 파일이나 웹페이지와 연결한다.

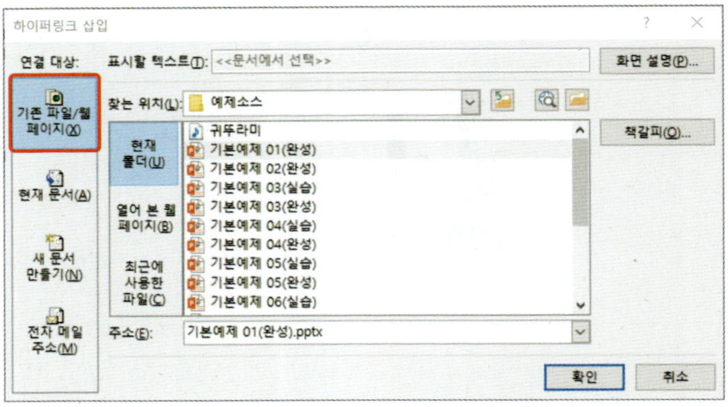

- **현재 문서** : 현재 문서 내의 다른 슬라이드를 선택하여 연결한다.

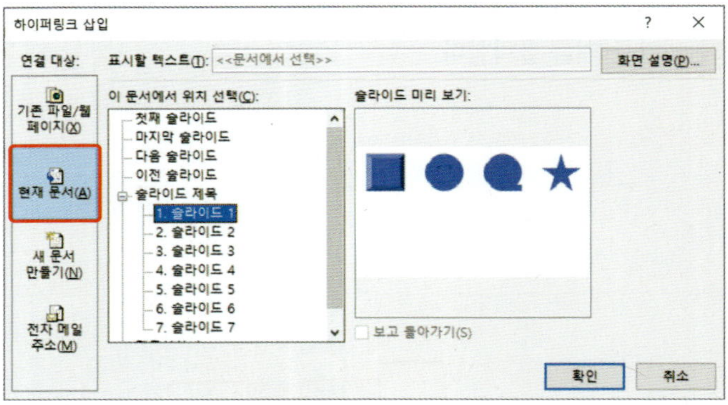

- **새 문서 만들기** : 새로운 프레젠테이션을 만들어 연결한다. 경로와 파일명을 지정해주고 문서 편집은 나중 또는 지금 편집할 수 있다.

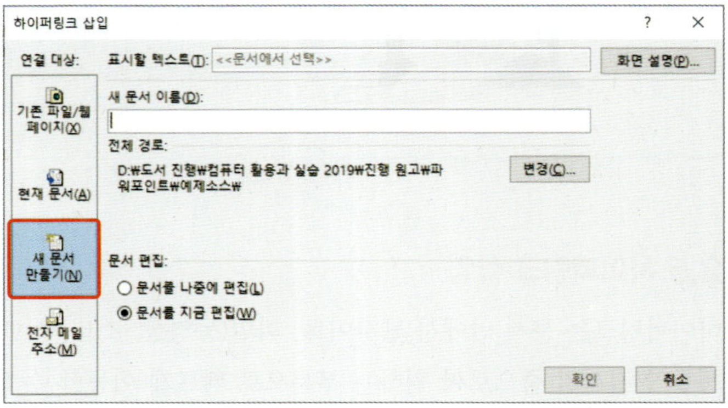

- **전자 메일 주소** : 표시된 전자 메일 주소로 연결하여 사용자의 전자 메일 프로그램을 연다.

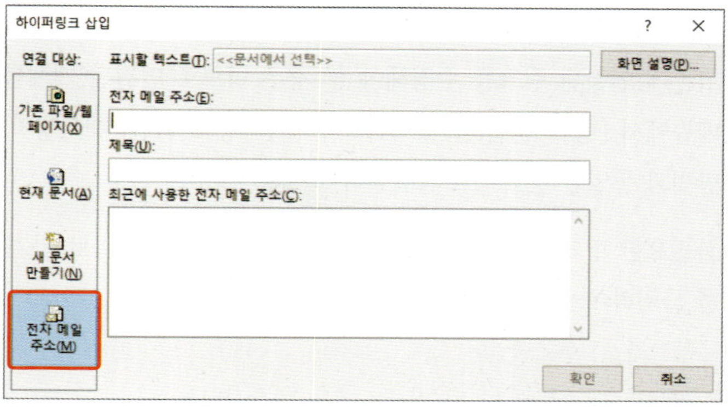

- **화면 설명** : 슬라이드 쇼 진행 시 [텍스트 설명]을 표시하기 위한 것으로, [화면 설명]이 설정된 하이퍼링크에 마우스 포인터를 가져다 대면 설정한 '화면 설명 텍스트'가 표시된다.

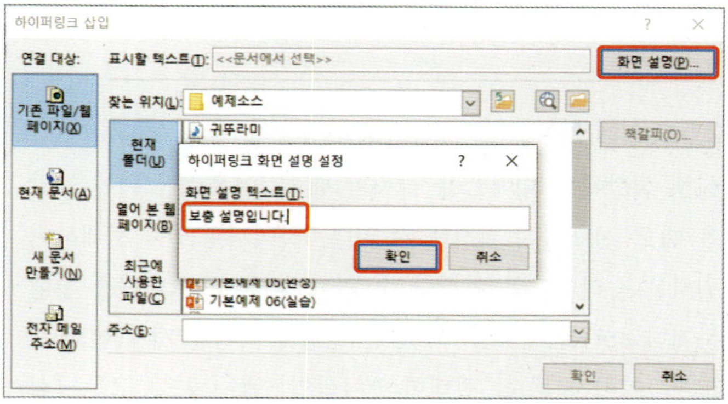

TIP 하이퍼링크 색 변경은 [디자인] 탭-[적용] 그룹에서 '자세히'를 클릭한 후 [색]-[색 사용자 지정]을 클릭하여 '하이퍼링크'와 '열어 본 하이퍼링크' 색을 변경할 수 있다.

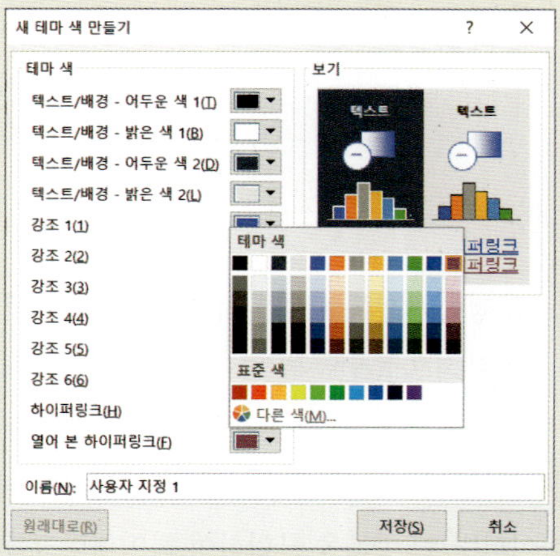

2.5.2 하이퍼링크 연결 편집과 해제

기존에 연결된 링크를 수정해야 할 경우 링크로 연결된 개체를 선택한 후 바로 가기 메뉴에서 [링크 편집]을 클릭하고 [하이퍼링크 편집] 대화상자가 나타나면 연결하는 방법과 동일한 방법으로 편집한다.

불필요한 링크를 해제해야 한다면 개체를 선택한 후 바로 가기 메뉴에서 [링크 제거]를 클릭하여 연결 해제할 수 있다.

2.5.3 실행 설정

실행 설정에는 '마우스를 클릭할 때'와 '마우스를 위에 놓았을 때'를 선택하여 지정할 수 있다. '하이퍼링크'를 선택하여 원하는 슬라이드와 연결할 수 있고, 다른 프로그램을 실행하거나 소리를 재생할 수 있다. 실행을 지정할 개체(텍스트, 도형, 이미지 등)를 선택한 후 [삽입] 탭–[링크] 그룹–[실행]을 클릭한다.

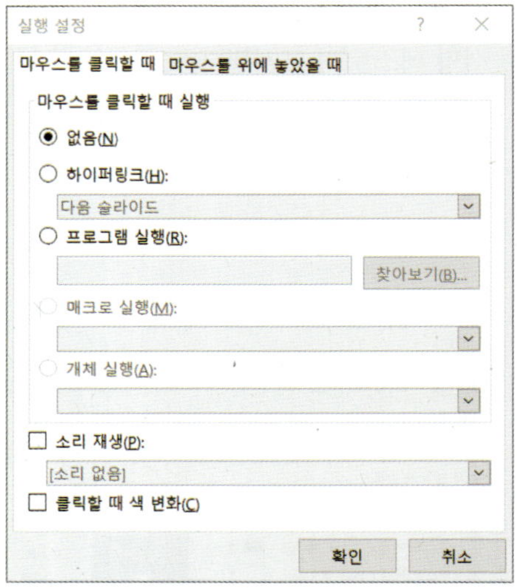

2.5.4 실행 단추를 이용하여 하이퍼링크 설정

간편하게 하이퍼링크를 설정할 수 있는 실행 단추는 [삽입] 탭–[도형▾]–[실행 단추]나 [홈] 탭–[그리기] 그룹–[그리기 개체]–[실행 단추]에서 삽입할 수 있다. 실행 단추는 기본적으로 단추별 하이퍼링크가 설정되어 있으며, 사용자에 의해 하이퍼링크를 수정할 수 있다. 실행 단추는 [홈] 탭–[그리기] 그룹에서 '자세히'를 클릭한 후 '실행 단추' 중에서 원하는 도형을 선택하면 슬라이드와 연결할 수 있는 [실행 설정] 대화상자가 나타나며, 기존의 하이퍼링크를 변경하고자 할 때는 [실행 설정]–[하이퍼링크] 항목을 클릭하여 하이퍼링크를 변경할 수 있다.

2.5.5 확대/축소

확대/축소는 프레젠테이션 중 슬라이드를 순서 대로 이동하는 것이 아닌 원하는 곳으로 이동할 수 있다.

방문 페이지와 비슷하여 프레젠테이션을 한 눈에 볼 수 있는 '요약 확대/축소', 구역이나 프레젠테이션의 특정 부분을 연결하여 강조하는 '구역 확대/축소', 프레젠테이션을 동적으로 연결하여 흐름을 방해하지 않으면서 선택한 순서로 슬라이드 간 자유롭게 이동할 수 있는 '슬라이드 확대/축소'가 있다. [삽입] 탭–[링크] 그룹에서 '확대/축소'를 클릭한다.

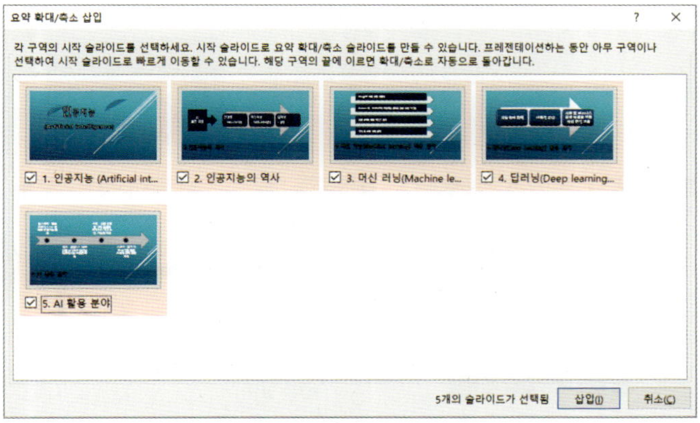

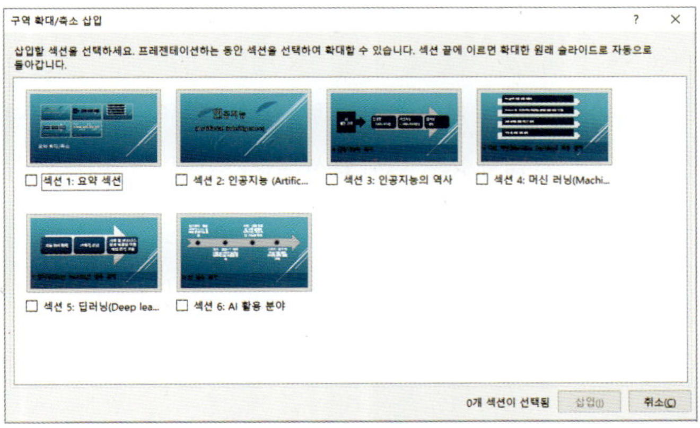

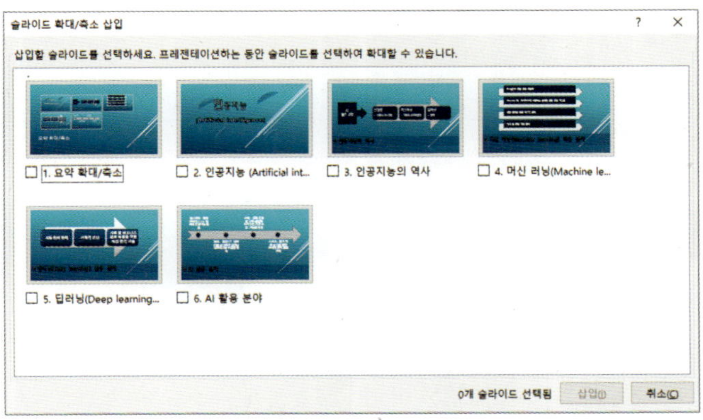

기본예제 13 하이퍼링크 삽입

개체 유형별 하이퍼링크를 설정하여 슬라이드 간 이동 방법을 학습한다.

01 실행 단추 삽입 : 2번 슬라이드를 선택한 후 [삽입] 탭–[일러스트레이션] 그룹–[도형▼]을 클릭하고 '실행 단추: 홈으로 이동'을 클릭한다. 그림과 같이 슬라이드 상단에 드래그하여 삽입한다. [실행 설정] 대화상자가 나타나면 [확인]을 클릭한다. 3번, 4번, 5번 6번 슬라이드에도 동일한 방법으로 삽입한다.

02 슬라이드 링크 : 2번 슬라이드의 '이미지 삽입하기' 텍스트를 영역 지정한 후 [삽입] 탭–[링크] 그룹–[링크]를 클릭한다. [하이퍼링크 삽입] 대화상자가 나타나면 연결 대상은 '현재 문서' 위치 선택은 '3. 이미지 삽입하기'를 선택한 후 [확인]을 클릭한다.

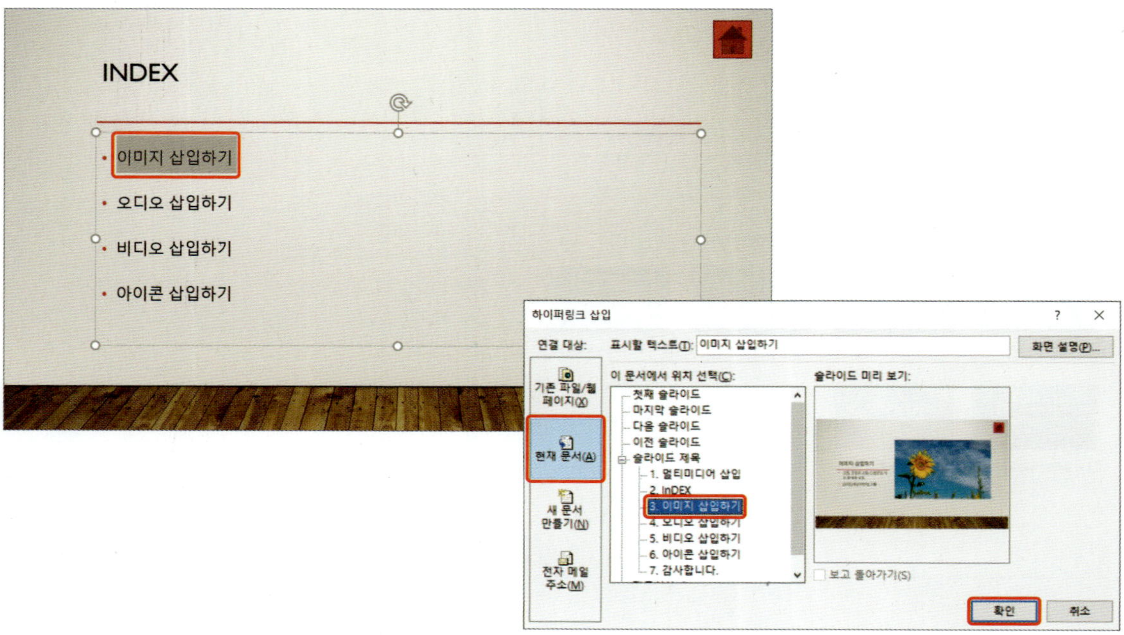

03 웹페이지 링크 : 6번 슬라이드에서 공룡 아이콘을 선택한 후 [삽입] 탭–[링크] 그룹–[링크]를 클릭한다. [하이퍼링크 삽입] 대화상자가 나타나면 연결 대상은 '기존 파일/웹페이지', 주소에는 『https://icon-icons.com/ko/』를 입력한다. 이어서 [화면 설명]을 클릭한 후 입력란에 『무료 아이콘 다운받기』를 입력하고 [확인]을 클릭하여 대화상자를 모두 닫는다.

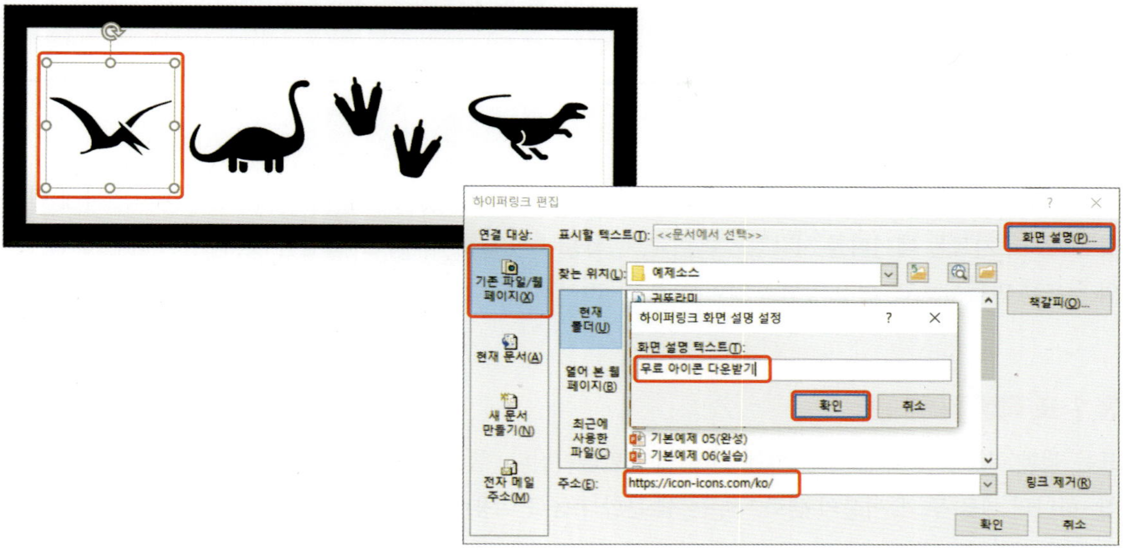

SECTION 03

표와 차트로 슬라이드 작성하기

수치 데이터 간의 비교, 분석에 많이 활용되는 것이 표와 차트이다. 표는 수치 데이터를 일목요연하게 비교할 수 있고, 차트는 데이터를 시각적으로 비교, 분석할 수 있도록 그래프로 표현한 것이다. 이 단원에서는 표와 차트를 만들어보고, 편집 방법을 알아본다.

3.1 표 작성 및 셀 관리

표는 행과 열로 구성되며, 행과 열에 의해 셀이 만들어진다. 셀은 두 개 이상의 셀을 하나의 셀로 합치는 병합, 하나의 셀을 두 개 이상의 셀로 나누는 셀 분할 기능을 이용하여 편집할 수 있다.

3.1.1 표 작성

표 작성하는 방법은 [삽입] 탭-[표] 그룹-[표▼]에서 행과 열을 드래그하여 지정하거나 표 작성을 위한 슬라이드 유형을 선택한 후 [표 삽입] 대화상자가 나타나면 행과 열 개수를 입력하고 [확인]을 클릭한다.

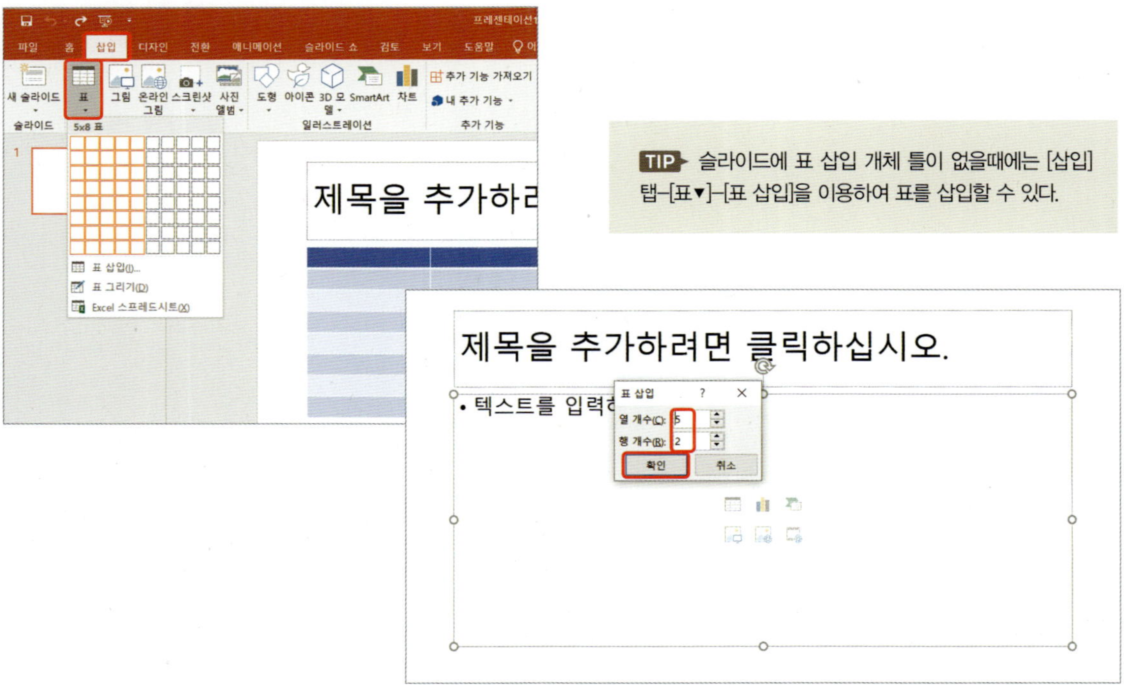

TIP 슬라이드에 표 삽입 개체 틀이 없을때에는 [삽입] 탭-[표▼]-[표 삽입]을 이용하여 표를 삽입할 수 있다.

표 크기 조절 방법은 앞에서 배운 도형이나 그림의 크기 조절 방법과 동일한 방법으로 표를 선택한 후 조절점을 드래그하여 조절한다.

표 삭제는 표를 선택한 후 바로 가기 메뉴의 [잘라내기]를 선택하거나, Delete를 눌러 삭제한다.

3.1.2 셀 병합과 셀 분할

셀 병합은 병합하고자 하는 셀을 드래그하여 선택한 후 [표 도구]–[레이아웃] 탭–[병합] 그룹–[셀 병합]을 클릭한다. 또는 바로 가기 메뉴에서 [셀 병합]을 클릭한다.

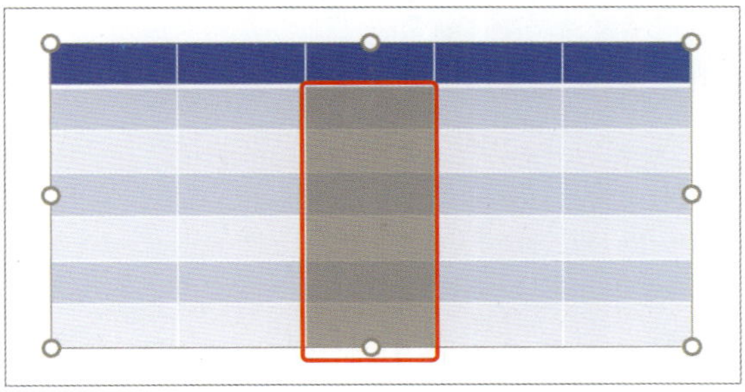

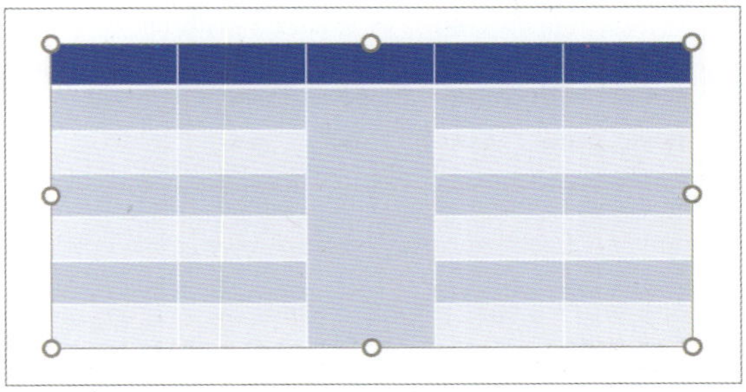

셀 분할은 한 개 또는 여러 셀을 선택한 후 [표 도구]–[레이아웃] 탭–[병합] 그룹–[셀 분할]을 클릭하고 [셀 분할] 대화상자가 나타나면 '열 개수'와 '행 개수'를 입력하고 [확인]을 클릭한다. 또는 바로 가기 메뉴에서 [셀 분할]을 클릭한다.

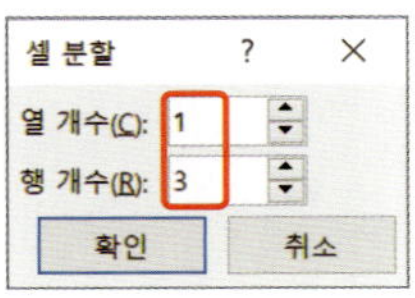

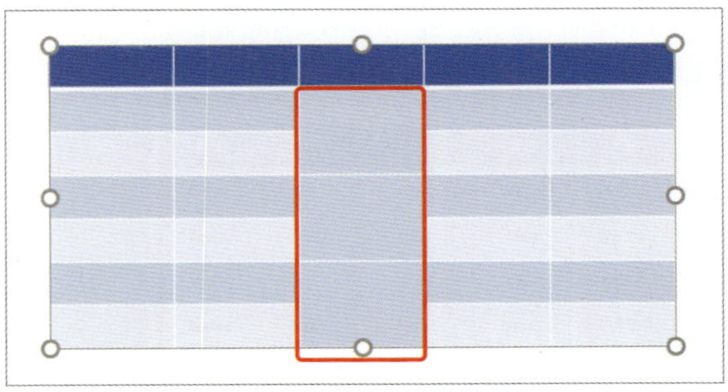

기본예제 14 표 삽입 및 셀 병합

표 삽입 방법과 셀 병합 기능에 대해 알아본다.

01 표 삽입 : 내용 부분의 표 삽입을 클릭한 후 [표 삽입] 대화상자가 나타나면 '열 개수'는 『6』, '행 개수'는 『5』를 입력하고 '확인' 단추를 클릭한다. 삽입된 표의 크기를 적당히 조절한다.

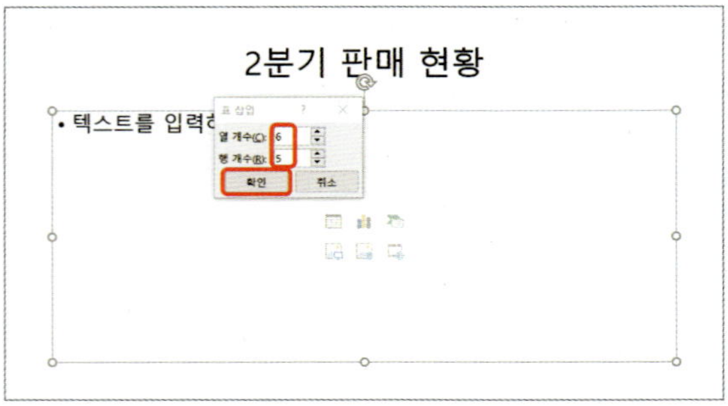

02 텍스트 입력 및 가운데 정렬 : 그림과 같이 데이터를 입력한 후 표 전체를 영역 설정하고 [홈] 탭–[단락] 그룹에서 '가운데 맞춤'과 [텍스트 맞춤▼]에서 '중간'을 클릭한다.

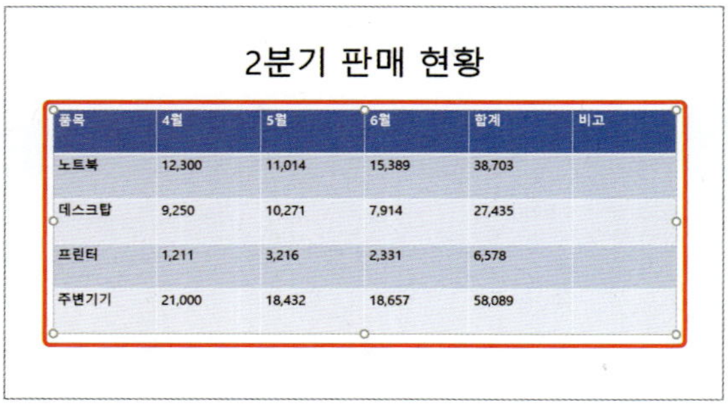

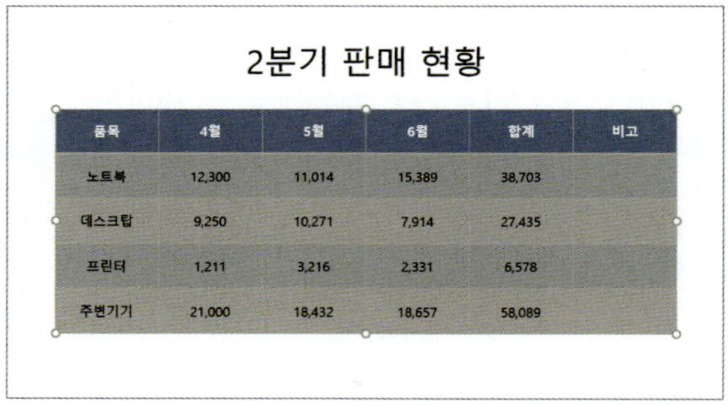

05 셀 병합 : '비고'가 입력된 열의 2행부터 5행까지 영역 설정한 후 바로 가기 메뉴에서 [셀 병합]을 클릭한다.

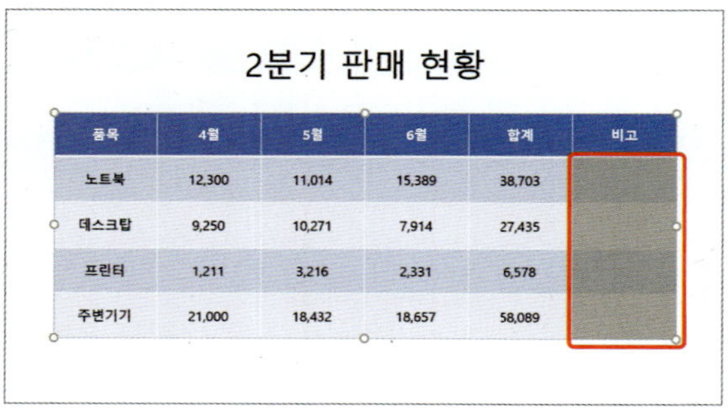

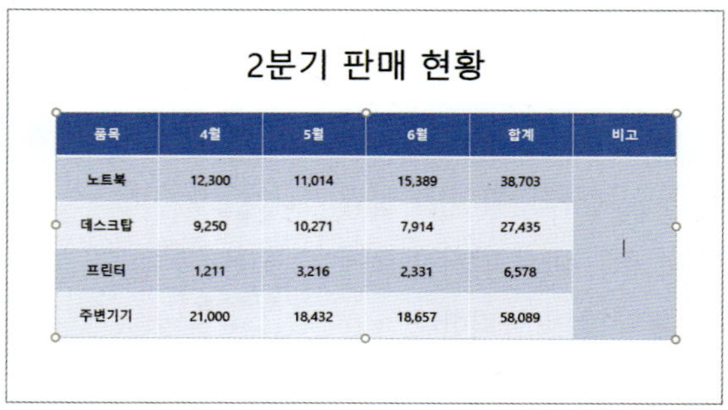

3.2 표 스타일 및 레이아웃 지정

표가 작성되면 [표 도구]를 이용하여 편집하거나, 스타일을 설정할 수 있다. [표 도구]에는 '표 스타일 옵션', '표 스타일', 'WordArt 스타일', '테두리 그리기' 등으로 구성된 [디자인] 탭과 '행/열 삽입 및 삭제', '셀 병합/분할', '셀 크기', '텍스트 맞춤', '표 크기', '정렬' 등으로 구성된 [레이아웃] 탭이 있다.

3.2.1 표 스타일 지정

[표 도구]–[디자인] 탭에는 많은 기능들이 있어 다양한 표 스타일을 만들 수 있지만 [표 스타일] 그룹을 이용하면 빠르게 스타일을 지정할 수 있다. 표를 선택한 후 [표 도구]–[디자인] 탭–[표 스타일] 그룹에서 '자세히'를 클릭하여 원하는 스타일을 설정할 수 있다.

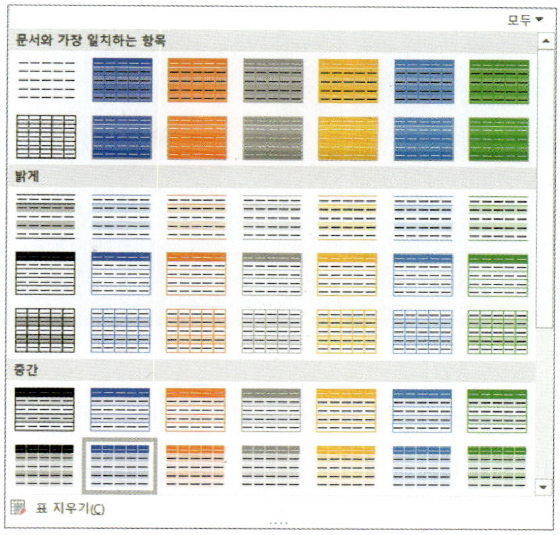

TIP 표 스타일은 표 스타일 옵션을 클릭하여 원하는 스타일 선택하거나, 선택한 스타일의 일부 항목(음영, 테두리, 효과)을 편집해서 적용할 수 있다.

3.2.2 레이아웃 지정

[레이아웃] 탭에서는 '행 및 열 삽입/삭제', '병합', '셀 크기', '맞춤' 기능들을 주로 사용하여 보기 좋게 편집한다.

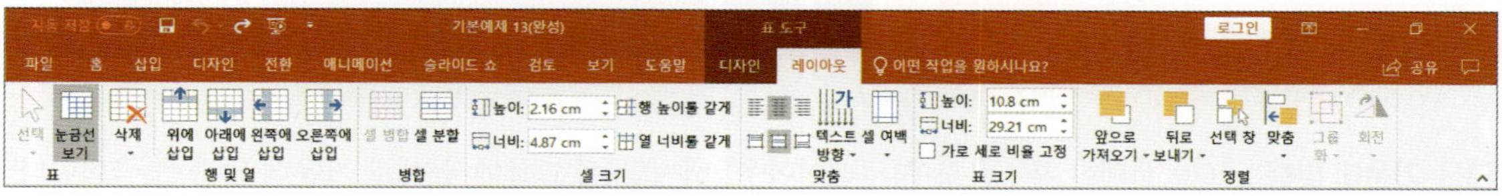

- **행 및 열** : 표 안의 커서를 기준으로 행과 열을 삽입/삭제한다.
- **병합** : 선택된 셀을 병합 또는 분할한다.
- **셀 크기** : 셀의 높이와 너비를 설정할 수 있고, 행 높이와 열 너비를 같게 설정한다.
- **맞춤** : 셀 안의 텍스트를 정렬하거나 텍스트 방향을 설정한다.

기본예제 15 표 스타일

간단한 표를 삽입한 후 표 스타일을 적용해보고 텍스트 정렬을 해본다.

01 표 삽입 및 크기 조절 : 표 삽입 개체를 클릭한 후 [표 삽입] 대화상자가 나타나면 열 개수는『2』, 행 개수는『6』을 입력하고 [확인]을 클릭한다.

그림과 같이 표 안에 텍스트를 입력한 후 조절점을 이용해 표 크기를 조절한다.

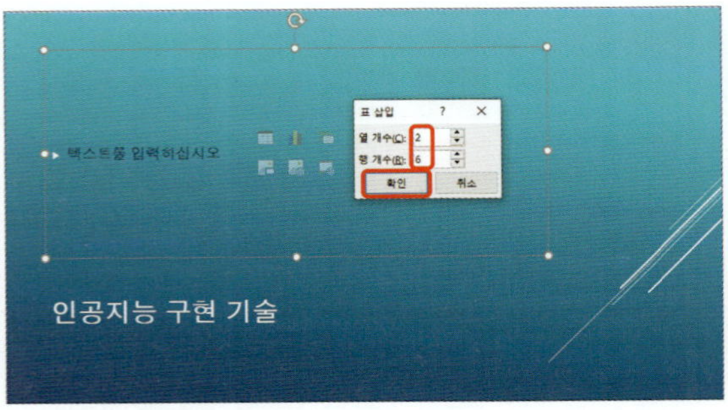

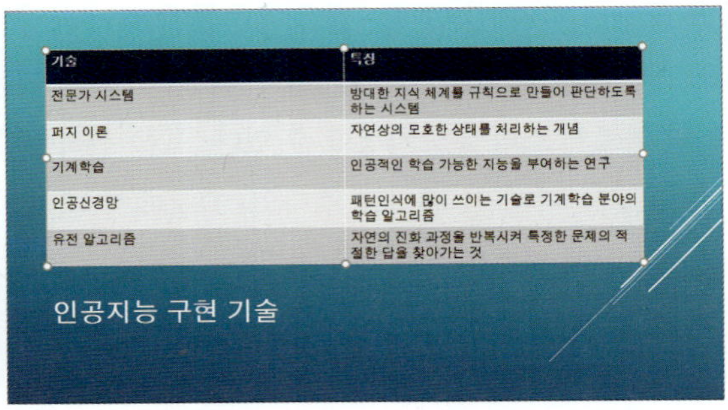

02 표 스타일과 열 너비 조절 : 표 안을 클릭한 후 [표 도구]–[디자인] 탭–[표 스타일] 그룹에서 '보통 스타일 1, 강조 1'을 선택한다. '기술' 제목 열의 오른쪽 구분선을 드래그하여 열 너비를 조절한다.

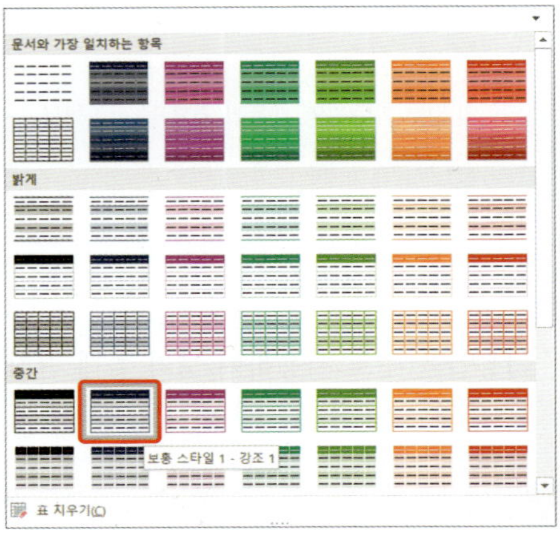

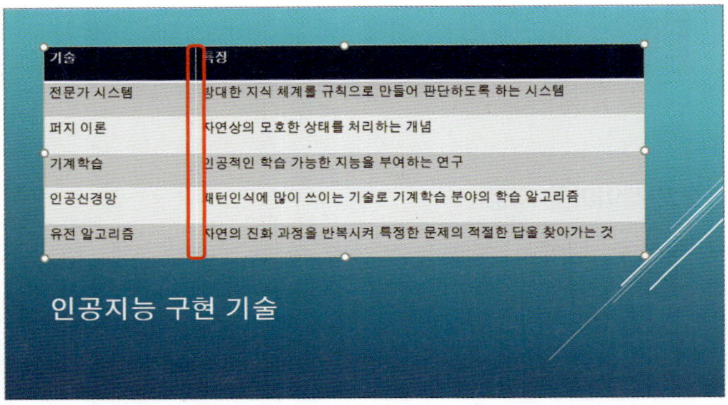

03 가운데 맞춤 : 표를 선택한 후 [표 도구]–[레이아웃] 탭–[맞춤] 그룹에서 '세로 가운데 맞춤'을 클릭한다. 첫 행을 영역 지정한 후 [표 도구]–[레이아웃] 탭–[맞춤] 그룹에서 '가운데 맞춤'을 클릭한다. 첫 열도 동일한 방법으로 '가운데 맞춤'을 클릭한다.

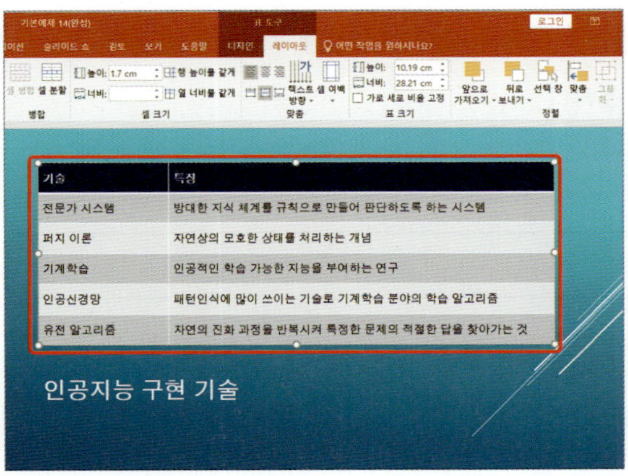

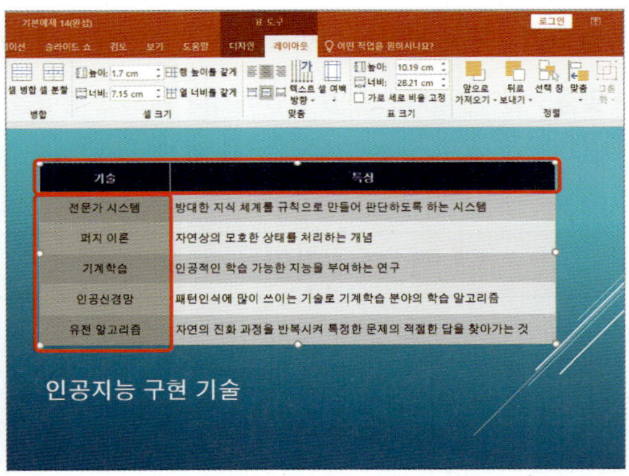

3.3 차트 삽입

그래프 형태로 데이터를 비교, 분석하는 차트에는 가로 막대형 차트, 꺾은선 차트, 원형 차트, 분산형 차트, 영역형 차트, 지도 차트 등이 있다.

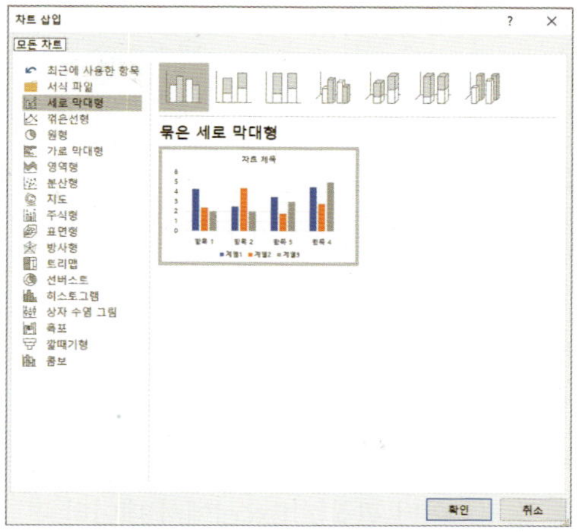

차트를 삽입하는 방법은 [삽입] 탭–[일러스트레이션] 그룹–[차트]를 클릭한 후 [차트 삽입] 대화상자에서 원하는 차트 종류를 선택하고 [확인]을 클릭한다. 또는 차트 작성을 위한 슬라이드 유형을 선택한 후 '차트 삽입' 개체를 클릭한다.

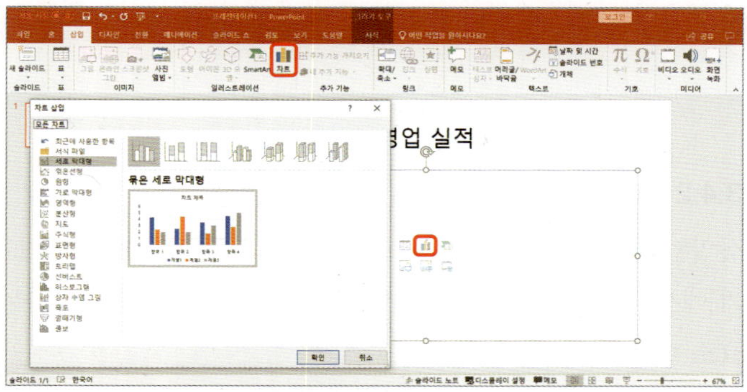

차트 종류 선택이 완료되면 차트에 사용될 데이터 입력창이 나타나며, 계열과 항목에 맞춰 데이터를 입력하고 필요없는 행과 열은 선택하여 삭제한다.

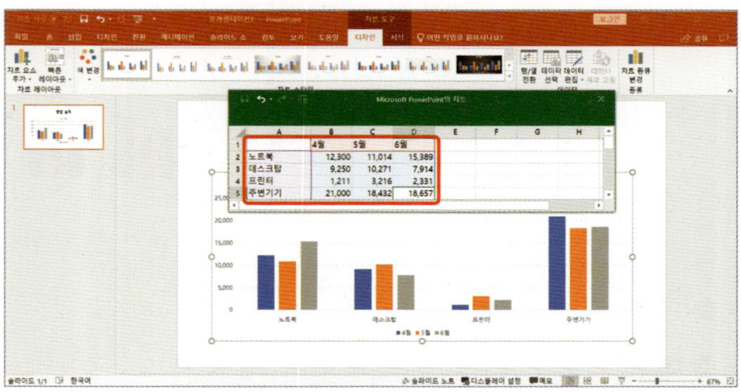

TIP 차트는 계열별로 행 기준으로 작성된다. 차트의 기본값은 계열 범례로 설정되며, 행 기준의 데이터는 가로 항목의 레이블과 그래프의 값으로 사용된다. 데이터 계열의 순서는 데이터 선택을 이용하여 변경할 수 있다.

3.4 차트 편집 및 스타일 지정

차트를 작성한 후 차트 요소 추가, 차트 스타일, 데이터 선택 및 편집, 차트 종류 변경, 서식을 이용하여 차트를 편집할 수 있다.

3.4.1 데이터 편집

삽입된 데이터를 수정하기 위해 삽입된 차트를 선택한 후 [차트 도구]-[디자인] 탭-[데이터] 그룹-[데이터 편집]에서 '데이터 편집' 또는 'Excel에서 데이터 편집'을 클릭한다. 또는 차트 바로 가기 메뉴에서 [데이터 편집]-[데이터 편집], [Excel에서 데이터 편집]을 클릭한다.

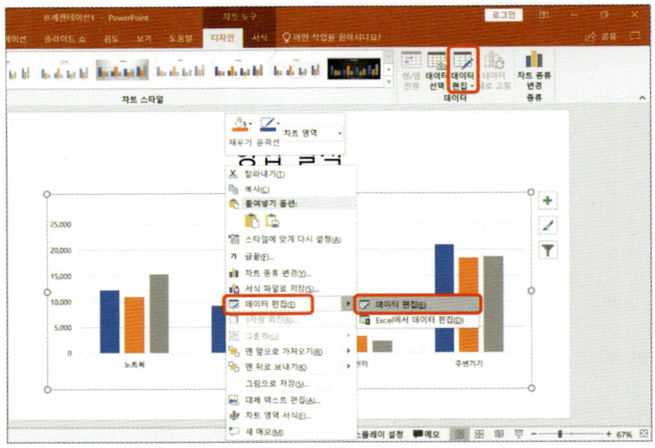

3.4.2 차트 요소 추가

삽입된 차트를 선택한 후 [차트 도구]-[디자인] 탭-[차트 레이아웃] 그룹-[차트 요소 추가]에서 추가할 요소를 클릭한다. 또는 차트 오른쪽에 나타나는 '+' 모양을 누르면 차트 요소 항목들이 표시된다.

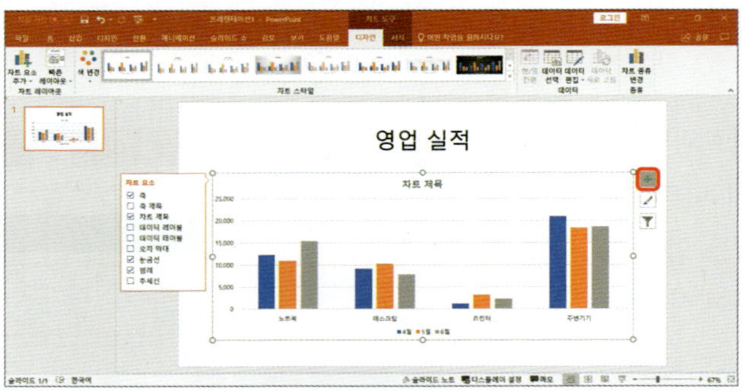

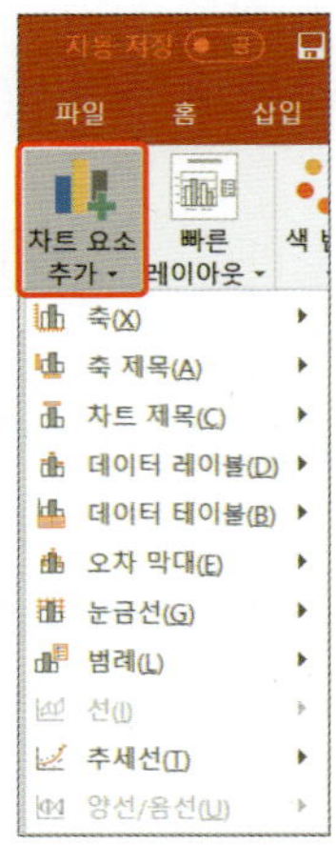

- **축** : 가로 축과 세로 축 표시
- **축 제목** : 가로와 세로 축 제목 표시
- **차트 제목** : 차트 제목 표시
- **데이터 레이블** : 차트에 데이터 값을 표시
- **데이터 테이블** : 차트의 데이터 값을 표로 표시
- **눈금선** : 가로와 세로 눈금선 표시
- **범례** : 범례 표시 위치 설정
- **추세선** : 데이터 변화의 흐름을 선으로 표시

3.4.3 빠른 레이아웃 설정

빠른 레이아웃은 차트 요소가 다양한 형태로 추가된 레이아웃이다. 원하는 모양을 선택하여 차트를 빠르게 편집할 수 있다. 삽입된 차트를 선택한 후 [차트 도구]–[디자인] 탭–[차트 레이아웃] 그룹–[빠른 레이아웃▼]에서 원하는 레이아웃을 선택한다.

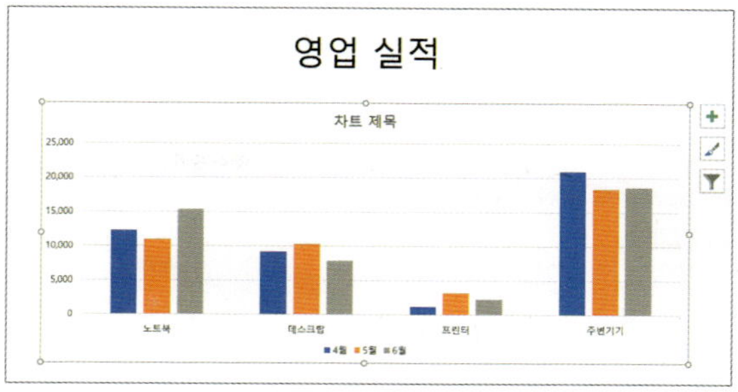

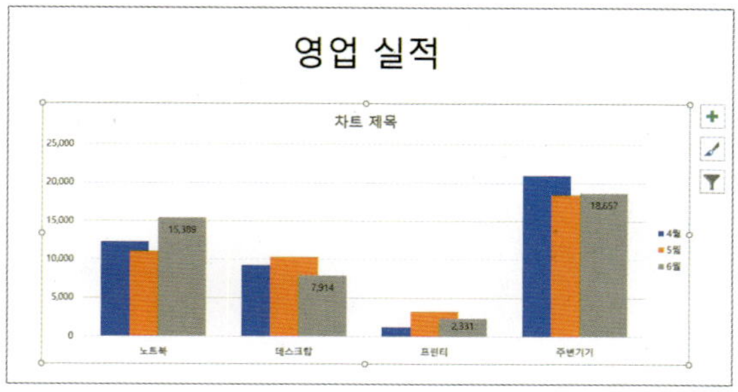

3.4.4 데이터 선택 설정

데이터 선택은 데이터 범위 수정, 계열 항목 추가 또는 삭제, 가로 축 레이블 수정, 행/열 전환 등을 설정할 수 있다. 삽입된 차트를 선택한 후 [차트 도구]–[디자인] 탭–[데이터] 그룹에서 [데이터 선택]을 클릭한다.

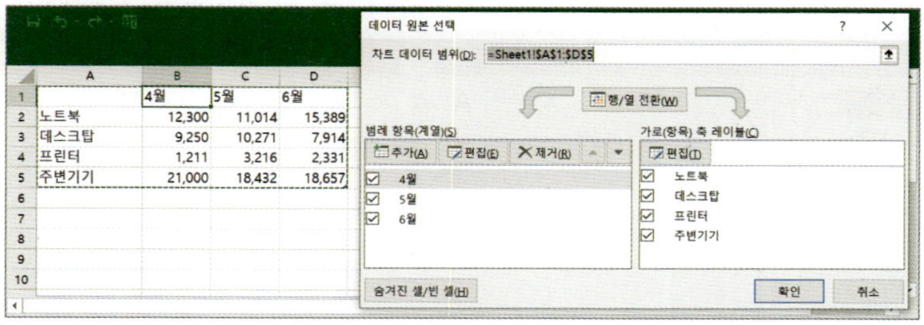

3.4.5 차트 종류 변경

차트 종류를 변경하려면 삽입된 차트를 선택한 후 [차트 도구]–[디자인] 탭–[종류] 그룹–[차트 종류 변경]을 클릭한다. [차트 종류 변경] 대화상자가 나타나면 원하는 차트를 선택한 후 [확인]을 클릭한다.

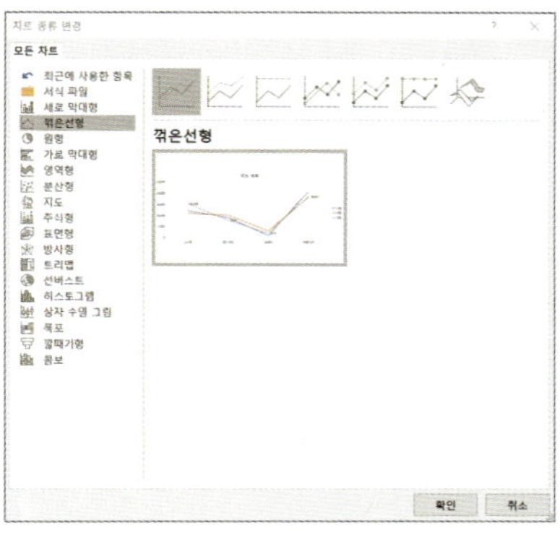

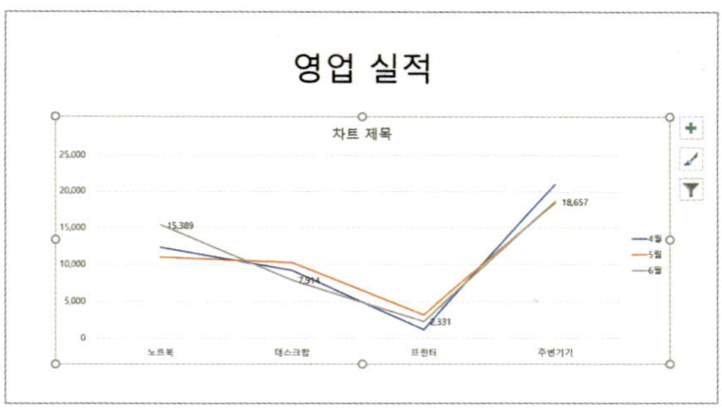

3.4.6 데이터 계열 서식 변경

데이터 계열 서식 변경은 채우기 및 선, 효과, 계열 옵션을 이용하여 데이터 계열 서식을 변경할 수 있다. 삽입된 차트의 계열을 선택한 후 [차트 도구]–[서식] 탭–[현재 선택 영역] 그룹–[선택 영역 서식]을 클릭한다.

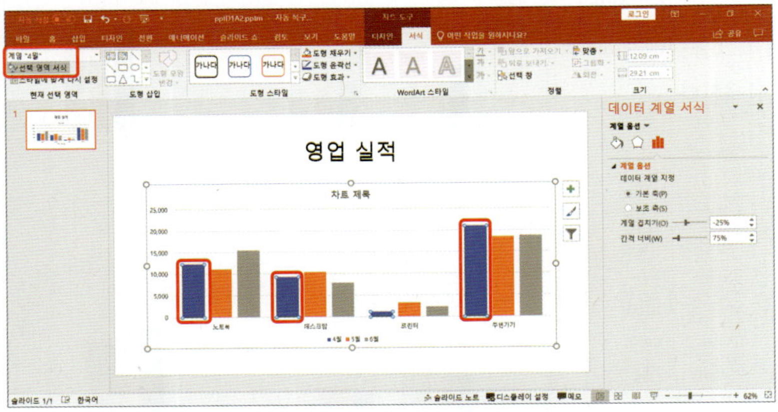

3.4.7 축 서식 변경

축 서식 변경은 채우기 및 선, 효과, 크기 및 속성, 축 옵션을 이용하여 서식을 변경할 수 있다. 삽입된 차트의 세로 축(또는 가로 축)을 선택한 후 [차트 도구]–[서식] 탭–[현재 선택 영역] 그룹–[선택 영역 서식]을 클릭한다.

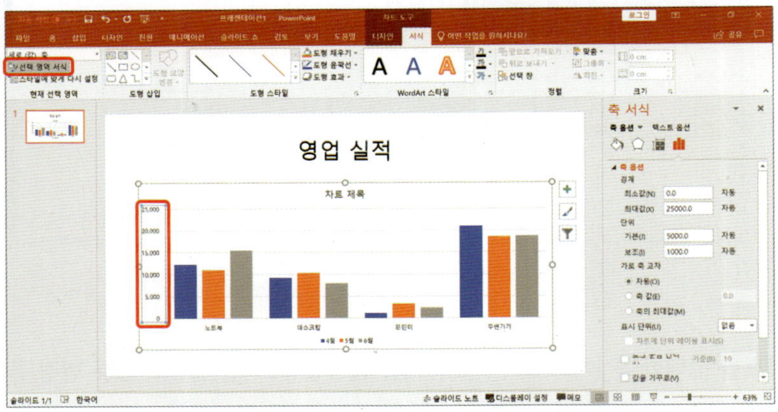

- **보조축** : 차트의 기본 요소인 가로 축, 세로 축 외에 축을 추가한 것이 보조축, 가로/세로 보조축을 작성할 수 있다.
- **최소값** : 세로 축의 가장 작은 값
- **최대값** : 세로 축의 가장 큰 값
- **기본 단위** : 축의 눈금과 눈금 사이의 간격

기본예제 16 차트 삽입 및 편집

차트를 삽입한 후 다양한 기능을 활용하여 차트를 편집한다.

01 차트 삽입 및 데이터 입력 : [차트 삽입]을 클릭한 후 [차트 삽입] 대화상자가 나타나면 '세로 막대형–묶은 세로 막대형'을 선택하고 [확인]을 클릭한다.

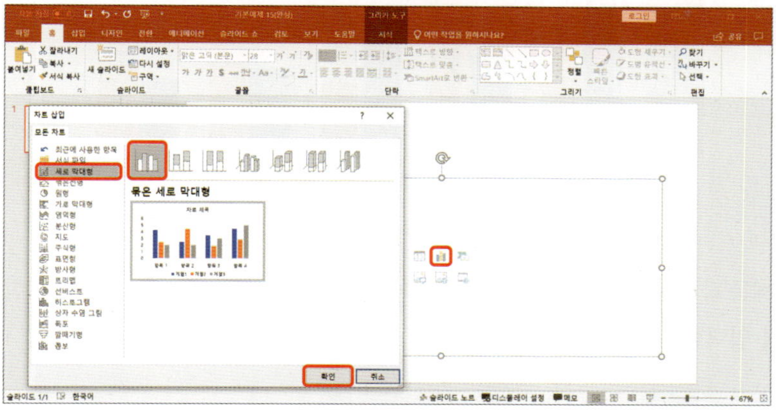

02 데이터 입력 : 데이터 입력창이 나타나면 그림과 같이 데이터를 입력한 후 입력창을 닫는다.

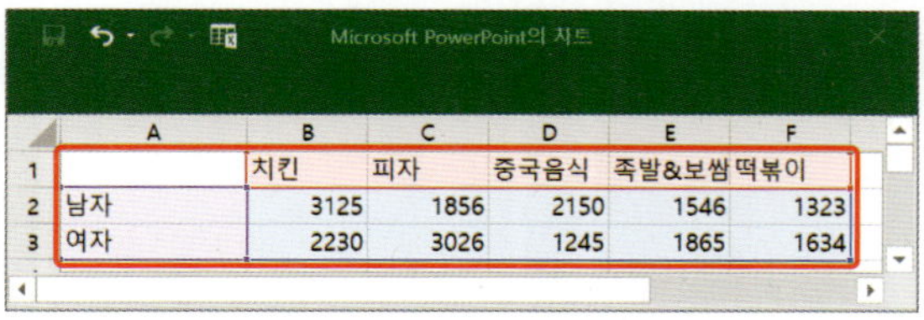

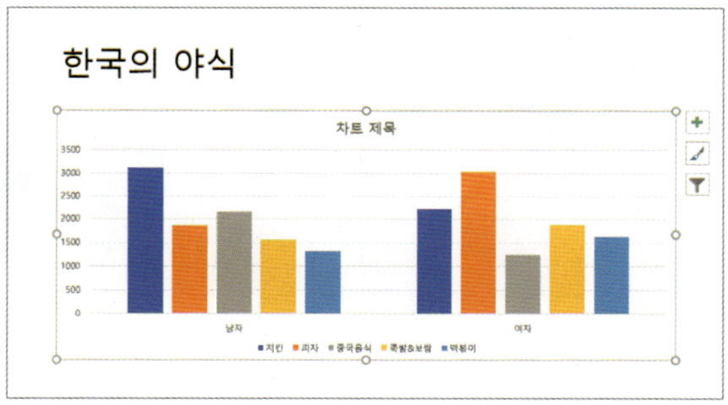

03 데이터 선택(행/열 전환) : [차트 도구]–[디자인] 탭–[데이터] 그룹에서 '데이터 선택'을 클릭한 후 [데이터 원본 선택] 대화상자가 나타나면 '행/열 전환'을 클릭하고 [확인]을 클릭한다.

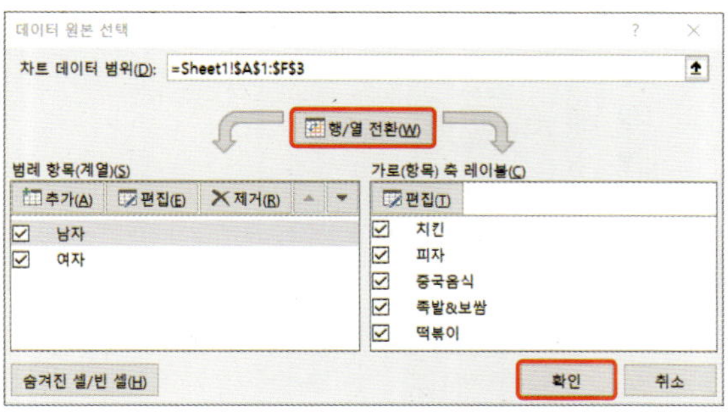

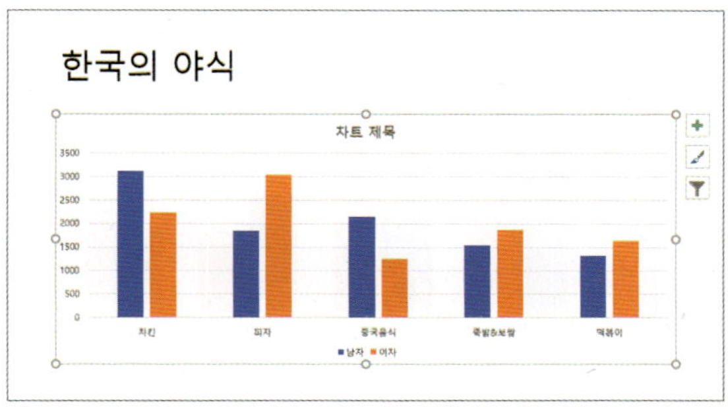

04 차트 레이아웃 : [차트 도구]-[디자인] 탭-[차트 레이아웃] 그룹-[빠른 레이아웃▼]에서 '레이아웃 4'를 선택한다. 차트의 [차트 요소]를 클릭한 후 '축 제목-세로 제목'을 체크한다.

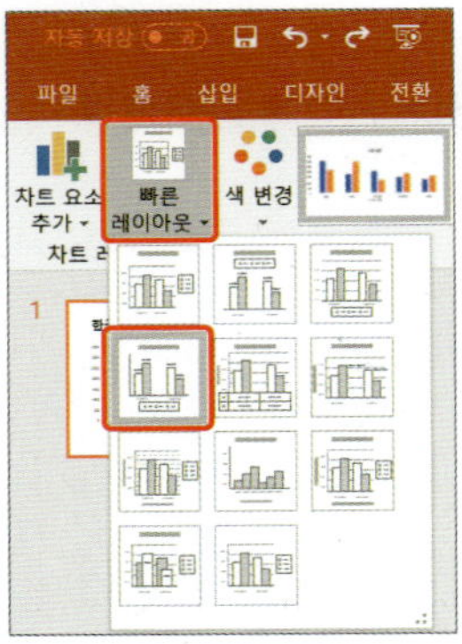

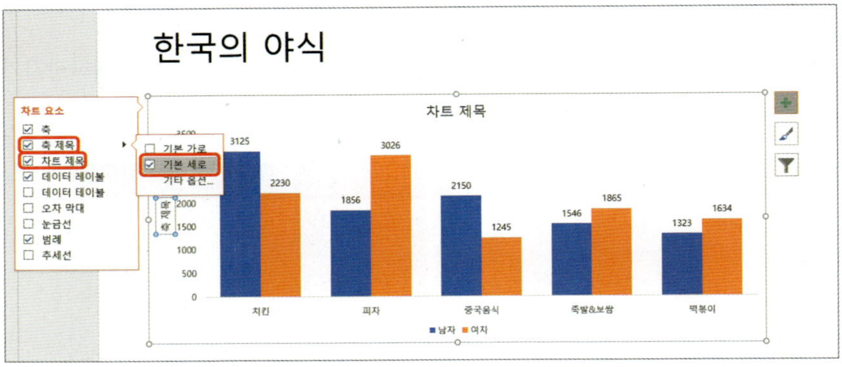

05 차트 제목과 축 제목 : '차트 제목'과 '세로 축 제목'을 그림과 같이 입력한다. '차트 제목'은 영역 지정한 후 빠른 메뉴에서 글꼴 크기 『24』를 입력한다.

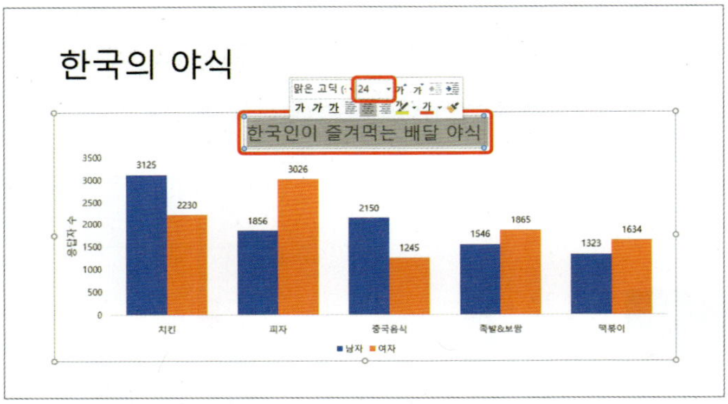

06 차트 영역 서식 : 차트를 선택한 후 바로 가기 메뉴에서 [차트 영역 서식]을 클릭하고 '테두리' 항목에서 '실선'을 선택한다.

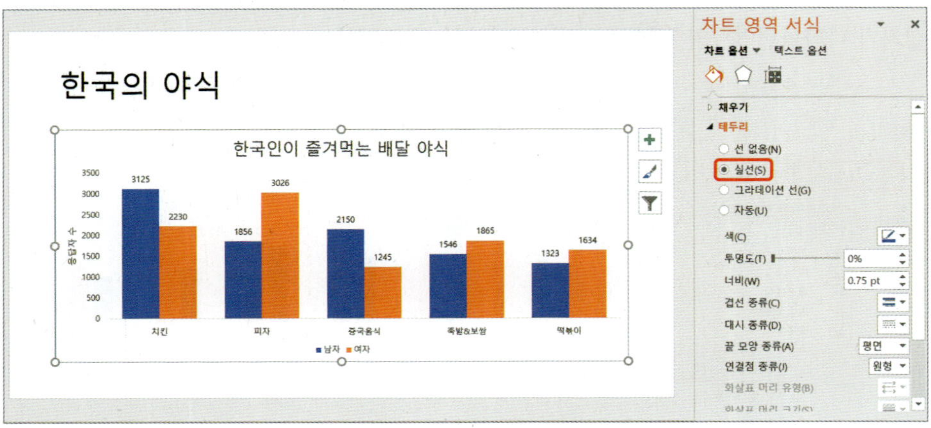

SECTION 04

워드아트 및 스마트아트 삽입하기

정보를 시각적으로 표현할 수 있는 워드아트(WordArt)와 스마트아트(SmartArt)를 삽입해 보고, 서식을 이용하여 편집하는 방법을 알아본다. 워드아트는 주로 표지 제목과 같은 헤드라인에 그래픽 효과를 표현할 때 사용하며, 도형을 활용하여 정보를 전달할 때는 스마트아트를 사용한다.

4.1 워드아트

워드아트(WordArt)는 텍스트에 입체·질감·형태 등의 효과를 지정해 다양한 형태의 텍스트를 표현해 주는 기능으로, 텍스트 채우기, 텍스트 윤곽선, 텍스트 효과(그림자, 반사, 네온, 입체 효과, 변환)를 이용할 수 있다.

4.1.1 워드아트의 빠른 스타일

워드아트 삽입하는 방법은 [삽입] 탭-[텍스트] 그룹-[WordArt ▾]에서 원하는 스타일을 선택한 후 텍스트 입력한다.

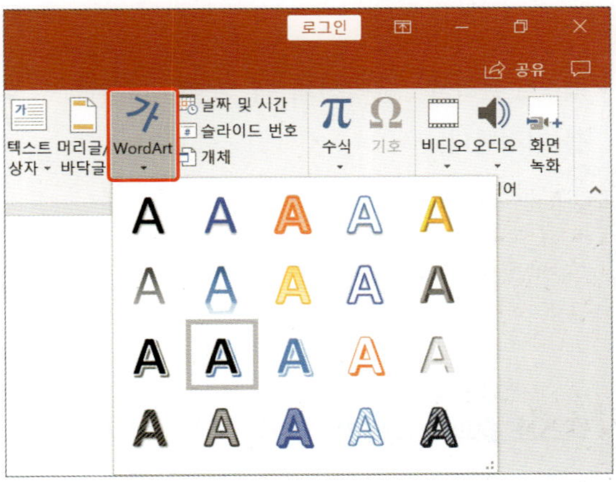

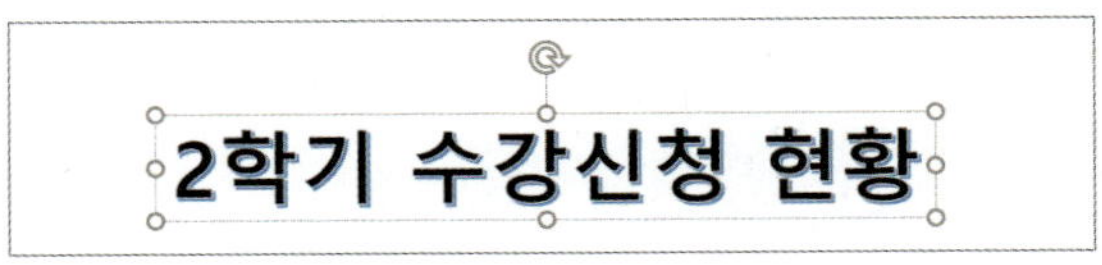

텍스트 상자에 입력된 텍스트를 워드아트로 변경하려면 텍스트를 영역 지정한 후 [그리기 도구]-[서식] 탭-[WordArt 스타일] 그룹에서 '자세히'를 클릭하여 원하는 스타일을 선택한다.

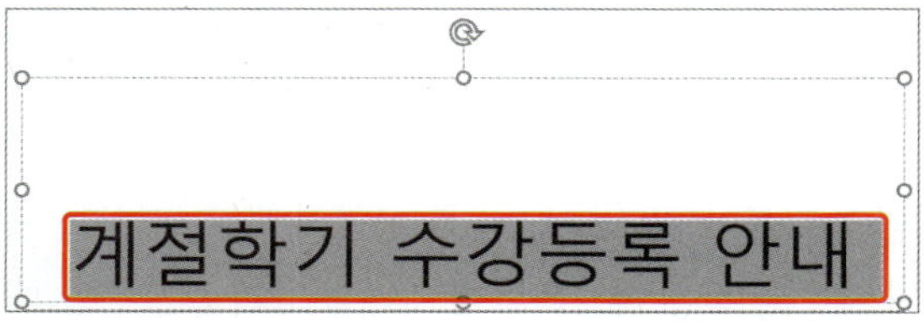

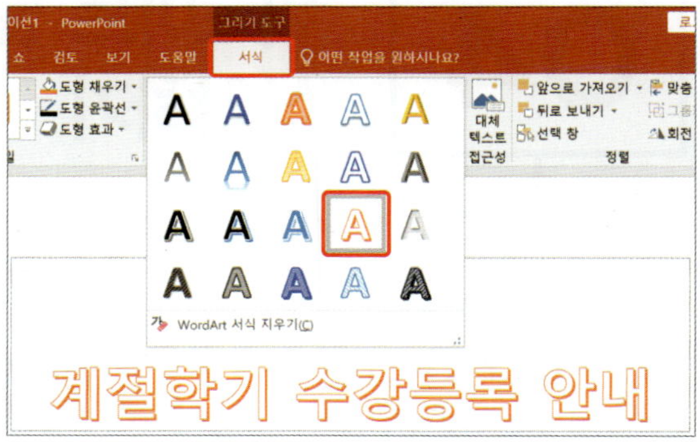

4.1.2 워드아트 스타일 편집

작성된 워드아트를 '텍스트 채우기', '텍스트 윤곽선', '텍스트 효과'를 이용해 개성있게 편집할 수 있다.

- **텍스트 채우기** : 색, 그림, 그라데이션, 질감으로 텍스트를 채운다.

▲ 텍스트 채우기

- **텍스트 윤곽선** : 윤곽선의 색, 두께, 대시를 지정한다.

▲ 텍스트 윤곽선

- **텍스트 효과** : 그림자, 반사, 네온, 입체 효과, 3차원 회전, 변환으로 효과를 지정한다.

▲ 텍스트 효과

TIP 디자인 서식을 적용한 슬라이드에서는 WordArt 스타일, 텍스트 채우기, 텍스트 윤곽선, 텍스트 효과의 네온 색이 기본값이 아닌 디자인 서식에서 설정한 색으로 표시된다.

기본예제 17 워드아트 삽입 및 편집

워드아트를 이용해 슬라이드 제목을 변경해 본다.

01 워드아트 스타일 : '제목' 부분을 영역 설정한다. [그리기 도구]–[서식] 탭–[WordArt 스타일] 그룹에서 '자세히'를 클릭한 후 그림과 같이 선택한다.

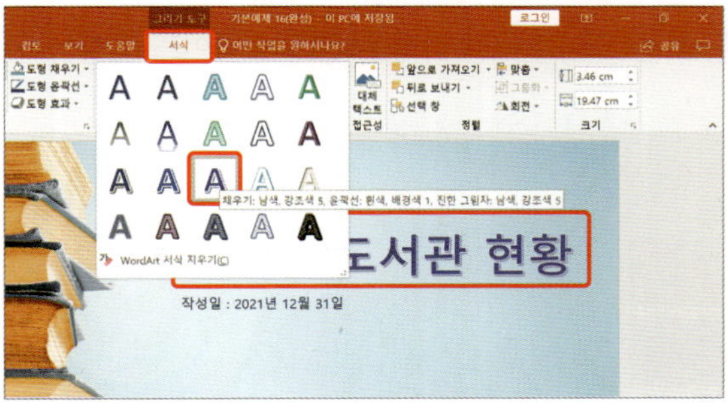

02 그림자 효과 : '제목' 부분을 영역 설정한 후 [그리기 도구]–[서식] 탭–[WordArt 스타일] 그룹–[텍스트 효과▼]–[그림자]에서 '원근감: 오른쪽 위'를 선택한다.

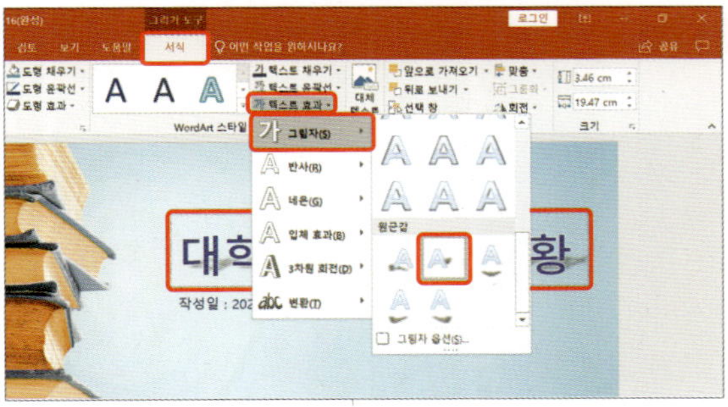

03 네온 효과 : 영역 설정된 상태에서 다시 [텍스트 효과▼]–[네온]–[네온 변형] 에서 '네온: 11pt, 남색, 강조색 5'를 선택한다.

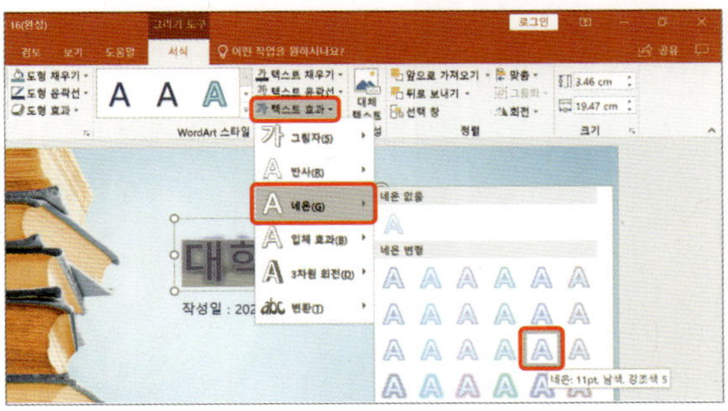

4.2 스마트아트

스마트아트(SmartArt)는 도형을 이용하여 정보를 시각적으로 전달한다. 스마트아트의 종류를 알아보고 작성 및 편집 방법에 대해 알아본다.

4.2.1 스마트아트 삽입

스마트아트는 [삽입] 탭–[일러스트레이션] 그룹–[SmartArt]를 클릭한 후 [SmartArt 그래픽 선택] 대화상자가 나타나면 원하는 형태를 선택하고 [확인]을 클릭한다. 또는 스마트아트 작성을 위한 슬라이드 유형을 선택한 후 'SmartArt 그래픽 삽입' 개체를 클릭한다.

여기서 잠깐 SmartArt 그래픽 선택

- 목록형 : 비순차적인 정보를 표시
- 프로세스형 : 프로세스 또는 시간 표시 막대에 단계 표시
- 주기형 : 연속적인 프로세스를 표시
- 계층 구조형 : 계층 관계를 표시
- 관계형 : 연결 관계를 표시
- 행렬형 : 부분과 전체의 관계를 표시
- 피라미드형 : 가장 큰 구성요소를 맨 위 또는 맨 아래에 두고 상대적인 관계를 표시
- 그림 : 그림을 사용하여 콘텐츠 표현 또는 강조

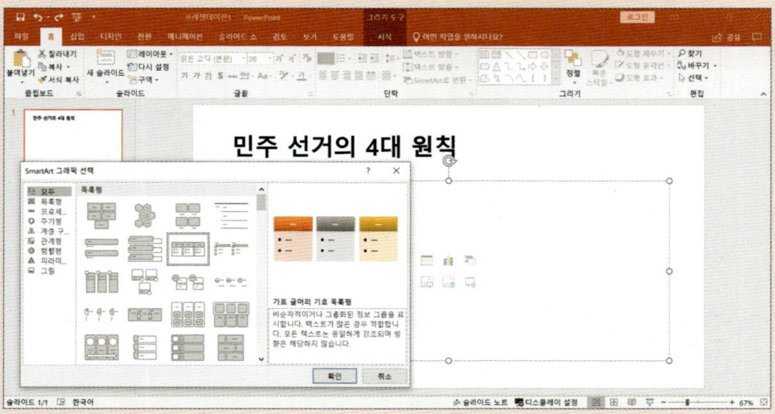

스마트아트에 텍스트를 입력하는 방법은 텍스트 창에서 입력하는 방법과 도형을 선택한 후 직접 입력하는 방법이 있다.

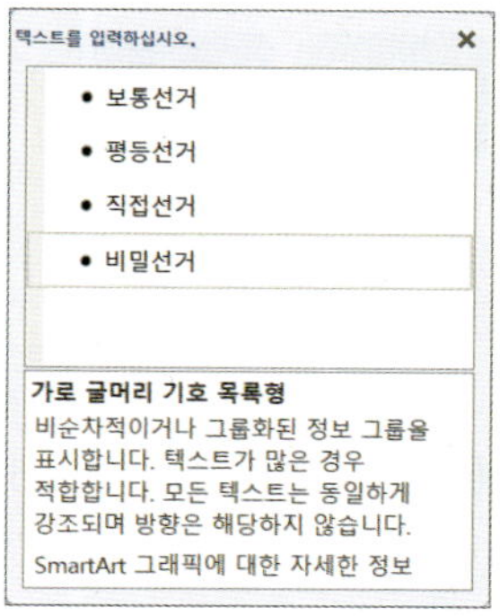

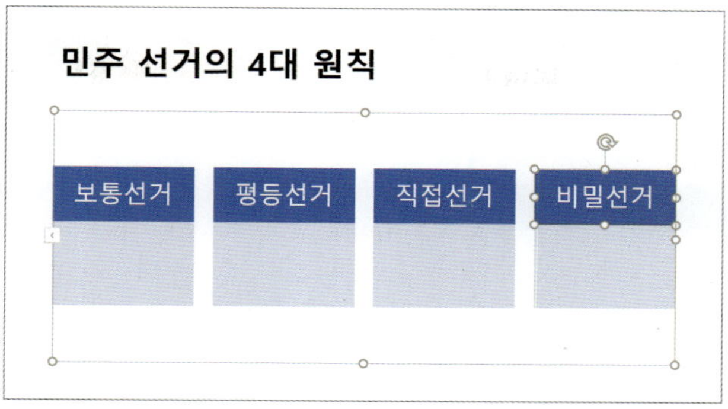

TIP 스마트아트의 항목 추가는 Enter를 누르고, 항목을 삭제하기 위해서는 Back Space나 Delete를 누른다.

4.2.2 스마트아트 편집 및 스타일 변경

삽입된 스마트아트에 도형을 추가하거나 삭제, 레이아웃 변경, 색 변경, SmartArt 스타일을 선택하여 스타일을 설정할 수 있다.

- **레이아웃 변경**

삽입된 스마트아트를 선택한 후 [SmartArt 도구]–[디자인] 탭–[레이아웃] 그룹에서 '자세히'를 클릭하고 원하는 레이아웃을 선택한다.

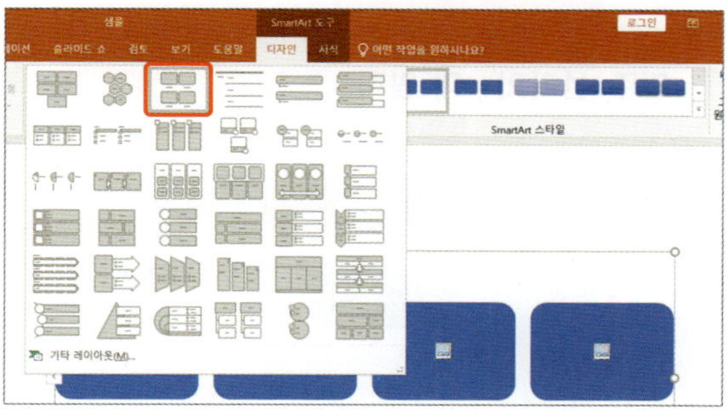

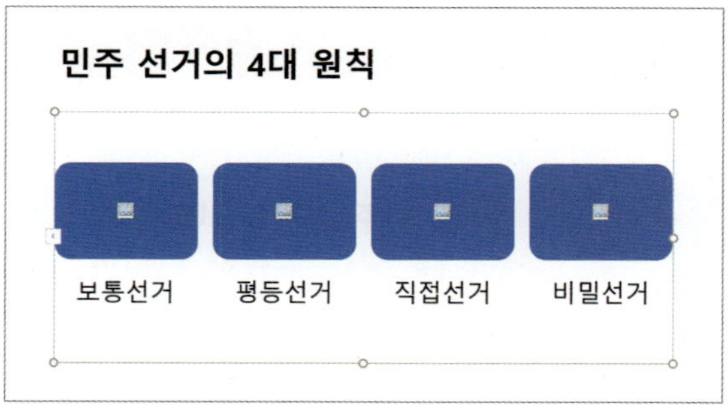

TIP 전체 스마트아트 레이아웃 목록에서 변경하고자 할 때는 [기타 레이아웃]을 선택한다.

- **스마트아트 스타일 변경**

삽입된 스마트아트를 선택한 후 [SmartArt 도구]–[디자인] 탭–[SmartArt 스타일] 그룹–[색 변경 ▾]에서 '색상형 범위: 강조색 4 또는 5'를 클릭한다.

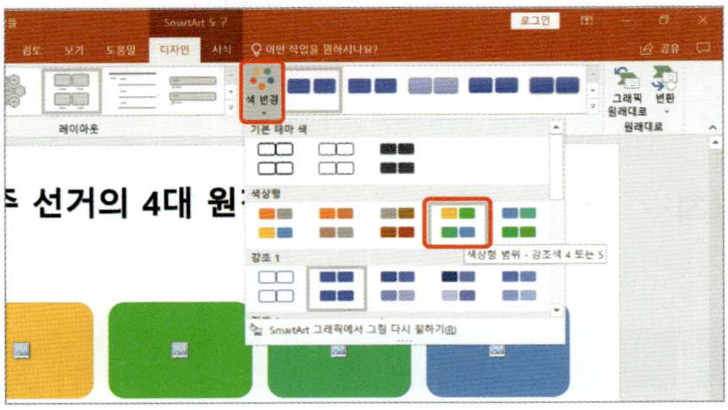

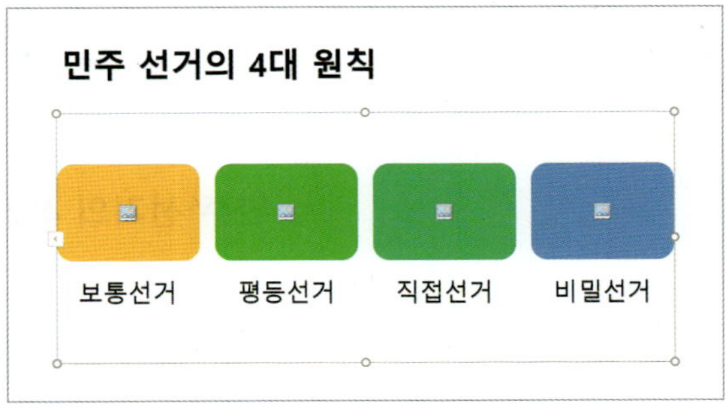

스마트아트를 선택한 후 [SmartArt 도구]–[디자인] 탭–[SmartArt 스타일] 그룹에서 '자세히'를 클릭하고 '3차원: 평면'을 선택한다.

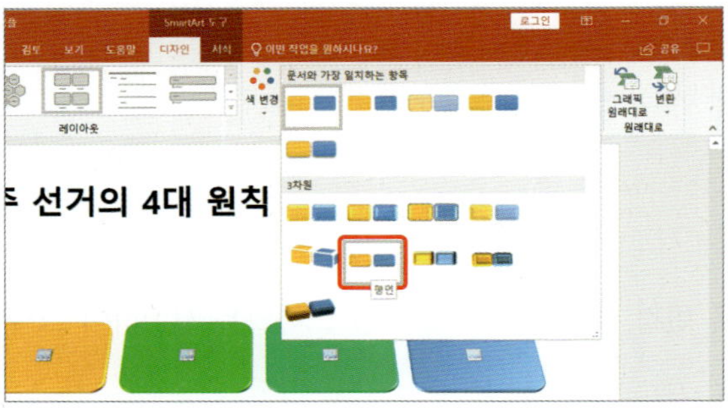

• **도형 추가 및 삭제**

도형을 추가하는 방법은 스마트아트를 선택한 후 [SmartArt 도구]–[디자인] 탭–[그래픽 만들기] 그룹에서 [도형 추가]를 클릭한다. 도형 추가 시 도형의 앞 또는 뒤에 추가할 수 있다.

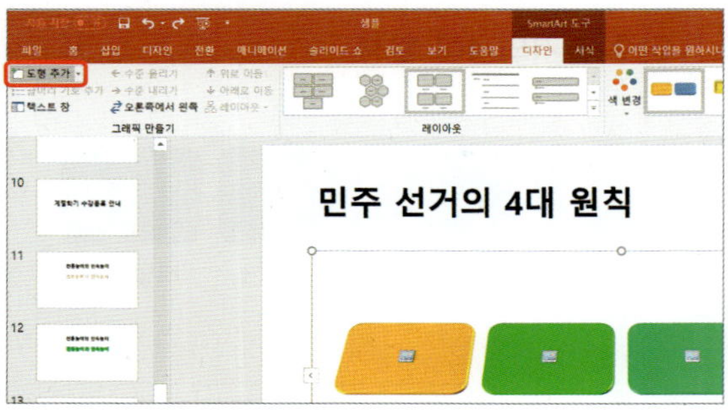

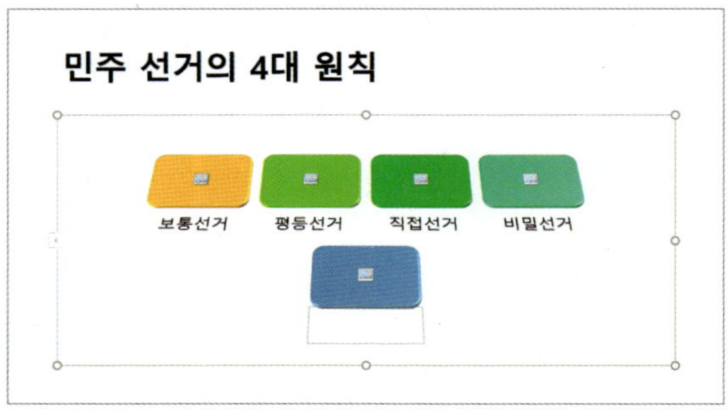

도형을 추가할 때는 [텍스트 창]에서 Enter를 눌러 추가할 수 있으며, 삭제할 때는 텍스트 창에서 해당 내용을 삭제한다.

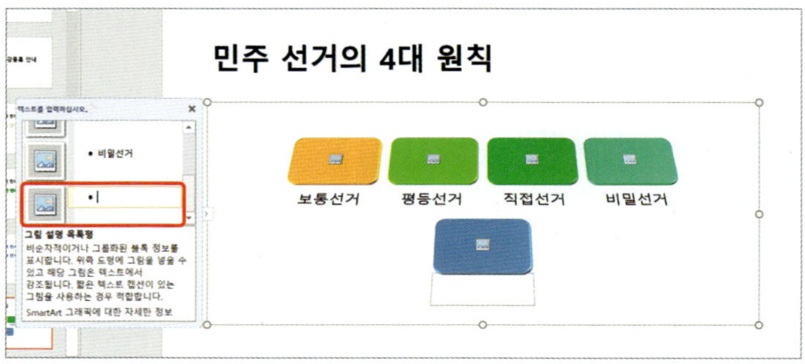

기본예제 18 스마트아트 삽입 및 편집

스마트아트를 활용해 시각적으로 보기 좋게 만들어 본다.

01 스마트아트 삽입 및 텍스트 입력 : [삽입] 탭–[일러스트레이션] 그룹–[SmartArt]를 클릭한 후 [SmartArt 그래픽 선택] 대화상자가 나타나면 '연속 그림 목록형'을 선택하고 [확인]을 클릭한다. 텍스트 창에 그림과 같이 텍스트를 입력한다.

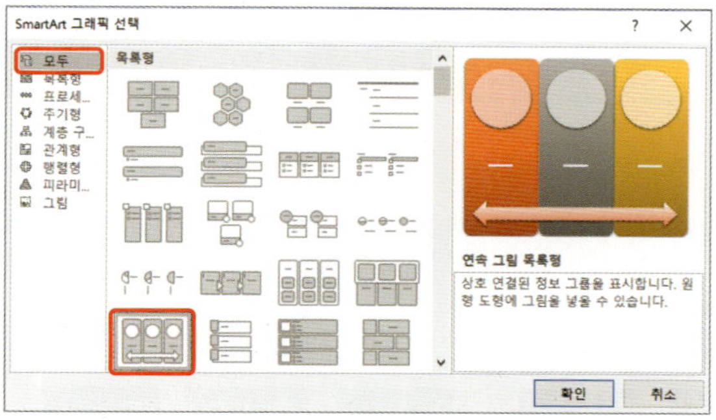

02 색 변경 : 삽입된 스마트아트를 선택한 후 [SmartArt 도구]–[디자인] 탭–[SmartArt 스타일] 그룹에서 '색 변경'을 클릭하고 '색상형–강조색'을 선택한다.

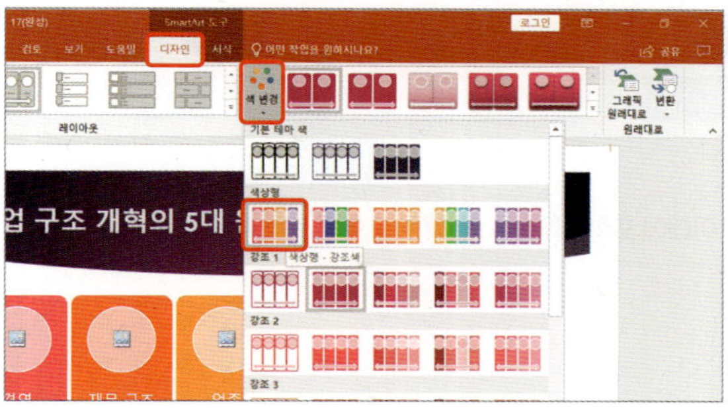

03 스타일 변경 : 삽입된 스마트아트를 선택한 후 [SmartArt 도구]–[디자인] 탭–[SmartArt 스타일] 그룹에서 '자세히'를 눌러 '조감도'를 선택한다.

4.2.3 계층 구조형 스마트아트 만들기

계층 구조형 스마트아트를 이용하면 회사의 조직 구성을 한 눈에 볼 수 있는 조직도를 만들 수 있다. 계층 구조형은 조직도형, 이름 및 직위 조직도형, 계층 구조형, 가로 계층 구조형 등이 있다.

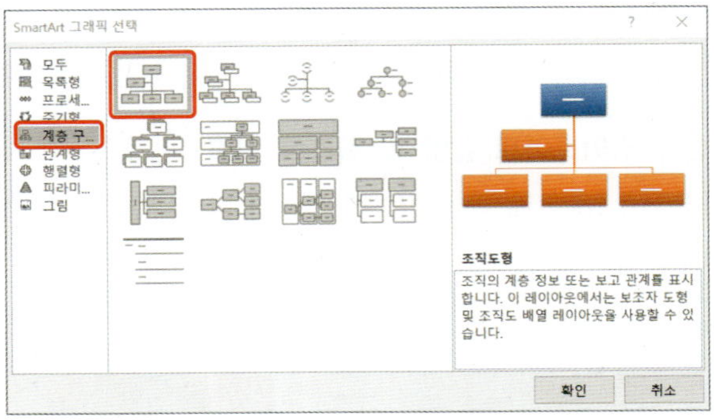

• **조직도 도형 추가**

기준	뒤에 도형 추가	앞에 도형 추가
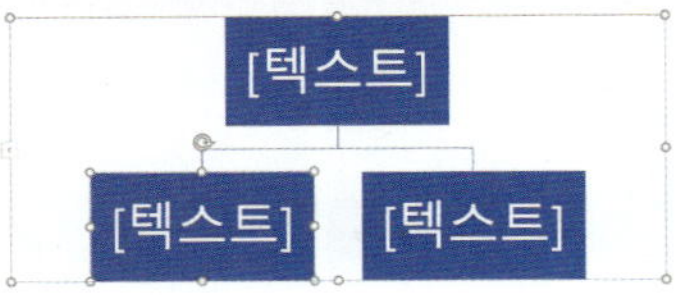	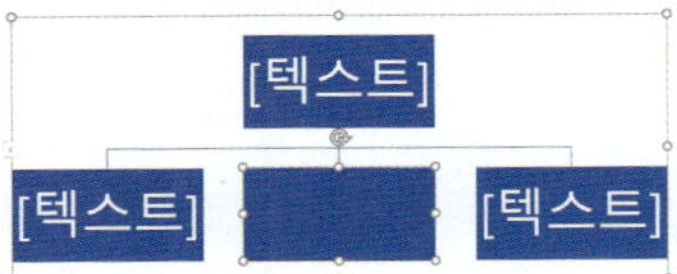 선택한 도형 다음에 같은 수준으로 도형 삽입	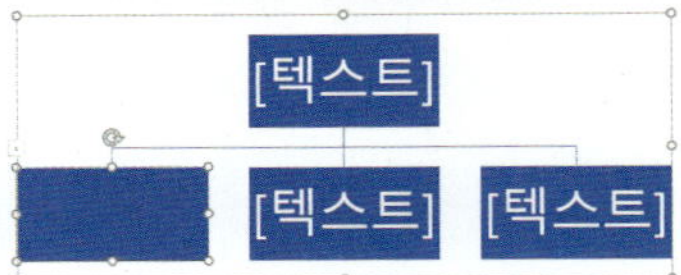 선택한 도형 앞에 같은 수준으로 도형 삽입
위에 도형 추가	**아래에 도형 추가**	**보조자 추가**
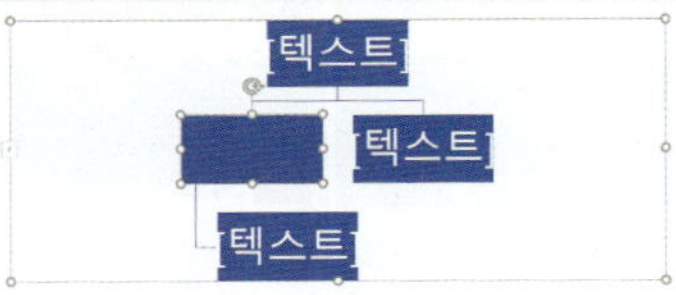 선택한 도형의 한 수준 위에 도형 삽입	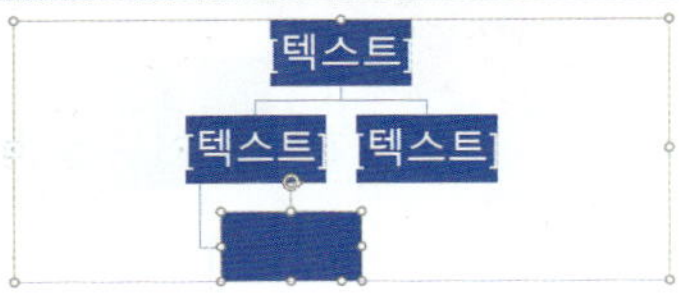 선택한 도형의 한 수준 아래에 도형 삽입	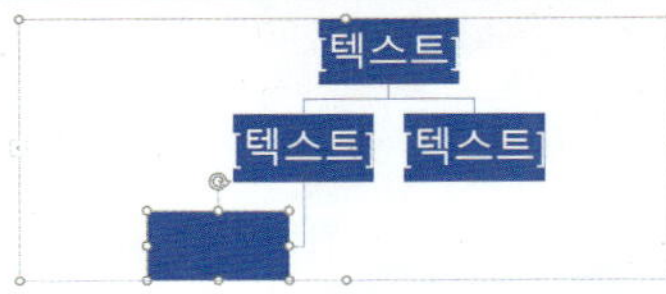 선택한 도형의 보조자 도형 추가

• **조직도 레이아웃**

표준	양쪽 균등 배열
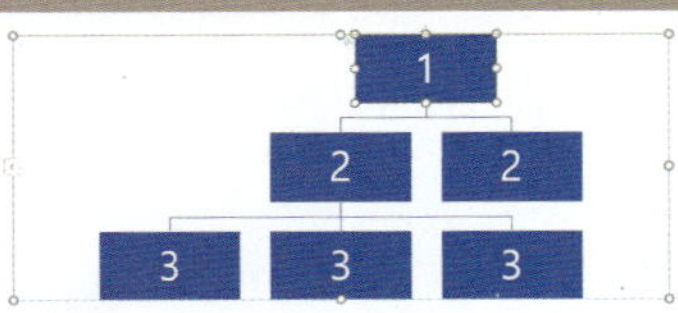 선택한 도형의 아래 도형들을 모두 가운데로 맞춤	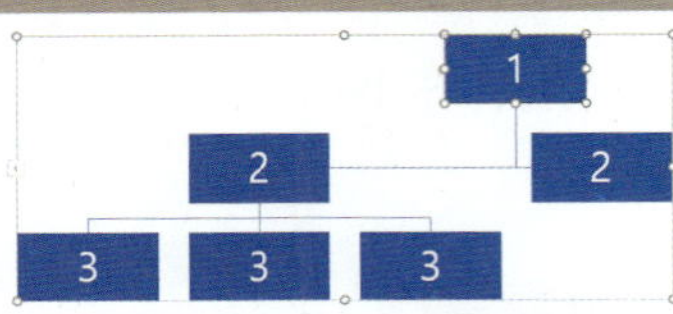 선택한 도형을 기준으로 하위 도형을 각 행에 두 개씩 가로로 배열
왼쪽 배열	**오른쪽 배열**
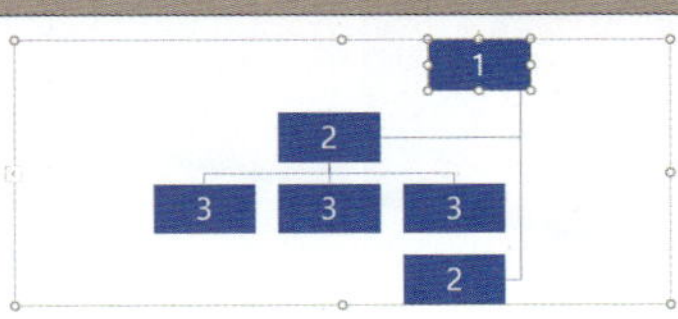 선택한 도형을 기준으로 하위 도형을 왼쪽으로 배열	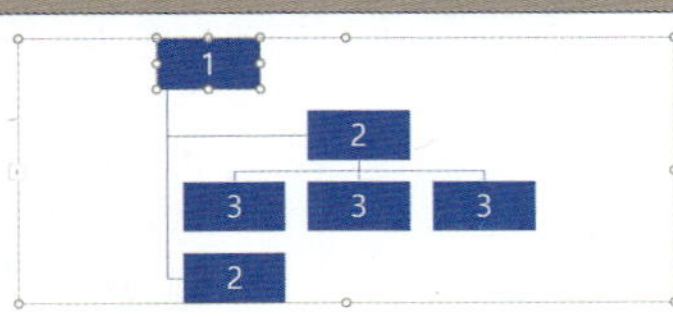 선택한 도형을 기준으로 하위 도형을 오른쪽으로 배열

기본예제 19 조직도 만들기

스마트아트를 활용해 조직도를 만들어본다.

01 스마트아트 삽입 : [삽입] 탭–[일러스트레이션] 그룹–[SmartArt]를 클릭한 후 [SmartArt 그래픽 선택] 대화상자가 나타나면 '반원 조직도형'을 선택하고 [확인]을 클릭한다. 텍스트 창에 그림과 같이 조직도를 입력한다.

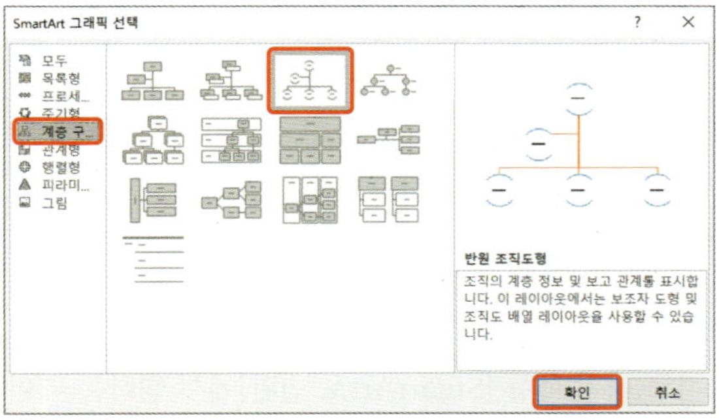
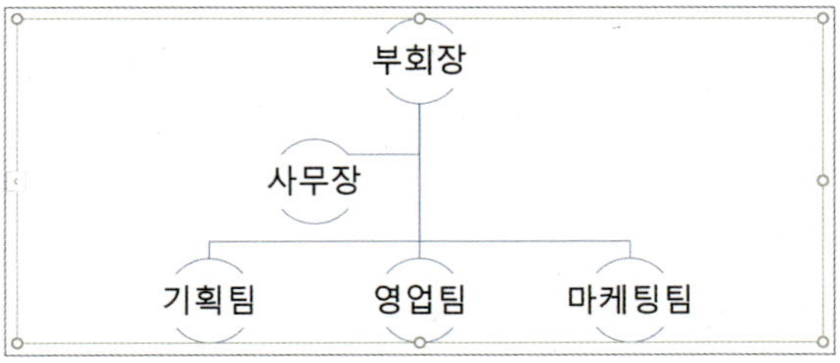

02 위에 도형 추가 : '부회장' 도형을 선택한 후 [SmartArt 도구]–[디자인] 탭–[그래픽 만들기] 그룹–[도형 추가▾]–[위에 도형 추가]를 클릭하고 『회장』을 입력한다.

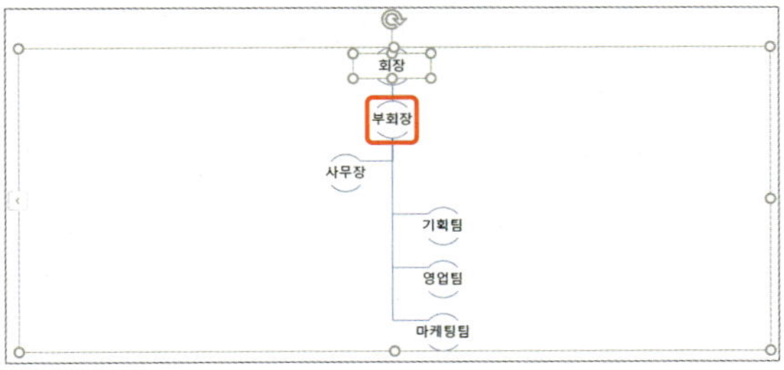
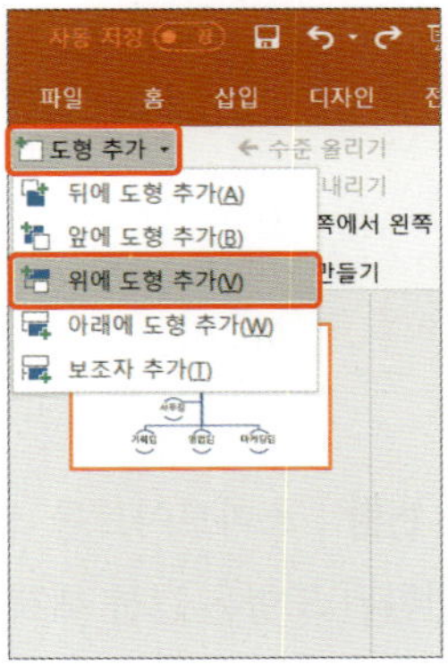

03 앞과 뒤에 도형 추가 : '회장' 도형을 선택한 후 [도형 추가▾]–[앞에 도형 추가]를 클릭하고 『감사』를 입력한다. 다시 '회장' 도형을 선택한 후 [도형 추가▾]–[뒤에 도형 추가]를 클릭하고 『자문위원』을 입력한다.

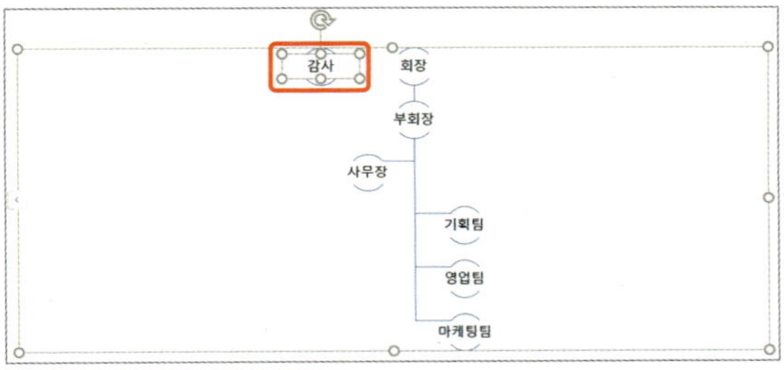
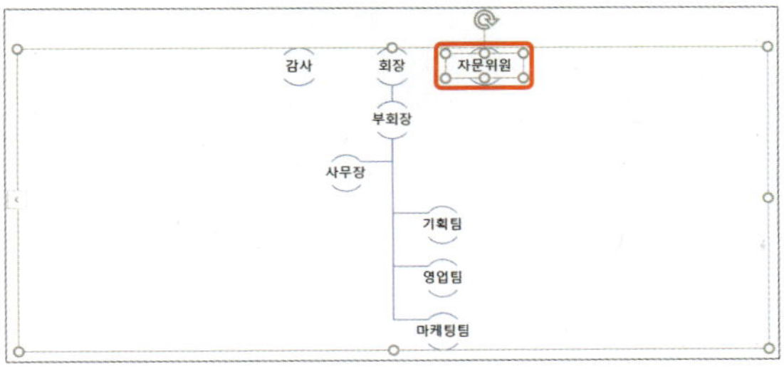

04 레이아웃 설정 : '부회장' 도형을 선택한 후 [SmartArt 도구]–[디자인] 탭–[그래픽 만들기] 그룹–[레이아웃▼]–[표준]을 클릭한다.

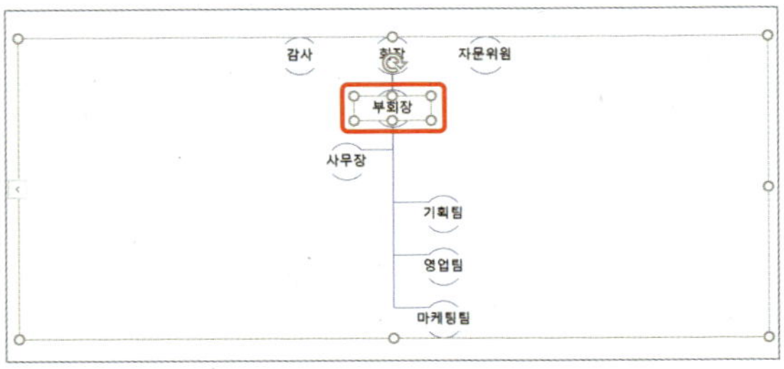

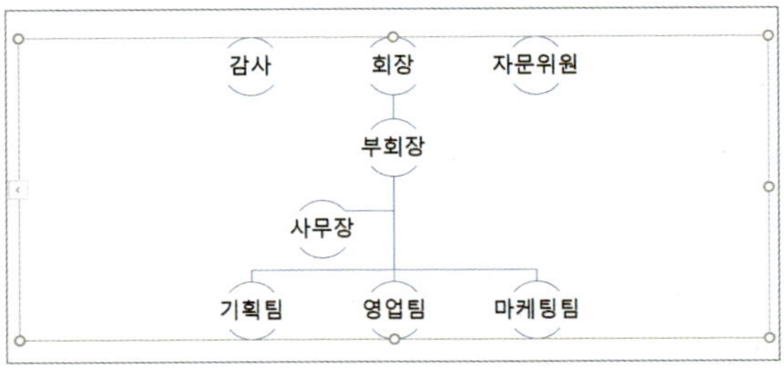

4.2.4 텍스트를 스마트아트 그래픽으로 변경

슬라이드에 입력된 텍스트를 간편하게 스마트아트로 변환할 수 있으며, 작성된 스마트아트를 텍스트나 도형으로 변환하여 사용할 수 있다.

- **텍스트를 스마트아트로 변경** : 텍스트를 영역 지정한 후 바로 가기 메뉴 [SmartArt로 변환]에서 원하는 레이아웃을 선택한다.

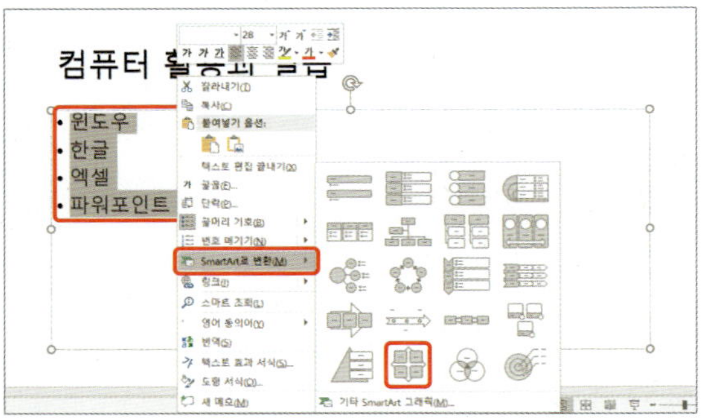

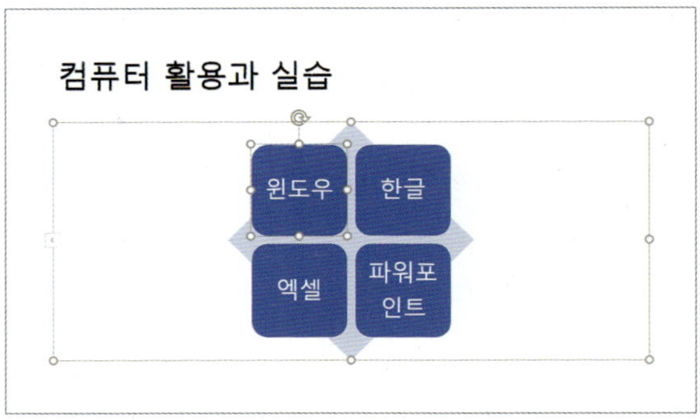

- **스마트아트를 텍스트(도형)로 변환** : 스마트아트를 선택한 후 바로 가기 메뉴에서 [텍스트로 변환] 또는 [도형으로 변환]을 클릭한다. 변환된 도형은 그룹 해제하여 사용할 수도 있다.

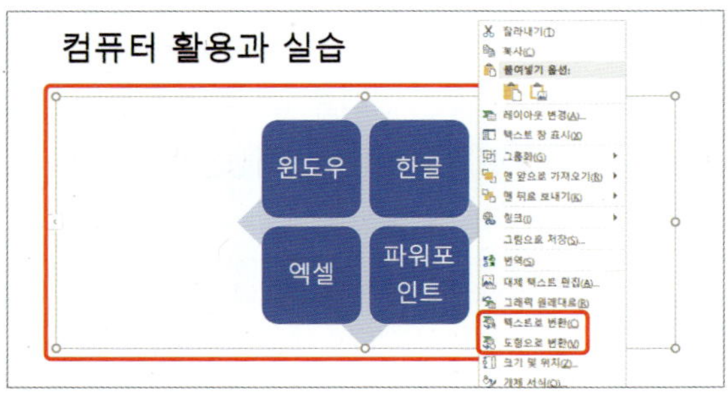

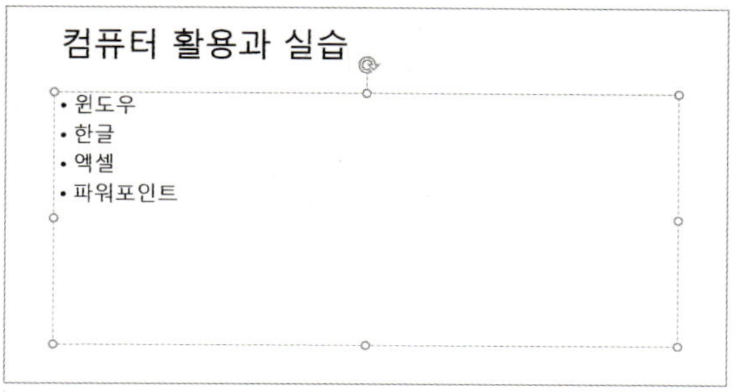

▲ 텍스트로 변환

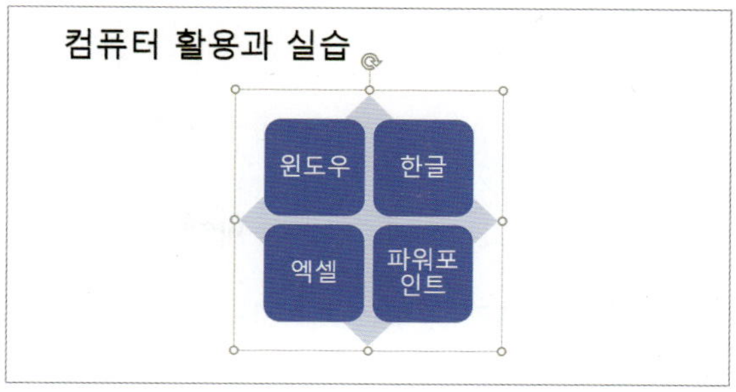

▲ 도형으로 변환

기본예제 20 스마트아트 및 도형으로 변환

입력한 텍스트를 스마트아트로 변환하고, 변환된 스마트아트를 도형으로 변환해본다.

01 스마트아트로 변환 : 내용에 입력된 텍스트를 영역 설정한 후 바로 가기 메뉴에서 [SmartArt로 변환]–[기타 SmartArt 그래픽]을 선택한다. [SmartArt 그래픽 선택] 대화상자가 나타나면 '육각형 클러스터형'을 선택하고 [확인]을 클릭한다.

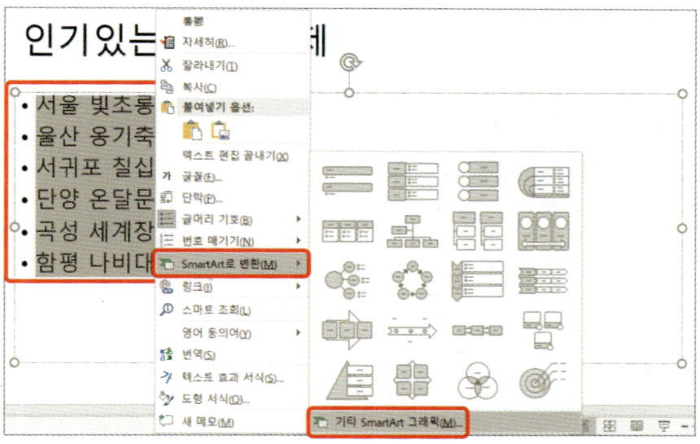

02 도형으로 변환 : 삽입된 스마트아트를 선택한 후 바로 가기 메뉴에서 [도형으로 변환]을 클릭한다.

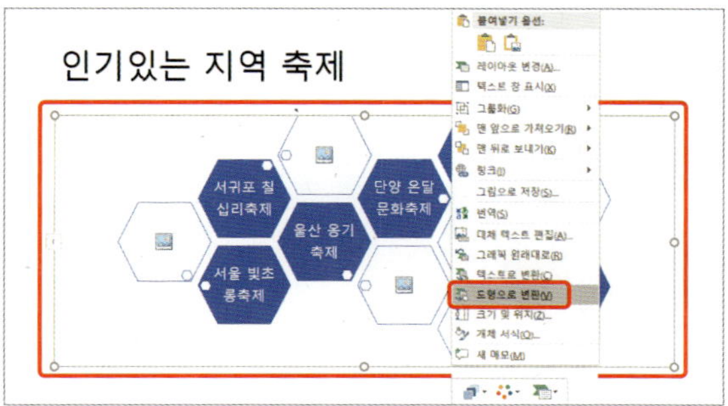

종합예제

※ [종합예제]에 대한 해설은 PDF로 제공됩니다.

문제 1 다음 [조건]에 따라 처리하시오.

[조건]

- 1번 슬라이드에 해, 사각형 : 위쪽 모서리의 한쪽은 둥글고 다른 한쪽은 잘림, 별 및 현수막의 별 : 꼭짓점 8개 별을 삽입하고, 채우기 색 : 빨강, 노랑, 검정색, 도형 효과 : 미리 설정(기본 설정7), 도형 윤곽선 : 윤곽선 없음, 도형 안 텍스트 : 스타트업, 청년 창업, 벤처기업을 입력한다.
- 2번 슬라이드에 도형 병합의 '빼기'를 이용하여 화분을 만들어 본다.(원, 달, 사각형 도형)

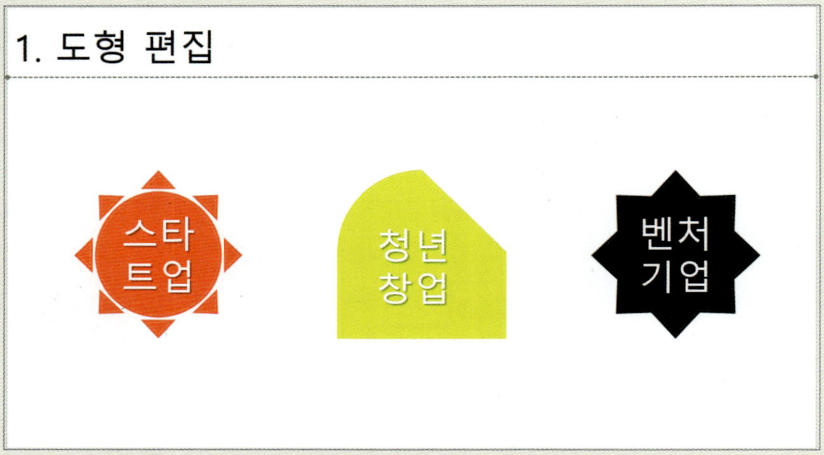

문제 2 다음 [조건]에 따라 처리하시오.

[조건]

- 온라인 그림을 이용하여 '세계의 명산'을 검색하여 두 개의 그림을 삽입하고, 첫 번째 그림에는 그림 스타일 : 금속 프레임, 나머지 한 개의 그림에는 그림자 스타일 : 사각형 그림자, 자르기(도형에 맞춰 자르기 : 눈물 방울)을 지정한다.
- 음악에 대한 아이콘을 검색하여 삽입한다.
- 비디오 파일을 온라인에서 검색하여 삽입한다.(검색어 : 미래의 유망 직업)

문제 3 다음 [조건]에 따라 처리하시오.

[조건]

- 1번 슬라이드의 자료를 이용하여 표 스타일(밝은 스타일 3 - 강조 5), 글꼴 : 굴림, 크기 : 24, 맞춤(가로/세로 가운데), 첫 째 셀에 대각선, 정렬(오른쪽, 왼쪽), 비고의 증감, 감소를 셀 병합한다.
- 1번 슬라이드의 축제 명과 관람 인원 자료를 이용하여 차트(차트 종류 : 묶은 세로 막대)를 작성하고, 차트 제목 : 지역 인기 축제, 색 변경 : 다양한 색상표 4, 차트 스타일 : 스타일 9, 빠른 레이아웃 2를 설정한다.
- 제목에 WordArt 스타일(채우기 : 검정, 텍스트 색 1, 진한 그림자 : 파랑, 강조색 5), 텍스트 효과 : 네온 18pt, 파랑, 강조색 5, 변환 : 팽창(위쪽)을 설정한다.
- 그림 설명 벤딩 목록형 SmartArt를 삽입하고, 이미지와 텍스트를 입력한 후, 색 변경 : 강조색 5 또는 6, SmartArt 스타일 : 만화를 설정한다.

1. 지역 봄 축제

인원 / 축제명	전년도 관람 인원	관람 인원	비고
유채꽃 큰 잔치	353,210	418,621	증가
산수유꽃 축제	674,832	981,775	
딸기 축제	901,454	698,010	감소
영덕 대게 축제	814,529	718,746	

2. 지역 봄 축제 현황

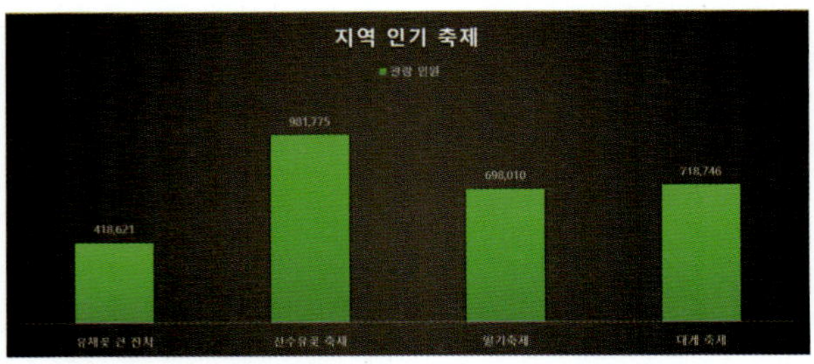

3. 지역 인기 봄 축제

연습 문제

1 1번 슬라이드에 도해 슬라이드를 만들어 보자.

[조건]

- 도형 모양 변경 : 사각형 : 둥근 위쪽 모서리(도형 채우기 : 검정, 도형 윤곽선 : 윤곽선 없음)
- 도형 모양 변경 : 모서리가 둥근 사각형(도형 채우기 : 흰색, 도형 윤곽선 : 둥근 점선, 두께 : 2 1/4, 도형 윤곽선 색 : 흰색 배경 1, 25% 더 어둡게)
- 식품성 알레르기, 흡인성 알레르기, 물리적 알레르기, 접촉성 알레르기 : 글꼴 색(흰색)

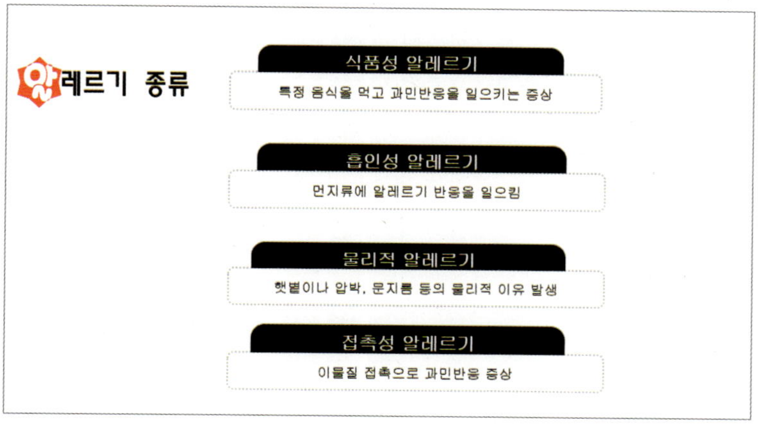

2 2번 슬라이드의 차트를 편집해 보자.

[조건]

- 차트 종류 변경 : 묶은 가로 막대형
- 색 변경 : 단색형(단색 색상표 1), 차트 스타일 : 스타일 3
- 데이터 레이블 위치 : 축에 가깝게

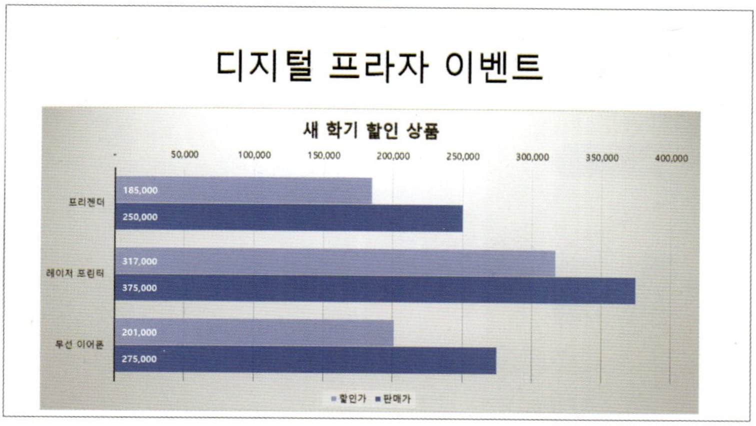

3 3번 슬라이드에 WordArt와 SmartArt 기능을 이용하여 슬라이드를 편집해 보자.

[조건]
- 제목 문자열(혈압을 낮추는 음식) : WordArt 스타일(채우기 : 주황 강조색 2, 텍스트 효과 : 근접 반사, 터치)
- SmartArt(레이아웃 : 무지향 주기형, SmartArt 스타일 : 광택 처리, 색 변경 : 강조색 2 또는 3

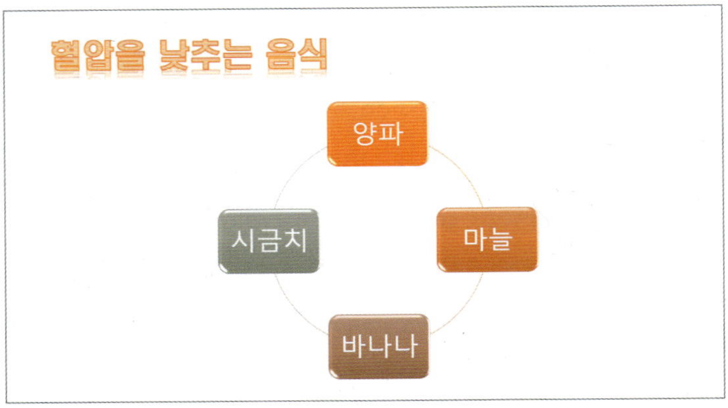

4 1번 슬라이드에 도해 슬라이드를 만들어 보자.

[조건]
- 차트 제목 : 굴림, 24pt, 굵게, 채우기(흰색), 테두리, 그림자(오프셋 오른쪽)
- 차트 영역 : 채우기(노랑)
- 그림 영역 : 채우기(흰색)
- 데이터 서식 : 용각류 계열을 표식이 있는 꺾은선형으로 변경 후 보조축 지정
- 값 표시 : 보성의 조각류 계열만
- 도형 삽입 : 스타일(미세효과–파랑 강조 1, 글꼴 : 굴림, 18pt)

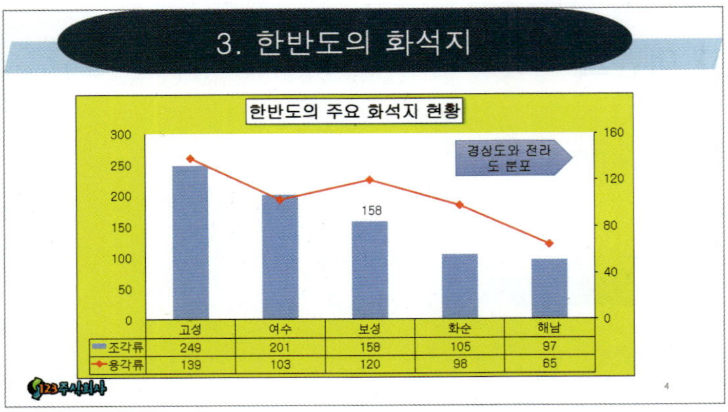

CHAPTER

12

화면 전환 및 슬라이드 쇼

01 화면 전환

02 애니메이션 설정

03 슬라이드 쇼 및 설정

종합예제

연습문제

학습목표

- 화면 전환과 애니메이션을 이용할 수 있다.
- 프레지 효과를 작성할 수 있다.
- 슬라이드 쇼를 실행할 수 있다.
- 슬라이드 쇼 진행을 위한 슬라이드를 재구성할 수 있다.

SECTION 01

화면 전환

슬라이드 화면 전환은 프레젠테이션 중에 슬라이드에서 다른 슬라이드로 이동할 때 발생하는 시각적 특수 효과로, 다양한 슬라이드 화면 전환, 소리 효과를 적용하여 화면 전환을 제어할 수 있다.

1.1 화면 전환 효과 지정

화면 전환은 슬라이드에 화면 전환을 개별적으로 지정하거나, 모든 슬라이드에 같은 화면 전환 효과를 지정할 수 있다. '미리 보기'를 클릭하면 확인하면서 지정할 수 있다.

화면 전환 효과를 지정하려면 슬라이드를 선택한 후 [전환] 탭–[슬라이드 화면 전환] 그룹에서 '자세히' 단추를 클릭하고 원하는 화면 전환을 선택한다. [슬라이드 화면 전환] 탭–[효과 옵션]을 클릭하면 선택한 화면 전환에 따라 다양한 효과 옵션을 지정할 수 있다.

환면 전환 효과가 지정되면 미리 보기 창의 [슬라이드] 번호 밑에 효과 적용 표시(★)가 나타난다. [슬라이드 화면 전환] 그룹에서 '없음'을 선택하면 화면 전환을 취소할 수 있다. 화면 전환 효과 적용 표시(★)도 사라진다.

1.2 타이밍을 이용한 화면 전환

타이밍을 이용하면 화면 전환 시 소리를 지정하거나, 일정 시간이 지나면 화면 전환이 자동 실행되도록 설정할 수 있다.

- **소리** : 화면 전환 시 소리를 선택하여 재생할 수 있다. 소리 파일은 반복 재생을 할 수 있고, 기존의 등록된 소리 파일 외 *.WAV 파일 형식을 등록하여 재생할 수 있다.
- **화면 전환** : 마우스를 클릭할 때 수동으로 화면 전환하는 방법과 시간을 설정하여 자동으로 화면 전환을 할 수 있다.
- **기간** : 화면 전환이 재생되는 길이를 지정할 수 있다.
- **모두 적용** : 선택한 슬라이드 화면 전환과 타이밍이 모든 슬라이드에 적용할 수 있다.

소리와 화면 전환 방법은 슬라이드를 선택한 후 [전환] 탭–[타이밍] 그룹에서 설정한다.

기본예제 21 화면 전환 및 효과

슬라이드 화면 전환 효과(조각), 소리(바람), 자동 전환 시간(00:05:00)을 모든 슬라이드에 적용한다.

01 화면 전환 및 효과 : '1 슬라이드'를 선택한 후 [전환] 탭–[슬라이드 화면 전환] 그룹에서 '자세히'를 클릭하고 '조각'을 선택한다. [효과 옵션]에서 '입자 모으기'를 선택한다.

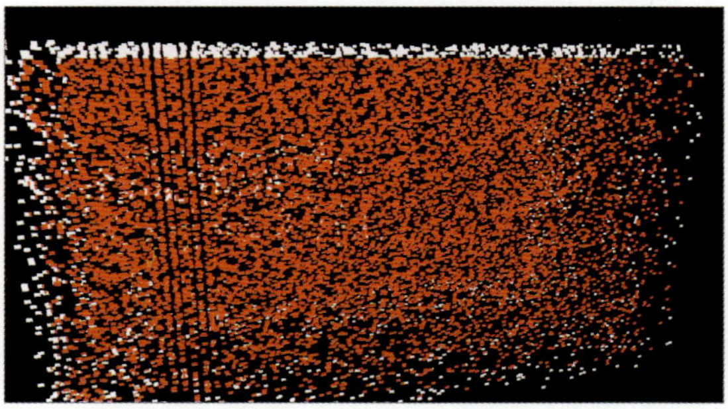

02 소리 재생 및 자동 전환 : [전환] 탭–[타이밍] 그룹–[소리]에서 '바람'을 선택한다. '다음 시간 후'를 체크한 후 『00:05:00』를 입력한다.

03 화면 전환 모두 적용 : [전환] 탭–[타이밍] 그룹에서 '모두 적용'을 클릭한 후 F5를 눌러 슬라이드 쇼를 처음부터 진행한다.

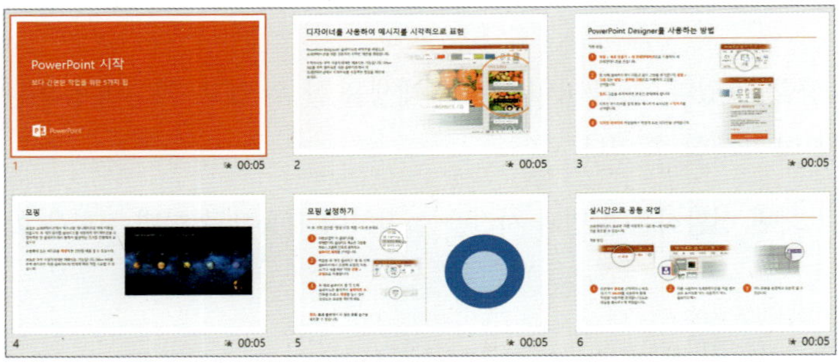

1.3 모핑 화면 전환

모핑이란? 하나의 형체가 전혀 다른 형체로 변화하는 과정을 생성하는 기법으로, 파워포인트에서는 텍스트, 도형, 그림, SmartArt 그래픽, WordArt 등 다양한 개체의 모양과 움직임의 변환 과정을 표현할 수 있다.

슬라이드를 선택한 후 [전환] 탭–[슬라이드 화면 전환] 그룹에서 '자세히'를 클릭하고 '모핑'을 선택한다.

- **모핑 화면 전환 방법**

① 모핑 효과를 적용할 개체를 선택한 후 슬라이드에 삽입한다. 바로 가기 메뉴에서 [슬라이드 복제]를 클릭한다. 복제한 슬라이드에서 개체를 선택하여 원하는 위치에 이동시키고, 개체의 조절점을 조절하여 모양을 변경한 후 [전환] 탭–[슬라이드 화면 전환] 그룹에서 '자세히'를 클릭하고 '모핑'을 선택한다.

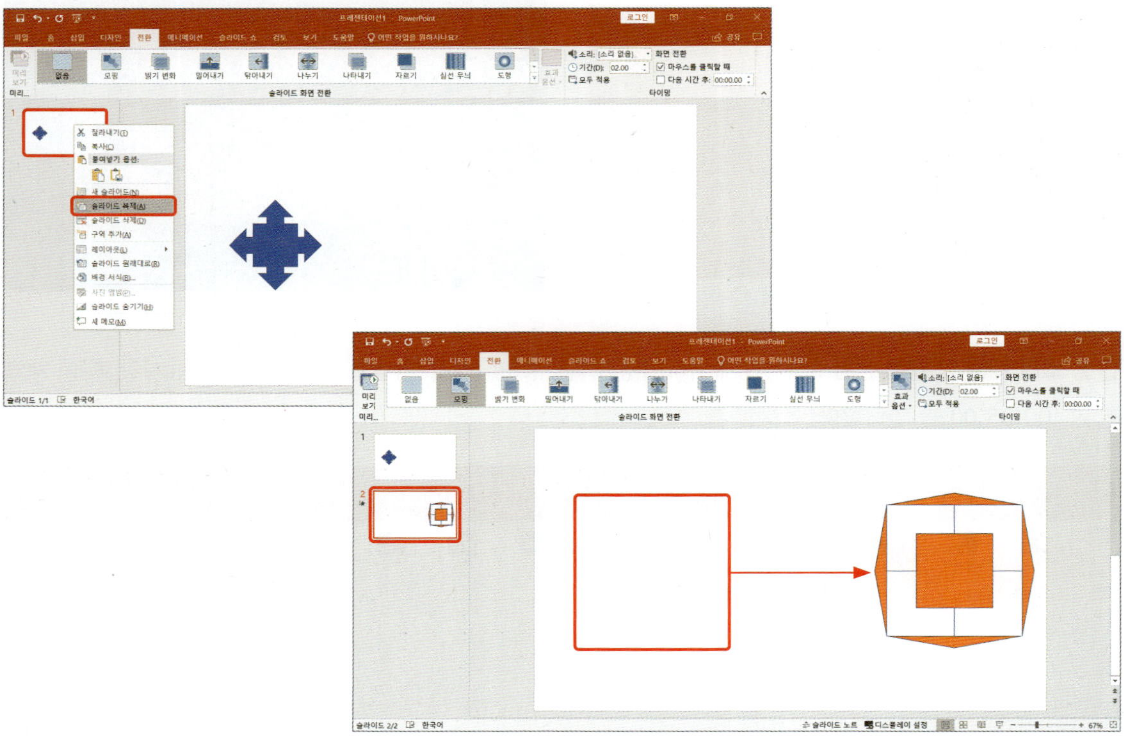

❷ [전환] 탭의 '미리 보기'를 클릭하여 확인한다.

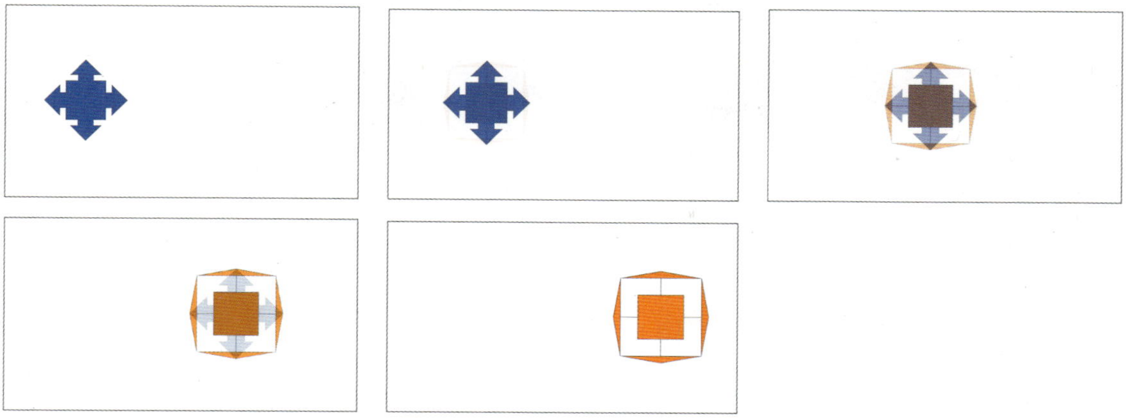

기본예제 22 모핑 효과

모핑 전환을 이용해 삽입된 워드아트를 다른 모양으로 변경해본다.

01 슬라이드 복제 : '1 슬라이드'를 선택한 후 바로 가기 메뉴에서 [슬라이드 복제]를 클릭한다.

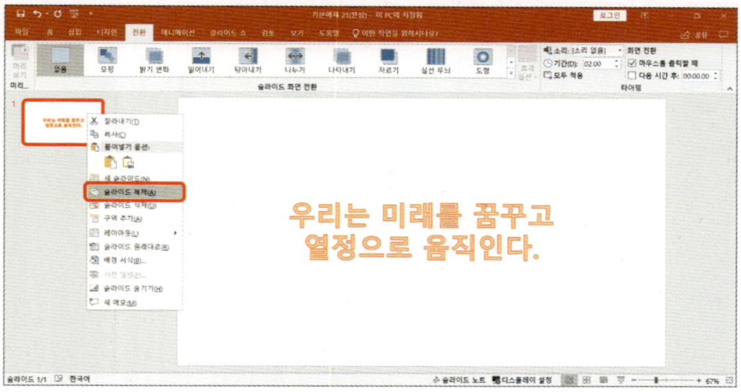

02 워드아트 편집 : '2 슬라이드'에서 워드아트를 선택한 후 [홈] 탭-[글꼴] 그룹에서 글꼴 크기를 '88'을 선택한다. 조절점을 이용해서 그림과 같이 크기를 조절한다.

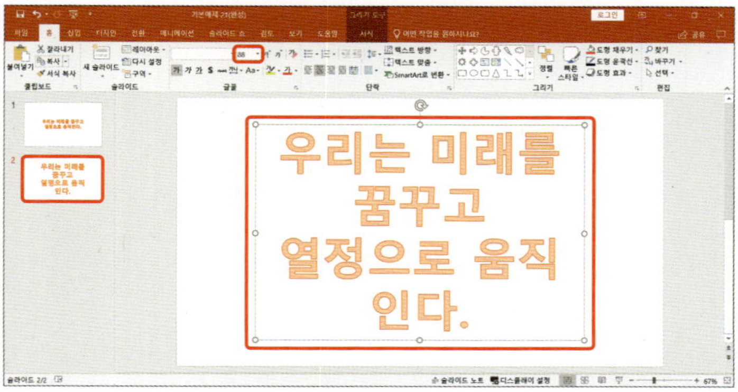

03 워드아트 스타일 : [그리기 도구]–[서식] 탭–[WordArt 스타일] 그룹에서 '자세히'를 클릭하고 그림과 같이 선택한다. [텍스트 효과]–[그림자]에서 '원근감: 오른쪽 위'를 선택한다.

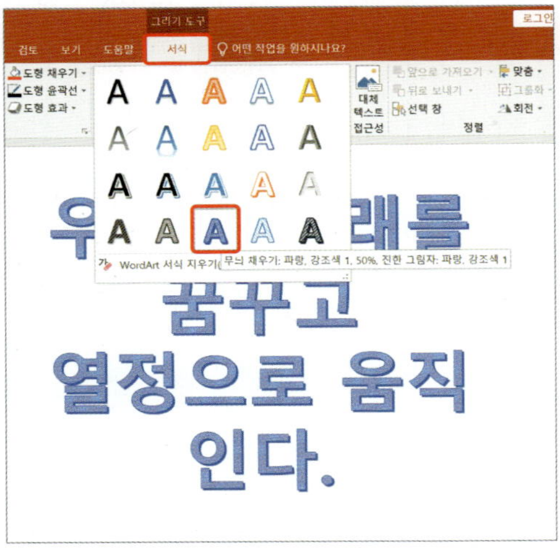

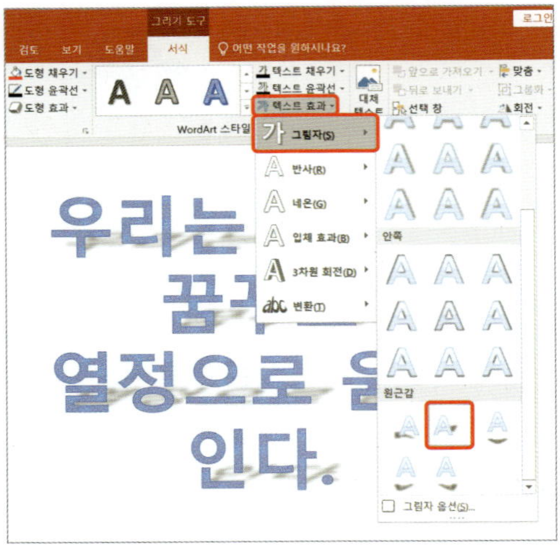

04 모핑 전환 : [전환] 탭–[슬라이드 화면 전환] 그룹에서 '자세히'를 클릭하고 '모핑'을 선택한다.

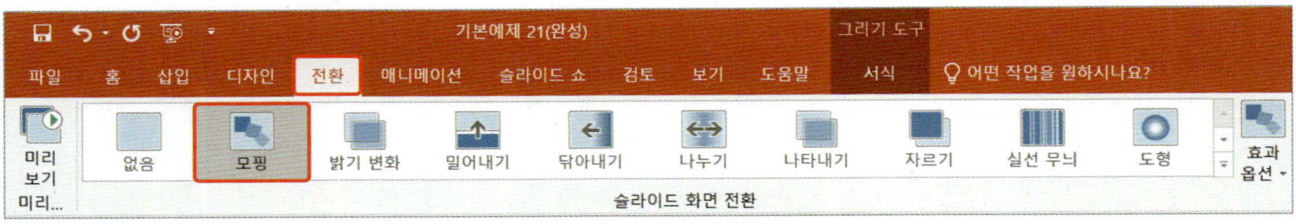

SECTION 02

애니메이션 설정

애니메이션은 프레젠테이션에 동적 시각 효과를 표현할 수 있으며, 애니메이션에 사용되는 개체에는 텍스트, 그림, 도형, 표, SmartArt 그래픽 및 기타 개체 등이 있다. 애니메이션은 중복 적용할 수도 있으며, 재생 시간, 순서 등을 지정하여 설정할 수 있다. 애니메이션이 적용된 슬라이드에는 화면 전환과 같이 슬라이드 번호 밑에 (별) 표시가 나타난다.

2.1 애니메이션 지정

애니메이션은 나타내기, 강조, 끝내기, 이동 경로로 구분되며, 여러 가지 애니메이션을 추가하기 위해서는 [애니메이션] 탭–[고급 애니메이션] 그룹에서 '애니메이션 추가'를 이용하여 중복 적용할 수 있다. 두 가지 이상의 애니메이션이 지정된 개체에는 왼쪽에 번호가 추가된다. 왼쪽에 표시된 번호는 개체가 삽입된 슬라이드에 적용된 애니메이션의 수를 의미하며, 다음 슬라이드에 애니메이션을 지정하면 다시 '1'부터 애니메이션 수가 표시된다. 개체를 선택한 후 [애니메이션] 탭–[애니메이션] 그룹에서 '자세히'를 클릭하고 원하는 애니메이션을 선택한다.

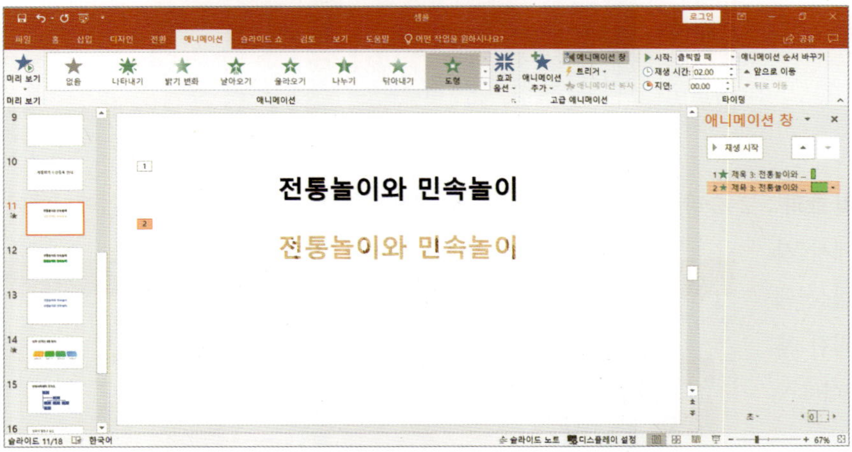

❶ **미리 보기** : 애니메이션이 적용된 개체의 애니메이션을 미리 볼 수 있다.

❷ **애니메이션** : 나타내기, 강조, 끝내기, 이동 경로를 지정하여 설정할 수 있다. 한 개체에 애니메이션을 중복 적용하기 위해서는 [애니메이션]–[고급 애니메이션] 그룹에서 '애니메이션 추가'에서 원하는 애니메이션을 선택하여 지정할 수 있다.

③ **효과 옵션** : 선택한 애니메이션에 따라 다양한 효과를 설정할 수 있다.

④ **애니메이션 창** : 애니메이션 목록을 확인할 수 있으며, 애니메이션 창을 이동시키거나, 크기를 조절할 수 있다. 지정한 순서에 따라 개체에 번호가 표시되며, 증/감(▲▼) 단추를 이용하여 순서를 변경할 수 있다.

⑤ **트리거** : 트리거 대상(목표물)인 개체에 애니메이션을 지정한 후, 트리거(겨냥하는)하는 개체를 연결시킨다. 트리거가 적용되면 표시(⚡)가 나타난다. 트리거 대상인 개체는 슬라이드 쇼에서 바로 나타나지 않고, 트리거를 지정한 개체를 클릭해야 슬라이드 쇼에 나타난다.

⑥ **애니메이션 복사** : 기존의 애니메이션을 복사하여 다른 개체에 적용할 수 있다.

⑦ **타이밍** : 재생시간, 지연, 애니메이션 순서 바꾸기를 설정할 수 있다.

기본예제 23 슬라이드 애니메이션

각 슬라이드에 애니메이션 효과를 주고 트리거 효과를 적용해 본다.

01 슬라이드 애니메이션 : '1 슬라이드'에서 '슬라이드 쇼' 텍스트 상자를 선택한 후 [애니메이션] 탭–[애니메이션] 그룹에서 '자세히'를 클릭하고 '바운드'를 선택한다. [애니메이션] 탭–[고급 애니메이션] 그룹에서 '애니메이션 창'을 클릭한다.

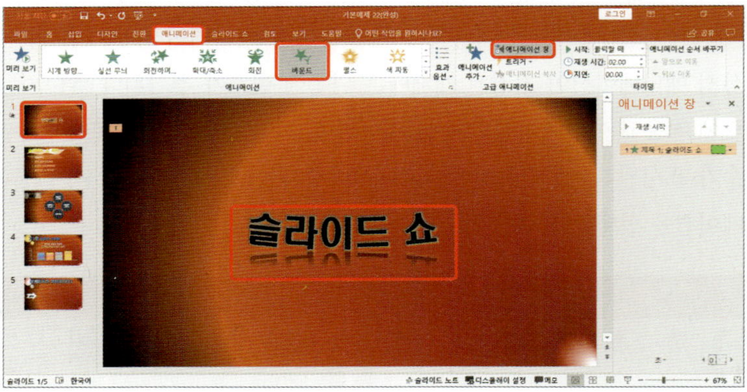

02 슬라이드 애니메이션 및 효과 : '2 슬라이드'에서 '슬라이드 쇼 시작' 텍스트 상자를 선택한 후 [애니메이션] 탭–[애니메이션] 그룹에서 '자세히'를 클릭하고 '나누기'를 선택한다. [효과 옵션 ▾]을 클릭한 후 '세로 바깥쪽으로'를 선택한다.

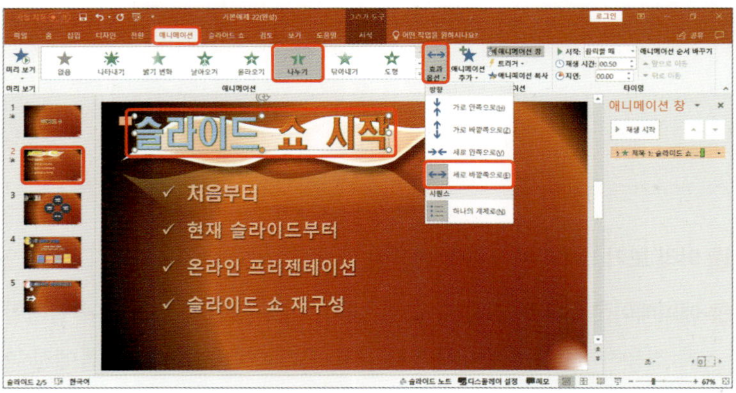

03 슬라이드 애니메이션 및 효과 : '2 슬라이드'에서 '내용' 텍스트 상자를 선택한 후 [애니메이션] 탭–[애니메이션] 그룹에서 '자세히'를 클릭하고 '밑줄 긋기'를 선택한다. [효과 옵션 ▾]을 클릭한 후 '단락별로'를 선택한다.

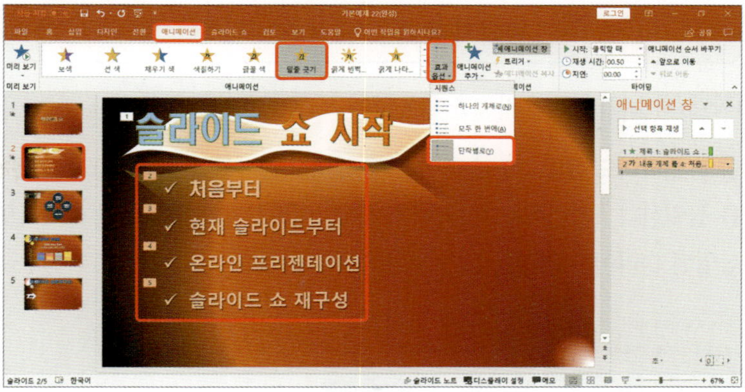

04 슬라이드 트리거 : '5 슬라이드'에서 '애니메이션 설정' 텍스트 상자를 선택한 후 [애니메이션] 탭–[애니메이션] 그룹에서 '자세히'를 클릭하고 '점프 및 회전'을 선택한다. 얼굴 그림을 선택한 후 [고급 애니메이션] 그룹–[트리거 ▾]–[클릭할 때]에서 왼쪽의 화살표(톱니 모양의 오른쪽 4)를 선택한다.

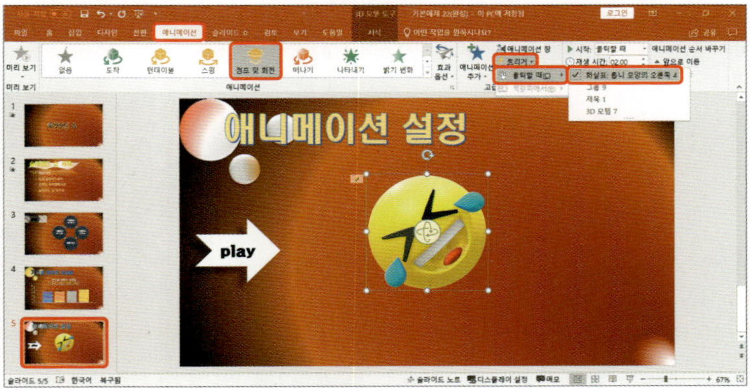

TIP 컴퓨터에 저장된 비디오 파일을 삽입한 후, 비디오를 재생시켜 원하는 지점에서 중지시킨 후 비디오 책갈피 기능을 이용하여 원하는 지점을 책갈피에 등록할 수 있다. 트리거로 등록된 책갈피와 연결하여 비디오를 재생 또는 중지시킬 수 있다.

2.2 프레지 효과

프레지(Frezi)는 온라인 기반의 ZOOM 효과를 활용한 화면 전환(ZUI : Zooming User Interface) 기법을 사용한다. 텍스트, 이미지, 도형 등에 페이드인과 페이드아웃 기능을 이용하여 애니메이션 적용할 수 있다. 프레지의 장점은 온라인과 오프라인 모두 사용 가능하며, 디자인에 대한 부담을 줄일 수 있는 주제별 템플릿을 활용한 프레젠테이션을 작성할 수 있다. 파워포인트에서도 [확대/축소] 기능과 [화면 전환]의 [모핑 효과] 기능을 이용하여 프레지와 같은 표현을 할 수 있다.

기본예제 24 프레지 효과

[확대/축소]와 [모핑] 기능을 활용하여 프레지 효과를 나타낸다.

01 슬라이드 삽입 : '1 슬라이드'를 선택한 후 [삽입] 탭–[링크] 그룹–[확대/축소 ▾]–[슬라이드 확대/축소]를 클릭한다. [슬라이드 확대/축소 삽입] 대화상자가 나타나면 슬라이드 2, 3을 선택하고 [삽입]을 클릭한다. 삽입된 슬라이드 크기를 줄여 오른쪽에 배치한다.

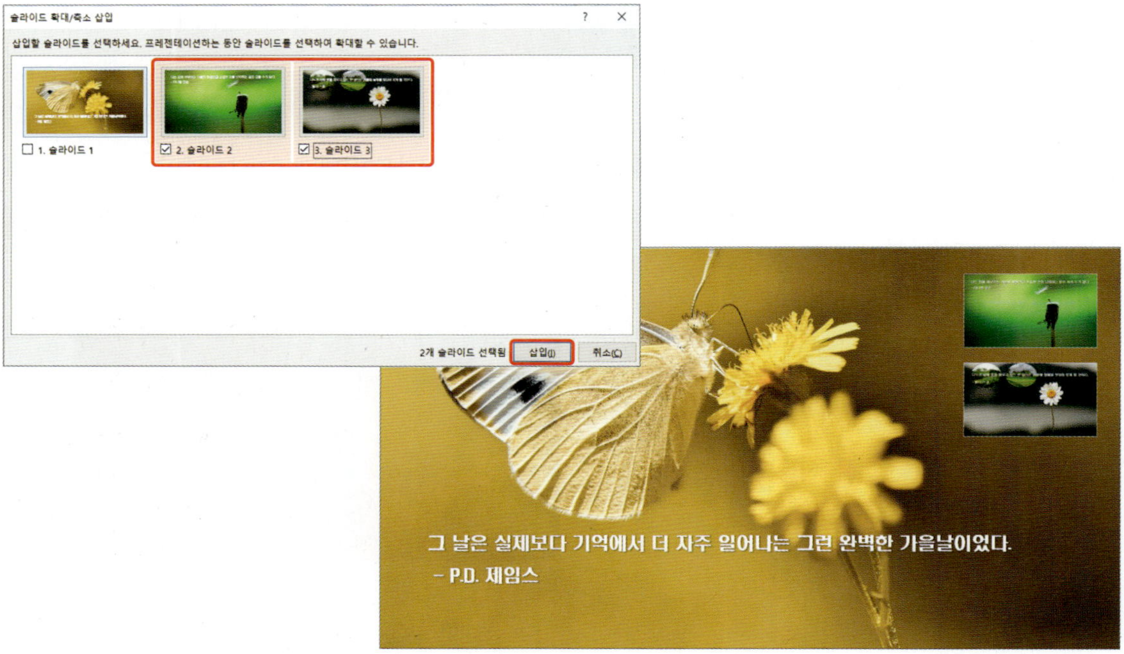

02 모핑 전환 : '1 슬라이드'를 선택한 후 바로 가기 메뉴에서 [슬라이드 복제]를 선택한다. 복제한 '2 슬라이드'에서 2, 3번의 축소 슬라이드를 아래쪽에 배치하고, 텍스트 상자는 위쪽에 배치한다. [전환] 탭–[슬라이드 화면 전환]에서 '자세히'를 클릭한 후 '모핑'을 선택한다.

03 도형 자르기 : '4 슬라이드'를 선택한 후 바로 가기 메뉴에서 [슬라이드 복제]를 선택한다. 복제한 '5 슬라이드'에서 이미지 두 개를 아래쪽에 배치한 후 [그림 도구]–[서식] 탭–[크기] 그룹–[자르기]–[도형에 맞춰 자르기]에서 '하트'를 선택한다.

04 텍스트 상자 3차원 효과 : '5 슬라이드'에서 텍스트 상자를 선택한 후 [그리기 도구]–[서식] 탭–[WordArt 스타일] 그룹–[텍스트 효과 ▾]–[3차원 회전]에서 '축 분리 2: 왼쪽으로'를 선택한다.

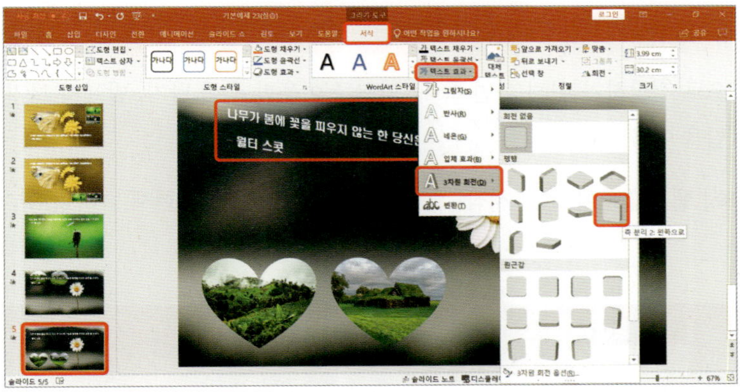

05 모핑 전환 : '5 슬라이드'를 선택한 후 [전환] 탭–[슬라이드 화면 전환]에서 '자세히'를 클릭하고 '모핑'을 선택한다.

SECTION 03

슬라이드 쇼 및 설정

슬라이드 쇼는 프레젠테이션의 내용 구성을 완성한 후, 전체적인 각 슬라이드의 레이아웃과 구성을 살펴보고, 미흡한 부분을 수정하여 효율적인 프레젠테이션을 위한 슬라이드 설정 및 예행 연습을 학습해 본다.

3.1 슬라이드 쇼 및 설정

슬라이드 쇼 시작은 처음부터, 현재 슬라이드부터 시작할 수 있으며, 다른 사람이 웹브라우저에서 사용자의 슬라이드를 볼 수 있는 온라인 프레젠테이션, 슬라이도 쇼 재구성이 있다.

3.1.1 슬라이드 쇼 진행

슬라이드 쇼 진행 시 발표를 더 효과적으로 전달하기 위해 화면 확대, 잉크를 이용한 주석 달기, 발표자 보기 표시, 포인터 옵션, 재구성한 쇼, 쇼 마침을 이용할 수 있다.

슬라이드 쇼를 진행하려면 [슬라이드 쇼] 탭–[슬라이드 쇼 시작] 그룹에서 '처음부터' 또는 '현재 슬라이드부터'를 클릭한다.

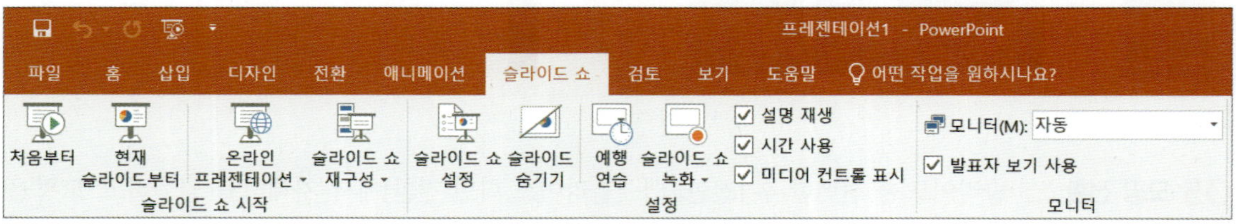

❶ **처음부터** : 1 슬라이드부터 슬라이드 쇼를 진행한다(F5).

❷ **현재 슬라이드부터** : 현재 선택한 슬라이드부터 슬라이드 쇼를 진행한다(Shift+F5,).

❸ **온라인 프레젠테이션** : 마이크로소프트 계정으로 로그인하여 온라인 상에서 슬라이드를 다운받거나 볼 수 있다.

❹ **슬라이드 쇼 재구성** : 슬라이드 쇼에 사용될 슬라이드를 편집하여 재구성할 수 있다.

❺ **슬라이드 쇼 설정** : 슬라이드 쇼 진행 시 쇼 보기 형식, 슬라이드 표시, 화면 전환 등을 설정한다.

❻ **슬라이드 숨기기** : 프레젠테이션 중 특정 슬라이드를 표시하지 않도록 설정한다.

❼ **예행 연습** : 프레젠테이션을 시뮬레이션하면서 슬라이드 쇼 진행시간을 확인할 수 있다.

❽ **슬라이드 쇼 녹화** : 슬라이드 쇼 진행 시 설명, 시간, 주석 잉크를 선택하여 녹화할 수 있다.

3.1.2 슬라이드 쇼 도구

슬라이드 쇼 도구는 쇼 진행 중에 화면 하단 왼쪽에 표시되는 도구나 마우스 오른쪽 버튼을 누르면 이용할 수 있다.

❶ **다음** : 다음 슬라이드로 이동한다.

❷ **이전** : 이전 슬라이드로 이동한다.

❸ **마지막으로 본 상태** : 현재 보고 있는 슬라이드 이전에 본 슬라이드로 이동한다.

❹ **모든 슬라이드 보기** : 모든 슬라이드를 표시한다.

❺ **확대** : 돋보기 도구가 나타나며, 특정 부분을 확대한다.

❻ **발표자 보기 표시(숨기기)** : 발표자의 보기 화면을 '표시' 또는 '숨기기' 한다.

❼ **화면** : 현재 보고 있는 화면을 검정색이나 흰색으로 변경하여 내용을 표시되지 않게 한다.

❽ **포인터 옵션** : 주석을 달기 위한 도구 선택, 색 변경, 레이저 포인터 표시 등을 지정한다.

❾ **쇼 마침** : 현재 진행 중인 쇼를 마친다.

3.2 슬라이드 쇼 설정

슬라이드 쇼 설정은 슬라이드 쇼 진행 화면의 기본 환경을 설정하는 것으로, '보기 형식', '보기 옵션', '슬라이드 표시', '화면 전환', '복수 모니터' 등 세부 옵션을 설정할 수 있다. 쇼 설정을 위해 [슬라이드 쇼] 탭–[설정] 그룹에서 '슬라이드 쇼 설정'을 클릭한다.

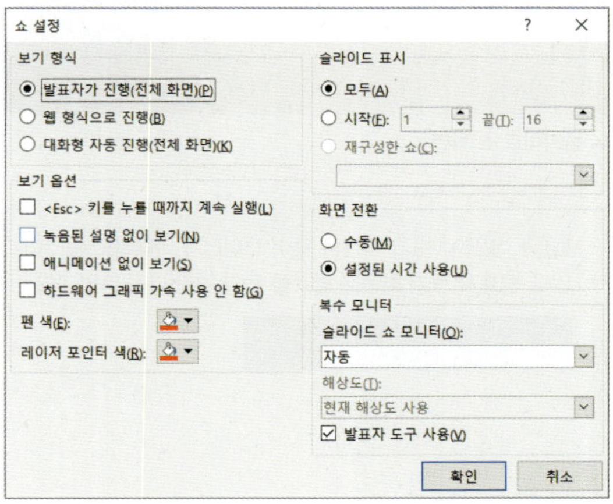

3.2.1 보기 형식

- **발표자가 진행(전체 화면)** : 슬라이드 쇼가 전체 화면으로 진행되며, 발표자가 슬라이드 전환 시점을 제어할 수 있다. 마지막 슬라이드까지 진행되면 마우스를 클릭하여 쇼를 종료한다.

- **웹 형식으로 진행** : 슬라이드 쇼 진행 시 화면 상단에는 제목 표시줄, 하단에 상태 표시줄이 나타나며, 상태 표시줄은 '이전', '메뉴', '다음', '기본', '여러 슬라이드', '읽기용 보기', '슬라이드 쇼'로 구성되어 있으며, 이동 단추를 이용하여 슬라이드를 이동하거나 메뉴를 이용하여 슬라이드 쇼를 종료할 수 있다.
- **대화형 자동 진행(전체 화면)** : Esc를 누를 때까지 실행된다.

3.2.2 슬라이드 표시

- **모두** : 모든 슬라이드를 슬라이드 쇼로 실행한다.
- **시작/끝** : 슬라이드 쇼 범위를 설정하여 실행한다.
- **재구성한 쇼** : 슬라이드 쇼에 사용될 슬라이드를 재구성한 쇼를 실행한다.

3.2.3 화면 전환

- **수동** : 진행자가 화면 전환을 제어한다.
- **설정된 시간 사용** : 화면 전환 기능에서 설정한 시간이 지나면 자동으로 화면 전환된다.

3.2.4 복수 모니터

모니터가 두 대 이상 연결된 경우, 슬라이드 쇼 화면과 발표자 보기 화면으로 구분하여 볼 수 있으며, 발표자 보기 화면을 표시할 모니터를 선택할 수 있다.

▲ 슬라이드 쇼 화면

▲ 발표자 보기 화면

TIP 발표자 보기 화면은 복수 모니터가 아니어도 슬라이드 쇼 진행 시 바로 가기 메뉴에서 [발표자 보기 표시/숨기기]를 선택할 수 있다. 발표자 보기 화면은 발표를 돕기 위한 다음 슬라이드나 슬라이드 노트, 도구가 표시된다.

3.3 예행 연습

예행 연습은 슬라이드 쇼를 진행하면서 각 슬라이드 쇼에 소요되는 시간을 기록하며, 프레젠테이션할 때 수월하게 진행될 수 있도록 미리 연습하는 것이다. '예행 연습'을 클릭하면 슬라이드 쇼 화면으로 전환되며, 녹화 컨트롤이 표시되어 예행 연습 시간을 기록한다.

예행 연습은 [슬라이드 쇼] 탭–[설정] 그룹에서 '예행 연습'을 선택한다.

3.4 슬라이드 쇼 녹화

카메라나 마이크가 준비되면, 슬라이드 쇼 진행시 설명을 녹음하여 재생시킬 수 있으며, 카메라를 이용하여 발표자 모습을 보여줄 수 있다. 슬라이드 쇼 녹화 방법에는 처음부터 녹화, 현재 슬라이드 녹화가 있다. '슬라이도 쇼 녹화'를 클릭하여 녹화 시점을 선택하거나, 녹화된 내용을 지울 수 있다. 슬라이드 쇼 녹화 기능을 이용하여 설명을 녹화한 후 동영상 파일 형식으로 저장함으로써 간편하게 동영상을 만들 수 있다.

슬라이드 쇼 녹화는 [슬라이드 쇼] 탭–[설정] 그룹–[슬라이드 쇼 녹화 ▾]에서 선택한다.

3.5 슬라이드 숨기기

슬라이드 숨기기 기능을 이용하면 슬라이드 쇼에 표시되지 않도록 숨길 수 있다. 숨겨진 슬라이드는 슬라이드 쇼 보기를 실행할 때만 숨겨지고, 숨겨진 슬라이드는 파일에 남아 있다. 숨겨진 슬라이드는 슬라이드 미리보기 창에 나타나는 각 슬라이드 번호에 숨기기 표시(\)가 나타난다. 하나 이상 또는 전체 슬라이드를 숨길 수 있다.

슬라이드 숨기기 방법은 해당 슬라이드를 선택한 후 [슬라이드 쇼] 탭–[설정] 그룹에서 '슬라이드 숨기기'를 클릭한다. 숨기기를 해제하려면 해당 슬라이드를 선택한 후 '슬라이드 숨기기'를 다시 클릭하면 된다.

TIP [슬라이드 미리 보기 창]에서 슬라이드를 선택한 후 바로 가기 메뉴의 '슬라이드 숨기기'를 선택하여 슬라이드를 숨길 수 있다.

기본예제 25 프레젠테이션 예행 연습

슬라이드 숨기기 기능과 함께 프레젠테이션 예행 연습을 해본다.

01 슬라이드 숨기기 : '3~7 슬라이드'를 선택한 후 [슬라이드 쇼] 탭-[설정] 그룹에서 '슬라이드 숨기기'를 클릭한다.

02 예행 연습 : [슬라이드 쇼] 탭-[설정] 그룹에서 '예행 연습'을 클릭한다. 마지막 슬라이드까지 예행 연습이 끝나면 슬라이드 쇼에 걸린 시간을 저장한다.

종합예제

※ [종합예제]에 대한 해설은 PDF로 제공됩니다.

문제 1 다음 [조건]에 따라 전환과 애니메이션을 지정하시오.

[조건]

- 화면전환은 슬라이드 화면 전환(화려한 효과–밧질), 효과 옵션 : 세로, 소리 : 바람, 기간 : 10:00, 모든 슬라이드에 적용한다.
- 2번 슬라이드의 제목 문자열에 날아오기 : '왼쪽 아래에서' 애니메이션을 지정하고, 내용에는 글꼴 색 : '빨강', 밑줄 긋기 애니메이션을 추가 지정한다. 오른쪽 그림에는 이동 경로 : '반복' 애니메이션을 지정한다.
- 슬라이드 쇼 재구성을 이용하여 슬라이드 쇼 이름 : '바흐'를 만들고, 슬라이드 쇼 설정 : 재구성한 쇼 : 바흐를 설정하여 슬라이드 쇼 진행시 발표자 도구가 나오도록 슬라이드 쇼를 진행한다.

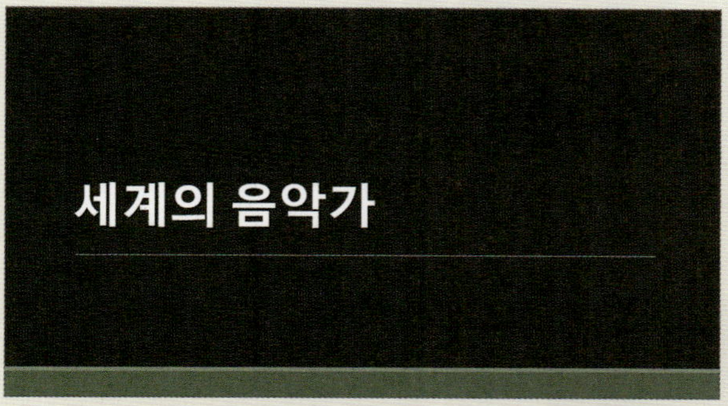

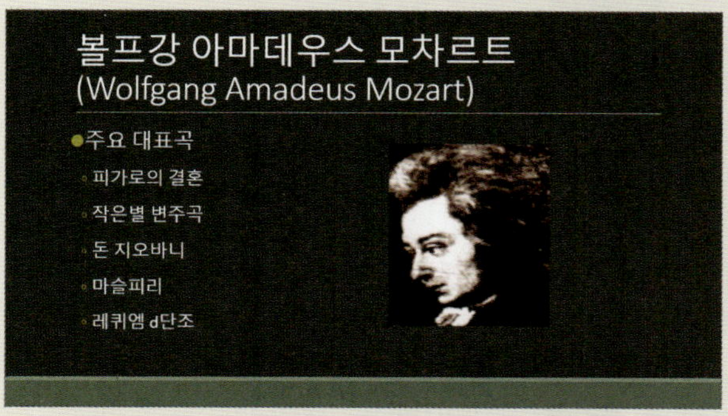

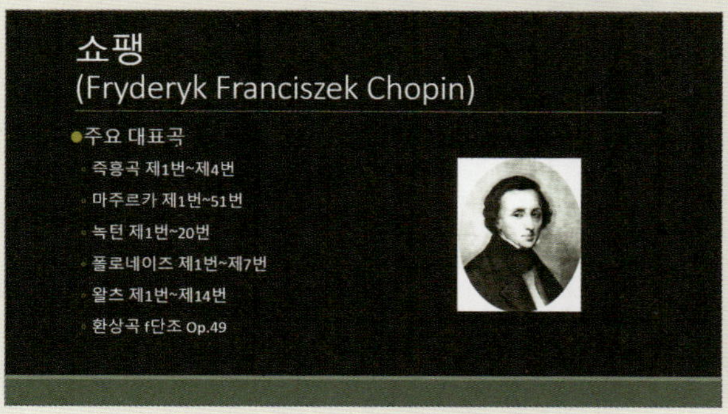

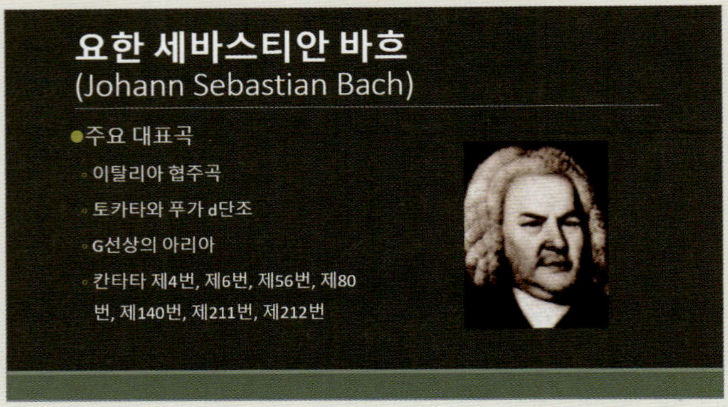

문제 2 모핑과 확대/축소 기능을 이용하여 지정한 [조건]에 따라 처리하시오.

[조건]

모핑 전환 기능이 적용된 1번 슬라이드를 복제하여 별과 투명 사각형의 크기, 위치, 모양 등을 변경하여 슬라이드 쇼를 진행해 본다. 텍스트를 추가하여 위치나 크기 등을 변경하여 모핑을 적용한다.

연습문제

1 슬라이드에 화면 전환과 애니메이션을 다음 [조건]에 따라 설정하시오.

[조건]

- 전환 효과 : 화려한 효과(블라인드), 효과 옵션 : 가로, 모두 적용
- 3번 슬라이드에 애니데이션 지정 : 왼쪽 도형 그룹(나타나기 : 도형, 효과 옵션 : 다이아몬드), 오른쪽 도형 그룹(나타나기 : 바운드)

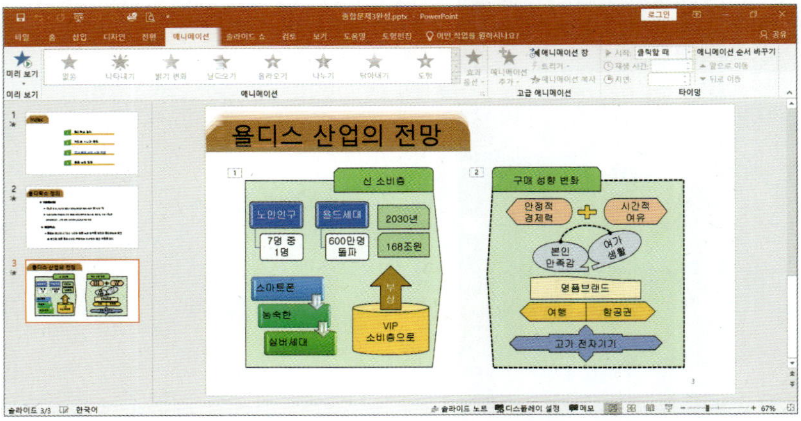

2 슬라이드에 화면 전환과 애니메이션을 다음 [조건]에 따라 설정하시오.

[조건]

- 모든 슬라이드의 요약 슬라이드 작성하기, 요약 슬라이드 제목 문자열 입력(욜디락스(Yoldilocks)
- 슬라이드 쇼 설정 : 보기 형식(웹 형식으로 진행)

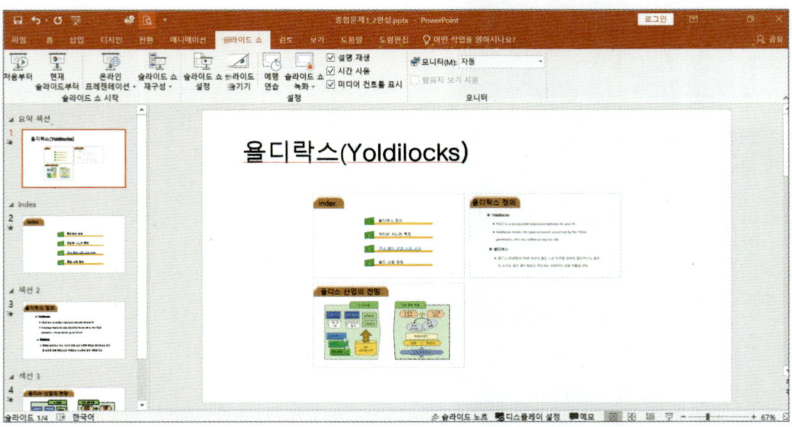

CHAPTER

13

테마 및 슬라이드 마스터

01 디자인 테마

02 슬라이드 마스터

종합예제

연습문제

학습목표

- 디자인 테마를 편집하여 사용할 수 있다.
- 서식 파일 형식으로 저장할 수 있다.
- 온라인에서 제공하는 무료 템플릿을 다운받아 적용할 수 있다.
- 슬라이드 마스터를 편집하여 적용할 수 있다.

SECTION 01

디자인 테마

파워포인트에서 테마를 적용하면 세련되고 전문적인 슬라이드를 빠르게 꾸밀 수 있다. 파워포인트에서 기본으로 제공되는 테마를 적용하거나, 제공된 디자인에 색, 글꼴, 효과, 슬라이드 크기, 배경 서식을 변경하여 적용할 수 있다. 또한 온라인에서 디자인 테마를 다운받아 이용하거나, 사용자가 기존 디자인을 변경하여 디자인 서식 파일로 저장 및 활용할 수 있다.

1.1 디자인 테마 지정

테마는 슬라이드 디자인, 글꼴, 색, 배경 등이 지정된 서식으로, Office 테마, 갤러리, 슬라이스, 이온, 자연주의 등 다양한 테마가 제공된다. '테마 찾아보기'를 이용해 저장된 테마를 불러와서 적용할 수 있고, '현재 테마 저장'을 이용해서 사용자가 직접 만들거나 수정한 테마를 저장할 수 있다.

파워포인트에서 제공하는 테마를 적용하려면 [디자인] 탭–[테마] 그룹에서 '자세히'를 클릭한 후 원하는 테마를 선택한다. 슬라이드 유형에 따라 테마 디자인은 조금씩 다르다.

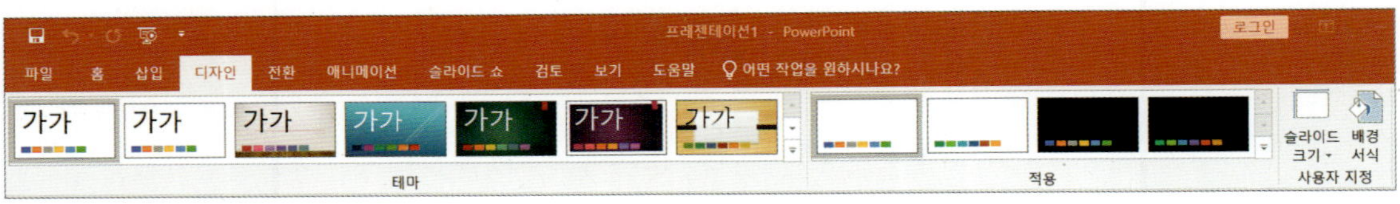

1.2 나만의 테마 만들기

테마는 색, 배경 서식, 글꼴을 지정하여 *.thmx 파일 형식으로 저장할 수 있으며, 기존 테마를 편집하거나 새로운 테마를 만들 수 있다. 테마와 더불어 Section 02에서 배우게 될 슬라이드 마스터에서 슬라이드 유형별로 디자인하여 테마를 만들면 조금 더 멋진 완성된 테마를 만들 수 있다.

1.2.1 테마 수정

- **[적용] 그룹** : 테마 그룹에서 선택한 테마를 색, 글꼴, 효과, 배경 스타일을 수정하여 슬라이드에 적용할 수 있다.

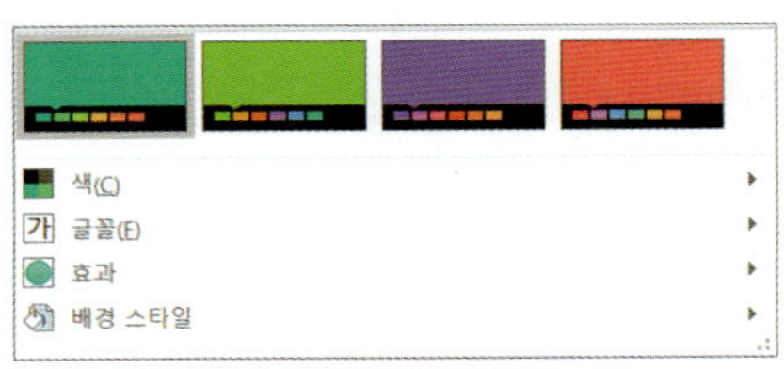

▲ 색

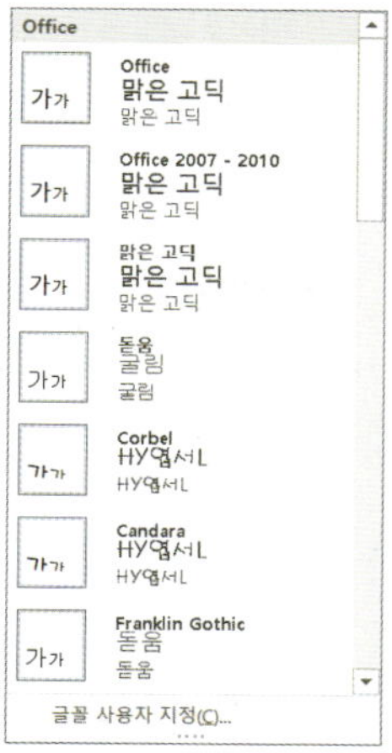

▲ 글꼴

▲ 효과

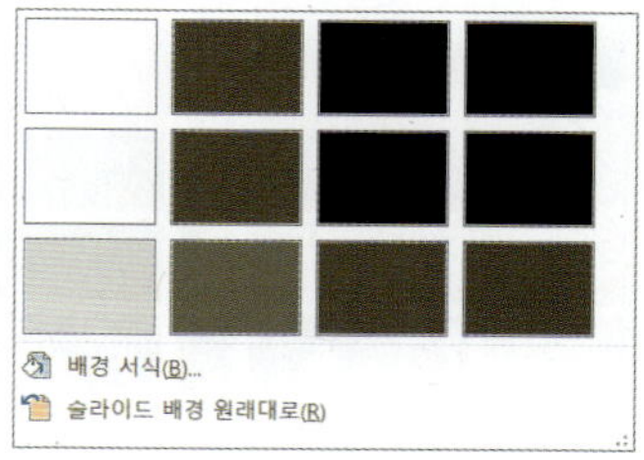

▲ 배경 스타일

• **슬라이드 크기** : 슬라이드 크기에는 표준(4:3), 와이드스크린(16:9), 사용자 지정 슬라이드 크기가 있으며, '사용자 지정 슬라이드 크기'를 선택하여 슬라이드 크기, 너비, 높이, 슬라이드 시작 번호, 슬라이드 방향을 세부적으로 설정할 수 있다.

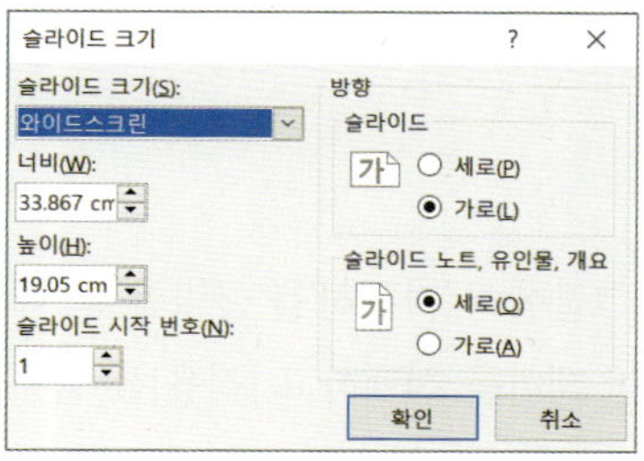

• **배경 서식** : 배경 서식을 클릭하면 오른쪽에 배경 서식 창이 나타나며, 배경 서식에 단색, 그라데이션 채우기, 그림 또는 질감 채우기, 패턴 채우기, 배경 그래픽 숨기기, 색, 투명도를 선택할 수 있다. 배경 서식은 슬라이드마다 다르게 지정하거나, 모든 슬라이드에 같은 배경 서식을 지정할 수 있다.

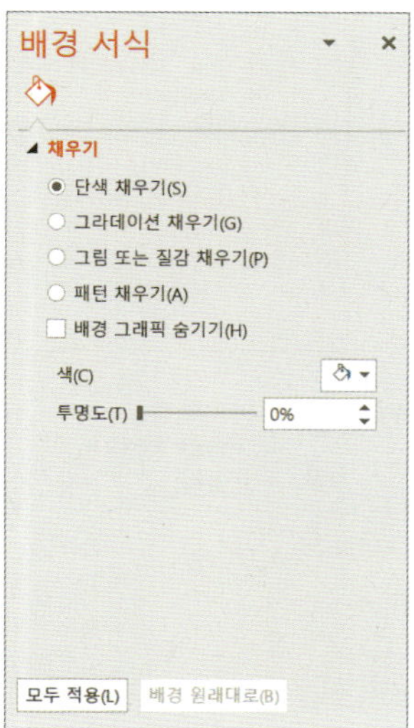

1.2.2 테마 저장

사용자가 원하는 테마로 수정이 완료되면 저장하기 위해 [디자인] 탭–[테마] 그룹에서 '자세히'를 클릭한 후 '현재 테마 저장'을 선택한다. [현재 테마 저장] 대화상자가 나타나면 폴더 위치 지정과 파일 이름을 입력하고 [저장]을 클릭한다.

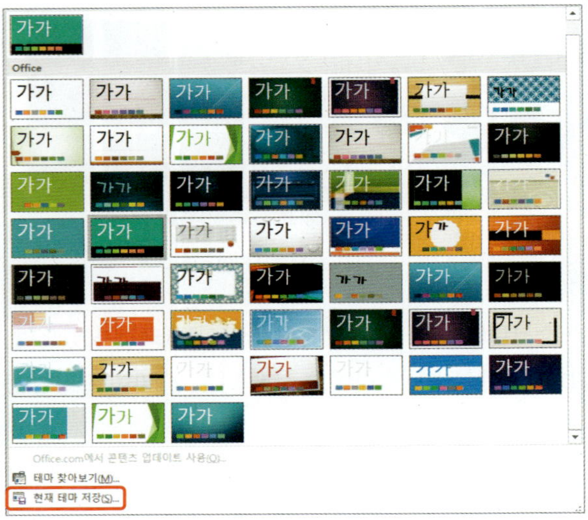

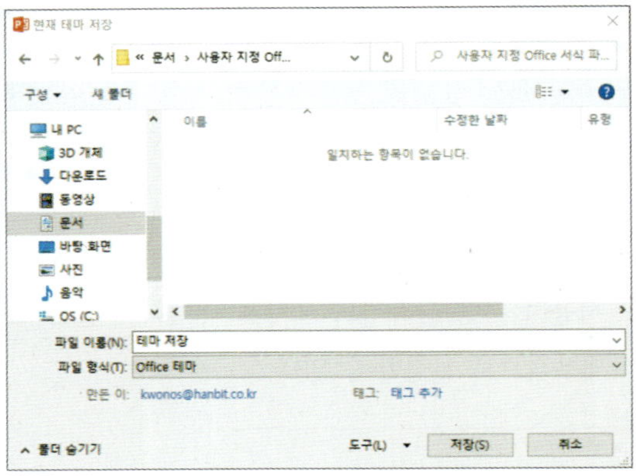

1.2.3 테마 불러오기

이전에 저장한 테마 또는 다운받은 테마를 불러오려면 [디자인] 탭–[테마] 그룹에서 '자세히'를 클릭한 후 '테마 찾아보기'를 선택한다. [테마 또는 테마 문서 선택] 대화상자가 나타나면 테마를 선택하고 [적용]을 클릭한다.

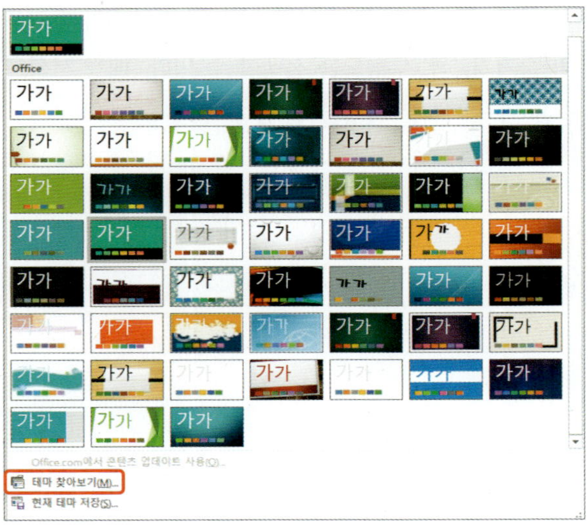

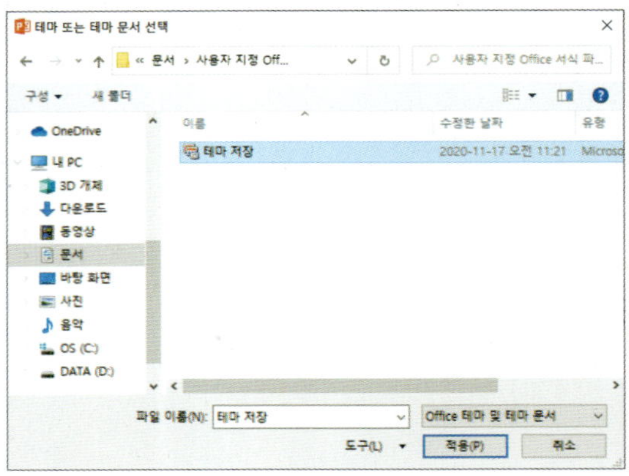

여기서 잠깐

파워포인트 템플릿(PowerPoint Template)이란 프레젠테이션 작성 시 슬라이드 배경으로 사용하는 각종 디자인 서식을 말한다. 템플릿을 이용하면 발표하고자 하는 내용과 어울리는 깔끔한 디자인을 사용하여 일관성있게 구성할 수 있다. 템플릿의 장점은 디자인된 서식을 사용함으로써 생산성과 효율성을 높일 수 있다. 템플릿은 온라인 사이트에서 무료 또는 유료로 다운받을 수 있다.

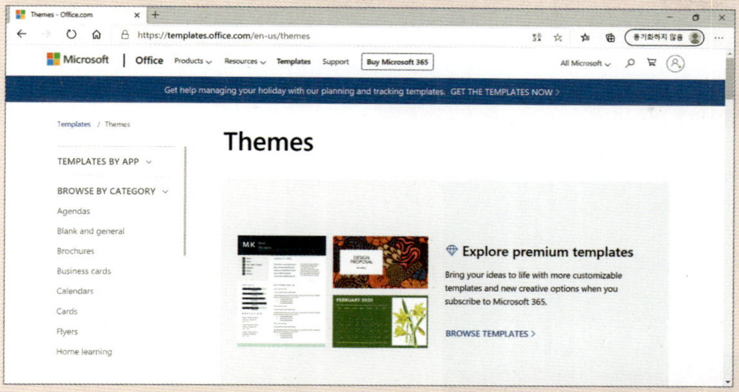

▲ https://templates.office.com/en-us/themes

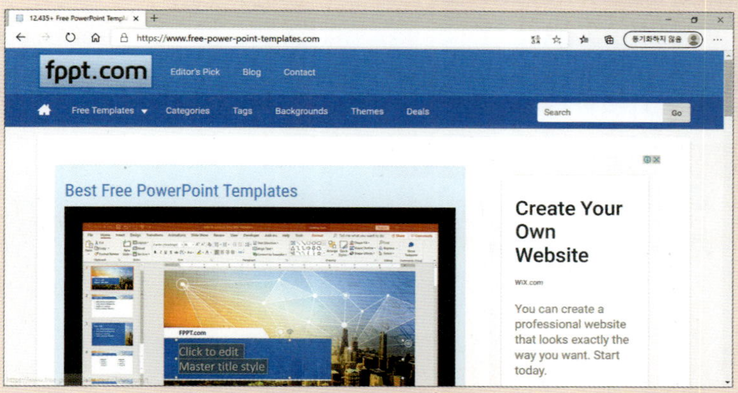

▲ https://www.free-power-point-templates.com/

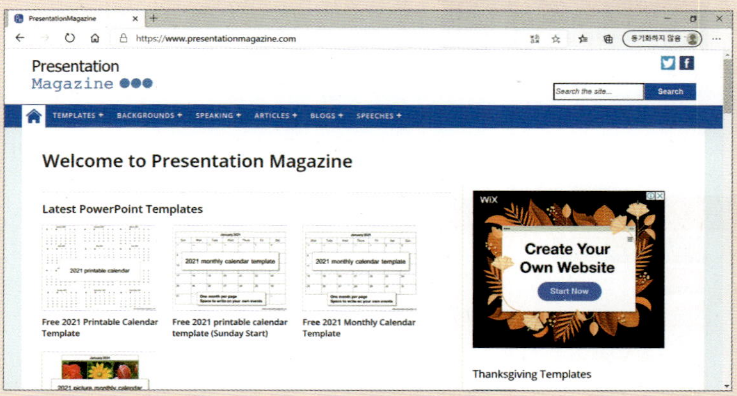

▲ https://www.presentationmagazine.com/

기본예제 26 테마 적용 및 저장

파워포인트에서 제공되는 테마를 적용하고 편집한 후 저장하는 방법을 알아본다.

01 디자인 테마 : 파워포인트를 실행한 후 '새 프레젠테이션'을 클릭한다. [디자인] 탭-[테마] 그룹에서 '자세히'를 클릭한 후 '명언'을 선택한다.

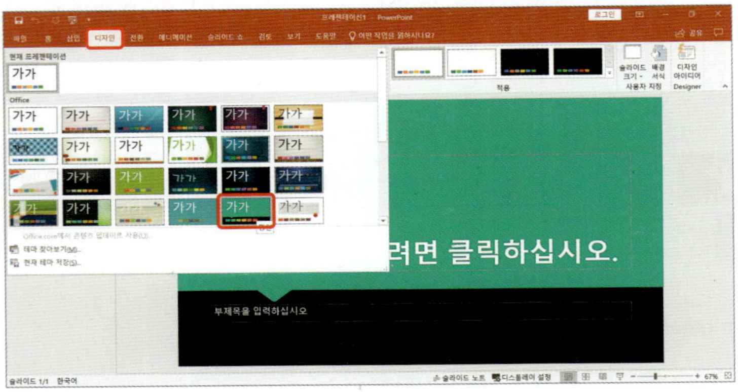

02 색 변경 : [디자인] 탭-[적용] 그룹에서 '자세히'를 클릭한 후 [색]에서 '노랑'을 선택한다.

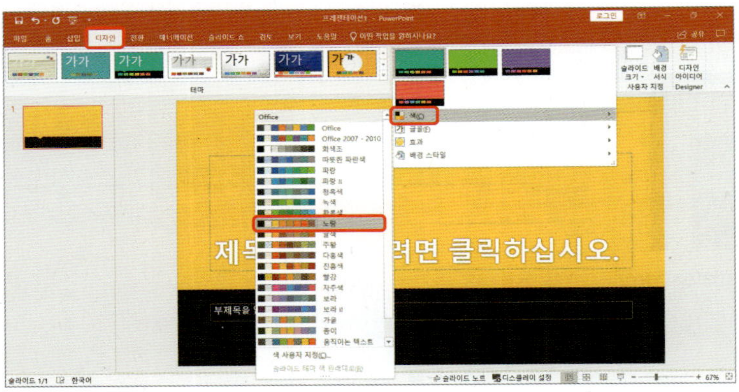

03 글꼴 변경 : [디자인] 탭-[적용] 그룹에서 '자세히'를 클릭한 후 [글꼴]에서 '맑은 고딕, 궁서'를 선택한다.

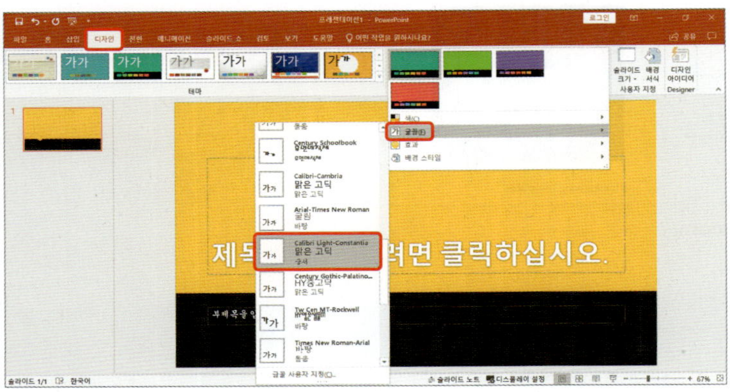

03 배경 스타일 변경 : [디자인] 탭–[적용] 그룹에서 '자세히'를 클릭한 후 [배경 스타일]에서 '스타일 11'을 선택한다.

04 테마 저장 : [디자인] 탭–[테마] 그룹에서 '자세히'를 클릭한 후 '현재 테마 저장'을 선택한다. [현재 테마 저장] 대화상자가 나타나면 폴더 지정과 파일 이름을 입력한 후 [저장]을 클릭한다.

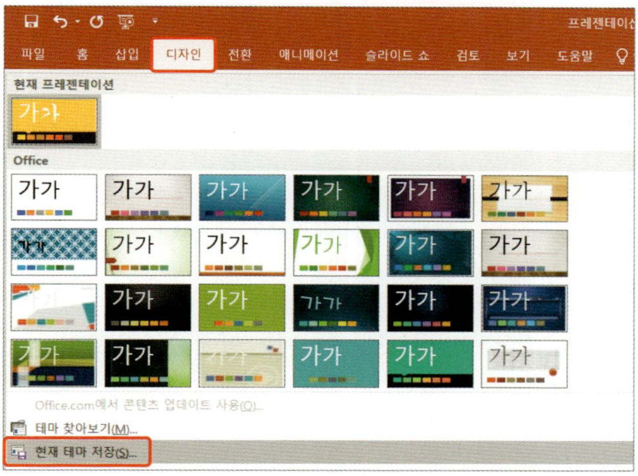

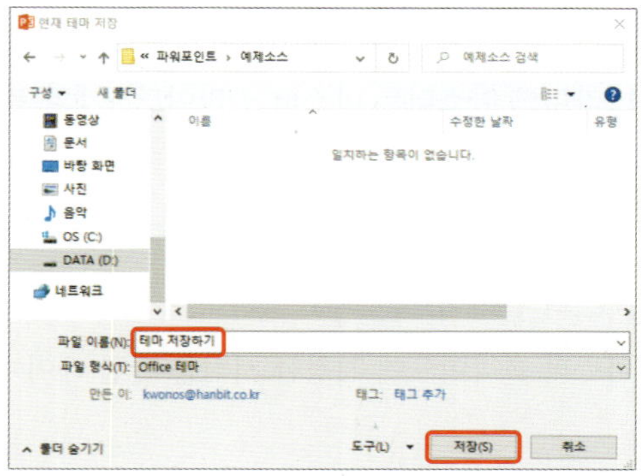

SECTION 02

슬라이드 마스터

파워포인트는 프레젠테이션의 모양을 디자인하는 슬라이드 마스터, 인쇄 모양을 설정하는 유인물 마스터, 프레젠테이션과 노트를 함께 인쇄될 모양을 설정하는 슬라이트 노트 마스터가 있다.

슬라이드 마스터는 슬라이드 레이아웃 별로 사용자가 도형, 그림, 이미지, 색, 글꼴, 테마, 개체 레이아웃 편집, 배경 서식, 슬라이드 크기 등을 이용하여 원하는 스타일로 디자인하거나, 작성한 슬라이드 마스터를 서식 파일로 저장하여 재사용할 수 있다. 이 단원에서는 슬라이드 마스터를 작성하여 활용하는 방법에 대해 알아보도록 한다.

2.1 슬라이드 마스터 구성

슬라이드 마스터는 마스터 슬라이드 1개와 관련 레이아웃 마스터 11개로 구성되며, 필요에 따라 마스터 슬라이드와 관련 레이아웃 마스터를 추가하거나 삭제할 수 있다. 관련 레이아웃 마스터에 콘텐츠, 텍스트, 그림, 표, 차트, 미디어, SmartArt 등을 추가 또는 삭제하여 편집할 수 있다.

마스터 슬라이드는 왼쪽 슬라이드 미리 보기 창 맨 위에 있는 슬라이드로, 슬라이드 앞에 숫자가 표시된다. 마스터 슬라이드에 지정한 서식은 관련 레이아웃 마스터에 일괄 적용된다.

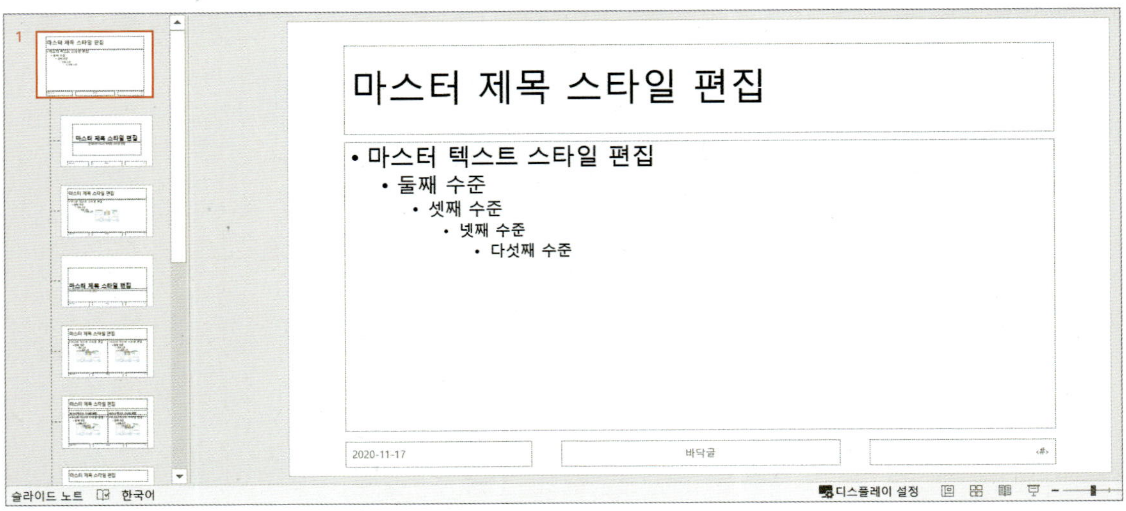

여기서 잠깐 ▶ 슬라이드 마스터

슬라이드 마스터는 기본 1개의 슬라이드 마스터가 있으며, [슬라이드 마스터]-[마스터 편집] – [슬라이드 마스터 삽입]을 이용하여 추가적으로 삽입할 수 있다. 여러 개의 슬라이드 마스터가 작성되면 슬라이드 작성 시 '레이아웃'에서 서로 다른 형식의 [슬라이드 마스터]를 혼합하여 사용할 수 있다.

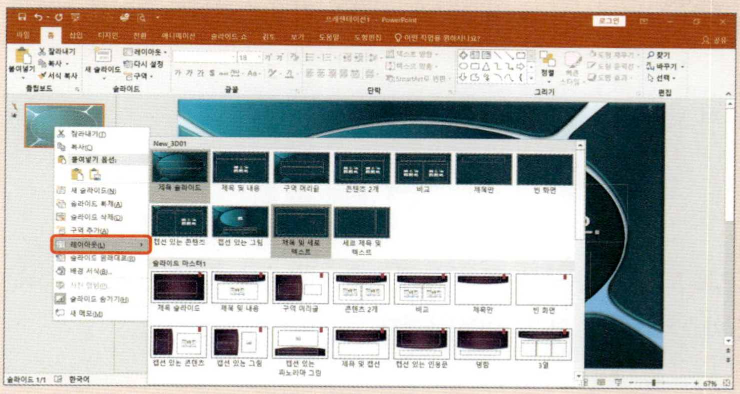

2.1.1 슬라이드 마스터 편집

슬라이드 마스터를 편집하기 위해 [보기] 탭–[마스터 보기] 그룹에서 '슬라이드 마스터'를 클릭하면 [슬라이드 마스터] 탭이 생성된다.

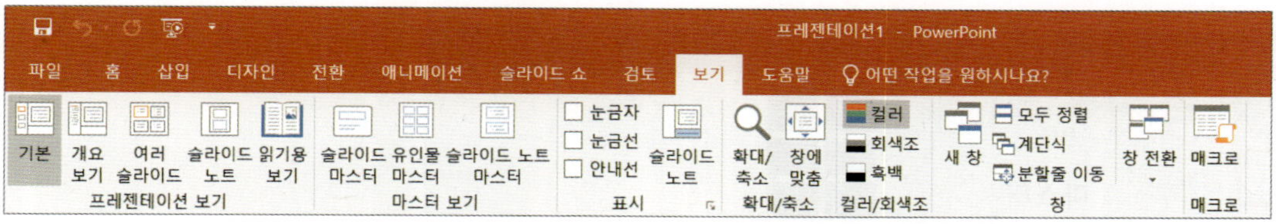

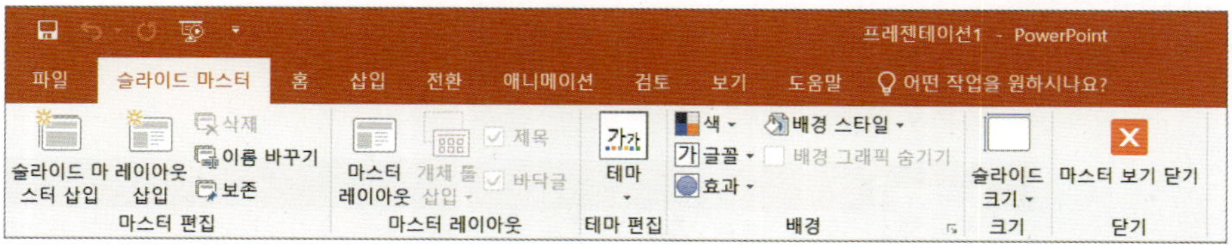

❶ **슬라이드 마스터 삽입** : 슬라이드 마스터 그룹을 삽입한다.

❷ **레이아웃 삽입** : 선택한 슬라이드 마스터에 관련 레이아웃 마스터를 삽입한다.

❸ **이름 바꾸기** : 슬라이드 마스터 또는 관련 레이아웃 마스터의 이름을 변경한다. [홈] 탭–[슬라이드] 그룹–[새 슬라이드▼]에서 슬라이드 추가 시 레이아웃에 변경된 이름을 확인할 수 있다.

❹ **마스터 레이아웃** : 슬라이드 마스터에 레이아웃의 개체 틀(제목, 텍스트, 날짜, 슬라이드 번호, 바닥글)을 삽입 또는 삭제할 수 있다.

❺ **개체 틀 삽입** : 레이아웃 마스터에 콘텐츠, 텍스트, 그림, 표, 차트, 미디어, SmartArt 등을 추가할 수 있다.

❻ **제목 및 바닥글** : 레이아웃 마스터에 제목과 바닥글을 삽입한다.

❼ **테마** : [디자인] 탭의 테마를 적용한다.

❽ **배경** : 슬라이드의 색, 글꼴, 효과, 배경 스타일 등 배경 서식을 설정한다.

❾ **슬라이드 크기** : 슬라이드 크기 표준(4:3), 와이드스크린(16:9), 사용자 지정 슬라이드 크기를 선택할 수 있다.

❿ **마스터 보기 닫기** : 슬라이드 마스터 편집 모드가 해제된다.

2.2 슬라이드 마스터 디자인

슬라이드 마스터는 마스터를 기반으로 도형, 배경 서식, 이미지, 색 등을 이용하여 디자인한 서식이 모든 슬라이드에 적용되며, 관련 레이아웃 마스터를 개별 편집하여 사용한다.

2.2.1 배경 스타일

색, 그라데이션, 그림, 질감, 패턴 등을 이용해 배경 스타일을 디자인한다. 슬라이드 마스터를 편집하기 위해 [보기] 탭–[마스터 보기] 그룹–[슬라이드 마스터]를 클릭한다. [슬라이드 마스터] 탭–[배경] 그룹–[배경 스타일▼]에서 '배경 서식'을 클릭한다. [배경 서식] 창에서 단색 채우기, 그라데이션 채우기, 그림 또는 질감 채우기, 패턴 지우기 등을 설정한다.

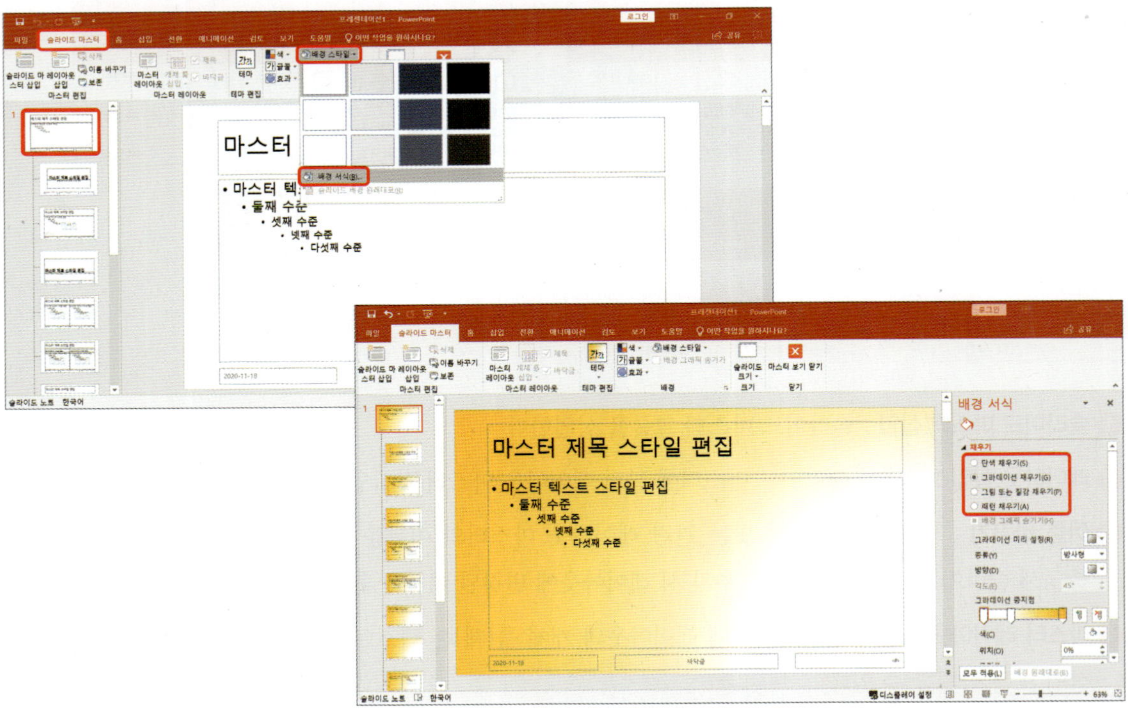

2.2.2 개체 삽입

슬라이드 마스터에 학교, 기업체 로고 등의 그림을 삽입할 수 있다. 그림을 삽입하려면 [삽입] 탭–[이미지] 그룹–[그림]을 클릭한 후 [그림 삽입] 대화상자가 나타나면 해당 그림을 선택하고 [열기]를 클릭한다.

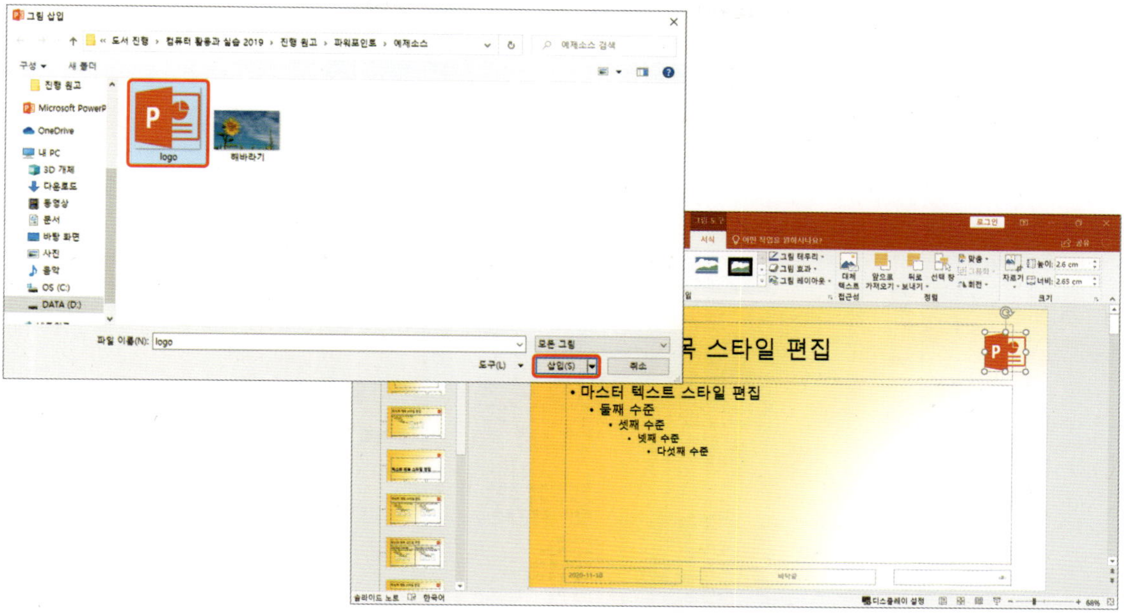

2.2.3 바닥글 및 슬라이드 번호 삽입

각 슬라이드에 바닥글, 슬라이드 번호, 날짜 및 시간 등을 삽입할 수 있다. 삽입하려면 [삽입] 탭–[텍스트] 그룹에서 '머리글/바닥글'을 선택한다. [머리글/바닥글] 대화상자가 나타나면 원하는 항목을 선택한다. 슬라이드 번호 삽입 때는 '제목 슬라이드에는 표시 안 함'을 선택한다.

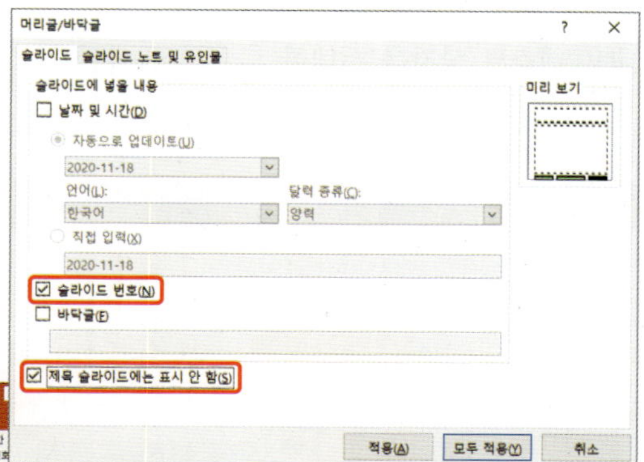

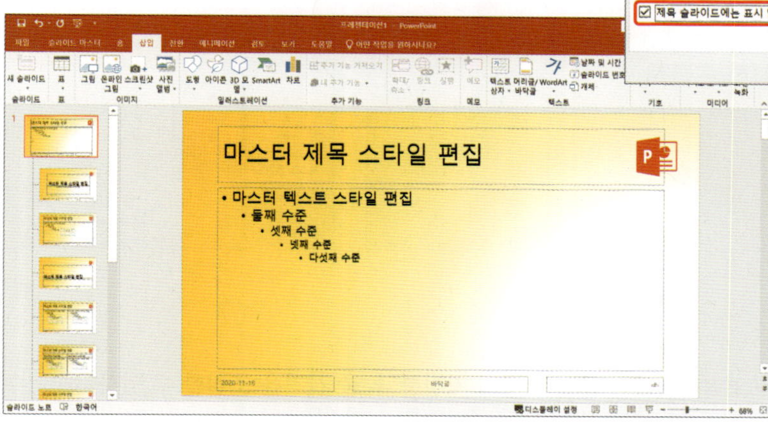

2.2.4 서식 변경

서식 변경은 각 개체의 텍스트를 선택한 후 [홈] 탭–[글꼴], [단락] 그룹에서 변경한다.

2.2.5 글머리 기호 변경

내용 텍스트 상자를 선택한 후 [홈] 탭–[단락] 그룹–[글머리 기호], [번호 매기기]에서 변경한다. 글머리 기호 또는 번호 매기기를 선택하거나, 색을 변경할 수 있다.

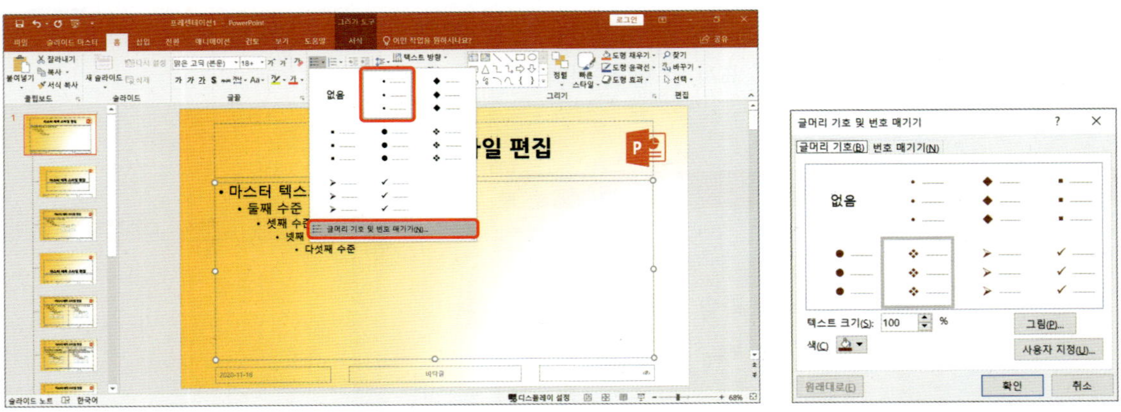

2.2.6 줄 간격 조절

줄 간격은 모두 선택해서 줄 간격을 조절하거나 수준별로 영역 지정한 후 줄 간격을 조절할 수 있다. 해당 수준을 영역 지정한 후 [홈] 탭–[단락] 그룹–[줄 간격]에서 변경한다.

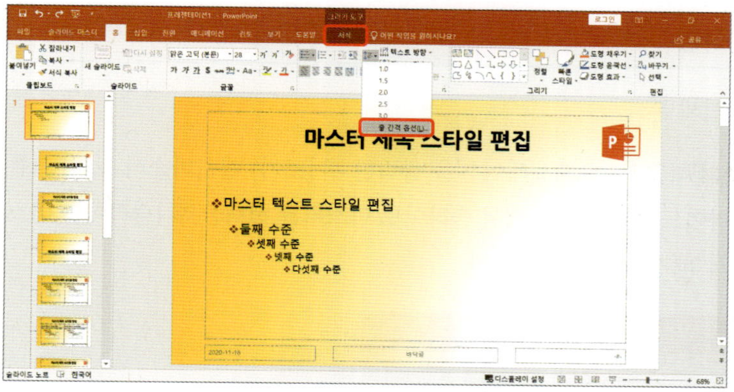

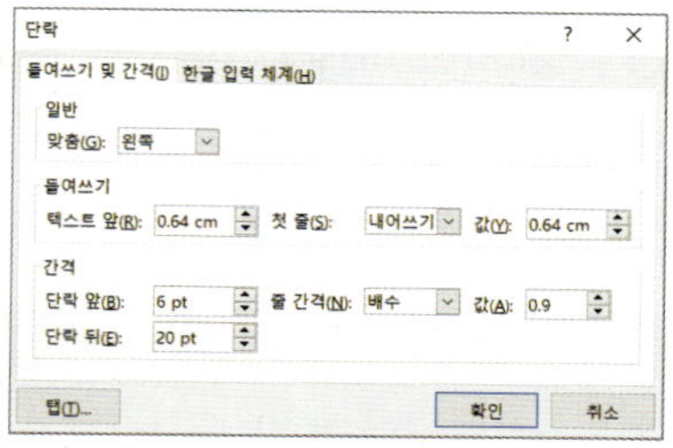

2.2.7 목록 수준 조절

목록 수준 조절은 수준별로 영역 지정한 후 목록 수준을 줄이거나 늘릴 수 있다. 해당 수준을 영역 지정한 후 [홈] 탭–[단락] 그룹–[목록 수준 줄임], [목록 수준 늘림]을 선택해서 변경한다.

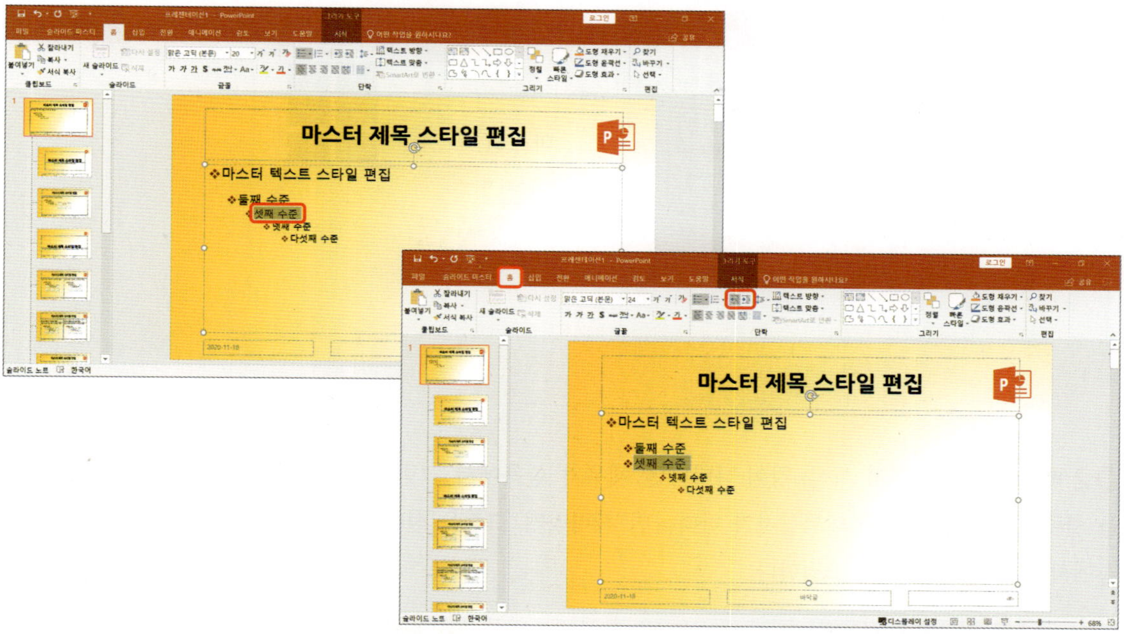

2.2.8 서식 파일 저장

디자인한 마스터 슬라이드는 서식 파일로 저장한 후 다른 프레젠테이션을 작성할 때 활용할 수 있다. 서식 파일 저장은 [파일] 탭–[다른 이름으로 저장]을 클릭한 후 [찾아보기]를 클릭한다. [다른 이름으로 저장] 대화상자에서 파일 형식을 'PowerPoint 서식 파일'을 선택하고 저장한다.

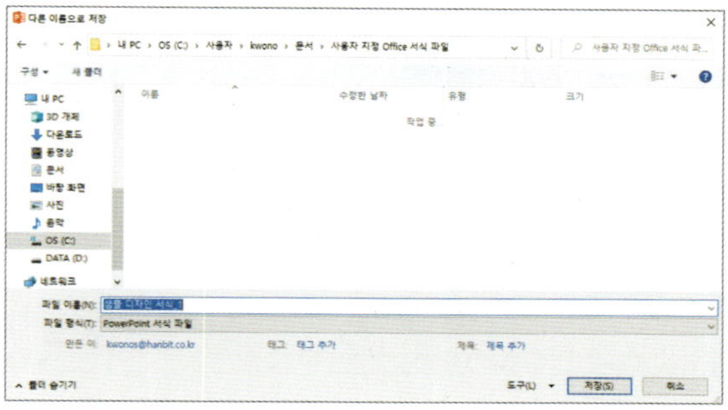

기본예제 27 슬라이드 마스터 작성

사용자가 원하는 슬라이드 마스터를 작성해 본다.

01 슬라이드 마스터 : 파워포인트를 실행하고 '새 프레젠테이션'을 클릭한 후 [보기] 탭–[마스터 보기] 그룹에서 '슬라이드 마스터'를 선택한다. 슬라이드 미리보기 창에서 슬라이드 마스터를 선택한 후 [슬라이드 마스터] 탭–[배경] 그룹–[배경 스타일 ▾]에서 '배경 서식'을 클릭한다.

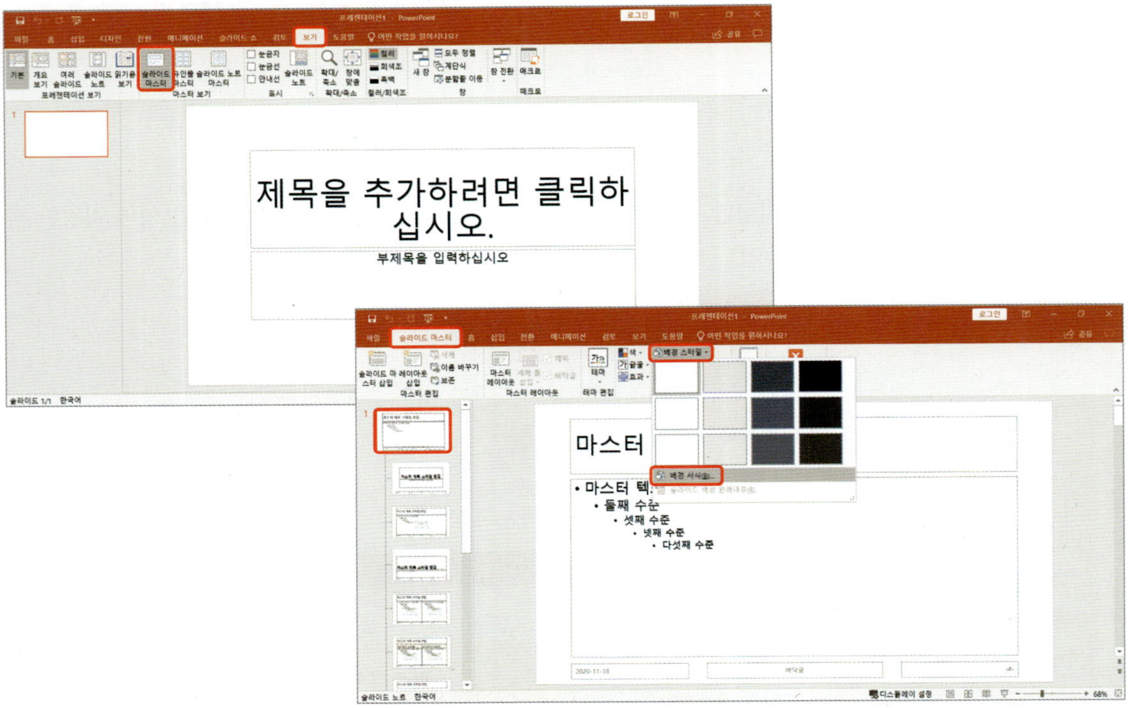

02 배경 스타일 : [배경 서식] 창이 나타나면 '채우기' 항목에서 '그림 또는 질감 채우기'를 선택한 후 '파일'을 클릭한다. [그림 삽입] 대화상자가 나타나면 '해바라기' 그림을 선택하고 [삽입]을 클릭한다. [배경 서식] 창에서 '투명도'를 '50%'로 조정한다.

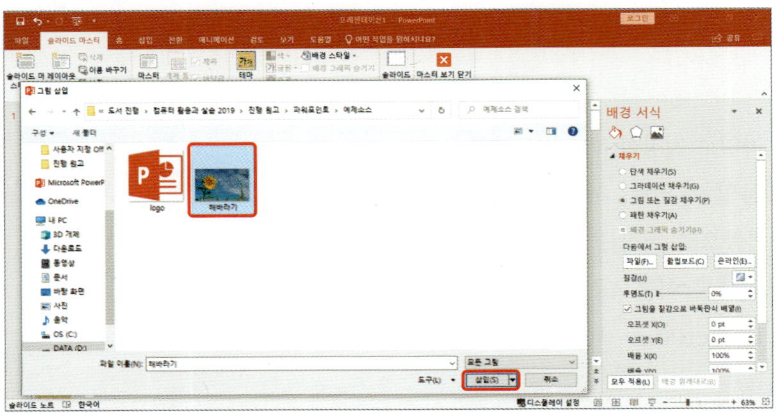

03 개체 삽입 : [삽입] 탭–[일러스트레이션] 그룹–[3D 모델 ▾]–[온라인 원본에서]를 클릭한 후 [Online 3D Models] 창이 나타나면 [Toys]에서 비행기를 선택하고 [Insert]를 클릭한다. 그림과 같이 위치와 크기를 조절한다.

04 바닥글 및 슬라이드 번호 삽입 : [삽입] 탭–[텍스트] 그룹에서 '머리글/바닥글'을 선택한후 [머리글/바닥글] 대화상자가 나타나면 '슬라이드 번호', '바닥글', '제목 슬라이드에는 표시 안 함'을 체크하고 [적용]을 클릭한다.

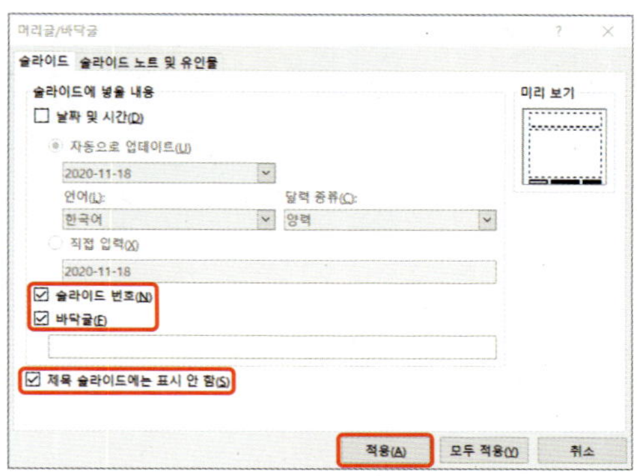

05 서식 변경 : '마스터 제목 스타일 편집' 개체를 선택한 후 [그리기 도구]–[서식] 탭–[WordArt 스타일] 그룹에서 '자세히'를 클릭하고 그림과 같이 선택한다. [홈] 탭–[단락] 그룹에서 '가운데 맞춤'을 클릭한다.

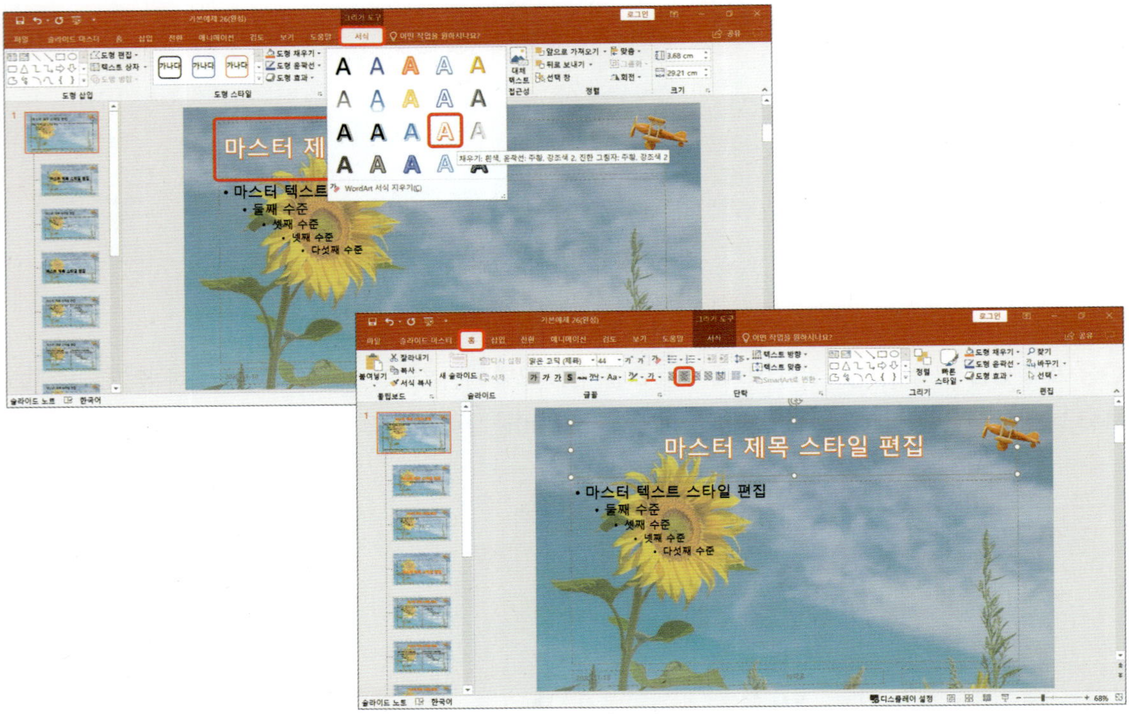

06 글머리 기호 변경 : '마스터 텍스트 스타일 편집' 텍스트 상자를 선택한 후 [홈] 탭–[단락] 그룹–[글머리 기호 ▾]에서 '글머리 기호 및 번호 매기기'를 클릭한다. [글머리 기호 및 번호 매기기] 대화상자가 나타나면 '속이 꽉 찬 글머리 기호'를 선택하고 색은 '주황, 강조 2'를 선택하고 [확인]을 클릭한다.

07 줄 간격 조절 : '마스터 텍스트 스타일 편집' 텍스트 상자를 선택한 후 [홈] 탭–[단락] 그룹–[줄 간격]에서 '2.0'을 선택한다. [슬라이드 마스터] 탭–[닫기] 그룹에서 '마스터 보기 닫기'를 클릭한다.

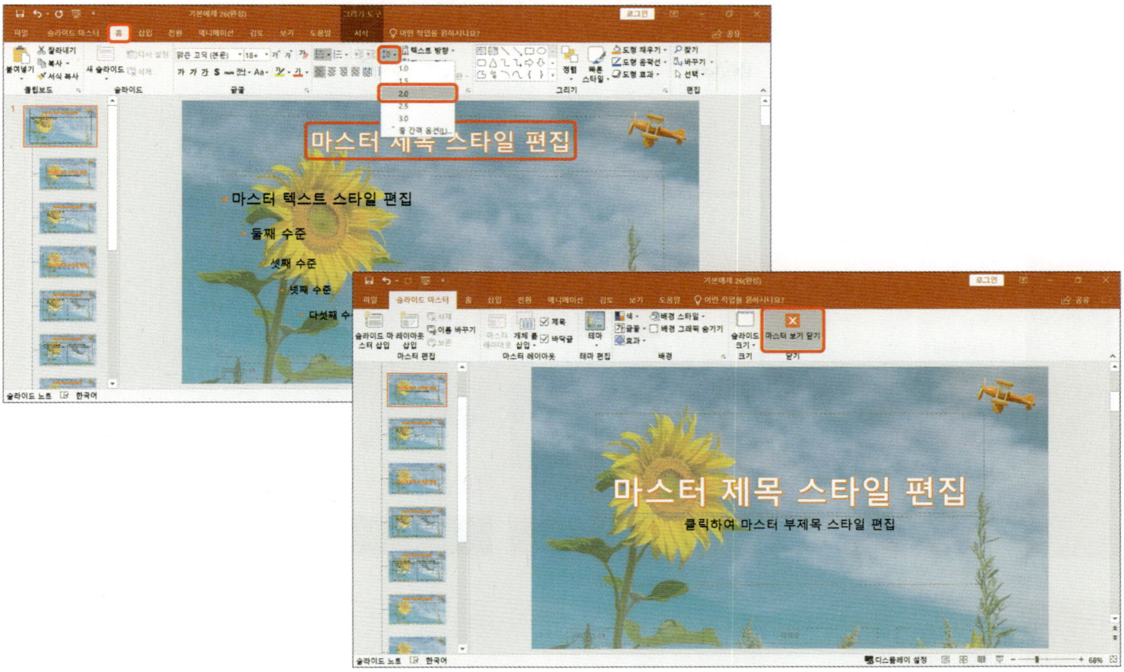

08 서식 파일 저장 : [파일] 탭–[저장] 또는 [다른 이름으로 저장]을 클릭한 후 [찾아보기]를 클릭한다. [다른 이름으로 저장] 대화상자가 나타나면 파일 형식에서 'PowerPoint 서식 파일'을 선택한 후 파일 이름을 입력하고 [저장]을 클릭한다.

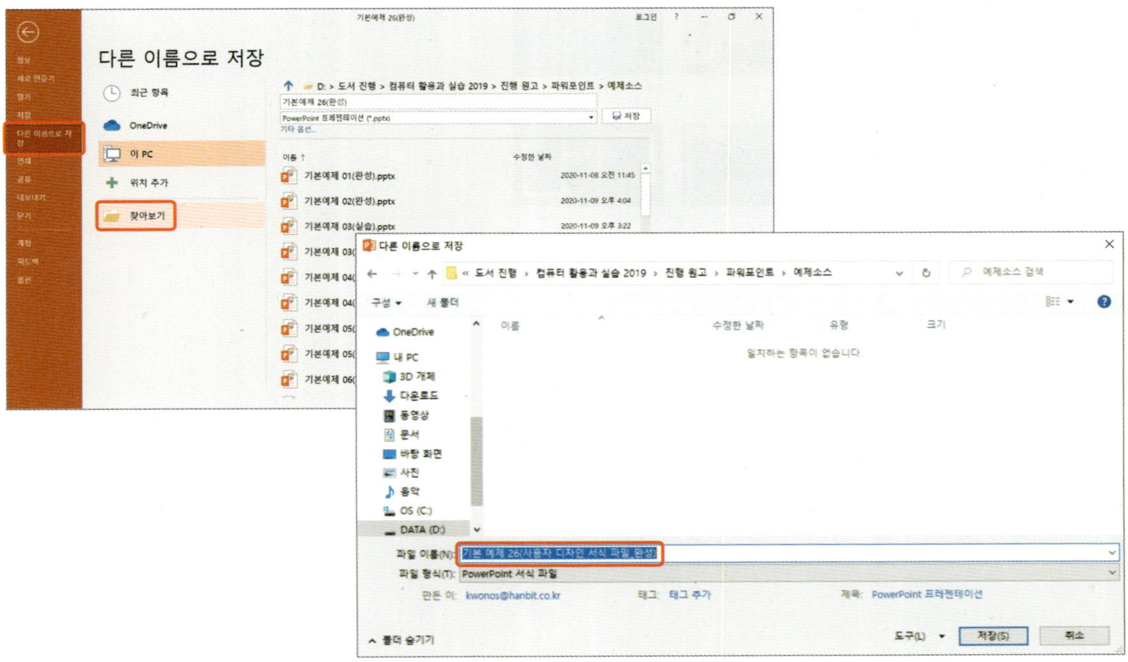

2.3 주요 서식 파일 다운

주요 서식 파일은 온라인을 통해 무료로 다운받을 수 있다. 파워포인트에서 제공하는 주요 서식 파일은 [파일] 탭을 클릭한 후 [새로 만들기] 창에서 '주요 서식 파일'을 선택하고 원하는 서식 파일을 선택한다.

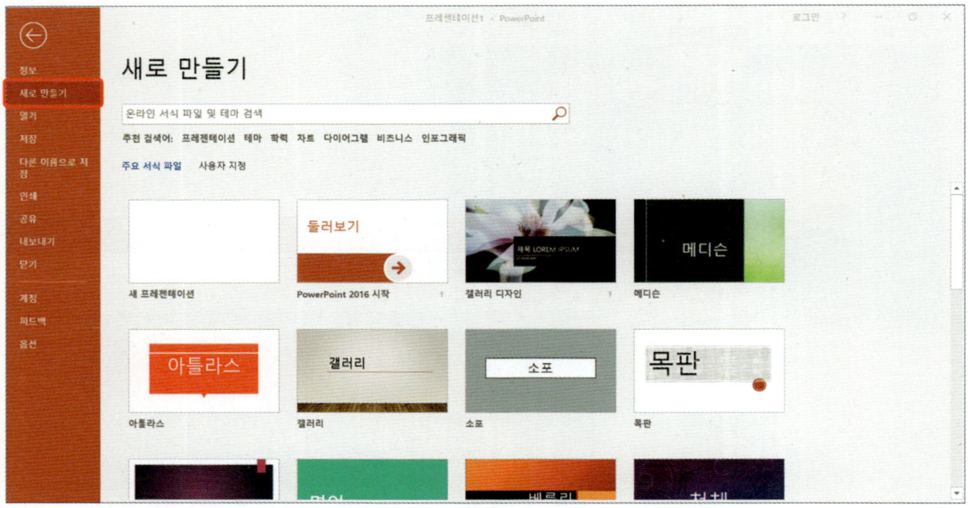

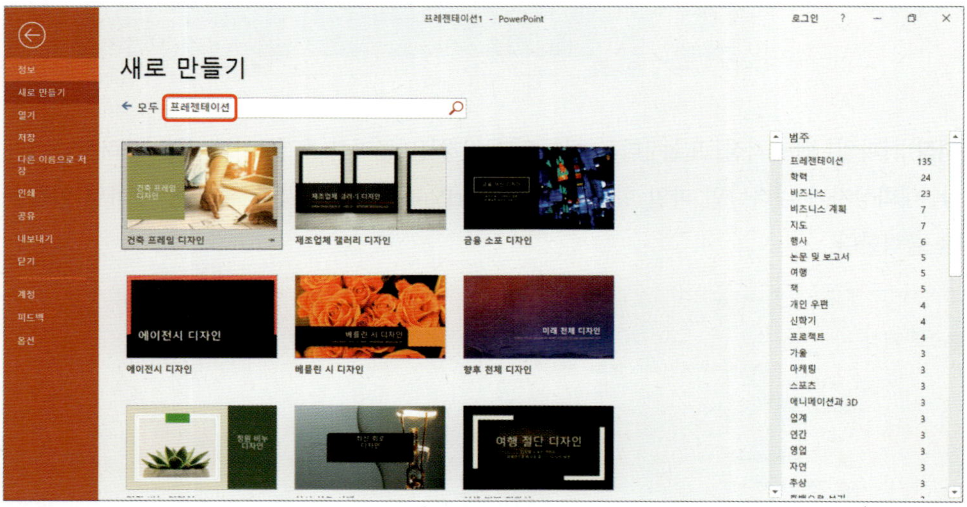

종합예제

※ [종합예제]에 대한 해설은 PDF로 제공됩니다.

문제 1 슬라이드 마스터를 다음 [조건]에 따라 디자인하시오.(새 프레젠테이션 이용)

[조건]

- 마스터 디자인하기 : 제목 문자열은 '사각형 : 둥근 모서리' 도형으로 모양을 변경하고 글꼴은 '휴먼 옛체', 도형 채우기 색 : 자주, 글꼴 색 : '흰색'을 지정한다.
- 배경 디자인은 다중 색을 이용하여 그러데이션 효과를 적용하고 '사각형 : 둥근 위쪽 모서리' 도형을 삽입하여 도형 채우기 색을 지정하여 패턴을 만들어 배치시킨다.
- 텍스트 개체틀을 맨 위로 배치시키고, 글꼴과 줄 간격을 조정한다.

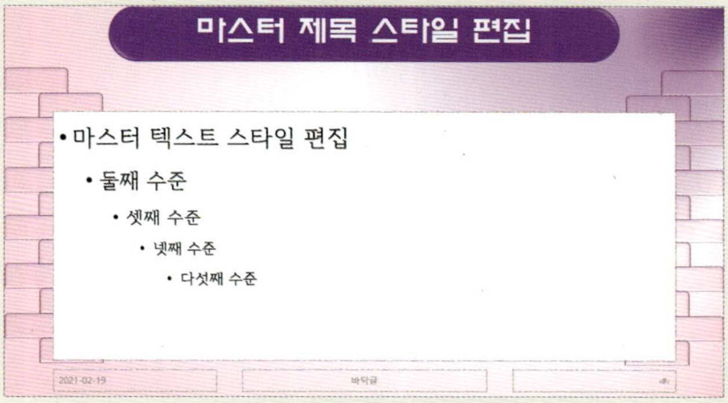

문제 2 슬라이드 마스터를 다음 [조건]에 따라 디자인하시오.(새 프레젠테이션 이용)

[조건]

- 레이아웃 마스터 디자인하기 : 제목 슬라이드
- 제목 슬라이드를 선택하고 배경 서식의 그러데이션을 이용하여 다중 색을 지정하여 디자인한다.
- 제목 텍스트 상자를 선택하고 도형 채우기 색 : 자주, 글꼴 : 휴먼 엑스포, 글꼴 색 : 흰색으로 지정한다.
- 다이아몬드 도형을 이용하여 도형 채우기 색 : 자주 색을 지정하고, 투명도를 조정하여 복사하여 크기를 조절하여 간격에 맞춰 배치하여 배경에 배치한 후 그룹화한다.
- 부제목 텍스트 상자도 맨 위로 위치시킨다.

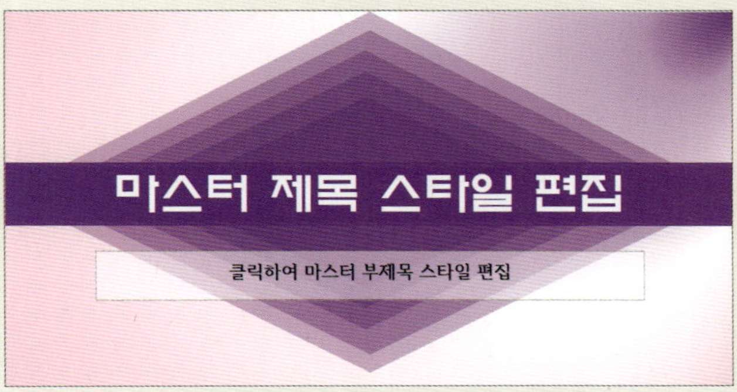

연습문제

1 슬라이드 마스터의 [제목만 레이아웃]를 다음 [조건]에 따라 설정하시오.

[조건]
- 슬라이드 크기 : 슬라이드 크기를 A4로 설정
- 제목만 레이아웃 마스터 : 하단에 이미지 삽입 및 배경 투명색 지정(연습문제 폴더 내 이미지1.jpg 파일 이용), 슬라이드 번호 삽입, 제목 글꼴(궁서, 40pt, 흰색), 가운데 맞춤, 도형(선 없음)

2 슬라이드 마스터의 [제목만 레이아웃]을 다음 [조건]에 따라 설정하시오.

[조건]
- 슬라이드 크기 : 슬라이드 크기를 A4로 설정
- 제목만 레이아웃 마스터 : 하단에 이미지 삽입 및 배경 투명색 지정(연습문제 폴더 내 이미지1.jpg 파일 이용), 슬라이드 번호 삽입, 제목 글꼴(돋움, 40pt, 흰색), 가운데 맞춤, 도형(선 없음)

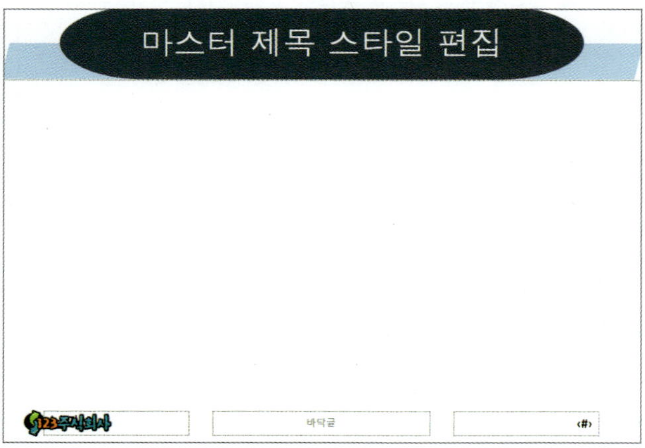

[윈도우] 찾아보기

A ~ Z

Microsoft Edge **056**
RAM **020**
Print 3D **051**
ROM **019**
SSD(Solid State Drive) **020**
Windows Defender **049**
Windows Media Player **050**
Windows 업데이트 **049**

ㄱ

가상 데스크톱 **036**
개인 설정 **037**
기억장치 **018**

ㄷ

다시 시작 **030**
디스크 분할 **045**
디스크 포맷 **044**
디스플레이 설정 **038**

ㄹ

레지스터 **019**

ㅅ

사진 **052**
소프트웨어(Software) **018**
시스템 보안 및 보호 **047**
시스템 소프트웨어 **021**
시스템 종료 **030**
시작 메뉴 관리 **034**

ㅇ

알림 관리 **032**
앱 타일 **035**
연산장치 **018, 019**
운영체제 **021**
웹 브라우저 **056**
윈도우 10 **023**
윈도우 10 설치 **024**
응용 소프트웨어 **022**
이모지 **028**
입력장치 **018**

ㅈ

작업 표시줄 **031**
절전 **030**
제어장치 **018, 019**
중앙처리장치 **019**
즐겨찾기 **059**

ㅊ

출력장치 **018**

ㅋ

캡처 도구 **055**
컬렉션 설정 **061**
코타나 **029**

ㅌ

타임라인 **026**
태블릿 모드 전환 **033**

ㅍ

파일 및 폴더 관리 **038**
파일 압축 **042**

ㅎ

하드 디스크 드라이브 **020**
하드웨어 **018**
화면 캡처 **027**

[한글] 찾아보기

A ~ Z

OCR **071**
OLE 개체 **102**

ㄱ

가로(항목) 축 제목 **155**
가로/세로 눈금자 **076**
가로/세로 이동 막대 **076**
각주 **212**
개체 묶기 **100**
계산식 **143**
구역 나누기 **208**
그리기 개체 **095**
그리기마당 **114**
그림 **078**
그림 넣기 **112**
그림 스타일 **113**
그림 영역 **155**
그림 효과 **113**
글맵시 **094**
글자 겹치기 **104**
글자 모양 **092**
기본 도구 상자 **075**

ㄷ

다단 설정 나누기 **208**
단 설정하기 **207**
덧말 넣기 **119**
데이터 레이블 **155**
도형 회전 **101**

ㅁ

맞춤법 검사 **186**
머리말/꼬리말 설정 **174**
메뉴 탭 **075**
메일 머지 **191**
모양 복사 **119**
문단 띠 **127**
문단 모양 **107**
문단 부호 **077**
문서 끼워 넣기 **123**
문서 번역 **188**
문서 열기 **083**
문서 인쇄 **085**
문서 저장 **083**
문서 탭 **076**
문서마당 **081**
문자표 **103**
미주 **213**

ㅂ

밝기 **113**
범례 **155**

ㅅ

상용구 **103**
상황 선 **076**
색인 만들기 **194**
색조 조정 **113**
서식 도구 상자 **076**
세로(값) 축 제목 **155**
셀 나누기 **138**
셀 합치기 **139**
셀의 블록 지정 **136**
스마트 입력 **202**
스마트 태그 **072**
스크린 샷 **114**
스킨 설정 **080**
스타일 가져오기 **167**
스타일 마당 **170**
스타일 만들기 **165**

ㅇ

오피스 톡 073, 204
음성 명령 203

ㅈ

자르기 113
조판 부호 077
주석 212
쪽 맞춤 076
쪽 번호 매기기 176
쪽 윤곽 076

ㅊ

차례 만들기 193
차트 계열 155
차트 구성요소 155
차트 삽입 154
차트 영역 155
차트 제목 155
찾기 219
찾아 바꾸기 220
찾아가기 220
축 155

ㅋ

캡션 113, 141
클라우드 클립보드 202

ㅌ

텍스트를 표로 변환 134
투명 선 077

ㅍ

편집 용지 설정 173
폭 맞춤 076
표 나누기 141
표 디자인 144
표 레이아웃 137
표 삽입 132
표 속성 148
표 편집 137
표 합치기 141
표를 텍스트로 변환 135
필드 입력 102

ㅎ

하이퍼링크 214
한글 2020 068
한자 변환 125
한컴 애셋 200
한컴 툴즈 073, 201
한컴스페이스 070
확대/축소 077
확대/축소 슬라이더 076
환경 설정 079
회전 113

[엑셀] 찾아보기

[기호/숫자]

2D 지도 231

A

AND 357
AVERAGE 353
AVERAGEIF 353

C

CHOOSE 363
CONCAT 232
COUNT 354
COUNTA 354
COUNTBLANK 355
COUNTIF 355

D

DATE 350
DAVERAGE 366
DAY 349
DCOUNT 366
DCOUNTA 366
DMAX 366
DMIN 366
DSUM 365

H

HLOOKUP 363
HOUR 350

I

IF 357
IFERROR 358
IFS 232
INDEX 364

L

LARGE/SMALL 355
LEFT 345
LEN 346
LOWER 346

M

MATCH 364
MAX/MIN 354
MAXIFS 232
MID 345
MINIFS 232
MINUTE 350
MOD 360
MONTH 349

N~P

NOT 358
NOW 349
OR 358
PROPER 346

R

RANK.EQ 354
REPT 346
RIGHT 345
ROUND 360
ROUNDDOWN 360
ROUNDUP 360

S

SEARCH 346
SECOND 350
STDEV 354
SUMIF 360
SUMIFS 360
SVG(Scalable Vector Graphics 232
SWITCH 232

T

TEXTJOIN 232
TIME 350
TODAY 349

U~Y

UPPER 346
VAR 354
VLOOKUP 363
WEEKDAY 350
YEAR 349

ㄱ

가로축(항목) 308
가상 분석 422
게시 234
계정 234
고급 필터 388
공유 234, 235
그룹 236
그림 영역 308
깔대기형 차트 232

ㄴ

날짜/시간 데이터 268
내보내기 234
눈금선 308

ㄷ

다른 이름으로 저장 234
데이터 계열 308
데이터 레이블 308
데이터 막대 300
데이터 분석 229
데이터 시각화 228
데이터 유효성 검사 394
데이터 처리 229
데이터 통합 392
데이터 표 308
데이터 표 427

ㄹ

리본 메뉴 235
리본 메뉴 표시 단추 235

ㅁ

매크로 429
명령 236
모두 선택 235
목표값 찾기 425
문자 데이터 267

ㅂ

바로 가기 아이콘 만들기 230
범례 308
부분합 380
비교 연산자 333
빠른 실행 도구 모음 235

ㅅ

사용자 이름 및 사진 235
사용자 지정 목록 272
산술 연산자 333
상대 참조 335
상위/하위 규칙 300
상태 표시줄 236
새 시트 236
새로 만들기 234
색조 300
선버스트 차트 314
설명 235
세로축 308
셀 236
셀 다루기 254
셀 서식 277
셀 스타일 292
수식 입력줄 235
숫자 데이터 267
스파크라인 314
슬라이서 410
시간 표시 막대 413
시나리오 422
시트 탭 236

ㅇ

아이콘 집합 300
연결 연산자 333
연산자 332
열 너비 259
열 머리글 235
열기 234
옵션 234
요약 행 296
워크시트 235
워크시트 삽입 244
워크시트 이동 버튼 236
이름 상자 235
이름 정의 341
인쇄 234
잉크 수식 233

ㅈ

자동 완성 기능 268
자동 윤곽 381
자동 채우기 269
자동 필터 384
자동 함수 338
작업 창 조정 235
저장 234
절대 참조 335
정렬 374
정보 234
제목 표시줄 235
조건부 서식 299
중복된 항목 제거 397
중첩 IF 357
지도 차트 313

ㅊ

차트 306
차트 영역 308
차트 제목 308
참조 연산자 333
축 제목 308

ㅌ

탭 236
텍스트 나누기 398
틀 고정하기 264

ㅍ

파레토 차트 314
페이지 설정 249
표 서식 295
표시 형식 278
피벗 차트 415
피벗 테이블 403

ㅎ

함수 마법사 337
함수 삽입 235
행 높이 260
행 머리글 235
행/열 숨기기 263
혼합 참조 335
화면 보기 단추 236
확대/축소 슬라이더 236

[파워포인트] 찾아보기

[기호/숫자]

[파일] 탭 453
3D 모델 451

A ~ Z

OneDrive 455
SVG 451

ㄱ

개체 삽입 559
계층 구조형 스마트아트 520
구역 삭제 459
구역 추가 459
그룹 476
그룹 해제 477
글머리 기호 462
글머리 기호 560
기본 단위 510

ㄴ

나만의 테마 550
눈금선 508

ㄷ

데이터 레이블 508
데이터 테이블 508
데이터 편집 508
도형 모양 변경 473
도형 병합 480
도형 삽입 472
도형 서식 474
도형 정렬 478
도형 크기 조절 473
도형 테마 스타일 474
도형 회전 479
디자인 테마 550

ㄹ

레이아웃 삽입 557
리본 메뉴 453
리본 메뉴 표시 옵션 453

ㅁ

마스터 레이아웃 557
마스터 보기 닫기 558
메모 453
명령 그룹 453
모핑 전환 450
모핑 화면 전환 532
목록 수준 561

ㅂ

배경 서식 551
배경 스타일 558
범례 508
보조축 510
복수 모니터 542
비디오 삽입 491
비디오 트리밍 492
빠른 실행 도구 모음 452

ㅅ

사용자 계정 453
사진 앨범 486
서식 파일 561
셀 병합 503
셀 분할 503
스마트아트 516
스크린샷 486
슬라이드 노트 453
슬라이드 마스터 556
슬라이드 마스터 삽입 557
슬라이드 마스터 편집 557
슬라이드 미리보기 창 453
슬라이드 복제 457
슬라이드 삭제 457
슬라이드 삽입 456
슬라이드 쇼 540
슬라이드 쇼 녹화 543
슬라이드 숨기기 543
슬라이드 이동 457
슬라이드 창 453
슬라이드 크기 551
슬라이드 확대/축소 453
실행 설정 498

ㅇ

아이콘 493
애니메이션 535
예행 연습 541, 542
오디오 삽입 490
오디오 트리밍 490
온라인 그림 486
온라인 프레젠테이션 540
워드아트 513
이미지 삽입 485
인쇄 설정 466
인포그래픽 483

ㅈ

줄 간격 560
줄 간격 옵션 462

ㅊ

차트 요소 508
차트 제목 508
창 크기 맞춤 453
최대값 510
최소값 510
추세선 508
축 508
축 제목 508

ㅋ

캡션 삽입 492

ㅌ

탭 453
테마 불러오기 552
텍스트 강조 색 451
텍스트 꾸미기 461
텍스트 입력 460
트리거 536

ㅍ

페이드 아웃 490
페이드 인 490
표 스타일 504
표 작성 502
프레젠테이션 448
프레지 효과 537

ㅎ

하이퍼링크 495
화면 보기 453
화면 전환 530
확대/축소 451, 499